高级宏观经济学

[美] 戴维·罗默（David Romer） 著
吴化斌　龚　关　译

第五版

汉译经济学文库
Translated Economics Library

ADVANCED MACROECONOMICS
Fifth Edition

上海财经大学出版社
SHANGHAI UNIVERSITY OF FINANCE & ECONOMICS PRESS

McGraw Hill

图书在版编目(CIP)数据

高级宏观经济学/(美)戴维·罗默(David Romer)著;吴化斌,龚关译. —上海:上海财经大学出版社,2021.8
书名原文:Advance Macroeconomics
ISBN 978-7-5642-3749-3/F.3749

Ⅰ.①高… Ⅱ.①戴… ②吴… ③龚… Ⅲ.①宏观经济学 Ⅳ.①F015

中国版本图书馆CIP数据核字(2021)第070585号

□责任编辑 刘 兵
□封面设计 钱宇辰

高级宏观经济学
(第五版)

[美] 戴维·罗默(David Romer) 著
吴化斌 龚 关 译

上海财经大学出版社出版发行
(上海市中山北一路369号 邮编200083)
网 址:http://www.sufep.com
电子邮箱:webmaster@sufep.com
全国新华书店经销
上海华业装璜印刷厂印刷装订
2021年8月第1版 2024年10月第3次印刷

787mm×1092mm 1/16 38.75印张(插页:2) 846千字
印数:8 001—9 000 定价:168.00元

David Romer
ADVANCED MACROECONOMICS, 5E SOLUTIONS MANUAL
ISBN 9781260185218

上海市版权局著作权合同登记号:09 - 2020 - 1238

第五版前言

宏观经济学教材的修订更新就好比西西弗斯推巨石，是一个永无休止的挑战。这个领域在不断发展，新事件、新研究使我们对以往的见解有了新的看法，并导致新观点、新模型与新试验的兴起。本书的第一版出版于 1996 年，在当时看来，金融危机、名义利率零下界等问题在宏观经济学中都是次要的，货币政策研究主要关注对平均通货膨胀率的影响，很少关心它在稳定政策中的作用。标准新凯恩斯模型中的三大方程在当时才刚刚总结出来，而且还没有整合到同一个分析框架中。有关跨国收入差距的制度因素在当时也几乎没有什么重大的实证研究结果。转眼二十余年，所有这些状况以及宏观经济学中的很多内容都已经发生了巨大改变。

宏观经济学领域迅速发展的一个结果就是本书的每个版本都与前一版本大不相同。如今这个版本与第一版相比只能说大体相似。第五版中的大多数内容要不就是根本没有在第一版中出现，要不就是已经大幅修改了。实际上第五版中引用的绝大多数论文在第一版出版时都还没有写出来。

宏观经济学自第一版以来的诸多变化都是本版的新内容。第五版最重要的变化是增加了关于金融市场与金融危机的新章节，即第 10 章。2008 年的金融危机和经济危机表明金融市场对宏观经济至关重要。新的这一章介绍了金融市场在瓦尔拉斯经济中的作用、信息不对称和金融加速器下的投资、资产价格过度波动的可能性、经典的戴蒙德—戴维格（Diamond-Dybvig）银行挤兑模型，以及扩散与金融危机的宏观经济学。实证研究在宏观经济学中的地位日益重要，为了体现这一点，第 10 章中用了整整三个小节专门讨论实证应用。

本书其余部分也有很大的变化。其中变化最大的是第 12 章，增加了新的一节讨论利率零下限，这是过去十年的宏观经济发展中极其重要的问题。在第 8 章中增加了新的小节分析缓冲存货储蓄模型，这是介绍动态规划和数值方法的理想工具。第 7 章中也增加了新的小节介绍前瞻性指导之谜，明确指明了标准新凯恩斯主义模型的一些局限性。我还大幅修改了第 8 章中有关消费的大量实证研究内容，删减了不必要的或过时的内容，并修订了整章内容，力图精益求精。

我还继续花费大量精力修订了章节末尾的习题，这些习题对于加强读者对本书内容的理解、简要介绍正文内容的扩展以及鼓励读者学习重要的技能都是非常宝贵的。这些新的习题中我最喜欢的包括 1.10、2.13、3.16、6.17、7.4 和 10.10。

更多的参考资料和一般信息请参考本书的网站:www.mhhe.com/romer5e。这个网站还为教师版本提供了密码保护的习题手册。有兴趣的读者可以联系麦格劳—希尔(McGraw-Hill)的销售代表索取纸质版的手册。

本书得到了许多人的鼎力相助,是我在普林斯顿大学、麻省理工学院、斯坦福大学,尤其是加州大学伯克利分校教学的产物。我要感谢课堂上的众多学生们,感谢他们的耐心和鼓励以及提出的反馈意见。

有四个人就本书的几乎所有部分都提出了周详的建设性意见:劳伦斯·鲍尔(Laurence Ball)、A. 安德鲁·约翰(A. Andrew John)、N. 格里高利·曼昆(N. Gregory Mankiw)和克里斯蒂娜·罗默(Cristina Romer)。他们每个人的意见都对本书大有裨益,我衷心感谢他们的付出。此外,我非常感谢劳伦斯·鲍尔和肯达·哈谢(Kinda Hachem)对本书新版内容极为宝贵的指导和反馈意见。

还有许多其他人士也对本书的部分或者全部提出了宝贵的评论和建议。特此感谢 James Butkiewicz、Robert Chirinko、Matthew Cushing、Charles Engel、Mark Gertler、Robert Gordon、Mary Gregory、Tahereh Alavi Hojjat、A. Stephen Holland、Hiroo Iwanari、Frederick Joutz、Jinill Kim、Pok-sang Lam、Gregory Linden、Maurice Obtsfeld、Jeffrey Parker、Stephen Perez、Kerk Phillips、Carlos Ramirez、Robert Rasche、Joseph Santos、Peter Skott、Peter Temin、Henry Thompson、Patric Toche、Matias Vernengo、Steven Yamarik。我也非常感谢本书的广大读者写信指出书中拼写错误、不一致和含糊之处。Jeffrey Rohaly 再次为本版提供了极好的《题解指南》*。Benjamin Schuderi 对本书新版的许多内容提供了宝贵的帮助和反馈意见,更新了书中的图表并帮助校对了全书。最后,麦格劳—希尔的编辑和出版团队以其出色的工作将书稿转化为成品刊印。感谢所有这些人士的帮助。

* 与本书配套的由作者戴维·罗默指定的《罗默〈高级宏观经济学〉题解指南(第五版)》业已上市,详见封底。

目　录
CONTENTS

导 言

宏观经济学是研究经济整体的学科，因此会涉及经济学中一些最重要的问题，例如，为什么有的国家富裕，而有的国家贫穷？为什么经济会增长？经济萧条和繁荣的根源到底是什么？为什么会存在失业？哪些因素决定了失业的程度？通胀的根源是什么？政府政策会怎样影响产出、失业、通胀和增长？上述这些问题以及与之相关的其他更多问题都是宏观经济学的研究对象。

本书是高级宏观经济学的入门读物，主要目的就是讲解宏观经济学领域中的核心问题及其相关的主要理论，一方面可以帮助不打算继续深入学习宏观经济学的学生了解这一领域，另一方面也可以帮助需要继续学习高级课程并从事宏观经济学和货币经济学研究的学生打好基础。

本书涵盖了宏观经济学的主要领域，不仅包含了对经济增长问题的大量讨论，还分别用几个章节专门讨论了自然失业率、货币政策以及预算赤字的问题。对于每部分内容，本书中都详细介绍和讨论了所要研究的主要问题以及各种相关理论。全书的讨论都着眼于现实中的重大经济问题，虽然书中广泛应用了各种模型和技巧，但这些模型和技巧本身并不是目的，而应当看作是深入理解经济问题的工具。

本书的前四章讨论经济增长，着重分析了两个根本问题：为什么有的国家远远比其他国家富裕？如何解释实际收入随着时间的大幅增长？其中，第一章介绍和分析了索洛模型，并评价了该模型解答经济增长根本问题的能力。索洛模型假定技术进步是给定的，并在此基础上分析产出在消费和投资之间的分配如何影响资本积累和增长，可以说，它是所有增长分析的一个基本参照点。

第二章放松了索洛模型中储蓄率外生并且不变的假设。这一章讨论了两个模型，一个是拉姆塞(Ramsey)〔1〕模型，它假定家庭的数量是固定不变的，而另一个戴蒙德(Diamond)模型则假定存在家庭成员的新老更替。

第三章介绍了新增长理论。这一章的模型将用于生产新技术和传统商品的资源看作是固定的，认为技术进步的来源是把资源用于新技术的开发。此外，本章还

〔1〕 弗兰克·普兰顿·拉姆塞(Frank Plumpton Ramsey，1903—1930)，Ramsey 又译为拉姆齐。

讨论了资源分配的决定因素。

第四章具体讨论了跨国之间平均收入巨大差异的根源。这部分内容主要通过实证分析讨论了两个问题:第一,在既定资本数量下,物质资本积累、人力资本积累以及产出这三方面的差异如何影响跨国收入差距;第二,这些差异的决定因素有哪些。

本书的第五章到第七章讨论短期波动,即就业、失业以及产出逐年、逐季的反复波动。其中,在第五章介绍的周期模型中,经济只面临实际的扰动,而没有不完全性、外部性或者市场缺失。这一章在介绍实际经济周期理论时,不仅讨论了作用机制比较浅显易懂的基准模型,也介绍了一个较为复杂的模型,用于讨论经济波动中的其他重要特征。

第六章和第七章转向介绍凯恩斯主义经济波动模型。这些模型都是基于价格粘性的假设,即名义价格和名义工资的调整比较缓慢,并且认为货币冲击与实际冲击同等重要。第六章着重讨论了价格粘性的基本特征,介绍了价格粘性外生的基准模型,并分析了价格粘性在静态设定下的微观基础。第七章转向动态分析,首先探讨了各种不同价格调整假设在动态设定下的含义,然后介绍了价格粘性下的动态随机一般均衡周期模型,即考虑了名义价格不完全调整的一般均衡周期模型。

前七章的分析表明,消费行为与投资行为对经济增长与经济周期都有着至关重要的作用,因此,本书在第八章和第九章中进一步详细讨论了消费和投资的决定因素。这两章都是按照"先介绍基准模型、再讨论其他观点"的模式进行讲解,其中,消费问题的基准模型是永久收入假说,投资问题的基准模型是 q 理论。

消费和投资的分析自然会引导我们思考金融市场,这是第十章的主要内容,这一章探讨的话题包括金融市场及其不完美性与市场震荡。家庭储蓄的资金供给与企业投资的资金需求在金融市场上相互作用,决定了经济中产出在消费与投资之间的分配以及不同投资项目之间的资源分配;金融市场的不完美性不仅会放大经济中其他冲击的影响,其本身也会造成经济波动;金融市场震荡在极端情况下会导致金融危机乃至经济危机。

本书的第十一章转向劳动市场,着重讨论了经济中自然失业率的决定因素以及劳动需求波动对实际工资和就业的影响。这一章分析了两类模型:一是传统的效率工资和合同理论,侧重于分析哪些因素妨碍了工资下降,使劳动市场供需难以平衡;二是现代的搜索和匹配模型,强调异质性在劳动力市场中的关键作用。

本书的最后两章讨论宏观经济政策。其中,第十二章介绍货币政策和通货膨胀,首先讨论了货币增长作为通货膨胀诱因的关键作用,分析了货币增长的具体效应,然后探讨了货币政策如何用于稳定宏观经济。在讨论最优稳定化货币政策时,本章首先介绍了恰当政策目标的微观基础,然后分别分析了前瞻模型和后顾模型中的最优政策,最后讨论了政策执行中的各种问题以及名义利率零下限的经济含义。此外,本章在最后几节还探讨了短期中的产出—通胀取舍或者政府出于融资需要的货币创造如何导致过度通货膨胀。

第十三章讨论了财政政策和预算赤字的问题。这一章主要说明了政府的预算约束并介绍了对赤字的两种基本观点,即李嘉图等价和税收平滑。此外,本章还讨论了有关赤字根源的理论,这有助于了解如何使用经济分析工具来研究政治学问题。本章结尾讨论了赤字的成本，并介绍了一个主权债务危机模型。

宏观经济学既是一门理论学科，也是一门实证学科。因此，本书的理论讲解均补充了相关实证研究的示例，甚至补充的实证内容多于理论内容。然而，这些实证内容并不是要全面概括研究文献，也不是要讲解经济计量技术，其真正目的在于说明宏观经济理论可以在许多方面得到应用和检验。本书大部分有关实证内容的讨论是相当直观的，只需要读者熟悉关于基本回归分析的计量经济知识即可，少数实证内容涉及了计量经济学中较为高级的技术思想，但本书的处理都比较自然。

本书各章末尾附有大量习题，这些习题有的是课文内容的简单变形，有的则是课文内容的引申，可以用于探讨很多重要的经济问题。因此，这些习题既可以加深读者对课文内容的理解，也可以通过简单实在的方式拓展课文内容。

作为高级宏观经济学的入门教程，本书有两大特点。首先，本书使用了一系列规范的模型讲解并详细介绍了相关理论。模型总是提取出现实中的特定现象并分别研究它们的重要性，从而让我们分清经济中不同要素的意义以及它们之间的相互作用，因此，借助模型可以严密地讨论提出的理论是否可以回答特定的经济问题，以及通过这些理论是否可以更好地预测经济行为。

本书一共涵盖了几十种模型，之所以介绍这么多模型，主要原因在于我们想要讨论的经济问题很多，而对某一问题来说至关重要的经济特征可能对其他问题来说并不重要。例如，货币肯定是通胀的核心问题，但它对长期增长并不重要，在增长模型中引入货币只会使分析变得令人费解。正因如此，本书没有试图建立一个唯一的模型来分析所有感兴趣的问题，而是讨论了一系列的模型。

本书介绍大量模型的另一个原因是，经济学家们对本书中讨论的许多问题都存在着巨大的分歧。当某一问题存在这种分歧时，本书主要介绍主流的观点并讨论其各自的优缺点。由于不同的理论强调的经济特征不同，因此研究各种不同的模型相比研究一个包罗万象的模型来讲更富有启发意义。

本书作为高级教程的另一个特点是，要求读者要有一定的数学和经济学基础。数学用简洁的方式表达观点，是分析问题的强大工具，因此本书中的模型主要使用数学语言进行介绍和分析。对数学的要求主要包括透彻理解单变量微积分，初步掌握多变量微积分，并且能够熟练运用函数、对数、导数和偏导数、约束优化以及泰勒展开等数学工具。此外，本书还假定读者了解概率论的基本概念，如随机变量、均值、方差、协方差以及独立性等。

除此之外，本书对数学功底没有更高的要求，虽然书中偶尔使用更高级的工具（如简单的差分方程、变分法以及动态规划），但都在使用时作了较为清晰的说明。由于数学技巧对于宏观经济学的深入学习和研究是必不可少的，因此为了说明如何运用某些数学方法，本书对模型的分析经常会特别详细。

在经济学功底方面，本书假定读者掌握了中级水平的微观经济学，熟悉利润最大化、效用最大化、供给和需求、均衡、效率以及竞争性均衡的福利性质等概念。此外，读者对宏观经济学本身也需要有所了解。没有学过宏观经济学的读者可能会发现书中的某些概念和术语比较难以理解，跟不上学习进度，这些读者可能需要在学习本书前先复习一下中级宏观经济学的知识，或者在学习本书的同时阅读一本中级教材。

本书是为一年级研究生编写的宏观经济学教程,但同时也适用于专业学校或者高级本科项目中数学和经济学功底较强的学生(既可单独使用,也可以配合中级教程使用)。此外,本书还可以为非宏观经济学专业的经济学家和其他感兴趣的读者提供一个了解宏观经济学领域的窗口。

1 索洛增长模型

1.1 经济增长的一些基本事实

在过去的几个世纪里，工业国家的生活水平已经达到了极高的程度，这在我们的祖辈看来恐怕是难以想象的。虽然与以前的生活水平进行对比并不容易[1]，但现有的资料仍可以证明，在美国和西欧，当前的平均实际收入比一个世纪以前高出5～20倍，比两个世纪前要高出15～100倍。

从全世界范围看，这种经济增长也绝不缓慢，实际上，在现代历史的大部分时间内，增长都在持续加速。工业国家的平均增长率在20世纪要远比19世纪高，而19世纪又显著高于18世纪。另外，在工业革命前夕，即使是最富有的国家，其平均收入也并不比维持生存的水平高出多少，这说明在工业革命之前的上千年里平均增长必定是非常低的。

然而，近几十年的增长明显不同于上述持续加速的增长模式。20世纪70年代初以来，美国以及其他工业国家人均产出的平均年增长率已经比早期水平降低了约1个百分点，虽然在90年代后期有一次短暂回调，但在过去的十年中降得更低了。目前还不清楚近年来的低增长是否会持续下去。

另一方面，世界各地的生活水平也存在着巨大的差异，例如，像美国、德国和日本这样的国家，其平均实际收入要比孟加拉国与肯尼亚这样的国家高出约15倍[2]。而且随着全球经济增长，跨国收入差距也在不断变化，个别国家的增长通常与全球平均增长十分不同，换句话说，国家间的相对收入经常有较大的变化。

关于相对收入的巨变，最惊人的例子就是增长奇迹与增长灾难。增长奇迹是指一个国家的增长在长期中远远高于世界平均水平，从而导致该国在世界收入分

---

[1] 麦迪逊课题组[见博尔特和范赞登(Bolt and van Zanden，2014)]估算了世界各地平均实际收入的长期数据。长期增长趋势的不确定性主要不是来自名义收入，而是来自从名义收入数据中估计实际收入时所必需的价格指数。由于理论和实践上的困难，传统的价格指数都没有针对产品质量变化以及新商品引入进行调整。参见诺德豪斯(Nordhaus，1997)和布希金、达尔伯格、戈登、格里利兹、乔根森(Boskin、Dulberger、Gordon、Griliches、Jorgenson，1998)对相关问题的经典讨论以及关于传统价格指数偏差的分析。

[2] 实际收入的跨国比较虽然比跨期比较容易许多，却也绝不是轻而易举的。实际收入的跨国数据主要来源于佩恩世界表(Penn World Tables)。最新数据以及说明文档可以从网站得到，www.rug.nl/ggdc/productivity/pwt.

布中的排名迅速上升。增长奇迹的著名案例包括日本以及东亚新兴工业化国家和地区(简称 NIC)——韩国、中国台湾、新加坡和中国香港。从 20 世纪 60 年代到 90 年代,这些新兴工业化国家的年均收入增长率都超过了 5 个百分点,其结果就是它们对美国的相对平均收入大约增长了 4 倍。

与此相对应,增长灾难则是指一个国家的增长远远低于世界平均水平的现象。增长灾难有两个迥然不同的案例,分别发生在阿根廷和撒哈拉以南的众多非洲国家。在 1900 年,阿根廷的平均收入仅仅略低于世界主要国家,并且极有可能成为主要的工业化国家,但从那以后,它的经济表现十分惨淡,如今它在世界收入分布中已经接近中间位置;而撒哈拉以南的非洲国家如尼日尔、几内亚和中非等则是在其整个历史上始终处于极度贫穷的状态,从未取得过任何持续的平均收入增长。因此,尽管全世界的平均收入已经稳步上升,但这些国家的平均收入一直处在维持生存的水平。

与上述例子相比,其他国家的增长模式则更加复杂。例如科特迪瓦,它在 20 世纪 70 年代曾被誉为非洲的增长模范,1960~1978 年,其人均实际收入年平均增长率达到了 3.2%,然而在接下来的 30 年间,它的平均收入从未增加过,至今仍低于美国 1960 年的水平。另一个例子是墨西哥,在 20 世纪 50 年代到 70 年代,它的平均增长非常快,而在 80 年代的大部分时间里却是负增长,并且此后的增长一直比较平缓,在 90 年代中期还曾经历过一次严重的短暂停滞。

从最近几百年的情况来看,国家之间的平均收入差距已经明显扩大了。在工业革命早期,即便最富有的国家的平均收入也并不比维持生存的水平高出多少,这个事实说明当时世界各地的平均收入差距要比今天小很多[参见普利切特(Pritchett,1977)]。不过,在过去的几十年间,收入水平的走势并没有表现出明显的趋同或者分化。

总的来说,不同国家和不同时期的其生活水平都存在着巨大的差异。这一事实对人类福祉具有十分重大的意义,因为收入上的差距意味着营养状况、文化水平、婴儿死亡率、预期寿命以及其他福利指标的明显差距。一般来说,长期增长对福利的影响会超过短期波动的影响,但遗憾的是,传统的宏观经济学却习惯于关注短期波动。以美国为例,萧条通常会导致实际人均收入比平时下降几个百分点,然而,20 世纪 70 年代初出现的增长减速却使得其实际人均收入比正常情况减少约 35%。再看肯尼亚的例子,如果肯尼亚的实际人均收入保持 1960~2014 年 1%的平均增长水平,那么它要 400 年才能赶上美国目前的收入水平;如果它能实现 3%的年增长率,则这个追赶时间会减少到 100 年;而如果它能像新兴工业国家那样实现 5%的增长,这个追赶过程将只需要 60 年,这个结果是十分惊人的。罗伯特·卢卡斯(Robert Lucas,1988)曾经说过:“人们一旦开始思考(经济增长)这个问题,就再也不会去想其他事情。”

因此,本书的前四章将讨论经济增长问题。我们将学习几个增长模型,并探讨这些模型的技术细节,但我们的目标是通过这些模型来学习如何看待世界范围的增长以及跨国收入差异。实际上,研究经济增长的最终目的是为了探索是否可以全面加快增长,或者使穷国的生活水平更接近先进的国家。

本章着重讨论一个简单明了的模型,即索洛增长模型[1]。分析增长问题时,索洛模型是极好的出发点,即便是那些与索洛模型截然不同的模型,也常常需要通过与索洛模型进行比较之后才可以更好地领会,因此理解索洛模型是理解各种增长理论的关键。

索洛模型的主要结论是,不论是人均产出随着时间大幅增长,还是人均产出在不同地区间存在巨大差异,都难以用实物资本的积累来进行解释。具体来说,如果资本积累仅仅通过传统渠道来影响产出,即资本直接作用于生产过程并按照其边际产品得到报酬,那么,索洛模型表明,资本投入上的差异远远不足以解释我们一直想弄清楚的实际收入差异。而对于实际收入差异的其他可能来源,索洛模型要么将其当作外生的从而不必解释(例如技术进步),要么就干脆不予考虑(例如资本的正外部性)。因此,要解决增长理论的核心问题,绝不能只靠索洛模型。

在这种条件下,第二章到第四章扩展并修正了索洛模型。第二章重点讨论了储蓄和投资的决定因素。索洛模型把储蓄率看作外生的常数,不对其进行优化,而在第二章给出的两个模型中,储蓄则是内生的,并且可以随时间变化。其中,在第一个模型中,具有无限寿命的家庭构成一个固定的集合,并做出储蓄和消费决策。而在第二个模型中,这些决策是由具有有限寿命的家庭做出的。

放宽索洛模型中储蓄率不变的假设有三大好处:第一,这证明了在索洛模型中,增长理论核心问题的结论并不依赖于储蓄率不变的假设,这对于研究增长问题来说是至关重要的;第二,我们可以在此基础上探讨福利问题,如果在模型中直接设定了总体变量之间的关系,我们就无法判断某些结果是否比其他结果更好,因为一旦离开了经济个体,我们就无法判断不同结果使个体福利改善还是受损。放宽假设后建立的无限期模型与世代交叠模型是基于个体行为的,因此可以用于讨论福利问题;第三,无限期模型与世代交叠模型还可以用于研究经济增长以外的许多其他经济学问题,是十分有价值的工具。

与第二章相比,第三章和第四章与索洛模型的区别则更大,对于增长理论的核心问题来说,这两章的模型都给出了完全不同于索洛模型的答案。第三章不再像索洛模型那样把技术进步看作是外生的,而是把它看作是将资源用于技术创新的结果。我们将在这一章讨论这种内生技术进步对经济增长的意义以及创新活动中资源配置的决定因素。

第三章的主要结论是,内生技术进步对全球经济增长具有十分关键的作用,但是却可能与跨国收入差距毫无关系。我们发现,要想理解收入差距就离不开两个新的要素,即资本的差异(包括人力资本和实物资本)以及与技术无关的生产率差异。因此,第四章的重点就是基于这两个新的要素来具体地分析收入差距问题,以及这些要素在各国存在差别的可能原因。

下面,我们回到对索洛模型的介绍。

---

[1] 索洛模型有时又称为索洛—斯旺模型,它是由罗伯特·索洛(Robert Solow,1956)和 T. W. 斯旺(T. W. Swan,1956)共同建立的。

1.2 假 设

投入与产出

索洛模型包括四个变量:产出(Y)、资本(K)、劳动(L)以及“知识”或“劳动效率”(A)。在任意时刻,经济中总是同时存在一定量的资本、劳动和知识,这些要素结合起来就促成了产品的生产。生产函数的形式为:

$$Y(t)=F(K(t),A(t)L(t)), \tag{1.1}$$

其中 t 表示时间。

值得注意的一点是,时间并不直接进入上述生产函数,而是通过 K、L 和 A 进入的;也就是说,只有当投入生产的要素随时间变化时,产出才会随时间变化。特别是在既定资本和劳动量的条件下,只有当知识量(A)不断增加,即存在技术进步时,产出才会随时间增加而增加。

另一个需要注意的是,在这里 A 和 L 是以相乘的方式进入生产函数的,AL 称为有效劳动,以这种方式引入的技术进步又称为是劳动增强的或者哈罗德中性的[1]。A 进入生产函数的这种设定方式与模型的其他假设组合在一起就意味着,资本产出比 K/Y 最终将稳定下来。而事实上,资本产出比在长期中的确并不存在任何明显的上升或者下降的趋势。另外,在建立模型时,让这个比率趋于常数将大大简化对问题的分析。总的来说,假设 A 与 L 相乘是十分方便的。

索洛模型的核心假设包含两个方面,分别为对生产函数的假设以及对三种投入要素(资本、劳动和知识)变动特点的假设。下面我们就对这些假设依次进行讨论。

关于生产函数的假设

索洛模型中关于生产函数的关键假设是,该函数对其两个自变量(资本和有效劳动)是规模报酬不变的。换句话说,如果资本和有效劳动的数量翻倍(例如,保持 A 不变,并让 K 和 L 翻倍),则产量也将翻倍。更抽象的说法是,对两个自变量乘以任意非负常数 c 将导致产出发生同比例变化:

$$F(cK,cAL)=cF(K,AL),\quad 任意\ c\geqslant 0。 \tag{1.2}$$

为了方便理解,我们可以把规模报酬不变的假设看作是另外两个独立假设的有机结合。其中第一个假设是,经济规模已经足够大,使得专业分工的好处已经得到最大限度的利用。试想一下,如果是一个很小的经济体,专业分工可能不足,那么,其中可能存在进一步分工的机会,从而使得双倍的资本和劳动可以生产出多于双倍的产出。而索洛模型假设,新的投入要素的使用方式要与原有投入要素完全一样,使得产出刚好翻倍,因此,其中暗含着经济规模已经足够大的假设。

另一个假设是,相对于资本、劳动和知识来说,其他投入要素并不重要。这里

---

〔1〕 如果知识进入生产函数的形式为 $Y=F(AK,L)$,则技术进步是资本增强的。如果进入形式为 $Y=AF(K,L)$,则技术进步是希克斯中性的。

特别要指出的是，索洛模型忽略了土地和其他自然资源的作用。如果自然资源比较重要，那么，双倍的资本和劳动投入可能无法使产出翻倍，但实际上我们将会在1.8节中讲到，有限的自然资源并不是增长的主要约束。因此，只需要假定生产函数对资本和劳动规模报酬不变，就可以比较合理的近似描述生产函数了。

假定规模报酬不变的一个好处就是，方便我们使用生产函数的紧凑形式(intensive form)。在方程(1.2)中，令 $c=1/AL$ 可得：

$$F\left(\frac{K}{AL},1\right)=\frac{1}{AL}F(K,AL). \tag{1.3}$$

这里 K/AL 是单位有效劳动的平均资本量，而 $F(K,AL)/AL$，即 Y/AL，就是单位有效劳动的平均产出。我们定义 $k=K/AL$，$y=Y/AL$，以及 $f(k)=F(k,1)$，那么(1.3)就可以写为：

$$y=f(k). \tag{1.4}$$

即我们可以把单位有效劳动的平均产出写成是单位有效劳动的平均资本量的函数。

实际上，k 和 y 这些新变量本身并不重要，但却是我们了解其他重要变量的有效工具。后面我们将发现，分析这个模型最简单的办法不是直接去观察生产函数中自变量 K 与 AL 的变动，而是重点关注 k 的变动。例如，我们把工人的平均产出 Y/L 写成 $A(Y/AL)$ 或者 $Af(k)$，然后就可以通过 A 和 k 的变动情况来确定 Y/L 的变动。

要想理解(1.4)式的直观意义，可以想象把经济划分成 AL 个小经济体，其中每个小经济体包含有1单位的有效劳动和 K/AL 单位的资本，由于生产函数规模报酬不变，因此，每个小经济体的产出都是原有大经济体总产出的 $1/AL$。可见，单位有效劳动的平均产出量仅仅依赖于单位有效劳动的平均资本量，而与经济的总规模无关。方程(1.4)就是这一思想的数学表达形式。

这里我们要假定生产函数的紧凑形式 $f(k)$ 满足 $f(0)=0$、$f'(k)>0$ 以及 $f''(k)<0$。[1] 由$F(K,AL)=ALf(K/AL)$可得，资本的边际产出$\partial F(K,AL)/\partial K=ALf'(K/AL)(1/AL)=f'(k)$，因此假定 $f'(k)$ 为正以及 $f''(k)$ 为负则意味着，资本的边际产出为正，并且资本的边际产出随着资本量的增加而下降。此外，还要假定 $f(\cdot)$ 满足稻田条件(Inada, 1964)，即 $\lim_{k\to 0}f'(k)=\infty$，$\lim_{k\to\infty}f'(k)=0$。具体来说，稻田条件(它实际上比模型核心结论成立所必须的条件要强)就是要求，当资本存量极小时，资本的边际产出要很大；而当资本存量极大时，资本的边际产出要很小，稻田条件的作用是保证经济的路径不会发散。图1.1所示即为一个满足 $f'(\cdot)>0$，$f''(\cdot)<0$ 以及稻田条件的生产函数。

柯布—道格拉斯(Cobb - Douglas)生产函数是满足上述所有条件的一个具体例子：

$$F(K,AL)=K^{\alpha}(AL)^{1-\alpha},\quad 0<\alpha<1. \tag{1.5}$$

这个生产函数便于分析，并且可以看作实际生产函数的一个良好的初步近似，因此得到了广泛应用。

---

[1] $f'(\cdot)$表示 $f(\cdot)$的一阶导数，$f''(\cdot)$表示 $f(\cdot)$的二阶导数。

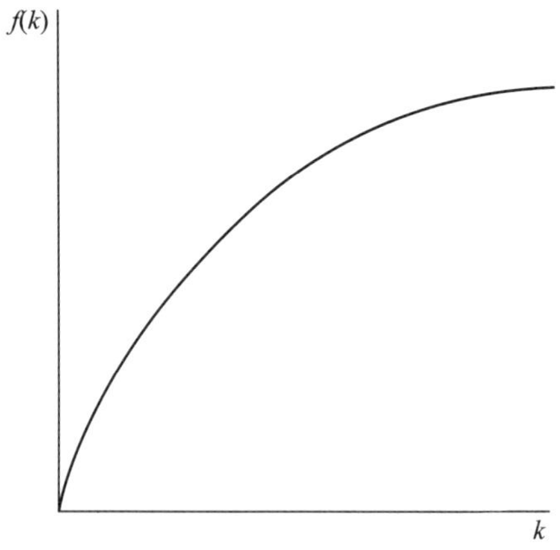

图 1.1　生产函数示例

我们可以很容易证明柯布—道格拉斯函数是规模报酬不变的。对两种投入同乘以 c 可得：

$$\begin{aligned}F(cK,cAL)&=(cK)^{\alpha}(cAL)^{1-\alpha}\\&=c^{\alpha}c^{1-\alpha}K^{\alpha}(AL)^{1-\alpha}\\&=cF(K,AL).\end{aligned}\tag{1.6}$$

对稻田条件的验证也十分简单。首先，对两种投入同时除以 AL 即得到生产函数的紧凑形式：

$$\begin{aligned}f(k)&\equiv F\left(\frac{K}{AL},1\right)\\&=\left(\frac{K}{AL}\right)^{\alpha}\\&=k^{\alpha}.\end{aligned}\tag{1.7}$$

根据方程(1.7)可以得到 $f'(k)=\alpha k^{\alpha-1}$，显然，这个表达式为正，并且当 k 趋于 0 时它趋于无穷大。最后，$f''(k)=-(1-\alpha)\alpha k^{\alpha-2}$，这个表达式显然为负。〔1〕因此，柯布—道格拉斯函数也满足稻田条件的要求。

关于投入要素变化的假定

除了对生产函数的假定外，模型还对资本、劳动和知识这三个存量如何随时间变化方面进行了假定。第一，模型中假定时间是连续的，也就是说，模型中的变量在每一个时间点都是有定义的。〔2〕

〔1〕注意：对于柯布—道格拉斯函数而言，劳动增强型、资本增强型或者希克斯中性技术进步(见本书第 8 页脚注〔1〕)实际上都是一样的。例如，只需定义 $\widetilde{A}=A^{1-\alpha}$，就可以把(1.5)式写成希克斯中性技术进步的形式，即 $Y=\widetilde{A}(K^{\alpha}L^{1-\alpha})$。

〔2〕另一种形式是离散时间，即变量仅仅在特定的时期(通常 $t=0,1,2,\cdots$)是有定义的。通常根据研究的便利性来选择使用连续时间或是离散时间。比如，索洛模型在离散时间下的意义与在连续时间下并没有本质的区别，但是在连续时间下更便于分析。

第二，资本、劳动和知识的初始值是事先给定的，并且假定严格大于零，而劳动和知识都是按固定比率增长的：

$$\dot{L}(t)=nL(t), \tag{1.8}$$

$$\dot{A}(t)=gA(t). \tag{1.9}$$

其中 n 和 g 是外生参数，变量上加点表示其对时间的导数[即，$\dot{X}(t)$代表 $dX(t)/dt$ 的简写形式]。

变量的增长率是指其变化的比率，也就是说，X 的增长率是指 $\dot{X}(t)/X(t)$。所以，方程(1.8)意味着 L 的增长率是常数 n，方程(1.9)意味着 A 的增长率是常数 g。

变量的增长率有一个重要的性质，即变量的增长率与其自然对数的变化率相等，也就是说，$\dot{X}(t)/X(t)$等于 $d\ \ln X(t)/dt$。由于 $\ln X$ 是 X 的函数，而 X 是 t 的函数，我们可以根据链式法则证明这个性质：

$$\begin{aligned}\frac{\mathrm{d}\ln X(t)}{\mathrm{d}t}&=\frac{\mathrm{d}\ln X(t)}{\mathrm{d}X(t)}\frac{\mathrm{d}X(t)}{\mathrm{d}t}\\&=\frac{1}{X(t)}\dot{X}(t).\end{aligned} \tag{1.10}$$

我们把“变量增长率等于其对数的变化率”这一性质应用到方程(1.8)和(1.9)中，则可以得到，L 和 A 的对数变化率都是常数，并且分别等于 n 和 g。因此，

$$\ln L(t)=[\ln L(0)]+nt, \tag{1.11}$$

$$\ln A(t)=[\ln A(0)]+gt, \tag{1.12}$$

其中 $L(0)$和 $A(0)$分别是 L 和 A 在 $t=0$ 时的值。上述两个方程还可以写成指数函数的形式，即：

$$L(t)=L(0)e^{nt}, \tag{1.13}$$

$$A(t)=A(0)e^{gt}, \tag{1.14}$$

因此我们前面的假设还意味着，L 和 A 各自按指数进行增长。[1]

我们还假设，总产出分别用于消费和投资，从而投资等于 $Y(t)-C(t)$，其中 C 表示消费；用于投资的每单位产出可获得一单位的新资本，而现有资本按折旧率 δ 进行折旧。上述假设意味着：

$$\dot{K}(t)=[Y(t)-C(t)]-\delta K(t). \tag{1.15}$$

模型中并没有对 n、g 和 δ 分别施加约束，但假定了三者之和为正。

除了说明产出如何在消费和投资之间分配之外，我们现在已经对索洛模型的其他部分进行了描述。迄今为止，当下已有的模型设定，索洛模型与第二章 A 部分中的拉姆塞—卡斯—库普曼斯模型是完全相同的，并且，除了时间设定上是连续

〔1〕 增长率的其他基本性质可参考习题 1.1 和 1.2。

时间而非离散时间之外,目前的模型也与第二章B部分中的戴蒙德世代交叠模型相同。也就是说,这三大模型的唯一重大区别就在于产出如何用于消费和投资的假设。在拉姆塞—卡斯—库普曼斯模型和戴蒙德模型中,产出的分配由竞争市场中经济个体的最优行为内生决定,相反,在索洛模型中,产出的分配是外生给定的,即用于投资的产出比例是外生不变的常数。因此,令 s 表示用于投资的比例,即可得到:

$$\dot{K}(t)=sY(t)-\delta K(t),\quad 0<s\leqslant 1. \tag{1.16}$$

以上就是索洛模型的完整描述。

由于索洛模型是我们遇到的第一个模型(后文还有很多),因此有必要在此对其建模方面进行一定的评论。首先,在索洛模型中,许多方面都被大大简化了,例如:模型中只有一种产品;没有政府;忽略就业波动;生产过程由一个只有三种投入品的总产出函数刻画;储蓄率、折旧率、人口增长率以及技术进步率都是固定的等。上述这些特征另一方面也可以理解为模型的缺陷,因为模型遗漏了很多现实世界中的明显特征,而这其中的某些特征很有可能对增长十分重要。

然而,模型的目标并不是要保证真实,毕竟我们已经有了一个完全真实的模型,即现实世界本身,只不过这个“模型”过于复杂,复杂到难以理解,因此模型的真正目标应该是帮助我们理解世界的某些特定现象。如果一个简化模型的假设使得该模型对所探讨的问题给出了错误的答案,那说明缺乏真实性可能的确是一种缺陷(即便如此,这种简化仍可以作为参照点,因为它恰恰说明了那些被忽略的特征在理想环境下十分重要)。反之,如果这种简化并不会导致模型对所探讨的问题给出错误答案,那缺乏真实性就是一个优点:通过明确地提取出感兴趣的经济过程及其相应的影响,使问题得到简化从而更加易于理解。

为了具体地说明上述观点,可以思考索洛模型的最后一个假设,即储蓄率是外生不变的常数。如果我们想要分析某一影响个体偏好的政策会如何改变总储蓄率,那么这个假设显然有些过于简单,因为储蓄率外生不变意味着它对任何其他因素都不会有反应。然而,如果我们的目标是探讨提高投资产出比会产生什么影响,那么这个假设就可以让我们直接研究这个比例,从而很好地简化分析。虽然储蓄率外生不变的假设根本不符合现实,但是在这种情况下它也是一个很好的假设。

1.3 索洛模型的动态变化

了解了模型的基本假定之后,我们将进一步研究模型中的经济行为。根据前面的分析可知,在生产过程的三种投入品中,劳动和知识的变化已经看作是外生给定的,因此,为了完整刻画经济行为,我们必须要对第三种投入品即资本的变化进行分析。

k 的动态变化

由于经济总量会随着时间不断增长,因此着眼于分析单位有效劳动的平均资本存量 k 就要比分析未经调整的资本存量 K 容易得多。由 $k=K/AL$,利用链式法则可得:

$$\begin{aligned}\dot{k}(t)&=\frac{\dot{K}(t)}{A(t)L(t)}-\frac{K(t)}{[A(t)L(t)]^2}[A(t)\dot{L}(t)+L(t)\dot{A}(t)]\\&=\frac{\dot{K}(t)}{A(t)L(t)}-\frac{K(t)}{A(t)L(t)}\frac{\dot{L}(t)}{L(t)}-\frac{K(t)}{A(t)L(t)}\frac{\dot{A}(t)}{A(t)}.\end{aligned} \tag{1.17}$$

K/AL 就是 k；根据方程(1.8)和(1.9)，$\dot{L}/L$ 和 $\dot{A}/A$ 分别等于 n 和 g；而 $\dot{K}$ 由(1.16)式给定。将上述条件代入(1.17)式即得：

$$\begin{aligned}\dot{k}(t)&=\frac{sY(t)-\delta K(t)}{A(t)L(t)}-k(t)n-k(t)g\\&=s\frac{Y(t)}{A(t)L(t)}-\delta k(t)-nk(t)-gk(t).\end{aligned} \tag{1.18}$$

最后，根据 $Y/AL=f(k)$ 即可得到：

$$\dot{k}(t)=sf(k(t))-(n+g+\delta)k(t). \tag{1.19}$$

方程(1.19)是索洛模型的关键方程，它表明了单位有效劳动平均资本存量的变化率是以下两项之差：第一项是 $sf(k)$，由于单位有效劳动的平均产出是 $f(k)$，其中用于投资的比例是 s，因此这一项即为单位有效劳动的实际投资；第二项是 $(n+g+\delta)k$，也叫持平投资，它代表了使得 k 保持在现有水平所需要的投资量。为了防止 k 不断减少，追加一定数量的投资是必要的，其理由有两点：一是现有资本会折旧，折旧的这部分资本必须得到补偿才能防止资本存量下降，这就是(1.19)式中的 δk 项；二是有效劳动的数量在增加，因此仅仅保持资本存量 K 不变的投资（即补偿折旧的投资）并不足以保持单位有效劳动的平均资本存量 k 不变。实际上，由于有效劳动数量的增长率为 $n+g$，资本存量的增长率也必须是 $n+g$ 才能保持 k 不变，[1]这就是(1.19)式中的 $(n+g)k$ 项。

根据上述分析可知，若单位有效劳动的实际投资超过所需的持平投资，k 会上升；若实际投资小于持平投资，k 会下降；而当两者相等时，k 则保持不变。

图 1.2 把 $\dot{k}$ 表达式中的两项分别表示为 k 的函数，其中持平投资 $(n+g+\delta)k$ 与 k 成正比，而实际投资 $sf(k)$ 等于一个常数乘以单位有效劳动的平均产出。

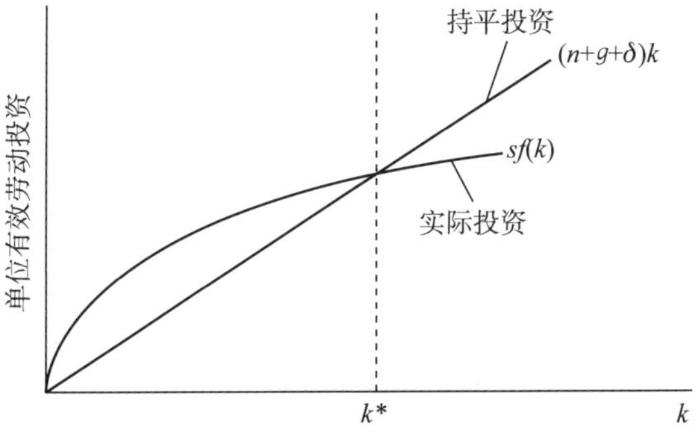

图 1.2 实际投资与持平投资

〔1〕 有效劳动数量 AL 的增长率等于 $n+g$，这是由“两个变量之积的增长率等于其各自增长率之和”这一性质得来的。参见习题 1.1。

由于 $f(0)=0$,因此实际投资和持平投资在 $k=0$ 时是相等的。而稻田条件意味着当 $k=0$ 时,$f'(k)$很大,因此在 k 的值较小时曲线 $sf(k)$要比$(n+g+\delta)k$ 线更为陡峭,也即实际投资大于持平投资。稻田条件还意味着 $f'(k)$随着 k 的增大会逐渐趋于零,因此在达到某一点之后,实际投资曲线的斜率将会低于持平投资曲线的斜率,这时由于 $sf(k)$曲线比$(n+g+\delta)k$ 曲线更为平缓,两者最终将会相交。最后,$f''(k)<0$ 意味着两条线在 $k>0$ 时只会相交一次,我们可以用 k^* 来表示实际投资与持平投资相等时的 k 值。

上述内容如果用图形来表示则如图 1.3 所示,其中 $\dot{k}$ 即为图中两条曲线的距离。如果 k 一开始比 k^* 小,则实际投资会超过持平投资,因而 $\dot{k}$ 为正,即 k 会上升;相反,如果 k 一开始大于 k^*,则 $\dot{k}$ 为负,即 k 会下降;只有当 k 等于 k^* 时,$\dot{k}$ 为零,即 k 保持不变。可见,不论 k 始于何处,它总会收敛于 k^*。[1]

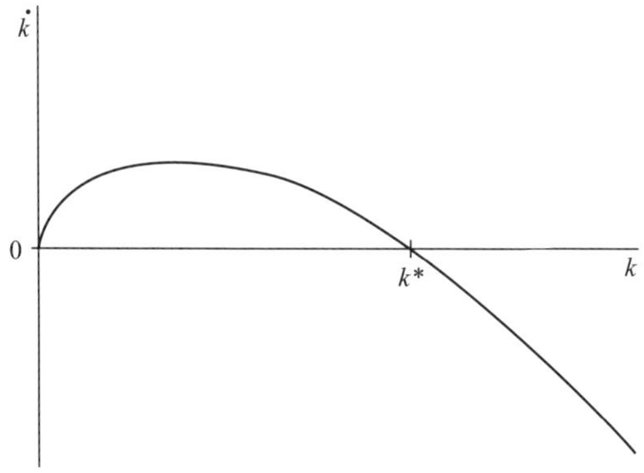

图 1.3　索洛模型中 k 的相图

平衡增长路径

既然 k 总是会收敛于 k^*,那么人们自然会问:当 k 等于 k^* 时,模型中的各变量会如何变动?根据假设,劳动和知识的增长率分别是 n 和 g;资本存量 K 等于 ALk,由于 k 在 k^* 处不变,因此 K 的增长率为 $n+g$(即 $\dot{K}/K=n+g$);由于资本和有效劳动的增长率都是 $n+g$,根据规模报酬不变的假设可以得到,产出 Y 也同样按照这一比率进行增长;最后,工人平均资本 K/L 以及工人平均产出 Y/L 的增长率为 g。

总的来说,索洛模型表明,不论起点位置在何处,经济总是收敛于平衡增长路径,即模型中每个变量的增长率都是常数的情况,并且在平衡增长路径上,工人平均产出的增长率是由技术进步率唯一确定的。[2]

---

〔1〕 如果 k 的初值为零,那么它会始终停在那里,但假设 K,L 和 A 的初值严格为正已经排除了这种可能性。

〔2〕 索洛模型的平衡增长路径可以相对合理地刻画近一个多世纪以来美国经济和其他许多主要工业经济的大致情况,即劳动、资本和产出的增长率大体保持不变,产出和资本的增长率基本相等(因此资本—产出比近似为常数)并且大于劳动的增长率(因此工人平均产出和工人平均资本一直在上升)。正是由于这些特征,上述经济常常被认为是处于平衡增长路径上的索洛经济。但是,琼斯(Jones,2002)证明了,在这些经济中,决定平衡增长路径上收入水平的影响因素其实变动很大,因此这些与索洛模型平衡增长路径相似的特点是有误导性的。我们将在 3.3 节继续讨论这个问题。

1.4 储蓄率变化的影响

在索洛模型中，政策最能触及的参数就是储蓄率，政府购买中消费品和投资品的比例、政府收入中来源于税收和借款的比例以及对储蓄和投资的课税等都有可能影响产出中用于投资的比例，即储蓄率。因此，我们有必要考察一下储蓄率变化对模型的影响。

为了这一目的，我们将考虑一个处于平衡增长路径上的索洛经济，并假设 s 出现一次永久性的增加。这种设定除了能分析模型中储蓄的作用之外，还能说明当经济不在平衡增长路径时该模型的动态变化。

对产出的影响

s 的增加会使实际投资曲线向上移动，从而使 k^* 上升，如图 1.4 所示，但 k 的这种变化并不是瞬间实现的。一开始，k 仍然等于原来的 k^* 值，但在这一水平上，实际投资是超过持平投资的，即用于投资的资源多于维持 k 不变所需的水平，因此 $\dot{k}$ 为正数，k 会开始上涨并一直上涨到新的 k^* 值，此后 k 会在这个新的 k^* 值上保持不变。

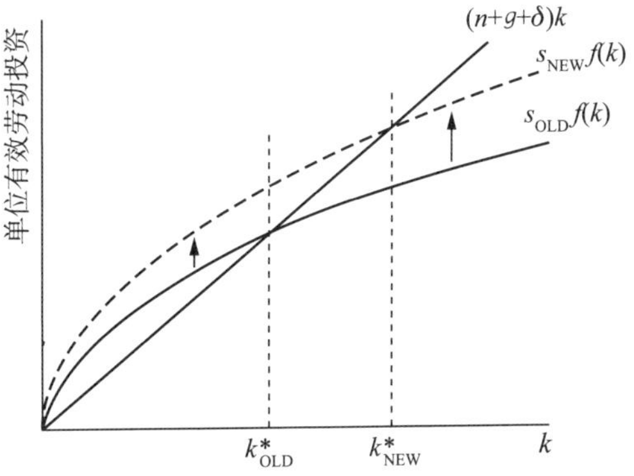

图 1.4　储蓄率上升对投资的影响

图 1.5 中的前三幅小图即描绘了上述结论。t_0 表示储蓄率出现增加的时刻，根据假设，s 在时刻 t_0 突然上升并在此后保持不变。s 的突然增加使实际投资严格大于持平投资，因此 $\dot{k}$ 将从 0 跳跃至一个严格为正的值，而 k 则从原来的 k^* 值逐渐上升至新的 k^* 值，与此同时 $\dot{k}$ 也随之逐渐回到零值。〔1〕

除此以外，工人平均产出 Y/L 的变化也是我们所感兴趣的。Y/L 等于 $Af(k)$，因此当 k 保持不变时，Y/L 的增长率为 g，即 A 的增长率；当 k 上升时，Y/L 的增长来自 A 和 k 两方面的增加，因此其增长率会大于 g；而当 k 到达新的 k^* 值时，又变为只有 A 带来 Y/L 的增长，因此 Y/L 的增长率会再次回到 g。因此，储蓄率的永久增加仅会导致工人平均产出增长率的暂时增加，k 经过一段时间的

---

〔1〕 若储蓄率增加的幅度较大，$\dot{k}$ 有可能在 t_0 之后先上升一段时间后才开始降回零值。

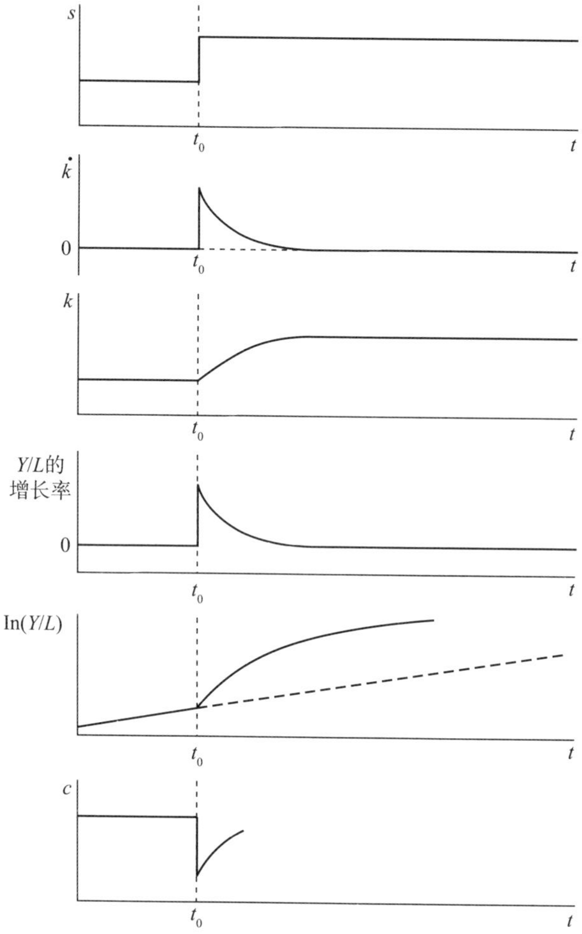

图 1.5　储蓄率上升的影响

上升后最终会达到一个更高的水平,这时增加的储蓄将全部用于维持 k 的这一较高水平。

图 1.5 中的第四幅和第五幅小图即描述了工人平均产出在储蓄率增加后的变化情况。工人平均产出的增长率一开始是 g,然后在时刻 t_0 突然上涨,但随后又逐渐回到初始值。因此,工人平均产出从 t_0 时刻开始上升并超过其原路径,然后逐渐稳定到一个与原路径平行的较高路径上。[1]

总之,储蓄率的变化只具有水平效应,但没有增长效应:它改变了经济的平衡增长路径,从而改变了工人平均产出在任一时点上的水平,但它并不影响工人平均产出在平衡增长路径上的增长率。实际上,在索洛模型中,只有技术进步率的变化才具有增长效应,所有其他参数的变化都只有水平效应。

---

〔1〕 由于变量的增长率等于其对数的时间导数,因此用对数值表示的图形通常比用原值表示的图形更容易解释。例如,如果变量的增长率为常数,那么把该变量的对数表示为时间的函数则反映为一条直线。因此,图 1.5 中使用了工人平均产出的对数值而不是原值。

对消费的影响

如果把家庭引入到模型中，那么，他们的福利将取决于消费而不是产出，而投资仅仅是将来生产中的一种投入品。在这种条件下，我们更需要关心的应该是消费的变化而不是产出。

我们已经知道，单位有效劳动的平均消费等于单位有效劳动的平均产出 $f(k)$ 乘以产出中用于消费的比例 $1-s$，由于 s 在 t_0 时刻并不是连续变化的，而 k 却是连续变化的，因此，单位有效劳动的平均消费在一开始会突然下降。然后，随着 k 不断上升而 s 保持在较高水平，消费将逐渐上升，如图 1.5 中最后一幅小图所示。

至于消费是否会最终超过 s 上升前的水平，这个答案并不是一目了然的。我们令 c^* 表示平衡增长路径上单位有效劳动的平均消费，那么，c^* 就等于单位有效劳动的平均产出 $f(k^*)$减去单位有效劳动的平均投资 $sf(k^*)$。在平衡增长路径上，实际投资就等于持平投资$(n+g+\delta)k^*$，因此

$$c^*=f(k^*)-(n+g+\delta)k^*. \tag{1.20}$$

k^* 是由 s 以及模型中的其他参数 n、g 和 δ 共同确定的，因此可以把 k^* 写作 $k^*(s,n,g,\delta)$。那么，从(1.20)式可以得到：

$$\frac{\partial c^*}{\partial s}=[f'(k^*(s,n,g,\delta))-(n+g+\delta)]\frac{\partial k^*(s,n,g,\delta)}{\partial s}. \tag{1.21}$$

我们知道 s 上升会提高 k^*，换言之，$\partial k^*/\partial s$ 是正的，因此 s 上升是否会在长期中提高消费则取决于资本的边际产出 $f'(k^*)$与 $n+g+\delta$ 的大小关系。从直观上看，(单位有效劳动的平均)投资需要增加 $n+g+\delta$ 乘以 k 的变化量才足以保证 k 会上升，那么如果 $f'(k^*)$小于 $n+g+\delta$，则资本增加导致的额外产出并不足以维持其更高的资本存量水平，这时消费必须下降才能维持较高的资本存量。反之，如果 $f'(k^*)$大于 $n+g+\delta$，则增加的产出大于维持更高资本存量所需的水平，因此消费会上升。

在图 1.6 中，我们不仅给出了$(n+g+\delta)k$ 和 $sf(k)$的曲线，还给出了 $f(k)$，可以看出，$f'(k^*)$可能大于也可能小于 $n+g+\delta$。在平衡增长路径上，消费等于产出减去持平投资[见(1.20)式]，因此，c^* 即为 $k=k^*$ 时 $f(k)$与$(n+g+\delta)k$ 之间的距离。图 1.6 中刻画了三种不同 s 值(从而三种不同 k^* 值)下 c^* 的大小，其中，最上面一幅图中的 s 较高，故 k^* 也较高，并且 $f'(k^*)$小于 $n+g+\delta$，因此储蓄率上升会使消费降低，即便经济到达了新的平衡增长路径之后也是如此；中间这幅图中的 s 较低，故 k^* 也较低，并且 $f'(k^*)$大于 $n+g+\delta$，因此 s 的上升会在长期中提高消费；而在最下面一幅图中，s 的水平恰好使得 $f'(k^*)$等于 $n+g+\delta$，也就是说，当 $k=k^*$ 时 $f(k)$和$(n+g+\delta)k$ 两条线互相平行，在这种情况下，s 的微小变化在长期内对消费没有影响，并且在所有可能的平衡增长路径中，此时的消费达到最大水平，而此时的 k^* 值通常被称为资本存量的黄金律水平。关于黄金律资本存量的问题我们将在第二章进一步讨论，例如黄金律资本存量是否是可取的，以及在一个储蓄内生的分散经济中，资本存量是否会收敛于黄金律水平等问题。然而，在索洛模型中，由于储蓄是外生的，我们实际上并没有办法内生地确定平衡增长路

径上的资本存量水平,因而更无法确定它是否等于黄金律水平。

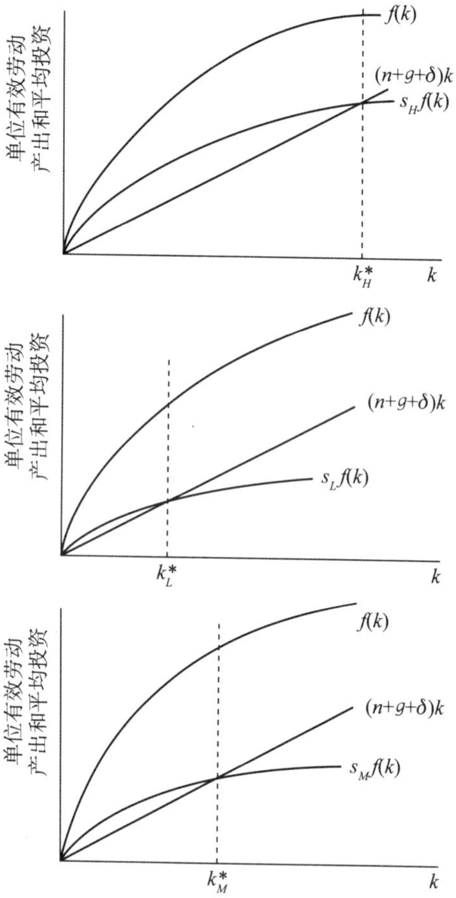

图 1.6　平衡增长路径上的产出、投资与消费

1.5　定量意义

通常情况下,我们不仅要对模型进行定性分析,还要弄清楚模型的定量预测能力。如果现实中储蓄的适度上升对增长的巨大影响能持续数百年,而模型却得出"影响是暂时的"这种结论,那么显然该模型是没有说服力的。

一般对于大多数模型(包括索洛模型)来说,要想得到精确的定量结论就必须确定函数形式以及参数的取值,而且往往还需要进行数值分析。然而,在很多情况下,我们通过考察长期均衡的近似状态实际上就可以较为深入地理解模型了,而这也正是本节所采用的定量分析方法。

对产出的长期影响

储蓄率上升对产出的长期影响如下:

$$\frac{\partial y^*}{\partial s}=f'(k^*)\frac{\partial k^*(s,n,g,\delta)}{\partial s},\tag{1.22}$$

其中 $y^*=f(k^*)$是平衡增长路径上单位有效劳动的平均产出水平。可见,要计算 $\partial y^*/\partial s$ 就必须先得到$\partial k^*/\partial s$。在这里,k^* 是由 $\dot{k}=0$ 确定的,因此 k^* 满足:

$$sf(k^*(s,n,g,\delta))=(n+g+\delta)k^*(s,n,g,\delta). \tag{1.23}$$

方程(1.23)对于任意 s 值(以及任意 n、g 和 δ 值)都是成立的,因此,在方程两端同时对 s 求导数,等式仍成立:[1]

$$sf'(k^*)\frac{\partial k^*}{\partial s}+f(k^*)=(n+g+\delta)\frac{\partial k^*}{\partial s}, \tag{1.24}$$

为了方便起见,上式中省略了 k^* 的参数。对(1.24)式重新整理后可得:[2]

$$\frac{\partial k^*}{\partial s}=\frac{f(k^*)}{(n+g+\delta)-sf'(k^*)}. \tag{1.25}$$

把(1.25)式代入(1.22)式可得:

$$\frac{\partial y^*}{\partial s}=\frac{f'(k^*)f(k^*)}{(n+g+\delta)-sf'(k^*)}. \tag{1.26}$$

为了使问题更易于理解,我们可以对上式进行两步变形:一是在方程两边同时乘以 s/y^*,从而转化为弹性形式;二是使用等式 $sf(k^*)=(n+g+\delta)k^*$ 替换 s。经过这两步变形后可得:

$$\begin{aligned}\frac{s}{y^*}\frac{\partial y^*}{\partial s}&=\frac{s}{f(k^*)}\frac{f'(k^*)f(k^*)}{(n+g+\delta)-sf'(k^*)}\\&=\frac{(n+g+\delta)k^*f'(k^*)}{f(k^*)[(n+g+\delta)-(n+g+\delta)k^*f'(k^*)/f(k^*)]}\\&=\frac{k^*f'(k^*)/f(k^*)}{1-[k^*f'(k^*)/f(k^*)]},\end{aligned} \tag{1.27}$$

其中,$k^*f'(k^*)/f(k^*)$是 $k=k^*$ 时的产出资本弹性,我们用 $\alpha_k(k^*)$表示,因此,

$$\frac{s}{y^*}\frac{\partial y^*}{\partial s}=\frac{\alpha_k(k^*)}{1-\alpha_k(k^*)}. \tag{1.28}$$

这样,我们就找到了一个相对简单的表达式来表示平衡增长路径上产出对储蓄率的弹性。

为了理解(1.28)式的数量意义,我们首先考虑市场是竞争性的,即不存在外部性,这时资本按照边际产出支付报酬。由于产出等于 $ALf(k)$,而 k 等于 K/AL,因此资本的边际产出$\partial Y/\partial K$ 等于 $ALf'(k)[1/(AL)]$,也就是 $f'(k)$。如果资本按照边际产出支付报酬,则在平衡增长路径上(单位有效劳动的平均)资本获得的总收入为 $k^*f'(k^*)$,而平衡增长路径上资本收入占总收入的比例为 $k^*f'(k^*)/f$

---

〔1〕 这一方法称为隐函数微分法。方程(1.23)中没有把 k^* 明确表示为 s、n、g 和 δ 的函数,但该式仍然确定了 k^* 如何依赖于这些参数值,因此我们可以对方程求 s 的导数,从而求解$\partial k^*/\partial s$。

〔2〕 上节中我们已经知道 s 上升会提高 k^*,而从方程(1.25)中我们也可得到同样的结论,其中,$n+g+\delta$ 是持平投资曲线的斜率,而 $sf'(k^*)$是实际投资曲线在 k^* 处的斜率。由于持平投资曲线比 k^* 的实际投资曲线陡峭(见图 1.2),因此(1.25)式中的分母为正,故$\partial k^*/\partial s>0$。

(k^*),即为 $\alpha_k(k^*)$。换言之,如果资本按照边际产出支付报酬是对现实的良好近似,那我们就可以用“资本收入占总收入的比例”这一数据来估计产出的资本弹性 $\alpha_k(k^*)$。

在大多数国家,资本收入所占的份额大约是 1/3,如果以此作为 $\alpha_k(k^*)$的估计值,那么长期中产出对储蓄率的弹性约为 1/2。形象地说,如果储蓄率上升 10%(比如从产出的 20%上升到 22%),那么长期中工人平均产出将比储蓄率变化前提高 5%,而即使 s 上升 50%也只能使 y^* 增加 22%。可见,储蓄率的大幅变化对平衡增长路径上的产出水平仅仅只有中等程度的影响。

直观地说,当 $\alpha_k(k^*)$的值较小时,有两个原因限制了储蓄对产出的影响:首先,$\alpha_k(k^*)$值较小表明实际投资曲线 $sf(k)$弯曲的程度比较明显,因此当该曲线向上移动时,它与持平投资曲线的交点只有少许移动,从而 s 的变动对 k^* 的影响很小;其次,当 $\alpha_k(k^*)$值较小时,k^* 的变动对 y^* 的影响很小。

收敛速度

在实践中,我们往往不仅需要了解某些变化(如储蓄率的变化)的最终效果,也需要知道产生这些效果的速度,下面我们仍然使用逼近长期均衡的办法来讨论这个问题。

为了简单起见,我们重点考察 k 的变化,而不是 y,因此我们的目标是确定 k 向 k^* 收敛的速度。我们知道,索洛模型的关键方程是 $\dot{k}=sf(k)-(n+g+\delta)k$ [见(1.19)式],所以 $\dot{k}$ 是由 k 决定的,$\dot{k}$ 可以写作 $\dot{k}(k)$。当 k 等于 k^* 时,$\dot{k}$ 为零,因此,在 $k=k^*$ 附近对 $\dot{k}(k)$作一阶泰勒近似即得:

$$\dot{k}\simeq\left[\left.\frac{\partial\dot{k}(k)}{\partial k}\right|_{k=k^*}\right](k-k^*).\tag{1.29}$$

也就是说,$\dot{k}$ 近似等于 k 与 k^* 之差乘以 $k=k^*$ 处 $\dot{k}$ 对 k 的导数。

用 λ 表示 $-\partial\dot{k}(k)/\partial k|_{k=k^*}$,则(1.29)式可写为:

$$\dot{k}(t)\simeq-\lambda[k(t)-k^*].\tag{1.30}$$

可见,当 k 略小于 k^* 时,$\dot{k}$ 为正,而当 k 略大于 k^* 时,$\dot{k}$ 为负,因此 $\partial\dot{k}(k)/\partial k|_{k=k^*}$ 为负,即 λ 为正数。

方程(1.30)表明,在平衡增长路径附近,k 向 k^* 收敛的速度与两者间的距离近似成正比,也就是说,$k(t)-k^*$ 的增长率近似为常数并且等于 $-\lambda$。这可以表示为:

$$k(t)\simeq k^*+e^{-\lambda t}[k(0)-k^*],\tag{1.31}$$

其中,$k(0)$表示 k 的初始值。值得注意的是,方程(1.30)成立是因为模型系统是稳定的(即 k 收敛于 k^*),并且我们在 $k=k^*$ 处线性化了 $\dot{k}$ 的方程。

剩下的工作就是求 λ,这要求我们对模型的细节部分进行分析。首先,对 $\dot{k}$ 的表达式(1.18)求 k 的微分并且计算其结果在 $k=k^*$ 处的值,可得:

$$\begin{aligned}\lambda \equiv -\left.\frac{\partial \dot{k}(k)}{\partial k}\right|_{k=k^*} &= -[sf'(k^*)-(n+g+\delta)] \\ &= (n+g+\delta)-sf'(k^*) \\ &= (n+g+\delta)-\frac{(n+g+\delta)k^*f'(k^*)}{f(k^*)} \\ &= [1-\alpha_k(k^*)](n+g+\delta).\end{aligned} \tag{1.32}$$

上述推导的第三行是用 $sf(k^*)=(n+g+\delta)k^*$ 替换了 s，而最后一步则是使用了 α_k 的定义。可见，k 向其平衡增长路径上的值 k^* 收敛的速度是 $[1-\alpha_k(k^*)](n+g+\delta)$。此外，我们还可以证明，$y$ 向 y^* 收敛的速度与 k 向 k^* 收敛的速度相等，即 $y(t)-y^* \simeq e^{-\lambda t}[y(0)-y^*]$。〔1〕

通过对(1.32)式赋值就可以了解经济向平衡增长路径收敛的实际速度。通常情况下，$n+g+\delta$ 大约是每年 6%(比如说，其中人口增长率为 1%～2%，工人平均产出增长率为 1%～2%，折旧率为 3%～4%)，此外，如果资本份额约占 1/3，那么 $(1-\alpha_k)(n+g+\delta)$ 大致是 4%。这就意味着，k 和 y 每年向 k^* 和 y^* 移动剩余距离的 4%，那么走完一半的距离大约需要 17 年的时间。〔2〕在这种情况下，如果储蓄率增加 10%，那么产出在一年后仅比原有路径高 0.04(5%)=0.2%，17 年后才上升到 0.5(5%)=2.5%，其后再逐渐上升到高出 5%。可见，储蓄率的大幅变化不仅造成的总影响有限，其产生作用的速度也并不快。〔3〕

1.6 索洛模型与增长理论的核心问题

索洛模型发现了工人平均产出存在差异的两种可能的根源，即工人平均资本(K/L)的差距以及劳动效率(A)的差距。工人平均产出不论在不同时间点的差异还是在世界各地的跨区差异，都有可能是这两个因素导致的。但是，我们已经知道只有劳动效率的增长会导致工人平均产出的永久性增长，并且通常情形下工人平均资本的变化对工人平均产出的影响有限，因此，只有劳动效率的差距才有可能解释财富水平在不同时间、不同地点的巨大差异。具体而言，索洛模型的关键结论是，如果资本在市场上获得的报酬大致是其对产出的贡献，那么在物质资本积累上的差异并不能很好地解释世界范围的经济增长，也不能很好地解释跨国收入差距。

我们可以从两种视角来理解索洛模型关于"资本积累差异不能解释收入差距"的结论，其中一种比较直接，而另一种则比较间接。直接途径就是考虑仅用工人平

---

〔1〕 参见习题 1.13。

〔2〕 若一个变量(如本例中的 $y-y^*$)的增长率为某不变的负数，则减小一半所需的时间大约等于 70 除以其以百分点计数的增长率。所以在本例中半衰期(half-life)大致是 70/(4%/年)，即大约 17 年。精确一点说，半衰期 t^* 是 $e^{-\lambda t^*}=0.5$ 的解，其中 λ 是负增长率。对两边求对数可得 $t^*=-\ln(0.5)/\lambda \simeq 0.69/\lambda$。

〔3〕 这些结果是在平衡增长路径附近利用泰勒级数近似推导得出的，因此准确地说，只在平衡增长路径附近的微小邻域内才有效。那么，当变量变化更大时，泰勒级数近似是否仍然有助于分析？这个问题并没有标准答案。对索洛模型来说，如果使用常见的生产函数，并且参数值的变化不大(就像本例中的情况一样)，那么泰勒级数近似通常是十分可靠的。

均资本来解释工人平均产出的差异时所需要的工人平均资本的差距。具体来说，如果某两国工人平均产出的差距为 X 倍，即两国的工人平均产出在对数差分之后等于 $\ln X$，那么根据工人平均产出对工人平均资本的弹性为 α_K，对数后的每工人平均资本应该相差$(\ln X)/\alpha_K$ 倍才能完全解释两国工人平均产出的差距，也就是说，工人平均资本的差距应该为 $e^{(\ln X)/\alpha_K}$ 倍，即 X^{1/α_K} 倍。

从现实来看，当今主要工业国家的工人平均产出比 100 年前大 10 倍，并且比贫穷国家的工人平均产出大 10 倍，因此我们需要解释的 X 值约等于 10，因此根据我们的分析，要解释这样大的 X 值需要工人平均资本的差距达到 $10^{1/\alpha_K}$ 倍。若 $\alpha_K=1/3$，则需要的资本差距就是 1 000 倍，即便资本份额为 1/2(大大超过实际数据中的资本收入)也还需要 100 倍的资本差距才能解释收入差距。

显然，这么大的资本存量差距是没有现实根据的。实际上，长期以来的资本—产出比是基本保持不变的，因此工业国家的工人平均资本大致比 100 年前高出 10 倍，而不是 100 倍或者 1 000 倍。而且，尽管资本—产出比在不同国家略有不同，但是变化并不大，工业国家的这一比例比落后国家大 2～3 倍，因此工人平均资本“仅仅”高出 20～30 倍。总之，工人平均资本的差距远远不足以解释我们所面临的工人平均产出的差距。

理解索洛模型关于“资本积累差异不能解释收入差距”的结论还有一个间接的途径，即所需的资本差距意味着资本收益率存在巨大差异[卢卡斯(Lucas，1990)]。如果市场是竞争性的，那么资本收益率等于资本的边际产出 $f'(k)$减去折旧率 δ。假定生产函数是柯布—道格拉斯函数，其紧凑形式是 $f(k)=k^\alpha$[见方程(1.7)]，则产出的资本弹性就是 α，资本的边际产出即为

$$\begin{aligned} f'(k) &= \alpha k^{\alpha-1} \\ &= \alpha y^{(\alpha-1)/\alpha}. \end{aligned} \tag{1.33}$$

方程(1.33)意味着资本的边际产出对产出的弹性是$-(1-\alpha)/\alpha$。如果 $\alpha=1/3$，那么由工人平均资本差异带来的 10 倍的工人平均产出差距就意味着百倍的资本边际产出差距，而由于资本收益是 $f'(k)-\delta$，收益率的差距甚至会更大。

同样，如此大的收益率差距也是没有根据的。通过直接计算金融资产的收益，我们可以发现，不同时间和不同国家在金融资产收益上的差距都不太大。此外，了解收益率跨国差距的一个更有说服力的方法就是，考察人们希望向哪里投资。如果穷国的收益率比富国高出 10 倍甚至 100 倍，那必将极大地鼓励人们向穷国投资，甚至会完全压倒资本市场缺陷、政府税收政策或者财产没收等种种顾虑，因此我们应该会观察到大量资产从富国流向穷国，然而现实中并非如此。[1]

可见，至少在资本对产出的贡献大致反映其收益的情况下，工人平均物质资本的差距无法解释观察到的工人平均产出差距。

---

〔1〕 回避上述结论的一种办法是修改生产函数，使得当 k 增加时，资本边际产出的下降速度小于柯布—道格拉斯生产函数的情形。由于这种情况下穷国和富国的资本边际产出差距不大，因此用这种方法解释收入差距将会得到两个结论：富国的资本份额应该远大于穷国；富国的实际工资应该仅略大于穷国。然而，这些结论都与实际情况相去甚远。

相比较而言,用索洛模型中工人平均产出差距的另一种可能的根源——劳动效率的差距来解释生活水平的差距时,资本量差距或者收益率差距则并不需要很大。例如,在平衡增长路径上,资本增长率与产出增长率是相同的,而资本的边际产出 $f'(k)$则是常数。

然而,索洛模型中对劳动效率的处理并不完善。首先,模型中把劳动效率看作是经济增长的驱动力,但又将劳动效率的增加率看作是外生给定的,这就意味着该模型实际上是通过假定增长来解释增长。

更甚的是,模型根本没有指出到底何为"劳动效率",而仅仅将其看作是除劳动和资本以外所有影响总产出的因素的总称。因此,模型所得出的"收入差距的根源是劳动效率的差距"的结论相当于仅仅说明了,收入差距与工人平均资本的差距无关。因此,要想做进一步分析,我们必须弄清什么是劳动效率以及导致其变化的原因是什么。一种符合常理的推断是,劳动效率与抽象的知识有关。因此,要理解世界范围的增长,就必须分析知识存量的决定因素,而要理解实际收入的跨国差距,就必须解释为什么某些国家的企业比其他国家的企业拥有更多的知识,以及为什么新知识没有迅速向穷国传播。

关于 A 还有其他可能的解释,例如教育与劳动力技能、产权保护力度、基础设施的质量、对创业和工作的文化立场等,又或者,A 是几种因素的结合。然而,不论 A 代表什么,我们首先都必须解决如下问题:A 如何影响产出,如何随时间演变,以及为什么在世界各地存在差别。

此外,我们还可以通过考虑另一种可能性来进行后续的分析,即资本可能比索洛模型中的地位更加重要。如果资本不仅包括物质资本,或者物质资本具有正外部性,那么其私人收益并不能准确反映资本在产出中的重要地位。在这种情况下,我们之前所做的计算可能走入了误区,因此可能需要重新审视资本差距导致收入差距的观点。

我们接下来会在第三章和第四章集中讨论上述解决经济增长核心问题的可能方向。

1.7 实证应用

增长核算

在很多情况下,我们还想了解各因素对增长的大致决定程度,也就是在某一时期中,增长多大程度上来源于各种投入要素的增长,多大程度上来源于其他因素。由亚伯拉墨菲斯(Abramoviz,1956)和索洛(Solow,1957)首创的增长核算为这一问题提供了解决办法。

增长核算的操作方式如下。首先,考虑生产函数 $Y(t)=F(K(t),A(t)L(t))$,它意味着:

$$\dot{Y}(t)=\frac{\partial Y(t)}{\partial K(t)}\dot{K}(t)+\frac{\partial Y(t)}{\partial L(t)}\dot{L}(t)+\frac{\partial Y(t)}{\partial A(t)}\dot{A}(t), \tag{1.34}$$

其中$\partial Y/\partial L$ 与$\partial Y/\partial A$ 分别表示$[\partial Y/\partial(AL)]A$ 和$[\partial Y/\partial(AL)]L$。在(1.34)式两边同除以 $Y(t)$并改写右边的项可得：

$$\begin{aligned}\frac{\dot{Y}(t)}{Y(t)}&=\frac{K(t)}{Y(t)}\frac{\partial Y(t)}{\partial K(t)}\frac{\dot{K}(t)}{K(t)}+\frac{L(t)}{Y(t)}\frac{\partial Y(t)}{\partial L(t)}\frac{\dot{L}(t)}{L(t)}+\frac{A(t)}{Y(t)}\frac{\partial Y(t)}{\partial A(t)}\frac{\dot{A}(t)}{A(t)}\\&\equiv\alpha_K(t)\frac{\dot{K}(t)}{K(t)}+\alpha_L(t)\frac{\dot{L}(t)}{L(t)}+R(t),\end{aligned}\tag{1.35}$$

其中，$\alpha_L(t)$是产出在 t 时刻的劳动弹性，$\alpha_K(t)$是产出在 t 时刻的资本弹性，$R(t)\equiv[A(t)/Y(t)][\partial Y(t)/\partial A(t)][\dot{A}(t)/A(t)]$。将(1.35)式两边都减去 $\dot{L}(t)/L(t)$，并使用等式 $\alpha_L(t)+\alpha_K(t)=1$(参见习题 1.9)，即可得到工人平均产出增长率的表达式：

$$\frac{\dot{Y}(t)}{Y(t)}-\frac{\dot{L}(t)}{L(t)}=\alpha_K(t)\left[\frac{\dot{K}(t)}{K(t)}-\frac{\dot{L}(t)}{L(t)}\right]+R(t).\tag{1.36}$$

Y、K 和 L 的增长率是很容易度量的，而如果假定资本收入就等于其边际产出，那么 α_K 也可以用数据中资本收入占总收入的比例来衡量，因此 $R(t)$可以用(1.36)式中的其余部分计算。这样，上式就将工人平均产出的增长分解为工人平均资本的增长和一个余项，我们将该余项称为索洛剩余。索洛剩余有时被用于度量技术进步的贡献，但从上述推导过程可以看出，索洛剩余实际上反映的是除资本积累之外的所有增长源泉。

上述基本分析框架可以通过许多方式进行推广。其中，最常见的一种推广是考虑不同的资本类型和劳动类型，并对投入品的质量变化进行调整。当然，更复杂的调整也是可能的。例如，如果我们能找到不完美竞争的证据，就可以尝试对数据中的收入份额进行调整，从而更好地估计产出对不同投入品的弹性。

增长核算仅仅考虑了增长的直接决定因素，也就是探讨了要素积累、投入品的质量改善等如何促进增长，但却忽略了更深层次的问题，即到底是什么导致了这些决定因素的变化。为了说明这一点，我们可以考虑一个处于平衡增长路径上的索洛经济。我们知道，在这种情况下，经济增长完全来自 A 的增长，但是正如习题 1.13 要求你证明和解释的那样，增长核算仅仅将 $1-\alpha_K(k^*)$的部分归因于索洛剩余的增长，而其余 $\alpha_K(k^*)$的部分归因于资本积累。

尽管增长核算仅能用于论证增长的直接源泉，但在分析许多问题时，它都是一个十分有效的工具。例如，在大量关于东亚新兴工业国家高速增长的研究中，增长核算起到了重要作用[参见杨(Young，1995、1998)，谢(Hsieh，2002)，费纳德和雷曼(Fernald and Neiman，2011)]。虽然还有很多问题悬而未决，但已经有大量证据表明，这些国家的增长之所以比世界上其他国家增长更快，主要是因为投资增加、劳动参与率提高以及劳动力质量提高(用教育程度衡量)，而并不是其他影响索洛剩余的因素。这些结论只考虑了增长的直接决定因素，但仍然具有深远的意义。它们表明，其他国家可以通过促进物质资本和人力资本的积累，以及提高资源利用效率来复制新兴工业国家的成功，而不必绞尽脑汁地寻求在即定要素投入的基础上增加产出。由此看来，在新兴工业国家，有关市场、贸易、监管的国家政策的作用主要体现在对要素积累和要素利用的促进上。

增长核算还广泛应用于研究近年来美国与其他主要工业国家生产率增长的变化。前沿研究文献中有一部分专门分析了计算机与其他信息技术在20世纪90年代中期以来美国高速增长中的作用,以及为何增速反弹没有扩散到其他部门,或者持续下去[参见奥利纳、西切尔和斯德尔(Oliner,Sichel and stiroh,2007)以及伯恩、奥利纳和西切尔(Byrne,Oliner and Sichel,2013)]。伯恩、费纳德和仁斯多夫(Byrne,Fernald and Reinsdorf,2016)使用十分详细的数据分析与增长核算方法研究了一个很有意思的观点,即由于现代工业会生产许多无形产品,因此根据传统测算方法得到的生产率增速可能会偏低。伯恩、费纳德和仁斯多夫的研究结果明确地说明,虽然测算误差的确存在,但并不能说近年来的增速就高于过去。最后,戈登(Gordon,2014)使用增长核算发现,发达国家未来的生产率增长前景堪忧。

增长核算方法近年来最有趣的应用是使用微观经济数据研究宏观经济问题。例如,谢和克莱诺(Hsieh and Klenow,2009)使用增长核算方法和中印两国企业层面的数据研究了企业间要素错配对生产率的抑制作用,这一研究非常有影响力[类似的研究还可参见瑞思图恰和罗杰森(Restuccia and Regerson,2008)]。谢和克莱诺首先估计了制造企业中劳动与资本的边际产出分布情况,然后结合理论模型与增长核算方法估算提高要素配置效率会使生产率上升多少。他们认为,表现再好的经济都会存在摩擦,而且估计也不可能精确,因此边际产出完全均等是不现实的。于是,他们通过改进要素配置,使中印两国的边际产出分布达到美国的水平。他们发现,这种资源配置会使中印两国的制造业生产率提高约50%,尽管这只是穷国与富国生产率差异的一小部分,但已经是很大的进步了。

收敛

在经济增长的实证研究中,穷国是否比富国增长更快这个问题广受关注。我们至少可以通过三个理由来说明这种收敛是存在的:首先,索洛模型预测各国会向其平衡增长路径收敛,而不同收入水平的国家相对于各自的平衡增长路径来说处于不同的状态,从这个角度来看,人们预计穷国可以追赶上富国;其次,索洛模型意味着,在工人平均资本量较高的国家资本收益率较低,因此资本有动力从富国流向穷国,这也会导致收敛;最后,如果知识传播存在滞后,那么收入差距可能是由于某些国家尚未取得最先进的技术,随着穷国逐渐掌握最新的科技,这些差距会逐渐缩小。

鲍莫(Baumol,1986)考察了16个拥有较长历史数据的工业国家1870～1979年经济增长的收敛过程。首先,鲍莫用这一时期的产出增长对一个常数项和初始收入水平进行回归分析,从而得到下面的估计式:

$$\ln\left[\left(\frac{Y}{N}\right)_{i,1979}\right]-\ln\left[\left(\frac{Y}{N}\right)_{i,1870}\right]==a+b\ln\left[\left(\frac{Y}{N}\right)_{i,1870}\right]+\varepsilon_i. \tag{1.37}$$

其中,$\ln(Y/N)$是人均收入的对数,ε是误差项,i代表国家。[1] 可见,如果存在收敛现象,则b为负数,因为初始收入较高的国家经济增长率会较低。若b值为-1,

〔1〕 鲍莫考虑的是工人平均产出而不是人均产出,但这并不影响结果。

则存在完美收敛,即初始收入每高出1%平均来说就会减少1%的增长率,这就意味着,一国在1979年的人均产出与该国1870年的产出无关。反之,若b值为0,则增长与初始值无关,也即不存在收敛。

回归的估计结果是

$$\ln\left[\left(\frac{Y}{N}\right)_{i,1979}\right]-\ln\left[\left(\frac{Y}{N}\right)_{i,1870}\right]=8.457-\underset{(0.094)}{0.995}\ln\left[\left(\frac{Y}{N}\right)_{i,1870}\right], \tag{1.38}$$

$$R^2=0.87,\quad \text{s. e. e}=0.15,$$

其中,括号里的数字0.094表示回归系数的标准差。图1.7表示这一回归结果的散点图。

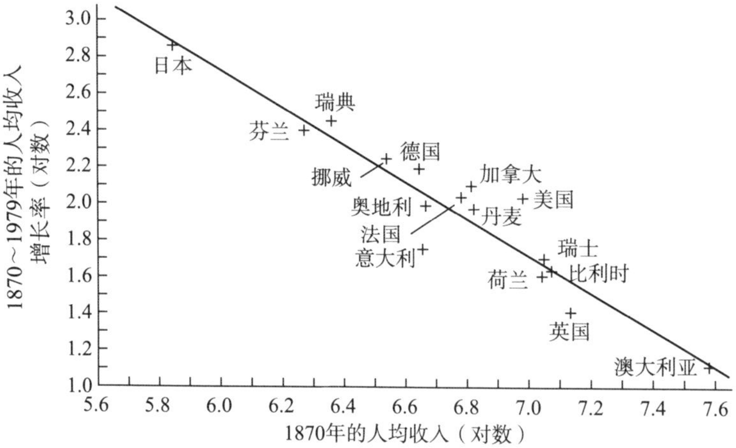

图1.7 鲍莫样本中的初始收入与随后的增长[数据来源:德龙(1988),已授权]

上述回归结果表明,收敛几乎是完美的,因为b的估计值几乎完全等于-1,并且估计结果十分精确,两个标准差的置信区间是(0.81,1.18)。因此本例中,当今的人均收入实质上与其100年前的水平并不相关。

但是,德龙(DeLong,1988)指出,鲍莫的上述结论基本上是一种假象。德龙主要提出了两大问题,第一是样本选择问题。由于历史数据是在追溯的基础上构造的,因此数据序列较长的国家通常是如今工业化最彻底的国家,也就是说,100年前并不富裕的国家能够进入样本通常是因为它们在过去的100年间增长十分迅速。相反,100年前就比较富裕的国家,即便随后的增长并不快,也通常会出现在样本里。因此,在这种样本选择的基础上,我们很有可能观察到穷国的增长比富国更快,即使现实世界并不存在这种趋势。

要想消除这种偏差,就要求在选择样本时所使用的标准不能依赖于所要解释的变量,即1870～1979年的增长。由于数据有限,考虑全世界所有国家是不可能的,于是德龙考察了1870年时最富裕的国家。具体而言,他的样本包括了所有比芬兰(在鲍莫样本中,芬兰是1870年倒数第二的穷国)更加富裕的国家,从而他的样本比鲍莫的样本多了7个国家(阿根廷、智利、东德、爱尔兰、新西兰、葡萄牙和西班牙)，并去掉了一个国家(日本)。[1]

图 1.8 是无偏样本的散点图，加入新的国家后，计量结果的收敛性大大减弱，回归中对 b 的估计结果是 -0.566，标准差为 0.144。可见，在鲍莫方法的基础上考虑样本选择偏差后，收敛性减少了约一半。

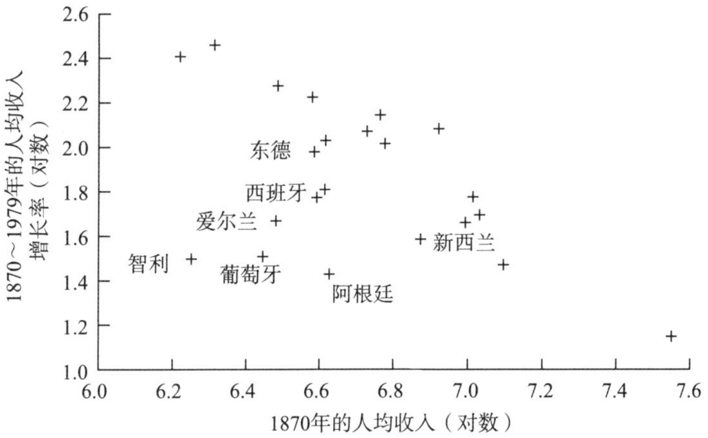

图 1.8　扩大样本中的初始收入与随后的增长[数据来源：德龙(1988)，已授权]

德龙指出鲍莫方法的第二个问题是测量误差，他认为鲍莫对 1870 年人均实际收入的估算并不精确。测量误差也会导致结果偏向收敛，若 1870 年的收入被高估，则 1870～1979 年的增长会被相应地低估，反之亦然，因此，即便实际增长与实际初始收入并没有关系，但在这种情况下仍可能得到，初始收入较高的国家有较低的增长率。对此，德龙建立了如下模型：

$$\ln\left[\left(\frac{Y}{N}\right)_{i,1979}\right]-\ln\left[\left(\frac{Y}{N}\right)_{i,1870}\right]^{*}=a+b\ln\left[\left(\frac{Y}{N}\right)_{i,1870}\right]^{*}+\varepsilon_i, \tag{1.38}$$

$$\ln\left[\left(\frac{Y}{N}\right)_{i,1870}\right]=\ln\left[\left(\frac{Y}{N}\right)_{i,1870}\right]^{*}+u_i. \tag{1.39}$$

这里 $\ln[(Y/N)_{1870}]^*$ 代表 1870 年单位资本收入的真实对数值，而 $\ln[(Y/N)_{1870}]$ 代表相应的测量值。假定 ε 与 u 互不相关并且两者都与 $\ln[(Y/N)_{1870}]^*$ 无关。

然而可惜的是，仅仅使用 $\ln[(Y/N)_{1870}]$ 和 $\ln[(Y/N)_{1979}]$ 的数据无法估计这个模型，问题出在不同的假设可能导致完全相同的数据。比如，假设我们发现测得的增长与测得的初始收入是负相关的，那么就有两种可能的情况会导致这样的结果，一是测量误差不大但确实存在收敛性，二是不存在收敛性但是测量误差较大。因此，从计量方法的角度看，上述模型是不可识别的。

但德龙认为，我们至少可以在大体上知道 1870 年的数据质量如何，因此可以大致判断出测量误差的标准差大小是否合理。例如，$\sigma_u=0.01$ 意味着初始收入的测量

[1] 在 1870 年，由于世界上大部分国家都比日本富裕，因此很难对所有比日本富裕的国家进行考察。此外，我们还要注意，国境线不是固定不变的，德龙使用的是 1979 年的国境，因此在他的样本中，对 1870 年的收入水平估算是按照 1979 年的国境线划分来计算的。

误差平均在1%以内,这可能过低了;而$\sigma_u=0.50$表示平均误差为50%,这恐怕又太高了。德龙指出,如果我们能够固定σ_u的值,就可以在此基础上估计其余的参数。

实际上,即便测量误差不大也可能会对估计结果产生较大的影响。对于无偏样本来说,如果$\sigma_u \simeq 0.15$,则b的估计值接近0(即不存在收敛趋势);如果$\sigma_u \simeq 0.20$,则b的估计值接近1(急剧发散)。因此,在合理的测量误差范围内,鲍莫估计结果中的收敛性大部分甚至全部都是无效的。

我们还可以考虑不同样本、不同时期下的收敛性。图1.9是与图1.7和图1.8类似的收敛性散点图,其数据包括了1970~2014年间除中东主要石油输出国外的几乎所有国家。如图所示,收敛性是没有依据的。我们将在3.12节继续讨论收敛性问题。

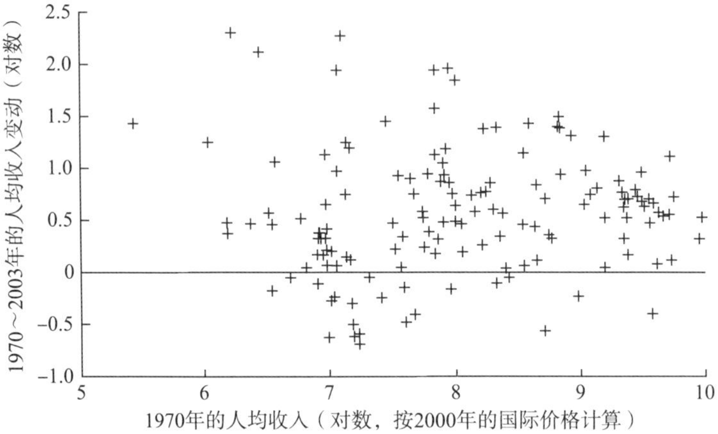

图1.9 大样本下的初始收入与随后的增长

1.8 环境与经济增长

索洛模型中忽略了自然资源、污染以及其他环境问题,但在马尔萨斯(Malthus,1978)做出他的经典论断之后,许多人都相信环境问题对于经济的长期增长是十分关键的。比如,地球上石油与其他自然资源的蕴藏量是固定的,这意味着任何以不断增加产出为目的的行为都终将耗尽这些资源,因此注定会是失败的。同样,不变的土地供给也将成为生产能力的一个紧箍咒。又如,不断增加的产出可能会制造出源源不断的污染,从而使增长走向终结。

因此,本节要讨论的问题就是,环境的限制如何影响长期增长。要思考这个问题,首先有必要对环境要素的产权界定做出区分。环境要素包括产权明确的要素(如自然资源和土地)以及产权不明确的要素(如可以随意污染的空气和水)。

环境产品的产权明晰具有两方面意义。首先,市场可以对该环境产品如何利用发出有价值的信号。举例来说,假设有证据证明有限的石油供给将会大大限制我们未来的产出能力,这就意味着未来石油的价格会非常高,而这进一步意味着现在的石油所有者并不愿意低价出售他们的石油,因此现在的石油价格也会很高,这样就促使了现在的石油使用者节约使用石油。简短地说，尽管固定的石油含量可能会限制未来的生产能力，但政府无法以此为理由来干预石油市场，市场自身会解决这个问题。

环境产品产权明晰的第二个意义是，我们可以根据环境产品的价格来了解其在生产中的重要性。根据前面的例子可知，若有证据表明石油将成为未来产出的重要约束，就会导致石油在今天的高价，经济学家只需利用今天的价格就可以推断石油的重要性，而不必专门评估这些证据。

如果环境产品不具有明确的产权，那么对该产品的使用就会产生外部性。比如，厂商可以随意污染环境，而不必对那些权益受到侵害的居民进行补偿。在这种情况下，政府干预的作用会大大增强，而且市场价格并不能有效地反映相应产品的重要性，因此研究环境问题的经济学家只能靠自己去尽力评估有关的市场证据。

下面，我们首先分析可在市场上进行交易的环境产品，分别介绍该情形下的一个简单的基准情形以及一个重要的扩展情形，然后再转而分析不存在交易市场的环境产品。

自然资源和土地：基准情形

第一步，我们要在分析中引入自然资源和土地。为了方便处理，首先考虑柯布—道格拉斯生产函数的情形，因此将生产函数(1.1)变为：

$$Y(t)=K(t)^{\alpha}R(t)^{\beta}T(t)^{\gamma}[A(t)L(t)]^{1-\alpha-\beta-\gamma},$$
$$\alpha>0,\quad \beta>0,\quad \gamma>0,\quad \alpha+\beta+\gamma=1. \tag{1.41}$$

这里 R 表示生产中使用的自然资源，T 表示土地数量。

在这里，资本、劳动与劳动效率的动态变化仍与前面一样，即 $\dot{K}(t)=sY(t)-\delta K(t)$，$\dot{L}(t)=nL(t)$，$\dot{A}(t)=gA(t)$，新的假设是关于资源和土地的。由于地球上的土地数量是固定不变的，因此从长期来看，生产函数中的土地使用量不会增长，故我们假设：

$$\dot{T}(t)=0. \tag{1.42}$$

同样，由于资源禀赋是固定的，而生产中会不断消耗资源，因此资源的使用最终会下降。基于这一点，尽管历史数据中资源的使用量一直在上升，我们仍然假定：

$$\dot{R}(t)=-bR(t),\quad b>0. \tag{1.43}$$

生产函数中出现资源与土地意味着 K/AL 不再向某一值收敛，因此我们不能再像以前那样通过着重考察 K/AL 来分析经济的行为。在这种情况下，比较有效的策略是，思考是否存在平衡增长路径，以及如果存在，那么经济中的各个变量在这一路径上的增长率是多少。

根据假设，A、L、R 与 T 都分别以固定的比率增长，因此平衡增长路径要求 K 和 Y 也以不变的比率增长。资本的运动方程 $\dot{K}(t)=sY(t)-\delta K(t)$ 表明，K 的增长率是：

$$\frac{\dot{K}(t)}{K(t)}=s\frac{Y(t)}{K(t)}-\delta. \tag{1.44}$$

因此,K 的增长率要保持不变,Y/K 就必须保持不变,也就是说,Y 与 K 的增长率必须相等。

根据生产函数(1.41),我们可以找出上述结果在什么情况下会出现。对(1.41)式两边取对数可得:

$$\begin{aligned}\ln Y(t)=&\alpha\ln K(t)+\beta\ln R(t)+\gamma\ln T(t)\\&+(1-\alpha-\beta-\gamma)[\ln A(t)+\ln L(t)].\end{aligned} \tag{1.45}$$

在上式的左右两端分别对时间取微分,根据变量对数后的时间导数等于变量的增长率这一事实可得:

$$g_Y(t)=\alpha g_K(t)+\beta g_R(t)+\gamma g_T(t)+(1-\alpha-\beta-\gamma)[g_A(t)+g_L(t)], \tag{1.46}$$

其中,g_X 表示 X 的增长率,而 R、T、A 和 L 的增长率分别为 $-b$、0、g 和 n。因此(1.46)式可简化为:

$$g_Y(t)=\alpha g_K(t)-\beta b+(1-\alpha-\beta-\gamma)(n+g). \tag{1.47}$$

现在我们可以使用前面的结果,即经济处于平衡增长路径上时,g_Y 必须等于 g_K。在(1.47)式中令 $g_K=g_Y$ 并求解 g_Y 可得:

$$g_Y^{bgp}=\frac{(1-\alpha-\beta-\gamma)(n+g)-\beta b}{1-\alpha}, \tag{1.48}$$

其中,g_Y^{bgp} 表示平衡增长路径上 Y 的增长率。

上述分析省略了一个重要的步骤,即我们并没有确定经济是否会收敛于平衡增长路径。根据(1.47)式可知,如果 g_K 超过其平衡增长路径值,则 g_Y 也会超过,但不会有 g_K 超过的那么多,也就是说,如果 g_K 超过其平衡增长路径值,则 Y/K 会下降。而方程(1.44)说明,g_K 等于 $s(Y/K)-\delta$,因此,如果 Y/K 下降,则 g_K 也会随之下降。同样,如果 g_K 低于其平衡增长路径值,它将会有上升的趋势。通过上述分析可知,g_K 的确收敛于其平衡增长路径值,经济也收敛于其平衡增长路径。[1]

方程(1.48)说明,在平衡增长路径上,工人平均产出的增长率为:

$$\begin{aligned}g_{Y/L}^{bgp}&=g_Y^{bgp}-g_L^{bgp}\\&=\frac{(1-\alpha-\beta-\gamma)(n+g)-\beta b}{1-\alpha}-n\\&=\frac{(1-\alpha-\beta-\gamma)g-\beta b-(\beta+\gamma)n}{1-\alpha}.\end{aligned} \tag{1.49}$$

---

〔1〕 这里的分析忽略了一个细微之处,即如果$(1-\alpha-\beta-\gamma)(n+g)+(1-\alpha)\delta-\beta b$ 为负,那么 $g_K=g_K^{bgp}$ 这一条件只有当 Y/K 取负值时才能够成立。并且,如果 Y/K 为零或者负数,那么当 g_Y 小于 g_K 时 Y/K 下降的说法不再成立。因此,如果$(1-\alpha-\beta-\gamma)(n+g)+(1-\alpha)\delta-\beta b$ 为负,经济并不收敛于文中提到的平衡增长路径,而是收敛于 $Y/K=0$,$g_K=-\delta$ 的情形。但是,对于任意合理的参数值来说,$(1-\alpha-\beta-\gamma)(n+g)+(1-\alpha)\delta-\beta b$ 都是正数,所以上述麻烦并不重要。

方程(1.49)表明,在平衡增长路径上,工人平均收入的增长率 $g_{Y/L}^{bgp}$ 可正可负。也就是说,资源与土地的限制可能会最终使工人平均产出下降,但也并非必然如此。尽管工人平均资源和工人平均土地的数量不断下降会阻碍增长,但技术进步又会促进增长,如果技术进步创造的增长动力大于资源和土地形成的阻力,那么工人平均产出的增长仍然是可持续的,而这正是过去几个世纪中实际发生的事情。

计算实例

尽管从近代历史来看,技术进步的好处超过了资源和土地约束的阻碍,但这并不足以说明资源和土地约束的不利影响究竟有多大。例如,我们无法知道,这种不利影响是否有可能大到只需要一次不太剧烈的技术进步减速就会使工人平均收入出现负增长的程度。

资源与土地的约束使工人平均资源的利用量与工人平均土地数量不断下降,从而使经济逐渐减速。因此,诺德豪斯(Nordhaus,1992)认为,为了估算这些约束减少了多少增长,我们需要思考工人平均资源和工人平均土地保持不变的情况下增长会高出多少。具体来说,考虑一个与上一小节中完全一样的经济,唯一的区别是 $\dot{T}(t)=0$ 与 $\dot{R}(t)=-bR(t)$ 的假设分别替换为 $\dot{T}(t)=nT(t)$ 与 $\dot{R}(t)=nR(t)$,那么在这个虚拟的经济中,不存在资源和土地的约束,两者都同人口一起增长。通过类似于推导方程(1.49)的方法进行分析可以发现,该经济平衡增长路径上的工人平均产出增长率为:[1]

$$\tilde{g}_{Y/L}^{bgp}=\frac{1}{1-\alpha}(1-\alpha-\beta-\gamma)g. \tag{1.50}$$

因此,资源和土地约束所带来的“增长阻力”就等于这个虚拟情形下的增长率与约束情形下的增长率之差:

$$\begin{aligned}\text{Drag}&=\tilde{g}_{Y/L}^{bgp}-g_{Y/L}^{bgp}\\&=\frac{(1-\alpha-\beta-\gamma)g-[(1-\alpha-\beta-\gamma)g-\beta b-(\beta+\gamma)n]}{1-\alpha}\\&=\frac{\beta b+(\beta+\gamma)n}{1-\alpha}.\end{aligned} \tag{1.51}$$

可见,增长阻力随着以下参数的增加而增加:资源份额(β)、土地份额(γ)、资源使用量的下降比率(b)、人口增长率(n)以及资本份额(α)。

上述增长阻力的大小是可以量化的。首先,由于资源和土地都存在市场交易,我们可以使用收入数据来估计它们在生产中的重要性,即估计 β 和 γ。根据诺德豪斯(Nordhaus,1992)的描述,有关数据表明了 $\beta+\gamma$ 的值约为 0.2。诺德豪斯还进一步使用了比上述内容更加复杂的方法估计了增长阻力,他的点估计结果是 0.002 4,也就是说,每年的阻力约为 1/4 百分点。此外,他还发现,在这些阻力中仅有大约 1/4 是来源于土地供给约束,而剩下的绝大部分都是来自于能源约束。

---

〔1〕 参见习题 1.17。

总的来说,上述证据表明了,环境约束带来的增长减速虽然并非微不足道,但也并不大。此外,由于工人平均收入的年增长率远远大于 1/4 个百分点,因此上述证据还表明了,只有资源和土地约束发生极大的变化时才有可能导致工人平均收入出现下降。

难题

土地存量是固定不变的,而资源使用量最终必然下降,因此,即便在过去的几个世纪中,技术进步可以赶在资源和土地约束的前面,但这些约束最终仍然会成为生产能力的瓶颈。

之所以在我们的模型中没有出现上述瓶颈,是因为我们假定生产函数是柯布—道格拉斯函数。在这一生产函数下,不论 A 相对于 R 和 T 有多大,A 变化一个百分点总能导致产出也相应变化一个百分点,因此技术进步总是能够抵消 R/L 和 T/L 的下降。

然而,这并不是生产函数的一般性质。在柯布—道格拉斯函数中,各投入品之间的替代弹性是 1,而如果替代弹性小于 1,那么收入中分配给较稀缺的投入品的份额会逐渐增加。直观地说,如果生产函数更接近列昂惕夫(Leontief)情形,那么越稀缺的投入品就越重要。反之,如果替代弹性大于 1,则收入中分配给稀缺投入品的份额就会下降。这也比较直观,如果生产函数越接近线性函数,那么充足的投入要素就获益越多。

从上述分析可以看出,如果生产函数并不局限于柯布—道格拉斯这一种函数,那么式(1.51)中增长阻力的比率就不一定是常数,而是要素比例的函数。如果替代弹性小于 1,则资源和土地份额会随时间不断增加,从而增长阻力也会增加。实际上,这种情况下分配给增长最慢的投入品(自然资源)的收入份额接近于 1,因此增长阻力接近于 $b+n$,也就是说,工人平均收入下降的速率会逐渐接近 $b+n$(即工人平均资源下降的比率)。这正好符合我们根据直觉得到的结论,即长期中资源的固定供给将导致收入逐渐下降。

然而,生产函数不是柯布—道格拉斯函数实际上并不会增加估计结果中资源和土地约束的重要性,反而会减少其重要性,其原因就在于,此时分配给资源和土地的收入份额是下降的而不是上升的。我们可以将土地份额看作是“土地的实际租赁价格”乘以“土地与产出的比率”,其中实际租赁价格没有变动趋势,而土地对 GDP 的比率则一直在下降,因此土地份额是不断下降的。同样,实际资源价格有适度向下的变动趋势,而资源利用量对 GDP 的比率则一直在下降,因此资源份额也在不断下降。不断下降的资源与土地份额意味着增长阻力在不断减弱。

土地和资源的份额在不断下降,但同时这些要素是越来越稀缺的,这一事实说明这两类投入品与其他投入品之间的替代弹性一定是大于 1 的。这个结论乍看上去似乎有些出人意料,因为如果我们想象狭义的产品(比如书籍),那么投入品之间相互替代的可能性确实不会太大。但是,如果我们意识到人们重视的不是特定的产品本身,而是产品最终能够提供的服务(比如存储信息),那么投入品之间的相互替代性就比较容易理解了。信息不仅可以存储在书籍中,还可以通过口口相传、石碑、微缩胶片、录像带、DVD、硬盘等形式存储，这些不同的存储手段所使用的资本、资源、土地和劳动等要素的比例大不相同，因此，当资源和土地越来越稀缺时，经济会自发做出反应，转向不需要大量使用这两种投入品的信息存储形式。

污染

工人平均资源和土地数量的下降并不是环境问题阻碍增长的唯一方面，生产会带来污染，而污染会减少合理测量得到的产出量。也就是说，如果实际产出的数据中包括了所有生产出来的产品，并且以能够反映其消费效用的价格来计算，那么污染也应该包括在内，并且其价格为负。此外，如果污染严重到一定程度，甚至会减少按传统方法计算得到的产出。比如，全球变暖通过影响海平面和气候影响了总产出。

从经济理论的视角来分析，我们同样不能对污染抱持乐观的态度，因为如果污染制造者不需要为污染埋单，那么不加管制的市场必然会导致过度污染，最终无法避免环境灾难。例如，假设污染达到一定临界点后会导致气候发生剧烈变化，但由于污染的影响是外生的，因此没有任何市场机制可以避免污染上升到临界点，即便消息灵通的人群发现生态灾难已经迫在眉睫，也仍然没有一个相应的市场价格可以发出警告信息。

从理论上讲，解决污染问题的最优政策是显而易见的。我们只需要估计出负外部性所对应的货币值，然后征收等量的污染税，就可以实现私人成本和社会成本的统一，从而实现社会最优的污染水平。〔1〕

上述最优政策说起来似乎十分容易，但它有一个前提条件，就是必须要了解污染造成的问题有多严重。从经济增长的角度看，这意味着我们需要了解，如果不采取正确的控制手段，污染会在多大程度上阻碍增长；从政策的角度看，这意味着我们需要了解，恰当的污染税应该是多高。其次，我们还要考虑，如果污染税在政治上是可行的，这种简易的管制手段带来的好处是否会超过它的实施成本。最后，从我们自身行为的角度来看，我们需要了解，对于那些在意他人利益的人们来说，应该做出多少努力才能减少其行为所造成的污染。

由于没有市场价格作为指导，研究污染问题的经济学家只能从分析科学证据入手。比如，在全球变暖的例子中，一个合理的点估计结论是，如果缺乏有效的干预，那么，平均气温将在一百年内上升 3～4 摄氏度，从而对气候产生各种影响[诺德豪斯(Nordhaus，2013)]。考虑了全球变暖影响经济福利的各种可能渠道之后，诺德豪斯指出，比较合理的估计是，到 2100 年，总的福利效应可能稍许为负，相当于 GDP 减少 2～3 个百分点，而对应于平均年增长率仅仅减少约 0.03 个百分点。在此基础上，诺德豪斯发现，采用激进措施(例如把温室气体的排放量减少到 1990 年的一半水平这种政策)来控制全球变暖将会比什么都不做造成更大的危害。同样，有关碳排放社会成本的估算(即根据碳排放对气候的影响计算补偿负外部性所

---

〔1〕 另一种办法是，计算社会最优的污染水平，然后拍卖一定量的可交易许可证，从而将污染控制在最优水平。维奇曼(Weitzman，1974)对价格控制和数量控制之间的选择进行了精彩的分析。

需的庇古税规模)结果大多并不是很大(当然也不能忽视)。格林斯通、柯皮茨和伍弗顿(Greenstone, Kopits and Wolverton, 2013)以及诺德豪斯(2014)的估计结果都是该成本约为每吨 20 美元。形象地描述就是,该成本相当于每加仑汽油需要增加约 0.2 美元的庇古税。

当然,上述科学证据的解读或者估计福利效应的方法都有可能与事实相去甚远。有两种观点支持重视气候变化成本以及采取控制措施的必要性,第一种观点是尾部风险,又叫临界点理论,即气候变化可能带来比点估计严重得多的小概率结果。诺德豪斯(2013)认为这考虑不确定性并不会显著改变他的研究结果,原因很简单,气候变化的后果可能比点估计差,但也可能会比点估计好。同样,格林斯通、柯皮茨和伍弗顿(2013)发现,改变假设可能会式碳排放的社会成本翻倍,但是很难找到一种情形,使估计结果与基准情形截然不同。相反,维奇曼(Weitzman, 2009)则认为,尾部风险会从根本上改变气候变化的分析结果,并认为现有政策应该做出大幅调整。

强调气候变化成本的第二种观点是折旧率不恰当:在评价环境政策的成本与几十年之后的收益时,折旧率的微小变化就会对结果产生非常大的影响,而气候变化分析中通常考虑 50～100 年之后的问题。有关如何折算控制气候变化的成本和收益,诺德豪斯(2007)和斯特恩(Stern, 2008)之间的争论是一个很好的例子。

尽管气候变化问题比较复杂,但是大多数(当然不是所有)认真研究过气候变化的经济学家,甚至是那些一开始对环境问题十分担忧的经济学家,都已经认同,环境问题对经济增长的影响顶多是中等程度。[1]

最后,我们要记住,气候变化并不是污染的唯一后果。实际上,诺德豪斯(1992)使用类似于分析气候变化的方法,发现污染的其他外部性带来的福利损失可能会略大于气候变化,他的点估计结果是,污染的其他外部性会使合理计算的年增长率减少约 0.04 个百分点。因此,政策制定者和关心环境的公众都不应该忽视传统的污染问题。

习　题

1.1　增长率的基本性质。利用变量增长率等于其对数的时间导数这一性质证明:

(a) 两个变量之积的增长率等于其各自增长率之和。即,若 $Z(t)=X(t)Y(t)$,则 $\dot{Z}(t)/Z(t)=[\dot{X}(t)/X(t)]+[\dot{Y}(t)/Y(t)]$。

(b) 两个变量之比的增长率等于其各自增长率之差。即,若 $Z(t)=X(t)/Y(t)$,则 $\dot{Z}(t)/Z(t)=[\dot{X}(t)/X(t)]-[\dot{Y}(t)/Y(t)]$。

---

[1] 这并不是说环境因素对长期增长根本不重要。布兰德和泰勒(Brander and Taylor, 1998)在他们的一篇很精彩的论文中提到一个重要案例:复活节岛在约公元 400 年成为定居地到 18 世纪欧洲人到达之间,曾经历过一次马尔萨斯主义者所预见的环境灾难。此外,他们认为其他原始社会也很有可能经历过这种灾难。

(c) 若 $Z(t)=X(t)^{\alpha}$，则 $\dot{Z}(t)/Z(t)=\alpha\dot{X}(t)/X(t)$。

1.2 假设某变量 X 的增长率从时刻 0 到时刻 t_1 为常数，并且等于 $a>0$；在时刻 t_1 降为 0；从时刻 t_1 到 t_2 逐渐从 0 增加到 a；在时刻 t_2 后为常数，并且等于 a。

(a) 用图形表示出 X 的增长率随时间的变化。

(b) 用图形表示出 $\ln X$ 随时间的变化。

1.3 描述下列情况如何影响(如果有影响的话)索洛模型基本框架涉及的持平投资曲线和实际投资曲线：

(a) 折旧率下降。

(b) 技术进步率上升。

(c) 生产函数是柯布—道格拉斯函数 $f(k)=k^{\alpha}$，并且资本份额 α 上升。

(d) 工人更加努力地工作，因此，在既定的单位有效劳动平均资本下，单位有效劳动的平均产出比以前更高。

1.4 考虑一个存在技术进步，但没有人口增长并且处于平衡增长路径的经济。假定出现工人数量的一次性增加。

(a) 工人数量一次性增加时，单位有效劳动的平均产出会增加、减少还是不变？为什么？

(b) 单位有效劳动的平均产出发生初始变化(如果有)之后，是否会有进一步的变化？如果有，它是上升还是下降？为什么？

(c) 在经济重新达到平衡增长路径后，单位有效劳动的平均产出与新工人出现之前相比是更高、更低还是一样？为什么？

1.5 假设生产函数是柯布—道格拉斯函数。

(a) 把 k^*、y^* 和 c^* 表示为模型参数 s、n、δ、g 和 α 的函数。

(b) k^* 的黄金律值是多少？

(c) 达到黄金律资本存量所需的储蓄率是多少？

1.6 考虑一个处于平衡增长路径的索洛经济。为了简单起见，假设不存在技术进步。若人口增长率下降：

(a) 平衡增长路径上的工人平均资本、工人平均产出以及工人平均消费将如何变化？作图表示经济向新的平衡增长路径移动时上述变量的变化路径。

人(b) 描述人口增长率下降对产出路径的影响(总产出而不是工人平均产出)。

1.7 计算在平衡增长路径上单位有效劳动的平均产出 y^* 对人口增长率 n 的弹性。若 $\alpha_K(k^*)=1/3$，$g=2\%$，并且 $\delta=3\%$，当 n 从 2%降到 1%时，y^* 增加多少？

1.8 假设在美国的产出中投资的比例从 0.15 永久性地增加到 0.18。设资本份额为 1/3。

(a) 与投资比例不变的情形相比，产出最终大约会增加多少？

(b) 与投资比例不变的情形相比，消费最终大约会增加多少？

(c) 投资增加对消费的直接影响是什么？消费需要花多少时间才能回到投资

比例不变时的水平?

1.9　索洛模型中的要素收入。 假设劳动和资本按其边际产出支付报酬。用 w 表示 $\partial F(K,AL)/\partial L$，$r$ 表示 $[\partial F(K,AL)/\partial K]-\delta$。

(a) 证明劳动的边际产出 w 为 $A[f(k)-kf'(k)]$。

(b) 证明若资本和劳动均按其边际产出支付报酬，则规模报酬不变意味着生产要素总收入等于总净产出。即证明在规模报酬不变的情形下，$wL+rK=F(K,AL)-\delta K$。

(c) 资本收益 r 基本不随时间变化，产出中分配给资本和劳动的份额也是如此。平衡增长路径上的索洛经济是否表现出上述性质？在平衡增长路径上 w 和 r 的增长率各是多少？

(d) 假设经济中 k 的水平在开始时小于 k^*。随着 k 向 k^* 收敛，w 的增长率会高于、低于还是等于其在平衡增长路径上的增长率？r 的增长率呢？

1.10　本题要求使用索洛模型来分析托马斯·皮凯蒂(Thomas Piketty)近期研究的一些问题[参见皮凯蒂(Pikety，2014)，皮凯蒂和祖克曼(Piketty and Zucman，2014)，荣利(Rognlie，2015)]。考虑一个满足索洛模型假设的经济，其中要素按照边际产出支付报酬(与第 9 题一样)，并且劳动收入全部用于消费，其他收入全部用于储蓄，即 $C(t)=L(t)[\partial Y(t)/\partial L(t)]$。

(a)证明生产函数的性质以及关于 L 与 A 的假设意味着，当且仅当 K 的增长率大于 $n+g$(即 k 上升)时，资本—产出比 K/Y 会上升。

(b)假设 $\partial Y/\partial K$ 在 $t=0$ 处大于 $n+g+\delta$。说明资本—产出比会如何随着时间变化。(例如，资本—产出比是否会无限增加或者减小？是否会从上方或者下方趋向于某个固定水平？或者出现其他情况？)请说明理由。

(c)很多人这样总结皮凯蒂的思想：由于资本回报率高于经济增长率，资本—产出比会不断上升。根据(b)小题的假设，经济的资本回报率一开始就高于经济增长率，如果你在(b)小题中发现 K/Y 无限增加，请直观地解释这种增加是否是由资本回报率高于经济增长率导致的。或者，如果你(b)小题中发现 K/Y 并不会无限增加，请直观地解释"资本回报率高于经济增长率会导致资本—产出比不断上升"的观点有什么错误。

(d)假设 $F(\cdot)$ 是柯布道格拉斯函数，经济的初始条件与(b)小题一样。请说明资本净收入(即 $K(t)[\partial Y(t)/\partial K(t)-\delta]$)占净产出(即 $Y(t)-\delta K(t)$)比率的变化特征。请说明理由。在这种情况下，"资本回报率高于经济增长率会导致资本—产出比不断上升"的观点是正确的吗?

1.11　考虑习题 1.10，假设 K 有微小增加。

(a)请推导决定 K 的边际增加如何影响资本净收入与净产出之比的表达式(用 k/Y、δ、资本的边际产出 F_k 以及生产函数 $F(\cdot)$ 中资本与有效劳动的替代弹性来表示)。

(b)假设资本—产出比为 3，$\delta=3\%$，并且资本回报率为 $(F_x-\delta)=5\%$。总体生产函数中的替代弹性需要多大才能保证当 K 增加时，资本净收入与净产出之比上升?

1.12 假定与习题 1.10 一开始的设定类似：经济符合索洛模型的假设，但要素按照边际产出支付报酬，并且劳动收入全部用于消费，其他收入全部用于储蓄。证明该经济收敛于平衡增长路径。并且在平衡增长路径上，k 等于黄金律水平。这一结论的直观含义是什么？

1.13 仿照方程(1.29)～(1.32)的步骤，计算出在平衡增长路径附近 y 向 y^* 收敛的速度。[提示：由 $y=f(k)$ 可得 $k=g(y)$，其中 $g(\cdot)=f^{-1}(\cdot)$。]

1.14 **物化的技术进步。**[来自索洛(Solow，1960)和佐藤(Sato，1966)。]有关技术进步的一种看法是，资本品在时刻 t 的生产力依赖于时刻 t 的技术水平，而与此后的技术进步无关，这就是物化的技术进步(技术进步必须物化为新的资本才能增加产出)。本题旨在探讨物化技术进步的影响。

(a) 首先，我们修改基本的索洛模型，假定技术进步为资本增强型而不是劳动增强型。为了保证平衡增长路径的存在，假设生产函数为柯布—道格拉斯函数：$Y(t)=[A(t)K(t)]^{\alpha}L(t)^{1-\alpha}$，$A$ 的增长率为 μ：$\dot{A}(t)=\mu A(t)$。

证明该经济收敛于一个平衡增长路径，并计算 Y 与 K 在平衡增长路径上的增长率。[提示：证明 $Y/(A^{\phi}L)$ 可以写为 $K/(A^{\phi}L)$ 的函数，其中 $\phi=\alpha/(1-\alpha)$，并分析 $K/(A^{\phi}L)$ 的动态变化。]

(b) 考虑物化的技术进步。具体来说，假定生产函数为 $Y(t)=J(t)^{\alpha}L(t)^{1-\alpha}$，其中 $J(t)$ 为有效资本存量。$J(t)$ 的动态变化由 $\dot{J}(t)=sA(t)Y(t)-\delta J(t)$ 给定。表达式中的 $A(t)$ 项表明在时刻 t 投资的生产力取决于时刻 t 的技术水平。

证明该经济收敛于一个平衡增长路径，并计算在这个平衡增长路径上 Y 和 J 的增长率。[提示：令 $\bar{J}(t)=J(t)/A(t)$，然后用(a)中的方法，着重考虑 $\bar{J}/(A^{\phi}L)$ 而不是 $K/(A^{\phi}L)$。]

(c) 在平衡增长路径上，产出对 s 的弹性是多少？

(d) 在平衡增长路径附近，经济向平衡增长路径收敛得有多快？

(e) 把(c)和(d)中得到的结果与课文中基本索洛模型的相应结果进行对比。

1.15 考虑处于平衡增长路径上的索洛经济。假设 1.7 节中的增长核算技术适用于本经济。

(a) 根据增长核算的方法，工人平均产出增长中有多大比例来自工人平均资本的增长？多大比例来自技术进步？

(b) 如何用(a)中的结论解释如下事实：索洛模型表明，平衡增长路径上的工人平均产出增长率由技术进步率唯一确定。

1.16 (a) 在方程(1.39)和(1.40)关于收敛性和测量误差的模型中，假设 b 的真实值为-1。用 $\ln(Y/N)_{1979}-\ln(Y/N)_{1870}$ 对一个常数项和 $\ln(Y/N)_{1870}$ 做回归是否会得到 b 的有偏估计？请解释。

(b) 假设 1979 年的人均收入存在测量误差，但 1870 年的人均收入不存在测量误差。用 $\ln(Y/N)_{1979}-\ln(Y/N)_{1870}$ 对一个常数项和 $\ln(Y/N)_{1870}$ 做回归是否会得到 b 的有偏估计？请解释。

1.17 试推导方程(1.50)。[提示：可仿照方程(1.47)和(1.48)中的步骤。]

2

无限期模型与世代交叠模型

本章所讨论的两个模型与索洛模型类似，但与索洛模型相比有一个显著的区别，即这两个模型中总体经济的动态变化是由微观层面的决策确定的。这两个模型仍然把劳动和知识的增长率看作给定的，但资本存量的变动方程来自竞争性市场上家庭最大化行为与厂商最大化行为的交互作用，因此储蓄率不再是外生的，也不必保持不变。

第一个模型是由拉姆塞(Ramsey，1928)、卡斯(Cass，1955)和库普曼斯(Koopmans，1965)建立的，因此也被称为拉姆塞—卡斯—库普曼斯模型。该模型从理论上讲是最简单的，它描述了这样一个经济：竞争性的厂商租赁资本、雇用劳动来进行生产并出售产品；数量固定不变的家庭具有无限生命；家庭提供劳动、持有资本并进行消费和储蓄。这个模型忽略了市场的所有不完美性，以及由家庭异质性和不同代人群之间相互联系所造成的一切问题，因此可以看作一种基准情形。

第二个模型是由戴蒙德(Diamond，1965)提出的世代交叠模型。该模型与拉姆塞—卡斯—库普曼斯模型之间的关键区别在于，戴蒙德模型假定新的家庭会陆续进入经济。我们将会发现，这个似乎很微小的差别会产生十分重要的结果。

A 部分　拉姆塞—卡斯—库普曼斯模型

2.1　模型假设

生产技术

本模型中的生产技术与索洛模型相同。生产函数为 $F(K, AL)$，其中 $F(\cdot)$ 满足第 1 章中的所有假设。K、A 和 L 的初始水平都是给定的，并且都严格为正，A 的增长率为 g，L 的增长率为 n。并且，资本的积累过程与索洛模型一样，由产出和消费确定，只不过为了方便起见，我们现在假设没有折旧。因此第一章中的方程(1.15)就变为：

$$\dot{K}(t)=Y(t)-\zeta(t), \tag{2.1}$$

其中，我们用 ζ 表示总消费。（C 在本书中表示人均消费，在分析中具有重要作用，并且我们将使用 c 来表示单位有效劳动平均消费。）关于生产技术的最后一个假设是，K 不会为负。这是符合常识的，负的资本存量没有意义。（在索洛模型中，我们假设了 $K(0)>0$ 和 $s>0$，因此资本存量不可能为负，从而不需要专门提出这个假设。）

厂商

假设经济中存在大量相同的厂商，每个厂商的生产函数都是 $Y=F(K;AL)$，生产函数的假设与第 1 章中完全相同。这些厂商在竞争性要素市场上雇用工人、租赁资本，然后在竞争性商品市场上出售产品。与索洛模型一样，A 的增长率 g 是外生的。此外，这些厂商都由家庭所有，因此其进行利润最大化所赚取的利润最终全部归于家庭。

假设生产函数相同，规模报酬不变以及要素价格相同意味着，租用资本 K 并雇用劳动 L 的大量厂商生产的总产出等于单个厂商使用同等数量的资本和劳动生产的产出。因此，总产出 $Y(t)=F(K(t),A(t)L(t))$。习题 2.1 要求正式地证明这个结论。

家庭

假设经济中存在大量相同的家庭，每个家庭的人口增长率都是 n，在每个时间点，家庭中的每个成员都供给 1 单位的劳动。每个家庭将所拥有的资本全部租赁给厂商，并且其初始的资本持有量都是 $K(0)/H$[其中 $K(0)$是经济中的初始资本存量，H 是家庭的数量]，这里假定初始资本存量与索洛模型一样严格为正。为了简单起见，我们暂且假定不存在任何折旧。家庭的收入来自提供劳动和资本的报酬以及从厂商那里分得的利润。家庭将每个时间点的收入在消费和储蓄之间进行分配，并最大化其终生效用。

家庭效用函数的形式如下：

$$U=\int_{t=0}^{\infty} e^{-\rho t}u(C(t))\frac{L(t)}{H}dt. \tag{2.2}$$

其中，$C(t)$是每个家庭成员在时间 t 的消费；瞬时效用函数 $u(\cdot)$表示在给定时刻下每个家庭成员的效用；$L(t)$是经济中的总人口，所以 $L(t)/H$ 就是家庭成员的数量，而 $u(C(t))L(t)/H$ 就是家庭所有成员在时间 t 的总瞬时效用；最后，ρ 表示折现率，ρ 越大，则家庭就越看重当期消费而不是未来消费。[1]

瞬时效用函数的形式为：

$$u(C(t))=\frac{C(t)^{1-\theta}}{1-\theta},\quad \theta>0,\quad \rho-n-(1-\theta)g>0. \tag{2.3}$$

---

〔1〕 效用函数也可以写作$\int_{t=0}^{\infty} e^{-\rho' t}u(C(t))dt$，其中$\rho'\equiv\rho-n$。由于$(t)=L(0)e^{nt}$，上述表达式就等于方程(2.1) 中的表达式除以 $L(0)/H$，因此两者刻画了相同的经济行为特征。

〔2〕 参见习题 2.2。

〔3〕 为了理解这一点，我们首先从效用函数中减去 $1/(1-\theta)$，由于此时效用不过是减少了一个常数，因此并不会改变经济行为。在此基础上，利用罗必塔(l'Hôpital)法则取 $\theta\to1$ 时的极限，其结果就是 $\ln C$。

这一效用函数形式通常被称为相对风险规避系数不变(CRRA)的效用函数。该名称的来源是,这类效用函数的相对风险规避系数(定义为$-Cu''(C)/u'(C)$)为θ,与C无关。该效用函数形式可以保证经济向平衡增长路径收敛。

由于该模型中不存在不确定性,因此在这里家庭的风险偏好并没有直接意义。但是,θ也决定了家庭在不同时期之间调整消费的意愿:θ越小,则消费上升所引起的边际效用下降就越慢,家庭就越愿意接受消费的跨期变化。例如,如果θ接近于零,则效用函数几乎是C的线性函数,因此家庭愿意接受跨期之间大幅的消费变化,以便通过折现率与储蓄收益率之间的微小差异获益。实际上可以证明,任意两个时间点的消费之间的替代弹性都是$1/\theta$。[2]

值得一提的是,这类瞬时效用函数还有另外三个性质。首先,若$\theta<1$,则$C^{1-\theta}$是C的增函数,若$\theta>1$,则$C^{1-\theta}$是C的减函数。因此,用$1-\theta$除$C^{1-\theta}$确保了对于任何θ值,消费的边际效用均为正;其次,在$\theta\to 1$的特殊情形下,瞬时效用函数简化为$\ln C$,这是在分析中比较常用的一种形式;[3]第三,假设$\rho-n-(1-\theta)g>0$,可以确保终生效用不会发散(如果这个条件不满足,则家庭可以得到无限大的终生效用,这时效用最大化问题不存在有定义的解)。[1]

2.2 家庭和厂商的行为

厂商

厂商的行为比较简单。在每个时间点上,厂商都使用现有的劳动与资本进行生产,按照其各自的边际产出分别支付报酬,并出售生产的产品。由于我们假设生产函数的规模报酬不变并且经济是竞争性的,因此,厂商获得的利润为零。

与第一章相同,资本的边际产出$\partial F(K,AL)/\partial K$可以表示为$f'(k)$,其中$f(\cdot)$是生产函数的紧凑形式。由于市场是竞争性的,资本的收入就是其边际产出,而由于不存在折旧,资本的实际收益率就等于其单位时间的收入。因此,时刻t的实际利率为:

$$r(t)=f'(k(t)). \tag{2.4}$$

劳动的边际产出是$\partial F(K,AL)/\partial L$,等于$A\partial F(K,AL)/\partial AL$,用$f(\cdot)$表示即为$A[f(k)-kf'(k)]$。[2] 因此,时刻$t$的实际工资为:

$$W(t)=A(t)[f(k(t))-k(t)f'(k(t))]. \tag{2.5}$$

从而单位有效劳动的平均工资为:

$$w(t)=f(k(t))-k(t)f'(k(t)). \tag{2.6}$$

家庭的预算约束

对于代表性家庭来说,r和w的路径是给定的,其预算约束是,终生消费的现

〔1〕 菲尔普斯(Phelps,1966a)讨论了,当家庭可以得到无限效用时如何分析增长模型。

〔2〕 参见习题1.9。

值不能超过初始财富加上终生劳动收入的现值。在给出预算约束的表达式之前，我们有必要先解释一下，为何 r 会随时间发生变化。我们用 $R(t)$ 表示 $\int_{\tau=0}^{t} r(\tau)d\tau$，则在时刻 0 用于投资的一单位产出会在时刻 t 生产出 $e^{R(t)}$ 单位的产品，或者说，在时刻 t 的一单位产出的价值用时刻 0 的产出来衡量应为 $e^{-R(t)}$。例如，如果 r 在某一水平 $\bar{r}$ 保持不变，则 $R(t)$ 就是 $\bar{r}t$，而在时刻 t 一单位产出的现值就是 $e^{-\bar{r}t}$。一般而言，$e^{R(t)}$ 表示时期$[0,t]$中的连续复利效应。

由于每个家庭有 $L(t)/H$ 个成员，在时刻 t，每个家庭的劳动收入为 $W(t)L(t)/H$，消费支出为 $C(t)L(t)/H$。此外，每个家庭在时刻 0 的初始财富是总财富的 $1/H$，即 $K(0)/H$。因此，每个家庭的预算约束为：

$$\int_{t=0}^{\infty} e^{-R(t)}C(t)\frac{L(t)}{H}dt \leqslant \frac{K(0)}{H} + \int_{t=0}^{\infty} e^{-R(t)}W(t)\frac{L(t)}{H}dt. \tag{2.7}$$

求解上式中的积分通常比较困难，但我们可以将上述预算约束重新表示为家庭持有资本的约束，而解释经济的资本约束就比较容易了。为了更好地理解如何重新表述预算约束，我们首先需要将(2.7)式中的所有项移到一边，并将积分项合并，从而得到：

$$\frac{K(0)}{H} + \int_{t=0}^{\infty} e^{-R(t)}[W(t)-C(t)]\frac{L(t)}{H}dt \geqslant 0. \tag{2.8}$$

我们可将上式中从 $t=0$ 到 $t=\infty$ 的积分项写作极限形式，于是(2.8)式就等于：

$$\lim_{s\to\infty}\left[\frac{K(0)}{H} + \int_{t=0}^{s} e^{-R(t)}[W(t)-C(t)]\frac{L(t)}{H}dt\right] \geqslant 0. \tag{2.9}$$

另一方面，考虑每个家庭在时刻 s 时的资本持有量，即为：

$$\frac{K(s)}{H} = e^{R(s)}\frac{K(0)}{H} + \int_{t=0}^{s} e^{R(s)-R(t)}[W(t)-C(t)]\frac{L(t)}{H}dt. \tag{2.10}$$

为了理解(2.10)式，注意 $e^{R(s)}K(0)/H$ 表示家庭初始财富对该家庭在时刻 s 所拥有财富的贡献。家庭在时刻 t 的储蓄为$[W(t)-C(t)]L(t)/H$，该储蓄可以取负值；$e^{R(s)-R(t)}$ 表示该储蓄的价值在时刻 t 到时刻 s 之间的变化。

可以看出，方程(2.10)中的表达式实际上就是 $e^{R(s)}$ 乘以(2.9)式方括号中的部分，可以简单地把预算约束写为：

$$\lim_{s\to\infty} e^{-R(s)}\frac{K(s)}{H} \geqslant 0. \tag{2.11}$$

这里用到了家庭财富在均衡时等于经济总财富 K 乘以 $1/H$ 这个条件。通过上述推导过程可以得出，预算约束表明家庭资产持有量折现后的极值不能为负数。

方程(2.11)又被称为"禁止庞氏骗局条件"。庞氏骗局是指通过不断借债来滚动还贷的骗局，也就是说，债券发行者在债券到期时总是通过发行新债券来清偿债务。这种骗局可以使发行者的终生消费的现值超过其终生财富的现值，而通过施加方程(2.7)或者(2.11)中的预算约束,我们就可以破除这种骗局。[1]

家庭的最大化问题

代表性家庭总是会在预算约束下最大化其终生效用。与索洛模型一样,利用有效劳动数量标准化模型中的变量会使问题更加便于分析。因此,我们需要把目标函数与预算约束都表示成单位有效劳动的平均消费和劳动的函数。

首先,从目标函数入手。令 $c(t)$ 表示单位有效劳动的平均消费,工人平均消费 $C(t)$ 就等于 $A(t)c(t)$,从而家庭的瞬时效用函数(2.2)式可以写为:

$$\begin{aligned}\frac{C(t)^{1-\theta}}{1-\theta}&=\frac{[A(t)c(t)]^{1-\theta}}{1-\theta}\\&=\frac{[A(0)e^{gt}]^{1-\theta}c(t)^{1-\theta}}{1-\theta}\\&=A(0)^{1-\theta}e^{(1-\theta)gt}\,\frac{c(t)^{1-\theta}}{1-\theta}.\end{aligned}\tag{2.12}$$

把(2.12)式和 $L(t)=L(0)e^{nt}$ 代入家庭的目标函数(2.2)~(2.3)可得:

$$\begin{aligned}U&=\int_{t=0}^{\infty}e^{-\rho t}\,\frac{c(t)^{1-\theta}}{1-\theta}\,\frac{L(t)}{H}dt\\&=\int_{t=0}^{\infty}e^{-\rho t}\left[A(0)^{1-\theta}e^{(1-\theta)gt}\,\frac{c(t)^{1-\theta}}{1-\theta}\right]\frac{L(0)e^{nt}}{H}dt\\&=A(0)^{1-\theta}\,\frac{L(0)}{H}\int_{t=0}^{\infty}e^{-\rho t}e^{(1-\theta)gt}e^{nt}\,\frac{c(t)^{1-\theta}}{1-\theta}dt\\&\equiv B\int_{t=0}^{\infty}e^{-\beta t}\,\frac{c(t)^{1-\theta}}{1-\theta}dt.\end{aligned}\tag{2.13}$$

其中,$B\equiv A(0)^{1-\theta}L(0)/H$,$\beta\equiv\rho-n-(1-\theta)g$。根据(2.3)式,已假设为正的。

接下来考虑预算约束式(2.7)。家庭在时刻 t 的总消费 $C(t)L(t)/H$ 等于单位有效劳动的平均消费 $c(t)$ 乘以家庭中有效劳动的数量 $A(t)L(t)/H$。与此类似,家庭在时刻 t 的劳动总收入等于单位有效劳动的平均工资 $w(t)$ 乘以 $A(t)L(t)/H$。此外,家庭的初始资本持有量等于时刻0的单位有效劳动的平均资本 $k(0)$ 乘以 $A(0)L(0)/H$。所以(2.7)式可以写为:

$$\int_{t=0}^{\infty}e^{-R(t)}c(t)\,\frac{A(t)L(t)}{H}dt\leqslant k(0)\,\frac{A(0)L(0)}{H}+\int_{t=0}^{\infty}e^{-R(t)}w(t)\,\frac{A(t)L(t)}{H}dt.\tag{2.14}$$

$A(t)L(t)$ 就等于 $A(0)L(0)e^{(n+g)t}$,将其代入上式并且两边同除以 $A(0)L(0)/H$ 可得:

$$\int_{t=0}^{\infty}e^{-R(t)}c(t)e^{(n+g)t}dt\leqslant k(0)+\int_{t=0}^{\infty}e^{-R(t)}w(t)e^{(n+g)t}dt.\tag{2.15}$$

---

[1] 上述分析回避了一个小问题:我们假定了而不是证明了家庭必须满足“禁止庞氏骗局条件”。在本模型中,由于家庭数量有限,假设庞氏骗局不可行是合理的:如果一个家庭可以参与庞氏骗局,那就说明至少有一个其他家庭的终生消费现值严格小于其终生财富现值,而由于消费的边际效用总是正的,没有任何家庭会接受削减消费。但是,如果模型中有无穷多的家庭,例如本章B部分中的世代交叠模型,那么在某些情况下就可能出现庞氏骗局,我们将在12.1节中讨论这一点。

最后，由于 $K(s)$ 与 $k(s)e^{(n+g)s}$ 成正比，我们可以把禁止庞氏骗局的预算约束式(2.11)写为

$$\lim_{s\to\infty} e^{-R(s)}e^{(n+g)s}k(s)\geqslant 0. \tag{2.16}$$

家庭行为

根据前面的分析可知，家庭所面临的问题就是在预算约束式(2.15)下选择 $c(t)$ 的路径来最大化其终生效用(2.13)式。与标准的最大化问题(计算有限个数的最大化解)不同，此时我们需要计算每一个时间点所选择的 c，但传统的最大化方法在这里仍然有用。首先，由于消费的边际效用总是正数，因此，家庭将恰好满足其预算约束，我们可以用目标函数(2.13)式和预算约束(2.15)式来构造拉格朗日函数：

$$\begin{aligned}\mathcal{L}=&B\int_{t=0}^{\infty}e^{-\beta t}\frac{c(t)^{1-\theta}}{1-\theta}dt\\&+\lambda\left[k(0)+\int_{t=0}^{\infty}e^{-R(t)}e^{(n+g)t}w(t)dt-\int_{t=0}^{\infty}e^{-R(t)}e^{(n+g)t}c(t)dt\right].\end{aligned} \tag{2.17}$$

家庭在每个时间点选择 c，即选择无穷多的 $c(t)$。对于任意时刻 t 来说，$c(t)$ 的一阶条件是：[1]

$$Be^{-\beta t}c(t)^{-\theta}=\lambda e^{-R(t)}e^{(n+g)t}. \tag{2.18}$$

家庭的行为即由(2.18)式与预算约束式(2.15)共同刻画。

为了理解(2.18)式对消费行为的意义，我们可以对两边同时取对数：

$$\begin{aligned}\ln B-\beta t-\theta\ln c(t)&=\ln\lambda-R(t)+(n+g)t\\&=\ln\lambda-\int_{\tau=0}^{t}r(\tau)d\tau+(n+g)t,\end{aligned} \tag{2.19}$$

其中，第二行利用了 $R(t)$ 的定义：$\int_{\tau=0}^{t}r(\tau)d\tau$。由于(2.18)式两边对所有 t 都是相等的，两边对 t 的导数也应该相等，即：

$$-\beta-\theta\frac{\dot{c}(t)}{c(t)}=-r(t)+(n+g), \tag{2.20}$$

我们在上式中再次利用了变量的时间导数等于其增长率这一性质。通过方程(2.20)求解 $\dot{c}(t)/c(t)$，可得：

---

〔1〕 这个分析步骤不太规范，问题在于(2.18)式中的各项在(2.17)式中的阶为 dt，也就是说，这些项对拉格朗日函数的影响为无穷小。除了像(2.18)式中那样简单地消去 dt 之外，还有许多更加正式地分析这个问题的方法。例如，我们可以把家庭刻画为是在[0；Δt)；[Δt；$2\Delta t$)；[$2\Delta t$；$3\Delta t$)…一系列有限区间内选择消费，并且假定在每个区间内消费保持不变，然后取 Δt 趋于零时的极限，这同样可以得到(2.18)式。另一种办法是使用变分法(参见 2.4 节末尾的脚注)。不过对于这里的问题来说，变分法其实可以简化为我们所使用的消去方法，因此在这里使用变分法也不会使计算更加严密。从另一个角度来说，变分法的推导过程实际上为我们所使用的方法[在式(2.18)中消去 dt]提供了正规的依据。

$$\begin{aligned}\frac{\dot{c}(t)}{c(t)}&=\frac{r(t)-n-g-\beta}{\theta}\\&=\frac{r(t)-\rho-\theta g}{\theta},\end{aligned}\tag{2.21}$$

其中,第二行使用了 β 的定义:$\rho-n-(1-\theta)g$。

由于工人平均消费 $C(t)$等于 $c(t)A(t)$,消费 C 的增长率为:

$$\begin{aligned}\frac{\dot{C}(t)}{C(t)}&=\frac{\dot{A}(t)}{A(t)}+\frac{\dot{c}(t)}{c(t)}\\&=g+\frac{r(t)-\rho-\theta g}{\theta}\\&=\frac{r(t)-\rho}{\theta},\end{aligned}\tag{2.22}$$

其中第二行利用了(2.21)式。(2.22)式说明,若实际收益率超过家庭对未来消费的折现率,则工人平均消费会上升,反之则会下降。此外,θ 的值越小,即消费变化所引起的边际效用变化越小,则实际利率和折现率的变化所导致的消费变化就越大。

方程(2.21)也被称为上述最大化问题的欧拉方程。推导(2.21)式的一种直观办法是,考虑家庭在两个连续时间点上的消费。[1] 具体而言,可以设想家庭将时刻 t 的消费 c 减少一个微小的量(准确的说法是无穷小量)Δc,并将由此增加的储蓄作为一个很短的时期(也是无穷小量)Δt 内的追加投资,然后在时刻 $t+\Delta t$,家庭将由此获得的额外投资收益用于消费,并假定家庭在除时刻 t 与时刻 $t+\Delta t$ 之外的所有时间点上都保持消费和资本持有量不变。如果家庭达到了最优状态,则上述变动对其终生效用的边际影响一定是零,否则,如果边际影响严格为正,则家庭可以通过这种变动在边际意义上提高其终生效用,而如果边际影响严格为负,则家庭可以通过反向操作提高其终生效用。

根据(2.13)式,$c(t)$的边际效用表示成 $Be^{-\beta t}c(t)^{-\theta}$,上述变动的效用成本是 $Be^{-\beta t}c(t)^{-\theta}\Delta c$。由于瞬时收益率是 $r(t)$,因此,在时刻 $t+\Delta t$,增加的 c 为 $e^{[r(t)-n-g]\Delta t}\Delta c$。而由于 c 的增长率为 $\dot{c}(t)/c(t)$,$c(t+\Delta t)$可以写为 $c(t)e^{[\dot{c}(t)/c(t)]\Delta t}$,故而 $c(t+\Delta t)$的边际效用是 $Be^{-\beta(t+\Delta t)}c(t+\Delta t)^{-\theta}$,或者 $Be^{-\beta(t+\Delta t)}[c(t)e^{[\dot{c}(t)/c(t)]\Delta t}]^{-\theta}$。因此,要使消费路径达到效用的最大化,下面的条件必须满足:

$$Be^{-\beta t}c(t)^{-\theta}\Delta c=Be^{-\beta(t+\Delta t)}[c(t)e^{[\dot{c}(t)/c(t)]\Delta t}]^{-\theta}e^{[r(t)-n-g]\Delta t}\Delta c.\tag{2.23}$$

在上式两边同时除以 $Be^{-\beta t}c(t)^{-\theta}\Delta c$ 并取对数可得:

$$-\beta\Delta t-\theta\frac{\dot{c}(t)}{c(t)}\Delta t+[r(t)-n-g]\Delta t=0.\tag{2.24}$$

最后,将上式除以 Δt 并重新整理,即可得到(2.21)中的欧拉方程。

从直观上来看,欧拉方程刻画了在给定 $c(0)$的情况下 c 是如何随时间变化的,如果 c 不按照(2.21)式进行变化,那么家庭就可以在不改变其终生支出现值的情况下通过重新安排消费来提高终身效用。在此基础上,我们也可以确定对 $c(0)$的

[1] 同连续时间的情形相比,欧拉方程的直观含义在离散时间情形下要容易理解得多。参见 2.9 节。

选择，即以 $c(0)$ 为起点所得到的消费路径上终生消费的现值要等于初始财富与未来收入的现值之和。如果 $c(0)$ 选得过低，在满足(2.21)式的路径上，消费支出就不能花光终生财富，这就意味着仍存在消费更多的路径；而如果 $c(0)$ 定得太高，消费支出会超过终生财富，这就说明该消费路径并不可行。[1]

2.3 经济的动态变化

要想研究上述模型中经济的动态变化，最简便的办法就是描述 C 和 k 的变动。具体的做法是，首先考虑这两个变量在任意初值下的动态变化，然后根据边界条件确定初值，其中边界条件包括：$K(0)$ 已知、资本存量不能小于零以及家庭以等式满足预算约束。

c 的动态变化

由于所有家庭都是相同的，方程(2.21)不仅描述了单个家庭中 c 的变动，同时也描述了总体经济中 c 的变动。家庭把实际利率看作给定的，但在均衡时，资本的边际产出决定实际利率：得到 $r(t)=f'(k(t))$，因此，(2.21)式可以重新写为：

$$\frac{\dot{c}(t)}{c(t)}=\frac{f'(k(t))-\rho-\theta g}{\theta}. \tag{2.25}$$

可见，当 $f'(k)$ 等于 $\rho+\theta g$ 时，$\dot{c}$ 为零。令 k^* 表示此时的 k 值，当 k 大于 k^* 时，$f'(k)$ 小于 $\rho+\theta g$，因此 $\dot{c}$ 为负；当 k 小于 k^* 时，$\dot{c}$ 为正。

图 2.1 总结了上述分析(箭头表示 c 变动的方向)，即如果 $k<k^*$，则 c 上升；如果 $k>k^*$，则 c 下降；当 $k=k^*$ 时，$\dot{c}=0$，表示此时 c 保持不变。[2]

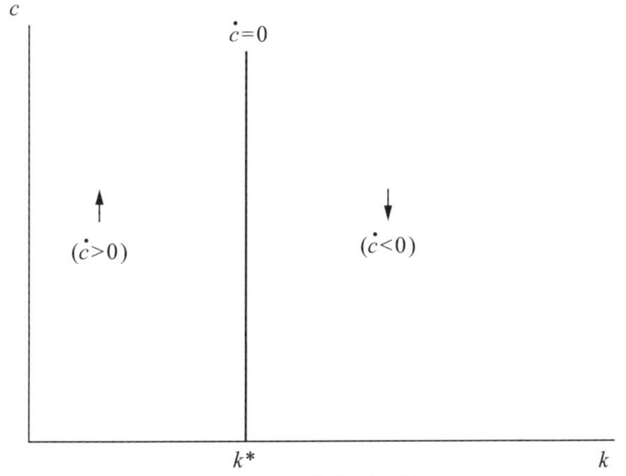

图 2.1　*c* 的动态变化

---

〔1〕 对此更为严密的证明是：方程(2.21)意味着 $c(t)=c(0)e^{[R(t)-(\rho+\theta g)t]/\theta}$，这说明 $e^{-R(t)}e^{(n+g)t}c(t)=c(0)e^{[(1-\theta)R(t)+(\theta n-\rho)t]/\theta}$，因此 $c(0)\int_{t=0}^{\infty}e^{[(1-\theta)R(t)+(\theta n-\rho)t]/\theta}dt$ 必须等于预算约束(2.15)式的右边，由此便可以确定 $c(0)$ 的选择。

〔2〕 (2.25)式说明了，当 c 为零时，$\dot{c}$ 也为零。也就是说，$\dot{c}$ 在图中的水平轴上也为零。但是我们下面将会看到，c 在均衡状态不会为零，所以上述情况并不影响本模型的分析。

k 的动态变化

由于生产技术与索洛模型一样,为了简化模型,假设不存在折旧,资本存量的动态变化可以表示成 $\dot{K}(t)=Y(t)-C(t)L(t)$,这实际上就是(2.1)式,只不过总消费表示为工人平均消费与工人数量的乘积。根据索洛模型中 k 的运动方程(1.19)式类似的推导过程,可得:

$$\dot{k}(t)=f(k(t))-c(t)-(n+g)k(t). \tag{2.26}$$

与(1.19)式类似,上式表明 $\dot{k}$ 是单位有效劳动的实际投资 $f(k)-c$ 与持平投资 $(n+g)k(t)$ 之间的差。

对于既定的 k,使得 $\dot{k}=0$ 的 c 值为 $f(k)-(n+g)k$。根据第1章的图1.6,我们知道,当消费等于实际产出与持平投资曲线之间的差时,$\dot{k}$ 为零。因此,使得 $\dot{k}=0$ 的 c 值随着 k 上升,一直达到 $f'(k)=n+g$(即 k 的黄金律水平)后才开始下降。并且,当 c 大于使得 $\dot{k}=0$ 的水平时,k 会下降;当 c 小于这个水平时,k 会上升。当 k 足够大时,持平投资会超过总产出,这时对于所有正的 c 值来说 $\dot{k}$ 都变为负数。图2.2总结了上述结果,箭头表示 k 的变动方向。

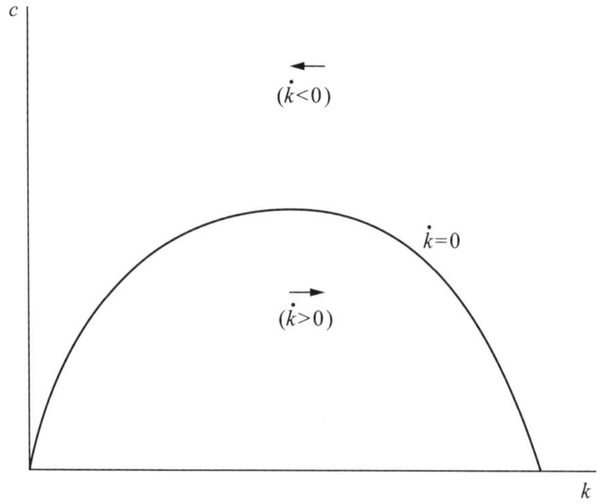

图 2.2　k 的动态变化

相图

图2.3综合了图2.1和图2.2中的信息,这里的箭头同时表示 c 和 k 的变动方向。例如,当 c 和 k 处在 $\dot{c}=0$ 线左边、$\dot{k}$ 线上方的区域时,$\dot{c}$ 为正而 $\dot{k}$ 为负,因此 c 会上升而 k 会下降,在图中即表示为箭头指向上方和左方。图中其他区域的箭头也是通过类似的推理得到的。特别的,在 $\dot{c}=0$ 线或者 $\dot{k}=0$ 线上,c 和 k 只有一个会变动。例如,在 $\dot{k}=0$ 上方的 $\dot{c}=0$ 线上,c 为常数而 k 会下降,因此箭头指向左

方。最后，当 c 和 k 恰好处于 E 点时，$\dot{c}$ 和 $\dot{k}$ 均为零，因此不会出现偏离此点的运动。[1]

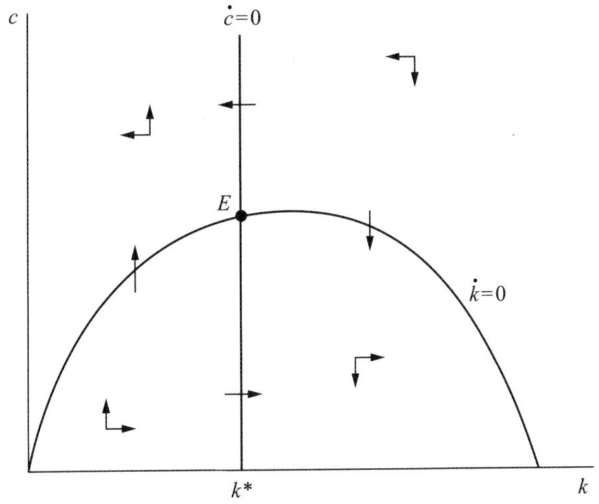

图 2.3　c 与 k 的动态变化

图 2.3 中的 k^*（使 $\dot{c}=0$ 的 k 值）小于 k 的黄金律水平（对应于曲线 $\dot{k}=0$ 峰顶的 k 值），这是必然的。要证明这一点，只需要记住 k^* 是由 $f'(k^*)=\rho+\theta g$ 确定的，而 k 的黄金律水平是由 $f'(k_{GR})=n+g$ 确定的。由于 $f''(k)$ 是负数，当且仅当 $\rho+\theta g$ 大于 $n+g$ 时 k^* 小于 k_{GR}，这等价于 $\rho-n-(1-\theta)g>0$。为了保证终生效用不会发散，前面已经假定了此式成立[参见(2.3)式]，因此 k^* 必然位于 $\dot{k}=0$ 曲线峰顶的左侧。

c 的初值

图 2.3 说明了，在给定 c 和 k 初始值的情况下，c 和 k 应如何随时间变动才能满足家庭的跨期最优化条件(2.25)，并同时满足刻画 k 与产出、消费之间关系的方程(2.26)。然而，虽然在模型中 k 的初始值的确是给定的，但 c 的初始值实际上尚未确定。

图 2.4 向我们展示了如何确定 c 的初始值。具体来说，图中假设 $k(0)$ 小于 k^*，并演示了在 c 的不同初始值下 c 与 k 的变动轨迹。也就是说，给定 $c(0)$ 的值。我们要分析当方程(2.25)和(2.26)在每个时点都成立时，c 和 k 会如何随时间变动。如果 $c(0)$ 在 $\dot{k}=0$ 曲线上方，例如位于点 A，则 $\dot{c}$ 为正而 $\dot{k}$ 为负，图中的经济会不断向左上方移动。如果 $c(0)$ 恰好使 $\dot{k}$ 为零，例如点 B，则经济一开始直接往 (k,c) 空间的上方移动，使得 $\dot{c}$ 为正而 $\dot{k}$ 变为负，然后经济又向左上方移动。如果经济的初始位置略低于 $\dot{k}=0$ 曲线，例如点 C，则由于 $\dot{k}$ 是 c 的连续函数，$\dot{k}$ 在一开

---

[1] 根据 45 页脚注[2]，$\dot{c}$ 在图中横轴上也为零。因此，还存在另外两个使 c 和 k 保持不变的点。第一个是原点，因为如果经济中没有资本也没有消费，那么它就会一直停在那里。第二个点是 $\dot{k}$ 线与横轴的交点，在这个点上，所有产出都用于维持 k 不变，即 $c=0$ 并且 $f(k)=(n+g)k$。此时，消费从零变动到任何正数都会违反家庭的跨期最优化条件(2.25)式，因此如果经济处在这一点就必须保持不动才能同时满足(2.25)式和(2.26)式。不过，接下来我们将看到，经济的均衡绝不会处于这两点。

始仅略大于零，而 $\dot{c}$ 仍然为正。因此，这种情况下，经济起初会向上方移动，并且略微偏向右方，但在穿过 $\dot{k}=0$ 线后，$\dot{k}$ 会变为负，于是经济接下来的变动路径仍然是 c 上升而 k 下降。

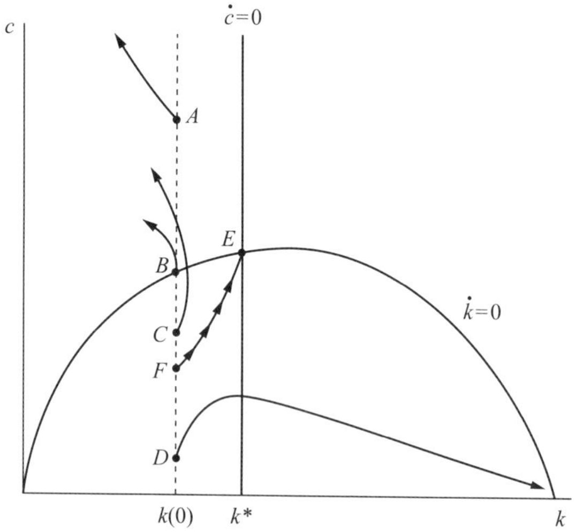

图 2.4　c 的不同初始值下 c 与 k 的行为

点 D 代表了初始消费非常低的情况，此时 $\dot{c}$ 和 $\dot{k}$ 都为正。根据(2.25)式，$\dot{c}$ 与 c 是成正比的，也就是说，当 c 很小时，$\dot{c}$ 也很小，因此在这种情况下，c 会一直处于较低的水平，并且经济最终将穿过 $\dot{c}=0$ 线。此后，$\dot{c}$ 变为负，而 $\dot{k}$ 仍为正，所以经济会进一步向右下方移动。

我们知道，$\dot{c}$ 和 $\dot{k}$ 都是 c 和 k 的连续函数，因此在 C 点与 D 点之间必然存在一个临界点(即图中的 F 点)，使得当 c 的初始值位于此处时，经济最终会收敛于稳定点 E。对于任何高于此临界点的初始消费水平，经济在达到 $\dot{c}=0$ 线之前都会穿过 $\dot{k}=0$ 线，于是经济最终的变动轨迹是消费持续上升而资本持续下降；而对于任何低于此临界点的初始消费水平，经济会首先达到 $\dot{c}=0$ 线，因此将转到消费下降而资本上升的变动轨迹上；唯有当消费的初始值正好等于临界点的时候，经济会向 c 与 k 都保持不变的点收敛。

上面我们分析的所有变动轨迹实际上都满足方程(2.25)和(2.26)，那这能否说明这些路径都有可能出现呢？答案是不能，因为在上面的分析中我们尚未要求家庭必须满足预算约束，也没有考虑到经济中的资本存量不能为负数，而这些条件决定了哪些路径能真正描述经济的行为。

如果经济开始于点 F 上方，则 c 较高并且会不断上升，于是 k 的运动方程(2.26)意味着 k 最终将为零，而为了继续满足(2.25)和(2.26)式，c 必须继续上升，从而 k 会变为负数。然而，由于资本存量不能为负，这种情况是不允许发生的，我们可以排除这种路径。

为了进一步排除始于点 F 下方的路径，我们可以考虑前面用资本持有约束表示的预算约束式(2.16)：$\lim_{s\to\infty} e^{-R(s)}e^{(n+g)s}k(s)\geqslant 0$。如果经济开始于类似于 D 的点，则 k 最终将超过资本存量的黄金律水平。此后，实际利率 $f'(k)$ 会小于 $n+g$，

因此 $e^{-R(s)}e^{(n+g)s}$ 会上升。而由于 k 仍在不断上升，则 $e^{-R(s)}e^{(n+g)s}k(s)$ 是发散的，也即 $\lim_{s\to\infty}e^{-R(s)}e^{(n+g)s}k(s)$ 是无穷大。根据(2.16)式的推导过程可知，这等于是说家庭终生收入的现值比其终生消费的现值大无穷多，从而每个家庭都有能力在每个时间点上提高其消费，并由此获得更高的效用。也就是说，在这种情况下家庭并没有最大化其效用，因此这样的路径也不会是均衡路径。

最后，如果经济开始于点 F，则 k 最终收敛于 k^*，从而 r 收敛于 $f'(k^*)=\rho+\theta g$，因此 $e^{-R(s)}e^{(n+g)s}$ 最终将下降，其速度为 $\rho-n-(1-\theta)g=\beta>0$，从而 $\lim_{s\to\infty}e^{-R(s)}e^{(n+g)s}k(s)$ 为零。综上所述，只有始于点 F 的路径才有可能成为均衡路径。

鞍点路径

尽管上述讨论都是针对某一个具体的初始 k 值而言的，但其基本的思想是有普遍性的，即对于任意大于零的初始 k 值，都存在唯一的初始 c 值使得家庭跨期最优化条件、资本存量的运动方程、家庭预算约束以及 k 不能为负的条件同时满足。我们将 c 的这些初始值表示为 k 的函数，即可得到鞍点路径，如图 2.5 所示。也就是说，对于任意 k 的初始值，c 的初始值必须位于鞍点路径上，并且随后经济会沿着鞍点路径向点 E 移动。

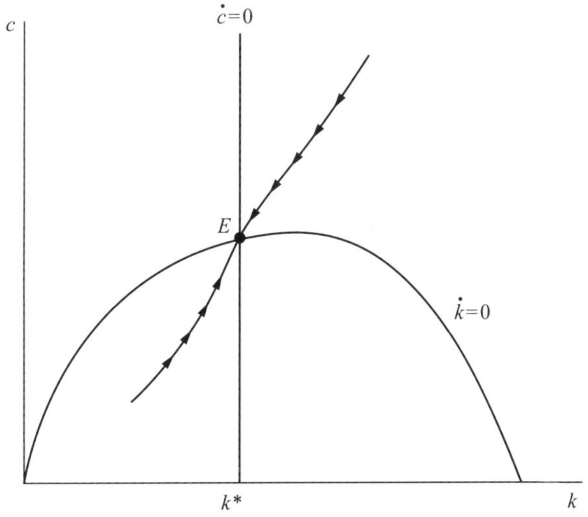

图 2.5　鞍点路径

2.4　福　利

在前面所有分析的基础上，一个随之而来的问题就是，上述经济的均衡状态是否是一个令人满意的结果。这个问题的答案其实很简单。微观经济学中的福利经济学第一定理告诉我们，如果市场是竞争性的、完备的并且不存在外部性(而且经济个体的数量是有限的)，那么分散经济的均衡是帕累托有效的，也就是说，不可能在不损害某些人利益的情况下改进另一些人的利益。由于我们的模型满足福利经济学第一定理的条件，因此均衡一定是帕累托有效的。而且在我们的模型中，所有家庭都具有相同的效用,这说明在同等对待所有家庭的配置中,分散经济的均衡能产生最大的效用。

为了更清楚地理解这一点,我们可以考虑一个社会计划者所面临的问题:以最大化代表性家庭的终生效用为目标,将每个时期的产出在消费和投资之间进行分配。这个问题实际上就等价于单个家庭的优化问题,唯一的不同是,计划者并不把 w 和 r 的路径看作是给定的,而是把它们看作由 k 的路径来决定,而 k 的路径又由(2.26)式决定。

通过考虑连续两个时期的消费来推导(2.21)式和(2.25)式的论证过程也同样适用于社会计划者问题,即在时刻 t 把 c 减少 Δc 并把这部分收入用于投资,也同样使计划者在时刻 $t+\Delta t$ 的消费 c 提高 $e^{f'(k(t))\Delta t}e^{-(n+g)\Delta t}\Delta c$,[1]因此计划者选择的路径上 $c(t)$ 也必须满足(2.25)式。而由于方程(2.26)中 k 的变动反映了技术而不是偏好,社会计划者也必须遵从这一条件。最后,与家庭最优化问题相同,我们一方面可以排除使资本存量变为负的路径,因为它们是不可行的,另一方面还可以排除导致消费变为零的路径,因为它们不能最大化家庭的效用。

总的来说,社会计划者问题的解同样是:c 的初始值位于鞍点路径上,并且 c 和k 沿鞍点路径移动。也就是说,竞争性均衡能够最大化代表消费者的福利。[2]

2.5 平衡增长路径

平衡增长路径的性质

一旦经济收敛于点 E,其行为就与处于平衡增长路径的索洛模型完全一样了,即单位有效劳动的平均资本、平均产出和平均消费都是常数。而由于 y 与 c 是常数,则储蓄率 $(y-c)/y$ 也是常数。此外,总资本存量、总产出与总消费的增长率都为 $n+g$,工人平均资本、工人平均产出和工人平均消费的增长率都为 g。

显然,索洛模型对经济增长驱动力的讨论在本质上并不取决于其储蓄率不变的假设,即便储蓄是内生的,劳动效率的增长仍然是工人平均产出持续增长的唯一源泉。由于这里的生产函数与索洛模型相同,通过重复 1.6 节中的计算方式同样可以证明,当且仅当工人平均资本的差距和资本收益差距都十分庞大时,工人平均产出的巨大差距才可能来自于工人平均资本的差距。

---

〔1〕 这里需要注意的一点是,上述消费变动并不影响 t 到 $t+\Delta t$ 这一很短区间内的 r 和 w。r 降低的量为 $f''(k)$乘以 k 的变化量,而 w 上升的量为 $-f''(k)k$ 乘以 k 的变化量,但这些变化对(单位有效劳动的平均)总收入的影响为 w 的变化量加上 k 乘以 r 的变化量,此处为零。也就是说,由于资本的报酬是其边际产出,因此劳动和既有资本的总报酬就等于期初的产出水平(仍为单位有效劳动的平均水平)。这是金钱外部性的一个具体例子,它通过价格发生作用,并在市场竞争机制下相互抵消,保持总量平衡。

〔2〕 计划者问题的正规解法涉及变分法的使用,相关的求解过程和正式阐述可以参考布兰查德和费希尔(Blanchard and Fischer,1989,38—43 页)。变分法的介绍可以参考本书 9.2 节、巴罗和萨拉伊马丁(Barro and Sala-i-Martin,2003,附录 A.3)、奥伯斯法尔德(Obsfeld,1992)或者阿西莫格鲁(Acemoglu,2009,第 7 章)。

社会最优点与资本的黄金律水平

索洛模型与拉姆塞—卡斯—库普曼斯模型平衡增长路径之间唯一明显的差别是，在拉姆塞-卡斯-库普曼斯模型中，资本存量高于黄金律水平的平衡增长路径是不存在的。在索洛模型中，如果储蓄率足够高，在该经济所达到的平衡增长路径之外，会存在使得每一时刻都得到更高消费的可能路径。相反，在拉姆塞—卡斯—库普曼斯模型中，由于储蓄来自家庭的选择行为，家庭的效用依赖于其消费，不存在外部性，在经济中就存在增加每个时期消费可能性的路径必然不会是均衡路径，因为如果经济处在这种路径，那么家庭就可以通过减少储蓄来增加效用。

我们也可以从相图中看出上述分析的结果。根据图 2.5，如果初始资本存量超过了黄金律水平[即 $k(0)$ 大于 $\dot{k}=0$ 曲线的峰顶水平]，初始消费就高于保持 k 不变所需的水平，因此 $\dot{k}$ 为负。最终，k 将逐渐下降到低于黄金律水平的 k^*。

k^* 小于黄金律资本存量水平的结论说明了，经济并不收敛于使可持续的 c 最大化的平衡增长路径。实际上，当我们考虑 g 等于零从而工人平均消费和工人平均产出没有长期增长的情况时，上述结果就变得十分直观了。在这种情况下，k^* 由 $f'(k^*)=\rho$ 确定[参见(2.25)式]，k_{GR} 由 $f'(k_{GR})=n$ 确定，而假设 $\rho-n-(1-\theta)g>0$ 则可以简化为 $\rho>n$，由此就可以得出，k^* 小于 k_{GR}。这一结果意味着，在 $k=k^*$ 处增加储蓄会使工人的平均消费最终维持在高于其初始消费的水平上(参见 1.4 节)。然而，由于家庭对当前消费的评价高于未来消费，永久增加消费所能获得的好处是有限的，因此，有时(特别是当 k 超过 k^* 时)通过短期牺牲来获取长久收益的做法并不可取，这种取舍会降低而不是提高家庭的终生效用。总的来说，k 会收敛于低于黄金律水平的值，而由于 k^* 是经济能收敛到的 k 的最优水平，它也被称为修正的黄金律资本存量。

2.6 折现率下降的影响

考虑一个处于平衡增长路径上的拉姆塞—卡斯—库普曼斯经济，并假设该经济中的折现率 ρ 下降。由于参数 ρ 决定了家庭对当前消费和未来消费的偏好，因此 ρ 下降的作用就类似于索洛模型中的储蓄率上升。

由于家庭在进行消费和投资的选择时是考虑其长远利益的，我们有必要分析的一个问题就是：折现率的变化是否能被家庭预期到。如果折现率的变化在家庭的意料之中，则家庭就会在变化实际发生之前改变其行为，这是一种较为复杂的情形。而在本节，我们会着重考虑意外变化这一简单情形。也就是说，家庭在最大化其效用时以为折现率不会变化并且经济将处于由此得到的平衡增长路径上，但实际到了某一时刻，家庭会突然发现其偏好发生了变化——对未来效用的折现率降低了。[1]

[1] 有关如何分析可预期变化的例子可参考 2.7 节以及习题 2.11 和 2.12。

定性影响

由于 k 的变化是由技术而不是偏好所决定的，ρ 仅进入 $\dot{c}$ 的方程而并不进入 $\dot{k}$ 的方程，也就是说，只有 $\dot{c}=0$ 线会受到折现率的影响。根据方程(2.25)可以知道 $\dot{c}(t)/c(t)=[f'(k(t))-\rho-\theta g]/\theta$，$f'(k^*)=\rho+\theta g$ 确定 $\dot{c}$ 为零的 k 值，而由于 $f''(\cdot)$ 为负，因此 ρ 下降会使 k^* 提高，也会使 $\dot{c}=0$ 线向右移动。如图 2.6 所示。

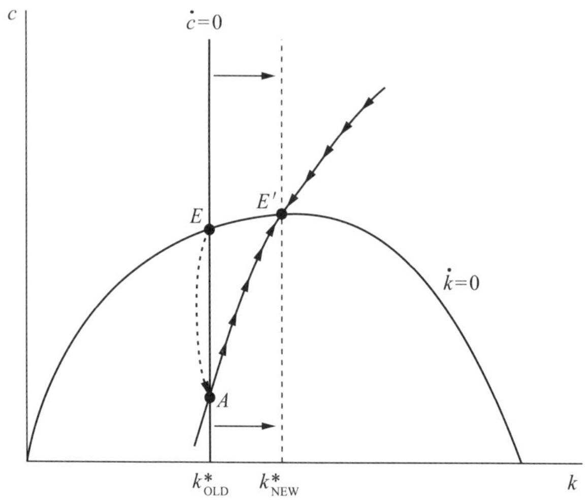

图 2.6　折现率下降的影响

单位有效劳动的平均资本存量 k 是由经济的历史状态所确定的，因此，当 ρ 发生变化时，k 不会出现间断点，特别是在变化发生的时刻，k 应仍等于平衡增长路径上原有的 k^* 值。与 k 的变化不同，家庭的消费 c 则可以在冲击发生时出现急剧的变化。

我们可以通过对经济动态的分析清楚地看到 c 的变化：在折现率发生变化的时刻，c 会迅速下降以使经济跳到新的鞍点路径上(图 2.6 中的点 A)；[1]此后，c 和 k 会逐渐上升到新的平衡增长路径所对应的水平，并且新的值会高于原来平衡增长路径上的值。

可见，折现率下降的影响就类似于索洛模型中当资本存量低于黄金律水平时储蓄率上升的影响，即 k 都会逐渐上升到新的较高水平，c 最初都会下降，并且随后都会上升到高于开始时的水平。因此，与索洛模型中储蓄率的永久性上升一样，这里折现率的永久性下降也会导致工人平均资本增长率和工人平均产出增长率的暂时性上升。两者间唯一的区别是，在 ρ 下降的情形下，储蓄率在整个调整过程中并不会保持不变。

调整速度与鞍点路径的斜率

方程(2.25)和(2.26)已经将 $\dot{c}(t)$ 和 $\dot{k}(t)$ 表示为 $k(t)$ 和 $c(t)$ 的函数，为了进

〔1〕 由于我们假定了变化是意料之外的，因此 c 的变动不连续并不意味着家庭没有最大化其效用。家庭原来的行为在其原有信念下是最优的，而 c 下降则是对 ρ 下降这一新信息的最优反映。

一步分析其中的数量意义，有一种非常有效的办法，即将这些非线性方程替换为平衡增长路径附近的线性近似方程。因此，我们首先在 $k=k^*$、$c=c^*$ 附近对方程(2.25)和(2.26)取一阶泰勒近似，即：

$$\dot{c}\simeq\frac{\partial\dot{c}}{\partial k}[k-k^*]+\frac{\partial\dot{c}}{\partial c}[c-c^*],\tag{2.27}$$

$$\dot{k}\simeq\frac{\partial\dot{k}}{\partial k}[k-k^*]+\frac{\partial\dot{k}}{\partial c}[c-c^*],\tag{2.28}$$

其中，$\partial\dot{c}/\partial k$、$\partial\dot{c}/\partial c$、$\partial\dot{k}/\partial k$ 和$\partial\dot{k}/\partial c$ 均在 $k=k^*$、$c=c^*$ 处取值。我们的分析方法是，把(2.27)与(2.28)式理解成精确表示，分析系统的动态变化。[1]

为了方便起见，我们可以定义 $\tilde{c}=c-c^*$ 和 $\tilde{k}=k-k^*$。由于 c^* 和 k^* 都是常数，则 $\dot{\tilde{c}}$ 就等于 $\dot{c}$，而 $\dot{\tilde{k}}$ 就等于 $\dot{k}$。因此我们可以将(2.27)与(2.28)式重新写为：

$$\dot{\tilde{c}}\simeq\frac{\partial\dot{c}}{\partial k}\tilde{k}+\frac{\partial\dot{c}}{\partial c}\tilde{c},\tag{2.29}$$

$$\dot{\tilde{k}}\simeq\frac{\partial\dot{k}}{\partial k}\tilde{k}+\frac{\partial\dot{k}}{\partial c}\tilde{c}.\tag{2.30}$$

(上述导数仍然在 $k=k^*$，$c=c^*$ 处取值。)根据 $\dot{c}=\{[f'(k)-\rho-\theta g]/\theta\}c$ [方程(2.25)]计算在 $k=k^*$，$c=c^*$ 处(2.29)式的导数取值，可得：

$$\dot{\tilde{c}}\simeq\frac{f''(k^*)c^*}{\theta}\tilde{k}.\tag{2.31}$$

类似地，根据 $\dot{k}=f(k)-c-(n+g)k$ [方程(2.26)]计算(2.30)式的导数可得：

$$\begin{aligned}\dot{\tilde{k}}&\simeq[f'(k^*)-(n+g)]\tilde{k}-\tilde{c}\\&=[(\rho+\theta g)-(n+g)]\tilde{k}-\tilde{c}\\&=\beta\tilde{k}-\tilde{c},\end{aligned}\tag{2.32}$$

其中，第二行利用了(2.25)式可推出 $f'(k^*)=\rho+\theta g$ 这一性质，而第三行利用了 β 的定义 $\rho-n-(1-\theta)g$。对(2.31)式两边同时除以 $\tilde{c}$，而对(2.32)式两边同时除以 $\tilde{k}$ 即可得 $\tilde{c}$ 和 $\tilde{k}$ 增长率的表达式：

$$\frac{\dot{\tilde{c}}}{\tilde{c}}\simeq\frac{f''(k^*)c^*}{\theta}\frac{\tilde{k}}{\tilde{c}},\tag{2.33}$$

$$\frac{\dot{\tilde{k}}}{\tilde{k}}\simeq\beta-\frac{\tilde{c}}{\tilde{k}}.\tag{2.34}$$

---

[1] 有关分析差分方程系统[如(2.27)～(2.28)]的正式介绍可参考西蒙和布鲁姆(Simon and Blume，1994，第25章)。

方程(2.33)和(2.34)说明,$\tilde{c}$ 与 $\tilde{k}$ 的增长率仅依赖于两者之比,由此我们可以思考当 $\tilde{c}$ 与 $\tilde{k}$ 的值使得两者以同样速度下降(即使得 $\dot{\tilde{c}}/\tilde{c}=\dot{\tilde{k}}/\tilde{k}$)时的情况。首先,这种情况意味着当 $\tilde{c}$ 与 $\tilde{k}$ 之比不变时,两者的增长率也不会发生变化。也就是说,如果 $c-c^*$ 和 $k-k^*$ 最初下降的速度相同,那它们就会一直按照此速度下降。从图上来看,从 $\tilde{c}$ 与 $\tilde{k}$ 按相同速度下降的那一点开始,经济会沿一条直线向(k^*,c^*)移动,并且经济与(k^*,c^*)间距离缩短的速度保持不变。

令 μ 表示 $\dot{\tilde{c}}/\tilde{c}$,则方程(2.33)说明:

$$\frac{\tilde{c}}{\tilde{k}}=\frac{f''(k^*)c^*}{\theta}\frac{1}{\mu}. \tag{2.35}$$

因此根据(2.34)式,使 $\dot{\tilde{k}}/\tilde{k}$ 等于 $\dot{\tilde{c}}/\tilde{c}$ 的条件是:

$$\mu=\beta-\frac{f''(k^*)c^*}{\theta}\frac{1}{\mu}, \tag{2.36}$$

或者

$$\mu^2-\beta\mu+\frac{f''(k^*)c^*}{\theta}=0. \tag{2.37}$$

这是 μ 的一元二次方程,其解为:

$$\mu=\frac{\beta\pm[\beta^2-4f''(k^*)c^*/\theta]^{1/2}}{2}. \tag{2.38}$$

我们用 μ_1 和 μ_2 来表示这两个 μ 值。

如果 μ 为正,则 $\tilde{c}$ 和 $\tilde{k}$ 会上升,即经济不会沿直线向(k^*,c^*)移动,反而会沿直线远离该点,因此如果经济要收敛于(k^*,c^*),则 μ 就必须为负。验算(2.38)式可知,只有一个 μ 值是负数,即$\{\beta-[\beta^2-4f''(k^*)c^*/\theta]^{1/2}\}/2$,我们令 μ_1 表示这个 μ 值。当 $\mu=\mu_1$ 时,方程(2.35)可以告诉我们,$\tilde{c}$ 应当与 $\tilde{k}$ 存在何种关系才能使两者按照速度 μ_1 下降。

图 2.7 画出了两条线。经济沿其中一条线平滑地向(k^*,c^*)收敛,此线是模型中线性系统的鞍点路径,标记为 AA。沿着另一条线,经济会远离点(k^*,c^*),此线标记为 BB。如果初始值 $c(0)$和 $k(0)$位于 BB 线上,根据(2.33)和(2.34)式,$\tilde{c}$ 和 $\tilde{k}$ 将会以速度 μ_2 稳步上升。[1] 由于 $f''(\cdot)$为负,(2.35)说明 $\tilde{c}$ 与 $\tilde{k}$ 之间关系的符号与 μ 相反,鞍点路径 AA 的斜率为正,而 BB 线的斜率为负。

总的来说,通过线性化关于 $\dot{c}$ 与 $\dot{k}$ 的方程,我们就可以用模型参数来刻画经济的动态变化:在 $t=0$ 时,c 必须等于 $c^*+[f''(k^*)c^*/(\theta\mu_1)](k-k^*)$,此后,$c$ 和 k 以 μ_1 的速度向平衡增长路径收敛,即 $k(t)=k^*+e^{\mu_1 t}[k(0)-k^*]$,$c(t)=c^*+e^{\mu_1 t}[c(0)-c^*]$。

---

〔1〕 当然,初始值(k,c)是不可能位于 BB 线上的。我们已经在 2.3 节看到,如果初始值位于 BB 线上,要么 k 会最终变为负值,要么家庭会积累无穷多的财富。

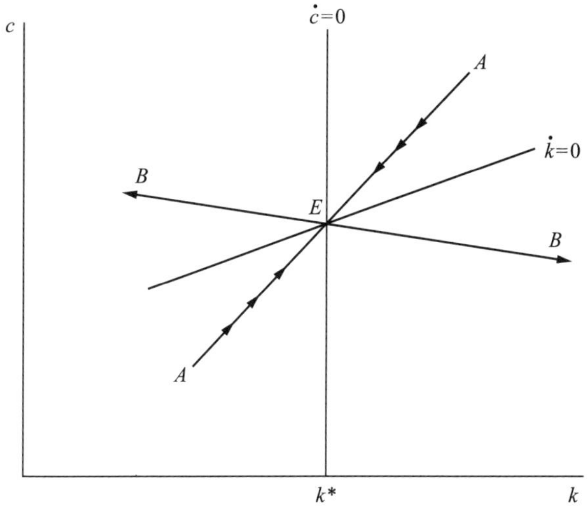

图 2.7　线性化相图

调整速度

为了理解(2.38)式对于经济向平衡增长路径收敛的速度这一问题有何意义，我们可以考虑常见的柯布—道格拉斯生产函数 $f(k)=k^{\alpha}$ 的例子。首先，该生产函数意味着 $f''(k^*)=\alpha(\alpha-1)k^{*\alpha-2}$，而平衡增长路径上的消费等于产出减去持平投资，单位有效劳动的平均消费 c^* 等于 $k^{*\alpha}-(n+g)k^*$。因此，我们可以将 μ_1 的表达式写为：

$$\mu_1=\frac{1}{2}\left\{\beta-\left[\beta^2-\frac{4}{\theta}\alpha(\alpha-1)k^{*\alpha-2}[k^{*\alpha}-(n+g)k^*]\right]^{1/2}\right\}.\qquad(2.39)$$

我们知道，在平衡增长路径上，$f'(k)$等于 $\rho+\theta g$[见(2.25)]。在柯布—道格拉斯情形下，这相当于 $\alpha k^{*\alpha-1}=\rho+\theta g$，或者 $k^*=[(\rho+\theta g)/\alpha]^{1/(\alpha-1)}$。将该结果代入(2.39)式并经过几步简单的代数运算即可得：

$$\mu_1=\frac{1}{2}\left\{\beta-\left[\beta^2+\frac{4}{\theta}\frac{1-\alpha}{\alpha}(\rho+\theta g)[\rho+\theta g-\alpha(n+g)]\right]^{1/2}\right\}.\qquad(2.40)$$

这样，我们就用模型的基本参数表示出了调整速度。

为了对上述调整速度的大小有一定的感性认识，我们可以假设 $\alpha=1/3$，$\rho=4\%$，$n=2\%$，$g=1\%$以及 $\theta=1$。可以证明，这些参数值意味着在平衡增长路径上的实际利率为 5%，储蓄率为 20%，而由于定义为 $\rho-n-(1-\theta)g$，可知 $\beta=2\%$。在这种条件下，我们根据方程(2.39)或(2.40)可以得出，$\mu_1\simeq-5.4\%$，这意味着经济在这种情形下的调整速度是非常快的。而与此相对应的，当我们在索洛模型中取同样的 α、n 和 g 值(并且也不考虑折旧)时，计算得到的调整速度仅为每年 2 个百分点[参见方程(1.32)]。出现这种差别的原因是，在当前的模型中，当 k 小于 k^* 时，储蓄率会大于 s^*，当 k 大于 k^* 时，储蓄率会小于 s^*；而在索洛模型中，s 被假定为常数。

2.7 政府购买的影响

到目前为止,我们尚未在模型中考虑政府,然而实际上,现代经济中的资源不仅仅用于投资和私人消费,也有相当一部分是用于公共服务。例如,在美国,约有20%的总产出是由政府购买的,而在许多其他国家,这一数字常常还会更高。因此,我们有必要进一步将政府引入到我们的模型中。

在模型中加入政府

与前面一样,我们首先要进行一些假设:假设在单位时间内,单位有效劳动的平均政府购买为$G(t)$;假设政府购买不影响私人消费的效用(这种情况可能是因为政府购买产品的用途完全不影响效用,也可能是因为效用等于私人消费所得效用与政府提供的产品所得效用之和);假设政府购买不影响未来产出,也就是说,政府购买用于公共消费而不是公共投资;假设政府购买的资金来源是定额税,并且单位时间内单位有效劳动的平均税额为$G(t)$,因此政府预算总是保持平衡。在第十三章,我们将会进一步考虑赤字财政的情形,但届时我们将会看到,本章模型中政府对于税收和财政赤字的选择不会影响任何重要的变量。因此,假设政府购买就等于当期税收是对问题的一种有效的简化。

在考虑政府之后,投资就等于产出减去私人消费与政府购买之和,k 的运动方程(2.26)就变为:

$$\dot{k}(t)=f(k(t))-c(t)-G(t)-(n+g)k(t). \tag{2.41}$$

可见,G 值越高,$\dot{k}=0$ 线就越靠下。这是因为,政府购买越多,为了保持 k 不变,私人购买就只能越少。

根据假设,家庭的偏好[(2.2)～(2.3)或(2.13)]是保持不变的,而欧拉方程[(2.21)或(2.25)]是在不施加终生预算约束的情况下由家庭偏好推导出来的,欧拉方程在这里仍然成立。但是,作为政府购买资金来源的税收会影响家庭的预算约束,具体而言,(2.15)式会变为:

$$\int_{t=0}^{\infty} e^{-R(t)}c(t)e^{(n+g)t}dt \leqslant k(0)+\int_{t=0}^{\infty} e^{-R(t)}[w(t)-G(t)]e^{(n+g)t}dt. \tag{2.42}$$

根据与此前类似的推理过程,上式意味着 k 的极限行为的表达式与前面[方程(2.16)]相同。

政府购买的永久变化和暂时变化的影响

既然我们已经在模型中加入了政府购买,那么政府购买的变化会对模型产生怎样的影响呢?下面我们就分别对政府购买永久变化和暂时变化这两种情况进行分析。首先分析政府购买永久变化的情况,我们可以假设经济处于平衡增长路径,$G(t)$在某一水平 G_L 保持不变,然后 G 意外地永久增加至 G_H。根据(2.41)式可知,这会使 $\dot{k}=0$ 线向下移动,且移动的幅度就等于 G 的增加量。而由于政府购买并不影响欧拉方程，因此 $\dot{c}=0$ 线不变。如图 2.8 所示。[1]

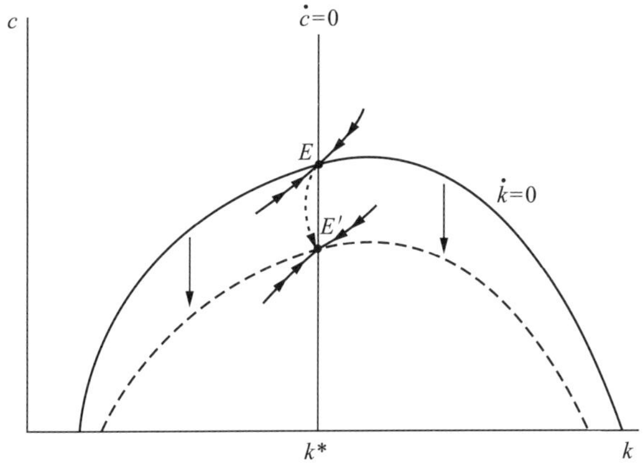

图 2.8　政府购买永久增加的影响

同前面的分析一样，经济对这种变化的反应是 c 会跳跃至新的鞍点路径上，否则就会出现要么资本在某一点上变为负数、要么家庭会积累无穷的财富的情况。在当前政府购买永久性增加的条件下，调整的形式比较简单：c 减少的量就等于 G 增加的量，并且经济立即切换到新的平衡增长路径上。从直观上看，政府购买或者说税收的永久性增加会减少家庭的终生财富。既然政府购买与税收的增加是永久性的，家庭并没有机会通过调整消费路径来提高效用，消费会立即减少，其幅度就等于政府购买增加的量，而资本存量和实际利率不受影响。

早期对消费行为建模的一种方法是，假设消费仅依赖于当期的可支配收入，并且一单位可支配收入的变化所引起的消费变化小于一单位。例如，索洛模型假设消费占当前收入的比例为 $1-s$。在这种设定下，消费下降的量会小于导致其下降的政府购买增加的量，其结果是，政府购买增加会挤出投资，使得资本存量下降、实际利率上升。但通过本节的分析我们可以发现，这些结果完全是依赖于一种机械化的行为法则，当考虑到跨期最优化之后，政府购买的永久性增加并不会导致这些结果。

更复杂的一种情形是，G 的增加是意料之外的并且是暂时的，而且假设人们知道确切的终止时间。在这种情形下，c 下降的幅度会小于 G 增加的量 G_H-G_L。这是因为，若 c 下降的幅度与 G 增加的幅度相等，则当政府购买回到 G_L 时，消费会出现不连续的跳跃上升，从而边际效用也会出现不连续的下降，但由于 G 回到 G_L 是意料之中的，因此边际效用的不连续下降也会被预料到，而这对于家庭而言并不是最优结果。

实际情况是，在政府购买较高的时期，$\dot{k}$ 由 $G=G_H$ 时的资本积累方程(2.41)决定；而当 G 回到 G_L 之后，$\dot{k}$ 再次由 $G=G_L$ 时的资本积累方程决定。此外，欧拉

---

〔1〕 假设 G_H 不会过大而导致 $c=0$ 时 $\dot{k}$ 为负，也就是说，在新的 $\dot{k}=0$ 线与 $\dot{c}=0$ 线的交点处，c 值为正。若非如此，政府的政策将是不可行的，因为即使 c 一直是零，$\dot{k}$ 也是负数，所以经济中单位有效劳动的平均总产出最终将小于 G_H。

方程(2.25)自始至终确定了 C 的动态变化,并且当 G 回到 G_L 时 c 不能发生非连续的变化。上述事实决定了 G 增加时经济的行为:c 必须跳跃至某个新值,使得当 G 返回初始水平时,由 $G=G_H$ 时的(2.41)式[以及(2.25)式]所确定的动态变化能够把经济带到原来的鞍点路径上。此后,经济沿原来的鞍点路径移动到原来的平衡增长路径上。[1]

如图 2.9 所示,(a)小图表示 G 的增加相对持久的情形。这种情况下,c 下降的幅度非常接近于 G 增加的量,但由于 G 的增加不是永久性的,因此家庭仍会减少一些资本持有量,而在经济中的 G 开始返回 G_L 时,c 会上升。

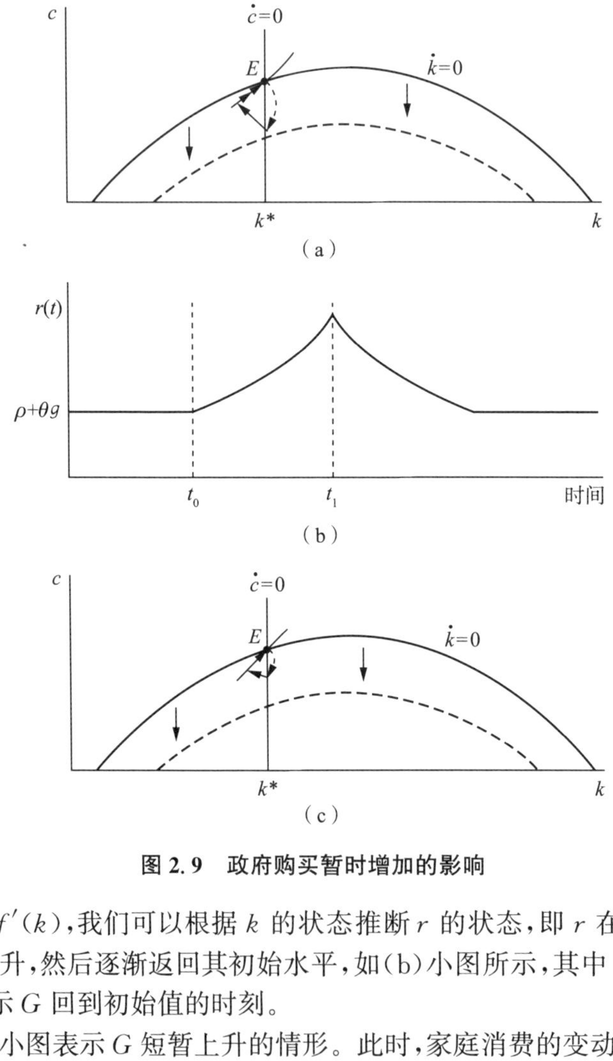

图 2.9　政府购买暂时增加的影响

由于 $r=f'(k)$,我们可以根据 k 的状态推断 r 的状态,即 r 在政府支出较高的时期逐渐上升,然后逐渐返回其初始水平,如(b)小图所示,其中 t_0 表示 G 增加的时刻,t_1 表示 G 回到初始值的时刻。

最后,(c)小图表示 G 短暂上升的情形。此时,家庭消费的变动相对较小,家庭会选择用储蓄来支付大部分暂时性的高额税收。而由于政府购买较高的时期很短,因此其对资本存量和实际利率的影响也相对较小。

上述分析再次证明了,允许前瞻行为能加深我们对经济的理解,这是假设消费

---

〔1〕 与上一个例子一样,由于 G 的初始变化是意料之外的,消费和边际效用的不连续变化并不表示家庭的行为不是最优的。参见 52 页脚注[1]。

仅依赖于当期可支配收入的旧方法所做不到的。在旧方法中，政府购买变化的时间长短与这种变化对 G 较高时期的影响无关。实际上，家庭不向前看却又在意政府购买和税收的未来路径这种观点本身就不合情理。

B 部分　戴蒙德模型

2.8　模型假设

下面，我们开始介绍本章的另一个模型，即戴蒙德世代交叠模型。戴蒙德模型与拉姆塞—卡斯—库普曼斯模型的关键区别在于，戴蒙德模型考虑了人口的新老更替，即新的经济个体不断出生，而老的个体不断衰亡。

在存在新老交替的情况下，假设时间是离散的要比假设其连续更加简单，也就是说，模型中的变量按 $t=0,1,2,\cdots$ 进行定义，而不是 $t\geqslant 0$ 的任意时刻。为了进一步简化分析，模型假设每个人仅生存两期。不过，对于模型的结论来说，最关键的是人口中存在新老交替这个一般性假设，而不是离散时间或者两期生命这种特别设定。〔1〕

此外，假设在第 t 期有 L_t 个人出生，并且与前面一样，人口增长率为 n，因此 $L_t=(1+n)L_{t-1}$。由于人们只生存两期，因此在 t 期有 L_t 人处于寿命的第一个时期，$L_{t-1}=L_t/(1+n)$ 人处于寿命的第二个时期。每个人在年轻时都提供 1 单位劳动，并且将劳动所得收入分配于第一期的消费和储蓄，而在第二期，人们仅仅消费其储蓄及其所得利息。

令 C_{1t} 和 C_{2t} 分别表示第 t 期年轻人和老年人的消费，于是出生于 t 期的人们可得的效用 U_t 依赖于 C_{1t} 和 C_{2t+1}。我们仍然假设效用函数的风险规避系数为常数：

$$U_t=\frac{C_{1t}^{1-\theta}}{1-\theta}+\frac{1}{1+\rho}\frac{C_{2t+1}^{1-\theta}}{1-\theta},\quad \theta>0,\quad \rho>-1. \tag{2.43}$$

与前面一样，采用这一函数形式是为了保证经济存在平衡增长路径。这里因为寿命是有限的，我们不再需要假设 $\rho>n+(1-\theta)g$ 来确保终生效用不发散，若 $\rho>0$，则代表人们更加看重第一期而不是第二期的消费；若 $\rho<0$，则情况相反。但我们需要假设 $\rho>-1$，以确保第二期消费的权重是正的。

关于生产的假设与前面完全一样，即经济中有许多厂商，生产函数都是 $Y_t=F(K_t,A_tL_t)$，$F(\cdot)$ 是规模报酬不变的并且满足稻田条件，A 的增长率 g 是外生的

〔1〕 索洛模型的离散时间形式可以参考习题 2.15。布兰查德（Blanchard，1985）建立了一个方便的连续时间模型，其中对无限期基准模型的偏离由一个连续参数决定。威尔（Weil，1989a）考虑了布兰查德模型的一种变形，其中新家庭不断进入经济，但是已有的家庭不会退出。他证明新家庭的加入足以产生戴蒙德模型和布兰查德模型中的大多数主要结果。最后，奥尔巴赫和科特利科夫（Auerbach and Kotlikoff，1987）运用模拟方法讨论了一个更加现实的世代交叠模型。

[因此 $A_t=(1+g)A_{t-1}$]。由于市场是竞争性的,劳动和资本按边际产出获得报酬,因此厂商利润为零。此外,与本章第一部分相同,假定不存在折旧,则实际利率和单位有效劳动的平均工资仍分别为 $r_t=f'(k_t)$ 和 $w_t=f(k_t)-k_tf'(k_t)$。最后,假设初始资本存量 K_0 严格为正,并且由所有老年人平均拥有。

因此,老年人在 0 期拥有的资本与年轻人提供的劳动相结合用于生产产品,资本和劳动的报酬都是其边际产出。老年人消费掉资本收入和现有财富,然后死亡并退出模型。年轻人将劳动收入 w_tA_t 分配于消费和储蓄,并将储蓄带入下一期,于是 $t+1$ 期的资本存量 K_{t+1} 就等于 t 期的年轻人数量 L_t 乘以这些年轻人的储蓄:

$$k_{t+1}=(w_tA_t-C_{1t})L_t. \tag{2.44}$$

这些资本又与下一代年轻人提供的劳动相结合进行生产,并且这一过程不断地继续下去。

2.9 家庭行为

首先,出生于 t 期的人在第二期的消费为:

$$C_{2t+1}=(1+r_{t+1})(w_tA_t-C_{1t}). \tag{2.45}$$

我们将上式两边同除以 $1+r_{t+1}$,并将 C_{1t} 移到左边即可得预算约束:

$$C_{1t}+\frac{1}{1+r_{t+1}}C_{2t+1}=A_tw_t. \tag{2.46}$$

这个式子表明,终生消费的现值应等于初始财富(等于零)加上终生劳动收入(即 A_tw_t)的现值。

出生于 t 期的人所面临的问题就是,在预算约束(2.46)式下最大化其终生效用(2.43)。我们将考虑两种求解这个最大化问题的方法。第一种是沿用拉姆塞模型中(2.23)~(2.24)直观地推导欧拉方程的办法。由于戴蒙德模型中时间是离散的,在该模型中直观地推导欧拉方程要比拉姆塞模型简单得多。具体而言,设想此人将 C_{1t} 减少一个微小的量(准确的说法是无穷小量)ΔC,然后将多出来的储蓄和资本收入用于下一期消费,即将 C_{2t+1} 提高 $(1+r_{t+1})\Delta C$。这种变化并不影响此人终生消费的现值,因此如果此人的行为是最优的,则这种变化所带来的效用成本和收益应当相等。否则,如果成本小于收益,则此人可以通过这种变化提高其终生效用;而如果成本超过了收益,则此人可以通过反向变化提高其终生效用。

通过计算可知,C_{1t} 和 C_{2t+1} 对终生效用的边际贡献分别是 $C_{1t}^{-\theta}$ 和 $[1/(1+\rho)]C_{2t+1}^{-\theta}$,因此若令 ΔC 趋近于 0,则该变化的效用成本趋近于 $C_{1t}^{-\theta}\Delta C$,而效用收益趋近于 $[1/(1+\rho)]C_{2t+1}^{-\theta}(1+r_{t+1})\Delta C$。如前所述,当此人最优化时,成本和收益是相等的,即最优化要求:

$$C_{1t}^{-\theta}\Delta C=\frac{1}{1+\rho}C_{2t+1}^{-\theta}(1+r_{t+1})\Delta C. \tag{2.47}$$

消去 ΔC 项并在两端同时乘以 C_{2t+1}^{θ} 可得：

$$\frac{C_{2t+1}^{\theta}}{C_{1t}^{\theta}}=\frac{1+r_{t+1}}{1+\rho}, \tag{2.48}$$

或者

$$\frac{C_{2t+1}}{C_{1t}}=\left(\frac{1+r_{t+1}}{1+\rho}\right)^{1/\theta}. \tag{2.49}$$

这个最优化条件与预算约束共同刻画了经济个体的行为。

表达式(2.49)与拉姆塞模型中的方程(2.22)类似，它意味着经济个体的消费是否随时间增加取决于实际回报率是否大于折现率。同样地，θ 决定了经济个体的消费对 r 和 ρ 之间的差异会做出多大的反应。

第二种求解经济个体最大化问题的方法是利用拉格朗日乘子：

$$\mathcal{L}=\frac{C_{1t}^{1-\theta}}{1-\theta}+\frac{1}{1+\rho}\frac{C_{2t+1}^{1-\theta}}{1-\theta}+\lambda\left[A_t w_t-\left(C_{1t}+\frac{1}{1+r_{t+1}}C_{2t+1}\right)\right]. \tag{2.50}$$

关于 C_{1t} 和 C_{2t+1} 的一阶条件为：

$$C_{1t}^{-\theta}=\lambda, \tag{2.51}$$

$$\frac{1}{1+\rho}C_{2t+1}^{-\theta}=\frac{1}{1+r_{t+1}}\lambda. \tag{2.52}$$

将第一个方程代入第二个方程可得：

$$\frac{1}{1+\rho}C_{2t+1}^{-\theta}=\frac{1}{1+r_{t+1}}C_{1t}^{-\theta}. \tag{2.53}$$

将上式重新整理即可得(2.49)式。与前面一样，这一条件与预算约束共同刻画了效用最大化行为。

利用欧拉方程(2.49)和预算约束式(2.46)，我们可以用劳动收入和实际利率来表示 C_{1t}。具体而言，将(2.49)式两边同时乘以 C_{1t}，并代入(2.46)式可得：

$$C_{1t}+\frac{(1+r_{t+1})^{(1-\theta)/\theta}}{(1+\rho)^{1/\theta}}C_{1t}=A_t w_t. \tag{2.54}$$

这说明

$$C_{1t}=\frac{(1+\rho)^{1/\theta}}{(1+\rho)^{1/\theta}+(1+r_{t+1})^{(1-\theta)/\theta}}A_t w_t. \tag{2.55}$$

方程(2.55)表明，利率决定了经济个体的收入中用于第一期消费的比例。我们用 $s(r)$ 表示收入中用于储蓄的比例，则(2.55)式意味着：

$$s(r)=\frac{(1+r)^{(1-\theta)/\theta}}{(1+\rho)^{1/\theta}+(1+r)^{(1-\theta)/\theta}} \tag{2.56}$$

因此，我们可以将(2.55)式重新写为：

$$C_{1t}=[1-s(r_{t+1})]A_t w_t. \tag{2.57}$$

方程(2.56)说明,当且仅当$(1+r)^{(1-\theta)/\theta}$随$r$递增时,年轻人的储蓄才会随$r$递增。而$(1+r)^{(1-\theta)/\theta}$对$r$的导数是$[(1-\theta)/\theta](1+r)^{(1-2\theta)/\theta}$,因此若$\theta$小于1,则$s$随$r$递增,而若$\theta$大于1,则$s$随$r$递减。从直观上看,$r$上升同时具有收入效应和替代效应:替代效应表现为,由于在两期之间的权衡中第二期消费变得更为有利,储蓄倾向于增加;收入效应表现为,由于既定储蓄下可以获得更多的第二期消费,储蓄倾向于减少。当经济个体更加愿意在不同回报率的激励下在两期消费之间进行替换(即当θ较小)时,替代效应处于主导地位;当经济个体强烈偏好于在两期之间平衡消费(即当θ较大)时,收入效应处于主导地位;在$\theta=1$(对数效用)的特殊情形下,两种效应相等,从而年轻人的储蓄率与r无关。

2.10 经济的动态变化

k 的运动方程

与无限期模型类似,我们可以通过对经济个体的行为进行加总来刻画经济的动态变化。如上所述,$t+1$期的资本存量等于年轻人在t期的储蓄(见[2.44])。由于年轻人的劳动收入中用于储蓄的比例为$s(r_{t+1})$,因此,

$$K_{t+1}=s(r_{t+1})A_t w_t L_t. \tag{2.58}$$

这里需要注意的是,由于t期的储蓄依赖于当前的劳动收入以及储蓄者预期的下一期资本回报,在$t+1$期的资本存量表达式中应使用t期的w和$t+1$期的r。

对(2.58)式两端同时除以$L_{t+1}A_{t+1}$,即可得到单位有效劳动的平均资本$K_{t+1}/(A_{t+1}L_{t+1})$的表达式:

$$k_{t+1}=\frac{1}{(1+n)(1+g)}s(r_{t+1})w_t. \tag{2.59}$$

在上式中替换掉r_{t+1}和w_t可得:

$$k_{t+1}=\frac{1}{(1+n)(1+g)}s(f'(k_{t+1}))[f(k_t)-k_t f'(k_t)]. \tag{2.60}$$

k 的变化

方程(2.60)将k_{t+1}定义为k_t的隐函数(因为k_{t+1}既出现在方程的左边,又出现在方程的右边),因此该方程确定了k在初始值给定的情况下如何随时间变化。同时满足$k_{t+1}=k_t$和方程(2.60)的k_t值就是平衡增长路径上的k值:只要k达到该值,就会保持不变。因此,一个重要的问题就是,平衡增长路径上的k值是否存在,以及当k的初始值不等于该值时,经济是否会向该值收敛。

为了回答上述问题,我们首先需要刻画k_{t+1}是如何依赖于k_t的。可是在一般情况下我们很难做到这一点,不过我们可以从对数效用函数和柯布—道格拉斯生产函数这一特殊情况着手,因为在这些假设下,(2.60)式会变得特别简单,而在这之后,我们将简单地讨论放松这些假设会带来的结果。

对数效用与柯布—道格拉斯生产函数

当 θ 为 1 时,劳动收入中用于储蓄的比例为 $1/(2+\rho)$[参见方程(2.56)];而当生产函数为柯布—道格拉斯函数时,$f(k)$为 k^{α},$f'(k)$为 $\alpha k^{\alpha-1}$,因此方程(2.60)变为:

$$k_{t+1}=\frac{1}{(1+n)(1+g)}\frac{1}{2+\rho}(1-\alpha)k_t^{\alpha}. \tag{2.61}$$

图 2.10 中的曲线描述了 k_{t+1} 与 k_t 的关系(把 k_{t+1} 表示为 k_t 的函数),该曲线与 45°线的交点即为满足 $k_{t+1}=k_t$ 的 k 值。从图中可以看出,在该曲线上,当 $k_t=0$ 时 k_{t+1} 等于 k_t,当 k_t 较小时 k_{t+1} 大于 k_t,当曲线穿过 45°线之后则 k_{t+1} 小于 k_t。因此,除了 $k=0$ 之外,经济中存在唯一的平衡增长路径资本存量水平,我们将其表示为 k^*。

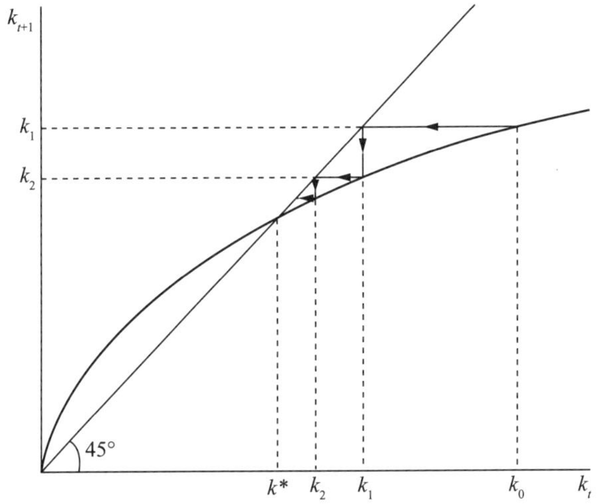

图 2.10 k 的动态变化

k^* 是全局稳定的,即无论 k 开始于何处(0 除外,根据初始资本存量严格为正的假设,这个点可以排除),它总能收敛到 k^*。下面,我们以初始值 k_0 大于 k^* 的情况为例来进行说明。由于当 k_t 超过 k^* 时,k_{t+1} 小于 k_t,知道 k_1 小于 k_0;又由于 k_0 大于 k^*,并且 k_{t+1} 是 k_t 的增函数,知道 k_1 大于 k^*。可见,k_1 位于 k^* 和 k_0 之间,这意味着 k 正向 k^* 逼近。将上述过程不断重复则可得到,k 会从 k_0 平滑地向 k^* 收敛。当 k_0 小于 k^* 时的分析与此类似。

图 2.10 中的箭头就表示了上述动态变化过程。在给定 k_0 时,k_{t+1} 曲线的高度即代表了 k_1 的值,而为了找到 k_2,我们首先需要在横轴上找到 k_1,于是我们从纵轴上的 k_1 点引水平线与 45°线相交,交点即给出了 k_1 在横轴上的位置,而这一位置所对应的 k_{t+1} 曲线的高度就是 k_2。其余以此类推。

经济一旦收敛到平衡增长路径,其性质就与平衡增长路径上的索洛经济以及拉姆塞经济相同:储蓄率不变,工人平均产出的增长率为 g,资本产出比不变,等等。

为了进一步分析该模型中经济对外生冲击的反应,我们仍可以考虑平衡增长路径上折现率 ρ 突然下降的例子。首先,折现率下降会使年轻人将更多的劳动收入用于储蓄,因此 k_{t+1} 函数会向上移动,如图 2.11 所示。而 k_{t+1} 函数的上移会使

平衡增长路径上的 k 值 k^* 增加,表现为 k 从旧的 k^* 值单调上升到新的 k^* 值。

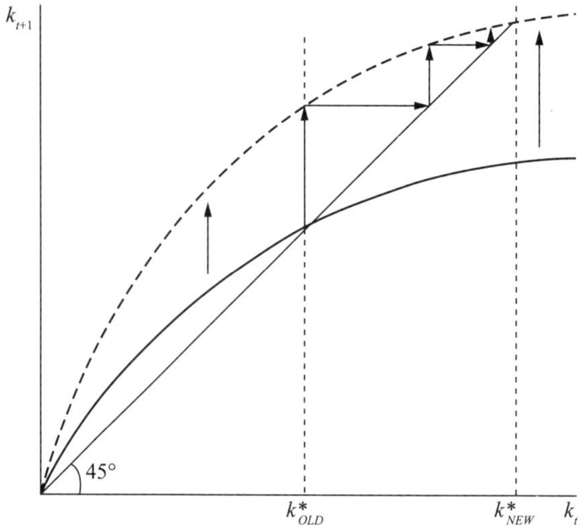

图 2.11 折现率下降的影响

可见,在我们当前所考虑的情形下,戴蒙德模型中折现率下降的影响与拉姆塞—卡斯—库普曼斯模型中折现率下降的影响类似,因此也与索洛模型中储蓄率上升的影响类似,即折现率下降会使人均产出和资本的时间路径永久上移,但只会使这些变量的增长率暂时增加。

收敛速度

与此前一样,我们不仅希望了解模型的定性意义,也希望了解其定量意义。在我们当前所考虑的特殊情形下,平衡增长路径上的 k 值和 y 值是很容易计算的。方程(2.61)将 k_{t+1} 表示为 k_t 的函数,当两者相等时,经济便处于平衡增长路径。也就是说,k^* 由下式确定:

$$k^* = \frac{1}{(1+n)(1+g)} \frac{1}{2+\rho} (1-\alpha) k^{*\alpha}. \tag{2.62}$$

求解此式可得:

$$k^* = \left[\frac{1-\alpha}{(1+n)(1+g)(2+\rho)}\right]^{1/(1-\alpha)}. \tag{2.63}$$

由于 y 等于 k^α,因此上式说明:

$$y^* = \left[\frac{1-\alpha}{(1+n)(1+g)(2+\rho)}\right]^{\alpha/(1-\alpha)}. \tag{2.64}$$

上式说明了模型参数如何影响平衡增长路径上单位有效劳动的平均产出,我们可以通过代入不同的参数值来预测不同情况下的长期效应。[1]

[1] 选择参数值时应特别注意经济个体只生存两期这一假设,因此在这种设定下,n 应看作是一半寿命期内的人口增长率而不是年增长率。

在此基础上，我们还可以求出经济向平衡增长路径收敛的速度有多快，采用的方法与前面一样，仍然是在平衡增长路径附近对模型进行线性化，也就是将 k 的运动方程(2.61)替换为在 $k=k^*$ 附近的一阶近似。已知当 k_t 等于 k^* 时，k_{t+1} 也等于 k^*，因此，

$$k_{t+1} \simeq k^* + \left(\frac{dk_{t+1}}{dk_t} \bigg|_{k_t=k^*} \right)(k_t - k^*). \tag{2.65}$$

令 λ 代表 dk_{t+1}/dk_t 在 $k_t=k^*$ 处的值。根据这一定义，可以将(2.65)式重新写为 $k_{t+1}-k^* \simeq \lambda(k_t-k^*)$。这说明：

$$k_t - k^* \simeq \lambda^t (k_0 - k^*), \tag{2.66}$$

其中，k_0 表示 k 的初始值。

(2.66)式说明了，收敛性是由参数 λ 所决定的。如果 λ 在 0 和 1 之间，则经济系统会平滑地收敛；如果 λ 处于 -1 和 0 之间，则经济将以阻尼震荡的方式向 k^* 收敛，即 k 在大于 k^* 和小于 k^* 之间来回变化，但每一期都更接近 k^*；如果 λ 大于 1，则经济系统会爆炸性发散；而如果 λ 小于 -1，则经济存在爆炸性震荡。

要想求解 λ，则需要回到(2.61)式：$k_{t+1}=(1-\alpha)k_t^{\alpha}/[(1+n)(1+g)(2+\rho)]$。可得：

$$\begin{aligned}
\lambda \equiv \frac{dk_{t+1}}{dk_t}\bigg|_{k_t=k^*} &= \alpha \frac{1-\alpha}{(1+n)(1+g)(2+\rho)} k^{*\alpha-1} \\
&= \alpha \frac{1-\alpha}{(1+n)(1+g)(2+\rho)} \left[\frac{1-\alpha}{(1+n)(1+g)(2+\rho)} \right]^{(\alpha-1)/(1-\alpha)} \\
&= \alpha,
\end{aligned} \tag{2.67}$$

其中，第二行用方程(2.63)替换了 k^*。可见，λ 就是资本份额 α。

由于 α 处于 0 到 1 之间，因此 k 会平滑地收敛于 k^*。例如，若 α 为 1/3，则每一期 k 会向 k^* 逼近 2/3 的距离。[1]

戴蒙德模型的收敛速度与索洛模型并不相同（与离散形式的索洛模型也不同——参见习题 2.15），其原因在于，尽管年轻人的储蓄是收入的固定比例，并且他们的收入是总收入的固定比例，但老年人的消费并不是总收入的固定比例。老年人消费占产出的比例是 $K_t/F(K_t, A_tL_t)$，或者 $k_t/f(k_t)$，由于资本报酬递减，因此这个比例会随 k 递增，而由于这个比例与储蓄是反向关系，所以总储蓄占产出的比例是 k 的减函数。因此，当 $k<k^*$ 时，总储蓄占产出的比例高于其平衡增长路径值，当 $k>k^*$ 时则低于平衡增长路径值，这带来的结果就是，经济的收敛速度比索洛模型更快。

一般情形

下面，我们放松关于对数效用函数和柯布—道格拉斯生产函数的假设，我们会发现，此模型尽管很简单，却可以刻画大量的经济行为。在此，我们不再进行全面

〔1〕 同前面的分析一样，这里的每一期对应于人们寿命的一半。

的分析,而只是讨论几种比较有意思的情形。

首先,为了更加直观地理解经济的各种可能行为,我们不妨将资本的运动方程(2.60)改写为:

$$k_{t+1}=\frac{1}{(1+n)(1+g)}s(f'(k_{t+1}))\frac{f(k_t)-k_tf'(k_t)}{f(k_t)}f(k_t). \tag{2.68}$$

方程(2.68)将 $t+1$ 期单位有效劳动的平均资本表示为四项的乘积,从右至左依次是,t 期单位有效劳动的平均产出、产出中用于支付劳动报酬的比例、劳动收入中用于储蓄的比例以及 t 期有效劳动数量与 $t+1$ 期有效劳动数量之比。

图 2.12 表示 k_{t+1} 与 k_t 之间关系的几种可能的形式,这些形式不同于图 2.10 中性状良好的情形。其中,(a)小图表示存在多个 k^* 值的情形。图中 k_1^* 和 k_3^* 是稳定的,即如果 k 开始于这两个点附近,则将会收敛于相应的点。而 k_2^* 是不稳定的(与 $k=0$ 一样),如果 k 从略低于 k_2^* 的位置出发,则每一期 k_{t+1} 都小于 k_t,因此 k 将收敛于 k_1^*;如果 k 从略高于 k_2^* 的位置出发,则将收敛于 k_3^*。

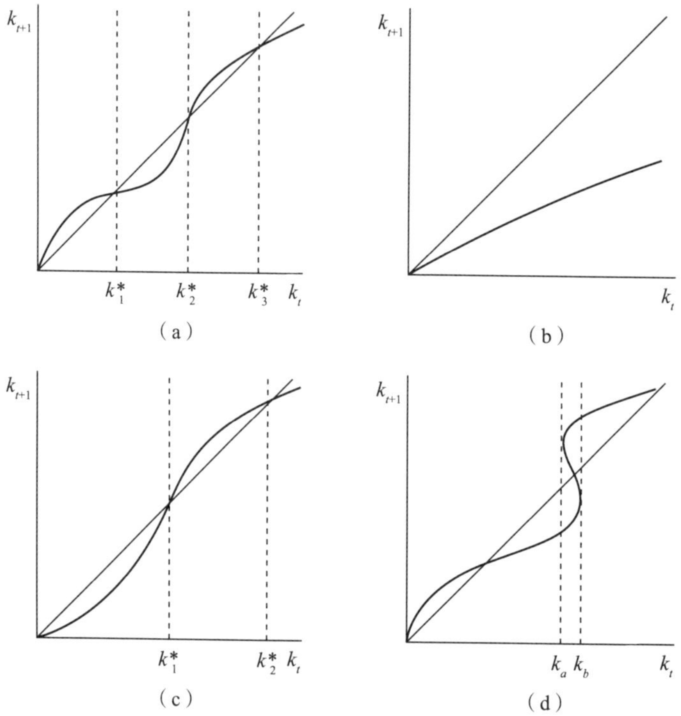

图 2.13　k_{t+1} 与 k_t 之间的几种可能形式

为了理解多个 k^* 值的可能性,我们首先要注意一点,即 k 越高时单位资本的产出越低(资本的边际产出递减)。因此,若要得到两个 k^*,则在较高的 k^* 处,年轻人的储蓄占总产出的比例必须较高。如果劳动收入占产出的比例以及储蓄占劳动收入的比例均不变,则年轻人的储蓄占总产出的比例也不会变化,所以不可能出现多个 k^*,这正是柯布—道格拉斯生产函数和对数效用函数下的情形。反之,如果 k 越高劳动份额就越大(如果 $f(\cdot)$ 比柯布—道格拉斯函数更加弯曲就会出现这种情况),或者如果回报率越低工人储蓄占收入的比例就越大($\theta>1$ 的情形),或者两种情况同时发生,那就有可能出现多个 k 值,在这些 k 值处,储蓄均能保证资本存量维持在一定水平不变。

(b)小图表示 k_{t+1} 总是小于 k_t 的情形,此时不论 k 的初始值位于何处,经济总是会收敛于零。这种情况出现的条件是,当 k 趋于零时,劳动份额或者劳动收入中储蓄所占比例(或者两者同时)趋近于零。

在(c)小图中,如果 k 的初始值足够低,则 k 会收敛于零,而如果初始值足够高,则 k 会收敛于一个严格的正值。具体而言,如果 $k_0<k_1^*$,则 k 收敛于零;如果 $k_0>k_1^*$,则 k 收敛于 k_2^*。

最后,(d)小图表示 k_{t+1} 不能由 k_t 唯一确定的情形:当 k_t 在 k_a 和 k_b 之间时,存在三个可能的 k_{t+1} 值。如果储蓄是利率的减函数就可能出现这种情况。当储蓄随 r 递减时,如果经济个体预期 k_{t+1} 较高从而 r 较低,则储蓄就较高;如果预期 k_{t+1} 较低,则储蓄就较低。当储蓄对 r 的反应足够灵敏,并且 r 对 k 的反应足够灵敏时,对应于给定的 k_t 就有可能出现一个以上的 k_{t+1} 值。在这种情况下,经济的路径是未定的,方程(2.60)[或(2.68)]并不能完全确定 k 在给定初始值下会如何随时间变动。这就导致了如下可能:自验预言或者太阳黑子会影响经济行为;即使在没有外生扰动的情况下,经济也会出现波动。总的来说,根据不同的假设,各种不同的动态变化都有可能出现。〔1〕

因此,假设世代交叠而不是长生不老就意味着具有不同的经济动态变化特征。例如,在这种假设下,经济的持续增长可能无法实现或者需要依赖于其初始条件。

与索洛模型或者拉姆塞模型相比,戴蒙德模型并没有对经济增长的基本问题提供更好的回答。根据稻田条件,当 k_t 充分大时,k_{t+1} 必须小于 k_t。具体而言,由于年轻人的储蓄不能超过经济的总产出,k_{t+1} 不能大于 $f(k_t)/[(1+n)(1+g)]$,而由于资本的边际产出会随 k 的不断增大逐渐趋向于零,k_{t+1} 最终必将小于 k_t,这就说明 k 不能无限地增长。因此,劳动效率的增长仍然是工人平均产出增长的唯一源泉。但因为存在多个 k^* 值,此模型确实表明了,除了初始条件不同之外,其他条件完全相同的经济有可能收敛到不同的平衡增长路径。然而,与索洛模型和拉姆塞模型一样,我们只能通过工人平均资本和回报率的巨大差距来解释工人平均产出的巨大差距。

2.11 动态无效率的可能性

戴蒙德模型的平衡增长路径与拉姆塞—卡斯—库普曼斯模型的一个主要区别是与福利有关的。我们已经知道,拉姆塞—卡斯—库普曼斯模型在均衡时能够保证代表性家庭的福利最大化。而在戴蒙德模型中,由于出生于不同时间的经济个体会获得不同的效用水平,并没有简明的方法可以合理评估社会福利。如果我们把福利看作是不同世代效用的加权总和,那就没有理由认为分散均衡可以最大化福利,因为我们分配给不同世代的权重是随意的。

---

〔1〕 我们将在 6.8 节中进一步简要讨论这个问题。

我们知道,衡量效率的最低标准是均衡必须是帕累托有效的,然而,戴蒙德模型的均衡甚至连这个标准都不一定满足。在该模型中平衡增长路径上的资本存量可能会超过黄金律水平,因此消费存在永久性增加的可能性。

为了尽量简单地说明这种可能性,我们还是假设对数效用函数和柯布—道格拉斯生产函数,并且 g 为零,这样平衡增长路径上求解 k 值的方程(2.63)可简化为:

$$k^*=\left[\frac{1}{1+n}\frac{1}{2+\rho}(1-\alpha)\right]^{1/(1-\alpha)}. \tag{2.69}$$

因此,平衡增长路径上的资本边际产出 $\alpha k^{*\alpha-1}$ 为:

$$f'(k^*)=\frac{\alpha}{1-\alpha}(1+n)(2+\rho). \tag{2.70}$$

黄金律的资本存量是使得平衡增长路径上单位有效劳动的平均消费最高的资本存量。在 $g=0$ 的平衡增长路径上,单位有效劳动的平均消费等于单位有效劳动的平均产出 $f(k)$减去单位有效劳动的持平投资 $nf(k)$,因此,黄金律的资本存量应满足 $f'(k_{GR})=n$。$f'(k^*)$既可能大于 $f'(k_{GR})$,也可能小于 $f'(k_{GR})$,特别是当 α 充分小时,$f'(k^*)$会小于 $f'(k_{GR})$,即平衡增长路径上的资本存量大于黄金律水平。

为了理解为什么 k^* 大于 k_{GR} 时是无效率的,我们可以考虑处于平衡增长路径上且 $k^*>k_{GR}$ 的戴蒙德经济,并在其中引入社会计划者。如果计划者并不改变 k,则每人每期的消费等于工人平均产出 $f(k^*)$减去保持资本处于 k^* 水平所需的新增投资 nk^*,这在图 2.13 中用"X"表示。假设在某一时期 t_0,计划者分配给消费的资源比往常多,而分配给储蓄的资源则比往常少,从而使得下一期的工人平均资本为 k_{GR},并且在此后所有时期都将资本维持在 k_{GR} 水平。在这一计划下,t_0 期可用于消费的工人平均资源为 $f(k^*)+(k^*-k_{GR})-nk_{GR}$,而在接下来的每个时期,可用于消费的工人平均产出均为 $f(k_{GR})-nk_{GR}$。由于 k_{GR} 能够最大化 $f(k)-nk$,所以 $f(k_{GR})-nk_{GR}$ 大于 $f(k^*)-nk^*$,并且由于 k^* 大于 k_{GR},所以 $f(k^*)+(k^*-k_{GR})-nk_{GR}$ 比 $f(k_{GR})-nk_{GR}$ 还要大。图 2.13 中用"⊙"表示了这一政策下的消费路径,如图所示,与将资本维持在 k^* 的政策相比,在这一政策下,可用于消费的资

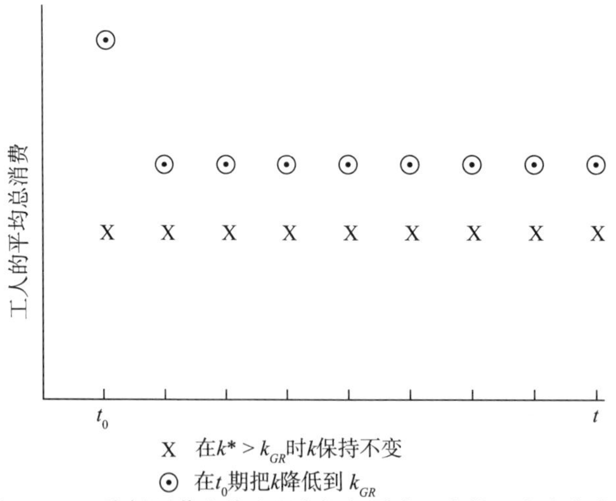

图 2.13 k 降低到黄金律水平会如何影响工人的平均消费路径

源在每一期都更多。因此，在原来的平衡增长路径基础上，计划者可以将资源在年轻人和老年人之间调配，从而使得每一代人在每一时期的境况都得到改善。

由此可见，戴蒙德模型的均衡可能并不是帕累托有效的。这一结论似乎让人有些莫名其妙：既然市场是竞争性的，又不存在外部性，均衡为帕累托有效这一常见结论为什么会不成立呢？实际上，其原因就在于，标准结论不仅假设了竞争性和无外部性，还假设了经济个体数量的有限性。具体而言，在戴蒙德模型中，无限的世代使得计划者可以为老年人提供一条通过市场无法实现的消费路径。在市场经济条件下，如果经济个体想要在年老时消费，他们的唯一选择就是持有资本，即使资本回报率可能很低。但是计划者却不必受此限制，老年人的消费不一定要由资本存量以及资本回报率决定，相反，计划者可以将所有可用于消费的资源在年轻人和老年人之间任意分配。例如，计划者可以从每个年轻人的劳动收入中取走 1 个单位，并转移给老年人，由于每个老年人对应 $1+n$ 个年轻人，这就使得每个老年人的消费增加 $1+n$ 个单位，并且计划者可以要求每一代的年轻人都按此操作，从而避免让任何人利益受损的可能性。如果资本的边际产出小于 n，也就是说，如果资本存量超过黄金律水平，则这种在年轻人和老年人之间转移资源的办法就比储蓄更加有效，因此计划者可以改进分散决策下的资源配置。

由于这种类型的无效率与传统的无效率不同，其根源在于经济的跨期结构，因此，我们可以将其称为动态无效率。[1]

2.12 戴蒙德模型中的政府

与无限期模型类似，人们很自然会问，如果在戴蒙德模型中引入一个进行购买和征税的政府将会怎样。下面，我们就以对数效用和柯布—道格拉斯生产函数这个简单情形为例来回答这个问题。

首先，令 G_t 表示 t 期单位有效劳动的平均政府购买，并假设政府购买的资金来源是年轻人缴纳的定额税。

若政府完全通过税收对其购买进行融资，工人的 t 期税后收入为 $(1-\alpha)k_t^\alpha-G_t$，而不是 $(1-\alpha)k_t^\alpha$。于是 k 的运动方程(2.61)变为：

$$k_{t+1}=\frac{1}{(1+n)(1+g)}\frac{1}{2+\rho}[(1-\alpha)k_t^\alpha-G_t]. \tag{2.71}$$

可见，对于给定的 k_t，当 G_t 越大时 k_{t+1} 越小。

为了进一步理解政府购买的影响，我们假设经济处于 G 不变的平衡增长路径上，然后 G 在某一时刻发生永久性增加。根据(2.71)式，G 的增加会使 k_{t+1} 函数下降，如图 2.14 所示，而 k_{t+1} 函数的下移会使 k^* 减少。因此，与无限期模型的情形相反，在戴蒙德模型中，较高的政府购买会导致较低的资本存量和较高的实际利率。直观地看，由于经济个体只生存两期，因此当 G 增加时，其第一期消费的减少量将小于 G 增加的量，但由于税收仅仅在第一期征收，所以储蓄将会下降，经济会

〔1〕 习题 2.20 将进一步探讨动态无效率的根源。

由最初的平衡增长路径平滑地移动到新的平衡增长路径上。

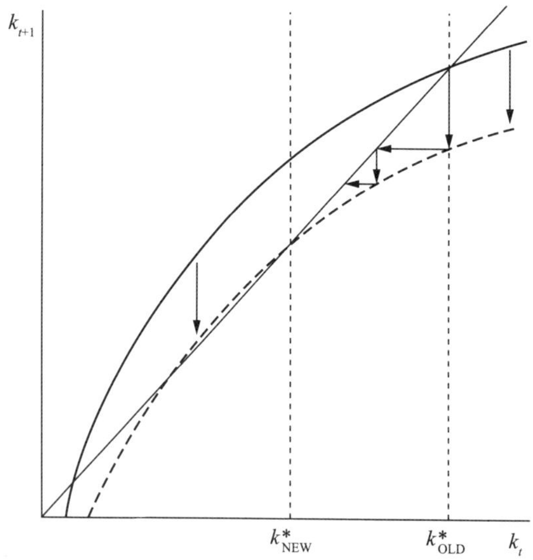

图 2.14　政府购买永久性增加的影响

再举一个例子,假设经济起初处于平衡增长路径,然后政府购买在某一时刻由 G_L 暂时性地增加到 G_H。因此,在政府购买较高的期间,k 的动态变化由 $G=G_H$ 时的(2.71)式刻画,而这段期间前后则由 $G=G_L$ 时的(2.71)式刻画。我们会发现,在戴蒙德模型中,经济个体知道政府购买将回到 G_L 这一事实并不影响政府购买较高期间的经济行为。年轻人的储蓄以及下一期的资本存量由其税后劳动收入确定,而税后劳动收入则由当期资本存量与期前政府购买确定,因此在政府购买较高的时期,k 会逐渐下降,r 会逐渐上升,而一旦 G 回到 G_L,k 会逐渐上升到其初始水平。〔1〕

习　题

2.1　考虑 N 个厂商,每个厂商均有规模报酬不变的生产函数 $Y=F(K,AL)$,或者采用紧凑形式 $Y=ALf(k)$。假设 $f'(\bullet)>0$,$f''(\bullet)<0$。假设所有厂商都能以工资 wA 雇用劳动,以成本 r 租赁资本,并且所有厂商的 A 值都相同。

(a) 考虑厂商生产 Y 单位产出的成本最小化问题。证明使成本最小化的 k 值唯一确定并且独立于 Y,并由此证明所有厂商都选择相同的 k 值。

(b) 考虑某单个厂商,若其具有相同的生产函数,并且其劳动和资本的投入是上述 N 个厂商的总和,证明其产出也等于上述 N 个成本最小化厂商的总产出。

2.2　**相对风险规避系数不变的效用函数的替代弹性。**设想某个人只活两期,

---

〔1〕“G 的未来值不影响经济的当前行为”这一结果并不依赖于对数效用的假设。如果不使用对数效用,当期年轻人的储蓄将不仅依赖于税后劳动收入,还依赖于回报率,回报率是由下一期的资本劳动比确定的,但下一期的政府购买并不会影响这一比率。

其效用函数由方程(2.43)给定。令 P_1 和 P_2 分别表示消费品在这两期中的价格，W 表示此人终生收入的价值，因此其预算约束是：$P_1C_1+P_2C_2=W$。

(a) 已知 P_1、P_2 和 W，则使此人效用最大化的 C_1 和 C_2 是多少？

(b) 两期消费的替代弹性为：$-[(P_1/P_2)/(C_1/C_2)][\partial(C_1/C_2)/\partial(P_1/P_2)]$，或 $-\partial\ln(C_1/C_2)/\partial\ln(P_1/P_2)$。证明若效用函数为(2.43)式，则 C_1 与 C_2 之间的替代弹性为 $1/\theta$。

2.3 (a) 假设事先知道在某一时刻 t_0，政府会没收每个家庭当时所拥有财富的一半。那么，消费是否会在时刻 t_0 发生突然变化？为什么？(如果会的话，请说明时刻 t_0 前后消费之间的关系。)

(b) 假设事先知道在某一时刻 t_0，政府会没收每个家庭当时所拥有的部分财富，其数量等于当时所有家庭财富平均水平的一半。那么，消费是否会在时刻 t_0 发生突然变化？为什么？(如果会，请说明时刻 t_0 前后消费之间的关系。)

2.4 假设方程(2.2)中的瞬时效用函数 $u(C)$ 为 $\ln C$，考虑家庭在(2.7)式的约束下最大化(2.2)的问题。请把每一时刻的 C 表示为初始财富加上劳动收入现值、$r(t)$ 以及效用函数中各参数的函数。

2.5 设想某家庭的效用函数由(2.2)～(2.3)式给定。假设实际利率不变，令 W 表示家庭的初始财富加上终生劳动收入的现值[(2.7)的右端]。已知 r、W 和效用函数中的各参数，求 C 的效用最大化路径。

2.6 增长、储蓄与 $r-g$。皮凯蒂(Piketty，2014)认为，经济增速下降会导致实际利率与经济增速之差上升。本题要求你根据拉姆塞—卡斯—库普曼斯模型分析这一问题。具体地说，设想一个处于平衡增长路径的拉姆塞—卡斯—库普曼斯模型，假设 g 永久性下降。

(a) $\dot{k}=0$ 曲线会如何变化(如果有影响)？

(b) $\dot{c}=0$ 曲线会如何变化(如果有影响)？

(c) 当 g 下降时，c 会上升、下降、保持不变还是无法确定？

(d)当 g 下降时，$r-g$ 会上升、下降、保持不变还是无法确定？

(e) 在长期中，$r-g$ 会上升、下降、保持不变还是无法确定？

(f) 用一个式子表示 g 的边际变化对平衡增长路径上储蓄率的影响。能否判断此表达式的正负？

(g) 假设生产函数是柯布—道格拉斯函数 $f(k)=k^{\alpha}$，用 ρ、n、g、θ 和 α 重新表示(d)中的结果。[提示：利用等式 $f'(k^*)=\rho\theta g$。]

2.7 说明下列变化如何影响图 2.5 中的 $\dot{c}=0$ 线和 $\dot{k}=0$ 线，并在此基础上说明其如何影响平衡增长路径上的 c 值和 k 值。

(a) θ 上升。

(b) 生产函数向下移动。

(c) 折旧率由本章中假设的零变为某一正值。

2.8 请在折旧率为正的情形下推导类似于(2.40)的表达式。

2.9 拉姆塞模型的解析解[来自史密斯(Smith，2006)。]考虑生产函数为柯布—道格拉斯函数的拉姆塞模型 $y(t)=k(t)^{\alpha}$ 的情形，假设相对风险规避系数 θ

与资本份额 α 相等。

(a) 平衡增长路径上的 k 值(即 k^*)为多少?

(b) 平衡增长路径上的 c 值(即 c^*)为多少?

(c) 令 $z(t)$ 表示资本产出比 $k(t)/y(t)$,$x(t)$ 表示消费资本比 $c(t)/k(t)$。请用 z、x 和模型参数表示 $\dot{z}(t)$ 和 $\dot{x}(t)/x(t)$。

(d) 暂且猜测 x 在鞍点路径上是常数。根据这一猜想:

(i) 给定初始值 $z(0)$,求 z 的路径。

(ii) 给定初始值 $k(0)$,求 y 的路径。经济沿鞍点路径向平衡增长路径收敛的速度 $d\ln[y(t)-y^*]/dt$ 是否是常数?

(e) 上述猜测的解是否满足 c 与 k 的运动方程(2.25)与(2.26)?

2.10　拉姆塞—卡斯—库普曼斯模型中的资本税。考虑处于平衡增长路径上的拉姆塞—卡斯—库普曼斯经济。假设在某一时刻(我们称作时刻 0),政府采取了对投资所得按税率 τ 征税的政策,家庭面临的实际利率变为 $r(t)=(1-\tau)f'(k(t))$。假设政府将税收收入以一次性转移支付的形式返还给家庭。最后,假设税收政策是意料之外的。

(a) 该税收政策如何影响 $\dot{c}=0$ 线和 $\dot{k}=0$ 线?

(b) 经济在时刻 0 会对该税收政策做出何种反应?时刻 0 之后又会怎样动态变化?

(c) c 和 k 在新旧两种平衡增长路径上的值有何不同?

(d) [本小题基于巴罗、曼昆和萨拉伊马丁(Barro,Mankiw,and Sala-i-Martin,1995)]假设存在许多与本题相同的国家,各国工人们的偏好相同,但各国间的投资收入税率可以不同。假设各国都处于其平衡增长路径。

(i) 证明平衡增长路径上的储蓄率 $(y^*-c^*)/y^*$ 随 τ 递减。

(ii) 低 τ、高 k^*、高储蓄率国家的居民是否有动机向低储蓄率国家投资?为什么?

(e) (c)小题中的答案是否说明补贴投资(即让 $\tau<0$)并通过一次性税收为补贴筹资的政策可以提高福利?为什么?

(f) 如果政府并不返还税收收入,而是将其用于政府购买,(a)小题和(b)小题中的答案会如何变化?

2.11　应用相图分析预期变化的影响。考虑习题 2.10 中提到的政策,假设政府并不是在时刻 0 宣布并执行该政策,而是宣布将在以后某一时刻 t_1 对投资收入按照税率 τ 征税。

(a) 用相图画出 t_1 之后 c 和 k 的动态变化。

(b) c 在 t_1 时刻的变化是否连续?为什么?

(c) 用相图画出 t_1 之前 c 和 k 的动态变化。

(d) 根据(a)、(b)和(c)的答案,c 在时刻 0 如何变化?

(e) 总结上述 4 个小问题,并把 c 和 k 的路径描绘为时间的函数。

2.12　应用相图分析暂时性变化的影响。考虑习题 2.11 的如下两种变形:

(a) 在时刻 0 政府宣布将对到其后某一时刻 t_1 间的投资收入按照税率 τ 征

税，而此后的投资收入仍将免税。

(b) 在时刻 0 政府宣布将对时刻 t_1 到其后某一时刻 t_2 间的投资收入按照税率 τ 征税，而 t_1 之前和 t_2 之后的投资收入仍将免税。

2.13 拉姆塞—卡斯—库普曼斯模型的一个有趣情形。

(a) 考虑拉姆塞—卡斯—库普曼斯模型，假设 k 在时刻 0（按惯例，模型把时刻 0 的状态看作给定的）处于黄金律水平：$k(0)=k^{GR}$。请作图说明 c 和 k 的路径。

(b) 假设初始条件与 (a) 小题相同，但模型中包含政府购买。假设 G 是等于 $\overline{G}$ 的常数。最重要的是，$\overline{G}$ 严格小于 $f(k^{GR})-(n+g)k^{GR}$，并且严格大于 $f(k^*)-(n+g)k^*$（其中 k^* 表示在 G 固定为零时，平衡增长路径上的资本存量水平）。请作图说明 c 和 k 的路径。（提示：这个问题有一定难度，需要认真仔细的思考。）

2.14 设戴蒙德模型中的效用函数为对数函数，生产函数为柯布—道格拉斯函数。请说明下列变化会如何影响 $k_{t+1}(k_t)$ 函数。

(a) n 上升。

(b) 生产函数向下移动[即 $f(k)$ 的形式为 Bk^α，而 B 下降]。

(c) α 上升。

2.15 索洛模型的离散时间形式。 假设 $Y_t=F(K_t,A_tL_t)$，其中 $F(\bullet)$ 规模报酬不变，并且其紧凑形式满足稻田条件。同时假设 $A_{t+1}=(1+g)A_t$，$L_{t+1}=(1+n)L_t$，以及 $K_{t+1}=K_t+sY_t-\delta K_t$。

(a) 将 k_{t+1} 表示为 k_t 的函数。

(b) 图示说明 k_{t+1} 是 k_t 的函数。该经济是否有平衡增长路径？如果 k 的初始值与平衡增长路径上的值不同，该经济是否会向平衡增长路径收敛？

(c) 请把平衡增长路径上单位有效劳动的平均消费表示为 k 的函数。当 k 最大化平衡增长路径上单位有效劳动的平均消费时，资本的边际产出 $f'(k)$ 是多少？

(d) 假设生产函数是柯布—道格拉斯函数。

(i) 将 k_{t+1} 表示为 k_t 的函数。

(ii) 平衡增长路径上的 k 值即 k^* 是多少？

(iii) 按照本章中方程(2.65)～(2.67)的思路，请在 $k_t=k^*$ 附近线性化(i)小题中的表达式，并求出 k 向 k^* 收敛的速度。

2.16 戴蒙德模型中的折旧与索洛模型的微观基础。 假设戴蒙德模型中资本折旧率为 δ，从而 $r_t=f'(k_t)-\delta$。

(a) 模型的上述变化会如何影响方程(2.60)？

(b) 在对数效用、柯布—道格拉斯生产函数以及 $\delta=1$ 的特殊情形下，请把 k_{t+1} 表示为 k_t 的函数，并将此结果与习题 2.15(a) 中索洛模型离散形式在 $\delta=1$ 时的类似表达式进行比较。

2.17 戴蒙德模型中的社会保障。 考虑 g 为零、柯布—道格拉斯生产函数以及对数效用情形下的戴蒙德模型。

(a) **到期即付式社会保障。** 假设政府对每个年轻人征税 T，并将此税收收入用于补贴老年人,因此每个老年人得到$(1+n)T$。

(i) 这种变化会如何影响方程(2.61)?

(ii) 这种变化会如何影响平衡增长路径上的 k 值?

(iii) 若经济最初处于动态有效的平衡增长路径上,T 的边际变化会如何影响当前和未来各代的福利?若最初的平衡增长路径是动态无效的,答案有何不同?

(b) **全额社会保障。**假设政府对每个年轻人征税 T,并将此税收收入用于购买资本,因此生于时刻 t 的个人将会在年老时得到$(1+r_{t+1})T$。

(i) 这种变化会如何影响方程(2.61)?

(ii) 这种变化会如何影响平衡增长路径上的 k 值?

2.18　基本的世代交叠模型。(本题来源于萨缪尔森,1958;阿莱,1947。)与戴蒙德模型类似,假设在 t 期出生的 L_t 个人只生存两期,并且 $L_t=(1+n)L_{t-1}$。为了简单起见,令效用函数为不折现的对数效用函数:$U_t=\ln(C_{1t})+\ln(C_{2t+1})$。

在经济的生产方面,该模型也比戴蒙德模型更为简单:经济中只有一种产品,它既可用于消费,也可用于储存;每个在 t 期出生的人都拥有 A 单位该产品;储存每单位产品可使经济主体在下一期得到 $x(x>0)$单位产品。[1]

最后,假设在最初的第 0 期,除 L_0 个拥有 A 单位产品的年轻人之外,经济中还有$[1/(1+n)]L_0$ 个只生活在第 0 期的老年人,每个老年人拥有 Z 单位的产品,其效用就是在起始期的消费 C_{20}。

(a) 说明该经济的分散均衡。(提示:给定上述世代交叠结构,某一代的成员是否会与另一代的成员进行交易?)

(b) 假设经济人的禀赋中用于储蓄的份额 f_t 是不随时间变化的常数。在这样的路径上,请把人均总消费(总消费指所有年轻人与所有老年人的消费总和)表示为 f 的函数形式。如果 $x<1+n$,满足 $0\leqslant f\leqslant 1$ 且最大化人均消费的 f 值是多少?分散均衡在这种情况下是否是帕累托有效的?如果不是,社会计划者怎样才能提高福利?

2.19　萨缪尔森世代交叠模型中的稳态货币均衡。(本题来源于萨缪尔森,1958。)考虑习题 2.18 中的设定。假设 $x<1+n$,并且老年人在第 0 期除了拥有 Z 单位产品之外,还拥有 M 单位可储存、可分割的商品,我们称之为货币。货币不能产生效用。

(a) 考虑出生于第 t 期的某个人。假设在 t 期用货币计量的产品价格为 P_t,而在 $t+1$ 期为 P_{t+1}。因此,这个人可以按价格 P_t 出售其禀赋,并在下一期用所得的货币购买 P_t/P_{t+1} 单位下一代的禀赋。请把此人的行为表示为 P_t/P_{t+1} 的函数。

(b) 证明存在均衡对任意 t 满足 $P_{t+1}=P_t/(1+n)$,并且没有储存,因此"货币"的出现使得经济可以达到储蓄的黄金律水平。

---

[1] 注意这与 $g=0$, $F(K_t,AL_t)=AL_t+xK_t$,并且 $\delta=1$ 时的戴蒙德模型是一样的。由于经济个体在年轻时提供 1 单位劳动,根据该生产函数,时期 t 出生的经济个体会得到 A 单位产品。并且,每单位储蓄可以产生 $1+r=1+\partial F(K,AL)/\partial K-\delta=1+x-1=x$ 单位的下期消费。

(c) 证明存在均衡对任意 t 满足 $P_{t+1}=P_t/x$。

(d) 最后，解释为什么对任意 t 满足 $P_t=\infty$（即货币无价值）也是一种均衡。解释为什么当经济会在某一时期终结时［如习题 2.20(b)］，这将是唯一的均衡。（提示：从最后一期反推。）

2.20 动态无效率的来源。［本题来自谢尔（shell，1971。）］戴蒙德模型和萨缪尔森模型可以在下面两个方面进行改变：第一，不完全市场，即由于一个人不能与尚未出生的人交易，从而排除了一些可能的交易；第二，无限时期，即由于时间是无穷无尽的，因此存在无穷数量的经济人。本题试图讨论其中哪一方面是导致动态无效率的可能原因。为了简单起见，我们着重讨论萨缪尔森世代交叠模型（参见前两题），假设对数效用并且不考虑折现。为简化本题，进一步假设 $n=0$ 以及 $0<x<1$。

(a) **不完全市场。**假设我们允许所有经济个体在开始计时前通过竞争市场进行交易，即取消不完全市场假设。换言之，某瓦尔拉斯拍卖者将每个时期的产品叫价为 $Q_0,Q_1,Q_2,\ldots$，然后人们根据其所得禀赋和储存能力按照这些价格进行买卖。因此，出生于 t 期的个人面临的预算约束为 $Q_tC_{1t}+Q_{t+1}C_{2t+1}=Q_t(A-S_t)+Q_{t+1}xS_t$，其中 S_t 为个人储存的数量，需满足 $0\leqslant S_t\leqslant A$。

(i) 假设拍卖者宣布对任意 t 有 $Q_{t+1}=Q_t/x$。证明在此情况下个人对于储存多少是无差异的；存在一组储存决策使得市场在每一期都出清；并且这一均衡与习题 2.18(a)中的均衡相同。

(ii) 假设拍卖者宣布价格在某些时期不满足 $Q_{t+1}=Q_t/x$。证明在不满足条件的第一期，产品市场无法出清，因此拍卖者提出的价格路径不可能是均衡。

(b) **无限时期。**假设经济在某个时期 T 终结，也就是说，出生于时期 T 的个人仅在当期生存（从而会试图最大化 C_{1T}），而且此后再也没有人出生。证明在这种条件下分散均衡是帕累托有效的。

(c) 根据上述答案，讨论动态无效率的根源是不完全市场还是无限时期？

2.21 萨缪尔森世代交叠模型中的爆炸路径。（参考布莱克，1974；布罗克，1975；卡沃，1978a。）考虑习题 2.19 中的设定。假设 x 为零，并且效用函数不是对数函数，而是 $\theta<1$ 的常相对风险规避函数。为了简单起见，假设 $n=0$。

(a) 请把出生于时刻 t 的个体行为表示为 P_t/P_{t+1} 的函数。证明个体用于出售的禀赋数量是 P_t/P_{t+1} 的增函数，并且当 P_t/P_{t+1} 趋于零时，该数量也趋于零。

(b) 假设 $P_0/P_1<1$，出生于第 0 期的个体会计划在第 1 期向那时出生的个体购买多少产品？而要使第 1 期出生的个体愿意供给这一数量，P_1/P_2 应为多少？

(c) 如果不断重复这一推理过程，P_t/P_{t+1} 会如何随时间变化？这是否代表了经济的一种均衡路径？

(d) 是否存在满足 $P_0/P_1>1$ 的均衡路径？

3 内生增长

到目前为止，我们所讨论的模型都没有对经济增长的核心问题提供令人满意的答案，这些模型的主要结论都是否定性的：如果资本回报反映了其对产出的贡献，则资本积累远不足以解释长期增长，也不足以解释跨国收入差距。而除了资本之外，在这些模型中唯一决定收入的变量就是神秘的“劳动效率”(A)，然而，对于这个神秘变量的准确含义并没有厘清，其经济行为也被看作是外生的，因此要进一步理解经济增长就必须对此进行更为深入的讨论。

与前两章中的模型最为接近的观点是，劳动效率代表了知识或者技术。给定资本和劳动数量，今天可以比一两个世纪以前生产出更多的产品，这一事实用技术进步来解释当然是合情合理的。因此，本章着重讨论知识的积累。

读者可以将本章讨论的模型看作是对索洛模型与第 2 章的不同模型的详细讨论。本章对资本积累及其在生产中的角色的处理与前面的模型类似，但不同之处在于，本章明确地把劳动效率解释为知识，并且模型化了知识随时间演化的决定因素。

在第 3.1 节～第 3.3 节所讨论和分析的模型中，对储蓄的处理与索洛模型类似，即经济中的生产要素分别用于知识积累和其他经济活动，并且这种分配是外生的。我们将探讨该经济的动态变化，并且在假设投入要素可以通过不同方式组合以生产更多知识的基础上探讨长期增长的决定因素。在第 3.4 节，我们会进一步探讨知识生产资源配置的决定因素。接下来在第 3.5 节，我们会介绍一个外生增长条件下上述资源配置的具体模型——罗默(P. Romer，1990)内生技术变迁的经典模型。然后第 3.6 节和 3.7 节将转到实证研究，其中第 3.6 节考察了不同内生增长模型之所以会做出截然不同的预测的关键因素，而第 3.7 节考虑将模型应用于整个人类历史。

最后，第 3.8 节总结了知识积累模型对增长理论核心问题的贡献，我们会发现，结果好坏参半。知识积累模型为世界范围的增长提供了一个合理且有趣的解释，但这些模型对于理解跨国收入差距毫无帮助。因此，我们在第四章会专门讨论跨国收入差距的问题。

3.1 理论框架与假设

概述

为了将知识积累纳入模型，我们需要在经济中单独引入一个生产新知识的部门，并刻画资源如何在传统的生产部门和新的研发（或者 R&D）部门之间进行分配，以及投入到研发的要素如何生产出新知识。

在标准模型中，我们会比较机械地看待新技术的生产。具体而言，我们将假设一个大体上较标准的生产函数，其中劳动、资本和技术以确定的方式相结合并生产出“技术改进”这一产品。虽然上述生产函数并不能完整地描述技术进步的过程，但一个合理的想法是，若其他条件相同，则用于研究的资源越多，取得的新发现就越多，而这正是生产函数所刻画的。由于我们感兴趣的是长期经济增长，在模型中考虑技术进步的随机性并不能帮助我们对这个问题加深理解，所以我们也没有考虑技术进步的随机性。此外，如果我们需要分析决定研发是否成功的其他因素发生变化所导致的后果，还可以在知识生产函数中引入一个转换参数，并考察此参数发生变化时对模型的影响。但是，这个模型并不能帮助我们深入了解有哪些其他因素决定了研发能否成功。

此外，我们还对模型作了另外两个简化。首先，假设研发生产函数和产品生产函数都是广义的柯布—道格拉斯函数，即幂函数，但投入要素的指数之和并不限定为 1。其次，仿照索洛模型，第 3.1 节～第 3.3 节中的模型将储蓄占产出的比例以及研发部门中使用劳动和资本的比例看作外生不变的。这些假设并不会改变模型的主要含义。

技术细节

我们下面要介绍的模型是罗默（P. Romer，1990）、格罗斯曼和赫普曼（Grossman and Helpman，1991a）以及阿吉翁和豪伊特（Aghion and Howitt，1992）等人建立的研发与增长模型的一个简化形式。[1] 与我们学习过的其他模型类似，本模型中包括四个变量：劳动（L）、资本（K）、技术（A）和产出（Y）。模型中的时间设定为连续的。经济中存在两个部门，分别为通过生产得到产出的产品生产部门以及使知识存量增加的研发部门。劳动力中有 a_L 的比例用于研发部门，$1-a_L$ 的比例用于产品生产部门。类似地，资本存量中有 a_K 的比例用于研发，其余则用于产品生产。a_L 与 a_K 都是外生不变的，并且严格处于 0 到 1 的区间的。由于想法或者知识是非竞争性的（在一种场合使用并不会导致它们无法用于其他场合），两个部门都使用全部知识存量 A。

可见，时刻 t 生产的产出量为：

$$Y(t)=[(1-a_K)K(t)]^{\alpha}[A(t)(1-a_L)L(t)]^{1-\alpha},\quad 0<\alpha<1. \tag{3.1}$$

〔1〕 参见宇泽弘文（Uzawa，1965）、谢尔（Shell，1966，1967）和菲尔普斯（Phelps，1966b）。

除了 $1-a_K$ 与 $1-a_L$ 这两项以及函数形式被限定为柯布—道格拉斯函数之外，此生产函数与以往模型中的生产函数是完全相同的。注意方程(3.1)表明资本和劳动是规模报酬不变的：既定技术下，双倍投入能生产出双倍产量。

新知识的生产取决于用于研究的资本和劳动的数量以及技术水平。由于我们假定了广义的柯布—道格拉斯生产函数，于是可得下式：

$$\dot{A}(t)=B[a_K K(t)]^{\beta}[a_L L(t)]^{\gamma}A(t)^{\theta},\quad B>0,\quad \beta\geqslant 0,\quad \gamma\geqslant 0,\qquad (3.2)$$

其中 B 为转换参数。

值得注意的一点是，我们并未假定知识的生产函数对资本和劳动规模报酬不变。通常的复制论认为，生产函数的规模报酬应该至少是不变的，如果投入品翻倍，那么由于新投入品与原投入品可以发挥完全相同的作用，产量也会翻倍。然而，对于知识生产来说却并非如此。一方面，完全复制既有投入会使得同样的知识被生产两遍，可见 $\dot{A}$ 不会改变，因此研发中可能存在规模报酬递减。另一方面，研究人员之间的交流、基础设施的固定成本等因素是十分重要的，这些因素有可能导致资本和劳动投入翻倍后产出不止翻 1 倍，因此我们还要考虑到规模报酬递增的可能性。

参数 θ 刻画了现有知识存量对研发成功率的影响，这种影响可能是双向的。一方面，企业可以从过去的研发中得到创意和技巧，从而有利于将来取得新的发现，这使 θ 倾向于为正。另一方面，越简单的发现，其取得的时间可能越早。因此随着知识储备的增加，取得新的发现越来越难，这使 θ 倾向于为负。由于这两种影响相互冲突，模型对(3.2)式的 θ 并没有加以限制。

与索洛模型一样，储蓄率是外生不变的。此外，为了简单起见，我们设折旧率为零。因此，

$$\dot{K}(t)=sY(t),\quad 0<s\leqslant 1.\qquad (3.3)$$

我们将人口增长率也看作是外生不变的，并且为了简单起见，我们不考虑人口增长率可能为负的情况。这表明：

$$\dot{L}(t)=nL(t),\quad n\geqslant 0.\qquad (3.4)$$

最后，与以往的模型相同，我们假设 A、K 和 L 的初始水平都是已知的且严格为正。以上就是对本模型的完整描述。[1]

由于本模型中存在两个具有内生性的状态变量，即 K 和 A，分析起来比索洛模型更加复杂，我们首先考虑没有资本的情形，即 α 和 β 为零的特殊情况，这一情形可以体现模型的大部分核心思想。在此基础上，我们将分析更为一般的情形。

---

〔1〕 具有柯布—道格拉斯生产函数的索洛模型是本模型的一种特殊情形：如果 β、γ、a_K 和 a_L 均为 0，并且 θ 为 1，则知识的生产函数为 $\dot{A}=BA$(这意味着 A 的增长率为常数)，而模型的其他方程也简化为索洛模型中的相应方程。

3.2 没有资本的模型

知识积累的动态变化

当模型中没有资本时，我们去掉方程(3.3)，并把 α 和 β 设为零。产品的生产函数[方程(3.1)]变为：

$$Y(t)=A(t)(1-a_L)L(t). \tag{3.5}$$

类似地，新知识的生产函数[方程(3.2)]变为：

$$\dot{A}(t)=B[a_L L(t)]^{\gamma}A(t)^{\theta}. \tag{3.6}$$

而人口增长仍由方程(3.4)刻画。

方程(3.5)表明，工人平均产量是与 A 成比例的，人均产量增长率就等于 A 的增长率。所以我们着重关注由(3.6)式给定的 A 的动态变化。该方程表明，A 的增长率 g_A 为：

$$\begin{aligned} g_A(t) &\equiv \frac{\dot{A}(t)}{A(t)} \\ &= Ba_L^{\gamma}L(t)^{\gamma}A(t)^{\theta-1}. \end{aligned} \tag{3.7}$$

同时对上式两端取对数并对时间求导即可得到 g_A 增长率的表达式(即 A 的增长率的增长率)：

$$\frac{\dot{g}_A(t)}{g_A(t)}=\gamma n+(\theta-1)g_A(t). \tag{3.8}$$

在上式两端同乘以 $g_A(t)$ 可得：

$$\dot{g}_A(t)=\gamma n g_A(t)+(\theta-1)[g_A(t)]^2. \tag{3.9}$$

可见，L 和 A 的初始值以及模型参数决定了 g_A 的初始值[根据(3.7)式]，然后方程(3.9)确定了 g_A 此后的行为。

为了进一步刻画 A 的增长率的行为(从而刻画工人平均产出的行为)，我们有必要分别对 $\theta<1$，$\theta>1$ 以及 $\theta=1$ 三种情形进行讨论。

情形 1：$\theta<1$

图 3.1 是 g_A 在 θ 小于 1 时的相图，即在 θ 小于 1 的情形下将 $\dot{g}_A$ 表示为 A 的函数。由于知识的生产函数(3.6)表明 g_A 总是正数，图中仅考虑了 g_A 值为正的情形。如图所示，方程(3.9)表明当 θ 小于 1 时，若 g_A 值较小，则 $\dot{g}_A$ 为正，若 g_A 值较大，则 $\dot{g}_A$ 为负。令 g_A^* 表示使 $\dot{g}_A$ 为零的唯一 g_A 值。根据(3.9)式可知，g_A^* 由 $\gamma n+(\theta-1)g_A^*=0$ 确定。求解 g_A^* 可得：

$$g_A^*=\frac{\gamma}{1-\theta}n. \tag{3.10}$$

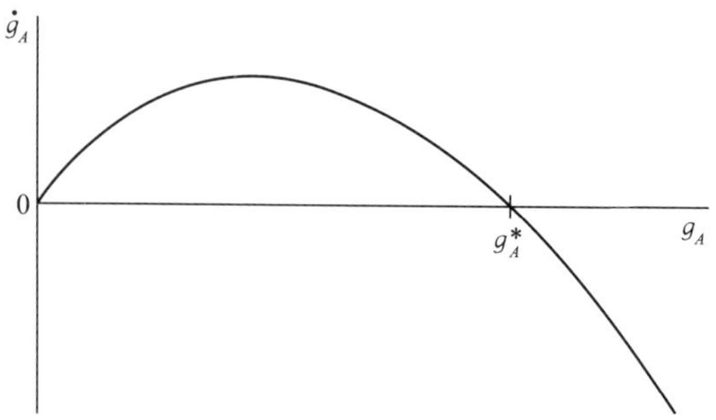

图 3.1　$\theta<1$ 时知识增长率的动态变化

上述分析表明,不论经济的初始条件如何,g_A 总是收敛于 g_A^*。如果参数值与 L 和 A 的初始值所确定的 $g_A(0)<g_A^*$,则 $\dot{g}_A$ 为正,这意味着 g_A 会不断增加直至达到 g_A^*;如果 $g_A(0)>g_A^*$,则 $\dot{g}_A$ 为负,这意味着 g_A 会不断下降直至达到 g_A^*;而一旦 g_A 达到 g_A^*,A 和 Y/L 都会按速率 g_A^* 平稳增长,此时经济处于平衡增长路径。

本模型是内生增长模型的第一个例子。与索洛模型、拉姆塞模型与戴蒙德模型不同,在本模型中,工人平均产出的长期增长率是在模型内部确定的,而不是取决于外生的技术进步率。

本模型表明,工人平均产出的长期增长率 g_A^* 是人口增长率 n 的增函数。虽然人口的正增长确实是维持工人平均产出增长所必需的,但这个结论仍有些令人迷惑,因为工人平均产出增长率较高的国家通常并不具有更快的人口增长。对于这个问题,我们将在考虑模型的其他情形之后再进行回答。

方程(3.10)还表明,劳动力中投入到研发的比例并不影响长期增长。这看上去也十分出人意料:由于增长是由技术进步所推动的,而技术进步是内生的,因此我们很自然地会预期,当经济资源中用于技术进步的比例提高后会促进长期增长。为了理解这其中的原因,我们可以考虑这样一种情形:A 最初以速率 g_A^* 增长,然后在某一时刻 a_L 出现永久性上升。由于 a_L 并不进入 $\dot{g}_A$ 的表达式(3.9):$\dot{g}_A(t)=\gamma n g_A(t)+(\theta-1)[g_A(t)]^2$,知道 a_L 上升并不会影响表示 $\dot{g}_A$ 与 g_A 之间函数关系的曲线。但由于 a_L 出现在了 g_A 的表达式(3.7)中:$g_A(t)=Ba_L^{\gamma}L(t)^{\gamma}A(t)^{\theta-1}$,知道 a_L 上升会立即导致 g_A 增加(但 $\dot{g}_A$ 作为 g_A 的函数并不改变)。图 3.2 中的虚线箭头即表示了上述变化。

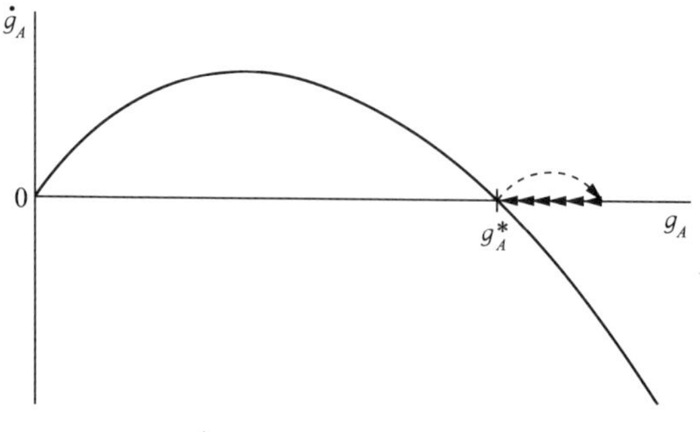

图 3.2　$\theta<1$ 时 a_L 上升的影响

如相图所示,知识增长率的增加并不能持续,因为当 g_A 高于 g_A^* 时,$\dot{g}_A$ 为负,所以 g_A 会逐渐回到 g_A^* 并在此保持不变,图中的实线箭头表示了这一过程。这一过程的直观含义是,当 θ 小于 1 时,新增加的知识存量对生产新知识的贡献是有限的,并不足以使知识增长率维持在较高的水平。

上述分析表明,与索洛模型中储蓄率上升对产出路径的影响类似,a_L 上升会导致 g_A 增加,然后逐渐回到其初始水平。也就是说,a_L 上升对 A 的路径只具有水平效应,不具有增长效应。图 3.3 总结了这一情况。[1]

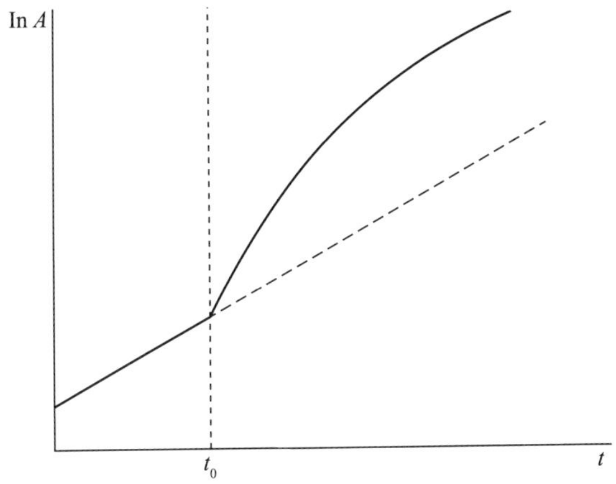

图 3.3　$\theta<1$ 时 a_L 上升对 A 路径的影响

情形 2: $\theta>1$

第二种情形是 θ 大于 1,即新知识的生产增加的比例超过知识存量增加的比例。根据方程(3.9):$\dot{g}_A=\gamma n g_A+(\theta-1)g_A^2$,当 θ 大于 1 时,对于所有可能的 g_A 值,$\dot{g}_A$ 都为正,而且 $\dot{g}_A$ 随 g_A 递增(因为 g_A 必为正)。图 3.4 为与此对应的相图。

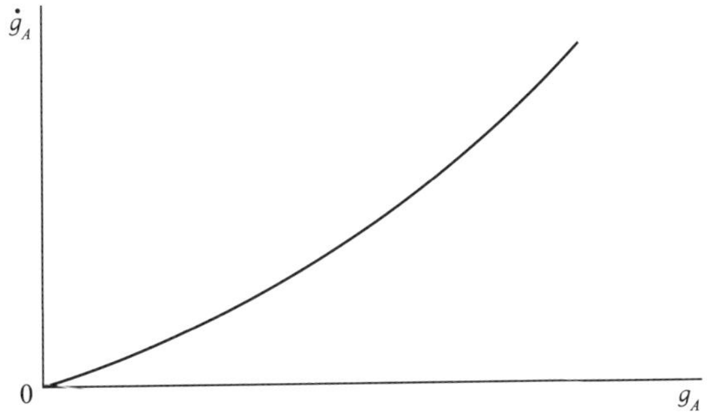

图 3.4　$\theta>1$ 时知识增长率的动态变化

本情形对长期增长的含义与上一情形大不相同。如相图所示,经济会不断地增长,而不是收敛于平衡增长路径。直观地看,$\theta>1$ 意味着知识对生产新知识的作用巨大,知识存量水平的边际增加将生产出大量新知识,从而使知识的增长率上升而不是下降。因此,一旦知识开始积累——在此模型中这是必然的——经济就

〔1〕关于 a_L 的变化如何影响产出路径的分析可参见习题 3.1。

进入增长率不断上升的路径。

在这种情形下,劳动力中投入到研发的比例提高将产生显著的影响。根据方程(3.7)可知,a_L 上升仍然立即导致 g_A 增加,而与此同时 $\dot{g}_A$ 作为 g_A 的增函数也将立即增加,并且 g_A 增加得越快,其增长率也上升得越快。因此,a_L 增加将导致 A 的新旧增长率路径之间的差距越来越大。

情形 3: $\theta=1$

当 θ 恰好等于 1 时,现存知识的生产能力刚好使得生产出的新知识与知识存量成比例。这时,g_A 与 $\dot{g}_A$ 的表达式(3.7)与(3.9)可简化为:

$$g_A(t)=Ba_L^{\gamma}L(t)^{\gamma}, \tag{3.11}$$

$$\dot{g}_A(t)=\gamma n g_A(t). \tag{3.12}$$

从上述式子可以看出,如果人口增长为正,则 g_A 随时间增加(类似于 $\theta>1$ 的情形)。[1] 另一方面,如果人口增长为零,则不论初始条件如何,g_A 均为常数。在这种情况下,经济中不再存在向平衡增长路径调整的过程,而是不管始于何处都会立即出现稳定增长。此外,如方程(3.5)与(3.11)所示,此时知识、产出与工人平均产出的增长率都等于 $Ba_L^{\gamma}L^{\gamma}$,而且 a_L 将影响经济的长期增长率。

由于此经济中的产出品只能用于消费,我们可以认为经济中的产品在每一期都被全部消费。既然 $1-a_L$ 是社会资源中用于生产当前消费品的比例,而 a_L 是用于生产对未来生产有用的产品(即知识)的比例,我们可以将 a_L 看作经济的储蓄率。

根据这种理解,我们可以将 $\theta=1$ 且 $n=0$ 的情形作为分析储蓄率影响长期增长的一个简单例子,这种形式的模型被称为线性增长模型(我们会在第 3.4 节中介绍,该模型也被称为 $Y=AK$ 模型)。由于线性增长模型相对比较简单,因此该模型在内生增长研究中广受关注。

内生要素规模报酬的重要性

上述三种情形的含义之所以有这样的差别,是由于 θ 小于、大于还是等于 1 决定了生产对内生要素是规模报酬递减、递增还是不变。由于劳动的增长是外生的,并且我们在模型中去掉了资本,所以知识是唯一的内生要素。产品生产对知识来说是规模报酬不变的,故而该经济对知识的规模报酬总体上是递增、递减或不变,取决于知识生产函数对知识的规模报酬——也就是由 θ 确定。

为了理解为什么内生要素的规模报酬对经济行为至关重要,我们可以考察一个具体例子:假设经济最初处于某一路径上,并且在某一时刻 A 外生地增加了

---

[1] 在 $\theta>1$,以及 $\theta=1$ 且 $n>0$ 的情形下,本模型不仅说明了增长率在递增,还说明了其递增的速度极快,从而产出可以在有限时间内达到无穷大。例如,考虑 $\theta>1$ 且 $n=0$ 的情形。读者可以进一步地验证 $A(t)=c_1/(c_2-t)^{1/(\theta-1)}$ 满足(3.6)式,其中 $c_1=1/[(\theta-1)Ba_L^{\gamma}L^{\gamma}]^{1/(\theta-1)}$,并选择 c_2 的值使得 $A(0)$ 等于 A 的初始值。在这种情况下,A 会在时刻 c_2 爆炸。由于产出不可能在有限时间内真正达到无穷大,这就表明本模型必定会失效。但这并不意味着模型无法在合理范围内较好地描述经济。其实,在 3.7 节中就有证据表明,与本模型类似的一个模型可以较好地解释数千年来的历史数据。

1%。如果 θ 恰好等于 1,则 $\dot{A}$ 也会增加 1%,即知识的生产能力使得 A 的增加恰好足以自我维持,因此 A 的变动对其增长率没有影响。如果 θ 大于 1,则 A 增加 1%会导致 $\dot{A}$ 的增加大于 1%,A 的增加会提高其增长率。最后,如果 θ 小于 1,则 A 增加 1%会导致 $\dot{A}$ 的增加小于 1%,A 的增加会使知识的增长率下降。

人口增长的重要性

前面我们提到过,当 $\theta<1$ 时,人均收入的长期增长要求人口增长率为正,并且经济的长期增长率会随人口增长率而递增。而其他情形也有类似的结论:当 $\theta=1$ 且 $n=0$ 时,长期增长率是人口水平的增函数;而当 $\theta>1$(或 $\theta=1$ 且 $n>0$)时,可以证明人口增长率的上升会导致人均收入高于上升前的水平,并且两者的差距会不断扩大。

为了理解上述结论,我们考虑知识积累方程(3.7):$g_A(t)=Ba_L^{\gamma}L(t)^{\gamma}A(t)^{\theta-1}$。这个表达式所体现的思想是十分直观的,即从事研究的人越多,则得到的新发现就会越多,新发现越多,则知识存量的增长就越快,因此(在其他条件不变的情况下)人均产出的增长就越快。对于 $\theta=1$ 且 $n=0$ 的特殊情形,上述作用会以一种特殊的方式呈现,即长期增长随人口水平递增。当 θ 大于 1 时,上述作用会更加强烈,因为人口水平或增长率的上升会导致经济增长率持续增加。而当 θ 小于 1 时,由于内生要素的规模报酬递减,模型的含义会略有不同。此时,尽管知识对生产新知识可能有用,但新知识并不能按照与原有知识存量相同的比例生产出来,如果没有其他促进新知识生产的因素,增长就会逐渐回落。总的来说,人对知识生产是有贡献的,而人口增长就体现了这种贡献:人口正增长是长期经济增长所必需的,并且长期增长率随人口增长率递增。

(我们将会在本章末再次谈到)对本模型的一个合理的解读是,A 代表了可以在全世界广泛应用的知识。根据这一解读,我们可以得出,本模型并不表明人口较多的国家或者人口增长较快的国家,其收入增长就较快,而只能说明在全世界范围内,较高的人口增长率会提高全世界的收入增长率。这种含义是较为合理的,因为人是知识生产的基本要素,所以至少从(在模型中被省略的)资源约束的角度看,较高的人口增长率有助于世界范围的知识增长。

3.3　一般情形

下面,我们将重新把资本引入模型,并讨论这会如何改变前面的分析结论。因此,模型现在由方程(3.1)～(3.4)而不是(3.4)～(3.6)描述。

知识和资本的动态变化

如前所述,当模型中包含资本时,就存在着两个内生变量,即 A 和 K。与前面对简化模型的分析类似,我们会着重分析 A 和 K 的增长率的动态变化。首先,将生产函数(3.1)代入资本积累的表达式(3.3)可得:

$$\dot{K}(t)=s(1-a_K)^{\alpha}(1-a_L)^{1-\alpha}K(t)^{\alpha}A(t)^{1-\alpha}L(t)^{1-\alpha}. \tag{3.13}$$

将上式两边同除以 $K(t)$ 并定义 $c_K=s(1-a_K)^{\alpha}(1-a_L)^{1-\alpha}$,可得:

$$g_K(t)\equiv\frac{\dot{K}(t)}{K(t)}=c_K\left[\frac{A(t)L(t)}{K(t)}\right]^{1-\alpha}. \tag{3.14}$$

两边取对数并对时间求导可得:

$$\frac{\dot{g}_K(t)}{g_K(t)}=(1-\alpha)[g_A(t)+n-g_K(t)]. \tag{3.15}$$

根据(3.13)式,g_K 恒为正。因此,若 g_A+n-g_K 为正,则 g_K 上升,若 g_A+n-g_K 为负,则 g_K 下降,若 g_A+n-g_K 为零,则 g_K 不变。图 3.5 概括了上述情况:在 (g_A,g_K) 空间中,$\dot{g}_K=0$(即 g_K 不变)线的截距为 n,斜率为 1;在 $\dot{g}_K=0$ 上方,g_K 下降;在 $\dot{g}_K=0$ 下方,g_K 上升。

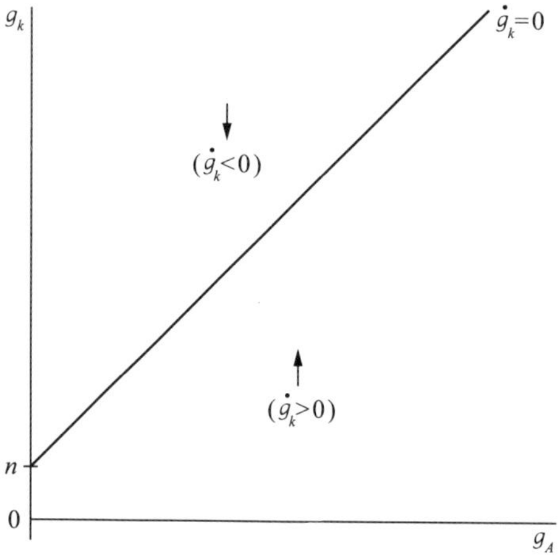

图 3.5 一般情形下资本增长率的动态变化

同理,将方程(3.2)即 $\dot{A}=B(a_KK)^{\beta}(a_LL)^{\gamma}A^{\theta}$ 两端同除以 A 可得 A 的增长率的表达式:

$$g_A(t)=c_AK(t)^{\beta}L(t)^{\gamma}A(t)^{\theta-1}, \tag{3.16}$$

其中 $c_A\equiv Ba_K^{\beta}a_L^{\gamma}$。除了有 K^{β} 项之外,上式与简化模型中的方程(3.7)基本相同。将上式两边取对数并对时间求导分可得:

$$\frac{\dot{g}_A(t)}{g_A(t)}=\beta g_K(t)+\gamma n+(\theta-1)g_A(t). \tag{3.17}$$

因此,若 $\beta g_K+\gamma n+(\theta-1)g_A$ 为正,则 g_A 上升,若 $\beta g_K+\gamma n+(\theta-1)g_A$ 为负则 g_A 下降,若 $\beta g_K+\gamma n+(\theta-1)g_A$ 为零则 g_A 不变。同样,图 3.6 概括了上述情况:$\dot{g}_A=0$(即 g_A 不变)线的截距为 $-\gamma n/\beta$,斜率为 $(1-\theta)/\beta$;[1]在 $\dot{g}_A=0$ 上方,g_A

〔1〕 图中表示 $\theta<1$ 的情形,因此斜率为正。

上升;在 $\dot{g}_A=0$ 下方,g_A 下降。

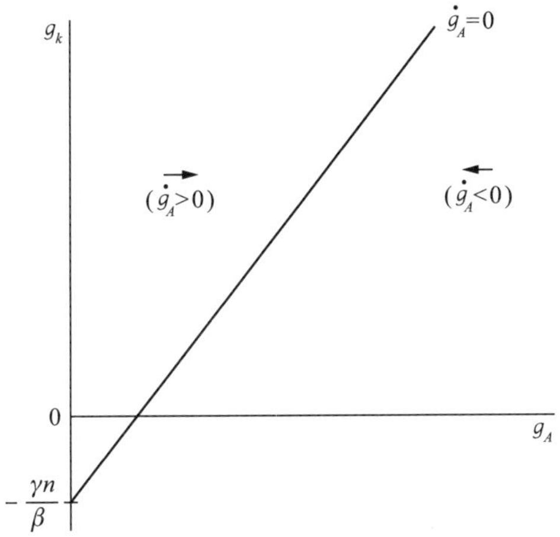

图 3.6　一般情形下知识增长率的动态变化

产出的生产函数(3.1)对两种内生要素(资本和知识)是规模报酬不变的,因此这两种内生要素总体上是规模报酬递增、递减或者不变取决于它们在知识生产函数(3.2)中的规模报酬状况。方程(3.2)表明,知识生产函数对 K 和 A 的规模报酬程度为 $\beta+\theta$:若 k 和 A 均增加 X 倍,则 $\dot{A}$ 将增加 $X^{\beta+\theta}$ 倍。因此,经济状态的决定性因素现在变为 $\beta+\theta$ 与 1 的相对大小,而不再是 θ 与 1 的相对大小。下面,我们将集中关注 $\beta+\theta<1$,以及 $\beta+\theta=1$ 且 $n=0$ 的情形,其他情形($\beta+\theta>1$,以及 $\beta+\theta=1$ 且 $n>0$)与简化模型中 $\theta>1$ 的含义类似,我们将在习题 3.6 中进行讨论。

情形 1: $\beta+\theta<1$

如果 $\beta+\theta$ 小于 1,则 $(1-\theta)/\beta$ 大于 1,因此 $\dot{g}_A=0$ 线比 $\dot{g}_K=0$ 线更为陡峭,如图 3.7 所示。g_A 与 g_K 的初始值由模型参数以及 A、K 和 L 的初始值确定,图 3.7 展示了 g_A 和 g_K 其后的动态变化。

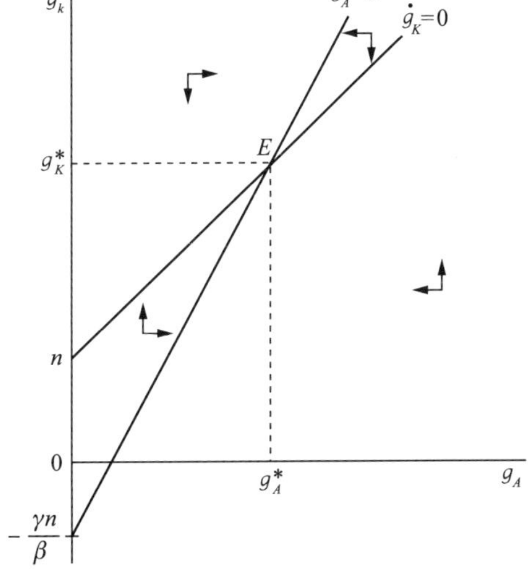

图 3.7　当 $\beta+\theta<1$ 时资本与知识增长率的动态变化

图 3.7 表明,不论 g_A 与 g_K 始于何处,它们都会收敛于图中的点 E,此处 $\dot{g}_A$ 与 $\dot{g}_K$ 均为零。因此 g_A 与 g_K 在点 E 处的值(分别用 g_A^* 与 g_K^* 表示)必须满足:

$$g_A^* + n - g_K^* = 0 \tag{3.18}$$

和

$$\beta g_K^* + \gamma n + (\theta - 1) g_A^* = 0. \tag{3.19}$$

将(3.18)式重新写为 $g_K^* = g_A^* + n$,并代入(3.19)式可得:

$$\beta g_A^* + (\beta + \gamma) n + (\theta - 1) g_A^* = 0, \tag{3.20}$$

或

$$g_A^* = \frac{\beta + \gamma}{1 - (\theta + \beta)} n. \tag{3.21}$$

根据 g_A^* 可计算出 g_K^*,即 $g_A^* + n$。方程(3.1)表明,若 A 和 K 分别按速率 g_A 和 g_K 增长,则产出会按速率 g_K^* 增长,从而工人平均产出会按速率 g_A^* 增长。

通过分析可以发现,这种情形实际上与简化模型中 θ 小于 1 的情形十分类似。与那种情形一样,这里经济的长期增长率也是内生的,并且长期增长率也是人口增长率的增函数,当人口增长率为零时长期增长率也为零。此外,劳动力与资本存量中用于研发的比例(a_L 与 a_K)并不影响长期增长,储蓄率 s 也不影响长期增长,而这些参数不影响长期增长的原因与简化模型中 a_L 不影响长期增长的原因在本质上也是一样的。[1]

与这种情形以及简化模型 $\theta < 1$ 的情形相类似的一类模型通常被称为半内生增长模型。一方面,这类模型中的长期增长是内生的;另一方面,长期增长又仅取决于人口增长以及知识生产函数的参数,并不受模型中其他任何参数的影响。因此,正如其名称所暗示的那样,增长似乎只是"有些"内生。

情形 2: $\beta + \theta = 1$ 并且 $n = 0$

已经知道,$\dot{g}_K = 0$ 线可整理为 $g_K = g_A + n$,而 $\dot{g}_A = 0$ 线可整理为 $g_K = -(\gamma n/\beta) + [(1-\theta)/\beta] g_A$。当 $\beta + \theta = 1$ 并且 $n = 0$ 时,这两条线均简化为 $g_K = g_A$,这意味着两条线在此时重合,且均为 45°线。图 3.8 即展示了这种情形下经济的动态变化。

如图所示,不论经济始于何处,g_A 与 g_K 的动态变化都会使其移动到 45°线上,并且在到达这条线之后,g_A 与 g_K 不再变化,经济处于平衡增长路径。与简化模型中 $\theta = 1$ 且 $n = 0$ 的情形一样,相图并不能告诉我们经济会收敛于哪一个平衡增长路径,但可以证明的是,给定一组参数值,经济中存在唯一的平衡增长路径,并且经济在此路径上的增长率是这些参数的一个复杂函数。在这种情形下的另一个结论是,储蓄率和人口数量的上升会提高长期增长率,这一结论的直观含义与简化模型中增加 a_L 与 L 会提高长期增长的直观含义在本质上是一样的。此外,由于改变 a_L 和 a_K 会涉及在商品生产(投资)和研发之间调配资源,所以这种改变对长期增长的作用并不非常明确。对这个问题的推导过程十分繁琐,也无助于加深对

〔1〕 本模型中储蓄率变化的详细影响分析可参见习题 3.4。

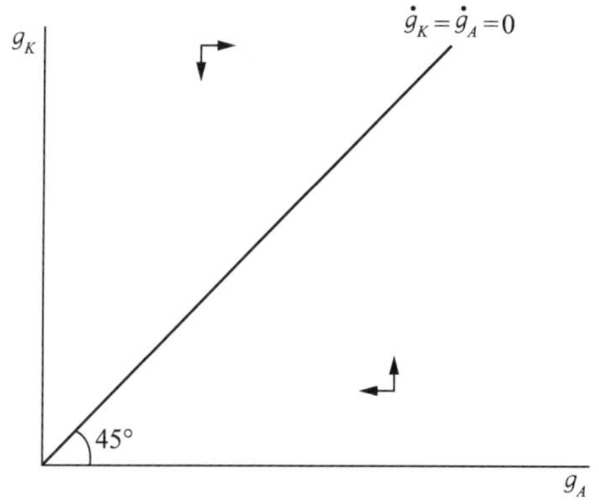

图 3.8　当 $\beta+\theta=1$ 且 $n=0$ 时资本与知识增长率的动态变化

问题的理解，我们在此处略去这些细节。[1] 对于当前情形 $\beta+\theta>1$ 时或者 $\beta+\theta=1$ 且 $n>0$ 时的本节模型，以及 $\theta\geqslant1$ 时的简化模型来说，其共同特点是长期增长取决于大量参数，此类模型也被称为完全内生增长模型。

3.4　知识的性质与研发资源配置的决定因素

概述

在前面的分析中，我们把储蓄率 s 和投入品中用于研发的比例 a_L 与 a_K 都看作是给定的。我们知道，第二章的模型（以及第八章的模型）已经找出了使 s 内生化的要素，那么现在的问题就是，a_L 与 a_K 到底是由什么决定的？本节我们就来讨论这个问题。

到目前为止，我们都只是简单地把研发所生产的产品 A 描述为知识，但实际上知识也存在着许多形式。可以设想存在一个包含各类知识的连续体，从高度抽象的知识到高度应用性的知识，应有尽有。该连续体的一端是可以广泛应用的基础科学知识，如勾股定理和病菌理论，另一端则是具体产品的知识，如怎样在寒冷的早晨启动某台割草机。在这两端之间还存在各种各样的知识，从设计晶体管收音机或者发明录音机到改进快餐店厨房设计或者改善软饮料口感的配方。

在这些各种各样的知识中有许多都对经济增长具有重要作用。设想一下，如果在一百年前，基础科学的发展中断，或者广泛用于各类产品生产的应用技术止步，或者新产品的发明停滞，又或者新产品的设计和使用不再改进，那么经济会有怎样的变化。当然，这些改变对增长产生的影响可能并不相同，这些影响产生的时间也可能并不一致，但所有这些改变都会导致增长大幅下降。

一般来说，决定各种知识如何积累的因素并不是一模一样的，例如，基础数学的进展与快餐店设计的改进显然有不同的决定因素。因此，并不存在一个统一的知识增长理论，相反，我们应该认识到，知识积累的决定因素是多种多样的。

[1] 参见习题 3.5。

但与此同时,所有的知识都具有一个共同的基本特征,即非竞争性。也就是说,当一个经济主体运用某项知识(不论是勾股定理还是软饮料配方)时,并不会妨碍其他人对该知识的运用。与此相对应,传统的私有经济商品则是竞争性的,比如,一个人穿上某件衣服,则其他人就不能同时穿这件衣服。

知识的这种非竞争性意味着,知识的生产和配置无法彻底由竞争性市场的力量来决定。因为一旦发现了新知识,向其他使用者供给这项新知识的边际成本就是零,也就是说,知识在竞争性市场中的租金为零。在这种情况下,知识的创造无法由获取私有经济利益的欲望来驱动。因此,对于知识生产部门来说,要么知识的售价高于其边际成本,要么其发展动力就不是市场力量。

尽管所有的知识都是非竞争性的,但它们在另一个维度上却各不相同:排他性。产品的排他性是指可以阻止其他人对产品的使用。传统的私有商品是具有排他性的。例如,一件衣服的所有者可以阻止他人使用这件衣服。知识的排他性取决于两个因素:知识自身的特性和治理产权的经济制度。例如,专利法赋予了发明人对其设计和发明的使用权。如果没有专利法律,发明人阻止他人使用其发明的能力会小很多。再如,某作者为某种教材找到了更好的组织方法,但版权法却很难赋予该作者阻止他人采用这种组织方法的能力,这种优秀组织方法的排他性是有限的(不过,由于版权法禁止他人简单抄袭整本书,他人在采用改良的组织方法时仍需要付出一些努力,这种优秀组织方式还是具有一定程度的排他性,作者仍可以从中获得一定的利益),但通过改变法律,有可能会使作者在阻止他人使用类似组织方式方面拥有更大的权利。

在某些情况下,知识的排他性更依赖于知识的特性而非法律制度。例如,由于可口可乐的配方十分复杂,所以即使没有版权或专利权的保护,该配方也能够较好地得到保护。而将电视节目录制到盒式录像带上的技术就太简单了,即使法律并没有规定这种行为的合法性,节目制作人也无法阻止观众录制这些节目(以及包含在其中的"知识")。

知识所具有的排他性的大小很大程度上决定了该知识的发展和配置是否能够按照完全竞争的方式进行。如果一种知识是完全非排他的,那么在其开发过程中就不存在私有收益,这些领域的研发就必须依靠市场之外的力量。而如果一种知识是可排他的,那么新知识的生产者就可以按正的价格出售这些知识的使用权,从而取得正的收益。

在以上概述的基础上,我们可以进一步对促使资源配置于知识开发的主要动力进行讨论。广受关注的动力主要有四种:资助基础科学研究,民间的研发和创新动机,各类人才的从业机会,以及干中学(learning-by-doing)。

资助基础科学研究

一般来说,基础科学知识是可以相对自由地为大众所学习的,现代大学或者中世纪修道院这类机构中取得的研究成果也大多如此。因此,基础科学研究并不是由在市场中获取私有回报的愿望所驱动的,而是在政府、慈善机构以及富翁们的支持下,人们由于受到这些资助的激励,或者为了追求名誉,甚至是出于热爱知识而从事基础研究。

与这类知识相关的经济学相对简单。由于这类知识的成本为零而又有益于生产，从而具有正外部性，因此应当对这类知识的生产进行补贴。[1] 例如，如果在基于此类知识积累的增长模型中引入拉姆塞模型中长生不老的家庭，我们就可以计算出最优的研究补贴。菲尔普斯(Phelps，1966b)和谢尔(Shell，1966)提供了此类分析的案例。

民间的研发与创新动机

实际上，从新产品的引进到现有产品的改良，许多创新几乎没有外部扶持，完全是由取得私有收益的愿望所驱动的。对于这类民间研发活动及其对经济增长的意义，很多学者都已经进行了研究，其中重要的例子包括罗默(P. Romer，1990)，格罗斯曼和赫普曼(Grossman and Helpman，1991a)以及阿吉翁和豪伊特(Aghion and Howitt，1992)。

如前所述，由经济激励驱动的研发行为要求其所创造的知识必须具有一定的排他性，这意味着新知识的开发者必须要拥有一定程度的市场势力。在建模时，我们通常假定该开发者对其知识的使用拥有专有控制权，并可授权最终产品的生产者使用其知识。发明者对使用其知识的收费由该知识在生产中的有用性，以及其他人(由高收益前景所驱动)投入资源学习该知识的意愿所决定。相应地，投入到研发的生产要素的数量根据要素流动来决定，这种要素流动使得研发中的私有要素报酬等于最终产品生产中的要素报酬。

由于研发活动的经济并不是完全竞争性的，其均衡通常也不是最优的。特别是，在分散均衡下，资源在研发和传统产品生产之间的分配可能是无效率的。研发实际上具有三种不同的外部性：消费者剩余效应、偷生意效应以及研发效应。

消费者剩余效应是指，由于创新者不可能做到完全价格歧视，因此取得授权的个人或者企业可以得到一定的剩余。可见，这是研发的一种正外部性。

偷生意效应是指，引进先进技术通常会使现有技术的吸引力下降，从而损害现有技术所有者的利益。因此这是研发的一种负外部性。[2]

最后，研发效应是指，创新者不能限制其知识在新知识生产中的使用。根据上一节的模型设定，创新者的收益来自其知识在产品生产中的运用[方程(3.1)]而不是知识生产[方程(3.2)]，因此新知识的开发对从事研发的其他人具有正外部性。

上述三种外部性结合在一起的总效应并不明确。我们可以找到这样的例子：偷生意效应的负外部性大于消费者剩余效应和研发效应的总正外部性。在这种情形下，攫取其他创新者所获利润的动机会导致过多资源投入到研发，其结果是经济

---

[1] 这使得学界对基础科学研究持有一种同情的态度。

[2] 消费者剩余效应和偷生意效应都属于金钱外部性(pecuniary externalities)，即通过市场产生作用的外部性，如2.4节所述，在竞争性市场中，这种外部性并不会造成无效率。例如，某人偏爱胡萝卜会推高胡萝卜的价格，这一方面会损害其他胡萝卜买家的利益，但另一方面却会让胡萝卜生产者收益。在竞争性市场上，上述利弊会相互抵消，从而竞争性均衡仍然是帕累托有效的。但是，若市场不是完全竞争性的，则金钱外部性就可能会造成无效率。

的均衡增长率过高但无效率(阿吉翁和霍维特,1992)。但在大多数情况下,人们普遍认为研发的总外部性为正,此时均衡的研发水平较低,故补贴研发可以增加福利。

除上述三种外部性以外,可能还会有其他外部性。例如,如果创新者不能完全控制其知识在产品生产中的使用(即知识只有部分排他性),就又多了一个研发的私有收益低于社会收益的因素。另一方面,授予第一个发明者对其发明的专有权可能会造成对某些研发的过度激励。例如,如果一个发明者正好比其竞争对手提前一步完成一个发明,其私有收益就会超过社会收益。

在后面的3.5节中,我们将介绍一个研发由私有收益所驱动的模型。探讨该模型的主要目的包括:第一,讲解此类模型的内在机制,演示在构建和分析这类模型时运用的工具;第二,理解各种不同的驱动力如何影响经济中的资源在研发和其他活动之间的分配;第三,在特定情境下说明均衡研发何以不同于最优研发。

各类人才的从业机会

鲍莫(Baumol,1990)与墨菲、施莱弗和维什尼(Murphy, Shleifer and Vishny,1994)通过观察发现,重大的知识创新和进展通常来自具有极高天分的个人。他们还发现,这些天才可以做的事往往很多,并不仅仅局限于从事创新和产品生产。这些观察表明,影响高级人才工作兴趣的经济激励和社会力量可能对知识积累非常重要。

鲍莫从历史的角度来看待这个问题,他认为,在不同的时间和地点,社会中最具才能的群体对以下活动最感兴趣:军事征服、政治和宗教领导、征税、犯罪活动、哲学思辨、金融交易以及操纵法律体系。他还认为,上述这些活动的社会收益通常是微不足道的(甚至为负),换句话说,他认为这些活动通常是寻租的不同形式,即试图攫取现有财富而不是创造新财富。最后,他还认为,社会如何引导高才能群体的行为与社会在长期内繁荣与否具有紧密的联系。

墨菲、施莱弗和维什尼进一步概括了影响高才能者决策的关键因素,这些因素会左右高才能者是否从事有益于社会的活动。他们着重强调了三种因素。第一个因素是相关市场的规模:高才能者可以获取收益的市场越大,则其从事相关活动的激励就越强。例如,较低的运输成本和较少的贸易壁垒会鼓励创业精神,而如果产权界定不清,使得经济中的大量财富可以轻易地被没收,那就会助长寻租行为。第二个因素是报酬递减的程度。如果某种活动的规模受从业时间的限制(如进行外科手术),那么其潜在收益就不如那些只受市场规模限制的活动(如发明创造)。举例来说,如果资本市场运行良好,允许企业迅速扩张,那就会推动创业而不是寻租。最后一个因素是保护相关活动收益的能力。也就是说,明晰的产权会促进创业,而寻租行为的合法化(比如通过政府或宗教)则会助长无益于社会的活动。

干中学

促进知识积累的最后一个动力——干中学——是相对比较特别的,其核心思想是,人们在生产产品时,会不可避免地想方设法改善生产过程。例如,阿罗(Arrow,1962)引用了如下经验规律:在引进新飞机设计之后,建造一架飞机所需的时间与该型号飞机的已生产数量的立方根成反比。在这个例子中,产能的提高是在生产流程没有任何明显创新的情况下出现的。因此,有的知识积累并不是刻意努力的结果,而是常规经济活动的副产品。我们把这种类型的知识积累称为干中学。

如果技术进步只来源于干中学,知识积累率就不再依赖于经济资源中用于研发的比例,而依赖于常规经济活动中产生了多少新知识。因此,分析干中学要求我们对模型做一些改变。首先,由于所有投入品都用于产品生产,生产函数变为:

$$Y(t)=K(t)^{\alpha}[A(t)L(t)]^{1-\alpha}. \tag{3.22}$$

最简单的干中学是生产新资本时的学习效应。在这种情况下,由于知识的增加量是资本增加量的函数,所以知识存量也是资本存量的函数,这意味着模型中只有一个状态变量。[1] 按照惯例,我们选择幂函数来表示知识存量与资本存量的关系,即:

$$A(t)=BK(t)^{\phi},\quad B>0,\quad \phi>0. \tag{3.23}$$

方程(3.22)~(3.23)以及描述资本积累和劳动变化的方程(3.3)~(3.4)共同刻画了我们当前所讨论的经济。

为了进一步分析这个经济,首先将(3.23)式代入(3.22)式,即得:

$$Y(t)=K(t)^{\alpha}B^{1-\alpha}K(t)^{\phi(1-\alpha)}L(t)^{1-\alpha}. \tag{3.24}$$

因为 $\dot{K}(t)=sY(t)$,所以 K 的动态变化由下式给出:

$$\dot{K}(t)=sB^{1-\alpha}K(t)^{\alpha}K(t)^{\phi(1-\alpha)}L(t)^{1-\alpha}. \tag{3.25}$$

我们知道,在 3.2 节的简化模型中,A 的动态变化由 $\dot{A}=B[a_L L(t)]^{\gamma}A(t)^{\theta}$ [方程(3.6)]给定,将此方程与干中学模型中的方程(3.25)进行对照后可以发现,两个模型的结构是类似的。在简化模型中,只有一种生产性的投入品——知识,而在这里,我们也可以认为只有一种生产性的投入品——资本,因此如方程(3.6)和(3.25)所示,这两个模型的动态变化在本质上是一样的,我们可以利用上一个模型的分析结论来分析本模型。在 3.2 节的模型中,经济动态变化的决定因素是 θ 与 1 的相对大小关系,类似地,此处的决定因素就是 $\alpha+\phi(1-\alpha)$ 与 1 的相对大小关系,而这实际上就等价于比较 ϕ 与 1 的大小关系。

如果 ϕ 小于 1,则经济的长期增长率是人口增长率 n 的函数;如果 ϕ 大于 1,则存在爆炸性增长;如果 ϕ 等于 1,则在 n 为正时存在爆炸性增长,在 n 为零时存在稳定增长。

同样,比较特殊的是 $\phi=1$ 且 $n=0$ 时的情形。在这种情形下,生产函数[方程(3.24)]变为:

$$Y(t)=bK(t),\quad b\equiv B^{1-\alpha}L^{1-\alpha}. \tag{3.26}$$

因此,资本积累由下式给定:

$$\dot{K}(t)=sbK(t). \tag{3.27}$$

[1] 参见习题 3.7,考虑知识积累是产品生产而不是资本积累的副产品。

与简化模型的类似情形一样,此经济的动态变化也比较简单。方程(3.27)直接说明了,K 按速率 sb 稳定增长,而由于产出与 K 成比例,产出也按此速率增长。这样,我们又有了一个长期增长内生并取决于储蓄率的例子。此外,由于 b(资本产出比的倒数)比较容易测量,本模型还可以预测储蓄率影响增长的程度,我们将在 3.6 节详细讨论这个问题。

在本模型中,储蓄率之所以会影响长期增长,是因为在这里资本的贡献大于其一般情形下的贡献:增加的资本不仅通过其在生产中的直接作用来提高产出[即(3.24)中的 K^{α} 项],而且还通过间接推动新知识的发展从而提高所有资本的生产力来提高产出[即(3.24)中的 $K^{\phi(1-\alpha)}$ 项]。由于生产函数中的"b"[见方程(3.26)]经常用符号"A"来表示,这类模型通常被称为"$Y=AK$"模型。[1]

3.5 罗默模型

概述

本节我们要介绍一个根据微观基础分配研发资源的模型,即罗默(P. Romer,1990)的内生技术变迁模型。在罗默模型中,研发由追求利润最大化的经济部门来从事,这种研发促进了增长,而增长又反过来影响研发动机的强弱。

根据上一节的分析可知,如果创造知识的动机源于知识在市场中可得的收益,那么就会与完全竞争出现不一致。因此,如果知识按照其边际成本出售,则知识创造者得到的利润为负。为了解决这个问题,罗默假设知识包括了各种思想,并且在生产中承载着不同思想的投入品之间具有不完全替代的关系。此外,他还假设新思想的开发者可以垄断该思想的使用权。上述这些假设表明了,开发者可以对使用其思想收取高于边际成本的价格,从而保证所得利润会激励研发。

不完全替代和垄断势力的假设会使模型变得比较复杂。为了尽量简化模型,我们将考虑罗默模型的一个变形,变形后的模型在总体上会类似于 3.2 节中模型在 $\theta=1$ 且 $n=0$ 时的特殊情形。进行上述变形的理由并不是因为这种情形特别符合现实,而是这样做可以大大简化分析。因为这种类型的模型没有转移动态,在面临冲击时,经济的反应是立即跳到新的平衡增长路径上,这种特点使模型便于刻画不同变化对经济的影响,也便于明确地计算研发资源的均衡配置和最优配置。

要使模型满足上述总体性质,需要进行两种形式的简化。第一种简化是关于函数形式和参数值的假设,类似于 3.2 节中关于 $\theta=1$ 且 $n=0$ 的假设。另一种简化是消除所有的物质资本和人力资本(在包含资本的罗默模型里,一般都有资本对知识存量的长期均衡比率,而任何导致实际比率偏离长期均衡比率的扰动都会激

---

[1] 开创了新增长理论的罗默模型(P. Romer,1986)与 $\phi=1$ 且 $n=0$ 情形下的干中学模型有着密切的联系。两者的不同之处主要有两点:首先,罗默模型中知识的作用相当于本模型中物质资本的作用,即私人控制的知识不仅对特定厂商的生产有直接贡献,而且通过增加知识总量,从而对所有厂商的生产都有贡献。其次,罗默模型中的知识积累是通过独立的生产函数而不是通过牺牲产出来实现的,并且产品生产函数中知识的报酬递增,而知识积累函数中知识的报酬(近似)不变。因此,在罗默模型中,经济会收敛于一个不变的增长率。

发转移动态)。

伊瑟生产函数与创造知识的收益

介绍模型的第一步是描述知识的创造者如何掌握市场势力。因此,我们暂时把知识水平看作是给定的,并试图描述承载着各种思想的投入品如何相互结合并生产出最终产品。

经济中存在着无限多种潜在的专门投入品,我们可以把每种投入品看作是化合物,并把每种新思想看作是特定化合物的方程式。使用的新思想越多,则既定数量的投入品所生产出的产品就越多。例如,如果最初是用一种化合物生产产品,那么加入等量的另一种化合物就会比使用双份的第一种化合物生产出更多的产品,这意味着新思想是对生产有益的。

具体而言,假设在 $0 \sim A$ 的区间上存在一系列新思想,其中 $A>0$(后面我们会将 A 看作是时间的函数,但这里我们仅在某个时间点上进行讨论,因此排除时间参数可以简化分析)。当某种新思想可用时,包含这种思想的投入品可以通过一种把劳动一对一转化为投入品的技术生产出来。我们用 $L(i)$ 表示用于生产投入品 i 的劳动数量,那么进入最终产品生产的投入品 i 的数量也是 $L(i)$。对于尚未被发现的思想(即 $i>A$),不论付出多少成本也无法生产出包含这种思想的投入品。

投入品是如何相互结合并生产出最终产品的呢?相关的具体假设来自伊瑟(Ethier,1982)提出的生产函数:

$$Y=\left[\int_{i=0}^{A} L(i)^{\phi} di\right]^{1/\phi}, \quad 0<\phi<1. \tag{3.28}$$

为了更好地理解这个函数的意义,我们令 L_Y 表示生产投入品的工人总数,并假设生产每种投入品的工人数是相同的。因此,对于任意 i 都有 $L(i)=L_Y/A$,于是,

$$\begin{aligned} Y &= \left[A\left(\frac{L_Y}{A}\right)^{\phi}\right]^{1/\phi} \\ &= A^{(1-\phi)/\phi} L_Y. \end{aligned} \tag{3.29}$$

这个表达式包括两个关键的含义:第一,L_Y 是规模报酬不变的,即保持知识存量不变,投入品翻倍会使得产出翻倍;第二,产出随 A 递增,即保持投入品总量不变,提高知识存量水平会提高产量,也就是说新思想会创造价值。

为了进一步理解上述生产函数的含义,我们有必要介绍一下模型对市场结构的假设。首先,既定思想排他性的使用权由垄断者持有,我们可以认为垄断者持有这种新思想的专利。专利持有人在竞争性劳动市场上雇用工人,生产与他/她的思想有关的投入品,然后将投入品出售给最终产品生产者,并对每单位投入品收取固定的价格(即排除价格歧视和其他复杂合同的可能性)。最终产品由竞争性厂商生产,它们把投入品价格看作是给定的。竞争导致这些厂商按照其边际成本来出售其产品,(我们在后面会证明)它们的利润为零。

下面,我们考虑代表性最终产品生产者的成本最小化问题。令 $p(i)$ 表示专利持有人对每单位包含新思想 i 的投入品所收取的价格,则成本最小化问题的拉格

朗日函数为：

$$\mathcal{L}=\int_{i=0}^{A}p(i)L(i)di-\lambda\left\{\left[\int_{i=0}^{A}L(i)^{\phi}di\right]^{1/\phi}-1\right\}. \tag{3.30}$$

厂商的选择变量是 $L(i)$，其中 i 可以取 0 到 A 之间的所有值。对于每个 $L(i)$，其一阶条件是：

$$p(i)=\lambda L(i)^{\phi-1}, \tag{3.31}$$

这里使用了$\int_{i=0}^{A}L(i)^{\phi}di$ 必须等于 1 的事实。[1]

方程(3.31)表明 $L(i)^{\phi-1}=p(i)/\lambda$，这就说明：

$$\begin{aligned}L(i)&=\left[\frac{p(i)}{\lambda}\right]^{\frac{1}{\phi-1}}\\&=\left[\frac{\lambda}{p(i)}\right]^{\frac{1}{1-\phi}}.\end{aligned} \tag{3.32}$$

方程(3.32)说明，新思想的专利持有人面临着向下倾斜的投入品需求曲线：$L(i)$是 $p(i)$的平滑递减函数。当 ϕ 越接近于 1 时，投入品的边际产出(随投入品数量的增加)递减得就越为缓慢，其结果是投入品之间的替代性更强，从而每种投入品的需求弹性更大。

由于生产最终产品的厂商所面临的每种投入品的成本不变，并且生产函数规模报酬不变，所以边际成本就等于平均成本，其结果是这些厂商的利润均为零。[2]

模型的其余部分

下面我们考虑模型的其余四组假设。第一组假设是关于经济总体的。人口数量是固定的$\bar{L}>0$。工人可以生产中间投入品和从事研发。我们令 $L_A(t)$表示在时刻 t 从事研发的工人数量，则劳动市场的均衡要求：

$$L_A(t)+L_Y(t)=\bar{L}, \tag{3.33}$$

其中，$L_Y(t)=\int_{i=0}^{A(t)}L(i,t)di$ 为生产投入品的工人总数。可以注意到，我们在这里明确标注了时间参数，这是因为我们要考虑经济随着时间的演化。

新思想的生产函数对从事研发的工人数量是线性的，并且与现有知识存量成比例：

---

[1] 由于(3.31)式中各项在拉格朗日函数中的阶数是 di，这个步骤不太正规——类似于 2.2 节中对连续时间下家庭最优化的分析。假设投入品数量是有限的，从而 $Y=\left[\sum_{i=1}^{N}\left(\frac{A}{N}\right)\left(\frac{NL_i}{A}\right)^{\phi}\right]^{1/\phi}$，然后令 N 趋于无穷大，即可得到同样的结果。这种方法类似于第 2 章中用于分析家庭最优化行为的 43 页脚注[1]所述方法。

[2] 我们可以使用条件 $\left[\int_{i=0}^{A}L(i)^{\phi}di\right]^{1/\phi}=1$ 来求解 λ，从而求解 $L(i)$ 的成本最小化水平以及边际成本的大小。不过这些步骤对于我们的分析并不是必须的。

$$\dot{A}(t)=BL_A(t)A(t),\quad B>0. \tag{3.34}$$

最后，假设 A 的初始值 $A(0)$ 严格为正。

上述这些假设使本模型的总体动态变化与线性增长模型相同。方程(3.34)与人口零增长的假设表明，如果从事研发的人口比例不变，则知识存量按固定比率增长，并且这个比率是从事研发的人口比例的增函数。

第二组假设是关于家庭的微观行为。寿命无限的经济个体的目标是最大化类似于 2.1 节中的传统效用函数。折现率为 ρ，并且为了简单起见，假设经济个体的瞬时效用函数为对数函数。[1] 因此，代表性经济个体的终生效用是：

$$U=\int_{t=0}^{\infty}e^{-\rho t}\ln C(t)dt,\quad \rho>0, \tag{3.35}$$

其中，$C(t)$ 是经济个体在时刻 t 的消费。

与拉姆塞—卡斯—库普曼斯模型一样，经济个体的预算约束为，终生消费的现值不能超过其初始财富与终生劳动收入的现值之和。如果所有经济个体的初始财富相同(这是我们的假设)，并且利率不变(可以证明这在均衡时成立)，则预算约束是：

$$\int_{t=0}^{\infty}e^{-rt}C(t)dt\leqslant X(0)+\int_{t=0}^{\infty}e^{-rt}w(t)dt, \tag{3.36}$$

其中，r 是利率，$X(0)$ 是人均初始财富，$w(t)$ 是 t 时刻的工资，并且经济个体把所有这些看作是既定的。

第三组假设是关于研发的微观基础。创造新思想的行业是可以自由进入的，即任何人都可以按照现行工资 $w(t)$ 雇用 $1/[BA(t)]$ 单位的劳动用于生产新思想[见(3.34)]。即便 A 上升会提高研发能力，研发厂商也不需要补偿以前思想的发明者，研发活动具有 3.4 节中讨论的外部性。

新思想的创造者拥有使用该思想生产相关投入品(但是如前所述，这些投入品不能用于研发)的永久专利权，并且要在每个时间点选择生产多少包含着其思想的投入品。在进行决策时，专利持有人把工资、其他投入品的价格以及从事产品生产的工人总数 L_Y 看作是既定的。[2]

研发的自由进入条件要求，出售包含某思想的投入品所得利润的现值要等于创造该思想的成本。假设思想 i 创造于时刻 t，并令 $\pi(i,\tau)$ 表示该思想的创造者在时刻 τ 所获得的利润，则该条件就是：

$$\int_{\tau=t}^{\infty}e^{-r(\tau-t)}\pi(i,\tau)d\tau=\frac{w(t)}{BA(t)}. \tag{3.37}$$

---

[1] 假设常相对风险规避效用函数可以得到非常相似的结果。参见习题 3.8。

[2] 另一种看似合理的假设是，专利持有人将最终产品的价格而不是 L_Y 看作是既定的。但实际上，这种假设意味着经济中并不存在均衡。考虑产品价格等于其边际成本的情形。如果把一个专利持有人收取的价格降低一个微小的量，并保持其他投入品价格以及最终产品价格不变，则产品生产者的边际成本会低于价格，从而其投入品需求是无穷大。假设专利持有人把 L_Y 看作既定则可以避免这个问题。

模型的最后一组假设是关于一般均衡的。首先,假设劳动市场是完全竞争的,研发中支付的工资与所有投入品生产者支付的工资是相等的。其次,经济中的唯一资产是专利,初始财富是已发明的思想所获未来利润的现值。最后,最终产品的唯一用途是消费。由于所有经济个体都相同,他们会选择相同的消费路径,产品市场的均衡要求在时刻 t 有:

$$C(t)\overline{L}=Y(t). \tag{3.38}$$

这样,我们就完成了对模型的全部描述。

求解模型

根据前面的假设可知,我们这里所讨论的经济在总体上类似于一个线性增长模型,这表明在均衡时,劳动在研发和中间投入品生产之间的配置不会随时间改变。因此,我们可以不使用通常的方法,而直接通过寻找 L_A 与 L_Y 保持不变的条件来求解均衡。具体而言,我们将探讨 L_A 固定在某值时的含义,弄清这对创造新思想可得利润的现值和所需成本的现值意味着什么;根据这两个现值必须相等的条件,我们可以确定均衡的 L_A 值;再确认这个均衡值是固定不变的。

当然,这种方法并不能说明经济中不存在 L_A 随时间变化的均衡。但实际情况是,确实不存在这样的均衡,我们所找到的将是模型的唯一均衡,不过在这里我们并不正式地论证这一点。

求解模型的第一步是考虑专利持有人在某时间点上选择其投入品价格的问题。根据微观经济学的标准结论,垄断者的利润最大化价格是 $\eta/(\eta-1)$乘以边际成本,其中 η 是需求弹性。在我们的例子中,根据最终产品生产者的成本最小化方程(3.32)可知,需求弹性是一个固定的常数 $1/(1-\phi)$。由于一单位劳动可以生产出一单位投入品,在时刻 t 垄断者供给投入品的边际成本为 $w(t)$。因此每个垄断者确定的价格是$[1/(1-\phi)]/\{[1/(1-\phi)]-1\}$乘以 $w(t)$,即 $w(t)/\phi$。[1]

求出每个垄断者收取的价格之后,我们就可以确定其在某时间点上的利润。由于所有投入品的价格相同,因此每种投入品在时刻 t 的使用数量也就相同,根据 L_A 固定不变的假设以及 $L_A(t)+L_Y(t)=\overline{L}$ 的条件,则该使用数量为$(\overline{L}-L_A)/A(t)$。从而每个专利持有人的利润为:

$$\begin{aligned}\pi(t)&=\frac{\overline{L}-L_A}{A(t)}\left[\frac{w(t)}{\phi}-w(t)\right]\\&=\frac{1-\phi}{\phi}\frac{\overline{L}-L_A}{A(t)}w(t).\end{aligned} \tag{3.39}$$

为了确定发明可得利润的现值,从而弄清创新的激励,我们首先需要确定经济

[1] 上述分析可能忽略了一个难题,即方程(3.30)~(3.32)仅给出了在生产既定数量产品的条件下投入品的需求弹性,因此我们可能需要进一步考虑产品数量变化所导致的影响。但是,由于每种投入品在总成本中都仅仅占据着极其微小的比例,单个投入品的价格变化对既定 L_Y 所能生产的产品总量的影响可以忽略不计,因此我们可以认为,$p(i)$的变化会影响产出数量但却不会改变每个垄断者所面临的需求弹性。

的增长率和利率。知识创造方程(3.34)即 $\dot{A}(t)=BL_A(t)A(t)$ 表明，如果 L_A 固定不变，则 $\dot{A}(t)/A(t)$（即 A 的增长率）就是 BL_A。我们知道，所有投入品提供者在一定时间点上都收取相同的价格，从而所有可用投入品的使用量都相同。方程(3.29)告诉我们，在本例中，$Y(t)=A(t)^{[(1-\phi)/\phi]}L_Y(t)$，而由于 $L_Y(t)$ 是常数，所以 Y 的增长率就等于 $(1-\phi)/\phi$ 乘以 A 的增长率，即 $[(1-\phi)/\phi]BL_A$。

此外，我们还可以得出，消费与工资均按与产出相同的速率增长。对消费而言，这个结论来自所有产出均用于消费。而对工资而言，这个结论则来自规模报酬不变以及市场竞争。在规模报酬不变以及市场竞争的条件下，所有最终产品生产者的收益都支付给了中间产品提供者，而由于中间品的价格加成是固定不变的，他们支付给工人的报酬就是其所获收益的固定比例，并且生产中间投入品的工人数量也是固定的，可见工资的增长率就等于产出的增长率。

计算出消费的增长率之后，找出实际利率就很简单了。回忆 2.2 节中具有常相对风险规避效用的家庭，其消费增长率为 $\dot{C}(t)/C(t)=[r(t)-\rho]/\theta$，其中 θ 是相对风险规避系数（对于对数效用函数而言，$\theta=1$）。因此，均衡要求：

$$\begin{aligned} r(t) &= \rho+\frac{\dot{C}(t)}{C(t)} \\ &= \rho+\frac{1-\phi}{\phi}BL_A. \end{aligned} \tag{3.40}$$

可见，若 L_A 为常数，则实际利率也为常数，与我们的假设一致。

根据方程(3.39)，时刻 t 的利润为 $[(1-\phi)/\phi][(\bar{L}-L_A)w(t)/A(t)]$。利润的增长率等于 w 的增长率 $[(1-\phi)/\phi]BL_A$ 减去 A 的增长率 BL_A，即 $[(1-2\phi)/\phi]BL_A$，并且按照利率 $\rho+[(1-\phi)/\phi]BL_A$ 折现，因此，在时刻 t，发现新思想可得利润的现值为：

$$\begin{aligned} R(t) &= \frac{\frac{1-\phi}{\phi}(\bar{L}-L_A)\frac{w(t)}{A(t)}}{\rho+BL_A} \\ &= \frac{1-\phi}{\phi}\frac{\bar{L}-L_A}{\rho+BL_A}\frac{w(t)}{A(t)}. \end{aligned} \tag{3.41}$$

现在我们可以求解 L_A 的均衡值。如果研发的数量严格为正，则均衡时发明所获利润的现值一定等于发明的成本。由于一个工人可以在单位时间内生产 $BA(t)$ 的思想，所以一项发明的成本是 $w(t)/[BA(t)]$，均衡条件就是：

$$\frac{1-\phi}{\phi}\frac{\bar{L}-L_A}{\rho+BL_A}\frac{w(t)}{A(t)}=\frac{w(t)}{BA(t)}. \tag{3.42}$$

求解此方程即得：

$$L_A=(1-\phi)\bar{L}-\frac{\phi\rho}{B}. \tag{3.43}$$

但是，研发的数量不一定是严格正的，特别是当(3.43)式解出的 $L_A<0$ 时，从 $L_A=0$ 开始的第一个发明所获的利润折现值就会小于其成本，其结果是研发为零。

因此,我们需要将方程(3.43)修改为:

$$L_A=\max\left\{(1-\phi)\bar{L}-\frac{\phi\rho}{B},0\right\}. \tag{3.44}$$

最后,由于产出的增长率为$[(1-\phi)/\phi]BL_A$,得到,

$$\frac{\dot{Y}(t)}{Y(t)}=\max\left\{\frac{(1-\phi)^2}{\phi}B\bar{L}-(1-\phi)\rho,0\right\}. \tag{3.45}$$

至此,我们顺利描述了长期增长如何由基本的微观经济环境所确定。这里需要注意的一点是,由于(3.40)式右边没有任何项随时间改变,L_A 的均衡值也是固定不变的。[1]

模型意义

本模型主要有两方面的意义。

第一个方面的意义是有关长期增长的决定因素。影响经济增长的参数共有四个。[2] 第一,当经济个体缺乏耐心时(即当 ρ 较高时),从事研发的工人就较少[根据方程(3.44)],从而增长会变慢[根据方程(3.45)]。这一点也是比较合理的,因为研发是一种投资。

第二,投入品之间的替代性(ϕ)增加会降低增长。这包含两方面原因:其一,从事研发的工人减少[仍然根据方程(3.44)];其二,尽管既定研发数量下 A 的增长率不变[根据方程(3.34)],但既定 A 的增长率下的产出增长会变慢[根据方程(3.29)]。这一结论也是合乎直觉的:当包含不同思想的投入品之间能更好地相互替代时,专利持有人的市场势力会削弱,从而新增的每个思想对产出的贡献都会减少,这两种效应都会使研发的吸引力下降。

第三,研发部门的生产率(B)提高会促进增长。这同样源于两种效应:第一,B 的增加使得既定研发工人数量下增长提速;第二,研发的生产率提高会吸引更多工人进入研发部门。

最后,人口数量($\bar{L}$)的上升会促进长期增长。与 B 增加的影响类似,这里也有两种效应:第一个效应是 $\bar{L}$ 的上升使得既定研发工人比例下增长提速,以及从事研发的工人比例上升。第二个效应是通过知识的非竞争性产生的,即经济规模扩大拓展了发明者可触及的市场,从而增加了研发的回报。

通过分析可以发现,上述四个参数都至少部分地通过改变从事研发的工人比例而影响增长。这种效应在 3.1～3.3 节中的简单研发与增长模型中是不存在的,因为我们在那里是将工人在不同活动之间的配置看作是给定的。因此,罗默模型

---

[1] 为了验证经济个体满足预算约束,我们可以回顾 2.2 节中的终生预算约束,即用 t 趋于无穷时财富的状态来表示。当利率为常数时,预算约束的这种形式简化为 $\lim_{t\to\infty}e^{-rt}[X(t)/\bar{L}]\geq 0$。经济在时刻 t 的财富 $X(t)$ 是已发明思想可得未来利润的现值,并且其增长率与经济增长率相同,而且根据(3.40)式,利率超过经济增长率。因此 $\lim_{t\to\infty}e^{-rt}[X(t)/\bar{L}]=0$,从而经济个体以等式满足预算约束。

[2] 下述讨论假设参数的取值范围使 L_A 严格为正。

的一个重要意义就是发现了长期增长的一系列决定因素。

本模型的第二个方面的意义是关于均衡增长与最优增长之间的差距。由于经济并不是完全竞争的,因此分散均衡不一定是社会最优的。仿照均衡分析,下面我们就来寻找使代表性个体的终生效用达到最高的 L_A 值。[1]

由于所有的产出都用于消费,代表性个体的消费为 $1/\bar{L}$ 乘以产出。根据产出方程(3.29),则代表性个体在时刻 0 的消费为:

$$C(0)=\frac{(\bar{L}-L_A)A(0)^{(1-\phi)/\phi}}{\bar{L}}. \tag{3.46}$$

我们知道,产出和消费的增长率为$[(1-\phi)/\phi]BL_A$,代表性个体的终生效用为:

$$U=\int_{t=0}^{\infty}e^{-\rho t}\ln\left[\frac{\bar{L}-L_A}{\bar{L}}A(0)^{(1-\phi)/\phi}e^{[(1-\phi)/\phi]BL_At}\right]dt. \tag{3.47}$$

可以证明,上述积分可表示为:[2]

$$U=\frac{1}{\rho}\left(\ln\frac{\bar{L}-L_A}{\bar{L}}+\frac{1-\phi}{\phi}\ln A(0)+\frac{1-\phi}{\phi}\frac{BL_A}{\rho}\right). \tag{3.48}$$

使得上式最大化的 L_A 即为 L_A 的社会最优水平,即:[3]

$$L_A^{OPT}=\max\left\{\bar{L}-\frac{\phi}{1-\phi}\frac{\rho}{B},0\right\}. \tag{3.49}$$

比较上式与表示 L_A 均衡水平的方程(3.44),即可得两者之间的一个简单关系:

$$L_A^{EQ}=(1-\phi)L_A^{OPT}, \tag{3.50}$$

其中,L_A^{EQ} 是 L_A 的均衡水平。

模型还隐含了 3.4 节中所述的所有三种外部性。首先,这里隐含了消费者剩余效应(或者在本例中称为产品生产者剩余效应):由于专利持有人对包含其思想的每单位投入品收取固定价格,生产最终产品的厂商从购买中间投入品中能获得剩余。其次,这里还存在偷生意效应或者照顾生意效应。方程(3.39)表明每个中间品供应商的利润与 $w(t)/A(t)$ 成比例,而 $w(t)$ 与 $Y(t)$ 成比例,$Y(t)$ 又与 $A(t)^{(1-\phi)/\phi}$ 成比例,因此利润与 $A(t)^{(1-2\phi)/\phi}$ 成比例。由此可见,若 $\phi>1/2$,则 A 上升会减少现有专利持有人的利润,若 $\phi<1/2$,则会增加现有专利持有人的利润。最后,这里还存在研发效应:A 上升提高了研发部门的生产率,但发明者不必为此补偿现有专利持有人。

尽管存在这三种外部性,但研发工人的均衡配置与最优配置之间的关系在形式上仍然比较简单。从事研发的均衡工人数量总是小于最优数量(除非两者都取零这个角点解),因此增长总是较低且无效率的。另外,均衡数量与最优数量之间

---

〔1〕 可以证明,社会计划者确实会保持 L_A 不变,要求 L_A 不变并不是一个紧约束条件。

〔2〕 参见习题 3.10。

〔3〕 参见习题 3.10。

的差距(从而均衡增长与最优增长之间的差距)仅仅依赖于一个参数,即包含不同思想的投入品之间的区别越小(即 ϕ 越大),则差距越大。

扩展模型

罗默模型被公认是十分具有开创性的,因此其扩展模型、变种模型以及替代模型数不胜数。这里我们讨论最重要的三种。

首先,罗默的原始模型与我们前面讨论的版本之间最关键的区别在于,原始模型包含物质资本。在罗默的版本中,思想蕴含于专有资本而不是中间投入品之中,资本品与劳动共同用于生产最终产品。

引入物质资本并不会改变模型的中心思想,却会使分析变得复杂得多。不过另一方面,这样做有助于考察影响产出在消费和投资之间分配的政策。在罗默的原始模型中,物质资本并不是研发的投入品,提高物质资本投资的政策仅仅只有水平效应,没有增长效应。在资本进入知识生产函数的变种模型中,这样的政策通常都有增长效应。

其次,正如我们反复强调的那样,为了简单起见,我们所考虑的模型版本与线性增长模型有类似的宏观经济学意义。但在下一节中,我们将遇到线性增长模型以及其他完全内生增长模型预测结论的重要反例。因此,琼斯(Jones,1995a)扩展了罗默模型,使知识生产函数中 A 的指数小于 1,这就产生了转移动态,并使分析更加复杂。更重要的是,这样做改变了模型中有关长期增长决定因素的观点。琼斯模型的宏观经济学意义与半内生增长模型有关,其结论是,长期增长仅依赖于人口增长率,而影响投入品在研发与产品生产之间配置的因素,以及影响产出在投资与消费之间分配的因素都只具有水平效应。[1]

最后,在罗默模型中,技术进步表现为生产中投入品种类的增加,而另一种思路则是表现为对现有投入品的改进。格罗斯曼和赫普曼(Grossman and Helpman,1991a)与阿吉翁和豪伊特(Aghion and Howitt,1992)的“质量阶梯”模型就体现了这种思路。在这种模型中,投入品的数量是固定的,而创新则以逐步改进投入品的形式进行。模型的观点之一是,专利持有人收取的价格不仅受限于向下倾斜的既定投入品需求曲线,而且受限于产品生产者转而使用较过时的、低质量的投入品的可能性。

质量阶梯模型对长期增长和收入水平问题提供的答案并不会与品种扩充模型截然不同,但这些模型可以识别出宏观经济中激励创新的一些新的决定因素,从而指明影响长期经济表现的其他因素。

3.6 实证应用:内生增长模型的时间序列检验

研究新增长理论的一个主要目的是想要理解长期增长的变化,因此,这个领域中的早期工作着重于完全内生增长模型,即生产要素的规模报酬不变或者递增的模型,在这些模型中,改变储蓄率以及用于研发的资源可以永久性地改变增长。针

[1] 本节模型的半内生增长形式下对平衡增长路径的分析可参见习题 3.11。

对这些模型，琼斯（Jones，1995b）提出了一个关键问题：增长是否确实如这些模型所预测的那样，随着模型决定因素的改变而变化？

增长率是平稳的吗？

琼斯考虑了两种方法来检验完全内生增长模型的预测结果。其中，第一种方法从观察模型的结论着手。模型预测，参数的改变会永久性地影响增长。例如，在3.3节的模型中，$\beta+\theta=1$ 且 $n=0$ 时，s、a_L 与 a_K 的变化会改变经济的长期增长率。于是，琼斯进一步探讨了人均收入的实际增长率是平稳的还是非平稳的。一般来说，随机变量是平稳的是指其分布不随时间改变。一个简单的例子是，考虑服从下述过程的变量：

$$X_t=\alpha+\rho X_{t-1}+\varepsilon_t, \tag{3.51}$$

其中，ε 是白噪声扰动，即零均值且独立同分布的一系列冲击。如果 $|\rho|<1$，则 X 是平稳的：冲击的影响逐渐减弱，并且对所有 t 来说，X_t 的均值均为 $\alpha/(1-\rho)$。如果 $|\rho|>1$，则 X 是非平稳的：冲击的影响随时间增加，并且对不同 t 值来说，X_t 的整个分布是不同的。

琼斯认为，由于完全内生增长模型意味着长期增长易于变化，从而这类模型所预测的增长率是非平稳的。因此，他考虑了几种稳定性检验。第一种简单的检验是用人均收入增长率对常数项和趋势项做回归，

$$g_t=a+bt+e_t, \tag{3.52}$$

进而检验零假设，$b=0$。第二种检验是增强的迪吉—福勒检验。考虑如下回归形式：

$$\Delta g_t=\mu+\rho g_{t-1}+\alpha_1\Delta g_{t-1}+\alpha_2\Delta g_{t-2}+\cdots+\alpha_n\Delta g_{t-n}+\varepsilon_t. \tag{3.53}$$

如果增长在受到扰动后会回到某个正常水平，则 ρ 为负，否则 ρ 为零。[1]

虽然从直觉上看，尝试讨论平稳性与非平稳性的问题是比较有说服力的，但事实上这并不是检验内生增长模型的恰当方法。这里有两个难点，都与平稳性涉及无限期数据的特征有关。第一，有限的数据量无法反映序列在无限期的行为。例如，假设我们在某些样本中观察到增长的变化具有高度持续性，这虽然与增长发生永久性变化是一致的，但也同样符合增长缓慢恢复到某一状态的观点。换个角度，假设我们观察到某个样本中增长迅速回到某个值，这种发现虽然与平稳性完全一致，但也与增长中的小部分变化是永久性甚至是爆炸性的观点相吻合。

第二，任何经济中的实质性问题都很难由时间序列是否具有平稳性来决定。在增长理论中，即便完全内生增长模型并不能刻画这个世界，增长仍然可能是非平稳的。例如，正确的模型也许是一个半内生增长模型，而同时 n 可能是非平稳的。同样，即便完全内生增长模型正确无疑，但只要决定长期增长的参数是平稳的，增长也可能是平稳的。没有任何重要的经济问题会取决于某些序列的变动到底只是

---

〔1〕 这个检验之所以叫“增强”的迪吉—福勒检验，是因为方程包含 Δg_t 的滞后项。简单的迪吉—福勒检验只关注方程 $g_t=\mu+\rho g_{t-1}+\varepsilon_t$。

持续时间特别长,还是根本就是永久性的。

琼斯检验的结论说明,通过检验稳定性来讨论实质性问题是有风险的。琼斯考察了美国在1880～1987年的人均收入数据,其统计结果似乎能为增长的平稳性提供强有力的证据。增强的迪吉福勒检验较强地拒绝了$\rho=0$的零假设,似乎显示了平稳性。在方程(3.52)中b的t统计量仅为0.1,说明几乎没有理由可以拒绝增长中不存在趋势的零假设。

但是,正如琼斯所指出的那样,这些结果实际上并不能说明增长中是否曾有过经济意义上的重要变动。在(3.52)式中,b的两个标准差的置信区间为(−0.026,0.028)。若b值为0.02,则正好落在置信区间内,这相当于年增长率每10年上升0.2个百分点,从而在琼斯样本的末尾,平均增长将比样本开头高出2个百分点。也就是说,尽管统计结果并不能拒绝增长中不存在趋势的零假设,但它也无法拒绝增长中含有明显趋势的零假设。

直观而言,统计结果告诉我们的并不是增长是否平稳(如前所述,这并不现实,也并不有趣),而是告诉我们增长中存在着十分短暂的变动,相对任何持续性变动来说,这些短暂变动的幅度都比较大。当然,这并不是说持续性变动的经济意义就比较重要。

上述讨论说明的主要问题是:我们应该关注的重点是置信区间及其经济解释,而不是t统计量。t统计量本质上衡量的是数据与某个特定的系数值(比如0)是否一致,但并不能说明数据是否与其他系数值是否一致。t统计量非常小的原因可能是数据与任何离零较远的系数值都不大一致,也可能是因为数据与系数为零以及远离零的系数值都比较一致[如琼斯的估计方程(3.52)]。在后一种情况下,对回归结果的正确解释并不是数据表明相应的解释变量与被解释变量之间没有关系,而是数据并没有包含足够的信息。同样,t统计量非常大也只能说明数据不支持解释变量与被解释变量无关的假设,并不能说明两者的关系在经济意义上的强弱。而不论t统计量是大是小,只要观察置信区间的上界和下界,并思考这些值对于解释变量与被解释变量之间关系大小的意义就可以避免上述问题。[1]

长期增长变动的数量级和相关性

琼斯的第二种检验方法是,考察内生增长模型所识别的增长决定因素与实际增长率之间的关系。他首先考虑了干中学模型(类似3.4节中讨论的$\phi=1$时的模型)。我们知道,那个模型得出了如下关系:

$$\frac{Y(t)}{L(t)}=b\frac{K(t)}{L(t)}, \tag{3.54}$$

[参见方程(3.26)]。这说明人均收入的增长率为:

$$g_{Y/L}(t)=g_K(t)-g_L(t), \tag{3.55}$$

[1] 由于我们在此处关注的是如何解释t统计量和置信区间,上述讨论的假设前提是参数估计是无偏的。然而,这个讨论前提在很多情况下并不成立,我们将在第4.4节以及本章后文继续讨论这个问题。

其中 g_χ 表示χ 的增长率。g_K 由下式给定：

$$\frac{\dot{K}(t)}{K(t)}=\frac{sY(t)}{K(t)}-\delta, \tag{3.56}$$

其中，s 是投资占产出的比例，δ 是折旧率。

琼斯发现，Y/K、δ 与 g_L 都是比较稳定的，而投资率则具有向上的趋势，因此模型所预测的增长具有向上的趋势。此外更重要的是，模型还预测了该趋势的大小。琼斯的研究显示，在大多数主要工业国家，Y/K 约为 0.4，投资对 GDP 的比率每 10 年约上升 1 个百分点，模型预测增长率每 10 年上升 0.4 个百分点。这个数字远远超出上文中所估计的美国经济中增长趋势的置信区间。对于其他主要工业国家，琼斯也报告了类似的发现。

接着琼斯转向讨论强调研发的内生增长模型。这种模型最简单的形式是 3.2 节中 $\gamma=1$ 且 $\theta=1$ 时的模型，即从事研发的工人规模报酬不变，并且新知识的产量与知识存量成比例。在这种情形下，人均收入的增长与从事研发的工人数量成比例。而对于这个模型的合理变种，只要它仍属于完全内生增长模型的范畴，其经济含义就是类似的。

在战后，从事研发的科学家与工程师的数量以及实际研发支出都大致增长了 5 倍，因此根据完全内生增长的研发模型，人均收入的增长率也应该大致增加 5 倍。不言而喻，这种预测与数据非常矛盾。

最后，琼斯观察到，其他某些变量也具有向上的强劲趋势。根据完全内生增长模型那些看似合理的识别结果，这些变量代表了潜在的增长决定因素。有关例子包括，用于人力资本积累的资源，受过高等教育的工人数量，国家间的相互影响程度，以及世界人口数量等。但是，我们仍然没有观察到增长的大幅上升。

因此，琼斯的第二种方法得出了较为清楚的结论，即完全内生增长模型预测增长应该会迅速上升，但实际数据表明在过去的百年中增长并没有任何趋势，模型预测的趋势幅度非常不符合现实。

讨论

对琼斯检验上述结果最简单的解释，也是他本人提出来的解释是，生产要素的规模报酬递减。也就是说，琼斯的结果支持半内生增长模型，而不是完全内生增长模型。

但是，后续的几篇论文讨论了另一种可能性。这些论文仍然假设生产要素的规模报酬不变或者递增，但是增加了一个可以让经济总体扩张不必导致更快增长的渠道。具体而言，他们假设每部门平均研发活动的数量会决定增长，并且部门的数量会随着经济增长而增加。其结果是，尽管人口不断增加，但增长是稳定的。由于生产要素的规模报酬特征，投入研发的资源比例上升将永久性提高增长率，因此模型保持了早期新增长模型解释长期增长变化的能力，却不会得出世界范围的人口增长会导致增长率不断提高的结论[参见佩瑞托(Peretto，1998)；蒂诺珀罗斯和汤姆森(Dinopoulos and Thompson，1998)；以及豪伊特(Howitt，1999)]。

这种观点会遇到三个难题。第一，具有上升趋势的并不仅仅只有人口数量。

琼斯强调的基本事实是,研发份额以及物质资本与人力资本的投资率也在上升。因此,对这些第二代的完全内生增长模型来说,增长没有上升仍然是个谜。第二,琼斯(Jones,1999)和李(Li,2000)指出,为了消除增长的规模效应,这些模型中施加的参数限制比较强,而且似乎有些随意。第三,布鲁姆、琼斯、范瑞能和韦伯(Bloom,Jones,Vam Reenen,and Webb,2017)说明了研发和技术进步的部门层面的数据支持琼斯研究结果的简单解释,而同其他替代模型大多是冲突的。

如果规模报酬递减,则增长不存在趋势就变得比较合理了。在这种情况下,储蓄率或者研发份额的上升仅会导致增长暂时超过正常水平,因此这些变量的不断上升并不会导致增长提高,而只是使得增长超过正常水平的时期延长。这就表明,即便增长是相对稳定的,我们也不能认为美国或者其他主要经济体处于传统意义上的平衡增长路径[参见琼斯(Jones,2002)]。

由于储蓄率和研发份额不可能无限期地持续上升(尽管对于研发份额来说,当前份额非常小,足以按较高速度持续上升较长的时期),所以上述分析的一个推论是,如果没有抵消的力量,则增长一定会在某一点放慢。并且,琼斯(Jones,2002)的计算结果表明,这种放慢将是相当可观的。

3.7 实证应用:公元前100万年以来的人口增长与技术变迁

我们构建内生知识积累模型的目的是,了解现代经济增长的源泉以及当今跨国收入差异如此巨大的原因。然而,克莱默(Kremer,1993)将这些模型应用到了完全不同的场景:他认为这些模型有助于深入理解人口、技术以及收入在整个人类历史上的动态变化。

克莱默注意到,基本上所有的内生知识增长模型都预测技术进步是人口数量的增函数,从而据此着手分析。其推理比较简单:人口越多,就有更多的人取得新发现,从而知识积累就越快。

他接着提出,在几乎整个人类历史上,技术进步的作用主要是促进了人口增长,而不是提高人均产出。从史前时期到工业革命期间,人口规模增加了若干个数量级,但由于工业革命初期的收入并不比维持生存的水平高出多少,人均产出的增长远小于人口的增长。技术进步对人均产出的影响仅仅在近几个世纪才显得比较可观。综合以上这些观察,克莱默得出结论,根据内生技术进步模型可以预测,在人类历史上人口增长率必然上升。

一个简单模型

克莱默的正式模型是前面我们所考虑模型的一个简单变形。最简单的版本包括三个方程。第一,产出依赖于技术、劳动和土地:

$$Y(t)=T^{\alpha}[A(t)L(t)]^{1-\alpha}, \tag{3.57}$$

其中,T 代表固定的土地存量(为了简单起见,模型中省略了资本,而引入土地以保证人口有限)。第二,增加的新知识与人口成比例,并且依赖于知识存量:

$$\dot{A}(t)=BL(t)A(t)^{\theta}. \tag{3.58}$$

第三，人口会不断调节，使得人均产出处于维持生存的水平，用 $\bar{y}$ 表示：

$$\frac{Y(t)}{L(t)}=\bar{y}. \tag{3.59}$$

除了这个确定人口的马尔萨斯假设之外，模型与 3.2 节中 $\gamma=1$ 时的模型类似。

下面我们分两步来求解这个模型。第一步是计算既定时期某一固定土地存量所能维持的人口数量。把产出的表达式(3.57)代入马尔萨斯人口条件(3.59)可得：

$$\frac{T^{\alpha}[A(t)L(t)]^{1-\alpha}}{L(t)}=\bar{y}. \tag{3.60}$$

求解上述条件可得：

$$L(t)=\left(\frac{1}{\bar{y}}\right)^{1/\alpha}A(t)^{(1-\alpha)/\alpha}T. \tag{3.61}$$

这个方程表明，可维持的人口随维持生存的产出水平递减，随技术递增，并且与土地量成比例。

第二步是找到技术和人口的动态变化。由于 $\bar{y}$ 与 T 都是常数，(3.61)式表明 L 的增长率为 $(1-\alpha)/\alpha$ 乘以 A 的增长率：

$$\frac{\dot{L}(t)}{L(t)}=\frac{1-\alpha}{\alpha}\frac{\dot{A}(t)}{A(t)}. \tag{3.62}$$

在 $\theta=1$ 的特殊情形下，知识积累方程(3.58)说明，$\dot{A}(t)/A(t)$ 就是 $BL(t)$。根据(3.62)式可得，人口增长率与人口水平成比例。在一般情形下，根据模型可以证明人口增长率与 $L(t)^{\psi}$ 成比例，其中 $\psi=1-[(1-\theta)\alpha/(1-\alpha)]$。[1] 因此，除非 α 很大，或者 θ 远小于 1(或者两者的结合)，否则人口增长总是随人口数量递增。直观地看，克莱默模型意味着，即便生产新知识时知识存量是规模报酬递减的(即 $\theta<1$)，增长也是不断上升的，因为劳动现在是内生要素。这种内生性表现为，技术进步导致更多的人口，而更多的人口反过来导致进一步的技术进步，而且这种效应极有可能是十分可观的。例如，即使 α 为 1/3，θ 是 1/2 而不是 1，$1-[(1-\theta)\alpha/(1-\alpha)]$ 也会达到 0.75。

结论

克莱默在对模型的预测结果进行检验时，使用了考古学家和人类学家所编制的追溯到公元前 100 万年的人口估测值。图 3.9 展示了人口增长对人口数量的散点图，图中的每个观测值都显示了某个时期期初的人口水平以及该时期的人口年平均增长率，并且我们考虑的时期长度从样本开头的数千年逐渐缩短到样本末尾的十年。这样，由于样本开头所考虑的时期长度非常大，即便早期人口的估测值存

---

〔1〕 为了证明这一点，我们可以对(3.58)式两端同除以 A，得到 $\dot{A}/A$ 的表达式，然后根据(3.60)式用 L 来表示 A，并把结果代入 $\dot{A}/A$ 的表达式。因此根据(3.62)式可以得到，$\dot{L}/L$ 等于一个常数乘以 $L(t)^{\psi}$。

在较大误差也不会影响增长率的估计。

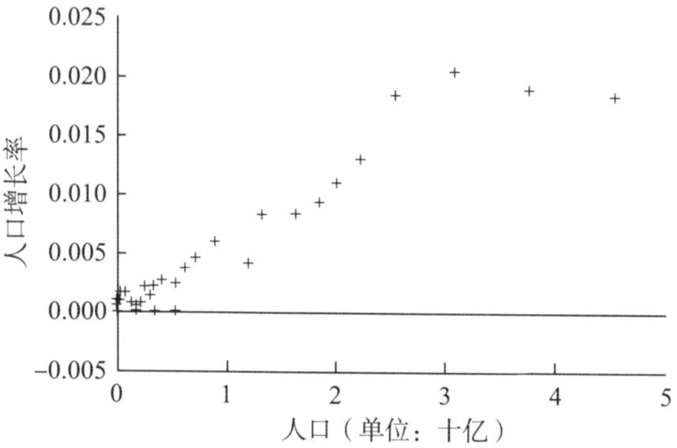

图 3.9　公元前 100 万年到 1990 年的人口数量与增长率[来自克莱默(1993),已授权]

从图 3.9 中可以看出,人口增长与人口水平之间存在较强并且近似线性的正相关关系。我们将增长率对常数项和人口数量(单位为 10 亿)做回归,可得

$$n_t = -0.0023 + 0.524 L_t, \quad R^2 = 0.92, \quad D.W. = 1.10, \tag{3.63}$$
$$(0.0355) \quad (0.026)$$

其中,n 为人口增长率,L 为人口数量,括号中的数字表示标准误差。可见,人口水平与其增长率在统计上存在着十分显著的联系。

如果某些地区与其他地区之间断绝了联系,那么技术进步就不再是世界范围内的广泛现象。根据这一点,克莱默提出了第二种检验内生知识积累理论的办法。从上一个冰河时代末洲际大陆桥的消失,到欧洲探险家的航海出行,亚非欧大陆、美洲、澳洲和塔斯马尼亚岛之间几乎是完全孤立的。克莱默模型意味着,在这些地区分离开来的时候,各地区人口具有相同的技术水平,最初的人口数量必定大致与该地区的土地面积成比例[根据方程(3.61)]。模型预测,在这些地区相互孤立的期间,人口较多的地区技术进步也较快。因此,根据理论推断,在 1500 年左右这些地区之间恢复联系时,面积最大的地区人口密度也应该最高。从直观上看,那些能够使一定地区养活更多人口的发明,例如动物驯养和农业进步,更容易出现在拥有数百万人口的亚非欧大陆,而不是只有几千人的塔斯马尼亚。

数据证实了这一预测。这四个地区的土地面积分别是:亚非欧大陆为 8 400 万平方公里,美洲为 3 800 万平方公里,澳洲为 800 万平方公里,而塔斯马尼亚为 10 万平方公里。这四个地区的人口估计结果表明,其人口密度在 1500 年大约分别是:亚非欧大陆为每平方公里 4.9 人,美洲为每平方公里 0.4 人,而澳洲和塔斯马尼亚均为每平方公里 0.03 人。[1]

讨论

通过对模型的时间序列和横截面数据预测结果的检验,我们能学到什么？首

〔1〕 克莱默认为,由于澳洲大部分是沙漠,因此这些数据实际上低估了澳洲的有效人口密度。他还认为,直接证据表明,澳洲的技术水平比塔斯马尼亚更先进。最后,他还指出,其实还有第五个孤立地区,即位于澳洲和塔斯马尼亚之间的一个 680 平方公里的岛屿——福临德岛,但在公元前 3000 年左右,该岛上的人类完全灭绝了。

先,克莱默的预测主要来源于如下思想:知识存量的增长率随人口量递增,因为发明来自人,而不是自发外生的。这个观点在索洛模型、拉姆塞模型和戴蒙德模型中尽管并不存在,但也并不存在分歧。因此,克莱默的主要定性结论只是证实了一些并不意外的预测结论。

要想讨论数千年间的技术进步和人口增长,我们必须大幅简化模型,因此即便模型能够拟合数据的真实特征,也只不过是巧合罢了。例如,人口增长似乎是与人口数量而不是 $L^{0.75}$ 或者 $L^{0.9}$ 大体上成比例,但我们并没有必要过于看重这个结果。因此,克莱默的证据无法告诉我们方程(3.58)中 θ 的准确值。

可见,克莱默的这些证据的价值并不在于区别不同的增长理论,而在于利用增长理论帮助我们理解人类历史的主要特征。在较长时期内人口数量的动态变化,以及 1500 年之前不同地区的相对技术发展状况都是十分重要的问题,而克莱默的证据表明,新增长理论的思想十分有助于解释这些问题。

较长时期中的人口增长与人均收入增长

如前所述,在几乎整个历史上,技术进步总是导致人口增长而不是较高的平均收入。但在最近几个世纪,情况却并不是这样:现代历史上的巨大技术进步不仅导致了大量的人口增长,还极大地提高了平均收入。

要想解释这个变化,似乎需要考虑人口学上的问题,例如避孕技术的发展,或者技术进步加快时倾向于少生孩子的偏好。但克莱默认为,对于这个问题的解释其实可以简单得多。马尔萨斯式的人口动态变化并不是瞬间完成的,而是在收入水平较低时,人口增长是收入的增函数。也就是说,克莱默认为,与其假设 Y/L 总是等于 $\bar{y}$[方程(3.59)],倒不如假设 $n=n(y)$、$n(\bar{y})=0$ 且在 $\bar{y}$ 附近 $n'(\cdot)>0$ 更加现实。

在上述设定下,当收入上升时,人口增长也上升,从而会导致人均收入下降。因此,当技术进步较为缓慢时,收入不能立即调整并不重要,人口可以迅速调节并使得人均收入非常接近于 $\bar{y}$,这就意味着,收入和人口增长十分缓慢地上升,但技术进步几乎完全反映在更多的人口上而不是较高的平均收入上。克莱默说明了当人口数量较大从而技术进步相对较快时,情况就大不相同。此时,技术进步的大部分效应都会作用在平均收入而不是人口之上。因此,通过对克莱默模型进行一个较小而又比较自然的变形就可以解释人类历史的上述重要特征。

人口学假设的进一步扩展会使模型具有其他方面的意义。证据表明,偏好会使得一旦平均收入足够高,人口增长就会随收入递减。也就是说,当 y 超过某一 y^* 值时,$n(y)$将随 y 递减。做了这样的修改之后,模型的预测结果为,人口增长将在某处达到顶峰,然后转为下降。[1] 这进一步增强了技术进步的效应更多地反映在平均收入而不是人口之上的趋势。而如果当 y 足够大时 $n(y)$为负,则人口本身也会在某一点达到顶峰。在这种情况下,假设 θ 小于或等于 1,则经济将收敛于一

〔1〕 人口并不立即调整,并且在到达某一点之后人口增长随收入递减,这一事实可以用来解释为什么图 3.9 中人口数量和人口增长的关系对最后两个观察值不再成立,即对 1970 年之后的时期不再成立。

条路径,其中技术进步率与人口水平都趋于0。[1]

3.8 知识积累模型与增长理论的核心问题

我们对经济增长的分析主要是为了回答下面两个问题:为什么生活水平会随着时间增长,以及为什么在世界不同地区生活水平会有如此大的差异。因此,人们很自然会问,研发与知识积累模型如何回答这些问题。

研究者最初希望知识积累模型可以对世界范围的增长和跨国收入差距提出统一的解释。毕竟,这些模型为我们尽力想理解的增长率和收入水平的决定因素提供了候选理论。

但是,基于知识积累的差异来解释跨国收入差距会遇到一个根本性问题:知识的非竞争性。如3.4节所强调的,一个生产者使用某种知识不会妨碍别的生产者使用它,让穷国生产者无法使用与富国生产者相同的知识在逻辑上并不成立。如果相关知识是公开可用的,则穷国可以通过让它们的工人或管理者阅读适当的文献来致富。如果相关知识是由民间研发生产的私有知识,则穷国可以通过制定重视外国企业知识产权的方案来致富。通过这种方案,发达国家中拥有私有知识的公司就会在贫穷国家开设工厂,雇用它们的廉价劳动力,并利用私有技术生产产品。其结果是,贫穷国家的边际劳动产出,从而工资会迅速上升到发达国家的水平。

尽管目前在许多贫穷国家,外国企业都对其知识产权的安全缺乏信心,但很难相信这会是导致这些国家贫穷的唯一原因。从近几个世纪的欧洲殖民地到现今的许多国家,我们可以看到很多如下的例子:外国投资者在贫穷国家或地区建立工厂,并且在使用其生产技术时相信当地政治环境是相对稳定的、他们的工厂不会被国有化、他们获得的利润不会被征收高额的税收,然而,我们并没有观察到这些地区的收入迅速达到工业国家的水平。

知识的流动实际上并不是瞬间完成的,人们可能会据此来反对上述观点,但这其实也并不能解决将跨国收入差距归因于知识差距所遇到的难题。如习题3.14要求证明的那样,如果人们相信经济由索洛模型刻画,但并不是所有经济都具有相同的技术,则若要解释当前观察到的收入差距,知识从富国向穷国扩散所需的时滞将极长——长达1个世纪甚至更久。很难相信某些国家比较贫穷的原因是它们不能获得1个世纪之前所取得的技术进步。

人们也可能会根据下述原因提出反对:各国面临的难题不是难以获得先进技术,而是缺乏使用这些技术的能力。但是这种反对意见意味着,生活水平差异的主要来源不是知识或者技术水平的差距,而是来源于让富国可以更好地使用新技术

[1] 利用增长理论来研究人类数百年或者上千年历史的论文还有很多。其中最核心的问题就是我们前面讨论的:人类如何摆脱"人口数量增长使得平均生活水平不变"这个马尔萨斯陷阱?但也有论文研究了更为长期的问题,例如人类如何演化出可以推进技术进步的特性?这类研究通常称为统一增长理论,相关论文包括罗伯逊和卡普兰(Robson and Kaplan,2003),佛依兰德和佛斯(Voigtländer and Voth,2013)以及阿什拉夫和盖勒(Ashraf and Galor,2013)。参见盖勒(2005)的文献综述。

的要素上的差异。因此，要想理解收入差距就需要理解导致这些要素差异的原因。我们将在下一章讨论这个问题。

实际上，知识积累模型更加适用于讨论世界范围的增长。粗略地说，知识的增长似乎是现今产出与生活水平大大高于20世纪的关键原因。在正式的增长核算研究中，工人平均产出在较长时期内的增长大部分都归结于未解释的残差项，这部分可能反映了技术进步。[1] 内生增长研究已经识别出了许多知识积累的决定因素，不仅提出了关于外部性问题的研究工具和深刻见解，还分析了知识积累影响收入水平和增长率的渠道。

当然，我们仍有必要对上述观点进行提炼，以进一步理解哪种类型的知识对增长最为重要，如何对这些知识的重要性进行定量分析，以及哪些因素决定了知识如何积累。例如，假设我们想讨论具体的政策干预(比如对基础科研的政府支持翻倍，或者取消研发的税收减免)，则内生知识积累模型并不能对这些干预如何影响增长路径做出可靠的预测。这些模型能识别出许多有关的作用渠道。因此，尽管这些分析并不尽如人意，但起码方向是正确的。

习　题

3.1　考虑3.2节中$\theta<1$时的模型。

(a) 在平衡增长路径上，$\dot{A}=g_A^* A(t)$，其中g_A^*是平衡增长路径上的g_A值。利用这一事实以及方程(3.6)，试推导平衡增长路径上$A(t)$的表达式，即用B、a_L、γ、θ和$L(t)$来表示$A(t)$。

(b) 利用(a)小题的答案以及生产函数(3.5)式，推导平衡增长路径上$Y(t)$的表达式。找出使平衡增长路径上的产出最大化的a_L值。

3.2　考虑两个由$Y_i(t)=K_i(t)^\theta$和$\dot{K}_i(t)=s_i Y_i(t)$刻画的经济(其中$i=1,2$，$\theta>1$)。假定两个经济具有相同的初始K值，但$s_1>s_2$。证明Y_1/Y_2会持续增加。

3.3　考虑3.3节中所分析的经济。假设$\theta+\beta<1$且$n>0$，并且经济处于平衡增长路径。描述下述各种变化如何影响$\dot{g}_A=0$线和$\dot{g}_K=0$线，以及当变化发生时经济在(g_A,g_K)空间所处的位置。

(a) n增加。

(b) a_K增加。

(c) θ增加。

3.4　考虑3.3节中描述的经济，假设$\beta+\theta<1$且$n>0$。假设经济最初处于平衡增长路径，然后s永久性地上升。

(a) 如果这些变化会有影响，那么将会如何影响$\dot{g}_A=0$线以及$\dot{g}_K=0$线？当变化发生时，经济在(g_A,g_K)空间所处的位置又会受到怎样的影响？

(b) s上升后，g_A和g_K如何动态变化？试刻画工人平均产出对数值的路径。

---

[1] 并且，如1.7节与习题1.15所示，由于只考虑增长的直接决定因素，增长核算低估了残差项的重要性。

(c) 试从直观上比较 s 上升在本模型中的影响与在索洛模型中的影响。

3.5 考虑 3.3 节中 $\beta+\theta=1$ 且 $n=0$ 时的模型。

(a) 利用(3.14)与(3.16)式,找出使得 g_K 与 g_A 相等的 A/K 值。

(b) 利用(a)小题中的结果,找出 $g_K=g_A$ 时 A 与 K 的增长率。

(c) s 上升会如何影响经济的长期增长率?

(d) 什么样的 a_K 值会最大化经济的长期增长率? 直观上看,这个值为什么不会随研发部门中资本的重要性 β 递增?

3.6 考虑 3.3 节中 $\beta+\theta>1$ 且 $n>0$ 时的模型。

(a) 画出这种情形下的相图。

(b) 证明,不论经济的初始条件如何,A 和 K 的增长率(从而 Y 的增长率)最终都将持续增加。

(c) 在 $\beta+\theta=1$,$n>0$ 的情形下重做(a)小题和(b)小题。

3.7 **干中学。**假设产出由方程(3.22),即 $Y(t)=K(t)^{\alpha}[A(t)L(t)]^{1-\alpha}$ 给定;L 等于 1 并且固定不变;$\dot{K}(t)=sY(t)$;并且知识积累是产品生产过程的副产品:$\dot{A}(t)=BY(t)$。

(a) 用 $A(t)$、$K(t)$和模型参数来表示 $g_A(t)$和 $g_K(t)$。

(b) 在(g_A,g_K)空间中画出 $\dot{g}_A=0$ 线和 $\dot{g}_K=0$ 线。

(c) 经济是否会收敛于一个平衡增长路径? 如果是,那么在平衡增长路径上,K、A 和 Y 的增长率分别是多少?

(d) s 上升将会如何影响长期增长?

3.8 考虑 3.5 节中的模型。但是,假设家庭具有常相对风险规避效用,其相对风险规避系数为 θ。找出研发部门的均衡劳动数量,L_A。

3.9 假设政策制定者意识到垄断势力会导致市场扭曲,因此对罗默模型中专利持有人的投入品定价施加控制。具体而言,假设政府要求专利持有人的要价为 $\delta w(t)/\phi$,其中 δ 满足 $\phi\leqslant\delta\leqslant 1$。

(a) 把均衡的经济增长率表示为 δ 和其他模型参数的函数。δ 减小会提高还是降低均衡的经济增长率,或是没有影响,又或者无法解释?

(b) 从直观上解释为什么设定 $\delta=\phi$,即要求专利持有人按边际成本定价,从而消除垄断的扭曲作用,并不会最大化社会福利。

3.10 (a) 证明(3.47)可以推出(3.48)。

(b) 推导(3.49)。

3.11 罗默模型的半内生增长形式下的平衡增长路径。[本题来自琼斯(Jones,1995a)。]考虑对第 3.5 节中对模型进行两方面的改动。第一,采用第 3.2 节中的情形 1:$\dot{A}(t)=BL_A(t)A(t)^{\theta}$,其中 $\theta<1$,即现有知识对新知识生产的贡献不成比例。第二,人口不再保持不变,而是按速度 n 增长:$L(t)=L(0)e^{nt}$,其中 $n>0$。假设效用函数由方程(2.2)给出,并且 $u(\cdot)$为对数函数。第 3.2 节的分析表明,这个模型并不会总是处于平衡增长路径上,而是会出现转移动态。本题要求你着重分析模型在平衡增长路径上的性质,不必讨论整个转移动态。具体地说,本题讨论的情形是,研发使用的劳动比例 a_L 保持不变,并且模型中所有变量均按固定速率增长。(注意:你也可以直接假设而不是通过推导得出工资和人均消费在平衡增长路径上的增速与 Y/L 的增速相等。)

(a)在平衡增长路径上,Y、Y/L 和 r 的增速分别是多少?用平衡增长路径上 A 的增速以及模型参数表示。

(b)在平衡增长路径上,在时刻 t 发现新知识的利润的现值是多少?用 $L(t)$、$A(t)$、$w(t)$和外生参数表示。

(c)在平衡增长路径上,$\dot{A}(t)/A(t)$是多少?用 a_L 和外生参数表示。$L(t)A(t)^{\theta-1}$ 是多少?(提示:考虑方程(3.6)和(3.7)在 $\gamma=1$ 时的情形。)

(d)平衡增长路径上的 a_L 是多少?

(e)讨论 ρ、B、ϕ、n 以及 θ 这些参数的变化分别如何影响平衡增长路径上的 a_L。ρ、B 和 ϕ 对 a_L 的影响与第 3.5 节的模型中对 L_A 的影响是否方向相同?

3.12 具有微观经济学基础的干中学。考虑方程(3.22)～(3.25)中模型的一个变形。假设厂商 i 的产出为 $Y_i(t)=K_i(t)^\alpha[A(t)L_i(t)]^{1-\alpha}$,并且 $A(t)=BK(t)$。其中,K_i 与 L_i 分别为厂商 i 使用的资本和劳动,K 为总资本存量。资本和劳动均获得其私有边际产出。如 3.5 节中的模型所示,经济中的家庭具有无限生命,并且拥有经济的初始资本存量。代表性家庭的效用函数采用方程(2.2)～(2.3)中的常相对风险规避效用形式。人口增长率为零。

(a) (i) 把厂商 i 的资本和劳动的私有边际产出表示为 $K_i(t)$、$L_i(t)$、$K(t)$以及其他参数的函数。

(ii) 解释为什么所有厂商的资本劳动比都是相同的,从而对所有 i,都存在 $K_i(t)/L_i(t)=K(t)/L(t)$。

(iii) 把 $w(t)$和 $r(t)$表示为 $K(t)$、L 和其他模型参数的函数。

(b) 均衡时消费增长率应该为多少?[提示:考虑方程(2.22)。]为简单起见,假设参数值使得增长率严格为正并小于利率。试解释为什么产出的均衡增长率等于消费的均衡增长率。

(c) 描述下述变化如何影响长期增长:

(i) B 上升。

(ii) ρ 上升。

(iii) L 上升。

(d) 均衡增长率大于、小于还是等于社会最优增长率,或者无法解释?

3.13 [本题取自瑞贝罗(Rebelo,1991)。]假设经济中有两个部门,一个生产消费品,一个生产资本品,并且有两个生产要素:资本和土地。资本可用于两个部门,而土地只能用于生产消费品。具体而言,生产函数分别为 $C(t)=K_C(t)^\alpha T^{1-\alpha}$ 和 $\dot{K}(t)=BK_K(t)$,其中 K_C 和 K_K 分别是两个部门所用的资本[因此 $K_C(t)+K_K(t)=K(t)$],T 表示土地数量,$0<\alpha<1$ 且 $B>0$。生产要素的报酬为其边际产出,资本可以自由地在两个部门之间流动。为简单起见,T 标准化为 1。

(a) 令 $P_K(t)$表示在时刻 t 资本品相对消费品的价格。根据两个部门用消费品表示的资本所得必须相等,推导 $P_K(t)$,$K_C(t)$与参数 α、β 之间的关系。如果 K_C 的增长率为 $G_K(t)$,则 P_K 增长(或减少)的速率为多少?用 $g_P(t)$表示这个增长率。

(b) 用消费品表示的实际利率为 $B+g_P(t)$。[1] 因此,假设家庭具有标准的效用函数(2.22~2.23),则消费增长率应为 $(B+g_P-\rho)/\theta\equiv g_C$。假设 $\rho<B$。

(i) 根据(a)小题中的结果,试用 $g_K(t)$ 而不是 $g_P(t)$ 来表示 $g_C(t)$。

(ii) 给定消费品的生产函数,若要 C 按速率 $g_C(t)$ 增长,则 K_C 的增长率应为多少?

(iii) 结合(i)小题与(ii)小题的答案,用模型参数表示 $g_K(t)$ 和 $g_C(t)$。

(c) 假设投资收入的税率为 τ,因此家庭面临的实际利率为 $(1-\tau)(B+g_P)$。τ 会如何影响消费的均衡增长率?

3.14 知识向穷国的传播滞后。

(a) 假设世界由北方和南方两个地区组成。北方由 $Y_N(t)=A_N(t)(1-a_L)L_N$ 与 $\dot{A}_N(t)=a_L L_N A_N(t)$ 刻画。南方不进行研发,仅仅简单地使用北方开发的技术;但是,南方使用的技术比北方滞后 τ 年。因此,$Y_S(t)=A_S(t)L_S$ 并且 $A_S(t)=A_N(t-\tau)$。如果北方工人平均产出的增长率为每年 3%,并且 a_L 接近 0,则要使北方的工人平均产出达到南方的 10 倍,τ 应为多少?

(b) 假设北方和南方均由索洛模型刻画,生产函数是 $y_i(t)=f(k_i(t))$,其中 $y_i(t)\equiv Y_i(t)/[A_i(t)L_i(t)]$ 并且 $k_i(t)\equiv K_i(t)/[A_i(t)L_i(t)]$,$(i=N,S)$。与索洛模型相同,假设 $\dot{K}_i(t)=sY_i(t)-\delta K_i(t)$ 并且 $\dot{L}_i(t)=nL_i(t)$;假设两个国家具有相同的储蓄率和人口增长率。最后,$\dot{A}_N(t)=gA_N(t)$ 并且 $A_S(t)=A_N(t-\tau)$。

(i) 证明两个国家在平衡增长路径上的 k 值(k^* 对两个国家都相等)。

(ii) 引入资本是否会改变(a)小题中的答案?请解释。(继续假设 $g=3\%$。)

3.15 以下长期产出对储蓄率的回归结果中,哪一个最能说明储蓄率的差异对跨国收入差距并不重要?(1)点估计值为 5,标准误为 2;(2)点估计值为 0.1,标准误为 0.01;(1)点估计值为 0.001,标准误为 5;(1)点估计值为 −2,标准误为 5;解释你的答案。(提示:参见第 3.6 节中关于置信区间和 t 统计量的讨论。)

[1] 为了理解这一点,我们需要注意到,投资部门的资本按照速率 B 生产新资本,并且其相对于消费品的值按照速率 g_P 变化。(由于两个部门的资本收益相同,消费品部门的资本也应该如此。)

4 跨国收入差距

在前三章中，我们的中心目标之一就是理解世界范围内人均收入的巨大差异，但到目前为止仍没有太大进展。索洛模型的一个关键结论是，如果收入中物质资本所占份额可以合理地反映生产中资本的重要性，则资本的差异就无法解释跨国收入差距。拉姆塞—卡斯—库普曼斯模型与戴蒙德模型也有类似的含义。内生增长模型的一个关键含义是，由于技术是非竞争性的，技术上的差异对跨国收入差距来说并不重要。

抛开这些负面结论，本章试图从正面来探讨跨国收入差距的原因。实际上，有关跨国收入差距的研究非常活跃，相关的实证研究也远远超出前面几章所讨论的内容。这些研究主要分为两类。第一类着重于研究收入的直接决定因素。也就是说，这类研究所考虑的因素能明确地直接影响收入，如物质资本和人力资本的数量。其研究方法通常采用类似于 1.7 节中讨论过的增长核算方法：要素的边际产出可以用市场价格进行估算，将边际产出的估计与要素数量差额的估计相结合，就可以估计出收入差距中由要素所贡献的部分。

这类研究的优势在于人们对获得的结论通常会比较有信心，而缺点是研究只考虑了收入的直接决定因素。因此，第二类关于跨国收入差距的研究试图在此基础上进一步考虑收入的潜在决定因素。目前，研究者已经考察了政治制度、地理以及宗教等因素。然而，核算方法很难用于测算这些因素对收入的影响，于是，研究者不得不使用各种统计技术来试图估计这些影响。结果，深入研究的代价是增加了所得结论的不确定性。

除物质资本外，另一个决定一国收入的直接因素就是人力资本。因此，第 4.1 节通过引入人力资本扩展了增长模型，从而奠定了核算方法的框架基础。第 4.2 节进一步发展了核算方法，将收入差距分解为物质资本、人力资本以及既定资本数量可得产出这三部分的贡献。我们将发现，物质资本差异对收入差距几乎没有影响，人力资本差异有一定影响，而既定资本存量可得产出的差异则可以解释大多数跨国收入差距。

第 4.3～4.5 节将介绍几种更为深入的研究，并探讨平均收入的上述决定因素之间存在差异的原因。第 4.3 节引入了社会基础结构，讨论决定资源如何在提高总产出的活动与再分配总产出的活动之间配置的制度或者政策。第 4.4 节考察了社会基础结构的重要性及有关证据。第 4.5 节介绍相关的前沿研究,从三个方向扩展了社会基础结构的分析。第一,社会基础结构中哪一种具体因素可能会特别重要?第二,我们能否进一步深入讨论社会基础结构的决定因素?第三,是否有不属于社会基础结构但对于跨国收入差距比较重要的因素?

最后,第 4.6 节讨论我们的分析可以如何帮助理解跨国收入增长的差距,而不仅仅是跨国收入水平的差距。

4.1 在索洛模型中引入人力资本

本节建立了一个不仅包含物质资本,还包含人力资本的增长模型。[1] 由于本模型并不打算解释世界范围的增长,所以按照索洛模型、拉姆塞模型和戴蒙德模型的设定,本模型把世界范围内的技术进步看作是外生的。另外,我们的最终目的是针对跨国收入差距进行数量分析。因此,模型假设了柯布—道格拉斯生产函数,这使得模型易于处理并且便于进行数量分析。为了便于进行数量分析,我们还需要进行另一个简化的设定,即根据索洛模型的思想把储蓄率和人力资本积累的资源配置看作外生的。这可以让我们把模型与可观测的资本积累而不是不可观测的偏好联系在一起。

假设

首先,模型设定为连续时间。在时刻 t 的产出为:

$$Y(t)=K(t)^{\alpha}[A(t)H(t)]^{1-\alpha}. \tag{4.1}$$

其中 Y、K 和 A 均与索洛模型相同:Y 为产出,K 为资本,而 A 为劳动效率。H 表示工人提供的生产服务总量,也就是说,它表示不同技术水平的工人对生产做出的总贡献。因此,H 不仅包含了原始劳动(即经济个体的技术禀赋)的贡献,也包含了人力资本(即习得技术)的贡献。

本模型中 K 和 A 的动态变化与索洛模型相同。产出中有一个外生的比例 s 用于储蓄,而且资本按照外生的速率 δ 进行折旧,因此:

$$\dot{K}(t)=sY(t)-\delta K(t). \tag{4.2}$$

劳动效率按照外生速率 g 增长:

$$\dot{A}(t)=gA(t). \tag{4.3}$$

建立本模型的一个基础是关于人力资本数量如何决定的假设。人力资本的积累不仅依赖于用于人力资本积累的既定资源数量所能生产的人力资本(即人力资本的生产函数),还依赖于投入到人力资本积累的资源数量。模型假设,每个工人的人力资本仅依赖于他/她的受教育年限,这等价于假设人力资本生产函数中的唯一投入品是学习时间。在下一节,我们将简短地讨论当物质资本和现有工人的人

[1] 琼斯和佛拉斯(Jones and Vollrath,2013 第 3 章)讲到一个类似的模型。

力资本均为人力资本生产函数中的投入品时将会发生什么情况。对于投入到人力资本生产的资源数量,本模型的处理与物质资本类似,即把配置到人力资本积累的资源也看作是外生的。为了进一步简化分析,模型还假设每个工人均受到同等的教育,并且我们将着重讨论受教育年限不随时间改变的情形。

因此,我们假设人力资本数量 H 由下式给定:

$$H(t)=L(t)G(E), \tag{4.4}$$

其中,L 为工人数量,$G(\cdot)$表示工人平均人力资本对工人平均受教育年限的函数。[1] 与前几章一样,假设工人数量按外生速率 n 增长:

$$\dot{L}(t)=nL(t). \tag{4.5}$$

比较合理的假设是,工人的受教育程度越高,其拥有的人力资本就越多,即假设 $G'(\cdot)>0$。但我们没有理由要求 $G''(\cdot)<0$,因为经济个体获得人力资本后,他们获得更多人力资本的能力可能会增强。换句话说,最初几年的教育主要是帮助人们掌握基本的工具,如阅读、技术和跟从指令的能力,这些工具本身并不能让经济个体对产出做出多少贡献,但是对于获得更多人力资本却至关重要。

微观经济学的证据表明,每增加一年的教育都能使经济个体的工资增加大约相同的比例。如果工资反映了经济个体所提供的劳动服务,这就意味着 $G'(\cdot)$确实是递增的。具体而言,这意味着 $G(\cdot)$的函数形式如下:

$$G(E)=e^{\phi E},\quad \phi>0, \tag{4.6}$$

这里我们已经将 $G(0)$标准化为 1。但是,在后面的大多数分析中我们不会用到这个函数形式。

模型分析

本模型的动态特征与索洛模型完全类似。为了理解这一点,最简单的办法是令 k 表示单位有效劳动所服务的平均物质资本:$k=K/[AG(E)L]$。根据第 1.3 节中类似的分析可以得出,这里 k 的动态变化与索洛模型中完全相同。也就是说:

$$\begin{aligned}\dot{k}(t)&=sf(k(t))-(n+g+\delta)k(t)\\&=sk(t)^{\alpha}-(n+g+\delta)k(t).\end{aligned} \tag{4.7}$$

在第一行中,$f(\cdot)$表示生产函数的紧凑形式(见第 1.2 节),而第二行则利用了柯布—道格拉斯生产函数的条件。

与索洛模型一样,k 会收敛于 $\dot{k}=0$ 的点。根据(4.7)式,这个 k 值为$[s/(n+g+\delta)]^{1/(1-\alpha)}$,我们用 k^* 来表示。我们知道,一旦 k 达到 k^*,则经济会处于平衡增长路径,且工人平均产出的增长率为 g。

上述分析表明,本模型中储蓄率变化的定量效应和定性效应都与索洛模型相同。由于 k 的运动方程与索洛模型中相同,因此 s 的变化对 k 的路径的影响与索

[1] 表达式(4.4)表明,在总劳动服务中,$LG(0)$是原始劳动的贡献,$L[G(E)-G(0)]$是人力资本的贡献。如果 $G(0)$远小于 $G(E)$,则几乎所有的劳动服务均来源于人力资本。

洛模型中的影响也是相同的。由于单位有效劳动所服务的平均产出 y 由 k 决定，s 变化对 y 的路径的影响也相同。最后，由于工人平均产出等于单位有效劳动所服务的平均产出 y 乘以工人平均有效劳动服务 $AG(E)$，即 $Y/L=AG(E)y$，而其中 $AG(E)$ 的路径不受储蓄率变化的影响[A 按外生速率 g 增长，而 $G(E)$ 固定不变]，所以 s 的变化对工人平均产出的路径的影响完全由其对 y 的路径的影响决定，也就是说，与索罗模型中的影响相同。

我们也可以描述工人平均受教育年限 E 上升的长期影响。由于 E 并不进入 $\dot{K}$ 的方程，所以 k 的平衡增长路径值不会变化，进而 y 的平衡增长路径值也不会变化。由于 Y/L 等于 $AG(E)y$，所以 E 上升会提高平衡增长路径上的工人平均产出，而且其提高的比例与 $G(E)$ 提高的比例相同。

本模型对跨国收入差距这一问题的回答有两方面贡献。第一，它识别出了另一个收入差距的潜在来源：收入差距不仅可以来自物质资本的差异，也可能来自人力资本的差异。第二，它表明加入人力资本并不会改变索洛模型中关于物质资本积累效应的结论。也就是说，储蓄率变化在本模型中的影响与索洛模型并无二致。

学生与工人

到目前为止，我们始终着眼于对工人平均产出的分析。在储蓄率改变的情形下，人均产出与工人平均产出的变动情况是一样的。但是，如果经济个体改变其在学校的学习时间，则工作人口的比例也会发生变化。在这种情况下，人均产出和工人平均产出的变动情况就不再相同。

为了进一步理解这一点，我们需要更多人口学方面的假设。最自然的一个假设是，每个经济个体的寿命相同，均为 T，并且把生命中的最初 E 年用于学校教育，而把余下的 $T-E$ 年用于工作。另外，为了使总人口按照速率 n 增长，并且使年龄分布形状良好，我们假设单位时间内出生的人口数量也按照速率 n 增长。

根据这些假设，在时刻 t 的总人口就等于时刻 $t-T$ 到时刻 t 之间出生人口的总和。因此，使用 $N(t)$ 表示时刻 t 的总人口，$B(t)$ 表示时刻 t 出生的人口，得到：

$$\begin{aligned} N(t) &= \int_{\tau=0}^{T} B(t-\tau)d\tau \\ &= \int_{\tau=0}^{T} B(t)e^{-n\tau}d\tau \\ &= \frac{1-e^{-nT}}{n}B(t), \end{aligned} \tag{4.8}$$

其中，第二行利用了“单位时间内出生的人口数量按速率 n 递增”这一假设。

类似地，时刻 t 的工人数量等于未留在学校接受教育的经济个体数量，即等于时刻 $t-T$ 到时刻 $t-E$ 之间出生的人口数量。

$$\begin{aligned} L(t) &= \int_{\tau=E}^{T} B(t-\tau)d\tau \\ &= \int_{\tau=E}^{T} B(t)e^{-n\tau}d\tau \\ &= \frac{e^{-nE}-e^{-nT}}{n}B(t). \end{aligned} \tag{4.9}$$

将表达式(4.8)与(4.9)结合起来即可得到工人数量与总人口的比例：

$$\frac{L(t)}{N(t)}=\frac{e^{-nE}-e^{-nT}}{1-e^{-nT}}. \tag{4.10}$$

现在我们可以找出平衡增长路径上的人均产出(不是工人平均产出)。人均产出等于每单位有效劳动服务的平均产出 y 乘以每人平均提供的有效劳动服务数量,而每人提供的平均有效劳动服务数量等于工人提供的平均数量 $A(t)G(E)$ 乘以人口中工人所占的比例,即$(e^{-nE}-e^{-nT})/(1-e^{-nT})$。因此,

$$\left(\frac{Y}{N}\right)^{*}=y^{*}A(t)G(E)\frac{e^{-nE}-e^{-nT}}{1-e^{-nT}}, \tag{4.11}$$

其中 y^{*} 等于 $f(k^{*})$,即平衡增长路径上每单位有效劳动服务的平均产出。

根据前面的分析可知,E 的变化不会影响 y^{*},并且 A 的路径是外生的。因此,我们的分析表明,受教育程度 E 的变化会改变平衡增长路径上的人均产出,而且改变的比例与 $G(E)[(e^{-nE}-e^{-nT})/(1-e^{-nT})]$改变的比例相同。因此,受教育程度的上升对人均产出有两大影响。第一,每个工人的人力资本均增加,即 $G(E)$ 项上升。第二,人口中的工人比例下降,即$(e^{-nE}-e^{-nT})/(1-e^{-nT})$项下降。可见,在长期中,$E$ 上升既可能提高人均产出,也可能降低人均产出。[1]

当 E 上升时,经济会如何收敛到其新的平衡增长路径呢?在短期内,E 上升会减少产出,但其向新平衡增长路径的调整是比较缓慢的。为了理解这一点,我们可以考虑一个处于平衡增长路径上的经济,且 $E=E_0$,然后假设在某一时间点 t_0 之后,每个新出生的人都接受 E_1($E_1>E_0$)年的教育。这个改变首先会影响时刻 t_0+E_0 的经济。从时刻 t_0+E_0 到时刻 t_0+E_1,每个已经工作的人的受教育年限仍为 E_0,但一部分本来在 E 未上升的情况下将开始工作的人却会继续留在学校,这些受教育程度较高的人群将会在时刻 t_0+E_1 转为劳动人口。直到时刻 t_0+T,劳动人口的平均受教育水平才会达到其新的平衡增长路径值,并且即使到那时,为了适应有效劳动路径的变化,物质资本存量的路径仍然需要调整,因此向新平衡增长路径的调整仍然没有完成。

从上述结论可以发现,本模型中增加受教育年限对人均产出路径的影响就类似于索洛模型中增加储蓄率对人均消费的影响。在这两种情形下,资源的变动都会导致感兴趣的变量(在本模型中是人均产出,在索洛模型中是人均消费)在短期内下降。在这两种情况下,长期效应都是不明确的。

4.2 实证应用:解释跨国收入差距

从核算的角度研究收入差距的核心目标是,把收入差距分解为物质资本的贡献、人力资本的贡献,以及其他因素的贡献。这种分解可以帮助我们深入理解跨国收入差距。例如,如果我们发现人力资本积累的差异可以解释大部分跨国收入差

〔1〕关于本模型中"黄金律"水平的分析可参见习题4.1。

距,那就说明为了理解收入差距,我们应该着重考虑影响人力资本积累的因素。

从核算角度将收入差距进行分解的两个最重要的例子分别是霍尔和琼斯(Hall and Jones,1999)以及克莱诺和罗德里吉斯—克莱尔(Klenow and Rodríguez-Clare,1997)。这些学者首先测算了物质资本和人力资本积累的差异,然后使用了类似于上一节的分析框架估计出这些差异对于收入差距的定量重要性,最后把残差项用于测算其他因素的影响。

步骤

与上一节类似,霍尔和琼斯(1999)以及克莱诺和罗德里吉斯—克莱尔(1997)也是从如下假设着手开始分析:一个国家的产出是物质资本和有效劳动服务的柯布—道格拉斯函数,即:

$$Y_i = K_i^{\alpha}(A_i H_i)^{1-\alpha}, \tag{4.12}$$

其中 i 代表国家。由于 A 的贡献通过残差项计算,因此它不仅反映了技术和知识,还反映了既定物质资本和劳动服务下决定产出的其他所有因素。

对(4.12)式两边同除以工人数量 L_i,并取对数可得:

$$\ln\frac{Y_i}{L_i} = \alpha\ln\frac{K_i}{L_i} + (1-\alpha)\ln\frac{H_i}{L_i} + (1-\alpha)\ln A_i. \tag{4.13}$$

这些研究的基本思想与跨期增长核算相同,都是直接测算上式中除 A_i 之外的所有项,然后把 A_i 项看作残差进行计算。因此(4.13)式可以用于把工人平均产出的差异分解为工人平均物质资本、工人平均劳动服务以及其他因素的贡献。

但是,克莱诺和罗德里吉斯—克莱尔以及霍尔和琼斯通过观察发现,这种分解可能并不是最有意义的核算方法。例如,假设 A 上升,而储蓄率或者工人平均受教育年限均保持不变,则由此导致的较高产出会提高物质资本数量(因为本例的前提是储蓄率不变)。当该国达到新的平衡增长路径时,物质资本和产出提高的比例与 A 上升的比例相同。在这种情况下,(4.13)式中的分解会把 A 上升所引起的工人平均产出长期增长中比例为 α 的部分归结于工人平均物质资本的贡献。由于 A 上升是工人平均产出增长的根本原因,更有意义的分解应该是将产出的所有增长归结为残差项的贡献。

为了解决这个问题,克莱诺和罗德里吉斯—克莱尔以及霍尔和琼斯按照戴维(David,1977)的方法,在(4.13)式两边同时减去 $\alpha\ln(Y_i/L_i)$,从而得到:

$$\begin{aligned}(1-\alpha)\ln\frac{Y_i}{L_i} &= \left[\alpha\ln\frac{K_i}{L_i} - \alpha\ln\frac{Y_i}{L_i}\right] + (1-\alpha)\ln\frac{H_i}{L_i} + (1-\alpha)\ln A_i \\ &= \alpha\ln\frac{K_i}{Y_i} + (1-\alpha)\ln\frac{H_i}{L_i} + (1-\alpha)\ln A_i.\end{aligned} \tag{4.14}$$

将上式两边同除以 $1-\alpha$ 可得:

$$\ln\frac{Y_i}{L_i} = \frac{\alpha}{1-\alpha}\ln\frac{K_i}{Y_i} + \ln\frac{H_i}{L_i} + \ln A_i. \tag{4.15}$$

方程(4.15)把工人平均产出分解为物质资本密度(即资本—产出比 K/Y),工人平均劳动服务以及残差项这三部分。这种分解实际上并没有比(4.13)式更加高明,因为两者都来源于对生产函数(4.12)的推导和演绎。不过,就我们的目的来说,(4.15)式更有助于深入理解前面的问题,即它将工人平均劳动服务和残差项的变化所产生的长期影响完全归因于这些变量本身。

数据与基本结论

产出和工人数量的数据可以在佩恩世界表中找到。霍尔和琼斯以及克莱诺和罗德里吉斯—克莱尔使用了从佩恩世界表中的投资数据以及关于初始存量和折旧率的合理假设估计了物质资本存量。收入份额的相关数据表明,生产函数中的物质资本份额 α 在几乎所有国家均约等于 1/3(格林[Gollin,2002)]。

在数据方面,最难的部分就在于估计劳动服务存量 H。对此,霍尔和琼斯采用的方法最为简单,他们仅考虑了受教育年限。具体而言,他们假设 H_i 的形式为 $e^{\phi(E_i)}L_i$,其中 E_i 表示国家 i 中工人的平均受教育年限,并且 $\phi(\bullet)$是增函数。在上一节中,我们考虑了 $\phi(\bullet)$为线性函数的情形:$\phi(E)=\phi E$。但是,霍和琼斯认为,微观经济学的相关证据表明,随着受教育年限上升,增加一年学校教育所能提高的收入比例会下降。根据这种证据,他们假设 $\phi(E)$是分段线性函数,即当 E 低于 4 年时,斜率为 0.134;当 E 在 4~8 年时,斜率为 0.101;而当 E 高于 8 年时,斜率为 0.068。

有了这些数据和假设之后,霍尔和琼斯使用表达式(4.15)来估计各国物质资本密度,受教育年限,以及残差项对工人平均产出的贡献。通过比较样本中最富有的五个国家和最贫穷的五个国家,他们得到了如下结果:富国的工人平均产出高达穷国平均产出的 31.7 倍;对数化后,这个差距为 3.5,其中$[\alpha/(1-\alpha)]\ln(K/Y)$的平均差距为 0.6,$\ln(H/L)$的差距为 0.8,而 $\ln A$ 的差距为 2.1。也就是说,他们发现,最富国家与最穷国家之间的差距仅有约 1/6 是来自于物质资本密度的差异,而有不到 1/4 是来自于受教育年限的差异。克莱诺和罗德里吉斯—克莱尔使用的假设略有不同,但所得结果类似。

霍尔和琼斯以及克莱诺和罗德里吉斯—克莱尔所做分解的另一个发现是,物质资本、受教育年限以及残差项的贡献之间并不是相互独立的。例如,霍尔和琼斯发现,在他们所估计的各国中,$\ln(H_i/L_i)$和 $\ln A_i$ 之间存在较强的相关性($\rho=0.52$),$[\alpha/(1-\alpha)]\ln(K_i/L_i)$与 $\ln A_i$ 之间存在中度的相关性($\rho=0.25$),而两个资本项之间也存在较强的相关性($\rho=0.60$)。

深入讨论人力资本

霍尔和琼斯以及克莱诺和罗德里吉斯—克莱尔所做的分解已经被很多学者通过许多方式进行了推广。并且在多数情况下,这些推广都表明,人力资本差异比物质资本的差异更加重要,而残差项的重要性在这些研究中大体相同。[1]

---

〔1〕 增长核算方法除了用于研究跨国收入差距分解之外,也被用于研究许多其他相关问题。例如,第1.7 节中,增长核算被用于估计投入要素的错配如何影响各国的生产率,也就是相当于测算霍尔和琼斯以及克莱诺和罗德里吉斯—克莱尔的三因素分解中残差项出现差异的根源。有关增长核算方法更广泛的讨论可参见卡瑟利(Caselli,2005)以及谢和克莱诺(Hsieh and Klenow,2010)。

许多推广都涉及了人力资本的作用。霍尔和琼斯的计算忽略了除受教育年限之外的所有其他人力资本差异,但实际上人力资本的变化有许多其他来源。学校质量、在岗培训、非正式获取的人力资本、家教,甚至胎儿护理在各国之间的差异都十分明显,由此导致的人力资本差异也可能非常大。

要想把人力资本在质量上的差异引入分析,一种办法是继续使用方程(4.15)中的分解,但采用更加复杂的形式来测算人力资本。从总体上比较各国工人人力资本差异的一个较为合理的方法是,比较他们在同一个劳动市场上可以获得的工资。由于美国有来自许多国家的移民,通过考察来自不同国家的移民所获得的工资就可以实现上述方法。当然,这种方法还存在许多难点。例如,这些移民并不是从他们各自的祖国随机选择的,这些移民的某些特征(例如英语的流利程度)可能会影响他们在美国的收入,但却不会影响他们在各自祖国的收入。尽管如此,研究移民的工资仍然可以对人力资本是否存在巨大差异提供重要的信息。

克莱诺和罗德里吉斯—克莱尔的研究就部分体现了上述思想,而亨德里克(Hendricks,2002)、谢尔曼(Schoellman,2012)以及亨德里克和谢尔曼(Hendricks and Schoellman,2017)更全面地运用了上述思想。这些研究都发现,在既定受教育水平下,美国的外来移民如果来自低收入国家,一般来说其收入也较低。这就说明,人力资本的跨国差异要比仅由受教育年限所导致的差异更大,残差项的作用应比仅考虑受教育年限的情况更小。但是,这个结果在数量上如何解释严重依赖于人力资本如何测算。最明显的例子是,早期的研究认为移民的非随机抽样问题从数量上看并不严重,引入人力资本的质量差异并不会大幅改变影响人力资本积累差异与残差项差异的相对重要性。但是最近的研究表明,来自穷国的移民存在更强的正向样本选择问题,这就意味着,使用穷国移民的人力资本数据会显著高估这些国家工人的平均人力资本,这反过来又说明,人力资本差异对跨国收入差距的重要性应该更大,而残差项的重要性应该更小。

有关人力资本的分析从很多方向得到扩展。例如,亨德里克(2002)也估计了不同受教育年限的回报,但他没有像霍尔和琼斯那样假设分段线性函数形式。他的结果表明,人力资本的跨国差异相对更小,从而残差项的差异相对更大。另一个例子是拉加科斯,摩尔,珀齐奥、钱和谢尔曼(Lagakos, Moll, Porzio, Qian and Schoellman,2016),他们研究了经验而不是教育的回报,发现该回报在穷国显著偏低。他们的结果表明人力资本的跨国差异更大,从而残差项的差异相对更小。最后一个例子,许多研究都试图放松霍尔和琼斯以及克莱诺和罗德里吉斯—克莱尔关于“熟练工和非熟练工在生产中是完全替代关系”的假设。如果两类工人是互补的,则低收入国家的典型工人(非熟练工)之所以工资较低,其原因并不只是既定投入所得的产出较少,还有一部分是因为这些工人的同事中熟练工较少。而事实上,在穷国拥有较高技能的好处确实比在富国更多。亨德里克(2002)发现,如果用熟练工和非熟练工之间的替代弹性来拟合跨国之间的技能回报模式,则他就可以解释额外的一部分跨国收入差距。

最后,按照方程(4.15)进行分解的一个一般性问题是,这种方法与(4.13)式中的分解方法都存在一个缺陷:产出和物质资本都会影响人力资本的质量(既定受教育年限下的人力资本)。例如,学校之间的物质资本存量差异会导致学校在办学质量上的差异。储蓄率或者残差项上升会通过提高既定受教育年限下的人力资本存量来提高工人平均收入。根据一个复杂的人力资本测算方法,(4.15)式中的分解把这种平均收入的上升计入了人力资本。正如(4.15)式中的分解应该比(4.13)式中的分解包含更多的信息,比计入人力资本更可靠的分解方法应该是把这种平均收入上升归结为储蓄率变化或者残差项变化。

不过,学者们还没有找到恰当的方法解决这个问题。例如,克莱诺和罗德里吉斯—克莱尔探讨了一种办法,即通过一个人力资本的生产函数来构造一种分解方法。但是,他们的结果对于人力资本的生产函数如何设定非常敏感。

人力资本还存在上述各种问题,这些问题会如何改变霍尔和琼斯以及克莱诺和罗德里吉斯—克莱尔的分析结论呢?到目前为止,人们还没有对此形成一致的看法。但普遍的共识是,人力资本对跨国收入差距的重要性可能会超过这几位学者的研究结果,而人力资本的差异到底有多大的问题则尚未解决。

深入讨论物质资本

还有一部分学者从物质资本的角度对霍尔和琼斯以及克莱诺和罗德里吉斯—克莱尔的分解进行了扩展,其中最典型的例子是谢和克莱诺(Hsieh and Klenow, 2007)。谢和克莱诺观察到,较低的资本—产出比可能反映了较低的投资—产出比。他们注意到,从会计核算的角度看,较低的投资—产出比有三种可能的来源:第一种也是最明显的来源是,名义收入中用于投资的比例较小;第二,投资品可能比较昂贵(例如,由于有扭曲性的政策或者运输成本较高),所以一定量的投资支出只能得到较少的投资量[琼斯(Jones,1994)];第三,非投资品的价格可能较低,这起到的效果等同于将名义收入中既定比例用于投资所得到的投资品数量较少。

我们知道,在较为贫穷的国家,像理发和乘坐出租车这样的非贸易消费品通常比较便宜,这被称为巴拉萨—萨缪尔森效应。但这种效应的原因尚不确定。一种可能是,这些产品通常使用的是非熟练工人,而这在穷国相对廉价。另一种可能是,穷国的这些产品质量较低。

如果低收入会导致非贸易消费品的价格较低,则表明当储蓄率和投资品价格保持不变时,H 或 A 下降会倾向于降低资本—产出比。因此,尽管(4.15)式中的分解[(4.13)式中的分解也类似]并非有误,但更有助于深刻理解收入差距的做法可能是,用 H 和 A 的潜在差异,而不是物质资本的差异,来解释收入通过影响非贸易品价格,从而影响既定储蓄率下的投资水平所导致的工人平均收入的差距。

简单起见,为了理解谢和克莱诺如何把投资—产出比的差距分解为他们所识别的三种因素的贡献,我们可以考虑一个同时生产非贸易消费品和可贸易消费品的国家,并且该国家所有的投资品均向国外购买。令 Q_N 和 Q_T 分别表示该国生产的两种消费品的数量,并令 I 表示从国外购买的投资品的数量。类似地,令 P_N、P_T 和 P_I 分别表示三种产品的国内价格,并令 P_N^*、P_T^* 和 P_I^* 分别表示三种产品在世界上某典型国家的价格。最后,假设 P_T 和 P_T^* 相等。[1]

根据上述假设,用世界价格表示的该国总产出的价值是 $P_N^*Q_N+P_T^*Q_T$,而用世界价格表示的投资品的价值是 P_I^*I。因此,投资—产出比为 $P_I^*I/(P_N^*Q_N+P_T^*Q_T)$。我们可以将这个比率写为三项相乘的形式:

$$\frac{P_I^*I}{P_N^*Q_N+P_T^*Q_T}=\frac{P_II}{P_NQ_N+P_TQ_T}\frac{P_I^*}{P_I}\frac{\dfrac{P_N}{P_T}Q_N+Q_T}{\dfrac{P_N^*}{P_T^*}Q_N+Q_T}. \tag{4.16}$$

这三项分别对应于上述投资—产出比的三个决定因素:第一项是名义收入中用于投资的比例,一般来说就是经济的储蓄率;第二项是投资品的世界价格与国内价格的比率;第三项反映了非贸易消费品的世界价格与国内价格之间的差距(因为我们假设了 $P_T=P_T^*$)。

谢和克莱诺发现,从富国到穷国,投资—产出比的下降只有约 1/4 是来源于储蓄率下降;与投资品价格上升几乎无关(比方说,如果穷国征收关税,或者设置其他投资品的贸易壁垒,就会出现这种情况);而有 3/4 是来源于非贸易消费品价格的降低。而由于跨国收入差距本来就只有一小部分是来自于资本—产出比的差异,这就表明跨国收入差距中只有非常小的部分是来源于储蓄率的不同。

如前所述,非贸易消费品在穷国比较便宜的原因尚不明确,但不管是何种原因导致了低收入会降低非贸易品的价格,这都意味着人力资本积累减速或者残差项的值减小会压低既定储蓄率下的投资—产出比,从而压低资本—产出比。因此,修正后的分解会把跨国收入差距更多地归结为人力资本和残差项的贡献,而物质资本则几乎没有贡献,理由就是其他机制导致的物质资本—产出比变化非常小。

4.3 社会基础结构

上一节的分析告诉我们在跨国收入差距中,物质资本积累、人力资本积累以及既定资本数量可得产出所起的作用。但是,我们还希望进一步深入研究这些收入差距源泉的决定因素。

最重要的一个猜想是,这些决定收入的因素之所以会出现差异,其主要根源在于霍尔和琼斯所说的社会基础结构的差异。霍尔和琼斯提到的社会基础结构是指,配置各种活动的私人和社会回报的制度和政策。[2]

私人回报不同于社会回报的经济活动有很多,主要可分为两大类。第一类包括各种类型的投资。如果经济个体进行传统的储蓄,接受教育,或者把资源用于研发,则由于税收、充公、犯罪、外部性等原因,他/她的私人回报可能会低于社会回报。

第二类包括经济个体旨在提高当前利益的活动。经济个体可以通过生产或者转移来提高他/她的当前收入。其中,生产是指能够提高经济在某个时间点上的总

---

〔1〕 若要扩展分析,考虑 $P_T\neq P_T^*$ 或者某些投资品由国内生产的可能性,也是比较简单的。

〔2〕 社会基础结构的这个具体定义是由琼斯提出的。

产出的活动；而转移（我们在 3.4 节中将其称为寻租）是指仅使得产出重新分配的活动。根据定义，寻租活动的社会回报为零，而生产活动的社会回报为该活动对产出的贡献量。正如投资活动一样，有很多原因都会导致寻租和生产的私人回报不同于社会回报。

有关转移或者说寻租的讨论通常着重于几种最常见的形式，如犯罪、关于税收优惠的游说以及草率的司法判决等。由于这些活动在发达国家仅仅占用了一小部分资源，我们很容易会认为在这些国家中寻租并不重要。但实际上，寻租远远不止上述形式，如厂商进行价格歧视、工人提供绩效评估文件以及消费者收集优惠券等常见的活动都涉及了大量的寻租。事实上，甚至是日常活动如锁车、尽早去音乐厅买票，也都包含了寻租。因此，即便是在发达国家，其资源中也可能有较大比例用在了寻租活动上，而在欠发达国家中这一比例则明显更高。由此可见，寻租的差异可能是跨国收入差距的一个重要来源。类似地，如第 3.4 节所述，世界范围内寻租的整体水平可能是世界经济增长的一个重要决定因素。[1]

社会基础结构有许多不同的侧面，我们可以将这些侧面可分为三组。第一组包含政府的各种特定财政政策。例如，投资的税收政策和劳动收入的边际税率会直接影响私人回报与社会回报之间的关系。更为微妙的是，高税率会导致各种寻租形式，如将资源用于逃税、从事效率较低的地下经济活动等。

第二组构成社会基础结构的制度和政策由私人决策环境的决定因素组成。如果犯罪不受遏制，或者有内战或外敌入侵，则投资以及其他提高总产出的活动所得的私人回报就比较低。从更通俗的角度看，如果合同不能保证执行或者法院对合同的解释是不可预测的，则长期投资项目就没有吸引力。同样，对于那些能够提高总产出的活动，当政府允许自由贸易并限制垄断势力时，竞争就更可能发生。

第三组构成社会基础结构的制度和政策包括政府自身寻租活动程度的影响因素。霍尔和琼斯强调，尽管设计精巧的政府政策是构成好的社会基础结构的重要组成部分，但政府自身也可能会是一个主要的寻租者。没收、索贿、由于游说或者政府官员私利而发放救济等，都是寻租的重要形式。

由于社会基础结构涉及许多方面，因此差的社会基础结构也有许多形式。例如，在斯大林式的中央计划下，产权保护和经济激励微乎其微；又如，“窃国政治”（Kleptocracy）——经济由寡头或者独裁者统治，其主要兴趣在于个人发财致富并保存权力，而这个目的通常需要靠没收和腐败来达到；再如，无政府状态，财产和生命安全都极度没有保障；如此等等。

4.4 实证应用：社会基础结构与跨国收入差距

影响私人回报与社会回报之间关系的制度和政策对于经济表现来说是至关重要的，这一思想实际上由来已久，至少可以追溯到亚当·斯密，而近来又重新引起

---

〔1〕 图洛克（Tullock，1967）是关于寻租问题的经典论文。实际上，寻租对跨国收入差距之外的许多其他现象也都比较重要。例如，克鲁格（Krueger，1974）证明了，寻租对于理解关税和其他政府干预的影响比较重要；而波斯纳（Posner，1975）认为，寻租对于理解垄断的福利效应十分关键。

了关注。关于这一思想的近期研究有一个重要特征,即都在试图为社会基础结构的重要性提供实证依据。

回归分析框架

为了得到社会基础结构重要性的实证依据,一个自然的想法就是考虑简单回归分析框架。假设国家 i 的收入由其社会基础结构以及其他因素所决定,我们可以把这种关系表示为:

$$\ln\left(\frac{Y_i}{L_i}\right)=a+bSI_i+e_i. \tag{4.17}$$

这里 Y/L 是工人平均产出,SI 表示社会基础结构,而 e 则反映了收入的其他影响因素。许多学者都试图找出社会基础结构的测算方法,再根据(4.17)式进行回归估计。这方面的论文包括萨克斯和华纳(Sachs and Warner,1995);奈克和基弗(Knack and Keefer,1995);毛罗(Mauro,1995);阿瑟莫格鲁,约翰逊和罗宾逊(Acemoglu,Johnson,and Robinson,2001);以及霍尔和琼斯。这些论文不仅探讨了社会基础结构对收入的影响大小,还讨论了跨国收入差距中由社会基础结构差异所引起的那部分的比例。我们假设社会基础结构对收入差距是至关重要的,这就意味着收入差距中应有较大的比例可以由社会基础结构来解释。

在对(4.17)这样的关系式进行估计时,我们会面临两大问题。第一个问题是,在实际操作中如何测算社会基础结构。第二个问题是,在已知社会基础结构的测算办法后,如何在理论上准确估计(4.17)式中的参数。

这里我们暂且先假设可以准确地测量社会基础结构,以便着重讨论第二个问题。方程(4.17)是一个回归方程的形式,我们自然会想到用最小二乘法(OLS)来进行估计。实际上,许多文献确实都使用了最小二乘回归来估计社会基础结构的影响。

要使最小二乘估计法得到无偏的结果,右边的变量(即社会基础结构)必须与残差项(即工人平均收入的其他影响因素)无关。因此,在讨论 OLS 是否能得到可靠的估计结果之前,我们首先必须要考虑社会基础结构是否与收入的其他影响因素相关。

通过分析可以发现,社会基础结构与收入的其他影响因素之间似乎的确是相关的。例如,宗教等文化因素可能会通过社会基础结构以外的其他作用渠道(如培养崇尚节俭、教育以及阻止寻租的价值观)对收入产生重要影响。而且,在这种宗教得到广泛传播的国家很有可能会采取相对较好的制度和政策,从而促使个体利益与社会利益达成一致。因此,社会基础结构与残差项之间会出现正相关关系。

再举一个例子。地理环境会对收入产生重要的直接影响,比如某些地区的气候可能会滋生疾病,从而不利于农业发展。气候较差的国家通常相对较为贫穷,这一现象可能会表明,这些国家用于建设社会基础结构的资源比较少。在这种情况下,社会基础结构也会与残差项相关。[1]

---

〔1〕 我们会在 4.5 节回到地理环境与跨国收入差距这个问题上来,并讨论地理环境对收入的直接影响与社会基础结构之间存在相关性的另一种可能的原因。

总的来说,用最小二乘法来估计(4.17)式可能会出现遗漏变量偏误的问题。遗漏变量偏误在经济学实证研究中是一个比较普遍的问题,而解决这一问题的办法就是使用工具变量估计方法。工具变量估计方法的思想可以很容易地通过两阶段最小二乘估计来阐释。首先,我们需要找到与右边变量相关但并不会系统性地与残差项相关的工具变量。找到这样的工具变量后,第一阶段用右边的变量 SI 对工具变量做回归。第二阶段用左边的变量 $\ln(Y/L)$ 对第一阶段回归中 SI 的拟合值 $\hat{SI}$ 做回归。也就是说,把(4.17)式重新写为:

$$\begin{aligned}\ln\frac{Y_i}{L_i}&=a+b\hat{SI}_l+b(SI_i-\hat{SI}_l)+e_i\\&\equiv a+b\hat{SI}_l+u_i,\end{aligned}\tag{4.18}$$

最后,用最小二乘法估计这个方程。u 包含两项,e 与 $b(SI-\hat{SI})$,根据假设,用于构造 $\hat{SI}$ 的工具变量与 e 不存在系统性相关,并且由于 $\hat{SI}$ 是回归的拟合结果,因此它也不会与回归中的残差项 $SI-\hat{SI}$ 相关。因此,$\ln(Y/L)$ 对 $\hat{SI}$ 做回归可以得到 b 的合理估计值。[1]

可见,解决第二个问题[即如何估计(4.17)式]的关键就在于找到合适的工具变量。在讨论这个问题之前,我们需要先回到第一个问题,即如何测算社会基础结构。显然,任何对社会基础结构的测度都不是完美的。令 SI^* 表示“真实”的社会基础结构,并令 $\hat{SI}$ 表示测得的社会基础结构。我们感兴趣的是真实的社会基础结构与收入之间的潜在关系:

$$\ln\left(\frac{Y_i}{L_i}\right)=a+bSI_i^*+e_i.\tag{4.19}$$

而真实的社会基础结构等于测得的社会基础结构加上两者之差:$SI_i^*=\widetilde{SI}_i+(SI_i^*-\widetilde{SI}_i)$。于是,我们可以用测得的社会基础结构以及其他因素把(4.19)式重新写为:

$$\begin{aligned}\ln\frac{Y_i}{L_i}&=a+b\widetilde{SI}_i+b(SI_i^*-\hat{SI}_i)+e_i\\&\equiv a+b\widetilde{SI}_i+\nu_i.\end{aligned}\tag{4.20}$$

通过估计(4.20)式,我们会得到什么结论呢?首先,考虑经典测量误差的情形:$\widetilde{SI}_i=SI_i^*+w_i$,其中 w 与 SI^* 无关。在这种情形下,回归方程右边的变量为 SI^*+w,残差项 ν 中的一个组成部分是 $-bw$。因此如果 b 为正,则测量误差会导致右边变量与残差项负相关。这时仍然存在遗漏变量偏误,但在这里 b 的估计偏误是向下而不是向上的。

---

〔1〕 $\hat{SI}$ 是依赖于估计参数的,这会导致两个问题。首先,在估计 b 的标准差时必须考虑到估计参数的不确定性,这在用工具变量估计方法计算标准差的常用公式中已经有所考虑。其次,第一阶段中的参数是估计得到的,这使 $\hat{SI}$ 与 e 之间存在和 SI 与 e 之间同方向的相关关系。这种相关关系会随着样本量的增加而消失,因此工具变量估计是一致的但不是无偏的。但是,如果工具变量与右边变量之间的相关性不大,那么在有限样本下的估计偏差可能会较大。参见斯托克和尤果(Stock and Yogo,2005)。

由于测量误差会导致遗漏变量偏误,那么解决的办法仍然是工具变量。也就是说,为了正确地估计社会基础结构对收入的影响,我们需要寻找工具变量,使其与(4.20)式中综合残差项 ν 中社会基础结构的测量误差部分[即 $b(SI^{*}-\hat{SI})$],以及影响收入的非社会基础结构因素(即 e)均不存在系统性相关关系。

实际操作与结果

在使用回归方法讨论社会基础结构对收入影响的众多研究中,霍尔与琼斯的研究是最重要的尝试之一。他们使用了由两个变量构成的一种指数来度量社会基础结构 $\widetilde{SI}$。首先,打算在国外从事经营活动的企业通常希望了解各国制度的优劣,咨询公司会基于各种客观数据与主观评估设计出衡量制度优劣的指标。沿袭奈克和基弗(Knack and Keefer,1995)与毛罗(Mauro,1995)的研究思路,霍尔和琼斯也使用了这样的一种测量指标,即根据政治风险服务公司的评估而构造的"政府反转移政策"指数。霍尔和琼斯测算指数中的第二个变量是由萨克斯和华纳(Sachs and Warner,1995)所构造的开放性或市场化程度指数。

在选择工具变量时,霍尔和琼斯认为,西欧特别是英国影响世界其他地区收入的主要渠道是社会基础结构。因此,他们提出了四个工具变量:以英语为母语的人口比例;以某种主要欧洲语言(英语、法语、德语、葡萄牙语或者西班牙语)为母语的人口比例;一国到赤道的距离;以及由弗兰克尔和罗默(Frankel and D. Romer,1999)构造的一种测算地理条件对外贸影响程度的指标。

然而,霍尔和琼斯也承认,这些工具变量的有效性远不能令人信服。例如,一国到赤道的距离与气候相关,而气候可能会直接影响到收入;与他国地理上的邻近可能会影响收入,而这种影响来自社会基础结构之外;而西欧的影响也可能来自社会基础结构之外,如文化。

尽管如此,探讨霍尔和琼斯的结论仍然是很有意义的,并且在使用回归方法估计社会基础结构如何影响跨国收入差距的一系列研究中,他们的结论总体上最具有代表性。其主要结论有三点:首先,社会基础结构对收入的影响程度较大并且在统计上是高度显著的;第二,社会基础结构的差异似乎可以解释大部分跨国收入差距;[1]第三,工具变量估计值要比最小二乘估计值大很多。关于第三点结论,其原因可能是,与真实社会基础结构和遗漏的增长决定因素之间存在相关关系相比,社会基础结构的测量误差对最小二乘回归来说问题更大。而另一种更为棘手的可能性是,工具变量与遗漏的增长决定因素之间存在正相关关系,从而工具变量估计的结果存在高估偏误。

自然试验

考虑到回归检验方法的局限性,奥尔森(Olson,1996)提出了另一种不同的方

---

〔1〕 当右边的变量存在重要的测量误差时,就不易解释估计系数的大小,也不易估计由真实的右边变量变化所引起的左边变量的变化。霍尔和琼斯详细讨论了这些问题。

法。[1] 具体而言，他认为，一些国家分裂的经历可以为社会基础结构的重要性提供强有力的论据。第二次世界大战后很长一段时期，德国与韩国均分裂为两个国家。对于这些分裂后的不同地区，许多可能影响收入的变量，如气候，自然资源，物质资本与人力资本的初始水平，对工作、节俭与企业家精神的文化态度等都比较相近。但是，他们的社会基础结构却截然不同：东德、朝鲜是社会主义制度，而西德、韩国则是相对自由的市场经济。

可以说，这些分裂的案例为确定社会基础结构的影响提供了自然试验。如果经济是实验室，经济学家们就可以选取相对同质的国家，并把它们分为两组；然后随机地把一种社会基础结构指定给其中一组，而另一种社会基础结构则指定给另一组，从而考察两组在此后的经济表现。由于社会基础结构是随机分配的，因此可以排除存在其他因素同时导致社会基础结构差异与经济表现差异的可能性。并且由于在分组前各国基本是同质的，因此不同组之间也不太可能存在社会基础结构之外的较大差异。

然而，对经济科学而言，经济并不是实验室，最接近实验室试验的就是历史发展过程中恰巧出现的类似情形。而地区分裂的案例就近乎完美地符合了上述试验的情形：分裂的地区（特别是德国和韩国）在起初基本上是同质的，分裂后不同部分之间社会基础结构的巨大差异来源于地理上的微小区别。

这些自然试验的结论是显而易见的：社会基础结构十分重要。在每个案例中，相比社会主义政权，以市场为重的政权都在经济上取得了引人注目的成功。在1980年前后，当中国开始改革开放时，中国香港的人均收入水平是中国内地的15～20倍，中国台湾的人均收入水平是中国大陆的5～10倍。在1990年德国统一时，西德的人均收入约为东德的2.5倍。此外，尽管我们没有朝鲜总产出的可靠数据，但可得的证据表明，韩国与朝鲜的收入差距比其他地区更大。因此，在这些极大的收入差距中，社会基础结构的差异似乎极其关键。更重要的是，这些历史证据显然说明了，社会基础结构对收入具有较大影响。

虽然自然试验与回归方法看上去截然不同，但实际上自然试验方法也可以看作是一种工具变量估计。考虑这样一种工具变量，该变量在分裂后的资本主义地区取值为1，在社会主义地区取值为－1，而在所有其他国家取值为0。[2] 使用这个工具变量，用收入对测得的社会基础结构进行回归，则我们实际利用的信息仅仅包括这些分裂国家的不同地区中社会基础结构和收入的差异，从而与考察自然试验是等价的。因此，我们可以把自然试验看作是一种工具变量方法，其中工具变量抓住了右边变量的差异中十分微小但又经过慎重挑选的部分。并且，至少在本例中，这种方法与完全利用右边变量差异的方法相比能得到更有说服力的结论。

〔1〕 参见鲍莫（Baumol，1990）以及德龙和施莱弗（DeLong and Shleifer，1993）的历史证据。

〔2〕 为了简单起见，我们这里的讨论忽略了在奥尔森的自然试验中中国内地与中国香港、中国大陆与中国台湾配对的情况。

4.5 超越社会基础结构

社会基础结构是一个特别宽泛的概念,囊括了经济中从资本主义与社会主义两者之间的选择到税法细节的方方面面。然而,这种跨度不论是从科学研究还是从规范分析的角度来看都是不利的。从科学研究的角度看,它使检验社会基础结构对跨国收入差距的重要性变得十分困难。例如,如果有证据表明社会基础结构的某一具体成分对收入没有影响,则可能会导致我们忽视其他对收入比较重要的成分。从规范分析的角度来看,如果落后国家的政策制定者试图通过具体的制度建设来提高收入,则社会基础结构对收入十分关键这种假设并不具有明确的意义。

因此,我们有必要在"社会基础结构十分重要"这个一般性论断的基础上进一步向前推进。下面,我们就来讨论当前相关研究中的三种不同方式。

深入社会基础结构内部

超越"社会基础结构十分重要"这种观点的一种方式是,更加具体地研究社会基础结构中哪些特征比较重要。一种理想的情况是,我们可以识别制度和政策中对跨国收入差距比较关键的特定子集,或者找到一个社会基础结构中不同要素的清单,然后对其中每一个要素都赋予一个权重。

然而,以我们现有的知识并不能达到这种理想状况,因此各类研究都在竭力考察社会基础结构的一系列特征。例如,格雷瑟、拉·波塔、洛佩兹—德—西拉内斯和施莱弗(Glaeser, LaPorta, Lopez-de-Silanes, Shleifer, 2004)与琼斯和欧尔肯(Jones and Olken, 2005)讨论了"政策"对增长是否重要。这里"政策"被定义为社会基础结构的各种特征,它可以被国家领导者改变,却不会影响关于如何选出领导者或者领导者如何行使权力的各种制度。还有一些研究讨论了行政权力的制度约束对经济表现是否重要。诺思(North, 1981)认为这些约束是至关重要的,而格雷瑟、拉·波塔、洛佩兹—德—西拉内斯和施莱弗则认为它们毫不重要。

此外,许多其他论文(以及许多非正式论证)挑出了社会基础结构的一些具体特征,并认为它们特别重要。这方面的例子包括产权保护、政治稳定、市场化程度以及廉洁程度等。然而,我们很难找到有关社会基础结构中某一具体方面如何影响经济的可靠证据。通常,在社会基础结构的某种测度下表现良好的国家,在其他测度下可能也会表现良好,因此,用跨国收入数据对特定社会基础结构的特征做回归可能会导致严重的遗漏变量偏误:右边变量不仅可能与社会基础结构之外的其他收入决定因素相关,还可能与社会基础结构的其他成分相关。由于社会基础结构具有多个层面而又难以测度,我们并不能轻易地控制其他成分。

由于并没有办法综合分析社会基础结构中每种成分对经济的影响,研究者通常借助各种工具来探究其中某些特定成分的作用,一个典型的例子就是琼斯和欧尔肯对政策的研究。他们的策略是,考察由于事故或疾病的原因造成领导者随机死亡时增长会有何变化。可以想象的是,这种死亡可能会改变政策,但一般不会改变制度,因此,通过分析增长率是否有异常变化(可正可负)就可以检验政策是否重要。最终，琼斯和欧尔肯找到了这种异常变化的有力证据。琼斯和欧尔肯的这种方法可以让他们弄清，社会基础结构的某个子集是否重要的。但是，这种方法并不能让他们回答更确切的问题，比如政策和基本制度对收入差距的相对重要性，或者具体地讨论何种政策比较重要。

社会基础结构的决定因素

现有研究中试图深入分析社会基础结构的第二种思路是，探讨社会基础结构的决定因素。与第一种研究思路相比，关于这个问题的研究相对较少，我们在这个领域的知识仅限于一些推测以及少量的证据。

一种推测是强调了激励的重要性，特别是现有经济系统中那些具有权势的个人所面临的激励。关于激励对社会基础结构的重要性，最明显的一个例子就是大独裁者。集权的独裁者可以剥夺个人所积累的一切财富，而了解到独裁者可以如此这个事实本身就会抑制个人财富的积累。因此，独裁者为了鼓励储蓄和创业，就必须要放弃一些权力。这样做可能会使得每个人，包括独裁者自身的境况都更好。但实际上，由于多种原因，独裁者在这样做时往往会面临着彻底失去权力(甚至可能失去更多)的风险。此外，即便是在贫穷的国家，独裁者通常也可以轻易地攫取大量财富。因此他/她不会愿意冒着被推翻的风险来刺激社会财富的增长，哪怕这种风险极小。其结果就是，大独裁者可能会更偏好导致低平均收入的社会基础结构(德龙和施莱弗，1993；诺思，1981；琼斯和佛拉斯，2013，第 7 章)。

类似的考虑通常也适用于现存经济体系下其他类型的既得利益者，例如受贿的政府官员，以及在技术落后的劳动密集型行业中获得高于市场水平工资的工人。如果现存经济系统是高度无效率的，那就可以通过大量补偿这些群体来换取提高效率的经济系统改革。但在现实社会中，这样的安排几乎是不存在的，因此这些群体可以在现存经济体系的延续期间获得大量利益。[1]

另一种推测强调了文化因素的重要性。社会中比较持久的特征通常来自宗教、家庭结构等文化方面的因素，这些因素对社会基础结构具有重要影响。例如，不同的宗教对传统、权威以及个体能动性的相对重要性具有不同的看法，而盛行的宗教在这些方面所明确指出或者暗示的观点可能会影响个人的想法，从而进一步影响整个社会对社会基础结构的选择。另一个例子是，不同国家中公民责任的标准，以及人们信任他人的程度都大不相同[奈克和基弗(Knack and Keefer，1997)；拉·波塔、洛佩兹—德—西拉内斯、施莱弗和维什尼(LaPorta，Lopez-de-Silanes，Shleifer and Vishny，1997)]，而这些差异也可能会影响社会基础结构。最后一个例子，国家之间的民族多样性具有较大区别，拥有较多民族的国家似乎会具有较落后的社会基础结构[伊斯特利和莱文(Easterly and Levine，1997)，以及艾莱斯纳、德莱斯肖韦尔、伊斯特利、库拉特和瓦克奇亚格(Alesina，Devleeschauwer，Easterly，

---

〔1〕 参见施莱弗和维什尼(1993)与帕伦特和普雷斯科特(Parente and Prescott，1999)。阿瑟莫格鲁和罗宾逊(Acemoglu and Robinson；2000，2006)认为，那些在现有体系下获得经济利益而在改革中将会在政治上失利的个人(因此在事后他们不能保护其为了接受改革而得到的任何补偿)将会阻止提高效率的经济系统改革。

Kurlat and Wacziarg,2003)]。

第三种推测强调了地理条件的重要性。例如,在分析社会基础结构和收入时,霍尔和琼斯的工具变量包含了与地理相关的变量。他们认为,地理条件对接触西欧的思想与制度具有重要的决定作用,因此会影响社会基础结构。后面我们在讨论温带与赤道国家之间的较大收入差距时会再次回到这个问题。

最后一种推测强调了个人关于何种政策和制度最适合经济发展的信念。例如,萨克斯和华纳(Sachs and Warner,1995)强调,在第二次世界大战后初期,国家计划与市场之间的相对优劣并不明确,主要的市场经济国家刚刚经历了大萧条,而苏联仅仅用了几十年就由落后的经济发展成为世界领先的工业国家,理性的人们自然会争辩不同形式社会基础结构的优缺点。于是,社会基础结构存在差异的一个重要原因就是领导者判断的差异。

将上述推测中的信念与激励结合在一起,可能会导致社会基础结构中出现"恶性循环"。例如,一国采用了一种相对集权的干涉主义制度,起初其原因可能是领导者发自内心地相信这种制度对大多数国民是最好的选择,但是采用这种制度会渐渐产生利益阶层。因此,即便事实证明其他类型的社会基础结构更好,制度也很难发生改变。对于撒哈拉沙漠以南的许多非洲国家来说,上述分析可能正是它们独立后选择社会基础结构时的真实写照[克鲁格(Krueger,1993)]。

跨国收入差距的其他根源

在当前研究中,试图超越"社会基础结构影响收入差距"这个基本假设的第三种思路是,考察收入差距的其他潜在根源。这类研究一方面补充了关于社会基础结构的观点(从它识别其他决定因素的角度来看),而另一方面又对关于社会基础结构的观点形成了挑战(从它认为其他决定因素十分关键的角度来看)。

与讨论社会基础结构决定因素的研究类似,有关收入差距其他根源的研究也只处在起步和推测的阶段。此外,在这两类研究之间还存在另一类相似的重要研究,这类研究同时强调多种可能性。例如,文化和地理因素可能不仅通过社会基础结构对收入产生影响,还会直接影响收入。

就文化的例子来说,对节俭、教育、信任以及物质成功的价值等问题的观点和社会准则似乎明显会直接影响经济表现。克拉克(Clark,1987)和兰德斯(Landes,1998)认为这些直接作用比较重要,但相关证据却十分有限。

就地理的例子来说,有一类研究认为,赤道国家的低收入基本上是地理条件的直接结果(我们将在后面深入讨论这个问题)。另一类研究着重强调地理条件如何决定经济来往:地理屏障会通过减少接触优越的制度和政策而减少收入,也会通过减少贸易和专业化分工,以及减少接触新思想而减少收入[参见纳恩和蒲格(Nunn and Puga,2007)]。

与社会基础结构区别较大的一个收入差距的根源是资本的外部性。这种观点认为,人力资本和物质资本所得的回报是低于其边际产出的。高技能的工人会进行创新,让所有工人得益,并提高其他工人的人力资本,但却并没有得到相应的补偿。物质资本的积累会帮助工人取得人力资本,并促进新生产技术的发展,而资本所有者的这些贡献也没有全部得到补偿，我们在第3.4节中讨论干中学模型时就遇到过这种情形。如果资本的这种外部性很重要，并且只在当地发挥作用，从而会导致跨国收入差距，那么克莱诺(Klenow)和罗德里吉斯—克莱尔(Rodríguez-Clare)以及霍尔和琼斯的解释所做的贡献就比较有限了。当资本具有正外部性时，使用其私人收益来测量其边际产出会低估资本对收入差距的重要性。

上述观点意味着，把重心放在抽象的社会基础结构上是不恰当的，无论是什么因素，只要会导致资本积累的差异，都是决定收入差距的关键。也就是说，在社会基础结构的各种成分中，只有影响资本积累的成分才比较重要，而且除了社会基础结构之外，其他能够影响资本积累的因素，如对节俭和教育的文化态度，也是比较重要的。

尽管在新增长理论的早期研究中，资本的外部性问题曾广受关注，但是有几类证据表明，资本的外部性并不是导致跨国收入差距的关键因素。

第一，物质资本具有较大正外部性的假设意味着，储蓄率上升所导致收入提高的程度会比传统增长核算方法所得到的结果更高。因此，要使储蓄率与收入之间不存在明显相关性的事实与这种观点一致，就一定要找到与储蓄率相关的抑制收入的因素。

第二，我们找不到强有力的证据来说明，资本的局部外部性能大到足以解释巨大的收入差距。

第三，高度集权化的经济通常在人力资本和物质资本积累上都非常成功，而且常常具有比市场化国家更高的资本—产出比，但这些国家的经济表现却通常比较差。

最后，比尔和克莱诺(Bils and Klenow，2000)发现，我们可以利用不存在技术退步这一简单的事实，设置人力资本外部性的一个上限。在美国和其他工业国家，劳动力的平均教育水平每年上升约0.1年，而每增加1年的教育通常会提高约10%的个人收入，如果教育的社会回报翻倍，则增加教育会使每工人每年的人均产出提高2%[参见方程(4.15)]。但这基本上已经解释了工人平均产出的全部增长：由于技术不会退步，我们可以断定教育的社会回报不会更高；而如果我们相信技术在不断进步，那么就可以断定教育的社会回报其实更低。

由于上述四点原因，近期关于跨国收入差距的研究大多数并不着重讨论资本的外部性。

实证应用：地理、殖民主义与经济发展

关于跨国之间的收入差距，一个惊人的现象是，赤道国家的平均收入明显较低。来自布卢姆和萨克斯(Bloom and Sachs，1998)的图4.1十分明显地刻画了这种现象。例如，在赤道附近、纬度20°以内的国家，其平均收入还不到纬度40°以外国家的1/6。

我们已经讨论过，出现这种现象的一种可能的原因是，热带国家的一些特点会直接降低其收入。这种观点实际上由来已久，而最近又得到了戴蒙德(Diamond，1997)，布卢姆和萨克斯(1998)等人的拥护。这些学者识别了热带国家在地理上存在的大量不利因素：其中一些如环境容易滋生疾病、气候不利于农业生产等都是由

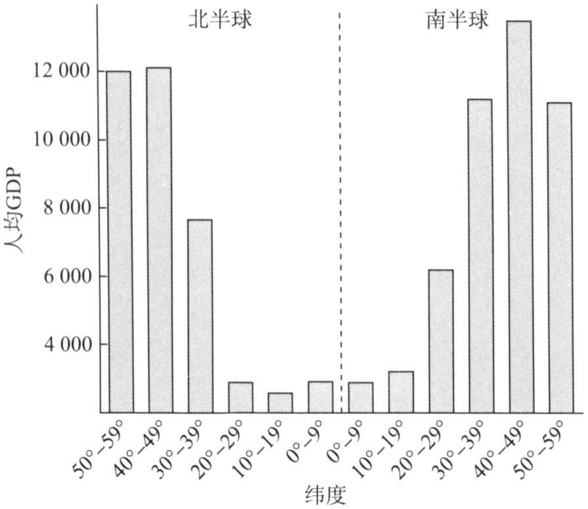

图 4.1　地理与收入(来自布卢姆和萨克斯,1998,已授权)

热带国家所处的地理位置直接导致的;而另一些因素如热带地区的土地面积相对较小(这会减少贸易机会、降低创新激励),并不是热带国家所独有的特征,但也属于地理上的不利因素。

然而,将地理条件作为热带国家贫穷的直接来源会导致一个严重的问题:热带国家的社会基础结构明显较差。萨克斯和华纳(Sachs and Warner,1995),毛罗(Mauro,1995)以及奈克和基弗(Knack and Keefer,1995)所采用的社会基础结构测算方法都表明,热带国家的社会基础结构水平显著较低。这些国家的社会基础结构较差当然不会是因为贫穷。例如,多数欧洲国家在一个世纪前的社会基础结构都优于当今大多数非洲国家。

因此,考察热带国家为何比较贫穷有助于理解本节着重讨论的三个问题中的两个。其一是社会基础结构的决定因素:热带国家的什么特点导致它们的社会基础结构比较落后?其二是社会基础结构以外的收入决定因素:地理条件是否对收入有重要的直接影响?又或者它主要是通过社会基础结构对收入产生影响?

对于第一个问题,阿瑟莫格鲁、约翰逊和罗宾逊(Acemoglu,Johnson and Robinson,2001,2002)与恩格曼和索科洛夫(Engerman and Sokoloff,2002)认为,地理条件与落后的社会基础结构之间的联系在于殖民。在他们看来,热带地区与温带地区在殖民地时期的区别(主要由地理条件导致)使得欧洲人在这些地区进行了不同的殖民开发,而不同的殖民战略影响了这些地区后来的制度建设,从而造成了当今社会基础结构的较大差异。

这些论文分别讨论了不同殖民政策的具体决定因素。阿瑟莫格鲁、约翰逊和罗宾逊在他们2001年的文章中强调了滋生疾病的环境这一因素。他们认为,欧洲人在热带地区会面临高度致命的危险,特别是疟疾和黄热病,而他们在温带地区的死亡率与在欧洲类似(有时还更低)。于是,在高致病性的环境里,欧洲殖民者建立了"抽血式政权"——旨在剥削这一地区人口和资源的集权制度,不打算在此定居,并竭力限制对绝大多数人口有利的产权保护和投资。而在疾病较少的温带地区,他们建立了“殖民者侨居地”，其制度与欧洲大体相同。

阿瑟莫格鲁、约翰逊和罗宾逊在他们2002年的文章中，着重讨论了殖民地既有发展水平这一因素。在人口密集、制度较完善的地区，建立抽血式政权比较有吸引力（因为有较多的人口可供剥削，而且可以利用既有的制度结构），而建立殖民者侨居地则比较困难。他们认为，这种战略的结果是造成一种“大逆转”：在殖民化地区，起初曾经最发达的地区变成了现在最落后的地区。

恩格曼和索科洛夫认为，另一种对殖民化战略具有较大影响的地理特征是奴隶贩卖。在1500～1800年来到美国的大多数人都是奴隶，而且各个地区使用奴隶的程度具有极大的差异。恩格曼和索科洛夫认为，地理因素是其中的关键：尽管所有的殖民政府都承认奴隶制度，但奴隶主要还是集中在适合种植农作物的地区，因为通过大量使用手工劳力，这些作物可以在大型种植园高效地生长。他们认为，殖民战略的这种早期差别对各地区的政治和制度发展具有持久的影响。

阿瑟莫格鲁、约翰逊和罗宾逊与恩格曼和索科洛夫发现了殖民战略存在较大差异的有力证据，而这些差异几乎可以肯定是当今社会基础结构差异的重要根源。但是，殖民战略存在差异的原因以及这些不同战略导致不同制度的作用渠道都尚不明确。

对于殖民战略差异的原因，很多研究者试图确定前面三篇论文中提出的原因哪一个更加重要，但收效甚微。而且，阿瑟莫格鲁、约翰逊和罗宾逊在2001年的文章中提出的证据引起了广泛争论。阿尔布伊（Albouy，2012）重新考察了殖民者死亡率的数据，发现与阿瑟莫格鲁、约翰逊和罗宾逊使用的图表相比，在很多情形下的可得数据表明，热带地区的死亡率更低，而温带地区的死亡率更高。因此他发现，现代社会基础结构与殖民者死亡率之间的统计关系远远弱于阿瑟莫格鲁、约翰逊和罗宾逊发现的结果〔1〕。

对于殖民战略差异影响制度发展的作用渠道，阿瑟莫格鲁、约翰逊和罗宾逊强调了抽血式政权与殖民者侨居地的区别，以及这种区别对产权保护力度的影响。相反，恩格曼和索科洛夫则强调了殖民战略对政治与经济的不平等性，从而对民主、公共教育与其他制度发展的影响。另一种可能性是，在欧洲人广泛定居的地区，欧洲的思想以及制度能够得到更为深入的传播。

接下来我们转为讨论热带地区的贫困可能揭示的第二个问题，即地理条件是否对收入具有重要的直接影响。阿瑟莫格鲁、约翰逊和罗宾逊对这个问题的观点比较强硬（特别体现在他们2001年的文章中），他们认为，地理因素只有通过在历史上对制度发展产生作用才会对今天的收入产生重要影响。例如，他们认为黄热病曾对殖民战略以及随后的制度发展产生了重要影响，而如今黄热病在全球范围内已经基本根除了，因此不会是当前收入差距的直接根源。

然而，上述论断是没有说服力的。考虑一两个世纪以前流行的黄热病与当前收入之间的负相关关系，其结果显然不能反映当前的黄热病风险会对收入有什么影响，因为这种风险是微乎其微的。但这也并不意味着，两者的负相关关系反映了

---

〔1〕 参见阿瑟莫格鲁、约翰逊和罗宾逊（2012）对阿尔布伊所做分析的回应。

过去的黄热病风险具有持久性影响(通过制度或者其他渠道),因为它完全可能是由与过去的黄热病风险相关并且会直接影响当前收入的其他变量(如其他热带疾病风险、不利于农业的气候等)所造成的。所以,地理因素是否对收入有重要的直接影响这个问题并没有得到解决。[1]

结论:“一刻钟五篇论文”

对于世界范围内生活水平的巨大差距,我们的认识现状是喜忧参半的。一方面,我们对这些差异的最终决定因素还远远没有清楚的定量认识,更谈不上对不同政策如何提高贫困国家收入进行定量评估。而另一方面,我们的知识正在迅速更新。在过去的20年间,关于收入直接决定因素的研究取得了突破性进展,并且仍在不断进步中。而关于收入深层次决定因素的研究也已经成为新思想与新证据的大熔炉。

在我用这些材料讲课的时候,为了说明当前相关研究的热烈与精彩,我会用简短的一节作为结尾,并把它叫作“一刻钟五篇论文”。之所以这样说,是因为当前有大量高质量而且十分重要的研究,而在这里我们只能浅尝辄止。这些论文中有的基于核算,有的基于统计,有的几乎完全是实证研究,有的则主要是理论研究,但它们共同的特点是,都对跨国收入差距以及贫穷国家的低收入阐述了深刻的见解。这些论文包括施密茨(Schmitz,2005);谢和克莱诺(Hsieh and Klenow,2009);普特曼和威尔(Putterman and weil,2010);亨德逊、斯托雷加和威尔(Henderson,Storeygard and Weil,2010);阿尔布伊(Albouy,2012)以及拉加科斯(Lagakos,2016);谢尔曼(Schoellman,2016)以及亨德里克和谢尔曼(Hendricks and Schoellman,2017)。[2]

4.6 增长率的差异

到目前为止,我们的讨论始终着重于各国人均收入水平的差异。但在第1.1节中我们曾提到,相对收入并不是固定的,而是经常大幅变化,有时仅仅在数十年就会发生巨变。因此,一个很自然的问题就是,我们前面关于收入水平差距的讨论对收入增长的差异有什么启示?

收敛到平衡增长路径

下面,我们从这样一个例子来开始我们的讨论:假设各国长期人均相对收入的潜在决定因素不随时间改变,也就是说,我们忽略储蓄率、受教育年限、既定投入下产出的长期决定因素等的相对变化。

---

[1] 讨论地理条件与制度的其他论文有伊斯特利和莱文(Easterly and Levine,2003);萨克斯(Sachs,2003);罗德里克、萨布拉玛尼安和特雷比(Rodrik,Subramanian and Trebbi,2004)以及格雷瑟、拉·波塔、洛佩兹—德—西拉内斯和施莱弗(Glaeser,La Porta,Lopez-de-Silanes and Shleifer,2004)。

[2] 细心的读者会发现,这个列表中不止五篇论文。而这正反映了现实情况,现有的重要研究为数众多,很难把这个列表限制在五篇以内。更细心的读者会发现,其中一篇论文涉及了美国和加拿大某个特定行业生产率的变化,这说明人们可以通过很多方法来理解低收入的根源。

各国的收入并不会迅速跳转到长期路径。例如,如果某国的部分资本存量在战争中被摧毁,那么资本只会逐渐回到其长期路径。在回归的过程中,工人平均资本,从而工人平均产出比平常增长得更快。更抽象地来说,各国增长率差异的一个根源就是,国家初始状态与其长期路径的相对位置不同,一开始低于长期路径的国家会比高于长期路径的国家增长得更快。

为了进一步理解这一点,我们可以简单地假设,工人平均产出的跨国差异仅仅来源于工人平均物质资本的差异。也就是说,工人平均人力资本以及既定投入下的产出对于所有国家都是相同的。假设产出由一个标准的生产函数给定,即 $Y_i(t)=F(K_i(t),A(t)L_i(t))$,而且该生产函数是规模报酬不变的。根据这个假设,我们可以把国家 i 的工人平均产出写为:

$$\frac{Y_i(t)}{L_i(t)}=A(t)f(k_i(t)). \tag{4.21}$$

与前几章的模型一样,不仅假设 $k\equiv K/(AL)$ 和 $f(k)\equiv F(k,1)$,还要求所有国家中 A 的路径都是相同的,因此(4.21)式表明,增长的差异仅仅来源于 k 的差异。

在索洛模型与拉姆塞模型中,每个经济都有一个平衡增长路径上的 k 值,而 k 的变化率与其偏离平衡增长路径值的距离近似成比例(参见第 1.5 节和第 2.6 节)。如果我们假设上述结论在这里也适用,就有:

$$\dot{k}_i(t)=\lambda[k_i^*-k_i(t)], \tag{4.22}$$

其中,k_i^* 是国家 i 在平衡增长路径上的 k 值,而 $\lambda(\lambda>0)$ 是收敛速度。方程(4.22)表明,当一个国家低于其平衡增长路径越多时,其单位有效劳动平均资本增加得就越快,从而工人平均收入增长得就越多。

对于 k_i^* 的值,有两种可能性。其一是所有国家均相同。在这种情形下,所有国家在其平衡增长路径上都具有相同的工人平均收入。这就意味着,平均收入的差异仅仅来源于各国相对于同一个平衡增长路径的距离的不同。因此,在这种情况下模型的结论是,人均收入越低的国家增长就越快。我们可以把这种情况叫作无条件收敛。

无条件收敛能够较好地刻画第二次世界大战后工业化国家的增长差异。这些国家的长期基本面变量(如储蓄率、受教育程度以及相对于寻租的生产激励)大体上是相同的,但由于第二次世界大战对各国的影响截然不同,它们在战后初期的平均收入差距很大。例如,日本和德国的平均收入远远低于美国和加拿大。这就意味着,这些国家在战后初期收入的大幅差距是来自于各国相对于其长期路径位置的不同而不是这些路径本身的差异。而且,战后初期最贫穷的工业化国家在随后的几十年间增长最快[多利克和阮(Dowrick and Nguyen,1989);曼昆、罗默和威尔(Mankiw,D. Romer and Weil,1992)]。

另一种可能性是 k_i^* 在各国有所不同。在这种情况下,跨国收入差距具有一个持续的组成部分。例如,储蓄率较低导致的比较贫穷的国家将不会比其他国家增长更快。但是,相对于平衡增长路径的位置不同导致的增长率差异会随着各国向其平衡增长路径收敛而逐渐消失。也就是说,模型会产生条件收敛:在控制平衡增长路径上收入的决定因素后，较贫穷的国家增长较快(巴罗和萨拉伊马丁 Barro and Sala-i-Martin，1991，1992；曼昆，罗默和威尔 Mankiw，Romer and Weil，1992)。

上述观点可以推广到初始收入差距并不只来自物质资本差异的情形。人力资本与物质资本一样，工人平均资本并不会迅速调整到其长期水平。例如，如果年轻人比上一代的受教育时间更长，则工人平均人力资本就会随着新工人不断进入劳动力、老工人不断退出劳动力而逐渐增加。类似地，工人和资本也不能在寻租与生产活动之间迅速而无成本地调整。因此，资源在这些活动之间的配置并不会瞬间跳跃至其长期水平。收入低于其长期路径的国家仍然会在向长期路径收敛的过程中经历短暂的高增长时期。

基本面因素的变化

在前面的分析中，我们假设了，各国工人平均收入的长期水平的潜在决定因素是固定不变的。但事实上，这些因素是会发生变化的，由此便产生了各国增长率差异的另一个来源。

为了理解这一点，我们仍然假设工人平均收入的差异仅仅来自工人平均物质资本的不同。与前面一样，假设在没有冲击的情况下，经济会向其平衡增长路径收敛。回忆方程(4.22)：$\dot{k}_i(t)=\lambda[k_i^*-k_i(t)]$。而我们要考虑的是，在 k_i^* 本身会发生变化的时间内经济的增长情况。要理解这个问题，最简单的办法是假设时间是离散的，并仅仅考虑两期之间的增长。假设 k_i 从时期 t 到时期 $t+1$ 的变化(用 Δk_{it+1} 表示)依赖于 t 期的 k_i^* 值与 k_i 值。因此，与方程(4.22)类似可以得到：

$$\Delta k_{it+1}=\lambda(k_{it}^*-k_{it}),\tag{4.23}$$

其中 λ 假定为在 0 到 1 之间。因此，k_i 从 t 到 $t+2$ 的变化为：

$$\Delta k_{it+1}+\Delta k_{it+2}=\lambda(k_{it}^*-k_{it})+\lambda(k_{it+1}^*-k_{it+1}).\tag{4.24}$$

要解释这个式子，可以重新把 k_{it+1}^* 写为 $k_{it}^*+\Delta k_{it+1}^*$，把 k_{it+1} 写为 $k_{it}+\Delta k_{it+1}$。于是，(4.24)式变为：

$$\begin{aligned}\Delta k_{it+1}+\Delta k_{it+2}&=\lambda(k_{it}^*-k_{it})+\lambda(k_{it}^*+\Delta k_{it+1}^*-k_{it}-\Delta k_{it+1})\\&=\lambda(k_{it}^*-k_{it})+\lambda[k_{it}^*+\Delta k_{it+1}^*-k_{it}-\lambda(k_{it}^*-k_{it})]\\&=[\lambda+\lambda(1-\lambda)](k_{it}^*-k_{it})+\lambda\Delta k_{it+1}^*,\end{aligned}\tag{4.25}$$

其中，第二行用(4.23)式替换了 Δk_{it+1}。

实际上，考虑连续时间的情形也是可行的。可以证明，如果 k_i^* 的变化不是离散的，那么(4.22)式就表明 k 在某个区间(比如从 0～T)的变化为

$$k_i(T)-k_i(0)=(1-e^{-\lambda T})[k_i^*(0)-k_i(0)]+\int_{\tau=0}^{T}(1-e^{-\lambda(T-\tau)})\dot{k}_i^*(\tau)d\tau.\tag{4.26}$$

方程(4.25)和(4.26)都说明了，我们可以把 k 在一个区间内的变化分解为两

项。其中，第一项依赖于一国与其平衡增长路径的相对位置，即我们前面所讨论的条件收敛效应。第二项依赖于在该区间内平衡增长路径的变化。例如，平衡增长路径上的 k 值上升会促进增长。正如连续时间情形的表达式所示，如果 k 值上升的时间较早，则其影响就会较大。

为了简单起见，我们在前面着重考察了物质资本。类似的结果也适用于人力资本和生产效率：增长依赖于各国相对于其平衡增长路径的起始位置，也依赖于各国平衡增长路径本身的变化。

上述分析表明，收敛问题实际上比我们早先讨论过的更加复杂。总的来说，收敛不仅依赖于各国相对于各自长期路径的初始位置的分布，以及这些长期路径本身的分布，还依赖于各国长期路径决定因素中各种变化的分布。例如，基本面变量的收敛可以导致经济的全面收敛。

人们可能会由此推断，存在促成收敛的强力因素。一国的平均收入远远低于世界平均水平，既可能是因为该国远远低于其长期路径，也可能是因为其长期路径上的收入非常低。在第一种情形中，该国可能会在向其长期路径收敛的过程中实现高速增长。在第二种情形中，该国可以通过改善其基本变量取得高速增长。例如，它可以采纳在富裕国家中得到成功应用的政策和制度。

然而，这种推断是没有依据的。在战后的绝大部分时间中，贫穷国家并没有比富裕国家增长得更快。这一现象反映了两个问题。第一，穷国与富国之间的初始差距并不是因为穷国低于其长期路径而富国高于其长期路径，事实上，有证据表明富国在一开始比其长期路径低得多[曹和格拉汉姆(Cho and Graham，1996)]。这也符合第二次世界大战对这些国家的影响各不相同的事实。第二，尽管在许多情形下穷国的基本面变量有所改善，但也有很多时候情况反而恶化了。

在第 1.1 节中我们提到过，如果我们考察过去几个世纪的经济增长，则其总体趋势明显是发散的。在 1800 年初步工业化的国家(主要包括西欧国家、美国和加拿大)现在要远比世界上较穷的国家富有得多。其原因可能是这些国家极大地改善了其基本面变量，而许多穷国并没有这样做。

增长奇迹与增长灾难

上述分析为我们理解各国相对收入变化的极端例子，即增长奇迹与增长灾难，提供了一个框架。我们知道，任何推动经济远离其长期路径或者大幅改变经济基本面变量的冲击都可能会造成一国在一段时期内相对于世界其他地区出现极高或者极低的增长。但是，大到足以使经济远远偏离其长期路径的冲击是十分罕见的。对此，一个最好的例子就是第二次世界大战对西德的影响。在战争前夕，这一地区的人均收入约为美国的 3/4，而在 1946 年战争结束后，其人均收入下降到约为美国水平的 1/4。在随后的 20 年里，西德的产出迅速增长并逐渐进入了其长期增长轨道：在 1946 年之后的 20 年间，西德的人均收入平均每年增长超过 7%，并且到 1966 年，其平均收入又重新达到了美国水平的 3/4[麦迪逊(Maddison，

1995)]。[1]

然而,如此大的扰动是非常罕见的。因此,增长奇迹与增长灾难通常是基本面变量大幅变化的结果。并且,由于社会基础结构是基本面变量的核心,因此多数增长奇迹与增长灾难都是社会基础结构迅速大幅变化的结果。

我们可以发现,增长奇迹与增长灾难似乎更容易发生在集权国家中,这实际上并不难理解,因为民主国家的制度很难发生大规模的迅速变动。但一个比较令人吃惊的现象是,独裁者的动机与社会基础结构变化的性质之间并没有明显的联系:社会基础结构的大幅改善可能会出现在绝非仁慈的独裁者手中,而大幅恶化也可能会出现在致力于提高国内普通居民生活水平的独裁者手中。对于社会基础结构显著改善,并且随后出现经济奇迹般高速增长的情况,其典型例子包括1960年前后的新加坡和韩国、20世纪70年代早期的智利以及1980年左右的中国。而反面的例子包括第二次世界大战后的阿根廷、20世纪60年代早期新独立的许多非洲国家、20世纪60年代中期中国的“文化大革命”以及20世纪70年代早期的乌干达。

到底什么样的社会基础结构能够带来较高的平均收入?关于这个问题的答案似乎越来越明确了,世界上许多贫穷国家都已经开始或者正要开始出现增长奇迹。然而,我们这种乐观的想法是否正确?答案尚未可知。

习　题

4.1　黄金律的教育水平。考虑第4.1节中的模型,假设$G(E)$的形式为$G(E)=e^{\phi E}$。

(a) 找出最大化平衡增长路径上人均产出水平的E值的表达式。是否存在这个值等于0的情形?是否存在该值等于T的情形?

(b) 假设内点解,描述E的黄金律水平[即(a)小题中你找到的E值]如何受下述变化的影响(如果有影响的话):

(i) T增加。

(ii) n下降。

4.2　内生化E的选择(本题来自比尔和克莱诺,2000)。假设受教育水平为E的工人在时期t所得的工资为$be^{gt}e^{\phi E}$。考虑出生于时期0的工人,他在生命中的最初E年接受学校教育,并在余下的$T-E$年参加工作。假设利率固定不变且等于$\bar{r}$。

(a) 把该工人终生收入的现值表示为E、T、b、$\bar{r}$、ϕ和g的函数。

(b) 找出使(a)小题中表达式最大化的E值的一阶条件。用E^*表示这个E值。(假设内点解。)

(c) 说明下列变化如何影响E^*:

(i) T增加。

(ii) $\bar{r}$上升。

---

[1] 相反,东德实行社会主义,其基本面变量有所恶化,因此重建十分缓慢。

(iii) g 上升。

4.3 假设国家 i 的产出由 $Y_i=A_iQ_ie^{\phi E_i}L_i$ 给定。这里 E_i 表示各工人的受教育年限，Q_i 表示教育质量，其他符号都有标准含义。较高的工人平均产出会改善教育质量。具体地说，Q_i 由 $B_i(Y_i/L_i)^{\gamma}$ 给定，$0<\gamma<1$，$B_i>0$。

我们的目标是，把两个国家之间工人平均产出对数的差异分解为教育与其他因素的贡献。现有数据包括两个国家的 Y、L 和 E，并且已知参数 ϕ 和 γ 的值。

(a) 把 $\ln(Y_2/L_2)-\ln(Y_1/L_1)$ 中数量为 $\phi(E_2-E_1)$ 的部分归结于教育，剩下的归结于其他因素。解释这样做为何会低估教育的贡献。

(b) 如何更好地测算教育对工人平均产出差异的贡献？

4.4 假设生产函数为 $Y=K^{\alpha}(e^{\phi E}L)^{1-\alpha}$，$0<\alpha<1$。$E$ 是工人的受教育程度，其余都是常见记号。假设资本可以自由流动。特别是，K 总是调整到使资本的边际产出等于世界范围的资本回报率 r^*。

(a) 把资本的边际产出表示为 K、E、L 和生产函数中各参数的函数。

(b) 利用(a)小题中得到的方程，把 K 表示为 r^*、E、L 和生产函数中各参数的函数。

(c) 利用(b)小题的答案找出 $d(\ln Y)/dE$ 的表达式(要体现出 E 通过 K 对 Y 的影响)。

(d) 从直观上解释资本的流动性会如何改变 E 变化时对产出的影响。

4.5 (本题来自曼昆、罗默和威尔，1992)假设 $\alpha>0$、$\beta>0$、$\alpha+\beta<1$，产出由 $Y(t)=K(t)^{\alpha}H(t)^{\beta}[A(t)L(t)]^{1-\alpha-\beta}$ 给定，其中 L 是工人数量，H 是他们的技能总量，其余为常见记号。投入品的动态变化为 $\dot{L}(t)=nL(t)$，$\dot{A}(t)=gA(t)$，$\dot{K}(t)=s_kY(t)-\delta K(t)$，$\dot{H}(t)=s_hY(t)-\delta H(t)$，其中 $0<s_k<1$，$0<s_h<1$，并且 $n+g+\delta>0$。$L(0)$、$A(0)$、$K(0)$ 和 $H(0)$ 均已知，且严格为正。最后，定义 $y(t)\equiv Y(t)/[A(t)L(t)]$，$k(t)\equiv K(t)/[A(t)L(t)]$，$h(t)\equiv H(t)/[A(t)L(t)]$。

(a) 用 $k(t)$，$h(t)$ 与模型参数表示 $y(t)$。

(b) 用 $k(t)$，$h(t)$ 与模型参数表示 $\dot{k}(t)$。在 (k,h) 空间画出满足 $\dot{k}=0$ 的点。

(c) 用 $k(t)$，$h(t)$ 与模型参数表示 $\dot{h}(t)$。在 (k,h) 空间画出满足 $\dot{h}=0$ 的点。

(d) 此经济是否会收敛于平衡增长路径？为什么？如果收敛，平衡增长路径上工人平均产出的增长率是多少？如果不收敛，一般而言工人平均产出会如何随时间变化？

4.6 考虑习题 4.5 中的模型。

(a) 用 s_k、s_h 与其他模型参数表示平衡增长路径上的 k 值与 h 值。

(b) 假设 $\alpha=1/3$，$\beta=1/2$。考虑两个国家，A 与 B，假设 A 国的 s_k 与 s_h 均为 B 国的 2 倍，其他都完全相同。模型表明在平衡增长路径上，A 国与 B 国工人平均收入的比率是多少？

(c) 考虑与(b)小题中相同的假设。模型表明在平衡增长路径上，A 国与 B 国工人平均技能水平的比率是多少？

4.7 (本题来自琼斯，2002a)考虑第 4.1 节中的模型，假设 $G(E)=e^{\phi E}$。但同时

假设E并不是固定不变的,而是稳定地增长:$\dot{E}(t)=m$,其中$m>0$。假设除了人们的受教育程度稳定增加之外,工人数量的增长率与基本模型一样为常数而且等于n。

(a) 对模型作上述改动之后,工人平均产出的长期增长率是多少?

(b) 在20世纪的美国,如果用受教育年限计算E,则$\phi\approx0.1$且$m\approx1/15$。工人平均产出的增长率大体上为每年2%。根据你在(a)小题中的答案,这一增长率中大约有多大的比例是来源于教育程度的增加?

(c) $\dot{E}(t)$是否能永远等于$m(m>0)$?请解释。

4.8 考虑下述具有物质资本与人力资本的模型:

$$Y(t)=[(1-a_K)K(t)]^{\alpha}[(1-a_H)H(t)]^{1-\alpha},\ 0<\alpha<1,\ 0<a_K<1,\ 0<a_H<1,$$

$$\dot{K}(t)=sY(t)-\delta_K K(t),$$

$$\dot{H}(t)=B[a_K K(t)]^{\gamma}[a_H H(t)]^{\phi}[A(t)L(t)]^{1-\gamma-\phi}-\delta_H H(t),\ \gamma>0,\ \phi>0,\ \gamma+\phi<1,$$

$$\dot{L}(t)=nL(t),$$

$$\dot{A}(t)=gA(t),$$

其中a_K和a_H分别是教育部门所使用的物质资本存量和人力资本存量的比例。

这个模型假设人力资本是由独立的部门通过专门的生产函数生产出来的。个人(L)只有作为受教育者时才是有用的,并不作为投入品进入最终产品的生产。类似地,知识(A)也只用作可以传授给学生的东西,并不作为产品生产的直接投入品。

(a) 定义$k=K/(AL)$,$h=H/(AL)$。推导$\dot{k}$与$\dot{h}$的方程。

(b) 找出使得$\dot{k}=0$的h与k的方程。在(h,k)空间中描绘出来。对$\dot{h}=0$重复这一过程。

(c) 经济是否有平衡增长路径?如果有,是否是唯一的?是否是稳定的?在平衡增长路径上,人均产出、人均物质资本与人均人力资本的增长率分别是多少?

(d) 假设经济一开始处在平衡增长路径上,然后s永久性地上升。这一变化会如何影响人均产出随时间变动的路径?

4.9 规模报酬递增的人力资本模型(本题来自卢卡斯,1988)。假设$Y(t)=K(t)^{\alpha}[(1-a_H)H(t)]^{\beta}$,$\dot{H}(t)=Ba_H H(t)$,$\dot{K}(t)=sY(t)$。假设$0<\alpha<1$,$0<\beta<1$并且$\alpha+\beta>1$。[1]

(a) H的增长率是多少?

(b) 经济是否收敛于平衡增长路径?如果是,平衡增长路径上K与Y的增长率是多少?

4.10 (测量误差的另一种形式。)假设社会基础结构(SI)与对数化人均收入y之间的真实关系为$y_i=a+bSI_i+e_i$。社会基础结构有两个组成部分,SI^A和SI^B(且$SI_i=SI_i^A+SI_i^B$),而我们仅拥有其中一个组成部分SI^A的数据。SI^A和SI^B都与e不相关。我们考虑用y对一个常数项和SI^A做最小二乘回归。

[1] 与本题不同,卢卡斯的模型中a_H与s是内生的而且可能随时间变化,并且还假设人力资本的社会回报与私人回报是不同的。

(a) 试推导形如“$y_i=a+bSI_i^A+$其他项”的表达式。

(b) 利用(a)小题的答案，确定在下述情形下，用 y 对一个常数项和 SI^A 做最小二乘回归能否得到社会基础结构对收入所造成影响的无偏估计：

(i) SI^A 与 SI^B 不相关。

(ii) SI^A 与 SI^B 正相关。

4.11 简要解释下列关于用各国人均收入对社会基础结构做回归的说法是否正确：

(a) 如果估计使用的方法是最小二乘法，则可以得到社会基础结构对人均产出的影响。

(b) 如果估计使用的方法是工具变量法，其中工具变量不受社会基础结构的影响，则可以得到社会基础结构对人均产出的影响。

(c) 如果估计使用的方法是最小二乘法，并且 R^2 较高，则表明回归中没有遗漏影响人均产出的重要变量。因此在这种情形下，回归所得到的估计参数很可能非常接近于社会基础结构对人均产出的真实影响。

4.12 收敛性回归。

(a) **收敛性。**令 y_i 表示国家 i 中工人平均产出的对数。假设在平衡增长路径上，各国工人平均收入的对数 y^* 都是相同的。同时假设 y_i 的变化规律为 $dy_i(t)/dt=-\lambda[y_i(t)-y^*]$。

(i) 把 $y_i(t)$表示为 $y_i(0)$、y^*、λ 和 t 的函数。

(ii) 假设 $y_i(t)$实际上等于(i)小题中所得表达式加上一个均值为零，且与 $y_i(0)$不相关的随机扰动项。考虑形如 $y_i(t)-y_i(0)=\alpha+\beta y_i(0)+\varepsilon_i$ 的跨国增长回归方程。此回归方程中 $y_i(0)$的系数 β 与收敛速度 λ 之间是什么关系？(提示：对于一元最小二乘回归，右边变量的系数等于左右两边变量的协方差除以右边变量的方差。)根据这种关系，如何从 β 的估计得到 λ 的估计？

(iii) 如果(ii)小题中的 β 是负数(从而富国在平均意义上比穷国增长得慢)，则 $\mathrm{Var}(y_i(t))$是否一定会小于 $\mathrm{Var}(y_i(0))$，即各国收入的方差会不断下降？请解释。如果 β 是正数，$\mathrm{Var}(y_i(t))$是否一定会大于 $\mathrm{Var}(y_i(0))$？请解释。

(b) **条件收敛。**假设 $y_i^*=a+bX_i$，并且 $dy_i(t)/dt=-\lambda[y_i(t)-y_i^*]$。

(i) 把 $y_i(t)$表示为 $y_i(0)$，X_i，λ 和 t 的函数。

(ii) 假设 $y_i(0)=y_i^*+u_i$，$y_i(t)$等于(i)小题中得到的表达式加上一个均值为零的随机扰动项 e_i。其中 X_i、u_i 和 e_i 互不相关。考虑形如 $y_i(t)-y_i(0)=\alpha+\beta y_i(0)+\varepsilon_i$ 的跨国增长回归方程。假如我们想利用(a)(ii)小题中的公式从 β 的估计推导 λ。这样做所得到 λ 的估计是正确的、高估的还是低估的？

(iii) 考虑形如 $y_i(t)-y_i(0)=\alpha+\beta y_i(0)+\gamma X_i+\varepsilon_i$ 的跨国增长回归方程。在与(ii)小题中相同的假设条件下，如何根据 β 和 γ 的估计得到 X 对平衡增长路径上 y 值的影响，即得到 b 的估计？

5 实际经济周期理论

5.1 引言：经济波动的一些事实

在现代经济中，总产出和失业率常常会出现显著的短期变动。有时产出和就业会下降，而失业率上升；有时产出和就业会迅速上升，而失业率则下降。例如，2007～2009年，美国经济经历了严重的衰退（这段时期又称为大衰退），从2007年第四季度到2009年第二季度，其实际GDP下降了4.2个百分点，成年人口就业比例下降了3.2个百分点，而失业率由4.8%上升到9.3%。对比一下，在此前的5年中（即从2002年第四季度到2007年第四季度），美国的实际GDP平均每年上升2.9个百分点，成年人口就业比例每年上升0.3个百分点，而失业率则从5.8%下降到4.8%。

理解总量波动的原因是宏观经济学的另一个核心任务，因此在本章及后续的第6章和第7章中，我们会着重讨论有关宏观经济波动根源和性质的主要理论。但在学习这些理论之前，我们首先来简要回顾一下关于短期波动的一些重要事实。具体而言，鉴于美国经验在形成宏观经济思想过程中的核心角色，我们会着重讨论美国经济。

经济波动事实

关于波动的第一个重要事实是，它们并不表现出任何简单的规律或者周期性模式。图5.1展示了自1947年以来经季节性调整后的人均实际GDP，而表5.1总结了第二次世界大战后11次衰退中实际GDP的表现。[1] 这里的图表说明了，产出下降的幅度和时间间隔都大不相同。实际GDP的降幅小至2000～2001年的0.3个百分点，大至"大衰退"中的4.2个百分点。从一次衰退结束到下一次衰退开始的时间间隔小至1980～1981年的4个季度，大至1960～1970年和1991～2000年的几乎10年。此外，产出下降的方式也有很大的不同。在1980年的衰退

〔1〕 美国衰退日期的确定并不仅仅是根据实际GDP的表现，而是由国家经济研究局（NBER）根据多种指标所做出的经验性判断。由于这个原因，NBER官方公布的波峰和波谷日期与表5.1所示的日期有所不同。

中,2.2%的总下降幅度里有超过 90%发生在一个季度之内;在 1960 年的衰退中,产出先下降了一个季度,然后略有上升,接着又下降;而在 1957～1958 年和 1981～1982 年的衰退中,产出在连续两个季度内急剧下降。

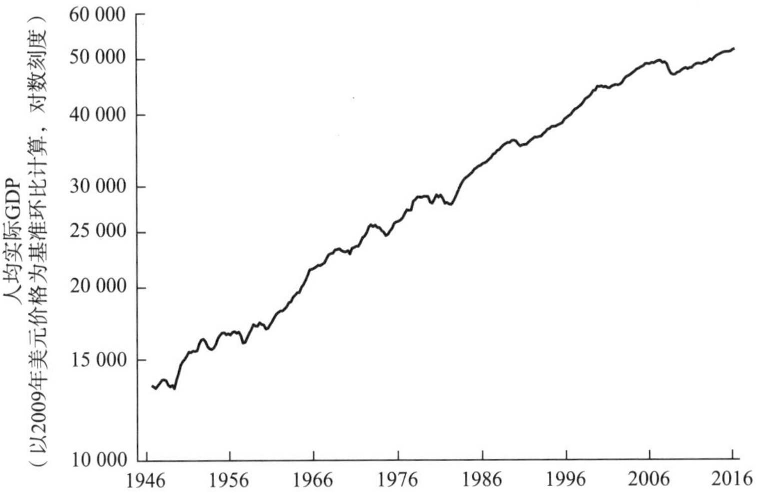

图 5.1　美国的人均实际 GDP,1947 年一季度～2016 年四季度

表 5.1　　第二次世界大战后美国的经济衰退

实际 GDP 年份和季度	波峰的实际 GDP 从波峰到波谷经历的季度数	实际 GDP 从波峰到波谷的变化幅度
1948:4	2	−1.7%
1953:2	3	−2.5
1957:3	2	−3.6
1960:1	3	−1.3
1970:3	1	−1.0
1973:4	5	−3.1
1980:1	2	−2.2
1981:3	2	−2.8
1990:3	2	−1.3
2000:4	1	−0.3
2007:4	6	−4.2

由于产出的变化并不规则,主流的观点认为,在比较随机的时间间隔中,经济会受到各种类型和幅度的冲击的扰动,并且这些扰动会在整个经济中传播。不同经济学思想流派之间的区别是他们对这些冲击和传导机制的假设有所不同。

关于波动的第二个重要事实是,产出各组成部分的波动程度各不相同。表 5.2 展示了总产出中每个组成部分的平均份额,以及在经济衰退时这些组成部分在总产出下降中所占的平均份额(相对于正常增长时期)。如表 5.2 所示,尽管存货投资在 GDP 中只占一个极小的比例,但它在衰退时的波动却几乎占 GDP 下降的一半:存货积累在波峰时一般为较大的正数,而在波谷时一般为较大的负数。而耐用品消费、住房投资与非住房固定投资(即除存货外的商业投资)在产出波动中所占的份额也不成比例。非耐用品和服务消费、政府购买以及进出口则相对比较稳定。[1] 尽管历次衰退各有不同,但表 5.2 中所示的一般模式在多数情况下都是成立的,即在总产出下降时,某些组成部分会不成比例地下降,而当总产出超过正常水平增长时,这些组成部分也会不成比例地上升。

表 5.2　　产出各组成部分在经济衰退时的变化

GDP 的构成	占 GDP 的平均份额(%)	经济衰退时(相对于正常增长)在 GDP 下降中所占的份额(%)
消费		
耐用品	8.5	15.0
非耐用品	19.5	9.5
服务	35.3	11.1
投资		
住宅投资	4.7	11.0
非住宅固定投资	12.0	22.0
存货	0.5	45.7
政府购买	20.7	−0.8
净出口	−1.2	−13.5

关于波动的第三个事实涉及产出变动的不对称性。产出的上升与下降并没有明显的不对称性,也就是说,产出的增长大体上围绕其平均值对称地分布。但是,确实存在另一种意义上的不对称:产出似乎会在相对较长的时期内略高于其正常路径,并断断续续地出现短时期内远低于正常路径的情况。[2]

最后,表 5.3 总结了经济衰退期间一些重要经济变量的表现。不出意外,衰退时期的就业率下降而失业率上升。此外,如表中所示,衰退时期的平均工作时间缩短了。但经济总体(不包括制造业)就业和工作时间的下降幅度通常比产出的下降幅度小,因此衰退期间的生产率(工人每小时的平均产出)几乎总是下降的。生产率下降与工作时间下降之间的关系表明了,失业率的变动小于产出变动。我们将产出变动与失业率变动之间的关系称为奥肯定律。这一"定律"最初由奥肯(Okun,1962)提出,他发现 GDP 每低于正常增长率 3 个百分点,失业率就会上升 1 个百分点。而目前,这两者之间更准确的关系是 2∶1。

---

〔1〕 净出口项在战后一般为负,并且在衰退期间,净出口和政府购买通常会增长。

〔2〕 更准确地说,增长极高的时期紧跟在增长极低的时期之后,这种模式要比与之相反的模式普遍得多。参见西切尔(Sichel,1993)。

表 5.3　　产出各组成部分在经济衰退时的变化

经济变量	衰退时的平均变化	变量下降时确有经济衰退的次数
实际 GDP*	−4.2%	11/11
就业*	−2.5%	11/11
失业率(百分点变化)	+1.9	0/11
制造业工人的每周平均工作小时数	−2.8%	11/11
非农产业每小时产出*	−1.6%	10/11
通货膨胀率(GDP 年减指数;百分点变化)	−0.2	4/11
非农产业每小时实际薪酬*	−0.4%	7/11
三月期国债名义利率(百分点变化)	−1.8	10/11
三月期国债事后实际利率(百分点变化)	−1.5	10/11
实际货币余额(M2/GDP 折算指数)*†	−0.1%	3/8

注:* 经济衰退时期的变化是根据该变量相对于整个战后时期(1947 年一季度～2016 年四季度)的平均增长率计算得到的;† 只能得到 1959 年之后的数据。

表 5.3 的其余各行总结了不同价格变量和金融变量的表现。通货膨胀没有明显的变动模式;实际工资(至少按照总量数据测算)倾向于略微下降;名义利率和实际利率通常会下降,而实际货币余额则没有明显的变动模式。

美国经济周期史概览

为了更好地理解经济周期的不同模式以及上述事实,我们在此简要地回顾一下美国自 19 世纪末以来宏观经济波动的历史过程。这段历史大体上可以划分为五个阶段:大萧条之前的时期;大萧条与第二次世界大战时期;战后早期;大缓和时期;以及大衰退到现在。

第一个时期有严重的数据缺陷,对我们理解当时的情况造成了不便。根据可得数据,从内战结束到大萧条前期,经济总体的波动幅度中等偏大,但产出并没有出现大幅下降。比起战后头十年,大萧条之前的产出变动似乎略大并且持续性较低,但是波动的特征并没有明显不同。在这两个时期中,产出在各部门之间的构成、政府的作用以及货币体制等经济特征都截然不同,可见,要么波动的特征是由不大随时间变化的因素决定的,要么经济中就存在一系列变化,大体上抵消了总量波动的影响。[1]

第二个时期中,美国宏观经济出现了比较极端的波动:大萧条期间的经济崩溃与 20 世纪 30 年代以及第二次世界大战时期的复兴,足以让此前和后来的所有经济波动都相形见绌。在 1929～1933 年间,美国的实际 GDP 下降了 26 个百分点,估算失业率在 1933 年达到了 25%。在随后的 11 年中,实际 GDP 的年平均增长率为 10%,结果失业率在 1944 年仅为 1.2%。最后,在 1944～1947 年,实际 GDP 下

〔1〕 更多有关大萧条之前经济波动的讨论可以参考 C. 罗默(C. Romer,1986,1989,1999)与戴维斯(Davis,2004)。

降了13%,而失业率则上升到3.9%。

从第二次世界大战结束到20世纪80年代初,经济的波动回归温和状态。这段时期可以根据通货膨胀的变化(通货膨胀在这段时期有根本性的变化,而实际产出则没有根本性变化)分为两段。从二战结束到20世纪60年代中期,通货膨胀几乎总是在较低的水平保持稳定,此后开始毫无规律地上涨,从20世纪60年代初的不到2%逐渐上涨到20世纪80年代初的接近10%(因此这段时期又被称为大通胀)。在1981～1982年的衰退期间以及随后经济复苏的头几年(沃克尔反通胀时期),通货膨胀又迅速下降。我们将在第12.9节讨论大通胀成因的几种理论。

从沃克尔反通胀结束到大衰退开始期间,宏观经济空前稳定[参见麦康奈尔和佩雷兹-奎洛斯(McConnell and Prez-Quiros,2000)]。从1982年到2007年,美国经济仅仅经历了两次轻微的衰退,其间保持了经济繁荣的最长纪录,而通货膨胀则一直维持在较低水平。

大缓和时期的繁荣稳定在2008年突然画上了句号。实际GDP出现了1957～1958年以来最严重的双季度下滑。从2008年9月到2009年5月,就业率下降了3.9个百分点,失业率则上升了3.3个百分点。用绝大多数标准测算,大衰退都是第二次世界大战以后最严重的一次经济下滑。[1]

如何看待大衰退结束之后的时期取决于你更关心增长率还是水平值。从增长率看,宏观经济迅速回归了稳定:2009年衰退结束以后,GDP和就业的增长率甚至比大缓和时期还要稳定,通货膨胀也一直保持低位,变动很小。但是,经济迅速回到正常增长的一个结果就是,大衰退之后经济并没有反弹,这与以前的经济衰退截然不同。如图5.1所示,实际GDP在下降后仅仅是回到了衰退前的增长率水平。因此从水平值来看,经济并没有迅速回到正常,例如,高失业的持续时间是大萧条以来最长的一次。

大衰退结束以来的时期难以解释还有一个原因,就是它还没有过去多久。大衰退只是一次偶然事件还是宏观经济回到高度波动的前奏?这个问题的答案会极大地影响我们如何看待这段时期(以及如何看待大衰退本身),而仅仅几年的稳定并不足以给这个问题盖棺定论。

5.2 经济周期研究概述

在开始研究总量波动时,一个很自然的问题是,我们能否通过建立一个瓦尔拉斯模型(即没有任何外部性、不对称信息、市场缺失或者其他不完备性的竞争性模型)来理解这个问题。如果可以,那么经济波动分析可能就不必与传统的微观经济分析相去甚远。

正如我们在第2章中所强调的,在研究总体经济时,拉姆塞模型是最自然的瓦尔拉斯基准模型:在拉姆塞模型中,市场是完美的,不存在由家庭异质性所导致的

---

〔1〕 宏观经济学家对于“大”字的滥用大概要么是反映了这个字修饰的研究对象特别重要,要么就是他们觉得自己特别重要。读者可以自己判断到底哪个解释更有道理一些。

各种问题。因此,本章旨在对拉姆塞模型的一个变形进行扩展,来讨论总量波动的问题。要实现这一目标,我们需要从两个方面对模型进行修改。首先,必须要有一个扰动来源:如果没有冲击,那么拉姆塞经济就会收敛到一个平衡增长路径,然后平稳增长。早期经典的经济波动模型比较强调瓦尔拉斯经济中的技术冲击,也就是生产函数在不同时期间的变动[参见基德兰德和普雷斯科特(Kydland and Prescott, 1982);朗和普罗索(Long and Plosser, 1983);普雷斯科特 (Prescott, 1986)]。后来的研究则考虑了一系列其他冲击。其中最重要的冲 击包括政府购买冲击[参见埃亚加力,克里斯蒂亚诺和埃岑鲍姆(Aiyagwi, Christiano, and Eichenbaum, 1992);巴克斯特和金(Baxter and King, 1993);克里斯蒂亚诺和埃岑鲍姆(Christiano, and Eichenbaum, 1992)];关于未来技术变化的消息冲击参见布德瑞和波特(Beaudry and Portier, 2004, 2006);加莫维奇和瑞贝罗(Jaimovich and Rebelo, 2009);亚力克索普洛斯(Alexopoulos, 2011)];以及投资品的生产技术冲击]参见格林伍德、赫柯维兹和霍夫曼(Greenwood, Hercowitz, and Huffman, 1988);霍恩斯坦和克鲁塞尔(Hornstein and Krusell, 1996)]。[1] 上述所有冲击都是实际冲击,与货币冲击或者名义冲击不同:技术冲击会改变既定投入所能生产的产出数量,而政府购买冲击会改变既定产出水平下经济中私人可得的产品数量。基于这个原因,这些模型也称为实际经济周期(RBC)模型。

需要对拉姆塞模型做的第二个修改是考虑就业变动。在我们前面学过的所有模型中,劳动供给都是外生的,要么不变,要么就稳定增长。然而,实际经济周期理论着重于讨论瓦尔拉斯模型是否能够较好地刻画波动的主要特征这一问题,国际经济周期理论模型中的家庭效用不仅依赖于消费,还依赖于工作时间,这样方便我们讨论就业的变化。于是,就业由劳动供给与劳动需求的交点确定。

尽管瓦尔拉斯模型是研究宏观经济波动的一个比较自然的出发点,但我们将看到,本章中的实际经济周期模型解释实际波动的能力较差,我们仍需要建立更深入的模型。但与此同时,实际经济周期模型的确是旨在完成经济周期研究的最终目标:基于微观经济基础建立一个一般均衡模型,以确定潜在的冲击,并定性和定量地解释宏观经济波动的主要特征。因此,本章的模型不仅可以告诉我们纯粹的瓦尔拉斯模型能够在多大程度上帮助我们理解波动,还可以从分析方法上说明经济周期研究的目标。全面、详细地研究波动的一般均衡模型称为动态随机一般均衡(DSGE)模型;而如果是定量模型,并且使用更多的证据来确定参数值与冲击的性质,则称为校准的 DSGE 模型。

在第 5.9 节中,我们将进一步讨论本章中 RBC 模型在涉及货币冲击时会失效的问题,因为有证据表明,与模型预测的结果相反,货币冲击具有重要的实际影响。很多人都同意,名义不完美或者名义刚性对宏观经济波动是至关重要的,因此在第 6 章和第 7 章中,我们会在本章分析的基础上把名义刚性引入到经济周期模型中。

第 6 章几乎去除了本章模型中所有的复杂性,而仅仅着眼于名义刚性。首先讨论名义刚性外生的简单模型,然后继续在简单静态模型中讨论名义刚性的微观

〔1〕 投资品的生产技术冲击与第 1 章习题 1.14 中物化的技术进步紧密相关。

基础。第 6 章说明了经济周期研究的一个重要特点:虽然我们的最终目标是校准一个足以刻画波动主要特征的 DSGE 模型,但并不是用一个模型就能解决所有的经济周期问题;如果我们的目标是理解有关波动的某个特定问题,那么通过研究简化模型则反而收获更多。

第 7 章开始在 DSGE 波动模型中引入名义刚性。但是,不出意外,在第 7 章我们仍然无法完成经济周期研究的终极目标。第 7 章着重讨论了“动态随机一般均衡”中的“动态”部分,即分析动态价格调整模型,并在最后介绍了主流模型的一些基本知识以及尚未完成的一些主要工作。

5.3 一个基准模型

下面,我们讨论一个具体的实际经济周期模型,其他这类模型的假设和函数形式都与本模型类似。本模型是第 2 章中拉姆塞模型在离散时间下的一个变形。由于我们的目标是定量地刻画经济行为,我们假定了生产和效用的具体函数形式。RBC 文献中讨论了各种各样的冲击,为了便于分析,我们限定经济面临的冲击为其中的两种:技术冲击和政府购买冲击。

经济由大量相同的厂商和家庭组成,它们都是价格的接受者。与拉姆塞模型一样,家庭是永远存活的。生产的投入品仍然包括资本(K)、劳动(L)以及“技术”(A),并且生产函数是柯布—道格拉斯函数,因此 t 期的产出为:

$$Y_t = K_t^{\alpha}(A_t L_t)^{1-\alpha}, \quad 0<\alpha<1. \tag{5.1}$$

产出在消费(C)、投资(I)以及政府购买(G)之间进行分配。每期资本折旧的比例为 δ。因此 $t+1$ 期的资本存量为:

$$\begin{aligned} K_{t+1} &= K_t + I_t - \delta K_t \\ &= K_t + Y_t - C_t - G_t - \delta K_t. \end{aligned} \tag{5.2}$$

政府购买通过总量税融资,并且假设每期的税收等于政府购买。[1]

劳动和资本各按其边际产出取得报酬,在 t 期的实际工资与实际利率为:

$$\begin{aligned} w_t &= (1-\alpha) K_t^{\alpha}(A_t L_t)^{-\alpha} A_t \\ &= (1-\alpha)\left(\frac{K_t}{A_t L_t}\right)^{\alpha} A_t, \end{aligned} \tag{5.3}$$

$$r_t = \alpha\left(\frac{A_t L_t}{K_t}\right)^{1-\alpha} - \delta. \tag{5.4}$$

代表性家庭最大化的期望值效用函数如下:

$$U = \sum_{t=0}^{\infty} e^{-\rho t} u(c_t, 1-\ell_t)\frac{N_t}{H}. \tag{5.5}$$

---

〔1〕 与拉姆塞模型相同,在本模型中,选择债务融资或者税收融资对结果实际上并没有影响,这里假设税收融资只是为了方便讲解。第 13.2 中解释了为什么融资来源在这类模型中无关紧要。

其中，$u(\cdot)$是家庭中代表性成员的瞬时效用函数，ρ 是折现率；[1] N_t 是人口数量，H 是家庭数量，因此 N_t/H 是家庭成员数。人口按外生的速率 n 增长：

$$\ln N_t = \overline{N} + nt, \quad n < \rho. \tag{5.6}$$

因此，N_t 的水平由 $N_t = e^{\overline{N}+nt}$ 给定。

瞬时效用函数 $u(\cdot)$中有两个自变量：第一个是家庭中每个成员的平均消费 c；第二个是每个成员的平均闲暇，它等于每个成员的时间禀赋（简单起见，标准化为1）减去每个成员的工作时间 ℓ。由于所有家庭都是相同的，因此 $c = C/N$，$\ell = L/N$。为了简单起见，我们假设 $u(\cdot)$是这两个自变量的对数线性函数：

$$u_t = \ln c_t + b\ln(1-\ell_t), \quad b > 0. \tag{5.7}$$

模型的最后一个假设涉及技术和政府购买两个变量的行为。首先考虑技术。为了刻画趋势增长，模型假设在没有冲击时，$\ln A_t$ 等于 $\overline{A} + gt$，其中 g 是技术进步率。由于技术也会受随机扰动的影响，得到，

$$\ln A_t = \overline{A} + gt + \widetilde{A}_t, \tag{5.8}$$

其中 $\widetilde{A}$ 表示与趋势的距离。假设 $\widetilde{A}$ 服从一个一阶自回归过程，也就是说，

$$\widetilde{A}_t = \rho_A \widetilde{A}_{t-1} + \varepsilon_{A,t}, \quad -1 < \rho_A < 1, \tag{5.9}$$

其中，$\varepsilon_{A,t}$ 是白噪声扰动项，即一系列零均值且互不相关的冲击。方程(5.9)表明，$\ln A_t$ 的随机项 $\widetilde{A}_t$ 等于其上期值乘以 ρ_A 再加上一个随机项。若 ρ_A 为正，则表明技术冲击的影响随时间逐渐消失。

此外，我们对政府购买也做出了类似的假设。人均政府购买的趋势增长率就等于技术的趋势增长率（若非如此，则随着时间的推移，政府购买相对于经济就会变得任意大或者任意小），得到，

$$\ln G_t = \overline{G} + (n+g)t + \widetilde{G}_t, \tag{5.10}$$

$$\widetilde{G}_t = \rho_G \widetilde{G}_{t-1} + \varepsilon_{G,t}, \quad -1 < \rho_G < 1, \tag{5.11}$$

其中，ε_G 是与 ε_A 不相关的白噪声扰动项。这样就完成了对本模型的所有描述。

5.4 家庭行为

本模型与拉姆塞模型之间最重要的两个区别是：在效用函数中引入了闲暇；在技术和政府购买中引入了随机性。在分析模型的基本性质之前，我们有必要首先讨论一下这两个特点对家庭行为的影响。

---

〔1〕 在离散时间模型中，折现的表示方法通常是 $1/(1+\rho)^t$ 而不是 $e^{-\rho t}$，但是由于本模型是对数线性结构，指数形式在这里更为自然。不过这两种方法并没有重要的差别。具体而言，如果令 $\rho' = e^{\rho} - 1$，可以得到 $e^{-\rho t} = 1/(1+\rho')^t$。本模型的对数线性结构也是人口增长、技术趋势增长以及政府购买采用指数形式的原因[参见方程(5.6)、(5.8)与(5.10)]。

劳动供给的跨期替代

为了理解效用函数对劳动供给的含义,我们可以首先考虑家庭只存活一期并且没有初始财富的情形。此外,为了简单起见,假设家庭只有一个成员。在这种情形下,家庭的目标函数就是 $\ln c+b\ln(1-\ell)$,其预算约束则是 $c=w\ell$。

家庭最大化问题的拉格朗日函数为:

$$\mathcal{L}=\ln c+b\ln(1-\ell)+\lambda(w\ell-c). \tag{5.12}$$

c 与 ℓ 的一阶条件分别为:

$$\frac{1}{c}-\lambda=0, \tag{5.13}$$

$$-\frac{b}{1-\ell}+\lambda w=0. \tag{5.14}$$

由于预算约束要求 $c=w\ell$,(5.13)式意味着 $\lambda=1/(w\ell)$。把此式代入(5.14)可得:

$$-\frac{b}{1-\ell}+\frac{1}{\ell}=0. \tag{5.15}$$

上式是不涉及工资的,劳动供给[满足(5.15)式的 ℓ 值]与工资无关。从直观上看,由于效用与消费是对数关系,并且家庭没有初始财富,工资变化的收入效应和替代效应相互抵消了。

在静态情形下,工资水平不会影响劳动供给,但这个结论并不能说明,当家庭寿命超过一期时工资的变化也不影响劳动供给。通过考虑家庭存活两期的情形,我们可以很容易地理解这一点。继续假设家庭没有初始财富,并且只有一位成员。此外,假设利率或者第二期的工资都没有不确定性。

家庭的终生预算约束现在变为:

$$c_1+\frac{1}{1+r}c_2=w_1\ell_1+\frac{1}{1+r}w_2\ell_2, \tag{5.16}$$

其中 r 是实际利率。拉格朗日函数为:

$$\begin{aligned}\mathcal{L}=&\ln c_1+b\ln(1-\ell_1)+e^{-\rho}[\ln c_2+b\ln(1-\ell_2)]\\&+\lambda\left[w_1\ell_1+\frac{1}{1+r}w_2\ell_2-c_1-\frac{1}{1+r}c_2\right].\end{aligned} \tag{5.17}$$

家庭的选择变量为 c_1、c_2、ℓ_1 与 ℓ_2。不过,只有 ℓ_1 和 ℓ_2 的一阶条件能够用于说明两期间的相对工资对相对劳动供给的影响。这两个一阶条件是:

$$\frac{b}{1-\ell_1}=\lambda w_1, \tag{5.18}$$

$$\frac{e^{-\rho}b}{1-\ell_2}=\frac{1}{1+r}\lambda w_2. \tag{5.19}$$

为了理解(5.18)~(5.19)式的含义,我们对(5.18)式两边同时除以 w_1,

(5.19)式两边同时除以 $w_2/(1+r)$，并令所得的两个 λ 的表达式相等，即得：

$$\frac{e^{-\rho}b}{1-\ell_2}\frac{1+r}{w_2}=\frac{b}{1-\ell_1}\frac{1}{w_1}, \tag{5.20}$$

或

$$\frac{1-\ell_1}{1-\ell_2}=\frac{1}{e^{-\rho}(1+r)}\frac{w_2}{w_1}. \tag{5.21}$$

方程(5.21)表明了，两期中相对劳动供给会受到相对工资的影响。例如，若 w_1 相对 w_2 上升，则相对于第二期，家庭会减少第一期的闲暇，也就是说，相对于第二期，家庭会增加第一期的劳动供给。根据对数函数形式，闲暇在两期之间的替代弹性为 1。

方程(5.21)还表明了，r 上升会提高第一期的劳动供给。从直观上看，r 上升会增加当期工作与储蓄的吸引力。我们将会看到，利率对劳动供给的这种影响对实际经济周期模型中的就业波动是至关重要的。劳动供给对相对工资和利率的这种反应被称为劳动供给的跨期替代[卢卡斯和拉普英(Lucas and Rapping，1969)]。

不确定性下的家庭最优化

本模型的家庭最优化问题与拉姆塞模型的家庭最优化问题的第二个区别在于，家庭面临着收益率以及未来工资的不确定性。由于这种不确定性，家庭不会选择确定性的消费和劳动供给，而是会根据迄今为止技术和政府购买所涉及的全部冲击来选择当期的 c 和 ℓ，这就让完整地刻画家庭行为变得十分复杂。但比较好的一点是，我们可以不必完全解出家庭最优化问题就可以描述其经济行为的关键特征。回忆拉姆塞模型，在考虑预算约束并确定消费水平之前，我们可以推导出一个方程(欧拉方程)，把当前消费与利率以及稍后的消费联系起来。在不确定情形下，我们也可以推导出类似的方程，把当期消费与下一期的预期利率以及预期消费联系起来。我们将采用在(2.23)～(2.24)中使用过的非正式方法来推导这个欧拉方程。[1]

考虑 t 期的家庭。假设家庭把每个成员的平均消费减少一个很小的量 Δc，然后用所得的财富把下一期每成员的平均消费提高到原有消费水平之上。如果家庭的行为是最优化的，那么这种边际变化就不会改变其期望效用。

方程(5.5)和(5.7)表明，在 t 期每成员平均消费 c_t 的边际效用为 $e^{-\rho t}(N_t/H)(1/c_t)$，因此上述变化的效用成本为 $e^{-\rho t}(N_t/H)(\Delta c/c_t)$。由于家庭在 $t+1$ 的成员数量是 t 期数量的 e^n 倍，$t+1$ 期成员的平均消费 c_{t+1} 增加的数量是 $e^{-n}(1+r_{t+1})\Delta c$，$t+1$ 期成员平均消费的边际效用为 $e^{-\rho(t+1)}(N_{t+1}/H)(1/c_{t+1})$，知道 t 期的期望效用收益是 $E_t[e^{-\rho(t+1)}(N_{t+1}/H)e^{-n}(1+r_{t+1})/c_{t+1}]\Delta c$，其中 E_t 是基于家庭在 t 期所了解的情况(也就是基于经济从 0 期到 t 期的历史信息)而形成的条件期望。令期望收益与成本相等可得：

$$e^{-\rho t}\frac{N_t}{H}\frac{\Delta c}{c_t}=E_t\left[e^{-\rho(t+1)}\frac{N_{t+1}}{H}e^{-n}\frac{1}{C_{t+1}}(1+r_{t+1})\right]\Delta c. \tag{5.22}$$

---

[1] 家庭的问题可以用动态规划方法进行正式的分析。参见第 8.7 节或者永奎斯特和萨金特(Ljungqvist and Sargent，2004)。通过这种方法同样可以得到后面的(5.23)式。

由于 $e^{-\rho(t+1)}(N_{t+1}/H)e^{-n}$ 是确定的,并且 $N_{t+1}=N_te^n$,上式可以简化为:

$$\frac{1}{c_t}=e^{-\rho}E_t\left[\frac{1}{c_{t+1}}(1+r_{t+1})\right]. \tag{5.23}$$

上式即类似于拉姆塞模型中的方程(2.22)。

注意,(5.23)式右边的表达式不同于 $e^{-\rho}E_t[1/c_{t+1}]E_t[1+r_{t+1}]$。也就是说,当前消费与未来消费之间的权衡取舍不仅取决于未来边际效用和收益率的期望值,还取决于两者的相互作用。具体而言,两个变量乘积的期望等于各自期望的乘积加上两者的协方差。从而(5.23)式表明:

$$\frac{1}{c_t}=e^{-\rho}\left\{E_t\left[\frac{1}{c_{t+1}}\right]E_t[1+r_{t+1}]+\mathrm{Cov}\left(\frac{1}{c_{t+1}},1+r_{t+1}\right)\right\}, \tag{5.24}$$

其中 $\mathrm{Cov}(1/c_{t+1},1+r_{t+1})$ 表示 $1/c_{t+1}$ 与 $1+r_{t+1}$ 的协方差。举个例子来说,假设当 r_{t+1} 较高时 c_{t+1} 也较高,则 $\mathrm{Cov}(1/c_{t+1},1+r_{t+1})$ 为负。也就是说,当消费的边际效用较低时,储蓄收益较高。这就使得相对于 $1/c_{t+1}$ 与 $1+r_{t+1}$ 不相关的情形来说,储蓄的吸引力下降,因而家庭倾向于增加当前消费。

在第 8 章中,我们会进一步深入讨论不确定性以及消费的边际效用和资产回报率的协方差对最优消费的影响。

消费与劳动供给之间的权衡

家庭在每个时期不仅要选择消费,还要选择劳动供给,因此家庭最优化问题的另一个一阶条件可以把当期消费与劳动供给联系起来。具体而言,假设在 t 期,家庭把每个成员的平均劳动供给提高一个很小的量 $\Delta\ell$,并用所得的劳动收入来增加当期消费。如果家庭的行为是最优化的,那么这种边际变化仍然不会改变其期望效用。

根据方程(5.5)和(5.7),t 期劳动供给的边际负效应为 $e^{-\rho t}(N_t/H)[b/(1-\ell_t)]$,因此这种变化的效用成本是 $e^{-\rho t}(N_t/H)[b/(1-\ell_t)]\Delta\ell$。另外,由于这种变化把每个成员的平均消费提高了 $w_t\Delta\ell$,所以其效用收益是 $e^{-\rho t}(N_t/H)(1/c_t)w_t\Delta\ell$。令成本与收益相等可得:

$$e^{-\rho t}\frac{N_t}{H}\frac{b}{1-\ell_t}\Delta\ell=e^{-\rho t}\frac{N_t}{H}\frac{1}{c_t}w_t\Delta\ell, \tag{5.25}$$

或

$$\frac{c_t}{1-\ell_t}=\frac{w_t}{b}. \tag{5.26}$$

方程(5.26)把既定工资下的当期闲暇与消费联系了起来。由于此式只涉及已知的当期变量,不存在不确定性。方程(5.23)与(5.26)是刻画家庭行为的关键方程。

5.5 一个特例

简化假设

第 5.3 节的模型是无法求出解析解的,其根本问题在于,它同时包含了线性部分(如折旧以及产出在消费、投资与政府购买之间的分配)和对数线性部分(如生产函数和偏好)。因此我们在本节中讨论该模型的一个简化形式。

具体而言,我们要对模型进行两个简化,即去掉政府以及假设每期的折旧为100%。[1] 因此,刻画政府购买行为的方程(5.10)和(5.11)就从模型中去掉了。并且,描述资本存量如何演化以及实际利率如何确定的方程(5.2)和(5.4)分别变为:

$$K_{t+1}=Y_t-C_t, \tag{5.27}$$

$$1+r_t=\alpha\left(\frac{A_tL_t}{K_t}\right)^{1-\alpha}. \tag{5.28}$$

我们之所以要去掉政府,是因为这样做可以分离出技术冲击的影响;而假设完全折旧则仅仅是为了计算出模型的解析解。

求解模型

由于市场是竞争性的,不存在外部性,并且个体数量有限,模型的均衡一定是帕累托最优的。这就意味着,我们可以通过两种方法找到均衡,一是忽略市场并直接找到社会最优点,二是求解竞争性均衡。这里我们将采用后一种方法,因为它比较容易应用于帕累托最优不再成立的各种变形。但是,有时寻找社会最优更加简单,因此许多实际经济周期模型都使用了前一种方法来求解。[2]

模型中有两个状态变量:从上一期继承得来的资本存量,以及当期的技术水平。也就是说,经济在某一时期的状态由这两个变量来刻画。消费和就业是两个内生变量。

由于这两个内生变量会随时间增长,我们着重关注产出中用于储蓄的比例 s 以及人均劳动供给 l 会更加容易。我们的基本方法是,把模型方程重新写为对数线性形式,并用 $(1-s)Y$ 替换 C;然后我们将确定,为了满足均衡条件,ℓ 与 s 应如何取决于当前技术与上一期留下的资本存量。我们将着重讨论家庭最优化的两个条件,(5.23)与(5.26),而其余方程都来自会计核算以及竞争。

我们将会发现,s 与技术和资本存量是无关的。从直观上看,对数效用函数、柯布—道格拉斯生产函数以及 100%折旧这三者的结合,使得技术变动与资本变动对储蓄的收入效应与替代效应相互抵消。正是由于 s 是不变的常数的事实,才使得模型可以得到解析解。

首先考虑(5.23)式,即 $1/c_t=e^{-\rho}E_t[(1+r_{t+1})/c_{t+1}]$。由于 $c_t=(1-s_t)Y_t/N_t$,根据前面所述重写(5.23)式可得:

$$-\ln\left[(1-s_t)\frac{Y_t}{N_t}\right]=-\rho+\ln E_t\left[\frac{1+r_{t+1}}{(1-s_{t+1})Y_{t+1}/N_{t+1}}\right]. \tag{5.29}$$

---

[1] 经过这些改动,此模型相当于朗和普罗索(Long and Plosser,1983)实际经济周期模型的单部门形式。麦卡勒姆(McCallum,1989)也研究了这个模型。此外,若不假设 $\delta=1$,则此模型还相当于普雷斯科特(Prescott,1986)考虑过的基本情形。一种很简单的方法是,假设政府购买是产出的一个固定比例而不是完全去掉政府部门。

[2] 用社会最优方法求解的例子可以参见习题 5.11。

方程(5.28)表明,$1+r_{t+1}$ 等于 $\alpha(A_{t+1}L_{t+1}/K_{t+1})^{1-\alpha}$,或者 $\alpha Y_{t+1}/K_{t+1}$。此外,100%折旧的假设表明,$K_{t+1}=Y_t-C_t=s_tY_t$。将这些条件代入(5.29)式可得:

$$\begin{aligned}
&-\ln(1-s_t)-\ln Y_t+\ln N_t\\
&\quad=-\rho+\ln E_t\left[\frac{\alpha Y_{t+1}}{K_{t+1}(1-s_{t+1})Y_{t+1}/N_{t+1}}\right]\\
&\quad=-\rho+\ln E_t\left[\frac{\alpha N_{t+1}}{s_t(1-s_{t+1})Y_t}\right]\\
&\quad=-\rho+\ln\alpha+\ln N_t+n-\ln s_t-\ln Y_t+\ln E_t\left[\frac{1}{1-s_{t+1}}\right],
\end{aligned}\tag{5.30}$$

其中,最后一行利用了如下事实:α、N_{t+1}、s_t 以及 Y_t 在 t 期已知,并且 N 按照速率 n 增长。方程(5.30)可以简化为:

$$\ln s_t-\ln(1-s_t)=-\rho+n+\ln\alpha+\ln E_t\left[\frac{1}{1-s_{t+1}}\right].\tag{5.31}$$

这里的关键是,A 和 K 两个状态变量并没有进入(5.31)式,这表明存在一个固定不变的 s 值满足上式。为了理解这一点,我们可以先假设 s 是等于 $\hat{s}$ 的一个常数,那么 s_{t+1} 也就没有了不确定性,从而 $E_t[1/(1-s_{t+1})]$就等于 $1/(1-\hat{s})$。于是,(5.31)式变为:

$$\ln\hat{s}=\ln\alpha+n-\rho,\tag{5.32}$$

或

$$\hat{s}=\alpha e^{n-\rho}.\tag{5.33}$$

可见,该模型存在一个储蓄率不变的解。

考虑(5.26)式,该式表明 $c_t/(1-\ell_t)=w_t/b$。由于 $c_t=C_t/N_t=(1-\hat{s})Y_t/N_t$,我们可以把该条件写为:

$$\ln\left[(1-\hat{s})\frac{Y_t}{N_t}\right]-\ln(1-\ell_t)=\ln w_t-\ln b.\tag{5.34}$$

由于生产函数是柯布—道格拉斯函数,因此 $w_t=(1-\alpha)Y_t/(\ell_tN_t)$,代入(5.34)式可得:

$$\ln(1-\hat{s})+\ln Y_t-\ln N_t-\ln(1-\ell_t)=\ln(1-\alpha)+\ln Y_t-\ln\ell_t-\ln N_t-\ln b.\tag{5.35}$$

消项并重新整理可得:

$$\ln\ell_t-\ln(1-\ell_t)=\ln(1-\alpha)-\ln(1-\hat{s})-\ln b.\tag{5.36}$$

最后,经过简单的代数运算即可得:

$$\begin{aligned}
\ell_t&=\frac{1-\alpha}{(1-\alpha)+b(1-\hat{s})}\\
&\equiv\hat{\ell}.
\end{aligned}\tag{5.37}$$

可见,人均劳动供给也是不变的。尽管家庭愿意对劳动供给进行跨期替代,但劳动供给仍然保持不变,其原因在于,技术变动或资本变动对劳动供给产生的相对工资效应和利率效应会相互抵消。例如,技术进步使当期工资相对于预期的未来工资有所提高,从而会使得劳动供给增加;但另一方面,储蓄量的增加使家庭的预期利率有所降低,从而使得劳动供给减少。在这一特定例子中,上述两种效应正好相互抵消。

本模型的其余方程并不涉及最优化问题,它们可以分别根据技术、会计核算以及竞争得到。这样,我们便找到了该模型一个 s 与 ℓ 保持不变的解。

如上所述,本模型的任何一个竞争性均衡同时也是代表性家庭期望效用最大化问题的一个解。上述最优化问题的结论表明了,这个问题具有唯一解[参见斯托基、卢卡斯和普雷斯科特(Stocky, Lucas and Prescott, 1989)],我们所找到的均衡也一定是唯一的。

讨论

本模型提供了一个实际冲击引起产出变化的例子。由于该经济是瓦尔拉斯经济,产出变动是对冲击的最优反应,所以,与宏观经济周期的传统看法相反,这里波动并不代表任何市场失灵,而政府为了减少波动所实施的干预政策只会降低福利。简言之,实际经济周期模型在其最强的形式下意味着,观测到的总产出变动代表了随时间变动的帕累托最优值。

本模型表明,产出波动的具体形式是由技术的动态变化与资本存量的行为共同确定的。[1] 特别是,生产函数 $Y_t = K_t^{\alpha}(A_t L_t)^{1-\alpha}$ 意味着:

$$\ln Y_t = \alpha \ln K_t + (1-\alpha)(\ln A_t + \ln L_t). \tag{5.38}$$

我们知道 $K_t = \hat{s} Y_{t-1}$, $L_t = \hat{\ell} N_t$,得到,

$$\begin{aligned} \ln Y_t &= \alpha \ln \hat{s} + \alpha \ln Y_{t-1} + (1-\alpha)(\ln A_t + \ln \hat{\ell} + \ln N_t) \\ &= \alpha \ln \hat{s} + \alpha \ln Y_{t-1} + (1-\alpha)(\bar{A} + gt) \\ &\quad + (1-\alpha)\tilde{A}_t + (1-\alpha)(\ln \hat{\ell} + \bar{N} + nt), \end{aligned} \tag{5.39}$$

其中最后一行利用了 $\ln A_t = \bar{A} + gt + \tilde{A}_t$ 以及 $\ln N_t = \bar{N} + nt$ 等条件[参见(5.6)与(5.8)式]。

在(5.39)式的右边,不服从确定性路径的两项分别是 $\alpha \ln Y_{t-1}$ 与 $(1-\alpha)\tilde{A}_t$。可见,(5.39)式一定可以重写为下述形式:

$$\tilde{Y}_t = \alpha \tilde{Y}_{t-1} + (1-\alpha)\tilde{A}_t, \tag{5.40}$$

其中,$\tilde{Y}_t$ 等于每一期 $\ln Y_t$ 与 $\ln A_t$ 等于 $\bar{A} + gt$ 时 $\ln Y_t$ 的取值的差(详见习题 5.14)。

(5.40)式对产出的动态变化有什么含义呢?首先,因为此式在每一期都成立,所以,$\tilde{Y}_{t-1} = \alpha \tilde{Y}_{t-2} + (1-\alpha)\tilde{A}_{t-1}$,或

$$\tilde{A}_{t-1} = \frac{1}{1-\alpha}(\tilde{Y}_{t-1} - \alpha \tilde{Y}_{t-2}). \tag{5.41}$$

[1] 下面的讨论是基于麦卡勒姆(McCallum, 1989)。

而且,我们知道,$\widetilde{A}_t=\rho_A\widetilde{A}_{t-1}+\varepsilon_{A,t}$[根据(5.9)式]。把此式与(5.41)式代入(5.40)式可得:

$$\begin{aligned}\widetilde{Y}_t&=\alpha\widetilde{Y}_{t-1}+(1-\alpha)(\rho_A\widetilde{A}_{t-1}+\varepsilon_{A,t})\\&=\alpha\widetilde{Y}_{t-1}+\rho_A(\widetilde{Y}_{t-1}-\alpha\widetilde{Y}_{t-2})+(1-\alpha)\varepsilon_{A,t}\\&=(\alpha+\rho_A)\widetilde{Y}_{t-1}-\alpha\rho_A\widetilde{Y}_{t-2}+(1-\alpha)\varepsilon_{A,t}.\end{aligned}\tag{5.42}$$

可见,产出的对数与其正常路径的距离服从一个二阶自回归过程。也就是说,$\widetilde{Y}$ 可以写为其前两期值的线性组合加上一个白噪声扰动项。[1]

从(5.42)式中还可以看出,$\widetilde{Y}_t$ 的 1 期滞后变量系数为正,2 期滞后变量的系数为负,这两者的结合会使得产出对扰动的反应具有“驼峰形状”。例如,假设 $\alpha=1/3$,$\rho_A=0.9$,考虑一个针对 ε_A、大小为 $1/(1-\alpha)$ 的一次性冲击。通过反复使用(5.42)式可知,与没有冲击时的产出路径相比,产量的对数在冲击发生的当期会提高 1 单位($1-\alpha$ 乘以冲击的大小),而在下一期会提高 1.23 单位($\alpha+\rho_A$ 乘以 1),在下下期会提高 1.22 单位($\alpha+\rho_A$ 乘以 1.23,再减去 $\alpha+\rho_A$ 乘以 1),随后各期分别提高 1.14,1.03,0.94,0.84,0.76,0.68,...

由于 α 并不大,因此产出的动态变化基本上取决于技术冲击的持久性 ρ_A。比如说,如果 $\rho_A=0$,则(5.42)式会简化为 $\widetilde{Y}_t=\alpha\widetilde{Y}_{t-1}+(1-\alpha)\varepsilon_{A,t}$。如果 $\alpha=1/3$,那就表明,冲击的初始效应中几乎有九成在仅仅两期之后就会消失。即使 $\rho_A=1/2$,初始效用的 2/3 也会在三期之后消失。因此,本模型没有任何机制能把暂时的技术冲击转化为显著而持久的产出变动。在后面我们将看到,即便在本模型更一般的情形中结论也仍然是如此。尽管如此,上述结果仍表明了,本模型可以得出很有意思的产出动态变化。

除了产出的动态变化之外,模型的这个特例并没有很好地刻画出波动的主要特征。最明显的一点是,在这个特例中储蓄率是不变的,因此消费和投资具有相同的波动性,而且劳动投入也不会变化。但正如我们在第 5.1 节中看到的那样,现实中投资的变动实际上远大于消费的变动,而就业与工作时间也都有较强的顺周期性。此外,模型还预测实际工资是高度顺周期的:根据柯布—道格拉斯生产函数,实际工资为 $(1-\alpha)Y/L$,由于 L 不会对技术冲击做出反应,这就表明实际工资与 Y 上升的比例相同。但是,我们在第 5.1 节中已经知道(并且在第 6.3 节中还将详细介绍),现实经济波动中实际工资仅仅是中度顺周期的。

因此,若要刻画出实际观测中产出变动的主要特征,模型必须要做出一定的修改。在下一节中,我们会引入小于 100%的折旧率以及政府购买的冲击,这些修正

---

[1] 熟悉滞后算子的读者可以使用这个方法推导出(5.42)式。用滞后算子表示,$\widetilde{Y}_{t-1}$ 为 $L\widetilde{Y}_t$,其中 L 将变量映射到其上一期的值。因此(5.40)式可以写为 $\widetilde{Y}_t=\alpha L\widetilde{Y}_t+(1-\alpha)\widetilde{A}_t$,或者 $(1-\alpha L)\widetilde{Y}_t=(1-\alpha)\widetilde{A}t$。类似地,我们可以把(5.9)式重新写为 $(1-\rho_A L)\widetilde{A}_t=\varepsilon_{A,t}$,或 $\widetilde{A}_t=(1-\rho_A L)^{-1}\varepsilon_{A,t}$。由此可得 $(1-\alpha L)\widetilde{Y}_t=(1-\alpha)(1-\rho_A L)^{-1}\varepsilon_{A,t}$。两边同乘以 $1-\rho_A L$ 可得 $(1-\alpha L)(1-\rho_A L)\widetilde{Y}_t=(1-\alpha)\varepsilon_{A,t}$,或 $[1-(\alpha+\rho_A)L+\alpha\rho_A L^2]\widetilde{Y}_t=(1-\alpha)\varepsilon_{A,t}$。这等价于 $\widetilde{Y}_t=(\alpha+\rho_A)L\widetilde{Y}_t-\alpha\rho_A L^2\widetilde{Y}_t+(1-\alpha)\varepsilon_{A,t}$,即(5.42)式。(有关滞后算子以及滞后算子运算的合理性的讨论,参见第 7.3 节。)

会改进模型对就业、储蓄以及实际工资等变动的预测。

为了理解较低的折旧率为何可以改善模型的适用性，我们可以考虑一个极端情形：经济中没有折旧也没有增长，从而在没有冲击时投资为零。在这种情形下，正的技术冲击会提高下一期资本的边际产出，从而使得家庭的最优选择是进行投资，于是储蓄率会上升。储蓄率暂时提高意味着预期的消费增长会高于储蓄率不变时的情形。根据消费者的跨期最优化条件(5.23)，这需要更高的预期利率。我们已经知道，较高的利率会提高当期劳动供给，因此引入不完全折旧会使得投资和就业对冲击的反应更加强烈。

引入政府购买冲击会改善模型适用性的原因非常简单：政府购买冲击打破了产出与实际工资之间的紧密联系。由于政府购买增加会提高家庭的终生税收负担和减少其终生财富，所以会使得家庭减少闲暇消费，也就是增加工作时间。当劳动供给在技术没有发生变化的情况下上升时，实际工资就会下降，于是产出与实际工资的变化呈现出相反的方向。由此可见，当政府购买冲击和技术冲击同时出现时，模型所生成的实际工资变动模式总体上不会是强顺周期的。

5.6 求解模型：一般情形

对数线性化

如前所述，第 5.3 节中的完整模型是无法得到解析解的，而几乎所有的实际经济周期模型，甚至许多其他现代宏观经济学模型都是这样。处理这个问题的通常办法是，将模型进行对数线性化，也就是说，将经济主体的决策规则与状态变量的演化方程都通过近似方法(即在没有冲击时经济的路径附近，对有关变量的对数取一阶泰勒近似值)进行替换。在本节中，我们也将使用这种方法。[1]

然而，即便对模型进行对数线性近似可以得到解析解，但是其分析过程比较复杂，甚至有点繁琐。出于这个原因，我们在这里仅仅描述推导过程与结论的大致特点，而并不深入讨论具体细节。

我们知道，经济中有三个状态变量(上一期留下的资本存量、当期技术水平以及政府购买)与两个内生变量(消费与就业)。如果我们在非随机性的平衡增长路径附近对模型进行对数线性化，则消费与就业的决策规则一定具有如下形式：

$$\widetilde{C}\simeq a_{CK}\widetilde{K}_t+a_{CA}\widetilde{A}+a_{CG}\widetilde{G}_t, \tag{5.43}$$

$$\widetilde{L}_t\simeq a_{LK}\widetilde{K}_t+a_{LA}\widetilde{A}_t+a_{LG}\widetilde{G}_t, \tag{5.44}$$

其中，a 为模型中各参数的函数。与前文一样，变量上方的波浪线表示该变量值的对数与其平衡增长路径值的对数之差，[2]例如 $\widetilde{A}_t$ 表示 $\ln A_t-(\bar{A}+gt)$。方程(5.43)与(5.44)说明了，消费的对数与就业的对数都是 K、A 以及 G 的对数值的

〔1〕 具体分析方法来自坎贝尔(Campbell，1994)。

〔2〕 本模型在没有冲击时的平衡增长路径可参见习题 5.10。

线性函数,并且当 K、A 以及 G 都等于其各自的平衡增长路径值时,消费与就业也等于其平衡增长路径值。由于我们是在平衡增长路径附近构造模型的对数线性形式,所以这些条件都能够成立。为了求解模型,我们必须确定各个 a 的值。

与分析模型的简化版本一样,我们将着重讨论家庭最优化的两个条件(5.23)与(5.26)。如果一组参数 a 的值是模型的解,则这组值一定也满足家庭最优化的这两个条件。这样,通过这些对 a 的约束条件我们就可以求出它们的值,从而得到模型的解。

上述求解方法被称为待定系数法,其想法是先根据理论(或者有时候根据科学的推测)找出解的一般函数形式,再确定这一函数形式中的参数应当如何取值才能满足模型的方程组。这种方法可运用于许多情形。

同期一阶条件

下面,我们首先来考虑家庭在当期消费与劳动供给之间权衡取舍的一阶条件,$c_t/(1-\ell_t)=w_t/b$[方程(5.26)]。用方程(5.3),即 $w_t=(1-\alpha)[K_t/(A_tL_t)]^\alpha A_t$,来替换工资并取对数,可以把上述一阶条件改写为:

$$\ln c_t-\ln(1-\ell_t)=\ln\left(\frac{1-\alpha}{b}\right)+(1-\alpha)\ln A_t+\alpha\ln K_t-\alpha\ln L_t. \tag{5.45}$$

接下来我们要做的就是,在经济中没有冲击时的平衡增长路径附近,对上式中模型变量的对数取一阶泰勒级数近似。对右边的近似很简单:右边的实际值与其平衡增长路径值之差为$(1-\alpha)\widetilde{A}_t+\alpha\widetilde{K}_t-\alpha\widetilde{L}_t$。要想对左边取近似,首先需要注意的一点是,由于人口增长不受冲击影响,工人平均消费的对数与其平衡增长路径值之差就等于总消费与其平衡增长路径值之差,即 $\tilde{c}_t=\widetilde{C}_t$。同理,$\tilde{\ell}_t=\widetilde{L}_t$。(5.45)式左边对 $\ln c_t$ 求导等于 1,对 $\ln\ell_t$ 的导数在 $\ell_t=\ell^*$ 时等于 $\ell^*/(1-\ell^*)$,其中 ℓ^* 是 l 的平衡增长路径值。因此,在平衡增长路径附近对数线性化(5.45)可得:

$$\widetilde{C}_t+\frac{\ell^*}{1-\ell^*}\widetilde{L}_t=(1-\alpha)\widetilde{A}_t+\alpha\widetilde{K}_t-\alpha\widetilde{L}_t. \tag{5.46}$$

现在我们可以运用 $\widetilde{C}_t$ 和 $\widetilde{L}_t$ 是 $\widetilde{K}_t$、$\widetilde{A}_t$ 与 $\widetilde{G}_t$ 的线性函数这一事实,把(5.43)和(5.44)式代入(5.46)式,即得:

$$a_{CK}\widetilde{K}_t+a_{CA}\widetilde{A}_t+a_{CG}\widetilde{G}_t+\left(\frac{\ell^*}{1-\ell^*}+\alpha\right)(a_{LK}\widetilde{K}_t+a_{LA}\widetilde{A}_t+a_{LG}\widetilde{G}_t)=\alpha\widetilde{K}_t+(1-\alpha)\widetilde{A}_t. \tag{5.47}$$

方程(5.47)必须对所有 $\widetilde{K}$、$\widetilde{A}$ 以及 $\widetilde{G}$ 值都成立,否则就会存在某些 $\widetilde{K}$、$\widetilde{A}$ 与 $\widetilde{G}$ 的组合,使得家庭并没有满足其同期一阶条件。这就意味着,(5.47)式两边 $\widetilde{K}$ 的系数必须相等,$\widetilde{A}$ 和 $\widetilde{G}$ 的系数也是如此。因此,a 必须满足

$$a_{CK}+\left(\frac{\ell^*}{1-\ell^*}+\alpha\right)a_{LK}=\alpha, \tag{5.48}$$

$$a_{CA}+\left(\frac{\ell^*}{1-\ell^*}+\alpha\right)a_{LA}=1-\alpha, \tag{5.49}$$

$$a_{CG}+\left(\frac{\ell^*}{1-\ell^*}+\alpha\right)a_{LG}=0. \tag{5.50}$$

为了进一步理解这些条件，我们可以先考虑(5.50)式，该式把消费和劳动的反应与政府购买的变动联系了起来。政府购买并不直接进入(5.45)式，也就是说，政府购买并不影响既定劳动供给水平下的工资。如果家庭在政府购买增加时提高其劳动供给，则工资会下降，而工作的边际负效应上升。所以只有在消费的边际效用较高，也就是消费较低时，他们才会这样做。因此，如果劳动供给与消费受政府购买影响，则它们变化的方向一定相反。方程(5.50)不仅描述了上述定性结论，还说明了劳动供给的变动与消费的变动之间必须满足一定的数量关系。

然后我们来考虑 A 提高的情况，即方程(5.49)。技术改进会提高既定劳动供给水平下的工资，这时如果劳动供给和消费都不做出反应，则家庭可以通过增加工作时间并提高当期消费来提高效用。因此，家庭必须提高劳动供给或者增加消费(或者两者都有)，这就是(5.49)式的含义。

最后，(5.45)式对劳动供给和消费在资本变动时所做反应的约束与其对劳动供给和消费在技术变动时所做反应的约束类似。唯一的区别是，既定 L 下工资关于资本的弹性是 α 而不是 $1-\alpha$。这就是(5.48)式的含义。

跨期一阶条件

与同期一阶条件相比，分析当期消费与下期消费之间的一阶条件 $1/c_t=e^{-\rho}E_t[(1+r_{t+1})/c_{t+1}]$[(5.23)式]要复杂得多。其基本想法如下：首先定义 $\widetilde{Z}_{t+1}$ 为 $(1+r_{t+1})/c_{t+1}$ 的对数与其平衡增长路径值的对数之差；然后利用 r_{t+1} 的方程(5.4)，把 $1+r_{t+1}$ 表示为 K_{t+1}、A_{t+1} 和 L_{t+1} 的函数；这样我们就可以用 $\widetilde{K}_{t+1}$、$\widetilde{A}_{t+1}$、$\widetilde{L}_{t+1}$ 和 $\widetilde{C}_{t+1}$ 来近似表示 $\widetilde{Z}_{t+1}$。现在注意由于(5.43)式与(5.44)式在每期都成立，所以它们表明：

$$\widetilde{C}_{t+1}\simeq a_{CK}\widetilde{K}_{t+1}+a_{CA}\widetilde{A}_{t+1}+a_{CG}\widetilde{G}_{t+1}, \tag{5.51}$$

$$\widetilde{L}_{t+1}=a_{LK}\widetilde{K}_{t+1}+a_{LA}\widetilde{A}_{t+1}+a_{LG}\widetilde{G}_{t+1}. \tag{5.52}$$

这些方程使我们可以用 $\widetilde{K}_{t+1}$、$\widetilde{A}_{t+1}$ 和 $\widetilde{G}_{t+1}$ 来表示 $\widetilde{Z}_{t+1}$。

由于 $\widetilde{K}_{t+1}$ 是内生变量，所以我们需要从 $\widetilde{Z}_{t+1}$ 的表达式中将它消去。具体而言，我们可以对资本的运动方程(5.2)进行对数线性化，从而用 $\widetilde{K}_t$、$\widetilde{A}_t$、$\widetilde{G}_t$、$\widetilde{L}_t$ 和 $\widetilde{C}_t$ 来表示 $\widetilde{K}_{t+1}$，然后根据(5.43)式和(5.44)式替换 $\widetilde{L}_t$ 和 $\widetilde{C}_t$，这样就可以得到如下形式的方程：

$$\widetilde{K}_{t+1}\simeq b_{KK}\widetilde{K}_t+b_{KA}\widetilde{A}_t+b_{KG}\widetilde{G}_t, \tag{5.53}$$

其中，b 是关于模型参数和 a 的复杂函数。[1]

把(5.53)式代入用 $\widetilde{K}_{t+1}$、$\widetilde{A}_{t+1}$ 和 $\widetilde{G}_{t+1}$ 所表示的 $\widetilde{Z}_{t+1}$，就可以得到用 $\widetilde{A}_{t+1}$、$\widetilde{G}_{t+1}$、$\widetilde{K}_t$、$\widetilde{A}_t$ 和 $\widetilde{G}_t$ 所表示的 $\widetilde{Z}_{t+1}$。最后一步是由此得到用 $\widetilde{K}_t$、$\widetilde{A}_t$ 和 $\widetilde{G}_t$ 表示的

---

〔1〕 参见习题 5.15。

$E_t[\widetilde{Z}_{t+1}]${我们在进行这一步的推导时可以利用 $E_t[\widetilde{A}_t+1]=\rho_A\widetilde{A}_t$ 与 $E_t[\widetilde{G}_{t+1}]=\rho_G\widetilde{G}_t$[参见(5.9)与(5.11)式]这两个条件},[1]并将这一表达式代入(5.23)式。这样,我们便得到了关于 a 的另外三个约束条件,从而可以利用各参数来确定 a 的值。

然而,此模型十分复杂,求解 a 的过程非常繁琐,而且最终用模型参数表示的 a 的表达式也十分复杂,即便我们写出了这些表达式,也很难说明模型参数会如何影响 a,从而影响经济在冲击下的反应。

因此,尽管此模型还算简单,并且使用了近似方法,但我们仍然需要利用数值方法来刻画模型的性质。我们需要做的是,选择一组基本参数值,然后讨论它们对(5.43)~(5.44)式中的 a 以及(5.53)式中 b 的意义。一旦我们确定了 a 值与 b 值,方程(5.43)、(5.44)和(5.53)就(近似地)决定了消费、就业和资本如何对技术冲击与政府购买冲击做出反应。模型的其余方程可以用来刻画其他变量如产出、投资、工资与利率的反应。例如,我们可以把 $\widetilde{L}$ 的方程代入生产函数的对数线性化形式,由此可得模型对产出的意义:

$$\begin{aligned}\widetilde{Y}_t&=\alpha\widetilde{K}_t+(1-\alpha)(\widetilde{L}_t+\widetilde{A}_t)\\&=\alpha\widetilde{K}_t+(1-\alpha)(a_{LK}\widetilde{K}_t+a_{LA}\widetilde{A}_t+a_{LG}\widetilde{G}_t+\widetilde{A}_t)\\&=[\alpha+(1-\alpha)a_{LK}]\widetilde{K}_t+(1-\alpha)(1+a_{LA})+(1-\alpha)a_{LG}\widetilde{G}_t.\end{aligned}\tag{5.54}$$

5.7 模型意义

根据坎贝尔(Cambell,1994),假设每一期对应着一个季度,基本参数取值为:$\alpha=1/3$,$g=0.5\%$,$n=0.25\%$,$\delta=2.5\%$,$\rho_A=0.95$,$\rho_G=0.95$,并且 $\bar{G}$、ρ 和 b 满足 $(G/Y)^*=0.2$,$r^*=1.5\%$,$\ell^*=1/3$。[2]

技术冲击的影响

可以证明,这些参数值意味着 $a_{LA}\simeq0.35$,$a_{LK}\simeq-0.31$,$a_{CA}\simeq0.38$,$a_{CK}\simeq0.59$,$b_{KA}\simeq0.08$ 以及 $b_{KK}\simeq0.95$。这些值可以用来刻画技术变动的影响。例如,考虑一个1%的正向技术冲击。在冲击当期,(从上一期继承的)资本存量不变,劳动供给上升0.35%,消费上升0.38%;由于生产函数是 $K^{1/3}(AL)^{2/3}$,因此产出增加0.90%。在下一期,技术水平比正常水平高出0.95%(因为 $\rho_A=0.95$),资本存量高出0.08%(因为 $b_{KA}\simeq0.08$),劳动供给高出0.31%(0.35 乘以 0.95,减去

[1] 这里的复杂之处在于,如第5.4节所强调的那样,(5.23)式不仅涉及了下一期各变量值的期望,还涉及了这些值的总分布。也就是说,(5.23)式的对数线性化形式中出现的并不是 $E_t[\widetilde{Z}_{t+1}]$,而是 $E_t[e^{\widetilde{Z}_{t+1}}]$。坎贝尔(1994)在处理这个难题时,假设 $\widetilde{Z}$ 为方差一定的正态分布,即 $e^{\widetilde{Z}}$ 服从对数正态分布。这一分布的标准结论表明 $\ln E_t[e^{\widetilde{Z}_{t+1}}]$等于 $E_t[\widetilde{Z}_{t+1}]$加上一个常数,因此我们可以用 $E_t[\widetilde{Z}_{t+1}]$和一个常数来表示(5.23)式右边的对数形式。最后,坎贝尔注意到,给定模型的对数线性结构,如果(5.9)与(5.11)式中的 ε_A 与 ε_G 等潜在冲击服从方差一定的正态分布,则他关于 $\widetilde{Z}_{t+1}$ 分布的假设就是正确的。

[2] 关于这些参数的取值对平衡增长路径的影响,可参见习题5.10。

0.31 乘以 0.08)，而消费则高出 0.41%(0.38 乘以 0.95，加上 0.59 乘以 0.08)；冲击对 A、K 和 L 的影响表明，产出比正常水平高出 0.86%。后面各期依此类推。

图 5.2 和 5.3 描述了冲击对模型主要变量的影响。根据假设，冲击对技术水平的影响逐渐减弱；资本逐渐积累，然后缓慢回到正常水平，其峰值是在冲击后的第 20 个季度(上升 0.60%)；劳动供给在冲击当期上升 0.35%，然后迅速地下降，在第 15 个季度降到低于正常水平，第 33 个季度到达−0.09%的最低点，其后慢慢回到正常水平；A、K、L 如此变化的结果就是产出在冲击当期上升，然后逐渐回归到正常水平；消费的反应比产出小，而且更加缓慢，因而投资的波动比消费更剧烈。

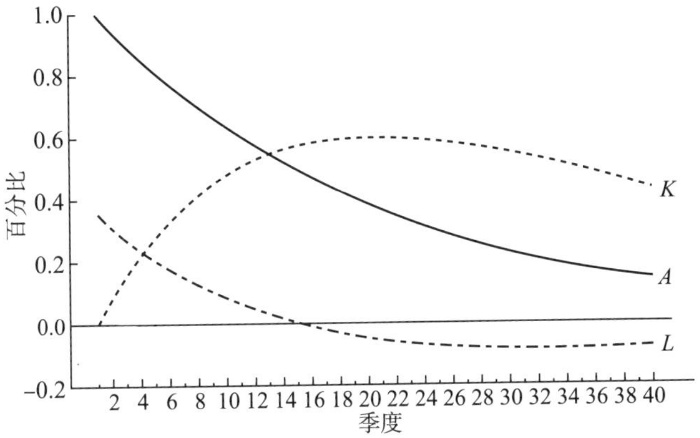

图 5.2　1%的技术冲击对技术、资本和劳动路径的影响

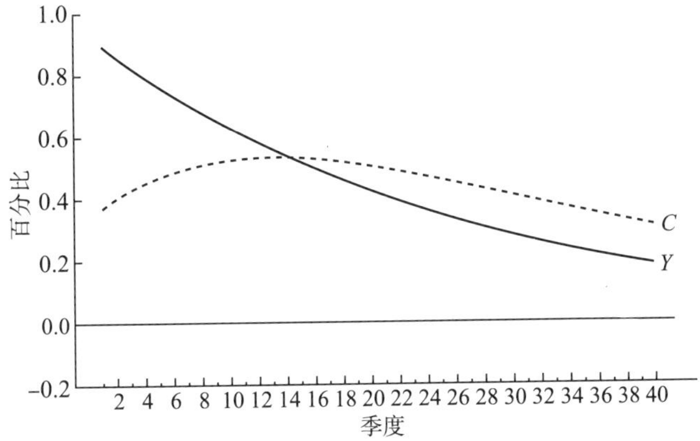

图 5.3　1%的技术冲击对产出与消费路径的影响

图 5.4 描述了工资以及年利率的百分比变化。可以看出，工资先有一个上升，随后又非常缓慢地返回其正常水平。由于工资的变化(在冲击当期的突然上升之后)非常小，工资变动几乎不会影响劳动供给。另一方面，年利率在冲击当期上升约 1/7 个百分点，然后很快回到其正常水平。由于资本存量的变动比劳动供给慢，所以利率在冲击后的第 14 个季度跌至正常水平以下。利率的这些变化是造成劳动供给变动的主要原因。

为了进一步理解利率和消费的变化，我们可以首先考虑劳动供给无弹性的情形。根据前面的分析可知，$r=\alpha(AL/K)^{1-\alpha}-\delta$，因此 A 上升的直接影响就是提高 r。由于增加的 A 并不会很快消失，如果 K 不能迅速增加，则 r 会在一段时间内保

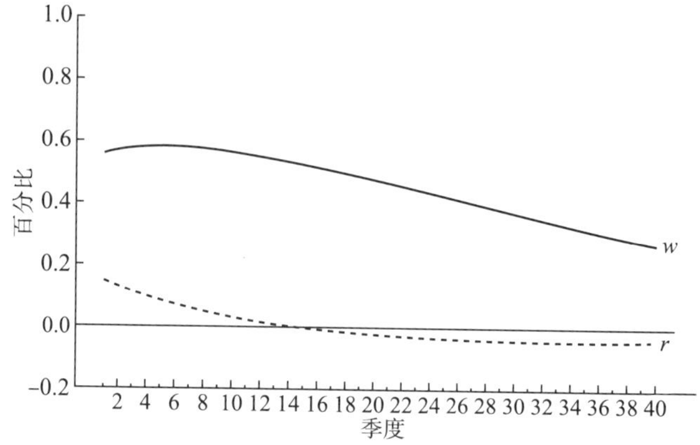

图 5.4　1%的技术冲击对工资与利率路径的影响

持较高的水平。由于折旧率较低,K 的迅速上升要求产出中用于投资的比例大幅增加。但是如果储蓄率上升得很高并使得 r 迅速回到其正常水平,那就说明即便 r 等于其正常值,人们的预期消费也会迅速增加,而这与家庭的跨期一阶条件(5.23)矛盾。因此真实的情况是,家庭会增加收入中用于储蓄的比例,但并不足以使得 r 立即回到其正常水平。并且由于 A 的上升具有持续性,储蓄率的增加也具有持续性。随着技术回到其正常水平,资本存量的缓慢调整最终将使得 A/K 减少到其初始值之下,从而导致 r 低于其正常值,此时,储蓄率也会减小到低于其平衡增长路径值。

在上述过程中,如果考虑劳动供给的变化,则资本存量的部分调整会通过劳动供给而不是储蓄率的变化来完成:家庭在早期通过提高劳动供给来积累资本存量,然后在后期通过减少劳动供给来让资本存量回到其正常水平。

总的来说,我们可以认为冲击的影响是通过财富效应和跨期替代效应而起作用的。正向的技术冲击意味着经济将会有一段高产期。生产率的这种提升会增加家庭的终生财富,从而提高他们的消费,并减少他们的劳动供给。但是,还有两种因素会让他们把未来的劳动供给转到现在并增加储蓄:第一,生产率的提高会随时间消失,因此当前进行生产特别有利;第二,资本存量相对于技术水平来说是较低的,因此资本的边际产出特别高。

根据我们在第 5.5 节中的分析,在完全折旧时,财富效应与跨期替代效应正好相互抵消,因此技术冲击并不影响劳动供给和储蓄率。然而,在折旧率低于 100%时,跨期替代效应比财富效应影响更大,在短期内劳动供给与储蓄率会上升。

在所有的模型参数中,上述结果对参数 ρ_A 最为敏感。当技术冲击的持续性较弱时,冲击的财富效应较小(因为其影响较短暂),而跨期替代效应较大。因此,a_{CA} 随 ρ_A 递增,a_{LA} 与 b_{KA} 随 ρ_A 递减,而 a_{CK}、a_{LK} 与 b_{KK} 则不受 ρ_A 影响。例如,如果 ρ_A 从其基准值 0.95 下降到 0.5,则 a_{CA} 从 0.38 降为 0.11,a_{LA} 由 0.35 上升到 0.66,而 b_{KA} 则由 0.08 上升到 0.12。在这种情形下,产出的波动更加剧烈而短暂:如果经济中出现 1%的技术冲击,则在冲击当期产出会提高 1.11%,而在两期后会仅为 0.30%。相反,如果 $\rho_A=1$,则 a_{CA} 上升到 0.63,a_{LA} 降为 0.05,而 b_{KA} 则降低到 0.04。在这种情形下,就业波动很小,而且产出的波动非常平缓:如果经济中出现 1%的技术冲击，则在冲击当期产出仅会提高 0.70%（略大于 0.67%的直接效应），然后非常平缓地上升到高于其初始值 1%的水平。[1]

此外，我们可以把瞬时效用函数(5.7)中闲暇的形式进行一般化，使劳动供给的跨期替代弹性取除 1 以外的值。[2] 可以发现，跨期替代弹性对经济在冲击下的反应也有重要影响：弹性越大，则劳动供给对技术和资本的反应也越大。例如，如果弹性从 1 上升到 2，则 a_{LA} 会从 0.35 增加到 0.48，a_{LK} 会从 −0.31 增加到 −0.41，此外，a_{CK}、b_{KA} 与 b_{KK} 都会有适度变化。可见，跨期替代弹性越大，则波动也越大。[3]

政府购买变化的影响

我们的基准参数值表明，$a_{CG}\simeq -0.13$，$a_{LG}\simeq 0.15$，$b_{KG}\simeq -0.004$，a_{CK}、a_{LK} 和 b_{KK} 与前面相同。从直观上看，政府购买增加会通过负的财富效应使消费下降、劳动供给上升，并且由于政府购买并不是永久性地增加，经济中的个体还会减少其资本持有量。

由于产出对 L 的弹性是 2/3，知道 a_{LG} 等于 0.15 就意味着，对于 1%的政府购买冲击，产出的反应是上升 0.1%。因为平衡增长路径上的产出是政府购买的 5 倍，所以 Y 的上升约为 G 增加的一半。并且，我们可以证明，平衡增长路径上的消费约为政府购买的 2.5 倍，a_{CG} 等于 −0.13 表明 C 的下降约为 G 增加的 1/3，而其余 1/6 的调整则采取降低投资的形式。

图 5.5～图 5.7 刻画了政府购买上升 1%时对主要经济变量的影响。其中，资本存量只受到了轻微的影响，其最大的变化是在冲击后的第 20 个季度下降了 0.03%。

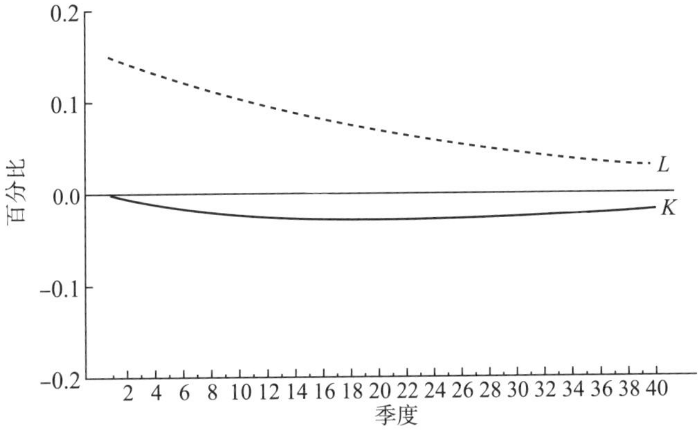

图 5.5 1%的政府购买冲击对资本与劳动路径的影响

---

[1] 人们可能会想，在永久性冲击下，由于不存在跨期替代效应，因此劳动供给不会上升。但我们不要忘了，资本存量也会产生跨期替代效应。当技术提高时，资本的边际产出会上升，从而激励人们通过提高劳动供给来增加投资。也可以说，实际利率会暂时提高，从而使得劳动供给增加。

[2] 参见坎贝尔(Campbell，1994)与习题 5.4。

[3] 此外，金博尔(Kimball，1991)证明，如果放松柯布—道格拉斯生产函数的假设，则资本和劳动的替代弹性对冲击当期经济的反应具有重要影响。

就业会先上升,然后逐渐回到其正常水平。与技术冲击的影响不同,这里就业并不会降到其正常水平之下。由于技术没有变化并且资本存量几乎不变,所以产出的变化很小,并且紧跟就业一起变化。消费在冲击当期会下降,然后逐渐回到其正常水平。就业上升与资本存量下降使得工资下降,利率上升。在冲击当期之后,预期的工资变化很小并且为正,因此劳动供给增加的原因是利率上升所引起的跨期替代效应,以及政府利用更多产出所引起的财富效应。

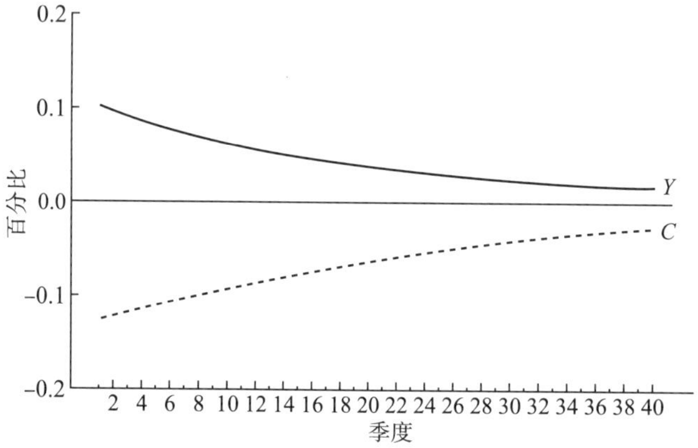

图 5.6　1%的政府购买冲击对产出与消费路径的影响

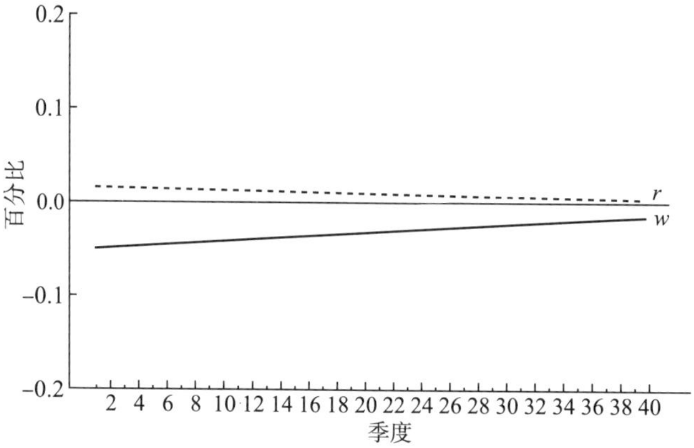

图 5.7　1%的政府购买冲击对工资与利率路径的影响

与技术冲击的情形一样,政府购买变化的持续性对经济如何反应具有重要影响。例如,若 ρ_G 降到 0.5,则 a_{CG} 从-0.13 降到-0.03,a_{LG} 从 0.15 减小到 0.03,而 b_{KG} 从-0.004 上升到-0.020:由于政府购买的变化更为短暂,经济对此的反应会更多地体现为减少资本持有量。这些参数值说明,产出上升约为政府购买增加的 1/10,消费的减少约为政府购买增加的 1/10,而投资的减少约为政府购买增加的 4/5。在这种情况下,如果经济中出现 1%的政府购买冲击,则产出在冲击当期仅上升 0.02%,然后减少到低于正常水平,并且在冲击后的第 7 个季度达到-0.004%的最低点。

5.8 实证应用:校准实际经济周期模型

如何才能判断一个实际经济周期模型是否能较好地拟合数据呢?一种常见的方法是校准[基德兰德和普雷斯科特(Kydland and Presscott,1982)],其基本思路是:根据微观经济证据选择参数值,再比较各变量序列的方差和协方差的模型预测值与数据观测值。

与利用计量方法估计模型相比,校准具有两个优点。第一,基于微观经济证据选择参数值会使其包含的信息远多于通常的方法,因此模型更加高屋建瓴。第二,模型在统计上被拒绝或不能拒绝的经济意义通常难以解释。若一个模型在每个方面都能很好地拟合数据,但仅在某个次要的方面不能很好地拟合,则在统计上仍然可能被彻底拒绝。又或者一个模型不能被拒绝的原因可能仅仅是观测数据对应于多种可能性。

为了进一步理解校准在实践中如何具体操作,我们可以考虑普雷斯科特(1986)和汉森(Hansen,1985)的实际经济周期基准模型。他们的模型与我们前面讨论的模型有两处不同:首先,他们的模型中没有政府;其次,不再假设技术的趋势项遵循一条简单的线性路径,而是在比较模型预测结论与现实经济波动之前,从数据中剔除一个平滑的非线性趋势。[1]

考虑汉森和赖特(Hansen and Wright,1992)提出的参数值,这些值与上一节中以及普雷斯科特和汉森考虑的参数值类似。根据要素份额、资本—产出比以及投资—产出比的数据,汉森和赖特设定 $\alpha=0.36$,每季度的 $\delta=2.5\%$,且 $\rho=1\%$。根据工作时间与非工作时间的常见分配,他们设定 $b=2$。他们还根据索洛剩余 $R_t\equiv\Delta\ln Y_t-[\alpha\Delta\ln K_t+(1-\alpha)\Delta\ln L_t]$的实证结果选择了技术过程的参数。如第 1 章所述,资本和劳动按其边际产出影响总产出增长,而索洛剩余则度量了除此之外所有其他因素的影响。实际经济周期理论假设影响产出的唯一其他因素就是技术,因此索洛剩余可以度量技术变迁。根据索洛剩余的变化特点,汉森和赖特设定 $\rho_A=0.95$,并且 ε_A 的标准差为 1.1%。[2]

表 5.4 比较了实际波动与模型波动的一些关键特征,其中第一列中的数字来

表 5.4　　实际数据与校准后的实际经济周期模型

	美国的实际数据	校准实际经济周期模型
σ_Y	1.92	1.30
σ_C/σ_Y	0.45	0.31
σ_I/σ_Y	2.78	3.15
σ_L/σ_Y	0.96	0.49
$\mathrm{Corr}(L,Y/L)$	−0.14	0.93

数据来源:Hansen and Wright (1992)。

---

〔1〕 这里使用的去势过程称为 HP 滤波[霍德里克和普雷斯科特(Hodrick and Prescott,1997)]。

〔2〕 此外,普雷斯科特认为,假如生产函数为技术乘以一个形如 $F(K,L)$的表达式,那么由于资本份额没有明显趋势,$F(\cdot)$近似为柯布—道格拉斯函数。类似地,由于人均闲暇不存在趋势,他根据消费跨期替代的研究认为,(5.7)式是瞬时效用函数的良好近似。因此,函数形式的选择并不是任意的。

自美国的实际经济数据,而第二列中的数字来自模型。所有数字都是基于各变量对趋势的离差计算出来的,其中趋势部分是使用普雷斯科特和汉森的非线性方法得到的。

表 5.4 的第一行比较了产出的标准差:模型得出的产出波动仅略小于实际观察到的波动。普雷斯科特(1986)基于这个发现得出了重要结论,即总量波动不仅与新古典完全竞争模型一致,而且可以基于该模型对波动进行预测。表 5.4 的第二行和第三行说明,不论在美国经济中还是在模型中,消费的波动性都明显低于产出,而投资的波动性则明显更高。

表 5.4 的最后两行说明,在预测劳动投入变动以及每单位劳动投入的平均产出对总量波动的影响上,该模型并不太成功:劳动投入的波动性在美国经济中与产出基本相当,而在模型中则远低于产出;劳动投入与生产率在美国经济中根本不相关,但在模型中却高度相关。

可见,通过一个简单的校准分析,我们就可以确定模型的主要成功与失败之处,并可以在此基础上找到修改模型以提高其数据拟合程度的方法。例如,从表 5.4 中可以看出,其他冲击来源可能会增加产出波动,并减少劳动投入与生产率之间的相关性。实际上,汉森和赖特已经证明了,根据他们提出的参数值,如果在本章模型中加入政府购买的冲击,则 L 与 Y/L 之间的相关性会从 0.93 降低到 0.49,而且这种改动对产出波动的大小几乎没有影响。

当然,校准的方法也存在一些缺点。我们在后面两章将会看到,许多经济周期模型并不是像本章这样的高度瓦尔拉斯化的简单模型,因此在校准时并不能仅仅借助微观证据来确定所有的相关参数和函数形式:由于模型有多种多样的特征,当它们可以较好地拟合数据中的重要矩变量时,我们并不清楚其是否可靠。并且,由于我们通常不会利用其他模型进行对照检验,不排除还有可能存在其他模型(也许是完全不同的模型)也可以很好地拟合这些矩变量。

此外,在现有的经济学知识水平下,我们很难断定拟合数据中的主要矩变量是否可以看作是模型的一个良好特点,[1]因为即便是最复杂的周期模型也只能粗略而简单地刻画现实。如果说一个模型的所有简化条件都不会对模型结果构成数量上的重要影响,那就不太现实了。而且即便确实没有影响,我们也很难确定模型拟合总量数据的能力对这个模型的有用性具有多大意义。

如果你认为除了校准之外的唯一选择就是估计一个全面的模型,那可就大错特错了,实际上在很多时候,更好的选择是把视野收窄。研究者在评估模型时,经常会寻找关于模型核心的微观证据,或者检验模型与一些关键"特征性事实"的一致性。

然而,到目前为止,我们还没有什么可靠的证据能说明各种评估宏观经济模型的方法孰优孰劣。研究者通常会混合使用各种方法来进行评估,如校准、正式估计、检验模型要素的合理性以及考察模型与具体经济事实的一致性。而且在选择评估方法时,研究者似乎更多是基于个人"偏好",而不是各种方法的优点和缺点。

---

〔1〕 下面是马修·夏皮罗(Matthew Shapiro)提出的观点。

正因为如此，探索不同方法的长处是一个十分重要而又尚未开垦的研究领域。

5.9 实证应用：货币与产出

实际经济周期理论对于宏观经济波动的看法与传统观点具有显著区别，其中一个区别涉及货币冲击的影响。货币冲击，如货币供给的变动，并不会改变经济的技术、经济个体的偏好或者政府对产品和劳务的购买。因此，在包括本章 RBC 模型在内的完全价格弹性模型中，货币冲击的唯一效果就是改变名义价格，所有实际变量和相对价格都不受影响。相反，根据传统的波动观点，货币变动具有重要的实际效应，而且常常被看作是产出变动的重要源泉。并且，我们在后面两章将会看到，导致货币冲击具有显著实际效应的因素对其他冲击的影响也十分重要。

上述讨论说明，检验实际经济周期模型的关键就在于货币冲击是否具有显著的实际效应。大量的研究之所以致力于确定货币变动的影响，有一部分是出于这个原因。

圣路易方程

由于我们的目的是检验货币变动是否具有实际效应，因此一个显然的切入点就是用产出对货币做回归。这种回归的历史很悠久，其中最早也最简单的一个是由联邦储备银行圣路易分行的莱昂内尔·安德森(Leonall Andersen)和杰瑞·乔丹(Jerry Jordan)提出的(安德森和乔丹，1968)，因此，产出对货币的回归也被叫作圣路易方程(St. Louis equation)。

我们在这里考虑一个圣路易方程的例子。左边的变量是实际 GDP 对数的变化。右边的变量主要是用 M2 度量的货币存量对数的变化。由于货币对产出的影响可能会有滞后，模型包括了当前与滞后四期的值。回归方程还包含了常数项和时间趋势项，用来解释产出与货币增长的趋势。在数据方面，使用了季度数据，样本区间是 1960Q2～2007Q4。(样本区间的起点是由数据可得性决定的，终点的选择则是为了避开大衰退时期美联储采取非常规应对措施所导致的大规模金融市场与货币变动。)

结果如下：

$$\begin{aligned}\Delta \ln Y_t = &\underset{(0.0028)}{0.0044} - \underset{(0.10)}{0.05}\,\Delta \ln m_t + \underset{(0.12)}{0.17}\,\Delta \ln m_{t-1} + \underset{(0.12)}{0.16}\,\Delta \ln m_{t-2} \\ &+ \underset{(0.12)}{0.01}\,\Delta \ln m_{t-3} - \underset{(0.10)}{0.02}\,\Delta \ln m_{t-4} - \underset{(0.000012)}{0.000004}\,t,\end{aligned} \tag{5.55}$$

$$\bar{R}^2 = 0.048, \quad \text{D.W.} = 1.49, \quad \text{s.e.e.} = 0.008,$$

其中，括号中的数字表示标准差。货币增长当期值与四个滞后值的系数之和为 0.26，标准差为 0.10。因此，估计结果表明，货币存量增长 1%对应于下一年产出增加 0.26%，而且可以在很高的显著性水平下拒绝两者没有关系的零假设。

那么，这个回归是否足以支持货币具有实际影响的波动理论呢？答案是否定的。这种回归有几个根本问题。第一，真实的因果关系有可能是产出导致货币变化而不是货币导致产出变化。金和普罗索(King and Plosser，1984)描述了一个简单的情形,当企业计划扩大生产时,由于需要购买更多的中间投入品,可能会增加货币持有量。同理,当家庭计划增加购买时,也会增加货币持有量。货币存量的总量(比如 M2)并不是由美联储直接决定的,而是由高能货币供给量、银行系统的行为以及公众的行为之间的交互作用共同确定。所以,当厂商与家庭改变其生产计划并引起货币需求变化时,也会导致货币存量的变化。因此,即便货币变动并不导致产出变动,我们也会观察到货币变动领先于产出变动。

圣路易方程的第二个问题更加严重,它涉及到货币政策的决定因素。假设美联储调整货币存量,以便冲销影响总产出的其他因素。那么,如果货币变化确实具有实际效应,并且美联储稳定经济的政策确有成效,我们就会观察到货币发生波动,而产出并不波动[卡雷肯和索洛(Kareken and Solow,1963)]。因此,正如货币与产出的正相关关系不能推出货币导致产出变化一样,即便我们没有观察到正相关关系,也不能断定货币不会导致产出变化。

圣路易方程的第三个问题相对比较寻常:样本区间内的货币需求发生了一系列较大的变化。关于这个问题,其原因尚不完全明确,但至少其中某些变化是由金融创新与管制放松引起的。如果美联储不能完全针对这些扰动调节货币供给,则根据粘性价格模型的预测,货币与产出之间会具有负相关关系。例如,一个正的货币需求冲击会提高货币存量,但是也会提高利率从而减少产出。并且,即使美联储能适应货币需求的变动,但是由于需求变化很大,所以仍然会使得观察结果中出现货币存量变动与产出变动不成比例的现象。

货币需求变化导致的结果是,货币与产出之间关系的估计结果对样本区间、货币口径等因素比较敏感。例如,如果方程(5.55)使用 M1 而不是 M2 进行估计,或者如果其估计所依赖的样本区间有所不同,则结果会发生明显变化。

由于上述问题,类似(5.55)式的回归方程在确定货币变化对产出的影响方面作用有限。

其他证据

弗里德曼和舒瓦茨(Friedman and Schwartz,1963)采用了一种与圣路易方程截然不同的方法来检验货币冲击是否具有实际效应。他们对美国从内战末到1960年间货币存量变化的来源进行了细致的历史分析。根据这些分析,他们认为,货币的许多变化,特别是幅度最大的变化,主要来源于经济中货币部门的发展,而不是货币存量对实际经济发展所做出的反应。弗里德曼和舒瓦茨还发现,在这些货币变化之后都会出现产出的同方向变动。因此,他们得出结论认为,除非这一系列变化中的货币—产出关系都是离奇的巧合,否则它们一定反映了货币导致产出变动的因果关系。[1]

C. 罗默和 D. 罗默(C. Romer and D. Romer,1989)使用类似方法得到了更多的证据。他们查阅了战后美联储的记录,寻找那些旨在抑制通胀的政策变动,试图找到证据说明这些政策变动的目的并非是推动经济实际进步。他们找到了六

〔1〕 参见他们的论著(特别是第 13 章),这是每个宏观经济学家都应该阅读的著作。

个这样的政策变动，并发现所有这些变动之后都会发生经济衰退。一个例子是沃尔克时期的反通胀政策，我们在第 5.1 节曾简单讨论过。在 1979 年 10 月，保罗·沃尔克(Paul Volcker)担任联邦储备委员会主席后不久，美联储大幅收紧了货币政策。这一变动显然是出于降低通胀的目的，而不是因为有其他因素可能会导致产出下滑。此后紧接着就是战后美国历史上最严重的衰退之一。[1]

弗里德曼和舒瓦茨以及 C. 罗默和 D. 罗默所做的工作是通过自然试验来确定货币冲击的影响，类似于在 4.4 节中通过自然试验确定社会基础结构的影响。例如，弗里德曼和舒瓦茨认为，1928 年联邦储备银行纽约分行行长本杰明·斯特朗(Benjamin Strong)的去世导致了较大的货币变动，而这并非是由产出行为导致的。斯特朗的去世给联邦储备系统留下了一个权力真空，并由此导致了接下来的数年间货币政策风格迥异。[2]

在确定货币政策的影响时，类似于斯特朗去世这样的自然试验不太可能像真正的随机试验那样理想。那么，是否存在某些历史事件可以明确地看作是独立的货币扰动？如果可以的话，应当考虑哪些历史事件？这些问题都存在争议。但是，由于不可能进行随机试验，自然试验得到的证据便是我们所能获得的最好证据。

与此相关的一种分析方法是利用特定货币干预的证据来考察货币变动对相对价格的影响。例如，库克和哈恩(Cook and Hahn，1989)正式地论证了美联储公开市场操作总是与名义利率变化相关这一常见现象[我们将在 11.2 节再次介绍这项研究，也可参见库特纳(Kuttner，2001)]。鉴于公开市场业务的特点，没有理由认为其时机的具体确定会内生地取决于利率发生变化的时间。货币扩张降低名义利率，这一事实足以说明名义利率的变化也代表了实际利率的变化。例如，货币扩张可能当天就会降低名义利率，而在这样短的时间内，预期通货膨胀率不太可能减少。在瓦尔拉斯模型中，实际利率的变化会影响实际变量的行为，这一证据足以说明货币变动具有实际效应。

同理，名义汇率制度也可能会影响实际汇率的行为。在固定汇率制度下，中央银行通过调节货币供给来维持名义汇率不变，而在浮动汇率制度下，央行并没有这样做。有较强的证据表明，在固定汇率制度下，不论是名义汇率还是实际汇率，都远远不如在浮动汇率制度下波动剧烈。此外，当中央银行将名义汇率从盯住一种货币转换到盯住另一种货币时，相关的两种实际汇率似乎也会剧烈变动[参见戈恩博格(Genberg，1978)；以及斯托克曼(Stockman，1983)。由于两种汇率制度之间的转换通常是跳跃式的，如果我们不通过货币因素的实际效应来解释实际汇率的

---

〔1〕 开放经济下的类似研究很有可能会发现有关货币因素重要性的更强有力的证据。例如，在高度开放的小国经济中，抑制高通胀率的货币政策变动似乎与实际汇率、实际利率以及实际产出的大幅变化有关。但是，我们所观察到的情形却比抑制通货膨胀货币政策总是伴随低产出的情况更加复杂。特别是，当货币政策试图通过盯住汇率来降低通胀时，通常会出现短期产出增长。我们尚不清楚为什么会出现这种情况。类似地，开放经济中的通胀稳定政策是否能有力地论证货币非中性，这一更抽象的问题也尚未得到解答。由于政策变动通常伴随着财政改革以及大量的不确定性，所以分析稳定政策十分复杂。参见萨金特(Sargent，1982)，参见瑞贝罗和维(Rebelo and Vègh，1995)以及卡尔沃和维(Calvo and Vègh，1999)。

〔2〕 维尔德(Velde，2009)识别并分析了在 18 世纪法国一次十分有趣的货币政策自然试验。其结果为价格不完全调整以及货币变动的实际效应提供了强有力的证据。

这种行为,那就只能假设经济中的实际冲击突然发生了大幅变化。可见,各种理论都预测汇率的变动具有实际效应。

显然,上述论证的局限性在于,虽然货币变动对实际利率以及实际汇率具有明显作用,但尚不能定量地确定其重要性。例如,巴克斯特和斯托克曼(1989)并没有发现经济总体在浮动汇率制度下的行为与固定汇率制度下有任何明显的差异。然而,由于实际经济周期理论把数量上的大幅变化归因于相对价格的温和变动,所以从许多理论(不仅仅是预测货币变动具有实际效应的理论)的角度来看,认为价格变化并不重要必然是不合理的。

更严密的统计证据

由于上述自然试验以及货币政策影响相对价格的证据,货币扰动具有实际效应的观点获得了宏观经济学家的广泛支持。然而,在确定政策效应的细节上,这些证据毫无意义。例如,由于弗里德曼和舒瓦茨以及 C. 罗默和 D. 罗默只考虑了少数历史事件,所以他们的论据不能用来精确地估计政策对产出的影响,也不太可能说明不同变量对货币变动做出反应的准确时间。

为了更详细地刻画货币政策的影响,近来产生了大量重新分析货币政策与经济之间统计关系的研究。这些研究中大多数是基于向量自回归,或者说 VAR。最简单的 VAR 是一个方程系统,其中每个变量都对自己的滞后值以及其他每个变量的滞后值做回归[例如,西姆斯(Sims,1980);以及汉密尔顿(Hamilton,1994),第 11 章对 VAR 做了一般性介绍]。早期的 VAR 对系统几乎没有结构性约束,因此在试图根据它们做出有关货币政策效应的推断时就会遇到类似于圣路易方程一样的问题,如遗漏变量、反向因果关系以及货币需求变动等[库利和勒鲁瓦(Cooley and LeRoy,1985)]。

如今的 VAR 方法从两个方面对早期方法进行了改进。首先,由于美联储已经允许货币存量随着货币需求的变动自由波动,现在的 VAR 模型会选择货币存量之外的货币政策变量。最常见的选择是联邦基金利率[伯南克和布林德(Bernanke and Blinder,1992)]。第二个方面更为重要,人们认识到根据数据推断经济需要基于一个模型,于是他们对政策实施及其影响做出假设,使得 VAR 参数的估计可以对应于政策如何影响宏观经济变量的估计。使用结构 VAR 方法研究货币政策的重要研究包括西姆斯(Sims,1992);盖里(Galì,1992);克里斯蒂亚诺、埃岑鲍姆和埃文斯(Christiano,Eichenbaum and Evans,1996);伯南克和米霍夫(Bernanke and Mihov,1998);科克伦(Cochrane,1998);巴思和雷米(Barth and Ramey,2001);汉森(2004);以及鲍美斯特和汉密尔顿(Bammeister and Hamilton,2015)。这些研究的结果与前面讨论过的证据大体一致。更重要的是,这些研究对政策效应的滞后及其对金融市场的影响,以及其他问题提供了多种多样的证据。

然而,我们并不清楚这种 VAR 方法是否能够解决简单的货币产出回归分析中所遇到的困难[鲁迪布什(Rudebusch,1998)]。特别是,这些论文并没有找到一个具有说服力的方法来解决如下问题,即美联储在调整经济政策时可能是基于其掌握的有关未来经济发展的信息，而 VAR 模型并不能控制这些变量。以 2007 年美联储的降息为例，由于产出已经迅速增长了好几年，失业率也比较低（这通常并不是美联储会降低利率的情形），典型的 VAR 模型会把这次降息识别为扩张性货币政策冲击，因此适合于考察政策效应。事实上，美联储此次降息是出于相信房价下跌以及金融市场紊乱会导致总需求增长减速，因此降息只是为了抵消这些紧缩因素。可见，在降息之后观察宏观经济行为并不是确定货币政策效应的好办法。这个例子表明，货币政策的制定十分复杂，要想控制所有影响政策而又直接影响经济的因素是极其困难的。

上述讨论说明，估计货币变动的影响程度与影响时间是非常困难的，我们不仅需要仔细研究自然试验文献中各种货币政策变动或者其他货币扰动的根源，还需要仔细研究 VAR 文献中的统计问题与估计方法。C. 罗默和 D. 罗默（2004）在这方面进行了一次尝试。他们发现，货币政策对产出和价格的影响比传统 VAR 所预测的更大更快，这与上述有关 VAR 结果可能有偏的讨论一致。这方面的其他研究包括，柯比恩（Coibion，2012）的研究调和了罗默和罗默估计的货币政策效应与主要结构 VAR 估计结果之间的重要差异；克罗恩和赫尔艮（Cloyne and Hürtgen，2016）运用罗默和罗默的方法研究了英国数据，并得到了非常相似的结果。但是，试图融合自然试验与 VAR 方法的研究仍处于起步阶段。[1]

5.10 实际经济周期基准模型评价

难题

正如第 5.2 节所描述的那样，我们分析的模型用最简单、最自然的方式将波动引入了拉姆塞模型，因而可以将它们看作是经济波动的基准模型。如果这些模型能够较好地刻画所观察到的关键波动特征，那将会使宏观经济学的研究变得十分简单。但可惜的是，事实上它们很难做到。

我们在前一节得到的一个重要发现是：有充分的证据表明货币冲击具有重要的实际效应。这一发现并不仅仅意味着实际经济周期基准模型忽略了产出变动的一个来源。正如后两章所描述的那样，关于货币变动实际效应的主流解释需要依赖于名义价格或者名义工资的不完全调整。我们将看到，名义变量的不完全调整意味着一个新的作用渠道，诸如政府购买等其他扰动通过这一渠道产生实际效应。

---

〔1〕 还有一类研究侧重于分析经济在货币政策决策前后极短时间内（例如 30 分钟）的反应。这类事件分析方法背后的思想是，在如此短暂的时间内，利率与其他变量的变化几乎完全是对货币政策消息的反应。但是，这一思想要应用于研究需要解决两大难题：第一，只有 1989 年之后，才能获得计算未预期到的利率变化所需的信息，货币政策冲击在 1989 年之后通常很小。因此，直接估计宏观经济变量在冲击之后的行为就很不精确，需要增加更多的假设才能使估计的精确度达到可以接受的程度。第二，正如我们将在第 12.2 节中介绍的那样，美联储会掌握普通经济个体没有的信息。因此，意料之外的货币政策变化并不单纯是一个货币政策冲击，而是同时包含了政策冲击和关于经济形势的新信息。尽管会遇到上述难题，但是这类研究得到的结论通常会符合其他研究方法关于货币政策具有重要实际效应的观点。这类研究的重要文献包括：库特勒（Kuttner，2001）；科克伦和皮亚泽西（Cochrane and Piazzesi，2002）；里哥本和萨克（Rigobon and Sack，2004）；格特勒和卡拉迪（Gertler and Karadi，2015）；以及中村和斯坦森（Nakamura and Steinsson，2017）。

我们还会发现,当劳动、信贷和产品市场明显有别于实际经济周期纯理论模型的竞争性假设时,名义变量的不完全调整就极有可能发生。可见,货币的非中性确实存在,这就说明实际经济周期基本模型中的许多关键部分都存在严重问题。

第二个难题与技术冲击有关。根据模型假设、技术冲击的标准差为每季度1%。如此大的技术革新应该是世人皆知的,但事实上,通常很难根据索洛剩余中各季度之间的大幅变化识别出对应的具体技术革新。

更重要的是,有充分的证据表明,索洛剩余中的短期变动不会仅仅反映了技术更新的步伐。例如,伯南克和帕金森(1991)发现,虽然几乎可以肯定大萧条并不是由技术退步导致的,但索洛剩余在大萧条时期伴随产出的变化与在战后时期基本一样。曼昆(1989)证明,在第二次世界大战的繁荣时期(仍然难以用技术冲击解释),索洛剩余的变化情况也与其他时期类似。霍尔(1988a)说明,索洛剩余的变动与总统所在的政党、军事购买的变化以及石油价格变化等有关,但这些变量都不太可能在短期内影响技术水平。[1]

上述发现表明,索洛剩余的变动很难用来衡量技术冲击。有许多理由可以认为,即便产出上升的来源并不是正向技术冲击,也有可能会导致索洛剩余上升。其中可能性最大的依次是规模报酬递增、资本和劳动的密集使用程度上升以及投入品的配置向生产效率较高的企业流动。到目前为止,已经有证据表明投入品利用率的变化比较重要,规模报酬递增的证据较少,而有关资源配置的研究还不太多。[2]

我们知道,技术冲击是实际经济周期基本模型的核心。因此,如果现实中的技术冲击远小于索洛剩余变化所表明的,则模型解释经济波动的能力会远不如第5.8节中的校准方法。

基本模型的第三个难题涉及技术冲击的正确识别及其影响。近期的研究试图估计一系列现实中的技术扰动,比如说从索洛剩余中清理出杂乱的影响因素(如可变利用率等因素)所导致的影响,并在此基础上估计这些扰动的宏观影响。总的来说,这些研究发现,在正向技术冲击之后,劳动投入会下降而不是上升[参见谢伊(Shea,1998);盖里和拉巴纳尔(Galì and Rabanal,2004);弗朗西斯和雷米(Francis and Ramey,2005);巴苏、菲纳德和金博尔(Basu,Fernald and Kimball,2006);以及菲纳德(Fernald,2007)]。可见,在实际经济周期基准模型中,经济波动的关键来源实际上可能会导致劳动与产出按相反的方向变化,而这正是粘性价格模型(即产出由短期需求确定)的结论之一。

第四个难题涉及模型的微观基础。如前所述,关于货币扰动影响的证据表明,经济具有重要的非瓦尔拉斯特征。更重要的是,有直接和充分的证据表明,现实中的产品、劳动和信贷市场与本章模型的隐含假设大不相同,而这种差异极有可能与总体经济波动有关。一个显而易见的例子就是,金融危机与大萧条期间的经济表现充分说明了信贷市场并非是瓦尔拉斯的,而这对于宏观经济具有重大影响。相比而言,另一个例子是比较常见的,我们将会在7.6节中看到,产品的价格并不是

---

〔1〕 霍尔解释道,若已经考虑了石油在生产过程中的角色,则石油价格的变动不会影响生产率。

〔2〕 这方面的重要论文包括巴苏(1995,1996);伯恩塞德、埃岑鲍姆和瑞贝罗(Burnside,Eichenbaum and Rebelo,1995);巴苏和菲纳德(1997);以及比尔和克莱诺(Bils and Klenow,1998)。

完全灵活的，而是通常在较长时期内保持不变。第三个例子来自对劳动供给的微观研究。这些研究发现，跨期替代弹性通常较小，而这会使人们对实际经济周期模型中就业变动的关键机制产生疑问。这些研究还发现，虽然模型预测劳动需求的变化仅通过对工资的影响而改变劳动供给量，但数据并不支持这一点，这说明模型并不能完全刻画就业波动的影响因素[参见麦柯迪（MaCurdy，1981），埃尔托尼（Altonji，1986）以及哈姆和赖利（Ham and Reilly，2002）]。尽管我们并不需要或者预期一个宏观经济模型能够具有完全现实的微观经济基础，但是上述系统性的偏差对于实际经济周期模型而言是令人不安的。

最后，科格利和内森（Cogley and Nason，1995）与罗滕博格和伍德福德（Rotemberg and Woodford，1996）说明，实际经济周期基本模型的动态变化看上去并不符合经济周期所应该有的特征。科格利和内森说明，该基本模型就像我们在第 5.5 节推导的具有解析解的简单情形一样，没有显著的传导机制：产出与冲击的动态变化非常接近。也就是说，模型产生的产出动态变化符合现实仅仅是因为产出驱动过程的假设。相比之下，罗滕博格和伍德福德说明，在实际经济中，产出、消费与工作时间的变动具有重要的可预测性，而这在实际经济周期基本模型中是无法反映出来的。例如，在数据中，工作小时数异常低或者消费对收入的比率异常高的时期之后通常都会出现高于正常水平的产出增长。罗滕博格和伍德福德说明，实际经济周期基本模型所预测到的产出变动要远远小于数据中观察到的变动，并且其变化特征也大为不同。

模型的“实际”扩展

由于上述五个难题，人们普遍认为本章的模型并不能准确地解释经济波动，并且如前所述，如果不在模型中引入某种名义刚性或者不完全性，就不太可能真正理解某些重要的波动特征。然而，经济波动的研究很大一部分是基于纯粹的实际模型。其原因之一是为更加完整的模型添砖加瓦。正如我们即将看到的那样，在动态波动模型中引入名义刚性是很困难的，因此在考察某些新的波动特征时，从没有名义刚性的模型开始往往比较简单。另一个原因是，某些波动特征可能并不需要名义刚性就可以得到很好理解。因此，尽管完整模型也可能会包含这些特征，但我们不用完整模型也能进行深入研究。下面我们就来简要介绍一下经济周期研究中“实际”方面的一些重要扩展。

本章模型的一个广受关注的扩展是加入不可分劳动。劳动投入的变化不仅来自工作小时数的平滑变动，也来自就业人口的增减。为了探讨这一事实的意义，罗杰森（Rogerson，1988）与汉森（1985）考虑了一种极端情形，即每个经济个体的 ℓ 仅有两种可能的取值，0（对应于没有就业）或者某个正值 ℓ_0（对应于就业）。罗杰森和汉森认为工作具有固定成本，从而认为这一假设是合理的。

模型的这一变动大大提高了劳动投入对冲击的反应程度，而这又反过来提高了产出波动的幅度以及波动中劳动投入变化的贡献。根据 5.8 节的校准方法的结论，我们知道这些变化提高了模型的拟合能力。

为了理解这种极端的就业假设为何会提高劳动投入的波动性，我们可以假设，一旦确定了获得就业的工人数量,则经济个体就随机地分为就业者和失业者。在 t 期就业的工人数 E_t 必须满足 $E_t\ell_0=L_t$,也就是说,在 t 期任意个体的就业概率都为 $(L_t/\ell_0)/N_t$。因此,在 t 期每个经济个体从闲暇中获得的期望效用为:

$$\frac{L_t/\ell_0}{N_t}b\ln(1-\ell_0)+\frac{N_t-(L_t/\ell_0)}{N_t}b\ln 1. \tag{5.56}$$

这个表达式对 L_t 是线性的:经济个体对于就业波动并不是风险规避的。与此相比,当所有个体都工作相同数量时,在 t 期从闲暇获得的效用是 $b\ln[1-(L_t/N_t)]$。这一表达式对 L_t 的二阶导数为负,即工作的边际负效用递增。所以,对于既定数量的工资变化,L_t 传统模型的反应要小于不可分劳动模型。根据汉森和赖特(1992)的研究,如果在 5.8 节讨论的普雷斯科特模型中引入不可分劳动,则产出的标准差会由 1.30%提高到 1.73%(数据中是 1.92%),而工作总小时数的标准差对产出标准差的比率则会由 0.49 提高到 0.76(数据中是 0.96)。[1]

实际周期模型的另一个重要扩展是引入多重部门以及部门冲击。朗和普罗索(1983)构建了一个类似于 5.5 节中模型的多部门模型,并探讨了该模型对冲击在各部门之间传播的意义。利林(Lilien,1982)提出了一个截然不同的传导机制,各部门的技术或者相对需求冲击都会通过这种机制引起就业波动。其基本想法是,如果劳动在各部门之间的重新配置需要耗费时间,则在受到负向冲击的部门中,就业下降的速度要比受到正向冲击的部门中就业上升的速度更快。其结果是,部门冲击会导致失业暂时上升。利林发现,根据简单测算,一定程度的部门扰动可以解释很大一部分总就业的变动。后续研究发现,利林的测算有一定缺陷,因此他的结果基本上也是错的。然而,这方面的研究还没有取得任何可以解释部门冲击对波动或者对平均失业的贡献的可靠结论。[2]

目前为止,我们讨论过的所有实际经济周期模型都具有瓦尔拉斯性质:外部性不存在、完全竞争、信息对称,因此均衡是帕累托有效的。实际上,第一代 RBC 模型背后的主要研究动机就是想要弄清是否可以用一个瓦尔拉斯模型来解释宏观经济波动的核心特征。但是事实上研究经济的"实际"波动 完全不必单单考虑纯粹的瓦尔拉斯模型。

这一研究思路下最重要的模型扩展就是引入扭曲性税收以及税率波动[参见格林伍德和霍夫曼(Greenwood and Huffman,1991);巴克斯特和金(Baxter and King,1993);布劳恩(Braun,1994);以及麦克雷顿(McGrattan,1994)]。其中,一个特别有趣的例子是产出比例税,即 $T_t=\tau_t Y_t$,其中 τ_t 是 t 期的税率。产出税相当于对资本和劳动按同比率征税,而这在许多国家都是合理的一阶近似。在征收产出税的条件下,从私有部门经济个体的角度看,改变 $1-\tau$ 就相当于改变技术

[1] 由于瞬时效用函数(5.7)中消费与闲暇是可分的,所以当就业者与失业者的消费相同时,期望效用可以达到最大化。因此,不可分劳动模型意味着失业者的境况比就业者更好。参见习题 11.6 以及罗杰森和赖特(1988)。

[2] 参见亚伯拉罕和卡茨(Abraham and Katz,1986);墨菲和托佩尔(Murphy and Topel,1987a);戴维斯和霍尔蒂万格(Davis and Haltiwanger,1999);费伦和特雷霍斯(Phelan and Trejos,2000);以及加林,普莱斯和西姆斯(Garín Pries,and Sims,2017)。

$A^{1-\alpha}$，即改变了既定资本和劳动下可以获得的产出数量。因此，当 $1-\tau$ 服从某个给定的过程时，税后产出的行为与没有税收的模型中总产出在 $A^{1-\alpha}$ 服从同一过程时的行为完全相同。这就让扭曲性税收的分析变得比较简单[坎贝尔(Campbell，1994)]。

由于税收收入是政府购买的资金来源，因此我们可以同时分析扭曲性税收与政府购买的影响。这样做显然会改变我们前面对政府购买效应的分析。更重要的是，可预测的边际税率变化会产生额外的跨期替代效应，而这种效应可能在数量上十分重要。例如，若政府购买暂时性地上升，并且其资金来源为扭曲性税收的暂时上升，则税收所引致的跨期替代激励通常会超过其他影响产出的因素，于是总产出会下降而不是上升(巴克斯特和金，1993)。

上述仅仅是实际经济周期模型的少数几个扩展，学者们还研究了很多其他瓦尔拉斯式的和非瓦尔拉斯式的扩展形式，包括家庭生产(Benhabib，Rogerson，and Wright，1991；Greenwood and Hercowitz，1991)，收入的不可保个体风险(Krusell and Smith，1998) 等。

在周期模型中引入名义粘性

我们在前面强调过，找出名义扰动产生实际效应的作用渠道对于理解经济周期的一些核心特征至关重要。因此，在接下来的两章，我们就着重讨论在经济周期模型中引入名义刚性的情形。第 6 章回到本章讨论的复杂问题，分别考虑不同的名义刚性。第 7 章开始把各种问题放在一起，考虑具有名义刚性的更加丰富的动态波动模型。

这种章节安排的一个缺点是可能会造成人们对经济周期研究分歧的一种错觉，认为宏观经济学可以简单分成两种流派：一种流派偏好于复杂的瓦尔拉斯模型，并按照本章中实际扩展的方式完善模型；另一种流派则偏好于具有名义刚性的相对简单的模型，例如后两章中的许多模型。几乎得到普遍认同的是，我们的目标是在微观基础上建立一个完善的数量模型，这个模型必然比较复杂，而且会纳入名义刚性这一重要角色。

至于如何向这一目标努力，实际上并没有截然对立的观点和明确不同的流派，研究者通常会广泛地采用多种多样的方法。在研究策略上，至少有两种不同的方向。第一种是考虑模型的相关选择在多大程度上是瓦尔拉斯的。例如，假设研究者想要分析经济周期对效率工资(我们将在第 11 章讨论这个问题)的意义。如果研究者在分析这个问题时，需要模型化消费决策，他/她就可以假设进行决策的家庭具有无限寿命，并且没有借贷约束。或者，研究者也可以采取让消费等于当前收入的捷径(比如考虑静态模型或者去掉资本)。

而对于哪种方法更有成效，答案并不明确。采用瓦尔拉斯模型作为基准会产生一定的限制，即研究者不能随意地引入非瓦尔拉斯假设来产生他/她所希望的结果。这一方面有助于说明哪些非瓦尔拉斯特性对于结果比较关键，而另一方面也让模型更加复杂，从而很难分辨各种结果的诱因。并且，它还可能会导致研究者所采用的假设并不适合于其想要分析的问题。

研究策略的第二个主要方向是与一般均衡相对应的局部均衡。例如,考虑我们将在第 6 章中 B 部分讨论的问题,即价格调整的微小成本是否足以导致大量的名义刚性。一种极端做法是,着重讨论单个企业对一次性货币扰动的反应。另一种做法是建立一个动态模型,考虑货币供给服从一个随机过程,并讨论其导致的一般均衡。

这两种研究方法仍然各有优劣。着重于一般均衡的方法能防止所考虑的影响在某些方面具有建模者没有考虑到的一些不良含义,但其代价是让分析更加复杂。因此,这种研究方法通常需要采取简化的办法来对感兴趣的核心问题进行模型化,并且更大的复杂性也让人难以弄清结论中的经济直觉。

可以说,上述所有这些方法都有其各自的价值,因此如果说宏观经济学者应该研究所有这些方法,那么也有其合理性。例如,局部均衡与一般均衡模型都有价值的说法是无懈可击的。但是这里也存在着权衡取舍:同时进行一般均衡和局部均衡分析,或是同时考虑完善的动态模型和简单的静态模型,就意味着每一方面所花的精力都更少。因此,认为所有方法都很好的说法回避了更困难的问题,即每种方法在什么情况下更有价值,以及何种组合对于分析某一特定问题更加合适。然而,就像校准相对于其他评估模型实证性能的方法一样,对于上述问题,我们并没有成体系的依据。因此,宏观经济学者别无选择,只能基于当前可得的模型和证据,试探性地判断哪种分析最有希望,而且他们也必须做好对这些判断进行修正的准备。

习 题

5.1 对美国之外的任何国家,重新计算表 5.1、表 5.2 与表 5.3 中报告的内容。

5.2 按照表 5.3 所报告的重新计算如下内容:

(a) 雇员报酬占国民收入的比例。

(b) 劳动力参与率。

(c) 联邦政府预算赤字占 GDP 的比例。

(d) 标准普尔 500 股票的综合价格指数。

(e) 穆迪 Baa 与 Aaa 的债券收益率之差。

(f) 10 年期与 3 月期美国国债的收益率之差。

(g) 美元兑其他主要货币的加权平均汇率。

5.3 用 A_0 表示 A 在时期 0 的值,并假设 $\ln A$ 的行为由方程(5.8)～(5.9)给定。

(a) 用 $\ln A_0$,ε_{A1},ε_{A2},ε_{A3},$\bar{A}$ 和 g 表示 $\ln A_1$、$\ln A_2$ 和 $\ln A_3$。

(b) 根据 ε_A 的期望为零这一事实,给定 $\ln A_0$,$\bar{A}$ 和 g,则 $\ln A_1$、$\ln A_2$ 和 $\ln A_3$ 的期望是多少?

5.4 假设 t 期效用函数为 $u_t=\ln c_t+b(1-\ell_t)^{1-\gamma}/(1-\gamma)$,$b>0$,$\gamma>0$,而不是(5.7)。

(a) 考虑类似于(5.12)～(5.15)式中讨论的单期问题。劳动供给会如何依赖于工资?

(b) 考虑类似于(5.16)～(5.21)式中讨论的两期问题。闲暇在两期之间的相对需求如何依赖于相对工资？如何依赖于利率？从直观上解释 γ 为何会影响劳动供给对工资和利率的反应程度。

5.5 考虑在(5.16)～(5.21)式中探讨的问题。

(a) 证明 w_1 与 w_2 同时提高并保持 w_1/w_2 不变并不会影响 ℓ_1 或者 ℓ_2。

(b) 假设家庭的初始财富为 $Z>0$。

(i) (5.23)式是否还能成立？为什么？

(ii) (a)小题中的结果是否还能成立？为什么？

5.6 假设经济个体生活两期，并且效用为 $\ln C_1+\ln C_2$

(a) 假设经济个体在生命中第一期的劳动收入为 Y_1，第二期为零。于是第二期的消费为 $(1+r)(Y_1-C_1)$；资本回报率 r 可能是随机的。

(i) 找出经济个体选择 C_1 的一阶条件。

(ii) 假设 r 由确定的变为不确定的，并且 $E[r]$ 不变。C_1 会如何对这一变化做出反应？

(b) 假设经济个体在第一期的劳动收入为零，第二期为 Y_2。于是第二期的消费为 $Y_2-(1+r)C_1$。Y_2 是确定的；而 r 仍然可能是随机的。

(i) 找出经济个体选择 C_1 的一阶条件。

(ii) 假设 r 由确定的变为不确定的，并且 $E[r]$ 不变。C_1 会如何对这一变化做出反应？

5.7 (a) 根据类似于推导方程(5.23)时的论证过程，证明家庭最优化要求 $b/(1-\ell_t)=e^{-\rho}E_t\{w_t(1+r_{t+1})b/[w_{t+1}(1-\ell_{t+1})]\}$。

(b) 证明这一条件可以由(5.23)式和(5.26)式推出。[注意(5.26)式必须在每一期都成立。]

5.8 具有可加性技术冲击的简化实际经济周期模型。[本题来自布兰查德和费希尔(Blanchard and Fischer，1989)，第 329～331 页。]考虑一个由具有无限寿命的经济个体所组成，并且人口数量不变的经济。代表性个体最大化期望效用 $\sum_{t=0}^{\infty}u(C_t)/(1+\rho)^t$，其中 $\rho>0$。瞬时效用函数为 $u(C_t)=C_t-\theta C_t^2$，$\theta>0$。假设 C 总处在 $u'(C)$ 为正的区间内。

产出是资本的线性函数再加上一个可加的扰动：$Y_t=AK_t+e_t$。没有折旧，因此 $K_{t+1}=K_t+Y_t-C_t$，利率为 A。假设 $A=\rho$。最后，扰动服从一阶自回归过程：$e_t=\phi e_{t-1}+\varepsilon_t$，其中 $-1<\phi<1$，且 ε_t 是零均值、独立同分布的冲击。

(a) 求关于 C_t 与 C_{t+1} 期望值的一阶条件(欧拉方程)。

(b) 假设消费方程的形式为 $C_t=\alpha+\beta K_t+\gamma e_t$。根据这一猜测，把 K_{t+1} 表示为 K_t 和 e_t 的函数。

(c) 参数 α、β 和 γ 必须如何取值才能使(a)小题中的一阶条件对于 K_t 和 e_t 的所有值都成立？

(d) ε 的一次性冲击如何影响 Y、K 和 C 的路径？

5.9 具有偏好冲击的简化实际经济周期模型。(本题来自布兰查德和费希尔，1989，第 361 页。)考虑习题 5.8 中的设定。但是假设没有技术扰动(即 e)，并且

瞬时效用函数为 $u(C_t)=C_t-\theta(C_t+\nu_t)^2$,$\nu$ 是零均值、独立同分布的冲击。

(a) 求关于 C_t 与 C_{t+1} 期望值的一阶条件(欧拉方程)。

(b) 假设消费方程的形式为 $C_t=\alpha+\beta K_t+\gamma\nu_t$。根据这一猜测,把 K_{t+1} 表示为 K_t 和 ν_t 的函数。

(c) 参数 α、β 和 γ 必须如何取值才能使(a)小题中的一阶条件对于 K_t 和 ν_t 的所有值都成立?

(d) ν 的一次性冲击如何影响 Y、K 和 C 的路径?

5.10 第 5.3 节中模型的平衡增长路径。考虑 5.3 节中的模型在没有冲击时的情形。令 y^*、k^*、c^* 和 G^* 分别表示平衡增长路径上 $Y/(AL)$、$K/(AL)$、$C/(AL)$ 和 $G/(AL)$ 的值;w^* 表示 w/A 的值;ℓ^* 表示 L/N 的值;而 r^* 表示 r 的值。

(a) 利用方程(5.1)～(5.4)、(5.23)和(5.26)以及 y^*、k^*、c^*、w^*、ℓ^* 和 r^* 在平衡增长路径上均为不变常数的事实,找出这六个变量的六个方程。[提示:(5.23)式中 c 为人均消费 C/N,而 c^* 为平衡增长路径上单位有效劳动平均消费 $C/(AL)$ 的值,这说明,在平衡增长路径上,$c=c^*\ell^*A$。]

(b) 考虑 5.7 节中假设的参数值。在平衡增长路径上,消费和投资在产出中各占多少份额?资本与年产出的比率是多少?

5.11 寻找社会最优,求解实际经济周期模型。[1] 考虑 5.5 节中的模型。为简单起见,假设 $n=g=\overline{A}=\overline{N}=0$。令值函数 $V(K_t,A_t)$ 表示代表性经济个体从当期开始的终生效用的期望现值,它是资本存量和技术的函数。

(a) 直观地解释为什么 $V(\cdot)$ 必须满足

$$V(K_t,A_t)=\max_{C_t,\ell_t}\{[\ln C_t+b\ln(1-\ell_t)]+e^{-\rho}E_t[V(K_{t+1},A_{t+1})]\}.$$

该条件被称为贝尔曼(Bellman)方程。

根据模型的对数线性结构,我们推测 $V(\cdot)$ 的函数形式为 $V(K_t,A_t)=\beta_0+\beta_K\ln K_t+\beta_A\ln A_t$,其中 β 的值需要确定。把这个猜测的函数形式以及 $K_{t+1}=Y_t-C_t$ 和 $E_t[\ln A_{t+1}]=\rho_A\ln A_t$ 代入贝尔曼方程可得:

$$V(K_t,A_t)=\max_{C_t,\ell_t}\{[\ln C_t+b\ln(1-\ell_t)]+e^{-\rho}[\beta_0+\beta_K\ln(Y_t-C_t)+\beta_A\rho_A\ln A_t]\}.$$

(b) 求 C_t 的一阶条件。证明该条件意味着 C_t/Y_t 不依赖于 K_t 或 A_t。

(c) 求 ℓ_t 的一阶条件。利用该条件以及(b)小题的结果证明 ℓ_t 不依赖于 K_t 或 A_t。

(d) 把生产函数以及(b)、(c)小题中关于最优 C_t 和 ℓ_t 的条件代入上面 $V(\cdot)$ 的方程,证明所得表达式的形式为 $V(K_t,A_t)=\beta_0'+\beta_K'\ln K_t+\beta_A'\ln A_t$。

(e) β_K 与 β_A 应取何值才能使 $\beta_K'=\beta_K$,$\beta_A'=\beta_A$?[2]

(f) C/Y 和 ℓ 的值应为多少?它们是否与 5.5 节中 $n=g=0$ 的情形下所得的值相同?

5.12 假设技术不服从(5.8)～(5.9)式中的过程。对于任意 t,$s_t=\hat{s}$ 和 $\ell_t=\hat{\ell}$ 是否仍然可以解出 5.5 节中的模型?为什么?

---

[1] 本题使用动态规划和待定系数法。8.7 节和 5.6 节分别讨论了这两种方法。

[2] β_0 的计算十分繁琐,因而忽略不计。

5.13 考虑5.5节中的模型。但是，假设瞬时效用函数为 $u_t=\ln c_t+b(1-\ell_t)^{1-\gamma}/(1-\gamma)$，$b>0$，$\gamma>0$，而不是(5.7)式(参见习题5.4)。

(a) 给定工资，求类似于方程(5.26)，关于当前闲暇与消费的一阶条件。

(b) 在对模型做了这种改动之后，储蓄率 s 是否仍然固定不变?

(c) 人均闲暇$(1-\ell)$是否仍然固定不变?

5.14 (a) 若 $\widetilde{A}_t$ 始终为0，并且 $\ln Y_t$ 的演变遵循(5.39)式，则 $\ln Y_t$ 最终会达到什么路径?[提示:我们可以把(5.39)式改写为 $\ln Y_t-(n+g)t=Q+\alpha[\ln Y_{t-1}-(n+g)(t-1)]+(1-\alpha)\widetilde{A}_t$，其中 $Q\equiv\alpha\ln\hat{s}+(1-\alpha)(\bar{A}+\ln\hat{\ell}+\bar{N})-\alpha(n+g)$。]

(b) 令 $\widetilde{Y}_t$ 表示 $\ln Y_t$ 与(a)小题中所得路径之差，试推导(5.40)式。

5.15 推导对数线性化的资本运动方程。考虑资本的运动方程 $K_{t+1}=K_t+K_t^{\alpha}(A_tL_t)^{1-\alpha}-C_t-G_t-\delta K_t$。

(a) (i) 证明，若保持 A_t、L_t、C_t 和 G_t 不变，则 $\partial\ln K_{t+1}/\partial\ln K_t$ 等于 $(1+r_{t+1})(K_t/K_{t+1})$。

(ii) 证明上述结果表明平衡增长路径的 $\partial\ln K_{t+1}/\partial\ln K_t$ 值为 $(1+r^*)/e^{n+g}$。[1]

(b) 证明

$$\widetilde{K}_{t+1}\simeq\lambda_1\widetilde{K}_t+\lambda_2(\widetilde{A}_t+\widetilde{L}_t)+\lambda_3\widetilde{G}_t+(1-\lambda_1-\lambda_2-\lambda_3)\widetilde{C}_t,$$

分别设定 $\lambda_1\equiv(1+r^*)/e^{n+g}$，$\lambda_2\equiv(1-\alpha)(r^*+\delta)/(\alpha e^{n+g})$ 和 $\lambda_3=-(r^*+\delta)(G/Y)^*/(\alpha e^{n+g})$；其中 $(G/Y)^*$ 表示在平衡增长路径上，没有冲击时 G 对 Y 的比值。[提示:由于生产函数是柯布—道格拉斯函数，$Y^*=(r^*+\delta)K^*/\alpha$。在平衡增长路径上，$K_{t+1}=e^{n+g}K_t$，可见 $C^*=Y^*-G^*-\delta K^*-(e^{n+g}-1)K^*$。]

(c) 根据(b)小题的结果以及方程(5.43)～(5.44)推导(5.53)式，其中 $b_{KK}=\lambda_1+\lambda_2a_{LK}+(1-\lambda_1-\lambda_2-\lambda_3)a_{CK}$，$b_{KA}=\lambda_2(1+a_{LA})+(1-\lambda_1-\lambda_2-\lambda_3)a_{CA}$，$b_{KG}=\lambda_2a_{LG}+\lambda_3+(1-\lambda_1-\lambda_2-\lambda_3)a_{CG}$。

5.16 重做方程(5.55)中的回归。

(a) 纳入最新的数据。

(b) 纳入最新的数据，并使用M1而不是M2。

(c) 把对数货币量变动的滞后项设为8个而不是4个。

---

〔1〕 r^* 可以用贴现率 ρ 来表示。但是，坎贝尔(1994)认为，用 r^* 而不是 ρ 来讨论模型的意义比较简单。

6 名义刚性

正如我们在上一章末尾所讨论的那样,实际经济周期模型的主要缺陷在于忽略了货币变动在推动宏观经济波动中的作用。因此,在上一章模型的基础上引入货币变动的作用,从而把我们对经济波动的分析进行推广是非常重要的。

要使货币扰动产生实际效应,就必须存在某种名义刚性或者不完美性。否则,即使是在高度非瓦尔拉斯化的模型中,货币变动也只会引起所有价格的同比例变化,而不会对实际价格或者数量产生任何影响。在现代经济周期模型中,最常见的名义不完美性是名义价格调整或名义工资调整的某种障碍或者限制。因此,本章会着重讨论这种障碍。

引入名义价格的不完全调整并不仅仅是增加了一个货币扰动产生实际效应的渠道。我们将看到,在现实情况下,仅在瓦尔拉斯模型中增加一个价格调整的合理障碍并不足以使货币变化产生定量的重要影响。因此,要想使引入的名义扰动产生重要影响,通常还需要对模型的微观基础进行较大的改变。另外,名义刚性还会改变除货币冲击之外的其他扰动对经济的作用,因此会影响我们对非货币变动作用的理解。由于名义刚性具有这些强大的影响,并且对于理解经济波动的重要特征又是如此关键,所以大多数现代经济周期模型都包含了某种形式的名义刚性。

本章在引入名义刚性的过程中,首先考虑了在静态或者只有一次性冲击的简单模型中名义刚性的作用。在本章的 A 部分,我们把名义刚性看作是既定的。我们的目标是理解名义刚性的作用并分析不同假设对于名义刚性具体细节的影响,如价格和工资哪一个具有粘性,以及通胀变化的性质。然后,B 部分转到名义刚性的微观基础。在这一部分,我们将考虑的一个关键问题是,为什么名义调整障碍几乎总是很小,却会导致相当强的总体名义刚性。

A 部分　外生名义刚性

6.1　基准情形:固定价格

在本章的这个部分,我们把名义刚性看作是既定的,并探讨在这种情况下名义刚性对经济波动的影响。下面，我们首先来讨论一个极端情形，即名义价格不仅不能灵活调整，而且是完全固定不变的。除了引入外生价格刚性这一假设外，我们的模型仍然建立在微观基础之上。但是，为了着重讨论名义刚性的作用，模型进行了大幅度的简化。例如，模型中没有不确定性，并且在第 5 章中着重分析的技术冲击和政府购买冲击在这里完全不予考虑。

假设

首先，假设时间是离散的。厂商使用劳动作为唯一的投入品生产产出。总产出由下式给出：

$$Y=F(L), \quad F'(\cdot)>0,\ F''(\cdot)\leqslant 0. \tag{6.1}$$

模型省略了政府与国际贸易，并且假设没有资本，因此模型表明总消费与总产出是相等的。

家庭具有无限生命，且数量固定，其效用来自消费以及持有的实际货币余额，而负效用来自工作。为了简单起见，我们忽略人口增长，并把家庭数量标准化为 1。那么，代表性家庭的目标函数为：

$$\mathcal{U}=\sum_{t=0}^{\infty}\beta^{t}\left[U(C_t)+\Gamma\left(\frac{M_t}{P_t}\right)-V(L_t)\right], \quad 0<\beta<1. \tag{6.2}$$

其中，消费与货币持有的边际效用递减，而工作的边际负效用递增：$U'(\cdot)>0$，$U''(\cdot)<0$，$\Gamma'(\cdot)>0$，$\Gamma''(\cdot)<0$，$V'(\cdot)>0$，$V''(\cdot)>0$。我们假设 $U(\cdot)$ 与 $\Gamma(\cdot)$ 取我们常见的常相对风险规避形式：

$$U(C_t)=\frac{C_t^{1-\theta}}{1-\theta}, \quad \theta>0, \tag{6.3}$$

$$\Gamma\left(\frac{M_t}{P_t}\right)=\frac{(M_t/P_t)^{1-\chi}}{1-\chi}, \quad \chi>0. \tag{6.4}$$

这里，我们将货币看作效用的直接来源实际上是一种简化。事实上，经济个体持有现金并不是因为它可以直接提供效用，而是因为它可以使人们更容易购买产品。我们可以把 M_t/P_t 在目标函数中的含义看作是反映便利性而不是直接效用的增加。[1]

经济中有两种资产：名义利率为零的货币，以及可以获得利息的债券。令 A_t 表示家庭在 t 期初的财富。劳动收入为 W_tL_t（其中 W 是名义工资），消费支出为 P_tC_t。家庭在 t 期到 $t+1$ 期之间持有的债券数量为 $A_t+W_tL_t-P_tC_t-M_t$。因此其财富演化路径为：

$$A_{t+1}=M_t+(A_t+W_tL_t-P_tC_t-M_t)(1+i_t). \tag{6.5}$$

家庭把 P、W 以及 i 的路径看作是给定的，选择 C 和 M 的路径以最大化其终

〔1〕 芬斯特拉（Feenstra，1986）正式论证了，这种货币效用函数模型与考虑持有货币具有交易收益的模型基本上是等价的。经典的货币交易需求模型是鲍莫—托宾模型（Baumol，1952；Tobin，1956）。参见习题 6.2。

生效用,其约束条件是预算约束以及一个禁止庞氏骗局条件(参见第 2.2 节)。因为我们允许名义工资刚性以及劳动市场不出清,所以暂时不用明确说明家庭的劳动供给 L 是外生变量还是一个选择变量。类似地,我们暂时也不对厂商如何选择 L 做出假设。

M 的路径由中央银行确定。因此,尽管家庭把 i 看作是给定的,而把 M 的路径看作是由家庭选择的,但在一般均衡时,M 的路径是外生的,而 i 的路径是内生决定的。

家庭行为

在时期 t,家庭的选择变量是 C_t 与 M_t(如上所述,也可能包含 L_t)。根据我们在第 2.2 节与第 5.4 节中的分析方法,我们也可以找出关于 C_t 和 C_{t+1} 的欧拉方程。家庭把 C_t 减少 dC,从而其债券持有会增加 $P_t dC$;然后家庭使用这些债券及相应利息使 C_{t+1} 增加 $(1+i_t)P_t dC/P_{t+1}$。等价地说,家庭可以使 C_{t+1} 增加 $(1+r_t)dC$,其中 r_t 是实际利率,定义为 $1+r_t=(1+i_t)P_t/P_{t+1}$。[1] 这样,通过类似于前几章的分析即可得:

$$C_t^{-\theta}=(1+r_t)\beta C_{t+1}^{-\theta}. \tag{6.6}$$

将上式两端同时取对数并求解 $\ln C_t$ 可得:

$$\ln C_t=\ln C_{t+1}-\frac{1}{\theta}\ln[(1+r_t)\beta]. \tag{6.7}$$

为了把上式变形为更有用的形式,我们对其进行两处改动。第一,由于产出只能用于消费,并且我们把家庭数量标准化为 1,所以在均衡时,总产出 Y 与代表性家庭的消费 C 必定相等。因此,最重要的改动是,用 Y 替换 C。第二,当 r 的值较小时,$\ln(1+r)\approx r$。为了简单起见,我们把这一近似关系看作是相等的。经过这些改动可得:

$$\ln Y_t=a+\ln Y_{t+1}-\frac{1}{\theta}r_t. \tag{6.8}$$

其中 $a\equiv-\left(\frac{1}{\theta}\right)\ln\beta$。

方程(6.8)也被称为新凯恩斯 IS 曲线。[2]

从我们的研究目的来看,新凯恩斯 IS 曲线最重要的特点在于,它表明 r_t 与 Y_t 之间存在负相关关系。而通过对产品需求进行更详细的分析,我们也可以得到相同的结论。例如,我们将在第 9 章中看到,实际利率上升会减少厂商的意愿投资。因此,在模型中加入资本将会构成曲线向下倾斜的另一个理由。类似地,假设我们引入国际贸易。一国利率上升通常会增加其他国家对该国资产的需求,从而使得

---

[1] 如果我们定义 π_t 为 $1+\pi_t=P_{t+1}/P_t$,就可得到 $1+r_t=(1+i_t)(1+\pi_t)$。对于较小的 i_t 和 π_t,$r_t\approx i_t-\pi_t$。

[2] 新凯恩斯 IS 曲线由克尔和金(Kerr and King,1996)以及麦卡勒姆和纳尔逊(McCallum and Nelson,1999)推导得出。在不确定性下,基于合适的假设,$\ln Y_{t+1}$ 可以用 $E_t[\ln Y_{t+1}]$加上一个常数项来替换。

该国汇率升值，而这反过来又会减少出口并增加进口。

新凯恩斯 IS 曲线与传统 IS 曲线之间的关键区别在于，新凯恩斯 IS 曲线方程的右边有 Y_{t+1} 项。传 统 IS 曲线的一个简化版本如下，

$$\ln Y_t = a - \frac{1}{\theta} r_t. \tag{6.9}$$

尽管方程(6.8)和(6.9)看起来很相似，但它们背后的思想却截然不同。方程(6.9)的依据是“实际利率提高会抑制投资”，该方程可以根据消费完全不受实际利率影响的模型推导出来。相反，方程(6.8)是根据忽略了投资的模型得出的，其推导过程的关键在于实际利率会影响消费。因此，在根据传统 IS 曲线的经济直觉来分析新凯恩斯 IS 曲线时，应当特别小心。[1]

上文中，方程(6.8)的关键特征是产出与实际利率之间存在负相关关系，因此，IS 曲线的两个版本之 间的区别对于接下来的内容并不重要。但在某些情况下，方程(6.8)的右边包含未来产出项会具有非常重要的意义。我们将在 6.4 节和 7.8 节中回到这个问题。

为了找出家庭货币持有量的一阶条件，我们可以考虑在保持预算平衡的情况下，M_t/P_t 和 C_t 发生变动时的情形。具体而言，假设家庭将 M_t/P_t 增加 dm，并将 C_t 减少$[i_t/(1+i_t)]dm$，从而家庭的实际债券持有量会下降$\{1-[i_t/(1+i_t)]\}dm$，或$[1/(1+i_t)]dm$。这一变动对于家庭在 $t+1$ 期初的财富没有影响，因此如果家庭达到了最优点，则这一边际变化不会影响效用。

上述变化的效用收益为 $\Gamma'(M_t/P_t)dm$，而效用损失为 $U'(C_t)[i_t/(1+i_t)]dm$。因此，最优货币持有量的一阶条件为：

$$\Gamma'\left(\frac{M_t}{P_t}\right) = \frac{i_t}{1+i_t} U'(C_t). \tag{6.10}$$

由于 $U(\cdot)$ 和 $\Gamma(\cdot)$ 分别由(6.3)式与(6.4)式给出，并且 $C_t = Y_t$，上述条件表明：

$$\frac{M_t}{P_t} = Y_t^{\theta/\nu} \left(\frac{1+i_t}{i_t}\right)^{1/\nu}. \tag{6.11}$$

可见，货币需求随产出递增，随名义利率递减。

固定价格冲击的影响

下面，我们就来说明货币供给变动以及其他扰动的影响。为了理解价格刚性如何改变经济的行为，最简单的办法是从价格完全固定的情形入手。所以，本节假设：

$$P_t = \bar{P} \quad 对于所有\ t. \tag{6.12}$$

这个假设可以让我们根据家庭最优化的两个条件，(6.8)式和(6.11)式，在图

〔1〕 有一个很简便的方法可以帮助我们记住两个 IS 曲线之间的本质区别：我们可以认为传统 IS 曲线中的“IS”代表“投资和储蓄”(investment and saving)(这其实就是“IS”曲线这一名称的由来)，而新凯恩斯主义 IS 曲线中的“IS”则代表“跨期替代"(intertemporal substitution)。约翰 · 科克伦(John Cochrane)最先发现了这一方法。

形上画出模型的解。当价格具有完全刚性时,名义利率与实际利率是一样的。新凯恩斯 *IS* 曲线,即方程(6.8)表明,给定下一期产出的期望值,利率与产出之间具有负相关关系。在给定货币供给水平时,满足最优货币持有方程(6.11)的利率与产出之间的关系则是向上倾斜的。图 6.1 画出了这两条曲线,我们将其分别称为 *IS* 曲线与 *LM* 曲线。

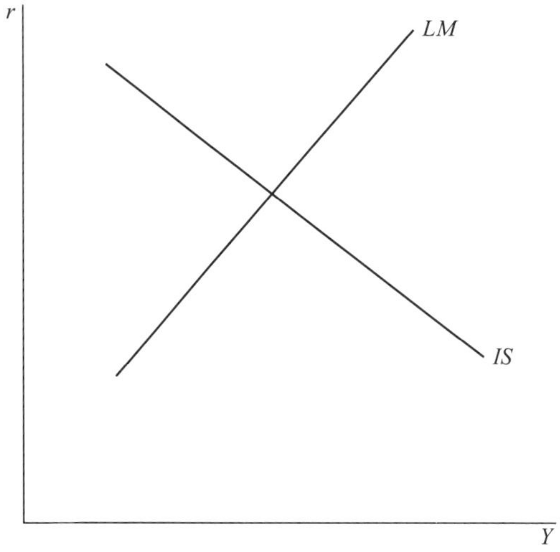

图 6.1　*IS*-*LM* 曲线

我们知道,当不存在任何名义刚性或者不完美性时,货币供给的变化会导致所有价格与工资的同比例变化,而对实际数量没有任何影响。因此,为了探讨名义刚性的影响,我们首先要考虑的就是改变货币供给时的情况。

具体地说,考虑货币供给在时期 t 有一个暂时性增加,而在下一期又有同等程度地减少,也就是说,未来产出不会受到货币供给的影响。货币增加使 *LM* 曲线向下移动,但并不影响 *IS* 曲线,其结果是利率下降、产出上升,如图 6.2 所示。因此,我们可以得到一个简单而又至关重要的结论:当存在名义刚性时,货币扰动具有实际效应。

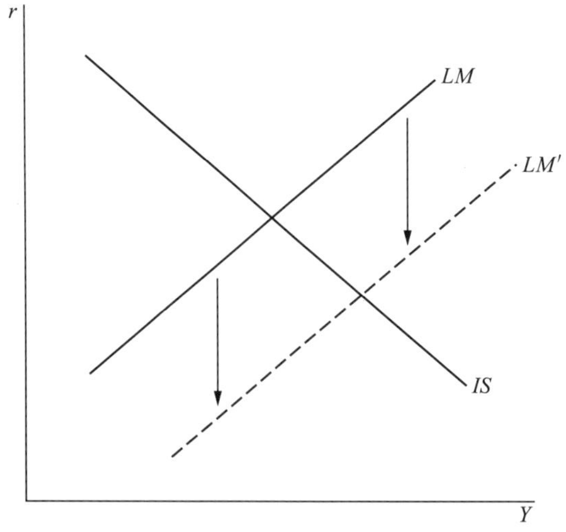

图 6.2　价格完全固定时货币供给暂时增加的影响

名义刚性对于其他扰动的作用也有一定的影响。例如，假设我们在模型中引入政府购买。家庭跨期最优化问题的欧拉方程与此前相同，方程(6.7)仍然刻画了消费需求。但是，此时产品需求不仅来自家庭，也有一部分来自政府。政府购买暂时性增加(从而未来产出不受影响)会使 IS 曲线向右移动，从而提高产出与实际利率。然而，由于名义刚性，在第 5 章的实际经济周期模型中对政府购买变动的影响至关重要的跨期替代效应与财富效应现在已经无关紧要。因此，模型的传导机制与第 5 章中完全不同：政府需要更多产品，而由于价格是固定的，因此厂商会按照固定价格提供产品。

6.2 价格刚性、工作刚性与商品市场和劳动市场的不完全竞争

在上一节中，我们讨论了刚性价格下需求上升的影响，其中忽略了一个重要问题：为何厂商会供给额外的产出？根据假设，尽管厂商没有提高价格的能力，但是他们可以选择保持产出不变而不去满足额外的需求。

实际上，在某些情形下，厂商确实会这样做。假设产品市场与劳动市场都是完全竞争性的，且一开始处于均衡状态。这就意味着，工人的工资等于他们提供劳动的边际负效用，厂商的价格等于其边际成本。因此，除非工资上升，否则工人不会提供更多的劳动。但劳动的边际产出会随着劳动投入的增加而下降，从而边际成本上升，因此，除非工资下降，否则厂商不会雇用更多的劳动。其结果是，就业与产出在货币供给上升时都不会变化，需求上升不会导致产出上升，而是导致产品市场出现限量供应。

上述讨论告诉我们，要使货币扩张具有实际效应，只有名义刚性是不够的，还必须要使产品市场或者劳动市场具有一定的非完全竞争特性。所以，本节试图探讨产品和劳动市场的不完美性以及名义价格与工资刚性的各种组合，这些组合会使得名义扰动具有实际效应。

在我们下面要考虑的所有情形中，名义量的不完全调整都是一种假设而不是推导得来的，因此本节的目的并不是讨论名义粘性的微观经济学基础(我们将在本章的 B 部分讨论这个问题)。相反，我们的目的是，考察名义工资与价格刚性以及关于劳动市场与产品市场特征的各种不同假设对于失业、厂商定价行为以及实际工资与价格加成在需求波动下如何变化的意义。

我们将考虑四组不同的假设。其中，前两组是颇有价值的基准假设。但是，这两种假设都远远不能刻画经济现实。另外两组假设更加复杂，也相对更加准确。这四种情况说明了，模型的可能性是多种多样的。

情形 1：凯恩斯模型

在凯恩斯的通论(1936)中，模型的供给方面具有两个关键特征。首先，名义工资对于当期变化(至少对某些变化)完全没有反应：

$$W=\overline{W}. \tag{6.13}$$

(在本节中,我们着重关注经济在某一期的行为。因此,为了简单起见,我们省略时间下标。)第二,在没有名义刚性时,主流工资会高于使得供需平衡的水平(凯恩斯没有明确说明其中的原因)。也就是说,劳动市场隐含着某种非瓦尔拉斯特性,使得均衡的实际工资高于市场出清水平。

相比之下,凯恩斯关于产品市场的假设比较传统。与第 6.1 节一样,产出为 $Y=F(L)$,其中 $F'(\cdot)>0$,且 $F''(\cdot)<0$[参见方程(6.1)]。厂商是竞争性的,其产品价格具有弹性,从而厂商雇用劳动的数量会使得劳动的边际产出等于实际工资:

$$F'(L)=\frac{W}{P}. \tag{6.14}$$

根据这些假设可以得出,需求上升会通过对实际工资的影响来提高产出。当货币供给或者其他影响需求的因素上升时,产品价格也会上升,从而实际工资下降、就业增加。由于实际工资一开始高于市场出清水平,工人将愿意提供额外的劳动。

图 6.3 画出了上述劳动市场的情形。就业的初始水平取决于劳动需求与现行实际工资,即图中的点 E。可见,经济存在非意愿失业:某些工人愿意在现行工资水平下工作但却不能获得工作机会。失业的工人数就等于现行实际工资下的供需差额,即图中 EA 的长度。

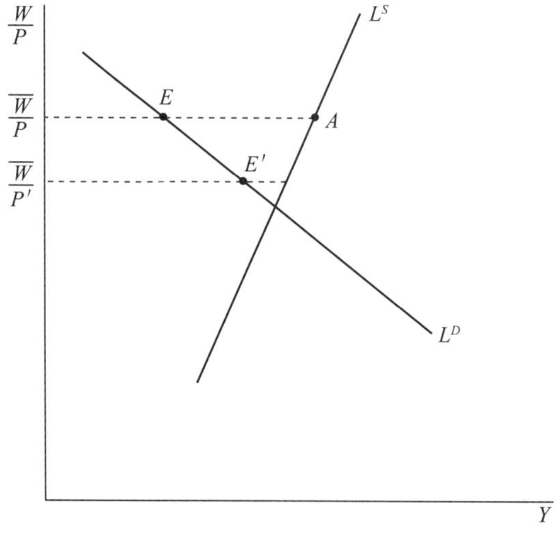

图 6.3 粘性工资、弹性价格与竞争性产品市场下的劳动市场

产品需求的波动会导致就业与实际工资沿着向下倾斜的劳动需求曲线发生移动。例如,较高的需求会提高价格水平,从而导致更低的实际工资与更高的就业,如图中点 E'所示。因此,上述关于经济供给方面的观点意味着,实际工资在总需求的冲击下是逆周期的。在通论出版后不久,大量学者都对这种预测进行了检验,但始终没有找到支持证据。正如下一节将说明的那样,按照我们目前的理解,实际工资应该是适度顺周期的。[1]

情形 2：粘性价格、弹性工资与竞争性劳动市场

在通论中，凯恩斯假设了竞争性的产品市场，即产品价格是完全弹性的，而名义刚性完全来自劳动市场。这就提出了一个问题：如果将上述假设反过来，即竞争性的劳动市场，工资具有完全弹性，而不完全名义量调整来自产品市场，那么结果会怎样？

在前一种情形下，我们假设当不存在名义刚性时，工资会高于市场出清水平，这是保证需求上升会导致更高就业的必要假设。类似地，当名义刚性来自产品市场时，我们假设均衡时的价格高于边际成本。若没有这个假设，则产品需求上升时厂商会赶走消费者，而不是按照固定价格满足额外的需求。

将名义刚性的来源设定为产品市场的模型通常都会假设，价格高于边际产出的原因在于厂商具有市场势力，从而利润最大化价格会高于边际成本。在这一假设下，当经济处于弹性价格均衡时，如果厂商可以按照现行价格出售更多产品，则其福利会得到改善。因此，需求上升而价格不变会导致更高的产出。

当价格而不是工资具有刚性时，我们在情形 1 中舍弃的假设，即第 6.1 节中的假设 $P=\overline{P}$[方程(6.12)]再次适用。因此，工人把实际工资看作是给定的，并选择劳动供给以最大化其效用。根据效用函数(6.2)～(6.4)，最优劳动供给的一阶条件是

$$C^{-\theta}\frac{W}{P}=V'(L). \tag{6.15}$$

在均衡时，$C=Y=F(L)$。因此(6.15)式表明

$$\frac{W}{P}=[F(L)]^{\theta}V'(L). \tag{6.16}$$

上式的右端是 L 的增函数，所以(6.16)式表明，L 为实际工资的增函数：

$$L=L^{S}\left(\frac{W}{P}\right),\quad L^{S'}(\bullet)>0. \tag{6.17}$$

最后，只要需求不超过边际成本与价格相等时的水平，厂商就能在现行价格下满足需求。

根据上述假设可以得出，需求波动会使得厂商在固定价格水平下改变其劳动需求和产出。图 6.4 画出了模型对于劳动市场的含义。厂商的劳动需求取决于他们满足产品需求的意愿。从而，只要实际工资不会过高，使得完全满足需求是无利可图的，劳动需求曲线就是就业—工资空间中的垂直线。有效劳动需求这个术语

[1] 在回应工资周期性变化的早期研究时，凯恩斯(1939)基本上推翻了其在通论中关于经济供给方面的具体建模。他说，选择那种建模方式是为了使模型尽量接近经典模型，并使论述简化。他在 1939 年对供给的观点更接近后面将讨论的情形 4。

可以用于描述这种情况,即劳动需求数量取决于厂商有能力出售的产品数量。[1]实际工资由有效劳动需求曲线与劳动供给曲线的交点(点 E)确定。可见,工人处于劳动供给曲线上,因此是不存在失业的。

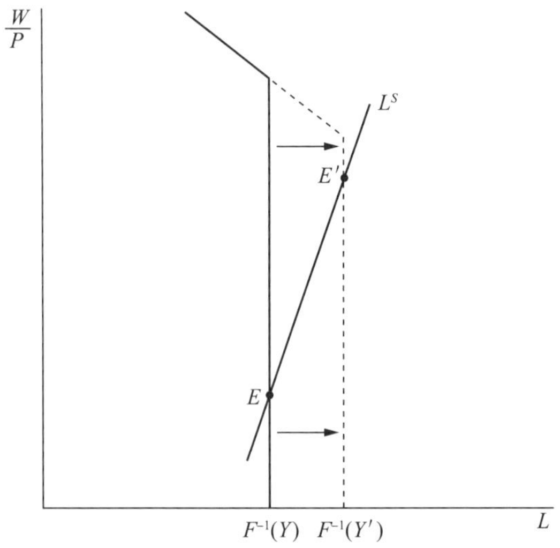

图 6.4　粘性价格与弹性工资下的竞争性劳动市场

本模型意味着,实际工资在需求波动下是顺周期的。以需求上升的情况为例。需求上升会导致有效劳动需求上升,从而实际工资上升,工人沿劳动供给曲线向上移动(直到图中的点 E')。如果劳动供给对于实际工资反应迟钝,则当产品需求变化时,实际工资会大幅变化。

最后,本模型表明,价格加成(即价格对边际成本的比率)在需求波动下是逆周期的。仍以需求上升的情况为例。需求上升会导致成本上升,其原因是工资上升,并且劳动的边际产出随产出的增加而下降。然而,价格是保持不变的,从而价格对边际成本的比率会下降。

相对于实际工资来说,价格加成是很难测算的,因此也很难确定其周期性行为。然而,这方面的研究大体上达成了一个共识,即价格加成是显著逆周期的。例如,可以参考比尔(Bils,1987);华纳和巴斯克(Warner and Barsky,1995);希瓦利埃和舍荷夫希德(Chevalier and Scharfstein,1996);比尔和卡恩(Bils and Kahn,2000);希瓦利埃、卡施亚普和罗西(Chevalier,Kashyap, and Rossi,2003)以及盖里、格特勒和洛佩兹—萨利多(Galí,Gertler and Lépezs-Salido,2007)。[2]

不完全名义量调整导致产品需求变化影响产出的原因与上一种情形大不相同。例如,需求下降使得厂商能够出售的数量减少,从而厂商会减少生产。相反,在上一个模型中,需求下降会通过提高实际工资而减少厂商愿意出售的数量。

本供给模型非常重要,其原因有三点。第一,本模型是对名义价格粘性(而不是工资粘性)进行模型化的一个很自然的着手点。第二,本模型表明,名义刚性与

〔1〕 如果实际工资非常高,从而厂商满足产品需求是无利可图的,则劳动需求数量取决于边际产出等于实际工资这一条件。因此,这部分劳动需求曲线是向下倾斜的。

〔2〕 内卡尔达和雷米(Nekarda and Ramey,2013)提出了支持价格加成顺周期的证据。

失业之间没有必然联系。第三,本模型比较易于使用,由于这一点,这类模型经常出现在理论文献中。

情形 3: 粘性价格、弹性工资与不完美劳动市场

由于产出波动似乎与失业波动有关,因此一个很自然的问题就是,当名义价格调整迟缓时,产品需求的变动是否还会导致失业变动。为了理解这个问题,我们可以假设名义工资仍然是弹性的,但劳动市场存在某种非瓦尔拉斯特征,使得实际工资高于使供需相等的水平。在第 11 章中,我们将探讨导致这种情况的劳动市场特征,以及实际工资在这种情况下会如何随着总体经济活动水平发生变化。在这里,我们只需要简单地假设厂商具有某种"实际工资函数",从而可以写出

$$\frac{W}{P}=w(L), \quad w'(\cdot)\geqslant 0. \tag{6.18}$$

具体而言,我们可以认为,厂商基于效率工资的理由而向劳动者支付高于市场出清水平的工资(参见第 11.1 节至第 11.2 节)。价格仍然固定于 $\bar{P}$,产出和就业通过生产函数联系起来,即 $Y=F(L)$。

与上一种情况类似,这些假设表明了,需求上升会提高产出,直到边际成本等于外生给定的价格水平。因此在这种情形下,需求变动再次具有了实际效应。这种情形对劳动市场的含义如图 6.5 所示:就业与实际工资由有效劳动需求曲线与实际工资函数的交点确定。与上一种情形相比,这里存在失业,而且失业工人数量由图中 EA 的距离给出。劳动需求波动会导致经济沿实际工资函数移动,而不是沿劳动供给曲线移动。从而,劳动供给弹性不再决定实际工资如何对产品需求变动做出反应。如果实际工资函数比劳动供给曲线更为平缓,则失业会随着需求上升而下降。

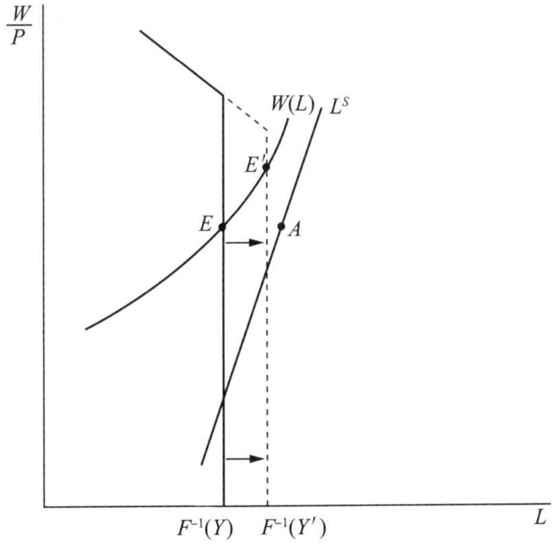

图 6.5 粘性价格与弹性名义工资下的非瓦尔拉斯劳动市场

情形 4: 刚性工作、弹性价格与不完全竞争

情形 3 通过引入劳动市场的实际不完美性对情形 2 进行了推广,同样,我们也可以通过在产品市场中引入实际不完美性对情形 1 进行推广。具体而言,假设名义工资如情形 1 那样具有刚性,且等于 $\overline{W}$,而名义价格是有弹性的,并且继续假设产出与就业通过生产函数联系起来。对比我们在情形 3 中有关实际工资的假设,这里我们并不对价格加成的决定因素进行模型化,而只是简单地假设一个“加成函数”。根据上述假设,价格由下式给出

$$P=\mu(L)\frac{W}{F'(L)}; \tag{6.19}$$

其中,$W/F'(L)$是边际成本,μ 是价格加成。

方程(6.19)表明,实际工资 W/P 由 $F'(L)/\mu(L)$给出。如果 $\mu(L)$没有任何限制,则我们很难确定 W/P 会如何随着 L 变动。如果 μ 是常数,则由于劳动的边际产出递减,实际工资是逆周期的,这与情形 1 正好一样。由于名义工资固定不变,因此产出越高,价格水平也必须越高。而且与情形 1 一样,此时是存在失业的。

如果 $\mu(L)$是充分逆周期的,即如果价格加成在经济繁荣期足够低于经济复苏期,则即使名义刚性完全来自劳动市场,实际工资也可能是非周期或者顺周期的。一个特别简单的情形是,$\mu(L)$恰好与 $F'(L)$具有相同的逆周期性。在这种情况下,实际工资不受 L 变化的影响。而根据假设,名义工资不受 L 的影响,因此价格水平也不受影响。如果 $\mu(L)$的逆周期性比 $F'(L)$更强,则当 L 较高时,P 必须较低。在所有这些情况下,就业都仍旧由有效劳动需求决定。

图 6.6 表示了这种情形对劳动市场的含义。实际工资等于 $F'(L)/\mu(L)$,它可以随着 L 递减[(a)小图],保持不变[(b)小图],或者递增[(c)小图]。产品需求水平决定了经济在 $F'(L)/\mu(L)$曲线上的位置。失业仍然等于现行实际工资下劳动供给与就业的差额。

简言之,关于不完全名义量调整的来源以及劳动市场与产品市场特征的不同观点对于失业、实际工资以及价格加成具有不同的含义,凯恩斯主义理论并没有对这些变量的行为给出有效的预测。例如,实际工资并非逆周期这一现象就非常符合名义扰动是总体波动的主要来源这种观点。但是,这些变量的行为可以用于检验特定的凯恩斯主义模型。例如,实际工资并非逆周期就可以作为强有力的反面证据,说明周期并不是由产出需求的变化所推动,并且凯恩斯的原始模型并不能很好地刻画经济的供给面。

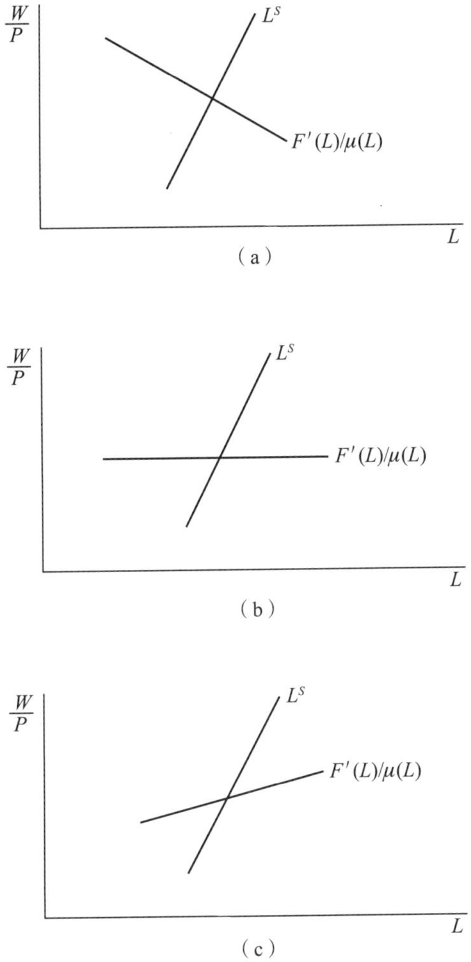

图 6.6　粘性工资、弹性价格与不完全竞争产品市场下的劳动市场

6.3　实证应用:实际工资的周期行为

自从凯恩斯的通论问世以后,经济学家们就一直对实际工资的周期行为很感兴趣。关于这个问题的早期研究大多是考察总体数据。这些研究文献的一般性结论是,美国与其他国家的实际工资大体上是非周期性的,或者只有轻度的顺周期性[可参见吉尔里和凯南(Geary and Kennan,1982)]。

但是,在经济周期中,构成总体行为的工人群体并不是固定不变的。一般来说,低技术、低工资工人的就业更具有周期性,表现为在繁荣时期低技术工人占就业群体的比例明显高于衰退时期。所以,考察总体数据可能有助于理解典型经济个体实际工资的顺周期变动情况。换句话说,针对技能进行调整后的总体实际工资很可能比没有调整时更具有顺周期性。

考虑到这种可能性,许多研究者开始利用面板数据来考察实际工资的周期行为,其中最全面最详尽的研究是梭伦、巴斯克和帕克(Solon,Barsky and Parker,

1994)。他们使用了 1967～1987 年美国收支动态长期追踪调查(通常简称为 PSID)的数据。根据他们的描述,总体实际工资在这个期间表现出很不寻常的顺周期性。具体而言,他们的报告结果显示,在样本区间内,失业率每上升 1 个百分点,总体实际工资就会相应地下降 0.6 个百分点,标准差为 0.17 个百分点。

梭伦、巴斯克和帕克通过两种方法分析了工人技能组合周期性变化的影响。第一种方法是,只考虑在整个样本区间内保持就业状态的经济个体,并考虑这组人群总体实际工资的周期行为。相比而言,第二种方法使用了更多的观察数据。根据这种方法,梭伦、巴斯克和帕克估计了如下形式的回归方程:

$$\Delta \ln w_{it} = a' X_{it} + b \Delta u_t + e_{it}. \tag{6.20}$$

这里 i 代表经济个体,t 代表年份,w 是实际工资,u 是失业率,X 是控制变量组成的向量。他们使用了所有可得的观察值,也就是说,只要经济个体 i 在第 $t-1$ 和 t 年都就业了,那么观察值 it 就包括在样本中。经济个体必须要连续两年就业才能进入样本,这使得组合偏差的问题得到了解决。[1]

使用上述两种方法所得到的结论非常接近:实际工资在经济个体层面上的顺周期性大体是总体层面上的两倍;失业率每下降 1 个百分点,典型工人的实际工资就会上升约 1.2 个百分点。而且,通过这两种方法所得的估计值在统计上都是高度显著的。

但还一种可能性是,上述结果并没有反映组合偏差,而是反映了 PSID 中工人与样本总体之间的差异。为了分析这种可能,梭伦、巴斯克和帕克用传统方法基于 PSID 构造了一个总体实际工资序列,也就是说,他们用 PSID 中当年在岗经济个体的平均实际工资测算了给定年份的总体实际工资。由于计算实际工资的工人群体在各年间会发生变动,这种估计会产生组合偏差。这样,比较根据这种测算方法与根据传统的总体工资测算方法估计得到的工资周期性就可以看出 PSID 样本的重要性。而比较根据这种方法与根据面板数据得到的估计结果就可以说明组合偏差的重要性。

梭伦、巴斯克和帕克通过上述研究发现,总体 PSID 实际工资的周期性与传统总体实际工资的周期性实质上完全相同。因此,面板数据估计与总体估计之间的差异就反映了组合偏差。梭伦、巴斯克和帕克并不是第一批利用面板数据考察实际工资周期行为的学者,但他们发现的组合偏差要远大于早期的研究者。因此,我们首先需要理解为何他们的结论不同于早期的研究结论,然后才能认同他们的结论。

梭伦、巴斯克和帕克的研究主要基于三篇早期的研究论文,分别是布兰克(Blank,1990),考尔曼(Coleman,1984)和比尔(Bils,1985)。其中,布兰克的结论实际上暗示了组合偏差较大,但由于她感兴趣的是其他问题,所以这一发现并没有引起大家的关注。考尔曼着重关注的是,总体实际工资序列和剔除了组合偏差之

---

〔1〕 为了避免组合偏差,梭伦、巴斯克和帕克并没有在两种方法中都使用所有 PSID 工人数据,但这又有可能会导致另一种组合偏差。例如,假设对于只是打零工的经济个体来说,其就业状态下的工资是高度逆周期的。那么,由于排除了这些工人,梭伦、巴斯克和帕克可能就夸大了典型经济个体所得工资的顺周期性。当然,这种可能性似乎有点牵强。

后的序列的变动与失业率变动之间均表现出基本上完全相同的相关性，但他并没有注意到修正序列的变动幅度要大得多。由此可见实证研究中的一个一般性原则，即不要只考虑统计指标比如相关性与 t 统计量，也要考虑估计结果的经济学重要性。最后，比尔发现，实际工资在个体层面具有显著的顺周期性，他也发现，样本的总体实际工资序列具有类似程度的顺周期性。从而他据此判断组合偏差并不大。但是，他的样本仅仅由青年男性组成，所以在这个相对同质的群体中发现组成偏差较小并不能排除在样本总体中存在明显偏差的可能性。

根据梭伦、巴斯克和帕克的发现，我们能否断定劳动数量的短期波动对应于沿短期劳动供给曲线的移动？梭伦、巴斯克和帕克认为，我们不能得出这样的结论，原因有两点。第一，他们发现，如果想要得到上述结论，就必须保证劳动供给对周期性工资变动的弹性在 1.0～1.4。他们认为，微观经济研究表明，即便是对纯粹的临时性变动做出反应，这样高的弹性也并不合常理。更重要的是，他们指出，短期工资变动与完全临时的变动还相去甚远，这就使得沿着劳动供给曲线移动的解释更加问题重重。第二，如上所述，总体实际工资在梭伦、巴斯克和帕克的样本区间内显示出不同寻常的顺周期性。如果这也适用于个体层面的工资，那就更加难以通过沿劳动供给曲线的移动来解释就业变动。

因此，梭伦、巴斯克和帕克的证据并不能排除如下可能性：劳动市场的非瓦尔拉斯特性（或者说劳动供给曲线的移动）有可能对于劳动数量与实际工资的共同变动十分重要。然而，他们的研究却大大改变了我们对于短期波动中一个基本事实的理解，从而也启示了我们应该如何使用宏观经济波动模型。

6.4 迈向有用的外生名义刚性模型

第 6.1 节和第 6.2 节中的模型都是极其抽象的。它们都假设名义价格或者工资是完全固定不变的，这显然并不符合现实。它们还假设中央银行固定了货币供给量，这虽然不像完全名义刚性那样明显违反现实，但也很难刻画现代中央银行的行为。

我们在第 6.1 节和第 6.2 节中的目标是定性地分析名义刚性问题，例如，当存在名义刚性时，货币扰动是否具有实际效应？名义刚性是否意味着实际工资是逆周期的？然而，这两节中的模型无法用于分析更实际的问题。所以，本节试图在前两节的基础上讨论，如何将这些模型放到一个比较有实用价值的框架中，从而用于研究现实世界的问题。下面，我们首先从供给面入手，然后再转到需求面。

产出—通胀的权衡是永远存在的吗？

为了建立一个可以运用于现实经济的模型，我们需要放松名义价格或者工资永不改变的假设。一个较为合理的办法是，假设当前价格或者工资的固定水平取决于上一期的经济状况。例如，考虑我们的第一个供给模型。在这个模型中，工资固定不变,价格具有弹性,产品市场是竞争性的。[1] 但是,我们不再假设 $\overline{W}$ 是外生参数,而是假设它与上期价格水平成比例。也就是说,假设工资会不断调整来弥补前一期的通货膨胀:

$$W_t = AP_{t-1}, \quad A > 0, \tag{6.21}$$

回忆一下,在我们的第一个供给模型中,就业由 $F'(L_t) = W_t / P_t$[即方程(6.14)]决定。所以,关于 W_t 的方程(6.21)表明:

$$\begin{aligned} F'(L_t) &= \frac{AP_{t-1}}{P_t} \\ &= \frac{A}{1+\pi_t}, \end{aligned} \tag{6.22}$$

其中 π_t 是通货膨胀率。方程(6.22)说明,就业(从而产出)与通货膨胀之间具有稳定的向上倾斜的关系。也就是说,产出与通胀之间永远存在着权衡取舍:政策制定者可以通过承受较高的通货膨胀来永久性地提高产出。由于较高的产出对应于较低的失业率,该方程也说明了失业与通货膨胀之间存在永久的权衡取舍关系。

菲利普斯(Phillips,1958)在他的一篇著名论文中证明,在 20 世纪的英国,失业与工资通胀率之间确实存在着显著而又相对稳定的负相关关系。后来的研究者发现,失业与价格通胀率之间也存在类似关系,这种关系就是著名的菲利普斯曲线。所以,理论与实证两方面似乎都同时支持失业与通货膨胀之间具有稳定的权衡取舍关系。

自然率

在 20 世纪 60 年代末与 70 年代初,这种稳定的权衡取舍关系被打破了。在理论方面,弗里德曼(Friedman,1968)和菲尔普斯(Phelps,1968)提出的自然率假说对上述关系构成了威胁。弗里德曼与菲尔普斯认为,名义变量如货币供给或通货膨胀会对实际变量产生持久影响的观点是不合理的。他们认为,在长期中,实际变量的行为只取决于实际因素。

针对产出与通货膨胀或者失业与通货膨胀之间权衡取舍的具体情况,弗里德曼与菲尔普斯的看法是,政策制定者提出的永久性扩张性政策迟早会影响价格或工资如何确定。回到(6.21)~(6.22)式中分析过的例子,当政策制定者采取持久的扩张政策时,将会永久性地提高产出与就业,从而在既定供给下永久性地降低实际工资。然而,没有理由认为工人与厂商会仅仅因为通胀提高就停留在另一个就业和实际工资水平上。如果有某些因素使得就业与实际工资在没有通货膨胀的情况下达到均衡,那么同样的因素在存在通货膨胀的时候也会出现。因此,工资并不会总是机械地根据上期通货膨胀进行调整,工资的设定迟早会考虑到,工人和厂商都了解经济中将会执行扩张性政策,而一旦考虑到了这一点,就业、产出以及实际工资都会回到原有通货膨胀率下的普遍水平。

简言之,自然率假说表明了,经济中存在某种"正常"的或者"自然"的失业率,

[1] 第 6.2 节中的其他模型也可以用类似的方法进行修改,并且会产生类似的含义。

而货币政策不能使得失业率无限期地低于这个水平。在这里，自然率的准确决定因素实际上并不重要。弗里德曼与菲尔普斯对此的看法仅仅是，自然率由实际因素而不是名义因素决定。根据弗里德曼(1968，第8页)的著名定义：

> "自然失业率"……由瓦尔拉斯系统一般均衡方程得出的失业率水平，其必要条件是该系统中包含劳动与商品市场的实际结构特征，如市场的不完美性、供给与需求的随机变动、工作空缺与空余劳动的信息收集成本以及迁移成本等。

推翻失业与通货膨胀间稳定权衡取舍关系的实证依据如图6.7所示。图中画出了美国在坚信存在稳定取舍关系的时期以及此后1/4世纪中失业与通货膨胀的组合。可以发现，对应于20世纪60年代的点显示出了相对稳定的向下倾斜关系，而在接下来的25年间则没有这种关系。

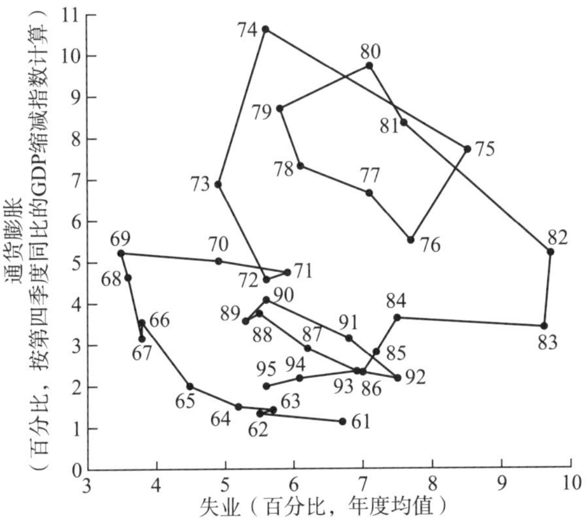

图6.7　1961～1995年的美国失业与通货膨胀

菲利普斯曲线之所以在实证上不成立，一个比较现实的原因是，在扰动来自供给而不是需求时，6.3节的模型也意味着高通胀与高失业将同时出现。实际上，在20世纪70年代确实发生了这种重大的供给冲击。例如，石油价格在1973～1974年以及1978～1979年间大幅上涨，这两次大幅上涨很可能会使得厂商在既定工资水平下提高价格。另一个例子是，在此期间有大量的新工人进入劳动市场，劳动力的注入会使得既定工资水平下的失业率上升。

然而，这些供给冲击尚不能完全解释菲利普斯曲线为何在20世纪70年代与80年代失效。例如，在1981年和1982年，并没有发现较大的供给冲击，但是通货膨胀与失业均远高于60年代的水平。如果弗里德曼与菲尔普斯的观点是正确的，那么其原因就在于70年代的高通货膨胀改变了价格与工资的设定过程。

可见，认为通货膨胀与失业之间存在稳定关系的价格与工资行为模型并不能准确刻画通货膨胀的动态以及政策制定者的选择，因此我们有必要继续进行更为深入的研究。

附加预期的菲利普斯曲线

到目前为止,我们的目的并不是基于微观基础建立价格模型,而是设定一个具有实用价值并且符合现实的价格模型。方程(6.21)~(6.22)中的模型意味着,失业与通货膨胀之间存在着永久性的权衡取舍,所以该模型在大多数情况下都没有实用价值。

与方程(6.21)~(6.22)以及第6.2节中的简单模型相比,非微观基础价格行为模型有三大不同之处。第一,工资和价格对经济的当前状态并不是完全没有反应的。相反,这类模型假设高产出与高工资和高价格有关。第二,这类模型允许供给冲击。第三,这类模型假设价格根据历史通货膨胀和预期通货膨胀所进行的调整比(6.21)式中简单形式下的调整要复杂得多。

一个典型的现代非微观基础供给模型如下:

$$\pi_t=\pi_t^*+\lambda(\ln Y_t-\ln\bar{Y}_t)+\varepsilon_t^S,\quad \lambda>0. \tag{6.23}$$

这里,$\bar{Y}$ 是当价格具有完全弹性时的普遍产出水平,通常被称为自然率产出、潜在产出、完全就业产出或者弹性价格产出。$\lambda(\ln Y-\ln\bar{Y})$ 项说明了,通货膨胀与产出之间在任何情况下都具有向上倾斜的正相关关系。为了简单起见,我们假设这种关系是对数线性关系。方程(6.22)对于不完全调整的来源是名义工资,还是名义价格,或者是两者的某种组合都是无差异的。[1] ε^S 项代表供给冲击。

(6.23)与早期供给模型的关键区别在于 π^* 项。π^* 表示当产出等于自然率水平并且不存在任何供给冲击时的通货膨胀率,也被称为核心或者潜在通货膨胀率。方程(6.23)又被称为附加预期的菲利普斯曲线,但我们很快就会看到,现在的正式分析不一定会把 π^* 解释为预期通货膨胀率。

为了进一步加深理解,我们可以考虑一个简单模型,即 π^* 等于上期的实际通货膨胀率:

$$\pi_t^*=\pi_{t-1}. \tag{6.24}$$

根据这个假设,产出与通货膨胀率的变化之间存在权衡取舍,但是产出与通货膨胀率本身并没有永久的权衡取舍关系。为了使通货膨胀在某一水平保持稳定,则产出必须要等于自然率水平,并且任何水平的通货膨胀率都可以通过这种方式得到维持。但是,如果要想使通货膨胀率下降,则必须使某一期的产出低于自然率水平。(6.23)~(6.24)式的模型又被称为加速主义菲利普斯曲线。[2]

---

〔1〕 假设名义工资具有完全弹性,并使用方程(6.23)中的假设替代 $P=\bar{P}$,则方程(6.23)可以同第6.2节中的情形2或者情形3结合起来。类似地,也可以假设工资通货膨胀由类似于方程(6.23)的表达式给出,并利用该假设替换情形1和情形4中工资对当期经济状况毫无反应的假设。但是,这在某种意义上说明价格通货膨胀行为更加复杂。

〔2〕 标准的经验法则是,失业率每超过自然率水平1个百分点,年通货膨胀率就会下降1.5个百分点。正如第5.1节所述,u 每超过 $\bar{u}$ 1个百分点,Y 就会大体上比 $\bar{Y}$ 低2个百分点。所以,如果每一期对应于一年,方程(6.23)的 λ 就大约为1/4。

与产出—通货膨胀之间存在永久权衡取舍的模型相比，本模型更加符合美国近25年的宏观经济历史。例如，考虑1980～1995年间失业与通货膨胀的行为。本模型把20世纪80年代早期高通货膨胀与高失业共存的情况归结为通货膨胀处于高位时的需求收缩。正如模型所预测的那样，高失业对应于通货膨胀下降(失业率越高，通胀下降越多)。当失业在80年代中期降到6%～7%时，通货膨胀开始缓慢上升。当失业率在80年代末再次回到这个水平时，通货膨胀率保持稳定。当失业率在1992年上升到高于7%时，通货膨胀率再次下降，而随后在1993年和1994年，失业率下降到低于7%，通货膨胀率又再次保持不变。所有这些变化都与模型所预测的一致。

尽管(6.24)式中的核心通胀率模型通常很有用，但它也存在着重要的缺陷。例如，如果我们把一个时期解释为相对较短的时间(如一个季度)，则核心通胀率就有可能需要多于一期的时间才能完全对实际通货膨胀做出反应。在这种情况下，合理的办法是用前几期通货膨胀率的加权平均值替换(6.24)式的右边。

对于(6.23)～(6.24)式中的供给模型，最重要的一个缺陷就是假设了核心通胀率的行为独立于经济环境。例如，如果(6.24)总是成立，则产出与通货膨胀变化之间就会存在永久的权衡取舍。也就是说，方程(6.23)和(6.24)表明，如果政策制定者愿意承受不断上升的通货膨胀，就可以使产出永久性地高于自然率水平。但是，弗里德曼与菲尔普斯反对产出—通货膨胀之间永久性权衡取舍关系的观点却说明，如果政策制定者试图采取这种策略，那么工人与厂商最终会不再遵循(6.23)～(6.24)式，而是会把他们预期到的通货膨胀上升考虑在内来调整其行为。工人与厂商这样做的结果是，产出会回到其自然率水平。

关于核心通胀率的行为会如何取决于经济状况，弗里德曼在其自然率假说中讨论了另一种更符合现实的例子：在通货膨胀变化时，核心通货膨胀的调整速度可能取决于通货膨胀率实际变化的持续时间长短。如果这是正确的，则在类似于菲利普斯所研究的情形中，当通货膨胀率存在许多临时性变化时，核心通货膨胀几乎不会变化，因此数据将会表明产出与通货膨胀之间存在稳定的关系。在类似于美国20世纪70年代和80年代的情形下，高通胀与低通胀的持续时间较长，所以核心通货膨胀的变动会比较大，从而产出与通货膨胀水平之间不会存在持续的联系。

将上述对(6.23)～(6.24)式的批评从逻辑上推到极致则意味着，我们应该用预期通货膨胀替换(6.23)式中的核心通货膨胀：

$$\pi_t=\pi_t^e+\lambda(\ln Y_t-\ln\bar{Y}_t)+\varepsilon_t^S, \tag{6.25}$$

其中 π_t^e 表示预期通货膨胀。该式刻画了上述例子的基本思想。比如，(6.25)式说明，除非预期非常不理性，否则没有任何政策可以把产出永久性地提高到自然率水平之上，其原因在于那样做需要工人与厂商对通货膨胀的预测始终维持在一个很低的水平。类似地，当通货膨胀变化的时间较短时，预期通货膨胀对当前通货膨胀的反应不大，(6.25)式与弗里德曼关于产出—通货膨胀关系如何随着实际通货膨胀行为发生变化的例子是一致的。

然而，具有实用价值的价格行为分析通常不会使用(6.25)式中的供给模型。

其主要原因在于,正如我们将在第 6.9 节中看到的那样,如果假设价格制定者与工资制定者在形成预期时都是理性的,则(6.25)就具有很强的意义,但这种意义并不能得到数据支持。反之,如果假设工人和厂商并没有理性地形成其预期,则该理论所倚赖的基础就成了非理性行为。

如果要将(6.24)与(6.25)式中的核心通胀模型进行折中,则一个自然的办法是假设核心通货膨胀是历史通货膨胀与预期通货膨胀的加权平均值。根据这个假设,我们可以得到一个混合的菲利普斯曲线:

$$\pi_t = \phi\pi_t^e + (1-\phi)\pi_{t-1} + \lambda(\ln Y_t - \ln\bar{Y}_t) + \varepsilon_t^S, \quad 0 \leqslant \phi \leqslant 1. \tag{6.26}$$

可见,只要 ϕ 严格小于 1,则工资与价格通货膨胀就会存在某种惯性。也就是说,在通过预期产生的作用之外,历史通货膨胀与未来通货膨胀之间存在着某种联系。我们将会在下一章中回到这个问题。届时我们将严格基于微观经济假设来分析通货膨胀现象,并在前瞻性预期的假设下得到新凯恩斯菲利普斯曲线。

总需求、总供给与 AS - AD 图

我们在第 6.1 节中关于经济需求面的简单分析具有两个基本要素:新凯恩斯 IS 曲线 $\ln Y_t = a + E[\ln Y_{t+1}] - \frac{1}{\theta}r_t$[方程(6.8)],与 LM 曲线 $Mt\Big/P_t = Y_t^{\theta/\chi}[(1+i_t)/i_t]^{1/\chi}$[方程(6.11)]。结合 M_t 由中央银行外生确定的假设,由这两个方程可以得到(Y,r)空间中的 IS - LM 图示(如图 6.1 所示)。

但是很可惜,这两条曲线在实际应用中都存在一定的问题。先看 LM 曲线。该曲线有两个主要问题。问题之一在于,当我们放松第 6.1 节中关于价格永远固定不变的假设时,模型的复杂程度会大为提高,P_t 或 π_t^e 的变动都会使 LM 曲线在(Y,r)空间中发生移动。另一个问题在于,现代中央银行并不会着重关心货币供给。

为了避免 LM 曲线的这些问题,一种办法是假设中央银行使用利率规则来执行货币政策[泰勒(Taylor,1993);布莱恩特、胡珀和曼恩(Bryant,Hooper and Mann,1993)]。我们将在第 12 章分析货币政策时深入讨论这种利率规则,但目前我们只是简单地假设,中央银行在执行政策时把实际利率当作产出缺口(实际产出与潜在产出之间的差距)和通货膨胀的递增函数。

$$r_t = r(\ln Y_t - \ln\bar{Y}_t, \pi_t), \quad r_1(\cdot) > 0, r_2(\cdot) > 0. \tag{6.27}$$

中央银行执行该政策的方式是,调整货币供给以使得(6.27)式保持成立。也就是说,中央银行在时刻 t 会确定一个货币供给,使得由货币市场均衡条件(可以写为 $\frac{M_t}{P_t} = Y_t^{\theta/\chi}[(1+r_t+\pi_t^e)/(r_t+\pi_t^e)]^{1/\chi}$)得到的 r_t 值能够满足(6.27)。然而在大多数情况下,我们可以忽略货币市场并直接使用(6.27)式。

中央银行的利率规则(6.27)式直接说明了,在给定 π_t 的条件下 Y_t 与 r_t 满足向上倾斜的正相关关系,这种关系又被称为 MP 曲线。根据中央银行按利率规则行事的假设,MP 曲线取代了 LM 曲线。

现在我们分析新凯恩斯 *IS* 曲线(6.8)。该曲线所反映的思想不仅有趣还很有用:实际利率提高会减少当前的产品需求,而预期未来收入上升则会增加当前产品需求。但是,我们将在第 8 章中看到,该曲线隐含的假设是家庭可在长期中充分达到最优化,唯一的限制条件是终生预算约束,而现有证据并不支持这个假设。此外,我们还将在 7.8 节中看到,方程(6.8)对宏观经济的预测非常不符合现实。

因此,尽管新凯恩斯 *IS* 曲线是普遍的参照基准,但仍有必要考虑其他替代选项。一种可能的选择是去掉预期收入项,即使用传统的 *IS* 曲线(6.9)。但是,假设预期未来收入的变化完全不影响当期需求和假设当期需求变化与预期未来收入的变化一一对应一样,都存在问题。一个简单的折中办法是假设未来收入的系数为正但是小于 1,即:

$$\ln Y_t = \alpha + \phi E[\ln Y_{t+1}] - \frac{1}{\theta} r_t, 0 < \phi < 1. \tag{6.28}$$

方程(6.28)类似于方程(6.26)中的混合菲利普斯曲线。因此,它被称为混合 *IS* 曲线,或者折现 *IS* 曲线[参见麦凯,中村和斯坦森(McKay, Nakamura 和 Steinsson, 2016);加贝克斯(Gabaix, 2017)]。

然而,混合 *IS* 曲线也有缺点:它所基于的微观经济学假设是主观设定的,并且具有很强的经济学含义,即 n 期之后未来收入变化的消息对当前需求的影响伴随着 n 指数下降。

新凯恩斯 *IS* 曲线与传统 *IS* 曲线之间的另一个折中办法是,假设有一部分家庭是完全跨期最优化的,其余家庭则只消费其当前收入,其原因可能是流动性受限,或者是这些家庭遵循经验法则[参见坎贝尔和曼昆(Campbell and Mankiw), 1989;盖里,洛佩兹-萨利多和瓦尔(Galí, López-Salido, and Vallés; 2007)]。该假设并不能得到 *IS* 关系的解析表达式,但是,由于它基于一个简单而有趣的故事,被广泛应用于根据微观经济基础构建的大型宏观经济模型。

当经济的需求侧可以用 *MP* 曲线和上述各种 *IS* 曲线描述时,这两条曲线可以确定既定通货膨胀率下的产出和实际利率。如图 6.8 所示。

然后,我们可以通过产出—通货膨胀空间中的两条曲线——向上倾斜的总供给曲线(*AS*)与向下倾斜的总需求曲线,来刻画产出与通货膨胀的确定过程。其中,总供给曲线直接来自(6.23)式,$\pi_t = \pi_t^* + \lambda(\ln Y_t - \ln \bar{Y}_t) + \varepsilon_t^S$。总需求曲线来自 *IS* 与 *MP* 曲线。为了理解这一点,我们可以考虑通货膨胀上升的情况。由于 π 并不进入任何一个 *IS* 方程,图 6.8 中的 *IS* 曲线不受影响。但是,根据货币政策规则 $r = r(\ln Y - \ln \bar{Y}, \pi)$,利率会随 π 上升,所以通货膨胀上升会提高既定产出水平下中央银行设定的实际利率。也就是说,*MP* 曲线会向上移动。其结果是,r 上升而 Y 下降。因此,*IS* 曲线与 *MP* 曲线的交点所决定的产出水平是通货膨胀的减函数。图 6.9 画出了 *AS* 曲线与 *AD* 曲线。

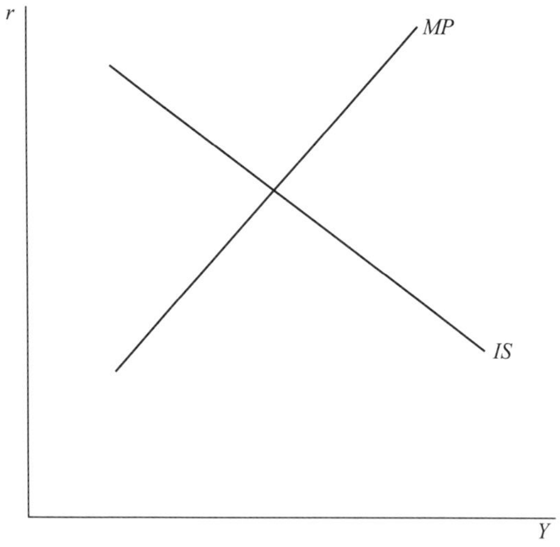

图 6.8 **IS—MP 图**

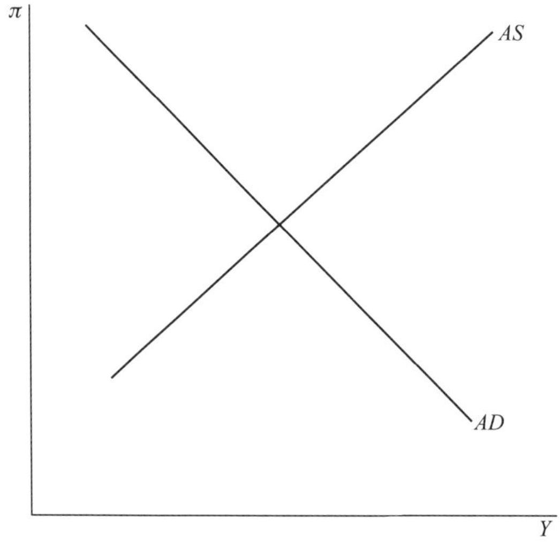

图 6.9 **AD-AS 图**

一些有用的模型形式

如上文所述,名义刚性模型有许多不同的设定形式:IS 曲线有不同的版本,核心通货膨胀率也有不止一种建模方法。不同形式的模型需要不同的分析思路。我们在这里着重讨论两种具体形式。

第一种模型特别简单,假设核心通货膨胀率 π_t^* 等于上一期的通货膨胀率 π_{t-1},如(6.24)式所示,IS 曲线则是如(6.9)式的传统形式,预期产出并不影响当前产出。在这种情况下,不需要假设线性函数形式;每个方程的冲击都可以考虑在内,并且不必对冲击服从的随机过程做出假设;模型分析可以很方便地通过图示完成。基于这些理由,这种方法通常很实用,并且成为本科教学中广泛采用的标准方法。

但是，如前文所述，在传统 IS 曲线中，预期收入不起作用是一个非常极端的假设：如果家庭可以跨期优化，对未来收入的预期就会影响今天的需求。另一方面，如果我们既 IS 曲线中考虑前瞻性因素，又在 AS 曲线中考虑后顾性因素，那么模型分析就会变得非常复杂。因此，为了帮助读者理解在 IS 曲线中引入前瞻性因素的意义，我们在此考虑一个非常简化的模型。[1] 我们的关键假设包括：第一，IS 曲线采用新凯恩斯形式，即预期未来收入的系数为 1。第二，货币政策规则仅取决于产出，与通货膨胀无关。这个假设消除了产出行为中的后顾性因素。第三，假设只有 IS 曲线受到冲击，并且冲击服从一阶自回归过程。第四，我们通过引入几个次要假设来简化模型中的记号和表达式：$\ln\bar{Y}_t$ 对于所有 t 均为零；MP 方程是线性的；MP 方程中的常数项为零；用 y_t 表示 $\ln Y_t$。根据上述假设可以得到如下系统：

$$\pi_t=\pi_{t-1}+\lambda y_t, \quad \lambda>0, \tag{6.29}$$

$$r_t=by_t, \quad b>0, \tag{6.30}$$

$$y_t=E_t[y_{t+1}]-\frac{1}{\theta}r_t+u_t^{IS}, \quad \theta>0, \tag{6.31}$$

$$u_t^{IS}=\rho_{IS}u_{t-1}^{IS}+e_t^{IS}, \quad -1<\rho_{IS}<1, \tag{6.32}$$

其中 e^{IS} 是白噪声。方程(6.29)是 AS 曲线，方程(6.30)是 MP 曲线，方程(6.31)是 IS 曲线，方程(6.32)则刻画了 IS 冲击的行为。

我们可以结合(6.30)式和(6.31)式通过简单的代数运算求解出 y_t（用 u_t^{IS} 和 $E_t[y_{t+1}]$来表示）：

$$\begin{aligned} y_t&=\frac{\theta}{\theta+b}E_t[y_{t+1}]+\frac{\theta}{\theta+b}u_t^{IS} \\ &\equiv\phi E_t[y_{t+1}]+\phi u_t^{IS}, \end{aligned} \tag{6.33}$$

其中 $\phi\equiv\theta/(\theta+b)$。注意我们的假设表明 $0<\phi<1$。

方程(6.33)提出了一个挑战：它把 y 表示成扰动项 u_t^{IS} 以及一个内生变量的预期未来值$E_t[y_{t+1}]$的函数。这就意味着，如何找出冲击的作用不再是简单明了的了。为了说明这个问题，注意(6.33)式对于所有未来时期都成立：

$$y_{t+j}=\phi E_{t+j}[y_{t+j+1}]+\phi u_{t+j}^{IS} \qquad j=1,2,3,\cdots \tag{6.34}$$

在 t 期对上式两边取期望可得：

$$E_t[y_{t+j}]=\phi E_t[y_{t+j+1}]+\phi\rho_{IS}^j u_t^{IS}. \tag{6.35}$$

方程(6.35)利用了 $E_t[E_{t+j}[y_{t+j+1}]]=E_t[y_{t+j+1}]$这个条件，若非如此，经济人就会向上或者向下调整对 y_{t+j+1} 的估计，说明他们的初始估计是非理性的。当期对某变量未来预期值的预期值就等于该变量的当期预期值，我们把这个事实称为迭代映射法则。

[1] 第 7.8 节介绍了一个具有微观基础的模型，其中 IS 曲线、AS 曲线以及利率规则都是前瞻性的。

现在我们可以把(6.33)式向前迭代。也就是说,首先用 $E_t[y_{t+2}]$和 $E_t[u_{t+1}^{IS}]$表示 $E_t[y_{t+1}]$,然后用 $E_t[y_{t+3}]$和 $E_t[u_{t+2}^{IS}]$表示 $E_t[y_{t+2}]$,如此等等。由此可得:

$$\begin{aligned} y_t &= \phi u_t^{IS} + \phi(\phi E_t[y_{t+2}] + \phi\rho_{IS} u_t^{IS}) \\ &= \phi u_t^{IS} + \phi^2 \rho_{IS} u_t^{IS} + \phi^2(\phi E_t[y_{t+3}] + \phi\rho_{IS}^2 u_t^{IS}) \\ &= \cdots \\ &= (\phi + \phi^2\rho_{IS} + \phi^3\rho_{IS}^2 + \cdots) u_t^{IS} + \lim_{n\to\infty} \phi^n E_t[y_{t+n}] \\ &= \frac{\phi}{1-\phi\rho_{IS}} u_t^{IS} + \lim_{n\to\infty}\phi^n E_t[y_{t+n}]. \end{aligned} \tag{6.36}$$

如果我们假设$\lim_{n\to\infty}\phi^n E_t[y_{t+n}]$收敛到零(我们将很快讨论这个问题)并将这一假设代回上式,就可以得到:

$$y_t = \frac{\theta}{\theta + b - \theta\rho_{IS}} u_t^{IS}. \tag{6.37}$$

这个式子说明了不同因素会如何影响产出在需求冲击下的反应。例如,对于产出变动,较为激进的货币政策(对应于较大的 b 值)会抑制冲击对 IS 曲线的影响。

当 IS 曲线中不存在前瞻性因素时[即如果 IS 方程为 $y_t = -(1/\theta)r_t + u_t^{IS}$],产出为$[\theta/(\theta+b)]u_t^{IS}$。方程(6.37)表明,考虑前瞻性预期行为会增大 u_t^{IS} 与 $\rho_{IS} > 0$ 前面的系数。也就是说,前瞻性消费行为会放大持久冲击对需求的影响。

产出方程(6.37)与 AS 方程(6.29)说明,通货膨胀由下式给出:

$$\pi_t = \pi_{t-1} + \frac{\theta\lambda}{\theta + b - \theta\rho_{IS}} u_t^{IS}. \tag{6.38}$$

由于通货膨胀对实际利率没有反作用,所以不存在稳定通货膨胀的因素。事实上,如果对 IS 曲线的冲击是正向序列相关的,则通货膨胀的变化也是正向序列相关的。

(6.36)式中 y_t 的解包含了 $\lim_{n\to\infty}\phi^n E_t[y_{t+n}]$项,而到目前为止我们都假设该项收敛到零。由于 ϕ 小于 1,所以只有当 $E_t[y_{t+n}]$发散时(即当经济人预期 y 发散时),该项才会发散,但这种情况是不可能出现的。所以,假设 $\lim_{n\to\infty}\phi^n E_t[y_{t+n}]=0$ 是恰当的。

还有一点是值得一提的,即 $\phi>1$ 但 $\phi\rho_{IS}<1$ 的情形。如果中央银行在产出上升时故意执行降低实际利率的政策(即 b 为负值),就会出现 $\phi>1$ 的情况。当 $\phi\rho_{IS}<1$ 时,方程(6.36)中的求和仍然会收敛,从而该表达式仍然是正确的。而如果(6.37)式成立,则 $\lim_{n\to\infty}\phi^n E_t[y_{t+n}]$就等于 $\lim_{n\to\infty}\phi^n\rho_{IS}^n[\theta/(\theta+b-\theta\rho_{IS})]u_t^{IS}$,即等于零。也就是说,尽管预期 $\phi>1$ 会产生不稳定性,但只要 $\phi\rho_{IS}<1$,模型的传统解仍然可以成立。

但我们会发现,此时这个解不再是唯一解。如果 ϕ 大于 1,则即使 $E_t[y_{t+n}]$不发散,$\lim_{n\to\infty}\phi^n E_t[y_{t+n}]$也有可能不等于零。这就意味着,可能存在自发的、自我实现的产出变化路径。为了理解这一点,我们可以假设一开始对于所有 t,$u_t^{IS}=0$ 并且 $y_t=0$。然后假设在某一期(我们将其称为 0 期),y 增加了一定量 X,其原因并不是偏好变化、政府购买或者某些其他外部因素,即并不是由于 u_0^{IS} 的实现值不为零，而仅仅是因为经济人对经济均衡路径的信念发生了变化。如果经济人预期当 $t \geq 0$ 时，$y_t = X/\phi^t$，那么他们就会采取相应的行动，最终使得他们的预期是正确的。也就是说，这种变化是自我实现的。

当经济如上述情况一样具有多重均衡时，我们将包含非自发、非自我实现产出变动路径的解称为基本解，而将包含自我实现产出变动路径的解称为黑子解。尽管此处得出黑子解的假设是虚构的，但对于许多模型来说，出现黑子解可能十分自然。因此，我们将在第 6.8 节讨论一般性的自我实现均衡问题，在第 12.5 节介绍一个与本模型基本思想类似的模型，并讨论其黑子解。[1]

B 部分　不完全名义调整的微观基础

在本章的 A 部分，我们已经探讨了，某些类型的不完全名义调整有助于理解货币变动为何具有实际效应。所以，本章的这个部分所要考察的问题是，什么会导致不完全名义调整？

在这里，名义不完美性是一个必要条件，这一点具有十分重要的含义。经济个体主要关注的是实际价格与实际数量，如实际工资、工作小时数、实际消费水平等，而名义量仅仅起次要作用，并且很容易处理。价格与工资的观察值都是名义量，但对其进行修正或者指数化都很方便。经济个体并不完全了解总体价格水平的信息，但是他们几乎不用花费成本就可以获得准确的信息。债务合约通常按照名义量签订，但是也很容易指数化。经济个体会持有一定按名义量计算的现金，但是会随时改变持有量。可见，名义量无法对经济个体产生直接的重要影响。

上述讨论说明，在微观层面很小的名义摩擦却可能会对宏观经济产生很大的影响。这一结论是否符合现实？在什么条件下会出现这种情况？这是许多研究名义刚性微观经济学基础的学者都力图弄清的问题。[2]

本章这部分的大多数内容都是从名义不完美性的一个特定角度来讨论上述问题。具体而言，我们着重讨论一个静态模型，其中厂商面临价格调整的菜单成本，即改变名义价格时产生的一种小额固定成本(标准的例子是餐馆印刷新菜单时产生的成本，而该名称也是由此而来)。我们讨论的目标是，刻画哪些微观经济学条件会使得菜单成本在一次性货币冲击下产生显著的名义粘性。在第 6.9 节，我们会考虑另一种情形，即名义不完美性的来源是缺乏总体价格水平的完整信息。这一节还简要讨论了名义不完全调整的其他可能来源。我们将看到，菜单成本所导致的根本问题在其他名义不完美性情形下也会出现。

由于本章的目的并不是试图建立一个符合现实的宏观经济模型，我们所考虑

---

〔1〕 关于本节讨论的模型，还可参见习题 6.8～6.9。对求解包含未来变量预期值的线性模型的详细讨论，参见布兰查德和卡恩(Blanchard and Kahn，1980)。

〔2〕 在这方面，具有开创性的论文包括曼昆(1995)和阿克洛夫和耶伦(Akerlof and Yellen，1985)。还可参见帕金(Parkin，1986)，罗滕贝格(Rotemberg，1982)以及布兰查德和清泷信宏(Blanchard and Kiyotaki，1987)。

的模型大多非常简单。在下一章,我们会开始试图让模型更加符合现实并且具有实际应用价值。

6.5 不完全竞争模型与价格设定

在分析菜单成本以及货币冲击的影响之前,我们首先考察价格完全灵活但价格制定者之间不完全竞争的经济。分析这个模型的原因有两点:第一,我们将看到,不完全竞争本身就会产生很有意思的宏观经济学结论;第二,本章其余部分的模型着重关注价格调整障碍的原因与后果,而为了说明这些问题,我们需要通过模型来刻画厂商在没有调整障碍的情况下会选择什么价格,以及当价格不同于最优水平时会发生什么。

假设

首先,我们假设经济中存在大量连续且有区别的商品,每种商品用 $i\in[0,1]$来标记。每种商品都由一个具有垄断势力的厂商进行生产,厂商 i 的生产函数为:

$$Y_i=L_i, \tag{6.39}$$

其中 L_i 是厂商雇用的劳动数量,Y_i 表示产出。厂商在完全竞争性的劳动市场上雇用劳动,并在不完全竞争的产品市场上出售商品。在本节中,厂商可以自由设定其价格。厂商由家庭所有,从而其赚得的所有利润都属于家庭。与第 6.1 节中的模型一样,我们把家庭的数量标准化为 1。

代表性家庭的效用随消费而增加,随其供给的劳动数量而减少。其函数形式为:

$$U=C-\frac{1}{\gamma}L^{\gamma},\quad \gamma>1. \tag{6.40}$$

这里的关键在于,C 并不是家庭对所有商品的总消费。如果 C 是对所有商品的总消费,则产品之间就会具有完全替代性,厂商就不会具有市场势力。因此,C 是家庭对各种商品消费的一个衡量指标,具有常替代弹性函数形式:

$$C=\left[\int_{i=0}^{1}C_i^{(\eta-1)/\eta}\right]^{\eta/(\eta-1)},\quad \eta>1. \tag{6.41}$$

该函数形式与第 3.5 节关于内生技术变迁的罗默模型中的生产函数类似,都来自迪克西特和施蒂格利茨(Dixit and Stiglitz,1977)。该函数具有一个很好的特点:若所有 C_i 均相同,则 C 就等于 C_i 的相同水平。此外,$\eta>1$ 的假设表明,每种商品的需求弹性均大于 1,这就保证了使利润最大化的价格不是无穷大。

与第 6.1 节的模型一样,本模型省略了投资、政府购买与国际贸易。因此,我们用 C 来计算经济的产出。

$$Y\equiv C. \tag{6.42}$$

家庭选择劳动供给并购买消费商品以最大化其效用,并把工资、商品价格以及来自厂商的利润看作是既定不变的。厂商选择价格与雇用劳动数量以最大化其利润,并把工资和产品需求曲线看作是既定不变的。

最后,为了分析货币变动以及其他总需求变动的影响,我们需要在模型中添加总需求。这里我们采用最简单的办法来引入需求,即假设:

$$Y=\frac{M}{P}. \tag{6.43}$$

对于上式有许多不同的解释方法。其中,最简单并且最符合我们目的的解释是,上式仅仅是模型化总需求的简捷方法。方程(6.43)意味着,价格水平与产出之间具有反向关系,而这正是总需求的根本特征。由于我们着重关注经济的供给面,更完整的模型化总需求是毫无意义的。根据这种解释,M 可以看作是影响总需求的一个一般变量而不仅仅是货币。

我们也可以从更完整的模型中推导出(6.43)式。根据第 6.1 节的方法,我们可以在效用函数中引入实际货币余额,在恰当的设定下,就会得到(6.43)式。例如,罗滕贝格(1987)从现金先行约束中推导出了(6.43)式。最后,伍德福德(2003)发现,如果中央银行执行货币政策是为了获得名义 GDP 的一个目标水平,那么也可以得到(6.43)式。

在货币效用函数与现金先行约束这两种对(6.43)式的解释中,人们很自然会把 M 看作真正的货币。在这种情况下,右边可以修改为 MV/P,其中 V 可以刻画除货币供给变化之外的其他总需求扰动。根据伍德福德的解释,M 就是中央银行设定的名义 GDP 目标水平。

家庭行为

在分析家庭行为时,一个最简单的办法就是考虑家庭如何在不同商品之间分配消费支出。考虑一个支出为 S 的家庭,其效用最大化问题的拉格朗日函数为:

$$\mathcal{L}=\left[\int_{i=0}^{1} C_i^{(\eta-1)/\eta}di\right]^{\eta/(\eta-1)}+\lambda\left[S-\int_{i=0}^{1} P_iC_idi\right]. \tag{6.44}$$

C_i 的一阶条件为:

$$\frac{\eta}{\eta-1}\left[\int_{j=0}^{1} C_j^{(\eta-1)/\eta}dj\right]^{\frac{1}{\eta-1}}\frac{\eta-1}{\eta}C_i^{-1/\eta}=\lambda P_i. \tag{6.45}$$

由于方程(6.45)中依赖于 i 的项只有 $C_i^{-1/\eta}$ 和 P_i,知道 C_i 的函数形式一定是:

$$C_i=AP_i^{-\eta}. \tag{6.46}$$

为了将 A 用家庭看作是既定的变量来表示,把上式代入预算约束 $\int_{i=0}^{1} P_iC_idi=S$,再求解 A。可得:

$$A=\frac{S}{\int_{j=0}^{1} P_j^{1-\eta}dj}. \tag{6.47}$$

把这个结果代入 C_i 的表达式(6.46),然后代入 C 的表达式(6.41),即得:

$$
\begin{aligned}
C &= \left[\int_{i=0}^{1}\left(\frac{S}{\int_{j=0}^{1} P_j^{1-\eta} dj} P_i^{-\eta}\right)^{(\eta-1)/\eta} di\right]^{\eta/(\eta-1)} \\
&= \frac{S}{\int_{j=0}^{1} P_j^{1-\eta} dj}\left(\int_{i=0}^{1} P_i^{1-\eta} di\right)^{\eta/(\eta-1)} \\
&= \frac{S}{\left(\int_{i=0}^{1} P_i^{1-\eta} di\right)^{1/(1-\eta)}}.
\end{aligned}
\tag{6.48}
$$

方程(6.48)表明,当家庭在商品之间分配的支出达到最优时,获得一单位 C 的成本是$(\int_{i=0}^{1} P_i^{1-\eta} di)^{1/(1-\eta)}$。也就是说,对应于效用函数(6.41)的价格指数为:

$$
P = \left(\int_{i=0}^{1} P_i^{1-\eta} di\right)^{1/(1-\eta)}. \tag{6.49}
$$

注意,该指数具有一个很好的性质,即如果所有的 P_i 都相等,则该指数就等于所有 P_i 的相同值。

最后,表达式(6.46)、(6.47)和(6.49)表明:

$$
\begin{aligned}
C_i &= \left(\frac{P_i}{P}\right)^{-\eta}\frac{S}{P} \\
&= \left(\frac{P_i}{P}\right)^{-\eta} C.
\end{aligned}
\tag{6.50}
$$

这就意味着,每种商品的需求弹性均为 η。

除消费以外,家庭的额外选择变量就只有劳动供给。家庭的支出等于 $WL+R$,其中 W 是工资,R 是利润收入,因此消费就是$(WL+R)/P$。可见,选择 L 的最优化问题为:

$$
\max_{L} \frac{WL+R}{P} - \frac{1}{\gamma}L^{\gamma}. \tag{6.51}
$$

L 的一阶条件为:

$$
\frac{W}{P} - L^{\gamma-1} = 0, \tag{6.52}
$$

上式表明:

$$
L = \left(\frac{W}{P}\right)^{1/(\gamma-1)}. \tag{6.53}
$$

可见,劳动供给是实际工资的增函数,其弹性为 $1/(\gamma-1)$。

由于所有家庭都是相同的,并且我们把家庭的数量标准化为 1,所以方程(6.53)不仅刻画了代表性家庭的 L,还刻画了 L 的总体值。

厂商行为

商品 i 的垄断竞争生产者所得的实际利润等于其实际收益减去实际成本:

$$\frac{R_i}{P}=\frac{P_i}{P}Y_i-\frac{W}{P}L_i. \tag{6.54}$$

生产函数(6.39)表明 $L_i=Y_i$，而需求函数(6.50)则说明 $Y_i=(P_i/P)^{-\eta}Y$(因为 $Y=C$，因此商品 i 的消费量必须等于其生产量)，把这些表达式代入(6.54)式可得：

$$\frac{R_i}{P}=\left(\frac{P_i}{P}\right)^{1-\eta}Y-\frac{W}{P}\left(\frac{P_i}{P}\right)^{-\eta}Y. \tag{6.55}$$

P_i/P 的一阶条件是：

$$(1-\eta)\left(\frac{P_i}{P}\right)^{-\eta}Y+\eta\frac{W}{P}\left(\frac{P_i}{P}\right)^{-\eta-1}Y=0. \tag{6.56}$$

为了解出 P_i/P，可对上式两边除以 Y，再除以 $(P_i/P)^{-\eta}$。求解 P_i/P 即得：

$$\frac{P_i}{P}=\frac{\eta}{\eta-1}\frac{W}{P}. \tag{6.57}$$

这样我们便得到了标准结果，即具有市场势力的生产者根据其边际成本加成设定价格，而加成幅度由需求弹性决定。

均衡

由于本模型是对称的，其均衡也是对称的。如上所述，所有家庭都供给相同数量的劳动，并具有相同的需求曲线。类似地，所有厂商都面临相同的需求曲线和相同的实际工资，这表明所有厂商都收取相同的价格并生产相同的产量。由于每种商品的产量都相同，总产出 Y 就是每种商品的共同产量水平。最后，由于生产函数是一对一的，该产量水平又等于劳动供给的共同水平。也就是说，在均衡时 $Y=C=L$。

我们可以用(6.52)式或者(6.53)式把实际工资表示为产出的函数：

$$\frac{W}{P}=Y^{\gamma-1}. \tag{6.58}$$

把上式代入价格方程(6.57)，就可以把每个生产者的意愿相对价格表示为总产出的函数：

$$\frac{P_i^*}{P}=\frac{\eta}{\eta-1}Y^{\gamma-1}. \tag{6.59}$$

为了方便将来使用，我们把上式写为对数形式：

$$\begin{aligned} p_i^*-p&=\ln\frac{\eta}{\eta-1}+(\gamma-1)y \\ &\equiv c+\phi y, \end{aligned} \tag{6.60}$$

其中小写字母表示相应大写字母变量的对数。

我们知道，每个生产者都收取相同的价格，并且价格指数 P 就等于这个共同价格。可见，均衡要求每个生产者都把 P 看作是既定不变的，并把自己的价格设

定为 P,也就是说,每个生产者的意愿相对价格必须等于 1。根据(6.59)式,这个条件就是$[\eta/(\eta-1)]Y^{\gamma-1}=1$,或者:

$$Y=\left(\frac{\eta-1}{\eta}\right)^{1/(\gamma-1)}. \tag{6.61}$$

而这就是均衡的产出水平。

最后,我们可以利用总需求方程 $Y=M/P$ 求出均衡的价格水平:

$$\begin{aligned}P&=\frac{M}{Y}\\&=\frac{M}{\left(\frac{\eta-1}{\eta}\right)^{1/(\gamma-1)}}.\end{aligned} \tag{6.62}$$

模型意义

当生产者具有市场势力时,他们的产量会低于社会最优水平。为了理解这一点,我们首先要注意,在对称配置下,每个经济个体都供给相同数量的劳动 $\bar{L}$,并且每种商品的产量以及每个经济个体的消费都等于这个 $\bar{L}$。因此,找出最优对称配置的问题就可以简化为选择 $\bar{L}$ 以最大化 $\bar{L}-(1/\gamma)\bar{L}^{\gamma}$。其解就是 $\bar{L}=1$。如(6.61)式所示,均衡产出是小于 1 的。从直观上来看,生产者面临向下倾斜的需求曲线,这表明劳动的边际收益产品小于其边际产量。其结果是,实际工资会小于劳动的边际产量:根据(6.57)式(以及均衡时 P_i 等于 P),实际工资为$(\eta-1)/\eta$,而劳动的边际产量为 1。而这就会降低劳动供给量,从而使得均衡产出小于最优水平。根据(6.61)式,均衡产出为$[(\eta-1)/\eta]^{1/(\gamma-1)}$。因此,当生产者的市场势力较大(即 η 较小)时,产出的均衡水平与最优水平之间的缺口也较大。当劳动供给对实际工资的反应较强(即 γ 较小)时,缺口也较大。

在不完全竞争的情形下,均衡产出较低并缺乏效率,这对于经济波动来说具有重要含义。首先,这表明衰退与繁荣对福利具有非对称的影响(参见曼昆,1985)。一般来说,我们将产出异常高的时期看作是繁荣期,将产出异常低的时期看作是萧条期。假设在一个经济中,波动来自货币冲击下的不完全名义调整。如果在没有冲击时,该经济的均衡状态是最优的,则高产出时期与低产出时期都偏离了最优状态,从而两者都不是合意的。但如果均衡产出低于最优水平,则繁荣期会使得产出更接近社会最优状态,而衰退则会使其更加远离最优状态。

此外,均衡产出与最优产出之间的缺口表明了,价格决策是具有外部性的。假设经济一开始处于均衡,并且在某一时刻所有价格都边际地减小了。在这种情况下,M/P 会上升,从而总产出会上升。这一变化可能会通过两个渠道来影响经济福利。首先,实际工资上升[参见(6.58)]。由于家庭作为厂商所有者雇用的劳动量就等于他们在劳动市场供给的劳动量,工资的边际上升并不影响福利。其次,由于总产出上升,每种商品的需求曲线 $Y(P_i/P)^{-\eta}$ 均会向外移动。由于厂商的售价高于其边际成本,这一变动会提高利润,从而提高家庭的福利。可见,在不完全竞争下,价格决策具有外部性,并且这种外部性通过对商品的总需求产生作用。因此,我们通常将这种外部性称为总需求外部性(布兰查德和清泷信宏,1987)。

上述分析的最后一个含义是,不完全竞争本身并不能产生货币非中性。货币存量的变化会导致名义工资与所有名义价格的同比例变化,而产出与实际工资保持不变[参见(6.61)式与(6.62)式]。

最后,由于形如(6.60)的价格方程在后面几节中比较重要,所以大家有必要记住这一方程,该方程所刻画的基本思想远比我们在此考虑的具体价格制定模型更具有一般性。方程(6.60)指出,p_i^*-p 的形式为 $c+\phi y$。也就是说,价格制定者的最优相对价格随总产出递增。在我们所考虑的特定模型中,递增性质来自产出上升时现行实际工资会提高。但在更一般的设定下,这种递增性质也可以来自其他投入品成本的上升,收益递减,或者来自产出调整成本。

价格制定者的意愿实际价格随总产出递增,这是弹性价格均衡具有稳定性的必要条件。为了理解这一点,我们可以利用 $y=m-p$,把(6.60)式重新写为:

$$p_i^*=c+(1-\phi)p+\phi m. \tag{6.63}$$

如果 ϕ 为负,则价格水平上升会使每个价格制定者的意愿价格上升更多。这就意味着,如果 p 高于使经济个体收取的相对价格为 1 的水平,则每个经济个体希望收取的价格都会高于现行价格水平;而如果 p 低于均衡水平,则每个经济个体希望收取的价格都会低于现行价格水平。因此,如果 ϕ 为负,则弹性价格均衡是不稳定的。我们将在第 6.8 节再次回到这个问题。

6.6 小摩擦就足够了吗?

一般考虑

考虑一个由许多价格制定厂商所组成的经济,类似于上一节。假设经济一开始处于弹性价格均衡,也就是说,每个厂商制定的价格都使得当总需求处于预期水平时,边际收益等于边际成本。在确定了价格以后,总需求也就相应确定了(此时,每个厂商都可以在支付菜单成本后改变其价格)。为了简单起见,我们假设价格在每个时期初重新设定。这表明我们可以分别考虑一个单独的时期,并且如果某厂商支付了菜单成本,则该厂商就会把价格设定为新的利润最大化水平。

我们希望弄清当总需求偏离预期水平时,厂商会在什么时候做出改变价格的反应。具体而言,假设需求低于预期水平。由于经济规模较大,每个厂商都把其他厂商的行动看作是给定的。因此,如果当所有其他厂商都保持价格不变时,代表性厂商改变其价格的最大收益小于价格调整的菜单成本,那么名义价格固定不变就是一种均衡。[1]

为了理解这里所涉及的一般性问题,我们可以考虑如图 6.10 所示的边际收益—边际成本图。经济一开始处于均衡状态,从而代表性厂商的边际成本等于边

〔1〕 这个条件的简单反述并不能使所有厂商均调整价格也成为一种均衡。因此,在某些情形下,价格调整与价格不变都可能是均衡。参见习题 6.11。

际收益(即图中的点 A)。在其他价格不变的情况下,总需求下降会减少总产出。因此,厂商所面临的总需求曲线会向左移动(即在给定价格下,该厂商所生产产品的需求量下降),边际收益曲线会向内移动。如果厂商不改变其价格,则产出由现行价格下的需求确定(即图中的点 B)。在这个产出水平下,边际收益高于边际成

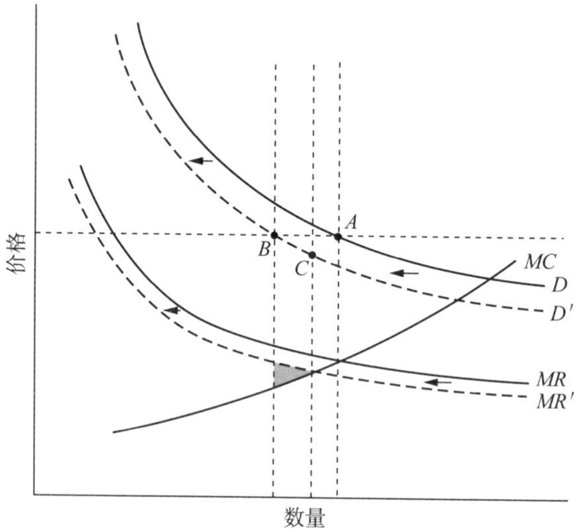

图 6.10　代表性厂商在总产出下降时的调价激励

本,从而厂商具有降低其价格并提高产出的动力。[1] 如果厂商改变其价格,则其生产处于边际成本等于边际收益的水平(即点 C)。图中三角形阴影部分的面积表示厂商降低价格并提高产量所得的额外利润。为了使厂商愿意使其价格保持不变,这个三角形的面积必须很小。

图中揭示了一个关键问题:即使需求下降会让厂商严重受损,其降价激励也有可能较小。厂商可能更偏好原来较高的需求曲线,但它只能在新的需求曲线上选择一个点。这就是前面所述的总需求外部性的具体例子:当货币供给下降时,如果其他厂商都没有降低价格,则代表性厂商就会受损;而如果其他所有厂商都决定提价,则代表性厂商也会受损。结果,厂商可能会发现,即使需求曲线的变动较大,其降价所得的收益也会很小。因此,假设衰退的原因在于总需求下降以及价格调整壁垒很小并不会与衰退具有较大成本的观点发生冲突。

但是,完全使用图形做进一步分析是不现实的。为了弄清厂商的调价激励在合理情形下相对于菜单成本孰高孰低,我们必须回到具体的模型,找出合理参数值下的价格调整激励。

定量分析示例

考虑第 6.5 节中的不完全竞争模型。厂商 i 的实际利润等于销售量 $Y(P_i/P)^{-\eta}$ 乘以价格与成本之差 $(P_i/P)-(W/P)$[参见(6.54)式]。此外,劳动市场的均衡

---

[1] 总产出下降可能会压低现行工资,从而使边际成本曲线下降。为了简单起见,图中并没有画出这种效应。

要求实际工资等于 $Y^{1/\nu}$，其中 $\nu \equiv 1/(\gamma-1)$ 是劳动供给弹性[参见(6.58)式]。因此，

$$\begin{aligned}\pi_i &= Y\left(\frac{P_i}{P}\right)^{-\eta}\left(\frac{P_i}{P}-Y^{1/\nu}\right)\\ &= \frac{M}{P}\left(\frac{P_i}{P}\right)^{1-\eta}-\left(\frac{M}{P}\right)^{(1+\nu)/\nu}\left(\frac{P_i}{P}\right)^{-\eta}.\end{aligned} \tag{6.64}$$

其中第二行利用了 $Y=M/P$。我们知道，在不存在菜单成本时，使利润最大化的实际价格为 $\eta/(\eta-1)$ 乘以边际成本，即 $[\eta/(\eta-1)](M/P)^{1/\nu}$[参见(6.57)式]。可见，在弹性价格下，当 $[\eta/(\eta-1)](M/P)^{1/\nu}=1$，或者 $M/P=[\eta/(\eta-1)]^{\nu}$ 时，模型达到均衡[参见(6.61)式]。

我们希望找出在 M 偏离其预期值时，使名义价格不变成为纳什均衡的条件。也就是说，在我们所希望得到的条件下，如果所有其他厂商都不调整价格，则代表性厂商也不愿意支付菜单成本并调整其价格。这个条件是 $\pi_{ADJ}-\pi_{FIXED}<Z$，其中 π_{ADJ} 是其他厂商价格不变而代表性厂商把价格调整为新的利润最大化水平时所得的利润，π_{FIXED} 表示没有价格调整时的厂商利润，Z 表示菜单成本。因此我们需要求出这两个利润水平。

一开始所有厂商都收取相同的价格，并且根据假设，其他厂商并不改变价格，因此如果厂商 i 也不改变其价格，则 $P_i=P$。把此式代入(6.64)式可得：

$$\pi_{FIXED}=\frac{M}{P}-\left(\frac{M}{P}\right)^{(1+\nu)/\nu}. \tag{6.65}$$

如果厂商改变其价格，则它会把价格设为其利润最大化水平，即 $[\eta/(\eta-1)](M/P)^{1/\nu}$，把此式代入(6.64)式可得：

$$\begin{aligned}\pi_{ADJ} &= \frac{M}{P}\left(\frac{\eta}{\eta-1}\right)^{1-\eta}\left(\frac{M}{P}\right)^{(1-\eta)/\nu}-\left(\frac{M}{P}\right)^{(1+\nu)/\nu}\left(\frac{\eta}{\eta-1}\right)^{-\eta}\left(\frac{M}{P}\right)^{-\eta/\nu}\\ &= \frac{1}{\eta-1}\left(\frac{\eta}{\eta-1}\right)^{-\eta}\left(\frac{M}{P}\right)^{(1+\nu-\eta)/\nu}.\end{aligned} \tag{6.66}$$

容易验证，当 M/P 等于其弹性价格均衡值时，π_{ADJ} 与 π_{FIXED} 相等，否则，π_{ADJ} 大于 π_{FIXED}。

为了找出厂商改变其价格的激励，我们需要计算 η 与 ν 的值。由于劳动供给相对缺乏弹性，我们可以考虑 $\nu=0.1$ 的情况，并假设 $\eta=5$，这意味着价格等于边际成本的 1.25 倍。这些参数值意味着，产出的弹性价格水平为 $Y^{EQ}=[(\eta-1)/\eta]^{\nu}\simeq 0.978$。现在考虑当 M 下降 3%且其他价格保持不变时，厂商调整价格的激励。把 $\nu=0.1$，$\eta=5$ 与 $Y=0.978Y^{EQ}$ 代入(6.65)和(6.66)可得，$\pi_{ADJ}-\pi_{FIXED}\simeq 0.253$。

由于 Y^{EQ} 约为 1，上述计算表明，当产出变化 3%时，代表性厂商支付菜单成本的激励约为其收益的 1/4。在这样的激励下，不存在任何合理的价格调整成本可以阻止厂商改变其价格。因此，在上述设定下，除非冲击极小，否则厂商一定会调

整其价格,从而货币基本上是中性的。[1]

产生上述难题的根源在于劳动市场。劳动市场会出清,而劳动供给相对缺乏弹性。因此,如第 6.2 节中的情形 2 一样,当总产出下降时,实际工资会大幅下降,因此生产成本会非常低,从而厂商具有强烈的激励降低价格并提高产出,这就意味着名义价格不变不会成为一种均衡。[2]

6.7 实际刚性

一般考虑

考虑这样一个厂商,它需要决定是否在总需求下降且其他厂商价格不变时调整其价格。图 6.11 中把厂商利润表示为价格的函数。总产出下降会通过两种方式来影响这个函数。第一,利润函数会发生垂直移动。厂商的产品所面临的需求下降倾向于使得该函数向下移动。相反,实际工资下降倾向于使得该函数向上移动。在图 6.11 所示的例子中,净效应是图形向下移动。如上所述,厂商不能抵消上述变动。第二,厂商的利润最大化价格会小于总需求下降前的值。[3] 而这正是厂商可以有所作为的地方。如果厂商不支付菜单成本,则其价格保持不变,从而就没有设定新的利润最大化价格。反之,如果厂商支付菜单成本,则它就可以达到新利润函数的顶点。

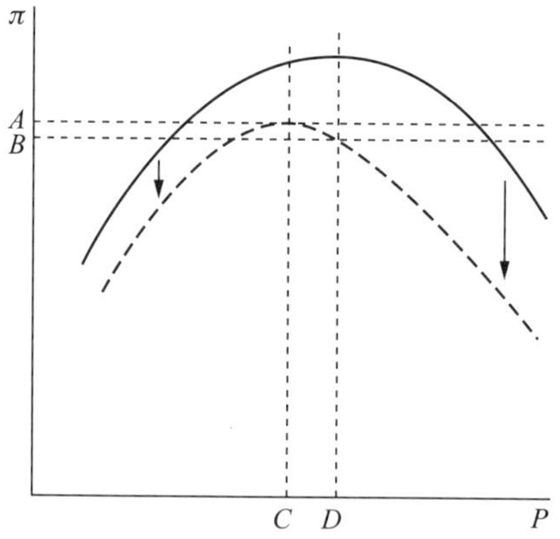

图 6.11 总产出下降对代表性厂商利润的影响

[1] 尽管 $\pi_{ADJ}-\pi_{FIXED}$ 对于 ν 与 η 的值比较敏感,但并不存在合理的值可以导致价格调整激励很小。例如,考虑 $\eta=3$(这表明价格加成为 50%)并且 $\nu=1/3$。即使在这些极端取值下,当产出下降 3%时,支付菜单成本的激励也仅为弹性价格下收益水平的 0.8%,而当产出下降 5%时,激励仅为 2.4%。虽然这些激励远小于基准模型中计算得到的结果,但它们仍明显大于大多数厂商的价格调整障碍。

[2] 根据第 6.2 节中情形 1 的思想,假设调整成本适用于工资而不是价格并不能回避上述问题。根据这种假设,降价的激励确实会较低,但是降低工资的激励会很高:厂商可以大幅降低劳动成本,工人可以大幅增加工作时间,两者共同作用就会压低工资。

[3] 这是因为根据模型假设,使利润最大化的相对价格随着总产出递增,也就是说,这是因为价格方程(6.60)中的 $\phi>0$。根据我们在第 6.5 节中的描述,这是弹性价格下的均衡具有稳定性的必要条件。

厂商调整其价格的激励由图中 A、B 两点的距离确定。这个距离取决于两个因素:原利润最大化价格与新利润最大化价格之差,以及利润函数的曲率。下面,我们来依次考虑这两个因素。

由于其他厂商的价格不变,因此,该厂商的名义价格变动也就是实际价格变动。此外,其他厂商价格不变还意味着,总需求变化会改变总产出。因此,厂商的原利润最大化价格与新利润最大化价格之差(即图中 C、D 两点的距离)取决于利润最大化的实际价格与总产出的关系:当厂商的利润最大化价格对总产出的反应比较迟钝时(保持利润函数的曲率不变),厂商调整其价格的激励也比较小。

利润最大化的实际价格对总产出的反应比较迟钝通常被称为实际刚性较强(鲍尔和罗默,1990)。根据方程(6.60)($p_i^*-p=c+\phi y$),实际刚性较强对应于 ϕ 值较小。实际刚性本身并不会使货币扰动产生实际效应:如果价格可以完全调整,则货币就是中性的,不论实际刚性的程度如何。但是,实际刚性会放大名义刚性的作用:实际刚性越强,则使价格不变成为均衡的价格区间就越大。

利润函数的曲率决定了价格偏离利润最大化水平的成本。当利润对于偏离最优状态并不敏感时,价格调整的激励就比较小(给定实际刚性程度),从而使不调整成为均衡决策的冲击范围就比较大。因此,一般而言,为了使较小的价格调整成本产生显著的名义刚性,需要实际刚性与利润函数的不敏感性通过某种方式相结合。

根据我们上述对实际刚性与利润函数敏感性的讨论,可以很容易看出为什么在基准模型计算中的价格调整激励会如此之大:模型中存在极其显著的"实际弹性"而不是实际刚性。由于利润最大化的实际价格是$[\eta/(\eta-1)]Y^{1/\nu}$,利润对产出的弹性就是 $1/\nu$。如果劳动供给弹性 ν 很小,则$(P_i/P)^*$ 对 Y 的弹性就很大。例如,ν 值等于 0.1 表明$(P_i/P)^*$ 对 Y 的弹性为 10。

类似的分析能够帮助我们弄清楚,为什么菜单成本结合实际刚性,或者结合利润函数的不敏感性(或者同时与两者相结合)就会导致显著的名义粘性:货币扰动具有实际效应,其原因与切换夏时制类似。[1] 重新设置时钟纯粹是一种名义变化,因为其仅仅是改变了一天中不同时间的标记符号而已。但是这种改动牵涉到实际日程安排的变化,即不同活动的时间相对于太阳的位置发生了变化。毫无疑问,切换到夏时制确实是实际日程安排产生变化的原因。

如果改变日程以及传达这个信息根本不会产生成本,那么夏时制就会让每个人都改变其名义日程,从而不会影响实际日程安排。因此,夏时制之所以改变了实际日程,是因为改变名义日程会产生成本。这些成本类似于改变价格的菜单成本,看上去似乎并不高。但这些小成本却会导致切换夏时制产生实际效应,其原因就在于,个人与企业通常高度关心相互之间的日程安排,而不是相对于太阳位置的日程表。因此,如果其他人并不改变其日程表上的时间,则每个人都不会愿意花费成本来改变自己的日程。这类似于实际刚性在价格设定中的作用。最后,经济中的个人越不关心其准确的日程,他们就越不愿意花费成本去改变日程,这类似于利润函数的不敏感性在价格设定中的作用。

---

〔1〕 这个类比最初是由弗里德曼(1953:173)提出的,只不过他讨论的是汇率问题。

实际刚性的具体来源

大量研究宏观经济周期的文献都会分析导致实际刚性或者导致利润函数不敏感性的具体因素,但侧重点各不相同。例如,一种研究会着重讨论局部均衡问题,如当厂商面临总产出变动,或者利润的敏感性偏离最优状态时,为什么某些金融市场、产品市场或劳动市场的特征会影响厂商调整其实际价格的激励?或者,研究者会在一个校准的动态随机一般均衡模型中添加一个特性以引入名义调整障碍(比如我们将在下一章末遇到的情形),从而研究添加这种特性会如何影响模型的性质,如产出的方差,货币增长与产出增长的协方差,以及货币扰动的实际效应。又或者,研究者根本不着重分析货币扰动与名义不完美性。我们将在下一节看到,当存在名义摩擦时,使实际经济对于货币冲击更加敏感的大多数因素也会使实际经济对于其他冲击更加敏感。因此,关于实际刚性与不敏感性具体原因的许多分析都着重于讨论它们对于冲击作用的普遍意义,或者讨论它们对于某些非货币冲击的意义。

在这里,我们要分析的是,当总产出变化且其他厂商不改变价格时,单个厂商调整其价格的激励。为此,我们再次考虑图 6.10 中的边际收益—边际成本分析框架。当总产出下降所引起的边际成本下降幅度较小时,厂商降价并增加产出的激励也较小,名义刚性更有可能成为模型的均衡。这分为两种情形。第一种情形是当总产出下降时,边际成本曲线向下移动的幅度越小,则意味着厂商的利润最大化价格下降得越少,也就是实际刚性程度较强。〔1〕第二种情形是边际成本曲线越平坦,则利润函数越不敏感,并且实际刚性越强。

类似地,若总产出下降所引起的边际收益下降幅度越大,则在代表性厂商初始价格水平处的边际收益与边际成本之差就越小,从而价格调整的激励也越小。具体而言,边际收益曲线向左移动的幅度越大,相应的实际刚性越强,价格调整激励就会减小。另外,给定其向左移动的幅度,较陡峭的边际收益曲线还会提高实际刚性程度,也会降低价格调整激励。

由于边际成本与边际收益的周期行为有许多潜在的决定因素,因此,假设价格调整的小幅摩擦会导致显著的名义刚性并不局限于特定的经济结构。从成本方面来看,研究者已经识别出了可能使成本的顺周期性弱于基准情形的若干原因。其中一个原因已经有大量的研究支持,即资本市场的不完美性。该因素会提高衰退时期的融资成本,其产生作用的渠道是减少现金流量(伯南克和格特勒,1989)或者降低资产价值[清泷信宏和穆尔(Kiyotaki and Moore,1997)]。另一个原因是投入—产出之间的联系。这个因素可能具有定量的重要性,它使得价格具有粘性时,厂商会面临不变的投入成本(巴苏,1995)。稠密市场的外部性与其他外部规模经济可能会使得经济活动繁荣时期购买投入品和销售产品都比较容易,这也会抑制成本的顺周期性。

〔1〕 为了简单起见,图 6.10 中并没有画出移动的边际成本曲线,但是认为该曲线通常会固定不变是没有任何道理的。

从收益的角度来看,任何使厂商的意愿加成逆周期变化的因素都会增强实际刚性。典型的情形是,若意愿加成的逆周期性变强,则边际收益曲线在经济衰退时会向下移动更大的幅度。导致上述情况的一种可能因素是,消费者与厂商之间存在长期关系,同时资本市场存在不完美性。当消费者和厂商之间存在长期关系时,随着价格下降,厂商会吸引新的消费者,使得其收益有所增加。当资本市场存在不完美时,厂商在经济衰退时会面临短期融资困难的问题,使这些增加的未来收益的现值下降[参见格林沃尔德、施蒂格利茨和韦思(Greenwald, Stiglitz and Weiss, 1984),以及希瓦利埃和舍荷夫希德(Chevalier and Scharfstein, 1996)]。另一种可能的情形是,稠密市场效应使厂商更容易在总产出较高时传播信息,也使消费者更容易收集信息,使得需求弹性更大(华纳和巴斯克,1995)。此外,还有另外三种因素会降低总产出较高时的意愿加成,分别是需求构成中弹性较大产品的需求比例上升,新厂商进入导致市场竞争增强,以及较高的销量诱使厂商通过降价的方式偏离隐形合谋的销售模式(罗滕贝格和伍德福德,1999a,第 4.2 节)。最后,我们再举一个收益方面的例子,导致边际收益曲线变陡峭(而不是导致它在总产出变化时的移动幅度增加)的一个因素是不完美信息,该因素会使得现有消费者对价格上升的反应相比潜在的新消费者对价格下降的反应更加敏感[金博尔(Kimball, 1995)]。[1]

尽管我们此前讨论的周期理论并不依赖于关于实际刚性的来源以及利润函数不敏感性的某种特定观点,但劳动市场总是十分关键的。在 6.7 节的例子中,相对缺乏弹性的劳动供给与随时出清的劳动市场相结合,会导致实际工资在产出下降时迅速下滑。因此,厂商具有很大的激励降低其产品价格,并在较低的工资水平上雇用大量的劳动,从而扩大生产以满足其增加的产品需求量。这些调整价格的激励往往会克服产品与信贷市场的任何复杂性。

劳动市场的一个对实际刚性程度具有重要影响的特征是劳动的流动性(我们将在第 11 章中详细讨论这个问题)。工人和职位所具有的显著异质性意味着,没有任何一个简单的通行工资可以让厂商雇用任意数量的劳动。相反,市场中的搜寻与匹配存在着明显的摩擦,会对劳动的短期流动性产生重重障碍。

劳动流动性降低会同时影响厂商边际成本曲线的斜率以及当总产出变化时该曲线如何移动:边际成本曲线会变陡峭(原因在于不完全流动会导致厂商面临的实际工资随着劳动投入的增加而上升),并且产出变化时该曲线的反应会变小(原因在于经济总体形势对于单个厂商可雇用劳动的影响变小)。这两方面影响的总效应是实际刚性程度增加。当所有厂商的产出同时下降时,劳动流动性对于边际成本水平来说将不再重要。但是,流动性降低会导致边际成本曲线变得陡峭,这将减少各厂商降价的幅度,并提高单个厂商的相对产出。

然而,即使劳动流动壁垒相对较高实际上也并不会产生重大影响。因此,要想

---

[1] 如第 6.2 节所述,加成表现出至少中等程度的逆周期性。如果这是因为厂商的意愿加成具有逆周期性,那么收益方面就具有实际刚性。但是,如果加成的逆周期性像斯博多内(Sbordone, 2002)认为的那样,仅仅是因为名义价格调整壁垒导致厂商在边际成本的顺周期波动下不调整其价格,则收益方面就可能不具有刚性。

得到小额名义调整成本产生大量影响的结论,一个基本的要求就是劳动成本不可下降太多,至少不能像劳动供给相对缺乏弹性的情形下那样大幅下降。

一般而言,实际工资并不是高度顺周期的,其原因有两点。第一,短期劳动总供给可能相对富有弹性(例如跨期替代的原因)。但是如第 5.10 节与第 6.3 节所述,这种观点的实证证据十分有限。

第二,如第 11 章将要讨论的那样,劳动市场的不完美性会导致工人在经济周期中的某一段时间偏离其劳动供给曲线。该章所讨论的模型(包括较复杂的模型,如涉及搜寻与匹配摩擦的模型)将打破劳动供给弹性与劳动成本对需求扰动做出的反应之间的联系。实际上,第 11 章介绍的几个模型可能意味着,尽管劳动供给缺乏弹性,但工资却相对而言具有非周期性(或者厂商劳动成本相对具有非周期性)。如果劳动市场的这种不完美性导致实际工资对需求扰动反应迟钝,则这种不完美性会极大地降低厂商在需求变化时调整其价格的激励。[1]

定量分析示例之二

为了理解劳动市场不完美性的潜在重要性,我们可以对货币扰动下厂商调价激励的例子做如下改动(该变动来自鲍尔和罗默,1990)。假设厂商由于某种原因支付了高于市场出清水平的工资,并且实际工资对总产出的弹性是 β:

$$\frac{W}{P}=AY^{\beta}. \tag{6.67}$$

因此,与第 6.2 节中的情形 3 一样,实际工资的周期行为由一个“实际工资函数”确定,并不依赖于劳动供给弹性。

模型的其他部分与前面一致,厂商 i 的利润由(6.55)式给出,实际工资等于 AY^{β},而不等于 $Y^{1/\nu}$。由此可得:

$$\pi_i=\frac{M}{P}\left(\frac{P_i}{P}\right)^{1-\eta}-A\left(\frac{M}{P}\right)^{1+\beta}\left(\frac{P_i}{P}\right)^{-\eta} \tag{6.68}$$

这里,使利润最大化的实际价格仍然是 $\eta/(\eta-1)$ 乘以实际工资,即 $\eta/(\eta-1)AY^{\beta}$ [与(6.64)做对比],因此弹性价格下的均衡产出是 $[(\eta-1)/(\eta A)]^{1/\beta}$。假设 A 和 β 的值使得弹性价格均衡下的劳动供给大于厂商雇用的劳动量。[2]

现在我们来考虑代表性厂商在总需求下降时调整价格的激励。我们仍然假设其他厂商不改变价格。如果该厂商也不改变其价格,则 $P_i/P=1$,从而(6.68)式意味着:

$$\pi_{FIXED}=\frac{M}{P}-A\left(\frac{M}{P}\right)^{1+\beta}. \tag{6.69}$$

---

〔1〕 另外,劳动市场中存在较强实际刚性的可能性表明,名义调整的小额摩擦可能会导致名义扰动具有重大的实际效应,其作用渠道是名义工资而不是名义价格的粘性。如果工资表现出较强的实际刚性,则需求推动的扩张只会导致最优实际工资小幅上涨。结果,正如名义价格调整的小额摩擦会导致较强的名义价格刚性那样,名义工资调整的小额摩擦也会导致较强的名义工资刚性。

〔2〕 当价格能够灵活调整时,每个厂商都会把相对价格设定为 $[\eta/(\eta-1)](W/P)$。因此,弹性价格均衡下的实际工资一定等于 $(\eta-1)/\eta$,从而劳动供给为 $[(\eta-1)/\eta]^{\nu}$。因此,弹性价格均衡下的劳动供给大于厂商雇用的劳动量,即为 $[(\eta-1)/\eta]^{\nu}>[(\eta-1)/(\eta A)]^{1/\beta}$。

如果该厂商改变其价格，则它收取的实际价格为 $\eta/(\eta-1)AY^{\beta}$。把这个表达式代入(6.66)即得：

$$\begin{aligned}\pi_{ADJ}=&\frac{M}{P}\left(\frac{\eta}{\eta-1}\right)^{1-\eta}A^{1-\eta}\left(\frac{M}{P}\right)^{\beta(1-\eta)}\\&-A\left(\frac{M}{P}\right)^{1+\beta}\left(\frac{\eta}{\eta-1}\right)^{-\eta}A^{-\eta}\left(\frac{M}{P}\right)^{-\beta\eta}\\=&A^{1-\eta}\frac{1}{\eta-1}\left(\frac{\eta}{\eta-1}\right)^{-\eta}\left(\frac{M}{P}\right)^{1+\beta-\beta\eta}.\end{aligned}\tag{6.70}$$

如果实际工资周期行为的参数 β 比较小，则在模型中需求变动对价格调整的激励作用就非常大。例如，假设 $\beta=0.1$，$\eta=5$，并且 $A=0.806$（从而 Y 的弹性价格水平为 0.928，或者大约是 $\nu=0.1$ 且市场出清时其取值的 95%）。把这些参数值代入(6.69)式与(6.70)式可得，如果货币存量下降 3%，并且其他厂商不调整价格，则代表性厂商改变其价格的收益大约是 0.000 016 8，或者大约是其弹性价格均衡下所得收益的 0.001 8%。即使 M 下降 5%且 $\beta=0.25$（并且 A 变为 0.815，从而 Y 的弹性价格水平仍然是 0.928)，价格调整激励也仅仅是厂商弹性价格收益的 0.03%。

这个例子说明了，实际刚性与名义价格调整的小额摩擦是如何产生大量名义刚性的。但是在该例中，劳动市场中出现的实际刚性程度是极不合理的：本例中假设实际工资对产出的弹性仅为 0.1，而在第 6.3 节中的讨论说明真实的弹性要高得多。要想使分析更加符合现实，则劳动市场中的实际刚性必须更小一些，但这又将引入其他因素使得成本波动减弱，并使得意愿加成逆周期变化。

6.8 协调失灵模型与实际非瓦尔拉斯理论

协调失灵模型

我们的分析表明，实际刚性在经济波动中扮演着十分重要的角色。随着意愿实际价格对总产出的反应越来越不敏感（即 ϕ 下降），名义摩擦导致名义扰动产生实际效应的程度会不断上升。但是，我们到目前为止都假设意愿实际价格随总产出的增加而上升（也就是 $\phi>0$），这时一个显然的问题就是，如果实际刚性很强，以至于意愿实际价格随总产出的增加而下降（$\phi<0$），那么结论会是什么样的？

当厂商降低其相对价格时，厂商的相对产出会上升。因此，如果厂商希望在总产出上升时降低其相对价格，则其意愿产出水平上升的幅度就会大于总产出上升的幅度。这就会导致一种可能性，即弹性价格下可能存在不止一个均衡产出水平。

库珀和约翰(Cooper and John，1988)提出了一个多重均衡的分析框架，用于分析弹性价格下的总体行为，该框架明显比我们此前讨论的特定模型更加具有一般性。在该框架下，经济由许多相同的经济个体组成，每一个个体都选择某个变量值，具体而言，我们称其为产出，并且把其他个体的选择看作是给定的。令 $U_i=V(y_i,y)$ 表示个体 i 选择产出 y_i，且所有其他个体选择 y 时，该个体获得的报酬（我们只考虑对称均衡，因此我们不需要考虑其他个体的选择有差异的情况）。令

$y_i^*(y)$表示给定y时,代表性经济个体对y_i的最优选择。假设$V(\cdot)$的性状良好,从而$y_i^*(y)$对于任意y都是唯一确定的、连续的,并且总是介于0与某个上界$\bar{y}$之间。$y_i^*(y)$又被称为反应函数。

当$y_i^*(y)=y$时即得到均衡。在这种情形下,如果每个经济个体都相信其他个体会生产y,则事实上每个个体都会选择生产y。

图6.12描述了一个不存在多重均衡的经济。图中画出了反应函数$y_i^*(y)$,均衡即位于反应函数与45°线的交点。由于只有一个交点,均衡是唯一的。

图6.13描述了一个具有多重均衡的案例。由于$y_i^*(y)$位于0到$\bar{y}$之间,反应函数在起初必须高于45°线,而在最后必须低于45°线。由于该反应函数是连续的,它与45°线相交的次数一定是奇数(如果我们忽略相切的可能情况)。图6.13刻画了一个相交三次从而产出具有三个均衡水平的例子。在合理的假设条件下,位于B点的均衡是不稳定的。例如,如果经济个体预期产出会略高于B点的水平,则其产量会略高于预期其他经济个体会生产的产量,在关于动态的一些常见假设下,这会导致经济远离B点。相反,A点和C点的均衡则是稳定的。

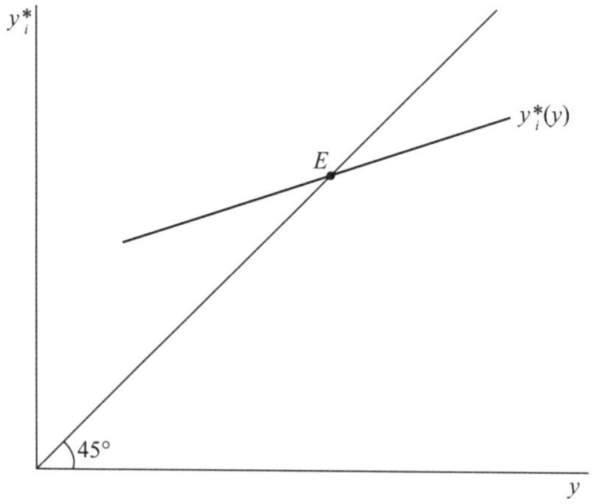

图6.12　具有唯一均衡的反应函数

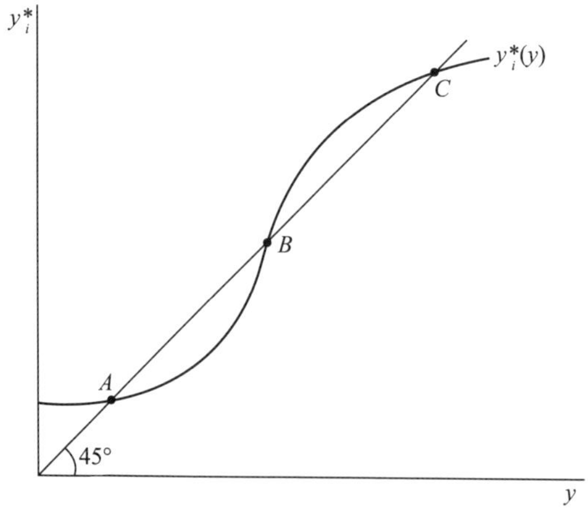

图6.13　具有多重均衡的反应函数

当经济具有多重均衡时，经济基本面的因素并不能完全确定经济的实际运行情况。如果经济个体预期经济将在 A 点达到均衡，则经济最终会达到 A 点；如果预期经济在 C 点达到均衡，则最终会达到 C 点。因此，动物精神、自证预言以及太阳黑子都可能会影响到总产出。[1]

一个合理的假设是，$V(y_i, y)$随着 y 递增，也就是说，当总产出较高时，典型经济个体的状况会得到改善。例如，在第 6.5 节的模型中，较高的总产出使代表性厂商所面临的需求曲线向外移动，从而在既定的产出水平下，该厂商得到的实际价格会上升。如果$V(y_i, y)$随着 y 递增，则在均衡时的产出越高，经济福利就越高。为了理解这一点，我们可以考虑两个均衡的产出水平，y_1 和 y_2，且 $y_2>y_1$。由于$V(y_i, y)$随着 y 递增，$V(y_1, y_2)$就大于$V(y_1, y_1)$。由于 y_2 是一个均衡产出，即给定 $y=y_2$，$y_i=y_2$ 会使$V(y_i, y_2)$达到最大，所以 $V(y_2, y_2)$就大于$V(y_1, y_2)$。可见，代表性经济个体在均衡产出较高时的福利更高。

当模型具有多重均衡，且可以进行帕累托排序时，我们将其称为协调失灵模型。协调失灵的可能性表明，经济可能会陷入存在失业的均衡状态。也就是说，仅仅由于每个人都相信产出可能会比较低，实际产出就有可能会降到无效率的较低状态。在这种情形下，没有任何因素会倾向于使产出回到正常水平。因此，政府的干预政策就有了发挥作用的空间，政府可以通过调整人们的预期来促使经济达到高产出的均衡。例如，暂时性的刺激政策有可能会使经济永久地达到更好的均衡状态。

具有多重均衡的模型普遍存在一个缺陷，即这些模型不能告诉我们哪些结果一定会在给定条件之下出现，因此它们必然是不完整的。莫里斯和茜恩(Morris and Shin，1998，2000)的研究通过引入基本面的信息异质性讨论了这个问题。在合理的假设下，在协调失灵模型中引入信息异质性会使每个经济个体的行动都可以用所拥有信息的唯一函数来表示，从而可以消除不确定性。同时，当异质性不明显时，修改后的模型就会具有一个重要特点，即基本面因素(或者关于基本面因素的信念，或者关于其他个体对基本面因素信念的信念，如此等等)的小幅变动可能会导致产出与福利的极大变化。可见，协调失灵模型的基本思想可以用于更加合乎现实且更加完整的情形。

如上所述，多重均衡与实际刚性之间存在着密切的联系。多重均衡要求，在某个范围之内，总产出增加可以导致代表性生产者愿意降低其价格，从而提高其相对产出。也就是说，协调失灵要求实际刚性在一定范围之内非常强。这个现象隐含的一个意义是，由于实际刚性有许多潜在的来源，协调失灵的潜在来源也有很多。这就意味着，可能有很多模型都符合库珀和约翰的一般分析框架。

实证应用：协调失灵博弈的实验证据

在协调失灵模型中，通常存在不止一个纳什均衡。传统的博弈理论认为，这类

[1] 当经济个体相信某个对经济没有内在影响的变量具有重要作用时，就会出现太阳黑子均衡。任何具有多重均衡的模型都可能存在太阳黑子均衡：如果经济个体相信经济将在某个无关变量取较高值时达到某一个均衡，并在该变量取较低值时达到另一个均衡，则他们就会通过一些经济行为来实现这种信念。关于这些问题的详细讨论可以参见伍德福德(1990)以及本哈比和法默(Benhabib and Farmer，1999)。

经济最终将达到其众多均衡之一,但无法预测最终会达到哪一个均衡。不同的精炼均衡理论对经济会达到哪一个均衡做出了不同的预测(如上述引入异质信息的推广)。常见的观点是,帕累托占优均衡是一个聚点,因此协调失灵的经济可能会达到其最优的均衡。但是也存在其他可能性。例如,有可能每个经济个体都无法确定其他个体在各种可能结果之间进行选择时会遵从何种规则,从而导致该经济无法达到任何均衡状态。

近年来,在博弈理论中受到广泛应用的一种理论检验方法就是进行实验。实验的优点在于,研究者可以精确地控制经济环境。但是,实验也存在缺点,即实验通常难以实施,而且实验室中的行为与在现实中类似情况下的行为可能有所不同。

关于这种检验方法,一个涉及协调失灵模型的例子是检验布莱恩特(1983)提出的博弈,这个实验是由范海克、巴塔利奥和拜尔(Van Huyck, Battalio and Beil, 1990)设计的。在布莱恩特的博弈中存在 N 个参与者,每个参与者在$[0,\bar{e}]$之间选择一个努力水平。参与者 i 的报酬是

$$U_i=\alpha\min[e_1,e_2,\cdots,e_N]-\beta e_i,\quad \alpha>\beta>0. \tag{6.71}$$

对于每个参与者来说,其最优的纳什均衡就是选择最大的努力水平 $\bar{e}$,此时参与者可以获得的相应报酬是$(\alpha-\beta)\bar{e}$。但同时,任何$[0,\bar{e}]$之间的同一努力水平都是一个纳什均衡:如果除参与者 i 之外的所有参与者都把努力水平设定在某个水平 $\hat{e}$,则 i 也会选择 $\hat{e}$ 这个努力水平。由于每个参与者的报酬都随共同的努力水平递增,布莱恩特的博弈实际上是一个具有连续均衡的协调失灵模型。

范海克、巴塔利奥和拜尔分析了布莱恩特博弈的一个版本,其中努力程度限制在整数 1~7,$\alpha=\$0.20$,$\beta=\$0.10$,并且 N 介于 14 到 16 之间。[1] 他们报告了如下几个主要结果。第一,第一个结果与实验组第一次参与博弈有关。由于布莱恩特的模型并不是重复博弈模型,这种情形可能与模型最为接近。范海克、巴塔利奥和拜尔发现,在第一次博弈中,参与者并没有达到任何均衡,最常见的努力水平是 5 和 7,但存在大范围的分散情况。可见,没有一个一成不变的均衡选择理论可以成功地刻画经济行为。

第二,重复进行博弈的结果是迅速向低努力程度靠近。在 7 个实验组中,有 5 个的最低努力水平都大于 1。但所有 7 个实验组都在第四次博弈中出现了值为 1 的最低努力水平,并且在此后的回合中都保持在这个水平。因此,该实验发现模型存在很强的协调失灵现象。

第三,博弈不能收敛到任何均衡。每个实验组都进行了 10 次博弈,总共 70 个实验。然而,这些实验中没有哪一个达到了所有参与者都选择相同的努力水平。即便在最后几次实验中,每个实验组都事先被一段文字提示了最低努力水平是 1,仍然有超过 1/4 的参与者选择了大于 1 的努力水平。

第四,即使改变报酬函数以达到"协调成功",也不能避免出现无效率的结果。在最初 10 次实验之后,每个实验组都进行了 5 次把参数 β 的值设为 0 的实验。当

[1] 另外,他们还在报酬函数中加入了一个常数 \$0.60,从而没有人会损失金钱。

$\beta=0$ 时,付出较高的努力程度是没有成本的。其结果是,绝大多数实验组收敛到了帕累托有效的结果,即所有参与者的努力程度 $e_i=7$。但是当 β 改回 \$0.10 时,实验又迅速回到了大多数参与者选择最低努力程度的状态。

范海克、巴塔利奥和拜尔的结果表明,必须要谨慎地看待通过理论推导预测的经济行为:即使布莱恩特博弈比较简单,实际经济行为也并不完全符合任何标准理论的预测。他们的结果还表明,协调失灵模型可能会产生复杂的经济行为与动态。

实际非瓦尔拉斯理论

当实际刚性较强时,即便没有强到能产生多重均衡的程度,也有可能会使均衡对于扰动高度敏感。我们可以考虑反应函数向上倾斜且斜率略小于 1 的情形。如图 6.14 所示,在这种情形下模型具有唯一的均衡。现在令 x 表示影响反应函数的变量,从而把反应函数写为 $y_i=y_i^*(y,x)$。给定 x,则 y 的均衡水平表示为 $\hat{y}(x)$,$\hat{y}(x)$ 由均衡条件 $y_i^*(\hat{y}(x),x)=\hat{y}(x)$ 确定。将上式两端同时对 x 取微分可得

$$\frac{\partial y_i^*}{\partial y}\hat{y}'(x)+\frac{\partial y_i^*}{\partial x}=\hat{y}'(x), \tag{6.72}$$

或者

$$\hat{y}'(x)=\frac{1}{1-(\partial y_i^*/\partial y)}\frac{\partial y_i^*}{\partial x}. \tag{6.73}$$

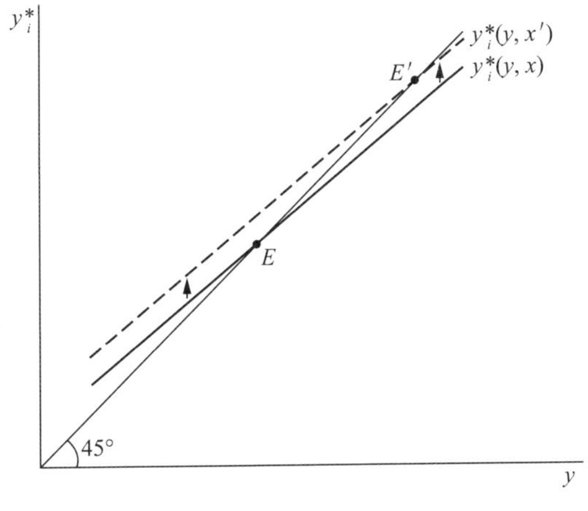

图 6.14 具有唯一脆弱均衡的反应函数

方程(6.73)表明,当反应函数向上倾斜时,存在一个"乘数",在给定 y 和 $\partial y_i^*/\partial x$ 值时可以放大反应函数移动所产生的影响,即图中对 y 的均衡值的影响大于反应函数向上移动的幅度。并且,斜率越接近 1,则该乘数越大。

在这种情形下,任何影响反应函数的因素都会对经济整体产生较大影响。按照萨默斯(Summers,1988)的说法就是,均衡是脆弱的。因此,有可能经济中存在较强的实际刚性,但经济波动是由实际冲击而不是名义冲击所推动的。当存在较强的实际刚性时,技术冲击,信贷市场崩溃,政府支出与税率变动,未来政策的不确定性改变,以及其他实际扰动都有可能成为产出变化的重要原因。我们已经了解

到,由于在瓦尔拉斯模型中不大可能存在较强的实际刚性,我们把基于实际刚性与实际扰动的波动理论叫作实际非瓦尔拉斯理论。实际刚性的表现有很多种,所以这类理论也存在许多可能性。

上述讨论表明,经济是具有多重弹性价格均衡还是仅仅具有唯一而脆弱的均衡并不是波动理论的关键所在。首先,同前面一样,我们假设名义调整不存在任何障碍。如果经济具有多重均衡,因为经济可以在不同均衡之间发生变动,所以即使没有任何扰动也有可能会产生波动。另一方面,当经济具有唯一而脆弱的均衡时,很小的扰动就会产生波动,因为冲击对均衡的影响很大。

价格调整障碍很小时的情形是类似的。较强的实际刚性加上利润函数在一定程度上的不敏感性会导致厂商在名义扰动下调整其价格的激励很小,不论实际刚性是否强大到可以在价格具有弹性时产生多重均衡都不会改变这个结果。

6.9 卢卡斯不完美信息模型

到目前为止,我们所讨论的名义不完美性都来自于改变名义价格所导致的成本。然而,在这些关于菜单成本的研究之前,卢卡斯(Lucas,1972)以及菲尔普斯(Phelps,1970)早就已经指出了另一种名义不完美性:生产者可能不能准确地观察到总体价格水平。

如果生产者不了解总体价格水平,那么生产者就不能了解其产品价格的变动是反映相对价格的变化还是总体价格水平的变化。相对价格的变化会改变其最优产量,而总体价格水平的变化则不会改变最优产量。

当生产者的产品价格上升时,有可能反映了总价格水平的上升,也有可能反映了该产品的相对价格上升。生产者的理性反应应该是把产品价格上升部分归结为总价格水平的上升,部分归结为相对价格上升,从而在一定程度上增加产出。当总价格水平上升时,所有生产者都会观察到其产品价格上升。因此,尽管厂商不了解产品价格上升反映了总价格水平的上升,其产量还是会提高。其结果是,无法观察到的总需求增加可以导致总价格水平和总产出同时增加。

本节将利用第 6.5 节中模型的一个变形来讨论上述观点。为了使得总价格水平与相对价格水平的变动无法观测,我们假设货币供给(或者某个其他总需求变量)以及单个产品的需求面临着无法被生产者观察到的随机冲击。同时,我们还需要对该模型进行两个较小的改动。第一,假设生产者的行为是竞争性的,而非不完全竞争,也就是说,忽略生产者的产量决策对产品价格的影响。提出这个假设的原因在于,它使得模型更接近卢卡斯的原始模型,并且相对于生产者根据需求曲线的位置做出决策判断的情形,该假设更便于讨论生产者如何根据其产品价格做出判断。但是,这个假设并不是最关键的。第二,假设不存在整个经济范围内的劳动市场,即每个厂商都由一个特定的家庭所拥有,该家庭使用其自身的劳动生产厂商的产品。如果厂商在竞争性的劳动市场上雇用劳动,则厂商就可以通过观察通行工资推测出总体价格水平,而假设不存在整个经济范围内的劳动市场就可以排除这种可能性。

模型

与第 6.5 节中的模型一样，每个家庭都最大化 $C-(1/\gamma)L^{\gamma}$，其中 C 表示家庭的消费，L 表示家庭的劳动供给。每个产品都由单个家庭使用其自身的劳动进行生产。为了简单起见，我们把生产产品 i 的家庭记为家庭 i，从而家庭 i 的目标函数为：

$$\begin{aligned} U_i &= C_i-\frac{1}{\gamma}L_i^{\gamma} \\ &= \frac{P_i}{P}Y_i-\frac{1}{\gamma}Y_i^{\gamma}, \end{aligned} \tag{6.74}$$

其中 C_i 表示家庭的消费。(6.74)式的第二行使用了生产函数 $Y_i=L_i$，并利用了 C_i 等于家庭销售其产品所获收益 P_iY_i 除以价格指数 P 这个性质。

生产者把价格看作是给定的。因此，如果生产者 i 了解 P_i 和 P，则选择 Y_i 以最大化其效用的一阶条件为

$$\frac{P_i}{P}-Y_i^{\gamma-1}=0, \tag{6.75}$$

或者

$$Y_i=\left(\frac{P_i}{P}\right)^{1/(\gamma-1)}. \tag{6.76}$$

令小写字母表示大写字母变量的对数，则上式可以写为：

$$y_i=\frac{1}{\gamma-1}(p_i-p). \tag{6.77}$$

该模型既允许货币供给(或总需求)发生变化，也允许单个产品需求发生变化。具体而言，产品 i 的需求变化由下式给出

$$y_i=y+z_i-\eta(p_i-p),\quad \eta>0, \tag{6.78}$$

其中 z_i 表示特定产品的需求冲击。假设总需求方程(6.43)，$y=m-p$ 仍然成立，(6.78)式可以写为：

$$y_i=(m-p)+z_i-\eta(p_i-p). \tag{6.79}$$

注意除了出现 z_i 项之外，上式与第 6.5 节模型中的需求曲线即方程(6.50)是完全一样的。

当需求异质性来自偏好冲击时，个体效用函数对应的价格指数比前面得到的价格指数(6.49)式要复杂一些。因此，为了简单起见，我们把价格指数的对数，p 定义为平均对数价格：

$$p=\overline{p}_i. \tag{6.80}$$

类似地，我们定义：

$$y=\overline{y}_i. \tag{6.81}$$

上述 p 和 y 的定义在理论上是恰当的,使用这些定义对模型结论没有任何影响。

该模型的关键假设是,生产者不能观察到 z_i 与 m,而只能观察到自身产品的价格 p_i。我们可以把 p_i 写为:

$$\begin{aligned} p_i &= p + (p_i - p) \\ &\equiv p + r_i, \end{aligned} \tag{6.82}$$

其中 $r_i \equiv p_i - p$ 表示产品 i 的相对价格。因此,生产者所观察到的变量,即其产品价格的对数,就等于总价格水平的对数与产品相对价格的对数之和。

生产者的产品决策仅仅基于 r_i[参见(6.77)式]。然而,生产者并不能直接观察到 r_i,而必须根据 p_i 的观测值来估计 r_i。[1] 在这里,卢卡斯提出了两个简化假设:第一,他假设生产者能够根据 p_i 得到 r_i 的期望,并在估计的期望值下生产其所能生产的产量。从而(6.77)式变为:

$$y_i = \frac{1}{\gamma - 1} E[r_i \mid p_i]. \tag{6.83}$$

如习题 6.15 所示,上述确定性等价行为与期望效用最大化并不相同:一般而言,y_i 的效用最大化选择不仅依赖于家庭对 r_i 的点估计,还依赖于 r_i 的不确定性。但是,与 $p = \bar{p}_i$ 的假设类似,我们这里假设家庭采用确定性等价行为可以简化分析,并且对模型的核心结论不会造成任何影响。

第二,卢卡斯假设货币冲击 m 与单个产品的需求冲击 z_i 服从正态分布。m 的均值为 $E[m]$,方差为 V_m。z_i 的均值为 0,方差为 V_z,并且独立于 m。我们将看到,这些假设意味着 p 和 r_i 服从独立正态分布。

最后,该模型还有一个在现在看来十分平常的假设,我们在这里只进行简要说明,不做更多评论:在假设生产者根据 r_i 的数学期望即 $E[r_i \mid p_i]$来选择产量时,我们隐含地假设了该生产者的预期是理性的。也即是说,假设 r_i 的期望就是给定 p_i 并给定两者的联合分布时的真实期望值。这个理性预期假设在今天看来并没有什么特别之处,就好比假设经济个体最大化其效用一样平常。但是当卢卡斯在宏观经济学中引入理性预期假设时,争议是非常大的。我们将会看到,卢卡斯模型中的这个假设是该模型结论的一个重要来源,当然并不是唯一的来源。

卢卡斯供给曲线

我们求解模型的方法是,首先假设 p 和 r_i 服从独立正态分布,然后再验证均衡确实具有这个性质。

由于 p_i 等于 $p + r_i$,所以假设 p 和 r_i 服从独立正态分布就意味着 p_i 也服从正态分布,并且其均值是 p 和 r_i 两者的均值之和,方差是两者的方差之和。另外,统计学中的一个重要结论就是,当两个变量服从联合正态分布(如这里的 r_i 与 p_i)

---

[1] 我们知道,厂商是由单个家庭所拥有的。如果该家庭通过购买产品知道了其他厂商的价格,就可以推断出 p,从而推断出 r_i。这种情况可以通过几种方法避免。一种方法是假设家庭由两个人组成,一个"生产者"和一个"购物者",并且两者之间不能沟通。卢卡斯在其建立的原始模型中则是通过假设一个世代交叠结构避免了上述情况。在他的模型中,经济个体在生命中的第一期进行生产,然后在第二期购买产品。

时,其中一个变量的期望是另一个变量的观测值的线性函数。在本例中,p_i 等于 r_i 加上一个独立变量,从而其期望的具体形式为

$$\begin{aligned} E[r_i|p_i]&=E[r_i]+\frac{V_r}{V_r+V_p}(p_i-E[p_i]) \\ &=\frac{V_r}{V_r+V_p}(p_i-E[p_i]), \end{aligned} \tag{6.84}$$

其中 V_r 和 V_p 分别表示 r_i 和 p 的方差。第二行利用了模型的对称性,它意味着每个相对价格的均值均为零。

方程(6.84)是比较直观的。第一,它意味着如果 p_i 等于其均值,则 r_i 的期望也等于其均值 0。第二,它表明当 p_i 大于其均值时,r_i 的期望也大于其均值。第三,它告诉我们,根据估计,p_i 偏离其均值的全部距离中,由 r_i 偏离其均值所导致的部分所占比例为 $V_r/(V_r+V_p)$,这也是 p_i 的方差(即 V_r+V_p)中 r_i 的方差(即 V_r)所占的比例。例如,如果 V_p 为 0,则 p_i 的所有变动都是由 r_i 引起的,从而 $E[r_i|p_i]$就是 $p_i-E[p]$。如果 V_r 和 V_p 相等,则 p_i 的方差中有一半是来自 r_i,从而 $E[r_i|p_i]=(p_i-E[p])/2$。以此类推。

上述条件期望问题又被称为信号提取。经济个体观察到的变量 p_i 等于其信号 r_i 加上噪声 p。方程(6.84)说明了经济个体如何从 p_i 的观测值中最好地提取出信号的估计值。V_r 对 V_p 的比例又称为信噪比。

我们知道,生产者的产出由 $y_i=[1/(\gamma-1)]E[r_i|p_i]$[即方程(6.83)]给定。把(6.84)式代入上式可得:

$$\begin{aligned} y_i&=\frac{1}{\gamma-1}\frac{V_r}{V_r+V_p}(p_i-E[p]) \\ &\equiv b(p_i-E[p]). \end{aligned} \tag{6.85}$$

将上式按生产者取平均值(并利用 y 和 p 的定义)可以得到总产出的表达式:

$$y=b(p-E[p]). \tag{6.86}$$

方程(6.86)就是卢卡斯供给曲线。它表明,产出偏离其正常水平(在本模型中为零)的距离是价格水平冲击的增函数。

卢卡斯供给曲线在本质上与第 6.4 节中附加预期的菲利普斯曲线是一样的,只不过将核心通胀率替换为了预期通胀率[参见方程(6.25)]。两者都指出,如果忽略供给方面的扰动,则只有当通货膨胀率(从而价格水平)大于预期值时,产出才会高于正常水平。可以说,卢卡斯模型为这种总供给观点提供了微观基础。

均衡

结合卢卡斯供给曲线与总需求方程 $y=m-p$,并求解 p 和 y 可得:

$$p=\frac{1}{1+b}m+\frac{b}{1+b}E[p], \tag{6.87}$$

$$y=\frac{b}{1+b}m-\frac{b}{1+b}E[p]. \tag{6.88}$$

我们可以利用(6.87)式找出 $E[p]$。在 m 确定之后,(6.87)式的两端相等。由此可知,在 m 确定之前,该式两端的预期值相等。对(6.87)式两边取期望可得:

$$E[p]=\frac{1}{1+b}E[m]+\frac{b}{1+b}E[p]. \tag{6.89}$$

求解 $E[p]$可得:

$$E[p]=E[m]. \tag{6.90}$$

利用(6.90)式以及 $m=E[m]+(m-E[m])$这个性质,我们可以把(6.87)式与(6.88)式重新写为:

$$p=E[m]+\frac{1}{1+b}(m-E[m]), \tag{6.91}$$

$$y=\frac{b}{1+b}(m-E[m]). \tag{6.92}$$

方程(6.91)与(6.92)刻画了模型的关键结论:总需求中能够观察到的部分 $E[m]$只影响价格,但不能观察到的部分 $m-E[m]$则具有实际效应。具体而言,假设 m 上升并且没有被观察到,即在给定分布下,m 取较高的一个实现值。货币供给上升增加了总需求,导致每个产品的需求曲线都向外移动。由于货币变化没有被观察到,每个供给者的最好推测是,产品需求增加中的某个比例反映了相对价格冲击,因此生产者会提高产出。

相比之下,如果 m 上升能够被观测到,则情况会十分不同。具体而言,我们可以考虑 m 的整个分布向上移动所产生的影响,并保持 $m-E[m]$的实现值不变。在这种情形下,每个供给者都会把产品需求上升归结为货币供给增加,并不改变其产出。当然,偏好冲击仍然会导致相对价格变化以及各产品的产量变化(这与冲击无法观察的情形一样),但是平均而言实际产出并不会增加。可见,能够观察到的总需求变动只会影响价格。

为了使模型更加完整,我们必须用潜在参数而不是 p 和 r_i 的方差来表示 b。回忆一下,$b=[1/(\gamma-1)][V_r/(V_r+V_p)]$[参见(6.85)式]。方程(6.91)表明,$V_p=V_m/(1+b)^2$。需求曲线(6.78)与供给曲线(6.86)可以用来找出 p_i-p 的方差 V_r。具体而言,我们可以把 $y=b(p-E[p])$代入(6.78)式,从而得到 $y_i=b(p-E[p])+z_i-\eta(p_i-p)$,然后把(6.85)式重新写为 $y_i=b(p_i-p)+b(p-E[p])$。求解上述两个方程即可得到 $p_i-p=z_i/(\eta+b)$,从而 $V_r=V_z/(\eta+b)^2$。

把上述 V_p 和 V_r 的表达式代入 b 的定义式[参见(6.85)式]中可得:

$$b=\frac{1}{\gamma-1}\left[\frac{V_z}{V_z+\dfrac{(\eta+b)^2}{(1+b)^2}V_m}\right]. \tag{6.93}$$

方程(6.93)用 V_z、V_m 和 γ 隐含定义了 b,从而完成了整个模型的刻画。我们可以很容易证明,b 随 V_z 递增,并随 V_m 递减。在 $\eta=1$ 的特殊情形下,我们可以得到 b 的解析表达式:

$$b=\frac{1}{\gamma-1}\frac{V_z}{V_z+V_m}. \tag{6.94}$$

最后,$p=E[m]+[1/(1+b)](m-E[m])$ 与 $r_i=z_i/(\eta+b)$ 这两个结果表明,p 和 r_i 都是 m 和 z_i 的线性函数。由于 m 和 z_i 是相互独立的,所以 p 和 r_i 也是相互独立的。由于正态变量的线性函数也服从正态分布,可见 p 和 r_i 服从正态分布。这就验证了前面关于这两个变量的假设。

菲利普斯曲线与卢卡斯批评

卢卡斯模型表明,未预期到的总需求增加会同时导致产出增加和价格高于预期值。其结果是,在恰当的总需求行为设定下,模型意味着产出与通货膨胀之间存在正相关关系。例如,假设 m 是一个带漂移项的随机游走过程:

$$m_t=m_{t-1}+c+u_t, \tag{6.95}$$

其中 u 是白噪声。上述设定表明,m_t 的期望是 $m_{t-1}+c$,并且 m_t 中未观察到的部分是 u_t。因此,根据(6.91)式和(6.92)式可得:

$$p_t=m_{t-1}+c+\frac{1}{1+b}u_t, \tag{6.96}$$

$$y_t=\frac{b}{1+b}u_t. \tag{6.97}$$

方程(6.96)表明,$p_{t-1}=m_{t-2}+c+[u_{t-1}/(1+b)]$。因此,通货膨胀率(根据价格水平对数的变化来计算)为:

$$\begin{aligned}\pi_t&=(m_{t-1}-m_{t-2})+\frac{1}{1+b}u_t-\frac{1}{1+b}u_{t-1}\\&=c+\frac{b}{1+b}u_{t-1}+\frac{1}{1+b}u_t.\end{aligned} \tag{6.98}$$

我们可以注意到,u_t 同时在(6.97)式和(6.98)式中出现,符号均为正,并且 u_t 和 u_{t-1} 是无关的。上述性质表明,产出与通货膨胀是正相关的。直观而言,根据卢卡斯供给曲线,货币增长率出现未预期到的高值时,将会同时导致价格和产出增加。因此,该模型意味着产出与通货膨胀之间存在正相关关系,即菲利普斯曲线。

然而,一个关键点在于,尽管产出与通货膨胀在模型中存在统计上的相关关系,但是两者之间却不存在可以利用的权衡取舍关系。假设政策制定者决定提高平均货币增长率[例如提高方程(6.95)中的 c]。如果公众并不了解这一政策变动,则在一定时期内,货币会出现无法观察到的正增长,从而产出通常会高于正常水平。但是,一旦经济个体确定政策已经发生变动,则无法观察到的货币平均增长率仍将为零,从而平均实际产出不变。如果平均货币增长率已知,则预期货币增长率会立即调整,从而不会出现短暂的高产出时期。如果政策制定者试图利用产出与通货膨胀之间的统计关系,则这种关系可能会发生改变,这一观点并不仅仅具有理论意义:我们已经在第 6.4 节中看到,当平均通货膨胀率在 20 世纪 60 年代后期与 70 年代早期上升时,产出与通货膨胀之间的传统关系就不再成立了。

上述分析的核心思想具有广泛的适用性。预期在总体变量之间的许多联系中都具有举足轻重的作用,而政策变动又很可能会影响预期,因此,政策变动在很大程度上会改变总体变量之间的关系。简言之,如果政策制定者试图利用涉及预期的统计关系,就可能会导致这些关系不再成立,这就是著名的卢卡斯批评(参见卢卡斯,1976)。

稳定政策

只有未观察到的总需求冲击才具有实际效应,这一结果具有十分重要的意义:只有在政策制定者拥有私人部门无法获得的信息时,货币政策才能稳定产出。如果政策是对诸如失业率或者领先指标等公开信息做出的反应,则它就对实体经济无效[参见萨金特和华莱士(Sargent and Wallace,1975);巴罗(Barro,1976)]。

为了理解这一点,我们可以令总需求 m 等于 $m^*+\nu$,其中 m^* 是政策变量,ν 是政府不能控制的扰动项。如果政府并不实行积极的干预政策,而是简单地保持 m^* 不变(或者保持其稳定增长),则未观察到的总需求冲击就是 ν 的实现值减去经济个体在给定可得信息下对 ν 的期望值。如果政府把 m^* 设定为公共信息的函数,则经济个体可以推测出 m^*,从而实体经济就不会发生改变。因此,系统性的政策规则并不能稳定产出。

如果政府能观察到与 ν 有关的变量,而这些变量并不是公开的,则政府就可以利用这些信息来稳定产出,如改变 m^* 来抵消根据私有信息预期 ν 会发生的变化。但是这个支持稳定政策的理由并不能令人信服,其原因有两点。第一,传统的稳定政策主要是对关于经济处于繁荣时期还是衰退时期这类公开的综合信息做出反应。第二,如果高层信息是稳定政策的基础,则相比采用复杂的政策规则而言,政府有一个简单得多的办法可以达到稳定经济的目标:简单地公开公众没有获得的信息。

讨论

显然,卢卡斯模型并不能完全解释总需求变动的影响。例如,根据第 5.9 节所述,存在有力的证据表明,公开宣布的货币政策变动会影响实际利率与实际汇率,这与模型的预测结论正好相反。然而,更重要的一个问题是,模型是否能解释总需求效应中的重要因素。人们就这个问题提出了两大质疑。

第一个质疑在于,与实际经济周期模型一样,卢卡斯模型中就业波动的原因是,劳动供给会对预期工作报酬做出反应。因此,如果要产生大量的就业波动,就需要模型具有较高的短期劳动供给弹性。但是,如第 5.10 节所述,并没有证据说明劳动供给弹性很高。

第二个质疑与不完美信息的假设有关。在现代经济中,价格变动的高质量信息只会出现很短的滞后。因此，除了恶性通货膨胀时期外，经济个体可以非常精确地估计出总价格的变动，而不必付出什么成本。我们很难看到经济个体在相对价格水平变动与总价格水平变动之间混淆不清的情况。

然而，在卢卡斯模型中，不论是短期劳动供给弹性较高，还是及时获得价格水平的信息很难，这两个看上去很关键的假设对于模型的核心结论来说实际上都不是最本质的。假设价格制定者决定不管价格水平的实时信息，则经济的行为可以由卢卡斯模型刻画。在这种情况下，价格制定者获取价格水平信息并相应地调整价格与产出决策的激励就与菜单成本模型中决定调整名义价格的激励完全相同。我们已经看到，除了较高的劳动供给弹性之外，还有很多可能的机制会导致上述激励较小。可见，对于卢卡斯所识别的制约机制来说，不论是价格水平信息难以获取还是劳动供给弹性较高都不是最本质的。因此，在名义调整中，获取价格水平信息时（或者根据该信息调整定价决策时）的一点小成本或者障碍就很可能是一个重要的摩擦。我们将在第 7.7 节中回到这个问题。

另一种名义不完美：债券市场的名义摩擦

并不是所有潜在的名义摩擦都会牵涉到名义价格和工资的不完全调整，尽管在菜单成本模型和卢卡斯模型中确实如此。有一类研究考察了债务合约通常不进行指数化的后果。贷款合同与债券通常只会设定借款人必须偿还给贷款人的名义资金流，因此，名义扰动往往会导致再分配。例如，逆向的名义冲击会增加借款人的实际债务负担。如果资本市场是完美的，则这种再分配并不会产生任何重要的实际效应。只要风险调整后的预期报酬超过成本，投资就会继续进行，而不管项目资金是来自企业家自己还是必须从资本市场筹集。

然而，现实中的资本市场并不是完美的。如我们将在第 10.2 节中讨论的那样，借贷双方的不对称信息再加上风险规避或者有限责任制通常会使得市场达不到最优结果。风险规避或者有限责任制意味着，借款人通常不用完全承担其投资项目失败的后果。这时，如果借款人对于项目失利具有部分保险，则借款人就有激励利用他们与贷款人之间的不对称信息。这主要包括两种情况，一是借款人只有在知道其投资项目具有风险时才借款（逆向选择），二是借款人在现有投资项目中冒险激进（道德风险）。这些难题都会在融资过程中产生代理成本，其结果是，需要进行外部融资的投资有所减少，从而使得有效投资减少。

在这种情况下，再分配就会比较重要：财富从企业家向贷款人转移会使得企业家更加依赖外部融资，从而减少投资。因此，如果债务合同并不是指数化的，名义扰动就有可能会具有实际效应。实际上，价格和工资的灵活调整会提高名义冲击的分配效应，从而可能会提高其实际效应。名义冲击产生实际效应的这个渠道称为债务紧缩。〔1〕

上述有关名义不完美性本质的观点面临着与名义价格调整摩擦理论相同的问题。例如，当货币存量下降时，由于非指数化债务合同使得财富从厂商向贷款人进

〔1〕 这个术语来自欧文·费雪(Irving Fisher，1933)。

行再分配,厂商的边际成本曲线会向上移动。在合理的情形下,向上移动的幅度不会很大。如果边际成本随总产出的下降而大幅下降(例如因为实际工资大幅下降),而边际收益并没有下降,则货币存量下降所导致的成本上升仅仅会导致总产出小幅下降。另一方面,如果边际成本变化很小,而边际收益对总产出非常敏感,则成本的小幅变化就会导致产出大幅变化。因此,如果某类因素会使得较小的价格调整障碍引起总产出的大幅波动,则该类因素也是使得较小的债务合同指数化成本导致产出大幅波动的必要因素。

乍看上去,当前随着金融市场发展所产生的金融和经济危机似乎为债务合同中名义不完美性的重要性提供了有力的证据。但是,这个推断可能是错误的。近期的事件有力地说明了,债务市场与金融市场会影响实体经济。破产、风险价差上升、信贷流量枯竭以及其他信贷市场混乱似乎都会对产出与就业产生巨大的影响。但实际上,上述因素没有一个是通过债务紧缩产生作用的。通货膨胀在危机中并没有大幅变化。因此,即使金融合约是按照实际量而不是名义量订立的,结果似乎也不会有丝毫不同。

由此可见,要理解危机的根源以及金融海啸对实体经济产生如此大破坏的原因,我们必须在别处另寻答案。我们将在第 10 章回到这个问题。[1]

习　题

6.1　说明下述变化会如何影响图 6.1 中的曲线:

(a) 相对风险规避系数 θ 上升。

(b) $\Gamma(\cdot)$的曲率 ν 下降。

(c) 我们把效用函数(6.2)修改为$\sum\beta^t[U(C_t)+B\Gamma(M_t/P_t)-V(L_t)]$,$B>0$。$B$ 下降。

6.2　鲍莫尔—托宾模型。(鲍莫尔,1952;托宾,1956。)考虑一个消费者,其实际购买量稳定在 αY,$0<\alpha\leqslant 1$,并且用现金支付。该消费者把支付固定利息 i 的债券定期兑现为不支付利息的现金,其选择变量是多长时间兑现一次。如果消费者选择的时间间隔是 τ,则在每次兑现后,他/她的货币持有量逐渐从 $\alpha YP\tau$ 线性下降到零,然后再进行下一次兑现。这里 P 表示价格水平,假设为固定不变。每次兑现都有一个固定成本 C。该消费者的问题是选择 τ 以最小化每次兑现的平均成本和利息损失。

(a) 求出 τ 的最优值。

(b) 消费者的平均实际货币持有量是多少?它是否随 i 递减并随 Y 递增?平

---

〔1〕 另一类关于名义不完美性的研究试图讨论的是,在任何给定时期,经济个体并不会同时调整他们持有的高能货币。因此,当货币当局改变高能货币数量时,并不能使每个人持有的货币同比例变化。其结果是,即使所有的价格和工资都具有完全弹性,货币存量变化也常常会影响实际货币余额。在恰当的条件(如实际余额影响消费)下,这种实际余额的变化会影响实际利率。而如果实际利率会影响总供给,则结果就是总产出会发生变化。参见克里斯蒂亚诺、埃岑鲍姆和埃文斯(Christiano, Eichenbaum and Evans, 1997)以及威廉姆森(Williamson, 2008)。

均货币持有量对 i 的弹性是多少？对 Y 的弹性是多少？

6.3 乘数—加速器。(萨缪尔森，1939。)考虑下述收入决定模型。(1)消费取决于上一期的收入：$C_t=a+bY_{t-1}$。(2)意愿资本存量(或者存货水平)与上一期产出成比例：$K_t^*=cY_{t-1}$。(3)投资等于意愿资本存量与上期资本存量余额之差：$I_t=K_t^*-K_{t-1}=K_t^*-cY_{t-2}$。(4)政府购买是不变的常数：$G_t=\bar{G}$。(5)$Y_t=C_t+I_t+G_t$。

(a) 用 Y_{t-1}、Y_{t-2} 以及模型参数来表示 Y_t。

(b) 假设 $b=0.9$，$c=0.5$。考虑政府购买出现一次性扰动的情况。具体而言，假设 G 在时期 t 等于 $\bar{G}+1$，并且在所有其他时期都等于 $\bar{G}$。这一冲击会如何随着时间推移影响产出？

6.4 第 6.2 节中情形 1 的分析假设了就业取决于劳动需求。然而，在完全竞争假设下，给定实际工资，就业将等于需求与供给两者中最小的值，这又被称为短边法则。请画图说明，当就业由短边法则确定时，劳动市场在下述情形下的变化：

(a) P 处于可以产生最大产出的位置。

(b) P 的水平高于可以产生最大产出的位置。

6.5 生产力增长，菲利普斯曲线与自然率水平。[布劳恩(Braun，1984)，以及鲍尔和莫菲特(Ball and Moffitt，2001)。]令 g_t 表示时期 t 工人平均产出的增长率，π_t 表示通货膨胀率，π_t^W 表示工资膨胀率。假设 g 一开始是等于 g^L 的不变常数，并且失业水平使得通货膨胀率保持不变，然后 g 永久性地上升到 $g^H(g^H>g^L)$。对于下述工资与价格的通货膨胀行为假设，分别描述能使价格膨胀率保持不变的 u_t 的路径。每种情形下都假设 $\phi>0$。

(a) (价格—价格菲利普斯曲线。)$\pi_t=\pi_{t-1}-\phi(u_t-\bar{u})$，$\pi_t^w=\pi_t+g_t$。

(b) (工资—工资菲利普斯曲线。)$\pi_t^w=\pi_{t-1}^w-\phi(u_t-\bar{u})$，$\pi_t=\pi_t^w-g_t$。

(c) (纯工资—价格菲利普斯曲线。)$\pi_t^w=\pi_{t-1}-\phi(u_t-\bar{u})$，$\pi_t=\pi_t^w-g_t$。

(d) (经过名义生产率增长调整的工资—价格菲利普斯曲线。)$\pi_t^w=\pi_{t-1}+\hat{g}_t-\phi(u_t-\bar{u})$，$\hat{g}_t=\rho\hat{g}_{t-1}+(1-\rho)g_t$，$\pi_t=\pi_t^w-g_t$。假设 $0<\rho<1$，并且一开始 $\hat{g}=g^L$。

6.6 中央银行对实际利率的控制能力。假设经济由两个方程刻画。第一个是 IS 方程，为了简单起见，我们假设该方程采用传统的形式，即 $Y_t=-r_t/\theta$。第二个方程是货币市场均衡条件，我们把它写为 $m-p=L(r+\pi^e,Y)$，$L_{r+\pi^e}<0$，$L_Y>0$，其中 m 和 p 分别表示 $\ln M$ 和 $\ln P$。

(a) 假设 $P=\bar{P}$ 且 $\pi^e=0$。求出 dr/dm 的表达式。货币供给增加是否会降低实际利率？

(b) 假设价格会对货币增长做出部分反应。具体而言，假设 dp/dm 是外生的，且 $0<dp/dm<1$。继续假设 $\pi^e=0$。求出 dr/dm 的表达式。货币供给增加是否会降低实际利率？与(a)小题相比，为了使 r 产生给定的变化，需要让 m 的变化更小、更大还是变化相同的幅度？

(c) 假设货币增加也会影响预期通货膨胀率。具体而言，假设 $d\pi^e/dm$ 是外生的，且 $d\pi^e/dm>0$。继续假设 $0<dp/dm<1$。求出 dr/dm 的表达式。货币供

给增加是否会降低实际利率？与(b)小题相比，为了使 r 产生给定的变化，需要让 m 的变化更小、更大还是变化相同的幅度？

(d) 假设价格调整可以瞬间完成：$dp/dm=1$，$d\pi^e/dm=0$。求出 dr/dm 的表达式。货币供给增加是否会降低实际利率？

6.7　流动性陷阱。考虑如下模型。通货膨胀率的动态由(6.23)～(6.24)式的连续时间情形给定：$\dot{\pi}(t)=\lambda[y(t)-\bar{y}(t)]$，$\lambda>0$。$IS$ 曲线采用传统形式，即 $y(t)=-[i(t)-\pi(t)]/\theta$，$\theta>0$。中央银行根据(6.27)式设定利率，并面临名义利率不能为负的约束条件：$i(t)=\max[0,\pi(t)+r(y(t)-\bar{y}(t),\pi(t))]$。为了简单起见，对于所有时期 t 进行标准化 $\bar{y}(t)=0$。

(a) 画出模型的总需求曲线。即在(y,π)空间中画出满足 IS 曲线和上述利率规则的点集。

(b) 令$(\tilde{y},\tilde{\pi})$表示总需求曲线上满足 $\pi+r(y,\pi)=0$ 的点。画出下述不同情况下 y 和 π 的路径：

(i) $\tilde{y}>0$，$\pi(0)>\tilde{\pi}$，且 $y(0)<0$。

(ii) $\tilde{y}<0$ 并且 $\pi(0)>\tilde{\pi}$。

(iii) $\tilde{y}>0$，$\pi(0)<\tilde{\pi}$，且 $y(0)<0$。[1]

6.8　考虑方程(6.29)～(6.32)中的模型。但是，假设 MP 方程存在冲击，而 IS 方程没有冲击。从而 $r_t=by_t+u_t^{MP}$，$u_t^{MP}=\rho_{MP}u_t^{MP}+e_t^{MP}$，其中 $-1<\rho_{MP}<1$，且 e^{MP} 为白噪声。同时，$y_t=E_ty_{t+1}-\dfrac{1}{\theta}r_t$。推导出类似于(6.37)式的表达式。

6.9　(a) 考虑方程(6.29)～(6.32)中的模型。利用待定系数法求解模型。即猜测模型的解的形式为 $y_t=Au_t^{IS}$，并求出使模型方程成立的 A 值。(提示：$y_t=Au_t^{IS}$ 对于所有 t 成立意味着 $E_ty_{t+1}=AE_tu_{t+1}^{IS}$。)

(b) 把 MP 方程修改为 $r_t=by_t+c\pi_t$。猜测模型解的形式为 $y_t=Au_t^{IS}+B\pi_{t-1}$，$\pi_t=Cu_t^{IS}+D\pi_{t-1}$。找出为了使模型方程成立，$A$，$B$，$C$ 和 D 必须满足的四个方程，但不必求解。

6.10　考虑方程(6.29)～(6.32)中的模型。如果像方程(6.28)那样，在方程(6.31)中的 $E_t[y_{t+1}]$项前面乘上一个系数 ω，$0<\omega<1$，请求出类似于方程(6.37)和(6.38)的表达式。

6.11　菜单成本下的多重均衡。(鲍尔和罗默，1991。)考虑一个由许多不完全竞争厂商组成的经济。相对于 $p_i=p^*$ 时厂商获得的利润，厂商的利润损失函数为 $K(p_i-p^*)^2$，$K>0$。与往常一样，$p^*=p+\phi y$，且 $y=m-p$。每个厂商在改变其名义价格时都面临着固定成本 Z。

一开始 m 为零，且经济处于其弹性价格均衡状态，即 $y=0$，$p=m=0$。现在假设 m 变为 m'。

(a) 假设比例为 f 的厂商会改变价格。由于改变价格的厂商收取的价格为 p^*，不调价的厂商收取的价格为 0，这就意味着 $p=fp^*$。根据上述事实求出 p，y

[1] 关于名义利率零下界的详细讨论请参见第 12.7 节。

与 p^*（表示为 m' 和 f 的函数）。

(b) 画出厂商调整价格的激励，$K(0-p^*)^2=Kp^{*2}$（表示为 f 的函数）。请区分 $\phi<1$ 和 $\phi>1$ 两种情形。

(c) 假设厂商在收益超过 Z 时调整价格，收益小于 Z 时则不调整价格，而在收益正好等于 Z 时无差异。给定这些条件，是否存在这种情形：所有厂商同时调整价格与所有厂商都不调整价格都是模型的均衡？是否存在这种情形：不论是所有厂商同时调整价格还是所有厂商都不调整价格都不是模型的均衡？

6.12 考虑一个由许多不完全竞争厂商所组成的经济。厂商具有定价权。代表性厂商 i 的利润依赖于总产出 y 与厂商的实际价格 r_i，$\pi_i=\pi(y,r_i)$，其中 $\pi_{22}<0$（下标表示偏微分）。令 $r^*(y)$ 表示利润最大化价格，它是 y 的函数。注意，$r^*(y)$ 由 $\pi_2(y,r^*(y))=0$ 确定。

假设产出处于某个水平 y_0，并且厂商 i 的实际价格是 $r^*(y_0)$。现在假设货币供给发生了变化，并假设其他厂商并不改变其价格，从而总产出会变动到某个新的水平 y_1。

(a) 试解释厂商 i 调整价格的激励为何由 $G=\pi(y_1,r^*(y_1))-\pi(y_1,r^*(y_0))$ 给定。

(b) 根据上式对 y_1 在 $y_1=y_0$ 附近的二阶泰勒近似展开式，证明 $G\backsimeq\pi_{22}(y_0,r^*(y_0))[r^{*\prime}(y_0)]^2(y_1-y_0)^2/2$。

(c) 上式中哪个部分对应于实际刚性程度？哪个部分对应于利润函数的不敏感程度？

6.13 指数化。（本题来自鲍尔，1988。）假设厂商 i 的产出由 $Y_i=SL_i^{\alpha}$ 给定，其中 S 表示供给冲击，$0<\alpha\leqslant1$。因此用对数表示时，$y_i=s+\alpha\ell_i$。价格是灵活调整的，从而 $p_i=w_i+(1-\alpha)\ell_i-s$（为了简单起见，常数项设为 0）。对产出和价格方程进行加总可得 $y=s+\alpha\ell$，$p=w+(1-\alpha)\ell-s$。工资根据价格部分地指数化：$w=\theta p$，其中 $0\leqslant\theta\leqslant1$。最后，总需求由 $y=m-p$ 给定。s 和 m 是独立且均值为零的随机变量，其方差分别为 V_s 和 V_m。

(a) 把 p，y，ℓ 和 w 表示为 m 和 s 以及参数 α 和 θ 的函数。指数化会如何影响就业对货币冲击的反应？会如何影响对供给冲击的反应？

(b) 求出最小化就业方差的 θ 值。

(c) 假设单个厂商面临的产出需求为 $y_i=y-\eta(p_i-p)$。假设除厂商 i 外，所有厂商都继续把工资指数化为 $w=\theta p$，但厂商 i 则把工资指数化为 $w_i=\theta_i p$。厂商 i 继续把价格设定为 $p_i=w_i+(1-\alpha)\ell_i-s$。于是生产函数与价格方程意味着 $y_i=y-\phi(w_i-w)$，其中 $\phi\equiv\alpha\eta/[\alpha+(1-\alpha)\eta]$。

(i) 把厂商 i 雇用的劳动量 ℓ_i 表示为 m，s，α，η，θ 和 θ_i 的函数。

(ii) 求出最小化 ℓ_i 方差的 θ_i 值。

(iii) 求出 θ 的纳什均衡值。即求出 θ 值，使得当总价格指数由 θ 确定时，代表性厂商可以通过设定 $\theta_i=\theta$ 来最小化 ℓ_i 的方差。比较这个值与(b)小题中的 θ 值。

6.14 稠密市场效应与协调失灵。(本题来自戴蒙德,1982。)[1]考虑一个小岛,岛上有 N 个人和许多椰子树。每个人都具有两种可能的状态,没有椰子并正在寻找椰子树(状态 P),或者有一个椰子并且正在寻找其他有椰子的人(状态 C)。如果一个没有椰子的人找到了一棵椰子树,他/她就可以爬上树并摘下一个椰子,这需要付出 c 单位效用成本。如果一个有椰子的人找到了另一个有椰子的人,他们就会进行交易,并且吃掉对方的椰子,这会使他们两人都得到 u 单位效用。(人们不可以吃掉自己摘下来的椰子。)

寻找椰子树的人在单位时间内找到椰子树的速度为 b。有椰子的人在单位时间内找到交易对象的速度为 aL,其中 L 表示拥有椰子的总人数。a 和 b 都是外生的。

每个人的折现率都是 r。只考虑稳态,即假设 L 是不变的常数。

(a) 如果每个处于状态 P 的人在找到椰子树后都会爬上树摘取椰子,试解释为什么 $rV_P=b(V_C-V_P-c)$,其中 V_P 和 V_C 分别表示处于两种不同状态的价值。

(b) 求出 V_C 的类似表达式。

(c) 求解 V_C-V_P,V_C 和 V_P,用 $r,b,c,\bar{u},a$ 和 L 来表示。

(d) 继续假设每个处于状态 P 的人在找到椰子树后都会爬上树摘取椰子。简单起见,假设 $aN=2b$。请问 L 是多少?

(e) 仍然假设每个处于状态 P 的人在找到椰子树后都会爬上树摘取椰子,则 L 是多少?为了简单起见,假设 $aN=2b$。

(f) 当 c 值为多少时,找到椰子树的人都不摘取椰子是一个稳态均衡?是否存在 c 值使得稳态均衡不止一个?如果存在多重均衡,是否某一个均衡比另一个均衡具有更高的福利水平?请直观地解释。

6.15 考虑当 P_i/P 未知时,卢卡斯模型中的经济个体所面临的问题。该个体选择 L_i 以最大化 U_i 的期望值,U_i 仍然由方程(6.74)给定。

(a) 求出 Y_i 的一阶条件,重新整理并找出 Y_i 的表达式(用 $E[P_i/P]$表示)。对该表达式取对数,从而得到 y_i 的表达式。

(b) 如果经济个体满足(6.83)中的确定性等价法则,则个人供给的劳动量与(a)小题中推导出的最优劳动量相比孰大孰小?(提示,$E[\ln(P_i/P)]$ 比 $\ln(E[P_i/P])$大还是小?)

(c) 假设与卢卡斯模型类似,$\ln(P_i/P)=E[\ln(P_i/P)|P_i]+u_i$,其中 u_i 服从正态分布,均值为 0,且方差与 P_i 无关。证明上述条件意味着 $\ln\{E[(P_i/P)|P_i]\}=E[\ln(P_i/P)|P_i]+C$,其中 C 是与 P_i 无关的常数。(提示:注意 $P_i/P=\exp\{E[\ln(P_i/P)|P_i]\}\exp(u_i)$,证明该式意味着最大化期望效用的 y_i 与(6.83)中的确定性等价法则仅仅相差一个常数。)

6.16 观测等价。[萨金特(Sargent,1976)。]假设货币供给由 $m_t=c'z_{t-1}+e_t$ 确定,其中 c 和 z 都是向量,e_t 是与 z_{t-1} 无关的独立同分布扰动项。e_t 无法预测也无法观察。因此,m_t 中可以预期的部分是 $c'z_{t-1}$,不能预期的部分是 e_t。在设定

[1] 求解本题需要用到动态规划。参见第 11.4 节。

货币供给时,美联储仅仅对与实际行为有关的变量(即 z 中直接影响 y 的变量)做出反应。

现在考虑下述两个模型:(i)只有未预期到的货币政策才起作用,从而 $y_t = a'z_{t-1} + be_t + \nu_t$;(ii)所有货币都起作用,从而 $y_t = \alpha' z_{t-1} + \beta m_t + \nu_t$。在每种模型设定下,扰动项都是独立同分布的,并且与 z_{t-1} 和 e_t 无关。

(a) 上述两种理论是否可以区别开来?即比如说,给定一组模型(i)的参数值,是否存在一组模型(ii)下的参数值可以得到同样的预测结论?请详细解释。

(b) 假设美联储会对某些并不直接影响产出的变量做出反应,即假设 $m_t = c'z_{t-1} + \gamma' w_{t-1} + e_t$,并且模型(i)和模型(ii)的设定保持不变(它们的扰动项不仅与 z_{t-1} 和 e_t 无关,也与现在的 w_{t-1} 无关)。在这种情况下,上述两种理论是否可以区别开来?请详细解释。

6.17 考虑这样一个经济,其中有些厂商具有弹性价格,有些厂商则具有刚性价格。令 p^f 表示代表性弹性价格厂商设定的价格,p^r 表示代表性刚性价格厂商设定的价格。弹性价格厂商在 m 值已知之后再设定其价格;刚性价格厂商在 m 值已知之前就设定其价格。因此,弹性价格厂商设定的价格为 $p^f = p_i^* = (1-\phi)p + \phi m$,而刚性价格厂商设定的价格则为 $p^r = Ep_i^* = (1-\phi)Ep + \phi Em$,其中 E 表示刚性价格厂商设定其价格时对有关变量的预期。

假设刚性价格厂商的比例为 q,从而 $p = qp^r + (1-q)p^f$。

(a) 求出 p^f,用 p^r,m 和模型参数(ϕ 和 q)表示。

(b) 求出 p^r,用 Em 和模型参数表示。

(c) (i) 预期到的 m 变动(也就是当刚性价格厂商设定价格时预期到的变动)是否会影响 y?为什么?

(ii) 未预期到的 m 变动是否会影响 y?为什么?

7 动态随机一般均衡周期模型

在第 5 章和第 6 章中，我们分别沿着两个并不十分完整的思路分析了宏观经济波动。第 5 章考虑了一个建立于微观基础之上的宏观跨期模型，对潜在冲击的经济行为做出了明确的假设。第 5 章的模型可以产生经济波动的数量预测结果，是动态随机一般均衡(DSGE)数量模型的一个具体例子。正如第 5.10 节所述，这个模型的问题在于它缺少经验依据。比如说，模型依赖于毫无根据的大幅度总量技术冲击；模型对于技术冲击的影响以及经济周期动态变化的预测似乎都与我们所观察到的实际情况相去甚远；而且模型表明货币扰动并没有实际效应。

为了讨论货币冲击的实际效应，第 6 章介绍了名义刚性，说明了价格调整障碍与其他名义摩擦会导致货币变动具有实际效应，分析了这些效应程度大小的一些决定因素，并说明了名义刚性对于其他扰动的影响有何重要意义。但是，第 6 章的分析放弃了第 5 章模型中大量丰富的结果，所使用的模型基本上是一次性冲击下的静态模型，并且，由于这些模型仅着重于数量预测结果，所以只能用于讨论比较宽泛的问题，比如价格调整的轻度障碍能否使货币扰动产生大幅影响。

研究者的最终目标是，结合在第 5 章和第 6 章中模型的优点建立一个完整的经济周期模型。然而，在本章我们只是迈出第一步，还不能立即实现这一最终目标，根本的原因在于人们对于何为完整的经济周期模型尚未达成一致。我们将在本章结尾看到，在具有微观基础和名义刚性的 DSGE 模型中，最广为认可的基准模型所得到的核心结论竟然并不符合现实。这个问题有两种解决方案，一是修改基准模型，学者们已经对基准模型提出了大量的修改和推广，但是这些扩展模型通常都非常复杂，而且究竟哪些修正最有助于理解宏观经济波动也是众说纷纭。另一个解决方案是建立一个截然不同的基准模型。但目前为止，这仅仅是一个研究思路，还并没有一个具体的建模方案。

考虑到上述问题，本章并不试图构建完全符合现实的 DSGE 波动模型。本章的大量篇幅都用在了把不完全名义弹性的微观基础分析推广到动态情形。粗略算来，我们将讨论七种不同的动态价格调整模型。这些内容形象地说明了，在如何建立一个符合现实的动态波动模型这个问题上，学者们有多么难以达成一致。我们将看到，这些模型对于价格调整中微观摩擦的宏观影响通常具有截然不同的意义。这些分析揭示了价格调整模型由静态转到动态时会遇到的主要问题，并列出了可以选择的基本模型组成要素，但是并没有确定一个具体的“最优应用”模型。

第 6 章中我们讨论的名义摩擦主要来自价格调整的固定成本，或者菜单成本。因此，在讨论动态价格调整模型时，一个自然的假设就是，名义不完美性只来自厂商每次改变价格时都必须支付的固定成本。但是，我们并不把这种假设当作唯一的情形，其原因有两点：第一，这样做比较复杂，分析具有固定调节成本的动态优化模型在技术上比较困难，很难得到解析解；第二，价格制定者可以不断监测并随时准备改变价格，如果只考虑不变的固定成本，则很可能会遗漏一些重要的东西。很多产品的价格都是按照预定时间表修正的，很少会在其他时间改动。例如，工资通常都是每年拟定的；一些工会合同以三年为期限确定工资；许多企业发布的产品目录上，价格的有效期都是半年或者一年。因此，价格变化并不纯粹是状态依存的（即价格的变化由经济的内部变化触发，与该变化的发生时间无关），而是部分地时间依存的（即价格变化由时间的流逝触发）。

鉴于时间依存模型更加简单，我们会首先讨论这类模型。第 7.1 节提出了这类模型的一个通用分析框架。然后，第 7.2 节到第 7.4 节分别讨论了三种基准的时间依存价格调整模型：费希尔（Fischer），或者费希尔—菲尔普斯—泰勒（Fishcer-Phelps-Taylor）模型（费希尔，1977；菲尔普斯和泰勒，1977）；泰勒模型（泰勒，1979）；以及卡沃模型（卡沃，1983）。上述三种模型都假定价格（或者工资）由多期合同或承诺确定；在每一期，确定价格的部分合同会到期，从而必须重新签订；到期日由流逝的时间而不是经济的发展变化确定。这些模型的核心结论是，在名义扰动下多期合同会使得价格水平逐渐调整。其结果是，总需求扰动会具有持续的实际效应。

泰勒和卡沃模型与费希尔模型有一个重要的不同之处。费希尔模型假设，价格是预先确定而不是固定不变的，也就是说，当多期合同设定连续几期的价格时，可以让每一期的价格都各不相同。相反，在泰勒和卡沃模型中，价格是固定不变的，所以合同必须在生效期内的每一期确定相同的价格。

泰勒和卡沃模型之间的差异相对较小。在泰勒模型中，改变价格的时机是确定的，每一次设定价格的生效期数也都相同。在卡沃模型中，设定价格的时机是随机的，因此价格生效的时期数也是随机的。根据时间依存而不是状态依存的假设，价格变化的随机过程是独立于其他影响经济的假设的。卡沃模型的定性意义与泰勒模型一样，其优势在于可以产生比泰勒模型更为简单的通胀动态变化，从而比较容易纳入较大的模型。

接下来，第 7.5 节转到了两种基准的状态依存价格调整模型，卡普林—施普尔伯（Caplin-Spulber）模型和丹齐格—戈洛索夫—卢卡斯（Danziger-Golosov-Lucas）模型（卡普林和施普尔伯，1987；丹齐格，1999；戈洛索夫和卢卡斯，2007）。在两种模型中，价格调整障碍都只来自不变的固定成本。这两种模型之间的区别主要有两点。第一，在卡普林—施普尔伯模型中，货币增长率始终是正的，而在丹齐格—戈洛索夫—卢卡斯模型中，我们假设没有货币增长趋势。第二，卡普林—施普尔伯模型假设没有厂商的特定冲击，而丹齐格—戈洛索夫—卢卡斯模型则包含了这个假设。在两种模型下，货币扰动都会产生强烈的作用，但原因则大不相同。

在第 7.6 节,我们会介绍一些经验证据,之后在第 7.7 节,我们会讨论另外两种动态价格调整模型:卡沃指数定价模型与曼昆—雷斯(Mankiw-Reis)模型(克里斯蒂亚诺,埃岑鲍姆和埃文斯,2005;曼昆和雷斯,2002)。这些模型比前几节的模型更加复杂,但似乎能够更好地拟合通胀动态变化的关键现象。

在最后两节,我们会着手讨论动态价格调整模型怎样纳入经济周期模型的问题。第 7.8 节说明了一个具有名义刚性的完整 DSGE 模型。该模型来自克拉里达(Clarida),盖里(Galí)和格特勒(Gertler,2000)的标准三方程新凯恩斯模型。然而,该模型更接近于标准实际经济周期模型,而不是我们的最终目标。该模型与标准 RBC 模型一样优美和易于处理,但其关键结论也与标准 RBC 模型一样缺乏证据支撑,我们将在第 7.9 节发现,根据该模型对宏观经济做出的预测结论错得十分离谱。因此,第 7.10 节讨论了其他货币非中性 DSGE 模型的要素。但是,由于这些模型比较复杂,并且对于其关键组成部分没有统一的说法,所以本节并没有分析完整的模型。

7.1 动态新凯恩斯模型的基石

概述

我们将在一个通用框架下分析各种不同的动态价格调整模型。这个分析框架着重利用了第 6.1 节的外生名义刚性模型以及第 6.5 节的不完全竞争模型。

首先,假设时间是离散的。在每一期,不完全竞争的厂商使用劳动作为唯一的投入品生产产品。与第 6.5 节一样,生产函数是一对一的,因此总产出与总劳动投入相等。模型省略了政府购买与国际贸易,因此,与第 6 章的模型一样,总消费与总产出相等。

为了简单起见,在大多数情形下我们都不考虑不确定性。家庭最大化其效用,并把实际工资与实际利率的路径看作是既定不变的。厂商由家庭所拥有,并在价格设定约束(随着我们考虑的模型不同,这一约束也有所不同)下最大化其利润的折现值。最后,中央银行通过施行货币政策来决定实际利率的路径。

家庭

经济中存在固定数量且具有无限寿命的家庭,它们从消费中获得效用,并在工作中产生负效用。代表性家庭的目标函数是:

$$\sum_{t=0}^{\infty}\beta^{t}[U(C_t)-V(L_t)],\quad 0<\beta<1. \tag{7.1}$$

与第 6.5 节一样,C 是一个消费指数,它是家庭各种产品消费的常替代弹性组合,替代弹性为 $\eta>1$。假设 $U(\cdot)$ 和 $V(\cdot)$ 使用我们常用的函数形式:[1]

[1] 在后文中,我们可以清楚地理解(7.3)式中引入 B 的原因。

$$U(C_t)=\frac{C_t^{1-\theta}}{1-\theta},\quad \theta>0, \tag{7.2}$$

$$V(L_t)=\frac{B}{\gamma}L_t^{\gamma},\quad B>0,\quad \gamma>1. \tag{7.3}$$

令 W 表示名义工资，P 表示价格水平。正式地说，如第 6.5 节所述，P 是消费指数对应的价格指数。但是，本章通篇使用了第 6.9 节卢卡斯模型所使用的近似方法，即用 p 表示的对数价格指数就是厂商对数价格的平均值。

在第 t 期，劳动供给上升 dL 会使家庭的实际收入提高 $(W_t/P_t)dL$。因此，第 t 期劳动供给的一阶条件是：

$$V'(L_t)=U'(C_t)\frac{W_t}{P_t}. \tag{7.4}$$

由于生产函数是一对一的，并且产出的唯一用途是消费，在均衡时 C_t 与 L_t 必须都等于 Y_t。将这一事实与(7.4)式结合起来可得到给定产出水平下的实际工资：

$$\frac{W_t}{P_t}=\frac{V'(Y_t)}{U'(Y_t)}. \tag{7.5}$$

把(7.2)～(7.3)式中的函数形式代入(7.5)式，并求解实际工资可得：

$$\frac{W_t}{P_t}=BY_t^{\theta+\gamma-1}. \tag{7.6}$$

方程(7.6)类似于第 6.5 节模型中的方程(6.58)。

由于我们对消费的假设与前面一样，新凯恩斯 IS 曲线在本模型中仍然成立[参见方程(6.8)]：

$$\ln Y_t=\ln Y_{t+1}-\frac{1}{\theta}r_t. \tag{7.7}$$

厂商

厂商 i 在第 t 期根据生产函数 $Y_{it}=L_{it}$ 进行生产，如第 6.5 节所述，厂商面临的需求函数为 $Y_{it}=Y_t(P_{it}/P_t)^{-\eta}$。厂商的 t 期实际利润 R_t 等于收益减去成本：

$$\begin{aligned} R_t&=\left(\frac{P_{it}}{P_t}\right)Y_{it}-\left(\frac{W_t}{P_t}\right)Y_{it}\\ &=Y_t\left[\left(\frac{P_{it}}{P_t}\right)^{1-\eta}-\left(\frac{W_t}{P_t}\right)\left(\frac{P_{it}}{P_t}\right)^{-\eta}\right]. \end{aligned} \tag{7.8}$$

考虑厂商在某个时期设定价格的问题，我们把设定价格的时期标准化为 0。如前面强调的那样，我们会考虑不同的价格制定假设，其中有的假设表明设定价格的生效时期长度是随机的。令 q_t 表示厂商在时期 0 设定的价格在时期 t 仍然有效的概率。由于厂商的利润全部分配给家庭，利润的价值取决于给家庭带来的效用。相对于时期 0，代表性家庭在时期 t 消费的边际效用为 $\beta^t U'(C_t)/U'(C_0)$，记为 λ_t。

于是,厂商在时期 0 选择 P_t 以最大化 $\sum_{t=0}^{\infty} q_t \lambda_t R_t \equiv A$,其中 R_t 是当 P_t 仍然有效时,厂商在第 t 期得到的利润。利用 R_t 的方程(7.8),我们可以把 A 写为:

$$\begin{aligned} A &= E\left[\sum_{t=0}^{\infty} q_t \lambda_t Y_t \left\{\left(\frac{P_i}{P_t}\right)^{1-\eta} - \left(\frac{W_t}{P_t}\right)\left(\frac{P_i}{P_t}\right)^{-\eta}\right\}\right] \\ &= E\left[\sum_{t=0}^{\infty} q_t \lambda_t Y_t P_t^{\eta-1}(P_i^{1-\eta} - w_t P_i^{-\eta})\right]. \end{aligned} \tag{7.9}$$

生产函数表明边际成本是等于 W_t 的常数,并且厂商所生产产品的需求弹性也是常数。因此,最大化 t 期利润的价格,记为 P_t^*,就等于一个常数乘以 W_t[参见方程(6.57)式]。也就是说,W_t 等于一个常数乘以 P_t^*。因此我们可以把(7.9)式中括号内的表达式写为 P_i 和 P_t^* 的函数。由于我们最终将使用变量的对数值而不是水平值,所以(7.9)式可以写为:

$$A = E\left[\sum_{t=0}^{\infty} q_t \lambda_t Y_t P_t^{\eta-1} F(p_i, p_t^*)\right], \tag{7.10}$$

其中,p_i 和 p_t^* 分别表示 P_t 和 P_t^* 的对数。

在通常情况下,我们很难求解出最大化 A 的 P_t。但是,有两个假设可以帮助我们实现进一步分析。第一个也是首要的假设是,通货膨胀率较低,并且经济始终处在价格灵活调整的均衡状态附近。另一个假设是家庭的折现因子 β 接近于 1。这两个假设对于(7.11)式有两个重要含义。第一,$\lambda_t Y_t P_t^{\eta-1}$ 的变化相对于 q_t 和 p_t^* 的变化来说可以忽略不计。第二,$F(\cdot)$ 可以在 $p_i = p_t^*$ 附近用二阶展开方法进行逼近。[1] t 期的利润在 $p_i = p_t^*$ 处得到最大化,因此 $\partial F(p_i, p_t^*)/\partial p_i$ 等于零,并且 $\partial^2 F(p_i, p_t^*)/\partial p_i^2$ 是负的。由此可得:

$$F(p_i, p_t^*) \simeq F(p_t^*, p_t^*) - K(p_i - p_t^*)^2, \quad K > 0. \tag{7.11}$$

上述分析表明,选择 P_i 最大化 A 的问题可以简化为:

$$\begin{aligned} &\min_{p_i} \sum_{t=0}^{\infty} q_t E\left[(p_i - p_t^*)^2\right] \\ &= \sum_{t=0}^{\infty} q_t \{(p_i - E[p_t^k])^2 + \mathrm{Var}(p_t^*)\}. \end{aligned} \tag{7.12}$$

其中我们利用了 q_t 和 p_i 是确定不变的,以及随机变量平方的期望等于其期望的平方加上方差这两个性质。

根据上式推导关于 p_i 的一阶条件并重新整理可得:

$$p_i = \sum_{t=0}^{\infty} \omega_t p_t^*, \tag{7.13}$$

---

〔1〕 如果恰当地刻画低通货膨胀率,则经济接近价格灵活调整的均衡状态以及 β 接近 1 这些假设就可以更精确地表述上述说法。

其中$\omega_t \equiv q_t \Big/ \sum_{\tau=0}^{\infty} q_\tau$。$\omega_t$表示厂商在0期设定的价格在$t$期仍然有效的概率除以该价格将继续生效的期望时期数量，因此它刻画了t期对于选择p_i的重要性。方程(7.13)表明，厂商i设定的价格是利润最大化价格在价格有效期内的加权平均值。

在本章讨论的两个模型中(第7.4节的卡沃模型和第7.7节的*CEE*模型)，价格都可以持续多期有效。这种情况下，假设厂商认为不同时期的利润等价是有问题的，因此自然可以放松贴现因子接近1的假设。考虑一般的折现因子后，(7.12)式可以写为：

$$\min_{p_i} \sum_{t=0}^{\infty} q_t \beta^t \{(p_i - E(p_t^*)^2\} + \mathrm{Var}(p_t^*)\}, \tag{7.14}$$

类似于方程(7.13)，根据上式可以得到最优价格 pi 的表达式为：

$$p_i = \sum_{t=0}^{\infty} \widetilde{\omega}_t E[p_t^*], \quad \widetilde{\omega}_t \equiv \frac{\beta^t q_t}{\sum_{t=0}^{\infty} \beta^t q_t} \tag{7.15}$$

最后，在方程(7.13)(或者(7.15))中替换掉p_t^*通常很有用。厂商的利润最大化实际价格P^*/P等于$\eta/(\eta-1)$乘以实际工资W/P。根据方程(7.6)我们知道，w_t等于$p_t + b + (\theta + \gamma - 1)y_t$(其中$b \equiv \ln B$，$w_t \equiv \ln W_t$，并且$y_t \equiv \ln Y_t$)。因此，使利润最大化的价格为：

$$p^* = p + \ln[\eta/(\eta - 1)] + b + (\theta + \gamma - 1)y. \tag{7.16}$$

注意(7.16)的形式等同于第6.5节静态模型中的$p^* = p + c + \phi y, \phi > 0$[参见(6.60)]。为了对上式进行简化，我们令$m$表示名义GDP的对数$p + y$，定义$\phi \equiv \theta + \gamma - 1$，并假设$\ln[\eta/(\eta - 1)] + b = 0$。[1]由此可得：

$$p_t^* = \phi m_t + (1 - \phi) p_t. \tag{7.17}$$

把上式代入(7.13)即得

$$p_i = \sum_{t=1}^{\infty} w_t E_0[\phi m_t + (1 - \phi) p_t]. \tag{7.18}$$

在考虑折现因子的情形下，上式中w需替换为w，参见方程(7.15)。

中央银行

方程(7.18)是模型总供给方面的关键方程，而方程(7.7)则描述了既定实际利率下的总需求。接下来，我们试图对实际利率的决定因素进行刻画。因此，我们需要在模型中引入货币政策。

一种办法是沿用第6.4节的思路，假设中央银行根据某种规则，把实际利率

〔1〕 正是出于这个原因，我们在(7.3)中引入了B。

设定为宏观经济状况的一个函数。在第 7.8 节和第 12 章的大部分内容中,我们都将使用这种方法。但在这里,由于我们感兴趣的是经济的供给方面,所以我们主要沿用第 6 章 B 部分的做法,简单地把名义 GDP 的路径(即 m_t 的路径)看作是给定的,然后考察经济对不同名义 GDP 路径的反应,比如考察 GDP 水平或者增长率一次性永久增加的影响。正如第 6.5 节所述,假设名义 GDP 路径给定的一个简单解释是,中央银行有一个名义 GDP 的目标路径,并且通过施行货币政策达到了这个目标。这种货币政策设定不仅可以让我们忽略货币市场,还可以不必考虑 IS 方程(7.7)。

7.2 预定价格:费希尔模型

下面我们介绍动态价格调整的具体模型。但在开始讨论之前有必要强调,我们感兴趣的问题是名义价格和工资的不完全调整。不确定性、信息成本、重新谈判的成本、激励措施等很多因素都可能会使得厂商在面临冲击时不能迅速地全面调整产品价格和工资,即价格和工资不能灵活调整使得供需平衡。但是,仅仅引入一些市场不完美性质并不足以说明名义扰动很重要。例如,第 11 章中所有的失业模型都是实际模型。如果只是在这些模型中加入一个货币市场,不考虑其他问题,则古典二分法仍然成立:货币扰动会导致所有名义价格和工资发生变化,但实际均衡不变。不论均衡中是否存在非瓦尔拉斯特征都是如此。古典二分法失效的微观基础一定包含某种名义不完美性。

模型框架和假设

我们首先介绍费希尔的交错价格调整模型。[1] 该模型沿用了上一节的分析框架,但假设价格设定采取一种特殊形式:每个价格制定者在定价时都设定后两期的价格。如上面所强调的那样,费希尔模型假设价格制定者可以对两期分别设定不同的价格。也就是说,在时期 0 设定价格的厂商分别设定时期 1 的价格和时期 2 的价格。由于每个价格的有效期仅为一期,因此方程(7.13)表明,每个价格(对数值)都等于厂商在时期 0 对当期利润最大化价格的期望。在任一既定时期,有一半的价格制定者会设定下两期的价格。因此,在每一个时间点上,有效价格中的一半是在一期之前设定的,另一半是在两期之前设定的。

费希尔模型没有专门假设总需求服从的过程。例如,m_t 的信息可能会在向 t 期靠近的过程中逐渐显现出来。因此,在 $t-1$ 期时 m_t 的期望 $E_{t-1}m_t$ 可能会与在 $t-2$ 期时的期望 $E_{t-2}m_t$ 有所不同。

求解模型

在任一时期,一半的价格是一期之前设定的,另一半是两期之前设定的。因此

---

[1] 费希尔和泰勒模型起初着重关注工资的交错调整;价格基本上是灵活的,但是需要通过工资加成来确定。为了简单起见,我们假设交错调整直接适用于价格。实际上,交错工资调整也具有类似的数量含义。两者之间的关键差异在于,价格方程(7.17)中参数 ϕ 的微观决定因素与交错工资调整下的参数不同[黄晓东和刘铮(Huang and Liu),2002]。

平均价格为：

$$p_t=\frac{1}{2}(p_t^1+p_t^2), \tag{7.19}$$

其中 p_t^1 表示厂商在 $t-1$ 设定的 t 期价格，p_t^2 表示厂商在 $t-2$ 期设定的 t 期价格。上一节中我们的价格制定假设表明 p_t^1 等于 $t-1$ 期对 p_{it}^* 的期望，而 p_t^2 等于 $t-2$ 期对 p_{it}^* 的期望。因此，方程(7.17)表明：

$$\begin{aligned} p_t^1&=E_{t-1}[\phi m_t+(1-\phi)p_t] \\ &=\phi E_{t-1}m_t+(1-\phi)\frac{1}{2}(p_t^1+p_t^2), \end{aligned} \tag{7.20}$$

$$\begin{aligned} p_t^2&=E_{t-2}[\phi m_t+(1-\phi)p_t] \\ &=\phi E_{t-2}m_t+(1-\phi)\frac{1}{2}(E_{t-2}p_t^1+p_t^2), \end{aligned} \tag{7.21}$$

其中 $E_{t-\tau}$ 表示基于截至时期 $t-\tau$ 的可得信息所计算的条件期望。方程(7.20)利用了如下事实：在设定 p_t^1 的时候，p_t^2 就已经确定，因此不存在不确定性。

我们的目标是弄清，在 m 的经济行为给定时，价格水平与产出会如何随时间变化。为此，我们首先利用(7.20)式求解 p_t^1，得到：

$$p_t^1=\frac{2\phi}{1+\phi}E_{t-1}m_t+\frac{1-\phi}{1+\phi}p_t^2. \tag{7.22}$$

由于(7.22)式左右两边相等，在 $t-2$ 期对两边求期望也必定相等。因此，

$$E_{t-2}p_t^1=\frac{2\phi}{1+\phi}E_{t-2}m_t+\frac{1-\phi}{1+\phi}p_t^2, \tag{7.23}$$

其中根据迭代映射法则用 $E_{t-2}m_t$ 替换了 $E_{t-2}E_{t-1}m_t$。

把(7.23)式代入(7.21)式可得：

$$p_t^2=\phi E_{t-2}m_t+(1-\phi)\frac{1}{2}\left[\frac{2\phi}{1+\phi}E_{t-2}m_t+\frac{1-\phi}{1+\phi}p_t^2+p_t^2\right]. \tag{7.24}$$

求解上式即得：

$$p_t^2=E_{t-2}m_t. \tag{7.25}$$

现在我们可以综合上述结果并描述经济的均衡。把(7.25)式代入(7.22)式并化简可得：

$$p_t^1=E_{t-2}m_t+\frac{2\phi}{1+\phi}(E_{t-1}m_t-E_{t-2}m_t). \tag{7.26}$$

最后，把(7.25)式和(7.26)式代入价格水平和产出的表达式，$p_t=(p_t^1+p_t^2)/2$ 与 $y_t=m_t-p_t$，可知：

$$p_t=E_{t-2}m_t+\frac{\phi}{1+\phi}(E_{t-1}m_t-E_{t-2}m_t), \tag{7.27}$$

$$y_t=\frac{1}{1+\phi}(E_{t-1}m_t-E_{t-2}m_t)+(m_t-E_{t-1}m_t). \tag{7.28}$$

模型意义

方程(7.28)阐明了该模型的主要意义。第一,未预料到的总需求冲击具有实际效应,这可以从 $m_t-E_{t-1}m_t$ 项看出。由于假设价格制定者在设定价格时并不知道 m_t,这些冲击会一对一传导到产出中。

第二,在第一个价格设定好之后预期到的总需求冲击会影响产出。考虑在时期 $t-2$ 和时期 $t-1$ 之间获得的关于 t 期总需求的信息。这种信息在现实中可能对应于公布的调查结果或者未来经济形势的其他先行指标,或者对应于货币政策可能发生变化的迹象。如(7.27)式与(7.28)式所示,在 $t-2$ 到 $t-1$ 之间出现的关于 m_t 的信息中,比例为 $1/(1+\phi)$ 的部分会传导到产出中,而其余部分则会传导到价格中。这种变化并非中性的原因很简单:短期中并不是所有价格都可以灵活调整。

上述结果的一个含义在于,价格制定者之间的互动对微观价格粘性的影响可增可减。人们可能会认为,由于一半的价格已经确定,而另一半的价格可以自由调节,因此,在 $t-2$ 到 $t-1$ 之间出现的关于 m_t 的信息中,应有一半传导到价格,而另一半则传导到产出。然而一般来说,这一结论并不成立。实际上,ϕ 才是这里的关键参数:冲击传导到产出中的比例并不是 1/2,而是 $1/(1+\phi)$[参见(7.28)式]。

我们知道,ϕ 刻画了实际刚性的程度:ϕ 是价格制定者愿意设定的实际价格对实际总产出的反应程度,因此较小的 ϕ 值对应于较大的实际刚性。当实际刚性很大时,价格制定者不愿改变他们的相对价格。其结果是,可以自由调价的价格制定者并不会使其价格大幅偏离已经设定的价格,从而货币冲击的实际效应会比较大。相反,如果 ϕ 大于 1,则价格制定者会对价格做出较大的改动,从而 m 改变所引起的实际总体效应会比较小。

最后也是最重要的是,本模型表明产出并不依赖于 $E_{t-2}m_t$(给定 $E_{t-1}m_t-E_{t-2}m_t$ 与 $m_t-E_{t-1}m_t$ 的值)。也就是说,如果所有价格制定者都有机会做出反应,则关于总需求的任何信息都不会对产出造成影响。因此,本模型并不能解释总需求变动的持续效应。我们将会在第 7.7 节回到这个问题。

7.3 固定价格:泰勒模型

模型

下面,我们对前一节的模型进行一定的修改:假设当厂商可以定价时,必须对两期设定相同的价格。也就是说,价格不仅是预定的,还是固定的。

此外,我们还要进行两个较小的改动。第一,在时期 t 设定价格的厂商现在不是设定 $t+1$ 期和 $t+2$ 期的价格,而是设定 t 期和 $t+1$ 期的价格。这个改动可以简化模型,但不会影响主要结果。第二,如果我们假设 m 服从一个具体的随机过程,则模型求解可以大为简化。一个简单的假设是,m 服从随机游走过程:

$$m_t = m_{t+1} + u_t, \tag{7.29}$$

其中 u 是白噪声。上述过程的关键特点在于，m 的更新（即 u 项）对 m 的水平具有长期持续的影响。

令 x_t 表示 t 期的价格制定厂商所选择的价格。价格设定方程(7.18)表明，

$$\begin{aligned} x_t &= \frac{1}{2}(p_t^* + E_t p_{t+1}^*) \\ &= \frac{1}{2}\{[\phi m_t + (1-\phi)p_t] + [\phi E_t m_{t+1} + (1-\phi)E_t p_{t+1}]\}, \end{aligned} \tag{7.30}$$

其中第二行利用了 $p^* = \phi m + (1-\phi)p$ 这个条件。

由于每期都有一半的价格会重新设定，所以 p_t 是 x_t 与 x_{t-1} 的平均值。此外，由于 m 是随机游走过程，因此 $E_t m_{t+1}$ 等于 m_t。把这些结果代入(7.30)式可得：

$$x_t = \phi m_t + \frac{1}{4}(1-\phi)(x_{t-1} + 2x_t + E_t x_{t+1}). \tag{7.31}$$

解出 x_t 即得

$$x_t = A(x_{t-1} + E_t x_{t+1}) + (1-2A)m_t, \quad A \equiv \frac{1}{2}\frac{1-\phi}{1+\phi}. \tag{7.32}$$

方程(7.32)是本模型的关键方程。

方程(7.32)把 x_t 表示为 m_t、x_{t-1} 以及 x_{t+1} 的期望的组合。为了求解模型，我们需要将表达式中 x_{t+1} 的期望项消去。我们将用两种不同的方法来求解这个模型，首先使用待定系数法，然后使用滞后算子的方法。待定系数法相对比较简单，但是有时会比较繁琐或者难以处理，这种情形下使用滞后算子则更加有效。

待定系数法

正如第 5.6 节所述，待定系数法的基本想法是，猜测解的通用函数形式，然后利用模型确定准确的系数。在我们所考虑的这个模型中，t 期已知的两个变量为货币冲击 m_t 和上一期设定的价格 x_{t-1}。此外，本模型是线性的，因此，合理的猜测是 x_t 是 x_{t-1} 和 m_t 的线性函数：

$$x_t = \mu + \lambda x_{t-1} + \nu m_t. \tag{7.33}$$

我们的目标是，确定是否存在 μ、λ 与 ν 的值使得上式成为模型的解。

尽管我们现在就可以着手寻找 μ、λ 与 ν 的值，但如果我们首先根据模型对(7.33)式做出一些限制，就可以简化运算过程。我们已经在厂商意愿价格的表达式中把常数项标准化为 0，所以 $p_t^* = p_t + \phi y_t$。其结果是，价格灵活调整时的均衡为 y 等于零，并且每个价格都等于 m。为了理解这一点，我们可以考虑 x_{t-1} 与 m_t 相等的情形，如果 t 期价格制定者也把价格设为 m_t，则经济会处于价格灵活调整下的均衡状态。此外，由于 m 服从随机游走过程，t 期的价格制定者没有理由预期 m_{t+1} 平均而言大于或者小于 m_t，所以在这种情形下，p_t^* 与 $E_t p_{t+1}^*$ 都等于 m_t，这就意味着，价格制定者会选择 $x_t = m_t$。总之，合理的推测是，如果 $x_{t-1} = m_t$，则 $x_t = m_t$。用(7.33)式来表示这个条件即为：

$$\mu+\lambda m_t+\nu m_t=m_t \tag{7.34}$$

该式对于所有 m_t 都成立。

要想让(7.34)式成立,需要两个条件。第一个条件是 $\lambda+\nu=1$,否则(7.34)式就无法对于 m_t 的所有值都成立。第二个条件是,当 $\lambda+\nu=1$ 时,$\mu=0$。把这些条件代入(7.33)式可得:

$$x_t=\lambda x_{t-1}+(1-\lambda)m_t. \tag{7.35}$$

这样,我们的目标就变为寻找可以求解模型的 λ 值。

由于(7.35)式对每一期都成立,$x_{t+1}=\lambda x_t+(1-\lambda)m_{t+1}$。这就意味着,$t$ 期对 x_{t+1} 的期望是 $\lambda x_t+(1-\lambda)E_t m_{t+1}$,这等于 $\lambda x_t+(1-\lambda)m_t$。于是用(7.35)式替换 x_t 可得:

$$\begin{aligned}E_t x_{t+1}&=\lambda[\lambda x_{t-1}+(1-\lambda)m_t]+(1-\lambda)m_t\\&=\lambda^2 x_{t-1}+(1-\lambda^2)m_t.\end{aligned} \tag{7.36}$$

把上式代入(7.32)式可得:

$$\begin{aligned}x_t&=A[x_{t-1}+\lambda^2 x_{t-1}+(1-\lambda^2)m_t]+(1-2A)m_t\\&=(A+A\lambda^2)x_{t-1}+[A(1-\lambda^2)+(1-2A)]m_t.\end{aligned} \tag{7.37}$$

因此,如果价格制定者认为,x_t 的形式如(7.35)式所假设的一样,是 x_{t-1} 和 m_t 的线性函数,则为了最大化其利润,他们确实会把价格设定为这些变量的线性函数。也就是说,如果我们找到了该模型的解,则这两个线性方程必须是相同的。比较(7.35)式与(7.37)式可知,这要求:

$$A+A\lambda^2=\lambda \tag{7.38}$$

和

$$A(1-\lambda^2)+(1-2A)=1-\lambda. \tag{7.39}$$

很容易证明,(7.39)式可以简化为(7.38)式,因此我们只需要考虑(7.38)式。这是一个 λ 的二次方程,其解为:

$$\lambda=\frac{1\pm\sqrt{1-4A^2}}{2A}. \tag{7.40}$$

利用方程(7.32)中 A 的定义,可以证明 λ 的两个值分别为

$$\lambda_1=\frac{1-\sqrt{\phi}}{1+\sqrt{\phi}}, \tag{7.41}$$

$$\lambda_2=\frac{1+\sqrt{\phi}}{1-\sqrt{\phi}}. \tag{7.42}$$

在上述两个值中,只有 $\lambda=\lambda_1$ 可以得到合理的结果。当 $\lambda=\lambda_1$ 时,因为 $|\lambda|<1$,经济是稳定的。相反,当 $\lambda=\lambda_2$ 时,因为 $|\lambda|>1$,经济是不稳定的:微弱的扰动就会让产出趋向于正无穷大或者负无穷大。在这种情况下,诸如卖方不对买方实行配给等模型的潜在假设就不能成立。基于上述原因,我们只讨论 $\lambda=\lambda_1$ 的情形。

在 $\lambda=\lambda_1$ 的情况下，方程(7.35)即为该模型的解：如果价格制定者认为其他厂商都使用该规则设定价格，则他们会发现，使用相同的定价规则是符合其自身利益的。

我们现在可以描述产出的行为。y_t 等于 m_t-p_t，而这又等于 $m_t-(x_{t-1}+x_t)/2$。根据(7.35)式所确定的 x 的行为，这表明：

$$\begin{aligned} y_t &= m_t-\frac{1}{2}\{[\lambda x_{t-2}+(1-\lambda)m_{t-1}]+[\lambda x_{t-1}+(1-\lambda)m_t]\} \\ &= m_t-\left[\lambda\frac{1}{2}(x_{t-2}+x_{t-1})+(1-\lambda)\frac{1}{2}(m_{t-1}+m_t)\right]. \end{aligned} \tag{7.43}$$

利用 $m_t=m_{t-1}+u_t$ 以及 $(x_{t-1}+x_t)/2=p_{t-1}$，我们可以把上式简化为：

$$\begin{aligned} y_t &= m_{t-1}+u_t-\left[\lambda p_{t-1}+(1-\lambda)m_{t-1}+(1-\lambda)\frac{1}{2}u_t\right] \\ &= \lambda(m_{t-1}-p_{t-1})+\frac{1+\lambda}{2}u_t \\ &= \lambda y_{t-1}+\frac{1+\lambda}{2}u_t. \end{aligned} \tag{7.44}$$

模型意义

方程(7.44)是本模型的关键结果。只要 λ_1 是正数(当 $\phi<1$ 时就能满足)，则(7.44)式就意味着总需求冲击对产出具有长期持续效应，即便所有厂商都调整价格之后，该效应仍然会持续起作用。假设经济一开始处于价格灵活调整的均衡状态，从而 y 处于稳态值 0，然后考虑在某个时期大小为 u^0 的正向冲击所造成的影响。在冲击发生的当期，并不是所有厂商都能调整价格，所以 y 显然会上升，根据(7.44)式，$y=[(1+\lambda)/2]u^0$。而在冲击发生的下一期，虽然其余厂商可以调整他们的价格，但即便没有新的冲击，y 也不会回到其正常水平：根据(7.44)式，$y=\lambda[(1+\lambda)/2]u^0$。此后，产出会慢慢回到其正常水平，每期都有 $y_t=\lambda y_{t-1}$。

价格水平对冲击的反应相对于产出的反应来说就好比同一枚硬币的另一面。价格水平在第一期上升$[1-(1+\lambda)/2]u^0$，随后每一期上升的幅度为与 u^0 之间剩余距离的 $1-\lambda$。可见，经济表现出价格水平的惯性。

货币政策具有长期持续实际效应的根源仍然在于价格制定者不愿改变其相对价格。我们知道 $p_{it}^*=\phi m_t+(1-\phi)p_t$，当且仅当 $\phi<1$ 时 $\lambda_1>0$。因此，只有意愿价格是价格水平的增函数时，价格调整才会逐渐、缓慢地进行。假如每个价格制定者都在第一次可调价时就对冲击做出完全的反应，也就是说，在冲击当期可调价的价格制定者会根据冲击完全调整好价格，而其余的厂商将会在下一期这样做，那么 y 将会在第一期上升 $u^0/2$，并在下一期回到正常状态。

当 ϕ 小于 1 时，这种迅速的调整不会达到均衡。为了理解其中的原因，我们可以考虑立即调价的厂商。根据假设，所有价格都会在第二期调节完毕，因此在第二期每个厂商都会设定其利润最大化价格。但是由于 $\phi<1$，当价格水平较低时，利润最大化价格也较低，所以在冲击当期，由于并不是所有价格都能调整，其利润最

大化价格会小于下一期的利润最大化价格。因此,厂商不应在冲击当期完全调整其价格。这反过来又意味着,其余厂商在下一期的最优选择也不是完全调整其价格。若已知厂商不会完全调整其价格,就会进一步抑制冲击当期可调价厂商的初始反应。上述前向与后向交互作用的最终结果是,价格根据方程(7.35)逐步调整。

因此,与预定而非固定价格的模型类似,价格不完全调整的程度在总体上可能会比较大,超过仅仅根据“每期价格不会全部调整”而预期到的不完全调整程度。实际上,在本例中,总体价格粘性的程度甚至更大,因为即使在所有价格都已经调整之后它仍然具有持续效应。此外,较低的 ϕ 值,即较高的实际刚性对于上述结果是至关重要的。如果 ϕ 等于 1,则 λ 为 0,从而每个价格制定者都会在可调价时对 m 的变动完全地调整其价格。如果 ϕ 大于 1,则 λ 为负数,从而 p 在冲击之后的变化会超过 m 的变化,并且经济在此后会在反复震荡中向长期均衡调整。

滞后算子

求解本模型的另一个方法更加具有一般性,即运用滞后算子。我们用 L 表示滞后算子,它是让变量滞后的一个函数。也就是说,滞后算子应用于任何变量都会得到该变量的上期值:$Lz_t=z_{t-1}$。

为了理解滞后算子的用处,假设我们的模型中没有 m 服从随机游走过程的限制。方程(7.30)仍然成立。如果我们按照推导(7.32)式的思路类推,但并不要求 $E_tm_{t+1}=m_t$,则经过简单的代数运算即得:

$$x_t=A(x_{t-1}+E_tx_{t+1})+\frac{1-2A}{2}m_t+\frac{1-2A}{2}E_tm_{t+1}, \tag{7.45}$$

其中 A 与前面的定义一样。我们可以注意到,如果 $E_tm_{t+1}=m_t$,则(7.45)式可以简化为(7.32)。

求解的第一步是用滞后算子重写上式。x_{t-1} 是 x_t 的滞后值:$x_{t-1}=Lx_t$。如果我们采用如下规则,即当 L 应用于涉及期望的表达式时,让变量的时期滞后,不让期望的时期滞后,则 x_t 就是 E_tx_{t+1} 的滞后值:$LE_tx_{t+1}=E_tx_t=x_t$。[1] 我们还可以用 L^{-1} 表示逆滞后算子,则 $E_tx_{t+1}=L^{-1}x_t$。类似地,$E_tm_{t+1}=L^{-1}m_t$。因此,我们可以把(7.45)式重写为:

$$x_t=A(Lx_t+L^{-1}x_t)+\frac{1-2A}{2}m_t+\frac{1-2A}{2}L^{-1}m_t, \tag{7.46}$$

或者

$$(I-AL-AL^{-1})x_t=\frac{1-2A}{2}(I+L^{-1})m_t. \tag{7.47}$$

这里 I 是恒等算子(即对任意 z 都有 $Iz_t=z_t$)。因此$(I+L^{-1})m_t$ 是 $m_t+L^{-1}m_t$ 的简写形式,而$(I-AL-AL^{-1})x_t$ 是 $x_t-Ax_{t-1}-AE_tx_{t+1}$ 的简写形式。

---

[1] 由于 $E_tx_{t-1}=x_{t-1}$,$E_tm_t=m_t$,我们可以把(7.45)式中的所有变量都看作是 t 期的期望值。因此,在随后的分析中,滞后算子都应当解释为把所有变量看作是 t 期的期望值。后退算子 B,不仅让变量的时期滞后,也让期望的时期滞后。因此,$BE_tx_{t+1}=E_{t-1}x_t$。至于滞后算子和后退算子哪个更加有用,则要取决于具体情况。

现在，我们可以把 $I-AL-AL^{-1}$ 因式分解为 $(I-\lambda L^{-1})(I-\lambda L)(A/\lambda)$，其中 λ 仍然由(7.40)式给出。由此可得：

$$(I-\lambda L^{-1})(I-\lambda L)x_t=\frac{\lambda}{A}\frac{1-2A}{2}(I+L^{-1})m_t. \tag{7.48}$$

上述包含滞后算子乘积形式的表达式可以很自然地解释为：$(I-\lambda L^{-1})(I-\lambda L)x_t$ 等于 $(I-\lambda L)x_t$ 减去 λ 乘以用逆滞后算子处理过的 $(I-\lambda L)x_t$ 的简写形式，从而也就等于 $(x_t-\lambda Lx_t)-(\lambda L^{-1}x_t-\lambda^2x_t)$。根据 λ 的定义，并且经过简单的代数运算，即可验证(7.48)式与(7.46)式是等价的。

与前面一样，为了求解模型，我们需要消去涉及内生变量未来期望值的项。在(7.48)式中，由于 $I-\lambda L^{-1}$ 项，E_tx_{t+1} 隐含地出现在了方程左边。因此，我们可以在方程两边同时除以 $I-\lambda L^{-1}$，也就是对(7.48)式两边使用算子 $I+\lambda L^{-1}+\lambda^2L^{-2}+\lambda^3L^{-3}+\cdots$，因为 $I+\lambda L^{-1}+\lambda^2L^{-2}+\cdots$ 乘以 $I-\lambda L^{-1}$ 就是 I，所以左边就等于 $(I-\lambda L)x_t$。而 $I+\lambda L^{-1}+\lambda^2L^{-2}+\cdots$ 乘以 $I+L^{-1}$ 等于 $I+(1+\lambda)L^{-1}+(1+\lambda)\lambda L^{-2}+(1+\lambda)\lambda^2L^{-3}+\cdots$。[1] 因此，(7.48)式变为：

$$(I-\lambda L)x_t=\frac{\lambda}{A}\frac{1-2A}{2}[I+(1+\lambda)L^{-1}+(1+\lambda)\lambda L^{-2}+(1+\lambda)\lambda^2L^{-3}+\cdots]m_t. \tag{7.49}$$

重新把上式写为不含滞后算子的形式可得：

$$x_t=\lambda x_{t-1}+\frac{\lambda}{A}\frac{1-2A}{2}[m_t+(1+\lambda)(E_tm_{t+1}+\lambda E_tm_{t+1}+\lambda^2E_tm_{t+3}+\cdots)]. \tag{7.50}$$

表达式(7.50)用外生货币供给过程刻画了新设定价格的行为。为了研究总价格水平与产出的性态，我们只需把上式代入 p 与 y 的表达式，$p_t=(x_t+x_{t-1})/2$ 与 $y_t=m_t-p_t$。

在 m 服从随机游走过程的特殊情形下，所有的 E_tm_{t+i} 都等于 m_t。这时(7.50)式简化为：

$$x_t=\lambda x_{t-1}+\frac{\lambda}{A}\frac{1-2A}{2}\left(1+\frac{1+\lambda}{1-\lambda}\right)m_t. \tag{7.51}$$

我们可以很容易地证明，表达式(7.38)，即 $A+A\lambda^2=\lambda$，意味着方程(7.51)可以简化为方程(7.35)，即 $x_t=\lambda x_{t-1}+(1-\lambda)m_t$。因此，当 m 服从随机游走过程时，我们可以得到与前面相同的结果。在 m 服从一般性随机过程的情形下，我们也可以解出该模型。

虽然上述滞后算子的运算过程看上去比较神奇，但实际上它不过是标准运算过程的一种紧凑写法。我们也可以首先用简单的代数运算推导出(7.45)（不使用滞后算子），然后根据(7.45)式在每个时期都成立，得到：

---

[1] 由于算子 $I+\lambda L^{-1}+\lambda^2L^{-2}+\cdots$ 是一个无穷总和，这就要求 $\lim_{n\to\infty}(I+\lambda L^{-1}+\lambda^2L^{-2}+\cdots+\lambda^nL^{-n})(I+L^{-1})m_t$ 存在。这需要 $\lambda^nL^{-(n+1)}m_t$（等于 $\lambda^nE_tm_{t+n+1}$）收敛到 0。在 $\lambda=\lambda_1$（从而 $|\lambda|<1$）并且 m 服从随机游走过程的情形下，上述条件是可以满足的。

$$E_t x_{t+k} - AE_t x_{t+k-1} - AE_t x_{t+k+1} = \frac{1-2A}{2}(E_t m_{t+k} + E_t m_{t+k+1}) \quad (7.52)$$

上式对于所有 $k \geqslant 0$ 都成立。[1] 由于(7.52)式左右相等,所以 $k=0$ 时的左边加上 λ 乘以 $k=1$ 时的左边,再加上 λ^2 乘以 $k=2$ 时的左边,如此等等,一定等于当 $k=0$ 时的右边加上 λ 乘以 $k=1$ 时的右边,再加上 λ^2 乘以 $k=2$ 时的右边,如此等等。计算上述表达式即可得(7.50)式。可见,滞后算子并不是关键所在,它们的作用仅仅在于简化记号,并对如何进一步计算给予提示,这一点对于其他方法来说可能不太容易。

7.4 卡沃模型与新凯恩斯—菲利普斯曲线

概述

在泰勒模型中,每个价格生效的时期数都是相同的,这使得讨论超过两期的情形变得极其困难。卡沃模型(Calvo,1983)对泰勒模型做了一个很优美的变形,从而避免了上述问题。卡沃假设,价格变化并不是定期发生,而是随机出现的。具体而言,他假设改变价格的机会服从泊松过程:不论厂商上一次改变价格是什么时候,厂商改变价格的概率在每一期都是相同的。与泰勒模型一样,价格不仅是预先设定的,而且在两次调价期间固定不变。

卡沃模型的定性意义与泰勒模型类似。例如,假设一开始经济中所有厂商的价格都等于货币存量 m,然后在时期 1,m 一次性地永久上升。作为对 m 上升的反应,可以调价的厂商会倾向于提高价格。但是,如果利润最大化价格表达式($p_t^* = \phi m_t + (1-\phi) p_t$)中的 ϕ 小于 1,则厂商会赋予总体价格水平一定权重,而由于并不是所有厂商都可以调整价格,因此厂商的价格调整就会不足。而且,ϕ 越小,该效应越大。因此,与泰勒模型一样,名义刚性(即并不是所有厂商都能在每个时期调整价格)会导致价格水平逐步调整,而实际刚性(即 ϕ 值较低)会放大名义刚性的作用。[2]

可见,卡沃模型的重要性并不在于其数量预测结果,而是体现在以下两个方面:第一,模型可以很容易地刻画任何程度的价格粘性,只需要改变决定厂商每期调价概率的参数即可;第二,模型可以得到关于通货膨胀动态的一个简单表达式,该表达式又被称为新凯恩斯菲利普斯曲线。

推导新凯恩斯菲利普斯曲线

在每个时期,厂商中有 $\alpha(0<\alpha\leqslant 1)$ 的比例会被随机选中来设定新价格。因此,t 期的平均价格等于 α 乘以在 t 期可调价厂商设定的价格 x_t,再加上 $1-\alpha$ 乘以在 t 期不能调价的厂商收取的平均价格。由于可调价厂商是随机选取的(并且厂

---

[1] 我们不能假设(7.52)对于所有 $k<0$ 都成立,其原因在于迭代映射法则并不能用于向后推导:变量在过去某个时期的期望在今天的期望不一定等于该变量在今天的期望。

[2] 参见习题 7.6。

商数量很大)，不能调价的厂商收取的平均价格就等于所有厂商在上一期收取的平均价格。由此可得：

$$p_t = \alpha x_t + (1-\alpha) p_{t-1}, \tag{7.53}$$

其中 p 是平均价格，x 是可调价厂商设定的新价格。将上式两边同时减去 p_{t-1} 即得通货膨胀的表达式：

$$\pi_t = \alpha(x_t - p_{t-1}). \tag{7.54}$$

也就是说，通货膨胀取决于可调价厂商的比例及其设定的相对价格。

由于我们假设了调价机会服从泊松过程，当厂商设定价格时，需要向前展望无穷多期。根据第 7.1 节的讨论，此时应该允许折现。因此，可定价厂商选择最优价格的表达式应该是更具一般性的(7.15)式，而不是没有考虑折现的(7.13)式。我们把(7.15)式带入厂商的定价问题即得在 t 期设定的价格 x_t 为：

$$x_t = \sum_{j=0}^{\infty} E_t \widetilde{\omega}_j E[p_{t+j}^*], \quad \widetilde{\omega}_j = \frac{\beta^j q_i}{\sum_{k=0}^{\infty} \beta^k q_k}, \tag{7.55}$$

其中 β 是折现因子，而 q_j 是价格在 $t+j$ 期仍然有效的概率。卡沃的泊松分布假设表明 q_j 等于 $(1-\alpha)^j$。因此(7.55) 变为：

$$x_t = [1-\beta(1-\alpha)] \sum_{j=0}^{\infty} \beta^j (1-\alpha)^j E_t p_{t+j}^*, \tag{7.56}$$

这里我们用到了 $\sum_{k=0}^{\infty} \beta^k (1-\alpha)^k = 1/[1-\beta(1-\alpha)]$。

在 $t+1$ 期调价的厂商面临着非常相似的问题。时期 t 不再重要，而其他时期的权重都提高了一个相同的比例。因此，用 p_t^* 和 $E_t x_{t+1}$ 来表示 x_t 会很有用处。为此可以把(7.56)式重写为：

$$\begin{aligned} x_t &= [1-\beta(1-\alpha)] E_t p_t^* + \beta(1-\alpha)[1-\beta(1-\alpha)] \left[\sum_{j=0}^{\infty} \beta^j (1-\alpha)^j E_t p_{t+1+j}^*\right] \\ &= [1-\beta(1-\alpha)] p_t^* + \beta(1-\alpha) E_t x_{t+1}, \end{aligned} \tag{7.57}$$

其中第二行利用了 p_t^* 在 t 期是已知的这一条件，以及向前平移了一期的(7.56)式。为了把(7.57) 式与(7.54) 式联系起来，可以在(7.57) 式两边同时减去 p_t，并把 $x_t - p_t$ 重写为 $(x_t - p_{t-1}) - (p_t - p_{t-1})$。由此可得：

$$(x_t - p_{t-1}) - (p_t - p_{t-1}) = [1-\beta(1-\alpha)](p_t^* - p_t) + \beta(1-\alpha)(E_t x_{t+1} - p_t). \tag{7.58}$$

现在我们可以使用(7.54) 式：$x_t - p_{t-1}$ 对应于 π_t/α，$E_t x_{t+1} - p_t$ 对应于 $E_t \pi_{t+1}/\alpha$。并且，$p_t - p_{t-1}$ 就是 π_t，而 $p_t^* - p_t$ 等于 ϕy_t。因此(7.58) 式变为：

$$(\pi_t/\alpha) - \pi_t = [1-\beta(1-\alpha)]\phi y_t + \beta(1-\alpha)(E_t \pi_{t-1}/\alpha), \tag{7.59}$$

或者

$$
\begin{aligned}
\pi_t &= \frac{\alpha}{1-\alpha}[1-\beta(1-\alpha)]\phi y_t + \beta E_t \pi_{t+1} \\
&= \kappa y_t + \beta E_t \pi_{t+1}, \quad k \equiv \frac{\alpha[1-(1-\alpha)\beta]\phi}{1-\alpha}.
\end{aligned}
\tag{7.60}
$$

讨论

方程(7.60)就是新凯恩斯菲利普斯曲线。[1] 与第 6.4 节中的加速主义菲利普斯曲线以及第 6.9 节中的卢卡斯供给曲线类似,该曲线表明,通货膨胀率依赖于核心通货膨胀率(或者预期通货膨胀率)以及产出。较高的产出会提高通货膨胀率,较高的核心通货膨胀率或者预期通货膨胀率也会提高通货膨胀率。

该曲线之所以被称为“新”菲利普斯曲线,主要是由于该曲线的两个特点。第一,该曲线的推导需要对面临价格调整障碍的价格制定者的行为进行加总。第二,右边的通货膨胀项与以前的菲利普斯曲线有所不同。在加速主义菲利普斯曲线中,通货膨胀项是上期的通货膨胀率。在卢卡斯供给曲线中,通货膨胀项是预期的当期通货膨胀率。而在这里,该项是当期对下一期通货膨胀率的预期。这些差别都是至关重要的,我们将在第 7.6 节回到这个问题。

尽管卡沃模型可以得到通货膨胀的一个非常优美的表达式,但该模型的广泛意义是来自于交错价格调整的一般化假设,而不是泊松过程的特定假设。例如,可以证明,在泰勒模型中价格设定的基本方程 $x_t=(p_t^*+E_t p_{t+1}^*)/2$[即方程(7.30)]意味着:

$$
\pi_t^x = E_t \pi_{t+1}^x + 2\phi(y_t + E_t y_{t+1}), \tag{7.61}
$$

其中 π^x 是新设定价格的增长率。虽然(7.61)式不如(7.60)式那样简单,但两者所揭示的基本信息是一样的:通货膨胀率的某个衡量指标依赖于预期未来通货膨胀率的衡量指标以及期望产出。

7.5 状态依存定价

费希尔模型、泰勒模型与卡沃模型假设价格调整的时机是纯粹依赖于时间的。与这种假设相比,另一个极端则是假设调整的时机完全依赖于状态。例如,许多零售商店都可以随着经济的发展状况相对自由地改变其调价的时间。下面,我们就来分析一下状态依存定价。

状态依存定价分析的基本启示是,对于一定的平均价格调整频率来说,状态依存定价会使得总体价格水平在宏观经济扰动下得到更迅速的调整。这个结论主要来自两大原因。一个原因是频率效应:在状态依存定价下,货币冲击越大,则改变价格的厂商数量就越多。另一个原因是选择效应:在不同的冲击下,做出调价反应的厂商组成不同。在本节中,我们会分别讨论研究这两种效应的模型。

---

〔1〕 新凯恩斯菲利普斯曲线最初是由罗伯茨(Roberts,1995)推导得出的。

频率效应：卡普林—施普尔伯模型

我们要介绍的第一个模型是卡普林—施普尔伯模型。模型中时间设定为连续的，且名义 GDP 保持增长，再加上“没有厂商特定冲击”的假设，我们可以得出，利润最大化价格会一直上升。假设价格制定者所遵循的具体状态依存定价法则是 Ss 法则。也就是说，每当厂商可以调价时，就设定价格使得实际价格与最优价格之间的差额 $p_i - p_t^*$ 等于某个目标水平 S。此后该厂商保持其名义价格不变，直到货币增长促使 p_t^* 提高，使得 $p_i - p_t^*$ 降低到某个临界水平 s。这时，不论上次调价的时间过去了多久，该厂商都重新把 $p_i - p_t^*$ 设定为 S，于是调价过程重新开始。

当通货膨胀比较稳定，总产出固定不变，并且每次名义价格调整都存在固定成本时，上述 Ss 法则是最优的[巴罗(Barro，1972)；谢辛斯基和韦思(Sheshinski and Weiss，1977)]。此外如卡普林和施普尔伯所述，在某些情况下，通货膨胀和产出并不是常数，但该法则也是最优的。即使该法则并不是最优的，它也为状态依存定价提供了一个简单而又易于处理的例子。

在上述假设的基础上再加入两个技术性假设即可完成对本模型的描述。第一，为了防止价格差额低于 s，也为了避免价格制定者设定的价格分布过于集中，假设 m 的变化是连续的。第二，假设 $p_i - p_t^*$ 在价格制定者中的初始分布是 s 和 S 之间的均匀分布。我们继续使用第 7.1 节中的假设，即 $p_t^* = (1-\phi)p + \phi m$，其中 p 是所有 p_i 的平均值，并且 $y = m - p$。

在这些假设下，尽管在价格制定者的微观个体层面上价格是粘性的，但总需求的影响因素在总体层面上是完全中性的。为了理解这一点，我们可以考虑 m 在某些时期上升的情况，假设上升的幅度为 $\Delta m(\Delta m < S-s)$。我们要找出由此所导致的价格水平变化和产出变化，Δp 和 Δy。由于 $p_t^* = (-\phi)p + \phi m$，每个厂商的利润最大化价格会上升 $(1-\phi)\Delta p + \phi\Delta m$。我们知道，只有当 $p_i - p_t^*$ 下降到低于 s 时，厂商才会改变其价格，从而只有 $p_i - p_t^*$ 的初始值低于 $s + [(1-\phi)\Delta p + \phi\Delta m]$ 的厂商才会改变价格。由于 $p_i - p_t^*$ 的初始值服从在 s 到 S 之间的均匀分布，这就表明调价厂商的比例为 $[(1-\phi)\Delta p + \phi\Delta m]/(S-s)$。每个调价的厂商都在 $p_i - p_t^*$ 达到 s 时改变价格，因此单次价格变化的幅度均为 $S-s$。综合上述可得：

$$\begin{aligned}\Delta p &= \frac{(1-\phi)\Delta p + \phi\Delta m}{S-s}(S-s) \\ &= (1-\phi)\Delta p + \phi\Delta m.\end{aligned} \tag{7.62}$$

方程(7.62)意味着 $\Delta p = \Delta m$，从而 $\Delta y = 0$，也就是说，货币变动并不会影响总产出。[1]

本模型的结论与时间依存价格调整模型的结论具有显著区别，其原因在于，在任何时候调价厂商的数量都是内生的。在卡普林—施普尔伯模型中，当总需求上

---

〔1〕 此外，这个结果有助于证实 $p_i - p_t^*$ 在 s 到 S 之间服从均匀分布的假设。对于每个厂商来说，$p_i - p_t^*$ 在两次调价期间都会把 s 到 S 之间的所有值遍历一次。因此，我们没有理由认为该区间内任何地方的分布会过于集中。实际上，卡普林和施普尔伯证明，在简单的假设下，既定厂商的 $p_i - p_t^*$ 在 s 到 S 区间内取任何值的概率都相等。

升较快时,调价厂商的数量就会较大。根据卡普林和施普尔伯的具体假设,这一设定的影响在于总价格水平会对 m 的变化做出充分的反应。相反,在费希尔、泰勒与卡沃模型中,调价厂商的数量是固定不变的,因此价格水平并不会对 m 的变化做出充分反应。可见,本模型确实体现了频率效应。

选择效应:丹齐格—戈洛索夫—卢卡斯模型

关于价格调整的一个关键事实是,不同厂商和产品之间的价格调整存在巨大的差异(我们将在下一节详细讨论这个问题)。例如,即使是在中度通货膨胀的经济中,也有很大一部分价格调整是降价。

将这种异质性引入状态依存定价,实际上是提供了抑制名义扰动的另一种渠道。在状态依存定价下,调价厂商的组成会随着冲击发生变化。例如,在正向的货币冲击下,调价厂商都会提高价格。其结果是,不仅调价厂商的数量会对冲击做出反应,平均的调价幅度也会做出反应。

这里,我们用一个简单的例子来说明上述观点。本模型基于丹齐格(Danziger,1999),但是基本思想类似于更加复杂的戈洛索夫和卢卡斯模型(Golosov and Lucas,2007)。

每个厂商在 t 期的利润最大化价格依赖于总需求 m_t 与一个特定变量 ω_{it},ω 在各厂商之间是独立的。为了简单起见,在价格设定法则中把 ϕ 设为 1,从而 $p_{it}^*=m_t+\omega_{it}$,其中 p_{it}^* 表示厂商 i 在时期 t 的利润最大化价格。

为了尽量突出选择效应的作用,我们对 m 和 ω 的行为做出了较强的假设。假定时间是离散的。m 一开始是常数,并且不受冲击的影响。每个厂商的 ω 都服从随机游走过程。ω 的更新表示为 ε,ε 可正可负,并且在一个较大的区间范围内服从均匀分布。

当利润最大化价格如本例情形一样可高可低时,Ss 规则可以类推为一种双向 Ss 规则。当厂商的实际价格与利润最大化价格之间的差额 $p_i-p_i^*$ 受到冲击推动,高于某个上界 S,或者低于某个下界 s 时,厂商会把 $p_i-p_i^*$ 重设为某个目标水平 K。与卡普林—施普尔伯模型中的单向 Ss 规则类似,在恰当的假设下,当价格调整具有固定成本时双向规则是最优的。但是,此处我们仍然仅仅是假设厂商采用这种规则。

我们说 ε 的分布较广的理由是不论初始价格是多少,厂商都有可能提高价格,也有可能降低价格。具体而言,令 A 与 B 分布表示 ε 的分布下界与分布上界。于是,我们的假设就是 $S-B<s$,并且 $s-A>S$,或者等价地说,$B>S-s$ 且 $A<-(S-s)$。为了理解这些假设的意义,我们可以考虑处于上界 S 的厂商,它很可能即将降价。$B>S-s$ 的假设意味着,如果抽到 ε 的最大可能实现值,则厂商的 $p-p^*$ 会低于其下界,厂商会提高价格。因此,所有厂商在每一期都有机会提高价格。类似地,$A<-(S-s)$的假设意味着所有厂商在每一期都有机会降低价格。

该模型的稳态相对比较简单。一开始,所有的 $p_i-p_i^*$ 都处于 s 到 S 之间。对于任何处于这个区间的 $p_i-p_i^*$,存在长度范围为 $S-s$ 的一系列 ε 值,使得 $p_i-p_i^*$ 仍保持在 s 到 S 之间。因此,厂商不调价的概率为$(S-s)/(B-A)$。在不调价的条件下，$p_i-p_i^*$ 在区间$[s,S]$上服从均匀分布。厂商调整价格的概率为 $1-[(S-s)/(B-A)]$，在这种情形下厂商的 $p_i-p_i^*$ 等于重置水平 K。

上述分析表明，$p_i-p_i^*$ 的分布由两部分构成，一部分是区间$[s,S]$上密度为 $1/(B-A)$的均匀分布，另一部分则是位于 K 且概率质量为 $1-[(S-s)/(B-A)]$的峰值部分。如图 7.1 所示。方便起见，我们假设 $K=(S+s)/2$，从而重置价格为 s 到 S 的中点。

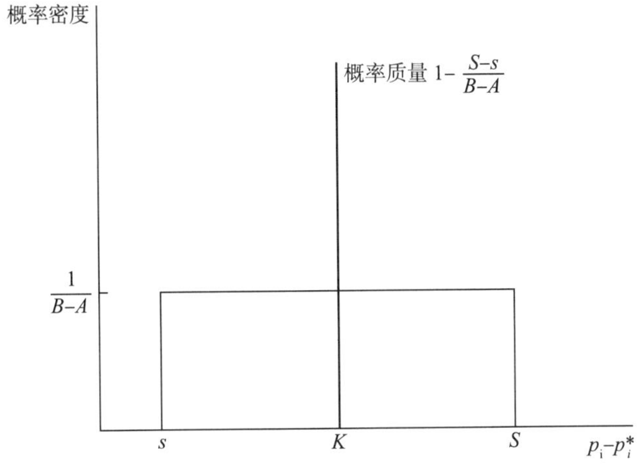

图 7.1　丹齐格模型的稳态

现在考虑一个一次性货币冲击。具体而言，假设在某个时期末，在厂商作出价格调整决策之后，m 出现了一次预料之外的上升，幅度为 Δm（$\Delta m<K-s$）。[1]这一变化会把所有的 p_i^* 提高 Δm，也就是说，图 7.1 中的分布会向左平移 Δm。由于价格是状态依存的，厂商可以在任何时候改变价格，因此，$p_i-p_i^*$ 低于 s 的厂商会把 $p_i-p_i^*$ 提高到 K。由此得到的分布如图 7.2 所示。

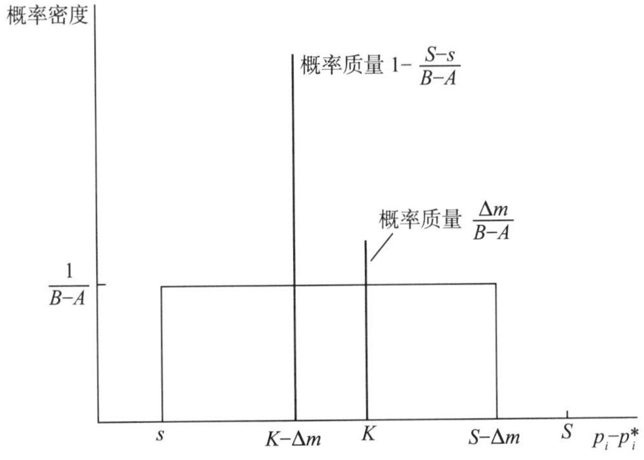

图 7.2　丹齐格模型中货币扰动的初始效应

---

〔1〕 预料之外的下降在幅度小于 $s-k$ 时会产生类似的影响。

这里的关键点在于,调价的厂商并不是厂商中的一个随机样本。相反,他们是价格低于其最优价格的幅度最大的厂商,从而也是最想让价格大幅上升的厂商。当 Δm 较小时,调价厂商的提价幅度约为 $K-s$。对比之下,如果按照时间依存模型的逻辑,我们随机选择可以调价的厂商,则他们的平均提价幅度为 Δm。[1] 可见,选择效应可以大幅提高初始的价格反应。

现在考虑冲击的下一期:没有进一步的货币冲击,而且厂商的特定冲击行为与平常一样。但是,由于初始的货币扰动,现在接近 S 的厂商相对较少了。因此,在特定冲击下将要调整价格的厂商会向[s,S]区间的左边移动,从而价格变动中的提价会增加。根据本模型的强假设,$p_i-p_i^*$ 的分布在一期之后就会回到其稳态。而 $p_i-p_i^*$ 的分布不变等价于 p_i 的分布与 p_i^* 的分布变化相同。也就是说,实际价格在平均意义上会对 m 的上升做出完全调整。即使在当期调价厂商的比例与平常(即所有厂商按照概率 $1-[(S-s)/(B-A)]$调整价格)完全一样,或者所有当期价格变化都是对厂商特定冲击的反应,这种现象也仍会出现。

讨论

丹齐格—格罗索夫—卢卡斯模型展示了一个截然不同的作用机制,使得状态依存定价同样可以抑制货币冲击的实际效应。在卡普林—斯鲍伯模型中,这种抑制作用是通过频率效应达到的,调价厂商的比例会对 m 的变动做出反应。相反,在丹齐格—格罗索夫—卢卡斯模型中,这种抑制作用是通过选择效应达到的,调价厂商的构成会对 m 的变动做出反应。在前面分析的这个具体模型中,选择效应出现了两次:第一次减弱了货币冲击在当期对产出的影响,第二次则使得货币冲击在一期之后完全失效。

上述例子中的假设是为了尽量突出频率效应和选择效应。丹齐格—戈洛索夫—卢卡斯模型假设了厂商特定冲击在较大区间范围内服从均匀分布,这个必要假设是为了得到货币冲击在一期之后就失效的较强结论。如果分布的区间范围较窄,则货币冲击的影响会更加持久。类似地,如果冲击不是均匀分布,则通常会导致厂商设定的价格服从非均匀分布,会弱化频率效应。此外,如果允许实际刚性(即允许厂商意愿价格表达式中的 ϕ 小于 1),则会导致非调价厂商的行为对调价厂商造成影响,导致货币冲击的作用更大并更加持久。

同理,如果我们在卡普林—施普尔伯模型中同时引入负向和正向的货币冲击,就会得到双向 Ss 规则,货币冲击就会产生实际效应[参见卡普林(Caplin)和里希(Leahy,1991)以及习题 7.7]。此外,S 和 s 的值会随着总需求的变化而发生改变。例如,如果今天的高货币增长率预示着未来的货币增长率也较高,则厂商会在正向货币冲击下扩大其 Ss 规则的区间。其结果是,短期内将没有厂商会改变价格(因为没有厂商会处于较低的新触发点 s),正向冲击会提高产出[齐东(Tsiddon,1991)]。

---

[1] 在 $K=(S+s)/2$ 的假设下,平均提价幅度为 Δm 的结论是完全正确的。但如果这个条件不满足,则只要 $K-S<\Delta m<K-s$,随机选中厂商的平均提价幅度中就会包含一个不依赖于 Δm 的符号或者大小的常数项。

简言之,本节中各种简单情形下所得到的较强结论都不是稳健的。稳健的结果是,状态依存定价会自然地产生频率效应和选择效应,而且这些效应具有数量上的重要性。例如,戈洛索夫和卢卡斯证明,在模型经过更加仔细的校准后,货币冲击在状态依存定价下的影响会远远小于其在时间依存定价下的影响。

7.6 实证应用

价格调整的微观证据

在我们前面分析的模型中,一个核心的假设是,在厂商层面存在某种价格调整障碍。因此,我们自然可以从微观层面入手来研究定价策略。这种办法有助于我们理解是否存在价格调整障碍,以及如果存在,这些障碍会以何种形式出现。

目前,已经有大量学者对价格调整的微观基础进行了研究和探讨。在有关美国价格调整的研究中,涉及范围最广泛的包括布林德(Blinder,1998)进行的厂商调查,克莱诺和克里斯托弗(Klenow and Kryvstov,2008)对消费者价格指数背后的数据所做的分析,以及中村和斯坦森(Nakamura and Steinsson,2008)对消费者价格指数和生产者价格指数背后的数据所做的分析。布林德以及中村和斯坦森所做的分析表明,中间产品的平均价格调整间隔为一年。然而,克莱诺和克里斯托弗以及中村和斯坦森的分析都发现,最终产品和服务的价格调整价格间隔一般仅为4个月。

然而,上述文献的关键结论并不在于价格调整频率的总体统计结果,而在于价格调整并不具有任何简单的模式。图7.3来自希瓦利埃、卡施亚普和罗西(Chevalier,Kashyap and Rossi,2000),记录了1989~1997年某超市所售盒装9.5盎司Triscuit饼干的价格。显然,该价格的变化很难用简单的规律来概括。一个适用于许多产品的明显特点是,临时促销价格比较普遍。也就是说,价格通常直线下降,然后再迅速提高,并且通常是回到其原来的价格水平。除了促销比较普遍之外,我们很难看出任何有规律的模式。促销发生的时间长短与时间间隔都是没有规律的;每次促销的降价幅度都有所不同;正常价格的调整时间间隔各不相同;正常价格有时上升,有时下降;正常价格的调整幅度也时大时小。该研究记录的其他结论包括:产品之间的价格调整频率存在巨大的差异;一些价格的调整间隔非常有规律,通常为一年一次;价格调整中有很大一部分是降价(包括正常价格和促销价格),即使在通货膨胀比较明显的时期也是如此;许多产品存在另一种促销形式,即降价之后并不会回到正常价格,而是(也许在经过进一步降价之后)该产品退出市场(即清仓促销)。

因此,微观证据并不能明确表明我们在建立宏观经济模型时应该对价格调整采取何种假设。时间依存模型与现实数据基本上是冲突的,而纯粹的状态依存模型也不能很好地解决这个问题。时间依存模型与调整间隔极其不规律的现实相冲突。纯粹状态依存模型主要是与以下两个事实明显冲突:价格生效的时间通常正好为一年,以及促销之后价格具有回到初始价格的强烈倾向。

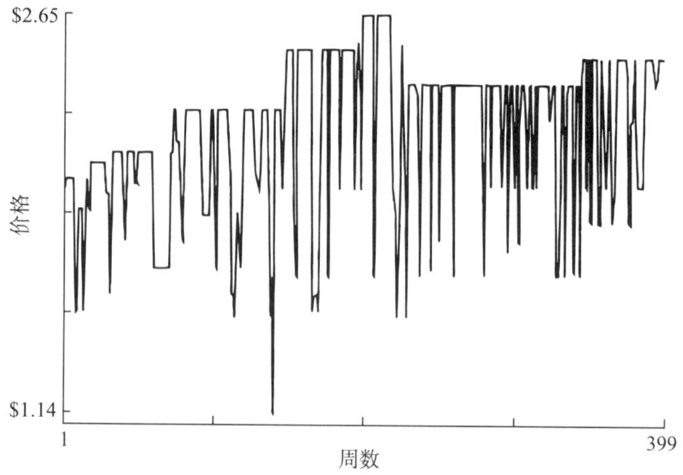

图 7.3　盒装 9.5 盎司 Triscuit 饼干的价格[来自希瓦利埃、卡施亚普和罗西(2000),已授权]

在思考价格调整现象对经济总体的含义时,一个关键的问题是如何处理促销问题。一种极端的想法是,将促销完全看作是机械的。例如,设想一名商店经理接到通知,需要每周对店内占总销售额达 10%的代表性商品进行平均幅度为 20%的促销。在这种情况下,促销价格不会对宏观经济状况做出反应,因此在考虑宏观经济问题时就应该忽略促销价格。但是,如果我们决定排除促销,就会面临着如何定义促销以及如何处理由此带来的观测值缺失等问题。不过,克莱诺和克里斯托弗以及中村和斯坦森的分析表明,在众多最终产品中,正常价格调整频率的中位数约为每 7 个月一次。促销对于中间产品相对不那么重要,因此考虑中间产品的促销对于估计价格调整的平均频率没有什么影响。

另一种可能性是,促销价格会对宏观经济形势作出反应。例如,当经济不景气时,促销可能会更加频繁,并且幅度更大。在这种极端情形下,考虑到价格调整的微观证据所具有的宏观经济意义,促销价格绝不能从数据中剔除。

这些数据涉及的宏观意义上的另一个关键问题是异质性。中位数是一个常见的描述统计量,而我们在上述分析中所使用的也正是各种产品价格调整频率的中位数。然而,中位数却掩盖了数据背后巨大的取值范围。有的商品通常会每月进行多次价格调整,而有的商品则往往一年还调整不到一次。卡瓦略(Carvalho,2006)提出了下述问题。假设经济由一个异质性模型所刻画,但是某研究者希望用一个只有单一调整频率的模型来拟合该经济对各种货币扰动所做出的反应。那么,研究者应该选择哪一个频率?卡瓦略证明,大多数情况下,研究者会选择低于中位数或者平均值的调整频率。此外,低于中位数或者平均值的程度会被实际刚性放大:随着实际刚性增加,价格粘性最大的厂商的重要性会增加。卡瓦略证明,为了尽量用一个单部门模型来拟合经济对冲击的反应,研究者所使用的价格调整频率通常为各厂商中位数的 1/3~1/2。可见,异质性具有重要作用。

最后,莱维、卑尔根、杜塔和维纳布尔(Levy,Bergen,Dutta and Venable,1997)研究了价格调整的成本而不是价格本身。具体而言,他们调查了在超市调整价格的过程中所涉及的每一个步骤的数据，如在货架上贴新价格标签的成本，在计算机系统中输入新价格的成本，以及核对价格和纠正错误的成本。然而，这种方法并没有考虑到，在宏观扰动下，可能会存在更巧妙而且更经济的价格调整方法。例如，商店可以使用一个醒目的打折标识，用于在结算时从总金额中扣除一个比例，这样商店就只需要改变打折幅度，而不需要改变货架上的价格标签。改变打折幅度的成本会远小于改变店内所有商品价格标签的成本。

尽管存在上述局限，了解价格调整的成本大小仍然是比较有意义的。莱维等人的基本发现是，调整成本要比想象中高得多。在他们的样本中，价格调整的平均花费达到了收益的 0.5%～1%。换句话说，在 1991～1992 年，样本商店进行一次价格调整的平均成本接近 1 美元(按 2017 年价格折算)。因此，认为名义价格调整的实际成本极其微小这一说法并不总是正确的：对于莱维等人所考虑的商店来说，这种成本尽管不大，却也绝不是可以忽略不计的。

简而言之，关于实证价格调整的微观基础及其宏观意义的研究特别活跃。除上述讨论之外，最新的一些研究包括戈皮纳特和里哥本(Gopinath and Rigobon, 2008)，米德瑞根(Midrigan, 2011)，以及克莱诺和威利斯(Klenow and Willis, 2016)。

通胀惯性

前面，我们已经讨论了三种包含通货膨胀和产出的总供给关系：第 6.4 节中的加速主义菲利普斯曲线，第 6.9 节中的卢卡斯供给曲线，以及第 7.4 节中的新凯恩斯菲利普斯曲线。尽管这三种关系看上去大体相似，但实际上它们的含义具有显著的差别。为了理解这一点，我们可以考虑一个思想实验，假设某个没有外来冲击的经济中通胀预期下降。加速主义菲利普斯曲线 $\pi_t=\pi_{t-1}+\lambda(y_t-\bar{y}_t)$[参见(6.23)～(6.24)式]表明，反通货膨胀要求产出低于正常水平。卢卡斯供给曲线 $\pi_t=E_{t-1}\pi_t+\lambda(y_t-\bar{y}_t)$[参见(6.86)式]表明，反通货膨胀不需要付出产出下降的代价就可以实现。最后，对于新凯恩斯菲利普斯曲线[方程(7.60)]，我们可以将其重写为

$$E_t[\pi_{t+1}]-\pi_t=\left(\frac{1-\beta}{\beta}\right)\pi_t-\frac{\kappa}{\beta}(y_t-\bar{y}_t). \tag{7.63}$$

其中，β 接近于 1，$[(1-\beta)/\beta]\pi_t$ 项很小，而如果预期通货膨胀下降，则 $E_t[\pi_{t+1}]-\pi_t$ 为负。因此新凯恩斯菲利普斯曲线表明，预期到的反通货膨胀与产出的迅速上升有关。

除非产出降低，否则通货膨胀将居高不下，这种观点通常被认为是承认存在通胀惯性。也就是说，“通胀惯性”并不是指通货膨胀高度序列相关，而是指降低通胀的成本比较昂贵。在前面介绍的三种菲利普斯曲线中，只有加速主义曲线意味着通胀惯性。卢卡斯供给曲线说明不存在惯性，而新凯恩斯菲利普斯曲线(以及其他交错价格模型)则意味着存在“逆惯性”[参见鲍尔(Ball, 1994a)以及菲雷尔和穆尔(Fuhrer and Moore, 1995)]。

鲍尔(Ball, 1994b)提出了一个简明易懂的办法来检验通胀惯性。根据 1960～

1990 年包含 9 个工业国家的数据,他观察到了 28 次通胀明显下降的事件。据他报告,在所有 28 个案例中,当时的观察者都把通胀下降归结为货币政策的结果。因此,根据通胀惯性存在的观点,产出在这些案例中应该会低于正常水平;根据卢卡斯供给曲线,产出与正常水平之间没有系统性差异;而根据新凯恩斯菲利普斯曲线,产出则应该会高于正常水平。鲍尔发现,观察到的证据压倒性地支持通胀惯性:在 28 个案例中,有 27 个案例的产出在反通货膨胀期间都低于他估计的正常水平。

但是,鲍尔根据事后通胀结果来选择案例的方法可能会导致偏差。具体而言,假设反通货膨胀具有重要的意料外成分,如果制定价格的依据是预期总需求高于实际水平,则各案例中的产出下降并没有与任何模型产生明显的矛盾。

因此,盖里和格特勒(1999)采用了更加正规的计量方法。他们的主要兴趣在于检验加速主义观点与新凯恩斯主义观点。他们首先设定了一个综合前瞻和后顾因素的菲利普斯曲线:

$$\pi_t=\gamma_b\pi_{t-1}+\gamma_f E_t\pi_{t+1}+\kappa(y_t-\bar{y}_t)+e_t. \tag{7.64}$$

他们指出,$\kappa(y_t-\bar{y}_t)$项是用来刻画厂商实际边际成本的行为。当产出高于正常水平时,边际成本较高,这会提高厂商想收取的相对价格。例如,在第 7.1 节中,当产出上升时,由于实际工资增加,意愿的相对价格也会上升。于是,盖里和格特勒尝试了一个更加直接的方法来估计边际成本。实际边际成本等于实际工资除以劳动的边际产出。如果生产函数是柯布—道格拉斯函数,即 $Y=K^{\alpha}(AL)^{1-\alpha}$,则劳动的边际产出是$(1-\alpha)Y/L$,实际边际成本为$wL/[(1-\alpha)Y]$,其中 w 是实际工资。也就是说,边际成本与劳动收入的份额成比例[参见斯博尔多内(Sbordone,2002)]。因此,盖里和格特勒着重考察了下面的方程:

$$\pi_t=\gamma_b\pi_{t-1}+\gamma_f E_t\pi_{t+1}+\lambda S_t+e_t, \tag{7.65}$$

其中 S_t 是劳动收入的份额。[1]

盖里和格特勒利用美国 1996～1997 年的季度数据估计了(7.65)式。[2] 得到的估计值如下:

$$\pi_t=\underset{(0.020)}{0.378}\,\pi_{t-1}+\underset{(0.016)}{0.591}\,E_t\pi_{t+1}+\underset{(0.004)}{0.015}\,S_t+e_t, \tag{7.66}$$

其中,括号中的数字为标准差。可见,他们的结果似乎为前瞻预期的重要性提供了强有力的证据。

然而,拉德和韦伦(Rudd and Whelan)在一系列论文中证明,数据实际上并不能支持新凯恩斯菲利普斯曲线(特别参见拉德和韦伦,2005,2006)。他们提出了两个关键问题。第一个问题涉及劳动份额。盖里和格特勒对于在菲利普斯曲线中引

---

〔1〕 如果生产服从柯布—道格拉斯函数,那么劳动份额会如何变化? 在完全竞争的条件下(以及当价格为边际成本的固定加成时的不完全竞争条件下),劳动份额不会变化。但是,如果价格并不是完全灵活调整的,劳动份额就可能会发生变化。例如,如果价格固定不变的厂商在当前工资水平下雇用了更多的劳动,则产出提高的比例会低于劳动增加的比例,从而劳动份额会上升。

〔2〕 为了简单起见,他们的估计过程在此略去不论,但有必要指出,我们并没有 $E_t\pi_{t+1}$ 的观察数据。第 8.3 节讨论了当存在预期变量时的估计问题。

入劳动份额的想法是,这样做可以刻画产出上升时厂商边际成本的增加。然而,拉德和韦伦(2005)指出,实际上劳动份额在经济繁荣时比较低,而在衰退时比较高。根据盖里和格特勒的分析框架,这就意味着在经济繁荣时期,按灵活价格计算得到的产出上升会超过实际上升幅度,从而边际成本会比较低。然而,一种更合理的可能性是,存在一些盖里和格特勒没有考虑到的因素使得劳动份额随着经济周期发生了变化,劳动份额不适合用作边际成本的代理变量。

由于劳动份额是逆周期的,预期未来通胀前的系数较大,并且劳动份额前的系数为正[参见(7.66)式],这就表明通货膨胀倾向于在衰退时高于未来通胀率,而在繁荣时低于未来通胀率。也就是说,通货膨胀率倾向于在衰退时下降,在繁荣时上升,这与加速主义菲利普斯曲线是一致的,但并不符合新凯恩斯菲利普斯曲线。

拉德和韦伦提出的第二个问题是关于当前通胀率所包含的信息。用一个通用的边际成本变量 mc_t 替换 y_t,并把新凯恩斯菲利普斯曲线(7.60)向前迭代即得:

$$\begin{aligned}\pi_t &= \kappa mc_t + \beta E_t\pi_{t+1} \\ &= \kappa mc_t + \beta[\kappa E_r mc_{t+1} + \beta E_t\pi_{t+2}] \\ &= \cdots \\ &= \kappa\sum_{t=0}^{\infty}\beta^i E_t mc_{t+i}.\end{aligned} \tag{7.67}$$

因此,模型表明,通货膨胀是预期未来边际成本的函数,可以用于预测边际成本。但是,拉德和韦伦(2005)说明了,这个假设是没有根据的。当使用 $y-\bar{y}$ 的估计值作为边际成本的代理变量时,通货膨胀的预测能力很小,并且与模型所指明的方向不同。当使用劳动份额来测算边际成本时(根据拉德和韦伦提出的第一个批评观点,劳动份额可能不适合作为代理变量),情况也只是略微好转。可见,通货膨胀对边际成本的预测能力并不稳健,并且在拉德和韦伦提出的模型设定下几乎完全失效。他们还发现,混合的菲利普斯曲线在这方面的表现也是差强人意(参见拉德和韦伦,2006)。于是,他们得出结论,没有任何证据能够支持新凯恩斯菲利普斯曲线。[1]

上述分析可以归结为两点。第一,关于菲利普斯曲线的正确形式,我们的证据仍然十分有限。盖里和格特勒以及拉德和韦伦之间的争论,乃至后面对新凯恩斯菲利普斯曲线的计量分析[例如金和普罗索(King and Plosser,2005)],都没能通过正式的计量研究得到明确结论。这就使得我们只能使用非正式的证据,例如鲍尔所提出的并不严密的证据。第二,尽管证据并不确凿,但它们指出了通胀惯性这一正确方向,而且并不支持新凯恩斯菲利普斯曲线。

基于上述证据,研究者在试图拟合经济周期中重要动态特征时通常会对价格制定模型做出修改,使其隐含通胀惯性(这些修改常常需要使用下一节将学习到的方法)。然而,由于形式上较为简单且优美,新凯恩斯菲利普斯曲线仍然经常用于

---

〔1〕 上述讨论并没有解释为何盖里和格特勒的估计结果与新凯恩斯菲利普斯曲线拟合得很好。拉德和韦伦认为这与盖里和格特勒的具体估计方法有关,我们在此不去深究。大体上说,拉德和韦伦的意思是,由于通货膨胀是高度序列相关的,使估计方法有效的条件即便有一丁点不满足,也可能会造成 $E_t\pi_{t+1}$ 的系数出现大幅的上偏。

理论模型。鉴于这种情况,我们将在第 7.8 节和第 12 章重新回到这个问题,但也将在第 7.9 节再次讨论该曲线在实证研究上的难点。

7.7 具有通胀惯性的交错价格调整模型

上一节中的证据说明,我们所分析的动态价格调整模型的微观基础具有一个主要缺陷,即它们并不能解释通胀惯性。因此,在近期关于价格调整的研究中,一个关注的焦点就是如何在模型中引入通胀惯性。一般而言,最常见的方法是,假设厂商的价格在两次评估之间并不是固定不变的,而是通过某种方式进行调整,并且这些调整受历史通货膨胀率或者过去关于通货膨胀率的信念的影响。在这样的假设下就会存在通胀惯性。

上述做法中最有名的两种方法分别来自克里斯蒂亚诺、埃岑鲍姆和埃文斯(Christiano, Eichenbaum and Evans, 2005)与曼昆和雷斯(Mankiw and Reis, 2002)。克里斯蒂亚诺、埃岑鲍姆和埃文斯假设在两次价格评估之间,价格根据历史通货膨胀率来进行调整。这使得历史通胀率在价格行为中起到了直接作用,但我们尚不清楚这是否能合理地刻画微观经济中的关键行为。曼昆和雷斯使用了费希尔的假设,即价格是预先确定的,但不是固定不变的。这使得过去对通货膨胀大小的信念能够影响价格变化,从而会产生类似于通胀惯性的经济行为。但是,与费希尔相比,他们的假设意味着两次评估之间的间隔可能会很长,因此具有重要的数量意义。然而,他们的关键假设对于微观经济行为的现实意义仍然不明朗。

CEE 模型:指数化的新凯恩斯菲利普斯曲线

克里斯蒂亚诺、埃岑鲍姆和埃文斯从卡沃的假设入手来进行研究,即厂商制定其价格的机会服从泊松过程。与第 7.4 节中的基准卡沃模型一样,α 表示既定时期可以制定价格的厂商比例。克里斯蒂亚诺、埃岑鲍姆和埃文斯与卡沃的不同之处在于他们对于两次定价之间厂商如何行动的假设:他们并不假定价格是固定不变的,而是假设厂商的行为与上一期通货膨胀率挂钩。这个假设刻画了一个事实:即使不能完全重新决定价格,厂商也可以根据经济总体的通胀水平采取行动。假设厂商行为与滞后的通胀率而不是当前通胀率挂钩,这反映了厂商不能持续获得和利用所有可用信息的现实情况。

我们对该模型的分析与第 7.4 节中对卡沃模型的分析类似。由于在给定时期可以定价的厂商是随机确定的,第 t 期不能定价的厂商的平均(对数)价格为 $p_{t-1}+\pi_{t-1}$,所以 t 期的平均价格为:

$$p_t=(1-\alpha)(p_{t-1}+\pi_{t-1})+\alpha x_t, \tag{7.68}$$

其中 x_t 为可以定价的厂商所设定的价格。方程(7.68)表明:

$$\begin{aligned}
x_t-p_t&=x_t-[(1-\alpha)(p_{t-1}+\pi_{t-1})+\alpha x_t]\\
&=(1-\alpha)x_t-(1-\alpha)(p_{t-1}+\pi_{t-1})\\
&=(1-\alpha)(x_t-p_t)-(1-\alpha)(p_{t-1}+\pi_{t-1}-p_t)\\
&=(1-\alpha)(x_t-p_t)+(1-\alpha)(\pi_t-\pi_{t-1}).
\end{aligned} \tag{7.69}$$

因此，

$$x_t - p_t = \frac{1-\alpha}{\alpha}(\pi_t - \pi_{t-1}). \tag{7.70}$$

方程(7.70)表明，为了得到通货膨胀的动态，我们需要找出 $x_t - p_t$。也就是说，我们需要知道，在 t 期定价的厂商如何确定其相对价格。与卡沃模型一样，厂商希望设定一个价格，使得其最优价格与下一次定价前实际价格之间的平方差的预期折现值之和最小化。假设厂商在 t 期设定的价格为 x_t，并且直到 $t+j$ 期前都没有机会定价。于是，根据滞后挂钩指数，厂商在 $t+j$ 期($j \geqslant 1$)的价格为 $x_t + \sum_{\tau=0}^{j-1}\pi_{t+\tau}$。$t+j$ 期的利润最大化价格为 $p_{t+j} + \phi y_{t+j}$，这等于 $p_t + \sum_{\tau=1}^{j}\pi_{t+\tau} + \phi y_{t+j}$。因此，在 $t+j$ 期利润最大化价格和实际价格之间的差(用 $e_{t,t+j}$ 表示)为

$$e_{t,t+j} = (p_t - x_t) + (\pi_{t+j} - \pi_t) + \phi y_{t+j}. \tag{7.71}$$

注意，(7.71)式对于所有 $j \geqslant 0$ 都是成立的。由于折现因子为 β，而每期不能调价的概率为 $1-\alpha$，与卡沃模型中的方程(7.56)类似，厂商设定：

$$x_t - p_t = [1-\beta(1-\alpha)]\sum_{j=0}^{\infty}\beta^j(1-\alpha)^j[(E_t\pi_{t+j} - \pi_t) + \phi E_t y_{t+j}]. \tag{7.72}$$

与新凯恩斯菲利普斯曲线的推导过程类似，上式可以用 t 期变量与 $x_{t+1} - p_{t+1}$ 的预期来表示。方程(7.72)表明：

$$x_{t+1} - p_{t+1} = [1-\beta(1-\alpha)]\sum_{j=0}^{\infty}\beta^j(1-\alpha)^j[(E_{t+1}\pi_{t+1+j} - \pi_{t+1}) + \phi E_{t+1} y_{t+1+j}]. \tag{7.73}$$

把 π_{t+1} 项重写为 $\pi_t + (\pi_{t+1} - \pi_t)$，并取 t 期的期望(使用迭代映射法则)可得

$$\begin{aligned} E_t[x_{t+1} - p_{t+1}] = & -E_t[\pi_{t+1} - \pi_t] \\ & + [1-\beta(1-\alpha)]\sum_{j=0}^{\infty}\beta^j(1-\alpha)^j[(E_t\pi_{t+1+j} - \pi_t) + \phi E_t y_{t+1+j}]. \end{aligned} \tag{7.74}$$

因此，我们可以把(7.72)重写为：

$$x_t - p_t = [1-\beta(1-\alpha)]\phi y_t + \beta(1-\alpha)\{E_t[x_{t+1} - p_{t+1+j}] + E_t[\pi_{t+1} - \pi_t]\}. \tag{7.75}$$

最后是把(7.70)式运用到 t 期和 $t+1$ 期：$x_t - p_t = [(1-\alpha)/\alpha](\pi_t - \pi_{t-1})$，$E_t[x_{t+1} - p_{t+1}] = [(1-\alpha)/\alpha](E_t[\pi_{t+1}] - \pi_t)$。把这些表达式代入(7.75)式，进行简单代数运算即可得：

$$\begin{aligned} \pi_t &= \frac{1}{1+\beta}\pi_{t-1} + \frac{\beta}{1+\beta}E_t\pi_{t+1} + \frac{1}{1+\beta}\frac{\alpha}{1-\alpha}[1-\beta(1-\alpha)]\phi y_t \\ &= \frac{1}{1+\beta}\pi_{t-1} + \frac{\beta}{1+\beta}E_t\pi_{t+1} + \chi y_t. \end{aligned} \tag{7.76}$$

方程(7.76)即为指数化的新凯恩斯菲利普斯曲线。它与新凯恩斯菲利普斯曲

线的唯一区别在于,后者赋予预期未来通货膨胀的权重为 β,并且不考虑历史通货膨胀,在指数化的新凯恩斯菲利普斯曲线中,预期未来通货膨胀的权重为 $\beta/(1+\beta)$,历史通货膨胀的权重为 $1/(1+\beta)$。如果 β 接近于 1,则两者的权重都接近于二分之一。(7.76)式的一个显而易见的推广是:

$$\pi_t=\gamma\pi_{t-1}+(1-\gamma)E_t\pi_{t+1}+\chi y_t,\quad 0\leqslant\gamma\leqslant 1. \tag{7.77}$$

方程(7.77)允许在两个通货膨胀项之间赋予任何权重。

由于(7.76)式和(7.77)式意味着历史通货膨胀对当前通货膨胀具有直接影响,即存在通胀惯性,所以这类表达式经常出现在具有名义刚性的动态随机一般均衡模型中。

对于反通货膨胀成本的模型意义

虽然方程(7.76)[或方程(7.77)]隐含了通胀惯性,但这并不能说明上述模型可以解释反通货膨胀所具有的产出成本。为了理解这一点,我们可以考虑 $\beta=1$ 的情形,这时(7.76)式变为 $\pi_t=(\pi_{t-1}/2)+(E_t[\pi_{t+1}]/2)+\chi y_t$。现在假设存在一个可以被完全预期到的缓慢反通货膨胀,其变化是匀速的:当 $t\leqslant 0$ 时,$\pi_t=\pi_0$;$t\geqslant T$ 时,$\pi_t=0$;并且当 $0<t<T$ 时,$\pi_t=[(T-t)/T]\pi_0$。由于反通货膨胀的过程是线性的,并且可以被预期到,所以在除 $t=0$ 和 $t=T$ 之外的任意时期,π_t 等于 π_{t-1} 和 $E_t[\pi_{t+1}]$的平均值。在时期 0,π_0 大于$(\pi_{t-1}+E_t[\pi_{t+1}])/2$,而在时期 T,πT 小于$(\pi_{t-1}+E_t[\pi_{t+1}])/2$,并且这两个差额大小相等。因此,在反通货膨胀初期,产出会高于正常水平,在反通货膨胀末期,产出会以相同的幅度低于正常水平,而在这两者之间,产出总是处于正常水平。也就是说,模型意味着预料之内的反通货膨胀没有系统性的产出成本。

要解决这个难题,一种可能的思路是重新引入 β 小于 1 这一假设。这将提高 π_{t-1} 的权重,并减小 $E_t[\pi_{t+1}]$的权重,从而反通货膨胀就会造成产出成本。不过,对于合理的 β 值来说,这种影响很小。

另一种可能的解决办法是利用方程(7.77)的一般性,假设 $\gamma>(1-\gamma)$。但是,由于(7.77)式并不是由微观基础推导得出的,所以这种办法需要我们放弃初衷,即把通货膨胀动态的分析建立在微观经济行为的基础之上。

最后一种备选方案是,索性认为预期反通货膨胀不会造成系统性产出成本是合理的。回忆一下,鲍尔发现的结论是,反通货膨胀通常与产出偏低有关。然而,反通货膨胀通常并不能被完全预期到,这意味着反通货膨胀的实际产出成本倾向于夸大完全预期下的反通货膨胀成本。这种偏差可能会非常大,甚至使得预期反通货膨胀的平均成本实际上为零。

上述分析的关键在于,在卡沃定价中引入指数会导致某种通胀惯性。但是我们并不清楚这种惯性是否足以解释实际通胀动态。

该模型的另一个重要局限在于,它的关键微观假设似乎是不切实际的——我们并没有观察到价格机械地随着滞后的通货膨胀上升。然而,与此同时,在价格制定者根据宏观经济状况重新考虑价格的间隔期间,其行为方式有可能会使得平均价格大致随着滞后通货膨胀上升，而这种平均价格变化可能会被个别名义价格并没有连续调整这一事实所掩盖。

曼昆—雷斯模型

曼昆和雷斯采用了一种不同的方法来解释通胀惯性。与克里斯蒂亚诺—埃岑鲍姆—埃文斯类似，他们也假设在厂商正式评估其定价策略的间隔期间，价格会不断调整。然而，他们的假设是，厂商在每次评估其价格时会把下次评估之前的价格变动路径确定下来。也就是说，他们重新引入了费希尔模型的思想，即价格是预先确定但并不是固定不变的。

回忆一下，我们在第 7.2 节中的关键结论是，当价格预先确定时，如果所有价格制定者都有机会做出反应，则货币冲击就不会有实际效应。这个结论通常用于说明，价格预定不能解释货币冲击具有持久的实际效应。但我们还知道，当实际刚性比较强时，不能调价的厂商对经济总体行为的影响是不成比例的。这就导致了一种可能性：在价格预先确定时，一小部分调价缓慢的厂商可能会导致货币冲击具有重要的长期效应。这就是曼昆—雷斯模型的核心思想[也可参见德弗罗和耶特曼(Devereux and Yetman，2003)]。

尽管曼昆—雷斯模型的作用机制与价格预定有关，但是，他们对于价格预定的看法却与费希尔十分不同。费希尔分析的出发点是假定劳动合同会确定每个时期的工资，而价格则根据工资加成确定。但是，这种合同似乎并不多见，因此不足以成为总体经济广泛存在名义刚性的一个可靠来源。而曼昆和雷斯则借助了他们所提出的“粘性信息”，即价格制定者获取和处理信息都是有成本的。所以，曼昆和雷斯认为，价格制定者可能不会持续不断地更新价格，而是会周期性地选择搜集信息并调整其价格将遵循的变化路径。

具体而言，曼昆和雷斯从一个类似于第 7.2 节中的预定价格模型着手分析。然而，与费希尔模型不同，这里假设选择新价格路径的机会并不是确定不变的。相反，与卡沃以及克里斯蒂亚诺—埃岑鲍姆—埃文斯模型类似，定价机会服从泊松过程。每个时期有比例为 α 的厂商会选择新的价格路径，这里 $0<\alpha\leqslant 1$，并且，$y_t=m_t-p_t$，$p_t^*=p_t+\phi y_t$。

根据前面对费希尔模型的分析，我们可以大致说明本模型解的形式。由于厂商可以对每个时期都制定不同的价格，所以对于一个给定的时期 t 来说，厂商所制定的价格只依赖于 y_t 和 p_t 的信息。可见，总体价格水平 p_t(从而 y_t)只依赖于 m_t 的信息，而其他时期 m 的信息仅仅是因为提供了 m_t 的信息而对 y_t 和 p_t 产生影响。此外，如果厂商可以提前知道 m_t 的值，则所有厂商都会把 t 期的价格设定为 m_t，从而 y_t 将等于零。因此，y_t 与零的差值将仅仅来自部分厂商确定其 t 期价格之后所揭示的 m_t 的信息。此外，由于模型是对数线性结构的，其解也将是对数线性的。

考虑在时期 $t-i(i\geqslant 0)$ 所接收到的 m_t 的信息，也就是考虑 $E_{t-i}m_t-E_{t-(i+1)}m_t$。如果我们令 a_i 表示 $E_{t-i}m_t-E_{t-(i+1)}m_t$ 中传导到总价格水平中的部分，则在时期 $t-i(i\geqslant 0)$ 所接收到的 m_t 的信息将使得 p_t 提高 $a_i(E_{t-i}m_t-E_{t-(i+1)}m_t)$，

并使得 y_t 提高$(1-a_i)(E_{t-i}m_t-E_{t-(i+1)}m_t)$。也就是说,$y_t$ 的表达式形式如下:

$$y_t=\sum_{i=0}^{\infty}(1-a_i)(E_{t-i}m_t-E_{t-(i+1)}m_t). \tag{7.78}$$

为了求解这个模型,我们需要找出 a_i 的值。因此,令 λ_i 表示有机会根据 $t-i$ 期关于 m_t 的信息做出反应,从而改变 t 期价格的厂商比例,也就是对 $E_{t-i}m_t-E_{t-(i+1)}m_t$ 做出反应的厂商比例。如果厂商并没有机会在 $t-i,t-(i-1),\cdots,t$ 期中的任何一期制定新价格,则他就没有机会对上述信息做出反应并改变 t 期价格。发生这种情况的概率为$(1-\alpha)^{i+1}$。因此,

$$\lambda_i=1-(1-\alpha)^{i+1}. \tag{7.79}$$

由于厂商可以对每个时期确定不同的价格,调价的厂商可以对新信息做出任意反应。我们知道 $p_t^*=(1-\phi)p_t+\phi m_t$,作为对新信息的反应,$p_t$ 的变化为 $a_i(E_{t-i}m_t-E_{t-(i+1)}m_t)$。因此,可以做出反应的厂商将 t 期价格提高$(1-\phi)a_i(E_{t-i}m_t-E_{t-(i+1)}m_t)+\phi(E_{t-i}m_t-E_{t-(i+1)}m_t)$,或者$[(1-\phi)a_i+\phi](E_{t-i}m_t-E_{t-(i+1)}m_t)$。由于比例为 λ_i 的厂商可以调整其价格,而其余厂商根本无法做出反应,因此,总体价格水平的反应为 $\lambda_i[(1-\phi)a_i+\phi](E_{t-i}m_t-E_{t-(i+1)}m_t)$。因此,$a_i$ 必须满足:

$$\lambda_i[(1-\phi)a_i+\phi]=a_i. \tag{7.80}$$

求解 a_i 即得:

$$\begin{aligned}a_i&=\frac{\phi\lambda_i}{1-(1-\phi)\lambda_i}\\&=\frac{\phi[1-(1-\alpha)^{i+1}]}{1-(1-\phi)[1-(1-\alpha)^{i+1}]},\end{aligned} \tag{7.81}$$

其中第二行使用了(7.79)式来替换 λ_i。最后,由于 $p_t+y_t=m_t$,我们可以把 p_t 写为:

$$p_t=m_t-y_t. \tag{7.82}$$

模型含义

为了进一步理解曼昆—雷斯模型的含义,一个合理的做法是考察总需求水平(而不是增长率)变化的影响。[1] 具体而言,假设在 t 期,m 突然永久性地上升 Δm。这种上升将把所有 i_0 的 $E_{t-i}m_t-E_{t-(i+1)}m_t$ 提高 Δm。因此,p_{t+1} 将提高 $a_i\Delta m$,而 y_{t+1} 将提高$(1-a_i)\Delta m$。

方程(7.80)表明,a_i 会随 i 增加并逐渐接近于 1。所以,总需求的永久性上升所导致的产出提高会逐渐衰减,而价格水平会逐渐上升。如果实际刚性很强,即使价格调整比较频繁,产出效应也会非常持久。曼昆和雷斯假设一个时期对应于一个季度,并考虑了 $\alpha=0.25$、$\phi=0.1$ 的情况。这些假设意味着价格调整的平均频率为四期一次,并且实际刚性较强。在这种情况下,$a_8=0.55$。即便从冲击开始到第

〔1〕 在 CEE 模型中考虑这一试验的原因在于,模型对于这种变化的隐含意义比较复杂。参见习题 7.9。

8 期，厂商平均可以调价两次，但仍然有比例为 7.5%的小部分厂商并没有机会调价。由于实际刚性很强，价格水平向其长期水平调整的过程仅仅只能稍微过半。

模型的另一个含义在于反应的时间模式。对(7.81)式进行简单的微分可知，若 $\phi<1$，则 $d^2a_i/d\lambda_i^2>0$。也就是说，当存在实际刚性时，如果可调价厂商越多，则增加既定数量可调价厂商的影响就越大。因此，关于 a_i 如何随着 i 变化有两种不同的效应。当 i 上升时，$d^2a_i/d\lambda_i^2>0$ 倾向于使 a_i 增加得更快，而由于获得首次调价机会的额外厂商数量不断减少，这又倾向于使得 a_i 增加得更慢。根据曼昆和雷斯所考虑的参数值，a_i 一开始会增加得越来越快，然后转为越来越慢，且增长速度在约 8 期之后达到最大。也就是说，需求扩张对通货膨胀的影响会产生一个滞后的峰值。[1]

现在考虑反通货膨胀。具体地说，我们从意料之外的突然反通货膨胀情形入手。假设直到时期 0，所有厂商都预期 m 会服从路径 $m_t=gt$，其中 $g>0$，但中央银行从时期 0 开始把 m 固定为 0。因此对于 $t\geqslant 0$，$m_t=0$。

由于政策发生了变化，对于任意 $t\geqslant 0$，存在 $E_0m_t-E_{-1}m_t=-gt$。这一表达式的值为负，也就是说，实际货币供给总是小于在时期 0 之前确定价格路径的厂商的预期。由于 a_i 总是在 0 与 1 之间，反通货膨胀会减少产出。具体而言，方程(7.78)和(7.81)意味着 y 的路径由下式给出：

$$\begin{aligned}y_t&=(1-a_t)(-gt)\\&=-\frac{(1-\alpha)^{t+1}}{1-(1-\phi)[1-(1-\alpha)^{t+1}]}gt \qquad t\geqslant 0.\end{aligned} \tag{7.83}$$

$(1-a_i)$随着时间递减，而 gt 则不断上升。在一开始，gt 项的线性增长会起决定作用，从而产出效应不断增加。但是，最终$(1-a_i)$的下降会起决定作用，产出效应会下降，最终逐渐趋近于零。可见，总需求变为低增长率会导致衰退，并且其低谷会滞后一定时期。根据上面所描述的参数值，低谷会在 7 期之后出现。

在政策变化之后的前几期，大多数厂商都会仍然遵循其原有的价格路径。此外，由于 m 并没有比其原有路径低得太多，同时，若 $\phi<1$，厂商并不希望自己的价格与别的厂商相差太多，所以可调价的厂商在头几期并不会让价格改变很多。可见，通货膨胀一开始不会下降多少。但是，随着时间推移，这些因素都会逐渐产生更大幅度的价格调整，从而使得通货膨胀下降。在长期，产出会重新回到其正常水平，而通货膨胀会达到新的总需求增长率，即零。因此，与我们所观察到现象一致，货币政策变为紧缩性政策首先会导致衰退，然后会使通货膨胀降低。

另一种极端情况是，反通货膨胀可以提前被完全预期到。模型说明了，这种反通货膨胀与任何产出偏离正常水平的变化都是无关的。如果在设定价格时，所有厂商都知道某个时期 t 的 m_t 值，则不论厂商对其他时期 m 的预期是多少，他们都会设定 $p_t=m_t$，从而可得 $y_t=0$。

---

〔1〕 如果模型设定为连续时间，则这一点会更容易解释，参见习题 7.11。对应于本例，方程(7.81)变为 $a(i)=\phi(1-e^{-\alpha i})/[1-(1-\phi)(1-e^{-\alpha i})]$。$a'(i)$的符号由$(1-\phi)e^{-\alpha i}-\phi$ 的符号确定。根据曼昆和雷斯的参数值，该符号在 $i\simeq 8.8$ 之前都为正，然后变为负。

对于任何反通货膨胀来说,不论是瞬时发生的还是缓慢发生的,只要没有被完全预期到,就会存在产出成本。其原因很简单:任何反通货膨胀都会涉及总需求下降到低于其原有路径。因此,当 τ 值充分大时,m_t 小于 $E_{t-\tau}m_t$,在时期 $t-\tau$ 设定的 t 期价格会大于 m_t。其结果是,平均价格 p_t 会大于 m_t,可知 y_t(等于 m_t-p_t)为负。最后,记住 a_i 随 i 增加,因此总需求变化被预期到的时间越早,其实际效应就越小。

当然,本模型也有缺陷。与 CEE 模型一样,本模型对于价格设定的假设与我们在微观层面观察到的现象并不相符:许多价格和工资都会固定较长时间,而且没有任何证据表明价格制定者或者工资制定者会像本模型的核心假设那样确定价格或者工资的路径。但是,如果没有固定价格,那么某些现象就变得很难解释了,如鲍尔、曼昆和罗默(Ball,Mankiw,and D. Romer,1988)以及基利(Kiley,2000)所描述的现象,即总需求扰动似乎在高通胀经济中的实际效应较小,而且持续时间更短。为了完全刻画经济波动的主要特征,我们可能需要在微观经济模型中引入一些重要因素,如本节中讨论的在正式价格评估间隔中允许调整,以及固定价格。

与其他纯价格依存模型一样,CEE 模型和曼昆—雷斯模型的另一个缺陷是,假设了厂商定价策略中的调价频率是外生且不变的,这显然有些过强。调整频率应该是某种优化计算的结果,而不是一个外生参数。更重要的是,该频率应该可以根据政策变化做出反应,从而发生改变。也就是说,一个完整的模型可能需要同时引入时间依存因素和状态依存因素。

可见,到目前为止,我们的研究成果并不能让人满意。如果没有同时包括固定价格和机械价格调整,也即同时涉及时间依存因素和状态依存因素,那么似乎任何关于价格行为的模型都难以刻画重要的宏观经济现象。然而,要在单个模型中考虑所有这些因素并仍然可以驾驭未免有些勉强。我们只能继续寻找一个可以倚重的模型,或者同时寻找数个值得信赖的模型,并弄清每个模型的适用范围。

7.8 标准的新凯恩斯模型

为了进一步建立一个完整的周期模型,我们需要在一个较大的经济模型中纳入动态价格调整模型。我们前面已经接触过了大量的价格行为模型,但是想要在这中间找出一个显而易见的出发点是很难的。此外,在动态随机一般均衡模型中,如果想要根据微观基础刻画通货膨胀的行为,则马上会使得模型变得十分复杂。因此,在本节中,我们仅考虑一个相对简单的一般均衡模型以作为示例。

假设

我们考虑的具体模型是克拉里达、盖里和格特勒(Clarida,Galí and Gertler,2000)的三方程标准新凯恩斯模型。价格调整方程是第 7.4 节中的新凯恩斯菲利普斯曲线。价格调整的这种设定有两大优点。一是具有较强的微观经济基础:直接来自名义价格不经常调整的假设。二是相对简单:通货膨胀仅仅取决于预期未来通货膨胀和当期产出,与历史通货膨胀以及更复杂的动态变化无关。模型的总需求方程是第 6.1 节和第 7.1 节中的新凯恩斯主义 *IS* 曲线。最后一个方程刻画了货币政策。由于我们的目标是探讨不同价格调整假设的基本含义,因此本章到目前为止仅仅考虑了简单的货币供给路径或者总需求路径。然而,为了建立一个更加适合分析实际宏观经济波动的模型,我们需要假设中央银行遵循第 6.4 节中的利率规则。具体而言,为了与新凯恩斯菲利普斯曲线以及新凯恩斯 *IS* 曲线中的前瞻性预期特征保持一致,我们假设中央银行遵循一个前瞻性预期的利率规则,即根据预期未来通货膨胀率和产出的变化做出反应并调整利率。

新凯恩斯模型的另一个要素是冲击:它包括所有三个方程的序列相关的扰动。这就使得我们可以分析私有部门总需求、价格制定行为以及货币政策的扰动。最后,为了方便起见,我们假设所有方程都是线性的,并且常数项为零。这样,各变量就可以转化为与稳态水平或者趋势值的偏差。

模型的三个核心方程是:

$$y_t=E_t[y_{t+1}]-\frac{1}{\theta}r_t+u_t^{IS},\quad \theta>0, \tag{7.84}$$

$$\pi_t=\beta E_t[\pi_{t+1}]+\kappa y_t+u_t^{\pi},\quad 0<\beta<1,\quad \kappa>0, \tag{7.85}$$

$$r_t=\phi_\pi E_t[\pi_{t+1}]+\phi_y E_t[y_{t+1}]+u_t^{MP},\quad \phi_\pi>0,\quad \phi_y\geqslant 0. \tag{7.86}$$

其中,方程(7.84)为新凯恩斯 *IS* 曲线,(7.85)式为新凯恩斯菲利普斯曲线,(7.86)式为前瞻性预期利率规则。冲击服从独立的 AR-1 过程:

$$u_t^{IS}=\rho_{IS}u_{t-1}^{IS}+e_t^{IS},\quad -1<\rho_{IS}<1, \tag{7.87}$$

$$u_t^{\pi}=\rho_\pi u_{t-1}^{\pi}+e_t^{\pi},\quad -1<\rho_\pi<1, \tag{7.88}$$

$$u_t^{MP}=\rho_{MP}u_{t-1}^{MP}+e_t^{MP},\quad -1<\rho_{MP}<1, \tag{7.89}$$

其中 e^{IS},e^{π} 和 e^{MP} 为互不相关的白噪声扰动项。

显然,该模型是十分具有象征性的。例如,所有经济行为都是前瞻性的;对通货膨胀和总需求动态的刻画都非常简单;尽管新凯恩斯菲利普斯曲线的实证表现较差,但仍然用它来刻画通胀动态。然而,由于该模型的核心要素非常简单,并且具有我们所希望的微观基础,因此本模型可以作为现代周期模型的一个关键参照点。新凯恩斯模型及其变形频繁使用、修改和扩展于各种情况。

由于模型的前瞻性特点,因此在一些参数值下,与我们在第 6.4 节中遇到的情况一样,新凯恩斯模型会出现黑子解。由于我们已经在那里讨论过这类解,并且还会在第 12.5 节讨论货币政策时再次遇到黑子解,因此我们在这里只讨论基本的非黑子解。

白噪声扰动的情形

求解模型的第一步是,把产出与通货膨胀用预期未来值与扰动项表示。对(7.84)~(7.85)式进行简单的代数运算可得:

$$y_t=-\frac{\phi_\pi}{\theta}E_t[\pi_{t+1}]+\left(1-\frac{\phi_y}{\theta}\right)E_t[y_{t+1}]+u_t^{IS}-\frac{1}{\theta}u_t^{MP}, \tag{7.90}$$

$$\pi_t = \left(\beta - \frac{\phi_\pi \kappa}{\theta}\right) E_t[\pi_{t+1}] + \left(1 - \frac{\phi_y}{\theta}\right) \kappa E_t[y_{t+1}] + \kappa u_t^{IS} + u_t^{\pi} - \frac{\kappa}{\theta} u_t^{MP}. \quad (7.91)$$

当扰动项不存在序列相关时(即 $\rho_{IS} = \rho_\pi = \rho_{MP} = 0$),就得到了本模型的一个具有启发意义的重要特例。在这种情形下,由于模型中没有任何后顾型因素以及关于未来扰动值的信息,所以也就没有任何因素会让经济个体预期经济将偏离其稳态值。也就是说,在模型的基本解中,$E_t[y_{t+1}]$和 $E_t[\pi_{t+1}]$都必须总是等于零。当 $E_t[y_{t+1}] = E_t[\pi_{t+1}] = 0$ 时,方程(7.86)、(7.90)和(7.91)可以简化为:

$$y_t = u_t^{IS} - \frac{1}{\theta} u_t^{MP}, \quad (7.92)$$

$$\pi_t = \kappa u_t^{IS} + u_t^{\pi} - \frac{\kappa}{\theta} u_t^{MP}, \quad (7.93)$$

$$r_t = u_t^{MP}. \quad (7.94)$$

如果(7.92)~(7.94)式刻画了产出、通货膨胀以及实际利率的行为,则由于我们考虑的情形中 u 是白噪声,所以未来产出与通货膨胀的期望值总是为零。因此,在这种情况下,(7.92)~(7.94)式就是模型的基本解。

这些表达式说明了各种不同冲击的影响。紧缩性的货币政策冲击会提高实际利率,并降低产出和通货膨胀。私有部门总需求的正向冲击会提高产出和通货膨胀,但对实际利率没有影响。通货膨胀的不利冲击则只会提高通货膨胀,而不会产生其他影响。上述结论基本上都是比较传统的。IS 曲线冲击不会影响实际利率是因为货币政策是前瞻性的,因此并不会对当前产出和通货膨胀的上升做出反应,而这也是通货膨胀冲击不影响其他变量的原因。

然而,本特例所提供的关键信息在于本模型与第 5 章的实际经济周期基准模型一样,没有内生传导机制。产出、通货膨胀与实际利率的序列相关可能仅仅来自潜在外生驱动过程的序列相关性。因此,如第 7.10 节将要讨论的那样,对本模型进行推广和变形的主要目标在于引入一种机制,使得一次性冲击可以导致宏观经济的持续变化。

一般情形

求解本模型一般情形的一个简单办法是使用待定系数法。由于模型的结构是线性的,并且不存在后顾型经济行为,所以我们可以合理地推测,内生变量是扰动变量的线性函数。对于产出和通货膨胀,我们可以把这种推测写为:

$$y_t = a_{IS} u_t^{IS} + a_\pi u_t^{\pi} + a_{MP} u_t^{MP}, \quad (7.95)$$

$$\pi_t = b_{IS} u_t^{IS} + b_\pi u_t^{\pi} + b_{MP} u_t^{MP}. \quad (7.96)$$

上述推测以及(7.87)~(7.89)式中关于扰动项的行为假设共同确定了 $E_t[y_{t+1}]$ 与 $E_t[\pi_{t+1}]$:$E_t[y_{t+1}]$等于 $a_{IS}\rho_{IS}u_t^{IS} + a_\pi \rho_\pi u_t^{\pi} + a_{MP}\rho_{MP}u_t^{MP}$,$E_t[\pi_{t+1}]$与此类似。从而我们可以把这些表达式以及(7.95)式和(7.96)式代入(7.90)式和(7.91)式。由此可得:

$$a_{IS}u_t^{IS}+a_\pi u_t^\pi+a_{MP}u_t^{MP}=-\frac{\phi_\pi}{\theta}(b_{IS}\rho_{IS}u_t^{IS}+b_\pi\rho_\pi u_t^\pi+b_{MP}\rho_{MP}u_t^{MP}) + \left(1-\frac{\phi_y}{\theta}\right)(a_{IS}\rho_{IS}u_t^{IS}+a_\pi\rho_\pi u_t^\pi+a_{MP}\rho_{MP}u_t^{MP})+u_t^{IS}-\frac{1}{\theta}u_t^{MP}, \tag{7.97}$$

$$b_{IS}u_t^{IS}+b_\pi u_t^\pi+b_{MP}u_t^{MP}=\left(\beta-\frac{\phi_\pi\kappa}{\theta}\right)(b_{IS}\rho_{IS}u_t^{IS}+b_\pi\rho_\pi u_t^\pi+b_{MP}\rho_{MP}u_t^{MP}) + \left(1-\frac{\phi_y}{\theta}\right)\kappa(a_{IS}\rho_{IS}u_t^{IS}+a_\pi\rho_\pi u_t^\pi+a_{MP}\rho_{MP}u_t^{MP})+\kappa u_t^{IS}+u_t^\pi-\frac{\kappa}{\theta}u_t^{MP}. \tag{7.98}$$

当产出和通货膨胀由方程(7.95)和(7.96)刻画时,要使模型方程得到满足,则(7.97)式的两边对于 u_t^{IS}、u_t^π 和 u_t^{MP} 所有可取的值都必须相等。也就是说,方程两边 u_t^{IS} 的系数必须相等,u_t^π 和 u_t^{MP} 的系数也必须相等。这就得到了三个方程:一个包含 a_{IS} 和 b_{IS},一个包含 a_π 和 b_π,还有一个包含 a_{MP} 和 b_{MP}。而方程(7.98)又可以得到另外三个方程。一旦我们求出了 a 和 b,那么根据方程(7.95)和(7.96)就可以得到产出和通货膨胀的行为。然后我们就可以利用(7.86)式以及 $E_t[\pi_{t+1}]$和 $E_t[y_{t+1}]$的表达式来求出实际利率的行为。因此,求解这个模型只涉及代数运算。

然而,上述确定 a 和 b 的方程比较复杂,代数运算很繁琐,而且得到的 a 和 b 的解也比较复杂,很不直观。因此,为了理解模型的含义,我们可以直接假设参数的值,并分析这些参数对于经济如何对冲击做出反应的含义。具体而言,根据盖里(2015)的第 3.4.1.1 节,我们把一个时期解释为一个季度,并假设 $\theta=1$,$\kappa=0.172$,$\beta=0.99$,$\phi_\pi=0.5$,并且 $\phi_y=0.125$。对于每个扰动项,我们将同时考虑不存在序列相关的情形和相关系数为 0.5 的情形,分析序列相关对经济行为的影响。

首先考虑货币政策冲击。当 $\rho_{MP}=0$ 时,我们设定的参数值以及方程(7.92)~(7.94)表明 $y_t=-u_t^{MP}$,$\pi_t=-0.17u_t^{MP}$,并且 $r_t=u_t^{MP}$。当 $\rho_{MP}=0.5$ 时,则表明 $y_t=-1.54u_t^{MP}$,$\pi_t=-0.53u_t^{MP}$,并且 $r_t=0.77u_t^{MP}$。从直观上看,产出与通货膨胀将低于正常水平,这将抑制实际利率的上升。由于未来产出下降,为了使家庭在实际利率上升后仍然满足其欧拉方程,当前产出就需要下降得更多。产出更大幅度的下降以及未来通货膨胀降低都会强化通货膨胀的反应。随着经济回到稳态,实际利率将高于正常水平,产出将会提高,这与新凯恩斯 *IS* 曲线是一致的。通货膨胀将上升,产出会低于正常水平,这又与新凯恩斯菲利普斯曲线是一致的。

其次,考虑 *IS* 冲击。当 $\rho_{IS}=0$ 时,我们的参数值表明 $y_t=u_t^{IS}$,$\pi_t=0.17u_t^{IS}$,并且 $r_t=0$。当 ρ_{IS} 提高到 0.5 时,我们得到 $y_t=1.54u_t^{IS}$,$\pi_t=0.53u_t^{IS}$,且 $r_t=0.23u_t^{IS}$。同样,冲击对未来产出的影响通过新凯恩斯 *IS* 曲线扩大了产出的反应。此外,未来通货膨胀上升通过新凯恩斯菲利普斯曲线增强了通货膨胀的反应。当未来产出和通货膨胀都受到冲击的影响时,当前的实际利率通过前瞻性利率规则发生反应。

最后,考虑通货膨胀冲击。如上所述,当不存在序列相关时,冲击会一对一转化为通货膨胀,而不会对产出或者实际利率产生影响。相反,当 $\rho_\pi=0.5$ 时,$y_t=$

$-0.76u_t^\pi$，$\pi_t=1.72u_t^\pi$，并且 $r_t=0.38u_t^\pi$。通货膨胀冲击的持续性通过新凯恩斯菲利普斯曲线中的前瞻性预期项增强了当前通货膨胀的反应，并通过前瞻性利率规则中的通货膨胀项提高了实际利率。实际利率上升通过 *IS* 曲线降低了当前产出，而 *IS* 曲线前瞻性预期的性质增强了这种影响。

7.9 前瞻指引难题

标准新凯恩斯模型非常有魅力，它形式上十分优美，又易于处理，并且在微观经济学基础上，引入了名义刚性和跨期优化，高度融合了传统凯恩斯主义的经济思想。但是，这些特点并不能保证模型可以用于指导现实中的经济行为。我们已经知道，新凯恩斯模型不存在使得冲击产生持续作用的机制，新凯恩斯菲利普斯曲线关于反通胀成本的结论与传统观点以及一些实证证据是矛盾的。此外，我们还将在下一章看到，消费行为的证据并不支持新凯恩斯 *IS* 曲线背后完全跨期最优化的假设。总的来说，标准新凯恩斯模型包含很强的前瞻性因素，却完全没有后顾性因素，这意味着经济对冲击的反应通常是迅速而剧烈的。

实验

前瞻指引难题是一个实验，它明确论证了标准新凯恩斯模型的局限性[参见卡尔斯特伦、福斯特和鲍斯坦(Carlstrom, Fuerst, and Paustian, 2015)；德尔·尼格罗、贾诺尼和帕特森(Del Negro, Giannoni, and Patterson, 2015)]。考虑由方程(7.84)～(7.86)描述的经济，简单起见，假设没有冲击。因此，y，π 和 r 在所有时期都是零，而 r 和 π 为零表明名义利率也是零。我们现在要分析中央银行对名义利率路径做出前瞻指引的影响。具体地说，假设中央银行宣布将在未来的某个时期把名义利率降为-1，其他时期都保持为零。我们把利率偏离原有路径那个时期定义为第 0 期，从而中央银行公布其政策的时期表示为$-T$ 。我们的目的是分析经济如何对央行的政策公告做出反应，并把这种反应看作是 T 的函数。[1]

乍看上去，刚才假设的这种政策似乎并不可行。有人可能会认为，如果中央银行在第 0 期刺激经济，并且以后并不推出抵消措施，则经济将会出现螺旋形膨胀，高产出推高通货膨胀，而高通货膨胀则通过降低实际利率进一步刺激产出上升，如此循环往复直至失控。这种经济直觉尽管在包含加速主义菲利普斯曲线的传统凯恩斯模型中是正确的，但是并不适用于标准新凯恩斯模型。我们前面着重说明了，该模型是完全前瞻性的。因此，在第 0 期之后，由于名义利率回到零且没有其他冲击，经济将回到长期均衡，即在每一期都有 $y=\pi=r=0$。可见，我们只需要分析经济从第$-T$ 期到第 0 期到行为。

为了理解经济如何反应，我们从第 0 期开始分析。新凯恩斯 *IS* 曲线(7.84)可

〔1〕 为了简化分析，我们已经去掉了模型方程中的常数项，因此该政策应该理解为在某一个时期把名义利率相对于平常水平降低 1 个百分点，而不是设定一个负的名义利率。对这种实验更具一般性的理解是，不必假设经济处于稳态且不存在冲击，而是将其看作在某一个时期把名义利率调低 1 个百分点，并在其他时期保持原来的利率水平不做改动。

以简化为 $y_0=-r_0/\theta$。通货膨胀在第 0 期为零,因此 $r_0=i_0$,而根据实验假设,$i_0=-1$,从而 $y_0=1/\theta$,由此可知新凯恩斯菲利普斯曲线(7.85)简化为 $\pi_0=\kappa y_0=\kappa/\theta$。

现在我们可以向后倒推求解模型。新凯恩斯 *IS* 曲线表明 $y_{-1}=y_0-(r_{-1}/\theta)$。因为名义利率在第 -1 期为零,存在 $r_{-1}=-\pi_0$,所以 $y_{-1}=y_0-(-\pi_0/\theta)=(1/\theta)+(\kappa/\theta^2)$,从而根据新凯恩斯菲利普斯曲线可得 $\pi_{-1}=\beta(\kappa/\theta)+\kappa[(1/\theta)+(\kappa/\theta^2)]$,以此类推。注意,产出和通货膨胀在降息政策实际生效之前的反应要大于在生效当期的反应。

如果使用维宁(Werning,2012)提出的连续时间版新凯恩斯模型来分析第 0 期之前的经济,就可以比较容易求出通货膨胀和产出的完整路径。实际上,维宁的方法在许多设定下都很有用。在连续时间设定下,如果没有冲击,则新凯恩斯 *IS* 曲线和新凯恩斯菲利普斯曲线分别为:

$$\dot{y}(t)=\theta[i(t)-\pi(t)], \tag{7.99}$$

$$\dot{\pi}(t)=\rho\pi(t)-\kappa y(t), \tag{7.100}$$

其中 ρ 是家庭的折现率。方程(7.99)是对应于方程(7.84)的连续时间版本,它也和拉姆塞模型中家庭的欧拉方程(2.22)高度相关。除了使用连续时间之外,我们还去掉了方程(7.84)中的冲击项,并把实际利率替换为名义利率和通货膨胀率之差。方程(7.100)则是对应于方程(7.85)的连续时间版本,同样去掉了冲击项。为了理解这一点,注意当没有冲击时,根据(7.86)式可得:$\pi_{t+1}-\pi_t=[(1-\beta)/\beta]\pi_t-(\kappa/\beta)y_t$。

针对实际利率的前瞻指引

我们首先考虑针对实际利率的前瞻指引。假设中央银行偏离其一贯行为的具体政策是在第 0 期把实际利率下调到-1,并在其他时期保持为零。于是根据连续时间新凯恩斯 *IS* 曲线(7.99)就可以立刻得到 y 从时刻$-T$ 到时刻 0 之间固定不变。由于 $y_0=1/\theta$,从时刻$-T$ 到时刻 0 之间均有 $y_t=1/\theta$。[1] 直观上看,根据标准的新凯恩斯 *IS* 曲线(简单起见,假设冲击项为白噪声)向前迭代可得:

$$\begin{aligned}
y_t&=-\frac{1}{\theta}r_t+E_t[y_{t+1}]+u_t^{IS}\\
&=-\frac{1}{\theta}r_t-\frac{1}{\theta}E_t[r_{t+1}]+E_t[y_{t+2}]+u_t^{IS}\\
&=\cdots\\
&=-\frac{1}{\theta}(r_t+E_t[r_{t+1}]+\cdots+E_t[r_{t+N}])+E_t[y_{t+N+1}]+u_t^{IS}.
\end{aligned} \tag{7.101}$$

方程(7.101)表明,不论在多远的未来对实际利率做出一次性改变,新凯恩斯 *IS* 曲

〔1〕 记住,我们仅仅在时刻 0 之前使用连续时间版本的模型来近似地刻画经济行为,对第 0 期的分析仍然使用前面的离散时间模型。如果我们统一使用连续时间模型,则中央银行在第 0 期偏离一贯行为的持续时间长度就会变得无穷小,从而其对经济的影响也会变得无穷小。

线意味着这种改变对现在产出的影响都是相同的。在我们的例子中,实际利率会在未来某一期一次性下降,而现在产出的反应与利率下降发生在多远的未来无关。因此,利率下降对产出的累积效应与该政策提前多久公布是成正比的。

为了理解上述结果背后的经济学直觉,首先要注意经济在第 0 期之后将处于长期均衡,然后要注意,如欧拉方程所示,家庭最优化表明消费(以及产出)一定会在第 0 期到第 1 期之间下降,下降幅度由第 0 期第实际利率决定。欧拉方程还意味着,由于从降息政策公布到开始执行这一段时间中,实际利率为零,并且政策公布后没有任何新的信息,因此消费在此期间一定会保持固定不变。由此可见,产出在政策公布时会出现跳跃式增加并在该政策执行之前保持不变,而且产出增加幅度与降息政策将在多远的未来执行无关。

由于 $y_t=1/\theta$ 对于 $-T\leqslant t\leqslant 0$ 均成立,可见连续时间新凯恩斯菲利普斯曲线(7.100)在这段时期内可以写为 $\dot{\pi}(t)=\rho\pi(t)-(\kappa/\theta)$。根据端点条件 $\pi(0)=\kappa/\theta$ 可知,该微分方程的解为:

$$\pi(t)=\frac{1-e^{\rho t}}{\rho}\frac{\kappa}{\theta}+e^{\rho t}\frac{\kappa}{\theta},\quad -T\leqslant t\leqslant 0 \tag{7.102}$$

[参见西蒙和布鲁姆(Simon and Blume,1994,第 24 章),或数学软件 Wolfram Mathematica]。当 $t=-T$ 时,上式即刻画了政策在公布时对通货膨胀产生的影响。

(7.102)式表明,对于降息政策来说,政策公布到执行之间的时间间隔越长,则降息公告对通货膨胀的影响就越大。这里的经济学直觉来自先前的结果,即未来降息政策的执行时间离现在越远,则该政策对产出的累积效应就越大,新凯恩斯菲利普斯曲线表明,通货膨胀幅度取决于产出与其灵活定价水平之差的折现和[参见(7.67)式]。

图 7.4 中,虚线表示通货膨胀对实际利率下调政策的反应,其中横轴表示政策公布到执行之间的时间间隔,模型参数设定为 $\rho=0.01,\theta=1,\kappa=0.172$,时间单位为年。方程(7.102)表明,当 T 值较小时,政策公告对通货膨胀的影响约为 $(1-T)\kappa/\theta$。因此公告产生的影响大体上与公告提前的时间呈线性关系。方程(7.102)还表明,随着 T 趋于 $-\infty$,政策公告对通货膨胀的影响趋于 $\kappa/(\rho\theta)$。根据 $\rho=0.01$ 可知,如果中央银行宣布在无穷远的将来会有一次性的降息操作,则该政策公告对通货膨胀的影响将是立刻执行同等幅度降息所产生影响的 100 倍。此外,在遥远将来的某一个季度降息 1 个百分点对当前通货膨胀产生的影响幅度将达到 17 个百分点。

针对名义利率的前瞻指引

现在回到我们的重点实验,即公布一次性的名义利率调整政策。在这种情况下,经济系统由方程(7.99)和(7.100)刻画,端点条件为 $y_0=1/\theta$ 和 $\pi_0=\kappa/\theta$。尽管模型的组成要素非常简单,但该经济系统的解却十分复杂:

$$\pi(t)=\frac{\kappa}{2\theta\gamma}e^{\rho t/2}\left[\left(\frac{\rho}{2}+\gamma-1\right)e^{\gamma t}+\left(\gamma+1-\frac{\rho}{2}\right)e^{-\gamma t}\right], \tag{7.103}$$

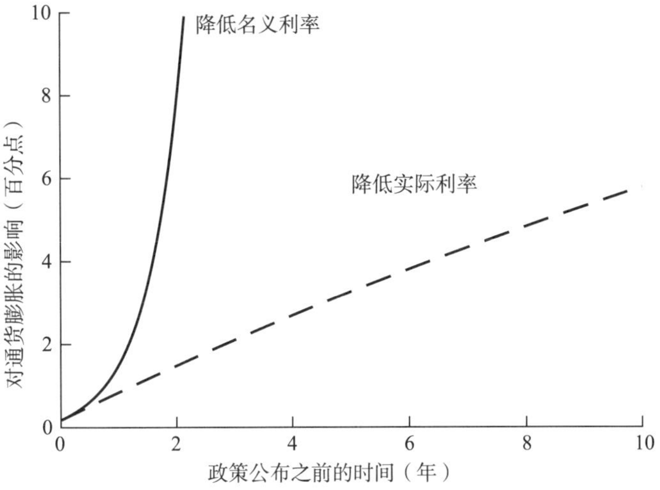

图 7.4　未来某一季度降息 1 个百分点的政策公告对通货膨胀的影响

$$y(t)=\frac{-1}{2\theta\gamma}e^{\rho t/2}-\left(\frac{\rho}{2}+\frac{\kappa}{\theta}-\gamma\right)e^{\gamma t}-\left(\frac{\rho}{2}+\gamma+\frac{\kappa}{\theta}\right)e^{-\gamma t},\qquad(7.104)$$

其中 $\gamma\equiv[(\rho^2/4)+(\kappa/\theta)]^{1/2}$［同样可以参见西蒙和布鲁姆（Simon and Blume，1994，第 24、25 章），或数学软件 Wolfram Mathematica］。图 7.4 中的实线表示原来参数值下的通货膨胀。在针对名义利率进行前瞻指引的情形下，政策公告对通货膨胀的影响比前面针对实际利率的情形还要大。如果降息将在 2 年后执行，则通货膨胀将会立即增加 7.7 个百分点。如果在 4 年后执行，则通货膨胀将激增超过 200 个百分点，令人震惊。直观而言，在政策公布到执行降息政策之间，名义利率保持不变，因此通货膨胀上升将反馈到实际利率上，从而产出上升，并进一步放大通货膨胀的反应，如此类推。即便在我们设定的常规参数值下，这种反馈效果也非常强大。

讨论

所有模型都是对现实的简化，因此任何模型都会在某一个方面无法做出正确的预测。既然如此，我们是否还应该担心标准新凯恩斯模型对前瞻指导效果的预测是荒谬的呢？

相比任何模型都会产生不当结果的一般性结论而言，标准新凯恩斯模型在预测上的失败特别令人遗憾，原因有两个：第一，前瞻指导效果的预测结果并不是次要假设（例如忽略常数项或者假设三个方程的冲击相互独立）导致的，而是来自模型的核心因素：新凯恩斯 *IS* 曲线中的跨期最优化以及新凯恩斯菲利普斯曲线中的前瞻性价格设定行为。第二，前瞻指引这个实验的目的是帮助我们理解经济的反应，但恰恰是在这个领域，模型的预测结果是错误的。该模型旨在揭示产出和通货膨胀在短期宏观经济波动发生时的行为，以及它们对货币政策的反应。因此，就经济如何应对未来货币政策的变动来说，尽管人们不太关心该模型如何预测一个世纪之后的货币政策会如何影响当前的经济，却会非常关注几年之后的货币政策会产生什么影响。

换个角度看，前瞻指引难题显然利用了模型最大的缺陷，即需求上的完全跨期最优化行为以及需求和定价上的完全前瞻特点。因此，即便前瞻指引实验非常重要，模型无法得到其经济效应的合理预测并不意味着该模型一无是处。[1]

7.10 现代新凯恩斯 DSGE 周期模型的其他要素

本章前面几节的讨论可以归结为两个主题。一方面，标准新凯恩斯模型具有许多有趣的特征。另一方面，该模型的核心要素导致其基本上无法帮助我们理解一些十分关键的问题。因此，该模型通常并不适用于分析实质性问题。可见，研究如何扩展或修改该模型从而使其更加有用是非常重要的。

实际上，目前已经有了大量致力于建立和估计更加复杂的 DSGE 数量模型的文献，并且其核心与第 7.8 节中的模型具有重要的相似之处。这些模型并没有解析解，也并不显而易见，但它们却广泛应用于学界，乃至中央银行以及其他政策制定机构。本节试图简要讨论研究者对基准模型所进行的一些最重要的修改和推广。许多修改来自克里斯蒂亚诺、埃岑鲍姆和埃文斯(2005)，埃塞格、亨德森和莱文(Erceg，Henderson and Levin，2000)，以及斯梅茨和沃特斯(Smets and Wouters，2003)等模型。

总供给

标准的新凯恩斯模型使用新凯恩斯菲利普斯曲线来刻画通货膨胀的行为，而更完整的模型通常会从两个方面对此做出推广。第一，我们知道，关于新凯恩斯菲利普斯曲线预测能力的有利证据比较薄弱，特别是关于可预期反通货膨胀与产出繁荣有关的证据。因此，现在的模型通常会引入通胀惯性。由于指数化的新凯恩斯菲利普斯曲线更加便于处理，通常的办法是据此确定通货膨胀与其他相应变量的关系。一般而言，历史通货膨胀率和预期未来通货膨胀率的系数并不会限定为像方程(7.76)那样分别等于 $1/(1+\beta)$ 和 $\beta/(1+\beta)$，而是如方程(7.77)所示，可以更具一般性地取各种可能的值。

第二，为了更好地刻画价格与工资的行为，模型通常假设不完全调整不仅适用于产品价格，也适用于工资。最常见的办法是假设卡沃工资调整，其调整频率可能会与价格调整频率有所不同。在恰当的假设下，我们可以得到关于工资膨胀的新凯恩斯菲利普斯曲线：

$$\pi_t^w=\beta E_t[\pi_{t+1}^w]+k_w y_t, \tag{7.99}$$

其中 π^w 是工资膨胀率。与对价格调整的处理类似，另一种合理的办法是，假设在工资调整之间存在指数化的滞后工资膨胀，从而可以相应地得到与指数化的新凯

---

[1] 有关前瞻指导难题的更多研究，可参考哈贝里斯、哈里森和沃尔德隆(Haberis, Harrison, and Waldron, 2014)；德尔·尼格罗、贾诺尼和帕特森(Del Negro, Giannoni, and Patterson, 2015)；基利(Kiley, 2016)；以及麦凯、中村和斯坦森(McKay, Nakamura, and Steinsson, 2016)。

恩斯菲利普斯曲线类似的工资膨胀方程。

总需求

新凯恩斯 *IS* 曲线存在两个主要缺陷。第一，它没有考虑到投资、政府购买以及净出口。基本上，所有具有实用性的模型都会在利润最大化厂商决策的基础上对投资进行模型化分析。政府购买也几乎总是会纳入模型，并且通常设定为外生的。而且模型在开放经济中的推广也非常多。例如奥伯斯法尔德和罗戈夫（Obstfeld and Rogoff，2002）；科尔塞蒂和佩森蒂（Corsetti and Pesenti，2005）；贝尼尼奥（Benigno，2006）；以及盖里（2015，第 8 章）。

第二，由于新凯恩斯 *IS* 曲线完全是前瞻的，即便纳入了产出的其他成分，它也会对冲击产生较大的快速反应。因此，为了更好地拟合数据，模型通常会引入使调整变慢的因素。对于消费来说，最常见的办法引入"习惯形成"假设。也就是说，假设消费者的效用不仅取决于消费的水平，还取决于消费相对于某个参照点的水平，如该消费者或者其他消费者过去的消费水平。在恰当的假设下，这种习惯会降低消费对冲击的反应速度。对于投资来说，降低其反应速度的常见方法是直接假设存在投资调整成本。

我们将在第 8 章看到，家庭的当前收入对其消费具有重要影响，而在第 10 章我们将看到，厂商的当前现金流对其投资决策至关重要。但新凯恩斯 *IS* 曲线不论是否经过我们上文所讨论过的各种修改，都不能刻画这些现象。为了使当前收入能够影响产品需求，常见的办法是假设部分消费由拇指规则确定，或者由受流动性约束的家庭确定，这些家庭把所有当前收入用于消费。〔1〕这种假设会增强经济对各种扰动的反应，并使得冲击具有改变收入流的作用，若不这样假设，则冲击就很难影响到经济行为。

信贷市场的不完美性

2008～2009 年的经济危机表明，信贷市场的非瓦尔拉特征具有重要的宏观经济影响。信贷市场的崩溃会导致经济的动荡，而信贷市场的不完美性会对其他冲击如何影响宏观经济产生巨大影响。因此，在新凯恩斯 DSGE 模型中引入信贷市场的不完美性成为一个非常活跃的研究领域。

这个领域的最新三大研究成果分别来自克里斯蒂亚诺、莫托和罗斯塔格诺（Christiano，Motto and Rostagno，2010），格特勒和卡拉迪（Gertler and Karadi，2011），以及库尔迪亚和伍德福德（Curdia and Woodford，2015），这三个模型都在储蓄和投资之间引入了一个金融中介部门。其中，库尔迪亚和伍德福德的模型从概念上来看是最简单的。他们假设金融中介技术是有成本的，借贷利差会随着中介边际成本以及加成幅度的变化而发生变化。这些波动中既包含内生因素，如中介数量的变化会影响边际成本，也包含外生因素，如对中介技术与加成

〔1〕模型通常不会刻画当前现金流在投资中的作用。基于某些原因，假设消费的拇指规则具有相近的含义，从而没有必要再增加模型的复杂程度。此外，某些包含信贷市场不完美性的模型会很自然地揭示现金流对投资的影响，我们很快就会讨论这个思路。

幅度的冲击。

在格特勒和卡拉迪的模型中,利差来自中介部门的规模约束。中介的资本是有限的,由于高负债率会产生不良的激励,有限的资本就会限制中介从储户手中吸引资金的能力。其结果是,中介通过向借款者收取高于其支付给储户的利息来获得其资本的租金。同样,这种利差的变化也会受到内生因素和外生因素两方面的影响。不同类型的冲击会影响中介的资本量,从而改变其吸引资金的能力以及利差。而对资本价值的冲击会直接影响中介吸引资金的能力,从而也影响到利差。利差的内生性变动与外生性变动都会传导到经济的其他部门。

克里斯蒂亚诺、莫托和罗斯塔格诺在他们早期研究(Christiano、Motto and Rostagno,2003)的基础上,着重关注中介与借款者之间的摩擦。借款人的资本约束与投资风险会影响他们的借款能力以及对应的利率。其结果是,借款利率与借款数量都会随着不同类型的扰动发生内生变化。此外,克里斯蒂亚诺、莫托和罗斯塔格诺假设贷款合同是基于名义项的(根据第 6.9 节中的思路),因此任何影响价格水平的扰动都会影响借款人的实际债务,从而进一步影响经济的其他部门。另外,与其他模型一样,这里也存在对利差影响因素的外生冲击。克里斯蒂亚诺、莫托和罗斯塔格诺不仅考虑了对借款者净财富的冲击以及对投资项目风险的冲击,还考虑了对有关未来投资项目风险的消息的冲击。

上述三篇论文说明了早期相关研究中如何在较完整模型中引入金融市场的不完美性与崩溃。近期的金融危机毫无疑问充分说明了金融市场不完美性与崩溃的重要性。但至于说如何用最好的方式将它们引入到较大的宏观经济模型中,这个问题仍然是悬而未决的。

政策

在较复杂的新凯恩斯 DSGE 模型中,关于政策的假设通常会在第 7.8 节所考虑的简单利率规则基础上进行三类改动。第一类改动最为简单,即考虑其他的利率规则。目前,研究中已经考虑过的利率规则为数众多。如考虑逐渐调整;除对变量的未来值做出反应之外,也对变量的当前值或历史值做出反应;对变量增长率而不是水平值做出反应;引入产出和通货膨胀以外的众多可能变量。在这些研究文献中,常见的办法是探讨利率规则的某些变化(如引入新变量)会如何影响宏观经济结果(如产出和通货膨胀的变动性)。

第二类改动是把政策规则事先确定的假设替换为政策制定者最大化某种目标函数的假设。目标函数可能会直接确定,例如,可以假设政策制定者有一个关于通货膨胀和产出的二次损失函数。或者,目标函数也可以从微观经济基础中推导得来。常见的做法是,假设政策制定者的目标是最大化模型中代表性家庭的期望效用。这种方法需要建立一个足够丰富的模型,使通货膨胀可以对经济福利产生影响。不论是通过假设还是推导的方式,一旦目标函数确定,政策制定者的决策就可以根据最大化目标函数得到。

为了把基于利率规则的方法和基于最大化的方法结合起来,一个很自然的办法是讨论不同的简单规则可以在多大程度上逼近最优政策。较为主流的观点是,政策制定者不愿意遵循复杂的规则,或者是由单个特定模型所给出的对策。因此,一个重要的问题在于,是否存在简单且可以良好地在一系列模型中运行的规则。我们将在第 12 章中探讨对简单利率规则的修改以及对最优政策的推导,在那里我们会更深入地考察货币政策。

近期的模型对政策分析的第三类改动是,考虑除短期利率之外的其他政策工具。一类政策工具涉及财政政策,如政府购买、转移支付以及各种税率。此外,在信贷市场中引入不完美性的模型自然要考虑到市场中存在的各种政府干预。

讨论

对上述研究方案的乐观看法是,我们正在向如下的目标不断靠近:宏观经济模型具有坚实的微观假设基础,模型参数可以看作是结构参数,即模型参数不会随着政策发生变化;模型足够实用,可以用于获得基于福利分析的政策执行建议。持这种观点的学者会指出,目前,我们的模型大多是建立在微观基础之上的;经过估计的模型在拟合经济波动的一些重要特征方面表现良好;许多政策制定者都非常重视这些模型,并看重根据这些模型得出的预测结论与政策建议;模型的许多假设都有微观经济证据支持;并且模型的复杂精密程度在迅速地进步。

然而很可惜,我们有理由对这种乐观看法感到担忧。首先是现有模型对实时预测能力很差[参见艾奇和古尔卡纳克(Edge and Gükaynak, 2010)],更重要的是,虽然这些模型的起点确实是具有微观基础且十分优美的新凯恩斯模型,但实际上真正接近现实数据重要特征的模型与这个起点已经迥然不同了。最明显是,这些模型包含了产生决策惯性的假设:价格调整中的通货膨胀指数化,消费中的习惯形成,以及投资调节成本。引入这些特征的动机主要并不是微观证据,而是想要拟合宏观经济现象。例如,在微观层面,我们观察到名义价格在较长时期内是固定不变的,而不会频繁调整以反映最近的通胀影响。类似地,如我们将在第 9 章看到的那样,标准投资模型背后的微观证据是资本存量的调整成本,而不是投资调节成本。在模型中需要引入这些不符合现实的假设正好说明模型具有重大缺陷。

此外,尽管模型已经比较复杂,但仍然不可能面面俱到。例如,有关信贷市场不完美性的分析在金融危机之前还非常稀少。另外,基于福利分析讨论政策制定者决策目标的模型往往只关注产出波动和通货膨胀影响经济福利的作用渠道,但是,正如我们将在第 12.3 节中讨论的那样,除了这些特定渠道以外,还有很多其他也许更重要的作用渠道。

最重要的是,宏观经济波动研究将会走向何方这个问题还存在很大的不确定性。乐观的看法是,现有研究正在沿着基本正确的轨道前进,扩展现有模型和将新的经济现象纳入现有模型进行分析都具有巨大的价值。悲观的看法则是金融和经济危机已经使宏观经济学研究遭到重创,基本上回到了 20 世纪 70 年代初期的水平。两种观点都承认,现有研究框架无法应对新出现的经济现象(如历史上高失业率和高通胀并存的现象,以及最近这次经济危机)。如今看来,这些新的经济现象当然有可能仅仅是暴露了一些次要的小问题,最好直接通过修改现有分析框架来解决。但真正符合现实的却是另一种可能性,这些经济现象揭示了非常深刻的经济问题,因此需要彻底改变相关研究领域。

几乎所有的宏观经济学家都认为,当前主流宏观经济模型的优点和缺点都很明显,因此真理应该介于乐观和悲观两派观点之间。然而,它到底在两者之间的哪个位置将决定宏观经济学家如何进一步开展研究。如果乐观派的观点更符合事实,则继续使用现有研究框架的价值就会更大。如果悲观派的观点更符合事实,则在更精炼的小型模型中分析新问题,深入地理解现有模型组成部分而不急于构建综合模型就会更有价值。

习 题

7.1 价格制定失衡时的费希尔模型。假设经济由第 7.2 节中的模型所刻画,只是每个时期并非有一半的厂商制定价格,而是比例为 f 的厂商在奇数期制定价格,比例为 $1-f$ 的厂商在偶数期制定价格。因此当 t 为偶数时,价格水平为 $fp_t^1+(1-f)p_t^2$,当 t 为奇数时,价格水平为 $(1-f)p_t^1+fp_t^2$。推导每一期关于 p_t 和 y_t 的类似于(7.27)式和(7.28)式的表达式。

7.2 交错价格制定的不稳定性。假设经济由习题 7.1 刻画,为了简单起见,假设 m 为一个随机游走过程(即 $m_t=m_{t-1}+u_t$,其中 u 为白噪声,且方差固定不变)。假设相对价格保持在 $p_t=p_t^*$,厂商在两个时期之内损失的利润与 $(p_{it}-p_{it}^*)^2+(p_{it+1}-p_{it+1}^*)^2$ 成比例。如果 $f<1/2$ 且 $\phi<1$,则对于利润损失的期望值来说,是在奇数期制定价格的厂商较大,还是在偶数期制定价格的厂商较大?根据这一结果,当 $\phi<1$ 时,是否还存在交错价格制定?

7.3 同步定价。考虑泰勒模型。假设所有厂商都每隔一期确定当期价格与下期价格。也就是说,在时期 t 制定 t 期和 $t+1$ 期的价格;在 $t+1$ 期,不制定任何价格;在 $t+2$ 期制定 $t+2$ 期和 $t+3$ 期的价格;以此类推。与泰勒模型一样,价格预先确定并且固定不变,厂商根据(7.30)式制定价格。最后,假设 m 服从随机游走过程。

(a) 把代表性厂商在 t 期的价格 x_t 表示为 m_t、E_tm_{t+1}、p_t,以及 E_tp_{t+1} 的函数。

(b) 同步定价意味着 p_t 和 p_{t+1} 都等于 x_t,利用这一点求解 x_t(用 m_t 和 E_tm_{t+1} 表示)。

(c) y_t 和 y_{t+1} 是多少?泰勒模型的关键结论(在所有价格都改变之后,名义扰动仍然具有实际效应)是否仍然成立?请给出直观解释。

7.4 考虑货币存量为白噪声过程而不是随机游走过程的泰勒模型。也就是说,$m_t=\varepsilon_t$,其中 ε_t 没有序列相关性。利用待定系数法求解模型。[提示:在对应于(7.33)的类似方程中,假设 $\lambda+\nu=1$ 是否仍然合理?]

7.5 利用滞后算子重做习题 7.4。

7.6 考虑第 7.4 节开头描述的实验。具体来说,假设一个卡沃经济一开始处于长期均衡状态,所有价格都等于 m,且标准化为零。在时期 1,m 突然永久地提高到 m_1。

我们推测对于 $t\geqslant 1$，价格水平的行为由形如 $p_t=(1-\lambda^t)m_1$ 的表达式刻画。

(a) 解释这个猜想是否合理，为什么？

(b) 求出 λ，用模型的原始参数（α，β 和 ϕ）来表示。

(c) α，β 和 ϕ 上升分别会如何影响 λ？直观地解释你的结论。

7.7 价格有升有降时的状态依存定价。[本题来自卡普林和里希(Caplin and Leahy，1991)。]考虑与卡普林—施普尔伯模型类似的经济。但是，假设 m 可升可降，因此厂商遵循一个简单的双向 Ss 法则：如果 $p_i-p_t^*$ 达到 S 或 $-S$，厂商 i 就改变价格 p_i，使得 $p_i-p_t^*$ 等于 0。与卡普林—施普尔伯模型一样，m 的变化是连续的。

为了简单起见，假设 $p_t^*=m(t)$。另外，假设 $p_i-p_t^*$ 一开始在长度为 S 的区间内服从均匀分布。也就是说，$p_i-p_t^*$ 在区间 $[X,X+S]$ 内服从均匀分布，其中 X 在 $-S$ 和 0 之间。

(a) 给定上述假设，解释为何 $p_i-p_t^*$ 仍然在某个长度为 S 的区间内服从均匀分布。

(b) 是否存在某些 X 值，使得 m 的微小增加(dm)可以使平均价格提高不到 dm？超过 dm？刚好 dm？由此可见，本模型表明货币冲击的实际效应如何？

7.8 (本题来自鲍尔，1994a。)考虑泰勒模型的连续时间版本，因此 $p(t)=(1/T)\int_{\tau=0}^{T}x(t-\tau)d\tau$，其中 T 为每个厂商价格调整的间隔，$x(t-\tau)$ 为在 $t-\tau$ 定价的厂商所制定的价格。假设 $\phi=1$，因此 $p_i^*(t)=m(t)$；从而 $x(t)=(1/T)\int_{\tau=0}^{T}E_t m(t+\tau)d\tau$。

(a) 假设一开始 $m(t)=gt$，$g>0$，因此 $E_t m(t+\tau)$ 为 $(t+\tau)g$。则 $x(t)$，$p(t)$ 与 $y(t)=m(t)-p(t)$ 分别是多少？

(b) 假设在 0 时政府宣布在接下来长度为 T 的时间内逐渐把货币增长率减小到 0。因此，对于 $0<t<T$，$m(t)=t[1-(t/2T)]g$，而对于 $t\geqslant T$，$m(t)=gT/2$。这一政策变动是意料之外的，因此 $t=0$ 之前的价格制定与(a)小题相同。

(i) 证明如果对于所有 $t>0$，$x(t)=gT/2$，则对于所有 $t>0$，$p(t)=m(t)$，从而产出与政策没有变化的情形相同。

(ii) 对于 $0<t<T$，厂商设定的价格是大于，小于还是等于 $gT/2$？对于 $T\leqslant t\leqslant 2T$ 呢？根据你的答案，在区间 $(0,2T)$ 之内的产出与政策没有变化的情况相比有何不同？

7.9 考虑指数化的新凯恩斯菲利普斯曲线，方程(7.76)，假设完美预期，$\beta=1$，以及通常的总需求方程 $y_t=m_t-p_t$。

(a) 把 p_{t+1} 用其滞后值与 m_t 表示。

(b) 考虑 m 在预料之内永久性地提高：对于 $t<0$，$m_t=0$，对于 $t\geqslant 0$，$m_t=1$。简要说明你将如何找出 p_t 的路径。(提示：利用第 7.3 节的滞后算子方法。)

7.10 部分指数化的新凯恩斯菲利普斯曲线。考虑第 7.7 节中对指数化新凯恩斯菲利普斯曲线的分析。假设指数化是不完全的。也就是说，如果厂商没有机会在 t 期评估其价格，则其 t 期价格为上一期价格加上 $\gamma\pi_{t-1}$，$0\leqslant\gamma\leqslant 1$。用 π_{t-1}，

$E_t\pi_{t+1}$，y_t 以及模型参数来表示 π_t。验证你的结论可以在 $\gamma=0$ 时简化为新凯恩斯菲利普斯曲线，并在 $\gamma=1$ 时简化为指数化的新凯恩斯菲利普斯曲线。(提示：从证明 $[\alpha/(1-\alpha)](x_t-p_t)=\pi_t-\gamma\pi_{t-1}$ 入手。)

7.11　考虑曼昆—雷斯模型的连续时间版本。 假设评估定价策略的机会服从强度为 $\alpha>0$ 的泊松过程。因此在时间 t 制定的价格路径直到时间 $t+i$ 仍然适用的概率为 $e^{-\alpha i}$。模型的另一个假设保持不变。

(a) 证明与(7.81)类似的表达式为 $a(i)=\dfrac{\phi(1-e^{-\alpha i})}{[1-(1-\phi)(1-e^{-\alpha i})]}$。

(b) 考虑第 7.7 节中讨论的总需求增长率永久性降低的实验。也就是说，直到 $t=0$，所有厂商都预期 $m(t)=gt$(其中 $g>0$)；此后，厂商预期 $m(t)=0$。

(i) 求出(7.83)的类比表达式。

(ii) 对于 $t\geq 0$，求出通货膨胀率 $\dot{p}(t)$ 的表达式。在转变到新稳态的过程中，通货膨胀率会为负吗？

(iii) 假设 $\phi=1$。产出何时会达到其最低水平？通货膨胀何时会达到其最低水平？

7.12　考虑第 7.8 节中的模型。假设货币政策对当前通货膨胀和产出做出反应：$r_t=\phi_\pi\pi_t+\phi_y y_t+u_t^{MP}$。

(a) 对于白噪声扰动，找出与(7.92)～(7.94)类似的表达式。在这种情况下，通货膨胀的不利冲击会产生什么影响？

(b) 描述一下你将如何使用待定系数法来求解本模型(不必真正求解模型)。

8 消　费

在本章和第 9 章中，我们将分别探讨家庭的消费选择以及厂商的投资选择。消费和投资对于经济增长和波动都具有十分重要的意义。对于经济增长而言，社会资源在消费和各种投资(如实物资本、人力资本和研发资本)之间的配置是决定长期生活水平的关键因素。这种配置由家庭和厂商之间的相互作用决定：在给定收益率和其他约束的条件下，家庭将收入在消费和储蓄之间进行分配，而厂商则在给定利率和其他约束的条件下决定其投资需求。对于经济波动而言，由于消费和投资占据了商品需求的绝大部分，所以，为了理解政府购买、技术以及货币政策等因素对总产出的影响，我们有必要知道消费和投资是如何确定的。

研究消费和投资还有另外两个原因。首先，在近几十年，宏观经济学中许多最有见地的实证研究都与消费和投资有关，所以在接下来的两章，我们会特别着重于实证研究。

第二个原因是，分析消费与投资对于理解金融市场来说十分关键。如何在金融市场中选择储蓄和借贷是家庭消费决策中至关重要的部分，而金融市场在不同市场环境下如何确定产出的价值则是厂商投资决策中不可或缺的影响因素。本章与第 9 章将分别在金融市场完美运行以及不能完美运行两种情形下讨论消费和投资。然后，我们将在第 10 章研究消费和投资决策如何通过金融市场联系起来，并分析金融市场与宏观经济相互作用的一系列问题。

8.1　确定性条件下的消费：永久收入假说

假设

我们已经在第 2 章的拉姆塞模型和戴蒙德模型以及第 5 章的实际周期经济模型中研究了个人消费决策，但我们在这里仍然从一个简单情形入手。考虑一个寿命为 T 期的经济个体，其终生效用为：

$$U=\sum_{t=1}^{T}u(C_t),\quad u'(\bullet)>0,\quad u''(\bullet)<0,\tag{8.1}$$

其中,$u(\cdot)$ 为瞬时效用函数,C_t 为 t 期的消费。经济个体的初始财富为 A_0,并且在他/她一生的 T 个时期中,各期的劳动收入分别为 $Y_1, Y_2, \cdots, Y_T$,这些劳动收入都是外生给定的。该个体能够按一个外生的利率进行储蓄或借债,其唯一的约束条件是,所有债务必须在生命终结之前清偿。为了简单起见,我们令利率为0。〔1〕因此,该个体的预算约束为:

$$\sum_{t=1}^{T} C_t \leqslant A_0 + \sum_{t=1}^{T} Y_t. \tag{8.2}$$

行为

由于消费的边际效用总是正数,因此该个体会以等号形式满足预算约束,所以其最大化问题的拉格朗日函数为:

$$\mathcal{L} = \sum_{t=1}^{T} u(C_t) + \lambda\left(A_0 + \sum_{t=1}^{T} Y_t - \sum_{t=1}^{T} C_t\right). \tag{8.3}$$

C_t 的一阶条件为:

$$u'(C_t) = \lambda. \tag{8.4}$$

由于(8.4)对每一期都成立,所以消费的边际效用是固定不变的。此外由于消费水平是其边际效用的唯一决定因素,消费必定是固定不变的,所以 $C_1 = C_2 = \cdots = C_T$。将其代入预算约束可得:

$$C_t = \frac{1}{T}\left(A_0 + \sum_{\tau=1}^{T} Y_\tau\right) \quad \text{对于所有的} t. \tag{8.5}$$

括号中的项是该个体一生的总资源。因此,(8.5)式表明,经济个体将其终生可得的资源平均分配给一生中的每个时期。

模型意义

上述分析表明,在既定时期内,经济个体的消费并不取决于当期的收入,而是由他/她整个一生的收入决定。根据弗里德曼(1957)的术语,方程(8.5)的右边称为永久收入,当期收入与永久收入之差称为暂时收入。方程(8.5)说明,消费取决于永久收入。

为了理解区分永久收入与暂时收入的意义,我们可以考虑在生命第一期得到一笔意外之财 Z 所产生的影响。尽管意外收入使当期收入提高了 Z,但永久收入只提高了 Z/T。所以,若经济个体的生命相当长,意外收入对当期消费的影响会很小。这就意味着,暂时性的减税对消费影响甚微。

我们的分析还表明,虽然收入在时间上的分布对消费而言并不重要,但它对储蓄却是至关重要的。个人在第 t 期的储蓄为收入与消费之差:

$$\begin{aligned} S_t &= Y_t - C_t \\ &= \left(Y_t - \frac{1}{T}\sum_{\tau=1}^{T} Y_\tau\right) - \frac{1}{T}A_0, \end{aligned} \tag{8.6}$$

---

〔1〕注意我们也假定了该个体的折现率为零[参见(8.1)式]。把这个假设条件放宽为利率和折现率相等但不一定为零,对本节以及下一节的分析几乎没有影响。而且,即便假定两者不相等,其影响也很有限。

其中第二行利用(8.5)式替换了 C_t。可见,当收入高于其平均水平,即当暂时收入较高时,储蓄也较高。同理,在当期收入低于永久收入时,储蓄为负。因此,经济个体会利用储蓄和借债来平滑消费路径。这就是莫迪利亚尼和布伦贝格(Modigliani and Brumberg,1954)以及弗里德曼(Friedman,1957)所提出的永久收入假说的核心思想。

什么是储蓄?

从抽象层面来看,永久收入假说的基本思想只是关于储蓄的一种简单见解,即储蓄是未来的消费。只要经济个体不是为了储蓄而储蓄,那么其储蓄就是为了未来消费。储蓄可能是用于日后传统意义上的消费,或者作为遗产留给后代供他们消费,甚至可以用来在去世时为自己树碑立传。无论如何,只要储蓄者并不看重储蓄本身,那么收入在消费和储蓄之间的分配就会受到如下因素的驱动:对当期和未来消费的偏好,以及有关未来消费前景的信息。

上述观察表明,关于储蓄的许多常见观点可能都是错误的。例如,经常有人认为,之所以穷人的储蓄占其收入的比例比富人低,是因为穷人的收入只能维持其基本生活水平。但是,这种说法忽略了一个事实,即如果一个人现在连维持较低生活水平都有困难,那他/她将来可能也很难维持这一生活水平。因此,正如富人一样,穷人的储蓄也很可能是由其收入在时间上的分布模式决定。

再举一个例子,有一种常见的说法认为,当经济个体将自己的消费与他人进行比较时,往往会出于"攀比"的目的而增加消费。这种说法也同样没有认识到储蓄的意义:由于储蓄代表着未来消费,因而储蓄较少意味着未来消费较少,从而会使经济个体进一步落后于其攀比对象。所以我们不妨认为:关心相对消费的经济个体出于未来攀比的目的会降低而不是增加当期消费。[1]

实证应用:理解估计的消费函数

传统的凯恩斯主义消费函数假定消费取决于当期可支配收入,凯恩斯(1936)认为,"总消费量主要取决于总收入量",这是一种"相当稳定的函数"关系。他进一步主张:"显然地,绝对收入水平的提高会使得更高比例的收入用于储蓄"(凯恩斯,1936,第96~97页)。

由于消费函数对凯恩斯的波动分析具有重要意义,所以许多研究者都对消费和当期收入之间的关系进行了估计。然而,与凯恩斯的看法相反,这些研究并没有在两者之间找到一致和稳定的关系。在某一时点,各个家庭中两者的关系的确符合凯恩斯的假定,图8.1(a)即刻画了这种关系的一个例子。但是对一个国家而言,长期中总消费与总收入基本上是成正比的,也就是如图8.1(b)所显示的关系。此外,不同人群的消费函数也并不相同。例如,估计发现白人消费函数的斜率与黑人消费函数的斜率近似相等,但是白人消费函数的截距更大,如图8.1(c)所示。

根据弗里德曼(1957)的论证,永久收入假说为上述所有发现提供了一种简单

〔1〕 当人们认识到储蓄代表未来消费时,他/她对相对消费的关注会如何影响储蓄?有关这方面的讨论可参见306页脚注[1]。

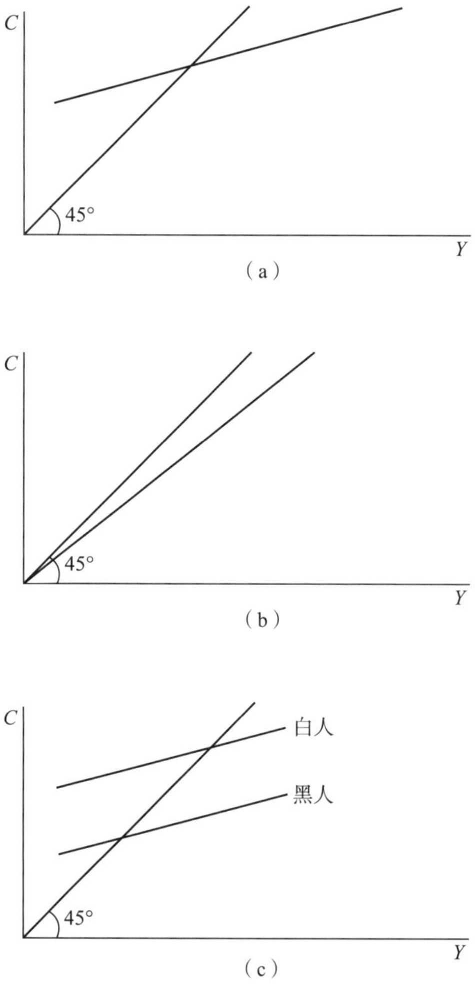

图 8.1　当期收入与消费之间关系的一些不同形式

的解释。为了理解这一点,我们可以从两个方面稍微扩展一下上文中的模型。由于到目前为止我们只在确定性条件下分析了消费行为,我们在引入个体差异和跨期差异的扩展分析中也不会考虑不确定性。第一个扩展是明确引入个体差异,用 i 表示不同个体。由于暂时收入的定义是当期收入与永久收入之间的差额,我们可以将个体 i 在第 t 期的当期收入写为他/她的永久收入与暂时收入之和:

$$Y_{it}=Y_i^P+Y_{it}^T. \tag{8.7}$$

注意,由于经济个体的永久收入是其终生可用资源的平均值,Y^P 并没有 t 下标。我们假设 Y_{it}^T 在给定时期按经济个体平均的均值为零,且与 Y_i^P 无关。[1]

第二个扩展是放松经济个体意愿消费量不随时间改变这个假设。这个假设表明瞬时效用函数 $u(\cdot)$ 在每一期都是完全相等的。弗里德曼发现,诸如紧急医疗

〔1〕 在某些情况下,这些假设可能不能成立。例如,如果一次短暂的衰退减少了富人的收入,Y_{it}^T 的均值很可能为负,并且与 Y_i^P 负相关。但是由于经济个体收入水平的波动大多反映的是个体因素而不是总体因素,因此这些假设应该是符合现实的。

或子女婚事之类的事件会导致与收入无关的消费波动。在模型中引入这些因素的一种简单方法是更改方程(8.1)中的效用表达式:

$$U_i=\sum_{t=1}^{T}u\left(C_{it}-e_{it}\right). \tag{8.8}$$

我们假设 e_{it} 与 Y_i^P 以及 Y_{it}^T 均无关,并且按时间平均和按个体平均的均值都为零。由于我们暂时没有考虑不确定性,假设每个经济个体都知道他/她的 e 在将来的所有实现值。

当效用函数为(8.8)时,根据我们推导方程(8.5)的方法可以证明,$C_{it}-e_{it}$ 不随时间变化。此外,记住 e_{it} 在经济个体一生中的均值为零,由此可得消费为:

$$C_{it}=Y_i^P+e_{it}. \tag{8.9}$$

e_{it} 称为"暂时消费"。[1]

在上述假设下,我们可以分析如果用消费在特定时期的横截面数据对一个常数项和收入作回归得到的结果。由于这种回归中所有观测值的时期下标都是相同的,为简单起见我们去掉了下标 t,从而得到回归方程:

$$C_i=a+bY_i+e_i. \tag{8.10}$$

在单变量回归中,方程右边变量的估计系数等于右边变量与左边变量的协方差除以右边变量的方差。在本例中即为:

$$\begin{aligned}\hat{b}&=\frac{\mathrm{Cov}(Y_i,C_i)}{\mathrm{Var}(Y_i)}\\&=\frac{\mathrm{Cov}(Y_i^P+Y_i^T,Y^P+e_{it})}{\mathrm{Var}(Y_i^P+Y_i^T)}\\&=\frac{\mathrm{Var}(Y_i^P)}{\mathrm{Var}(Y_i^P)+\mathrm{Var}(Y_i^T)}.\end{aligned} \tag{8.11}$$

其中,第二行利用了当期收入等于永久收入和暂时收入之和,以及消费等于永久收入与暂时消费之和的事实;最后一行利用了永久收入,暂时收入与暂时消费在给定时期互不相关的假设。因此,

$$\begin{aligned}\hat{a}&=\overline{C}-\hat{b}\overline{Y}\\&=(1-\hat{b})\overline{Y}^P,\end{aligned} \tag{8.12}$$

其中,第二行利用了暂时消费与暂时收入的均值为零的假设。

可见,永久收入假说预测,影响消费函数斜率的估计 $\hat{b}$ 的关键因素是永久收入和暂时收入的相对方差。从直观上看,当期收入的增加之所以会导致消费上升,仅仅是因为它代表了永久收入的增加。若永久收入的方差远大于暂时收入的方差,那么当期收入的所有变动几乎都反映了永久收入的变动。在这种情况下,消费的

---

〔1〕 如果效用函数不是(8.8),而是$U_i=\sum_{t=1}^{T}u(C_{it}-e_{it})+v_{it}$,则消费行为不会有什么变化。这种情况下,意外伤害导致的额外医疗支出对应于 $e_{it}>0$ 且 $v_{it}<0$,而子女婚事支出则对应于 $e_{it}>0$ 且 $v_{it}>0$。

增加几乎与当期收入的增加一一对应。但是,若永久收入的方差小于暂时收入的方差,则当期收入的变动很少会反映永久收入的变动,消费很少会随着当期收入而增加。

上述分析有助于理解图 8.1 中的消费函数。方程(8.11)和(8.12)表明,消费对收入的回归系数应该为正并且小于 1,常数项也应该为正。学者们得到的估计结果正是如此。

现在我们来考虑黑人与白人之间的差别。由于这两大人群的永久收入和暂时收入方差比较接近,b 的估计值也比较接近。但是,黑人的平均收入低于白人,黑人群体中 a 的估计值低于白人群体[参见式(8.12)]。可见,根据永久收入假说,黑人与白人消费模式的差别是源于这两个群体的平均收入差别,而不是偏好或者文化上的差异。

从时间序列数据的角度,我们在总消费对总收入的回归分析中尚未明确发现永久收入假说的意义。但从直觉上看,在任何较长的样本中,总收入的变化几乎都反映了长期增长,即经济资源的永久性增长。因此,如图 8.1 的(b)所示,从时间序列回归中得出的回归系数的估计值很高就不足为奇了。[1]

8.2 不确定性条件下的消费:随机游走假说

个体行为

下面,我们将分析扩展到具有不确定性的情况。假设每个时期的个人劳动收入 Y_t 存在不确定性,仍旧假设利率和折现率都为零。此外,假设瞬时效用函数 $u(\cdot)$ 为二次函数。从而,经济中的个体最大化如下效用函数:

$$E[U]=E\left[\sum_{t=1}^{T}\left(C_t-\frac{a}{2}C_t^2\right)\right],\quad a>0. \tag{8.13}$$

假设个人财富保证其消费始终处于边际效用为正的范围内。此外,如前所述,该个体必须在其生命终止之前还清全部债务。因此,预算约束仍然由(8.2) 给定,即 $\sum_{t=1}^{T}C_t \leqslant A_0+\sum_{t=1}^{T}Y_t$。

为了刻画经济个体的行为,我们仍采用常见的欧拉方程方法。具体而言,假设该个体已经根据可得的信息选择了最优的第一期消费,假设在未来的每个时期,他/她均根据当期的可得信息来选择当期的最优消费。现在,考虑经济个体将 C_1 减少 dC,并在其选择的未来某期消费中加上相同的量。如果该个体的行为是最优的,则这种边际变化不会影响其期望效用。由于第 1 期消费的边际效用为 $1-aC_1$,

---

[1] 我们对横截面数据回归的理论分析表明,当永久收入的方差远大于暂时收入的方差时(如总体数据的长期序列很可能就是如此),回归截距项将接近于零,这与实证研究中发现的结论一致。但是,要理解回归系数为什么会显著小于 1 则还需要考虑其他因素。例如,回归系数小于 1 的一个重要原因可能世代更替和长期增长:由于年轻人通常储蓄而老年人则通常使用储蓄,而且每一代人都比上一代人更富裕,这意味着年轻人积累的储蓄大于老年人使用的储蓄,因此总消费少于总收入。

该变动的效用成本为$(1-aC_1)dC$。由于第t期的边际效用为$1-aC_t$，该变动的期望效用收益为$E_1[1-aC_t]dC$，其中$E_1[\cdot]$表示第1期可得信息下的条件期望。所以，若该个体的行为是最优的，则有：

$$1-aC_1=E_1[1-aC_t],\qquad t=2,3,\cdots,T. \tag{8.14}$$

由于$E_1[1-aC_t]$等于$1-aE_1[C_t]$，上式表明：

$$C_1=E_1[C_t],\qquad t=2,3,\cdots,T. \tag{8.15}$$

经济个体知道其终生消费满足预算约束(8.2)的等号形式，因此对该约束条件两边同时求期望也一定相等：

$$\sum_{t=1}^{T}E_1[C_t]=A_0+\sum_{t=1}^{T}E_1[Y_t]. \tag{8.16}$$

方程(8.15)表明，(8.16)式的左边等于TC_1，将其代入(8.16)式并除以T可得：

$$C_1=\frac{1}{T}\left(A_0+\sum_{t=1}^{T}E_1[Y_t]\right). \tag{8.17}$$

也就是说，经济个体的消费是其预期终生资源的$1/T$。

模型意义

方程(8.15)表明，在第1期对C_2的期望就等于C_1。将这一结论进行推广即可得到，在每一期对下期消费的预期都等于当期消费。这就意味着，消费的变化是不可预测的。根据期望的定义，我们可以得到：

$$C_t=E_{t-1}[C_t]+e_t, \tag{8.18}$$

其中变量e_t在$t-1$期的期望值为零。因此，由$E_{t-1}[C_t]=C_{t-1}$可得：

$$C_t=C_{t-1}+e_t. \tag{8.19}$$

这就是霍尔的著名结论，即永久收入假说意味着消费服从随机游走过程(Hall, 1978)。[1] 这个结论的直观含义很简单，即如果人们能够预测到消费将要发生变化，就可以更好地平滑消费。例如，假设人们预期消费将上升，这表明当期消费的边际效用大于未来消费的期望边际效用，因而提高当期消费是有利的。所以，经济个体会调整其当期消费，直到他/她预计消费不再发生变化为止。

此外，上述分析有助于我们理解，到底是什么导致了消费的变动e。具体而言，考虑从第1期到第2期的变化。沿用(8.17)式的推理过程可知，C_2等于$1/(T-1)$乘以经济个体剩余终生资源的期望：

---

〔1〕 从严格意义上讲，理论分析表明消费服从鞅过程(鞅序列的变化是无法预测的)，不一定服从随机游走过程(随机游走是一种独立同分布的鞅过程)。习惯做法是将鞅序列当作随机游走过程。

$$
\begin{aligned}
C_2 &= \frac{1}{T-1}\left(A_1 + \sum_{t=2}^{T} E_2[Y_t]\right) \\
&= \frac{1}{T-1}\left(A_0 + Y_1 - C_1 + \sum_{t=2}^{T} E_2[Y_t]\right),
\end{aligned}
\tag{8.20}
$$

其中第二行利用了 $A_1 = A_0 + Y_1 - C_1$。我们可以将在第 2 期预期的未来终生收入 $\sum_{t=2}^{T} E_2[Y_t]$,改写为在第 1 期预期的这部分收入 $\sum_{t=2}^{T} E_1[Y_t]$,再加上在第 1 期和第 2 期之间所得的信息 $\sum_{t=2}^{T} E_2[Y_t] - \sum_{t=2}^{T} E_1[Y_t]$。从而(8.20)式可改写为:

$$
C_2 = \frac{1}{T-1}\left[A_0 + Y_1 - C_1 + \sum_{t=2}^{T} E_1[Y_t] + \left(\sum_{t=2}^{T} E_2[Y_t] - \sum_{t=2}^{T} E_1[Y_t]\right)\right].
\tag{8.21}
$$

根据(8.17)式,$A_0 + Y_1 + \sum_{t=2}^{T} E_1[Y_t]$ 等于 TC_1。因此,上式变为:

$$
\begin{aligned}
C_2 &= \frac{1}{T-1}\left[TC_1 - C_1 + \left(\sum_{t=2}^{T} E_2[Y_t] - \sum_{t=2}^{T} E_1[Y_t]\right)\right] \\
&= C_1 + \frac{1}{T-1}\left(\sum_{t=2}^{T} E_2[Y_t] - \sum_{t=2}^{T} E_1[Y_t]\right).
\end{aligned}
\tag{8.22}
$$

方程(8.22)表明,第 1 期与第 2 期之间的消费变化量就等于经济个体对其终生资源的估计值的变化量除以其一生中剩余的时期数。

最后,我们可以注意到,经济个体的行为是满足确定性等价的:如式(8.17)所示,人们在不确定性下选择的消费数量与其拥有确定的且等于各期收入均值的未来收入时选择的消费是一样的;换句话说,未来收入的不确定性对消费没有影响。

为了理解确定性等价的直观含义,我们可以考虑有关第 1 期和第 2 期消费的欧拉方程。对于一个抽象的瞬时效用函数,欧拉方程如下:

$$
u'(C_1) = E_1[u'(C_2)]. \tag{8.23}
$$

若效用函数是二次函数,则边际效用函数是线性的。因此,消费的边际效用的期望就等于期望消费的边际效用。也就是说,由于 $E_1[1-aC_2] = 1-aE_1[C_2]$,对于二次效用函数来说,(8.23)式等价于:

$$
u'(C_1) = u'(E_1[C_2]). \tag{8.24}
$$

上式说明 $C_1 = E_1[C_2]$。

上述分析表明,二次效用函数是确定性等价的来源:若效用函数不是二次型的,则边际效用就不是线性的,从而(8.23)式就不能推导出(8.24)式。我们将在第

8.6 节回到这个问题。[1]

8.3 实证应用：随机游走假说的两种检验

霍尔的随机游走结果与既有的消费观点是严重对立的。[2] 关于经济周期中的消费，传统观点认为，当产出下降时，消费也会下降，但一定会恢复，这意味着消费的变动是可以预测的。相反，霍尔对永久收入假说的扩展分析表明，当产出意外下降时，消费的下降完全来自永久收入的下降，因此消费不会恢复。

由于这两种观点的预测结论完全不同，人们进行了大量的研究来检验可预测的收入变化所造成的消费变化是否可以预测。消费会对可预测的收入变化做出反应的假说被称为消费的过度敏感性[费拉万(Flavin，1981)]。[3]

使用总量数据的坎贝尔—曼昆检验

随机游走假说意味着消费的变化是无法预测的，因此在 $t-1$ 期并没有信息可以用来预测 $t-1$ 期到 t 期之间的消费变化。于是，一种检验随机游走假说的办法是，用消费的变动对 $t-1$ 期已知的变量进行回归。若随机游走假说是正确的，那么变量的系数就不会系统性显著不为零。

这就是霍尔原本在其研究中所使用的方法。当时他的结论是不能拒绝零假设，即收入或消费的滞后值都不能预测消费的变动。但是，他也发现了，股价变动的滞后值对消费变动具有统计上显著的预测能力。这种方法的缺陷是其结论难以解释。例如，在霍尔的结果中，滞后收入对消费没有很强的预测能力，其原因可能并不是收入变化无法产生可预测的消费变化，而有可能是因为收入的滞后值不能预测收入的变动。同理，虽然使用股价数据拒绝了随机游走假说，但是却很难估量这一结果的重要性。

因此，坎贝尔和曼昆(1989)使用了一种工具变量方法来检验霍尔的假说。他们考虑的备择假设是：一定比例的消费者按其当期收入进行消费，而其他消费者的行为则符合霍尔的理论。该备择假设意味着，对于第一组消费者，第 $t-1$ 期到第 t 期的消费变化等于同期的收入变化；对于第二组消费者，第 $t-1$ 期到第 t 期的消费变化等于同期永久收入估计值的变化。因此，如果我们令 λ 表示第一组消费者的消费在总消费中所占的比例，那么总消费的变化就是：

---

[1] 尽管“消费变动的均值为零且无法预测”(方程(8.19))这一结论取决于二次效用函数的假设(以及折现率等于利率的假设)，但是“消费增长与其均值之间的偏差无法预测”这一结论却是基于更一般的假设。

[2] 这里还有一个小典故：当霍尔第一次宣讲这篇文章并推导和检验随机游走结果时，一位颇有名望的宏观经济学家评论说，他在写这篇论文时一定是在嗑药。

[3] 永久收入假说也预测了消费如何对意外的收入变动做出反应。例如，在第 8.2 节的模型中，消费对消息的反应由方程(8.22)确定。另一种假说认为，消费对意外收入变化的反应低于永久收入假说所预测的程度，该假说被称为消费的过度平滑性。由于过度敏感性假说关心意料之内的收入变化，而过度平滑性假说关心意料之外的收入变化，所以消费有可能会同时过度敏感和过度平滑。有关过度平滑的更多研究可以参考费拉万(Flavin，1993)以及习题 8.6。

$$\begin{aligned} C_t - C_{t-1} &= \lambda(Y_t - Y_{t-1}) + (1-\lambda)e_t \\ &\equiv \lambda Z_t + \nu_t, \end{aligned} \tag{8.25}$$

其中，e_t 是消费者对其永久性收入的估计值在第 $t-1$ 期到第 t 期之间的变化。

Z_t 和 ν_t 几乎肯定是相关的。其原因是，当收入大幅增加时，家庭通常也会获得其终生收入的利好信息。但是，这说明(8.25)式的右边变量与误差项正相关。因此，采用普通最小二乘法(OLS)估计(8.25)式会导致 λ 的估计向上偏。

正如第 4.4 节所述，要解决右边变量与残差项之间的相关性问题，需要采用工具变量法(IV)而不是 OLS。使用工具变量法的老问题是寻找适当的工具变量：通常很难保证找到的工具变量与残差项无关。但是，如果残差能反映第 $t-1$ 期到第 t 期之间的新信息，则在理论上就存在许多备选的工具变量：任何在第 $t-1$ 期时已知的变量都与残差项无关。

为了进行检验，坎贝尔和曼昆用非耐用消费品和服务的人均实际购买值来测算消费，用人均实际可支配收入来测算收入。他们采用了季度数据，样本区间为 1953～1986 年。他们考虑了多组工具变量，结果发现，收入变动的滞后值对未来消费变动没有预测能力。这说明，霍尔没有发现收入变化的滞后值可以用于预测消费，这并不能成为推翻传统消费观点的有力证据。于是，在基准情形中，他们把消费变动的滞后值用作工具变量。在滞后三期时，λ 的估计值为 0.42，标准差为 0.16；滞后五期时，λ 的估计值为 0.52，标准差为 0.13。在其他设定下的结果与此类似。

由此可见，与随机游走模型的预测相比，坎贝尔和曼昆的估计结果存在数量上较大且统计上也较显著的背离：如果预期收入增加 1 美元，则消费的反应是增加约 50 美分，而且收入变化对消费没有影响的零假设可以很显著地拒绝。同时，λ 的估计值远远小于 1。可见，上述结果表明，永久收入假说对于理解消费具有重要意义。[1]

坎贝尔和曼昆对残差的处理是他们论文中的一个缺陷。如上所述，影响方程(8.25)中 v_t 的一个因素是永久收入变化的新信息。如果这是唯一因素，我们就可以确信，任何 $t-1$ 期已知的变量都与 v_t 无关。但是，我们并不能假设事实就是如此：实际利率的变化(我们将在下一节中讨论)、测量误差、偏好变化等因素也可能会影响 v_t。这意味着，一个变量在 $t-1$ 期已知并不能保证该变量与残差不相关。因此，我们应该对坎贝尔和曼昆的上述结果持谨慎态度。

---

〔1〕 此外，当工具变量的个数超过解释变量时，工具变量方法中包含过度识别约束，这是可以检验的。如果消费变化的滞后值是可靠的工具变量，则它们与 ν 不相关。这意味着，一旦我们剔除工具变量中所有关于收入增长的信息，则它们对于左边变量就不再具有预测能力：如果仍有预测能力，就说明它们与 ν 相关，从而不是恰当的工具变量。上述推论是可以检验的，其方法是用(8.25)式中的残差估计值对工具变量做回归，从而检验工具变量是否具有解释能力。具体而言，可以证明，在工具变量可靠的零假设下，这个回归的 R^2 乘以观察值数量渐进服从 χ^2 分布，其自由度等于过度识别约束的数量，即工具变量的个数减去内生变量的个数。

在坎贝尔和曼昆的模型中，当消费变化滞后三期时，TR^2 统计量服从 χ_2^2 分布，滞后五期时则服从 χ_4^2 分布。在这两种情形下，检验统计量的值分别仅为 1.83 和 2.94；这在相应的 χ^2 分布中的概率值仅达到 59%和 43%。从而不能拒绝工具变量可靠的零假设。

使用家庭数据的谢检验

使用总量数据检验随机游走假说有几个缺点。最大的缺点是样本量很小。此外,很难找到对收入变化具有较强预测能力的宏观变量,因此,也很难检验随机游走假说关于消费变化与可预见的收入变化无关的推论。如上所述,因为残差项不仅包含了收入变化的新信息,要寻找恰当的工具变量,使其满足与残差项不相关的性质是非常困难的。最后,要使模型结论适用于总量数据还需要个体消费领域的理论创新,并引入更多的合理假设。例如,即便理论模型的预测结论符合每个家庭,但家庭进入或者退出抽样总体都可能会导致该预测结论不符合总量数据。

基于上述考虑,很多学者都使用家庭层面的微观数据来研究消费行为。谢(Hsieh,2003)识别了收入变化中一类特别有趣的成分。他着重分析了阿拉斯加永久基金。阿拉斯加州从石油开采权费中获得了大量收入,这些收入中有很大一部分在每年十月用等额支付的形式分配给该州的每个居民。支付额度很大,近年通常超过每人 1 000 美元。居民可以提前准确得知每年的支付额度。因此,这笔支付是可预测的大额收入变化。根据永久收入假说,居民消费不会在获得这笔基金收入后增加,因为它们并不包含永久收入的信息。

但是,阿拉斯加的消费行为与其他州不同的原因可能并不是来自永久基金的收入。一个明显的例子是阿拉斯加的天气不同。可见,仅仅分析阿拉斯加的居民消费增长在 10 月起的几个月中是否快于其他州并不足以检验永久收入假说。因此,谢的研究策略是着重分析阿拉斯加境内付款的横截面数据和时间序列数据变化。具体来说,他研究的问题是,基金收入占总收入比重较高的家庭在第四季度的消费增长是否更多(以百分比计),以及基金收入占平均收入比例较高的年份在第四季度的消费增长是否更多。

要实现谢的研究思路,可以采用类似于坎贝尔和曼昆的方法,也就是根据阿拉斯加家庭层面的微观横截面数据或者时间序列数据,用消费变化对收入变化进行回归分析,并使用在第 $t-1$ 期已知的永久基金支付信息作为收入变化的工具变量。因此,收入变化对应的回归系数就表示家庭在获得基金收入时预期收入变化中用于消费的比例。但是很可惜,谢并没有收入的高频数据,他使用了稍微不同的方法来分析季度消费数据和年收入数据。

谢的基准模型设定如下:

$$\ln\left(\frac{C_{hy}^{Q4}}{C_{hy}^{Q3}}\right)=a_0+a_1\left(\frac{PFD_y FamilySize_{hy}}{Y_{hy}}\right)+a_2' X_{hy}+e_{hy}, \tag{8.26}$$

其中 h 代表家庭下标,y 代表年份下标,$Q3$ 和 $Q4$ 分别表示三季度和四季度,C 代表消费变化,PFD 代表永久基金对每个居民的支付额,$FamilySize$ 代表家庭成员数量,Y 代表收入变化,X 是其他控制变量的向量。C 和 Y 都按月变化率衡量。因此,a_1 刻画了基金收入占总收入比重较高的家庭从第三季度到第四季度的消费增长率提高的幅度。根据永久收入假说的推论,由于基金支付额度在第四季度之前就已经知道了,所以消费不会在支付发生后发生变化,也就是说,a_1 应该是零。另一方面,如果消费取决于当期收入,则 a_1 应该是正数。实际上,如果 C_{hy}^{Q3} 和 Y_{hy} 在数量级上比较接近,则 a_1 大体上可以衡量预期收入变化在当期的边际消费倾向。

通过 OLS 方法来估计回归方程总是会存在一个问题,即残差项和解释变量之间可能存在相关性。在本模型中,关键解释变量是永久基金支付额。残差项 e 中包含了永久收入的新信息,但是由于选择 C^{Q3} 时就已经知道了永久基金的支付额,所以根据理论分析可知,残差项应该与第三季度之后才获知的永久收入信息无关。如果 e 中的唯一内容就是这些信息,那么我们就可以直接估计(8.26)式,不必考虑控制变量。但是,正如我们在坎贝尔—曼昆检验这部分内容中的分析,其他因素也会影响 e,并且理论上不能排除这些因素可能与解释变量相关。举一个具体的例子,假设较大的家庭倾向于举行更多丰盛的节庆活动,则这些家庭在第四季度就会有更大的消费增长,并且这种增长的原因与永久基金支付额的增加无关,从而导致 a_1 的估计值产生向上偏差。

谢从三个角度分析了上述问题。首先需要注意的是,要找出能使得 e 和 PFD 之间产生较大相关性的合理诱因是很困难的。例如,节庆活动虽然原则上存在这个可能,但是在数量上似乎并不重要。其次,如果我们担心导致解释变量变化的一种诱因与 e 之间存在相关性,就可以控制这种变化,使其不影响我们估计消费对永久基金支付额的反应。例如,如果我们担心某种因素通过改变家庭规模影响到消费,我们就可以在 X 中引入家庭规模的一个乃至多个衡量指标。第三,谢不仅分析了从三季度到四季度的消费增长,还分析了从四季度到次年一季度的消费增长。根据永久收入假说,一季度的消费变化与永久基金支付额无关,而如果消费取决于当期收入,则在四季度获得较多基金收入的家庭,其消费就会在次年一季度下降得较多,或者上升得较少。

谢的基准估计值为 $a_1=0.000\ 2$,标准误为 0.032 4。该回归结果的简单总结就是,零假设 $a_1=0$ 对应的 t 统计量仅为 0.01,可见永久收入假说获得了惊人的成功。

但是,正如我们在第 3.6 节讨论的那样,只看 t 统计量是没有意义的。t 统计量很小的原因当然有可能是数据并不支持消费与永久基金支付额之间存在任何经济意义上的重要关系,但也可能是因为该数据根本没有信息含量。因此,真正重要的不是看 t 统计量,而是要看置信区间。在谢的回归结果中,两个标准误的置信区间为(−0.064, 0.065)。注意 a_1 近似地代表收入的边际消费倾向,而谢的研究结果有力地证明了 a_1 不能超过 0.07。简言之,他的结果表明,消费对永久基金收入的变化几乎没有反应,因此可以用永久收入假说很好地刻画消费者的行为。可见,在谢的研究结果中,即便只看 t 统计量也不会使我们误入歧途,这与我们在 3.6 节中讨论的例子形成了鲜明的对比。谢还发现基准估计结果在一系列修改和增加控制变量之后仍然非常稳健;分析四季度到次年一季度的消费增长所得到的结果也很相似;有关家庭债务和储蓄的可得信息在很大程度上与研究结果是一致的。

讨论

谢的发现在相关研究文献中显得颇不寻常。许多学者在研究个人层面的微观数据时都发现了消费会对可预见的收入变化做出反应,例如谢伊(Shea,1995);帕克(1999);苏勒雷斯(Souleles,1999);夏皮罗和斯莱姆罗德(Shapiro and Slemrod,2003);斯蒂芬斯和宇南山(Stephens and Unayama,2011);帕克,苏勒雷斯,约翰逊和麦克利兰(Parker,Souleles, Johnson and McClelland,2013);以及鲍、本—大卫和帕克(Baugh,Ben-David and Park,2014)。坎贝尔和曼昆根据总量数据获得了相同的结果。

与检验永久收入假说的其他大多数论文相比,谢在研究中所考虑的可预见收入变化不仅大得多,而且也非常重要。这些收入变化每年都会发生,并且会影响到该州的每个居民。因此,谢认为他的研究结果与文献中大多数其他研究结果之间存在差异的主要原因是,永久收入假说很好地描述了家庭如何应对重要收入可预见的大幅变化(因为其代价很大,且获得相关信息的成本很低),但并不适合描述次要收入中可预见的小幅变化。帕克森(Paxson, 1993)以及布朗宁和科利亚多(Browning and Collado,2001)发现,在劳动收入出现大幅季节性波动时,永久收入假说可以很好地描述个人消费的变化,这与谢的解释一致。

为了给他的解释找到直接证据,谢研究了样本中家庭如何对预期所得税返还做出反应,这是文献分析过的一种较小的可预见收入变化。他发现,对于这种收入变化,永久收入假说明显不再成立。即使家庭有足够的信息可以大体上预先获知返还额度,但是在返还兑现后,消费还是发生了大幅变化。同一个家庭对不同类型的可预见收入变化会做出不同反应,这个发现似乎为谢提出的解释提供了有力的支持。

然而可惜的是,我们不能急于根据这些发现做出判断,原因有两个。第一,与谢、帕克森、布朗宁和科利亚多等学者所研究的波动相比,现实中收入的周期性波动其实要小得多,并且可预测性也要差得多。因此,消费在经济周期中的变化更像是对次要收入的小幅变化做出反应,而不是对谢等人所研究的主要收入的大幅变化做出反应。永久收入假说对这种小幅收入变化通常并不成立。坎贝尔和曼昆的研究当然也符合这一说法。因此,尽管谢关于永久性基金收入的主要研究结果支持永久收入假说,但他对结果做出的解释却似乎表明了不应该使用永久收入假说来分析消费对周期性收入变化的反应。

第二,库恩(Kueng,2016)最近的研究发现,当使用最新数据重做谢的回归分析时,无法得到同样的结果。最新数据表明永久收入假说无法解释消费对永久基金收入反应。谢和库恩的不同研究结果说明了两个非常重要的问题:一是一篇论文的主要结论即使被证明有误,它在探索新知方面仍然有贡献。二是即使一篇论文的研究方法很仔细、分析很透彻、结论很有说服力,也值得不断重新审视。

8.4 利率与储蓄

消费对收益率的反应是一个非常重要的问题。例如,许多经济学家认为,对利息收入实行税收减免会提高储蓄,从而促进经济增长。但是,如果消费对收益率反应迟钝,那么这类政策就必然效果不佳。因此,理解收益率如何影响消费是十分重要的。

利率与消费增长

首先,我们对第 8.1 节中确定性条件下的消费分析进行推广,考虑非零利率的情形。这种情形下的分析与第 2.2 节中的内容基本上是一致的,但为了方便起见,我们在此快速地回顾一下当时的分析。

由于允许非零利率,经济个体的预算约束就是其终生消费的现值不得超过初始财富再加上终生劳动收入的现值。在利率不变以及生命期数为 T 的情形下,该约束可写为:

$$\sum_{t=1}^{T}\frac{1}{(1+r)^{t}}C_{t}\leqslant A_{0}+\sum_{t=1}^{T}\frac{1}{(1+r)^{t}}Y_{t}, \tag{8.27}$$

其中,r 为利率,且所有变量都折现到了第 0 期。

如果我们允许利率非零,则有必要同时允许折现率非零。此外,如下假设会有助于我们简化分析:瞬时效用函数采用第 2 章中的常相对风险规避形式 $u(C_t)=C_t^{1-\theta}/(1-\theta)$,其中,$\theta$ 为相对风险规避系数(即各期消费替代弹性的倒数)。于是效用函数(8.1) 变为:

$$U=\sum_{t=1}^{T}\frac{1}{(1+\rho)^{t}}\frac{C_{t}^{1-\theta}}{1-\theta}, \tag{8.28}$$

其中 ρ 为折现率。

现在考虑我们经常做的欧拉方程分析,即在 t 期减少消费,同时增加下一期的消费,增加量为 $1+r$ 乘以 t 期减少的量。最优化要求这类边际变化对终生效用没有影响。由于消费在 t 期和 $t+1$ 期的边际效用分别为 $C_t^{-\theta}/(1+\rho)^t$ 和 $C_{t+1}^{-\theta}/(1+\rho)^{t+1}$,上述条件即为:

$$\frac{1}{(1+\rho)^{t}}C_{t}^{-\theta}=(1+r)\frac{1}{(1+\rho)^{t+1}}C_{t+1}^{-\theta}. \tag{8.29}$$

重新整理可得:

$$\frac{C_{t+1}}{C_{t}}=\left(\frac{1+r}{1+\rho}\right)^{1/\theta}. \tag{8.30}$$

上述分析说明,如果考虑到实际利率可能并不等于折现率,则消费就不一定服从随机游走:若 r 大于 ρ,则消费会随时间增加;若 r 小于 ρ,则消费会随时间减少。此外,如果实际利率有变动,则消费增长中的可预测部分也会发生变化。因此,汉森和辛格尔顿(Hansen and Singleton,1983)、霍尔(1988)、坎贝尔和曼昆(1989)等人考察了消费增长对实际利率变化的反应程度。他们发现,在大多数情况下,消费增长的反应很小,这说明消费的跨期替代弹性较小(即 θ 较大)。

两期情形下的利率与储蓄

利率上升会导致第一期与第二期消费之间的比率下降,但这并不一定说明第一期的消费会减少,从而储蓄会上升。其中的复杂之处在于,利率变化不仅有替代效应，还有收入效应。具体而言，如果经济个体是净储蓄者，那么利率上升可以使他/她达到一条比以前更高的消费路径。

为了对这个问题进行定性分析，我们可以考虑经济个体只生存两期的情形。在这种情形下，我们可以使用图 8.2 所示的标准无差异曲线图。为了简单起见，假定经济个体没有初始财富。于是，在 (C_1, C_2) 空间中，预算约束线会通过点 (Y_1, Y_2)：经济个体每期都可以选择消费其当期收入。预算约束线的斜率为 $-(1+r)$：放弃 1 单位第一期消费可以使第二期消费增加 $1+r$ 个单位。当 r 上升时，预算约束线仍然通过 (Y_1, Y_2)，但会变得更陡峭，也就是说，它会绕着 (Y_1, Y_2) 顺时针旋转。

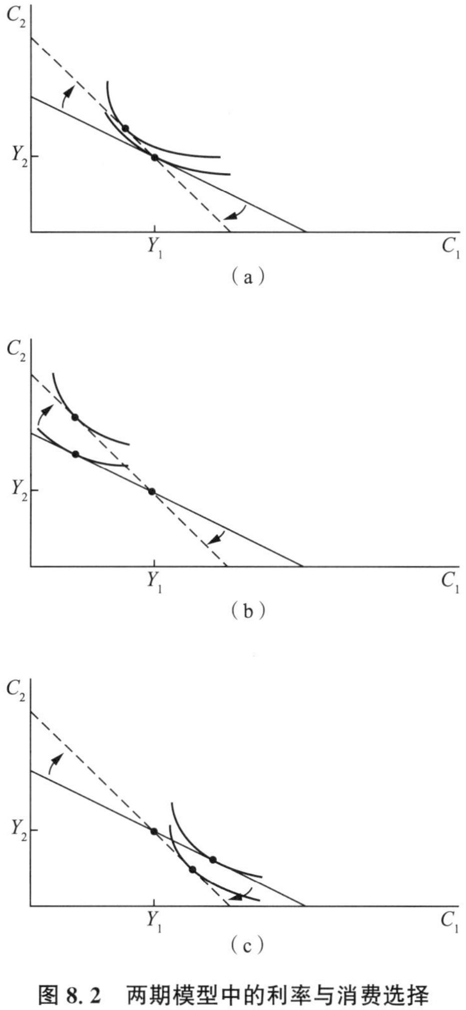

图 8.2 两期模型中的利率与消费选择

在图 8.2(a)中，经济个体一开始位于点 (Y_1, Y_2)，即初始储蓄为零。在这种情形下，r 上升没有收入效应——该个体的初始消费束仍然位于预算约束线上。因此，第一期消费一定下降，相应的储蓄一定上升。

在图 8.2(b)中，C_1 一开始小于 Y_1，从而储蓄为正。在这种情形下，r 上升具有正的收入效应——该个体的支付能力严格大于其初始消费束。这时，收入效应减少储蓄,而替代效应增加储蓄,总效应就并不明确。在图中所示的情形下,储蓄没有变化。

最后,在图 8.2(c)中,经济个体一开始有负债。在这种情形中,替代效应和收入效应都会减少第一期消费,储蓄必然上升。

由于经济中的财富存量为正,经济个体一般在平均意义上都是储蓄者而非借债者。可见,利率上升的总收入效应为正。所以,利率上升对总储蓄有两种相反的效应:正向的替代效应以及负向的收入效应。

复杂之处

上述讨论说明,除非消费在不同时期之间的替代弹性很大,否则利率上升不大可能导致储蓄大量增加。然而,这个结论的重要性有限,其原因主要有以下两点。

第一,我们所关注的变动很多时候并不仅仅涉及利率变动。有关税收政策变动的措施通常是,调整利息税与其他税种之间的组成结构,使得政府收入不变。正如习题 8.7 要求读者证明的那样,这种变动只有替代效应,因而必然推动未来消费增加。

第二,更微妙的是,若经济个体的寿命很长,则储蓄的微小变化会随着时间推移而累积,从而导致财富的巨大变化(Summers,1981a)。为了理解这一点,首先考虑一个具有有限生命和不变劳动收入的经济个体。假设利率等于该个体的折现率,根据(8.30)式,这意味着其消费固定不变。于是,预算约束意味着,该个体的消费支出等于其利息和劳动收入之和:任何更高的稳定消费水平都会违反预算约束,而任何更低的消费水平都表明预算约束不满足其等号形式。也就是说,不论初始财富是多少,该个体都将维持这一初始水平不变:若 $r=\rho$,则该个体愿意持有任何数量的财富。类似的分析表明,若 $r>\rho$,则该个体的财富会无限增加;若 $r<\rho$,则财富会无限减少。因此,当 $r=\rho$ 时,长期资本供给是完全有弹性的。

萨默斯证明,在个体生命较长但有限的情形下,类似的结论仍然成立(尽管没有这么极端)。例如,假设 r 略大于 ρ,跨期替代弹性较小,且劳动收入不变。由于 r 大于 ρ 且跨期替代弹性较小,所以该个体的消费会在一生中缓慢增加。由于其生命较长,晚年时的消费会比幼年时大很多。但是,我们假设劳动收入是不变的,这就说明该个体在年轻时逐渐积累了大量储蓄,并在其余生逐渐花费用尽。因此,当生命有限但较长时,即使跨期替代弹性较小,财富持有量在长期中对利率的反应仍然是高度灵敏的。[1]

8.5 消费与风险资产

经济中的个体可以投资于许多资产,而几乎所有资产都具有不确定性。如果将上述分析推广到考虑多种资产和风险的情形,就会涉及家庭行为和资产市场的

〔1〕 但是,卡罗尔(Carroll,1997)证明,存在不确定性和预防性储蓄(我们将在第 8.6 节和第 8.7 节中讨论)时会大大削弱这个结论。

一些新问题。

个人最优化条件

考虑一个经济个体将 t 期的消费减少一个无穷小量，并用所得储蓄购买资产 i，该资产能产生一系列不确定的收益，$D_{t+1}^{i}, D_{t+2}^{i}, \cdots$。若该个体的行为是最优的，则他/她在 t 期减少消费所放弃的边际效用应当等于，由资产收益提供的预期未来消费的边际效用折现值之和。令 P_{t}^{i} 表示资产价格，则上述条件为：

$$u'(C_t)P_t^i = E_t\left[\sum_{k=1}^{\infty}\frac{1}{(1+\rho)^k}u'(C_{t+k})D_{t+k}^i\right] \quad \text{对于所有的 } i. \tag{8.31}$$

为了理解(8.31)的含义，假设该个体仅持有资产一期，并且定义资产收益率为 r_{t+1}^{i}，$r_{t+1}^{i}=(D_{t+1}^{i}/P_{t}^{i})-1$。注意，此处资产收益 D_{t+1}^{i} 不仅包含 $t+1$ 期获得的股利，而且包括出售资产所得的收入。因此，(8.31)可写为：

$$u'(C_t) = \frac{1}{1+\rho}E_t[(1+r_{t+1}^i)u'(C_{t+1})] \quad \text{对于所有的 } i. \tag{8.32}$$

由于两个变量乘积的期望等于两者的期望之积加上其协方差，我们可将上式重写为：

$$\begin{aligned} u'(C_t) = \frac{1}{1+\rho}\{&E_t[1+r_{t+1}^i]E_t[u'(C_{t+1})] \\ &+\mathrm{Cov}_t(1+r_{t+1}^i, u'(C_{t+1}))\} \quad \text{对于所有的 } i, \end{aligned} \tag{8.33}$$

其中 Cov(•)是基于第 t 期可得信息的条件协方差。

若假设效用函数为二次型，即 $u(C)=C-aC^2/2$，则消费的边际效用为 $1-aC$。将此代入(8.33)式的协方差项可得：

$$u'(C_t) = \frac{1}{1+\rho}\{E_t[1+r_{t+1}^i]E_t[u'(C_{t+1})] - a\mathrm{Cov}_t(1+r_{t+1}^i, C_{t+1})\}. \tag{8.34}$$

方程(8.34)说明，在决定是否持有更多某项资产时，该个体并不关心此资产的风险程度：资产收益率的方差并未出现在式(8.34)中。从直观上来看，若某项风险资产的风险与该个体面临的总体风险无关，则该项资产持有量的边际增加不会提高个人消费的方差。因此，在评价上述边际决策时，该个体只考虑资产的期望收益率。

方程(8.34)还说明，在决定是否持有更多某项资产时，影响决策的风险因素是资产收益与消费之间的关系。上述讨论说明，套期保值对于最优资产组合决策是至关重要的。例如，一个美国钢铁工人的未来劳动收入依赖于钢铁产业的健康发展，因此他应该避免购买，或者最好卖空那些收益率与钢铁产业的财富正相关的资产，如美国钢铁公司的股票。相反，这个工人应该投资于那些收益率与美国钢铁工业的健康发展负相关的资产，如外国钢铁公司或美国铝业公司的股票。

上述分析的一个含义是，经济个体不应该特别偏好持有国内公司的股票。事实上,上述分析表明,经济个体应当避免持有那些收益率与其消费的风险来源正相关的资产,所以他们应当减少持有国内公司的资产。例如,基于一些合理的参数值,上述分析预测美国人应该卖空美国的股票[巴克斯特和伊曼(Baxter and Jermann,1997)]。实际上,经济个体在资产组合选择中往往非常偏好本国公司[弗伦奇和波特巴(French and Poterba,1991)]。这种行为被称为本地偏向。

例子:均值—方差目标函数下的资产选择

为了更好地理解家庭在收益率不确定和多种资产的情况下如何决策,我们考虑一个具体的例子。假设一个家庭生活两期,目标函数为 $u(C_1)+\beta E[u(C_2)]$,其中 $u(C)$ 是 C 的均值和方差的函数。[1]家庭没有劳动收入,但拥有财富 W。家庭财富可以用于第一期消费或者购买三种资产。资产 0 是安全资产,收益率为 r_0。资产 1 和 2 是风险资产。令 r_i 表示资产 i 实现的收益,μ_1 和 μ_2 分别表示 r_1 和 r_2 的均值,$\sum$ 表示两种风险资产收益的方差 — 协方差矩阵。最后,假设家庭持有的每种资产均可正可负。家庭卖空资产和购买资产一样容易这个假设尽管不符合现实,但是可以大大简化分析过程。

要理解本例的主要结果,只需要考虑家庭完全优化问题的一个时期就足够了。具体来说,由于家庭的目标函数是第二期消费均值的增函数,同时又是其方差的减函数,所以最优化的必要条件是,给定第一期消费和第二期消费的均值,第二期消费的方差应尽可能低。为了分析这一最优条件,我们需要求出 C_2 的均值和方差的表达式。令 X_i 表示风险资产 i 的持有量,预算约束表明家庭持有的安全资产可表示成 $W-(C_1+X_1+X_2)$。因此,我们可以 把第二期的消费写为:

$$\begin{aligned}C_2&=(1+r_0)[W-(C_1+X_1+X_2)]+(1+r_1)X_1+(1+r_2)X_2\\&=(1+r_0)(W-C_1)+(r_1-r_0)X_1+(r_2-r_0)X_2.\end{aligned}\tag{8.35}$$

在上式中,X_1 和 X_2 的系数是风险资产收益与无风险收益之差,即资产的超额收益。根据(8.35)式,超额收益对于投资风险资产会如何影响家庭消费非常重要。简单起见,我们将无风险收益 r_0 标准化为零,风险资产的超额收益就分别为 r_1 和 r_2,(8.35)式变为:

$$C_2=(W-C_1)+r_1X_1+r_2X_2.\tag{8.36}$$

因此,C_2的均值和方差分别为:

$$E[C_2]=(W-C_1)+\mu_1X_1+\mu_2X_2,\tag{8.37}$$

$$\mathrm{Var}[C_2]=\sigma_1^2X_1^2+\sigma_2^2X_2^2+2\sigma_{12}X_1X_2,\tag{8.38}$$

其中 σ_i^2 表示资产收益的方差,即 $\sum$ 的对角元素,σ_{12} 表示资产收益的协方差,即 $\sum$

---

〔1〕 满足上述假设的一个简单例子是 $u(\cdot)$ 是二次函数。如果 $u(c)=C-\frac{1}{2}aC^2$,则 $E[u]=E[C]-\frac{1}{2}(E[C])^2-\frac{1}{2}a\,\mathrm{Var}(C)$。但是,正如习题 8.14 要求读者证明的那样,如果 $u(\cdot)$ 具有常绝对风险规避系数形式并且资产收益服从正态分布,那么也可以表示成均值和方差的函数。

的非对角元素。

上述分析表明，给定均值 $\bar{C}_2$ 下最小化 C_2 的方差这个优化问题的拉格朗日函数为：

$$\mathcal{L}=\sigma_1^2X_2^2+\sigma_2^2X_2^2+2\sigma_{12}X_1X_2+\lambda\{\bar{C}_2-[(W-C_1)+\mu_1X_1+\mu_2X_2]\}. \tag{8.39}$$

X_1 和 X_2 的一阶条件为：

$$2\sigma_1^2X_1+2\sigma_{12}X_2-\lambda/\mu_1=0, \tag{8.40}$$

$$2\sigma_2^2X_2+2\sigma_{12}X_1-\lambda/\mu_2=0. \tag{8.41}$$

根据简单的代数运算可得：

$$X_1=\frac{\sigma_2^2\mu_1-\sigma_{12}\mu_2}{\sigma_1^2\sigma_2^2-\sigma_{12}^2}\ \frac{\lambda}{2}, \tag{8.42}$$

$$X_2=\frac{\sigma_1^2\mu_2-\sigma_{12}}{\sigma_1^2\sigma_2^2-\sigma_{12}^2}\ \frac{\lambda}{2}. \tag{8.43}$$

为了解释上述最优条件，首先可以考虑当 $\sigma_{12}=0$(即两种资产的收益不相关）时会如何。此时，资产 i 的持有量为：

$$X_i=\frac{\mu_i\lambda}{2\sigma_1^2}. \tag{8.44}$$

上式表明，当不同资产的收益不相关时，风险资产的持有量与其预期超额收益成正比，与其方差成反比。此外，λ 值越大，表示家庭赋予消费均值的权重相对于其方差就越大(换句话说就是家庭的风险规避程度越低)，从而风险资产的持有量越高。

回顾一下，在关于资产最优持有量的分析中，家庭的欧拉方程中包括资产收益与消费边际效用的协方差，但并不包括资产收益率的方差［参见方程(8.33)］。因此，我们自然会想知道在这个例子中，方差为什么会在资产最优持有量的表达式中出现。答案是资产收益与消费(以及消费的边际效用）的协方差并不是外生的，而是资产持有量的函数，这种函数关系取决于收益的方差。要理解这一点，我们考虑在 $\sigma_{12}=0$ 的情形下，假设 $\mu_1>0$，家庭会决定 购买多少资产 1？如果家庭选择不购买，那么资产收益就与消费无关，而由于预期超额资产收益为正，所以不论方差多大，家庭总会购买某些资产。但是随着资产持有量增加并大于零，资产收益与家庭消费之间的协方差将变为正。根据公式(8.35)，$C_2=(W-C_1)+r_1X_1+r_2X_2$，因此资产收益不相关时，$\mathrm{Cov}(C_2,r_1)=X_1\sigma_1^2$。即对于给定的资产正持有量，资产收益与家庭消费之间的协方差随着资产收益的方差递增。可见，尽管资产收益的方差变大不会影响家庭是否购买资产的决定，但确实会影响其购买资产的数量。

方程(8.42) 和(8.43) 还说明了资产收益之间的相关性如何影响资产持有量。例如，假如 σ_{12} 小幅增加并大于零，根据方程(8.42) 可得：

$$\left.\frac{\partial X_1}{\partial \sigma_{12}}\right|_{\sigma_{12}=0}=\frac{-\mu_2}{\sigma_1^2\sigma_2^2}\frac{\lambda}{2} \\ =\frac{-X_2}{\sigma_1^2}, \tag{8.45}$$

其中第二行利用了在 $\sigma_{12}=0$ 时计算的(8.43)式。也就是说,如果两个资产的收益正相关,并且资产 2 的持有量为正,则资产 1 的吸引力降低,持有量也较少。

最后,上述分析可以很容易扩展到 N 个风险资产的情形。令 μ 表示预期超额收益的向量 $[\mu_1,\mu_2,\cdots,\mu_N]$,$X$ 表示风险资产持有量的向量 $[X_1, X_2,\cdots, X_N]$,$\sum$ 表示风险资产收益的方差—协方差矩阵,则方差最小化问题的拉格朗日函数为:

$$L=X'\sum X+\lambda\{\bar{C}_2-[(W-C_1)+\mu' X]\}. \tag{8.46}$$

X 的一阶条件为:

$$2X'\sum=\lambda\mu, \tag{8.47}$$

上式说明:

$$X=\frac{\lambda}{2}\sum{}'\mu. \tag{8.48}$$

共同基金分离定理

在两种风险资产情形下的方程(8.42)～(8.43)以及更一般情形下的方程(8.48)都有一个有趣的特征,即平均消费相对于方差的权重会影响家庭对资产的持有量。人们可能会认为,如果某个家庭的风险厌恶程度更高,那么其风险资产构成就会更偏向于风险较低的资产。然而我们的分析表明,这种直觉是错误的:λ 减小(即均值相对于方差的权重降低)会导致家庭所有风险资产的持有量同比例下降。也就是说,风险规避程度提高会导致安全资产相对于风险资产的持有量增加,但不会导致相对持有量在不同风险资产之间的重新分配[参见托宾(Tobin,1958)]。

这个结果称为共同基金分离定理。该定理指出,当偏好为均值—方差形式并存在完全无风险的资产时,风险资产的最优配置比例与家庭在风险和收益上的偏好无关,即存在最优的风险资产"共同基金"。偏好差异只会导致财富在安全资产和共同基金之间的分配比例出现差异。

为了理解定理的经济学直觉,我们可以考虑风险资产的任意组合。令 S 表示家庭的总储蓄 $W-C_1$,如果家庭不购买该投资组合,将所有储蓄都投入安全资产,则第二期消费的均值为 S(注意我们已经把安全资产的收益标准化为零),且标准差为零。当家庭将部分储蓄从安全资产转移到风险资产投资组合中时,其第二期消费的均值和标准差都会随着该投资组合的购买量线性变化。因此,在以 C_2 的标准差为横轴,C_2 的均值为纵轴的坐标空间中,第二期消费的均值和标准差沿着一条从$(0,S)$出发的线移动。上述分析表明,任意一种投资组合对应于标准差—均值平面上始于$(0,S)$的一条直线。最关键的是,每个家庭都更偏好较高位置而不是较低位置的投资组合线，因此每个家庭都会选择斜率最高的投资组合。具体而言，每个家庭都会选择预期超额收益与收益标准差之比最高的投资组合，用金融学的术语说，就是选择夏普比率最高的投资组合。而风险与收益的偏好则会决定家庭在这条线上选择的位置，即储蓄在安全资产和风险投资组合之间的分配比例。

消费的资本资产定价模型

上述讨论把资产的期望收益率视为已知的。但实际上，经济个体的资产需求决定了资产的期望收益率。例如，若某项资产的收益与消费高度相关，则其价格必须下降，直到其期望收益率增加到使得人们愿意持有它的程度。

为了理解这一结论的含义，假设所有经济个体都相同，并回到一般性的一阶条件(8.31)。在这个表达式中解出资产的价格 P_t^i 可得：

$$P_t^i = E_t\left[\sum_{k=1}^{\infty}\frac{1}{(1+\rho)^k}\frac{u'(C_{t+k})}{u'(C_t)}D_{t+k}^i\right]. \tag{8.49}$$

其中，$[1/(1+\rho)^k]u'(C_{t+k})/u'(C_t)$这一项反映了消费者对未来收益的评价，也反映了他/她愿意为不同资产支付多少，因此被称为定价核心或者随机折现因子。同理，为了理解上述分析对期望收益率的意义，假设效用函数为二次型，我们可以根据(8.34)式解出 $E_t[1+r_{t+1}^i]$：

$$E_t[1+r_{t+1}^i] = \frac{1}{E_t[u'(C_{t+1})]}[(1+\rho)u'(C_t) + a\mathrm{Cov}_t(1+r_{t+1}^i, C_{t+1})]. \tag{8.50}$$

方程(8.50)表明，资产收益与消费的协方差越大，其期望收益率就越高。

我们可以通过考虑无风险资产的收益率来简化(8.50)式。若一项资产的收益是确定的，则其收益与消费的协方差为零。于是无风险资产收益率 $\bar{r}_{t+1}$ 满足：

$$1+\bar{r}_{t+1} = \frac{(1+\rho)u'(C_t)}{E_t[u'(C_{t+1})]}. \tag{8.51}$$

从(8.51)式中减去(8.50)式可得：

$$E_t[r_{t+1}^i] - \bar{r}_{t+1} = \frac{a\mathrm{Cov}_t(1+r_{t+1}^i, C_{t+1})}{E_t[u'(C_{t+1})]}. \tag{8.52}$$

方程(8.52)表明，相对于无风险收益率，风险资产提供的期望收益升水必须与该资产的收益率和消费的协方差成正比。

上述确定资产期望收益率的模型称为消费的资本资产定价模型，或者消费CPAM。资产收益率对消费增长率的回归系数称为消费 β。因此，消费 CAPM 的核心结论是，风险资产的升水与其消费 β 成正比[参见布里登(Breeden, 1979)]。[1]

---

〔1〕 原始的CAPM假设投资者关心其资产组合的均值和方差，而不是消费的均值和方差。因此，原始的模型着重关注市场 β，即资产收益率对市场资产组合的收益率的回归系数，并且预测期望收益升水与市场 β 成正比[林特纳(Lintner，1965)；夏普(Sharpe，1964)]。

实证应用：股权溢价之谜

分析资产期望收益率的一个重要意义与风险资产包含大量股票组合的情形有关。为了理解其中所涉及的问题，一个最简单的方法就是回到欧拉方程(8.32)，假设经济个体的效用函数为常相对风险规避效用函数(而不是二次函数)。根据这个假定，欧拉方程变为：

$$C_t^{-\theta}=\frac{1}{1+\rho}E_t[(1+r_{t+1}^i)C_{t+1}^{-\theta}], \tag{8.53}$$

其中 θ 为相对风险规避系数。如果将上式两边同除以 $C_t^{-\theta}$ 并同乘以 $1+\rho$，则上式变为：

$$1+\rho=E_t\left[(1+r_{t+1}^i)\frac{C_{t+1}^{-\theta}}{C_t^{-\theta}}\right]. \tag{8.54}$$

最后，为了方便分析，令 g_{t+1}^c 表示 t 期到 $t+1$ 期的消费增长率，$(C_{t+1}/C_t)-1$，并省略时间下标。因此有：

$$E[(1+r^i)(1+g^c)^{-\theta}]=1+\rho. \tag{8.55}$$

为了理解(8.55)式的含义，我们在 $r=g=0$ 附近对左边取二阶泰勒近似。计算有关导数可得：

$$(1+r)(1+g)^{-\theta}\simeq 1+r-\theta g-\theta gr+\frac{1}{2}\theta(\theta+1)g^2. \tag{8.56}$$

于是，可以把(8.55)式重写为：

$$\begin{aligned}&E[r^i]-\theta E[g^c]-\theta\{E[r^i]E[g^c]+\mathrm{Cov}(r^i,g^c)\}\\&\quad+\frac{1}{2}\theta(\theta+1)\{(E[g^c])^2+\mathrm{Var}(g^c)\}\simeq\rho.\end{aligned} \tag{8.57}$$

当考虑的时期较短时，$E[r^i]E[g^c]$ 和 $(E[g^c])^2$ 相对其他项较小，[1]省略这些项并在所得表达式中解出 $E[r^i]$ 即得：

$$E[r^i]\simeq\rho+\theta E[g^c]+\theta\mathrm{Cov}(r^i,g^c)-\frac{1}{2}\theta(\theta+1)\mathrm{Var}(g^c). \tag{8.58}$$

方程(8.40)表明，两种资产 i 与 j 的期望收益之差满足：

$$\begin{aligned}E[r^i]-E[r^j]&=\theta\mathrm{Cov}(r^i,g^c)-\theta\mathrm{Cov}(r^j,g^c)\\&=\theta\mathrm{Cov}(r^i-r^j,g^c).\end{aligned} \tag{8.59}$$

在梅拉和普雷斯科特(Mehra and Prescott，1985)的著名论文中，他们发现，观察到的股票与债券收益率很难与方程(8.59)达成一致。曼昆和扎尔迪斯(Mankiw and Zeldes，1991)报告了一个简单的计算结果，证明了该问题的本质所在。对于

[1] 其实，在连续时间情形下，不需任何近似即可推导出式(8.58)。

1890～1979 年(即梅拉和普雷斯科特所考虑的样本区间)的美国来说,股票市场的平均收益率与政府短期债券的收益率之差,即股权溢价约为 6 个百分点。在同一时期,(用非耐用品和服务的实际购买衡量的)消费增长的标准差为 3.6 个百分点,市场超额收益率的标准差为 16.7 个百分点;二者的相关系数为 0.40。这些数字表明,消费增长与市场超额收益率的协方差为 0.40(0.036)(0.167),或 0.002 4。

方程(8.59)表明,为了解释股权溢价,相对风险规避系数必须满足 $0.06=\theta(0.0024)$,或 $\theta=25$. 这是一个极高的风险规避水平。举例来说,它表明人们宁愿选择消费下降 17%,也不愿接受消费按 50%的概率下降 20%。但是,正如梅拉和普雷斯科特所述,有证据表明,风险规避系数要远小于 25。对消费变动如此高的规避,使人很难理解消费随时间增长而平均无风险收益率却接近零的事实。

此外,自梅拉和普雷斯科特发现了股权溢价之谜后,这个问题就变得更加严重。1979～2015 年,平均股权溢价为 8 个百分点,略高于梅拉和普雷斯科特样本区间内所得的值。尤为重要的是,消费增长变得更加平稳,并且与收益率之间的相关性有所减小:这一时期消费增长的标准差为 1.3 个百分点,市场超额收益率的标准差为 16.8 个百分点,两者的相关系数为 0.33。这些数字表明,相对风险规避系数应为 0.08/[0.33(0.013)(0.168)],即约等于 103。

大幅的股权溢价与家庭的最优化问题是相互矛盾的,特别是考虑到无风险收益率较低时更是难以解释。股权溢价之谜已经引发了大量研究,人们提出了各种各样的解释,但至今仍然没有彻底解决这个问题。[1]

8.6 超越永久收入假说

背景知识:缓冲储备式储蓄

永久收入假说极具说服力地解释了消费的许多重要特征。例如,它解释了为什么暂时减税对消费的影响远小于永久减税;而且如第 8.1 节所述,它还解释了当期收入和消费之间的许多关联特征。

然而,消费的一些其他重要特征似乎与永久收入假说并不一致。例如,根据第 8.3 节,宏观经济证据和微观经济证据都表明消费会对可预测的收入变化做出反应;而且根据上一节可知,简单的消费者最优化模型并不能解释股权溢价。

永久收入假说确实无法解释消费行为的一些关键特征。该假设的一个关键结论是:在经济个体的一生中,期望收入增长与期望消费增长应该不相关,因为消费增长由实际利率和折现率决定,而不是由收入的时间分布决定。

---

〔1〕 人们提出的解释包括:不完全市场和交易成本[参见曼昆,1986a;曼昆和扎尔迪斯,1991;希顿和卢卡斯(Heaton and Lucas,1996);卢特默(Luttmer,1999)以及习题 8.11];习惯形成[康斯坦丁尼(Constantinides,1990);坎贝尔和科克伦(Campbell and Cochrane,1999)];意外效用[威尔(Weil,1989b);爱泼斯坦和齐恩(Epstein and Zin,1991);贝卡特、霍德里克和马歇尔(Bekaert,Hodrick and Marshall,1997)];基于非消费原因关注股票收益[贝纳兹和塞勒(Benartzi and Thaler,1995);巴维里斯、黄和桑托斯(Barberis,Huang and Santons,2001)];消费的逐渐调整[加贝克斯和赖伯松(Gabaix and Laibson,2001);帕克,2001];以及消费剧降与股价重挫的小概率事件(巴罗,2006)。

卡罗尔和萨默斯(Carroll and Summers,1991)提出了大量证据来说明永久收入假说的上述预测是错误的。例如,在收入增长较快的国家,其国民一生中的消费增长率通常较高,而在收入增长较慢的国家,其国民一生中的消费增长率则通常较低。类似的,对不同行业的从业人员来说,其典型消费模式往往比较符合该行业的典型收入模式。例如,管理人员和专业人员在中年以前的收入通常急剧上升,然后呈平稳状态,而他们的消费也遵循类似的模式。

一个更一般的例子是,大多数家庭几乎没有财富积累,其消费大致随着其收入状况而变化。其结果是,如第 8.3 节所述,当期收入在其消费决策中具有重要地位。但是,这些家庭仍然有少量储蓄以供收入剧减和紧急开支时使用。按照德尔顿(Deaton,1991)的术语,大多数家庭都表现出缓冲储备(buffer-stock)式储蓄行为。因此,绝大部分的财富掌握在少部分家庭手中。

永久收入假说的失败引发了大量研究,人们试图对该理论进行推广或者寻找其他理论。其中特别值得关注的观点有三种:预防性储蓄、流动性约束以及非完全最优化。下面,我们就来讨论一下基于这三种观点所提出的一些问题。[1]

预防性储蓄

回忆第 8.2 节,我们基于二次效用函数的假设推导出了随机游走结果。但是,二次效用函数意味着,在消费达到某一有限值时,其边际效用会减少到零,然后变为负数。该函数还意味着,在消费变动量既定时,消费变动的效用成本与消费水平无关。这意味着,由于消费的边际效用递减,绝对风险规避程度递增:为了规避消费水平上某个程度的不确定性,经济个体越富裕,则其愿意放弃的消费就越多。二次效用函数的这些问题表明,当消费增加时,其边际效用下降的速度应该更慢,也就是说,效用函数的三阶导数几乎肯定是正数,而不会是零。

为了理解正的三阶导数所造成的影响,假设实际利率和折现率都为零,并再次考虑连续两期之间消费的欧拉方程(8.20):$u'(C_t)=E_t[u'(C_{t+1})]$。如第 8.2 节所述,若效用函数是二次函数,则边际效用是线性的,从而 $E_t[u'(C_{t+1})]$ 等于 $u'(E_t[C_{t+1}])$。因此,在这种情形下,欧拉方程简化为 $C_t=E_t[C_{t+1}]$。但是,若 $u'''(\cdot)$ 为正,则 $u'(C)$ 是 C 的凸函数。在这种情形下,$E_t[u'(C_{t+1})]$ 大于 $u'(E[C_{t+1}])$。这又意味着,若 C_t 等于 $E_t[C_{t+1}]$,则 $E_t[u'(C_{t+1})]$ 大于 $u'(C_t)$,从而 C_t 的边际下降会提高期望效用。因此,若效用函数的三阶导数为正,且未来收入具有不确定性,则当期消费会减少,储蓄会增加。这种储蓄称为预防性储蓄(precautionary saving)[利兰(Leland,1968)]。

图 8.3(a)说明了在不确定性情形下,效用函数的三阶导数为正对消费的期望

---

〔1〕 我们不在此处讨论永久收入假说的如下四个推广:消费品的耐用性、习惯的形成、意外效用以及消费与就业的互补性。关于耐用品的研究可参考曼昆(1982);卡瓦列罗(Caballero,1990,1993);埃伯利(Eberly,1994);以及习题 8.12。关于习惯形成的研究可参考卡罗尔、奥弗兰和威尔(Carroll,Overland and Weil,1997);戴南(Dynan,2000);菲雷尔(Fuhrer,2000);以及习题 8.13。关于意外效用的研究可以参考威尔(1989b,1990)与爱泼斯坦和齐恩(Epstein and Zin,1991)。关于互补性的研究可以参考本哈比、罗杰森和赖特(Benhabib,Rogerson and Wright,1991),巴克斯特和伊曼(Baxter and Jermann,1999),以及阿吉亚尔和赫斯特(Aguiar and Hurst,2005)。

边际效用的影响。由于 $u''(C)$为负，$u'(C)$随 C 递减。由于 $u'''(C)$为正，$u'(C)$下降的速度随着 C 上升而变慢。如果消费只取两个可能的值，C_L 和 C_H，每个取值的概率均为 1/2，则消费的期望边际效用就是这两个取值处边际效用的平均值，从图中看，即为 $u'(C_L)$和 $u'(C_H)$两点连线的中点。如图 8.3 所示，由于 $u'(C)$是凸函数，平均值的边际效用大于消费平均值$(C_L+C_H)/2$处的边际效用。

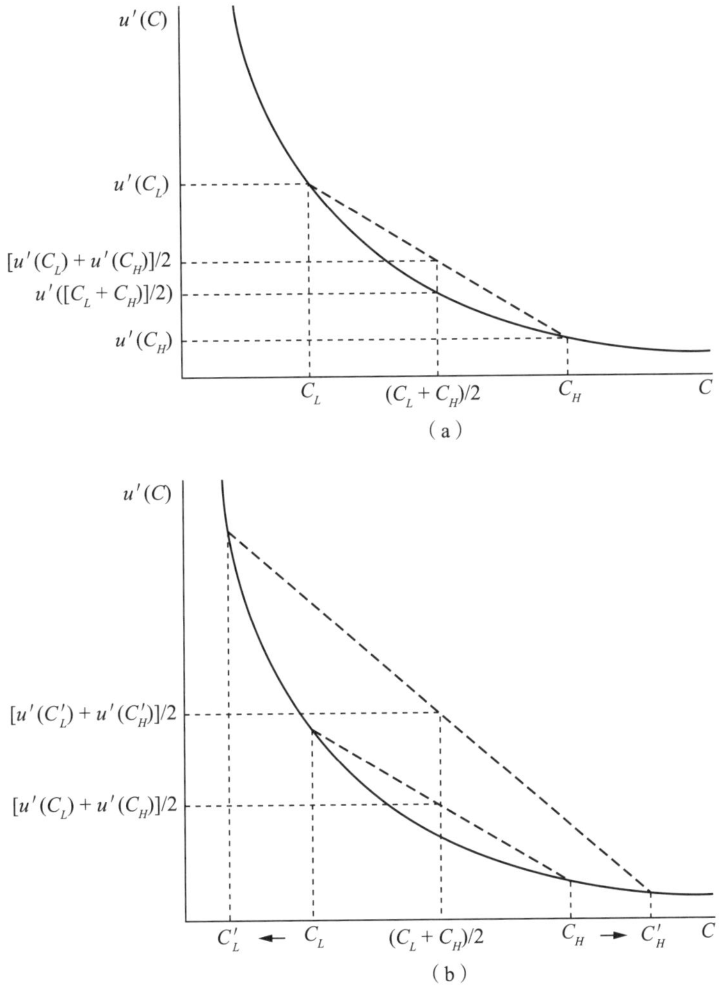

图 8.3 效用函数的三阶导数为正对消费的期望边际效用的影响

图 8.3(b)刻画了不确定性上升时的情形。具体表现为，消费的低值 C_L 下降，消费的高值 C_H 上升，而两者的均值不变。当消费的高值上升时，由于 $u'''(C)$为正，所以边际效用下降的程度相对较小；但是当消费的低值下降时，正的三阶导数放大了边际效用上升的程度。其结果是，对于既定的期望消费值，不确定性上升提高了期望边际效用。因此，不确定性上升会提高储蓄的激励。

当然，这里的一个重要问题是，预防性储蓄在数量上是否具有重要意义。为了说明这个问题，回忆我们在股权溢价分析中得到的方程(8.58)：$E[r^i]\simeq\rho+\theta E[g^c]+\theta\mathrm{Cov}(r^i,g^c)-\frac{1}{2}\theta(\theta+1)\mathrm{Var}(g^c)$。为了简单起见，我们考虑无风险资

产的情形,并假设 $\bar{r}=\rho$,则上述表达式变为:

$$\rho \simeq \rho+\theta E[g^c]-\frac{1}{2}\theta(\theta+1)\mathrm{Var}(g^c), \tag{8.60}$$

或

$$E[g^c] \simeq \frac{1}{2}(\theta+1)\mathrm{Var}(g^c). \tag{8.61}$$

因此,预防性储蓄对期望消费增长的影响依赖于消费增长的方差以及相对风险规避系数。[1] 如果两者都较大,则预防性储蓄就会对期望消费增长具有较大的影响。如果相对风险规避系数为 4(该值接近于合理值的上限),并且家庭一年以后消费不确定性的标准差是为 0.1[该值与戴南(Dynan,1993)以及卡罗尔(1992)的证据一致],那么(8.61)意味着,预防性储蓄会使期望消费增长提高$\frac{1}{2}(4+1)(0.1)^2$,即 2.5 个百分点。

上述分析表明,预防性储蓄会提高期望消费增长,即减少当期消费从而增加储蓄。但是,我们想要理解的一个基本家庭行为特征是,大多数家庭的储蓄非常少。卡罗尔(1992,1997)认为,理解这种现象的关键在于要将储蓄的预防性动机以及高折现率结合在一起来考虑。高折现率的作用是减少储蓄,从而能够抵消预防性储蓄动机的影响。

然而,这种假说并没有解释为何这两种力量会近乎平衡,使得储蓄率通常接近于零。相反,这种观点意味着,特别缺乏耐心的家庭、预期收入路径特别陡峭的家庭或者预防性储蓄动机特别弱的家庭,在其生命早期的消费会远远超过其收入。事实上,这种家庭并不多见,要解释这一点需要我们进行更为深入的研究。[2]

流动性约束

永久收入假说假定,只要经济个体最终能够偿还其贷款,就可以按储蓄利率借款。然而,在通常情况下,家庭为信用卡债务、汽车贷款以及其他借款所支付的利率要远远高于其获得的储蓄利率,而且还有一些人无论以何种利率都无法继续借款。

流动性约束主要通过两个途径来增加储蓄。第一,最明显的途径是,只要流动性约束是紧的,那么它就会导致经济个体的消费减少。第二,即使约束在当期并不是紧的,但由于它在未来可能是紧的,所以当期消费也会减少。例如,假设在下一期的收入可能比较低。在这种情况下,如果没有流动性约束,而且下一期收入确实较低,那么经济个体就可以通过借款来避免消费急剧下滑。但是,当存在流动

[1] 对于一个通用的效用函数,$\theta+1$ 这一项可以用$-Cu'''(C)/u''(C)$来替换。

[2] 卡罗尔指出,其实可以用极端的预防性储蓄动机来说明为什么这种家庭并不多见。假设当消费趋于某个较低水平 C_0 时,消费的边际效用趋于无穷大,则家庭将确保其消费始终高于这个水平。因此,如果可以使家庭收入路径略微高于足以使其消费稳定在 C_0 水平的路径,则家庭一定会限制其债务。然而,对假设略做合理的调整就会使得此结论不成立。例如,引入收入保障计划或者假设 C_0 处的边际效用虽然很大,但仍是有限的。

性约束时，除非该个体有储蓄，否则收入下降就会导致消费大幅降低。因此，存在流动性约束会导致经济个体为了避险而进行储蓄，以防范未来收入下降所带来的影响。

考虑一个三期模型可以帮助我们理解上述观点。我们假设流动性约束的具体形式是经济个体完全不能借款。为了区分流动性约束和预防性储蓄的影响，我们假设瞬时效用函数为二次函数。同时，继续假设实际利率和折现率均为零。

首先考虑人们在第二期的行为。令 A_t 表示第 t 期末的资产。由于经济个体只生存三个时期，C_3 等于 A_2+Y_3，从而等于 $A_1+Y_2+Y_3-C_2$，所以，经济个体在最后两期中得到的期望效用可以看作是第二期消费 C_2 的函数，即：

$$\begin{aligned} U=&\left(C_2-\frac{1}{2}aC_2^2\right)+E_2\left[(A_1+Y_2+Y_3-C_2)\right. \\ &\left.-\frac{1}{2}a(A_1+Y_2+Y_3-C_2)^2\right]. \end{aligned} \tag{8.62}$$

上述表达式对 C_2 求导数可得：

$$\begin{aligned} \frac{\partial U}{\partial C_2}&=1-aC_2-(1-aE_2[A_1+Y_2+Y_3-C_2]) \\ &=a(A_1+Y_2+E_2[Y_3]-2C_2). \end{aligned} \tag{8.63}$$

可见，当 $C_2<(A_1+Y_2+E_2[Y_3])/2$ 时，上式为正，否则为负。因此，根据我们前面的分析，若流动性约束并不是紧的，则经济个体选择 $C_2=(A_1+Y_2+E_2[Y_3])/2$。但若该约束是紧的，则他/她会把消费设定为最大可得水平，即 A_1+Y_2。因此：

$$C_2=\min\left\{\frac{A_1+Y_2+E_2[Y_3]}{2},A_1+Y_2\right\}. \tag{8.64}$$

所以，如果流动性约束是紧的，那么当期消费就会下降。

现在考虑第一期的情况。若流动性约束在第一期不是紧的，则经济个体可以把 C_1 提高一个边际量，其代价是减少 C_2。因此，若经济个体的资产并不是刚好为零，则常见的欧拉方程成立。根据此处的特定假设，这意味着 C_1 等于 C_2 的期望。

然而，欧拉方程成立并不表示流动性约束不会影响消费。方程(8.46)表明，如果在第二期流动性约束为紧的概率严格为正，那么在第一期对 C_2 的期望就会严格小于 $(A_1+Y_2+E_2[Y_3])/2$ 的期望。A_1 等于 $A_0+Y_1-C_1$，且迭代映射法则说明 $E_1[E_2[Y_3]]$ 等于 $E_1[Y_3]$。因此：

$$C_1<\frac{A_0+Y_1+E_1[Y_2]+E_1[Y_3]-C_1}{2}. \tag{8.65}$$

上式两边加上 $C_1/2$，再同时除以 3/2 可得：

$$C_1<\frac{A_0+Y_1+E_1[Y_2]+E_1[Y_3]}{3}. \tag{8.66}$$

可见，即使流动性约束在当期并不是紧的，但未来变为紧的可能性也会减少消费。

最后，如果满足 $C_1=E_1[C_2]$ 的 C_1 值[C_2 由式(8.64)确定]大于经济个体的第一期资源 A_0+Y_1，则在第一期流动性约束是紧的。在这种情况下，经济个体的消

费为 A_0+Y_1。

可见,流动性约束与预防性储蓄一样,都会提高储蓄。因此,如果基于流动性约束来解释为什么家庭财富较低,仍然要求较高的折现率。与前面一样,高折现率倾向于让家庭进行高消费。但是由于流动性约束,在生命早期,消费不能系统地超过收入。相反,由于家庭受到约束,其消费必须量入为出。

流动性约束加上缺乏耐心可以解释家庭为什么通常会拥有一些储蓄。当存在流动性约束时,即使效用函数是二次函数,没有财富的家庭也会面临收入增加与减少的非对称风险。收入大幅下降会迫使消费相应下降,从而消费的边际效用会大幅上升。相反,收入大幅上升会促使家庭进行储蓄,从而边际效用只会适度下降。这正是未来的流动性约束可能降低当前消费的原因。然而,在对这个问题进行数量分析后,研究者普遍发现上述效应并不太大,甚至不足以解释我们所观察到的小额储蓄。因此,他们通常会同时考虑预防性储蓄动机。效用函数的三阶导数为正提高了消费者为自己投保的意愿,以防范由于收入下降使得消费下降的风险,从而增加了消费者的储蓄,使其超出了单单在流动性约束和二次效用函数假设下可得到的储蓄水平。〔1〕

实证应用:信用限额与借债

当不存在流动性约束时,一个特定贷款者愿意贷出的数量上升并不会影响消费。但是,若存在紧的流动性约束,则这种上升就会提高那些尽可能借债的家庭的消费。此外,贷款量上升会使家庭在未来面临紧预算约束的可能降低,可能会使当期约束并不紧的家庭提高其消费。

格罗斯和苏勒雷斯(2002)通过考察信用限额的变动对家庭信用卡的影响检验了上述预测。他们的基本回归方程采用如下形式:

$$\Delta B_{it}=b_0\Delta L_{it}+b_1\Delta L_{i,t-1}+\cdots+b_{12}\Delta L_{i,t-12}+a'X_{it}+e_{it}. \qquad (8.67)$$

其中,i 表示家庭,t 表示月份数,B 表示计息的信用卡债务,L 是信用限额,X 是控制变量组成的向量。

对于方程(8.67),我们最担心的是,当信用卡的持卡人想要借更多的钱时,发行人可能会倾向于提高其信用限额。也就是说,影响借款的其他因素 e 与 ΔL 项之间可能存在相关性。格罗斯和苏勒雷斯采用了多种分析方法来处理这个问题。例如,在多数设定下,他们排除了持卡人要求提高借款限额的情形。他们在分析中引入了一些制度性特征,信用卡发行人可以据此来调整信用限额,这使得 ΔL 的变动与 e 的变动几乎完全无关。多数发行人不太可能会在提高信用限额后,短短数月内再次提高限额,不同发行人调整限额的时间间隔也有所不同。因此,格罗斯和苏勒雷斯引入了一系列虚拟变量 D^{jn},其中,当且仅当家庭 i 的信用卡来自发行人 j,并且 i 的信用限额在第 t 期前 n 个月曾经有所提高时,D_{it}^{jn} 等于 1。然后,格罗斯

〔1〕 古兰沙和帕克(Gourinchas and Parker,2002)把有关缺乏耐心、流动性约束以及预防性储蓄的分析推广到生命周期理论。即使是非常缺乏耐心的家庭也想尽力避免退休时的消费大幅下降。结果他们发现,大多数家庭在其生命早期主要是缓冲储备式储蓄者,但当进入中年时,就会开始为退休积累储蓄。

和苏勒雷斯把 D^{jn} 当作工具变量，利用工具变量法估计了式(8.67)。

根据格罗斯和苏勒雷斯对基本工具变量的设定，方程(8.67)中各系数 b 的估计值之和为 0.111，标准差为 0.018。也就是说，信用限额每增加 1 美元便会导致 12 个月后借款增加 11 美分。这个估计结果对于估计方法、控制变量以及样本都是高度稳健的。[1]

格罗斯和苏勒雷斯接着提出了另一个疑问，即借款增加的家庭是否正好是那些尽可能借款的家庭？为了解答这个问题，他们根据利用率（即信用卡余额与信用限额的比率）把第 $t-13$ 月[即式(8.67)中最早的 ΔL 项之前的月份]的样本分成两类。对于初始利用率大于 90%的家庭，系数 b 的估计值之和很大，达到 0.452（标准差为 0.125）。更重要的是，对于低利用率的家庭，系数 b 的估计值之和也为正：当利用率介于 50%～90%时，该值为 0.158（标准差为 0.060）；当利用率小于 50%时，该值为 0.068（标准差为 0.018）。

可见，数据不仅支持了理论预测，即流动性约束的变化对于在当期面临流动性约束的家庭比较重要，而且还支持了更有意思的结论，即流动性约束的变化对于当期不受流动性约束限制，在未来可能受流动性约束限制的家庭也十分重要。

然而，格罗斯和苏勒雷斯也发现了与模型不一致的一个重要特征。他们利用了一个独立的数据集发现，家庭通常不仅拥有信用卡的计息债务，还拥有流动性资产。例如，在具有信用卡计息债务的家庭中，有 1/3 的家庭同时拥有价值超过其月收入的流动资产。由于信用卡债务与流动资产的利率之间存在较大的差额，这些家庭似乎放弃了一个几乎无风险的储蓄机会。所以，这种行为对于流动性约束理论，乃至其他一切理论来说都是一个谜。

不完全的最优化

假设最优化没有成本对于建模来说是一个有力的工具，因为它很好地近似刻画了经济个体如何应对各种变化。但与此同时，它并不能完美地刻画人们的行为方式。有充分的证据表明，在许多情形下，经济个体的行为与标准的效用最大化模型的预测始终存在着系统性的偏差，这些偏差在数量上也是十分重要的[例如，参见特韦尔斯基和卡尼曼（Tversky and Kahneman，1974），以及路文斯汀和塞勒（Loewenstein and Thaler，1989）]。消费和储蓄之间的决策可能就属于这种情形，这种行为常常会涉及很复杂的计算、较长的时期以及大量难以量化的不确定性。所以，经济个体在选择消费时，与其试图进行完全最优化，不如遵循简单的拇指法则。事实上，这种拇指法则可能是对诸如计算成本或者未来税后收入决定因素的不确定性的理性反应。经验法则的一个例子是，比较合理的做法是花光当期收入，并且只在异常情况下动用资产。依赖这些法则可能会使得家庭利用储蓄和借款来平滑短期收入波动，他们通常会有一些储蓄，消费在短期内会比较符合永久收入假

---

〔1〕 格罗斯和苏勒雷斯还搜集了借款者其他信用卡债务的数据，但他们并没有找到证据说明信用限额提高所导致的借款增加会减少其他信用卡债务。然而，由于他们没有家庭资产负债表的完整数据，所以无法排除下述可能性，即借款增加的同时，其他类型的债务减少，或者资产持有量上升。但是，他们认为，由于信用卡债务的利率相当高，这种效应不会太大。

说的预测。但是,这种行为也有可能会导致消费在长期内紧跟收入变动,从而储蓄通常较少。

广受关注的一种不完全最优化是偏好的时间不一致性[例如,赖伯松(Laibson,1997)]。大量证据表明,经济个体在短期内缺乏耐心,在长期内则比较有耐心(甚至动物也是如此),这就会导致时间不一致性。例如,考虑为期两周的消费选择。若这两个星期处于遥远的未来,例如一年以后,则经济个体对于第一个星期和第二个星期之间的消费通常是没有任何偏好的。他们倾向于让两个星期内的消费水平大致相同。但是,当临近这两周时,经济个体常常会违背他们原先的计划,并在第一星期消费更多。

与其他的非基准模型一样,时间不一致性也无法单独解释我们一直试图理解的消费中令人疑惑的特征。时间不一致性本身会使得消费者的行为表现得缺乏耐心:在每个时点上,相对于未来消费,经济个体都会过度评价当期消费,因而其消费会很高(巴罗,1999)。而且时间不一致性无法单独解释,为何大量家庭的消费都近似地紧跟收入变动,使得储蓄接近于零。对于时间不一致性模型来说,要想拟合经济现实还需要引入其他因素,例如流动性约束、非流动性储蓄的能力(非流动形式的储蓄会限制经济个体在未来对当期消费的强偏好)以及可能的预防性储蓄动机等[安杰莱托、赖伯松、雷佩托、托巴科曼和温伯格(Angeletos,Laibson,Repetto,Tobacman and Weiberg,2001)]。

结论

上述讨论包含两个主题。第一,单一因素无法解释那些与永久收入假说不相符的主要事实。第二,对于必须要考虑的主要因素,研究者已经有了广泛的共识:高度缺乏耐心(可能源于较大的折现率,或者对当期消费永远赋予较高权重的时间不一致性);妨碍消费超过收入太多的因素(如流动性约束,或者重视规避债务的拇指法则);以及预防性储蓄动机。

8.7 预防性储蓄的动态规划分析

本节使用动态规划方法来分析消费行为模型,家庭具有预防性储蓄动机,也就是说,家庭效用函数的三阶导数为正。本节的分析有三个目的。第一个目的重要性相对较低,本节是在8.6节简要介绍的基础上,深入分析预防性储蓄动机如何影响消费和储蓄行为。第二,本节的模型可以帮助我们学习动态规划方法,这是一个在宏观经济学以及其他经济学领域中广泛使用的强大方法。第三,由于本节的模型没有解析解,它也可以帮助我们初步学习数值方法在经济学问题求解中的应用。数值方法与动态规划类似,也经常应用于宏观经济学分析。由于学习数值方法的最好方法是真正的使用它,我们实际上并不会直接在本节正文中介绍,而是放在了本章末尾的一系列习题中,结合本节的内容进行介绍。

假设

本节的模型概念上相对简单,就是具有无限寿命的家庭最大化其终生效用的期望值，即：

$$U=\sum_{t=0}^{\infty}\beta^{t}u(C_{t}),\quad 0<\beta<1,\quad u'(\cdot)>0,\quad u''(\cdot)>0,\quad u'''(\cdot)>0. \tag{8.68}$$

C_t 表示家庭在第 t 期的消费，假设它总是严格为正。家庭在第 t 期的劳动收入 Y_t 在不同时期是独立同分布的，也假设总是严格为正。Y_t 在家庭选择消费 C_t 之前确定。家庭可以借贷，实际利率为已知的固定利率，用 r 表示。因此，如果令 A_t 表示家庭在 t 期初（Y_t 尚未确定，家庭尚未做出消费决策）的财富水平，则 A_t 的变化路径为：

$$A+1=(A_{t}+Y_{t}-C_{t})(1+r)\ . \tag{8.69}$$

注意由于我们假设了实际借贷利率固定不变，不仅隐含排除了股票等传统风险资产，而且还排除了通过保险对冲劳动收入实现值偏低的情形。由于家庭层面的收入波动大多数是家庭自身因素而非宏观经济冲击造成的，我们实际上假设了不可保的特质风险。

模型最后还有两个假设。一个假设是家庭缺乏耐心。具体地说，我们假设：

$$(1+r)\beta<1. \tag{8.70}$$

这个假设意味着在确定的情况下，家庭选择的消费路径随时间递减。[1] 另一个假设禁止庞氏骗局。我们需要排除家庭实施庞氏骗局的可能性，也就是说，我们需要确保家庭不会大量积累债务，导致债务按现值计算无法偿还。禁止庞氏骗局的一个简单办法是假设家庭完全没有负债：[2]

$$C_{t}\leqslant A_{t}+Y_{t},\quad 对所有\ t. \tag{8.71}$$

贝尔曼方程与模型求解

尽管本节的模型并不复杂，但是求解模型却并不容易。家庭的劳动收入在无限长的时期内均存在不确定性，显然不可能针对每种可能的收入路径都制定一个消费计划。

在这种情况下，动态规划方法特别有用。动态规划的基本思想是将长期问题（在本例中为无限期问题）简化为一个两期问题，只考虑当期和“未来”，并用一个价值函数来概括未来。我们将启发式地介绍如何利用动态规划方法来求解模型。卡罗尔（Carroll，2012）完整介绍了正规的动态规划求解方法。

考虑家庭在时期 t 如何决策。在选择 C_t 时，家庭拥有的资源是期初财富 A_t

---

〔1〕 理解这点需要注意在确定条件下，t 期和 $t+1$ 期的消费决策的欧拉方程 $u'(C_t)=(1+r)\beta u'(C_{t+1})$。当 $(1+r)\beta<1$ 时，欧拉方程意味着 $u'(C_t)>u'(C_{t+1})$，由此可知 $C_{t+1}<C_t$。

〔2〕 流动性约束仅仅是禁止庞氏骗局的简便方法，并非必要条件。由于家庭消费不可能为负，家庭可借入并且可以确保偿还（以现值计算）的债务存在上限。可见，贷款人不会让家庭通过庞氏骗局借新还旧，自然会对家庭可借金额进行限制。

和当期劳动收入 Y_t。令 X_t 表示家庭拥有的所有资源,则 $X_t \equiv A_t + Y_t$。在给定时期,如果家庭根据拥有的资源 X,做出了当期和未来所有时期的最优消费决策,则家庭当期和未来所有时期的目标函数折现到该期的期望值就定义为该期的值函数 $V(X)$。

在此,我们需要做三点说明。首先,现在引入值函数的目的似乎有点令人费解。我们想要找出家庭的最优决策行为,而我们所做的只是在假设家庭已经做出最优决策的前提下定义一个函数来刻画终生期望效用。既然我们还不知道最佳决策行为是什么,这样做有什么用呢?现在提出这个问题是完全合理的,但随着我们进一步往下分析,答案就会逐渐揭晓。

其次,注意值函数的唯一参数是家庭的当期资源,并且根据模型假设可以推断,值函数不随时间的推移发生变化。考虑两个拥有相同资源 X 的家庭,其中一个家庭在第 t 期,另一个在第 t' 期,则不论 t 和 t' 如何取值,也不论这两个家庭如何分别达到各自的当期状态,他们对当期消费和未来消费的偏好都是相同的,同时他们未来劳动收入的分布以及可选择的消费路径也都是相同的。可见,这两个家庭的目标函数的期望也必定相同。这表明 X 是模型的唯一状态变量,它概括了家庭最优决策所需的所有历史信息。

值函数只有一个参数且不随时间变化这一事实并不是必不可少的。动态规划方法也可用于分析多状态,有限时间维度,以及确定性时变偏好等的问题,只不过我们当前模型的非时变,无限期结构会使求解更简单和优美。

第三,我们尚未证明值函数的存在性。也就是说,我们省略了一些动态规划方法中比较困难的内容。不过卡罗尔证明了在我们的模型设定下 $V(\cdot)$ 确实存在。

为了理解值函数的作用,考虑家庭在 t 期的消费决策。家庭在 t 期的效用是 $u(C_t)$。值函数表示从 $t+1$ 期往后的期望效用折现到 $t+1$ 期是 X_{t+1} 的函数。在第 t 期对该期望效用取期望并折现到第 t 期可得 $\beta E_t[V(X_{t+1})]$。方程(8.69)表明 $X_{t+1}=(X_t-C_t)(1+r)+Y_{t+1}$。因此,从第 t 期往后的期望效用为 $u(C_t)+\beta E_t[V((X_t-C_t)(1+r)+Y_{t+1})]$。

回顾一下,$V(X_t)$ 的定义是从第 t 期往后的期望效用的最大值。因此,$V(X_t)$ 必定是当期效用与 $t+1$ 期往后的期望效应折现值之和的最大值:

$$V(X_t) = \max_{0 \leqslant C_t \leqslant X_t} u(C_t) + \beta E_t[V((X_t - C_t)(1+r) + Y_{t+1})]. \qquad (8.72)$$

方程(8.72)就是上述问题的贝尔曼方程。贝尔曼方程并不能得到值函数的完整表达式,而是用值函数自身和当期效用来定义值函数,相对于无限期问题而言,极大地简化了表达式。

方程(8.72)可以提示我们如何证明值函数存在,以及如何通过数值方法近似计算值函数。值函数是方程(8.72)在函数空间中的不动点;也就是说,值函数具有如下性质:如果在方程(8.72)的右侧代入该函数,则该方程经过计算后将得到完全相同的函数。因此,我们可以任意选择一个"初始"值函数 $V^0(\cdot)$,例如 $V^0(X)=0$, $\forall X$。然后通过反复迭代定义 $V^1(X),V^2(X),V^3(X),\cdots$:

$$V^{n+1}(X_t) = \max_{0 \leqslant C_t \leqslant X_t} u(C_t) + \beta E_t[V^n((X_t - C_t)(1+r) + Y_{t+1})]. \qquad (8.73)$$

证明值函数存在就是证明(8.73)式描述的迭代过程会收敛到一个固定函数。而使用数值方法来逼近值函数就是反复迭代,直到大致收敛为止。使用数值计算技术求解上述问题的方法称为值函数迭代法。

模型分析的最后一步是根据值函数找出家庭的决策规则,即家庭如何根据 X 做出消费选择。由于消费决策面临预算约束的限制,我们需要小心模型可能会出现角点解,特别是某些情况下家庭可能会把所有资源用于消费。如果预算约束不是紧的,则家庭选择 C_t 的一阶条件为:

$$u'(C_t)-\beta(1+r)E_t[V'((X_t-C_t)(1+r)+Y_{t+1})]=0. \qquad (8.74)$$

但是如果 $u'(X_t)-\beta(1+r)E_t[V'(Y_{t+1})]>0$,则家庭就会选择 $C_t=X_t$ 的角点解。[1] 结合上述两个条件可知,C_t 的就是在区间 $[0,X_t]$ 内满足下式的值:

$$u'(C_t)=\max\{\beta(1+r)E_t[V'((X_t-C_t)(1+r)+Y_{t+1})],\ u'(X_t)\} \qquad (8.75)$$

方程(8.72)隐含定义了值函数,而值函数又通过方程(8.75)隐含定义了家庭的最优决策规则,$C(X)$。

模型意义与讨论

直接求解值函数和决策规则的解析解几乎是不可能的。因此,通常的做法是,假设具体的效用函数形式,设定参数值和劳动收入的分布,然后使用数值技术来近似求解。

图 8.4 刻画了决策规则 $C(X)$。其中设定 $\beta=0.8$ 和 $r=0$,常相对风险规避效用函数,且相对风险规避系数为 2,Y 在区间 $[0,\ 200]$ 上服从均匀分布。该图显示消费行为具有如下四个典型的特征:

前两个特征是消费是当期资源的增函数,以及随着资源增加,它对消费的边际影响逐渐下降。第三个特征比较有趣。在当期资源水平较低时,下期资源的期望值 $[X-C(X)](1+r)+E[Y]$ 大于当期资源 X;在当期资源水平较高时,下期资源的期望值小于当期资源。因此,存在一个 X 的临界水平 X^*,使得 $[X^*-C(X^*)](1+r)+E[Y]=X^*$,即下期资源的期望值正好等于当期资源。我们可以把 X^* 合理地称为家庭的目标财富水平,因为当家庭拥有的资源少于 X^* 时,其消费决策会导致财富积累,而当家庭拥有的财富大于 X^* 时,其消费决策会导致财富消耗。根据参数值,效用函数和劳动收入的分布,X^* 可能比平均劳动收入大,也可能比它小。如果 X^* 小于平均劳动收入,则家庭的行为就符合缓冲储备式储蓄,即家庭仅保留一小部分资产以防劳动收入过低。在本例中,X^* 为 169,即略少于两年的平均劳动收入 $E[Y]$。由于 X^* 包括当期劳动收入,可见家庭的目标财富水平相当低。

最后一个特征与第三个相关。当家庭的当期资源较少时,其消费变化与资源变化一一对应,几乎是赚一分花一分,勉强糊口。这是因为当家庭储蓄很少,收入

---

〔1〕 同理,如果 $u'(0)-\beta(1+r)E_t[V'(X_t(1+r)+Y_{t+1})]<0$,则家庭选择不消费的角点解 $C_t=0$。如果当 C 趋近于零时,$u'(C)$ 趋近于无穷大,那么消费不能为负的约束不会变紧,家庭也就不会选择 $C_t=0$。

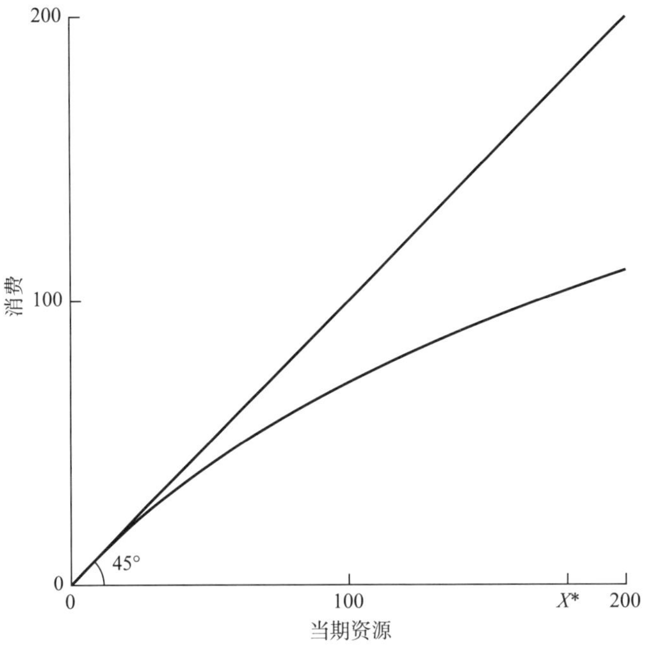

图 8.4 预防性储蓄模型中的消费是当期收入的函数

也很少时,即使下期劳动收入也可能很少,但家庭已经无法忍耐,从而会消耗掉几乎所有可得资源。但是,当家庭当期资源较多时,其消费就不会紧随资源变化。在这种情况下,家庭的行为更接近缺乏耐心且符合永久收入假说的消费者,即家庭消费平均而言会逐渐下降,但不会对收入的暂时波动作出大幅反应。

家庭决策规则的上述定性特征大体上是稳健的,但有一个值得关注的例外。某些情况下,当 X 的取值很小时,消费不止是接近 X,而是只能赚一分花一分。换句话说也就是家庭会选择角点解 $C=X$(即 $C(X)$在 X 取值较低时与 45 度线重合),结果是当期收入的变化就一一对应于当期消费的变化。

最后,上述讨论并未说明图 8.4 所示的最优决策规则是如何通过数值近似方法得到的。

习题 8.16 设计了一个与本例紧密相关的例子,要求读者使用一种相对简单数值方法近似求解决策规则,而习题 8.17～8.20 探讨了该方法的一些扩展和变形。我们目标是介绍数值分析的思想和一些基本问题,让读者了解一些基础知识,并不会深入学习数值算法,高效解法以及误差分析等艰深的内容。

习 题

8.1 生命周期储蓄理论。[本题来自莫迪利亚尼和布伦贝格(Modigliani and Brumberg,1954)]。考虑一个生活在 $0\sim T$ 的经济个体,其终生效用为 $U=\int_{t=0}^{T}u(C(t))dt$,其中,$u'(\cdot)>0$,$u''(\cdot)<0$。该个体在区间 $0\leqslant t<R$ 的收入为 Y_0+gt,在区间 $R\leqslant t\leqslant T$ 的收入为 0。退休年龄 R 满足 $0<R<T$。利率为零,

没有初始财富，并且没有不确定性。

(a) 该个体的终生预算约束是什么？

(b) 该个体效用最大化的消费路径 $C(t)$ 是什么？

(c) 作为 t 的函数，该个体的财富路径是什么？

8.2 农民的平均收入低于非农民的平均收入，但前者在各年之间的波动更大。根据这一点，永久收入假说在估计农民与非农民的消费函数时有何不同？

8.3 时间平均问题。[本题来自沃金(Working, 1960)。]在实际数据中，消费并不是某一时点的数据，而是较长时期内(如一个季度)的平均数据。请你分析上述事实的作用。

假设消费服从随机游走过程：$C_t=C_{t-1}+e_t$，其中 e 为白噪声。假设数据中的消费是两个时期内的平均值，也就是说，观察到的消费是 $(C_t+C_{t+1})/2$，$(C_{t+2}+C_{t+3})/2$，等等。

(a) 用 e 表示从一个两期区间到下一个两期区间所测得的消费变化。

(b) 测得的消费变化与上一期的值是否无关？根据你的答案，测得的消费是否服从随机游走过程？

(c) 根据(a)小题的结论，从第一个两期区间到下一个两期区间的消费变化是否一定与第一个两期区间中的任何已知量无关？是否一定与第一个两期区间之前的两期区间中的任何已知量无关？

(d) 假设测得的消费不是两期的平均值，而是两期区间中第二期的消费值。也就是说，观察到的消费是 C_{t+1}、C_{t+3} 等。在这种情况下，测得的消费符合随机游走过程吗？

8.4 在第 8.2 节的模型中，未来收入的不确定性并不会影响消费。这是否表明不确定性并不会影响预期终生效用？

8.5 [本题来自汉森和辛格尔顿(Hansen and Singleton, 1983)。]假设瞬时效用函数是常相对风险规避系数形式，$u(C_t)=C_t^{1-\theta}/(1-\theta)$，$\theta>0$。假设实际利率 r 为常数，但不一定等于折现率 ρ。

(a) 求关于 C_t 和 C_{t+1} 期望的欧拉方程。

(b) 假设收入的对数服从正态分布，从而 C_{t+1} 的对数服从正态分布；令 σ^2 表示其基于 t 时刻可得信息的条件方差。请利用 $\ln C_t$、$E_t[\ln C_{t+1}]$、σ^2 以及参数 r、ρ 和 θ 重写(a)小题中所得的表达式。(提示：若变量 x 服从均值为 μ，方差为 V 的正态分布，则 $E[e^x]=e^{\mu}e^{V/2}$。)

(c) 证明：若 r 和 σ^2 均不随时间变化，则(b)小题的结果表明，消费的对数服从带漂移的随机游走过程：$\ln C_{t+1}=a+\ln C_t+u_{t+1}$，其中 u 是白噪声。

(d) r 和 σ^2 的变化对期望收入增长 $E_t[\ln C_{t+1}-\ln C_t]$ 分别有何影响？根据第 8.6 节中对预防性储蓄的讨论，解释 σ^2 对期望收入增长的影响。

8.6 过度平滑性的一个分析框架。 假设 C_t 等于 $[r/(1+r)]\{A_t+\sum_{s=0}^{\infty}E_t[Y_{t+s}]/(1+r)^s\}$，并且 $A_{t+1}=(1+r)(A_t+Y_t-C_t)$。

(a) 证明上述假设表明 $E_t[C_{t+1}]=C_t$（从而消费服从随机游走过程），并且

$\sum_{s=0}^{\infty} E_t[C_{t+s}]/(1+r)^s = A_t + \sum_{s=0}^{\infty} E_t[Y_{t+s}]/(1+r)^s$。

(b) 假设 $\Delta Y_t = \phi \Delta Y_{t-1} + u_t$,其中 u 为白噪声。假设 Y_t 比 $E_{t-1}[Y_t]$ 大 1 单位(即假设 $u_t=1$),则消费将增加多少?

(c) 在 $\phi>0$ 的情形下,收入的更新项 u_t 与消费的更新项 $C_t - E_{t-1}[C_t]$ 相比,哪一个的方差更大? 在本模型中,消费者在通过储蓄和借款来平滑消费相对于收入的路径吗? 请解释。

8.7 考虑第 8.4 节中分析的两期设定。假设政府最初仅通过征收利息税来获得收入,从而经济个体的预算约束为 $C_1 + C_2/[1+(1-\tau)r] \leqslant Y_1 + Y_2/[1+(1-\tau)r]$,其中 τ 为税率。政府在第一期的收入为 0,第二期为 $\tau r(Y_1 - C_1^0)$,其中 C_1^0 为既定税率下该个体选择的 C_1。现在假设政府取消利息税,而改为在两期内分别征收 T_1 和 T_2 的一次性数量税;从而该个体现在的预算约束为 $C_1 + C_2/(1+r) \leqslant (Y_1 - T_1) + (Y_2 - T_2)/(1+r)$。假设 Y_1、Y_2 和 r 均为外生。

(a) 新税收必须满足什么条件才能使税收变化不影响政府收入的现值?

(b) 如果新税收满足(a)小题中的条件,那么原有消费束(C_1^0, C_2^0)是会支付不起、刚够支付,还是支付之后有剩余?

(c) 如果新税收满足(a)小题中的条件,那么第一期的消费是会增加、减少还是不变?

8.8 考虑一只股票,其在第 t 期支付的股息为 D_t,股价为 P_t。假设消费者是风险中性的,折现率为 r,从而消费者最大化 $E\left[\sum_{t=0}^{\infty} C_t/(1+r)t\right]$。

(a) 证明均衡要求 $P_t = E_t[(D_{t+1} + P_{t+1})/(1+r)]$(假设在股票卖出前,该期的股息已支付)。

(b) 假设 $\lim_{s\to\infty} E_t[P_{t+} s(1+r)^s]=0$(这是一个无泡沫条件;参见下一道习题)。把(a)小题中的表达式向前迭代,推导出一个用期望未来股息表示的 P_t 的表达式。

8.9 **泡沫。**考虑上一题的设定,并假设 $\lim_{s\to\infty} E_t[P_{t+s}(1+r)^s]=0$ 不成立。

(a) **确定性泡沫。**假设 P_t 等于习题 8.8(b)小题中推导出的表达式再加上 $(1+r)^t b$,$b>0$。

(i) 习题 8.8(a)小题中所推导出的消费者一阶条件是否仍然成立?

(ii) b 是否可以是负数?(提示:考虑永不出售股票的策略。)

(b) **破灭的泡沫。**[布兰查德(Blanchard,1979。)]假设 P_t 等于习题 8.8(b)小题中所推导出的表达式再加上 q_t,其中 q_t 等于$(1+r)q_{t-1}/\alpha$ 的概率为α,等于 0 的概率为 $1-\alpha$。

(i) 习题 8.8(a)小题中所推导出的消费者一阶条件是否仍然成立?

(ii) 如果第 t 期存在泡沫(即 $q_t>0$),那么该泡沫在第 $t+s$ 期之前破灭(即 $q_{t+s}=0$)的概率是多少? 当 s 趋向无穷大时,这个概率的极限是多少?

(c) **固有泡沫。**[佛鲁特和奥伯斯法尔德(Froot and Obstfeld,1991。)]假设股息服从随机游走过程:$D_t = D_{t-1} + e_t$,其中 e 为白噪声。

(i) 在没有泡沫时,第 t 期的股票价格是多少?

(ii) 假设 P_t 等于(i)小题中所推导出的表达式再加上 b_t，其中 $b_t=(1+r)b_{t-1}+ce_t$，$c>0$。习题 8.8(a)小题中所推导出的消费者一阶条件是否仍然成立？为什么说股票价格对股息存在过度反应？

8.10 卢卡斯资产定价模型。(卢卡斯，1978。)假设经济中唯一的资产是长生不老树。产出就是这些树的果实，不仅是外生的，而且不能储存；因而 $C_t=Y_t$，其中 Y_t 是外生决定的人均产出，C_t 是人均消费。假设一开始每个消费者拥有的树一样多。由于假设所有消费者都是相同的，所以在均衡时，树的价格必须恰好使得代表性消费者拥有的树的数量在每一期都是合意的，既不想增加，也不愿减少。

令 P_t 表示第 t 期时树的价格(假设如果有树出售，则树的拥有者在出售之前已经收获了当期的果实)。最后，假设代表性消费者最大化 $E\left[\sum_{t=0}^{\infty}\ln C_t/(1+\rho)^t\right]$。

(a) 假设代表性消费者在 t 期把消费减少一个无穷小量，并把所得储蓄用于增加其拥有的树的数量，然后在 $t+1$ 期出售增加的这些树。为了使这种变化不影响期望效用，则 C_t 以及 Y_{t+1}、P_{t+1} 和 C_{t+1} 的期望必须满足什么条件？根据这一条件解出 P_t，并用 Y_t 以及 Y_{t+1}、P_{t+1} 和 C_{t+1} 的期望来表示。

(b) 假设 $\lim_{s\to\infty}E_t[(P_{t+s}/Y_{t+s})/(1+\rho)^s]=0$。根据这个假设，对(a)小题的结果向前迭代，从而解出 P_t。(提示：利用如下事实：对于所有 s，$C_{t+s}=Y_{t+s}$ 都成立。)

(c) 直观地解释为什么期望红利的上升不会影响资产价格。

(d) 在本模型中，消费是否服从随机游走过程？

8.11 股权溢价和总量冲击的集中。(曼昆，1986。)考虑这样一个经济，经济中存在两种可能的状态，每种状态发生的概率都是 1/2。在状态好时，每个经济个体的消费均为 1。在状态差时，总人口中比例为 λ 的人群消费 $1-(\phi/\lambda)$，其余人群消费 1，其中 $0<\phi<1$，并且 $\phi\leqslant\lambda\leqslant1$。$\phi$ 表示状态差时平均消费的减少量，λ 用来衡量该消费减少量的分担程度。

考虑两种资产，一种在状态好时可得 1 单位的收益，另一种在状况差时可得 1 单位的收益。令 p 表示差状态资产与好状态资产的相对价格。

(a) 考虑一个经济个体，其两种资产的初始持有量均为零。并且考虑该个体的下述做法：他/她把持有的好状态资产减少(即卖空)一个边际量，并将所得收入用于购买差状态资产。推导使上述变动不至于影响期望效用的条件。

(b) 由于消费在两种状态下都是外生的，并且经济个体在事前完全相同，因而 p 必须不断调整直到均衡时经济个体对两种资产的持有量均为零。根据(a)小题中推导出的条件，求解 p 的均衡值，并用 ϕ、λ、$U'(1)$ 和 $U'(1-(\phi/\lambda))$ 来表示。

(c) 求出 $\partial p/\partial\lambda$。

(d) 证明：若效用函数是二次函数，则 $\partial p/\partial\lambda=0$。

(e) 证明：若 $U'''(\cdot)$ 处处为正，则 $\partial p/\partial\lambda<0$。

8.12 耐用品消费。(曼昆，1982。)如第 8.2 节一样，假设瞬时效用函数是二次函数，并且利率和折现率均为零。但同时假设商品是耐用品；具体而言，$C_t=(1$

$-\delta)C_{t-1}+X_t$，其中 X_t 是 t 期的购买量，$0\leqslant\delta<1$。

(a) 考虑在第 t 期把购买减少一个边际量 dX_t。求 dX_{t+1} 和 dX_{t+2} 的值，以使 X_t、X_{t+1} 以及 X_{t+2} 的变化不会改变支出的现值(从而 $dX_t+dX_{t+1}+dX_{t+2}=0$)，也不会改变 C_{t+2}(从而 $(1-\delta)^2dX_t+(1-\delta)d_{t+1}+dX_{t+2}=0$)。

(b) (a)小题中的变化对 C_t 和 C_{t+1} 有何影响？对期望效用有何影响？

(c) C_t 和 $E[C_{t+1}]$必须满足什么条件，才能使(a)小题中的变化不影响期望效用？C 是否服从随机游走过程？

(d) X 是否服从随机游走过程？(提示：用 C_t-C_{t-1} 和 $C_{t-1}-C_{t-2}$ 来表示 X_t-X_{t-1}。)请直观地解释：若 $\delta=0$，则 X 如何变化？

8.13　习惯形成与消费增长的序列相关性。假设代表性消费者 i 的效用函数为 $\sum_{t=1}^{T}[1/(1+\rho)^t](C_{it}/Z_{it})^{1-\theta}/(1-\theta)$，$\rho>0$，$\theta>0$，其中 Z_{it} 是消费的"参照"水平。假设利率是处于某个水平 r 的常数，并且经济中没有不确定性。

(a) 外在习惯。假设 $Z_{it}=C_{t-1}^{\phi}$，$0\leqslant\phi\leqslant1$。于是消费的参照水平由总消费确定，经济个体 i 把总消费看作是既定不变的。

(i) 把 C_{it} 减少 dC，然后把 $C_{i,t+1}$ 提高 $(1+r)dC$，求出这种做法的欧拉方程。用 C_t/C_{t-1} 和 $(1+r)/(1+\rho)$ 表示 $C_{i,t+1}/C_{i,t}$。

(ii) 在均衡时，代表性消费者的消费必须等于总消费：对于任意 t，$C_{it}=C_t$。根据这一事实，用滞后消费增长率 $\ln C_t-\ln C_{t-1}$ 以及其他相关项写出当期消费增长率 $\ln C_{t+1}-\ln C_t$。如果 $\phi>0$ 且 $\theta=1$，习惯形成是否会影响消费行为？如果 $\phi>0$ 且 $\theta>1$ 呢？直观地解释所得结论。

(b) **内在习惯。**假设 $Z_t=C_{i,t-1}$，于是消费的参照水平由经济个体过去的消费水平确定(参数 ϕ 等于 1)。

(i) 求出(a)小题(i)中做法的欧拉方程。(注意 C_{it} 影响第 t 期和第 $t+1$ 期效用，且 $C_{i,t+1}$ 影响第 $t+1$ 期和第 $t+2$ 期的效用。)

(ii) 令 $g_t\equiv(C_t/C_{t-1})-1$ 表示第 $t-1$ 期到第 t 期的消费增长率。假设 $\rho=r=0$，且消费增长率接近 0[因此，我们可以用 $1+\gamma g_t$ 近似地表示形如 $(C_t/C_{t-1})^{\gamma}$ 的项，并忽略交叉项]。使用(i)中得到的结论，用 $g_{t+1}-g_t$ 以及其他相关项来近似地表示 $g_{t+2}-g_{t+1}$。直观地解释所得的结论。

8.14　常绝对风险规避效用函数下的预防性储蓄。考虑一个经济个体，他/她只生存两个时期，效用函数的绝对风险规避系数不变：$U=-e^{-\gamma C_1}-e^{-\gamma C_2}$，其中 $\gamma>0$。利率为零，没有初始财富。所以其终生预算约束为 $C_1+C_2=Y_1+Y_2$。其中 Y_1 是确定不变的，但 Y_2 服从正态分布，其均值为 $\bar{Y}_2$，方差为 σ^2。

(a) 若瞬时效用函数为 $u(C)=-e^{-\gamma C}$，$\gamma>0$，则 $U'''(C)$的符号是什么？

(b) 把该经济个体的期望终生效用表示为 C_1 以及外生参数 Y_1、$\bar{Y}_2$、σ^2 和 γ 的函数。[提示：参见习题 8.5 中(b)小题的提示。]

(c) 用 Y_1、$\bar{Y}_2$、σ^2 和 γ 表示 C_1。若没有不确定性，则 C_1 是多少？不确定性上

升会如何影响 C_1？

8.15 偏好的时间不一致性。考虑一个生存三期的经济个体。在第一期，他/她的目标函数为 $\ln c_1+\delta\ln c_2+\delta_2\ln c_3$，其中 $0<\delta<1$。在第二期，目标函数为 $\ln c_2+\delta\ln c_3$（由于该个体在第三期的选择是显而易见的，所以第三期的目标函数无关紧要）。该个体的财富为 W，实际利率为零。

(a) 根据以下关于消费如何确定的假设，求 c_1、c_2 和 c_3。

(i) 承诺：该个体在第一期选择 c_1、c_2 和 c_3。

(ii) 不承诺、幼稚：在第一期，该个体通过选择 c_1 来最大化第一期的目标函数，并且认为自己也将会通过选择 c_2 来最大化这个目标函数。但是，事实上，该个体将会通过选择 c_2 来最大化第二期的目标函数。

(iii) 不承诺、老练：在第一期，该个体通过选择 c_1 来最大化第一期的目标函数，并且知道他/她将会通过选择 c_2 来最大化第二期的目标函数。

(b) (i) 根据你在(a)小题(i)和(ii)中的结果，解释为什么说该个体的偏好是时间不一致的。

(ii) 直观地解释，为什么老练没有导致幼稚的行为发生改变？

8.16 考虑图 8.4 涉及的动态规划问题。本题要求你通过数值方法求解该问题，但有一处改动：假设偏好是对数形式，即 $u(C)=\ln C$。具体地说，本题要求你根据方程(8.73)，使用值函数迭代方法来近似求解值函数，其中假设 $V^0(X)$ 对所有 X 均等于零。

(a)首先，请解释为什么 $V^1(X)=\ln X$？

(b)对从 0 到无穷大的每个 X 都求出 $V^n(X)$ 是不可能的，因此我们需要对问题做离散化处理。具体做法如下：先选择一个 N，然后定义 $e\equiv100/N$，并假设 Y 的取值只能是 $e,3e,5e,\cdots,200-e$，抽到每个取值的概率均为 $1/N$。同理，假设 C 的取值只能是 $e,3e,5e,\cdots$。然后令 X 的取值分别等于 $e,3e,5e,\cdots$，直到你选择的某个上限 B（并假设 $X>B$ 时 $V^n(X)=V^n(B)$），计算相应的 $V^n(X)$。最后，重复有限次迭代。（可以使用你喜欢的任何程序语言，Matlab 就是一个很好的选择。）然后画出得到的值函数 $V(\cdot)$。

(c)简要评论用数值方法求解问题的过程。例如解释选择 N,B 的取值以及迭代次数的理由。你有没有遇到意外状况？

(d)根据找到的值函数计算 $C(\cdot)$ 并作图。

(e)对比你得到的 $C(\cdot)$ 与图 8.4。两者的主要相似之处是什么？主要区别是什么？

8.17 我们对习题 8.16(b)做一个很小的改动。先选择一个 N，然后定义 $e\equiv200/N$。现在假设 Y 的取值只能是 $0,e,2e,3e,\cdots,200$，抽到每个取值的概率均为 $1/(N+1)$。同理，假设 C 的取值只能是 $0,e,2e,3e,\cdots$，然后令 X 的取值分别等于 $e,2e,\cdots$，直到你选择的某个上限 B（并假设 $X>B$ 时 $V^n(X)=V^n(B)$）。

通过正式分析而非数值解法证明，使用上述值函数迭代的数值算法可以收敛

到 $V(X)=-\infty,\forall X$。(提示:如果遇到困难,可以尝试令 $N=2,B=300$。)[1]

8.18 本题要求你根据习题 8.16 中的分析来说明一次性收入冲击在不同情况下会如何影响消费路径。具体来说,假设家庭偏好和 Y 的分布与习题 8.16 相同,请你根据以下不同情况,画出两个家庭消费 C 随时间变化的路径之差,其中一个家庭的收入路径为{10,100,100,100,…},另一个家庭的收入路径为{100,100,100,100,…}。

(a)两个家庭的初始财富均为 $A=10$。(记住 A_t 是 t 期初的家庭财富,即劳动收入 Y_t 兑现和做出消费选择 C_t 之前的家庭财富。)

(b)两个家庭的初始财富均为 $A=200$。

(c)讨论(a)小题和(b)小题的两个结果之间有什么值得关注的共同点和差异?

8.19 考虑问题 8.16。修改模型的部分内容(比如效用函数,β 值,r 值或者 Y 的分布),然后求解新的 $V(\cdot)$ 和 $C(\cdot)$。讨论假设条件的变化会如何改变模型结果,并直观解释其经济学含义。

8.20 习题 8.16 要求你使用一种非常原始的数值方法来求解模型。这个方法可以如何改进?(某些改进方法可能涉及内插或外推,或者使用非等距格点。)

[1] 本题试图让读者了解数值分析并不像看起来那样容易。乍看上去,习题 8.16(b)部分中的方法和本题中的方法似乎都是合理的,但是得到的答案却截然不同。

9 投　资

本章我们主要研究投资需求。正如第 8 章最初部分所述，研究投资有两个主要理由。其一，厂商的投资需求与家庭的储蓄供给共同决定了产出用于投资的比例，投资需求是导致长期生活水平发生变动的重要原因。其二，投资的变动十分剧烈，投资需求对短期波动也起着举足轻重的作用。

在第 9.1 节，我们会首先介绍一个基准的投资模型，厂商面临的资本供给具有完全弹性，厂商可以毫无成本地调整资本存量。尽管这是一个很自然的分析思路，但我们会发现该模型对理解实际投资并没有太大意义。例如，该模型意味着经济环境的离散变化（如利率的离散变化）会导致投资率和负投资率趋向无穷。

因此，第 9.2 节到第 9.5 节建立并分析投资的 q 理论模型。q 理论模型的核心假设是厂商调整资本存量是有成本的，它提供了一个分析框架，有助于我们分析预期和当前情况对投资的影响，可以避免得到基准模型的不合理推论。q 理论模型是投资的标准模型。我们将在第 9.6 节讨论该模型核心结论的实证证据。

本章最后两节介绍基准模型的扩展形式。我们将在 9.7 节中研究不确定性对投资的影响，在第 9.8 节分析比 q 理论中的平滑调整成本更复杂的调整成本形式。

在本章分析投资行为的所有内容中，我们都将假设金融市场环境是完美运行的，提供资金的金融机构和进行项目投资的厂商之间不存在不对称信息，因此厂商可以按现行利率借款。在第 10 章中，我们将在金融市场不能完美运行的情形下分析一些重要的投资问题。

9.1 投资与资本成本

合意资本存量

考虑这样一个厂商，它租赁资本的价格为 r_K。该厂商在某时刻的利润为 $R(K,X_1,X_2,\cdots,X_n)r_K$，其中 K 为厂商租赁资本的数量，X 为其他给定变量。例如，在完全竞争情形下，X 为厂商的产品价格以及其他投入要素的成本。假设 $R(\bullet)$表示厂商在除了 K 之外的其他维度上进行最优化的结果。例如，对于竞争性厂商而言,$R(K,X_1,X_2,\cdots,X_n)-r_K K$ 表示在给定 K 和 X 时,厂商通过选择除资本之外的其他投入要素所得到的最大利润。我们假设 $R_K>0$ 且 $R_{KK}<0$,其中下标代表偏导数。

K 的利润最大化一阶条件为:

$$R_K(K,X_1,\cdots,X_n)=r_K \tag{9.1}$$

也就是说,厂商租赁的资本数量会使得其边际收益产品等于资本租赁价格。

(9.1)式把厂商的合意资本存量定义为 r_K 和 X 的函数。我们可以对该条件求微分,分析某一个变量的变化对合意资本存量的影响。例如,若资本租赁价格 r_K 发生变动,由于假设 X 为外生的,所以当 r_K 发生变化时,X 不变,但厂商会重新选择 K。厂商需要调整 K 使(9.1)式仍然成立。(9.1)式两边同时对 r_K 求导可知,上述条件要求:

$$R_{KK}(K,X_1,\cdots,X_n)\frac{\partial K(r_K,X_1,\cdots,X_n)}{\partial r_K}=1 \tag{9.2}$$

根据上式求解$\partial K/\partial r_K$ 即得:

$$\frac{\partial K(r_K,X_1,\cdots,X_n)}{\partial r_K}=\frac{1}{R_{KK}(K,X_1,\cdots,X_n)} \tag{9.3}$$

由于 $R_{KK}<0$,(9.3)式意味着 K 随 r_K 递减。按照类似的方法分析还可以求出 X 的变动对 K 的影响。

资本使用成本

因为厂商使用的资本大部分来自其自有资本,而不是租赁资本,所以 r_K 并没有准确的观察值。这一难题吸引了大量学者研究资本的使用成本。

考虑一个拥有一单位资本的厂商。假设资本在时刻 t 的实际市场价格为 $p_K(t)$,厂商需要选择是出售资本还是继续使用资本。保留资本涉及三方面的成本。首先,若厂商出售资本并用所得收入进行储蓄,则可以获得利息。持有资本就意味着厂商放弃了利息,由此所带来的单位时间内的实际成本为 $r(t)p_K(t)$,其中 $r(t)$为实际利率。其次,资本会折旧。单位时间内折旧造成的成本为 $\delta p_K(t)$,其中 δ 为折旧率。最后,资本价格可能会发生变化。如果资本价格下降,则资本使用成本会上升(因为厂商出售资本的收益会下降);如果资本价格上升,则使用成本会下降。由此带来的单位时间内的成本为$-\dot{p}_K(t)$。把这三项合到一起即得资本使用成本为:

$$\begin{aligned} r_K(t)&=r(t)p_K(t)+\delta p_K(t)-\dot{p}_K(t)\\ &=\left[r(t)+\delta-\frac{\dot{p}_K(t)}{p_K(t)}\right]p_K(t). \end{aligned} \tag{9.4}$$

上述分析并没有考虑税收,投资和资本收入的课税方式实际上会对资本使用成本产生极大的影响。为了理解这种影响,我们可以考虑如下投资税收抵免政策。具体而言,假设厂商在投资后需要缴纳企业所得税的应税收入会减少,且减少额为厂商投资额的固定比例 f 。相应地,假设厂商出售任何资本均会增加其应税收入,且增加额为厂商出售资本所得收入中比例为 f 的部分。投资税收抵免意味着,对厂商来说,单位资本的有效价格为 $(1-f\tau)p_K(t)$,其中 τ 为企业所得税的边际税率。所以,资本使用成本为:

$$r_K(t)=\left[r(t)+\delta-\frac{\dot{p}_K(t)}{p_K(t)}\right](1-f\tau)p_K(t). \tag{9.5}$$

可见投资税收抵免降低了资本使用成本,并增加了厂商的合意资本存量。[1] 此外,还可以研究折旧补贴、利息课税方式以及其他影响资本使用成本与合意资本存量的税收法规所造成的影响。

基本模型的不足

上述简单投资模型在刻画现实投资行为上至少存在两个重大缺陷。第一个缺陷是关于外生变量变化的影响。该模型关注厂商对资本的需求,它表明厂商的合意资本存量是外生变量的平滑函数。因此,外生变量发生离散变化时就会导致合意资本存量发生离散变化。例如,根据上述分析,假设美联储以离散的方式降低利率,则会导致资本成本 r_K 出现阶梯状的下降。这反过来又意味着满足(9.1)式的资本存量会出现阶梯状的增加。

这一模型含义的问题在于,由于资本存量的变化率等于投资减去折旧,资本存量的离散变化要求投资率为无穷大。然而,对于整个经济来说,投资以经济的产出为限,因此总投资不可能是无限的。

该模型的第二个缺陷是,它无法研究预期对投资需求的作用机制。该模型表明,不论厂商对未来边际收益产品和使用成本的预期如何,厂商都将使资本的当期边际收益产品等于当期使用成本。但很明显,关于需求和成本的预期实际上对于投资决策也是至关重要的:当厂商预期销售上升而资本成本较低时,就会扩大资本存量;当厂商预期销售下降而资本成本较高时,就会缩小资本存量。

因此,为了更加合理地刻画实际投资决策,我们有必要对模型进行修改。这方面的标准理论着重强调改变资本存量所需的成本。这种调整成本存在两种形式:内部调整成本和外部调整成本。厂商改变资本存量所需的直接成本为内部调整成本[参见艾斯纳和施特罗茨(Eisner and Strotz,1963);卢卡斯,1967],例如安装新资本品以及培训工人使用新设备的成本。回到利率离散下调的情形,如果随着资本存量变化率趋向无穷,资本调整成本也趋向无穷,则利率下调就会导致投资上升但并不会趋向无穷,资本存量会逐渐达到新的合意水平。

当每个厂商面临的资本供给都与基准模型一样具有完全弹性,但资本品价格会相对于其他商品价格进行调整,使得厂商的投资率和负投资率都不会趋于无穷时,就会产生外部调整成本[福莱和西德罗斯基(Foley and Sidrauski,1970)]当资本供给不具有完全弹性时,厂商合意资本存量的离散增加会抬高资本价格。在合

---

[1] 企业所得税不仅会影响资本使用成本,还会影响资本的税后边际产量。当企业所得税的边际税率为 τ 时,厂商的利润最大化行为将会使资本的边际产量乘以 $1-\tau$ 等于资本使用成本。

理的假设下,资本的租赁价格并不会发生剧烈变化,而仅仅是逐渐开始调整,此时投资也会增加但不会无限增加。[1]

9.2 存在调整成本的投资模型

下面我们就来研究具有调整成本的投资模型。具体而言,假设资本调整成本为内部调整成本(但也很容易把本模型用于分析外部调整成本)。[2] 本模型也被称为投资的 q 理论模型。

假设

假设经济中有 N 家相同厂商,其中 N 是一个很大的数。如果忽略资本的获取成本和安装成本,则代表性厂商在时刻 t 的实际利润与其资本存量 $\kappa(t)$ 成正比,并随总资本存量 $K(t)$ 递减。因此,利润函数的形式为 $\pi(K(t))\kappa(t)$,其中 $\pi'(\bullet)<0$。如果生产函数是规模报酬不变的,产品市场与除资本之外的其他要素市场均为竞争性市场,则假设厂商利润与其资本成正比是恰当的。在上述假设下,若某厂商的资本为另一厂商的两倍,且使用的所有投入要素也为两倍,则该厂商的成本和收入均为另一厂商的两倍。[3] 如果该经济的非资本要素供给曲线向上倾斜,则假设单位资本平均利润随总资本存量递减也是合理的。在这种情况下,随着总资本存量增加,非资本要素的边际产量将上升,导致要素价格上涨,从而既定资本数量下的企业利润将下降。

模型的关键假设是,厂商调整资本存量时会产生成本,且调整成本是厂商资本存量变化率的凸函数。具体而言,调整成本 $C(\dot{\kappa})$ 满足 $C(0)=0$,$C'(0)=0$ 且 $C''(\bullet)>0$ 这些假设表明,厂商增加或减少资本存量都需要成本,边际调整成本随着调整规模递增。

因为资本品的购买价格等于 1 且固定不变,资本的出售价格也始终等于 1,所以不存在外部调整成本,但资本的增加和减少都会涉及内部调整成本。最后,为了简单起见,假设折旧率为零,从而 $\dot{\kappa}(t)=I(t)$,其中 I 为厂商的投资。

上述假设意味着厂商在每一个时间点的利润均为 $\pi(K)\kappa-I-C(I)$。厂商最大化这些瞬时利润的现值:

---

[1] 如第 7.10 节所述,某些经济周期模型假设了投资调整成本而不是资本存量调整成本[例如,克里斯蒂亚诺、埃岑鲍姆和埃文斯(Christiano, Eichenbaum and Evans, 2005)]。与资本调整成本的假设类似,该假设意味着投资是外生变量的平滑函数并且预期会影响投资需求。但我们在这里着重分析传统的资本调整成本假设,因为它很简单,是常用的参照基准。投资调整成本和资本调整成本都能找到实证证据。[参见格罗斯和可汗(Groth and Khan, 2010)以及埃伯利、瑞贝罗和文森特(Eberly, Rebelo and Vincent, 2012)]。

[2] 参见注解 10 和习题 9.9。这里讨论的模型是由阿贝尔(Abel, 1982),林文夫(Hayashi, 1982) 以及萨默斯(Summers, 1981b) 提出的。

[3] 注意,上述假设意味着,在第 9.1 节的模型中,$R(K,X_1,\cdots,X_n)$的形式为 $R(X_1,\cdots,X_n)K$,所以假设 $R_{KK}<0$ 是不成立的。因此,在这种情况下,若没有调整成本,就无法确定厂商对资本的需求:如果 $R(X_1,\cdots,X_n)>0$,则厂商的资本需求趋于无穷;若 $R(X_1,\cdots,X_n)<0$,则需求为零;若 $R(X_1,\cdots,X_n)=0$,则无法确定需求。

$$\Pi=\int_{t=0}^{\infty}e^{-rt}[\pi(K(t))\kappa(t)-I(t)-C(I(t))]dt, \tag{9.6}$$

为了简单起见,我们假设实际利率固定不变。每个厂商都将总资本存量 K 的路径看作是给定的,并在该给定路径下选择不同时间上的投资量以最大化利润 Π。

离散时间下的厂商问题

为了求解厂商的利润最大化问题,我们需要使用变分法。为了帮助理解这个方法,我们首先考虑离散时间形式。[1] 在离散时间情形下,厂商的目标函数为:

$$\widetilde{\Pi}=\sum_{t=0}^{\infty}\frac{1}{(1+r)^t}[\pi(K_t)\kappa_t-I_t-C(I_t)]. \tag{9.7}$$

为了对比连续时间情形下的目标函数,我们假设对于所有时期 t,厂商的投资与资本存量之间的关系均为 $\kappa_t=\kappa_{t-1}+I_t$。[2] 我们可以把厂商行为理解为,在每个时期 t 根据约束 $\kappa_t=\kappa_{t-1}+I_t$ 选择投资和资本存量。由于模型包含无数个时期,所以也就有无数个约束。

厂商利润最大化问题的拉格朗日函数为:

$$\mathcal{L}=\sum_{t=0}^{\infty}\frac{1}{(1+r)^t}[\pi(K_t)\kappa_t-I_t-C(I_t)]+\sum_{t=0}^{\infty}\lambda_t(\kappa_{t-1}+I_t-\kappa_t). \tag{9.8}$$

其中 λ_t 代表约束条件对应的拉格朗日乘子。因此,λ_t 表示放松约束条件的边际价值,也就是 κ_t 的外生增量对厂商终生利润折现值(折现到零期)的边际影响。上述讨论说明,若定义 $q_t=(1+r)^t\lambda_t$,则 q_t 可以表示在 t 时刻增加额外一单位资本给厂商带来的按 t 期美元计算的价值。根据这个定义,我们可以把拉格朗日函数改写为:

$$\mathcal{L}'=\sum_{t=0}^{\infty}\frac{1}{(1+r)^t}[\pi(K_t)\kappa_t-I_t-C(I_t)+q_t(\kappa_{t-1}+I_t-\kappa_t)]. \tag{9.9}$$

因此,厂商在时期 t 投资的一阶条件为:

$$\frac{1}{(1+r)^t}[-1-C'(I_t)+q_t]=0, \tag{9.10}$$

上式等价于:

$$1+C'(I_t)=q_t. \tag{9.11}$$

为了解释上述条件,注意单位资本的获取成本等于其购买价格(固定为 1)加上边际调整成本。因此,(9.11)式表明厂商会不断投资直到资本的获取成本等于资本价值。

---

〔1〕 奥伯斯法尔德(Obsterfeld,1992),巴罗和萨拉伊玛丁(Barro and SalaiMartin,2003)的附录 3 以及阿西莫格鲁(Acemoglu, 2009)的第 7 章对变分法做了详细和正式的介绍。

〔2〕 更标准的假设是 $\kappa_t=\kappa_{t-1}+I_{t-1}$,但在这个表达式中,投资与资本增量之间会有一期的延迟,从而使得它与连续时间情形之间没有可比性。

再来看 t 期资本的一阶条件。拉格朗日函数(9.9)中,时期 t 涉及的项包括 κ_t 与 κ_{t-1},从而 t 期资本存量 κ_t 分别在 t 期和 $t+1$ 期的项中出现。因此,κ_t 的一阶条件为:

$$\frac{1}{(1+r)^t}[\pi(K_t)-q_t]+\frac{1}{(1+r)^{t+1}}q_{t+1}=0. \tag{9.12}$$

上式两边同时乘以 $(1+r)^{t+1}$ 并整理可得:

$$(1+r)\pi(K_t)=(1+r)q_t-q_{t+1}. \tag{9.13}$$

如果令 $\Delta q_t=q_{t+1}-q_t$,则方程(9.13)等号右边可以改写为 $rq_t-\Delta q_t$,由此可得:

$$\pi(K_t)=\frac{1}{1+r}(rq_t-\Delta q_t). \tag{9.14}$$

(9.14)式左边是资本的边际收益产品,右边是单位资本的机会成本。直观而言,在某一期持有一单位资本需要放弃的实际利息为 rq_t,资本增值为 Δq_t(参见折旧率为零的(9.4)式,此外,在连续时间的情形下没有 $1/(1+r)$ 项)。为使厂商的利润最大化,资本收益必须等于其机会成本,即(9.14)式。该条件与没有调整成本的模型中的利润最大化条件相似,厂商会租赁资本直到资本的边际收益产品等于资本的租赁价格。

我们还可以按另一种方式去理解(9.14)式,即它是厂商进行跨期资本估值的一致性条件。为更好地理解这种解释,我们可以把(9.14)式或(9.13)式改写为:

$$q_t=\pi(K_t)+\frac{1}{1+r}q_{t+1}. \tag{9.15}$$

根据定义,q_t 是指 t 期每单位资本按 t 期美元计算的价值,而 q_{t+1} 是指 $t+1$ 期每单位资本按 $t+1$ 期美元计算的价值。若 q_t 不等于资本对厂商当期目标函数的贡献值 $\pi(K_t)$ 加上按当期美元计算的下期资本价值 $q_{t+1}/(1+r)$,则资本在两期的价值就不一致。

然而,(9.11)式和(9.15)式的两个条件并不足以全面刻画利润最大化行为。其问题在于,虽然(9.15)式要求各期的 q 值保持一致,但该式并没有要求 q 值等于单位新增资本对厂商目标函数的贡献量。为了理解这一点,我们可以假设厂商在第 0 期新增一单位资本并一直持有,因为新增单位资本会使 t 期利润提高 $\pi(K_t)$,所以我们可以把这单位资本对厂商目标函数的贡献写为:

$$MB=\lim_{T\to\infty}\left[\sum_{t=0}^{T-1}\frac{1}{(1+r)^t}\pi(K_t)\right]. \tag{9.16}$$

根据方程(9.15),q_0 可以写为:

$$\begin{aligned}q_0&=\pi(K_0)+\frac{1}{1+r}q_1\\&=\pi(K_0)+\frac{1}{1+r}\left[\pi(K_1)+\frac{1}{1+r}q_2\right]\\&=\cdots\\&=\lim_{T\to\infty}\left\{\left[\sum_{t=0}^{T-1}\frac{1}{(1+r)^t}\pi(K_t)\right]+\frac{1}{(1+r)^T}q_T\right\},\end{aligned} \tag{9.17}$$

其中,第一行利用了(9.15)式在 $t=0$ 时的表达式,第二行利用了(9.15)式在 $t=1$ 时的表达式。

对比(9.16)h 和(9.17)可知,q_0 等于新增单位资本对厂商目标函数的贡献值的充分必要条件是:

$$\lim_{T\to\infty}\frac{1}{(1+r)^T}q_T=0. \tag{9.18}$$

若(9.18)不成立,则 0 期增加边际投资[根据(9.11)式,其边际成本为 q_0]并长期持有该新增资本(其边际收益为 MB)对厂商利润的影响不为零,这表明厂商没有最大化其利润。上述条件也被称为横截条件。

横截条件的另一种形式是:

$$\lim_{T\to\infty}\frac{1}{(1+r)^T}q_T\kappa_T=0. \tag{9.19}$$

直观而言,该横截条件表明,永久性持有有价资本不是最优的。在我们所考虑的模型中,$\dot{\kappa}$ 和 q 是通过(9.11)联系在一起的,所以当且仅当 q 发散时,κ 才会发散。由此可以证明,当且仅当(9.18)式成立时,(9.19)式才能成立,可见,我们可以使用上述两个条件中的任何一个。但是,形如(9.19)式的横截条件应用范围比(9.18)式更加广泛,(9.19)式也是我们将重点讨论的标准形式。[1]

连续时间情形

现在我们考虑连续时间情形。在这种情况下,厂商的利润最大化行为需要满足三个条件,这三个条件与离散时间情况下刻画厂商行为的三个条件(9.11)式、(9.14)式和(9.19)式类似。实际上,连续时间下的最优化条件可以从离散时间下的最优化问题推出:离散时间情形就相当于将时间分为等长的时间间隔 Δt,因此令 Δt 的极限趋于零就可以得到连续时间的情形。不过在这里我们不会采用这种办法,而只是简单地说明如何求出最优化条件,并用类似于离散时间情形下所用的方法来证明这些条件的必要性。

在连续时间的情形下,厂商利润最大化的目标函数为(9.6)式,而不是离散时间情形下的目标函数(9.7)式。分析这个问题的第一步是建立期值汉密尔顿函数:

$$H(\kappa(t),I(t))=\pi(K(t))\kappa(t)-I(t)-C(I(t))+q(t)I(t). \tag{9.20}$$

该表达式类似于离散时间情形下拉格朗日函数中的 t 期项,只不过省略了资本存量的变动项(参见(9.9))。描述这类问题需要用到一些标准术语:可以自由控制的变量(I)称为控制变量;取值在任何时刻都取决于历史决策的变量(κ)称为状态变量;状态变量(q)的影子价值称为协态变量。

刻画最优路径的第一个条件是,汉密尔顿函数对控制变量的导数值在任意时

〔1〕 有关横截条件的不同版本,以及它在什么情况下是最优化的必要条件,请参见阿西莫格鲁(Acemoglu,2009)的第 7.4、7.5 节以及相关习题。习题 9.4 提供了一个简单例子讨论横截条件背后的经济学直觉。

刻均为零。这类似于在离散时间问题中,对每个时期 t,拉格朗日函数对 I 的导数值为零。在本例中,该条件为:

$$1+C'(I(t))=q(t). \tag{9.21}$$

该条件类似于离散时间情形下的(9.11)。

第二个条件是,汉密尔顿函数对状态变量的导数等于折现率乘以协态变量再减去协态变量的时间导数。在本例中即为:

$$\pi(K(t))=rq(t)-\dot{q}(t). \tag{9.22}$$

该条件类似于离散时间问题中的(8.17)式。

最后一个条件是连续时间情形下的横截条件,即协态变量乘以状态变量经折现后的极限值等于零。在本例中即:

$$\lim_{t\to\infty} e^{-rt}q(t)\kappa(t)=0. \tag{9.23}$$

方程(9.21)、(9.22)和(9.23)即刻画了厂商的行为特征。[1]

9.3 托宾 q

对厂商利润最大化问题的上述分析表明,q 是一个充分统计量,包含着与厂商未来投资决策有关的全部信息,它表明了新增 1 美元资本会如何影响利润的现值。因此,若 q 值较高,则厂商会希望增加资本存量,若 q 值较低则减少资本存量。厂商在做出这些投资决策时,并不需要了解 q 所包含信息之外的其他任何关于未来的信息[参见(9.21)式]。

通过对离散时间情形的分析可知,q 是单位资本未来边际收益产品的当期折现值。因此,在连续时间情况下,q 可以写为:

$$q(t)=\int_{\tau=t}^{\infty} e^{-r(\tau-t)}\pi(K(\tau))d\tau. \tag{9.24}$$

对于 q 的含义,还存在另外一种解释:厂商新增每单位资本存量会使其利润现值增加 q,从而使厂商的价值增加 q,因此,q 可以表示单位资本的市场价值。比如说,如果厂商的股票可以交易,某厂商的资本比其他厂商多一单位,则该厂商总市值就比其他厂商多 q。由于我们已经假定单位资本的采购价格为 1,所以 q 也可以表示单位资本的市场价值与购置成本的比率。因此方程(9.21)表明,在资本的市场价值大于其获取成本时,厂商会增加资本存量;在资本市值小于获取成本时,厂商会减少资本存量。

---

〔1〕 另一种方法是建立现值汉密尔顿函数:$\widetilde{H}(\kappa(t),I(t))=e^{-rt}[\pi(K(t))\kappa(t)-I(t)-C(I(t))]+\lambda(t)I(t)$。这类似于使用拉格朗日函数(9.8),而不是(9.9)式。根据这种方法,可以将(9.22)式替换为,$e^{-rt}\pi(K(t))=-\dot{\lambda}(t)$并且(9.23)式可以替换为 $\lim_{t\to\infty}\lambda(t)\kappa(t)=0$。(令人不解的是,现值汉密尔顿函数的定义至今仍未普遍达成共识。一些学者将其写为 $e^{-rt}[\pi(K(t)\kappa(t))-I(t)-C(I(t))+q(t)I(t)]$。根据这种定义,方程(9.22)和(9.23)都仍然成立。)

我们将资本市场价值与购置成本(也叫重置成本)之比称为托宾 q(Tobin, 1969),正是根据这个术语,我们在上一节中使用了 q 来表示资本的价值。我们的分析表明,与投资相对应的是边际 q,即边际单位资本的市场价值与其重置成本的比率。与此相对应的另一个概念是平均 q,即厂商总市场价值与厂商总资本存量的重置成本之间的比率,边际 q 要比平均 q 更难测量。可见,弄清边际 q 与平均 q 之间的关系非常重要。

可以证明,在本模型中,边际 q 是小于平均 q 的。其原因在于,当我们假设调整成本仅取决于 $\dot{\kappa}$ 时,也就隐含地假设了调整成本是规模报酬递减的。例如,根据我们的假设,如果一个拥有 20 单位资本的厂商打算增加 2 单位资本,则相比于拥有 10 单位资本并且打算增加 1 单位资本的厂商来说,其资本调整成本比后者的两倍还多。根据规模报酬递减的隐含假设,厂商终生利润 Π 的增长幅度要小于其资本存量的增长幅度,所以边际 q 也会小于平均 q。

还可以证明,如果把修改本模型的调整成本函数,使其具有规模报酬不变的性质,则平均 q 就等于边际 q(林文夫,1982)。[1] 其原因在于,调整成本规模报酬不变意味着 q 决定了厂商资本存量的增长率,结果所有厂商都选择相同的资本存量增长率。因此,若有两个处于最优化水平的厂商,其中一个厂商的初始资本是另一厂商的两倍,则在未来的每个时刻,大厂商的资本都将是小厂商的两倍。此外,利润是厂商资本存量的线性函数。这意味着,当厂商选择资本存量以最大化其利润时,厂商利润 Π 的现值与初始资本存量成比例。从而平均 q 与边际 q 相等。

在其他模型中,可能还存在比调整成本的规模报酬性质更重要的因素,使得平均 q 不同于边际 q。例如,若一个厂商的产品需求曲线是向下倾斜的,那么资本存量翻倍很可能无法使其利润现值翻倍,因此边际 q 就小于平均 q。另一方面,如果厂商拥有大量的陈旧资本,其边际 q 就会大于平均 q。

9.4 模型分析

在第 2 章中,我们使用相图分析了拉姆塞模型,这里我们也采用类似的分析方法。我们着重讨论两个变量,即资本总量 K 及其价值 q。同拉姆塞模型中的 k 和 c 一样,给定其中一个变量的初始值,就可以在此基础上确定另一个变量的行为:资本存量是从过去继承下来的,但其市场价格可以自由地调整。

回顾第 9.2 节开头部分,假设经济中有 N 家相同的厂商。方程(9.21)表明,每家厂商会进行投资直至资本购买价格加上边际调整成本等于资本价值:$1+C'(I)=q$。因为所有厂商的 q 值都相同,所有厂商都选择相同的 I 值。这就意味着,总资本存量的变化率 $\dot{K}$ 由厂商数目乘以满足(9.21)式的 I 给定,即:

---

〔1〕 假设调整成本函数的形式为 $C(\dot{\kappa}/\kappa)\kappa$,且 $C(\cdot)$ 的性质如上文所述,就可以在模型中引入规模报酬不变的性质。根据这个假设,$\dot{\kappa}$ 和 κ 同时翻倍会使得调整成本也翻倍。通过这个方法修改模型可以说明,κ 不仅直接影响利润,还会通过影响给定投资水平下的调整成本来间接影响利润。这虽然会使得分析变得更加复杂,但是其基本思想是一样的。参见习题 9.10。

$$\dot{K}(t)=f(q(t)),\quad f(1)=0,\quad f'(0)>0,\tag{9.25}$$

其中 $f(q)\equiv NC'^{-1}(q-1)$。因为 $C'(I)$ 随 I 递增,$f(q)$ 也随 I 递增。因为 $C'(0)=0$,所以 $f(1)$ 为零。因此,方程(9.25)表明,当 q 大于 1 时,$\dot{K}$ 为正;当 q 小于 1 时,$\dot{K}$ 为负;当 q 等于 1 时,$\dot{K}$ 为零。图 9.1 归纳了以上结论。

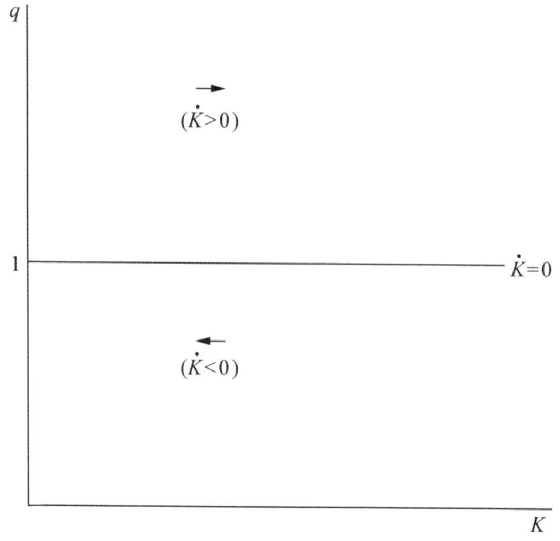

图 9.1　资本存量的动态变化

方程(9.22)表明,资本的边际收益产品等于其使用成本 $rq(t)-\dot{q}(t)$,将其改写为 $\dot{q}$ 的方程可得:

$$\dot{q}(t)=rq(t)-\pi(K(t)).\tag{9.26}$$

该表达式表明,当 $rq(t)=\pi(K)$ 或 $q=\pi(K)/r$ 时,q 会保持不变。由于 $\pi(K)$ 随 K 递减,所以满足该条件的点集在(K,q)空间中向下倾斜。此外,(9.26)式表明 $\dot{q}$ 随 K 递增,从而在 $\dot{q}=0$ 轨迹的右边 $\dot{q}$ 值为正,在 $\dot{q}=0$ 轨迹的左边 $\dot{q}$ 值为负,图 9.2 归纳了以上结果。

相图

相图 9.3 结合了图 9.1 和图 9.2 的信息。图 9.3 说明了,在 K 与 q 的初始值给定的情况下,K 与 q 如何变动才能使其在每个时刻都满足(9.25)式和(9.26)式。例如,假设 K 与 q 处于点 A,因为 q 大于 1,厂商会增加资本存量,故 $\dot{K}$ 为正。此外,因为 K 值大,所以利润低,只有预期到 q 值会上升时,q 值才较大,$\dot{q}$ 也为正。所以,K 和 q 在相图中会向右上方移动。

与拉姆塞模型一样,这里资本存量的初始水平是给定的,但其他变量(如拉姆塞模型中的消费,本模型中的资本市场价值)都可以自由调整。因此,必须确定其他变量的初始水平。与拉姆塞模型一样,对于既定的 K 值,存在一个唯一的可以产生稳定路径的 q 值,也就是说,存在一个唯一的 q 值,使得 K 和 q 都收敛于一个

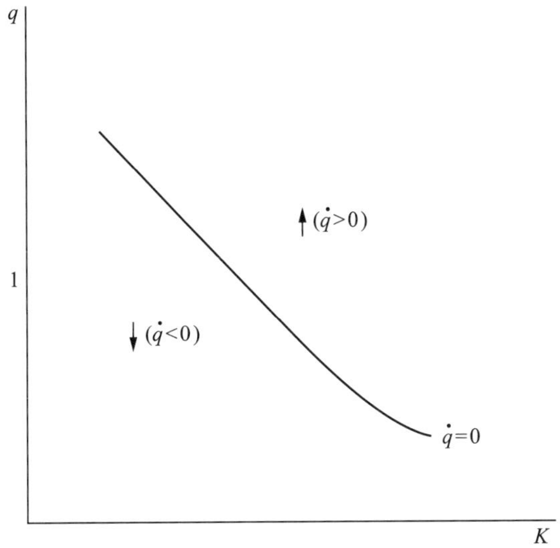

图 9.2 q 的动态变化

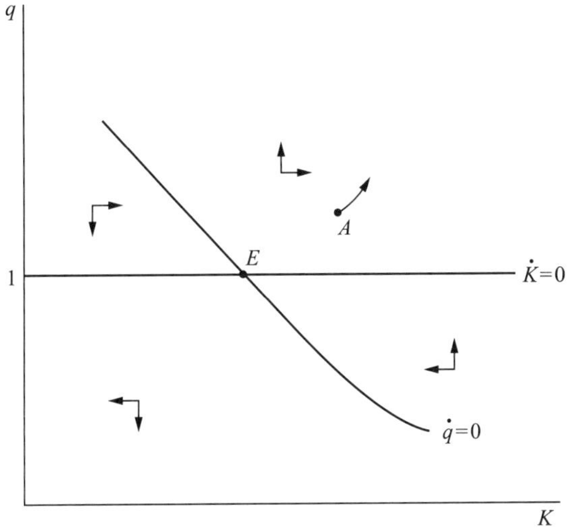

图 9.3 相图

稳定点(即相图中的点 E)。如果 q 一开始低于该值,则经济最终一定会进入 K 与 q 都下跌的区域,然后它们就会持续下跌。类似地,若 q 值一开始过高,则经济最终会进入 K 与 q 都上升的区域并持续上升。可以证明,横截条件在这些路径上都不成立。[1] 这就意味着,厂商在这些路径上并没有最大化其利润,这些路径都不

---

〔1〕 参见阿贝尔(Abel,1982)和林文夫(Hayashi,1982)对该结论的正式证明。我们很容易想到资本存量不能为负,直接排除任何 K 取负值的路径。但是,仔细检查模型假设可以发现,模型中没有什么条件可以排除负资本:由于调整成本仅取决于 I,厂商的资本存量从 1 减少到. 1 不会比从 101 到 99 减少花费更多成本。

我们至少有两种修改模型的方法可以确保 K 永远不会变为负数。第一是假设 $\lim_{K\to 0}\pi(K)=\infty$。该假设可以使相图大致上保持不变,却意味着在任何穿过纵轴的路径上,厂商都会违反横截条件。第二种方法是假设调整成本的规模报酬不变,其具体形式参见上一个脚注和习题 9.10。该假设意味着随着 K 逐渐减小并趋近于零,$\dot{K}$ 也趋近于零,K 也不会变为负数。

是均衡路径。

因此,给定 K 的初始值,唯一的均衡就是使经济处于鞍点路径的 q 值,然后 K 与 q 沿着这条鞍点路径向 E 点移动。图 9.4 刻画了该鞍点路径。

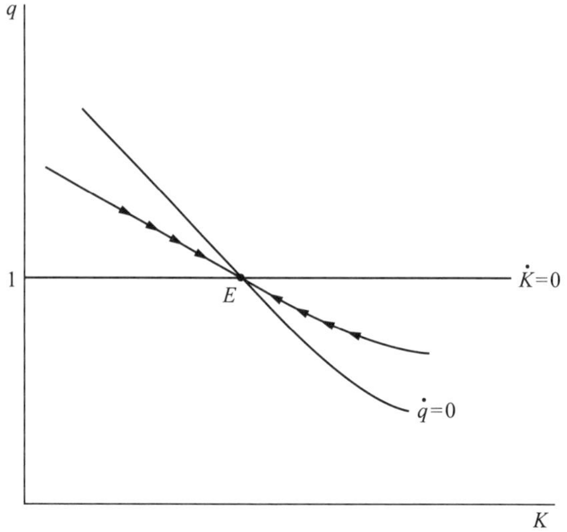

图 9.4 鞍点路径

在图 9.4 中,长期均衡点为 E 点,此时 $q=1$(意味着 $\dot{K}=0$)且 $\dot{q}=0$。$q=1$ 表明资本的市场价值等于其重置成本,因此厂商没有动力增加或减少其资本存量。根据(9.22)式可得,当 $q=1$ 时,要使 $\dot{q}=0$,则资本的边际收益产品必须等于 r。这意味着持有单位资本的收益正好可以弥补放弃的利息,投资者持有资本既不会获得资本增值,也不会遭受资本损失。[1]

9.5 模型意义

上一节讨论的模型可以用来说明很多问题。下面我们就来考察一下该模型对于产出、利率以及税收政策变化的影响有什么含义。

盈利能力变动的影响

假设经济最初处于长期均衡状态,利润函数 $\pi(\cdot)$ 突然永久性上升,背后的原因可能是技术进步导致生产函数上升,也可能是某些生产要素的供给增加导致其价格下跌。[2]

---

〔1〕 把内部调整成本模型改为外部调整成本模型非常简单。关键的改动是把调整成本函数替换为新资本品的供给曲线,$\dot{K}=g(pK)$,其中 $g'(\cdot)>0$,且 pK 为资本的相对价格。通过这一改动,厂商的市场价值总是等于资本存量的重置成本,且 q 在内部调整成本模型中所起的作用由资本相对价格代替。参见福莱和西德罗斯基(Foley and Siddrauski,1970)以及习题 9.9。

〔2〕 假设 $\pi(\cdot)$ 的变动不会影响实际利率,其合理性在于我们可以假设一个小型开放经济,厂商可以按世界通行利率借贷。注意,由于我们假设市场具有完全竞争性,该模型不适合分析总需求变化的影响。但是如果我们放宽假设,允许模型包含不完全竞争,则需求拉动的总产出增加产生的影响就会类似于 $\pi(\cdot)$ 函数上升的影响。

上述变动的影响如图 9.5 所示。利润函数 $\pi(\cdot)$ 向上移动导致 $\dot{q}=0$ 的轨迹向上移动:因为厂商在给定资本存量下的利润提高了,投资者持有该厂商股份所需的资本收益会变小[参见(9.26)]。根据第 2 章对相图的分析可知,这些变化会带来如下影响:q 会立即跳跃到新的鞍点路径上;然后 K 和 q 会沿着鞍点路径向新的长期均衡点 E' 移动。由于资本存量的变化率为 q 的增函数,所以 $\dot{K}$ 在变化发生时会突然增加,但之后会逐渐回到零。可见,盈利能力永久性上升会导致投资暂时增加。

这些反应背后的直观含义很简单,利润函数上升后,资本存量无法立即调整,因此现有资本会获得租金,从而其市场价值提升。较高的资本市值会吸引公众进行投资,所以资本存量开始增加,导致利润和资本价值回落。这一过程会一直持续,直到资本价值恢复正常,追加投资的动力消失。

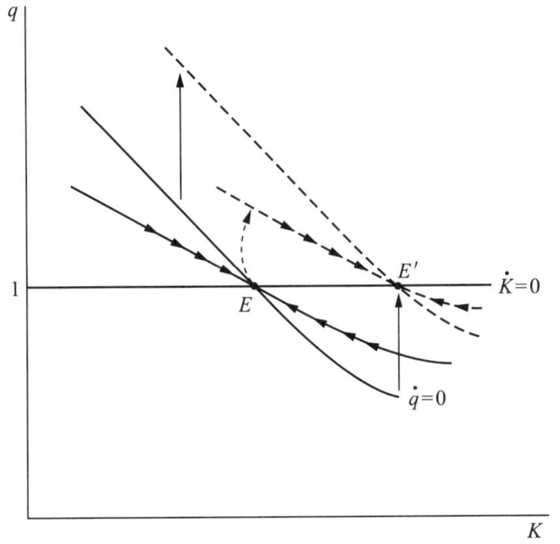

图 9.5 盈利能力永久提升的影响

接下来我们考虑利润函数暂时上升的情况。具体而言,假设经济一开始处在长期均衡状态,然后利润函数 $\pi(\cdot)$ 突然上移。此外,我们已经知道,该利润函数会在稍后的某个时刻 T 返回其初始位置。

要想了解这种变化的影响,我们首先需要明白 q 的跳跃式变动一定是无法预知的。例如,若事先得知 q 会下降,那么厂商股票的持有者无疑会在下降这一刻遭受资本损失,并且损失率为无穷大,没有人会在此时持有该厂商的股票。因此,K 和 q 在时刻 T 必须处于可以回到其初始长期均衡点的鞍点路径上,否则 q 就需要跳跃才能使经济回到长期均衡点。在利润函数上移与时刻 T 返回原来位置之间的这段时间里,K 和 q 的动态路径都取决于暂时升高的利润函数。最后,在冲击发生的瞬间,K 的初始值已经给定,但 q 可以做出反应,由于利润函数是突然上升的,所以 q 出现跳跃式的变动。

总之,这些事实说明了经济会如何对盈利能力上升做出反应:当利润函数发生变化时,q 值会立刻改变,使得 K 和 q 的动态路径由新利润方程确定,并在 T 时刻精确地返回到原来的鞍点路径上。图 9.6 表明,q 在冲击发生时从 E 点跳到 A 点;然后 K 与 q 逐步向 B 点移动,并在时刻 T 到达 B 点;最后,它们沿着原来的鞍点路径向 E 点移动。

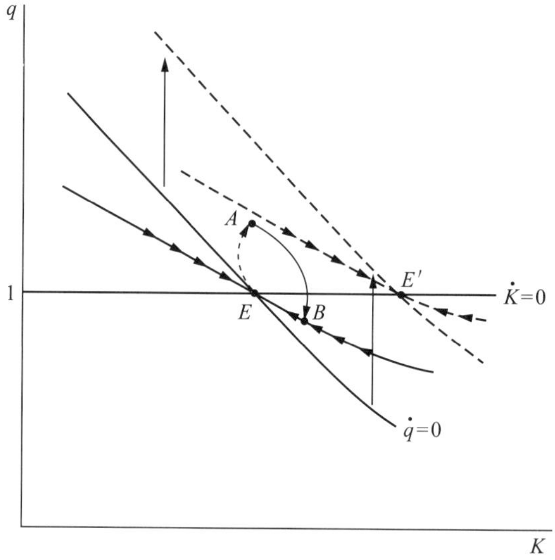

图 9.6　盈利能力暂时提升的影响

上述分析有若干启示。第一,因为盈利能力在一段时间内较高,厂商会利用这个机会增加自身的资本存量,所以盈利能力的暂时上升会导致投资水平提升。第二,比较图 9.5 和图 9.6 可知,如果盈利能力的提升是永久性的,那么 q 增加幅度会更大,而且因为 q 值决定投资,所以投资增长幅度也会更大。直观地看,由于撤回投资的成本巨大,所以当厂商知道自己将来会撤回投资时,它对利润上升的反应就会较小。第三,图 9.6 表明,在 K 和 q 到达原来的鞍点路径之前,即在时刻 T 之前,K 和 q 的路径将穿过 $\dot{K}=0$ 线。因此,在利润函数恢复之前,资本存量便开始下降。要理解这一现象的经济学直觉,可以考虑在时刻 T 之前的时间段,利润函数即将恢复到原来的位置,厂商即将削减资本存量,而由于资本存量调整会产生成本,并且高利润时期马上就要结束,所以马上开始削减资本是有利的,并且成本很小。

上述结论意味着,影响投资的因素不仅包括当期盈利能力还包括盈利能力的整个跨期路径。对比盈利能力的永久变动和暂时变动可知,当预期盈利能力将提升时,投资也会增加,即预期盈利能力上升将提高当期总需求。此外,盈利能力永久提升的例子表明,盈利能力刚提升时,投资水平较高,但是随着时间推移,投资水平将逐渐回落。

利率变动的影响

q 的运动方程为 $\dot{q}=rq-\pi(K)$[方程(9.26)],所以与利润函数的变动类似,利率变动也会通过 $\dot{q}$ 方程影响到投资。因此,利率变动的影响也类似于盈利能力变动所产生的影响。例如,利率永久性降低会使 $\dot{q}=0$ 的轨迹上移。此外,由

于 $\dot{q}$ 方程中 r 和 q 是相乘的关系，因此 r 下降会导致 $\dot{q}$ 的轨迹更为陡峭，如图 9.7 所示。

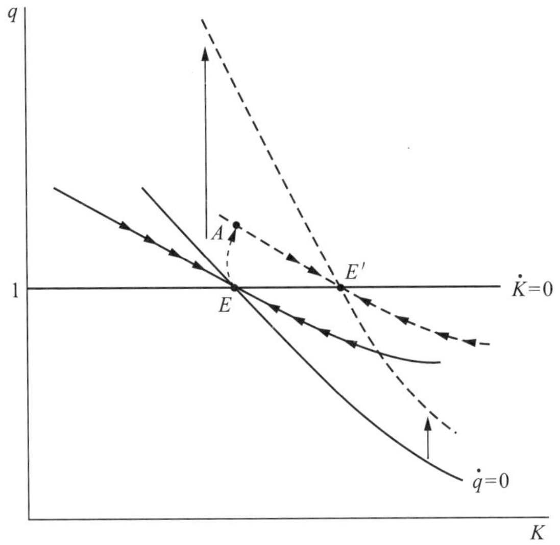

图 9.7　利率永久性下降的影响

按照分析盈利能力的永久变动和暂时变动的方法，我们也可以用图 9.7 来分析利率的永久变动和暂时变动所产生的影响。例如，利率永久下降会使 q 跳跃式上升至新鞍点路径上的点 A，随后 K 和 q 沿新鞍点路径向下移动至新的长期均衡点 E'。因此，利率的永久下降会导致经济出现短暂的投资繁荣，并永久增加总资本存量。

我们对盈利能力暂时提升的分析可以很容易地推广到利率暂时下降的情形。可以得到一个结论，即如果人们预期利率变动是暂时的，则利率下降的影响就会较小。可见，就像盈利能力一样，历史利率和预期未来利率都会影响到当前投资。

在本模型中，利率 r 是瞬时回报率，所以它等同于短期利率。短期利率并不足以反映涉及投资决策的全部利率信息。正如我们将在 12.2 节中详细分析的那样，长期利率反映了公众对未来短期利率的预期。例如，长期利率低于短期利率表明投资者预期短期利率将要下跌，否则，投资者就可以通过购买一系列短期而非长期债券来获利，可见没人会愿意持有长期债券。因此，本模型表明预期未来短期利率上升会降低投资水平，这就说明在给定当期短期利率情况下，长期利率越高，投资水平越低。也就是说，本模型符合长期利率对投资非常重要的传统观点。

税收的影响示例

在经济衰退时，人们通常会提议使用投资税收的暂时抵免政策来刺激总需求。其理由是，如果厂商得知投资税收抵免只是暂时的，就会更有动力在税收抵免生效期内进行投资。本节讨论的模型可以用来研究该论点。

为了简便起见,我们假设投资税收抵免采用的具体方式是,按照资本价格抵扣比例为 θ 的部分并直接返还给厂商,并假设退税只影响资本采购价格,而并不影响调整成本。采用这种税收抵免形式时,只要资本价值加上退税超过资本成本,厂商就会投资。因此,当期投资的一阶条件(9.21)式变为:

$$q(t)+\theta(t)=1+C'(I(t)), \tag{9.27}$$

其中,$\theta(t)$ 表示时刻 t 的税收抵免,$\dot{q}$ 方程(9.26)不变。

方程(9.27)表明,当 $q+\theta=1$ 时,资本存量不变。因此,投资税收抵免会令 $\dot{K}=0$ 的轨迹向下移动,移动幅度为 θ,如图 9.8 所示。如果税收抵免是永久性的,则 q 会在该政策公布时立即跳跃到新的鞍点路径上。直观地说,由于税收抵免刺激了投资,因此(不含税收抵免的)利润将会下降,从而现有资本的价值将下降。随后 K 和 q 将沿鞍点路径移动到新的长期均衡点,该均衡点的 K 值较高,q 值较低。

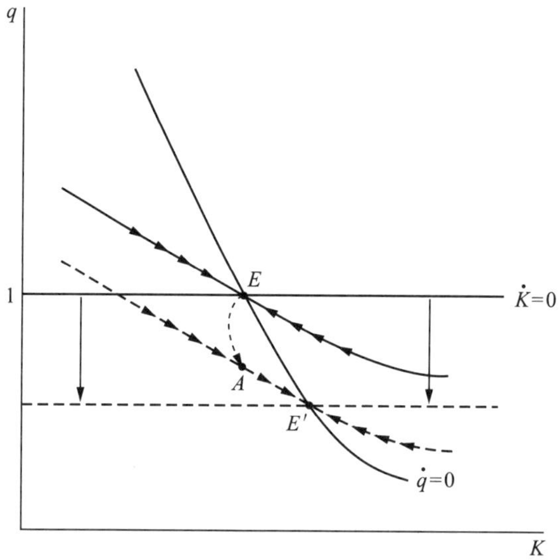

图 9.8 投资税永久抵免政策的影响

接下来我们考虑暂时税收抵免政策。根据上文中盈利能力暂时变化的分析思路可知,颁布税收抵免政策会导致 q 下降,并且下降幅度可以使 K 和 q 在抵免期满时刚好移回到原来的鞍点路径上。然后,K 和 q 会沿原来的鞍点路径返回到初始的长期均衡点处。

如图 9.9 所示,q 并未下降至新的鞍点路径上,可见,暂时税收抵免政策使 q 减小的幅度要小于同等水平的永久税收抵免政策。其原因在于,投资税的暂时抵免并没有使资本存量永久增加,所以现有资本价值降低的幅度较小。我们知道,资本存量的变动 $\dot{K}$ 取决于 $q+\theta$[参见 9.27 式]。与永久抵免相比,暂时抵免政策下的 q 值较大,因此,正如上述非正式的论证所阐述的那样,暂时抵免政策对投资的影响比永久抵免政策更大。最后,图 9.9 表明,q 值会在暂时抵免政策的末期上升。可见,在某一时刻之后,厂商会抢在抵免政策失效前抓紧机会投资,从而导致投资增长进入一段繁荣期。相反,在永久抵免政策下,资本存量的变化率会随着经济向新的长期均衡点移动逐步下降。

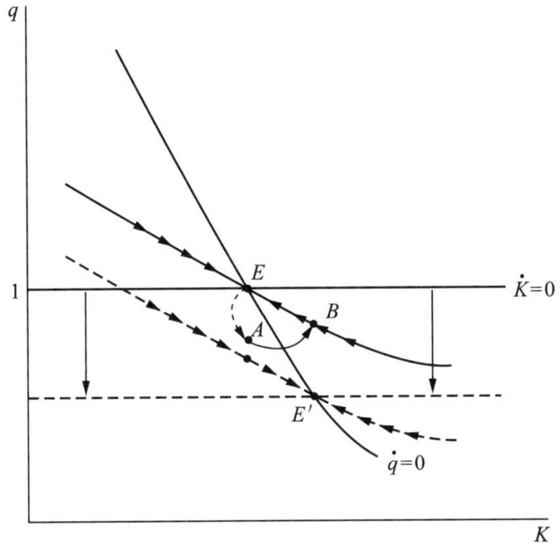

图 9.9　投资税收暂时抵免政策的影响

9.6　实证应用：q 与投资

萨默斯检验

本章中投资模型的核心观点是，投资会随 q 递增，这一点可以通过实证方法分析投资与 q 的关系来进行检验。萨默斯(Summers 1981b)对 9.3 节中调整成本函数具有规模报酬不变性质的理论模型进行了检验。为了得到其检验估计所需的方程，萨默斯假设调整成本是投资的二次函数。因此，上述假设表明：

$$C(I(t),\kappa(t))=\frac{1}{2}a\left[\frac{I(t)}{\kappa(t)}\right]^2\kappa(t),\quad a>0, \tag{9.28}$$

其中，引入 $\kappa(t)$ 项是为了使投资函数满足规模报酬不变性质。

能让资本与 q 联系起来的条件为：购买资本的成本（单位资本的固定购买价格 1 加上其边际调整成本）等于资本价值，即 $1+C'(I(t))=q(t)$[方程(9.21)]。在(9.28)式的假设下，该条件为：

$$1+a\frac{I(t)}{\kappa(t)}=q(t), \tag{9.29}$$

即

$$\frac{I(t)}{\kappa(t)}=\frac{1}{a}[q(t)-1]. \tag{9.30}$$

基于以上分析，萨默斯得出本模型的回归方程：

$$\frac{I_t}{K_t}=c+b[q_t-1]+e_t. \tag{9.31}$$

根据美国 1931～1978 年的年度数据,萨默斯用普通最小二乘法估算了该回归方程。他测算的 q 可以用来解释税法中影响投资动机的各种条款。

萨默斯得出的核心结论是 q 的系数非常小,也就是 a 的隐含值非常大。在他的基准模型设定下,q 的系数为 0.31(标准差为 0.005),这表明 a 值为 32。这也意味着,当 I/K 值为 0.2(高但不异常)时,调整成本相当于厂商资本市场价值的 65%[参见(9.28)式]萨默斯按同样的方法估计了一个更大的模型,他发现经济中的资本存量在面临冲击之后的第 10 年离新的稳态值还有一半的距离。

萨默斯的回归分析应该引起关注,但这并不是因为他的结果令人难以置信。[1] 方程(9.31)中的模型设定方式有两个问题。其一是残差项只是简单地添加到一个推导出来的方程中[见(9.30)]。其二是没有分析解释变量变化的原因。由于缺少解释变量或残差影响因素的信息,我们就无法判断解释变量和残差是否相关,从而也就无法判断方程系数的估计值是否有偏。

认真思考残差和 q 的影响因素可知,萨默斯的回归方程中 b 的估计值偏低可能有两个原因:测量误差和互为因果。测量边际 q(理论上认为与投资相关)非常困难,不仅需要估算资本的市场价值和重置成本,还要考虑税法的各种细微特征,并针对可能导致平均 q 和边际 q 有所不同的一系列因素做出恰当的调整。在回归方程(9.31)中,解释变量 q 的变化有可能是源于测量误差,因此它很可能与投资的变动并不相关,从而导致投资对 q 的反应趋近于零。[2]

再来看互为因果问题,考虑当(9.31)式中的 e(代表影响合意投资水平的其他因素)较高时会有什么影响。投资需求增加会提高利率,但由于 q 是资本未来边际收益产品的折现值[参见方程(9.24)],较高的利率会使 q 值降低,这表明解释变量与残差可能会负相关,从而导致解释变量的系数估计值偏小。

康明斯、哈塞特和哈伯德检验

测量误差和互为因果会导致萨默斯检验出现有偏估计。解决这个问题的一种方法是找到这样一种情形:测得 q 值的变化大部分来自实际 q 值的变化,而实际 q 值的变化并不是由合意投资变化导致的。康明斯、哈塞特和哈伯德(Cummins, Hassett and Hubbard, 1994) 认为,美国历次税制改革基本上都是符合这种情形。1962 年、1971 年、1982 年和 1986 年的税制改革中,各类投资的税收优惠具有很大的区别。由于各行业资本存量的结构差异明显,税制改革对不同行业资本税后成本的影响也天差地别。康明斯、哈塞特和哈伯德认为,由于税制改革的影响差异非

---

[1] 在实证研究中,认为人们不应该相信异常结果这种判断标准有可能会导致研究者忽视任何不同于先验知识的结果,也就永远不可能从实证研究中发现新的结论。当然,研究结论的合理性毫无疑问是评估研究方法恰当与否的重要标准之一。例如,如果萨默斯发现资本存量可以在几纳秒的时间内对冲击做出反应,人们可能就会怀疑他的分析出了问题(这种极端情况很可能是因为数据或编程错误)。总之,理想的研究过程是从理论、逻辑、辅助证据等多种角度进行模型设定,然后根据得到的模型结论更新对世界的看法。

[2] 第 1.7 节基于一个正式模型分析了测量误差对跨国收入收敛性的影响。如果将该模型应用到这里(从而真正的回归方程变为:$It/Kt=c+bq_t^*+et$ 和 $\hat{q}_t=q_t^*+u_t$,其中 q^* 为真实的 q 值,$\hat{q}$ 为测得的 q 值,e 和 u 是均值为零且互不相关的扰动项,且它们与 q^* 也不相关),那么可以证明,在 I/K 对 $q-1$ 的回归中,系数 b 的估计值是有偏的,且偏向于零。

常大,测量误差的作用相比税改导致的 q 值变化微乎其微。他们还认为税改影响的差异并不是源于不同行业在投资需求上的差异,不需要担心互为因果问题。

基于上述考虑,康明斯、哈塞特和哈伯德使用跨行业数据,用税改年份的投资率对税改导致的 q 的变动(定义为资本市值与其税后成本的比率)而不是 q 本身进行了回归分析。该回归显示 q 的系数估计值为 0.5,并且非常显著。因此 a 的估计值约为 2,这表明 I/K 值为 0.2 时,调整成本约为厂商资本价值的 4%,这个数字比萨默斯的估计结果合理得多。

但是,上述研究存在两个缺陷。首先,行业层面投资数据的分析结论不一定适用于总投资。影响总投资需求的因素可能也会影响资本品价格;相反,税改对不同行业的影响差异似乎不太可能导致资本品价格的变动出现较大差异。即外部调整成本会大幅影响总投资,但对跨行业的投资差异影响不大。事实上也的确如此,古尔斯比(Goolsbee,1998)发现的证据表明,投资的税收优惠会使资本品价格大幅度攀升。

其次,根据 10.3 节的分析,在给定 q 值下,厂商可用于投资的资金数量会影响投资决策。税改大幅度削减了某些行业的税赋,使这些行业的资本边际成本锐减,促使这些行业用于投资的资金显著增加。因此,康明斯、哈塞特和哈伯德测算的 q 值和残差之间可能存在正相关,导致其估计值偏大。

9.7 不确定性的影响

目前为止,模型假设厂商确切知道未来的盈利能力,利率和税收政策,但这几个方面实际上都存在不确定性。因此本节介绍由不确定性所引发的各种问题。

未来盈利能力的不确定性

首先考虑利率路径确定时的情况。为了简单起见,我们假设利率不变,即只有未来盈利能力是不确定的。此时,单位资本的价值为:

$$q(t)=\int_{\tau=t}^{\infty} e^{-r(\tau-t)} E_t[\pi(K(\tau))]d\tau. \tag{9.32}$$

上式[参见(9.24)式]可以用来计算 q 的期望会如何随着时间演变。由于(9.32)式对于所有时间均成立,这意味着时刻 $t+\Delta t$ 的 q 在时刻 t 的期望值为:

$$\begin{aligned} E_t[q(t+\Delta t)] &= E_t\left[\int_{\tau=t+\Delta t}^{\infty} e^{-r[\tau-(t+\Delta t)]} E_{t+\Delta t}[\pi(K(\tau))]d\tau\right] \\ &= \int_{\tau=t+\Delta t}^{\infty} e^{-r[\tau-(t+\Delta t)]} E_t[\pi(K(\tau))]d\tau, \end{aligned} \tag{9.33}$$

其中,第二行使用了迭代映射法则得到 $E_t[E_{t+\Delta t}[\pi(K(\tau))]]$等于 $E_t[\pi(K(\tau))]$,对(9.33)式求 Δt 的导数,并在 $\Delta t=0$ 处计算可得:

$$E_t[\dot{q}(t)]=rq(t)-\pi(K(t)). \tag{9.34}$$

除了期望符号外,上式与确定模型中 $\dot{q}$ 的方程相同[参见(9.26)式]。

如前所述,厂商会一直进行投资直至新资本的购置成本与等于资本的市场价值,故(9.25)式 $\dot{K}(t)=f(q(t))$ 仍然成立。

目前为止,不确定性似乎对投资没有影响:只要新资本的价值超过其购置成本,厂商就会进行投资,而资本价值仅取决于预期收益。但上述分析忽略了一点,$\pi(K)$ 的未来价值存在外生不确定性这个假设并不总是正确的。因为 K 的路径是由模型决定的,真正外生不确定的是函数 $\pi(\bullet)$ 的位置,即函数 $\pi(\bullet)$ 的不确定性和厂商行为共同决定了 $\pi(K)$ 未来价值的不确定性。

一种很自然的基准情形是,$\pi(\bullet)$ 是线性函数,$C(\bullet)$ 是二次函数,其中函数 $\pi(\bullet)$ 的截距具有不确定性。在这种情况下,不确定性来自 $\pi(\bullet)$ 还是 $\pi(K)$ 的细微差别是无关紧要的,也不会影响投资。也就是说,我们可以证明,投资路径上的每一点都与函数 $\pi(\bullet)$ 的截距等于其期望值的情形正好吻合(参见习题 9.11 和 9.12)。但是如果基准情形中的假设不成立,那么不确定性到底是关于 $\pi(K)$ 的未来价值还是关于函数 $\pi(\bullet)$ 的未来位置这两者之间的就会存在重要区别。

示例

即便是在上述基准情形下,有关未来盈利能力的消息和对未来盈利能力不确定性的判断都会通过影响函数 $\pi(\bullet)$ 的平均截距的期望来影响投资。为理解这一点,假设 $\pi(\bullet)$ 为线性函数,$C(\bullet)$ 为二次函数,且一开始 $\pi(\bullet)$ 固定不变,经济处于长期均衡状态。在某一时刻,通常定为时刻 0,公众得知政府考虑修改税法,使得函数 $\pi(\bullet)$ 的截距上升。该提案将在时刻 T 进行表决,通过概率为 50%,除此之外不存在其他不确定性。

图 9.10 表示以上情况对投资的影响。图中显示了 $\dot{K}=0$ 的轨迹,两条 $\dot{q}=0$ 的轨迹以及两条鞍点路径,分别对应初始利润函数和更高的新利润函数。根据我们的假设,所有这些轨迹都是直线(参见习题 9.11)。K 和 q 一开始位于均衡点

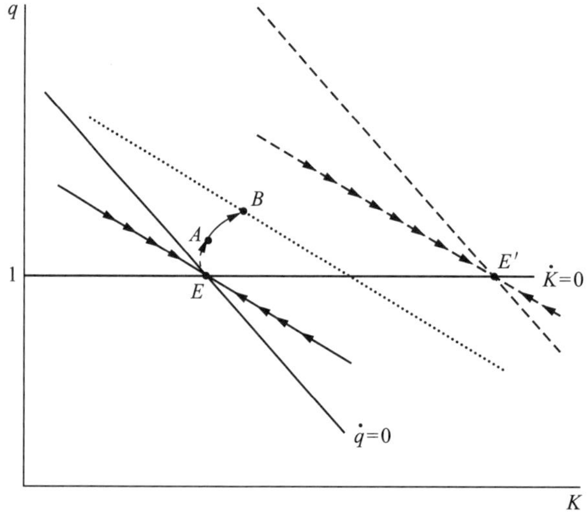

图 9.10　当调整成本对称时未来税收政策不确定所带来的影响

E。在提案正式表决后，K 和 q 会根据表决结果沿着对应的鞍点路径移至长期均衡点(如果提案被通过则为点 E'，被否决则为点 E)。在提案开始表决时，不应该存在预期资本增值或损失。因此，由于表决通过的概率为 50%，q 在开始表决时的位置必然处于两条鞍点路径的中间，即图中的点虚线上。最后，K 和 q 在表决前的动态路径由(9.34)式和(9.25)式决定，其中初始利润函数已知，并且不存在 $\dot{q}$ 的不确定性。

因此，当公众得知政府考虑修改税法时，q 就会立即跳跃式上升，使得 K 和 q 的动态变化路径能够在时刻 T 到达点虚线位置。随后，q 将根据表决结果跳跃式上升或者下降到对应的鞍点路径，使得 K 和 q 沿鞍点路径收敛于对应的长期均衡点。

不可逆投资

如果 $\pi(\cdot)$不是线性函数，或者 $C(\cdot)$ 不是二次函数，那么利润函数 $\pi(\cdot)$的不确定性就可能会影响 $\pi(K)$未来值的期望，从而影响当期投资。例如，假设厂商减少资本存量的成本要高于增加资本存量的成本，那么如果利润函数 $\pi(\cdot)$向上移动，经济总体资本存量将会快速增加，从而 $\pi(K)$的上升相对短暂；但是如果利润函数 $\pi(\cdot)$向下移动，则 K 就会缓慢下降，从而 $\pi(K)$的下降就会持续较长时间。因此，在调整成本不对称的情况下，利润函数位置上的不确定性会降低未来盈利能力的期望，并导致投资减少。

调整成本的这种不对称性表明，投资在一定程度上是不可逆的：增加资本存量比要减少资本存量容易得多。从相图来看，投资不可逆会导致鞍点路径发生弯折。如果 K 超过长期均衡值，则它只会缓慢下降，利润将在较长时期内持续下跌，从而 q 将远小于 1。另一方面，如果 K 小于长期均衡值，则它会迅速上升，于是 q 将仅仅略大于 1。

为了理解投资不可逆性的影响，考虑之前的例子，但现在假设资本存量的调整成本是不对称的。图 9.11 分析了这种情形对投资的影响。与基准情形一样，q 在开始表决时必然处于两条鞍点路径的中间位置，而 K 和 q 在表决前的动态路径由(9.34)式和(9.25)式决定，其中初始利润函数已知，并且不存在 $\dot{q}$ 的不确定性。

因此，如图 9.11 所示，当公众得知政府在考虑修改税法时，q 会立即跳跃式上升，使得 K 和 q 的动态变化路径能够在时刻 T 到达点虚线位置。但是与调整成本对称的情形相比，调整成本不对称时 q 的跳跃幅度变小。由于降低资本持有量代价较大，这意味着如果厂商在提案表决前积累了大量资本存量，一旦提案最终被否决，资本的不可逆性就会导致 q 值非常低。这种顾虑会降低表决前的资本价值，从而降低投资水平。直观地说，当投资不可逆时，等待具有期权价值。如果厂商没有进行投资，它就还有保持较低资本存量的可能性，而如果它选择投资，资本存量就肯定会升高。

折现因子的不确定性

实际上，厂商不仅面临未来利润大小的不确定性，而且这些利润收入如何估值

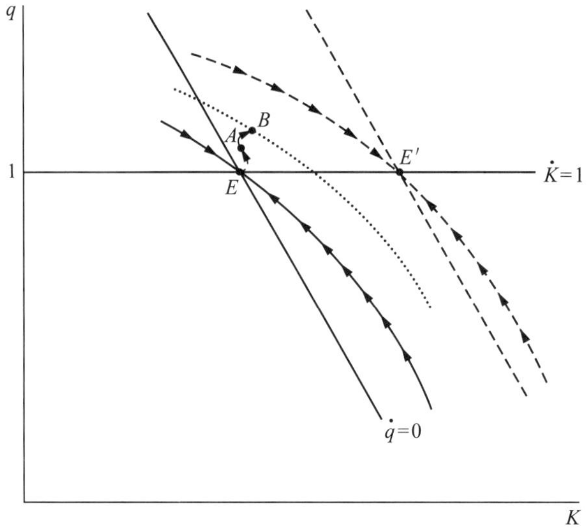

图 9.11　当调整成本不对称时未来税收政策不确定所带来的影响

也存在不确定性。为了理解这种不确定性的影响,假设厂商归一位代表性消费者所有。正如第 8.5 节所述,消费者是根据消费的边际效用来确定未来收益的价值,而不是通过不变的利率来确定。时刻 τ 与时刻 t 消费的相对边际效用折现至时刻 t 即为 $e^{\rho(\tau-t)}u'(C(\tau))/u'(C(t))$,其中 ρ 为消费者的折现率,$u(\cdot)$为瞬时效用函数,C 为消费[参见方程(8.49)]。因此,单位资本价值的表达式(9.32)变为:

$$q(t)=\int_{\tau=t}^{\infty}e^{-\rho(\tau-t)}E_t\left[\frac{u'(C(\tau))}{u'(C(t))}\pi(K(\tau))\right]d\tau. \tag{9.35}$$

正如克雷恩(Craine,1989)所强调的那样,(9.35)式表明,在消费 *CAPM* 中导致资产风险影响资产价值的因素同样会在投资决策中导致项目投资风险影响项目投资。个体风险[即与 $u'(C)$无关的 $\pi(K)$的随机性]不会影响资本市值,从而也不会影响投资。但是,与总体风险正相关的不确定性[如 $\pi(K)$与 C 正相关,从而与 $u'(C)$负相关]会降低资本价值从而抑制投资,与总体风险负相关的不确定性会促进投资。

9.8　弯折的调整成本与固定调整成本

在 9.7 节中,我们研究了调整成本在 $I=0$ 附近不对称这种投资不可逆的简单形式,而现实中的调整成本要复杂得多。其中一种情况是,如果购买和出售资本都会产生交易成本,那么投资和负投资的边际成本都严格大于零。在这种情况下,$C(I)$在 $I=0$ 处是弯折的。还有一种更加不平滑的调整成本形式,即只要投资额非零都会产生固定成本。在这种情况下,$C(I)$不仅在 $I=0$ 处弯折,而且是非连续的。

弯折的成本函数

图 9.12 描绘了一个弯折的调整成本函数。其中投资的调整成本 c^+ 小于负投资的调整成本 c^-。

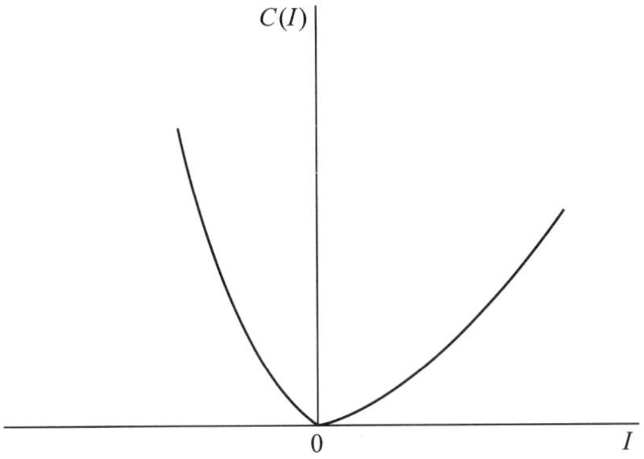

图 9.12 弯折的调整成本

在相图分析中考虑弯折的调整成本非常简单。首先,注意在 $1-c^- \leqslant q(t) \leqslant 1+c^+$ 时,厂商既不投资也不负投资[参见阿贝尔和埃伯利(Abel and Eberly,1994)],在这个区间中有很多 q 值可以满足 $\dot{K}=0$。从相图来看,这体现为光滑调整成本模型中位于 $q=1$ 处的 $\dot{K}=0$ 线现在变成了从 $q=1-c^-$ 到 $q=1+c^+$ 的一块区域,如图 9.13 所示。

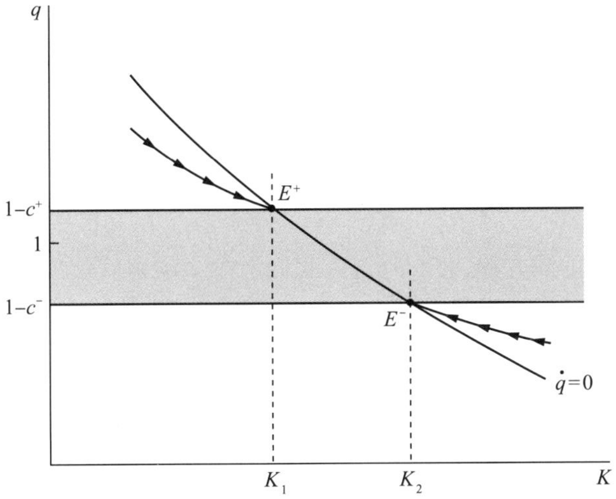

图 9.13 包含弯折调整成本的相图

回忆一下关于 $\dot{q}$ 的方程(9.26),即 $\dot{q}=rq(t)-\pi(K(t))$,它是厂商进行跨期资本估值所需的一致性条件,假设更复杂的调整成本形式并不能改变该条件,因此 $\dot{q}=0$ 的轨迹和之前保持一致,如图 9.13 所示。

令 K_1 表示 $\dot{q}=0$ 的轨迹进入 $\dot{K}=0$ 区域时的 K 值,K_2 表示 $\dot{q}=0$ 的轨迹离开

$\dot{K}=0$ 区域时的 K 值。如果资本的初始值 $K(0)$小于 K_1,那么 $q(0)$就会高于 $1+c^+$,此时投资为正值,经济会沿鞍点路径向下移动至 $K=K_1$ 和 $q=1+c^+$ 的位置,即相图上的 E^+点。同理,如果资本的初始值 $K(0)$大于 K_2,那么投资就为负值(负投资),经济将收敛到图中的 E^-点。如果 $K(0)$处于 K_1 和 K_2 之间,则该经济既不投资也不负投资,资本在 $K(0)$处保持不变,因此 $\dot{q}=0$ 的轨迹上从 E^+到 E^-这一段所有的点都是长期均衡点。

最后,当 $K=K_1$ 和 $K=K_2$ 时,$\dot{q}$ 为零。因此,我们根据利润函数求出 K_1 和 K_2。$\dot{q}=rq(t)-\pi(K(t))$表明当 $\dot{q}$ 等于零时,q 等于 $\pi(K)/r$。因此,K_1 满足 $\pi(K_1)/r=1+c^+$,K_2 满足 $\pi(K_2)r=1-c^-$。同样,由于当 K 处于 K_1 和 K_2 之间时,$\dot{q}$ 为零,这说明如果 $K(0)$处于该区间,则 q 等于 $\pi(K(0))/r$。

固定成本

如果投资额非零就会产生固定成本,则调整成本函数是不连续的。在投资具有固定成本的情况下,厂商状态的微小变化就可能会导致其投资行为发生离散变化。有人可能认为这会使模型非常难以分析,但我们通过一个很简单的基准模型可以发现,固定成本并不会使总投资分析变得过于复杂。具体地说,我们将着重分析调整成本函数具有规模收益不变性质的情况,该假设意味着总资本存量在不同厂商间如何划分不会影响结论,从而不需要分别讨论每家厂商的资本。

当投资存在固定成本时,单位投资的平均调整成本与投资额之间不存在单调关系。在投资水平且较低时,固定成本的会使平均调整成本随投资递减。在投资水平较高时,其他形式的调整成本会使平均调整成本随投资递增[假设 $I>0$ 时,$C'(I)>0$;$I<0$ 时,$C'(I)<0$;并且 $C''(I)>0$]。

例如,假设调整成本包含固定成本和二次成本两个部分,即:

$$\frac{C(I,\kappa)}{\kappa}=\begin{cases}F+\dfrac{1}{2}a\left(\dfrac{I}{\kappa}\right)^2 & I\neq0\\ 0 & I=0,\end{cases}\tag{9.36}$$

其中,$F>0$,$a>0$。同方程(9.28)类似,我们引入 κ 项来确保成本函数具有规模报酬不变性质,I 和 κ 翻倍不会改变 $C(I,\kappa)/\kappa$,即 $C(I,\kappa)$会翻倍。方程(9.36)表明单位投资的平均调整成本为:

$$\frac{C(I,\kappa)/\kappa}{I/\kappa}=\frac{F}{1/\kappa}+\frac{1}{2}a\left(\frac{1}{\kappa}\right)\quad I\neq0.\tag{9.37}$$

如图 9.14 所示,该比率随着投资率 I/κ 先递减后递增。

厂商的价值是投资的线性函数:厂商在时刻 t 进行的每单位投资会使厂商价值增加 $q(t)$。因此,厂商选择的投资水平不会位于$[C(I,\kappa)/\kappa](I/\kappa)$递减的区间内。如果在该范围内的某个投资额是有利可图的(即投资使厂商价值增加 $q(t)I(t)$大于资本的采购成本与调整成本之和),那么略微增加一些投资就获利更多。因此,每家厂商都有一个最低投资率[即相图中$(I/\kappa)_0$]和最低平均投资成本(即图中的 C_0)。

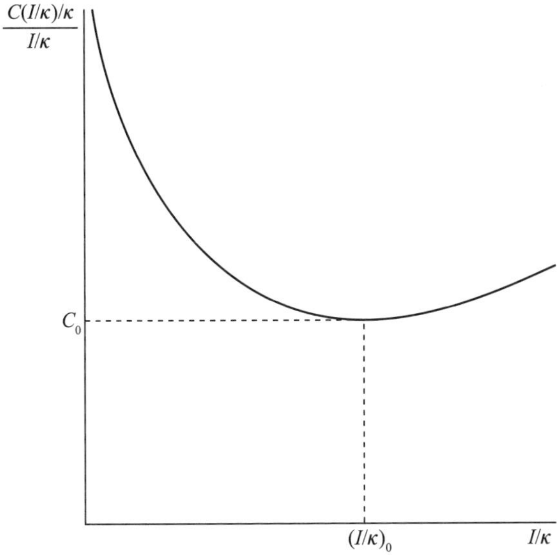

图 9.14　存在固定成本时的平均调整成本

但是，要记住，经济中存在很多个厂商，经济总体不存在最低投资水平。平均投资成本为 C_0 时，总投资率可以小于 $(I/\kappa)_0$，只需要有一些厂商的投资率为 $(I/\kappa)_0$ 即可。因此，经济总体的投资行为不太像是存在固定成本。相反，它更像是第一单位投资的调整成本严格为正，而且平均调整成本在某个范围内保持不变。负投资的情况也是如此。因此，在这个例子中，固定调整成本的对经济总体产生的作用与弯折成本的情况相似。

当厂商具有异质性并且存在不确定性时，固定成本（和弯折成本）的经济含义会变得更加有趣。广受关注的一种异质性是产品差异。在我们分析的模型中引入不完美竞争会产生两个重要的变化。第一，异质性意味着总资本存量及其在厂商之间的分布都很重要。第二点与第一点是紧密相关的，由于每个厂商的产量上升都会降低其产品的相对价格，所以厂商的利润函数是资本存量的凹函数，而不是线性函数。因此，引入异质性的作用之一就是，它解决了模型中固定成本对总投资不太重要这个问题。固定成本在厂商具有异质性时是否具有重要作用是当前学术研究和争论一个重要话题。这个领域的研究前沿正在从不同角度分析异质性，调整成本的复杂形式以及不确定性之间的相互作用及其对投资行为的影响。[1]

习　题

9.1　考虑一个通过柯布—道格拉斯技术，利用资本和劳动生产产出的厂商：$Y=K^{\alpha}L^{1-\alpha}$，$0<\alpha<1$。假设厂商价格在短期中是固定不变的；因此厂商把自己产品的价格 P 以及产量 Y 看作是既定的。投入品市场是竞争性的；因此厂商也把工

〔1〕 更多相关内容参见维拉契托（Veracierto，2002）；库珀和霍尔蒂万格（Cooper and Haltiwanger，2006）；古里奥和卡施亚普（Gourio and Kashyap，2007）；可汗和托马斯（Khan and Thomas，2008）．巴赫曼、卡瓦列罗和恩格尔（Bachmann，Caballero and Engel，2013）；豪斯（House，2014）。

资 W 与资本租赁价格 r_K 看作是既定的。

(a)给定 P,Y,W 和 K,厂商选择的 L 是多少?

(b)给定厂商选择的 L,作为 P,Y,W 和 K 的函数,厂商的利润是多少?

(c)求出厂商选择 K 以最大化利润的一阶条件。二阶条件是否满足?

(d)根据(c)小题中的一阶条件求出 K(表示为 P,Y,W 和 r_K 的函数)。分别讨论这些变量的变化是否会影响 K,如何影响?

9.2 美国的厂商可以从应税收入中扣除折旧费用。折旧费用是基于资本的购买价格计算的;在时刻 t 购买新资本品的厂商可以在时刻 $t+s$ 从应税收入中扣除的折旧费用占购买价格的比例为 $D(s)$。折旧费用通常使用直线折旧法计算:当 $s\in[0,T]$时,$D(s)$等于 $1/T$,当 $s>T$ 时,$D(s)$等于 0,其中 T 是资本品的计税年限。

(a)假设资本品适用直线折旧法。如果企业所得税边际税率是常数 τ,利率是常数 i,那么厂商按价格 P_K 购买 1 单位资本可以使企业所得税的现值降低多少?把结果表示为 T,τ,i 和 PK 的函数。厂商的税后资本品价格是多少?

(b)假设 $i=r+\pi$,π 上升,而 r 保持不变。这会如何影响该厂商的税后资本品价格?

9.3 根据美国税法,影响自有住房的资本使用成本的主要规定是,名义利息支出可以在税前扣除。因此,考虑了住房所有权的税后实际利率为 $r-\tau i$,其中 r 是税前实际利率,i 是名义利率,而 τ 则是边际利率。在这种情况下,给定 r,通货膨胀上升如何影响资本使用成本与合意资本存量?

9.4 建立横截条件的经济学直觉。考虑一个经济个体,他/她选择 G 的路径来最大化 $\int_{t=0}^{\infty} e^{-\rho t}\left[\frac{a}{2}G(t)^2\right]dt$,$a>0$,$\rho>0$。其中,$G(t)$是他/她在时刻 t 产生的生活垃圾,简单起见,我们假设 G 可以为负数。经济个体产生的垃圾会影响他/她的垃圾存量。具体地说,垃圾存量 T 的演变规则为:$T(0)=0$,$\dot{T}(t)=G(t)$。

(a)使用尽可能少的数学推导证明,效用最大化路径为 $G(t)=0$,$\forall t$。

(b)假设我们使用变分法来分析这个问题。令 G 为控制变量,T 为状态变量,μ 为协态变量。现值哈密尔顿算子是什么?

(c)请求解出横截条件以外的最优条件。说明满足这些条件的 G 的路径。

(d)什么是横截条件?证明该条件排除了(c)小题中找到几乎所有路径,并且唯一剩下的路径就是在(a)小题中证明的最优路径,即 $G(t)=0$,$\forall t$。

(e)用一到两句话来解释,如果不考虑横截条件,(c)小题中除了 $G(t)=0$ 以外的其他解为什么看上去也都是效用最大化路径?为什么横截条件可以将这些解排除在外?

9.5 利用变分法求解拉姆塞模型中的社会计划者问题。考虑我们在第 2.4 节中分析过的社会计划者问题:计划者希望最大化 $\int_{t=0}^{\infty} e^{-\beta t}[c(t)^{1-\theta}/(1-\theta)]dt$,约束条件为 $\dot{k}(t)=f(k(t))-c(t)-(n+g)k(t)$。

(a)现值哈密尔顿函数是什么?哪些变量是控制变量,哪些是状态变量,哪些是协态。

(b)求出与第 9.2 节中的方程(9.21),(9.22)与(9.23)类似的刻画最优行为的三个条件。

(c)证明(b)小题中的头两个条件再加上 $f'(k(t))=r(t)$ 可以得到欧拉方程[方程(9.20)]

(d)令 μ 表示协态变量。证明 $[\dot{\mu}(t)/\mu(t)]-\beta=(n+g)-r(t)$,从而 $e^{-\beta t}\mu(t)$ 与 $e^{-R(t)}e^{(n+g)t}$ 成比例。证明上述结论表明(b)小题中的横截条件成立当且仅当预算约束方程(2.16)以等式成立。

9.6 利用变分法求出罗默模型中的社会最优配置。考虑第 3.5 节中的罗默模型。为了简单起见,忽略 L_A 不能为负的约束条件。试建立选择 L_A 的路径以最大化代表性经济个体终生效用的问题。控制变量是什么?状态变量是什么?现值哈密尔顿函数是什么?求出刻画最优路径的条件。是否存在一种配置,使得 L_A 为满足这些条件的常数?如果存在,L_A 的该常数值为多少?如果不存在,为什么?

9.7 考虑第 9.2 节到第 9.5 节中的投资模型。说明下述变化如何影响 $\dot{K}=0$ 与 $\dot{q}=0$ 的轨迹,变化发生时如何影响 K 与 q 以及此后它们的行为。每种情形下均假设 K 和 q 一开始处于长期均衡值。

(a)战争摧毁了半数资本存量。

(b)政府按税率 τ 对企业股权收益征税(即在既定总资本存量下,厂商每单位资本的利润为 $(1-\tau)\pi(K(t))$ 而不是 $\pi(K(t))$)。

(c)政府对投资征税。具体而言,厂商对于新增的每单位投资向政府缴纳数量为 γ 的税收,并且每单位负投资获得数量为 γ 的补贴。

9.8 考虑第 9.2 节到第 9.5 节中的投资模型。假设在某个时刻,人们获悉政府将会征收一次资本税。具体而言,政府将在未来某时刻 T 对资本持有者按其所持资本价值征收比例为 f 的资本税。假设该行业一开始处于长期均衡。在获知这个消息时会发生什么?从获知消息到开始征税期间,K 和 q 如何变化?在实施征税时,K 和 q 会发生什么?此后它们如何变化?(提示:q 在开始征税时是否会发生不连续的变动?)

9.9 住房市场模型。[本题来自波特巴(Poterba,1984)。]令 H 表示住房存量,I 表示投资率,p_H 表示实际房价,R 表示租金。假设 I 随着 p_H 上升,即 $I=I(p_H)$,且 $I'(\cdot)>0$,$\dot{H}=I-\delta H$。进一步假设租金是 H 的减函数:$R=R(H)$,$R'(\cdot)<0$。最后假设租金收入加上资本收益必须等于外生的收益率 r:$(R+\dot{p}_H)/p_H=r$。

(a)在(H, p_H) 空间中画出满足 $\dot{H}=0$ 的点集,并画出满足 $\dot{p}_H=0$ 的点集。

(b)在所得相图中,H 与 p_H 会如何动态变化?画出鞍点路径。

(c)假设市场一开始处于长期均衡,然后 r 突然永久性上升。在变化发生时,H 和 p_H 会发生什么?此后 H,p_H,I 和 R 会如何随时间变化?

(d)假设市场一开始处于长期均衡,然后人们获悉在未来某时刻 T,r 将会永久性增加。在获知这个消息时,H 和 p_H 会发生什么?从获知消息到 r 确实增加期间,H,p_H,I 和 R 会如何变化?当 r 确实增加时,它们又将发生什么?在增加之后它们将如何变化?

(e)在本模型中,调整成本是内部调整成本还是外部调整成本?试解释。

(f)为何本模型中 $\dot{H}=0$ 的轨迹并不是水平的?

9.10 假设调整成本具有规模报酬不变性质。具体而言,假设调整成本为 $C(\dot{\kappa}/\kappa)/\kappa$,其中 $C(0)=0$,$C'(0)=0$,$C''(\cdot)>0$。另外,假设资本折旧率为 δ;从而 $\dot{\kappa}(t)=I(t)-\delta(t)$。考虑代表性厂商的最大化问题。

(a)现值哈密尔顿函数是什么?

(b)求出与第 9.2 节中的方程(9.21),(9.22)与(9.23)类似的刻画最优行为的三个条件。

(c)证明(9.21)式对应的类似条件表明,q 决定每个厂商资本存量的增长率,从而决定总资本存量的增长率。在 (K,q) 空间中,$\dot{K}=0$ 的轨迹是什么?

(d)把你在(c)小题中得到的结果代入(9.22)式对应的类似条件,用 K 和 q 表示 $\dot{q}$。

(e)在(K,q) 空间中,$\dot{q}=0$ 的轨迹在 $q=1$ 处的斜率是多少?

9.11 假设 $\pi(K)=a-bK$,且 $C(I)=\alpha I^2/2$。

(a)$\dot{q}=0$ 的轨迹是什么?K 的长期均衡值是什么?

(b)鞍点路径的斜率是多少?(提示:运用第 2.6 节中的方法。)

9.12 考虑第 9.7 节中利率不变时不确定性下的投资模型。假设与习题 9.10 一样,$\pi(K)=a-bK$,且 $C(I)=\alpha I^2/2$。另外,假设 a 的未来值是不确定的。本题要求你证明下述情况是一种均衡:$q(t)$ 和 $K(t)$ 在每个时间点上的值均分别等于 a 的路径不存在不确定性时的相应取值。具体而言,令 $\dot{q}(t+\tau,\ t)$ 与 $\dot{K}(t+\tau,\ t)$ 表示,当 $a(t+\tau)$ 对于所有 $\tau\geqslant 0$ 均确定等于 $E_t[a(t+\tau)]$时,q 与 K 在时刻 t 之后的路径。

(a)证明,如果对于所有 $\tau\geqslant 0$,$E_t[q(t+\tau)]=\dot{q}(t+\tau,\ t)$,则对于所有 $\tau\geqslant 0$,$E_t[K(t+\tau)]=\dot{K}(t+\tau,\ t)$。

(b)利用方程(9.32)证明,根据上题结果,如果 $E_t[q(t+\tau)]=\hat{q}(t+\tau,\ t)$,则 $q(t)=\hat{q}(t,\ t)$,从而 $\dot{K}(t)=N[\hat{q}(t,\ t)\ -1]/\alpha$,其中 N 是厂商的数量。

9.13 考虑第 9.8 节中具有弯折调整成本的投资模型。说明下述变化如何影响 $\dot{q}=0$ 的轨迹,$\dot{K}=0$ 的区域,变化发生时如何影响 q 和 K 以及此后它们随时间变动的行为。每种情况下均假设 q 和 K 一开始处于图 9.13 中的点 E^+。

(a)函数 $\pi(\cdot)$永久性向上移动。

(b)利率永久性小幅上升。

(c)第一单位正投资的成本 c^+ 上升。

(d)第一单位正投资的成本 c^+ 下降。

9.14 [本题来自伯南克(Bernanke,1993a)以及迪克西特和平狄克(Dixit and Pindyck,1994)。]考虑一个打算投资 I 的厂商。假设模型有两期。时期 1 的投资收益为 π_1,时期 2 的投资收益为 π_2。π_1 是确定的,但 π_2 是不确定的。厂商最大化其期望利润。为了简单起见,假设利率为零。

(a)假设厂商唯一的选择是要么在时期 1 进行投资,要么不投资。在什么条件下厂商会进行投资?

(b)假设厂商在获悉 π_2 的值之后,也有可能在时期 2 进行投资;这种情况下投资的收益只有 π_2。是否有可能使(a)小题的条件得到满足,但当厂商不在时期 1 投资时,其期望利润更高?

(c)定义 π_1 为等候成本,并定义等候收益为 $Prob(\pi_2<I)E[I-\pi_2|\pi_2<I]$。解释为何这些定义可以分别代表等候的收益和成本。证明厂商在时期 1 不投资与投资的期望利润之差等于等候的收益与成本之差。

9.15 莫迪格里安尼—米勒定理。(本题来自莫迪利亚尼和米勒(Modigliani 和 Miller,1958)。]考虑第 9.7 节中关于折现因子不确定有何影响的分析。假设厂商通过混合股票与无风险债务对其投资进行融资。具体而言,考虑边际资本的融资。厂商发行数量为 b 的债券;对于所有 $\tau\geqslant0$,每份债券在时刻 $t+\tau$ 确定产生 1 单位产出。股票持有者具有剩余索取权;即对于所有 $\tau\geqslant0$,他们在时刻 $t+\tau$ 获得 $\pi(K(t+\tau))-b$。

(a)令 $P(t)$ 表示单位债务在时刻 t 的价值,$V(t)$ 表示边际资本对于股票的价值。求出类似于(9.35)式的 $P(t)$ 与 $V(t)$ 的表达式。

(b)债券融资与股票融资的分配比例是否会影响边际资本索取权的市场价值,$P(t)b+V(t)$? 如何影响? 给出直观解释。

(c)更一般地说,假设厂商通过发行 n 种金融工具对投资进行融资。令 $d_i(t+\tau)$ 表示工具 i 在时刻 $t+\tau$ 的收益;这些收益满足 $d_1(t+\tau)+\cdots+d_n(t+\tau)=\pi(K(t+\tau))$,但不受其他限制。这 n 种资产的总值将如何取决于总收益如何在各种资产之间进行分配?

(d)回到债券与股票融资的情形。假设厂商的利润需要按税率 θ 缴税,而利息支出则可以在税前抵扣。因此,债券持有者的收益与此前一样,但股票持有者在时刻 $t+\tau$ 的收益变为 $(1-\theta)[\pi(K(t+\tau))-b]$。(b) 小题中的结论是否仍然成立? 请解释。

10

金融市场与金融危机

前两章研究家庭与厂商在局部均衡情形下的经济行为。第 8 章中，家庭根据可用资产及其收益率的分布决定如何在消费与储蓄之间分配收入，而在第 9 章中，厂商根据未来利润的价值决定投资规模。

金融市场是连接储蓄与投资决策的桥梁。如果没有信息不对称，外部性和其他市场失灵情况，那么金融市场就是使经济达到阿罗—德布鲁均衡的关键。资产价格与状态依存收益中反映的信号是家庭和厂商面临的局部均衡问题中最重要的因素，它们决定了家庭如何在消费与风险资产之间分配收入，也决定了厂商如何做出投资决策。当风险资产的需求和供给正好匹配时，其价格就决定下来了，而家庭和厂商则把这个价格看作给定的，并在此基础上做出最优决策，使经济达到一般均衡，从而均衡价格也就正好使得资产市场出清。第 10.1 节介绍了一个金融市场完美运行的一般均衡模型，该模型展示了储蓄与投资决策的上述相互作用。

然而，宏观经济学家对金融市场感兴趣的主要原因恰恰是它并不能像前面描述的那样完美运行。在宏观经济学中，至少有四个非常重要的问题与金融市场有关。

第一个问题是金融市场中是否存在重要的宏观经济传导机制。在完美的金融市场中，资产价格反映了所有可得信息。如果存在不完美性，那么金融市场就无法达到最优均衡，而导致金融市场扭曲的因素很可能会对经济发展做出内生反应调整，从而就会放大不同经济冲击产生的宏观经济效果。

第 10.2 节和第 10.3 节探讨了这种可能性。第 10.2 节介绍了一个投资的微观经济模型，其中外部投资者与企业家之间存在信息不对称。该模型分析了信息不对称导致市场扭曲的决定性因素及其影响，并说明了经济走弱导致市场扭曲恶化的几种作用机制。由于市场扭曲会抑制投资，因此它对经济状态的内生反应会放大冲击对宏观经济的影响，这一机制就是金融加速器。在第 10.3 节中，我们分析了金融市场不完美会对投资产生重要影响的一些微观证据。

第二个问题是金融市场偏离阿罗—德布鲁均衡不仅会放大冲击的影响，而且其本身就是对经济的一种冲击。第 10.4 节专门讨论了资产价格可能存在过度波动问题。在完美的金融市场中，任何资产的价格都是在可得信息下对资产未来收益折现值的理性预期，其中随机折现因子来自消费的边际效用。只有在关于收益或者随机折现因子的信息发生变化时,资产价格才会发生变化。第 10.4 节分析了上述假设不成立可能产生的影响。我们将会发现推动资产价格回到基本面的力量会受到限制,并进而分析几种可能的限制因素。我们还将分析非基本面推动的资产价格波动会如何影响宏观经济。第 10.5 节探讨了第 10.4 节中提出的各种可能性,分析它们到底仅仅是猜想还是有重要的证据作为支撑。

第三个关于金融市场及其不完美性的重要课题是金融危机。人们可能会认为,经济中的金融系统非常庞大,有着数以百万计的参与者,因此它在经济的发展过程中的变化会非常平稳。但事实上,金融市场不仅会在金融机构这一个体层面产生突发事件,也会在金融系统这一整体层面产生剧变。大萧条就是一个著名的案例,当时由于经济下行以及恐慌蔓延导致美国的商业银行倒闭了三分之一。在随后几十年间,人们渐渐认为这种全球范围的金融危机不会再来,但是 2008 年的秋天证明了这种盲目乐观的想法过于侥幸:雷曼兄弟这家大投行在九月份宣布破产,股价在随后四周内大幅下跌超过 25%,传统低风险贷款与无风险流动资产之间的利差急剧上升,很多借款人无法借到资金,全球经济陷入严重衰退。

第 10.6 节到第 10.8 节主要讨论了金融危机。第 10.6 节介绍经典的戴蒙德—戴维格模型,该模型分析金融机构出现挤兑的自我实现机制。第 10.7 节分析了金融市场的混乱和失灵会如何在金融机构之间传导。第 10.8 节结合微观经济证据讨论了危机的宏观经济后果。

最后一个问题是金融市场的社会价值。在金融市场中,私人边际产出往往不等于社会边际产出。例如,一家银行把小额储蓄者的资金贷给一位资金紧缺的企业家,而这位企业家说不定会成为下一个爱迪生或者乔布斯,但是,这家银行只会获得其伟大发明的社会价值中微不足道的一部分。另一种情况下,一家银行购买了一种低估资产,几秒钟后该资产价格大幅上升,于是银行获得大量利润。但是,银行这一行为可能不会影响到任何投资决策,因此其社会产出可以忽略不计。

这个问题非常有趣,也很重要,但是我们并不打算在本书中讨论。麦金农(McKinnon,1973)与另外一些学者认为,金融系统对总投资规模以及在建投资项目的质量都非常重要,因此在长期中对经济增长具有重要作用。但是金融系统本身的发展可能不是经济增长的原因,而是增长的副产品,而导致金融系统不断发展的因素也可能会直接影响经济增长。因此他们的观点很难检验。当然,有一些间接证据[例如,贾亚拉特纳和斯特拉恩(Jayaratne and Strahan, 1996);莱文和泽沃斯(Levine and Zervos, 1998);拉詹和津加莱斯(Rajan and Zingales, 1998);莱文(Levine, 2005)]还是可以说明金融发展对经济增长具有重要作用。类似的研究还有,巴纳吉和纽曼(Banerjee and Newman,1993)以及布埃拉、卡博斯基和茜恩(Buera, Kaboski and Shin,2011)认为金融市场不完美性会导致人力资本投资与物质资本投资的效率过低,而这种资源错配会极大地影响经济发展。

关于发达国家是否在金融部门配置了过多资源的证据也非常稀少。布迪什、克拉姆顿和席姆(Budish, Cramton and Shim,2015)提出了有力的证据说明,加快交易速度更像是纯粹的寻租,没有社会价值。但目前并不清楚他们的这种说法是否适用于金融部门的其他资源配置问题。菲利蓬和雷谢夫(Philippon and Reshef,

2012)发现美国金融部门在近几十年收益奇高,菲利蓬(Philippon,2015)发现,在过去百年间,信息技术以及其他类型技术的大幅进步并没有提高美国金融部门的效率。但是,这远远不能说明分配给金融部门的资源是否过多。

10.1 完美金融市场模型

本节介绍一个金融市场完美运行的模型,并说明消费者偏好与可选投资项目如何共同决定了投资决策以及投资项目产出索取权的定价。

假设与均衡条件

假设经济只持续两期,且只有一种产品。代表性家庭在第 1 期的资源禀赋为 E,第 2 期为零。家庭最大化终生效用的期望值,由下式给出:

$$V=U(C_1)+\beta U(C_2),\quad \beta>0,\ U'(\cdot)>0,\ U''(\cdot)<0, \tag{10.1}$$

其中 C_t 是家庭在第 t 期的消费。

第 2 期的产出来自第 1 期的投资。假设经济中有 N 种投资项目,但每种项目的产出都是不确定的。具体地说,我们假设经济在第 2 期有 S 种可能状态。如果在第 1 期的产出中有 K_i 分配给了投资项目 i,则在第二期的状态为 s 时,产出为 $R_{is}K_i$,其中对于任意 i 和 s,$R_{is}\geqslant 0$,K_i 不能取负值。令 π_s 表示经济处于状态 s 的概率,则 $\pi_s\geqslant 0$,且 $\sum_{s=0}^{S}\pi_s=1$。为了便于理解,可以认为每个投资项目都对应于一个不同的厂商。最后,假设经济是完全竞争的:家庭和厂商都是价格接受者。找出经济的均衡条件并不难。由于市场是完全并且完美的,我们可以用阿罗—德布鲁商品(即在不同状态下第 2 期产出索取权)来刻画均衡。具体而言,令 q_s 代表在状态 s 下第 2 期单位产出索取权的价格,计价单位为第 1 期的产出。于是均衡就是满足如下三个性质的价格 $\{q_s\}$,投资决策 $\{K_i\}$ 以及消费组合 C_1 和 $\{C_2^s\}$ 的集合:

第一,家庭必须在给定预算约束下最大化效用。预算约束为:

$$C_1+\sum_{s=1}^{S}q_sC_2^s=E. \tag{10.2}$$

效用最大化意味着减少微量的 C_1,并把所得储蓄用于增加 C_2^s 不会影响终身效用。因此欧拉方程为:

$$U'(C_1)=\frac{1}{q_s}\pi_s\beta U'(C_2^s),\quad 对于所有\ s. \tag{10.3}$$

上式可以重新写作

$$q_s=\pi_s\beta\frac{U'(C_2^s)}{U'(C_1)},\quad 对于所有\ s. \tag{10.4}$$

也就是说,在经济达到均衡时,在状态 s 下产出索取权的价格等于该状态的发生概率乘以该状态下消费的边际效用与当期消费的边际效用之比。

第二，所有获利机会均已充分利用。按第 1 期的消费计价，在项目 i 上增加微量投资的成本正好等于 1。对应的收益是出售状态依存产出可获得的收入，即 $\sum_{s=1}^{S} q_s R_{is}$。如果该项目的投资额严格为正，则增加微量投资的收益必须等于成本。如果该项目没有任何投资，则第一单位投资所获收益必须小于或者等于成本。即

$$\sum_{s=1}^{S} q_s R_{is} \begin{cases} =1, & \text{如果 } K_i > 0 \\ \leqslant 1, & \text{如果 } K_i = 0, \text{对于所有 } i. \end{cases} \tag{10.5}$$

注意，由于阿罗—德布鲁商品集合是完备的，该投资计划不存在风险。尽管投资项目的产出是状态依存的，但是不同状态下的产出索取权在第 1 期就已经出售给了家庭。

最后，市场必须出清。第 1 期的市场出清条件是

$$C_1 + \sum_{i=1}^{N} K_i = E \tag{10.6}$$

状态 s 下第 2 期产出索取权的市场出清条件是

$$\sum_{i=1}^{N} K_i R_{is} = C_2^s, \quad \text{对于所有 } s. \tag{10.7}$$

均衡条件的个数为 1(方程(10.2))加上 S(方程(10.3)或者(10.4))，加上 N(方程(10.5))，加上 1(方程(10.6))，再加上 S(方程(10.7))。未知变量包括 S 个 q_s，S 个 C_2，N 个 K_i 加上 C_1。根据瓦尔拉斯定律，方程数量比未知变量的数量多 1 个。

讨论

从厂商的角度看，本模型与第 9 章中投资的局部均衡模型(尤其是第 9.7 节中不确定性下的投资模型)没有区别。而从家庭的角度看，本模型类似于第 8.5 节中存在风险资产的消费模型。但是，本模型中投资和消费都是内生的，因此，消费在不同状态下的边际效用以及投资项目在不同状态下的收益都是内生的。

经济中只有一种净供给严格为正的资产，即在建投资项目的产出索取权。其他金融资产的净供给均为零，但是我们仍然可以认为存在对应的市场，在这些资产市场中，有人出售资产，也有人购买资产。任意资产(包括净供给为零的资产)的价格均取决于经济的核心价格，而核心价格则取决于不同状态下消费的边际效用。也就是说，在状态 s 下收益为 x_s 的资产对应的价格为 $\sum_{s=1}^{S} q_s x_s$。在现实中，债券和保险是两种比较有意思的资产。无风险债券的价格为 $\sum_{s=1}^{S} q_s$，不论状态如何，收益都是 1。针对状态 s 的保险在状态 s 支付 1，其他状态支付 0，保险价格为 q_s。当然，由于所有的家庭都是一样的，在均衡时我们不会看到金融资产的换手交易，但是，如果偏好或者收入具有异质性，我们就会看到金融资产的出售和购买。

另外需要注意，即使在第 1 期初无法借助真正的阿罗—德布鲁商品完成所有

交易,也可以通过金融资产交易使经济达到瓦尔拉斯均衡。在本模型中,当代理人同质时,可以通过股票市场(交易厂商的产出索取权)达到阿罗—德布鲁均衡。当代理人具有异质性时,就需要引入其他资产如保险合同。

这里的关键在于,所有市场都是完全竞争市场,信息对称且不存在外部性,因此均衡是帕累托有效的。如果我们推广模型,允许新信息(例如,不同状态的概率或者投资项目在不同状态下的收益)进入市场,则资产价格就会发生变动,但新的均衡仍然是帕累托有效的。可见,价格突然发生大幅变化的唯一原因只能是重大消息突然进入市场。

本模型有很多种扩展形式,但是这些扩展并不会影响上述关键结论。例如,增加时期数量,引入家庭异质性,投资调节成本,以及在生产函数中增加投入品(最直接的例子就是引入家庭的劳动供给)等。所有这些改动都不会改变一个事实,即金融市场是家庭与厂商的桥梁,可以有效分散风险并决定投资的规模和结构。但我们并不打算在本章一一讨论这些扩展形式,而是着重分析金融市场在哪些情况下会发挥更加重要的作用。

10.2 代理成本与金融加速器

简介

在第 9 章与第 10.1 节的模型中,所有市场参与者都消息灵通,从而金融市场的运行非常有效率。这样,投资的价值就可以根据随机折现因子和状态依存收益来评估。如果投资的价值超过购买和安装所需资本的成本,则厂商就会进行投资。

然而在现实中,厂商掌握的投资项目信息事实上要比局外投资者全面得多。外部融资归根结底通常是来自极少接触厂商的经济个体,他们几乎完全不具备厂商行为的相关专业知识,并且他们所拥有的厂商股份通常非常低,并没有足够的动力去获取相关信息。

由于存在以上这些问题,在金融市场中专门获取和传递这些信息的机构如银行、共同基金和债券评级机构就有着举足轻重的作用。但是,这些机构也并不能充分掌握它们所投资的厂商或者个人的信息。例如,信用卡发行银行对持卡者的财务状况和消费习惯的了解远不及持卡者本人。此外,最终投资人和厂商之间存在金融中介,这会导致两方面的信息不对称问题:在金融中介与厂商之间存在信息不对称,在个人与金融中介之间也存在信息不对称(戴蒙德,1984)。

信息不对称会导致投资者与厂商之间出现代理问题。其原因在于,投资风险通常是由投资者而不是厂商承担。只要厂商有倒闭的可能,厂商就会充分利用自身信息优势改变其行为。例如,若厂商知道其投资项目的风险特别高,则厂商就会借债,或者选择高风险策略而不是低风险策略,即使这会导致预期收益降低。因此,信息不对称会扭曲投资决策,使其偏离最有效率的项目。此外,信息不对称还会导致投资者将资源用于监督厂商的经营行为,并导致企业家或者经理人在经营活动中的努力程度低于社会最优水平。总之,信息不对称会产生成本。

在本节中，我们会介绍一个有关信息不对称及其所导致的代理问题的简单模型，并讨论它们对经济的影响。当经济中存在信息不对称时，投资不仅取决于利率和项目盈利能力，还会受到诸如投资者监督能力，厂商的内部融资能力等因素的影响。信息不对称会改变利率与盈利能力影响投资的机制，并放大冲击对经济的影响。

假设

首先，假设一位企业家有机会承揽一个耗费1单位资源的投资项目，该企业家的财富为W(W小于1)，因此，他需要从外部融资$1-W$单位来承揽该项目。该项目投产后的预期产出为γ，且γ的值为正。不同企业家可获得的γ是不同的，并且可以通过公开渠道查到。但是，实际产出可能会不同于预期产出，具体而言，对于预期产出为γ的项目，其实际产出服从在$[0,2\gamma]$区间上的均匀分布。因为企业家会将其全部财富都投入到项目中，所以对外部投资者支付的项目收益不能超过项目产出。企业家对外部投资者支付的投资收益有限，这意味着投资者必须承担部分项目风险。

简单起见，我们假设企业家与外部投资者都是风险中性的，生产技术本身不存在风险和信息不对称，在该生产技术下，投资收益率为r并且固定不变。同时假设外部投资者是竞争性的。这些假设有如下几个含义。第一，投资项目合乎社会需求的充要条件是预期收益率大于r，即社会计划者想要推进该项目的条件是$\gamma>1+r$。第二，由于企业家可以按照无风险利率投资，因此投资该项目的必要条件是γ与外部投资者预期收益之差大于$(1+r)W$。第三，竞争意味着均衡时外部投资者提供给企业家的任何资金的预期收益率都是r。

本模型的核心假设是，企业家比外部投资者更加了解项目的实际产出。具体而言，企业家不必花费任何成本就可以了解其产出，而外部投资者则必须支付成本c之后才能了解到产出。假设c为正，同时为了方便起见，假设c小于预期产出γ。

这种类型的信息不对称又称为状态查验成本[汤森(Townsend,1979)]。研究这个问题可以帮助我们理解信息不对称如何影响投资结果，以及状态查验成本如何影响融资合同。现实中，有可能存在比状态查验成本更加重要的信息不对称形式，例如关于项目风险或者企业家行为的不对称信息。但是，这些形式的信息不对称对冲击的扭曲和放大作用大体上是类似的，因此我们可以通过研究较简单的状态查验成本模型获得启发。

信息对称时的均衡

在没有查验成本时，模型的均衡是十分简单的。项目预期收益超过$1+r$的企业家可以获得融资并承揽该项目；项目预期收益低于$1+r$的企业家则不能获得融资。对于已经启动的投资项目，企业家与外部投资者之间签订的合同会规定投资者获得的预期收益为$(1-W)(1+r)$。这种类型的合同有很多，例如，无论产出是多少，根据合同支付的投资收益为产出的固定比例$(1-W)(1+r)/\gamma$，其中γ是预期产出，可见预期收益为$(1-W)(1+r)$。企业家的预期收入为$\gamma-(1-W)(1+$

r),等于 $W(1+r)+\gamma-(1+r)$。根据假设,γ 大于 $1+r$,因此企业家的预期收入大于 $W(1+r)$,投资该项目是有利可图的。

信息不对称时的合约形式

现在我们考虑另一种情况,假设外部投资者需要付出一定的成本才能观察到项目产出。此外,假设每位外部投资者的财富都大于 $1-W$,从而只需考虑在均衡时每个项目只有一个外部投资者的情形。这一假设可以避免处理多个外部投资者同时观察项目产出的复杂情况。

因为外部投资者是风险中性的且具有竞争性,所以企业家支付给投资者的预期收益必须等于 $(1-W)(1+r)$ 加上投资者查验产出的预期成本。企业家的预期收入则等于外生的项目预期产出减去支付给投资者的预期收益。因此,最优合同必须为投资者提供足够高的投资收益率,同时最小化查验成本。

根据给定的假设,满足上述条件的合同形式很简单:如果投资项目的收益超过某个临界值 D,则企业家向投资者支付 D 且投资者不必查验产出;但如果投资收益低于 D,则投资者就会支付查验成本并获得所有产出。可见,该合同是一种债务合同。企业家借入 $1-W$ 并承诺偿还 D。若企业家的产出高于到期欠款金额,则他会偿还贷款并获得盈余;若企业家不能还清贷款,则所有的抵押资源都归贷款人所有。图 10.1 给出了该支付函数。

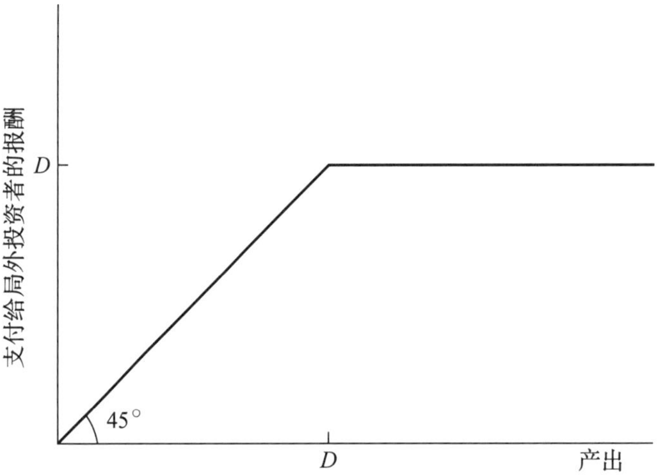

图 10.1　最优支付函数

我们接下来通过几个步骤来论证最优合同符合上述条件。第一,当投资者不查验产出时,所获收益不随实际产出变化。为了理解这一点,假设产出为 Y_1 时的投资收益为 Q_1,产出为 Y_2 时的投资收益为 Q_2,且 $Q_2>Q_1$,投资者在两种情况下都不查验产出。由于投资者并不知道真实产出,所以企业家在产出为 Y_2 时会谎称产出为 Y_1,并支付给投资者 Q_1。因此,该合同不能使高产出时的投资收益高于低产出时的投资收益。

第二,有查验时的投资收益不能超过没有查验时的收益 D,否则企业家就会在

项目收益超过 D 时谎报产出。另外，有查验时的收益也不能等于 D，否则投资者在企业家支付收益 D 时就会选择不查验产出，从而减少预期查验成本。

第三，只要产出超过 D，投资者收益就等于 D。这是因为，如果产出超过 D，投资者收益就不会低于 D，否则把收益提高到 D 就可以提高投资者的预期收入，减少预期查验成本，即可以达成更有效率的合同。

第四，企业家不会在产出低于 D 时支付给投资者 D。因此，投资者在产出低于 D 时一定会查验产出。

第五，如果在产出低于 D 时支付给投资者的收益小于总产出，则 s 可以通过增加收益提高投资者的预期收入，而不会改变预期查验成本。但这意味着投资者可以通过降低临界值 D 来减少查验成本。

上述分析说明，最优合同一定是一个债务合同。[1]

均衡时的 D 值

下面我们进一步分析合同中 D 值的决定因素。投资者是风险中性的且具有竞争性，无风险利率为 r，因此投资者的预期收益减去预期查验成本必须等于 $1+r$ 乘以贷款金额 $1-W$。为了确定均衡的 D 值，首先必须确定投资者的预期收入与查验成本之差如何随 D 值变动，然后再求出可以使投资者获得所需预期净收入的 D 值。

为了计算投资者的预期净收入，首先假设 D 小于项目的最大可能产出 2γ，从而项目实际产出既可以大于 D，也可以小于 D。如果产出大于 D，则投资者不必支付查验成本，直接获得 D。由于产出在区间 $[0,2\gamma]$ 上均衡分布，因此该事件的概率为 $(2\gamma-D)/(2\gamma)$。如果产出小于 D，则投资者支付查验成本并获得所有产出。产出服从均匀分布意味着该事件的概率为 $D/(2\gamma)$，并且在该事件发生的条件下，预期产出为 $D/2$。

另外，如果合同中 D 大于 2γ，则产出总是小于临界值 D。这时投资者总是支付查验成本并获得所有产出，从而预期收益为 γ。

可见，投资者的预期收入扣除查验成本后为：

$$R(D)=\begin{cases}\dfrac{2\gamma-D}{2\gamma}D+\dfrac{D}{2\gamma}\left(\dfrac{D}{2}-c\right) & \text{若 } D\leqslant 2\gamma\\ \gamma-c & \text{若 } D>2\gamma\end{cases}\tag{10.8}$$

方程(10.8)表明，当 D 小于 2γ 时，$R'(D)$ 等于 $1-c/(2\gamma)-D/(2\gamma)$。因此，$R$ 一开始是 D 的增函数，直到 D 超过 $2\gamma-c$ 之后变为减函数。D 高于 $2\gamma-c$ 后，投资者预期净收入会减少的原因在于查验成本导致投资者的净收入必定小于 $2\gamma-c$。

---

[1] 严格的证明可参见汤森(Townsend，1979)以及盖尔和赫里格(Gale and Hellwig，1985)。这里的分析忽略了两处细节。第一，上述分析假设了查验成本是状态的确定性函数，但是在查验成本是企业家宣称产出的随机性函数时，可以在图 10.1 的基础上改进合同(参见伯南克和戈特勒，1989)。第二，上述分析假设，投资者可以事先保证一定会在企业家宣称产出低于 D 时查验产出。实际上，如果产出确实低于 D，投资者会更倾向于直接接受约定收益。如果投资者在事后可以决定不去查验产出，则企业家就有动机谎报低产出。因此合同不能防止重新谈判。简单起见，我们忽略了这些复杂情形。

因此,投资者设定 $D=2\gamma-c$,并在产出超过 $2\gamma-c$ 时不加查验地直接接受 $2\gamma-c$ 会比设定 $D>2-c$ 更有利。

方程(10.8)意味着 $D=2\gamma-c$ 时,投资者的预期净收入为 $R(2\gamma-c)=[(2\gamma-c)/(2\gamma)]^2\gamma\equiv R^{MAX}$。因此,最大预期净收入等于 c 为零时的预期产出。若 c 大于零,投资者的预期净收入不能达到最大值。最后,当 $D=2\gamma$ 时,R 减少到 $\gamma-c$,此后进一步增加 D 并不会影响 $R(D)$。$R(D)$ 函数如图 10.2 所示。

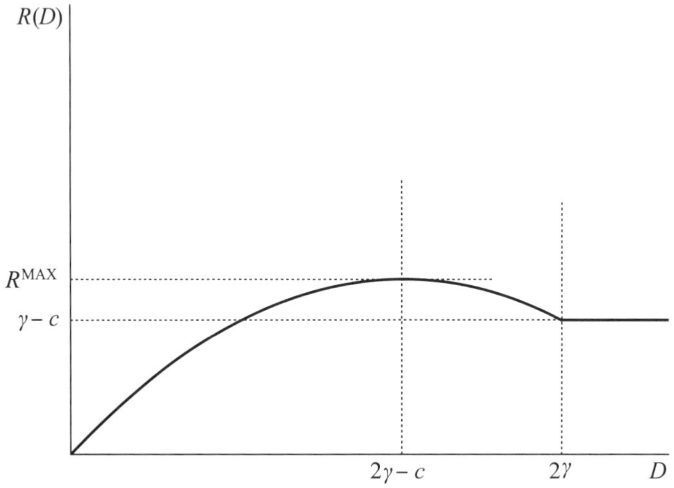

图 10.2　扣除查验成本后的投资者预期收入

图 10.3 所示为投资者所需净收入 $(1+r)(1-W)$ 的三种可能取值。如果该值等于 V_1,即小于 $\gamma-c$,则存在唯一的 D 值使得投资者获得所需净收入,于是合同就可以约定该 D 值。投资者所需净收入等于 V_1 时的均衡 D 值在图中记为 D_1。

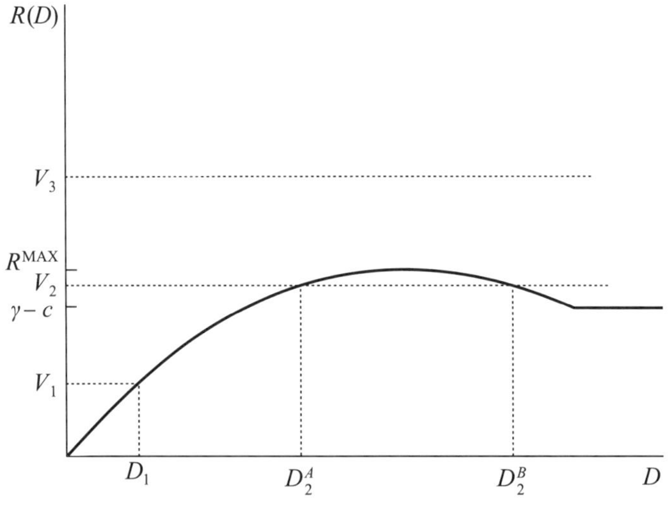

图 10.3　计算企业家需要支付给投资者的收益

如果投资者所需净收入等于 V_3,即超过 R^{MAX},则没有 D 值可以满足投资者的要求。因此,这种情况下存在信贷配给,投资者在任何利率下都拒绝贷款给企业家。

最后,如果投资者所需净收入在 $\gamma - c$ 和 R^{MAX} 之间,就会存在两个可能的 D 值。如图所示,D_2^A 和 D_2^B 都可以使 $R(D)=V_2$。但是,两个 D 值中较大的一个(图中的 D_2^B)并不是竞争均衡:如果投资者贷款给企业家,并要求获得收益 D_2^B,则其他投资者就可以通过提供更受欢迎的贷款合同而获利。因此,竞争会使得 D 值减小到 D_2^A。均衡的 D 值为 $R(D)=(1+r)(1-W)$ 的两个解中较小的值。下式表明该均衡值为[1]

$$D^* = 2\gamma - c - \sqrt{(2\gamma - c)^2 - 4\gamma(1+r)(1-W)} \tag{10.9}$$

其中 $(1+r)(1-W) \leqslant R^{MAX}$。

均衡投资

最后一步分析是确定企业家启动投资项目的条件。很显然,企业家可以在一定利率下获得融资是一个必要条件,但并不是充分条件:对于获得融资的企业家来说,更好的选择有可能是投资安全资产。

投资安全资产的企业家可以获得的收益是 $(1+r)W$。如果选择投资项目,该企业家可以获得的预期收入就是项目的预期产出 γ 减去支付给外部投资者的预期收益。如果企业家可以获得融资,则投资者的预期收益就等于投资者提供资金的机会成本 $(1+r)(1-W)$ 加上预期查验成本。因此,要决定一个项目是否值得投资,我们需要确定预期查验成本的大小。

查验成本可以根据方程(10.9)求解。投资者在产出低于 D^* 的时候查验产出,对应的概率为 $D^*/(2\gamma)$。因此预期查验成本为:

$$\begin{aligned} A &= \frac{D^*}{2\gamma}c \\ &= \left[\frac{2\gamma - c}{2\gamma} - \sqrt{\left(\frac{2\gamma - c}{2\gamma}\right)^2 - \frac{(1+\gamma)(1-W)}{\gamma}}\right]c \end{aligned} \tag{10.10}$$

简单微分即可证明 A 是 c 和 r 的增函数,γ 和 W 的减函数,从而可以写为:

$$A = A(c, r, W, \gamma), \quad A_c > 0,\ A_r > 0,\ A_W < 0,\ A_\gamma < 0 \tag{10.11}$$

企业家支付给投资者的预期收益为 $(1+r)(1-W)+A(c,r,W,\gamma)$。因此项目启动的条件是 $(1+r)(1-W) \leqslant R^{MAX}$,并且

$$\gamma - (1+r)(1-W) - A(c, r, W, \gamma) > (1+r)W \tag{10.12}$$

一般而言,上述两个约束条件可能都是成立的,即投资者愿意在一定利率下贷款给企业家,并且企业家获得融资后也愿意启动投资项目。例如,如果 W 非常小,则即使投资者分到的投资收益达到最大,企业家选择启动投资项目仍然是有利的。因此投资者是否愿意贷款就决定了企业家是否会启动投资项目。另一方面,如果 W 非常大,而 γ 仅仅是略高于 $1+r$,则存在一个 D 值使得投资者获得需要的净收

---

〔1〕 注意,根号下的表达式符号为负的条件是 $[(2\gamma - c)/(2\gamma)]^2\gamma < (1+r)(1-W)$,即 R^{MAX} 小于投资者所需净收入。因此,方程(10.9)中的表达式无意义的情形意味着投资者愿意贷出资金的 D 值不存在。

入$(1+r)(1-W)$,但代理成本即$A(c,r,W,\gamma)$可能会超过$\gamma-(1+r)$。在这种情况下,投资项目是否启动就取决于企业家是否愿意选择该项目。

讨论

上述结论虽然是根据一个信息不对称的具体模型推导出来的,但其基本思想却具有普遍意义。例如,假设关于企业家所承担风险的信息不对称,如果投资者在产出较差时需要承担部分成本,则企业家就有动机提高其经济活动的风险水平,甚至超出预期收益最大化可以承受的程度。也就是说,对经济行为的信息不对称会导致道德风险。在这种情况下,信息不对称也会减少企业家和投资者总的预期收益,这与状态查验成本模型是一致的。在恰当的假设下,这些代理成本是企业家自有资金W的减函数,投资者资金收益率r的增函数,项目预期收益γ的减函数,以及信息不对称程度的增函数(如果存在状态查验成本,信息不对称程度就可以用c来衡量;如果存在道德风险,则信息不对称程度就是企业家进行高风险经济活动的能力)。

类似地,假设企业家打算投资的项目具有各不相同的多种风险,并且这些风险难以公开观察到,即项目类型上存在信息不对称,就会导致逆向选择。这种情况下,对外融资也会存在代理成本,并且这些成本仍然取决于我们模型中考虑的因素。因此,本模型的定性分析结论可以适用于金融市场中很多其他类型的信息不对称模型。

尽管我们是在企业家如何选择投资项目的设定下讨论信息不对称的影响,但是这种分析逻辑在其他设定下也是大体上类似的。例如,上述分析方法也可以用于讨论家庭在未来收入不确定的情况下如何决定购买住房或者汽车,或者厂商在未来利润不确定的情况下如何决定增加资本存量。

金融加速器

上述分析最重要的经济含义就是金融市场不完美会放大冲击对经济的影响。当金融市场完美时,厂商是否投资某个项目取决于根据随机折现因子计算的项目预期产值,与自有资源无关,但是根据模型可知,这种说法在金融市场不完美时不再成立。方程(10.11)表明,代理成本是企业家财富W的减函数。因此,如果其他条件不变,W下降有可能会导致投资取消。概括地说,厂商可用于投资的资源取决于当期收入与当期支出之差,家庭可用于购买住房和耐用品的资源取决于当期收入。如果某种因素导致产出下降,则家庭和厂商的这些可用资源也减少。于是,既定投资水平下的代理成本上升,导致投资进一步下降,从而放大了产出下降的影响。伯南克和戈特勒(1989)严格证明了这个结论。他们在一个简单的实际经济周期模型中分析了技术冲击的影响,但其推理逻辑是普遍适用的,例如可以用于讨论黏性价格模型中的货币冲击。

金融市场的不完美性放大冲击的影响的作用渠道不仅包括冲击会影响当期的资源,还包括冲击会影响抵押品价值。如果进一步推广本节讨论的模型,假设投资者可以在企业家未能偿还贷款时占有抵押品,则当抵押品价值降低时,代理成本会上升。经济总产出下降时,资产价值也会下降,原因有两点:第一,最直接的原因是产出下降通常具有一定持续性,当期产出下降通常意味着未来的预期产出下降,从而导致资产在未来可以获得的预期边际产品或者服务流也会下降,因此这些资产在当期的价值也会随之下降;第二,比较隐蔽的原因是资产市场的不完美性会放大产出减少导致抵押品价值下降的幅度。例如,清泷信宏和穆尔(1997)建立了一个模型,生产性资产可以用作抵押品,分别由两类厂商持有:信贷约束厂商和无信贷约束厂商[1]。当经济总产出下降提高了代理成本时,信贷约束厂商借款和购买资产的能力下降,从而无信贷约束厂商必然会持有更多资产。由于边际产出递减,无信贷约束厂商所持有资产的边际产出下降。在基准情形下,未来利润的折现因子即利率不变,因此资产价值下降,导致信贷约束厂商可购买的资产进一步下降,这反过来又进一步降低了资产价值,如此循环。

金融市场不完美性会放大冲击对经济总体产出的影响这一现象又称为金融加速器。

其他经济含义

本节的模型还有很多其他经济含义。就像金融加速器一样,本模型最重要的经济含义是由一般意义上金融市场的不完美性导致的。这里我们讨论四种经济含义。

第一,金融市场的不完美性对于利率变动引起的产出波动具有特别大的放大作用。考虑无风险利率上升的情形,在一个价格具有黏性的经济中,利率上升可能是货币政策收紧的结果。代理成本上升的原因是产出下降,并且利率会直接影响代理成本。r 上升提高了企业家必须支付给投资者的收益。这表明企业家不能支付所需收益的概率增加,于是代理成本上升。因此投资会减少,从而进一步放大利率上升对产出的影响。

第二,在货币冲击或者其他总需求冲击下,金融市场不完美性还会通过另一个作用渠道放大冲击的实际效果:如第 6.7 节所述,市场不完美性会增加实际刚性的程度。回忆一下,厂商改变价格的意愿是导致名义冲击产生实际影响的一个重要因素。实际刚性增加,即利润最大化价格对总产出变动的反应减弱,则名义冲击下价格调整意愿下降,因此冲击的实际影响变大。融资成本是厂商成本的一个组成部分。在总产出较低时,代理成本较高,因此厂商成本难以下降,从而利润最大化价格下降的幅度变小。如果厂商面临名义价格调整成本,就会导致厂商在货币冲击下的价格调整幅度变小(或者价格调整概率变小),从而冲击对总产出的影响变大。

第三,许多变量在资本市场完美时不影响投资,但在资本市场不完美时会有影响。一个简单的例子是企业家拥有的财富。假设不同企业家有不同的 γ 和 W。在金融市场完美时,项目是否获得投资仅取决于 γ,因此投产的项目都是最高产的。如 10.4 的(a)小图所示。反之,如果信息不对称,由于 W 影响代理成本,项目是否获得投资取决于 γ 和 W。因此如果投资某低产出项目的企业家比较富有,该

[1] 无约束厂商可以在现行无风险利率下任意借贷。

预期收益较低的项目也有可能获得融资。如(b)小图所示。

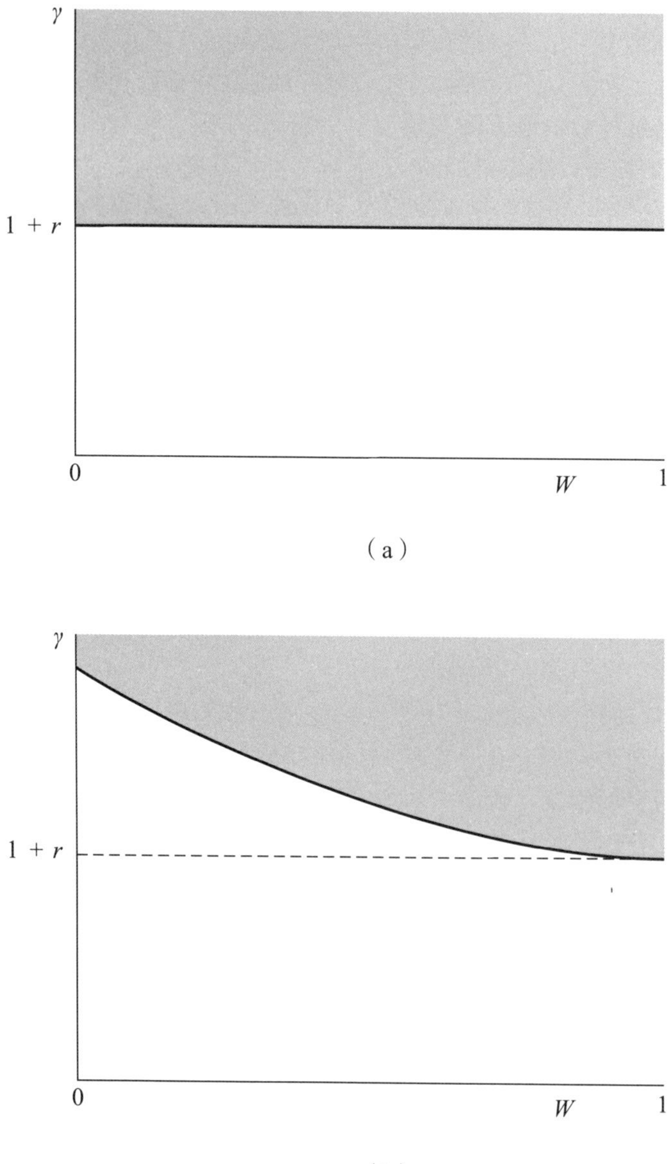

图 10.4　信息对称情形与信息不对称情形下投资项目的确定

还有另外两个变量仅会在资本市场不完美时影响投资,即平均税率和非系统性风险。如果在模型中引入税收,则平均税率(并不仅仅是边际税率)会通过影响厂商的内部融资能力影响投资。而非系统性风险即使与消费无关,也会通过代理成本影响投资。如果投资项目的收益率是确定不变的,则不存在企业家无法支付投资者收益的可能性,因此外部融资没有代理成本。但是,我们的模型表明,风险项目的外部融资是有代理成本的。

最后,模型中一个关键的经济含义是金融系统本身就对投资非常重要。根据模型，查验成本 c 增加会减少投资。概括地说，存在代理成本意味着金融系统处理信息和监督借款人的效率是投资的重要决定因素。

这一结论对长期经济增长和短期经济波动都有重要意义。从长期增长的角度看，我们在本章简介部分讨论过，有证据表明金融系统对总投资与增长十分重要。从短期波动的角度看，我们的分析表明金融市场紊乱会影响投资，从而影响总产出。回忆一下，储蓄转化为投资通常是通过金融中介完成的，这会导致两个层面的信息不对称问题，形成很强的冲击放大机制。假设某些经济事件减少了借款人的财富，例如1929年的股市崩盘，1930年的经济萧条，或者2007年和2008年的房价下跌。这种冲击不仅降低了企业家借款和投资的能力，还弱化了金融中介机构的地位，降低了金融机构从最终财富持有者手中获得资金的能力。这就会导致贷款减少，并进一步抑制投资和产出。通过金融中介之间的联系，这种放大作用会迅速加剧。在极端情况下，一些中介机构会纷纷倒闭，最终导致灾难性的结果。在大萧条(伯南克，1983b)和2007年开始的金融危机中，正是这些金融放大机制产生了作用。我们将在本章的最后两节回到这些问题。

10.3 实证应用：现金流量与投资

金融市场不完美的理论分析表明，内部融资的成本低于外部融资。因此，如果其他条件一样，利润较高的厂商就会有更多投资。

检验上述预测的一个简单办法是用投资对资本成本的不同指标以及现金流量做回归。粗略地说，现金流量就是当期收入减去支出和税收。这一回归可以使用厂商层面的横截面数据，也可以使用经济总体层面的时间序列数据。不论是哪一种数据，回归通常会发现现金流量和投资之间的强相关性。

但是，这种检验办法存在一个问题：现金流量可能与未来的资本盈利能力相关。例如，在不存在金融市场不完美性时，第9.5节中的投资模型预测，只要利润上升不会很快反转为下降，这种利润上升就会提高投资，原因是未来盈利能力提高意味着资本价值提高，而不是当期盈利能力提高减少了企业对外部融资的依赖。在某个时间点上的横截面数据中，企业之间可能会有类似的关系：现金流量高的企业可能拥有成功的产品或较低的成本，于是有动力扩大生产。由于现金流与未来盈利能力之间存在潜在的相关性，即使金融市场完美，上述回归也可能会得到现金流与投资之间存在显著关系的结果。

从法扎里，哈伯德和彼得森(1988)开始，大量文献通过比较不同厂商的投资行为来解决上述问题。法扎里，哈伯德和彼得森的想法是识别具有不同外部融资成本的厂商类别。即使金融市场不完美性并不重要，具有不同融资成本的厂商中，现金流和投资之间也可能存在关联。但是，金融市场不完美会大大影响投资的分析表明，在融资成本较高的厂商中，现金流量和投资之间的这种关联应该更为显著。而认为金融市场不完美性并不重要的观点则意味着，不论融资成本是高还是低，两类厂商的现金流量和投资之间的关系没有差异。因此，法扎里，哈伯德和彼得森认为，两类厂商现金流量与投资之间关系的差异可以用来检验金融市场不完美性对投资的重要性。

法扎里,哈伯德和彼得森对厂商进行分组的具体指标是股息支付。支付高股息的企业可以减少股息来为额外投资提供资金。相反,支付低股息的企业只能依靠外部融资。〔1〕

法扎里,哈伯德和彼得森的检验是双重差分的一个例子。为了说明这一点,假设现金流量只有两种可能取值,即低和高。首先考虑如下回归:

$$I_i = a + bD_i^{\text{高现金流量}} + e_i \tag{10.13}$$

其中 I_i 是厂商 i 的投资,$D^{\text{高现金流量}}$ 是表示高现金流量厂商的哑变量。回归方程中,b 的估计值代表高现金流量厂商和低现金流量厂商之间的投资差异。根据上述分析,除了内部融资和外部融资的相对成本以外,还存在其他原因可能会导致现金流量较高的厂商投资更多,可见直接用上述回归模型估计现金流量对投资的影响并不具有说服力。因此,考虑如下回归:

$$I_i = a + b_1 D_i^{\text{高现金流量}} + b_2 D_i^{\text{低股息}} + b_3 D_i^{\text{高现金流量}} D_i^{\text{低股息}} + e_i \tag{10.14}$$

其中,$D^{\text{低股息}}$ 是表示低股息厂商的哑变量。根据上述设定,b_1 的估计值代表在高股息厂商中高现金流量厂商和低现金流量厂商之间的投资差异。$b_1 + b_3$ 的估计值代表低股息厂商中高现金流量厂商和低现金流量厂商之间的投资差异。因此,b_3 的估计值表示投资的双重差分,即在高现金流量厂商和低现金流量厂商之间的投资差异中的高现金流量厂商和低现金流量厂商的投资差异。法扎里,哈伯德和彼得森的观点是,现金流量与投资之间的任何非因果性关联都反映在 b_1 中,因此 b_3 的估计值如果为正就表明现金流量对投资的影响是因果关系。〔2〕

上述讨论触及了法扎里,哈伯德和彼得森的方法本质,不过他们的设定实际上要比方程(10.14)更加复杂。他们使用的现金流量是一个连续变量而不是哑变量。为了控制厂商规模的差异,他们把投资和现金流量都标准化为厂商资本存量的比例。另外,在他们的回归模型中,还包含了 q 的估计值,年份的哑变量(不仅直接进入模型,还有同低股息厂商哑变量的交互项),以及厂商的哑变量。观察样本包括 1970 年到 1984 年间美国的 422 个大型厂商。低股息厂商定义为股息与收益之比持续低于 10%的厂商。高股息厂商定义为股息与收益之比持续高于 20%的厂商。(法扎里,哈伯德和彼得森还考虑了中等股息分组。)

法扎里,哈伯德和彼得森发现,高股息厂商现金流量的系数为 0.230(标准误差为 0.010),低股息公司是 0.461(0.027)。两个系数相等的假设检验 t 统计量为 12.1,即强烈拒绝系数相等的原假设。点估计结果表明,现金流量每增加一美元,

---

〔1〕 这里有一个难题,支付高股息的公司降低股息的代价可能也比较高。有证据表明,减少股息会被认为是未来盈利能力下降的信号,从而会降低公司股票的估值。因此,如果该检验没有发现两组公司之间存在差异,其原因很可能不是金融市场不完美性无关紧要,而是因为它对两组公司都同样重要。

〔2〕 如果有理由相信控制组的任何相关关系都不是因果关系,那么使用双重差分方法就更有说服力。在法扎里,哈伯德和彼得森的设定下,如果有充分的理由认为高股息厂商的外部融资成本和内部融资成本没有区别(并且没有其他因素导致现金流影响这类厂商的投资),则 b_3 的估计值就反映了现金流量对低股息厂商投资的影响。但是,在法扎里,哈伯德和彼得森的设定下,这种解释并不具有说服力。

低股息厂商比高股息厂商多投资23美分。因此，即使我们认为高股息公司的估计仅仅反映了现金流与未来盈利能力之间的相关性，上述结果仍然表明金融市场不完美性对低股息公司的投资有很大影响。

法扎里，哈伯德和彼得森的识别方法并不严谨。低股息厂商与高股息厂商存在普遍性的差异。比如说这些厂商往往还比较年轻，处于创业阶段。因此，当前现金流量与未来盈利能力之间的相关性在低股息和高股息厂商之间极有可能存在重要差异，而不同厂商的现金流量和投资之间具有不同关系的根源可能并不是外部融资能力的差异。

出于这种担忧，许多学者研究了法扎里，哈伯德和彼得森方法的变化形式。例如，拉蒙特(Lamont，1997)研究了1986年石油价格暴跌后厂商的投资行为，他比较了石油公司的非石油子公司以及与石油公司没有关联的其他公司。根据内部融资比外部融资便宜的观点推测，油价下跌会减少石油公司内部资金，因此应该会降低其子公司的投资。而根据金融市场不完美性并不重要的观点推测则不会有这种效果。因此，拉蒙特利用双重差分方法研究了高油价时期和低油价时期之间的投资变化在石油附属子公司和非油公司之间有何不同。他发现两组公司的投资具有规模上以及统计学意义上的显著差异。因此，他的研究结果表明，外部融资约束远远大于公司不同部门之间的内部融资约束。

法扎里，哈伯德和彼得森方法的另一个变体是劳(Rauh，2006)的研究，他着重关注的是养老基金缴纳规则的特殊性如何影响企业可用于投资的内部资金。与法扎里，哈伯德，彼得森和拉蒙特一样，他发现内部资金具有重大影响。此外，大量证据表明，信贷可用性在2008年金融危机中极大影响了企业经济行为，这再次说明金融市场不完美性非常重要，我们将在10.8节讨论这个问题。

还有一类研究讨论金融市场不完美性的理论预测。这些理论不太关注厂商现金流量的重要性，而是比较关注厂商用作抵押品的资产价值。相关理论研究发现，对抵押品价值的正向冲击使厂商更容易获得融资，从而增加投资。如果金融市场不完美性并不重要，则抵押品价值的变化也就无关紧要了。甘(Gan，2007)以及钱尼、斯雷尔和塞斯玛(Chaney，Sraer，Thesmar，2012)发现，对厂商抵押品价值的冲击即使看上去与投资机会无关，也会对投资产生很大影响。

概括地说，金融市场不完美性的实证研究文献达成了一个不同寻常的共识：证据一致地有力说明，现金流量和其他内部融资决定因素都会影响投资，并且它们影响投资的方式表明这种影响是由金融市场不完美性导致的。[1]

10.4 错误定价与过度波动

在我们目前分析的金融市场模型中，资产价格都等于其基本价值，包括在第8.5节和第9.7节中讨论的消费者资产配置和投资决定因素的局部均衡模型，以

〔1〕卡普兰和津加莱斯(Kaplan，Zingales，1997)通过理论和实证分析挑战了这种共识，他们专门分析了法扎里，哈伯德和彼得森的证据，但是法扎里，哈伯德和彼得森(2000)对他们的分析结论进行了反驳。

及在第 10.1 节学习的一般均衡模型。换句话说,给定代理人的现有信息以及折现因子,资产价格是资产收益折现值的理性预期。

但是,仔细分析资产价格的变化规律就会让人不得不怀疑上述观点的正确性。资产价格的波动有很多不同的类型,其中有一些对宏观经济非常重要,但却很难简单地用基本面来解释。例如,1987 年 10 月,虽然没有重大新闻发生,股市却在一天内下跌 20%。20 世纪 20 年代末的股市,20 世纪 90 年代和 21 世纪初的互联网股票以及 21 世纪初的房价纷纷在走高后迅速大幅下跌。当然,仅仅列举一些令人费解的资产价格波动并不能证明资产错误定价普遍存在。

资产价格是否等于基本价值,或者资产价格波动幅度是否超过基本面的支撑,这个问题对于本章一开始讨论的两个有关金融市场和宏观经济的关键问题来说非常重要。首先,它是金融市场本身是否会导致经济动荡这一问题的核心。我们将在本节末尾回到这一问题。其次,如果资产价格偏离基本面的过程是急剧上升之后又急剧下降,就可能会导致家庭和企业大面积违约,金融中介机构纷纷倒闭。因此,这种剧烈波动就会导致金融危机。我们在第 10.7 节讨论这个问题。

资产价格等于基本价值的假设是很自然的参考基准。假设理性和市场完美是比较保险的做法。人们会很自然地认为,即使金融市场中只有一小部分参与者是理性的,就足以防止错误定价,因为错误定价会创造利润机会,而利润机会会激励人们针对错误定价进行套利交易(弗里德曼,1953)。

然而,想要通过一个简易的理论来论证资产价格不能偏离基本面实际上是不可能的。如果要通过少数理性代理人来消除错误定价,就必须满足以下两个条件之一:要么在交易中不存在利用错误定价获利的风险(即必须存在无风险的套利机会),要么代理人不仅完全理性,还风险中立,拥有无限资源,而这两种情况都不符合现实。

因此,本节专门分析资产价格偏离基本面的可能性。我们首先考虑一个由德龙、施莱弗、萨默斯和瓦德曼(De-Long,Shleifer,Summers,Waldmann,1990)建立的模型,他们分析了导致价格偏离的因素,这种因素从经济学角度看可能是最有意思的。德龙等人证明,价格对基本面的偏离可能是自我强化的:偏离存在的可能性本身就会产生风险,降低了理性投资者的交易意愿,从而使错误定价不能及时纠正。实际上,他们建立的模型中,有些交易者是完全理性的,但由于交易者会根据错误的信念进行交易,就会导致一种固定收益资产的价格偏离基本价值。在详细分析德龙等人的模型之后,我们将介绍其他导致错误定价难以纠正的因素,并讨论这些研究的宏观经济含义。

假设

德龙等人假设经济中有两种看上去完全相同的资产,并只有一种商品。任意一单位资产在每一期产生的收益是固定不变的,都等于 $r>0$。两种资产的不同之处在于供给量。第一种资产是安全资产,可以随时转换为一单位商品,并且一单位商品也可以随时转换为这种资产。这就确保了其价格(以商品为单位)始终为 1。否则代理人就可以立即获得无风险利润,其做法是出售该资产并将收益再转换为资产(如果其价格超过 1),或者用商品购买资产,然后再兑换为商品(如果价格低于1)。相反,另一种资产是无法创造或销毁的风险资产,即供给是固定不变的常数。简单起见,我们将风险资产的数量标准化为1,并用 P_t 表示风险资产在第 t 期(用第 t 期的商品表示)的价格。

假设经济中有世代交叠的两种代理人。代理人在许多方面是相同的。他们都是生存两个时期的价格接受者,而且只在第二期消费。为了方便处理,两种代理人的效用函数都采用常绝对风险规避系数形式 $U(C)=-e^{-2\gamma C}$,$\gamma>0$,其中 C 是代理人在第二期的消费。最后,代理人在第一期的收入都相等,且该收入水平不随时间推移发生改变。当代理人具有常绝对风险规避效用时,消费的正负符号并不会造成麻烦,因此我们把收入标准化为零。

两种代理人的区别在于有关风险资产收益率的信念不同。第一种代理人有理性预期。也就是说,这类人会根据持有的资产推测出的收益率的正确分布。我们将这种代理人称为套利者。第二种代理人会误判资产的平均收益率。具体而言,第二种代理人在第 t 期推测的第 $t+1$ 期的资产价格分布是真实分布加上一个误差项 η_t。η_t 服从均值为零、方差为 V_η 的正态分布。且 y_t 的分布不随时间变化。我们将这种代理人称为噪声交易者。这是一个传统术语,意思是代理人在金融市场交易的依据与基本面无关。每代噪声交易者的比例为 f,$0\leqslant f\leqslant 1$。简单起见,假设人口增长为零,并且每一代的人口总量设为1。

模型分析

本模型中的假设是为了确保存在这样一个稳定的均衡:资产价格是冲击的线性函数,并且给定代理人拥有的第一期信息,第二期消费服从正态分布。模型的关键假设有两个。一是模型中的唯一冲击(即噪声交易者的信念误差)服从正态分布,且该分布不随时间变化。二是效用函数采用常绝对风险规避形式。这个假设可以便于我们进行模型计算,为了理解这一点,注意如果 C 服从均值为 μ、方差为 W 的正态分布,则 $-2\gamma C$ 也服从均值为 $-2\gamma\mu$、方差为 $4\gamma^2 W$ 的正态分布。因此,根据对数正态分布的性质,期望效用 $E[-e^{-2\gamma C}]$ 等于 $2\gamma\mu-2\gamma^2 W$,与 $\mu-\gamma W$ 成正比。也就是说,消费服从正态分布加上常绝对风险规避效用意味着代理人的经济行为就好像其效用是消费的均值和方差的线性函数,这就使得模型对冲击的反应也是线性的,而由于冲击服从正态分布,这种线性关系就会导致模型结果也服从正态分布。

因此,我们需要找到一个稳定均衡,其中资产价格 P_t 是冲击 η_t 的线性函数。要找到这样的均衡,首先分析套利者的行为。令 $E_t[p_{t+1}]$ 表示根据第 t 期的可得信息对 p_{t+1}(风险资产在第 $t+1$ 期的价格)的理性预期,并令 V 表示 $p_{t+1}-E_t[P_{t+1}]$ 的方差。如果套利者在第 t 期购买 X_t^a 单位的风险资产,则他/她持有的安全资产就是 $-p_t X_t^a$(假设第一期收入为零)。两种资产在第 $t+1$ 期的收益率都是 r。风险资产的售价是 p_{t+1},而安全资产的售价为1。因此,代理人的第二期消费是:

$$\begin{aligned} C_{2t}^a &= r(X_t^a - p_t X_t^a) + p_{t+1} X_t^a - p_t X_t^a \\ &= [r + p_{t+1} - (1+r)p_t] X_t^a \end{aligned} \tag{10.15}$$

方程(10.15)表明,根据第 t 期的可得信息,C_{2t}^a 的均值为 $[r+p_{t+1}-(1+r)p_t]$

X_t^a,方差为$(X_t^a)^2V$。注意在 C_{2t}^a 的表达式中,唯一不能在 t 期确定的变量是 p_{t+1}。因此,如果 p_{t+1} 是 η_{t+1} 的线性函数,则给定第 t 期的可得信息,C_{2t}^a 服从正态分布。

我们在上述分析中可以看到,代理人的预期效用与消费的均值减去其方差的 γ 倍成正比。即套利者的预期效用与$[r+p_{t+1}-(1+r)p_t]X_t^a-\gamma(X_t^a)^2V$ 成正比。可见使 X_t^a 最大化代理人预期效用的一阶条件为:

$$[r+E_t[p_{t+1}]-(1+r)p_t]-2\gamma X_t^a V=0 \tag{10.16}$$

求解 X_t^a 即得:

$$X_t^a=\frac{r+E_t[p_{t+1}]-(1+r)pt}{2\gamma V} \tag{10.17}$$

在第 t 期所有的套利者都是相同的,因此每个套利者都会购买上式表示的风险资产数量。

对代表性噪声交易者的行为分析完全一样,只不过其中的 $E_t[p_{t+1}]$换成了代理人对于 p_{t+1} 均值的错误信念,即 $E_t[p_{t+1}]+\eta_t$。因此噪声交易者的风险资产需求是

$$X_t^n=\frac{r+E_t[p_{t+1}]+\eta_t-(1+r)p_t}{2\gamma V} \tag{10.18}$$

当经济进入第 t 期时,年老的代理人持有供给固定不变的风险资产,不论价格高低,他们都会出售这些资产。因此,模型均衡要求人数为 $1-f$ 的套利者和人数为 f 的噪声交易者对风险资产的总需求等于固定的总供给。我们把风险资产总量标准化为 1。

$$(1-f)X_t^a+fX_t^n=1 \tag{10.19}$$

代入方程(10.17)和方程(10.18)的 X_t^a 和 X_t^n 的表达式,求解 p_t 可得:

$$p_t=\frac{r+E_t[p_{t+1}]+f\eta_t-2\gamma V}{(1+r)} \tag{10.20}$$

将方程(10.20)推广到未来各期(再对方程两边取第 t 期的期望)可得 $E_t[p_{t+1}]=(r+E_t[p_{t+2}]-2\gamma V)/(1+r)$,$E_t[p_{t+2}]=(r+E_t[p_{t+3}]-2\gamma V)/(1+r)$,依此类推。[1] 然后,依次代入方程(10.20)可得:

$$\begin{aligned} p_t=&\left(\frac{1}{1+r}+\frac{1}{(1+r)^2}+\frac{1}{(1+r)^3}+\cdots\right)(r-2\gamma V)\\ &+\lim_{n\to\infty}\frac{E_t[p_{t+n}]}{(1+r)^n}+\frac{f\eta_t}{1+r}\end{aligned} \tag{10.21}$$

我们关心的是稳态均衡,即 p 的均值不随时间变化。因此$\lim_{n\to\infty}[E_t[p_{t+n}]/$

[1] 回顾一下,V 的定义是 $p_{t+1}-E_t[p_{t+1}]$的方差。因此,这一步骤隐含地假设了 $p_{t+2}-E_t[p_{t+2}]$,$p_{t+3}-E_t[p_{t+3}]$等的方差都等于 V。方程(10.22)表明这个假设在我们找到的均衡中是成立的。从另一个角度看,根据稳态均衡的假设,由于方程(10.20)中不存在历史变量,可以推测 $E_{t-1}[p_t]=E_{t-1}[p_{t+1}]=E_t[p_{t+1}]$。对方程(10.20)两端取第 $t-1$ 期的期望,并根据刚才的推测即可得到 $E_t[p_{t+1}]=1-(2\gamma V/r)$。把这个表达式代入方程(10.20)可得(10.22),而(10.22)也反过来说明刚才的推测是正确的。

$(1+r)^n$]等于零，并且方程(10.21)中的无穷级数之和可以简化为 $1/r$。即根据(10.21)可得：

$$p_t=1-\frac{2\gamma V}{r}+\frac{f\eta_t}{1+r} \tag{10.22}$$

最后一个求解模型的步骤是用模型原始参数重写 $p_{t+1}-E_t[p_{t+1}]$的方差 V。在方程(10.22)中唯一的随机项是 $f\eta_t/(1+r)$。因此 $V=[f^2/(1+r)^2]V_\eta$。把这个表达式代入方程(10.22)可得最终的均衡价格为：

$$p_t=1-\frac{2\gamma}{r}\frac{f^2}{(1+r)^2}V_\eta+\frac{f\eta_t}{1+r} \tag{10.23}$$

注意，价格是 η_t 的线性函数。对于第 t 期出生的代理人来说，给定第 t 期的可得信息，消费服从正态分布(参见方程(10.15))。另外，方程(10.23)还说明 p 的分布在每个时期都是相同的。可见我们找到了需要的均衡。

讨论

本模型的关键含义是，尽管资产收益固定不变，并且所有人都知道资产收益率在每期都等于固定值 r，但资产价格仍然会有波动。价格变动的原因在于噪声交易者的信念会发生变化。理性交易者在考虑购买资产时不仅要关注股息支付，还要关注资产未来的出售价格。噪声交易者的情绪只会压低资产的当期价格，但理性交易者在低价买入时也会面临在需要出售资产时市场情绪可能进一步恶化的可能性，即价格可能会进一步下跌。可见，噪声交易者风险抑制了风险规避的理性投资者进行交易的意愿，导致价格和基本面之间的偏离难以消除。正如德龙等人所说，噪声交易者“创造了自己的交易空间”，导致风险资产价格过度波动：风险资产价格的方差(正值)超过其基本价值的方差(即零)。[1]

理性交易者的寿命有限这个假设对于上述结论来说非常关键。如果寿命无限，则理性交易者可以长期持有风险资产，出售价格的高低不再重要。这时，资产价格不可能偏离基本价值。不过，寿命有限是一个合理的假设。资产的最终持有者是经济中的个人。他们需要在某些时候出售资产，例如用于退休后的消费支出，或者用于平滑消费，应对劳动收入波动。此外，我们后面会看到，有的因素会使得投资经理比资产所有者更加短视。

本模型说明风险资产的价格不仅会持续波动，而且其平均值小于基本价值 1 [参见方程(10.23)]。这一结果是由噪声交易者风险直接导致的：资产风险高于基

---

〔1〕 有人可能会认为，即使资产价格在某种均衡下会随着噪声交易者的情绪产生波动，也可能会存在另一种资产价格不会这样波动的均衡。因为如果理性交易者知道“风险”资产的价格总是等于 1，那么资产就是无风险的，因此他们的资产需求就是完全弹性的。在德龙等人的模型中没有这种均衡，原因在于他们假设噪声交易者关于下期平均价格的信念偏差的方差是外生常数，而风险资产需求冲击的方差不是常数。因此，如果存在资产价格恒定且等于 1 的均衡，噪声交易者每个时期的需求都将是无限大(可正可负)。这就意味着，噪声交易者的存在并不一定会产生价格偏离基本面的均衡结果。但是，德龙等人利用一个特殊假设消除了这种均衡，从而可以专注于分析存在偏离基本面现象的有趣案例。关于这类问题的更多分析请参见习题 10.10。

本面风险,从而压低了模型中代理人(风险规避者)愿意支付的平均价格。

最后,本模型可以用于分析参数变化对经济的影响。大多数参数变化造成的影响都很合理。方程(10.23)表明,当代理人更加厌恶风险,或者噪声交易者的人数增加,或者情绪冲击的方差更大时,价格与基本面的平均偏差会更大。当 r 较大时,下一期支付的资产收益现值与资产之比也较大,这时价格与基本面的平均偏差较小。类似地,当噪声交易者增加时,情绪波动的影响更大,而当 r 上升时,情绪波动的影响更小。

有两个参数对经济的影响可能会出人意料,这两个参数并没有在(10.23)的最后一项中出现:风险厌恶系数(γ)和情绪冲击的方差(V_η)都不会影响情绪波动对资产价格产生的作用。原因是情绪冲击改变的是下一时期的预期价格而不是需求量。因此,风险厌恶程度提高和情绪冲击方差增加不仅会降低套利者的交易意愿,导致错误定价难以纠正,还会降低噪声交易者基于情绪进行交易的意愿[参见方程(10.18)]。这两种因素相互抵消,结果导致 γ 和 V_η 都没有在(10.23)的最后一项中出现。

影响套利者交易意愿并使错误定价难以纠正的其他因素

除噪声交易者风险之外,学者们已经识别出了另外两个降低投资者交易意愿的因素。与噪声交易者风险类似,这两个因素也会导致资产价格更容易偏离基本面,并使得资产价格偏离基本面之后难以回归正常水平。

这两个因素中最明显的一个是基本面风险。假设某资产在当前可用信息下估值偏低。购买该资产的投资者面临的风险是有关未来收益的新信息可能会导致其价格下跌。也就是说,如果该低估资产价格下降,则其原因不仅可能是其价格跌破了基本价值之后会进一步下跌(如噪声交易者风险模型),还可能是因为其基本价值本身有所下降。基本面风险会降低成熟投资者针对错误定价进行交易的意愿,从而放大其他因素导致价格偏离基本价值的影响。

第二个因素是代理风险施莱弗和维什尼(Shleifer and Vishny,1997)。许多利用错误定价进行交易的投资者主要使用的是非自有资金。如果出资者部分地根据投资者的短期业绩表现评估其盈利能力,就可能会在错误定价恶化的情况下撤回资金,从而迫使投资者出售低估资产,并导致低估资产的价格继续下跌。也就是说,成熟投资者代表投资知识欠缺的个人进行交易的代理行为会迫使成熟投资者表现得比较短视。注意,与噪声交易者风险的基准模型相反,在这种情况下,成熟投资者的短视行为是内生的,并且只有在资产价格与基本面的偏离较大时才会出现。[1]

习题 10.6 和习题 10.7 建立的模型中,噪声交易者风险,基本面风险以及代理风险会同时出现。[2]

---

〔1〕 代理风险的本质可以很好地用一句话来总结,“市场非理性常有,但投资者的偿付能力不常有。”有人(错误地)认为这句话是凯恩斯说的。

〔2〕 还有第四个因素可能降低成熟投资者交易意愿,使错误定价难以纠正,我们称为模型基准风险:套利者无法确定其估计的基本价值是否是可得信息下的最佳估计。这种风险可以看作是基本面风险的一种特殊形式:资产的基本价值低于当前预期的原因可能不仅是传统的信息披露,还有可能是新信息表明成熟投资者用于基本面分析的模型有误。

宏观经济含义

上述分析表明，消除错误定价的力量并不是非常强大。风险中立的代理人不可能拥有无限的资金，因此，理性投资者针对错误定价进行交易的意愿天生就是有限的。我们已经讨论了三个减弱错误定价修正力量的因素：噪声交易者风险、基本面风险和代理风险。

但是，价格会偏离基本面这一事实本身并不能证明它们对经济很重要。判断其重要与否的第一个尺度是偏离幅度是否很大。简单的计算表明，如果资产价格波动性较大，并且价格偏离的持续性较强，则偏离幅度确实会很大。考虑这样一类资产，理性投资者估计该资产相对于基本面被高估了30%。首先假设资产类别是股票，并且平均而言十分之一的错误定价会在一年内消除。根据第8.5节，股票收益率超过无风险利率的平均年度超额收益率约为6个百分点，超额收益的标准差约为17个百分点。于是理性投资者会认为，下一年的预期超额收益是3个百分点，如果收益服从正态分布，则超额收益大于其长期收益率的几率为43%，而不是通常的50%。了解到这些信息后，最佳策略是减持股票，而不是通过大量交易来提高收益。因此，这种错误定价的修正力量不是特别强。另一方面，如果错误定价涉及这样一类资产，其超额收益的标准差为5个百分点，三分之一的错误定价会在一年内消除，那么理性投资者会认为来年的预期超额收益是−4%，超额收益率为负的几率约为80%。因此，针对错误定价进行交易的动机要大得多，从而这种错误定价的修正力量也要强大得多。[1]

第二个判断资产价格偏离基本面对经济是否重要的尺度是，大量的错误定价是否会对宏观经济产生很大的影响。这个问题的答案也是肯定的：资产价格的大幅波动对经济活动的构成和水平产生了很大影响。从理论上讲，我们知道资产价格会影响投资和消费。在q理论投资模型中，各种资本品的市场价格是企业投资决策的重要依据。如第10.2节所述，资产价格上涨减少了金融市场的扭曲，从而增加了投资。同样，永久收入假说意味着资产价格上涨导致的财富增加会增加消费。如果家庭受到流动性约束，则财富增加就可以放松该约束，从而会增加消费量，甚至会超过永久收入假说下的消费水平。在极端情况下，家庭的消费选择是角点解，并随着财富的增加一对一地增加消费[参见第8.6节中的等式(8.64)]。

从实证研究结果看，科技股价格在20世纪90年代后期大幅上涨，导致了对光纤电缆和各种互联网初创企业等的投资大幅增加，并成为这一时期整体经济蓬勃发展的重要推动力。同样，21世纪初房价的大幅上涨似乎导致了住房投资大幅增加。更有意思的是，有证据表明房价上升也导致了消费大幅增加，尤其是低收入房主由于财富总值上升而增加了消费米安和苏飞(Mian and Sufi，2014)。与20世纪

〔1〕 内生的信息获取会使上述影响自我强化。波动性较低的资产，价格偏离基本面之后会迅速修正，波动性较高的资产则相反，价格会持续偏离基本面。可见低波动性资产的错误定价信息比高波动性资产的错误定价信息更有价值。因此，打算针对错误定价进行交易的个人会特别关注低波动资产的信息。其结果是，熟知如何识别偏离幅度大，持续性强的错误定价，并针对这种错误定价进行交易的代理人群内生地减少了。

90 年代的互联网经济繁荣一样,这些因素也对整体经济产生了显著影响。

因此,我们有充分的理由相信资产价格可能会大大偏离基本面,并且这种偏离发生后将会对宏观经济产生重大影响。当然,但这并不能告诉我们这种偏离是否确实会发生,所以我们下一节讨论偏离是否存在的经验证据。

10.5 实证应用:过度波动的证据

上一节的分析说明大类资产的价格可能会大幅偏离基本面,并对经济产生重要影响,但并没有告诉我们现实中是否发生了这种偏离。

遗憾的是,这个问题很难通过直接的研究找到富有洞见的答案。正如我们在前面讨论的那样,20 世纪 90 年代的科技股价格和 21 世纪初的房屋价格都发生过大幅上涨之后又急剧下跌的现象,其他资产价格也曾经发生过大幅上涨后又暴跌的事件,人们可能会草率地把这些事件看作是价格会大幅偏离基本面的证据。诸如"互联网泡沫"和"房地产泡沫"之类的用词就体现了这种判断。但是,资产价格的飙升和崩溃不一定是因为错误定价,也有可能是因为人们根据初始可得信息认为收益现值的理性预期需要大幅上调,但随后又根据新信息发现这种上调缺乏依据。此外,对投资专家在资产价格快速上涨期间的绩效评估表明,确定基本价值是非常困难的,即使事后偏差较为普遍,也最多只能看作是错误定价的微弱证据。例如,美国联邦储备委员会前主席格林斯潘于 1996 年 12 月提出了一个著名的警告称股票市场出现了"非理性繁荣",而此后三年间股票价格几乎翻了一番,这种表现与格林斯潘暗示的股票估值过高显然并不相符。更有说服力的是,杰拉迪、富特和威伦(Gerardi, Foote and Willen, 2011)发现房地产经济学家在 21 世纪初期房价大涨时普遍认为房价是合理的。程、蕾娜和熊(Cheng, Raina and Xiong, 2014)证明,房地产专业人士在房价攀升期间的个人投资决策表明他们并不认为房产估值过高。[1]

概括地说,降低代理商交易意愿(使错误定价难以纠正)的力量会导致某一资产(或某类资产)的错误定价几乎无法被发现。萨默斯(1986)举了一个例子,某资产价格与基本面之间偏离的标准差仅为 30%,但由于偏离的持续性和资产价格的波动性,通常需要数千年的数据才能保证实证分析结果可以显著地拒绝价格是随机游走的零假设。此外,即使在确定资产价格不是随机游走后,也并不能证明价格会偏离基本面。在运行良好的金融市场中,资产收益的估值需要使用适当的随机贴现因子而不是固定贴现率。从而在消费边际效用的预期值发生变化并且与资产收益发生联动时,预期收益就会随着时间变化。

由于存在上述难题,在评估宏观经济中资产价格与基本面之间是否存在重大偏离时,更令人信服的方法通常是从微观经济数据中寻找证据。在个股层面上,有一些案例可以明确说明错误定价的确存在。特别是,虽然要确定一只股票的基本价值几乎是不可能的,但人们有时候可以很有把握地确定两种高度相关资产的相

〔1〕 上述分析的一个推论是,"泡沫"这一术语的含义并不明确,除非用来描述理性泡沫(参见习题 8.9)。因此,使用该术语时,应当明确说明想要表达的含义。

对基本价值。其中一种情况是两种资产代表了同一收益的索取权。例如，由于历史原因，壳牌石油的股票和荷兰皇家石油的股票对股东支付完全相同的股息流。因此，这两种资产的基本价值是一样的。但是罗森塔尔和杨(Rosenthal and Young，1990)以及佛鲁特和达博拉(Froot and Dabora，1999)发现，这两只股票的价格大不相同。他们的研究还表明投票权和税收等因素无法解释这两只股票的股价差异。

通过相关资产确定基本价值的另一种情况是一种资产是另一种资产的组成部分。除极端情形外，广义资产的基本价值一定会高于狭义资产的基本价值。但拉蒙和萨勒(Lamont and Thaler，2003)发现了几对资产，其中狭义资产的价格超过了广义资产的价格。一个突出的例子是 2000 年的 3Com 公司和 Palm 公司，如图 10.5 所示。在这一年，3Com 公司拥有 Palm 公司的大部分股份，但 Palm 公司的股票也在股市上单独交易。因此，投资者有两种方式可以获得 Palm 的资产收益：购买 3Com 公司的股票或直接购买 Palm 公司的股票。由于第一种方法下投资者还可以获得其他收益，即 3Com 公司资产的非 Palm 公司部分的收益(根据拉蒙和萨勒的分析，该部分收益不会是负值)，所以第一种资产的基本价值必然大于第二种资产。但如图 10.5 所示，这两种资产的价格经常大大违背了这种关系：从 2000 年 3 月初到 5 月中旬，3Com 公司非 Palm 业务的资产收益基本是负的，而且还负得比较多。因此，这两种资产中至少有一种一定是错误定价了。直到人们知道 3Com 公司即将分拆 Palm，3Com 公司的股东会很快拿到 Palm 公司的股票时，这两只股票的价格关系才变得合理。

微观经济层面存在错误定价的事实可以让我们合理地断定错误定价存在宏观经济影响，但是也仅此而已。从宏观经济层面进一步深入分析的一个办法是比较封闭式共同基金及其目标资产。封闭式基金持有其他公开交易的股票。封闭式共同基金的份额是对投资组合的索取权，其基本价值等于构成投资组合的各种资产的基本价值之和。但封闭式基金的投资者不能赎回基金份额，只能出售给其他投资者。[1] 因此，封闭式基金与目标投资组合之间的价格偏离并不能创造获得无风险利润的机会。

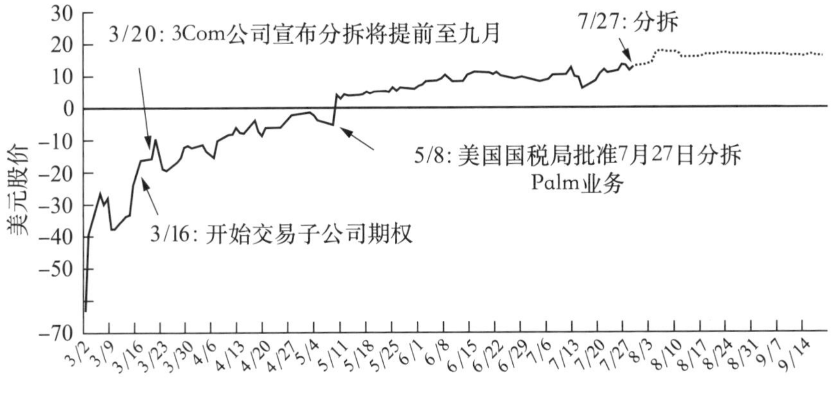

图 10.5　3Com 公司非 Palm 业务的价值，2000 年 3 月 2 日—9 月 18 日

(数据来源：拉蒙和萨勒(2003))[2]

---

[1] 这是封闭式基金的定义。开放式基金则相反，投资者可以赎回基金份额。

[2] 经政治经济学杂志许可转载。版权所有，芝加哥大学，2003 年。

李、施莱弗和萨勒(Lee,Shleifer and Thaler,1991)发现,封闭式基金的价格往往不同于其目标投资组合的价格。更重要的是,他们证明,如果噪声交易者特别倾向于交易封闭式基金,从而使这些基金受到噪声交易者风险的影响,则价格差异就会符合预期。平均而言,封闭式基金的价格相当于目标投资组合的一个折扣价格[就好像人们预期这些投资组合面临一个额外的风险,参见方程(10.23)]。封闭式基金定价偶尔会高于投资组合的价格(通常发生在基金刚刚发行时),并且基金收益的变动幅度比目标投资组合更大。

李、施莱弗和萨勒(1991)以及德龙和施莱弗(1991)进一步分析了封闭式基金价格折扣与股票市场整体价格行为之间的关系。如果噪声交易者特别倾向于交易封闭式基金,则封闭式基金的折价率可能会反映股票市场的"情绪"。也就是说,与基本面无关的股市乐观情绪可能会压低封闭式基金的折价率,而股市悲观情绪则会推高折价率。因此,这些学者研究的问题是,当封闭式基金折价率很低甚至为负时,股票市场整体价值是否高于当前股息或股票收益,而当封闭式基金折价率较高时,股票市场整体价值是否较低。他们的结论是肯定的。例如,在 1929 年股市崩盘之前的股价飙升中,封闭式基金的折价率大幅下降(即存在较高的封闭式基金溢价率)。同样,佛鲁特和达博拉(1999)证明,荷兰皇家石油(主要在美国证券交易所上市交易)的价格相对于壳牌石油(主要在英国证券交易所上市交易)的变动与美国股票市场整体价值相对于英国股票市场的变动一致。当然,这些结论并不能证明 20 世纪 20 年代末的股票价格上涨(或者更概括地说,股票市场整体价格变动中与封闭式基金折价率变动相关的部分)没有基本面支撑,也不能证明市场情绪在推动美国和英国的股市相对价值方面发挥了重要作用。但如果事实确实是这样的话,这些结论确实与预期的结果是一致的。

还有一种寻找错误定价证据的方法非常特别,即直接向市场参与者询问他们的想法。一个例子是凯斯、席勒和汤姆森(Case,Shiller and Thompson,2012),他们发现购房者报告的想法往往缺乏合理的依据。例如,预期十年内房价高达两位数的年增长率,这种不合理的预期在房价快速上涨期间尤为常见。当然,这种现象本身并不能证明这些可以说是非理性的预期是价格变动的根源,只能说它肯定与这种观点是一致的。

资产价格等于资产收益贴现值在可得信息下的理性预期,这个观点无疑极具魅力。但是本节和上一节的分析结论是这种猜想可能与现实相去甚远。根据理论分析,出现错误定价时,纠正错误定价的力量很有限,因此资产价格可能会大幅偏离基本面。根据实证分析,人们不能拒绝大类资产存在大量错误定价的假设;有明显证据表明在微观经济层面确实存在错误定价;并且一些微观经济行为特征非常符合存在总体错误定价时的预期结果。

10.6 戴蒙德—戴维格模型

我们已经讨论了信息不对称会如何对投资产生重要影响以及如何放大冲击对宏观经济的影响。我们看到,资产价格可能会偏离基本面所保证的价值,这种偏离会对经济产生重大影响。但到目前为止,我们所做的分析都没有触及金融市场的核心特征:金融市场会面临突发的剧烈冲击。这些冲击既可以是微观经济层面的,也可以是宏观经济层面的。在微观经济层面,看似正常运营的银行可能会在某一天突然面临挤兑;或者以低息短期贷款滚动融资的投资银行可能会突然发现它无论给出多高的利率都无法借到资金。在宏观经济层面,像前面这样的突发事件可能会同时影响许多金融机构。

本节着重分析金融机构个体层面的突发事件。具体而言,本节介绍经典的戴蒙德—戴维格模型,分析银行挤兑的可能性[戴蒙德和戴维格(Diamond and Dybvig,1983);另见布莱恩特(Bryant,1980)]。在模型中,导致银行挤兑的原因是流动性需求,即储户希望能够随时取回资金的意愿。如果金融中介机构的投资目标项目是长期项目,就会出现期限错配:中介机构的资产即投资项目的部分收益索取权是长期的,但储蓄者对存款的索取权随时可以兑现,即负债是短期的。戴蒙德和戴维格构建了一个模型,论证了银行为什么会通过期限错配满足流动性需求,以及这种错配如何产生挤兑的可能性。

假设

戴蒙德和戴维格构建的模型中,有一种类似于传统活期存款的资产,也就是说,该资产可以预先确定价值并可以随时兑换。然后他们证明,如果投资项目是长期的,则办理活期存款业务的金融机构就很容易受到挤兑冲击。

具体而言,模型中有三个时期,分别用 0,1 和 2 来表示。经济由连续统表示的代理人组成,每个代理人在时期 0 获得 1 单位该经济生产的单一商品。当商品用于投资时,如果投资项目持续到时期 2,则产生 $R>1$ 单位的商品,如果项目在时期 1 中止,则只获得 1 单位商品。两期投资收益超过一期,因此投资具有长期特性。

所有人在事前都是一样的。但是在时期 1,比例为 θ 的人群得知他们只有在时期 1 消费才有价值。其余人群在时期 1 或时期 2 都愿意消费。我们把仅愿在时期 1 消费的人群称为“a 类”人群,其他人称“b 类”人群,并假设 $0<\theta<1$。关键是,个人的类型无法被其他人观察到。

令 c_t^i 表示 i 类人群在时期 t 的消费。两类人群的效用分别为:

$$U^a=\ln c_1^a, \tag{10.24}$$

$$U^b=\rho\ln(c_1^b+c_2^b), \tag{10.25}$$

其中 $0<\rho<1$,且 $\rho R>1$。

上述假设显然并不是普遍适用的,设定这些假设是为了让模型得到有趣的经济含义。例如,假设 $\rho<1$ 意味着 a 类人群认为消费特别重要。

两种基准情形

在引入金融中介之前,我们先分析模型的两种简单情形。

第一种情况是自足。也就是说,不存在任何类型的交易或保险。在这种情况下,个人的最优化问题是显而易见的。由于他们不需要在时期 0 消费,每个人都会把 1 单位资源禀赋用于投资。在时期 1 发现自己是 a 类的人群将会提前清算其投资项目,并且在时期 1 期消费 1 个单位的商品,时期 2 的消费为 0。发现自己是 b 类的人群把投资项目持续到时期 2,时期 1 的消费为 0,并在时期 2 消费 R。可见自足情形下的预期效用是:

$$\begin{aligned} U^{\text{自足}} &= \theta\ln 1 + (1-\theta)\rho\ln R \\ &= (1-\theta)\rho\ln R \end{aligned} \tag{10.26}$$

第二种特殊情形是中央计划者可以观察到每个人的类型。由于 a 类人群不能从时期 2 的消费中获得效用,中央计划者将直接设定 $c_2^a=0$,而 b 类人群认为两个时期的消费是无差异的,并且如果项目到期再清算可以获得更多的收益,中央计划者就直接设定 $c_1^b=0$。可见真正有意义的选择变量是 c_1^a 和 c_2^b。

提前清算的项目产生 1 单位收益。因此,提前清算的项目比例等于 θ(在时期 1 消费的 a 类人群比例)乘以 c_1^a(a 类人群在时期 1 的消费)。这表明比例为 $1-\theta c_1^a$ 的投资项目会持续到项目到期。每个项目产生收益 R,项目产出由占比为 $1-\theta$ 的 b 类人群共享。可见中央计划者(当 $c_2^a=c_1^b=0$ 时)的资源约束为

$$c_2^b = \frac{(1-\theta c_1^a)R}{1-\theta} \tag{10.27}$$

代表性个体的预期效用为 $\theta\ln c_1^a+(1-\theta)\rho\ln c_2^b$。用预算约束(10.27)替换 c_2^b 可得

$$E[U] = \theta\ln c_1^a + (1-\theta)\rho[\ln(1-\theta c_1^a) + \ln R - \ln(1-\theta)] \tag{10.28}$$

在求解效用最大化的 c_1^a 值之前,有必要思考如果中央计划者在自足情形的基础上对 c_1^a 进行微小的改变会发生什么。根据前面的分析,自足结果是 $c_1^a=1$。因此

$$\begin{aligned} \left.\frac{\partial E[U]}{\partial c_1^a}\right|_{c_1^a=c_1^{a\text{自足}}} &= \left.\frac{\partial E[U]}{\partial c_1^a}\right|_{c_1^a=1} \\ &= \theta + \frac{(1-\theta)\rho}{1-\theta}(-\theta) \\ &= (1-\rho)\theta \\ &> 0 \end{aligned} \tag{10.29}$$

很容易验证 $\partial^2 E[U]/\partial c_1^{a2}<0$。可见,中央计划者如果可以观察到个体类型,并且意图最大化代表性个体的期望效用,就会把 b 类人群的一些资源转移给 a 类人群。这里的经济直觉就是 a 类人群特别看重消费。

方程(10.28)表明,在完全信息下,最优 c_1^a 值的一阶条件为:

$$\frac{\theta}{c_1^{a*}} + \frac{(1-\theta)\rho}{1-\theta c_1^{a*}}(-\theta) = 0 \tag{10.30}$$

上式说明:

$$c_1^{a*} = \frac{1}{\theta+(1-\theta)\rho} > 1 \tag{10.31}$$

把这个表达式代入方程(10.27)可得：

$$c_2^{b*}=\frac{\rho R}{\theta+(1-\theta)\rho}<R \tag{10.32}$$

注意，虽然 c_1^{b*} 小于自足情形下的值，但假设 $\rho R>1$ 意味着它大于 c_1^{a*}。

银行

戴蒙德和戴维格的一个关键结论是，达到社会最优结果既不需要观察到人群的类型，也不需要中央计划者。如果有人设立银行会发生什么？假设银行按以下条款接受存款。如果银行资金充足，无论哪种类型的储户，只要存入 1 个单位都可以在时期 1 提取 c^{a*}。在时期 2，银行拥有的所有资金由时期 1 没有提款的储户平均分配。银行将存款投资于各种项目，项目所得返还给储户，并清算部分投资项目以满足提前提款的需求。注意，这些假设意味着银行的所有者收支平衡。银行家并没有投入自己的任何资源，而储户的资金收益全部返还给储户。[1]

当投资项目在时期 1 清算时，由于每单位投资所得的收益也仅为 1 单位，并且 c_1^{a*} 大于 1，因此有必要分析如果有很大一部分储户(具体而言是比例超过 $1/c_1^{a*}$)要求提前取款会发生什么。戴蒙德和戴维格假设，银行在这种情况下会尽量给每个提前取款的储户提供 c_1^{a*}，其余储户则什么都得不到。由于银行无法区分储户的类型，假定提取到存款 c_1^{a*} 的储户是随机选择的。假设银行向尽可能多的储户支付承诺的提前取款金额，而其余储户则得不到任何支付，这是一种巧妙的办法，目的是刻画这样一种想法，即不同个体的流动性需求发生在不同时间，因此提前取款的时间具有一定异质性，而不是一群人在某一个时刻突然发现他们需要流动性，然后纷纷提前取款。从银行业务的角度看，这种先到先得的假设称为服务次序约束。注意，如果超过 $1/c_1^{a*}$ 的储户提前取款，则银行需要在第 1 期清算所有投资项目，导致打算等候到时期 2 的储户什么也得不到。

在上述假设下，社会最优是一个纳什均衡，其中 a 类储户的消费为 c_1^{a*}，b 类储户的消费为 c_2^{b*}。为了证明这一点，假设所有人都认为只有 a 类储户会在时期 1 取款。由于银行在时期 2 拥有的资源在当期取款者中平均分配，在均衡状态下，时期 2 的取款者获得

$$\begin{aligned}c_2&=\frac{(1-\theta c_1^{a*})R}{1-\theta}\\&=c_2^{b*}\end{aligned} \tag{10.33}$$

其中第二行使用了经济的资源约束(10.27)。代表性 a 类储户显然将选择在时期 1 取款，因为他或她认为只有时期 1 的消费才有价值。而且由于 $c_2^{b*}>c_1^{a*}$，并且 b 类储户认为消费的时间无关紧要，因此 b 类储户将会等到时期 2 再消费。也就是说，即使个体的类型无法观察到，并且没有政府干预，经济中也存在一个纳什均衡，达到社会最优结果。

---

〔1〕 可见我们隐含假设了银行业可以自由进入，从而利润为零。

可见,戴蒙德和戴维格的关键结论之一是银行可以提供流动性:银行进行长期投资,但是允许储户在投资项目到期前取回资金。储户认为流动性具有价值是因为他们不确定什么时候会最需要资金。银行可以提供流动性是因为储户会在不同时间需要提取资金,银行可以在储户之间分摊提款时间不同导致的风险。

另外还要注意,提前取款的储户可以获得高于市场的收益:c_1^a 大于 1,即投资在时期 1 提前清算可获得的收益。这个结果是符合现实的。支付储蓄利息的银行会进行投资(例如以贷款形式投资),但也会持有一些现金和流动性较高的低息资产(例如国库券)用于应对储户取款。尽管银行在这些资产上所获利息较低,但支付给提前取款的储户的利息与其他人是一样的。

银行挤兑的可能性

社会最优结果是模型的一个纳什均衡,但不幸的是,模型还存在另一个均衡:银行挤兑。考虑在这种情况会发生什么:b 类储户相信所有人(而不仅仅是 a 类储户)都打算在时期 1 取回存款。根据上述分析,$c^{a*}>1$ 意味着如果每个人都试图提前取款,则银行无法满足所有人的取款要求。银行必须清算所有投资项目,即没有任何项目保留到时期 2。因此,如果某个 b 类储户认为所有其他 b 类储户都打算在时期 1 取款,那么他或她最好也在时期 1 取款(从而得到 c^{a*} 的概率为正),而不是等到时期 2(只能得到 0)。也就是说,银行挤兑是一个纳什均衡,所有人都打算提前取款。[1]

讨论

由于银行资产是非流动性的,而负债是流动性的,因此天然就有发生挤兑的可能性。负债具有流动性意味着储户可以选择提前取款,但由于银行资产是非流动性的,如果所有储户都试图提前取款,则银行将无法满足全部取款要求。因此,如果每个人都认为其他人打算提前取款,人们就会知道银行无法履约,因此也会试图提前取款。

上述分析的一个含义是,人们需要流动性的确切原因对于是否会发生挤兑并不重要。在戴蒙德和戴维格的模型中,流动性需求的来源是储户的消费时间具有不确定性,但即使流动性需求来源于企业家希望可以随时抓住意外的投资机会[霍姆斯特

---

〔1〕 这里的分析忽略了一个难题。因为效用函数是对数函数[参见方程(10.24)和方程(10.25)],当存在挤兑时,人们的消费可能为零,这意味着在挤兑均衡中的预期效用为负无穷大。因此,任何正的挤兑概率都会导致人们不愿把财富存入银行。换言之,本模型与其说是为银行挤兑提出了一个解释,不如说是证明了银行挤兑的可能性会阻碍银行获得存款,从而阻碍经济通过分散流动性风险而获得好处。

解决这个难题的办法至少有两种。首先,正如戴蒙德和戴维格指出的那样,如果银行挤兑的概率为正,储户仍然会将部分财富存入银行。把部分财富存入银行,同时留下一部分用于直接投资,这样就可以保证在发生挤兑时的消费仍然为正。因此,银行在挤兑概率为正的情况下获得存款也可以是一种均衡。可见模型提供了银行挤兑的一种可能解释。第二种方法是稍微改动一下效用函数。具体而言,假设方程(10.24)和方程(10.25)中的效用函数在 1 到 R 之间为对数函数,在消费为零时并不是负无穷大,则效用函数改变后的自足结果和社会最优结果(以及这两种情形下的预期效用)都保持不变。挤兑均衡下的预期效用可以明确定义。结果是,即使挤兑概率严格为正,只要不是太大,人们也会愿意将所有财富存入银行。可见该模型提供了挤兑的一种可能解释。

姆和梯若尔(Holmström and Tirole,1998);戴蒙德和拉詹(Diamond and Rajan,2001)],模型结果也是相似的。更有趣的是,丹格、戈顿和霍姆斯特姆(Dang,Gorton and Holmström,2015)认为,流动性需求可能会来源于信息不对称问题。如果出资者知道他们可以在项目出现问题时及时撤回资金,那么他们就大可不必仔细评估投资项目的资产质量。根据丹格、戈顿和霍姆斯特姆的说法,信息不对称问题会导致人们增持对信息不敏感的资产,例如可以随时按预定价格清算的资产。

同样,挤兑也可以有各种不同形式。对于提供活期存款的传统银行来说,挤兑可能就是储户匆忙赶往银行争相提取资金。但现代银行挤兑很少像这样。你可以想象这样一家银行,它的融资方式有两种,一是吸引散户投资者(即个体家庭)的存款,二是向大宗投资者(wholesace investors,如货币市场共同基金等机构)滚动借入超短期贷款;或者你也可以想象一家投资银行,它几乎完全通过短期贷款“借新还旧”来融资。在这种情况下,挤兑的形式可能就是许多大宗投资者同时拒绝提供再融资贷款,或同时增加贷款条件。于是,银行只能被迫提前清算其投资项目,并可能导致破产[参见戈登和摩特里克(Gorton 和 Metrick,2012)]。由于当许多贷款人不再提供再融资贷款时,银行会遭受损失,因此每个贷款人对于其他人是否提供再融资贷款的信念就会决定自己是否提供再融资贷款。因此,正如戴蒙德—戴维格模型中的银行挤兑一样,拒绝提供再融资贷款可能是一种自我实现的均衡。或者,你还可以想象一个滚动借入中期贷款的金融机构,如果这些贷款的到期日各不相同,则挤兑的形式可能就是每个贷款人在贷款到期后都拒绝展期,因为他们相信后面到期的贷款也不会展期。在这种情况下,“挤兑”会随着时间推移逐渐发生,而不是一次性发生[参见何治国和熊伟(He and Xiong,2012)]。

在戴蒙德—戴维格模型中,挤兑对银行来说就是一种流动性危机。所有储户都知道,如果 b 类储户不在时期 1 提款,则银行在时期 2 就有足够资金来支付承诺的收益,也就是说,银行具有完全偿付能力。银行无法满足提款需求的原因必然是所有储户都要提前取款。

除了流动性危机之外,还有一种情况是偿付能力危机。假设银行经理有可能会携款潜逃,或者经济在时期 1 有可能会遭受冲击,导致大量投资项目失败。在这种模型扩展下,即使 b 类储户全都等到时期 2 再取款,银行也有可能并不能满足所有提款需求,也就是说银行有可能会破产。在这种情况下,所有储户都会试图提前取款,而且这与他们认为其他人是否也会提前取款无关。

上述例子中,流动性危机与偿付能力危机的区别是很明显的,但有时候两者之间的界限可能会很模糊。例如,假设银行有很小(但大于零)的概率无法满足 b 类储户在时期 2 的所有提款需求,同时假设 b 类储户内部存在一定的异质性,也许是风险规避程度或者耐心程度上存在差异。银行失去偿付能力的概率即便很小,也可能会使某些 b 类储户(比如最厌恶风险的或者最缺乏耐心的储户)提前取款,而这又会导致其他储户提前取款,并进一步导致更多的储户取款。最后的结果是很小的破产概率就会导致挤兑,从而导致银行必然破产。这种挤兑既可以看作是纯粹的流动性危机,也可以看作是纯粹的偿付能力危机。

防止挤兑的政策

戴蒙德和戴维格考虑了三种防止流动性危机的政策措施,其中第一种措施可以由商业银行操作,而另外两种则需要政府出面推行。

银行可以操作的措施就是暂停付款。具体而言,假设银行采用的储蓄合同条款与前文略有不同:在时期 1 最多只向比例为 θ 的储户提供金额为 c_1^{a*} 的取款服务。在这样的合同下,部分 b 类储户提前取款的决策并不会影响银行在时期 1 支付的总金额,从而也不会影响时期 2 的可支配资源。因此,对每个 b 类储户来说,不论他/她认为其他人会如何行动,自己等到时期 2 再取款都是更好的选择。可见,暂停付款的措施消除了挤兑均衡。

在政府提供的存款保险出现以前,银行的做法与上述措施十分类似,遭遇挤兑的银行会宣布储户的提前取款会被打折扣。在模型中,设置折扣可以使得储户在时期 2 取款所得总是高于在时期 1 取款所得,从而防止挤兑。从实际操作中看,几个百分点的折扣往往就可以帮助遭到挤兑的银行稳定局面,但并不会立即达到消除挤兑的均衡结果。

根据模型,在时期 1 兑现比例不超过 θ 的存款就可以达到最优结果,但是,戴蒙德和戴维格证明,如果扩展模型,使 θ 具有不确定性,则模型并不能得到最优结果。因此,他们考虑了两种可能的政府对策。

第一种是存款保险。如果政府可以担保等到时期 2 再取款的储户都可以获得 c_2^{b*},那么就可以避免挤兑均衡。在这种情况下,b 类储户总是会选择等待,从而银行也总是可以在时期 2 向他们兑现 c_2^{b*},而政府则并不需要在时期 2 付出任何成本。

但是,上述简单分析遗漏了一个重要问题:为了让政府的担保可信,如果有 b 类储户在时期 1 提前取款,政府必须有办法获得资金用于满足耐心等待的 b 类储户在时期 2 的取款需求。如果政府没有这个能力,则挤兑仍然是一种均衡:不可信的担保没有理由让储户在认为其他人会挤兑的时候放弃加入挤兑的行列。

那么,政府担保要如何才可信呢?戴蒙德和戴维格认为,政府信誉来自于征税权。具体而言,假设政府提出的政策是:如果在时期 1 提前取款的储户比例超过 θ,导致银行在时期 2 的资源少于 c_2^{b*} 乘以剩余储户的数量,那么政府就会在时期 1 向所有储户征税,使得没有提前取款的储户的消费增加到 c_2^{b*} 的水平。因此,所有储户都没有动力去挤兑。

戴蒙德和戴维格分析的另一种政府对策是担当最后贷款人。具体而言,假设政府(即现实中的央行)宣布它可以按利率 c_2^{b*}/c_1^{a*} 随时向商业银行提供贷款。如果在时期 1 提前取款的储户比例为 $\phi>\theta$,央行提供贷款时会发生什么什么?商业银行可以通过清算投资项目来满足比例为 θ 的储户提前取款,然后向央行借款来应对比例为 $\phi-\theta$ 的其余储户提前取款。由于清算的投资项目比例仅为 θ,银行在时期 2 拥有的资源为 $(1-\theta)c_2^{b*}$,跟提前取款的储户比例只有 θ 时的资源数量相同。因此,银行可以用其中的 $(\phi-\theta)c_2^{b*}$ 来偿还央行贷款,然后用剩余的 $(1-\phi)c_2^{b*}$ 来满足储户在时期 2 的取款需求。于是,不论有多少储户在时期 1 取款,其余所有储户都可以在时期 2 获得 c_2^{b*}。因此,即使有其他人在时期 1 取款,b 类储户也不会打算提前取款,也就是说,央行的对策消除了挤兑均衡。[1]

上述讨论提出了两个重要问题。第一个问题与存款保险部分的讨论类似:设立中央银行并不会增加经济的产量,那要怎样才能让人们相信中央银行确实会向商业银行提供贷款呢?一种情形是中央银行可以获得财政当局的税收支持。在这种情况下,最后贷款人政策就类似于存款保险。另一种更有趣的情形是在模型中引入货币和通货膨胀。假设储户并不要求获得时期 1 或者时期 2 的商品,而是要求获得货币。在这样的设定下,如果时期 1 发生大量的取款行为,中央银行就可以通过贷款给商业银行来应对,由此导致货币供给增加,从而拉高了时期 1 的商品价格。价格上升反过来抑制了消费,使得提前取款的储户的消费小于 c_1^{a*}(这是因为他们的取款金额要按美元而不是单位产品计算),这就意味着不论提前取款的储户有多少,经济都可以满足资源约束条件。由于中央银行的承诺在有可能发生通货膨胀时是可信的,b 类储户就没有动力提前取款,从而中央银行也就不必践行其提供贷款的承诺。虽然上述思想非常精妙,但是明确引入货币会让模型变得很复杂,因此我们不准备对此进行正式的分析。

最后贷款人政策引出的第二个问题涉及到中央银行向商业银行发放贷款的期限。从技术层面看,产品在两期之间的替代率是 $1:R$,但是如果中央银行仅只是按利率 R 向商业银行提供贷款支持,那么商业银行的贷款额度并不足以防止挤兑。原因很简单:在利率 R 下,如果所有储户都在时期 1 提前取款,那么银行就需要借入$(1-\theta)c_1^{a*}$ 才能满足时期 1 的提款需求,因此在时期 2 需要还款的总额为$(1-\theta)c_1^{a*}R$,但是可用资金仅有$(1-\theta)c_2^{b*}$。可见银行可用资金与负债本息总额之比为:

$$\frac{(1-\theta)c_2^{b*}}{(1-\theta)c_1^{a*}R}=\frac{c_2^{b*}}{c_1^{a*}R}<1, \tag{10.34}$$

其中不等式是根据 c_2^{b*}/c_1^{a*} 小于 R 得到的。也就是说,如果银行按照利率 R 借入$(1-\theta)c_1^{a*}$ 的资金,那么它将无法偿还贷款,这也就意味着中央银行提供总额为$(1-\theta)c_1^{a*}$ 的贷款这个方案并不可行。即中央银行提供贷款的利率为 R 时,并不能起到避免经济陷入挤兑均衡的作用。

上述分析说明,要消除挤兑均衡,中央银行需要向商业银行提供低于市场利率的贷款。放到上面的例子中就是,中央银行贷款的利率为 c_2^{b*}/c_1^{a*}(小于 R)时才可以解决挤兑问题。但是贷款利率低于市场利率意味着中央银行不可能向商业银行提供无条件贷款。理由在于,如果中央银行提供无条件贷款,那么商业银行就可以通过向中央银行借款来满足所有提前取款需求,并从中获得好处,而不必清算投资项目。例如,如果在时期 1 只有 a 类储户取款,那么银行可以选择不清算任何投资项目,而是贷款 θc_1^{a*},因此银行在时期 2 拥有的资源为 R,扣除偿还给央行的 θc_2^{b*} 和支付给储户的$(1-\theta)c_2^{b*}$ 后,商业银行还可以获利 $R-c_2^{b*}$,而中央银行没有获得

---

[1] 理查森和特鲁斯特(Richardson and Troost,2009)根据十分精彩的自然实验发现了有力的证据,说明最后贷款人政策会极大地提高银行遭遇挤兑时的存活几率。

任何好处。[1]

解决上述问题的一个办法是,中央银行可以要求商业银行首先通过资产变现来满足比例为 θ 的提前取款需求,只有当提前取款比例超过 θ 时,才向商业银行提供贷款。这一规则也可以看作是一种存款准备金制度。存款准备金制度要求,商业银行需要预备足够的自有资产来满足一定比例的储户从活期账户中随时提款的需求。

政策制定者到底应该如何应对银行恐慌?这个问题最著名的答案是白芝浩原则,即中央银行应当以高利率向拥有优质抵押品的公司慷慨放贷[参见白芝浩(Bagehot,1873)代表作《伦巴第街》的第 7 章]。白芝浩原则如今流传很广。戴蒙德—戴维格模型中,中央银行的贷款必须清偿,这就契合了白芝浩原则中关于优质抵押品的思想,但这也导致了其结论与该原则中的其他部分相反。根据模型中的最后贷款人政策,中央银行并不会慷慨放贷,而是会设立限制条件,并且贷款利率并不高,反而会低于市场利率。有趣的是,在当今社会中,各国中央银行应对银行恐慌的行为似乎更符合戴蒙德—戴维格模型,而不是白芝浩原则。

最后要注意的是,在发生全国范围的挤兑时,私人部门本身不能提供存款保险或者担当最后贷款人(我们在下一节讨论这个问题)。根据戴蒙德—戴维格模型,由于经济面临资源约束,不可能所有人都在时期 1 消费 c_1^{a*}。从更宽泛的角度说,如果金融系统整体持有长期资产并通过发行短期债券来提供流动性,假如所有债权人都试图赎回其资产,那么金融系统就不可能拥有足够的短期资产来满足兑现资产的需求。因此,私人部门实体无法为整个金融系统提供保险或者贷款,只有政府才有能力这样做,因为政府可以征税或者造成通货膨胀。

10.7 风险传染与金融危机

我们在本章中学习的两种模型都具有一个性质,即借款人获得资金的能力都有可能会突然发生变化。这一性质显然是戴蒙德—戴维格模型的一个关键特点:银行会遭到挤兑冲击,突然无法继续吸收或者保持存款。在第 10.2 节中金融市场不完美条件下的投资模型也具有这一性质。我们在那一节发现,参数空间中有一个区域会导致企业家无法获得任何融资。这就意味着,参数值的微小变化有可能会导致企业家的借款总额从严格为正突然下跌到零。此外,存在信贷配给的可能性并不是第 10.2 节中模型的特殊假设,而是融资过程存在不对称信息的必然结果。正如我们看到的那样,利率上升会增加代理成本,结果支付给贷款人的预期回报不一定会增加。因此,在一定情况下,投资者有可能无论如何都不愿意提供资金。

不过,我们并不能从微观经济层面的金融关系存在突发性变化的现象直接得

[1] 银行利润的另一种计算办法是,借入总额 θc_1^{a*} 乘以市场利率与央行贷款利率之差 $R-c_2^{b*}/c_1^{a*}$,即 $\theta R c_1^{a*}-\theta c_2^{b*}$。经济面临的资源约束 $\theta c_1^{a*}+[(1-\theta)c_2^{b*}/R]=1$ 意味着 $\theta R c_1^{a*}=R-(1-\theta)c_2^{b*}$,因此银行利润可以写为 $R-(1-\theta)c_2^{b*}-\theta c_2^{b*}$,即 $R-c_2^{b*}$。可见,这一方法得到的结果是一样的。

到结论说，我们已经找到了宏观经济层面发生金融危机的合理解释。如果在戴蒙德—戴维格模型中引入多个银行，我们会发现没有任何理由认为会有许多银行同时遭到挤兑。同样，如果在第10.2节的模型中考虑企业家的异质性，那么基本面的任何变动都有可能改变无法融资的企业家数量。但是要让一个微小的变化引起无法融资的企业家数量发生很大的改变，就必然意味着有很多企业家正好处于信贷配给的边界上，而存在这种情况的恰当理由也很难找到。此外，当经济面临微观层面的扰动时，还有些力量会倾向于稳定金融系统。例如，如果出现了某个企业家无法在任何利率下获得贷款的情况，这时通行的市场利率很有可能会下降，使得其他企业家更容易获得贷款。类似地，如果戴蒙德—戴维格模型中某家银行出现了挤兑，则其他银行就有可能获得更多的资金供给。

风险传染

然而，宏观经济的一个关键事实是存在金融危机，即许多金融机构都同时遇到困难，许多经济个体都同时无法获得贷款。因此，金融紊乱现象的一个核心问题就是风险到底是如何扩散的。研究者们找出了可能会导致风险传染的四种原因。第一种原因也是最符合直觉的，即交易对手风险传染。金融机构通常会持有各种各样的同业资产。当一家银行遭到挤兑时，就会产生破产风险，其他银行持有该行资产的价值就会下跌，从而作为其交易对手的其他银行的同业资产的健康状况就会恶化，这有可能会把其他银行推入破产边缘，或者至少会导致人们高度怀疑其偿债能力，进而引发挤兑。与此类似，如果在第10.2节的模型中，某位企业家对其他企业家有负债，那么这位企业家无法融资就会使其他企业家的财务状况恶化，并可能导致这些企业家也无法获得融资。〔1〕

第二种可能的原因是信心传染。如果一家银行或者企业发生了资金短缺的状况，则贷款人就很可能会重新评估其他银行或者企业的财务状况，而不会轻易提供贷款。例如，在戴蒙德—戴维格模型的一种变化形式中，流动性危机与偿付能力危机的区别比较模糊，如果有消息暗示银行有可能无法清偿负债，则即使这个概率很小也会造成挤兑。在这种情况下，假设经济中存在很多银行，储户关于银行财务状况的信息并不完全相同，而且不同银行的资产价值是正相关的，因此如果某家银行的储户发现另一家银行遭到了挤兑，他们就会猜测那家银行的储户获得了那家银行财务状况的不利信息，从而就会降低对自身开户银行的资产估值。结果很可能是这家银行的储户也开始挤兑，并进一步导致其他银行的储户也下调他们对各自开户银行的资产估值，并引发更多的挤兑行为。需要注意的是，即使发生挤兑的某家银行并不直接影响其他银行的资产价值，信心传染现象也有可能发生。

第三种传染是资产抛售传染。面临挤兑的金融机构很可能会出售资产来满足储户的兑现需求。如果金融市场没有摩擦，则任何资产的价格都由其状态依存收

〔1〕 上述分析着重考虑了从借款人到贷款人的交易对手风险传染，借款人无法偿还贷款会使贷款人遭受损失，导致贷款人偿还自身贷款的能力下降，以此类推，造成风险扩散。但是，交易对手风险传染也有可能是反方向的，如果贷款人发现自己资金短缺，就会减少向某个借款人提供的贷款，而这个借款人又会减少自己向其他借款人提供的贷款，以此类推[格拉斯曼和杨(Glasserman and Young，2016)]。

益以及每种状态下的边际消费效用决定,因而一家机构出售资产的决定并不会影响其资产价格。但是当金融市场并不完美时,资产抛售就很可能会压低该类资产的价格。如果其他金融机构也持有一些该类资产(或者相似资产),则它们的资产价值就会下降,从而导致破产或者挤兑。

最后一种风险传染是宏观经济传染。某些金融机构或者借款人的财务困难或者破产很可能会降低经济总体的活力,比如导致企业难以获得资金支付给供应商或者向工人支付工资,还会导致某些企业直接倒闭。尽管原则上说,这种现象可能会有利于其他企业,因为这些企业的需求会流向其他企业,但是由于经济的总需求下降,最终可能还是会对其他企业造成损失。如果负面影响占据主导,则某些企业的财务状况就可能会恶化,导致金融机构不再愿意向它们提供贷款,或者,贷款违约概率可能会增加,导致一些金融机构资不抵债或者引发挤兑。这可能会进一步降低经济活力,从而造成恶性循环。更严重的是,仅仅是意识到上述影响有可能会发生就会导致其立即对金融机构的财务状况和借款能力产生影响,而不是随着经济活力下降逐渐产生影响。

在 2008 年九月雷曼兄弟公司宣布破产后开始席卷全球的大规模金融危机中,上述四种风险传染几乎全部都发挥了作用。例如,储备首选基金是一家大型货币市场共同基金,曾向雷曼兄弟提供过贷款。结果,雷曼兄弟破产通过交易对手风险传染影响到了储备首选基金公司,并引发了挤兑。这又导致其他货币市场共同基金公司遭到了挤兑;由于这些基金公司和储备首选基金之间并没有直接关联,这次似乎是信心传染的原因。同时,很多金融机构的资金来源干涸,债权人又纷纷要求偿付,金融机构不得不低价出售资产来满足兑现需求。尽管我们并不能肯定这些资产的价格有没有下降到低于基本面所能支持的水平,但是根据出售规模,以及资产价格的许多正常链条纷纷断裂这一事实都可以说明,低价出售导致了资产抛售传染。最后,很显然金融市场紊乱加剧了已经下行的经济走势,从而股市指数以及除了国债之外的所有其他风险资产都出现暴跌。这一宏观经济传染机制显然影响到了金融危机的传导。

有关如何理解金融危机的一些问题

上述讨论引出了关于金融危机的一系列问题。但由于这是一个人们正在大力研究的领域,尚未得到明确的答案,我们只能泛泛而谈,而不会深究细节。

一个很显然的问题是不同类型的风险传染机制的相对重要性。即是否有某种风险传染机制在大多数金融危机中都发挥了主导作用?还是说不同金融危机中发挥主导作用的是不同的风险传染机制?是否这四种传染机制都很重要?实话说,目前我们对这些问题的答案还知之甚少。

风险传染引出的第二个问题是分散经济的效率。如果一种金融关系的紊乱会影响到这种关系之外的经济个体,那就有可能存在外部性,进而有可能导致无效率。这种外部效应似乎在信心传染、资产抛售传染以及宏观经济传染中都会出现,但我们还没有弄清楚它在交易对手传染中是否也会发挥作用。在风险传染可能存在负外部性的情况下,金融危机发生的均衡概率很可能会过高并造成无效率。如果我们把金融合同的形式看作给定的，那么无效率就会表现为交易过度活跃造成风险传染，例如过度发债或者过度开立活期户头。但是，退一步看，无效率也可能是因为合同形式并不是社会最优的。例如，社会最优可能要求少达成债务合同，多达成基于宏观经济表现的状态依存合同。而且，经济中还可能存在其他形式的无效率，例如金融机构之间过度关联（导致交易对手风险传染），或者不同金融机构持有的资产类型相关性过高（导致资产抛售传染）。

不同风险传染类型的相对重要性及其潜在的无效率问题具有重要的政策意义。如果经济中存在无效率，那么就有可能通过政府干预提高福利。但是，我们首先必须了解哪种外部性最重要才能弄清最有利的干预手段是什么。

在 2008 年席卷全球的金融危机爆发之后，政策制定者采取了大量干预措施，试图降低将来爆发危机的几率。这些措施表明，政策制定者要么并不清楚哪种外部性最为重要，要么就是认为许多外部性都很重要。例如，提高金融机构的资本要求，降低它们在资产价值下跌时破产的概率；提高流动性要求，降低它们无力应对挤兑的概率；对“具有系统重要性”的金融机构设置专门的资本要求和流动性要求，甚至对金融机构的规模设置上限；要求某些类型的合同集中汇总和核销，而不是逐份核销，减少交易对手传染；设置顺周期的资本要求，金融机构在经济繁荣时建立资本缓冲，以便应对经济衰退时的消耗；通过“压力测试”判断金融机构在经济形势不利情景下的表现（这表明政策制定者认为信息披露的均衡水平过低）；全面禁止金融机构的某些行为，如发行政府担保存单，或者扮演最后贷款人角色为陷入财务困难的其他金融机构提供贷款；改革金融机构的员工薪酬或高管薪酬制度；改革债券评级机构的获利模式；如此等等。

上面这个清单并不仅仅是简单地列出各类政策或者政策提议，同时还可以看作是一个研究计划。对于每一种政策提议，我们都可以提出以下问题：这种政策干预的理由是哪一类外部性？我们能否建立一个完整的模型来分析这种外部性？有什么依据可以论证这种外部性的定量重要性？该政策提议是否是处理这种外部性的最优途径？或者，类似于庇古税的其他方法是否会更好？该政策提议是否会产生其他副作用？

风险传染问题的分析引出的第三个问题是金融危机为什么会结束。这个问题比较微妙。如果少数几家金融机构出现问题引发的风险传染扰乱了金融系统中较大比例的金融活动，那么人们可能就会预期，金融活动紊乱进一步产生的风险传染会更加剧烈，并随着传染持续扩大导致大量金融机构出现问题，这一过程不断继续，危机不断蔓延直至摧毁整个金融系统。然而，即使在政府没有干预的情况下，我们也并没有看到这种极端现象。比如说在大萧条时期，尽管破产的银行达到三分之一，但其余三分之二的银行仍然存活下来，而这些银行在危机中必然深受各种风险传染的影响。这就表明简单地强调风险传染肯定遗漏了什么东西。从我们观察到的现象看，有一种解释大体上符合逻辑，即风险传染中不仅有重要的不稳定因素，也有重要的稳定因素，并且，在金融危机初期，不稳定因素占据主导地位，而随着金融系统失灵和紊乱加剧，稳定因素最终会占据上风。但是，这一解释仅仅是提出了一个粗略的想法，并没有解答根本性的问题，比如说稳定因素中最重要的有哪些?以及为什么这些因素会在风险传染的某些阶段占据主导地位,在其他阶段处于从属地位?

风险传染问题引出的最后一个问题是错误定价与金融危机之间的联系。股票或者住房等重要资产的价格大幅下跌会引发金融危机,其作用渠道可能是价格下跌影响居民财富和借款者的抵押品价值、金融机构资产负债表中的资产项价值、以及总产出水平。而资产价格迅速下跌的原因可能是有消息表明基本面决定的理性估值大幅低于预期,或者说资产的过高定价被纠正了。因此,过多的错误定价就很可能导致金融危机。

错误定价与金融危机之间可能存在的关联既有研究价值也有政策意义。研究价值方面,它提出了一个重要问题,即大范围的错误定价是否确实存在,如果存在的话,那错误定价到底是什么原因导致的?政策意义方面,它也提出了一个重要问题,即如何及时监测和避免大范围的错误定价(这就要求首先理解错误定价的根源)?

研究前沿速览

我们讨论的上述问题都是学术研究的热门领域。近年来有关资产抛售的研究特别多,其中最经典的论文是施莱弗和维西尼(Shleifer and Vishny,1992)。理论研究方面,格罗姆和瓦亚诺斯(Gromb and Vayanos,2002),洛伦佐尼(Lorenzoni,2008),以及达维拉和柯瑞尼(Dávila and Korinek,2017)等最具有代表性,这些研究都识别出了资产抛售传染导致的外部性,并论证了在特定条件下,经济中的风险会过度积累,从而导致金融危机的爆发概率过高。实证方面的近期研究包括米切尔,佩德森和保维诺(Mitchell,Pedersen,and Pulvino,2007);艾络,约缇卡斯拉和朗布拉(Ellul,Jotikasthira,and Lundblad,2011);梅瑞尔,纳岛,斯道兹和谢尔(Merrill,Nadauld,Stulz,and Sherlund,2014);以及柯伊金和尤果(Koijen and Yogo,2015)。这些论文都找到了资产抛售传染的有力证据。

近期研究中有两类文献分析了资产抛售外部性之外的其他因素,这些因素也可能导致总体风险过度积累,从而增加发生金融危机的风险。第一类文献包括法里和维宁(Farhi and Werning,2016),柯瑞尼和西姆瑟(Korinek and Simsek,2016),以及施密特格罗希和尤瑞比(Schmitt-Grohé and Uribe,2016),他们发现,由于名义利率零下界(我们将在第12.7节讨论这个问题)和货币联盟成员国地位都可能会削弱货币政策应对总需求下滑以及宏观经济传染的能力,因此在经济繁荣时期的大量信用创造可能会具有负外部性。第二类文献包括法里和梯若尔(Farhi and Tirole,2012)以及戈特勒、清泷信宏和奎拉托(Gertler,Kiyotaki,and Queralto,2012),他们研究的问题是,在金融危机发生后,政府为了维护金融系统运转而出手干预的动机会扭曲银行的事前风险决策。

银行挤兑自然也是一个主要的研究领域。由于有了存款保险制度,在2008年的金融危机中,历史上多次发生过的散户挤兑现象并没有大量出现。但是,这次危机的确发生了类似于挤兑的现象。高顿和默垂克(Gorton and Metrick,2012);艾尔和普瑞(Iyer and Puri,2012);柯维茨、梁和苏阿雷兹(Covitz,Liang,and Suarez,

2013);以及施密特、提摩曼和维摩斯(Schmidt,Timmermann,and Wermers,2016)等都研究了挤兑的微观经济学根源,他们大多分析了微观经济个体的极高频数据。近期关于挤兑的理论研究最有名的一个例子是戈特勒和清泷信宏(Gertler and Kiyotaki,2015),他们将戴蒙德—戴维格模型推广为一个包含多家银行的一般均衡模型。

许多引人入胜的研究都涉及了上述各种研究课题的某些具体方面,其中关于信用评级机构的近期研究深具洞见。人们可以轻易地断言债券发行者向评级机构支付报酬会导致信用评级系统性地偏高,从而导致债券买方在危机发生前系统性地低估所购债券的风险。但是这种说法面临一个理论难题:债券买方应该考虑评级机构的动机;同时还面临一个实证难题,声誉上的顾虑可以确保"有偿评级"模式在某些情况下运转良好,最著名的例子是为产品安全评级的保险商实验室(简称UL)。因此,我们不可以简单地做出上述论断。科瓦尔,具雷克和斯达夫(Coval,Jurek,and Stafford,2009)提供的证据表明,该论断忽略的问题是,债券买方在解读债券评级资料时,并不会考虑系统风险与特质风险之间的差别。然而,斯克雷塔和维尔德坎普(Skreta and Veldkamp,2009)则认为,该论断忽略的问题是,评级机构之间的竞争以及资产日益增加的复杂性会通过交互作用影响到最终的评级结果,而债券买方并没有完全理解这一点。有关评级机构的近期研究还有贝克尔和弥尔本(Becker and Milbourn,2011),格里芬和唐(Griffin and Tang,2011)以及博尔顿和弗雷萨斯(Bolton and Freixas,2012)。

上述简短的研究概览忽略了许多有关风险传染、危机及经济政策的重要研究领域。例如,艾伦和盖尔(Allen and Gale,2000),艾略特、戈拉布和杰克逊(Elliott,Golub,and Jackson,2014)以及阿西莫格鲁、奥兹达格拉和塔巴兹萨雷(Acemoglu,Ozdaglar,and Tahbaz-Salehi,2015)分析了通过网络连结发生的风险传染,并进而加深了对交易对手传染的理解。另一个例子是哈切姆(Hachem,2014),他研究了代理问题以及金融机构内部薪酬制度导致风险积累无效率的条件。而阿德马缇和弗雷德瑞尔(Admati and Pflei-derer,2013)以及米安和苏飞(Mian and Sufi,2015,第12章)则从完全不同的角度提出,金融系统相关政策需要做出大幅转变。

上述研究文献综述虽然简短而且非常不完整,但是可以告诉我们两个信息。首先,始于2007年并于2008年秋季急剧恶化的危机对宏观经济学产生了深远的影响。一些曾经处于宏观经济学边缘地带,或者根本不被看作宏观经济学问题,甚至在经济学的任何领域都鲜为人知的问题现在已成为宏观经济学深入研究的主题。其次,宏观经济学研究仍然处于初级阶段:我们提出了许多新问题,新想法,但还远远没有得到答案。这就意味着对于宏观经济学来说,当下是一个特别重要而且激动人心的黄金时期。

10.8 实证应用:金融危机宏观影响的微观证据

确定金融危机对宏观经济整体的影响非常困难。主要的麻烦就是我们在进行实证分析时反复遇到的难题:区分相关关系和因果关系。金融危机并不是在真空中产生的。现代经济庞大而复杂,在家庭和企业债务的大量积累之后,随着资产价格的大幅下跌通常会发生危机;有时则随着人们对一国货币或者政府债务失去信心而产生危机。因此,有一些与危机相关的因素很可能会直接影响经济。此外,由于金融市场具有前瞻性,涉及经济走势信息的消息(例如,房产价格可能下跌的消息)会增加人们对于金融机构偿债能力的疑虑,并立即触发金融危机。因此,即使金融危机的发生时间早于其他直接降低产出的事件,我们也不能认定危机是产出下滑的原因。

由于在使用总量数据来分析金融危机的宏观经济影响时存在上述固有的困难,许多研究使用了微观经济证据进行研究。当然,这些研究大多集中分析最近这次全球性的金融危机。本节介绍这些研究中两个最主要的例子。

伊瓦希纳和沙夫斯坦(Ivashina and Scharfstein)关于贷款的证据

伊瓦希纳和沙夫斯坦(Ivashina and Scharfstein,2010)在一篇非常及时的论文中研究了危机对主要金融机构贷款的影响。通过他们的论文我们可以深刻地认识到"了解相关制度的细节对于研究任何问题来说都至关重要"这一至理名言。

伊瓦希纳和沙夫斯坦分析的出发点是查瑞,克里斯蒂亚诺和基霍(Chari, Christiano and Kehoe,2008)的观察结果,即在雷曼兄弟(Lehman Brothers)在2008年9月倒闭后,银行资产负债表上的工商业贷款存量急剧上升。不要急于将这种现象解释为信贷供给没有任何回落。伊瓦希纳和沙夫斯坦指出,这种解释忽略了贷款合同的一个重要特征。许多合同为借款人提供了可以自由支配的信贷额度,即可以获得一定数量信贷的权利。而借款人对贷款人的财务状况以及经济形势恶化的担忧可能会使企业在雷曼兄弟倒闭后想要充分利用其信贷额度。因此,贷款的急剧增加也许仅仅是反映了企业对现有信贷额度的使用,并不能反映新增贷款的信息。

可惜的是,我们无法找到信贷额度支取的详细数据。因此,伊瓦希纳和沙夫斯坦采用了几种间接方法来获取金融危机时期有关信用支取的重要性的信息。其中一种方法是搜索企业支取信用额度的媒体报道。他们发现,在2008年8月中旬之前的三个月中没有此类报道,但在8月中旬至12月之间则出现了许多此类报道。媒体报道中公布的信用支取总额大约占此期间工商业贷款总额增长的四分之一。尽管该证据明显不是决定性的,但是考虑到还有许多未公开报道的信用支取行为,可以认为该证据与以下观点一致:信贷规模的大量增加在很大程度上反映的是现有信贷额度的支取。这对于信贷供给不可能减少的观点是致命一击。

但是,伊瓦希纳和沙夫斯坦主要感兴趣的问题是,危机期间的金融紊乱是否会影响银行的放贷?他们再次根据对金融制度的了解识别了两个变量,这两个变量可能会造成银行之间的差异,从而在危机期间影响银行获得资金的能力。其中第一个变量基于以下事实:银行的主要资金来源包括散户存款和批发短期债务。存款通常是很稳定的,而发行短期债务的能力则会迅速变化。因此,伊瓦希纳和沙夫斯坦认为,雷曼兄弟倒闭后,短期债务比重较大的银行可能会在获取资金方面遇到更多的麻烦。

第二个变量则是基于以下事实:许多大额贷款和授信额度是由多家银行联合

提供的。伊瓦希纳和沙夫斯坦认为，与雷曼兄弟的联合授信总额较多的银行可能会面临更多的信用支取，这不仅是因为雷曼兄弟破产意味着这些银行现在需要承担信用额度下的大部分贷款，还因为联合贷款人中的一方破产可能会使借款人对其他贷款银行更加警惕。随着信用额度支取增加，这些银行可用于其他贷款的资金将越来越少。

因此，伊瓦希纳和沙夫斯坦详细分析了主要通过批发渠道融资并且主要通过与雷曼联合授信的形式提供贷款的金融机构，考察它们的新增贷款在危机爆发时是否减少得更多。他们发现的确是这样。通过观察危机前期（2006 年 8 月至 2007 年 7 月）到危机期间（2008 年 8 月至 11 月）的贷款变化，他们发现上述两个变量都与贷款的大幅减少有关，该结果在统计上和经济意义上都是显著的。点估计结果表明，批发融资比例比平均水平高一个标准差的银行，其贷款减少幅度比一般银行高出约 30 个百分点。而（与雷曼兄弟）联合授信比例比平均水平高一个标准差的银行与一般银行之间的贷款则相差不大。

伊瓦希纳和沙夫斯坦指出，他们的研究结果有一个并不显而易见的局限性，即使证据毫无争议地表明危机减少了一些银行的信贷供给，也无法证明这些信贷萎缩会产生严重的后果。由于借款人会从受危机影响较大的银行转向受影响较小的银行，危机可能只是重新安排了贷款。即使总信贷供给受到影响，这对于厂商的劳动需求和生产决策也很有可能并不重要。因此，伊瓦希纳和沙夫斯坦的分析仅仅是部分解决了金融危机的经济后果问题。

乔朵劳—赖希（Chodorow-Reich）关于就业效应的证据

乔朵劳—赖希（Chodorow-Reich，2014）根据伊瓦希纳和沙夫斯坦的研究结果，采用了两种方法进一步深入分析：一是合并不同的数据集，二是使用行政数据而不是调查数据。这两种方法被广泛运用于宏观经济学（以及其他领域）中基于微观经济证据的大量实证研究工作。

乔朵劳—赖希的研究目标是要确定，如果银行在危机中减少了较多的信贷供给，那么其企业客户是否就会削减更多的就业机会？回答这个问题并不容易。实际上，乔朵劳—赖希的分析涉及五个不同的步骤。

第一步是首先确定分析企业与特定银行之间的联系是否有意义。如果企业可以轻易更换贷款银行，那么企业与特定银行之间的任何联系都不大重要。但是许多财务关系存在信息不对称的问题，这就表明现存借贷关系也许的确比较重要，但从根本上讲，这是一个实证问题。为了解决这个问题，乔朵劳—赖希研究了借贷关系中是否存在重要的惯性。具体来说，他研究如果一家银行曾经牵头向某家企业提供银团贷款，那么这家银行是否更可能再次成为向该企业提供银团贷款的牵头贷款人；并且他还分析了一个类似的问题，但是假设银行曾经参与银团贷款，而并不是牵头银行。这一研究步骤的结果是非常明确的，乔朵劳—赖希发现了借贷关系存在很大惯性的有力证据。

第二步是解决一个类似于上文（伊瓦希纳和沙夫斯坦的分析）中讨论过的问题。既然有的银行可能会受其企业客户牵连而陷入财务困境，因此，即便观察到某些企业经营表现较差,而且这些企业的贷款银行出现了财务困难,也并不能说明银行的财务健康状况会影响到企业经营。但是,乔朵劳—赖希认为,对于2008年金融危机来说,不必担忧这种内生性问题。因为有大量证据表明,银行在这段时期陷入困境的原因与企业贷款基本无关。银行之间财务健康状况的差异大部分是来自房地产贷款的差异,包括通过持有住房抵押贷款证券而间接提供的贷款。因此,乔朵劳—赖希首先将危机期间不同银行对企业贷款变化的差异视为反映了银行贷款供给的差异。同时他还考虑了其他模型设定,控制了许多公司特征,并且把银行的房地产风险敞口指标当作了其企业贷款的工具变量。他的实证结果在不同模型设定下都是相似的,均符合他提出的论点,即银行企业客户在经营表现上的系统性差异并不重要。

第三步是构建将就业结果与借贷关系联系起来的数据,这一步骤可能最重要的,主要的困难在于,乔朵劳—赖希掌握的数据来源不同,银团贷款数据是由一家私人公司收集的,而就业数据则来自劳工统计局(BLS)。BLS数据是机构级别而不是企业级别,因此需要汇总到企业级别。此外,企业在两个数据集中的名称往往有出入。乔朵劳—赖希采用了几种不同的方法来匹配数据集,包括手动检查数百个匹配不明确的样本,[1]最终将贷款数据中的大约一半的企业与就业数据匹配成功。

第四步是正式进行分析。我们已经从伊瓦希纳和沙夫斯坦那里知道,财务状况较差的银行在危机期间减少的贷款供给也较多。但是正如上文所述,他们的分析并没有排除借款企业更换贷款银行的可能性。因此,乔朵劳—赖希在分析实证结果时首先提出的问题就是,如果某些企业对应的贷款银行在危机中提供的贷款缩水较多,那么这些企业从其他银行获得贷款的机会是否也较少?他找到的证据有力地证明了的确是这样。然后,他进一步分析就业变量,发现信贷供给收缩对企业就业岗位的影响在统计上是显著的,并且从经济意义上看影响幅度也很大:点估计结果表明,按提供贷款的银团整体财务健康状况(用银行成员的贷款增速衡量)从最差到最好排序,如果企业的贷款银团属于前10%,则相比贷款银团属于前90%的企业来说,其就业人数的增长率会低4个百分点。

乔朵劳—赖希还检查了上述影响的异质性。他发现,对于规模较小的公司和无法进入债券市场的公司(根据是否具有信用评级或曾经公开发行过可流通债券来衡量)来说,危机的就业效应要大得多。而这些企业正是在失去原来的贷款渠道后最难获得其他资金的企业。因此,关于异质性的研究结果既有助于说明基准结果的产生机制,也能增加这些实证结果的可信度。

最后一步是尝试估算企业信贷供给收缩的总体影响。这一步骤的难点主要有三个。第一,实证结果仅涉及部分企业,而这些企业可能无法代表整个经济。第二,实证结果发现的是相对效应:根据乔朵劳—赖希找到的证据,如果一家企业面临的信贷供给收缩幅度比另一家企业更大,则其削减的就业岗位数就会更多,但是金融危机的总体就业效应取决于对企业的绝对效应,而不是相对效应。第三点与第二点有一定关系,实证结果可能包含了一般均衡效应。一家企业削减就业和生

---

[1] 更麻烦的是,BLS数据是机密的,研究人员受到众多使用限制,不能远程访问,也不能离线拷贝。乔朵劳—赖希在研究过程中经常需要在华盛顿特区的劳工部大楼的地下室连续工作许多天。

产有可能增加其他企业的就业，其作用渠道可能是压低现行工资水平，或者促使消费者转向其他企业的产品从而增加其他企业的需求。此外，一家企业削减生产导致收入下降还会降低对其他企业产品的需求，从而减少其他地方的就业。

乔朵劳—赖希只是部分地解决了上述难题。他认为，对于合理的参数值来说，负的一般均衡效应会大于正的均衡效应，因此，只看局部均衡效应很可能会得到总体效应的保守估计。于是，他假设样本中的中小型企业（就业效应主要来自这些企业）就代表了经济中的中小型企业，并且一家企业的贷款银团如果财务健康状况属于前 90%，则其信贷供给不会发生变化（这对于 2008 年危机中信贷供给的下降来说是一个保守估计）。他据此计算发现，雷曼倒闭后的那一年，信贷供给的回落造成美国企业总体就业下降了大约 20%。然而，该结果对不同简化假设的细节很敏感，而且，即使认为所有简化假设都是合理的，该估计结果的置信区间也特别宽。当然，更重要的是，该估计只涉及经济中部分企业的一类信贷，而且只涉及企业信贷，不包括家庭贷款。正如上文所述，该估计可能会偏低。因此，乔朵劳—赖希的结果非常支持传统观点，即信贷供给中断在大萧条中十分关键。

讨论

正如第 10.3 节所述，许多研究都发现金融市场不完美会扭曲企业行为，而第 8.6 节则说明消费者行为也会发生扭曲。乔朵劳—赖希也并不是唯一发现信贷中断在金融危机时期具有微观经济效应的论文。其他研究成果包括坎佩洛，格雷厄姆和哈维（Campello，Graham and Harvey，2010）；阿米蒂和温斯坦（Amiti and Weinstein，2011）；阿尔梅达，坎佩略，拉兰杰拉和维斯本纳（Almeida，Campello，Laranjeira，and Weisbenner，2012）；埃杰顿（Edgerton，2012）；杰巴斯（Ziebarth，2013）；杜甘邦普，列沃科夫和蒙托里加里加（Duygan-Bump，Levokov，and Montoriol-Garriga，2015）；蒙德拉贡（Mondragon，2015）；本默里奇，迈森佐和拉姆查兰（Benmelech，Meisenzahl and Ramcharam，2017）。

同时，正如上文所述，根据微观经济证据进行宏观经济估计十分困难。乔朵劳—赖希采用的计算方法要求很多前提假设，其准确性难以评估，因此很有必要寻找宏观层面的证据。

其中一种办法是研究一国地区层面的数据，而不是企业或者家庭层面的微观数据。皮克和罗森格伦（Peek and Rosengren，2000）较早采用了这种方法。他们研究了 20 世纪 90 年代日本金融危机对美国各州的影响。他们发现，日本银行在危机时期减少了其分行在美国的贷款，更重要的是，在日本银行提供贷款的比例较大的州，建筑业活动的下降幅度更大。地区层面的近期研究还有胡伯（Huber，2017）。他研究了德国各县对一家大型银行的依赖程度的差异，该银行在 2008 年危机中因其国际风险敞口（与国内贷款无关）而蒙受了巨大损失。他发现县级效应不仅很大，还要比通过汇总企业层面微观效应所得的结果要大得多。因此，该研究结果说明危机在县级层面具有巨大的一般均衡负效应。

当然，我们感兴趣的问题归根结底是危机对宏观经济总体层面的影响。我们已经知道从危机对微观企业和家庭层面的影响外推到地区效应非常困难，而从地区效应外推到宏观经济总体同样非常困难。因此,我们有必要直接分析经济总体数据。可惜的是,正如我们在本节开头所讨论的那样,使用总体证据来确定危机及其后果的因果关系是极具挑战性的。这类研究已经发现,金融危机爆发后,产出往往会大幅下降,而且历次危机之间存在相当大的异质性,但迄今为止,研究者们仍然不能很好地判断危机的直接后果。〔1〕

习　题

10.1　考虑第 10.1 节中的模型。假设效用函数是对数函数,$\beta=1$,并且经济只有两种状态,每种状态发生的概率都是二分之一。并假设只有一个投资项目。在状态 G 下,项目收益为 R_G;状态 B 下的项目收益为 R_B。$R_G>R_B>0$。状态 G 表示好状态,状态 B 表示差状态。

(a) 均衡条件是什么?

(b) 求解 C_1,K,C_2^G,C_2^B,q_G 和 q_B。

(c) 假设发现了新的投资项目。只有在某个特定状态下才有收益。令该收益为 $R_{NEW}>0$。

(i) 新项目的投资严格为正的条件是什么?

(ii) 假设(i)中的条件成立。均衡的 K 值(老项目的投资)与 K_{NEW} 值(新项目的投资)是什么?

(iii) 假设新项目产生收益的状态是 B。在什么条件下 C_2^B 大于或者等于 C_2^G,即 B 不再是差状态?

10.2　考虑第 10.1 节中的模型。假设有 M 个家庭,其中家庭 j 的效用为 $V_j=U(C_1)+\beta_j^s U(C_2)$,对于所有 j 和 s 均有 $\beta_j^s>0$。也就是说,家庭在不同状态下有不同的消费偏好。

(a) 均衡条件是什么?

(b) 如果不同家庭的 β 不一样,在均衡时,每个代理人拥有的项目产出索取权是否还是相同的,即给定状态 s,C_{2j}^s 是否对于所有的 j 都是相等的? 为什么?

10.3　考虑第 10.2 节中信息不对称时的投资模型。假设一开始企业家进行投资,且 $(1+r)(1-W)$ 严格小于 R^{MAX}。说明以下变化如何影响 D:

(a) W 略微上升。

(b) r 略微提高。

(c) c 略微增加。

---

〔1〕 这个研究领域的代表性论文包括波尔多,艾肯格林,克林吉贝尔,马丁内斯和佩里亚(Bordo, Eichengreen, Klingebiel and Martinez-Peria, 2001);霍加斯,雷斯和萨波特(Hoggarth, Reis and Saporta, 2002);塞拉和萨克森纳(Cerra and Saxena, 2008);莱因哈特和罗格夫(Reinhart and Rogoff, 2009);吉尔克里斯特和扎克拉杰克(Gilchrist and Zakrajsek, 2012);乔达,舒拉里克和泰勒(Jordà, Schularick and Taylor, 2013);C. 罗默和 D. 罗默(C. Romer and D. Romer, 2017)。贾利勒(Jalil, 2015)使用报纸上的信息来识别在19 世纪美国发生的一系列恐慌事件,这些恐慌事件似乎在很大程度上是由于特质因素造成的,可以揭示危机的因果关系。他发现产出在恐慌之后大幅下降,不过,这一发现的外部有效性(即它在多大程度上适用于其他环境,例如现代发达经济体)很难确定。

(d) b 略微上升。假设项目产出不是在区间$[0,2\gamma]$上均匀分布,而是在区间$[\gamma-b,\gamma+b]$上均匀分布。

(e) b 略微上升。假设项目产出不是在区间$[0,2\gamma]$上均匀分布,而是在区间$[b,2\gamma+b]$上均匀分布。

10.4 代理成本的简单情形:有限质押。(拉克尔和温伯格,1989;霍姆斯特罗姆和梯若尔,1998)

考虑第 10.2 节的模型,假设摩擦有所不同:产出查验没有成本,但是企业家可以隐藏投资项目产出中比例为 $1-f$ 的部分,其中 $0\leqslant f\leqslant 1$。因此,企业家只有承诺偿还项目产出中比例为 f 的部分才是可信的。

(a) 考虑一个预期收益 γ 超过 $1+r$ 的项目,该项目投产的条件是什么?

(b) 假设你在(a)小题中找到的条件满足严格不等关系。投资者和企业家之间的合同是否是唯一的?若唯一,那么合同是什么?若不唯一,请解释原因。

(c) 如果 $\gamma>1+r$ 但是项目未投产,则有限质押会导致效率低下(相对于无摩擦的情况)。说明以下情况是否会导致 $\gamma>1+r$ 的项目不投产?

(i) 企业家的财富 W 减少。

(ii) 企业家可以隐藏的项目产出比例 $1-f$ 增加,即 f 下降。

(iii) 特质风险增加。具体而言,假设(如习题 10.3 中的(d)小题)项目产出在区间$[\gamma-b,\gamma+b]$上,而不是在区间$[0,2\gamma]$上服从均匀分布,并且 b 上升。

10.5 (a) 证明:在第 10.4 节的方程(10.15)—(10.23)分析的模型中,c_{2t}^{a} 和 c_{2t}^{n} 条件分布并不是正态分布。

(b) 试用一到两句话解释,课文中的分析使用对数正态分布的性质为什么是正确的。

10.6 基本面风险和噪声交易者风险。考虑噪声交易者风险模型[方程(10.15)—(10.23)]的以下变形。经济中有三个时期,分别用 0、1 和 2 来表示。资产有两种,第一种是供给具有完全弹性的安全资产,其回报率标准化为 1:即如果在时期 0 对这种资产投资一单位经济中的单一商品,必定能在时期 1 获得一单位商品,并且在时期 1 投资一单位商品也必定可以在时期 2 获得一单位商品。第二种资产是风险资产,在时期 2 可以实现回报 $1+F_1+F_2$,其中 F_t 服从正态分布,均值为 0,方差为 V_t^F。F_1 可在时期 1 观察到,F_2 可在时期 2 观察到。风险资产的净供给为零,要使模型达到均衡,则资产需求量加总后必须等于零。经济中有两类交易者。第一类是噪声交易者,他们在时期 0 对风险资产的需求量为 N_0,在时期 1 的需求量为 N_0+N_1,其中 N_0 是外生的,而 N_1 服从正态分布,均值为 0,方差为 V_1^N。F_1,F_2 和 N_1 相互独立。第二类是套利交易者。其中有 A_0 出生于时期 0,A_1 出生于时期 1,他们都会生存两期(时期 0 出生的套利交易者在时期 0 和时期 1 生存;时期 1 出生的套利交易者在时期 1 和时期 2 生存),并且都只看重各自生命中第二个时期的消费。套利交易者的初始财富为零,效用函数为 $U(C)=-e^{-2\gamma C}$,$\gamma>0$。

(a) 考虑时期 1。

(i) 如果一个代表性的套利交易者出生于时期 1。他/她在下一期的消费是多少？请写为 P_1，F_1 和 F_2 以及风险资产持有量 X_1^a 的函数。该消费量的均值和方差分别是多少？请写为 P_1，F_1 和 X_1^a 以及 V_t^F 的函数。关于 X_1^a 最优选择的一阶条件是什么？

(ii) 时期 1 的均衡条件是什么？

(iii) 根据(ⅰ)小题和(ⅱ)小题的结果，求出时期 1 的价格与其基本面价值之差 $P_1-(1+F_1)$ 的表达式。

(iv) 你的结果是否支持课文中的观点，即基本面风险增加将抑制成熟投资者的交易意愿，这些交易原本可以抵消资产价格与基本面价值之间的偏离，因此交易意愿下滑会导致资产价格大幅偏离其基本面价值？

(b) 考虑时期 0。

(i) X_0^a(代表性成熟投资者购买的风险资产总额)的一阶条件是什么？用 $E_0[P_1]$ 和 $Var(P_1)$ 以及模型参数表示。

(ii) 根据(a)小题中的结果计算 $E_0[P_1]$ 和 $Var(P_1)$，用模型中的外生参数表示。

(iii) 根据(ⅰ)小题和(ⅱ)小题中的结果，求出 P_0-1，即时期 0 的价格与基本面价值之差的表达式。

(iv) 基本面风险(V_1^F 和 V_2^F)上升是否会拉大资产价格与基本面价值之间的偏差？噪声交易者风险上升呢？两种风险之间是否存在交互作用？即噪声交易者风险上升会造成基本面风险上升，下降还是没有影响？

10.7 一个简单的代理风险模型。接上题，简单起见，假设 $A_0=0$。但是，现在经济中有第三类交易者：对冲基金经理。他们出生于时期 0，并且只关心时期 2 的消费。与投资老手一样他们的效用函数为 $U(C)=-e^{-2\gamma C}$，也没有初始财富。这类交易者的总人数为 A_H。他们在时期 0 进入风险资产市场，且在时期 1 并不进行交易。但是，如果他们购买的风险资产蒙受短期损失，就会产生成本；如果获得短期收益，则会获得回报。具体而言，如果一个对冲基金经理购买的风险资产总额为 H，他/她就会在时期 1 获得 $aH(P_1-E_0[P_1])$，其中 $a>0$，P_1 是风险资产在时期 1 的价格。该基金经理会用安全资产的形式，在时期 1 到时期 2 之间持有这些回报，并用于增加(或者扣除)他/她在时期 2 的消费。

(a) 考虑时期 1。给定对冲基金经理在时期 0 购买的资产 $X_0^hA_H$，求出 $P_1-(1-F_1)$ 的表达式。(提示：在时期 1，对冲基金经理的资产需求是固定不变的，不会对资产价格做出反应。因此，他们在时期 1 的需求与噪声交易者类似。)

(b) 考虑时期 0。

(i) 求出代表性对冲基金经理在时期 2 的消费，用 P_0，F_1，F_2，a，$P_1-E_0[P_1]$ 和 X_0^h 来表示。

(ii) 他/她在时期 2 的消费的均值和方差是多少？用 P_0，a，V_1^F，V_2^F，γ，A_1，V_2^N 和 X_0^h 来表示。

(iii) 选择 X_0^h 的一阶条件是什么？

(iv) 根据你的答案计算 P_0-1 的表达式。

(v) 代理风险上升(a 值提高)是否会增加噪声交易者在时期 0 对资产价格的

影响?

10.8 考虑习题10.6。假设噪声交易者在时期0的需求并不具有高度持续性,即噪声交易者在时期1的需求为ρN_0+N_1,$\rho<1$。这是否会影响到你在(b)(iii)小题中关于噪声交易者如何影响时期0的资产价格的答案?如果$\rho=0$呢?

10.9 本题要求你证明,在习题10.7的代理风险模型中引入一些自然的变形后,消费与冲击之间不再是线性关系,从而使模型难以分析。

(a) 考虑习题10.7中的模型。假设代表性对冲基金经理在时期1不会获得回报或者产生成本,而是必须出售数量为$b(E_0[P_1]-P_1)H$的风险资产,其中$b>0$。证明在这种情况下,该经理的消费不是F_1的线性函数。

(b) 考虑习题10.7中的模型。假设A_1不是外生的,而是取决于时期0的投资老手是否成功获利:$A_1=A+b(P_1-E_0[P_1])X_0^a$,其中$b>0$。证明在这种情况下,出生于时期0的投资老手的消费不是F_1的线性函数。

10.10 德隆—施莱弗—萨默斯—沃尔德曼模型中的价格与数量。[1] 考虑第10.4节的方程(10.15)—(10.23)中的模型。假设噪声交易者面临的冲击是他们对风险资产的需求量,而不是对资产价格的预期。具体来说,假设代表性噪声交易者的需求为$X_t^a+\omega_t$,其中X_t^a是代表性套利者的需求(参见方程(10.17)),而ω_t是独立同分布的冲击,服从均值为零,方差为V_ω的正态分布。直观上看,人们可能会预期:(1)V_ω取某个值时会使模型得到与第10.4节相同的均衡(方程(10.18)似乎可以说明这一点,但需要注意,V不是模型的原始参数);(2)该V_ω是V_η的增加函数(从经济直觉上看,V_ω较大或V_η较大都意味着噪声交易者的"噪声较大");(3)对于任意V_ω,还存在一个均衡使得$P_t=1$对于所有t均成立(参见第?页脚注)。请问:(1),(2)和(3)是否全都是对的?如果不是,请从经济学的角度直观地解释这些猜想中哪一个或哪几个是错误的?

10.11 考虑第10.6节中的戴蒙德—戴维格模型,假设$\rho_R<1$。

(a) 在这种情况下,c_1^{a*}和c_2^{b*}分别是多少?c_2^{b*}是否仍然大于c_1^{a*}?

(b) 假设银行提供了如下合同:在资金足够的前提下,在时期0中存入一单位商品的储户可以在时期1提取c_1^{a*},时期2的剩余资产则由时期未取款的储户平均分配。解释为什么a类储户在时期1取款,b类储户在时期2取款并不是均衡?

(c) 银行有没有其他选择,使得最终结果比上一小题中的专制结果更好?

10.12 考虑第10.6节戴蒙德—戴维格模型中的存款保险。

(a) 如果在时期1取款的储户比例为$\phi>\theta$,政府需要在时期1对每个经济个体征收多少税收,才能把不提前取款的储户在两期的消费提高到c_2^{b*}?

请验证你的答案在$\phi=\theta$时会简化为零,并给出解释。

(b) 假设税收在边际上比你在(a)小题中计算的结果小一些。b类储户是否仍然会等到时期2,而不是在时期1就取款?

---

[1] 本题并没有逐步引导解题思路,因此比书中大多数其他习题都更难一些。(实际上,当我第一次用本题给学生布置作业时,自己都并不完全确定答案是否正确。)本题的目的让读者体会如何处理一个含义尚不明确的模型,而不是逐步解决一个结构清楚的问题。

11 失　业

无论何时何地，经济中都会有很多人处于失业状态。也就是说，许多人虽然没有工作，但却希望有一份工作，按照现行工资水平承担那些与他们能力相似的人正在担任的职务。

失业是宏观经济学的关键研究对象之一，主要关注两大问题。第一个问题是平均失业率在长期内的决定因素。经济在正常情况下也存在大量失业，据此可以提出至少三个极为重要的问题。首先，劳动市场之所以会不同于瓦尔拉斯市场，并出现大量失业的根本原因是什么？换句话说，为什么不是所有的工人都能按现行工资提供劳动力呢？其次，如何解释失业率在各国间的大幅差异，以及不同时期间的大幅波动？例如，日本的正常失业率似乎远低于5%，法国的失业率可达到10%左右，而一些欠发达国家则远高于10%。同样，大多数欧洲国家的正常失业率在1950年代和1960年代远低于美国，但在过去的几十年中却一直高于美国。第三，失业会对福利产生什么影响？一方面，失业可能会造成资源浪费，但另一方面，失业可能是工人和岗位之间复杂而有益的匹配过程中必然会产生的副作用。

关于失业的第二个研究问题是劳动市场的周期性现象。正如第6.3节所述，实际工资的顺周期性只是中等程度。这与下述观点是一致的：劳动市场可以用工资灵活调整的供需模型刻画的必要条件是劳动供给非常有弹性，或者说劳动供给的变动是经济波动的关键原因。但是，根据第5.10节，劳动供给具有高度弹性的假设是毫无根据的，而且劳动供给的变动也不大可能是经济波动的关键原因。可见，唯一的解释就是劳动市场的周期性现象并不符合工资灵活调整的供需模型。因此，本章着重分析劳动市场与传统供需模型之间存在哪些重要区别，以及这些区别会如何影响劳动市场的周期特征。

为什么劳动需求变动会导致就业发生大幅波动，但对实际工资却只有较小的影响？这个问题对所有波动理论都是非常重要的。譬如说，我们在第六章中证明：在需求冲击下，如果实际工资的反应是高度顺周期的，那么名义变量调整中的一点点障碍根本不足以产生巨大的名义刚性。例如，当经济面临总需求下滑时，如果价格保持不变，则实际工资必定急剧下降。因此，每个厂商都有巨大的动力去降低价格，并雇佣劳动来生产更多的产品。然而，如果劳动市场存在一些非瓦尔拉斯特性，使得劳动力价格对经济活动总体水平的反应迟钝，那么名义变量调整存在摩擦的理论就有可能是正确的。

本章讨论劳动市场不同于教科书式的竞争性市场的各种可能性。我们将探讨这些不同之处是否足以引起大量失业，是否会对就业和实际工资的周期性现象产生重要影响。

使用非瓦尔拉斯模型来刻画劳动模型的方法可以宽泛地总结为两种：传统方法和现代方法。传统方法使用标准的供需分析框架。也就是说，根据传统理论，模型中存在一条劳动供给曲线和一条劳动需求曲线（也可以是反映劳动市场不同部门的多条供给曲线与需求曲线），其结果是，失业必然意味着存在某种力量使工资无法下降到供求平衡的水平。然而，现代方法则把工人和岗位的异质性看作是劳动市场的基本特征。根据这种观点，把劳动市场看作是一个单一的市场，乃至大量相互联系的市场，都犯了根本性的错误。相反，每个工人和每个工作都应当被看作是截然不同的。因此，工人和岗位之间并不是通过市场匹配的，而是有一个复杂的搜寻与匹配过程。在这种情况下，总有一些失业不可避免，并且经济中的各种扰动都会改变失业水平。

尽管从概念上看，传统方法和现代方法似乎有很大的区别，但是它们却存在很多共同的问题。考虑劳动力需求下降的情形（其原因可能是凯恩斯模型中的总需求下降，或者是真实商业周期模型中的负向技术冲击），并假设工人的偏好导致瓦尔拉斯市场中的劳动力供给具有高度弹性。这种情形显然对传统方法提出了一个难题：在工资调整没有任何障碍的情况下，工资会急剧下降，就业变化则不会太大，而这与现实观察结论正好相反。可见，传统方法不能只用供给和需求来解释失业，还需要另外引入一些影响工资行为的模型要素。同样的设定对现代方法也提出了非常相似的难题：偏好假设意味着失业工人的保留工资急剧下降，当一名失业工人遇到一家有岗位空缺的厂商时，该工人和厂商达成一致的工资很可能会比劳动力需求下降之前可以达成的工资要低得多。但这反过来又让企业具有强烈的动机来创造空缺，从而造成工资大幅下降，同时就业人数小幅下降，与传统方法的结论几乎一样[夏默(Shimer，2005)]。因此，正如传统方法不能仅用供求分析来解释劳动市场的周期性现象一样，现代方法也不能只用搜寻与匹配来解释。

既然这两种方法存在许多相似的潜在问题，本章就从相对简单的传统方法开始讲解。我们将研究两种可能的工资调整障碍，模型的其他部分则与传统的劳动市场供需模型相同。第 11.1 节和第 11.2 节分析的模型中，厂商会选择不将工资降低至供求平衡的水平，因为支付低工资并不总是有利的，而是会产生成本。这种理论被称为效率工资理论。（效率工资的术语来自高工资可能会提高劳动生产率即工人效率的想法。）第 11.1 节讨论了支付低工资对厂商可能不利的原因，并分析了一个效率受工资影响的简单模型，但并没有明确指出导致这种影响的原因。第 11.2 节提出了一个模型，从一个特定的角度正式地分析了为什么支付较高的工资是有好处的。该模型的核心思想是，如果厂商无法严密监督工人的努力，可能就会提供高于市场出清水平的工资，从而激励工人不要偷懒。

工资可能无法下降使劳动供求平衡的第二个原因是，尽管希望降低工资，但是厂商与工人之间的显性或隐形合同不允许这样做。[1] 认为谈判和合约会对劳动市场中的宏观经济学产生影响的理论称为合同模型,将在第 11.3 节中详细讨论。

第 11.4 节和第 11.5 节介绍了现代方法。第 11.4 节介绍了搜寻与匹配模型的主要内容,推导了基准模型下的稳态,并讨论了模型扩展。第 11.5 节分析了该模型对正常失业,劳动市场的周期性特征和福利的影响。

最后,第 11.6 节介绍了一些实证应用研究。

11.1 一般的效率工资模型

效率工资的内在理由

效率工资模型的关键假设是,企业支付高工资既有成本也有收益。这个假设是基于多种理由的,这里我们介绍其中最重要的四个。

第一,最简单的理由是,较高的工资可以增加工人的食品消费,从而使他们身体更加健康,生产更加高效。当然,这种可能性在发达国家并不重要,但它为提高工资的好处提供了一个比较具体的例子,因此具有很好的参考价值。

第二,在某些情形下,厂商不能很好地监督工人,这时较高的工资能够起到提高工人努力程度的作用。在瓦尔拉斯式的劳动市场中,工人并不担心丢掉工作,因为在失业后他们可以立即找到完全相同的工作。于是,对于工作不努力的工人,如果厂商惩罚他们的唯一方式是解雇,那么在这种劳动市场中,工人就没有努力工作的动力。但是,如果厂商支付稍高于市场出清水平的工资,其相应的职位就会变得比较珍贵。因此,即使偷懒不一定会被发现,工人还是会选择努力工作。第 11.2 节将详细讨论这种观点。

第三,较高的工资招聘到的工人可能会具备厂商所无法观察到的工作能力。具体而言,如果高能力工人的保留工资较高,则支付较高的工资会提高应聘者的平均质量,从而提高厂商所雇工人的平均能力[韦思(Weiss,1980)]。[2]

第四,高工资能够提高员工的忠诚度,从而激励员工付出较高的努力程度;相反,低工资会引起不满和报复的冲动,从而导致偷懒或破坏活动。对此阿克洛夫和耶伦(Akerlof and Yellen,1990)提出了大量证据,说明了工人的努力程度会受到愤懑、嫉妒和感激等情绪影响。例如,他们研究发现,认为自己报酬过低的工人有时候会用事倍功半的方式工作,从而减少雇主的利润。[3]

其他薪酬方案

上述讨论的隐含假设是,厂商对工人的财务安排采取单位时间支付一定工资

[1] 最低工资法也不允许厂商任意削减工资。在多数情况下,最低工资法只牵涉到低技能工人,并不是宏观经济学失业研究中的重点。

[2] 如果工作能力是可以观察到的,那么厂商就可以向高能力的工人支付高工资。因此,可以观察到的能力差异并不会导致对瓦尔拉斯情形的任何偏离。

[3] 习题 11.5 分析了上述观点。高工资还有另外三种可能的好处:减少人员流动(从而减少厂商承担的招聘和培训成本);降低工人加入工会的可能性;提高有能力追求非利润最大化目标的管理者的效用。

的形式。因此一个很自然的问题是，厂商能否通过某些复杂的方式向其工人支付薪酬，从而使得厂商以较少的代价获得支付高工资的好处。例如，高工资的营养优势可以通过实物补偿的方式获得（比如提供工作餐）。再举一例，厂商可以要求工人支付保证金（一旦被发现偷懒，厂商将没收保证金），从而激励工人努力工作。

如果有成本更低的办法可以让厂商获得支付高工资的好处，那么这些好处就不会把工资推高，而只会让薪酬方案复杂化。是否确实可以通过这种便宜的方法获得支付高工资的好处取决于产生这种好处的具体原因。因此在这里，我们并不进行一般性的分析。在第 11.2 节的末尾，我们将从无法完全监督工人努力程度的角度，利用效率工资理论来讨论上述问题。在这一节，我们只是简单地假设薪酬方案采取传统的工资形式，并由此探讨效率工资的作用。

假设

下面我们就来介绍效率工资模型。假设经济中存在数量为 N，且完全相同的大量竞争性厂商。[1] 代表性厂商追求利润最大化，其利润由下式给出：

$$\pi = Y - wL, \tag{11.1}$$

其中，Y 是厂商的产出，w 是厂商支付的实际工资，而 L 是厂商雇用的劳动数量。

厂商的产出取决于雇用的工人数量，而且也依赖于工人的努力程度。为了简单起见，我们忽略其他投入品，并且假设劳动和努力程度以乘积的形式进入生产函数。因此，代表性厂商的产出如下：

$$Y = F(eL), \quad F'(\cdot) > 0, \quad F''(\cdot) < 0, \tag{11.2}$$

其中，e 代表工人的努力程度。效率工资模型的关键假设是，工人的努力程度与厂商支付的工资正相关。在本节中，我们考虑工资唯一地决定努力程度的简单情形［由索洛(1979)首次提出］。因此有：

$$e = e(w), \quad e'(\cdot) > 0. \tag{11.3}$$

最后，存在 $\bar{L}$ 个完全相同的工人，其中每个工人都无弹性地提供一单位劳动。

模型分析

代表性厂商面临的问题是：

$$\max_{L,w} F(e(w)L) - wL. \tag{11.4}$$

如果存在失业工人，则厂商就可以自由选择工资。如果失业为零，则厂商支付的工资就不能少于其他厂商所支付的工资。

当厂商不受约束时，L 与 w 的一阶条件是：[2]

$$F'(e(w)L)e(w) - w = 0, \tag{11.5}$$

［1］ 我们可以认为厂商数量由经济中的资本量决定，而资本量在短期内是固定不变的。

［2］ 我们假设模型满足二阶条件。

$$F'(e(w)L)Le'(w)-L=0. \tag{11.6}$$

(11.5)式可以改写为:

$$F'(e(w)L)=\frac{w}{e(w)}. \tag{11.7}$$

把(11.7)式代入(11.6)式并除以 L 即得:

$$\frac{we'(w)}{e(w)}=1. \tag{11.8}$$

方程(11.8)表明,在最优点,努力程度的工资弹性是1。为了理解这个条件,注意产出是有效劳动量 eL 的函数。因此,厂商会想尽办法来压低雇用有效劳动的成本。当厂商雇用一个工人时,它会获得 $e(w)$ 单位有效劳动,而成本为 w,从而每单位有效劳动的成本是 $w/e(w)$。当努力程度 e 关于工资 w 的弹性为1时,w 的边际变化不会对这个比率产生影响。可见,这是选择 w 最小化有效劳动成本的一阶条件。满足(11.8)式的工资被称为效率工资。

图11.1形象地说明了在 (w,e) 空间中厂商对 w 的选择。在原点引出的射线上,e 对 w 的比率是固定不变的,较高的射线对应于较高的比率。因此,厂商希望选择 w 以达到尽可能高的射线。最优选择处于函数 $e(w)$ 与其中一条射线正好相切的位置,即努力程度的工资弹性为1的位置。在(a)小图所示的情形中,努力程度对工资的反应比较灵敏,所以厂商会在一定范围内偏好支付高工资。而在(b)小图所示的情形中,厂商总是偏好较低的工资。

最后,方程(11.7)表明,厂商会不断雇用工人,直到有效劳动的边际产出等于成本。这类似于标准的劳动需求问题的最优条件,即厂商会雇用劳动者,直到其边际产出等于工资。

方程(11.7)与(11.8)刻画了单个厂商的行为。在此基础上刻画经济总体的均衡是比较简单的。令 w^* 与 L^* 分别表示满足(11.7)式与(11.8)式的 w 值与 L 值。由于厂商是完全相同的,每个厂商均选择相同的 w 值与 L 值,从而总劳动需求为 NL^*。如果劳动供给量 $\bar{L}$ 大于劳动需求量,则厂商在选择 w 时就不会受到约束。在这种情形下,工资是 w^*,就业是 NL^*,而失业则为 $\bar{L}-NL^*$。另一方面,如果 NL^* 大于 $\bar{L}$,则厂商就会受到约束。在这种情形下,工资会上升至使得供求平衡,并且在平衡时没有失业。

模型意义

本模型说明了效率工资会如何引起失业,同时还表明实际工资不会对需求变动做出反应。假设劳动需求增加,由于效率工资 w^* 完全由努力程度函数 $e(\cdot)$ 的性质决定,厂商没有理由调整工资。所以,模型可能有助于解释,为什么劳动需求的波动会导致就业的大幅波动但只会导致实际工资的小幅波动。此外,实际工资与努力程度并不改变意味着单位有效劳动的成本也不会改变。其结果是,就算模型中的厂商具有定价能力,其调整价格的激励也很小。

然而,这些结论并没有看上去那么有用。其难点在于,它们不仅在短期中成

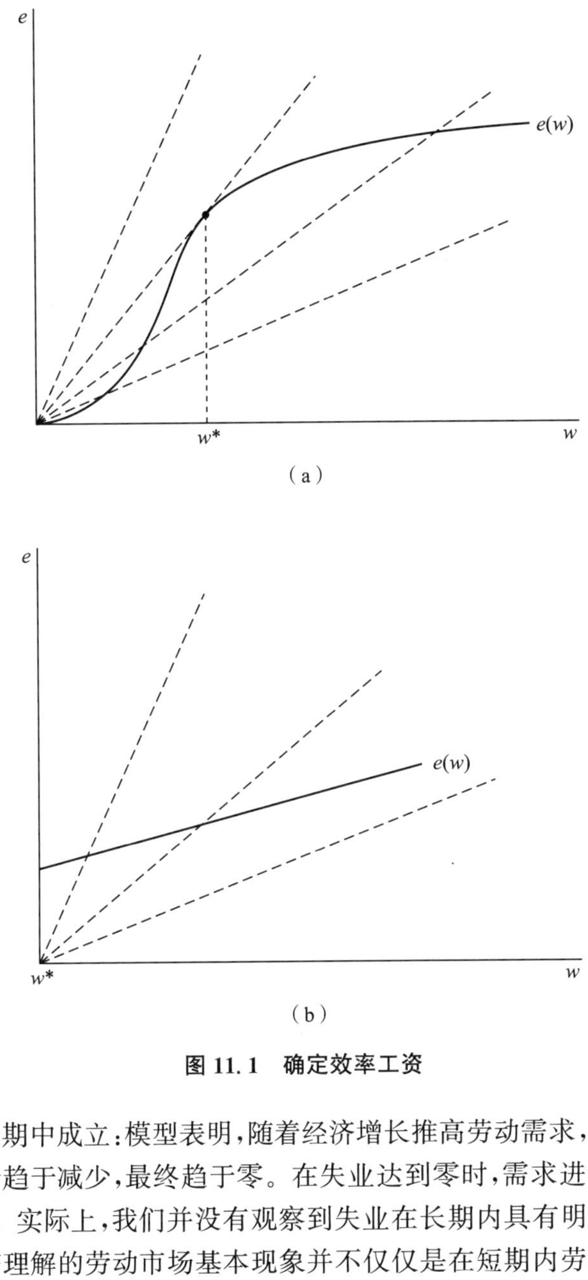

图 11.1 确定效率工资

立,而且也在长期中成立:模型表明,随着经济增长推高劳动需求,实际工资会保持不变,而失业会趋于减少,最终趋于零。在失业达到零时,需求进一步增加会导致实际工资增加。实际上,我们并没有观察到失业在长期内具有明显的趋势。换句话讲,我们所需理解的劳动市场基本现象并不仅仅是在短期内劳动需求的变动似乎不会影响实际工资(而主要影响就业),还包括在长期内需求变动几乎完全作用在实际工资上。我们的模型并不能解释这种现象。

更一般的模型

由于效率工资存在许多可能的来源,工资不太可能是努力程度的唯一决定因素。例如,假设工资影响努力程度的原因是厂商不能完全监督工人,而工人则会担心如果厂商发现自己偷懒时可能会丢掉工作。在这种情况下,工人被解雇时遭受的损失不仅取决于所在岗位的工资,还取决于找到其他工作的容易程度,以及其他工作岗位支付的工资。所以,当失业率越高时,在既定工资水平下,工人的努力程度可能就越高,而当其他厂商支付的工资越高时,工人的努力程度可能就越低。类似的讨论也适用于其他情形,如工资影响努力程度的原因来自无法观察到才能,或者感激、愤怒等情感。

因此,努力程度函数(11.3)可以抽象地写为:

$$e=e(w,w_a,u),\quad e_1(\cdot)>0,\quad e_2(\cdot)<0,\quad e_3(\cdot)>0,\tag{11.9}$$

其中,w_a 是其他厂商支付的工资,u 是失业率,下标表示偏导数。

由于每个厂商相对于整个经济都是微不足道的,w_a 与 u 都可以看作是既定的。代表性厂商的问题与前面相同,只不过这里 w_a 和 u 会影响努力程度函数。所以,重新整理一阶条件可得:

$$F'(e(w,w_a,u)L)=\frac{w}{e(w,w_a,u)},\tag{11.10}$$

$$\frac{we_1(w,w_a,u)}{e(w,w_a,u)}=1.\tag{11.11}$$

这些条件类似于简单模型中的(11.7)与(11.8)。

假设函数 $e(\cdot)$的性状良好,即对于既定的 w_a 与 u,存在唯一的最优 w。根据这个假设,模型均衡要求 $w=w_a$;如若不然,则每个厂商都希望支付不同于现行水平的工资。令 w^* 与 L^* 分别表示满足(11.10)式～(11.11)式且 $w=w_a$ 的 w 值与 L 值。与前面一样,如果 NL^* 小于 $\bar{L}$,则均衡工资是 w^*,并且失业工人数量为 $\bar{L}-NL^*$。如果 NL^* 大于 $\bar{L}$,则工资会上升直到劳动市场出清。

模型的上述推广可以帮助我们解释如下两种现象,即失业在长期内不存在趋势,而在短期内,劳动需求的变动会对失业产生大幅影响。通过下面的例子,我们可以很容易说明这一点。具体而言,根据萨默斯(1988),假设努力程度由下式给出:

$$e=\begin{cases}\left(\dfrac{w-x}{x}\right)^{\beta} & w>x\\ 0 & \text{其他},\end{cases}\tag{11.12}$$

$$x=(1-bu)w_a\tag{11.13}$$

其中 $0<\beta<1$,且 $b>0$。x 是劳动市场条件的测度指标。若 b 等于 1,则 x 是其他厂商支付的工资与所雇工人比例的乘积。若 b 小于 1,则工人赋予失业的权重较小,这可能是因为失业有一定好处或者工人认为闲暇具有价值。若 b 大于 1,则工人赋予失业的权重较大,这可能是因为失业工人找不到工作的概率异常大,或者是因为风险规避。最后,方程(11.12)表明,当 $w>x$ 时,努力程度的提高幅度不会与 $w-x$ 成比例。

对(11.12)式求微分可知,对于这种函数形式,如果要使得努力程度的工资弹性等于 1[方程(11.11)],则必须满足下述条件:

$$\beta \frac{w}{[(w-x)/x]^{\beta}}\left(\frac{w-x}{x}\right)^{\beta-1}\frac{1}{x}=1. \tag{11.14}$$

通过简单的代数运算,上式可以简化为:

$$\begin{aligned} w &= \frac{x}{1-\beta} \\ &= \frac{1-bu}{1-\beta}w_a. \end{aligned} \tag{11.15}$$

上式的第二行用(11.13)式替换了 x。当 β 较小时,得到 $1/(1-\beta)\simeq 1+\beta$。因此,(11.15)式表明,当 β 较小时,厂商提供的工资是劳动市场机会指数 x 加上一个比例约为 β 的补贴。

均衡要求代表性厂商支付现行工资,即 $w=w_a$。把这个条件加入(11.15)式可得:

$$(1-\beta)w_a=(1-bu)w_a. \tag{11.16}$$

为使上述条件成立,失业率必须由下式给定:

$$\begin{aligned} u &= \frac{\beta}{b} \\ &\equiv u_{\rm EQ}. \end{aligned} \tag{11.17}$$

如方程(11.15)所示,若失业小于 $u_{\rm EQ}$,则每个厂商都愿意支付高于现行水平的工资。反之,若失业大于 $u_{\rm EQ}$,则厂商只愿意支付低于现行水平的工资。所以,均衡条件要求 $u=u_{\rm EQ}$。

模型意义

上述分析有三个重要的意义。第一,(11.17)式表明,均衡失业率只取决于努力程度函数的参数,而与生产函数无关,所以生产函数的上移趋势并不会产生失业的趋势。

第二,中等大小的 β 值会导致大量失业。这里 β 表示努力程度对厂商所支付工资的弹性。例如,$\beta=0.06$ 且 $b=1$,或者 $\beta=0.03$ 且 $b=0.5$ 都意味着均衡失业率为 6%。但是这个结论并没有看上去那样强:虽然这些参数值表明,努力程度对 $(w-x)/x$ 的弹性较低,但是它们也表明,只有工资非常高时,工人才会努力工作。例如,如果 b 为 0.5,并且失业处在 6%的均衡水平,则在厂商支付的工资达到现行水平的 97%之前,努力程度均为零。从这个角度来看,在这些参数值下,效率工资的力量是非常强的。

第三,在正常情况下,当总失业变化时,厂商调整工资或价格(或者同时调整二者)的激励可能很小。假设我们根据第 6 章的思路,把研究工资与努力程度的本模型嵌入到定价模型中。考虑如下情形:经济一开始处于均衡状态,因而 $u=u_{\rm EQ}$,并且代表性厂商的边际收益等于边际成本;现在假设货币供给下降,而厂商并不改变名义工资或价格。其结果是,失业会上升到高于 $u_{\rm EQ}$ 的水平。根据第 6.6 节可知,只有当代表性厂商进行调整的激励很小时,工资与价格调整的微小障碍才会让上述情形成为一种均衡。

具体而言,考虑调整工资的激励。方程(11.15),即 $w=(1-bu)w_a/(1-\beta)$ 说明,成本最小化的工资会随着失业率递减,所以厂商可以通过降低工资来降低成本,从而提高其利润。这里的关键问题是,厂商所得好处的大小是多少。关于努力程度的方程(11.12)表明,如果厂商使工资等于现行工资水平 w_a,则单位有效劳动成本 w/e 为:

$$\begin{aligned}C_{\mathrm{FIXED}}&=\frac{u_a}{e(w_a,w_a,u)}\\&=\frac{w_a}{\left(\dfrac{w_a-x}{x}\right)^{\beta}}\\&=\frac{w_a}{\left[\dfrac{w_a-(1-bu)w_a}{(1-bu)w_a}\right]^{\beta}}\\&=\left(\frac{1-bu}{bu}\right)^{\beta}w_a.\end{aligned}\tag{11.18}$$

另一方面,如果厂商想改变工资,就会根据(11.15)式来确定工资,从而会选择 $w=x/(1-\beta)$。这时厂商的每单位有效劳动成本为:

$$\begin{aligned}C_{\mathrm{ADJ}}&=\frac{w}{\left(\dfrac{w-x}{x}\right)^{\beta}}\\&=\frac{x/(1-\beta)}{\left\{\dfrac{[x/(1-\beta)]-x}{x}\right\}^{\beta}}\\&=\frac{x/(1-\beta)}{[\beta/(1-\beta)]^{\beta}}\\&=\frac{1}{\beta^{\beta}}\frac{1}{(1-\beta)^{1-\beta}}(1-bu)w_a.\end{aligned}\tag{11.19}$$

假设 $\beta=0.06$ 且 $b=1$,从而 $u_{\mathrm{EQ}}=6\%$。同时假设失业上升至 9%,并且其他厂商并不改变工资。方程(11.18)与(11.19)说明,失业上升使 C_{FIXED} 下降 2.6%,C_{ADJ} 下降 3.2%。因此,厂商削减工资只能使成本节省 0.6%。当 $\beta=0.03$ 且 $b=0.5$ 时,C_{FIXED} 与 C_{ADJ} 分别下降 1.3% 与 1.5%,可见这时削减工资的激励就更小了。[1]

相反,在竞争性劳动市场中,均衡工资下降的数量为就业下降的百分比除以劳

〔1〕 可以证明,如果厂商不调整工资,则在正常情况下,其调整价格的激励也很小。然而,如果工资调整是完全有弹性的,那么调整价格的激励就不小了。当 u 大于 u_{EQ} 时,每个厂商都想支付少于其他厂商所支付的工资(参见(11.15)式)。因此,如果工资是完全有弹性的,就一定会降到零,或者降到工人的保留工资。其结果是,厂商的劳动成本极其低,从而降低价格并提高产出的激励就很大。所以在本模型中,如果没有调整工资的障碍,则调整价格的小额成本是不足以妨碍价格调整的。

动供给弹性。例如,当就业下降 3%,劳动供给弹性为 0.2 时,均衡工资会下降 15%。并且,如果努力程度不是内生的,则工资下降 15%就会直接转化为成本下降 15%,从而此时厂商具有削减工资与价格的强烈激励。[1]

由此可见,当总产出发生波动时,效率工资对调整工资的激励可能具有重大影响。因此,效率工资有助于解释劳动需求的变动在短期中为何主要影响就业。直观而言,在竞争性市场上,厂商一开始会处在工资的角点解上:厂商雇用工人时会支付尽可能低的工资,因此如果工资还可以削减,那么毫无疑问削减是有好处的。相反,根据效率工资理论,厂商一开始会处在内部最优解上,此时削减工资的边际收益与边际成本相等。

11.2 夏皮罗—施蒂格利兹模型

在效率工资的各种来源中,一个广受关注的来源是厂商的监督能力有限,这促使厂商激励工人努力工作。本节试图通过一个具体的模型来讨论上述可能性,此模型来自夏皮罗和施蒂格利茨(Shapiro and Stiglitz,1984)。

讨论不完全监督的正式模型有三大作用:第一是帮助我们严谨地分析上述观点是否成立;第二是帮助我们分析新问题,比如说,只有在正式模型中,我们才能讨论政府政策是否会改善福利;第三是连续时间,泊松过程,动态规划等工具使模型十分优美且简单易懂,因此该模型所使用的数学工具可以应用于其他情况。例如,本章后面将会进一步使用这些工具来分析搜寻与匹配模型。

假设

假设经济中有数量为 $\bar{L}$ 的大量工人以及数量为 N 的大量厂商。工人最大化其期望折现效用,而厂商最大化其期望折现利润。模型中时间设定为连续的。为了简单起见,本节的分析着重讨论稳态。

首先考虑工人。代表性工人的终生效用为:

$$U=\int_{t=0}^{\infty} e^{-\rho t}u(t)dt, \quad \rho>0. \tag{11.20}$$

其中 $u(t)$为时刻 t 的瞬时效用,ρ 为折现率。瞬时效用函数如下:

$$u(t)=\begin{cases} w(t)-e(t) & \text{有工作时,} \\ 0 & \text{失业时。} \end{cases} \tag{11.21}$$

其中,w 是工资,e 是工人的努力程度。努力程度只有两种可能的水平,$e=0$ 或者 $e=\bar{e}$。因此,在任何时刻,工人必定处于如下三种状态之一:就业并且努力工作(用 E 表示),就业但不努力工作(用 S 表示),或者失业(用 U 表示)。

---

[1] 实际上,在竞争性劳动市场中,当其他厂商不降低工资时,单个厂商降低工资的激励要比削减均衡工资的激励更大。如果其他厂商不降低工资,就会有一些工人失业。因此,厂商在雇用工人时可以支付任意少的工资(或工人的保留工资)。

本模型的关键部分在于工人在上述三个状态之间如何转移的假设。首先,存在一个外生的工作中断概率。具体而言,如果某工人从时刻 t_0 开始工作(并且努力工作),则此工人在随后某时刻 t 仍在此岗位工作的概率为:

$$P(t)=e^{-b(t-t_0)},\quad b>0. \tag{11.22}$$

上式说明 $P(t+\tau)/P(t)$ 等于 $e^{-b\tau}$,从而与 t 无关;如果工人在某一时刻处于就业状态,则不论他此前已经工作了多长时间,在经过时间 τ 之后此工人仍然处于就业状态的概率都是 $e^{-b\tau}$。上述工作中断事件服从泊松过程的假设极大地简化了分析,因为它意味着不必去记录工人在其岗位上工作了多长时间。

还有一种等价的方法可以用来刻画工作中断时间的随机过程,即认为单位时间内工作中断的概率为 b,或者说工作中断的风险率为 b。也就是说,随着 dt 趋向于零,在岗工人的工作岗位在随后 dt 单位时间内中止的概率趋向于 bdt。如果注意到(11.22)式表明 $P'(t)=-bP(t)$,就可以明白在假设中已经隐含了上述结论。

有关工人在各状态间变换的第二个假设是,厂商察觉到工人偷懒的事件也服从泊松过程。具体而言,在单位时间内察觉偷懒事件的概率为 q。q 是外生的,察觉偷懒事件与工作中断事件是相互独立的。被发现偷懒的工人会被解雇。因此,如果一个在岗工人有偷懒行为,则他/她经过时间 τ 之后仍然在这个岗位的概率是 $e^{-q\tau}$(即工人没有被发现偷懒而开除的概率)乘以 $e^{-b\tau}$(即工作没有意外中断的概率)。

第三,失业工人在单位时间内找到工作的速率为 a。所有工人都把 a 看作是给定的。但是,在经济总体层面,a 是内生决定的。当厂商需要雇用工人时,他会在失业工人群体中进行随机选择。因此,a 取决于厂商雇用工人的速率(它由就业工人数量和工作中断的比率确定)以及失业工人的数量。由于工人是完全相同的,找到工作的概率并不依赖于工人失业的原因或者失业的时间长短。

厂商的行为是比较简单的。时刻 t 的厂商利润为:

$$\pi(t)=F(\bar{e}L(t))-w(t)[L(t)+S(t)],\quad F'(\cdot)>0,\quad F''(\cdot)<0, \tag{11.23}$$

其中,L 是努力工作的雇员数量,S 是偷懒的雇员数量。厂商所面临的问题是,设定足够高的 w,使工人不再偷懒,并且同时选择工人数量 L。由于厂商的决策在任何时刻都只影响该时刻的利润,没有必要分析利润的现值:在每一时刻,厂商选择 w 与 L 以最大化其瞬时利润流。

模型的最后一个假设是 $\bar{e}F'(\bar{e}\bar{L}/N)>\bar{e}$,或者 $F'(\bar{e}\bar{L}/N)>1$。这个条件表明,如果每个厂商雇用劳动力总量的 $1/N$,则劳动的边际产出就会大于努力工作的成本。因此,当厂商可以完全监督工人时,就会存在充分就业。

E、*U* 与*S* 的值

我们在第 8.7 节已经讨论过,动态规划的基本思想是用值函数根在括未来。令 V_i 表示状态 i(i 分别取 E、S 和 U)时的“价值”。也就是说,V_i 表示在当期向前预期时,处于状态 i 的工人的折现终生效用的期望值。由于状态之间的转移服从泊松过程,所以 V_i 并不依赖于工人处于当前状态的时间,或者说不依赖于工人此前的历史状态。并且,由于我们着重讨论稳态,V_i 不随时间变化。即本模型中的值函数是退化的,给定状态下的“价值”是固定不变的。

如果时间是离散的,我们通过向前考虑一期来计算“价值”或值函数。如果时间是连续的,我们就向前考虑一个时间区间,并让该区间的长度缩小到零。具体的方法是,首先考虑在时刻 0 就业且努力工作的工人。暂且假设时间可以分割成长度为 Δt 的区间,并且在一个区间内失去工作的工人只有在下一个区间才能寻找新工作。令 $V_E(\Delta t)$ 与 $V_U(\Delta t)$ 分别表示在上述假设下区间开始时的就业量和失业量。随后我们令 Δt 趋于零,这样一个区间内失去工作的工人不能在该区间内找到新工作的约束就变得无关紧要了。因此,$V_E(\Delta t)$ 将趋于 V_E。

如果一个工人所在岗位支付的工资为 w,则 $V_E(\Delta t)$ 由下式给出:

$$\begin{aligned}V_E(\Delta t) &= \int_{t=0}^{\Delta t} e^{-bt}e^{-\rho t}(w-\bar{e})dt \\ &\quad + e^{-\rho\Delta t}[e^{-b\Delta t}V_E(\Delta t)+(1-e^{-b\Delta t})V_U(\Delta t)].\end{aligned} \tag{11.24}$$

上式的第一项表示区间$(0,\Delta t)$内的效用。在 t 时刻工人在岗的概率是 e^{-bt},如果工人在岗,则效用流是 $w-\bar{e}$。把这些值折现到时刻 0,即可得,每个时间点对期望终生效用的贡献为 $e^{-(\rho+b)t}(w-\bar{e})$。〔1〕

方程(11.24)的第二项表示 Δt 之后的效用。在时刻 Δt,工人就业的概率为 $e^{-b\Delta t}$,失业的概率为 $1-e^{-b\Delta t}$。将这些概率与 V 值结合在一起并折现即可得到第二项。

如果我们计算(11.24)式中的积分,就可以把方程改写成:

$$\begin{aligned}V_E(\Delta t) &= \frac{1}{\rho+b}(1-e^{-(\rho+b)\Delta t})(w-\bar{e}) \\ &\quad + e^{-\rho\Delta t}[e^{-b\Delta t}V_E(\Delta t)+(1-e^{-b\Delta t})V_U(\Delta t)].\end{aligned} \tag{11.25}$$

求解上式中的 $V_E(\Delta t)$ 可得:

$$V_E(\Delta t)=\frac{1}{\rho+b}(w-\bar{e})+\frac{1}{1-e^{-(\rho+b)\Delta t}}e^{-\rho\Delta t}(1-e^{-b\Delta t})V_U(\Delta t). \tag{11.26}$$

如上所述,当 Δt 趋于 0 时,$V_E(\Delta t)$的极限就等于 V_E[同理,$V_U(\Delta t)$的极限就等于 V_U]。为找到这个极限,我们对(11.26)式应用洛必达法则即得:

$$V_E=\frac{1}{\rho+b}[(w-\bar{e})+bV_U]. \tag{11.27}$$

实际上,方程(11.27)可以通过直观意义来推出。设想这样一种资产,在工人就业时,该资产每单位时间的收益率为 $w-\bar{e}$,当工人失业时,该资产不支付任何红利。此外,假设该资产由风险中性的投资者定价,他们要求的收益率为 ρ。由于这种资产的终生红利的期望现值等于工人终生效用的期望现值,所以当工人就业时,该资产的价格就必为 V_E,当工人失业时,该资产价格就必为 V_U。为了使人们愿意

〔1〕 根据稳态假设,如果最开始时努力工作是工人的最优选择,则此后仍然是最优选择。因此,我们不必考虑工人试图偷懒的可能性。

持有这种资产,则其期望收益率必须等于 ρ。也就是说,单位时间的红利加上单位时间内的期望资本收益或损失必须等于 ρV_E。当工人就业时,单位时间的红利为 $w-\bar{e}$,并且单位时间资本损失达 V_E-V_U 的概率为 b。因此,得到

$$\rho V_E=(w-\bar{e})-b(V_E-V_U). \tag{11.28}$$

整理即可得(11.27)式。

如果工人偷懒,则单位时间的红利为 w,并且单位时间内的预期资本损失为 $(b+q)(V_S-V_U)$。因此,利用与(11.28)式类似的推理可得:

$$\rho V_S=w-(b+q)(V_S-V_U). \tag{11.29}$$

最后,如果工人失业,则红利为零,并且单位时间内的期望资本收益(假设厂商支付足够高的工资,使得工人努力工作)为 $a(V_E-V_U)$。[1] 因此,

$$\rho V_U=a(V_E-V_U). \tag{11.30}$$

不偷懒条件

厂商必须支付足够高的工资,使得 $V_E\geqslant V_S$,否则工人就不会努力工作,从而就不会生产出任何产品。同时,由于努力程度不会超过 $\bar{e}$,所以厂商就不必支付过高的工资,而只要达到使工人努力工作的最低限度即可。因此,厂商会选择 w,使得 V_E 正好等于 V_S:[2]

$$V_E=V_S. \tag{11.31}$$

上述结论告诉我们,(11.28)式与(11.29)式的左边必须相等,从而:

$$(w-\bar{e})-b(V_E-V_U)=w-(b+q)(V_E-V_U), \tag{11.32}$$

或

$$V_E-V_U=\frac{\bar{e}}{q}. \tag{11.33}$$

方程(11.33)表明,厂商所支付的工资必须足以使得工人认为就业严格好于失业,也就是说,工人可以通过工作获得租金。这种溢价的规模随着努力工作的成本 $\bar{e}$ 上升而递增,并随着厂商察觉偷懒者的能力 q 上升而递减。

下一步是找出使就业租金等于 $\bar{e}/q$ 的工资。方程(11.30)与(11.32)说明:

$$\rho(V_E-V_U)=(w-\bar{e})-(a+b)(V_E-V_U). \tag{11.34}$$

由此可见,当 V_E-V_U 等于 $\bar{e}/q$ 时,工资 w 必定满足:

$$w=\bar{e}+(a+b+\rho)\frac{\bar{e}}{q}. \tag{11.35}$$

因此,使工人努力工作的工资随着努力成本 $\bar{e}$、寻找工作的难易程度 a、工作中断比率 b 以及折现率 ρ 的上升而递增,并随着偷懒者被察觉的概率 q 上升而递减。

---

〔1〕 方程(11.29)和(11.30)的推导也可以根据 $V_U(\Delta t)$ 和 $V_S(\Delta t)$ 的定义,并沿用推导(11.27)式的思路。

〔2〕 由于所有厂商都是完全一样的,所以它们支付的工资也相同。

为了表示防止偷懒的工资水平，一个方便的做法是使用单个厂商的就业量 L，而不是失业者找到工作的速率 a。我们可以利用下述事实来替换 a：由于经济处于稳态，进入和退出的失业人口必须达到平衡。单位时间内失业的工人数量是 N（厂商个数）乘以 L（每个厂商的工人数）再乘以 b（工作中断率）。[1] 找到工作的失业工人数量为 $\bar{L}-NL$ 乘以 a。让上述两个表达式相等即得：

$$a=\frac{NLb}{\bar{L}-NL}. \tag{11.36}$$

方程(11.36)表明，$a+b=\bar{L}b/(\bar{L}-NL)$。把此式代入(11.35)式可得：

$$w=\bar{e}+\left(\rho+\frac{\bar{L}}{\bar{L}-NL}b\right)\frac{\bar{e}}{q}. \tag{11.37}$$

方程(11.37)就是不偷懒条件。它表明，厂商为了让工人努力工作所需支付的工资是就业水平的函数。当就业工人越多时，失业工人就越少，并且有越多的工人会选择离职，从而失业工人找到工作就越容易。因此，防止偷懒所需的工资是就业量的增函数。在充分就业时，失业工人可以立即找到工作，因此工人被开除时没有任何损失，从而没有任何工资水平可以防止偷懒。图 11.2 表示了在(NL，w)空间中，满足不偷懒条件(NSC)的点集。

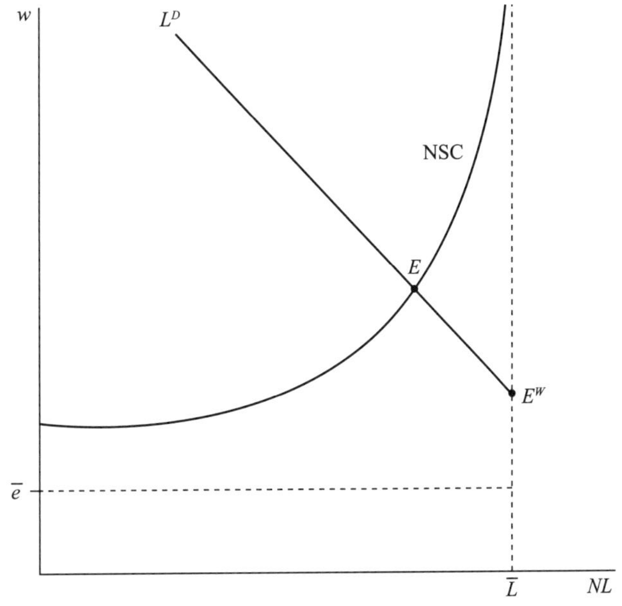

图 11.2 夏皮罗—施蒂格利茨模型

模型收尾

我们知道，厂商会雇用工人直到劳动的边际产出等于工资。方程(11.23)表

[1] 假设经济体足够大，尽管经济体的工作会随机地中断，但中断的总数并不是随机的。

明,当工人努力工作时,厂商的利润流为 $F(\bar{e}L)-wL$。因此,劳动的边际产出等于工资的条件就可写为:

$$\bar{e}F'(\bar{e}L)=w. \tag{11.38}$$

图 11.2 中也画出了满足(11.38)(即传统的劳动需求曲线)的点。

从点 $\bar{e}$ 直到工人总数 $\bar{L}$,劳动供给是水平的,而此后则是垂直的。当可以完全监督工人时,均衡位于劳动需求与劳动供给的交点。我们假设在充分就业时,劳动的边际产出大于努力工作的负效用(即 $F'(\bar{e}\bar{L}/N)>1$),这表明交点位于劳动供给曲线的垂直部分。图中点 E^W 即表示瓦尔拉斯均衡点。

在不能完全监督工人时,均衡位于劳动需求曲线[方程(11.38)]与不偷懒条件[方程(11.37)]的交点,在图中用 E 点表示。当经济处在均衡点时,存在失业。在现行工资水平下,失业工人严格偏好就业并努力工作,而不愿处于失业状态。但是,这并不能促使工资下降,原因在于厂商知道,如果雇用新工人时支付略低于现行水平的工资,则工人就会倾向于偷懒,而不是努力工作。所以,工资并不下降,而失业一直存在。

下面两个例子可能有助于说明本模型的作用。第一,q 上升,即单位时间内察觉工人偷懒的概率上升,会使得不偷懒曲线下降,但并不影响劳动需求曲线,如图 11.3 所示。因此,工资下降而就业上升。随着 q 趋于无穷大,偷懒者在任意有限长度的时间内被察觉的概率趋于 1。其结果是,对于任意低于充分就业的就业水平,不偷懒工资趋向于 $\bar{e}$。可见,经济趋于瓦尔拉斯均衡。

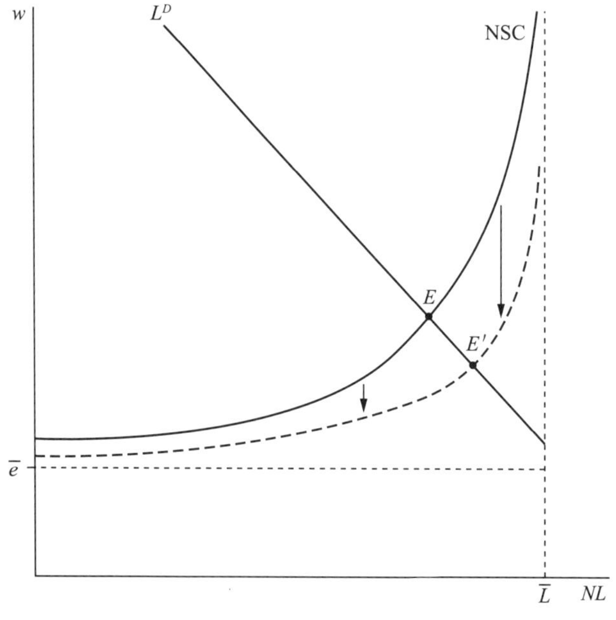

图 11.3　夏皮罗—施蒂格利茨模型中 q 上升的影响

第二,如果不能更换工作($b=0$),则失业工人永远不会被雇用。其结果是,不偷懒工资与就业水平无关。根据(11.37)式,在这种情形下,不偷懒工资为 $\bar{e}+\rho\bar{e}/q$。直观而言,相对于努力工作,偷懒在单位时间内获得的收益为 $\bar{e}$。而偷懒的成本是单

位时间内存在概率 q 使得工人永久失业，从而失去工作所得剩余的折现值，$(w-\bar{e})/\rho$。令成本与收益相等即得 $w=\bar{e}+\rho\bar{e}/q$。如图 11.4 所示。

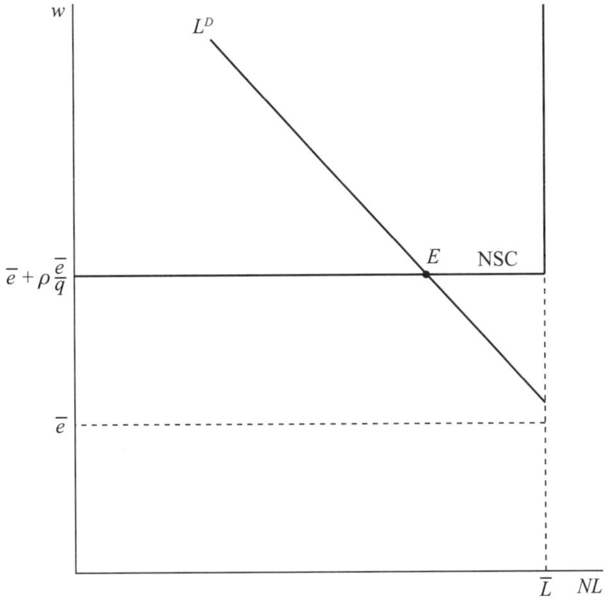

图 11.4 不能更换工作时的夏皮罗—施蒂格利茨模型

模型意义

本模型表明，均衡时也是存在失业的，并且有各种各样的因素可能会影响到均衡失业。因此，本模型有助于解释失业。遗憾的是，本模型过于僵化，很难确定模型预测的失业水平是多少。

对于短期波动，我们可以考虑劳动需求下降的影响，如图 11.5 所示。w 与 L 会沿不偷懒曲线向下移动，由于劳动供给完全无弹性，所以就业的反应必定大于完全监督情形下的反应。可见，模型提出了均衡时存在失业的一种可能原因，即在产出波动由需求推动时，工资的反应可能小于工人始终处于劳动供给曲线的情形。〔1〕

然而，上述效应从数量上来看似乎很小。失业越少，则失业工人就越容易找到新工作，从而防止偷懒的工资就必须越高。这就是不偷懒曲线的斜率越来越陡的原因。校准模型时可以发现，在通常观察到的失业水平上，不偷懒曲线是十分陡峭的。也就是说，本模型意味着，劳动需求的变动主要作用在工资上，而对就业的作用相对较小[戈姆(Gomme，1999)；亚历克索普洛夫(Alexopoulos，2004)]。〔2〕

〔1〕 这里介绍的简单模型与第 11.1 节介绍的效率工资模型存在同样的问题：模型意味着，随着技术进步推高劳动需求曲线，失业有下降趋势。解决这个问题的一个办法是，使努力工作的成本 $\bar{e}$ 内生化，并构建模型使得长期中 $\bar{e}$ 与工人平均产出的增长率相同。这会使得长期中 NSC 曲线向上移动，且其速度与劳动需求曲线相同，从而消除失业的下降趋势。

〔2〕 与上文中的简单分析不同，这些学者并没有比较不同需求水平下的稳态，而是分析了劳动需求变动的动态效应。

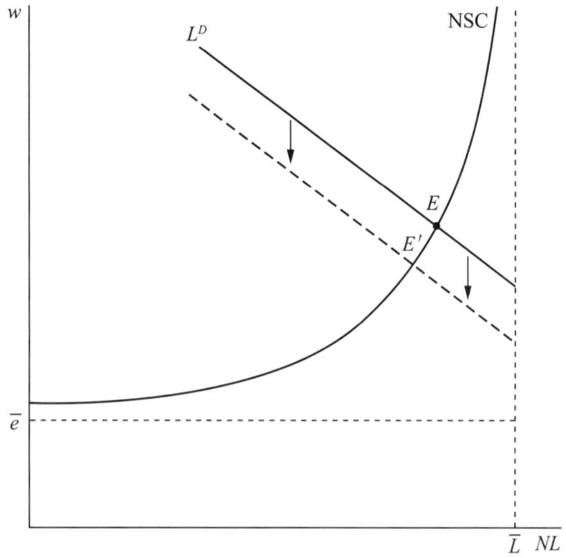

图 11.5 夏皮罗—施蒂格利茨模型中劳动需求下降的影响

最后,模型表明分散均衡是无效率的。为了理解这个结论,注意在充分就业时,劳动的边际产品 $\bar{e}F'(\bar{e}\bar{L}/N)$ 大于工人努力工作的成本 $\bar{e}$。可见,最优配置是每个人都就业并且努力工作。当然,政府不能为此简单地命令厂商压低劳动需求曲线,直到充分就业:这样的政策会导致工人偷懒,从而使得产出为零。但夏皮罗和施蒂格利茨发现,通过征收总量税或利润税来对工资进行补贴可以改善福利。这种政策使劳动需求曲线向上移动,并且使工资与就业沿不偷懒曲线上升。由于增加产出的价值大于生产的机会成本,所以总福利会上升,而这些收益如何在工人与厂商之间分配则取决于工资补贴如何融资。

模型的推广

上述基本模型可以从许多方面进行推广,这里,我们主要讨论其中的四种。

第一,有关劳动市场的一个重要问题是,既然失业对工人如此不利,当雇主减少劳动投入量时,为什么会解雇工人而不是安排工人分担工作?对此,夏皮罗和施蒂格利茨模型(假设雇员的工作小时数可变)提出了一种可能的解释。工作小时数减少降低了雇员从工作中获得的剩余收入。其结果是,厂商为了防止偷懒所必须支付的工资上升,从而厂商可能会发现解雇工人比分担工作更有利,尽管这样做会使工人面临的风险更大。

第二,布洛和萨默斯(Bulow and Summers,1986)通过引入第二种工作对模型进行了推广。这种工作可以完美地监督努力程度。在这个工作部门中,由于没有不对称信息,所以工作不会产生剩余收入,也不用进行工作分配。在合理的假设下,没有剩余收入会导致较高的人员流动率。不能完全监督的工作仍然支付高于市场出清水平的工资。因此,获得这类工作的工人将不愿离开。如果模型进一步推广,引入具有不同工作归属感的工人团体(具有不同 b 值),那么为了使工作归属感不强的工人努力工作，就需要支付较高的工资。其结果是，工作岗位需要监督的厂商不愿意雇用工作归属感较低的工人，所以这些工人大量进入工资低、人员流动快的部门。上述有关工资水平、人员流动率以及职业分割的预期符合德林格和皮奥里(Doeringer and Piore，1971)在其二元劳动市场理论中所确认的主要工作与次要工作的特点。

第三，亚历克索普洛夫(Alexopoulos，2004)研究了本模型的如下变化：偷懒工人在一段时间内的工资会较低，但不会被开除。这个假设会大大改变模型对于短期波动的意义。损失一定量工资收入的成本并不取决于当前失业率。其结果是，不偷懒曲线会变得平坦，而劳动需求变动的短期影响会完全体现在就业上。

最后一个推广对于上述失业理论而言更具有挑战性。我们前面一直假设薪酬采取传统的工资形式。但是，正如针对效率工资的潜在来源的一般性讨论中所指出的那样，更复杂化的薪酬计划可以极大地改变不完全监督的影响。这类薪酬计划的例子包括保证金制度与职位买卖。保证金制度是指，厂商要求新工人交纳一份保证金，如果工人被发现偷懒，则其保证金会被没收。通过要求工人交纳足够高的保证金，厂商可以使得工人即使在市场出清水平的工资下也不敢偷懒。也就是说，保证金制度可以使不偷懒曲线向下移动，直到曲线与劳动供给曲线重合。职位买卖是指，在工人被雇用时，厂商要求工人支付一笔费用。如果厂商可以得到新工人支付的费用，则既定工资下，厂商的劳动需求就更高。因此，随着经济沿不偷懒曲线向上移动，工资与就业均会上升。如果厂商可以要求保证金或者出售工作岗位，则他们就一定会这样做，而模型中的失业就会减少或者消失。

保证金制度、职位买卖以及类似措施会受到资本市场不完善的限制(资本市场不完善会使工人很难交纳一大笔保证金，或者在受雇用时支付一大笔费用)。并且，工人会担心厂商有可能诬陷他们偷懒从而强占保证金，或者随意开除他们而不退还支付的工作费用，这些担心也会导致上述措施作用有限。但是，正如卡迈克尔(Carmichael，1985)所强调的，这样因素并不会使上述措施完全被淘汰。如果工人严格偏好于就业而不是失业，厂商就可以通过诸如索取更高工作费用的方法来提高利润。在这种情形下，工作不是由厂商分配的，而是留给愿意支付最高费用的工人。因此，即使这些薪酬计划的作用有限，它们仍然可以消除失业。简而言之，对于上述失业理论来说，为何没有观察到工作费用或者业绩保证金仍然是一个难解之谜。

非常重要的一点是，由于夏皮罗—施蒂格利茨模型着重于分析效率工资的一种特定来源，所以在解释为什么没有保证金制度以及职位买卖现象时，模型面临的困难与所得结论都不具有一般性。例如，假设厂商发现支付高工资比较有利，因为高工资可以提高应聘者的某些素质，而这种素质是无法直接观察到的。在这种情形下，由于工作的吸引力依赖于总的薪酬收入，厂商没有激励去采纳诸如职位买卖之类的薪酬计划。同样，也没有理由要求夏皮罗—施蒂格利茨模型对劳动需求变动的影响所做出的解释可以适用于这种情形。

正如第 11.6 节所述，工人的感激、愤怒及公平等情绪感受对工资方案也是比较重要的。如果这些原因导致了劳动市场不能出清，那就同样没有理由要求夏皮罗—施蒂格利茨模型中涉及薪酬计划与劳动需求变动影响的有关结论依然成立。在这种情形下,理论并没有指导意义。要想一般性地讨论何种因素决定了劳动市场的失业与周期行为,就需要详细地研究何种因素决定了工人的工作态度及其对生产效率的影响。在第 11.6 节中,我们会讨论这个方向的一些初步研究。

11.3 合同模型

我们所讨论的劳动市场不同于瓦尔拉斯假设的第二个方面是,厂商与工人之间存在长期关系。厂商并不是在每个时期都重新雇用工人,相反,许多工作岗位需要工人具有长期的归属感,以及熟练的专门技能。

长期关系的存在意味着,工资不必每个时期都调整,以使得劳动市场出清。只要工人预期获得的收入流相比外来机会更加有利,他们就愿意留在现有岗位上。由于工人与雇主之间具有长期关系,在这种比较中工人目前的工资就会显得不再重要。本节即试图探讨这种现象的重要性。

基准模型

考虑雇用了一群工人的某个厂商,其利润为:

$$\pi = AF(L) - wL, \quad F'(\cdot) > 0, \quad F''(\cdot) < 0, \tag{11.39}$$

其中 L 是厂商雇用的劳动数量,w 表示工资。A 是利润函数的一个影响因子,它可能反映技术(从而较高的 A 值表明厂商可以在一定劳动数量下生产出更多产出),也可能反映经济总体的产出(从而较高的 A 值表明厂商在既定产出下可获得较高的相对价格)。

与考虑多期情形相比,一个更简单的做法是考虑一个时期并假设 A 是随机的。因此,当工人决定是否为厂商工作时,他们会基于 A 的随机性考虑在这个时期内可获得的期望效用,而不必考虑收入与工作时间在许多时期内随着 A 的波动发生变化时,他们可以获得的平均效用。

假设 A 的分布是离散的,且存在 K 个可能的 A 值,我们用下标 i 来进行区分;p_i 表示 $A = A_i$ 的概率。从而厂商的期望利润是:

$$E[\pi] = \sum_{i=1}^{K} p_i [A_i F(L_i) - w_i L_i], \tag{11.40}$$

其中 L_i 与 w_i 分别表示当 A 的实现值为 A_i 时的劳动数量与工资。厂商最大化其期望利润,因此是风险中性的。

假设每个工人的工作量都相同。代表性工人的效用为:

$$u = U(C) - V(L),\ U'(\cdot) > 0,\ U''(\cdot) < 0,\ V'(\cdot) > 0,\ V''(\cdot) > 0, \tag{11.41}$$

其中 $U(\cdot)$ 表示由消费获得的效用,而 $V(\cdot)$ 表示工作产生的负效用。由于 $U''(\cdot)$ 为负，工人是风险规避的。[1]

假设工人的消费 C 等于其劳动收入 wL。[2] 也就是说，工人不能通过购买保险防范就业与工资的波动。在更完善的模型中，这可能来自工人的异质性，从而工人拥有关于自身劳动市场就业前景的私人信息。此处我们只是简单地假设没有外部保险机制。

方程(11.41)说明，代表性工人的期望效用为：

$$E[u]=\sum_{i=1}^{K}p_i[U(C_i)-V(L_i)]. \tag{11.42}$$

为了让工人愿意为厂商工作，工人必须获得某个最低水平的期望效用 u_0。一旦工人们同意签订合同，就不再有劳动流动了。因此，合同的唯一约束是其提供的平均效用水平，而不是单独某一个状态下的效用水平。

隐性合同

一种简单的合同是，仅仅确定一个工资水平，然后让厂商在 A 确定之后选择雇用数量。实际上，大多数合同都采用了这种形式，或者至少看上去是这种形式。在这种工资合同下必然会出现失业与实际工资刚性的问题。例如，劳动需求下降将导致厂商在固定的实际工资水平上减少雇用，而劳动供给并不变动，由此便产生了失业(或者，如果所有工人的工作量相同，就会产生就业不足)。劳动成本并不做出反应，因为根据假设，实际工资是固定不变的。

但是，上述对失业与实际工资刚性的解释并不能令人满意。其难点在于，这种类型的合同是无效率的[列昂惕夫(Leontief，1946)]。由于工资是固定的，而且厂商在选择就业时把工资看作是既定不变的，所以劳动的边际产出与 A 无关。但是由于就业会随 A 变化，工作的边际负效用会依赖于 A。因此，劳动的边际产出一般并不等于工作的边际负效用，从而存在改善合同双方福利的可能性。并且，如果劳动供给并不是很有弹性，则无效率的程度就很大。例如，当劳动需求较小时，工作的边际负效应就较小，从而如果工人稍微多工作一点，厂商与工人的状况就可以得到改善。

为了理解为何上述工资合同可以进行改进，我们可以假设厂商提供给工人们一份合同，该合同针对 A 的每一个实现值都确定了相应的工资与劳动小时数。由于实际上合同并不会明确地把就业与工资确定为状态的函数，这种合同也被称为隐性合同。[3]

我们知道，厂商必须让工人至少达到某个最低水平的期望效用 u_0，而除此以

[1] 由于厂商的所有者可以通过持有覆盖面较广的资产组合来分散厂商的特有风险，所以假设厂商是风险中性的对于企业层面的特定冲击来说具有一定的合理性。但是，对总量冲击而言，假设厂商不如工人规避风险就很难自圆其说。由于本理论的主要目的是解释总量冲击的作用，这就成了该模型的一个缺陷。一个可能的解释是，厂商所有者比普通工人更加富有，而风险规避程度会随财富水平的增加而减少。

[2] 如果有 $\bar{L}$ 个工人，则代表性工人的工作时间与消费实际上等于 $L/\bar{L}$ 与 $wL/\bar{L}$，从而效用函数的形式为 $\widetilde{U}(C/\bar{L})-\widetilde{V}(L/\bar{L})$。为了消去 $\bar{L}$，可以定义 $U(C)=\widetilde{U}(C/\bar{L})$ 和 $V(L)=\widetilde{V}(L/\bar{L})$。

[3] 隐性合同理论来自阿扎里迪斯(Azariadis，1975)，贝利(Baily，1974)以及戈登(Gordon，1974)。

外并没有其他约束。此外,由于 L_i 与 w_i 确定了 C_i,我们可以认为,在每种状态下,厂商的选择变量都是 L 与 C,而不是 L 与 w。因此,厂商问题的拉格朗日函数为:

$$\mathcal{L}=\sum_{i=1}^{K}p_i[A_iF(L_i)-C_i]+\lambda\left(\left\{\sum_{i=1}^{K}p_i[U(C_i)-V(L_i)]\right\}-u_0\right). \quad (11.43)$$

C_i 的一阶条件为:

$$-p_i+\lambda p_iU'(C_1)=0, \quad (11.44)$$

或者

$$U'(C_i)=\frac{1}{\lambda}. \quad (11.45)$$

方程(11.45)表明,在各种状态下,消费的边际效用均保持不变,从而消费保持不变。所以,风险中性的厂商会给风险规避的工人提供完全保险。

L_i 的一阶条件是:

$$p_iA_iF'(L_i)=\lambda p_iV'(L_i). \quad (11.46)$$

方程(11.45)说明 $\lambda=1/U'(C)$,其中 C 是固定不变的消费水平。将其代入方程(11.46)并且两边同除以 p_i 可得:

$$A_iF'(L_i)=\frac{V'(L_i)}{U'(C)}. \quad (11.47)$$

模型意义

在效率合同下,工人的实际收入是不变的。从这个角度来看,模型意味着实际工资具有很强的刚性。实际上,由于当 A 较高时,L 也较高,所以模型意味着每小时平均工资是逆周期的。然而遗憾的是,上述结论对于解释劳动需求变动会导致就业大幅变化的难题并没有帮助。其问题在于,在长期合同下,工资不再具有配置作用(巴罗,1977;霍尔,1980)。也就是说,厂商在选择就业时不再把工资看作是既定不变的。相反,根据合同规定,就业水平是经济所处状态的函数。此外,根据(11.47)式,这个就业水平正好使得劳动的边际产出与工作小时数的边际负效用相等。

上述讨论说明,厂商改变劳动使用量时的成本可能会随着就业水平的不同而大幅变化。假设厂商在处于状态 i 时想微幅增加就业。为了这样做,厂商必须提高工人的薪酬,以使得他们的状况不会比以前更差。由于这种变化对工人造成的期望效用成本是 $p_iV'(L_i)$,所以 C 必须提高 $p_iV'(L_i)/U'(C)$。这就意味着,在既定状态下,厂商增加就业的边际成本与 $V'(L_i)$ 成比例。如果劳动供给相对缺乏弹性,则 $V'(L_i)$ 会随 L_i 急剧上升,从而当就业水平较高时,厂商的劳动成本会远远大于就业较低时的劳动成本。因此,把上述合同模型引入类似于第 6.6 节的价格决定模型就不会改变下述结果,即相对缺乏弹性的劳动供给会大大激励厂商在经济衰退时降低价格和增加就业,并在经济繁荣时提高价格和减少就业。

除了无法预测相对非周期性的劳动成本之外,本模型还无法预测失业:正如前面所强调的那样，隐性合同使劳动的边际产出等于工作的边际负效用。然而，模型确实为显性失业提供了可行的解释。在效率合同中，工人不能在既定工资水平下自由地选择劳动供给。相反，工资与就业是同时确定的，从而可以产生最优的风险分担与配置效率。当就业水平较低时，工人的边际负效用也较低，而小时工资 C/L_i 较高。因此，工人希望在厂商支付的工资水平上更多地工作。其结果是，尽管就业与工资都是最优选择，但工人的劳动供给可能会受到约束。

内部人与外部人

为了改进合同模型对劳动市场关键特征的解释能力，一种办法是放松厂商只和一个固定的工人群体打交道的假设。现实经济中存在两类潜在的工人。第一类工人（即内部人）是在谈判时与厂商建立关系的，他们的利益会体现在合同中。第二类工人（即外部人）一开始与厂商没有关系，但合同制定好之后可能会被厂商雇用。

在较早的文献如林德贝克和斯诺(Linderbeck and Snower，1986)，布兰查德和萨默斯(1986)以及格雷格(Gregory，1986)等的基础上，奥斯瓦尔德(Oswald，1993)和戈特弗里斯(Gottfries，1992)提出，厂商、内部人和外部人之间的关系有两个对于合同如何影响劳动市场十分关键的特点。首先，由于正常的就业增长与人员流动，大多数时候内部人是充分就业的，关键的是决定雇用多少外部人。这就表明，最优就业水平使得劳动的边际产出等于工资，这与传统劳动需求问题相同，但是与基本的隐性合同模型截然相反。为了理解这一点，注意如果上述条件不成立，就可以在不改变内部人期望效用的情况下，通过改变外部人的雇用数量来提高厂商利润。所以，要想使厂商和内部人（原先的交易只涉及他们两方）同意这样的安排（边际产出不等于工资）是不可能的。

奥斯瓦尔德和戈特弗里斯强调，劳动市场的第二个特点是，支付给两类工人的工资是不能分开设定的：在实际中，厂商支付给现有工人的工资越高，则支付给新员工的工资就必须越高。这表明，工资的保险作用会影响就业。例如，简单起见，假设外部人的工资不仅与内部人的工资相关，而且还相等，或者仅仅相差一个常数。并假设厂商与内部人达成协议让实际工资固定不变，从而为内部人提供了完全保险。[1] 于是，当厂商面临冲击时，就业就会发生变化，以使得边际产出与固定的实际工资保持相等。

由于工资现在既有保险功能又有分配功能，一般而言最优合同并不会使工资与经济状态无关。但是，在一些很自然的假设下，这实际上支持了如下结果：当 A 的实现值较高时，最优合同通常会规定一个较低的工资，从而会放大就业的波动。直观而言，当就业较高时，降低工资可以减少厂商提供的保险额度，从而降低雇用外部人的平均费用。最优合同需要平衡这两个目标，从而使得工资具有一定的逆周期性。[2] 因此，本模型意味着实际工资是逆周期的，它代表着厂商所面临的真

〔1〕 由于边际雇用决策牵涉到外部人，内部人的工作量与经济状态是无关的。因此，与基本的隐性合同模型不同，这里的固定工资使得内部人的消费固定不变。

〔2〕 参见习题11.8。

实劳动力成本。

本模型的关键特点是,它假设了内部人和外部人的工资具有密切的联系。如果没有这种联系,厂商就可以按照经济中通行的工资雇用外部人。如果劳动供给没有弹性,则经济中通行的工资在衰退时较低,在繁荣时较高,从而厂商雇用劳动力的边际成本就是高度顺周期的。

然而,关于内部人—外部人的研究文献并没有证明外部人与内部人的工资确实是有联系的。戈特弗里斯认为,这种联系可能是因为,厂商必须有权解雇不能胜任或者偷懒的内部人,而内部人与外部人之间的工资差距过大会使厂商滥用这种权利。布兰查德和萨默斯(1996)认为,内部人不愿让厂商用较低的工资雇用大量外部人,因为他们意识到,随着时间推移,这样做最终会使外部人主导谈判过程。但是,让内部人和外部人的工资相等似乎并不是解决这些问题的最好方式。如果经济总体范围内的工资有时比内部人的工资低很多,那么让内部人和外部人的工资相等就会使厂商面临巨大的成本。由此可见,如果厂商与内部人一致同意限制厂商雇用外部人,或者向新雇用的工人索要一笔费用(这笔费用可以根据内部人工资与经济总体范围内的平均工资之间的差距进行调整),则厂商与内部人都可以获得好处。

内部人与外部人之间的工资联系也有可能来源于工人的公平观,以及厂商违反这些观念所造成的影响,这种思路类似于我们在第 11.1 节中讨论的基于忠诚度的效率工资模型。如果确实如此,那么合同本身以及内部人—外部人的考虑可能就变得并不重要了,效率工资的作用本身可能就足以极大地改变劳动市场。

简言之,我们只能断定,如果内部人与外部人之间的工资可以确立一种联系,则研究内部人—外部人问题可能具有重要的意义。

迟滞现象与欧洲的失业

内部人—外部人模型的一个重要推广与动态设定有关。此前的讨论假设内部人总是处于就业状态。但在某些情况下,这个假设可能并不成立。最重要的一种情形是:如果内部人的议价能力足够强,那么他们就会把工资定得很高,甚至宁愿承担一些失业风险。如果内部人一定可以就业,那么提高工资就只有好处没有坏处。就业的变化会导致内部人人数的动态变化。在许多制度安排下,失去工作的工人最终将失去工资定价的话语权,而有工作的工人最终会得到议价能力。因而,劳动需求减少导致的就业下降会减少内部人的数量,而就业上升则会增加内部人的数量。这反过来又会影响未来的工资制定和就业情况。当内部人减少时,他们就可以制定较高的工资。因此劳动需求的一次性负面冲击会使得就业持续下降。在某些极端情况下,上述效应是永久性的,我们将其称为迟滞现象。

欧洲的迟滞现象受到了广泛的关注。在 20 世纪 50 年代与 60 年代,欧洲的失业一直处在一个很低的水平,而从 70 年代中期到 80 年代中期,失业率平稳地上升到 10%以上,此后再也没有下降的趋势。并没有证据表明,失业会在冲击之后回到一个稳定的自然率水平。布兰查德和萨默斯(1986)认为,欧洲在 70 年代与 80 年代的情况符合内部人—外部人模型中产生迟滞现象的条件:工人在工资制定中有很强的议价能力;存在大幅的负面冲击;法规和制度在一定程度上使得失去工作的工人渐渐失去了议价能力。

除了内部人—外部人模型之外,还有另外两种迟滞现象的可能来源也受到了广泛关注。其中一个是技能退化:由于失业工人无法接受更多的在岗训练,他们的人力资本可能会渐渐丧失或者过时。这就意味着,在劳动需求下降时失去工作的工人可能很难在需求恢复时找到工作,特别是在一段长时间的经济低迷之后。迟滞现象的另一种可能来源是劳动力的归属感。长时间失业的工人可能会把生活标准降低到收入保障项目所能维持的水平。此外,长时间的高失业率会降低社会中长时间失业的耻辱感。由于上述效应,当需求恢复正常时,劳动供给可能已经永久性地减少了。迟滞的这些潜在根源可能与 20 世纪 70 年代和 80 年代欧洲以外各国的情况有关。例如,人们通常认为这些原因可能导致了大萧条对美国劳动市场产生长期影响。

从大体上来说,关于欧洲失业现象的观点可以分为两大阵营。其中一类观点并不看重迟滞现象,而是认为自然失业率的变化是欧洲劳动市场特点的必然结果,比如慷慨的失业保险制度。由于这些特点在失业率上升之前就已经存在,上述观点需要制度效应存在较长的滞后才能成立。例如,由于失业的社会耻辱感变化缓慢,慷慨的失业保障只能逐渐地对自然失业率产生影响[参见林德贝克和尼伯格(Lindbeck and Nyberg,2006)]。另一类观点强调迟滞现象。根据这种观点,劳动市场制度会通过工会议价、技能退化、劳动力归属感丧失等方面使得原先只是短期上升的失业转化为长期持续的失业。[1]

11.4 搜寻与匹配模型

现在我们来使用现代方法刻画劳动市场中的非瓦尔拉斯特征。我们在本章简介部分已经提到,现代方法的切入点在于工人与工作事实上都是异质的。在没有摩擦的劳动市场,厂商并不担心工人流失,因为他可以按照相同的工资雇用到完全相同的工人,而不必付出额外的成本。同理,工人也并不担心失去工作。上述情况显然并不能准确地刻画现实经济中的劳动市场。

当工人与工作具有高度异质性时,劳动市场会与瓦尔拉斯市场大不相同。工人和厂商其实并不是在劳动市场中进行集中交易,由供给曲线与需求曲线的交点决定就业与工资。相反,工人和厂商是在分散化的市场上以一对一的方式进行交易的,双方在一个高成本的搜寻过程中尽力使特殊的偏好、技能与需求相互匹配。由于这个过程并不是瞬间完成的,所以会导致一定的失业。此外,这一过程还会影响工资与就业对冲击的反应。

在本节中,我们会介绍一个关于厂商与工人的异质性以及匹配过程的模型。由于研究异质性需要放弃许多我们常用的工具,所以即使是一个基本的异质性模

---

[1] 关于上述问题的更多讨论可以参考西伯特(Siebert,1997);永奎斯特和萨金特(Ljungqvist and Sargent,1998,2006);鲍尔(1999a);布兰查德和沃尔弗斯(Blanchard and Wolfers,2000);罗杰森(Rogerson,2008);以及艾莱斯纳、格雷瑟和萨切尔多特(Alesina,Glaeser and Sacerdote,2005)。

型也会比较复杂。因此,本模型只讨论了部分问题。这一类模型如今统称为戴蒙德—莫滕森—皮萨里德斯模型[参见戴蒙德(Diamond,1982);莫滕森和皮萨里德斯(Mortensen and Pissarides,1994);皮萨里德斯(Pissarides,2000)]。

基本假设

模型中的时间设定为连续的。经济由工人与职位组成。工人数量是等于1的连续体。每个工人都可以处于两种状态:就业或者失业。就业的工人在单位时间内生产的产出量 y 是外生不变的,而其在单位时间内获得的工资 $w(t)$ 是内生且随时间变化的。失业工人可在单位时间内获得一个外生不变的收入 $b\geqslant 0$(或者等价地说,失业工人可以从闲暇中获得的效用相当于他/她对收入 b 的评价)。

工人是风险中性的,因此如果工人有工作,则单位时间内的效用是 $w(t)$,如果没有工作,则效用为 b。工人的折现率为 $r(r>0)$。

每个职位也存在两种状态:有人在岗,或者空缺。如果有人在岗,则单位时间的产出为 y,劳动成本为 $w(t)$。如果空缺,则没有产出也没有成本。在单位时间内,维持一个岗位(不论是否有人在岗)会造成外生不变的成本 $c>0$。所以如果职位有人在岗,则利润为 $y-w(t)-c$;如果空缺,则利润为 $-c$。假设 $y>b+c$,所以职位有人在岗时会产生正价值。厂商可以任意设置空缺职位(但一旦设置了职位就必须承担维持成本),可见职位的数量是内生的。

如果搜寻过程没有摩擦,那么模型的均衡就显而易见了:职位数量是等于1的连续体,每个职位都有人在岗。如果职位数量太少,就会有一些工人失业,从而设置新的职位是有利可图的;如果职位数量过多,则空缺职位不能生产产出来抵消损失,从而会造成负利润,所以有的职位会撤销。工人的收入是其边际产出 $y-c$。如果获得的收入太高,则厂商利润会变为负数;如果收入太少,那么厂商设置新的职位并提高工资就有利可图。因此,均衡状态是所有工人都有工作并获得其边际产出。劳动需求的变动,即 y 的变动会导致工资立即发生变化,但不会影响就业。

但是,本模型的关键点正是在于搜寻过程是存在摩擦的。也就是说,失业工人和职位空缺不能毫无成本地匹配。相反,现有的失业工人和职位空缺使得工人与厂商之间要进行多次洽谈。令 $E(t)$ 和 $U(t)$ 分别表示时刻 t 的就业人数与失业人数,并令 $F(t)$ 和 $V(t)$ 分别表示有人负责的岗位数和空缺的岗位数。于是单位时间内的洽谈次数为:

$$M(t)=M(U(t),V(t)),\quad M_U>0,\ M_V>0. \tag{11.48}$$

上述匹配函数反映了雇主进行招聘、工人搜寻工作以及双方互相评估的复杂过程。

除了不断产生新的匹配之外,现有的岗位也会有人员流动。与夏皮罗—施蒂格利茨模型类似,在单位时间内,工作中断的概率 λ 是外生的。因此,如果假设每次洽谈的结果都是雇用工人,则就业工人数量的动态变化由下式给出:

$$\dot{E}(t)=M(U(t),V(t))-\lambda E(t). \tag{11.49}$$

由于搜寻存在摩擦,经济并不是完全竞争的。当失业工人与有空缺职位的厂商进行洽谈时,工人除了接受这份工作外,还可以选择继续搜寻,并在经过一段时间的失业状态后，重新与另一家有空缺职位的厂商进行洽谈。同理，厂商除了雇用该失业者之外，也可以继续搜寻。所以，从总体上来说，如果工人接受工作，工人和厂商双方的福利都会严格地改善。换句话说，工人的保留工资严格小于他/她的边际收益产品。

一个直接的推论是，工人获得的收入严格高于其保留工资，或者厂商支付的工资严格小于劳动的边际收益产品，也可能两者同时满足。在本模型的标准形式中，正如我们将看到的那样，上述两个不等式都严格成立。因而，即使每个经济个体都微不足道，也并不能得到标准的竞争性结果。

当厂商与工人洽谈时，如果厂商雇用了该工人，则双方的总福利都会增加，如果厂商不雇用该工人，则他们就放弃了一个双赢的交易机会。可见，假设每次洽谈都会导致工人就业是合理的。但是，这个假设并不能唯一地确定工资。工资必须足够高，使得工人愿意接受工作，同时也必须足够低，使得雇主愿意雇用工人。由于匹配会带来严格为正的剩余，所以工资在一定范围内都符合条件。因此，为了进一步确定工资，我们还需要建立更多的结构假设。一个标准的办法是，假设工资由纳什议价过程确定。也就是说，存在一个外生的参数 ϕ，并且 $0\leqslant\phi\leqslant1$；确定工资的条件是，工人得到匹配所得剩余中比例为 ϕ 的部分，厂商得到剩下比例为 $1-\phi$ 的部分。下面我们就来讨论如何确定交易双方在匹配中所得的剩余，从而弄清为何上述假设可以帮助我们确定工资。

搜寻函数

匹配函数的性质对于模型是十分关键的。原则上，此函数并不需要是规模报酬不变的。当该函数规模报酬递增时，会存在密集市场效应：提高搜寻过程的资源投入会使匹配过程更加有效率，这种效率体现在，每单位投入（失业与空缺）可得到更多产出（匹配）。相反，当匹配函数规模报酬递减时，则会存在拥挤效应。

然而，大多数人的观点是，规模报酬不变实际上是一个很合理的近似。对于一个较大的经济体而言，在我们所考虑的时间范围内，密集效应和拥挤效应可能并不重要，或者大体上相互抵消。此外，估计匹配函数的经验研究中并没有找到有力的证据推翻规模报酬不变的假设（参见布兰查德和戴蒙德，1989）。

规模报酬不变的假设表明，空缺除以失业的比率概括了劳动力市场的饱和程度。为了理解这一点，定义 $\theta(t)=V(t)/U(t)$，并注意规模报酬不变表明：

$$\begin{aligned}M(U(t),V(t))&=U(t)M(1,V(t)/U(t))\\&\equiv U(t)m(\theta(t)),\end{aligned}\tag{11.50}$$

其中 $m(\theta)\equiv M(1,\theta)$。那么，工作觅得率（单位时间内失业工人找到工作的概率）为：

$$\begin{aligned}a(t)&=\frac{M(U(t),V(t))}{U(t)}\\&=m(\theta(t)).\end{aligned}\tag{11.51}$$

同理，空缺填补率为：

$$\begin{aligned}\alpha(t)&=\frac{M(U(t),V(t))}{V(t)}\\&=\frac{m(\theta(t))}{\theta(t)}.\end{aligned} \tag{11.52}$$

我们假设 $M(U,V)$ 的规模报酬不变,并且关于两个自变量都是单调递增的,因此 $m(\theta)$ 是 θ 的增函数,但 $m(\theta)$ 增加的比例小于 θ 增加的比例。所以,当劳动市场越密集(即 θ 越大)时,工作觅得率就越高,而空缺填补率就越低。

研究者在假设匹配函数的形式时,几乎总是选择柯布—道格拉斯函数。我们在此也照例假设:

$$m(\theta)=k\theta^{\gamma},\quad k>0,\quad 0<\gamma<1. \tag{11.53}$$

均衡条件

与夏皮罗—施蒂格利茨模型类似,我们可以用动态规划的方法来刻画不同状态下的价值。然而不同的是,我们并不假设经济在开始时处于稳态(虽然我们最终会着重讨论稳态)。令 $V_E(t)$ 表示在时刻 t 处于就业状态的工人的价值,也就是说,$V_E(t)$ 表示,在时刻 t 处于就业状态的工人,从时刻 t 开始的期望终生效用折现到时刻 t 的值。同理可以定义 $V_U(t)$、$V_F(t)$ 和 $V_V(t)$。

由于我们并不假设经济处于稳态,就业状态能够带来三项收益:单位时间内的"分红"$w(t)$;由于经济不处在稳态而可能产生的"资本收益"$\dot{V}_E(t)$;以及单位时间内以 λ 的概率失去工作所造成的"资本损失"$V_E(t)-V_U(t)$。所以,

$$rV_E(t)=w(t)+\dot{V}_E(t)-\lambda[V_E(t)-V_U(t)]. \tag{11.54}$$

类似的推理可得:

$$rV_U(t)=b+\dot{V}_U(t)+a(t)[V_E(t)-V_U(t)], \tag{11.55}$$

$$rV_F(t)=[y-w(t)-c]+\dot{V}_F(t)-\lambda[V_F(t)-V_V(t)], \tag{11.56}$$

$$rV_V(t)=-c+\dot{V}_V(t)+\alpha(t)[V_F(t)-V_V(t)]. \tag{11.57}$$

为了让模型更加完整,我们还需要四个条件。第一,方程(11.49)以及 $M(\cdot)$ 的性质共同刻画了就业工人数量的演化过程:

$$\dot{E}(t)=U(t)^{1-\gamma}V(t)^{\gamma}-\lambda E(t). \tag{11.58}$$

第二,回忆一下我们关于纳什议价过程的假设。当工人选择就业而不是继续搜寻时,其所得剩余为 $V_E(t)-V_U(t)$。同理,厂商在匹配中所得的剩余为 $V_F(t)-V_V(t)$。因此,纳什议价假设说明:

$$V_E(t)-V_U(t)=\frac{\phi}{1-\phi}[V_F(t)-V_V(t)]. \tag{11.59}$$

第三,由于新的职位空缺可以被随意创造或者消除,

$$V_V(t)=0\quad 对于所有\ t. \tag{11.60}$$

最后，就业的初始水平 $E(0)$ 是既定不变的。这样我们就完成了对本模型的完整描述。

稳态均衡

由于 V 的路径会随时间变化，从任意初始条件开始刻画经济的整个动态路径都是非常复杂的，所以，我们主要关注模型的稳态。假设模型处于稳态意味着所有 $\dot{V}(t)$ 和 $\dot{E}(t)$ 均为零，并且 $a(t)$ 和 $\alpha(t)$ 为常数。

为了求解模型，我们着重分析两个变量：失业 E 与职位空缺的价值 V_V。我们首先找出给定就业水平下 V_V 的值，然后再添加要求 V_V 等于零的自由进入条件。

首先考虑在给定 a 和 α 时如何确定工资和空缺价值。从(11.54)式中减去(11.55)式并设 $\dot{V}(t)$ 为零，重新整理可得：

$$V_E-V_U=\frac{w-b}{a+\lambda+r}. \tag{11.61}$$

同理，根据(11.56)式和(11.57)式可以推出：

$$V_F-V_V=\frac{y-w}{\alpha+\lambda+r}. \tag{11.62}$$

纳什议价假设(方程(11.59))表明，V_E-V_U 等于 $\phi/(1-\phi)$ 乘以 V_F-V_V。因而，从(11.61)式和(11.62)式可以推出：

$$\frac{w-b}{a+\lambda+r}=\frac{\phi}{1-\phi}\frac{y-w}{\alpha+\lambda+r}. \tag{11.63}$$

从上式中解出 w 即得：

$$w=b+\frac{(a+\lambda+r)\phi}{\phi a+(1-\phi)\alpha+\lambda+r}(y-b). \tag{11.64}$$

为了说明(11.64)式，我们首先考虑 a 和 α 相等的情形，这时工资等于 $b+\phi(y-b)$：在产出与闲暇价值之间的差额中，比例为 ϕ 的部分由工人获得，$1-\phi$ 的部分由厂商获得。当 $a>\alpha$ 时，工人找到工作的速度比厂商找到工人的速度快，于是产出会更多地分配给工人。反之亦然。

根据前面的分析可知，我们需要着重分析职位空缺的价值。方程(11.57)说明，$rV_V=-c+\alpha(V_F-V_V)$。于是，由 V_F-V_V 的表达式(11.62)可得：

$$rV_V=-c+\alpha\frac{y-w}{\alpha+\lambda+r}. \tag{11.65}$$

把 w 的表达式(11.64)代入上式，经过简单代数运算即得：

$$rV_V=-c+\frac{(1-\phi)\alpha}{\phi a+(1-\phi)\alpha+\lambda+r}(y-b). \tag{11.66}$$

在上式中，a 和 α 是内生的，下一步就是把它们表示成 E 的函数。在稳态时，$\dot{E}(t)$ 为零，所以单位时间内产生的新匹配数应该就等于中断的岗位数 λE(方程(11.49))。因此，工作觅得率 $a=M(U,V)/U$ 由下式给出：

$$a=\frac{\lambda E}{1-E}, \tag{11.67}$$

其中用到了工人集合是长度为 1 的连续体,所以 $E+U=1$。

空缺填补率 α 为 $M(U,V)/U$(方程(11.52))。我们知道,在稳态时 $M(U,V)=\lambda E$。因此,为了用 E 表示 α,我们需要找出既定 E 值下,使 $M(U,V)=\lambda E$ 的 V 值。根据 $M(U,V)=kU^{1-\gamma}V^{\gamma}$,我们可以推出:

$$V=K^{-1/\gamma}(\lambda E)^{1/\gamma}(1-E)^{-(1-\gamma)/\gamma}, \tag{11.68}$$

$$\alpha=k^{1/\gamma}(\lambda E)^{(\gamma-1)/\gamma}(1-E)^{(1-\gamma)/\gamma}. \tag{11.69}$$

就我们的目的而言,(11.67)式和(11.69)式的关键之处在于,它们意味着 a 随 E 单调递增,而 α 随 E 单调递减。因此,(11.66)表明 rV_V 是 E 的减函数。当 E 趋于 1 时,a 趋于无穷,α 趋于零,从而 rV_V 趋于 $-c$。同理,当 E 趋于零时,a 趋于零而 α 趋于无穷。因此,在本例中,rV_V 趋于 $y-(b+c)$,根据假设可知,这是一个正数。图 11.6 总结了上述信息。

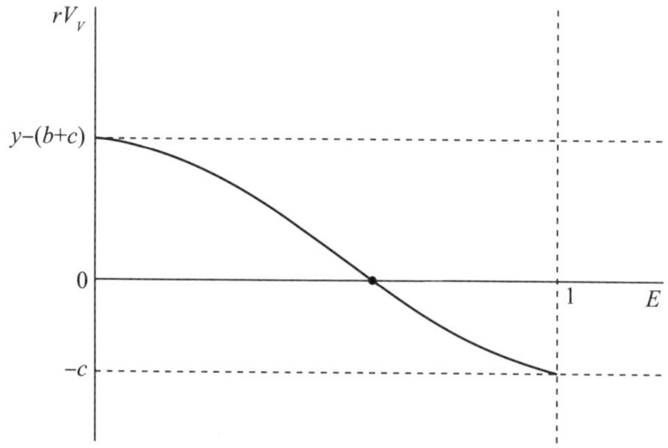

图 11.6 在搜寻与匹配模型中确定均衡就业

均衡的就业水平由 rVV 曲线与自由进入条件 $rV_V=0$ 的交点确定。将上述条件添加到(11.66)式中可得:

$$-c+\frac{(1-\phi)\alpha(E)}{\phi a(E)+(1-\phi)\alpha(E)+\lambda+r}(y-b)=0. \tag{11.70}$$

其中 $a(E)$ 和 $\alpha(E)$ 可由(11.67)式与(11.69)式给出。上述表达式给出了 E 的隐式解,由此便完成了模型在稳态情形下的求解过程。

模型扩展

本模型可以从许多方面进行推广。在此我们讨论其中最重要的几个。[1]

首先,一类主要的推广是引入更大程度的异质性。尽管搜寻与匹配模型本身就是基于工人与职位的大量差异,但我们目前所讨论的模型却假设工人和职位都

〔1〕 罗杰森、夏默和赖特(Rogerson, Shimer and Wright, 2005)的研究综述中讨论了许多重要的推广。

是同质的。有一个简单的办法可以引入异质性，并给出搜寻和匹配的理由，即假设当工人与厂商进行洽谈时，工人的生产力 y 并不是确定的，而是服从某个分布。这个假设表明，如果实现的生产力水平过低，则洽谈的结果并不是形成匹配，而是双方继续搜寻。并且，生产力水平的临界点是内生的，因此形成匹配的洽谈所占的比例会依赖于经济的内在参数，而且会随时间改变。同理，如果在岗工人的生产力会受到冲击，则在基本模型中作为外生常数的工作分离率就可以内生化。

基于类似想法的另一个推广是，允许已就业工人继续寻找工作，也允许没有空缺职位的厂商继续寻找工人。其结果是，一些工人会直接从一个岗位转到另一个岗位，而一些企业也会直接用新员工取代老员工。

另一类推广会使搜寻过程与信息流通变得非常复杂。在基本模型中，搜寻是完全随机的。但在实际中，工人会拥有职位的某些信息，从而会集中精力搜寻对他们最有吸引力的工作。也就是说，搜寻在某种程度上是有导向的而不是随机的。类似地，厂商和工人并不是每次都会重新对薪水讨价还价。许多企业都会在一定程度上对工资政策做出承诺。也就是说，工资在一定程度上是公开的。由于公开工资的一个效应是影响工人的搜寻行为，所以我们可以假设不仅工资是公开的，而且搜寻也是有导向的。这一类模型被称为竞争性搜寻模型。

11.5 模型意义

失业

搜寻与匹配模型为平均失业提供了一个简单的解释：在一个复杂多变的经济中，失业可能是工人与职位之间不断匹配的结果。因此，在我们所观察到的失业中，大部分可能只是传统意义上的摩擦性失业。

劳动市场的一大特点就是员工流动率很高。例如，在美国的制造业中，一个月之内通常有 3%以上的工人会离开其职位。并且，特别是对于年轻工人来说，工作变动很多时候与工资增加有关[托佩尔和沃德(Topel and Ward，1992)]，因此，至少部分员工流动是有益的。此外，职位本身也会迅速流转变动。在美国的制造业中，每年至少有 10%的职位会消失[戴维斯和霍尔蒂万格(Davis and Haltiwanger，1990，1992)]。这些统计数字表明，失业中有不容忽视的一部分基本上是经济动态变化与劳动市场复杂性的必然结果。

遗憾的是，我们很难对上述抽象的说法做出更详细的解释。现有理论模型与经验证据并不能帮助我们明确地验证搜寻与匹配模型到底能解释平均失业中的 1/4 还是 3/4。然而，总失业中长期失业的重要性表明，失业中至少有很显著的一部分是显然不属于摩擦性失业的。在美国，尽管大部分新失业工人的失业时间少于一个月，但在那些已处于失业状态的工人中大部分的失业时间都会持续 3 个月以上，近一半失业工人的失业时间将会持续 6 个月以上。在 20 世纪 80 年代末期的欧洲共同体，失业工人中超过一半的失业时间达一年以上[比恩(Bean，1994)]。搜寻与匹配不太可能是这种长期失业的主要原因。

此外,即使微观经济层面的失业确实反映了搜寻与匹配中的市场摩擦,这种摩擦也很可能不并是总失业的主要原因。一个常见的类比是曼哈顿的路边停车现象。从每个驾驶员的角度来看,寻找一个空车位的难题都是摩擦性的:停车位会不断换主,只要不断搜寻总会找到一个车位。但是从总体角度来看,任何时候都有很多司机在寻找停车位的主要原因就是需要停车的人比停车位更多,这反过来也说明路边停车位的价格低于市场出清水平。同样,对于高周转率劳动市场中寻找工作的每个工人来说,失业似乎也只是摩擦性的:职位空缺总会出现,只要不断搜寻,工人总会找到工作。但这并不意味着失业的主要原因就是搜寻与匹配的摩擦,而不是使工资高于市场出清水平的其他因素,例如效率工资、讨价还价和内部人—外部人问题。米夏拉(Michaillat,2012)正式分析了上述观点。他建立一个既包含工资刚性又有搜寻与匹配摩擦的模型,在根据美国数据对模型进行校准时,他发现失业率较低时,失业的原因基本上全部是市场摩擦,而失业率较高时,只有一小部分失业可以用市场摩擦来解释。

近期的大部分文献关注的重点不再是员工的平均流动率,而是员工流动的周期性变化。从厂商的角度通常可以表述为,岗位创造率与岗位撤销率的变化与失业率变化的相对重要性。也就是说,这类研究试图弄清失业上升在多大程度上是由于现有岗位消失的速率上升,多大程度上是由于新岗位出现的速率下降。从工人的角度来看,这类研究着重关注失业工人流入率变化与流出率变化的相对重要性。

这两种角度并不仅仅是一枚硬币的两面。举例来说,假如在经济周期中,岗位创造率是常数,而岗位撤销率是逆周期的,那么从工人的角度来看,失业工人流入率与流出率都是顺周期的:在经济衰退时,由于岗位撤销率上升,失业流入率也上升;由于失业人数上升并且岗位创造率保持不变,失业流出率会下降。

这类文献的一大结论是,失业变化两个方面的相对贡献孰大孰小这一看似简单的问题其实很难解决。样本区间的具体情况、测量方法的精确度、数据的细微之处等都会对结果产生重要影响。基于这类研究已经取得的可靠结论,无论从厂商还是工人的角度来看,两个不同方面对于总体失业变化而言都是比较重要的。[1]

劳动需求变动的影响

下面我们试图提出一个通常会问的老问题,即我们所考虑的不完美性(在本例中就是不存在集中市场)是否会影响劳动市场的周期行为。具体而言,我们打算弄清不完美性是否使得劳动需求的变化对就业的影响比瓦尔拉斯情形下更大,对工资的影响更小。

回忆一下,我们并没有观察到失业存在任何长期倾向。因此,一个成功的劳动市场模型应当意味着,在长期生产率提高时,失业不会做出任何反应。在本模型

〔1〕 这类研究文献包括:布兰查德和戴蒙德(1990);戴维斯、法伯曼和霍尔蒂万格(Davis,Faberman and Haltiwanger,2006,2013);埃尔斯比、迈克和梭仑(Elsby,Michaels and Solon,2009);以及夏默(Shimer,2012)。

中，我们可以很自然地把长期生产率提高模型化为岗位产出 y 及其非劳动成本 c，以及失业者收入 b 按照相同比例上升。由上一节中的图 11.6 可知，我们并不能立即弄清上述变化会如何影响 rV_V 线与横轴的交点。相反，我们应当检查均衡条件(11.70)，这个条件告诉我们，如果 y、b 与 c 按相同的比例变化，则使该条件成立的 E 值并不会改变。因此，模型表明，长期生产率提高并不会影响就业。这意味着，a 与 α 并不会改变，从而工资与 y 的变化比例相同[参见(11.64)]。简言之，本模型的长期含义是合理的。

我们可以把周期性变化模型化为 y 的变化，其中 b 与 c 保持不变。具体而言，假设 y 上升，并继续着重分析稳态〔1〕。根据(11.70)式，y 上升会使 rV_V 曲线向上移动，从而就业会上升，如图 11.7 所示。相反，在瓦尔拉斯市场中，就业会在 1 处保持不变。直观而言，当市场中存在摩擦时，在现行工资水平下雇用工人是有成本的。y 上升而 b 和 c 固定不变会提高厂商雇用工人所得的利润(相对于搜寻成本)。因此，厂商数目以及就业都会上升。

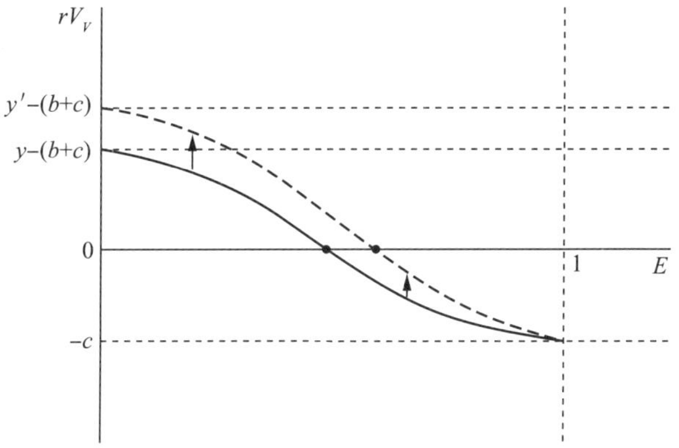

图 11.7 搜寻与匹配模型中劳动需求上升的影响

另外，方程(11.68)表明，稳态时的职位空缺数为 $k^{-1/\gamma}(\lambda E)^{1/\gamma}(1-E)^{-(1-\gamma)/\gamma}$。因此，$y$ 上升以及由此造成的厂商数目上升会使职位空缺数增加。可见，模型意味着，失业与职位空缺之间存在负相关关系——贝氏曲线。

然而，本模型并没有说明工资具有明显的刚性。根据(11.67)式与(11.69)式，E 的上升会导致 a 上升和 α 下降：当失业较低时，工人可以比以前更容易找到工作，而厂商填补岗位空缺则没有以前那样容易。由(11.64)式可知，这意味着工资上升的比例比 y 更大。〔2〕

劳动需求变化对就业的影响主要源于新的职位空缺不断产生。但是，由于工资对需求变动的反应比较剧烈，所以厂商设置新职位空缺的激励很小。夏默(2005)证明，由于上述原因，在合理的参数值下，在类似于我们这里所讨论的搜寻

〔1〕 根据比较静态分析来考察周期性变化的影响显然是一条捷径。但是，在合理的参数设定下，搜寻与匹配模型得到的调整速度相对于周期波动的持续时间来说已经很快了，因此，稳态假设就是一个很好的近似。

〔2〕 在瓦尔拉斯市场中，因为 $w=y-c$，所以同样的结论也成立。可见很难说清哪种情况下的工资调整幅度会更大。不过，仅仅引入异质性和匹配并不会产生很强的工资刚性。

与匹配模型中,劳动需求的变化只有很小的就业效应。

如本章开头所述,导致这种结果的根本原因与工资灵活调整的劳动市场供求模型中劳动需求增加对就业的影响很小的原因是一样的。在供求模型和本模型中,工人保留工资大幅上涨都会导致工资大幅上涨,这在供求模型中会直接减少了雇用,并通过增加职位空缺在搜寻与匹配模型中间接减少了雇用。

为了解决上述难题,目前的很多研究都在模型中考察了工资刚性。这里主要涉及两个问题。第一是工资刚性的影响。当工资对劳动需求增加的反应变小时,一个有人负责的工作岗位所带来的利润就会变大,从而设置空缺职位的回报就变大。其结果是会产生更多的职位空缺,从而劳动需求增加会对就业造成更大的影响。可见,把搜寻与匹配的思想与工资刚性结合起来对于解释劳动市场的周期行为具有重要意义(霍尔,2005;夏默,2004)。

第二个问题也非常重要,即在上述设定下是否存在产生工资刚性的因素。我们当然可以在模型中引入效率工资或者合同因素,但是这就会导致搜寻与匹配的作用模糊不清。然而,在我们所分析的模型中,工资在一定区间范围内都可以给厂商和工人带来剩余。因而,正如霍尔所观察到的,在某个区间上可以存在工资刚性而不会错过可获利的交易。但是,这个观察结果并不能说明工资刚性相对于其他类型的工资行为更加合理。并且,认为工资在一定范围内是不确定的这种想法似乎并不合理。总之,搜寻与匹配模型中的工资刚性是一个重要的研究领域,还有很多重要问题悬而未决。

对上述观点的一种比较合理的改进是,讨论第 6.7 节中厂商利润函数的曲率。在瓦尔拉斯劳动市场中,当劳动需求增加时,如果厂商未能及时提高工资,则可能所有的员工都会流失。而在搜寻与匹配模型中,工资未能调整既有好处也有坏处。相对于提高工资的情形,厂商在吸引和挽留员工上变得更加困难,但是留下来的工人就会变得更便宜。因此,厂商的利润对于工资偏离利润最大化水平不再敏感。其结果是,工资调整的微小障碍会产生很大的工资刚性。

福利

由于经济并不是瓦尔拉斯式的,厂商的进入决策会对工人与其他厂商产生外部性。虽然厂商进入市场会使失业工人更容易找到工作,提高工人的议价能力,但同时也会使其他厂商更难找到并雇用新工人,从而减少他们的议价能力。因此,我们不能想当然地认为,这种经济中的均衡失业是有效率的。

为了说明搜寻与匹配模型的福利意义,我们可以考虑下面的静态例子(来源于罗杰森、夏默和赖特,2005)。假设有 U 个失业的工人。如果企业创造了 V 个空缺职位,则雇用的工人数量为 $E=M(U,V)=kU^{1-\gamma}V^{\gamma}$。每个空缺职位的成本为 c,每个在岗工人能生产 y 单位产品。失业的工人没有收入。工资水平为 $w=\phi y$。社会福利等于厂商利润与工人效用之和,也就是 $E(y-w)+Ew-Vc$,简写为 $Ey-Vc$。注意,在这个静态模型中,V 是空缺职位的初始数量,而不是没有雇到工人的剩余职位数量。

首先考虑分散决策下的均衡。空缺职位的价值等于该职位雇到工人的概率

$M(U,V)/V$，乘以厂商雇用工人所得的剩余 $y-w$，再减去设置职位空缺的成本 c。因此，产生均衡的条件是：

$$\frac{M(U,V)}{V}(y-w)-c=0, \tag{11.71}$$

或者

$$k\left(\frac{U}{V}\right)^{1-\gamma}(1-\phi)y-c=0. \tag{11.72}$$

所以，厂商设置的空缺职位数为：

$$V^{EQ}=\left[\frac{k(1-\phi)y}{c}\right]^{1/(1-\gamma)}U. \tag{11.73}$$

现在考虑最优配置。社会计划者会通过选择 V 来最大化 $Ey-Vc$，即 $kU^{1-\gamma}V^{\gamma}y-Vc$。这里的一阶条件为：

$$\gamma kU^{1-\gamma}V^{\gamma-1}y-c=0, \tag{11.74}$$

上式表明：

$$V^{*}=\left(\frac{k_{\gamma}y}{c}\right)^{1/(1-\gamma)}U. \tag{11.75}$$

比较(11.73)式与(11.75)式可知，分散决策均衡有效率的条件是 $\gamma=1-\phi$，也就是说，匹配对职位空缺的弹性要等于匹配所得剩余中厂商所得到的份额。若 $\gamma<1-\phi$(即匹配对职位空缺的弹性小于匹配所得剩余中厂商得到的份额)，则厂商设置的空缺职位过多。若 $\gamma>1-\phi$，则空缺职位过少。

上述结果(即分散决策均衡有效率的条件是匹配对职位空缺的弹性等于匹配所得剩余中厂商得到的份额)在很多其他模型中也成立，包括我们讨论过的动态模型[霍西奥斯(Hosios，1990)]。〔1〕为了理解这一结果背后的直观意义，注意设置职位空缺对失业者有正外部性，但是对其他正在寻找工人的厂商有负外部性。γ 越大，则正外部性就越大而负外部性越小。因此，当 γ 较大时，若要使分散决策均衡有效率，则设置职位空缺的激励也必须较大，也就是说 $1-\phi$ 必须较大。

当经济采用一对一洽谈而不是集中化市场的方式配置资源时，就会表现出分散化决策均衡不一定有效率的特点。在我们的模型中，只存在一种内生决策(即厂商必须决定是否进入市场)，也只有这方面的均衡有可能是无效率的。实际上，这种市场上的参与者还需要做出许多其他选择。工人要决定是否加入劳动大军、失业时做出多大努力去寻找工作、搜寻工作时的重点关注目标、工作时努力掌握特定岗位技能还是通用技能、是否继续寻找其他工作机会等。厂商也面临着一系列类似的决策。我们无法保证分散经济在其中任何一个方面会产生有效率的结果。相反，经济个体的决策很可能会产生外部性，其作用渠道可能会直接影响其他群体的剩余，或者影响匹配过程的有效性，或者两者都有。

上述分析表明，没有理由假设自然失业率是最优的。然而，这个结论并不能告

〔1〕 该动态模型的一个特例可参见习题 11.17。

诉我们,观察到的失业是过高,过低,还是大致有效率。确定哪一种情形才是正确的,以及是否可以通过政策措施提高均衡失业的效率,仍是一个有待解决的重要问题。

11.6 实证应用

合同对失业的影响

在第 11.3 节的合同理论分析中,我们讨论了当工资通过谈判确定时就业如何确定的两种观点。第一种观点是,厂商与工人只对工资进行谈判,并且厂商选择就业水平使得劳动的边际产出与达成的工资相等。我们已经知道,这种安排是无效率的。于是,第二种观点是,谈判决定了就业与工资如何依赖于厂商所面临的条件。由于实际上合同并不会说明这种安排,因此这种观点假设了工人与厂商之间具有某种非契约性的协议,即厂商并不会仅仅把工资当作劳动成本。例如,如果厂商选择就业水平使劳动的边际产出与工人时间的机会成本相等,则工人可能会同意在未来的合同中降低工资。

一个重要的问题是,上述两种观点哪个是正确的。如果厂商在自由选择就业时把工资看作是既定不变的,那么长期内名义工资不变的证据就有助于直接证明名义扰动具有实际效应。另一方面,如果工资对于就业的选择并不重要,那么名义工资刚性对于名义冲击的影响也不重要。

比尔(Bils,1991)提出了一种方法来检验上述两种观点[也可参见卡德(Card,1990)]。如果就业的确定是有效率的,那么它就会使劳动的边际产出与工作的边际负效用在每个时刻都相等。因此,就业的经济行为和厂商与工人之间谈判的次数不会有任何系统性的相关关系。[1] 所以,如果发现就业变化与合同的签订日期有关(例如,在合同签订之后,就业出现急剧或缓慢的异常上升,或者就业在合同生效期内的变化比合同之间的变化更加剧烈等),就证明就业的确定并不是有效率的。

此外,比尔证明,就业使劳动的边际产出与工资相等这种观点有助于具体地预测就业变化如何与合同时间相关。图 11.8 即表示了劳动的边际产出、劳动的边际负效用以及合同工资三者的关系。在面临劳动需求的负面冲击时,把合同工资当作劳动成本的厂商会大幅削减就业。如图所示,就业会从 L_A 减少到 L_B。此时劳动的边际产出大于工人时间的机会成本。因此,当厂商与工人就新合同进行谈判时,他们会促成就业增加。如图所示,他们会把就业由 L_B 提高至 L_C。因此,如果工资决定就业(并且如果劳动需求冲击是就业波动的主要来源),那么合同期间的就业变动就应当在签订新合同时部分地恢复。

为了检验上述两种观点的预测结论,比尔考察了美国制造业的就业波动。具体而言,他着重分析了 12 个高度工会化的部门,这些部门都存在长期合同,并且绝

[1] 如果劳动的边际负效用存在收入效应,那么这种说法就并不完全正确。然而,比尔认为,这些效应对他的检验方法并不重要。

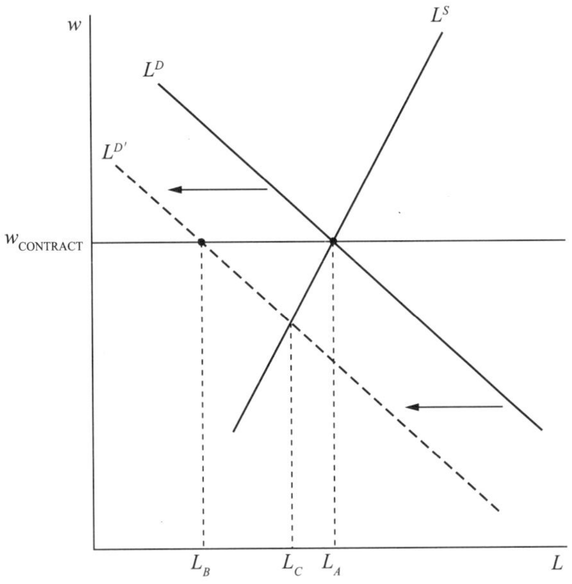

图 11.8　工资合同下的就业变动

大多数工人签订合同的时间都是相同的。他估计了如下回归方程：

$$\Delta\ln L_{i,t}=\alpha_i-\phi Z_{i,t}-\theta(\ln L_{i,t-1}-\ln L_{i,t-10})+\Gamma D_{i,t}+\varepsilon_{i,t}. \tag{11.76}$$

其中 i 表示行业，L 是就业，$D_{i,t}$ 是虚拟变量(当行业 i 的新合同生效时，该虚拟变量等于 1)。这里的关键变量是 $Z_{i,t}$。如果行业 i 的新合同在第 t 季度生效(即 $D_{i,t}=1$)，那么 $Z_{i,t}$ 就等于该行业在前一个合同有效期内就业变化的对数；否则 $Z_{i,t}$ 为零。因此，参数 ϕ 衡量了合同有效期内的就业变化在签订新合同时恢复的幅度。比尔引入了 $\ln L_{i,t-1}-\ln L_{i,t-10}$ 来控制下述情况：就业变化在没有签订新合同时通常也会恢复。他选择 $t-10$ 的理由是，样本中的合同平均有效期为 10 个季度。最后，$D_{i,t}$ 允许在新合同的第一季度出现就业的异常增长。

比尔的估计结果是 $\phi=0.198$(标准差为 0.037)，$\theta=0.016(0.012)$，以及 $\Gamma=-0.0077(0.0045)$。可见，结论表明，就业变动与新合同的日期存在高度显著且数量上较大的相关性：前一个合同有效期内的就业变化平均有 20%会在签订新合同时立即恢复。

然而，比尔的结论有一个令人费解的特点。为了恢复前一个合同期间内无效率的就业变化，一个最自然的方法是在签订新合同时调整工资。如图 11.8 所示，在劳动需求下降的情形下，工资应当在签订新合同时降低。但是，比尔并没有发现前一个合同期间内的就业变化与新合同中工资如何确定之间的关系。此外，在检查不同行业时，他发现签订新合同时就业变化恢复的程度与工资的调整幅度之间根本不存在任何关系。

对于上述结果，比尔提出了两种可能的解释。其一，薪酬调整主要采取额外福利或者其他工资中不能体现的形式。其二，就业的确定比我们所考虑的这两种观点都更加复杂。

产业间工资差异

效率工资模型的基本思想是,厂商可能会支付高于市场出清水平的工资。如果厂商有理由这样做,那么这些理由不太可能在经济中处处都同等重要。根据这种观察,迪肯和卡茨(Dickens and Katz,1987a)以及克鲁格和萨默斯(Krueger and Summers,1988)探讨了是否一些行业支付的工资系统性地高于其他行业。

这些学者在传统的工资回归方程中加入了虚拟变量,以便区分雇用工人的行业。典型的设定方式如下:

$$\ln w_i = \alpha + \sum_{j=1}^{M} \beta_j X_{ij} + \sum_{k=0}^{N} \gamma_k D_{ik} + \varepsilon_i, \tag{11.77}$$

其中,w_i 是工人 i 的工资,X_{ij} 表示工人的特征(如年龄、教育程度、职业等),D_{ik} 是所在行业的虚拟变量。在没有摩擦的竞争性劳动市场,工资只依赖于工人的特征,而并不依赖于其工作所在的行业。因此,如果 X 充分概括了工人的特征,则行业虚拟变量的系数就会是零。

迪肯和卡茨以及克鲁格和萨默斯的基本结论是,γ_k 的估计值较大。例如,卡茨和萨默斯(1989)分析了 1984 年的美国工人数据。由于他们的样本量超过了 10 万个工人,他们也毫不奇怪地发现 γ 的估计值大部分是高度显著的。但是他们也发现估计值很大。例如,γ 估计值的标准差(根据行业规模加权)是 0.15 或 15%。可见,行业间的工资似乎差别很大。

迪肯和卡茨以及克鲁格和萨默斯发现,这些工资差异的几种可能的解释会与数据矛盾。当样本局限于没有工会合同的工人时,估计的工资差异基本上是相同的。因此,这种差异不太可能是工会议价能力的结果。工资差异在不同时间与不同国家间是非常稳定的。因此,它们也不太可能是反映劳动市场中的暂时调整(克鲁格和萨默斯,1987)。当薪酬采取广义的定义时,估计得到的工资差异通常会变大。可见,工资差异不太可能来自不同行业之间工资与非工资报酬的组合不同。最后,没有证据表明,高工资行业的工作条件会比较恶劣。因此,工资差异也不大可能是补偿性差别。

还有一些直接证据表明,工资差距代表了一种真实的租金。克鲁格和萨默斯(1988),以及阿克洛夫、罗斯和耶伦(1988)发现,在工资升水较高的行业中,工人辞职的情况要少得多。克鲁格和萨默斯还发现,从一个行业流向另一个行业的工人,其工资变化平均接近于两个行业间工资升水的差距。吉本斯(Gibbons)和卡茨(1992)分析了由于工厂倒闭而失业的工人。他们发现,如果工人以前在高薪行业工作,那么当接受新工作时,工人愿意接受的工资削减就会大得多。

然而,上述结论对于效率工资理论而言存在两个问题。首先,尽管上述结论的许多其他解释并没有数据支持,但有一种解释是不能被立即推翻的。没有任何一个工资方程可以控制工人的所有特征,因此,行业间工资存在明显差异的一种可能解释是,它们反映了不同行业工人之间存在能力上难以估算的差异,而不是租金[默菲和托佩尔(Murphy and Topel,1987b)]。

为了理解这个观点,我们可以想象一位研究各棒球联盟之间工资差异的计量经济学家。如果这位计量经济学家只能控制那些在研究跨行业工资差异时通常控制的工人特征,如年龄、经验等,那么他/她就会发现,一些联盟中的工资总是高于其他联盟,即美国职棒大联盟支付的工资高于 3A 小联盟,而 3A 小联盟的工资又高于 2A 小联盟,如此等等。另外,高工资联盟中的辞职率大大低于低工资联盟,而从低工资联盟流向高工资联盟的工人,其工资会大幅增加。但是,毫无疑问,棒球联盟之间工资差异的大部分反映了能力差异而不是租金差异。利用迪肯和卡茨以及克鲁格和萨默斯的方法来研究棒球联盟之间的工资差异会使计量经济学家误入歧途,而研究行业间工资差异的计量经济学家很可能也误入歧途了。

我们可以找到一些证据来支持上述观点。第一,如果一些厂商支付高于市场出清水平的工资,那么他们就会面临超额工人供给,因此他们就可以酌情雇用更能干的工人。所以,工资差异的估计不能反映能力差异就会变得比较奇怪。第二,高工资行业具有较高的资本—劳动比率,这表明它们需要技能更熟练的工人。第三,高工资行业的工人具有较高的可见能力(如受教育程度、经验等),因此他们可能也拥有较高的不可见能力。最后,个体经营户的行业间收入差异也有类似的模式,尽管不太明显。

然而,行业间工资差异反映了不可见能力的假说很难解释所有的工资差异现象。首先,在估计多少工资差异是来自于不可见能力时,通常会留下很大一部分差异难以解释(参见卡茨和萨默斯,1989)。第二,不可见能力假说不能解释吉本斯和卡茨的发现,即被免职工人重新就业后的工资会减少。第三,在利润较高的行业中,工资升水的估计也较高,而这并不是不可见假说的自然结果。最后,在工资较高的行业中,从看门人到经理的所有职位工资都比较高。我们很难解释不可见能力的差异在各种职业之间会如此高度相关。因此,行业间工资差异反映了不可见能力的观点尽管会使基于租金的解释不太可靠,但也并不能完全推翻它们。

上述文献的结论难以用效率工资理论来解释的第二个方面是,高工资行业的特征。如上所述,高工资行业倾向于拥有更高的资本—劳动比率、受教育程度更高并且经验更丰富的工人,以及更高的利润。另外,这类行业还有更大的厂商、更高的男性比例以及更多的工会化工人(迪肯和卡茨,1987b)。只靠效率工资理论是无法预测所有这些现象的。于是,认为行业间工资差异反映了租金的学者会倾向于寻求更加复杂的解释。例如,迪肯和卡茨以及克鲁格和萨默斯就综合运用了基于不完全监督的效率工资理论、基于工人公平感受的效率工资理论以及工人在工资确定中的能力。

总之,关于行业间工资差异的研究文献已经找到了一系列十分不同于简单劳动市场理论的规律。但是,对于这些规律的来源,目前还没有令人信服的解释。

工资刚性的调查证据

我们研究劳动市场的主要理由之一是,我们希望理解为什么劳动需求下降会导致厂商大幅削减就业,却很少降低工资。这就提出了一个很自然的问题:为什么不直接问负责厂商工资与就业政策的人这样做的原因?

询问工资制定者的行为理由并不是万能药。最重要的是,他们可能并不完全了解其决策背后的影响因素。他们可能是通过诸如试错、寻求前任指点以及观察其他厂商政策等方式来找到成功的政策。弗里德曼和萨维奇(Friedman and Savage,1948)用专业桌球运动员进行了类比。与运动员交谈对于预测该运动员如何击球或者理解他/她做出选择的原因是无济于事的。根据球的弹性、桌面摩擦力、旋转如何影响球的弹跳等因素,人们可以更好地计算最优击球,但是运动员在思考时可能并不会直接考虑这些因素。

当工资制定者并不能完全确定其决策理由时,问题阐述形式的细微差异可能会产生重要影响。例如,经济学家在描述工人对工资削减的反应时,或多或少会使用“偷懒”、“付出较少的努力”和“降低生产效率”等术语。但这些用语对于工资制定者来说可能具有十分不同的言外之意。

尽管存在这些困难,调查工资制定者仍然是一种十分有用的方法。例如,如果一种理论无论怎样表述,工资制定者都不同意,或者无论怎样描述其作用机制,工资制定者都觉得很牵强,那么我们就应当对该理论的正确性持怀疑态度。

调查工资制定者的例子包括布林德和蔡(Blinder and Choi,1990),坎贝尔和卡姆兰尼(Cambell and Kamlani,1997)以及比利(Bewley,1999)。我们在此着重讨论坎贝尔和卡姆兰尼的调查。这两位学者调查了美国 1 000 家最大公司中的约 100 家,以及约 100 家较小企业的薪酬经理。他们询问这些经理对各种工资刚性理论及其作用机制的看法。其中,核心问题是询问受访者对于下述现象的各种可能理由的重要性有何看法:“当经济衰退时,厂商通常不会把工资削减到最低的水平,使其恰好可以找到足够的合格应聘者”。

调查参与者认为,在衰退期间厂商不削减工资的理由中,最重要的理由是,“如果削减工资,生产效率最高的工人可能就会离开,而如果解雇工人,你就可以解雇生产效率最低的工人”。坎贝尔和卡姆兰尼认为,受访者对上述说法的一致意见为逆向选择十分重要提供了证据。然而,遗憾的是,这个问题实际上仅仅起到了揭示调查结论风险的作用。其难点在于,调查问题的陈述方式假设了厂商知道哪些工人的生产效率更高。但是,只有工人之间存在无法观察的差异时,才会出现逆向选择问题。因此,很可能是其他原因使得薪酬经理们强烈支持上述说法。

其他调查也并没有发现逆向选择十分重要的支持证据。例如,布兰德和蔡的问题是:

> 某职位有两位人选,从你的角度来看……两位工人完全一样,都可以胜任该职位;其中一位工人同意接受你提供的工资,但另一位工人说需要更多的钱才愿意工作;根据这种差别,你是否认为这两位工人中可能有一位天生就具有更高的生产效率?

布兰德和蔡的所有 18 名受访者都对这个问题做出了否定性的回答。这也并不是决定性的。例如,提及某一个工人“天生具有更高地生产效率”可能过于激烈,从而使得调查结果不利于逆向选择假说。

在调查研究中表现较好的一个假说是,担心辞职对于工资制定是十分关键的。坎贝尔和卡姆兰尼的调查支持了这种假说,其受访者强烈同意,工资削减会使高效率工人离职。受访者还强烈支持下述说法:不削减工资的一个重要原因是,削减工资会使辞职增多,从而提高招聘与培训成本,并导致厂商特定人力资本的重大损失。其他调查也发现,工资政策的一个重要影响因素是厂商希望避免辞职。

担心工人辞职会影响厂商制定工资的观点与夏皮罗—施蒂格利茨模型的思想非常类似。有一种工人可以控制的行动(在夏皮罗—施蒂格利茨模型中是偷懒,此处为辞职)会影响厂商决策。由于某种原因,厂商的薪酬政策不能内部化工人行为对厂商的影响。因此,厂商只能通过提高工资来阻止这种行为。从这个意义上说,调查证据也支持了夏皮罗—施蒂格利茨模型。但是,如果狭隘地看这个模型,则调查证据就显得并不那么有利:受访者一致地反对不完全监督与工作努力程度对于厂商的工资决策十分重要的观点。

除了辞职的重要性以外,工资制定调查的另一个主题是公平性的关键作用。调查结果一致表明,工人的士气以及认为待遇是否恰当的感受对于生产效率是非常关键的。调查结果还表明,工人对于厂商行为是否适当具有强硬的立场,因此他们的满足感是很主观的。因此,调查结果支持了我们在第 11.1 节中遇到过的观点,即阿克洛夫和耶伦(1990)提出的基于公平感受的效率工资理论。调查结果也支持内部人—外部人模型的关键假设,即厂商不能分别制定内部人和外部人的工资。

上述证据的一个重要隐患是,如果有其他力量导致某种特定政策成为均衡结果并且成为通常采用的政策,则该政策就很可能被看作是公平的。也就是说,关于什么政策比较恰当的看法可能是均衡结果的反映,而不是导致均衡结果的独立原因。

这种效应可能是公平性如此重要的一个原因,但不太可能是唯一原因:对公平的关注是十分强烈的,因此其重要性应该不会仅仅是其他力量的反映。此外,在某些情形下,考虑公平性似乎会促使工资制定向出人意料的方向变化。例如,有证据表明,经济个体对于何种薪酬政策更加公平的看法会促使薪酬均等化,而不是促使薪酬相对边际产出均等化。还有证据表明,厂商在设置工资时,实际上会使工资上升的幅度小于可观察到的边际产出差异。由于这个原因,厂商可以从生产效率较高的工人身上获得更大的剩余。与逆向选择相比,上述观点为受访者强烈赞同坎贝尔和卡姆兰尼有关解雇优于降薪的说法提供了更有说服力的解释。另一个有关公平性以特别的方式改变工资制定的例子是,从卡尼曼、尼奇和塞勒(Kahneman, Knetsch and Thaler,1986)开始,许多研究者发现,如果实际工资减少是因为名义工资降低,则工人会极力反对,而如果是因为名义工资增长赶不上通货膨胀率,则工人并不会特别反对。

最后,尽管坎贝尔和卡姆兰尼着重讨论的是厂商为什么不在经济衰退时削减工资,但他们的结论可能更有助于我们理解厂商为什么会支付高于市场出清水平的工资,而不是帮助我们理解工资的周期行为。其理由是,他们并没有提供经济繁荣时工资如何确定的证据。例如,如果担心工人辞职会导致厂商在经济衰退时支付高于必要水平的工资,那么厂商在经济繁荣时可能也会这样做。事实上,在经济繁荣时,担心辞职对工资的影响可能比经济衰退时更大。

习 题

11.1 工会工资升水与效率工资。(萨默斯,1988。)考虑方程(11.12)~(11.17)中分析的效率工资模型。但假设比率为 f 的工人加入了工会,他们获得的工资比非工会工人高出 μ 的比例。因此,$w_u=(1+\mu)w_n$,其中 w_u 与 w_n 分别表示工会工资与非工会工资。平均工资 w_a 由 $fw_u+(1-f)w_n$ 给定。非工会员工仍然可以自由决定他们的工资。因此,根据文中推导(11.15)式的逻辑,$w_n=(1-bu)w_a/(1-\beta)$。

(a) 找出均衡失业率,用 β、b、f 和 μ 表示。

(b) 设 $\mu=f=0.15$。

(i) 若 $\beta=0.06$,$b=1$,均衡失业率是多少?在工会中,有效劳动的成本比非工会部门高出多少比例?

(ii) 对于 $\beta=0.03$,$b=0.5$ 的情形,重做(i)小题。

11.2 效率工资与谈判。[加里诺和马丁(Garino and Martin,2000)。]萨默斯(1988,第 386 页)指出,"在效率工资情形下,被迫向工人支付工资升水的厂商只会遭受二阶损失。在几乎所有合理的谈判方式下,这都会使厂商倾向于向工人做出妥协。"本题请你分析这种说法。

考虑一个厂商,其利润为 $\pi=[(eL)^{\alpha}/\alpha]-wL$,$0<\alpha<1$,工会的目标函数为 $U=(w-x)L$,其中 x 代表工人的外部机会。假设厂商与工会就工资进行谈判,并且厂商在选择 L 时把 w 看作是给定的。

(a) 设 e 为 1 且固定不变,即不考虑效率工资。

(i) 给定 w,厂商选择的 L 值是多少?由此得到的利润水平是多少?

(ii) 设厂商与工会选择 w 以最大化 $U^{\gamma}\pi^{1-\gamma}$,其中 $0<\gamma<\alpha$ 表示工会的谈判能力。他们选择的 w 值是多少?

(b) 假设 e 由文中的方程(11.12)给定:$e=[(w-x)/x]^{\beta}$,其中 $w>x$,$0<\beta<1$。

(i) 给定 w,厂商选择的 L 值是多少?由此得到的利润水平是多少?

(ii) 设厂商与工会选择 w 以最大化 $U^{\gamma}\pi^{1-\gamma}$,其中 $0<\gamma<\alpha$ 表示工会的谈判能力。他们选择的 w 值是多少?[提示:对于 $\beta=0$ 的情形,你的答案应当可以化简为(a)(ii)中的答案。]

(iii) 考虑效率工资时,工人谈判能力对工资产生的影响在比例上是否会像萨默斯所指出的那样,大于不考虑效率工资时的影响?在效率工资效应 β 更大时,这种影响是否更大?

11.3 试说明下述变化会如何影响夏皮罗—施蒂格利茨模型中的均衡就业与工资:

(a) 工人的折现率 ρ 上升。

(b) 工作中断率 b 上升。

(c) 对生产函数的正向乘积性冲击[也就是说,假设生产函数是 $AF(L)$,并且考虑 A 增加]。

(d) 劳动力规模 $\bar{L}$ 增加。

11.4 假设在夏皮罗—施蒂格利茨模型中,失业工人并不是随机雇用的,而是根据失业时间长度雇用。具体而言,假设失业时间最长的工人首先被雇用。

(a) 考虑一种没有偷懒的稳态。试推导失业工人重新找到一份工作所花的时间,用 b、L、N 和 $\bar{L}$ 表示。

(b) 令 V_U 表示刚刚失业的工人的价值函数,试推导 V_U 的表达式,用寻找工作所需时间、工人的折现率 ρ 以及就业的价值函数 V_E 来表示。

(c) 利用(a)、(b)两个小题的答案找出本模型中的不偷懒条件。

(d) 长期失业者有优先工作权这个假设会如何影响均衡失业率?

11.5 工资—努力公平性假说。(阿克洛夫和耶伦,1990。)假设存在数量为 N 的大量厂商,每个厂商的利润均为 $F(eL)-wL$,$F'(\cdot)>0$,$F''(\cdot)<0$。L 是厂商雇用的工人数,w 是厂商支付的工资,e 是工人的努力程度。努力程度由 $e=\min[w/w^*,1]$ 给定,其中 w^* 是"公平工资";也就是说,如果工人所得工资少于公平工资,他们就根据不足的比例降低努力程度。假设工人数量为 $\bar{L}$,他们都愿意在正的工资水平上工作。

(a) 如果厂商可以按任何工资雇用工人,那么 w 取什么值(或者什么范围的值)才会最小化单位有效劳动的成本 w/e? 本题假设如果厂商对于一定范围内的工资是无差异的,就会支付这个范围内的最高工资。

(b) 设 $w^*=\bar{w}+a-bu$,其中 u 是失业率,$\bar{w}$ 是经济中所有厂商支付的平均工资。假设 $b>0$,$a/b<1$。

(i) 根据(a)小题的答案(以及厂商在无差异情形下如何支付的假设),如果代表性厂商可以自由选择 w(把 $\bar{w}$ 与 u 看作是既定的),则厂商支付的工资是多少?

(ii) 在什么条件下均衡中有正的失业,并且厂商可以自由选择 w?(提示:在这种情形下,均衡要求代表性厂商把 $\bar{w}$ 看作是既定的,且刚好愿意支付 $\bar{w}$。)在这种情形中,失业率是多少?

(iii) 在什么条件下存在充分就业?

(c) 假设代表性厂商的生产函数修改为 $F(Ae_1L_1+e_2L_2)$,$A>1$,其中 L_1 与 L_2 分别是厂商雇用的高效率工人与低效率工人的数量。假设 $e_i=\min[w_i/w_i^*,1]$,其中 w_i^* 是 i 类工人的公平工资。$w_i^*=[(\bar{w}_1+\bar{w}_2)/2]-bu_i$,其中 $b>0$,$\bar{w}_i$ 是支付给 i 类工人的平均工资,u_i 是失业率。最后,假设每类工人的数量均为 $\bar{L}$。

(i) 根据(a)小题的答案(以及厂商在无差异情形下如何支付的假设),解释为什么两类工人的工资都不会少于相应的公平工资。

(ii) 解释为什么 w_1 比 w_2 大 A 倍。

(iii) 在均衡时,高效率工人是否存在失业? 请解释。(提示:如果 u_1 为正,则厂商选择 w_1 时就没有约束。)

(iv) 在均衡时,低效率工人是否存在失业? 请解释。

11.6 工作时数固定的隐性合同。假设工人只能工作固定的小时数,或者失业。令 C_i^E 表示处于状态 i 的就业工人的消费,C_i^U 表示失业工人的消费。因此,厂

商在状态 i 时的利润为 $A_iF(L_i)-[C_i^EL_i+C_i^U(\bar{L}-L_i)]$,其中 $\bar{L}$ 是工人数量。类似地,处于状态 i 的工人的期望效用是 $(L_i/\bar{L})[U(C_i^E)-K]+[(\bar{L}-L_i)/\bar{L}]U(C_i^U)$,其中 $K>0$ 是工作的负效用。

(a) 在代表性工人的期望效用为 u_0 的约束条件下,厂商选择 L_i、C_i^E 与 C_i^U,来最大化期望利润。试写出厂商最大化问题的拉格朗日函数。[1]

(b) 找出 L_i、C_i^E 与 C_i^U 的一阶条件。C^E 与 C^U 如何依赖于状态? C^E 与 C^U 之间的关系是什么?

(c) 在 A 实现,并且厂商选择雇用部分工人而让其他工人失业之后,哪些工人的状况会改善?

11.7 信息不对称时的隐性合同。[阿扎里迪斯和施蒂格利茨(Azariadis and Stiglitz,1983)。]考虑第 11.3 节的模型。但假设只有厂商可以观察到 A。另外,假设 A 只取两种可能的值,A_B 与 A_G($A_B<A_G$),且每个取值的概率均为 1/2。

劳动合同可以看作是把 w 与 L 确定为厂商公布的状态的函数,并且受到下述约束的限制:厂商绝对没有动力公布不真实的状态,用正式的术语说就是,合同必须是激励相容的。

(a) 在第 11.3 节中,信息对称条件下推导出的效率合同在信息不对称条件下是否激励相容? 具体而言,如果 A 等于 A_B,则厂商宣称 A 等于 A_G(从而 C 和 L 分别为 C_G 和 L_G)而不是 A_B 是否更有利? 如果 A 等于 A_G,则厂商宣称 A 等于 A_B 而不是 A_G 是否更有利?

(b) 可以证明,在好状态下,要求厂商不愿宣称状态差的约束并不是紧的,但是,在差状态下,要求厂商不愿宣称状态好的约束则是紧的。若厂商选择 C_G、C_B、L_G 和 L_B,面临的约束是,工人的期望效用为 u_0,并且当 A 等于 A_B 时,厂商对于宣称状态如何是无差异的,试写出厂商问题的拉格朗日函数。找出 C_G、C_B、L_G 和 L_B 的一阶条件。

(c) 证明,在差状态下,劳动的边际产出与边际负效用相等,即 $A_BF'(L_B)=V'(L_B)/U'(C_B)$。

(d) 证明在好状态下存在"过度就业",即 $A_GF'(L_G)<V'(L_G)/U'(C_G)$。

(e) 本模型是否有助于理解高水平的平均失业? 是否有助于理解失业的大幅波动?

11.8 内部人—外部人模型。考虑方程(11.39)~(11.42)中模型的下述变化。厂商利润为 $\pi=AF(L_I+L_O)-w_IL_I-w_OL_O$,其中 L_I 和 L_O 分别是厂商雇用的内部人和外部人的数量,w_I 和 w_O 是他们的工资。L_I 总是等于 $\bar{L}_I$,所以内部人在状态 i 下的效用就是 $u_{Ii}=U(w_{Ii})$,其中 $U'(\cdot)>0$,$U''(\cdot)<0$。我们假设 $w_{Oi}=Rw_{Ii}$,其中 $0<R\leqslant 1$,从而概括了内部人与外部人工资不能分开单独确定的观点。

(a) 设想厂商在每个状态下的选择变量为 w_I 和 L_O,其中 $W_{Oi}=Rw_{Ii}$。厂商

---

[1] 为了简单起见,可以忽略 L 不能超过 $\bar{L}$ 的约束。当考虑这个约束时,可以发现若 A_i 大于一定临界水平,则 L_i 就会等于 $\bar{L}$,而不是由(b)小题推导出的条件确定。

的问题是，在内部人期望效用为 u_0 的约束条件下最大化其期望利润，试写出类似于方程(11.43)的拉格朗日函数。

(b) L_{Oi} 的一阶条件是什么？厂商在选择就业水平时，是否会使劳动的边际产出与实际工资在每个状态下都相等？(假设 L_{Oi} 总是有内部解。)

(c) w_{Ii} 的一阶条件是什么？当 L_{Oi} 较高时，w_{Ii} 会较高、较低还是保持不变？(仍然假设 L_{Oi} 总是有内部解。)

11.9 哈里斯—托达罗模型。[哈里斯和托达罗(Harris and Todaro，1970)。]假设经济中有两个部门。主要部门的职位支付 w_p，次要部门的职位支付 w_s。每个工人都要决定在哪个部门就业。选择次要部门的所有工人都会获得工作机会。但是，主要部门中的职位数量 N_p 是固定的。这些职位随机分配给选择主要部门的工人。没有得到工作的主要部门工人将会失业，并获得数量为 b 的失业救济金。工人都是风险中性的，并且工作没有负效用。因此，主要部门工人的期望效用为 $qw_p+(1-q)b$，其中 q 是主要部门工人获得工作的概率。假设 $b<w_s<w_p$，并且 $N_p/\overline{N}<(w_s-b)/(w_p-b)$。

(a) 均衡失业率是多少？用 w_p、w_s、N_p、b 和劳动力规模 $\overline{N}$ 来表示。

(b) N_p 增加会如何影响失业？请从直观上解释，尽管失业的形式是工人等待主要部门职位，但是为什么增加职位数量还是会增加失业？

(c) 失业救济金水平提高的影响是什么？

11.10 局部均衡搜寻。考虑一个正在寻找工作的工人，该工人知道工资 w 在不同工作之间的概率密度函数为 $f(w)$。令 $F(w)$表示相应的累计分布函数。工人从分布中每次抽取一份工作，由此导致的成本为 C，其中 $0<C<E[w]$。当工人抽取到工作职位时，他/她可以选择接受工作(这时搜寻过程结束)，或者选择继续抽取其他工作。工人最大化 $w-nC$ 的期望值，其中 w 是工人最终接受的工作所支付的工资，n 是工人抽选工作的总次数。

令 V 表示刚刚拒绝掉一份工作的工人的 $w-n'C$ 的期望值，其中 n'是工人此后将会抽取工作的次数。

(a) 对于支付工资为 $\hat{w}$ 的工作，若 $\hat{w}>V$，则工人会接受，若 $\hat{w}<V$，则工人会拒绝。试解释其中的原因。(当且仅当工资高于某个临界水平时，工人才会接受工作。通常称这种搜寻问题具有保留工资性质。)

(b) 试解释为什么 V 满足 $V=F(V)V+\int_{w=V}^{\infty} wf(w)dw-C$。

(c) 证明 C 上升会减少 V。

(d) 在本模型中，搜寻者会愿意接受以前拒绝过的工作吗？

11.11 在习题 11.10 所描述的模型设定下，假设 w 在区间$[\mu-a,\mu+a]$内服从均匀分布，并且 $C<\mu$。

(a) 用 μ、a 与 C 表示 V。

(b) a 上升会如何影响 V？请给出直观解释。

11.12 请说明如下变化会如何影响第 11.4 节中戴蒙德—莫滕森—皮萨里德斯(Diamond - Mortensen - Pissarides)模型的稳态就业水平。

(a) 工作中断率 λ 上升。

(b) 利率 r 上升。

(c) 匹配有效性 k 上升。

(d) 失业时的收入 b 增加。

(e) 工人的谈判能力 ϕ 提高。

11.13 考虑第 11.4 节中戴蒙德—莫滕森—皮萨里德斯模型的稳态。

(a) 假设 $\phi=0$。工资是多少？均衡条件(11.70)可以如何简化？

(b) 假设 $\phi=1$。工资为多少？均衡条件(11.70)可以如何简化？是否存在 E 值可以使其成立？在这种情况下，本模型的稳态是什么？

11.14 考虑第 11.4 节中的模型。假设经济一开始处于均衡状态，然后 y 永久性下降。但假设不可以进入或者退出。因此，职位的总数 $F+V$ 保持不变。作为对 y 下降的反应，失业与职位空缺会如何随时间变化？

11.15 考虑第 11.4 节中的模型。

(a) 利用方程(11.65)、(11.69)以及均衡时 $V_V=0$ 的事实，把 E 表示为工资与模型外生参数的函数。

(b) 证明，如果 w 固定不变，则 y 上升对 E 的影响大于 w 调整使得 V_E-V_U 仍等于 V_F-V_V 时的影响。

11.16 考虑方程(11.71)～(11.75)中分析的静态搜寻与匹配模型。但假设匹配函数 $M(\bullet)$并不是柯布—道格拉斯函数，也不是规模报酬不变的形式。分散均衡有效率的条件是否仍然是匹配对职位空缺的弹性 $VM_V(U,V)/M(U,V)$等于厂商所占的剩余份额 $1-\phi$？[假设 $M(\bullet)$光滑且性状良好，V^{EQ} 和 V^* 严格为正。]

11.17 搜寻经济中分散均衡的效率。考虑第 11.6 节中模型的稳态。令折现率 r 趋于零，并假设厂商由家庭拥有；于是，福利可以计算为单位时间内的效用与利润之和，即等于 $yE-(F+V)c+bU$。令 N 表示职位总数，于是我们可以把福利写为 $W(N)=(y-b)E(N)+b-Nc$，其中 $E(N)$表示均衡就业是 N 的函数。

(a) 利用匹配函数(11.53)式与稳态条件 $M(U,V)=\lambda E$ 推导职位数量变化对就业 $E'(N)$的影响，用 $E(N)$与模型参数表示。

(b) 把(a)小题中的结果代入 $W(N)$的表达式，从而用 $E(N)$与模型参数表示 $W'(N)$。

(c) 利用(11.66)式、$a=\lambda E/(1-E)$以及 $\alpha=\lambda E/V$ 找出 c 的表达式，用 N_{EQ}、$E(N_{EQ})$和 y 来表示，其中 N_{EQ} 是分散均衡中的职位数量。

(d) 利用(b)小题与(c)小题中的结论证明，若 $\gamma>1-\phi$，则 $W'(N_{EQ})>0$；若 $\gamma<1-\phi$，则 $W'(N_{EQ})<0$。

12 通货膨胀与货币政策

本书的最后两章主要讨论宏观经济政策。本章讨论货币政策，第 13 章讨论财政政策。我们将着重分析这些政策的两个方面。首先是短期政策行为：我们希望了解政策制定者在面临各种扰动对经济造成的冲击时应该如何行动。其次是长期政策表现。货币政策通常会导致经济在较长时期内出现较高的通货膨胀率，而财政政策通常会导致财政赤字居高不下。在许多情况下，这里提到的通货膨胀率与预算赤字似乎都高于社会最优水平。也就是说，至少在某些情况下，货币政策似乎存在通货膨胀偏差，财政政策似乎存在赤字偏差。

第 12.1 节和第 12.2 节开始对货币政策进行分析，我们会解释通货膨胀的根源为什么几乎总是货币的快速增长。这两节还会讨论货币增长对通货膨胀率、实际余额以及利率的影响。然后我们会转到分析稳定政策。第 12.3 节讨论这些政策的理论基础。我们将讨论如何理解通货膨胀成本与产出变动性，以及稳定政策是否存在显著的潜在好处。第 12.4 节和第 12.5 节假定我们已经理解了上述问题，然后根据两个基准模型分析最优稳定政策：第 12.4 节中是一个后顾模型，第 12.5 节中是一个前瞻性模型。第 12.6 节讨论了关于稳定政策如何实施的一些额外问题，第 12.7 节着重分析名义利率不能大幅低于零这一重要约束条件对货币政策的影响。

在本章最后几节，我们会讨论通货膨胀偏差。关于通货膨胀偏差如何产生的解释有两类主要观点。第一类观点强调产出与通货膨胀之间的权衡取舍。货币政策具有实际效应，这就会导致政策制定者试图通过增加货币供给来提高产出。这种政策意愿会如何导致过高的平均通货膨胀？第 12.8 节讨论有关理论，而第 12.9 节则考察一些相关证据。

第二类通货膨胀偏差的解释则着重关注铸币税，即政府通过印发货币所获取的收益。与发达国家相比，这些理论对于欠发达国家来说更加重要。这些理论也是理解恶性通货膨胀的关键。我们将在第 12.10 节介绍这类理论。

12.1 通货膨胀、货币增长与利率

通货膨胀与货币增长

通货膨胀是指按照货币计价的产品和服务的平均价格上涨。因此，为了理解通货膨胀，我们首先要考察货币市场。

第 6.1 节的模型说明，实际货币余额的需求随着名义利率递减，并随着实际收入递增。因此，我们可以把实际余额需求写为 $L(i,Y)$，$L_i<0$，$L_Y>0$，其中 i 表示名义利率，Y 表示实际收入。根据这个设定，货币市场的均衡条件为

$$\frac{M}{P}=L(i,y), \tag{12.1}$$

其中 M 表示货币存量，P 表示价格水平。这个条件表明，价格水平由下式给出：

$$P=\frac{M}{L(i,y)}. \tag{12.2}$$

方程(12.2)说明，通货膨胀有许多潜在的来源。价格水平上升可能来自货币供给增加、利率上升、产出下降或者给定 i 和 Y 时货币需求下降。然而，为了理解长期通货膨胀，经济学家通常都只会强调一个因素，即货币供给的增长。强调这个因素的原因在于，除此以外其他因素都不会导致价格水平的持续上涨。长期产出不太可能持续下降；名义利率中的预期通货膨胀部分反映了通货膨胀率本身，而实际利率部分的变动十分有限；最后，没有任何理由预期给定 i 和 Y 时货币需求会不断大幅下滑。反之，货币供给却几乎可以按照任意速度增长，并且我们确实观察到了货币增长率的大幅变动——在某些经济萧条期间大幅下降，在恶性通货膨胀期间则大幅上升。

我们也可以从数量证据上理解上述观点。货币需求的经典估计表明，货币需求的收入弹性约为 1，利率弹性约为 −0.2[参见戈德菲尔德和西切尔(Goldfeld and Sichel，1990)]。因此，如果货币供给不变，要使价格水平翻倍，则收入必须大约下降一半，或者利率必须上升到原来的 32 倍，又或者给定利率和收入，实际余额需求必须下降一半。所有这些变动都是骇人听闻的。相反，不论是在温和通货膨胀的几年之间还是在恶性通货膨胀最严重时的几天之间，货币供给翻倍并不罕见。

由此可见，货币增长在确定通货膨胀率时扮演了一个特殊的角色，这并不是因为货币比其他因素更加直接地影响价格，而是因为与其他通货膨胀的决定因素相比，货币增长在实证上变动更加频繁。图 12.1 有力地佐证了货币增长对通货膨胀的重要作用。图中画出了 1980～2006 年 97 个国家的平均通货膨胀率与平均货币增长率之间的关系。显然，这两个变量之间存在着明确的高度相关关系。

货币增长与利率

由于货币增长是通货膨胀的主要决定因素，我们有必要对它的作用进行更为

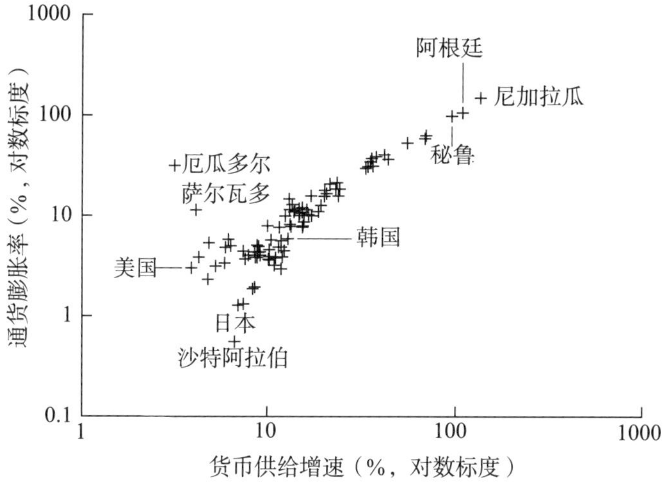

图 12.1　货币增长与通货膨胀

详尽的研究。我们可以从价格具有完全弹性的情形着手，通常认为这种情形可以很好地描述经济的长期行为。根据我们对经济波动的分析，这个假设意味着货币供给并不影响实际产出或者实际利率。为了简单起见，我们假设实际产出和实际利率分别等于 $\bar{Y}$ 和 $\bar{r}$，并且保持不变。

根据定义，实际利率是名义利率与预期通货膨胀率之差。即 $r \equiv i - \pi^e$，或者

$$i \equiv r + \pi^e \tag{12.3}$$

方程(12.3)被称为费雪方程。

根据(12.3)和 r 与 Y 均为常数的假设，我们可以把(12.2)式写为

$$P = \frac{M}{L(\bar{r} + \pi^e, \bar{Y})}. \tag{12.4}$$

假设 M 和 P 一开始按照某个稳定速率同时增长，从而 M/P 为常数，并且假设 π^e 等于实际通货膨胀率。现在假设在某个时刻 t_0，货币增长率永久性上升。图 12.2 的第一个小图画出了由此导致的货币存量路径。在货币增长率变化之后，由于 M 按照新的稳定速率增长，而根据假设 r 和 Y 都是常数，所以 M/P 也是常数。也就是说，(12.4)式仍然成立，P 的增长速度与 M 相同，并且 π^e 等于新的货币增长率。

那么，在货币增长率变化时发生了什么？由于在变化之后价格水平上升得比变化之前更快，预期通货膨胀率在变化发生时会发生跳跃。所以，名义利率也会发生跳跃，实际余额需求量会突然下降。由于 M 并不能发生突然的变动，P 必须在变化发生时就出现跳跃。这些情况都在图 12.2 的其他小图中进行了概括。[1]

上述分析有两个要点。第一，由货币增长变化导致的通货膨胀变化会在名义利率上一一对应地反映出来。通货膨胀率对名义利率造成一一对应的影响这种假

〔1〕 除了此处刻画的 P 的路径之外，还可能存在满足(12.4)式的泡沫路径。在这种路径中，P 按照递增的速率上升，从而导致 π^e 逐渐上升，而实际余额需求量则逐渐下降。参见习题 2.21。

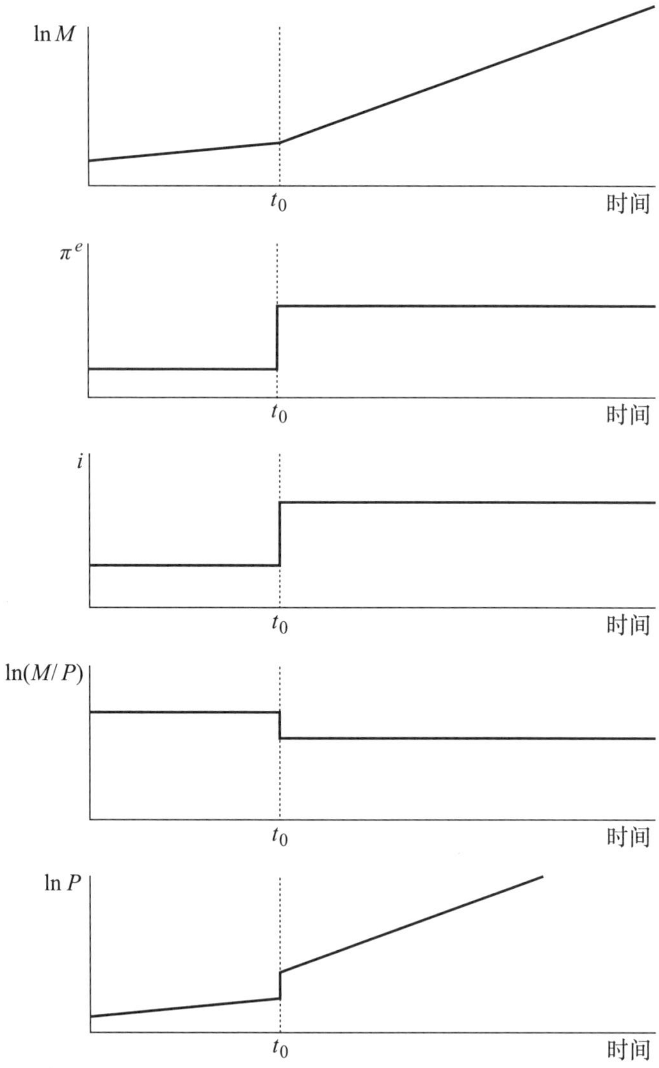

图 12.2　货币增长率上升的影响

说又被称为费雪效应,它来自费雪方程以及通货膨胀不影响实际利率的假设。

第二,较高的名义货币存量增长率会减小实际货币存量。货币增长率上升会推高预期通货膨胀率,从而提高名义利率。这就会增加持有货币的机会成本,从而减少经济个体愿意持有的实际余额数量。因此,均衡要求 P 的上升幅度大于 M。也就是说,通货膨胀必须在某个时期超过货币增长率。在我们的模型中,这个时期就发生在货币增长率上升时。在价格并不具有完全弹性的模型中,或者经济个体并不能无成本地调整实际货币持有量的模型中,通货膨胀会在较长的时期中超过货币增长率。

上述分析的一个推论是,通货膨胀下降可能会伴随货币增长临时性的异常增加。假设政策制定者希望降低通货膨胀率,同时又不希望价格水平出现不连续的变化。为了做到这一点,M 需要按照什么路径变动? 通货膨胀率下降会减小预期通货膨胀率，从而降低名义利率并提高实际余额需求量。我们可以把货币市场均衡条件写为 $M=PL(i,Y)$，则由此可得，由于 $L(i,Y)$ 不连续地增加，并且 P 并不跳跃，M 必须跳跃。当然，为了使通货膨胀率维持在较低水平，货币存量随后必须从这个较高水平缓慢地增加。

因此，与通货膨胀率永久性下降相一致的货币政策是，货币供给突然向上跳跃，然后缓慢增长。通货膨胀下降最明显的例子就是遏止恶性通货膨胀，这种情况往往正是伴随着货币增长率剧增，并且这种增速爆发在价格稳定之后仍然会持续一段时间[参见萨金特(Sargent，1982)]。[1]

价格不完全弹性的情形

根据前面的分析，货币增长率上升会提高名义利率。但实际上，货币扩张的初始影响是降低短期名义利率。货币扩张对名义利率的这种负向作用又称为流动性效应。

对流动性效应的传统解释是，货币扩张会降低实际利率。如果价格并具有完全弹性，则货币存量增加会提高产出，这就需要实际利率相应地下降。根据第 6.1 节中的模型，货币扩张会使经济沿着 IS 曲线向下移动。如果实际利率下降的幅度足够大，则它不仅会抵消预期通货膨胀率上升，还会使名义利率转为下降。[2]

如果价格在长期中具有完全弹性，则在货币增长率提高之后，实际利率最终会回到其正常水平。因此，如果实际利率效应在短期中能压倒预期通货膨胀效应，则货币增长率提高在短期内会压低名义利率，但在长期则会提高名义利率。正如弗里德曼(1968)指出的那样，这似乎能够准确地刻画现实中的货币政策效应。例如，美联储在 20 世纪 60 年代后期的扩张政策使名义利率降低了数年，造成了通货膨胀，进而又在更长的时期中提高了名义利率。

12.2 货币政策与利率的期限结构

在很多情况下，我们不仅对短期利率的变化感兴趣，也对长期利率感兴趣。为了理解货币政策如何影响长期利率，我们有必要考虑短期利率与长期利率之间的联系。不同期限的利率之间的关系又被称为利率的期限结构，而有关期限结构的标准理论又被称为期限结构的预期理论。下面我们就来介绍这个理论并分析它对于货币政策效应的意义。

期限结构的预期理论

考虑这样一个问题：投资者要决定如何把 1 美元投资到接下来的 n 期之中。为了简单起见，假设不存在关于未来利率的不确定性。首先假设投资者用这 1 美

---

[1] 上述分析提出了一个问题，预期通货膨胀率为什么会在货币供给爆发时下降？我们将在第 12.10 节中回到这个问题。

[2] 参见习题 12.2。另外，如果通货膨胀在某个时间范围内对货币政策毫无反应，则预期通货膨胀率在此期间就不会上升。因此，在这种情况下，短期名义利率就不一定会下降。

元购买了一份 n-期零息债券,即所有收益都在 n 期之后支付的债券。如果根据连续复利计算,则该债券每期可获得的收益为 i_t^n,投资者在 n 期之后可以获得 $exp(ni_t^n)$美元。如果该投资者把这 1 美元用于在 n 期中购买一系列(即 n 期)1-期债券,则收益率按照连续复利计算为 $i_t^1, i_{t+1}^1, \cdots, i_{t+n-1}^1$。在这种情形下,他/她最后可以获得 $exp(i_t^1+i_{t+1}^1+\cdots+i_{t+n-1}^1)$美元。

在均衡时,投资者应当在购买 1-期债券与购买 n-期债券之间是无差异的,因此投资者的两种投资策略必须具有相同的收益。这就要求:

$$i_t^n=\frac{i_t^1+i_{t+1}^1+\cdots+i_{t+n-1}^1}{n}. \tag{12.5}$$

也就是说,长期债券的利率必须等于相应期限内短期债券的平均利率。

在这个例子中,由于不存在不确定性,理性行为本身就意味着期限结构由短期利率的路径确定。当存在不确定性时,在合理的假设下,未来短期利率的期望值也会在确定期限结构时扮演非常重要的角色。典型的形式如下:

$$i_t^n=\frac{i_t^1+E_t i_{t+1}^1+\cdots+E_t i_{t+n-1}^1}{n}+\theta_{nt}, \tag{12.6}$$

其中 E_t 表示 t 期的期望。当存在不确定性时,购买单份 n-期债券的策略与购买一系列 1-期债券的策略通常会涉及不同的风险。因此,理性行为并不表示两种投资策略的期望收益必须相等。这一点体现在(12.6)式中增加的 θ 项(即持有长期债券的期限升水)上。

期限结构的预期理论是一个假说,即期限结构的变化取决于未来利率预期值的变动(而不是期限升水的变动)。这里,我们通常假设预期是理性预期。

根据第 12.1 节末尾的描述,即便价格不具有完全弹性,货币增长率永久性上升最终也会永久性地提高短期名义利率。因此,即使短期利率在一定时期内下会降,但(12.6)式也表明,期限足够长(即 n 足够大)的债券对应的利率很可能会立即上升。由此可见,上述分析表明,货币扩张可能会降低短期利率,但是会提高长期利率。

实证应用:期限结构与联邦基金利率目标的变化

美联储通常对一个特别的利率,即联邦基金利率设定目标水平,并通过调整该目标水平执行货币政策。联邦基金利率是银行间对准备金进行隔夜拆借时收取的利率,即属于极短期利率。库克和哈恩(Cook and Hahn,1989)研究了联邦基金利率目标水平的变动对不同期限债券利率的影响。

库克和哈恩着重分析了 1974～1979 年美联储紧盯联邦基金利率期间的情况。在此期间,美联储并没有公开联邦基金利率的目标水平。相反,市场参与者必须根据美联储的公开市场操作来推测该目标水平。因此,库克和哈恩从整理这段时期目标利率的变化着手,不仅考察了美国联邦储备银行纽约分行(该行执行了目标利率变动政策)的记录,还分析了《华尔街日报》的有关报道。他们发现,尽管美联储没有公布目标利率,但《华尔街日报》的报道几乎总是正确的。因此,把《华尔街日报》关于目标利率变动的报道看作是公开观察到的变动是非常合理的。

根据库克和哈恩的描述，实际联邦基金利率与目标利率的变动是高度一致的。并且，美联储改变目标利率极有可能是对影响联邦基金利率的可能因素所做出的反应。例如，当美联储不采取任何行动时，联邦基金利率不会出现跳跃性的变动。另外，美联储改变目标利率的决策与利率实际发生变动之间通常存在几天的滞后。因此，认为美联储会对改变联邦基金利率的可能因素做出反应就相当于认为美联储会提前获知这些因素。

联邦基金利率与美联储目标利率之间的密切联系为货币政策对短期利率的影响提供了有力的证据。根据库克和哈恩的描述，早期关于这个问题的研究主要是用利率在某些时期的变化对相应时期的货币供给变动作回归，但是这些回归分析并没有得到明确的证据支持美联储具有影响利率的能力。其原因似乎在于，这些回归会由于某些问题变得比较复杂，而同样的问题在第 5.9 节中也使得货币—产出回归变得比较复杂。这些问题包括：货币供给并不是由美联储唯一确定的，美联储根据经济的有关信息调整政策，等等。

然后，库克和哈恩考察了美联储目标利率变动对长期利率的影响。具体而言，他们估计了如下形式的回归方程：

$$\Delta R_t^i = b_1^i + b_2^i \Delta FF_t + u_t^i, \tag{12.7}$$

其中 ΔR_t^i 表示期限为 i 的债券在第 t 天的名义利率变化。ΔFF_t 表示联邦基金利率的目标水平在第 t 天的变化。

库克和哈恩发现，与本节第一部分分析所预计的结果相反，联邦基金目标利率上升会提高所有期限的名义利率。目标利率每提高 100 个基点（即 1 个百分点），则 3 月期利率会提高 55 个基点（标准差为 6.8 个基点），1 年期利率会提高 50 个基点（标准差为 5.2 个基点），5 年期利率会提高 21 个基点（标准差为 3.2 个基点），20 年期利率会提高 10 个基点（标准差为 1.8 个基点）。

库特纳（Kuttner，2001）使用较新的数据将这项研究进行了推广。库克和哈恩所研究的时期与这个较近的时期相比，关键的区别在于，1989 年之后建立了联邦基金期货市场。在合理的假设下，决定联邦基金期货市场利率的主要因素是市场参与者对联邦基金利率路径的预期。因此，库特纳利用期货市场的数据把美联储的目标利率变化分解为市场参与者预期到的部分与没有预期到的部分。

由于长期利率包括对未来短期利率的预期，预期到的联邦基金利率变动应该不会影响到长期利率。与此相一致，库特纳发现，在 1989 年之后的时期中，没有证据表明预期到的目标利率变动会影响期限从 3 个月到 30 年的债券利率。相反，没有预期到的变动则具有高度显著的巨大作用。这种作用类似于 20 世纪 70 年代的情况，即联邦基金利率目标提高对应于所有期限的名义利率上升，而且实际影响其实还大于库克和哈恩发现的 20 世纪 70 年代目标利率变动的影响。对此相应的解释是，20 世纪 70 年代的目标利率变动可能部分地被预期到了。

认为紧缩性货币政策会立即降低长期名义利率的观点是比较直观的：紧缩政策可能只会短暂地提高实际利率并在较长时期中降低通货膨胀。然而，根据库克和哈恩以及库特纳的结果，有关证据并不支持这种说法。

对于这种反常现象的一个可能解释是,美联储通常根据关于未来通货膨胀的信息来改变政策,而市场参与者并不掌握这些信息。其结果是,当市场参与者观察到货币政策趋紧时,他们并不能推断出美联储对通货膨胀比以前更加强硬。相反,他们会推测经济中存在以前没有意识到的关于通货膨胀的不利信息。

C. 罗默和 D. 罗默(2000)通过考察商业机构与美联储对通货膨胀的预测检验了上述解释。由于美联储的预测只有在 5 年之后才会公开,这种预测可以看作是基于只有美联储掌握而市场参与者无法获取的信息。C. 罗默和 D. 罗默提出的问题是,如果可以获得美联储的预测结果,那么已经知道商业预测结果的经济个体是否可以提高其预测能力。具体而言,他们估计的回归方程如下:

$$\pi_t = a + b_C\hat{\pi}_t^C + b_F\hat{\pi}_t^F + e_t, \tag{12.8}$$

其中 π_t 是实际通货膨胀率,$\hat{\pi}_t^C$ 和 $\hat{\pi}_t^F$ 分别表示商业机构和美联储对通货膨胀 π_t 的预测。C. 罗默和 D. 罗默的主要兴趣点在于 b_F,即美联储通货膨胀预测结果的系数。

对于大多数模型设定来说,b_F 的估计值都接近 1,并且在统计上非常显著。另外,b_C 的估计值通常为 0 并且非常不显著。这些结果表明美联储拥有的通货膨胀信息确实很有用。事实上,C. 罗默和 D. 罗默认为,如果可以同时获得两种预测结果,则最优的预测策略是扔掉商业预测,而采用美联储的预测结果。

要想用美联储的信息优势来解释紧缩政策使得长期利率增加的现象,则政策变化必须能够揭示某些美联储掌握的信息。因此,C. 罗默和 D. 罗默考虑了一个市场参与者试图推测美联储预测结果的问题。为了分析这个问题,他们估计了如下回归方程:

$$\hat{\pi}_t^F = \alpha + \beta\Delta FF_t + \gamma\hat{\pi}_t^C + \varepsilon_t, \tag{12.9}$$

其中 ΔFF 表示联邦基金利率目标的变化。β 的典型估计值大约为 0.25,即联邦基金利率目标提高 1 个百分点意味着美联储的通货膨胀预测值比个人根据商业预测结果预期的通货膨胀率高出大约 1/4 个百分点。根据美联储对通货膨胀率的一系列预测值,上述结果表明,利率目标上升会使得市场参与者的预期通货膨胀率提高相同的幅度。这将足以解释库克和哈恩的结果。然而,可惜的是,β 的估计值并不精确,两个标准差的置信区间通常处于 0 以下到超过 0.5 之间。因此,尽管 C. 罗默和 D. 罗默的结果为政策的长期利率效应提供了与信息披露观点相一致的解释,但却并没有为此提出决定性的证据。〔1〕

〔1〕 这个领域的最新研究利用了另一个制度性进展,这一进展产生于库克和哈恩所研究的时间段之后。自 1997 年以来,美国不仅发行按美元支付固定收益的传统名义债券,还发行了通货膨胀指数化债券。另外,英国也在 1981 年之后发行了通货膨胀指数化债券。根据(12.6)式背后的逻辑,n-期通货膨胀指数化债券的利率反映了在 n 期中的单期债券预期实际利率与期限升水。如果期限升水的变动不大,则我们不仅可以研究未预期到的联邦基金利率目标变动以及其他变动对名义利率的影响,还可以单独研究这些变动对实际利率和预期通货膨胀率的影响。这类分析的例子包括古尔卡纳克、萨克和斯旺森(Gürkaynak, Sack and Swanson, 2005),古尔卡纳克、莱文和斯旺森(Gürkaynak, Levin and Swanson, 2010)以及比奇和赖特(Beechey and Wright, 2009)。

12.3 稳定政策的微观基础

现在我们回到稳定政策，即政策制定者应该如何行使权力来影响通货膨胀和产出的变化。讨论稳定政策通常需要从假设政策制定者的目标入手。我们假设政策制定者的目标是维持较低而且稳定的通货膨胀率，并最小化产出与某个平滑趋势之间的偏差。但是，政策制定者的最终目标可能应该是最大化福利，而通货膨胀和产出对福利的影响并不是显而易见的。因此，从考虑通货膨胀与产出波动的福利效应着手来分析稳定政策是比较恰当的。下面我们首先讨论通货膨胀，然后再转到产出。

通货膨胀的成本

理解通货膨胀的成本具有相当大的难度。在很多模型中，通货膨胀在稳态时仅仅是使得所有价格和工资的增长率都增加相同的幅度，所有资产的名义利率都上涨相同的幅度。因此，通货膨胀几乎没有成本。

最容易识别的一种通货膨胀成本是：由于高能货币的名义回报是等于零的不变常数，高通货膨胀会使得人们竭力降低高能货币的持有量。例如，人们把生息资产兑现为货币的数量会较小，同时兑换次数会更加频繁。由于高能货币基本上没有制造成本，这些变化并不会改善社会总福利，从而可以代表通货膨胀的一种成本。如果通货膨胀使得持有货币的机会成本即名义利率为零，则这种成本就可以消除。由于名义利率通常都是略大于零的正数，所以要想消除这种成本就需要小幅的通货紧缩。〔1〕

第二种比较容易识别的通货膨胀成本来自单个产品的价格并不是连续调整的。因此，即使通货膨胀处于稳态水平，也会导致不同厂商在不同时间调整其价格时，相对价格会出现各种变化。这种相对价格变动并不能简单地对应到社会成本或者社会收益中去，从而会导致资源错配。同样，厂商为了跟上通货膨胀变化而用于改变其价格的资源也代表了通货膨胀的成本。在合理的相对价格冲击分布假设下，相对价格的各种伪变化和用于价格调整的资源都会在通货膨胀为零时最小化。

最后一种比较容易识别的通货膨胀成本是，它会扭曲税制[参见费尔德斯坦(Feldstein，1997)]。在大多数国家，资本收益、利息以及利息支付和折旧抵扣等收入都是按照名义量进行计算的。因此，通货膨胀对投资激励与储蓄激励具有很大的影响。在美国，通货膨胀通过上述各种渠道产生的净影响是，提高了后续资本收入的有效税率。另外，通货膨胀还会显著地改变不同投资类型的相对吸引力。例如，由于自有住房提供的服务通常是不计税的，而常见的商业资本所产生的收入是需要计税的，所以即使没有通货膨胀，税收制度也会鼓励人们投资自有住房而不是商业资本。抵押贷款的利息支付可以从收入中扣除，这个事实也会导致通货膨胀

〔1〕 这种观点通常被认为是弗里德曼(Friedman，1969)提出的，但事实上可以追溯到托利(Tolley，1957)。

对经济产生严重的扭曲。

然而,上述成本都不能解释政策制定者和公众对通货膨胀的强烈规避倾向。在现实中所观察到的绝大多数通货膨胀率水平下,由生息资产反复兑现为高能货币所产生的“皮鞋成本”(shoe-leather costs)都是很低的。即使价格水平每个月都翻一番,货币每天损失的价值也仅仅只有几个百分点。因此,即使是在这种情形下,经济个体所面临的成本也不会巨大到需要减少货币持有的程度。类似地,由于价格调整与指数化的成本基本上都很小,所以不论是为了跟上通货膨胀而调整价格所导致的成本,还是由通货膨胀引起相对价格变动所导致的直接经济扭曲,可能都会很小。此外,中村、斯坦森,孙和维拉尔(Nakamura,Steinsson,Sun,and Villar,2017)发现,与沃尔克的反通货紧缩政策顺利地大幅降低通货膨胀之后的几十年相比,与基本面无关的相对价格波动在通货膨胀率接近10%的20世纪70年代末似乎并没有特别剧烈。这就说明,通货膨胀的这种成本在一定范围内并不重要。最后,尽管由于税收扭曲导致的通货膨胀成本可能比较大,但是这类成本非常具体,并且可以通过税收制度的指数化得到弥补。这就意味着,人们对于通货膨胀的厌恶似乎是源于其他更加深层次的原因。

因此,经济学家们花费了大量精力研究通货膨胀是否会通过比较隐蔽的渠道产生重大成本。这类成本可能来自预期到的稳态通货膨胀,或者来自通货膨胀水平与方差之间的联系。

在稳态通货膨胀的情形下,有三种主要的可能来源会产生较大的通货膨胀成本。第一种是通货膨胀会引起前面提到的相对价格变化。奥肯(Okun,1975)和卡尔顿(Carlton,1982)提出的非正式观点认为,尽管这种相对价格变化对于瓦尔拉斯特性较强的市场仅仅会产生较小的影响,但是当买方和卖方形成长期关系时,这种相对变化就会明显地扰乱市场。例如,当通货膨胀引起相对价格变化时,潜在消费者会很难决定是否要建立长期合作关系,或者已经建立长期关系的各方也很难通过对比其他价格核实他们之间的交易价格是否公平。正式的理论模型发现,通货膨胀可能对市场结构、长期关系以及效率等具有复杂的影响[参见贝纳布(Bénabou,1992)以及托马西(Tommasi,1994)]。这些研究并没有得到有关通货膨胀作用的一致结论,但却提出了通货膨胀产生较大成本的几种可能的渠道。

第二,经济中的个人和厂商可能无法理解通货膨胀[莫迪利亚尼和科恩(Modigliani and Cohn,1979);霍尔(Hall,1984)]。年通货膨胀率10%会导致价格水平在40年间上升45倍。即使是3%的通货膨胀率也会导致价格水平在同样长的时期内翻3倍。由于家庭与厂商通常根据名义量来进行财务安排,所以通货膨胀就会使得他们在为退休进行储蓄,或者评估抵押贷款的实际负担,或者进行长期投资决策等方面产生重大失误。

第三,稳态通货膨胀也会产生成本,其原因并不是来自实际效应,而仅仅是因为人们厌恶通货膨胀。人们是通过货币价值与所处的经济环境联系在一起的。因此,当美元计算的价格或者工资发生大幅变化时,即使这种变化并不影响实际收入,人们也可能觉得非常心烦。根据奥肯(1975)的类比,如果每年把一英里的长度减少一个固定的量,可能对于实际决策并不会产生影响,但是毫无疑问会令人十分头痛。实际上,席勒(Shiller,1997)报告的调查证据确实表明了人们非常不喜欢通货膨胀,但其原因却并不是前文所归纳的经济效应。由于政策的最终目标应该是公众福利,通货膨胀的这种影响的确会产生成本。〔1〕

通货膨胀产生重大成本的另一个可能原因是,它会影响通货膨胀的方差。通货膨胀率越高,则它的变化就会越大,也越难以预测[参见鲍尔和切凯蒂(Ball and Cecchetti,1990)]。这一联系来自通货膨胀对政策的影响。当通货膨胀较低时,人们一致认为它应该维持在较低水平,从而通货膨胀比较稳定,也容易预测。然而,当通货膨胀比较温和或者高涨时,人们通常会争论降低通货膨胀的重要性。事实上,较大的通货膨胀可能确实只会导致很小的成本。因此,通货膨胀的变化幅度就更大,从而更难预测。

如果上述观点是正确的,则通货膨胀的均值与方差之间的关系就代表了均值对方差的实际影响。这就表明,通货膨胀会产生另外三种潜在的重要成本。第一,由于许多资产都是根据名义值计算的,所以没有预期到的通货膨胀变动会引起财富再分配。因此,通货膨胀的方差增加使得不确定性上升,从而福利下降。第二,由于债务按照名义值计算,所以通货膨胀的不确定性上升会使得厂商和个人不愿进行项目投资,特别是不愿进行长期项目的投资。〔2〕最后,变动很大的通货膨胀(或者只是平均值很高的通货膨胀)也会抑制长期投资,因为厂商与个人会把它看作是政府运转不畅的一种症状,这种政府可能会采用罚没性税收或者其他对资本持有者极为不利的政策。

从实证的角度看,通货膨胀与投资之间以及通货膨胀与增长之间确实具有负相关关系[参见布鲁诺和伊斯特利(Bruno and Easterly,1998)]。但是,我们并不知道这些关系是否具有因果性。不难找出理由说明这类关系可能并不能表示通货膨胀的真实效应。因此,有关实证证据在确定通货膨胀成本方面的价值并不大。

通货膨胀的潜在好处

有关通货膨胀的研究大多着重关注通货膨胀的成本,但其实它也会带来好处。其中,有两种可能的好处是特别重要的。第一,根据托宾(Tobin,1972)的观察,通货膨胀可以对劳动市场产生“润滑”作用。也就是说,当厂商很难削减名义工资时,如果经济面临特定部门的冲击,那么通货膨胀越高,实际工资的调整就越快。从实证方面来看,我们观察到,名义工资变动的分布在零附近具有很大的峰值,并且名义工资下降的情况相对很少。但是,这方面仍有两个悬而未决的问题:一是上述情况是否会导致大量资源错配,二是削减名义工资的阻力是否主要取决于平均通货

---

〔1〕 当然,公众厌恶稳态通货膨胀也有可能既不表示通货膨胀的某些深层次原因还没有被经济学家们发现,也不能代表人们强烈地厌恶通货膨胀本身,而是来自对通货膨胀的误解。例如,人们能察觉到通货膨胀对价格的影响,但却不能察觉到它对工资的影响。因此,当通货膨胀上升时,经济个体只会把价格的快速上涨归因于通货膨胀,从而错误地认为通货膨胀降低了自己的生活水平。如果卡托纳的观点是正确的,那么根据公众厌恶通货膨胀就推断它确实会降低公众福利就是错误的。

〔2〕 但是,如果通货膨胀变动性导致的这种成本很高,那么个人和厂商就可能具有很强的激励根据实际值而不是名义值来签订合同,或者建立可以对通货膨胀风险进行投保的市场。因此,要通过这类作用渠道完整地解释通货膨胀的巨大成本,就必须解释为什么没有这种制度。

膨胀率。[1]

第二,我们将在第 12.7 节看到,平均通货膨胀率较高会使货币政策不容易受到名义利率零下界的限制。例如,如果 2007 年开始的金融危机发生在平均通货膨胀率较高和名义利率较高的经济环境中,则中央银行降低利率的政策就有更大的空间。由此制定的刺激政策几乎肯定会缓解经济的衰退,而且很可能是大幅缓解(威廉姆斯,2009)。一般而言,较高的平均通货膨胀率将减少货币政策达到零下界的可能,从而更利于产出保持稳定[参见基里和罗伯茨(Kiley and Roberts, 2017)]。

关键在于,现有的关于通货膨胀成本、通货膨胀收益以及最优通货膨胀的研究尚未得到任何站得住脚的重要结论。因此,经济学家与政策制定者必须从不同角度进行权衡来形成自己的判断。从大体上来说,可以根据观点将他们分为两个群体。其中一个群体认为通货膨胀是有害的,政策应该着重于消除通货膨胀,而根本不必考虑其他因素。这个群体通常相信经济政策应该力求把通货膨胀降为零,或者维持轻度的通货紧缩。另一个群体则认为非常低的通货膨胀毫无益处,甚至还可能有害。因此他们认为经济政策应该争取保持较低或者温和的平均通货膨胀,但同时应该考虑其他目标。这个群体通常认为经济政策确定的目标通货膨胀水平应该从几个百分点到约 5%不等。

稳定政策应该作用于产出的哪些方面?

现在我们回到政策制定者比较关心的实际产出、失业与就业问题。政策制定者应该力求减轻经济衰退或过热。这个问题看上去似乎是显而易见的,但实际上却非常复杂。

一个重要的原因是,产出波动并非全都是不良现象。在中期,产出变化中有很大一部分并不是反映总需求冲击和价格粘性,而是反映了经济产能增长率的变化。试图通过货币政策和财政政策来避免这种产出变动是毫无根据的。即使是短期波动,其原因也可能是贸易条件、技术或者其他在完全弹性价格下影响产出的因素发生了变化。由于瓦尔拉斯结果都是帕累托有效的,我们也很难找出有力的证据来说明政策制定者应该力图避免这些因素所导致的产出变化。

货币政策之所以有效,是因为价格并不具有完全弹性。因此,人们可能会认为经济政策的目标应当是最小化产出偏离其弹性价格水平的缺口。但是,这也并不正确:弹性价格下的产出波动并不都是合意的。如果产出变动是无效率的(例如,由于厂商的市场势力变化导致价格加成变化),则货币政策可以通过熨平波动来提高福利水平。简言之,正确的说法应该是,政策制定者应当尽力最小化实际产出与瓦尔拉斯产出水平之间的缺口,而不是与趋势产出水平之间的缺口,也不是与弹性价格产出水平之间的缺口。

第二个重要原因是,人们很难认识到这类稳定政策具有重要的潜在益处。由

---

〔1〕 关于这些问题的进一步讨论可参见阿克洛夫、迪肯斯和佩里(Akerlof, Dickens and Perry, 1996);卡德和希斯洛普(Card and Hyslop, 1997);比利(Bewley, 1999);以及埃尔斯比(Elsby, 2009)。

于货币政策会对平均通货膨胀产生强有力的影响,所以从通货膨胀的角度看,有效地执行政策显然具有很大的潜在好处。但是,在很多模型中,稳定政策对平均产出几乎毫无影响。因此,即使经济扭曲可能会导致产出系统性地低于瓦尔拉斯产出水平,稳定政策也无法通过增加平均产出来提高福利。它可能会通过减小瓦尔拉斯产出与实际产出之间的缺口而产生潜在的福利影响,但我们尚不清楚这种好处到底有多大。

为了更正式地理解上述问题,我们可以考虑两个基准的总供给模型。一个是卢卡斯供给曲线:

$$y_t = y_t^n + b(\pi_t - \pi_t^e) + u_t, \tag{12.10}$$

其中 y^n 表示弹性价格产出水平(或者自然产出水平)。另一个是加速主义菲利普斯曲线:

$$\pi_t = \pi_{t-1} + \lambda(y_t - y_t^n) + v_t, \tag{12.11}$$

另外,假设社会福利是通货膨胀与产出的函数,并暂时假设它是产出的线性函数(我们很快就会再次回到这个假设)。从而得到:

$$W_t = -c[y_t^* - y_t] - f(\pi_t), \quad c > 0. \tag{12.12}$$

这里 W 表示相对于瓦尔拉斯结果,产出与通货膨胀对福利产生的影响,y^* 表示瓦尔拉斯产出水平。假设 $f(\cdot)$满足 $f''(\cdot)>0$,$\lim_{\pi\to-\infty} f'(\cdot)=-\infty$,$\lim_{\pi\to\infty} f'(\cdot)=\infty$,从而通货膨胀具有明确的最优水平,并且令通货膨胀无限增加或者无限下降会产生极高的成本。

根据这些总供给的假设条件,政策并不会影响平均产出。(12.10)式表明,只有当 π_t 系统性地偏离 π_t^e 时,$y_t - y_t^n$ 才会系统性地偏离 0,这就要求预期是非理性预期。而方程(12.11)则表明,只有当通货膨胀无限上升或者下降时,$y_t - y_t^n$ 才会系统性地偏离 0,而我们已经假设这种情形是灾难性的。当社会福利是 y 的线性函数时,降低产出的波动是毫无益处的。因此,在这种基准情形下,不论政策制定者多么关心产出(即不关心 c),他/她都应该力求使通货膨胀尽量接近最优水平,而不要在意产出。

存在稳定政策的案例吗?

上述关于稳定政策无法通过影响产出产生好处的观点似乎有一个明显的漏洞。经济个体是风险规避的,而总体经济波动会导致消费波动。因此,社会福利显然并不是总体经济变量的线性函数。然而,卢卡斯(1987)在一篇著名论文中证明,在代表性经济人设定下,把消费维持在均值附近的稳定政策所产生的潜在福利收益很小。也就是说,他认为社会福利与产出之间的非线性关系并不强,从而稳定政策并没有显著的收益。他的理由很简单。假设效用函数采用常相对风险规避形式:

$$U(C) = \frac{C^{1-\theta}}{1-\theta}, \quad \theta > 0, \tag{12.13}$$

其中 θ 是相对风险规避系数(参见第 2.1 节)。由于 $U''(C)=-\theta C^{-\theta-1}$,在平均消费水平附近对 $U(\cdot)$进行二阶泰勒展开可得:

$$E[U(C)]\simeq\frac{\overline{C}^{1-\theta}}{1-\theta}-\frac{\theta}{2}\overline{C}^{-\theta-1}\sigma_C^2, \tag{12.14}$$

其中 $\overline{C}$ 和 σ_C^2 分别表示消费的均值和方差。因此,消除消费的波动会使期望效用提高大约 $(\theta/2)\overline{C}^{-\theta-1}\sigma_C^2$。类似地,消费波动性翻番会使福利降低大约同样的幅度。

为了把上述结果换算为方便解释的单位,注意消费在 $\overline{C}$ 处的边际效用为 $\overline{C}^{-\theta}$。因此,令 σ_C^2 为零与令平均消费增加 $(\theta/2)\overline{C}^{-\theta-1}\sigma_C^2/\overline{C}^{-\theta}=(\theta/2)\overline{C}^{-1}\sigma_C^2$ 使预期效用增加的幅度大约相等。按平均消费计算,消费增加的比例等于 $(\theta/2)\overline{C}^{-1}\sigma_C^2/\overline{C}$,即 $(\theta/2)(\sigma_C/\overline{C})^2$。

卢卡斯认为,在短期波动下,经过粗略估计消费的标准差为均值的 1.5%,相对风险规避系数约为 5。因此,他断定,按照乐观的估算,较成功的稳定政策可以获得的最大福利收益等于 $(5.2)(0.015)^2$,或者平均消费的 0.06%,这是一个非常小的数。

上述分析假设存在一个代表性的经济个体,但在现实经济中,衰退并不会使所有人的消费都下降一个较小的幅度。相反,衰退会使一小部分人群的消费下降较大幅度。因此,衰退的福利损失会大于代表性经济人设定下的损失。但是阿特克森和费伦(Atkeson and Phelan,1994)证明,考虑消费的分布会降低而不是提高稳定政策的潜在收益。事实上,在极端情形下,他们的分析表明稳定产出可能根本没有任何好处。假设经济个体在就业时的消费水平为 C_E,当他们失业时的消费水平为 C_U,并假设 C_E 和 C_U 并不依赖于经济的状态。在这种情况下,社会福利是总消费的线性函数:消费的平均效用为 $uU(C_U)+(1-u)U(C_E)$,其中 u 表示失业经济个体的比例。根据假设,C_E 和 C_U 都是常数,所以总消费的变化就体现为 u 的变化,而 u 对平均效用的影响是线性的。直观而言,在这种情形下,把失业维持在均值水平附近并不会对经济个体的消费的方差产生任何影响。在比例为 $1-E[u]$ 的时间内,经济个体的消费水平为 C_E;在比例为 $E[u]$ 的时间内,消费水平为 C_U。

上述分析表明,稳定政策只有中等的潜在收益。如果这是正确的,则诸如大萧条与 2007 年开始的金融危机等时期就可以与产出超常的时期在福利收益上大体相互抵消。因此,尽管我们肯定会偏好比较平稳的产出路径,但偏离平稳路径的成本总体上是很小的。

尽管上述分析确定了在哪些条件下稳定政策的潜在收益很小,但实际上这些条件几乎都不是最重要的。真正值得关注的问题有四个,其中三个问题的重要性尚不确定,但第四个问题却至关重要。

前两个问题都涉及福利效应在衰退时期与繁荣时期的非对称性。第一,经济个体可能远比卢卡斯的计算方式所假定的情形更加规避风险。根据第 8.5 节,股票可以获得远高于债券的平均收益。一种可能的解释是,经济个体非常厌恶风险,所以需要大量的风险升水才能使他们承担持有股票的中等风险(Campbell and Cochrane,1999)。如果这种解释是正确的,则与短期波动相关的福利损失就会非常大。

第二，稳定政策的大量收益可能并不是来自于平滑消费，而是来自于平滑工作小时数。小时数的周期性变化远远大于消费。如果劳动供给相对缺乏弹性，则效用函数对小时数的曲率可能远高于对消费的曲率。鲍尔和罗默(Ball and D. Romer，1990)发现，由此导致的结果是经济波动通过小时数变化所产生的成本非常高。直观而言，产出较低时期闲暇增加的效用收益可能远远不能抵消消费减少的效用损失，而在繁荣时期小时数增加导致的负效用却会大致抵消消费增加的效用收益。

第三个问题涉及到投资以及经济中弹性价格产出水平的路径。常见的非正式观点是，宏观经济稳定会促进所有类型的投资，包括传统的物质资本投资和研究与开发投资。如果这是真实的，则稳定政策在长期中会极大地提高收入水平。[1]

最后一个问题可能是最重要的，如果(12.10)式和(12.11)式中通货膨胀动态的设定遗漏了某些重要因素，则稳定政策可能会具有非常重要的好处。例如，尽管传统研究发现线性关系已经足以刻画适当范围内的数据[例如，参见鲍尔和曼昆(Ball and Mankiw，1995)，以及戈登(Gordon，1997)]，但某些研究提出了非线性关系十分重要的证据[参见克拉克、拉克斯顿和罗斯(Clark，Laxton and Rose，1996)；德贝尔和拉克斯顿(Debelle and Laxton，1997)；拉克斯顿、罗斯和坦巴基斯(Laxton，Rose and Tambakis，1999)。这些论文认为，当产出低于自然率水平时，通货膨胀的反应肯能小于产出超过自然率水平时的反应。如果这个结论是正确的，则产出失常时期就很难和产出超常时期相匹配，从而稳定政策就会影响平均产出。

最后一个问题是最重要的，我们早先的分析是基于如下假设：通货膨胀的动态特征可以很好地用(12.10)式中的卢卡斯的供给曲线和(12.11)式中的加速主义菲利普斯曲线(或者两者的某种组合)来刻画。但是这个假设可能很不符合现实。从理论角度看，我们已经学习了很多关于定价和通货膨胀的模型，但其中许多模型都与(12.10)式和(12.11)式存在很大的差异。从实证角度看，产出低于正常水平的时期和高于正常水平的的时期似乎并不能大致抵消。例如，在大萧条时期，通货膨胀率由负转正的时间远远小于而产出恢复正常的时间。在大衰退时期，通货膨胀率几乎没有下降。因此，在这两种情况下，通货膨胀的变化都没有给决策者留出足够的政策空间，使其能够在保持低通货膨胀的情况下追求远高于正常水平的产出。

上述观点表明，稳定政策确实可能具有某些重要作用。如果稳定政策能够成功地避免经济出现大萧条或大衰退，而又不必以其他时期的效用减少或者产出降低作为代价，那么它的好处显然是非常巨大的。

总结评论

上述讨论说明，我们对于通货膨胀成本与产出波动的理解都非常有限。我们对于一些基本问题，如通货膨胀的主要成本是什么，最优的通货膨胀目标水平是多

〔1〕 尝试正式地分析这个观点会遇到两个难题：投资不确定性的净效应非常复杂，并且不一定是负的；单个厂商和企业家面临的总体经济波动风险相比他们面临的其他风险来说是很小的。

少,以及稳定产出是否具有重大好处等,还是一无所知。但我们不能等这些问题得到解决之后才去研究稳定政策应该如何执行的问题,因为这类问题会不断涌现,而政策制定者毫无选择,必须采取应对措施。因此,模型化稳定政策的标准方法是,暂且假设我们已经知道目标函数的适当形式,并且通常假设该目标函数是少数变量(如通货膨胀和产出)的一个简单函数。对于通货膨胀,一个最常见的办法是假设最优通货膨胀率为零(其根据在于,当通货膨胀率为零时,相对价格变动产生的扭曲与价格调整成本都最小),并且偏离这个水平的成本是二次的。对于产出,一个最常见的办法是假设偏离瓦尔拉斯产出水平会产生二次成本。重要的是,要记住这些假设仅仅是一种捷径,我们对于政策应该如何实施的认识很可能会随着我们进一步认识政策目标的微观基础而大幅改变。

12.4 简单后顾模型中的最优货币政策

下面,我们从一般性地讨论稳定政策的目标应该是什么转到准确说明政策应该如何执行。本节我们会考虑一个很自然的基准模型,其中私人行为是后顾型的,第 12.5 节将讨论一个前瞻型私人行为的基准模型。在这两个模型中,如上一节末尾的评论所述,政策制定者的目标函数都是假设的而不是推导得出的。因此,这两个模型仅仅是示例。然而,它们说明了如何根据正式的模型推导出政策建议,也说明了决定最优政策所需要考虑的因素。

假设

本模型是斯文森(Svensson,1997)以及鲍尔(Ball,1999b)所研究模型的一个变形。经济由两个方程刻画,一个方程刻画总需求,另一个方程刻画总供给。根据传统凯恩斯模型的思想,本模型省略了私人行为中的前瞻性要素。这就使得模型比较清晰,并且容易求解。与教科书上常见的凯恩斯模型相比,本模型的主要不同之处是引入了滞后项。总需求方程表明,产出与上期实际利率负相关。总供给方程表明,通货膨胀变化与上期产出正相关。由于这种滞后结构,实际利率变动在下一期之前并不会影响到产出,并且在再下一期之前并不会影响到通货膨胀。这一点是符合传统观点对,即政策具有滞后效应,并且相比影响通货膨胀来说能更快地影响产出。另外,模型中既有总需求扰动,也有总供给扰动。

具体而言,令 y_t^n 和 y_t^* 分别表示经济的弹性价格产出水平与瓦尔拉斯产出水平,两者都取对数值;其他都是标准记号。于是模型如下:

$$y_t=-\eta r_{t-1}+u_t^{IS},\quad \eta>0, \tag{12.15}$$

$$\pi_t=\pi_{t-1}+\alpha(y_{t-1}-y_{t-1}^n),\quad \alpha>0, \tag{12.16}$$

$$u_t^{IS}=\rho_{IS}u_{t-1}^{IS}+\varepsilon_t^{IS},\quad -1<\rho_{IS}<1, \tag{12.17}$$

$$y_t^n=\rho_Y y_{t-1}^n+\varepsilon_t^Y,\quad 0<\rho_Y<1, \tag{12.18}$$

$$y_t^*-y_t^n=\Delta,\quad \Delta\geqslant 0. \tag{12.19}$$

第一个方程是传统的 IS 曲线,为了方便起见,我们将常数项标准化为零,并且对利率的反应滞后一期。这里 r_{t-1} 表示实际利率 $i_{t-1}-E_{t-1}[\pi_t]$。第二个方程是加速主义菲利普斯曲线，其中通货膨胀的变化取决于实际产出水平与弹性价格产出水平之间的缺口。后面两个方程刻画了两个驱动过程的行为，即对 IS 曲线的冲击与对弹性价格产出水平的冲击。假设 ε^{IS} 和 ε^{Y} 均为独立白噪声过程。[1] 最后一个方程表明，瓦尔拉斯产出水平与弹性价格产出水平之间的可能存在一个不变的缺口。

中央银行在观察到 u^{IS} 与 y_t^n 之后选择 r_t。中央银行既厌恶产出偏离瓦尔拉斯水平，也厌恶通货膨胀偏离其合意水平。具体而言，中央银行最小化 $E[(y-y^*)^2]+\lambda E[\pi^2]$，其中 λ 是取值为正的参数，表示中央银行赋予通货膨胀的相对权重。为了简单起见，我们将通货膨胀的意愿水平标准化为零。这里的分析只考虑一种简单的实际利率规则，它是刻画经济状态的各种变量的线性函数，这种简化并不会使分析丧失一般性。[2]

模型分析

求解模型的第一步是把产出缺口 $\tilde{y}$ 定义为 $y-y^n$，并把(12.15)式和(12.16)式重新写为：

$$\tilde{y}_t=-\eta r_{t-1}+u_t^{IS}-y_t^n, \tag{12.20}$$

$$\pi_t=\pi_{t-1}+\alpha\tilde{y}_{t-1}, \tag{12.21}$$

第二步是利用中央银行对 r_t 的选择对 $\tilde{y}$，π_t 或者 π_{t+1} 都没有影响。它首先影响的是 $\tilde{y}_{t+1}$，并且只会通过 $\tilde{y}_{t+1}$ 影响此后各期的通货膨胀与产出。因此，可以把政策看作是以时期 t 对 $t+1$ 期 $\tilde{y}$ 的预期为目标的规则，而不是以 r_t 为目标的规则。也就是说，我们暂且认为中央银行选择 $-\beta+\rho_{IS}u_t^{IS}-\rho_Y y_t^n=E_t[\tilde{y}_{t+1}]$[把(12.20)式用于第 $t+1$ 期]。

我们可以注意到，开始于 $t+1$ 期的通货膨胀路径与产出路径都取决于 $E_t[\tilde{y}_{t+1}]$(这在 t 期是已知的，并且不受中央银行 t 期行为的影响)以及未来冲击。因此，最优政策将使 $E_t[\tilde{y}_{t+1}]$成为 π_{t+1} 的函数。并且，总供给方程(12.21)表明，$\tilde{y}$ 的平均值必须为零才能使通货膨胀有界。因此，合理的猜测(也可以正式地证明)是中央银行在当 π_{t+1} 为零时会把 $E_t[\tilde{y}_{t+1}]$设为零。根据线性假设，这就表明最优政策的形式为：

$$E_t[\tilde{y}_{t+1}]=-q\pi_{t+1}, \tag{12.22}$$

其中 q 值待定。

为了求出 q，我们需要把 $E[(y-y^*)^2]+\lambda E[\pi^2]$表示为 q 的函数。为此，注意方程(12.20)表明：

---

〔1〕 在方程(12.16)中添加一个 ε_t^{π} 项作为第三种冲击并不会影响模型结论。参见习题 12.7。

〔2〕 一种更正式的方法是取消线性假设，假设中央银行最小化形如 $(y_t-y^*)^2+\lambda\pi_t^2$ 的各项之和的预期折现值，并令折现率趋于零。根据斯文森的证明，通过这种方法也可以得到下面推导出的政策规则。

$$\begin{aligned}\tilde{y}_t &= E_{t-1}\tilde{y}_t + \varepsilon_t^{IS} - \varepsilon_t^{Y} \\ &= -q\pi_t + \varepsilon_t^{IS} - \varepsilon_t^{Y},\end{aligned} \tag{12.23}$$

其中第二行利用了滞后一期的(12.22)式。因此,方程(12.21)表明:

$$\begin{aligned}\pi_{t+1} &= \pi_t + \alpha\tilde{y}_t \\ &= (1-\alpha q)\pi_t + \alpha\varepsilon_t^{IS} - \alpha\varepsilon_t^{Y}.\end{aligned} \tag{12.24}$$

根据模型的线性结构与独立同分布假设,π_t 在长期内的分布将保持不变,并且独立于经济的初始条件。也就是说,在长期中,$E[\pi_t^2]$与 $E[\pi_{t+1}^2]$相等。因此我们可以从(12.24)式中解出 $E[\pi^2]$,从而得到:

$$\begin{aligned}E[\pi^2] &= \frac{\alpha^2}{1-(1-\alpha q)^2}(\sigma_Y^2 + \sigma_{IS}^2) \\ &= \frac{\alpha^2}{\alpha q(2-\alpha q)}(\sigma_Y^2 + \sigma_{IS}^2).\end{aligned} \tag{12.25}$$

其中 σ_Y^2 与 σ_{IS}^2 分别表示 ε^Y 和 ε^{IS} 的方差。

为了求出 $E[(y-y^*)]$,首先注意 $y-y^*$ 等于$(y-y^n)-(y^*-y^n)$。根据 $\tilde{y}$ 的定义与(12.19)式,这又等于 $\tilde{y}-\Delta$。因此,我们可以利用(12.23)式得到:

$$E[(y-y^*)^2] = \Delta^2 + q^2E[\pi^2] + \sigma_Y^2 + \sigma_{IS}^2. \tag{12.26}$$

现在只需要代数运算就能求解出最优的 q 值。表达式(12.25)和(12.26)告诉我们,中央银行损失函数 $E[(y-y^*)]+\lambda E[\pi^2]$的值是 q 的函数。q 的一阶条件其实是二次的,其中一个解是负数。由于负的 q 会导致 y 和 π 的方差无限大,所以我们可以排除这个解。剩下的解是:

$$q^* = \frac{-\lambda\alpha + \sqrt{\alpha^2\lambda^2 + 4\lambda}}{2}. \tag{12.27}$$

讨论

中央银行的政策由 $E_t[\tilde{y}_{t+1}] = -q^*\pi_{t+1}$ 刻画[参见(12.22)式]。为了解释 q^* 的表达式(12.27),我们可以分析该式表明 q^* 如何随 λ 发生变化,λ 是中央银行赋予通货膨胀稳定化政策的权重。(12.27)式表明,当 λ 趋于零时,q^* 也趋于零:中央银行总是实行使 $E[\tilde{y}_{t+1}]$为零的政策。因此,产出是零附近的白噪声。总供给方程(12.16)则表明通货膨胀是随机游走过程。

方程(12.27)表明,当 λ 上升时,q^* 也会上升,即当中央银行赋予通货膨胀稳定化政策的权重增加时,它就会引导产出偏离其自然率水平,从而使通货膨胀通过这种偏离回到其最优水平。可以证明,当 λ 趋于无穷大时,q^* 趋近于 $1/\alpha$。这就对应于使冲击后的通货膨胀尽快回到零的政策。当 q^* 等于 $1/\alpha$ 时,$E_t[\tilde{y}_{t+1}]$等于 $-(1/\alpha)\pi_{t+1}$。于是总供给方程(12.16)表明 $E_t[\pi_{t+2}]$等于零。注意,当 λ 趋于无穷大时,产出的方差并不趋于无穷大[参见(12.26)式,令 $q=1/\alpha$]。即使中央银行只关心通货膨胀,它也希望使产出接近自然率水平,从而避免通货膨胀大幅变动。

正如斯文森和鲍尔所指出的那样,最优政策可以解释为一种以通货膨胀为目标的政策。为了理解这一点,注意方程(12.24)应用于 π_{t+2} 时即可说明 $E_t[\pi_{t+2}]$ 等于 $(1-\alpha q)\pi_{t+1}$。由于 q 的取值在 0 到 $1/\alpha$ 之间,$1-\alpha q$ 的值就位于 0 和 1 之间。可见,最优政策是由一系列如下形式的预期通货膨胀行为规则组成的:

$$E_t[\pi_{t+2}]=\phi\pi_{t+1}, \tag{12.28}$$

其中 ϕ 的取值位于 0 和 1 之间。因此,所有最优政策都可以简单地用一个预期通货膨胀行为规则来描述。在 $\lambda=\infty$ 的极端情形下(即中央银行只关心通货膨胀),q 等于 $1/\alpha$,从而 ϕ 等于 0。这时 $E_t[\pi_{t+2}]$ 总是等于 0,即中央银行总是尽可能快地达到其通货膨胀目标。[1] 采取这种行为方式的中央银行又被称为严格的通货膨胀目标确定者。

当 λ 取严格为正的有限值时,ϕ 的取值严格位于 0 与 1 之间,从而政策采取的形式是确定灵活的通货膨胀目标。具体而言,最优政策的形式是,当扰动使通货膨胀偏离其最优意愿水平(标准化为零)时,力求使通货膨胀回到该水平。政策之间的区别在于促使通货膨胀回到意愿水平的速度:中央银行越在意通货膨胀(即 λ 的值越大),它使通货膨胀回到意愿水平的速度就越快(即 ϕ 越小)。

为了理解中央银行的政策规则对于利率的意义,我们首先需要定义利率的自然率水平 r_t^n,它是使产出等于弹性价格产出水平的利率水平。具体而言,由于 r_t 影响 y_{t+1},r_t^n 就是使得 $y_{t+1}=y_{t+1}^n$ 的 r_t 值。根据(12.15)式或者(12.20)式,这个利率由下式给定:

$$r_t^n=-\frac{1}{\eta}(y_{t+1}^n-u_{t+1}^{IS}). \tag{12.29}$$

根据这个定义,我们可以把(12.20)式重新写为:

$$\tilde{y}_t=-\eta(r_{t-1}-r_{t-1}^n). \tag{12.30}$$

由此可知:

$$E_t[\tilde{y}_{t+1}]=-\eta(r_t-E_t[r_t^n]). \tag{12.31}$$

上述表达式中出现 $E_t[r_t^n]$ 而不是 r_t^n 的原因是,r_t^n 取决于 u_{t+1}^{IS} 和 y_{t+1}^n,而这两者在时期 t 都是未知的。现在回顾一下,中央银行选择 r_t 使得 $E_t[\tilde{y}_{t+1}]$ 等于 $-q\pi_{t+1}$,并且 π_{t+1} 等于 $\pi_t+\alpha\tilde{y}_t$。把这些关系代入(12.31)即得:

$$-q[\pi_t+\alpha\tilde{y}_t]=-\eta(r_t-E_t[r_t^n]) \tag{12.32}$$

或者

$$r_t=E_t[r_t^n]+\frac{q}{\eta}\pi_t+\frac{\alpha q}{\eta}\tilde{y}_t. \tag{12.33}$$

---

[1] 记住中央银行在时期 t 的行动并不会影响 π_t 或者 π_{t+1}。

因此,最优政策可以描述为这样一种利率规则,即中央银行把实际利率设定为估计的均衡利率或者实际自然利率加上一个产出与通货膨胀的线性函数。

上述分析表明,利率规则并不全是最优的。特别是,方程(12.33)对利率规则设置了四个限制条件(不包括线性条件,线性条件可以很自然地根据模型的线性性质与目标函数的二次性质得到)。首先,实际利率应当根据均衡实际利率的波动进行一一对应的调整。由于实际产出相对于均衡水平的波动并不是合意的,它会导致通货膨胀的变化,而中央银行希望避免这种波动。第二,由于当 λ 在 0 和正无穷大之间取值时,q^* 的取值范围在 0 到 $1/\alpha$ 之间,所以通货膨胀的系数必须处于 0 和 $1/\alpha\beta$ 之间,产出缺口的系数必须处于 0 和 $1/\beta$ 之间。这些系数不能为负数的原因在于,加剧通货膨胀的波动是毫无道理的。这些系数不能过大的原因是,对波动作出过于积极的反应会使得 $E_t[\pi_{t+2}]$ 和 π_{t+1} 的符号相反,这样做不仅没有好处,反而会造成成本。

(12.33)式对利率规则设置的最后一个限制条件是两个系数之间的相关关系。具体而言,(12.33)式表明 y 的系数等于 α 乘以 π 的系数。因此当 π 的系数较高时,y 的系数也较高。这里的经济直觉在于,如果中央银行非常在意通货膨胀,就会对产出与通货膨胀的变动做出积极的反应,从而使通货膨胀维持在可控水平。只对其中一个做出反应而对另一个没有反应是没有效率的。

12.5 简单前瞻模型中的最优货币政策

第 12.4 节中的模型是非常传统的模型,即产品需求依赖于滞后的实际利率,不受预期未来收入的影响;通货膨胀则依赖于滞后通货膨胀与滞后产出缺口,而不受预期通货膨胀的影响。在这个模型中,预期产生作用的唯一方式是,预期通货膨胀会影响中央银行为了达到给定实际利率而选择的名义利率。尽管该模型有助于理解经济如何运行,但是进一步探索如果在产品需求与通货膨胀动态中引入前瞻性要素会发生什么也是非常重要的。因此,我们在本节中讨论上一节模型所对应的另一个极端情形,即考虑一个几乎完全前瞻性的模型。我们将看到,这会极大地改变前面我们得出的结论,并产生新的重要问题。

假设

模型的两个关键方程就是我们在第 7.8 节中讨论的标准三方程新凯恩斯模型中的新凯恩斯 IS 曲线以及新凯恩斯菲利普斯曲线。具体而言,我们假设

$$y_t=E_t[y_{t+1}]-\frac{1}{\theta}(i_t-E_t[\pi_{t+1}])+u_t^{IS},\quad \theta>0 \tag{12.34}$$

$$\pi_t=\beta E_t[\pi_{t+1}]+\kappa(y_t-y_t^n),\quad 0<\beta<1,\quad \kappa>0 \tag{12.35}$$

参见(7.84)式和(7.85)式。与上一节一样,y^n 是弹性价格产出水平,其驱动过程的行为由 $u_t^{IS}=\rho_{IS}u_{t-1}^{IS}+\varepsilon_t^{IS}$ 和 $y_t^n=\rho_Y y_{t-1}^n+\varepsilon_t^Y$ 给定,其中 ρ_{IS} 和 ρ_Y 取值在 -1 到 1 之间,ε^{IS} 和 ε^Y 是独立的白噪声过程[参见(12.17)式和(12.18)式]。

到目前为止,我们始终假设中央银行在产出方面的目标是最小化实际产出

与弹性价格产出水平 y^n 之间的缺口，而不是实际产出与瓦尔拉斯产出水平 y^* 之间的缺口。下面，我们将讨论当中央银行的目标是最小化实际产出与瓦尔拉斯产出水平之间的缺口时会发生什么。在通货膨胀方面，我们仍然假设中央银行希望最小化通货膨胀与其最优水平之间的缺口，最优通货膨胀水平仍然标准化为零。

神奇的巧合

本模型的结构以及我们关于中央银行目标函数的假设表明，最优政策具有一个简单的形式。新凯恩斯菲利普斯曲线意味着，当 π_t 不等于零时，要么 $E_t[\pi_{t+1}]$ 不等于零，要么 $y_t - y_t^n$ 不等于零，或者两者都不等于零。这就表明，产出稳定化与通货膨胀稳定化之间并不冲突。如果中央银行试图尽力使 $y_t - y_t^n$ 和 $E_t[\pi_{t+1}]$ 等于零，那么它通过尽力使 π_t 等于零也可以达到同样的效果。

为了更正式地分析这个问题，我们可以假设中央银行通过执行政策使得 $E_t[\pi_{t+1}]=0$。于是(12.34)式和(12.35)式就变成

$$y_t = E_t[y_{t+1}] - \frac{1}{\theta} i_t + u_t^{IS}, \tag{12.36}$$

$$\pi_t = \kappa(y_t - y_t^n). \tag{12.37}$$

如果中央银行选择 i_t 使得 $y_t = y_t^n$，则它不仅能达到产出目标，还能[根据(12.37)式]同时达到其通货膨胀目标。这个结果是由古德弗兰德和金(Goodfriend and King，1997)发现的，布兰查德和盖里(Blanchard and Galí，2007)把它称为神奇的巧合。

为了理解这个神奇的巧合背后的经济直觉，我们可以考虑 y_t^n 上升的情形。这种上升可能是由有利的技术冲击造成的。这种冲击自然会使得厂商愿意在给定价格水平下生产更多产品。因此，如果中央银行不采取措施改变通货膨胀，则实际产出就会与弹性价格产出水平一同上升，这正好与中央银行的意愿一致。

描述上述现象经济直觉的另一个办法是，将其根源归结于模型中遗漏了后顾型价格设定行为。如果某种扰动把经济推离其弹性价格均衡状态，则没有任何因素可以维持这种偏离。其结果是，中央银行不必操纵通货膨胀(或者预期通货膨胀)以使经济回到弹性价格均衡状态。

最优政策的执行

根据上述讨论，执行最优政策似乎极其简单。中央银行希望在每期都使得 $y=y^n$，$\pi=0$，因此它希望(12.34)式在 $y_t=y_t^n$，$E_t[y_{t+1}]=E_t[y_{t+1}^n]$ 以及 $E_t[\pi_{t+1}]=0$ 时成立。把这些条件代入(12.34)式并求解 i_t 可得：

$$\begin{aligned} i_t &= \theta\{(E_t[y_{t+1}^n] - y_t^n) + u_t^{IS}\} \\ &= r_t^n \end{aligned} \tag{12.38}$$

与第 12.4 节中的模型一样，经济的自然利率 r^n 表示弹性价格下实际利率的普遍水平。这里自然利率由表达式(12.38)给出。可见，政策建议应该是让中央银行把

名义利率设定为自然利率水平。[1]

然而,正如克拉里达、盖里和格特勒(Clarida,Galí and Gertler,2000)以及盖里(Galí,2015,第4.3节)所强调的那样,事情可能并没有这么简单。根据第6.4节的分析,前瞻性模型倾向于产生太阳黑子均衡,即具有自我实现信念的均衡。如果中央银行根据(12.38)采取行动,则也会出现这个问题。尽管对于所有时期 t 来说,$\pi_t=0$ 并且 $y_t=y_t^n$ 都是一个合意的均衡结果,但是仍然还存在其他均衡结果,使得实际通货膨胀与预期通货膨胀之间的缺口会自发地偏离零,并且这种偏离是自我实现的。具体而言,假设通货膨胀与产出出现跳跃式上升,并且经济个体预期它们会逐渐回到正常状态。当名义利率等于自然利率时,预期通货膨胀上升会降低实际利率。这就表明,只有产出下降才能使新凯恩斯 IS 方程成立,这正是我们所假设的。而当实际通货膨胀高于预期通货膨胀时,新凯恩斯菲利普斯曲线要求产出高于正常水平,这也是我们假设的。因此,当产出按照恰当的速度回到正常水平,并且产出与通货膨胀变动之间具有恰当的关系时,经济人的信念就会是自我实现的。

中央银行有一种广受关注的政策措施可以避免上述问题,即采用一种利率规则,使得当 $E_t[\pi_{t+1}]=0$ 并且 $E_t[y_{t+1}]=E_t[y_{t+1}^n]$ 时,利率与(12.38)一致,但在其他情况下又能避免太阳黑子均衡。由于影响经济行为的变量是 $E_t[\pi_{t+1}]$ 和 $E_t[y_{t+1}]$,一个很自然的办法就是把利率表示为这两个变量的函数。具体而言,仍然定义 $\tilde{y}=y-y^n$,并考虑如下规则:

$$i_t=r_t^n+\phi_\pi E_t[\pi_{t+1}]+\phi_y(E_t[\tilde{y}_{t+1}]) \tag{12.39}$$

[参见(7.86)式]。当 $E_t[\pi_{t+1}]=0$ 并且 $E_t[\tilde{y}_{t+1}]=0$ 时,上述规则就立即简化为(12.38)式。为了直观地理解恰当的系数值可以排除太阳黑子均衡,假设 $\phi_y=0$,并且 ϕ_π 大于1。于是,通货膨胀产生自我实现式的上升就需要实际利率上升,从而为了使新凯恩斯 IS 曲线成立,就需要家庭预期 y 随时间增加。这就意味着,我们无法得到只需要中央银行设定 $i_t=r_t^n$ 就能产生的那种自我实现预期。换句话说,中央银行通过威胁以提高利率来应对预期通货膨胀上升就可以避免预期通货膨胀上升,从而根本不需要真正执行这种政策。

我们在第6.4节就接触到了模型何时会产生自我实现均衡,何时不会产生的问题。为了更正式地分析这个问题,暂时假设我们的模型中只包含一个变量 x_t,模型形式如下:

$$x_t=AE_tx_{t+1}, \tag{12.40}$$

并且 x 的可能取值是有界的。(12.40)式的一个解就是,对于所有 t,$x_t=0$。这在什么条件下是模型的唯一解?要使 x 在时期 t 自发变到 $\bar{x}\neq0$,并与(12.40)式一致,我们需要 $x=AE_tx_{t+1}$,这反过来又需要 $E_tx_{t+1}=AE_tx_{t+2}$,以此类推。因此,

[1] 与上一个模型类似,本模型忽略了名义利率不能为负值的要求(我们将在下一节讨论这个条件)。本模型本身意味着名义利率会围绕零呈现对称的波动,这就说明非负条件是很重要的。但是当通货膨胀目标为正并且平均产出增长率为正时,名义利率的均值就会是正数。

我们需要 $E_t x_{t+1}=\overline{x}/A$，$E_t x_{t+2}=\overline{x}/A^2$，等等。如果 $|A|<1$，这就要求经济人预期 x 会激增，而这是不可能的。另一方面，如果 $|A|\geqslant 1$，这种预期就是可能的。因此，在这个简单的例子中，剔除太阳黑子均衡的条件就是 $|A|$ 小于 1。

在 x 是一个向量而不是单个变量的情况下，相应的条件也是类似的：如果刻画 x_t 与 $E_t x_{t+1}$ 之间关系的矩阵特征值的绝对值都小于 1，或者位于单位圆之内，[1] 就可以排除多重均衡。

为了理解上述条件如何产生作用，我们假设经济中没有冲击，并再次考虑 (12.39) 式中当 $\phi_y=0$ 时的利率规则。把这个规则（以及没有冲击时所有时期中 r_t^n 均为零这一事实）代入 (12.34) 式和 (12.35) 式，即可把经济系统重新写为：

$$\begin{bmatrix}\tilde{y}_t\\ \pi_t\end{bmatrix}=A\begin{bmatrix}E_t\tilde{y}_{t+1}\\ E_t\pi_{t+1}\end{bmatrix},\quad A=\begin{bmatrix}1 & \dfrac{1-\phi\pi}{\theta}\\ \kappa & \beta+\kappa\dfrac{1-\phi\pi}{\theta}\end{bmatrix} \tag{12.41}$$

矩阵 A 的特征值为：

$$\gamma=\frac{1+\beta+\alpha\pm\sqrt{(1+\beta+\alpha)^2-4\beta}}{2} \tag{12.42}$$

其中 $\alpha\equiv\kappa(1-\phi_\pi)/\theta$。当 $\phi_\pi\leqslant 1$ 时，正数解大于或者等于 1，从而系统具有多重均衡。当 ϕ_π 的值大于 1 时，就可以排除多重均衡。我们还可以证明，当 ϕ_π 值充分大时，多重均衡会再次出现。具体而言，当 $\kappa(1-\phi_\pi)/\theta<-2(1+\beta)$ 时，(12.42) 式的负数解就会小于 -1，从而模型中的通货膨胀与产出会出现自我实现的振荡性波动。但是，根据盖里（2015，第 4.3.1.3 节）的解释，当其他参数取值合理时，使模型出现振荡解需要极高的 ϕ_π 值。

如果中央银行采取对当前通货膨胀率与产出缺口做出反应的规则，则对应着 (12.39) 式的一个变形：

$$i_t=r_t^n+\phi_\pi\pi_t+\phi_y\tilde{y}_t. \tag{12.43}$$

当系数值选择恰当时，上述规则也可以消除太阳黑子均衡，因此实际利率绝不会偏离简单规则 $i_t=r_t^n$。例如，当 $\phi_y=0$ 时，取 $\phi_\pi>1$ 就可消除太阳黑子均衡（参见盖里，第 4.3.1.2 节）。

打破神奇的巧合

中央银行的通货膨胀目标与产出目标之间不存在权衡取舍关系的发现是非常令人吃惊的，并且也不符合大多数中央银行的信念。为什么神奇的巧合并没有出现在现实中呢？一种可能是，后顾型行为非常重要，它在第 12.4 节中导致模型出现权衡取舍关系。然而，神奇的巧合在前瞻型模型中也可能并不成立。

这两种广受关注的目标之间可能不存在巧合的一个原因是，最优产出水平与

---

〔1〕 这个称呼来自如下事实：绝对值小于 1 的数位于半径为 1，圆心处于复平面原点的圆周之内。

弹性价格产出水平之间的缺口可能会随着时间发生变化。在本节中,我们假设了中央银行在产出方面的目标是尽可能使实际产出 y 接近弹性价格产出水平 y^n。但是在第 12.3 节中,我们的讨论表明,恰当的目标应该是尽可能使产出接近瓦尔拉斯产出水平 y^*。

在模型中假设 y^n 和 y^* 之间可能存在缺口会产生如下几个问题。首先,由于市场存在不完美性与扭曲性税收,因此 y^* 几乎肯定会大于 y^n。这就会促使政策制定者选择的平均通货膨胀水平高于他们最偏好的水平,即零通货膨胀。根据新凯恩斯菲利普斯曲线:$\pi_t=\beta E_t[\pi_{t+1}]+\kappa(y_t-y_t^n)$,由于 β 小于 1,该曲线意味着,产出与通货膨胀在长期中存在权衡取舍关系。如果通货膨胀稳定在某个水平 π,则 $y-y^n$ 就会稳定在$(1-\beta)\pi$。因此,政策制定者就可以通过选择一个正的平均通货膨胀率来提高平均产出,从而使产出更接近社会最优水平。

上述讨论表明,如果中央银行一次性地选定平均通货膨胀,它就有激励选择高于零的通货膨胀率。如果中央银行每期都可以选择政策,就会产生另外一个复杂的问题。中央银行希望使产出高于 y^n,并使通货膨胀为零。新凯恩斯菲利普斯曲线表明,如果中央银行可以通过某种方式引导经济人预期通货膨胀为负,再出其不意地使通货膨胀为零,则中央银行就可以同时达到两个目标。但是,中央银行不能一直这样做,因为这意味着中央银行可以有计划地愚弄经济人。中央银行希望经济人预期的通货膨胀率与中央银行打算在预期形成之后产生的通货膨胀率不一致,这就意味着最优货币政策存在动态不一致性。我们将在第 12.8 节中对这种动态不一致性进行更为详细的介绍。

上述问题都不会影响到我们假设 y^* 与 y^n 之间存在缺口的初始动机,即打破政策如何对冲击做出反应的神奇巧合。为了着重分析这个问题,假设 y^*-y^n 面临一个均值为零的白噪声扰动。这个假设可以消除中央银行寻求系统性通货膨胀的意愿。

为了检查神奇的巧合在这种设定下是否仍然成立,记住当中央银行执行货币政策使得 $E_t[\pi_{t+1}]=0$ 并且 $E_t[y_{t+1}]=E_t[y_{t+1}^n]=E_t[y_t^*]$时,我们可以得到 $y_t=E_t[y_{t+1}^n]-(i_t/\theta)+u_t^{IS}$,$\pi_t=\kappa(y_t-y_t^n)$[参见(12.34)~(12.35)式]。为了达到产出目标,中央银行应该选择 i_t 使得第一个表达式在 $y_t=y_t^*$ 时成立。为了达到通货膨胀目标,中央银行应该选择 i_t 使得 $y_t=y_t^n$。可见,两个政策目标之间存在冲突,神奇的巧合不再成立。

在刻画最优政策的准确形式时,即使 y^*-y^n 的均值为零,动态不一致性问题也会再次出现。假设 y^*-y^n 的值暂时比较大,所以中央银行特别希望能够提高产出。一种办法是保持 $E_t[\pi_{t+1}]$等于零,但允许 y_t 大于 y_t^n,通过牺牲一些通货膨胀目标向产出目标靠拢。但是,更好的办法可能是,引导私人部门的经济人预期 π_{t+1} 为负。当 $E_t[\pi_{t+1}]$的值比较合理时,中央银行就可以在时期 t 完美地同时达到两个政策目标。当时期 $t+1$ 来临时,中央银行就不再希望真的使 π_{t+1} 的值为负数,因为这时让通货膨胀为负没有任何好处。也就是说,中央银行的政策又产生了动态不一致性。

上述讨论说明,即使在这个最简单的模型中,如果神奇的巧合不成立,那么最优政策也是非常复杂的。这时，一个最常见的方法是假设中央银行可以承诺其政策选择遵循一定规则，使得系统性地偏离它所引导的公众预期是不可能的。但是，即使是这样，也会出现其他问题。克拉里达、盖里和格特勒(Clarida，Galí and Gertler，1999)；伍德福德(Woodford，2003，第 7～8 章)；布兰查德和盖里(2007)；以及盖里(2015，第 5 章)都分析了这些问题以及其他导致神奇的巧合失效的原因。

12.6 利率规则的其他问题

利率规则与货币存量规则

许多传统的货币政策建议着重考虑货币存量。例如，弗里德曼(1960)与其他经济学家提出了一个著名的观点，认为中央银行应该遵循一种百分之 k 规则。换句话说，他们认为货币政策制定者应该试图使货币存量按照每年百分之 k 的速度稳定地增长(这里 k 是某个较小的数，如 2 或者 3)，并且放弃稳定经济的其他措施。

货币存量规则非常有吸引力。正如我们在第 12.1 节中所看到的那样，在长期中，货币增长是通货膨胀的关键决定因素，而中央银行改变利率的办法也正是调整货币供应量。然而，尽管许多经济学家都热衷于提倡货币存量规则，但在中央银行眼中，货币存量变化却并不是货币政策中的举足轻重的部分。中央银行可以严格控制的货币存量指标(如高能货币)与总需求的联系并不紧密。与总需求的联系通常十分紧密的货币存量指标(如 M2)却又很难由中央银行进行控制。此外，在许多国家，货币存量的各种指标与总需求的联系在近几十年已经不再成立，这使得货币存量规则的作用变得更加有限。

由于货币存量规则存在上述难题，现在所有中央银行采用的政策几乎都不是试图达到货币存量的某个目标增长率，而是根据不同扰动调整短期名义利率(当然，允许它们采用这种政策的基础仍然是控制货币供给)。这就是我们在前两节中采用的分析方法：尽管我们在前两节考虑的政策可以用政策隐含的货币供给来进行描述，但我们着重分析的还是政策对利率的含义。

通过利率来执行货币政策的一个关键事实是，利率政策不是一个被动政策，这与货币供给政策大为不同。例如，假设中央银行保持名义利率不变。在后顾型经济行为下，这会导致经济变得不稳定。使产出高于自然率水平的总需求扰动会导致通货膨胀上升。如果名义利率不变，则实际利率就会下降，从而使产出增加更多，然后导致通货膨胀更快地上升，如此等等(参见弗里德曼，1968)。正如我们在上一节中所讨论的那样，在前瞻型经济行为下，名义利率不随着宏观经济发展进行调整可能会导致出现太阳黑子均衡。

因此，泰勒(1993)以及布莱恩特、胡珀和曼恩(Bryant，Hooper and Mann，1993)认为，我们应该按照短期名义利率规则来研究货币政策的执行。换句话说，既不要认为中央银行应该选择一条对经济状况毫无反应的名义利率路径(这会导致不稳定性或者不确定性)，也不要认为它应该在事后才调整名义利率(这会使我们无法分析中央银行的行为或者经济人的预期)。相反，我们应该认为中央银行要遵循这样一种政策,即根据经济发展状况,按照可以预测的方式调整名义利率。尽管没有规则可以完全刻画任何中央银行的行为,但利率规则对于现实中的中央银行行为来说可能是一种较为合理的近似,并且利率规则适合进行正式的分析。这正是我们在前几节采用的方法。

最有名的利率规则是由泰勒提出来的。他提出的规则有两个要点。第一,名义利率比通货膨胀上升得更快,从而当通货膨胀上升时,实际利率会上升。第二,利率在产出高于正常水平时上升,在产出低于正常水平时下降。泰勒提出了利率是通货膨胀以及产出与自然率水平之间的百分比缺口的线性函数的规则。也就是说,他提出的规则具有如下形式:

$$i_t = a + \phi_\pi \pi_t + \phi_y (\ln Y_t - \ln Y_t^n), \quad \phi_\pi > 0, \quad \phi_y > 0. \tag{12.44}$$

如果我们令 r_t^n 表示当 $Y_t = Y_t^n$ 时的实际利率,并假设该利率不随时间变化,则(12.44)式就等价于:

$$i_t = r^n + \phi_\pi (\pi_t - \pi^*) + \phi_y (\ln Y_t - \ln Y_t^n), \tag{12.45}$$

其中 $\pi^* = (r^n - a)/\phi_\pi$。这种刻画利率规则的方式表明,当通货膨胀超过目标水平或者产出超过自然率水平时,中央银行应该调高实际利率,使其超过长期均衡水平。形如(12.44)式和(12.45)式中的利率规则也被称为泰勒规则。

美联储采用了明确政策试图通过调整利率保持通货膨胀处于较低水平,并维持经济基本稳定。泰勒认为,当 $\phi_\pi = 1.5$,$\phi_y = 0.5$,并且 $r^n = \pi^* = 2\%$时,(12.45)式中的规则可以很好地刻画美国在这一时期的货币政策。具体而言,根据这一规则所预测的利率非常符合自 1985 年到 2008 年末短期名义利率降到零这一段时期的实际利率。他还认为,这一规则在上述参数值下可以使得宏观经济运行相对良好。

利率规则设计中的一些问题

近期有大量的研究致力于构造可以得到合意经济结果的利率规则。然而,中央银行并不会认真承诺遵守某种规则,或者机械地按照某种规则的指示行事。因此,这个领域的研究着重关注的问题是,是否存在某些关于利率应该如何调整的政策建议可以为政策制定者提供有价值的参考?

这类研究大多数都假定,中央银行可以承诺遵守某种利率规则,即使它们有时希望在事后偏离这种规则。也就是说,这类研究通常假设中央银行找到了某种方法能够克服我们在上一节遇到的动态不一致性问题。我们将在第 12.8 节进一步分析动态不一致性。

在前面两节,我们给出了分析利率规则的两个简单例子。在这些例子中,我们设定了中央银行的目标函数,建立了经济模型并找出了最优政策,然后说明了该最优政策可以怎样用一个利率规则来进行刻画。这个领域中的大多数研究也都采用了这种方法,但也有些论文并不推导最优政策,而是分析不同利率规则的相对表现,还有一些论文则采用不太正式的分析。例如,有的学者可能会探讨如果某个中央银行在平时遵守一定的政策规则,则它在某个时期的政策会有何不同之处,然后试图评估政策变化是否会导致更好的经济结果。

有关利率规则的研究对一系列问题都进行了分析，其中，许多研究都是围绕测量问题展开的。泰勒假设了均衡实际利率是已知的常数，其他进入利率规则的变量（通货膨胀、产出以及产出的自然率水平）也都确定是已知的。此处，通货膨胀的恰当指标是四个季度之前到当季度的通货膨胀率，产出缺口的恰当指标就是其当期值。泰勒规则的这些假设至少会产生四个问题。

第一，均衡实际利率或者自然实际利率可能会随时间变化。根据泰勒的观点（以及第 12.4 节和第 12.5 节中的正式模型），政策制定者应该使实际利率随自然利率的变化进行一一对应的调整，因此（12.45）式中的常数 r^n 应该替换为随时间变化的变量 r_t^n。

第二，利率规则中的变量都不能确定是已知的。中央银行在设定利率时并不能准确获知当前的通货膨胀与产出，这一点还算是相对不那么重要的。例如，研究发现使用上一季度的值对于利率规则的表现几乎没有影响。更严重的问题是，均衡实际利率与产出的自然率水平在任何时候都具有相当大的不确定性。例如，施泰格、斯托克和沃森（Staiger，Stock and Watson，1997）证明，失业率 95%的置信区间长度可能至少有 2 个百分点。因此，政策制定者通常很难弄清产出是高于自然率水平还是低于自然率水平，r_t^n 和 Y_t^n 都需要替换为相应变量的当期估计值。

第三，估计 r_t^n 和 Y_t^n 的问题与通货膨胀系数 ϕ_π 和 ϕ_y 如何取值密切相关。常见的结论是，如果没有测量问题，则这些系数值特别是 ϕ_y 的值应该比泰勒提出的值更大才恰当。这里的经济直觉是，通货膨胀对产出缺口的反应会有一定的滞后。因此，货币政策应该主动对产出与自然率产出水平之间的缺口做出反应，而 ϕ_y 值可能会高达 2。但是，估计 Y^n 时的大量测量误差会使得这一策略非常危险。如果考虑了测量误差，则泰勒提出的参数值似乎就更加恰当（不过，正如我们下面所讨论的那样，测量误差也意味着可能应该改变利率规则的形式）。[1]

最后，人们其实并不清楚政策是否应该对通货膨胀与产出缺口的当前值与历史值做出反应，因为它们基本上完全不受当前经济决策的影响。显然，一种替代方法是根据我们在第 12.5 节中的分析使用前瞻型利率规则。例如，克拉里达、盖里和格特勒（2000）考虑了如下形式的规则：

$$i_t = r^n + \phi_\pi(E_t[\pi_{t+k}] - \pi^*) + \phi_y E_t[\ln Y_{t+k} - \ln Y_{t+k}^n], \quad k>0. \quad (12.46)$$

这里，货币政策会对中央银行所关心的变量的未来值的信息做出反应。最常见的 k 值是 1 个季度（其优点在于简单），以及 4 个季度（这对应于货币政策可能产生显著影响的时间长度）。[2]

利率规则的许多其他问题都涉及是否应该在规则中引入更多的变量。其中，最受关注的三种额外变量包括汇率、滞后利率以及金融指标。汇率升值与利率上升一样会抑制经济活动。因此，它会降低既定总需求水平下的利率。可见，

〔1〕例如，可以参考鲁迪布什（Rudebusch，2001）以及欧菲尼德斯（Orphanides，2003a）。

〔2〕有关如何在经济决策中使用预测的进一步讨论，可参见伯南克和伍德福德（1997），以及泰勒（1999）等多篇论文。

(12.45)式可能需要修改为:

$$i_t = r^n + \phi_\pi(\pi_t - \pi^*) + \phi_y(\ln Y_t - \ln Y_t^n) + \phi_e e_t, \tag{12.47}$$

其中 e 是实际汇率(即外国产品用本国产品表示的价格)。把汇率项移到上式的左端可得:

$$i_t - \phi_e e_t = r^n + \phi_\pi(\pi_t - \pi^*) + \phi_y(\ln Y_t - \ln Y_t^n), \tag{12.48}$$

上式的左端被称为货币条件指数。它是实际汇率与实际利率的一个线性组合。如果汇率的系数 ϕ_e 选择得比较恰当,则该指数就表示汇率与利率对总需求的整体影响。因此,(12.48)式就是一个货币条件指数规则,表示为通货膨胀与产出的函数。

应该在模型中引入滞后利率的原因有三点。第一,滞后利率会导致利率的既定变化对经济造成更大的影响。例如,经济人会意识到,利率上升意味着该利率将在较长时间内处于高位。第二,通过提高既定利率变化的影响,滞后利率可以减小利率的波动性,而这正是我们想要的结果。第三,引入滞后利率可以使利率规则在估计自然利率和产出时对误差更加稳健。例如,在滞后利率的系数为 1 的极端情形下,相应的政策建议是在通货膨胀高于目标水平时不断提高实际利率。这样的规则确实很可能会使通货膨胀最终回到其目标水平[例如,参见莱文、维兰德和威廉姆斯(Levin, Wieland and Williams, 2003),以及欧菲尼德和威廉姆斯(Orphanides and Williams, 2002)]。基于上述优点,在某些模型中,最优政策不仅对历史利率赋予正的权重,还使当前利率的上升速度快于滞后利率。罗滕贝格和伍德福德(Rotemberg and Woodford, 1999b)称这种政策具有超惯性。

然而,引入滞后利率的潜在缺点也非常明显:经济政策受到决策者并不直接关心的变量影响会对决策者真正关心的变量造成无效率的结果。特别是,对滞后利率赋予较大的权重会使政策对其他变量反应迟钝,从而可能导致不必要的宏观经济波动。这方面的一个具体例子是美联储在 2004～2006 年的行为,当时美联储连续在 17 次会议中把利率目标提高了 1/4 个百分点。相对于完全不顾利率平滑的政策行为来说,美联储可能大大延缓了对经济变动的反应。

大多数研究表明,只有当股票价格和利差等金融变量能够反映自然利率以及通货膨胀和产出缺口的未来变动时,经济政策才应该对金融变量做出反应(例如,参见伯南克和格特勒,2001)。根据这种观点,金融变量可能包含有助于形成预期的信息,这些预期会进入类似于(12.46)式的前瞻型规则中,也可用于估计自然利率,但是金融变量不应该直接进入政策规则。这种结论背后的逻辑是,因为资产价格并不是粘性的,所以资产价格膨胀与产品价格膨胀不同,并不会导致相对价格出现误导性的波动,或者导致价格调整时消耗成本。

尽管金融变量不应该直接进入利率规则,但这并不表示它不重要。利差可能是一种特别重要的金融变量。银行间短期拆借利率(这就是利率规则通常盯住的利率)与其他利率之间的利率差额可能会发生大幅变动。这些其他利率通常对于家庭和厂商的支出决策至关重要。因此,当利差较大时,如果其他条件不变,则使得产出等于弹性价格产出水平的银行间实际短期拆借利率就会较小。从而诸如(12.46)式的利率规则所隐含的逻辑就能有力地说明利差会影响中央银行的决策。

更正式的分析也可以得到同样的结果[参见丘尔迪亚和伍德福德(Cúrdia and Woodford,2015)]。

如果金融变量偏离了经济基本面所能保证的资产价值,而政策制定者又可以识别这种偏差,则资产价格不应该进入中央银行政策规则的观点就不再成立。因为这种偏差会导致资源配置无效率,所以关心社会福利的政策制定者应该尽力消除这种偏差[切凯蒂、金博格和沃华尼(Cecchetti,Genberg and Wadhwani,2003)]。当然,这里的难点在于,我们很难确定资产价格的大幅上升是来自于某种非理性行为,还是有关基本面的新信息,又或是来自承受风险的意愿发生了改变。因此,大多数研究者仍然认为资产价格对经济政策最多只能有极小的直接影响。

实证应用:估计利率规则

许多学者都试图估计中央银行的利率规则,其中最有名的两次尝试是泰勒(1999b)和克拉里达、盖里和格特勒(Clarida, Galí and Gertler, 2000)。泰勒(1999b)估计了类似于(12.45)式的利率规则,并涵盖了美国历史上追溯到1879年的各个时期。而克拉里达、盖里和格特勒(2000)则估计了类似与(12.46)式的前瞻型规则,并涵盖了美国战后历史的各个时期。这里我们讨论克拉里达、盖里和格特勒的方法。

克拉里达、盖里和格特勒首先从美联储的联邦基金目标利率方程入手,该方程类似于(12.39)式或者(12.46)式:

$$i_t^* = r^n + \phi_\pi(E_t[\pi_{t+k}] - \pi^*) + \phi_y E_t[\ln y_{t+k} - \ln y_{t+k}^n], \quad k>0. \tag{12.49}$$

其中 $y \equiv \ln Y$。但是,他们假设存在利率平滑,从而美联储只会逐渐向目标利率调整:

$$i_t = \rho i_{t-1} + (1-\rho) i_t^*, \quad 0 \leqslant \rho < 1. \tag{12.50}$$

方程(12.49)和(12.50)表明:

$$\begin{aligned} i_t &= \rho i_{t-1} + (1-\rho) r^n - (1-\rho)\phi_\pi \pi^* \\ &\quad + (1-\rho)\phi_\pi E_t[\pi_{t+k}] + (1-\rho)\phi_y E_t[y_{t+k} - y_{t+k}^n], \\ &\equiv a + \rho i_{t-1} + b_\pi E_t[\pi_{t+k}] + b_y E_t[y_{t+k} - y_{t+k}^n]. \end{aligned} \tag{12.51}$$

为了说明我们不能观察到 $E_t[\pi_{t+k}]$ 和 $E_t[y_{t+k} - y_{t+k}^n]$,克拉里达、盖里和格特勒使用了类似于第8.3节中检验永久收入假设所用的方法:他们用变量的实现值减去预期误差来替换变量的预期值,然后把涉及预期误差的项移到残差项中。由此可得:

$$\begin{aligned} i_t &= a + \rho i_{t-1} + b_\pi \pi_{t+k} + b_y (y_{t+k} - y_{t+k}^n) - b_\pi (\pi_{t+k} - E_t[\pi_{t+k}]) \\ &\quad - b_y \{(y_{t+k} - y_{t+k}^n) - E_t[y_{t+k} - y_{t+k}^n]\}, \\ &\equiv a + \rho i_{t-1} + b_\pi \pi_{t+k} + b_y (y_{t+k} - y_{t+k}^n) + e_t. \end{aligned} \tag{12.52}$$

因为 e_t 只取决于实现值与预期值之差,所以它在时期 t 的预期值为零。因此,我们可以通过工具变量法来估计(12.52)式,并使用时期 t 已知的变量作为工具变量。在克拉里达、盖里和格特勒的假设下,我们可以得到政策规则(12.51)式有关参数的一致估计。这正是克拉里达、盖里和格特勒论文的核心内容。在他们的基准模型中,他们设定 $k=1$(时间按季度计算),利用国会预算办公室构造的估计来测算产出缺口,并使用了一系列宏观变量的滞后值作为工具变量。他们着重分析了两个时期,分别是“沃尔克(Volcker)前期”即 1960 年一季度~1979 年二季度,以及“沃尔克—格林斯潘(Volcker—Greenspan)时期”,即 1979 年三季度~1996 年四季度。

在沃尔克前期,参数估计值(括号内为标准差)分别为 $\pi^*=4.24(1.09)$,$\phi_\pi=0.83(0.07)$,$\phi_y=0.27(0.08)$,以及 $\rho=0.68(0.05)$。对于沃尔克—格林斯潘时期,参数估计值分别为 $\pi^*=3.58(0.50)$,$\phi_\pi=2.15(0.40)$,$\phi_y=0.93(0.42)$,以及 $\rho=0.79(0.04)$。[1] 上述结果最令人吃惊的地方在于,ϕ_π 在第一期非常小,这表明当通货膨胀上升时,美联储平均而言会削减实际利率。这样的政策在后顾型模型中会导致爆炸性的通货膨胀或者通货紧缩,而在前瞻型模型中则会导致太阳黑子均衡。克拉里达、盖里和格特勒认为,这可以解释 20 世纪 70 年代的高通货膨胀。

克拉里达、盖里和格特勒的方法有一个缺点,即除了预期误差之外,它并不能解释(12.52)式为什么不能完美地成立。也就是说,他们假设了美联储严格遵守方程(12.51)中的规则。如果美联储偏离了这个规则,则克拉里达、盖里和格特勒的估计就可能是有偏的。例如,假设美联储的通货膨胀目标随着时间推移发生了某种变化,则(12.52)式中的常数项就会包含 $(1-\rho)r^n-b_\pi\bar{\pi}^*$,其中 $\bar{\pi}^*$ 表示平均通货膨胀目标,而误差项中则会包含 $-b_\pi(\pi_t^*-\bar{\pi}^*)$。因为 b_π[等于 $(1-\rho)\phi_\pi$]几乎肯定是正数,并且当通货膨胀目标较高时实际通货膨胀通常也较高,所以 $\pi_t^*-\bar{\pi}^*$ 与 π_{t+k} 几乎肯定是正相关的,通货膨胀与误差项之间也极有可能会存在负相关关系。因此,b_π 的估计存在向下的偏误,从而 ϕ_π 的估计也存在向下的偏误。其他偏离(12.51)式的原因(比如 r^n 随时间变化)也有可能会导致有偏估计。在使用工具变量法时,有许多因素会影响到残差项,并且如果残差项中存在非预期项,则很难找到合适的工具变量。这些问题都会使模型参数的估计变得极其困难。

在这个领域的研究文献中,除了克拉里达、盖里和格特勒的结果外,另一个经过许多研究者确认的稳健结果是,对于既定的通货膨胀率和产出缺口,美联储在 20 世纪 60 年代和 20 世纪 70 年代会选择一个比 20 世纪 80 年代和 20 世纪 90 年代低得多的实际利率[泰勒(Taylor,1999b);欧菲尼德斯(Orphanides,2003b);C. 罗默和 D. 罗默(2002)]。在大多数模型中,使得既定宏观经济条件下实际利率较低的政策都会导致较高的平均通货膨胀。从这个角度看,对美联储利率政策的研究结果可能发现了 20 世纪 70 年代高通货膨胀的一个来源。这就指出了一个更深层次的问题,为什么美联储在这个时期会选择低利率政策?我们将在第 12.9 节回到这个问题。

---

[1] 除 π^* 之外的所有其他参数都可以直接从(12.52)式的估计中推导得出,而推导 π^* 则需要 r^n 的估计值。克拉里达、盖里和格特勒假设 r^n 在他们的两个样本期内都等于对应时期内的平均实际利率。

12.7 名义利率的零下界

在前面关于利率规则的讨论中，我们假设了中央银行可以根据政策规则设定名义利率。如果政策规则会给出负利率，中央银行就无法执行。由于高能货币的名义收益为零，人们没有任何理由购买名义收益为负的资产，可见名义利率不能降到零以下。[1]

长期以来，名义利率的零下界一直被认为只具有历史价值和理论价值，即使在大萧条时期有用，对现代经济来说也并不重要。现在我们已经知道这种观点是错误的。自 20 世纪 90 年代后期以来，日本短期政府债务的名义利率实际上在大多数时间里都几乎是零。2003 年，美联储将短期名义利率下调至接近于零。最重要的是，始于 2007 年的金融和经济危机导致大多数主要中央银行将名义利率目标下调至零附近并长期保持不变。在日本和金融危机这两个例子中，零下界对货币政策来说很明显是一个紧约束。例如，如果没有零下界约束，则根据传统的利率规则，联邦基金利率在 2009 年的恰当目标水平应为－4％甚至更低[鲁迪布什(Rudebusch，2009)]。

因此，下面我们介绍零下界问题。我们将首先考虑克鲁格曼(Krugman，1998)提出的一个简单模型，该模型清楚地说明了零下界会如何对经济产生作用，并且可以帮助我们理解其中涉及的一些问题。然后，我们将更广泛地讨论在名义利率为零时提振总需求的经济政策，以及零下界问题会对今后的货币政策产生什么影响。

克鲁格曼模型的假设

克鲁格曼建立并分析了一个包含货币政策和零下界的经济模型。该模型的主要优点在于，它不仅是一个建立在微观经济基础之上的完整的一般均衡模型，还非常简单。第一个优点比较重要，因为它可以正式地证明零下界确实会是一个紧约束，并且可以帮助我们进行跨期分析，这在不完整的模型(如传统的 IS-LM 模型)中是非常困难的。第二个优点也很重要，因为简单的模型便于我们理解模型的作用机制，也便于我们对模型进行修改和扩展。[2]

假设时间是离散的，经济中没有不确定性，且存在大量具有无限寿命的家庭，每个家庭的目标函数为：

$$U=\sum_{t=0}^{\infty}\beta^t a_t \ln C_t,\quad 0<\beta<1,\quad a_t>0,\text{对所有 } t, \tag{12.53}$$

---

〔1〕 由于直接持有高能货币(即通货)会带来一些不便和风险，这种说法有点过于武断：逻辑分析和现实证据都表明央行可以设定略低于零的名义利率。然而，如果把名义利率设为远低于零的负数，人们就会大量持有高能货币，从而导致该政策失效。为了简单起见，本节将名义利率为零设定为一个硬下界。荣利(Rognlie，2016)分析了由于零下界实际上是渐进约束而不是硬约束所导致的一些问题。

〔2〕 埃格特松和伍德福德(Eggertsson and Woodford，2003)在一个比较复杂的模型中分析了零下界。他们的模型本质上更接近于第 7.8 节和第 12.5 节中的新凯恩斯主义模型。他们发现，该模型有关零下界的许多主要结论与克鲁格曼模型是相似的。

其中 C_t 是时期 t 的家庭消费。假设 a_t 的路径是确定且已知的,引入这一项可以让商品需求随时间变化,从而均衡实际利率也可以发生变化。

假设经济中只有一种商品,且该商品是不可储藏的。在每一时期,家庭都可以得到 y 单位商品。家庭不能消费自己的禀赋商品,也不能以物易物,而是只能使用货币进行交易。[1]

模型的关键假设有两个,分别涉及家庭持有多少资产以及如何使用货币购买商品。假设家庭面临现金先行约束。也就是说,家庭出售其 t 期禀赋商品所得的货币不能用于购买 t 期的商品。从经济直觉上讲,我们可以想象家庭中有两个成员,一个是销售家庭禀赋商品的店主,另一个是购买商品的购物者,该假设意味着店主不能在同一时期之内将货币转移给购物者。

另一资产是债券。债券可以支付利息,但只能兑换成货币,不能用于兑换商品。正如第 2 章中的拉姆塞—卡斯—库普曼斯模型一样,在给定时间点,家庭持有的债券量既可以是正数也可以是负数,但是家庭不能进行庞氏骗局。

除了家庭之外,经济中还有一个政府。政府发行货币和债券、支付债券利息、征税并进行转移支付(假设税收和转移支付都是一次性的),并确保自身满足跨期预算约束。

时间线设定如下:家庭在第 t 期开始时持有第 $t-1$ 期末的货币余额和债券余额,然后在市场上交易货币和债券。政府也可以进入市场参与交易。因此,政府的货币政策措施也是在此时推出。令 M_t 表示代表性家庭在交易之后持有的货币余额,则家庭的购买行为面临如下约束:

$$C_t \leqslant \frac{M_t}{P_t}, \tag{12.54}$$

其中 P_t 是第 t 期的商品价格。最后,在家庭购买了消费品并出售了禀赋商品之后,他们按持有的债券余额获得利息。此时,政府执行税收或转移支付政策。我们用 i_t 表示 t 期的债券利率。

在本模型的基准版本中,市场是竞争性的,价格具有完全弹性。根据这些假设可知,商品未全部售出的情形不可能是一种均衡,否则,尚未售出禀赋商品的家庭就会以略低于现行水平的价格出售商品。乍一看,这个结果似乎排除了我们试图理解的核心问题。但是,根据克鲁格曼的解释,基准模型实际上非常有用。关键的问题并不是零利率下界是否会影响实际产出,而是它是否会限制货币政策影响总需求的能力。而总需求的变化是否会影响均衡价格或数量则是另外一个问题。因此,完全竞争和价格弹性是非常有意义的简化假设,既可以帮助我们分析关键问题,又能避免讨论复杂的价格粘性。

---

[1] 在模型中直接排除消费自己的商品和以物易物显然是一种取巧的办法。更完整的模型会引入多种商品,偏好异质性和小额交易成本等。家庭希望消费其他家庭获得的商品,但通过物物交换链条获得商品的成本会过高。在这种情况下,家庭就会自发决定将自己获得的商品换成货币,然后用这些货币来购买其他商品[清泷信宏和赖特(Kiyotaki and Wright,1989)]。

预备知识

分析模型的第一步是考虑代表性家庭的最优化问题。确定性假设表明，如果名义利率严格为正，则家庭持有的货币量将仅仅足够用于购买当期消费品。另一方面，如果名义利率为零，则家庭对货币和债券的偏好是无差异的，因此我们只能说家庭持有的货币量至少足够用于购买消费品。（如果名义利率为负，则家庭可以持有大量负数的债券和正数的货币，从而无限地获得利润，由此可见，我们可以排除这种可能性。）因此，

$$C_t\begin{cases}=\dfrac{M_t}{P_t} & i_t>0\\ \leqslant\dfrac{M_t}{P_t} & i_t=0\end{cases}\tag{12.55}$$

家庭最优化的另一个关键条件是跨期消费决策的标准欧拉方程。假设家庭考虑在 C_t 上少支出一个很小的量 dX，并用省下的收入来提高 C_{t+1}。减少支出使 C_t 降低了 dX/P_t，其边际效用折现到第 t 期为 a_t/C_t。因此，这一变化的效用成本为 $(dX/P_t)(a_t/C_t)$。由于名义利率不能为负，家庭持有节省收入的形式将是债券而不是货币（如果利率为零，则家庭偏好在两种形式之间无差异）。然后，家庭在第 $t+1$ 期初可以将这些债券和相应的利息转换为货币，并用来提高 C_{t+1}。因此，C_{t+1} 可以增加 $(1+i_t)(dX/P_{t+1})$，由此增加第 $t+1$ 期的边际效用折现到第 t 期为 $\beta a_{t+1}/C_{t+1}$。因此，家庭最优化条件是：

$$\frac{1}{P_t}\frac{a_t}{C_t}dX=\frac{(1+i_t)}{P_{t+1}}\frac{\beta a_{t+1}}{C_{t+1}}dX.\tag{12.56}$$

如上所述，假设完全竞争和价格弹性意味着 $c_t=y$ 对所有时期均成立。因此，(12.56)式可以变为 $a_t/P_t=(1+i_t)\beta a_{t+1}/P_{t+1}$，或者：

$$i_t=\frac{a_tP_{t+1}}{\beta a_{t+1}P_t}-1.\tag{12.57}$$

方程(12.55)和(12.57)是模型的两个关键方程。

为了帮助我们理解零下界的意义，我们首先在货币供应量 M 和需求涨落因子 a 保持不变的情形下说明模型的稳态。如果存在一个 i 保持不变的稳态，则(12.57)表明利率的稳态值 i^* 必须满足下式：

$$\begin{aligned}i^*&=\frac{aP^*}{\beta aP^*}-1\\&=\frac{1-\beta}{\beta},\end{aligned}\tag{12.58}$$

其中 P^* 是稳态价格水平。β 小于 1 的假设意味着 i^* 严格为正，这就说明家庭将恰好以等式满足现金先行约束。根据方程(12.55)以及均衡时消费等于 y 可知：

$$P^* = \frac{M^*}{y}. \tag{12.59}$$

因此,当 M 和 a 为固定不变时,模型确实存在稳态,而且是传统的稳态:名义利率为正,价格水平与货币供应量成正比。

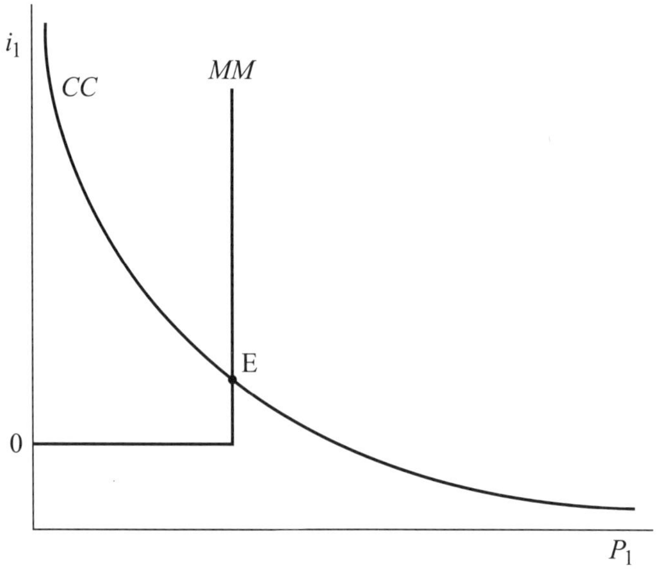

图 12.3 克鲁格曼模型中的均衡

克鲁格曼模型中的流动性陷阱

我们首先要问的问题是,经济中的货币政策会不会无法增加总需求。为了探讨这个问题,克鲁格曼考虑了一种特别容易分析的经济路径:假设经济从第 2 期开始处于稳态,然后着重分析第 1 期。

回顾一下,家庭的跨期最优化条件为(12.57)。由于经济从第 2 期开始处于稳态,该最优条件意味着下式在第 1 期中成立。

$$i_1 = \frac{a_1 P^*}{\beta a^* P_1} - 1. \tag{12.60}$$

图 12.3 中的 CC 曲线刻画了(P_1, i_1)空间中满足(12.60)式的点集。该曲线是向下倾斜的,其直观含义是,给定未来价格水平,今天的价格水平越高意味着通货膨胀率越低。因此为了防止实际利率上升(从而使家庭在第 1 期和第 2 期的消费水平都保持为 y),名义利率必须下降。

模型均衡条件还包括现金先行约束,家庭必须满足该约束条件,并且如果名义利率严格为正,就必须以等式满足现金先行条件。根据约束条件 $c_t \leqslant M_t/P_t$ 以及在均衡时 $c_t = y$ 可得,在第 1 期,

$$
P_1 \begin{cases} = \dfrac{M_1}{y} & i_1 > 0 \\ \leqslant \dfrac{M_1}{y} & i_1 = 0. \end{cases} \tag{12.61}
$$

图中的 MM 曲线表示满足上式的点集。该曲线在 $i_1=0$ 时为水平线，并在 $P_1=M_1/y$ 处变为垂直线。其直观含义一方面是直接来自现金先行约束，另一方面则来自如下事实：如果名义利率严格为正，则持有货币的机会成本严格为正；如果名义利率为零，则机会成本为零。如果名义利率严格为正，则家庭持有的货币量将正好足够消费，与名义利率的大小无关（这表明 $M_1/P_1=y$，或 $P_1=M_1/y$）。如果名义利率为零，则家庭持有的货币量至少足够用于消费，且这时家庭对于是否持有更多货币是无差异的（这表明 $M_1/P_1 \geqslant y$，或者 $P_1 \leqslant M_1/y$）。

当欧拉方程和现金先行约束两个条件都满足时，模型就达到了均衡，如图中的点 E 所示。在这幅图中，两条曲线在 MM 曲线的垂直部分相交，因此均衡名义利率为正。但是，如果交点位于 MM 曲线的水平段，则均衡名义利率就是零。

我们可以用该图来分析货币存量 M_1 增加的影响。M_1 只在 MM 曲线的方程式中出现，与 CC 曲线无关。特别是，货币存量增加会提高 M_1/y，延长 MM 曲线的水平段，从而使垂直段向右移动。

图 12.4 中的(a)小图表示在 M_1 上升前后名义利率均为正的情形。此时，货币扩张可以提高总需求。并造成 P_1 上升，i_1 下降。根据方程(12.61)，由于 $P_1=M_1/y$，所以价格上升幅度与 M 的增长幅度成正比。另外，注意价格具有弹性，推知名义利率下降反映了预期通货膨胀下降（因为当期价格上升而 M^* 不变），而不是实际利率下降。

图 12.4 中的(b)小图表示名义利率一开始就为零的情形。此时，货币扩张没有影响，CC 和 MM 曲线的交点位置不变。

由此可见，克鲁格曼模型表明，在一个建立在微观经济基础上的，完整的一般均衡经济模型中，可能会出现当期货币供应量增加不能影响经济的现象。其经济学直觉很简单：当名义利率为零时，持有货币的机会成本为零。因此，家庭将拥有充分的货币以便利用其可以提供的流动性和便利服务；在克鲁格曼模型中，货币提供服务的具体形式就是现金先行约束。在这种情况下，货币和债券是完美的替代品，两者之间互相替换不会产生任何影响。因此，名义利率为零的情形也称为流动性陷阱。

摆脱流动性陷阱

我们在解释上述结果时，可能会轻易地认为传统的货币政策对流动性陷阱束手无策。但是这种说法实际上并不准确，更准确的说法应该是，上述结果表明，如果预期未来货币供应量不变，则当期货币供应量的变化在流动性陷阱下无效。

克鲁格曼基于模型再次进行实验发现，在经济处于零利率下界时，并非所有货币政策都无效。具体来说，假设 M^* 增加，即预期货币供应量在经济摆脱流动性陷阱后将增加。如前文所述，稳态货币供应量 M^* 增加会提高稳态价格水平 P^*［参

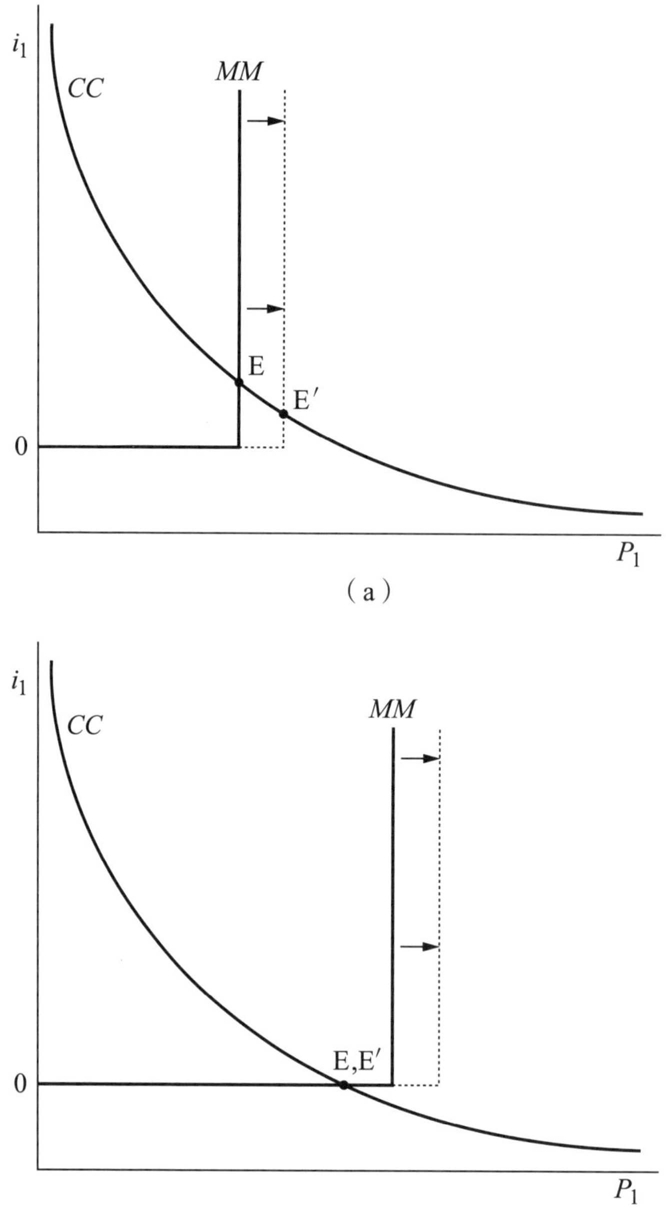

图 12.4　克鲁格曼模型中的货币扩张

见(12.59)式]。而 P^* 会影响 CC 曲线,$i_1=(P^*/[\beta P_1])-1$[参见(12.60)式]。可见,CC 曲线会向右移动。结果如图 12.5 所示,价格上升。在图中所示的情况下,利率始终保持为零,但是如果移动幅度足够大,则 i_1 也会上升。

直观地说,预期未来货币供应量增加会使预期价格水平上升。如果 P_1 和 i_1 都不变,则预期通货膨胀率将上升,名义利率将保持不变,因此实际利率将下降,从而使商品需求超过供应。由于这不可能发生,最终结果是价格上涨。简言之,克鲁格曼模型表明,预期货币政策在经济摆脱流动性陷阱后的走向会影响流动性陷阱

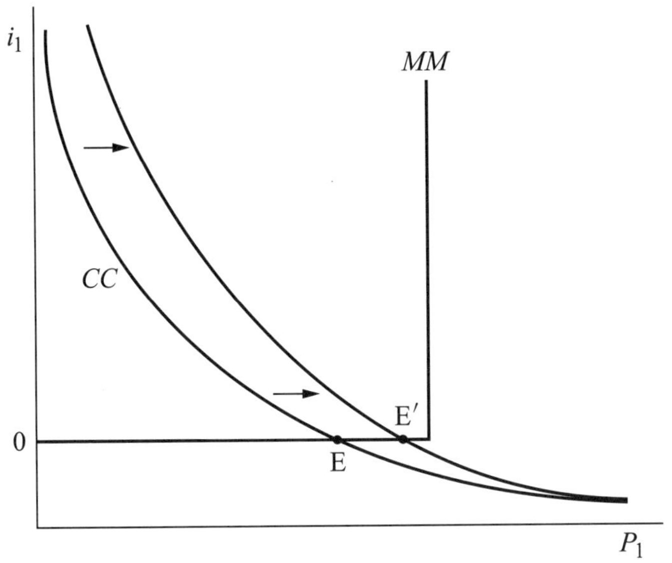

图 12.5 克鲁格曼模型中的货币扩张

下的总需求。

在流动性陷阱下，提高 a_1 的任何政策都会刺激总需求。a_1 影响 CC 和 MM 曲线的方式与 P^* 完全相同：CC 曲线的方程式中包含 a_1 和 P^* 的乘积[参见(12.60)]，而 MM 曲线的方程式中则既不包含 a_1 也不包含 P^*[参见(12.61)]。因此，即使经济在流动性陷阱下，a_1 增加和 P_1 增加都会使 CC 曲线向右移动。我们稍后将讨论影响 a_1 的政策。

克鲁格曼的实验有很多其他形式，基本模型也有很多扩展形式。[1] 例如，我们可以考虑经济进入流动性陷阱不止一期的情况。这时，经济摆脱流动性陷阱之后的期望价格水平会反馈到流动性陷阱中的所有时期并影响到总需求。再举一例，我们可以在模型中考虑价格黏性。这时，产出可能会低于其弹性价格水平；当期货币扩张(预期未来货币供应量保持不变)可能无法提高产出；预期未来货币扩张不仅会影响当期价格水平，还会影响当期实际利率和产出。此外，正如维宁(Werning，2012)强调的那样，当价格具有黏性时，预期未来货币扩张不仅会降低实际利率，而且还会提高预期未来实际收入，从而刺激经济增长。

最后一个例子，如果中央银行不遵循货币供给规则，而是设定通货膨胀目标[参见第 12.4 节]，结果将会如何？具体来说，假设中央银行从第 1 期到第 2 期的目标通货膨胀率设定为 π^*，并根据这个目标调整货币供应量 M^*。与上文一样，假设经济从第 2 期开始处于稳态，M 和 a 不变(从而价格水平不变，且名义利率为正)。[2] 由于经济从第 2 期开始处于稳态，第 2 期的货币政策会影响第 2 期的价格水平，从而中央银行可以达到目标通货膨胀率。因此，$P^*=(1+\pi^*)P_1$，方程

〔1〕 参见习题 12.12、12.14。

〔2〕 假设稳态通货膨胀率在第 2 期之后并不是零，而是一个等于 π^* 的常数，其分析过程是类似的。

(12.60)变为：

$$i_1=\frac{a_1(1+\pi^*)P_1}{\beta a_2P_1}-1 =\frac{a_1(1+\pi^*)}{\beta a_2}-1 \tag{12.62}$$

上式中不再包含 P_1,因此 CC 曲线现在是水平的。

图 12.6 画出了两种可能的情形。在(a)小图中,CC 曲线在横轴上方,经济处于均衡状态,而在(b)小图中,CC 曲线位于横轴下方,与 MM 曲线不相交,因此该经济没有均衡。为了理解这一结果,我们可以思考一下,如果对于某个 P_1 值,商品供给在 $i_1=0$ 时超过需求,那么经济通货膨胀目标下会发生什么?由于价格具有弹性,卖家将降低价格。如果 P^* 保持不变,那么预期通货膨胀就会上升,从而降低实际利率并增加需求。但是,在通货膨胀目标下,中央银行随着当前价格水平的下降一对一地降低了未来价格水平的目标,预期的通货膨胀和实际利率不受影响。因此,供给仍然超过需求,价格水平进一步下降,最终导致价格水平持续滑落。

上述分析说明,当价格具有弹性时,通货膨胀目标制可能会导致经济不能达到均衡。由于实际经济中的价格不可能具有完全弹性,这一结果本身并不太重要。更有意思的是,通货膨胀目标制消除了价格调整的稳定作用:当前价格水平或通货膨胀率的下降对既定名义利率水平对应的实际利率没有影响,从而也就无法对经济产生任何刺激作用。

提高预期通货膨胀率的政策

我们的分析表明,在流动性陷阱下,一种提振经济的办法是改变货币政策在摆脱陷阱后的公众预期。经济学家和政策制定者们已经就此探讨了许多方法。

克鲁格曼提出的方法也许是最直接的,他认为中央银行应当永久性提高通货膨胀目标。如果中央银行提高目标通胀率,则公众将会预期未来物价水平也会上升,如上所述,这种预期会体现为对当前经济的刺激作用。

但是,正如埃格特松和伍德福德(2003)所观察到的那样,当名义利率为零时,压低实际利率所需的通货膨胀率目标可能高于基于其他理由所选择的最优通货膨胀率。他们认为,在这种情况下,对于央行来说更好的做法是公开宣布它只有在名义利率降至零之后才设定较高的通货膨胀目标,并不会总是这样做。

另一种与埃格特松和伍德福德的思路大致相似的货币政策是盯住价格水平路径。如果经济低迷导致中央银行将名义利率调降至零,那么通货膨胀率也很可能会低于中央银行的目标。这时,根据盯住物价水平路径的货币政策,中央银行就可以通过后期高于正常水平的通货膨胀来抵消当前的通货膨胀缺口。因此,在这种政策下,通货膨胀率下降就会导致预期通货膨胀率上升。盯住价格水平路径的缺点很明显,它几乎肯定不会是完全最优的政策,但是其优点在于,比起仅在名义利率降至零之后才调整通货膨胀率目标的政策相比,这种政策非常简单易行。

中央银行在零下界进行常规公开市场操作的策略会产生难以察觉的问题。根据我们对克鲁格曼模型的分析,如果未来货币供给的预期不变,则当期货币供给增

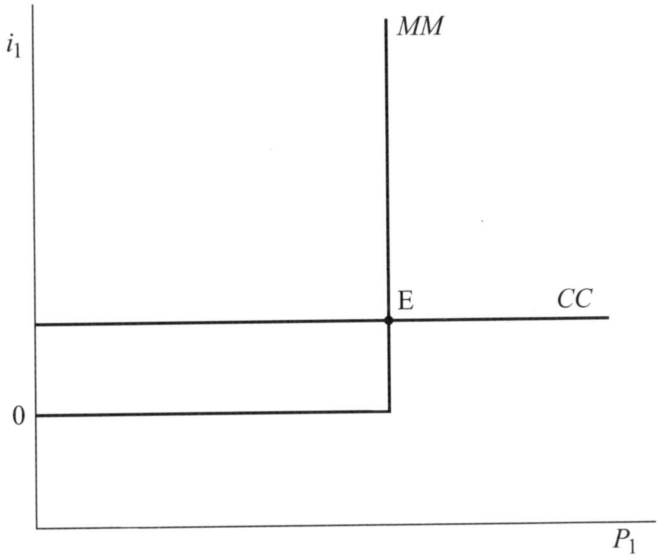

（a）

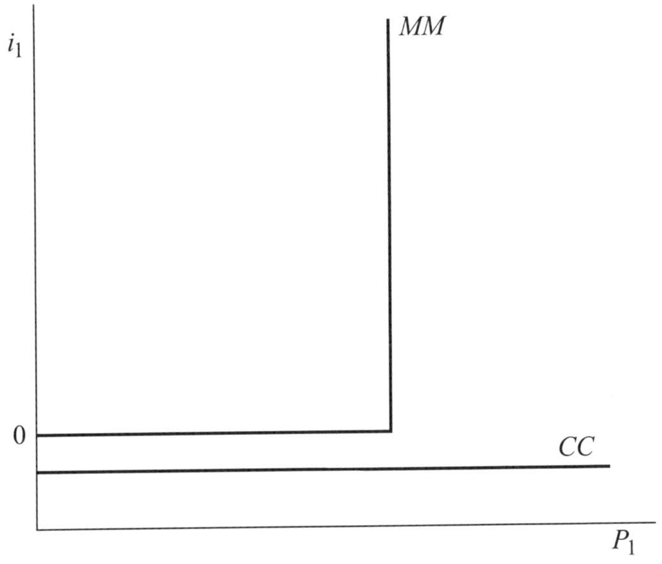

（b）

图 12.6　克鲁格曼模型中的通货膨胀目标

加不会对流动性陷阱中的经济产生影响。因此，公开市场操作是否具有扩张性取决于它们如何影响名义利率转正之后的预期货币存量。如果货币扩张提高了未来货币存量的预期值，那它就会提高相应时期内预期价格水平，从而拉升今天的预期通货膨胀。但是，如果扩张不影响预期货币存量，那它就不会提高预期通货膨胀。

在现代经济中，中央银行通常有比较明确的通货膨胀目标，从而经济个体会相信，一旦货币增发开始对总需求产生较大影响，中央银行就会设法冲销增发的货币。因此,预期通货膨胀就不会上升,而公开市场操作就会失效。[1] 不过,通货膨胀目标并不是货币政策的普遍特征。例如,在大萧条时期,美联储对货币存量或者通货膨胀并没有形成清晰的长期目标。在这种情况下,当前货币扩张就很可能会提高未来货币存量的预期。实际上,C. 罗默(C. Romer,1992)就找到了证据,说明 1933 年以后美国经济在零利率下界处迅速增发货币的政策提高了通货膨胀预期,刺激了经济中对利率敏感的部门,极大地帮助了美国经济从大萧条中复苏。

如上所述,现代中央银行通常使用安全资产的短期利率而不是货币数量作为主要的短期货币政策工具。因此,中央银行影响未来货币政策预期的一种办法就是公布其短期利率政策计划,而不是货币数量政策计划。中央银行计划保持低利率的政策公告有可能会提高预期通货膨胀率,从而起到刺激经济的作用。这种策略称为前瞻指引,近年来在美联储以及其他中央银行应对流动性陷阱的过程中得到了广泛运用。[2]

最后,所有提高预期通货膨胀的措施都会遇到一个重大问题,其政策效果来自当前预期未来通货膨胀上升会影响到今天的产出,而未来通货膨胀不一定真的会上升。当未来来临时,今天的结果已经发生,中央银行也无力改变什么。因此,如果中央银行基于某些其他理由厌恶通货膨胀,那么未来的最优政策很可能不再是先前公布的通货膨胀水平。也就是说,流动性陷阱中的最优政策(如第 12.5 节的模型中的最优政策)很可能会是动态不一致的。我们将在第 12.8 节中深入讨论动态不一致问题。

其他经济刺激政策

目前为止,我们着重讨论了通过提高预期通货膨胀率来降低给定的 i 和 P 下的实际利率可以提高处于零下界的经济中的总需求。还有一种在流动性陷阱下提振总需求的办法,即刺激既定实际利率下的需求。在克鲁格曼模型中,该方法对应于提高 a_1 从而移动 CC 曲线的政策实验。

提振总需求的办法有很多。一种显然的办法是使用财政政策。但是在零利率下界使用财政政策刺激经济可能会遇到障碍。财政扩张政策(至少标准形式的财政政策)要求增加预算赤字,这就对长期预算问题严重的经济体特别不利。而且即使财政扩张政策在经济上是有利的,在政治上也很可能不可行。

---

〔1〕 如果像近年来许多国家的央行在零下界推出的货币扩张政策那样,在增发货币的同时宣称增发只是暂时性,而且将会采取措施确保货币宽松不会导致通货膨胀大幅上升,那么这种做法就会非常符合上述推论。

〔2〕 在克鲁格曼模型中分析前瞻指引的例子可参见习题 12.14 的(b)小题。但是,坎贝尔、伊万、费希尔和贾斯提尼亚诺(Campbell,Evans,Fisher,and Justiniano,2012)发现,关于未来利率的政策公告不一定是扩张性的。例如,考虑方程(12.45)中的利率规则,$i_t=r^n+\phi_\pi(\pi_t-\pi^*)+\varphi_y(\ln Y_t-\ln Y_t^n)$。中央银行发布未来利率将低于市场预期的公告会反映两种可能性。第一种可能是,中央银行打算偏离过去执行的政策规则,因此政策公告将改变未来货币政策的预期,从而起到刺激经济的作用。另一种可能是,市场参与者可能会把公告解释为,中央银行打算在经济脱离流动性陷阱后继续遵循过去执行的利率规则,但是中央银行对政策规则中参数的预期低于市场参与者。在这种情况下,前瞻指引的效果并不明确:预期名义利率降低会刺激经济,但预期通货膨胀和预期产出降低则会产生反作用。

还有一些办法是使用货币政策来移动CC曲线。在2008年和2009年,美联储和其他中央银行针对特定类型的信贷市场采取了一系列措施,包括支持商业票据发行和抵押贷款市场等。当这些目标市场受到危机冲击出现紊乱时,中央银行的政策措施极有可能非常有效,但其效果到底如何仍然是未知的。因此,它们并不能为零下界导致的难题提供通用的解决方案。

在移动CC曲线的各类货币政策中,最受关注的是量化宽松。起初,量化宽松是指在流动性陷阱中使用常规的公开市场操作,即中央银行使用高能货币购买零息短期政府债券(该政策之所以得名量化宽松的原因就在于其重点是增加高能货币的数量)。但是,随着时间推移,量化宽松开始用于代表使用公开市场操作购买利率为正的资产,例如长期政府债务或私人部门风险债务。分析这类交易时,一种很有用的思路时把它们看作是常规公开市场操作之后,接着把短期零息政府债券兑换为其他替代资产。〔1〕相对于常规公开市场操作,量化宽松的潜在优势来自第二步。丘尔迪亚和伍德福德(Cúrdia and Woodford,2011)强调,在天然的基准情形下,第二步是无关紧要的。从经济直觉上看,中央银行将风险资产纳入其资产负债表并不意味着私人部门的经济个体不再承担风险,他们现在只不过是通过影响未来政府预算来间接承担风险。在特定条件下,经济个体承担风险的方式发生转变并不会影响其经济行为。但是尽管如此,中央银行购买正利率资产仍然会在一些情形下降低这些资产的利率,这时,量化宽松就会导致CC曲线向右移动。

量化宽松近年来已经成为货币政策的主要工具。有关其经济效果的研究一致发现,它确实可以降低尚未达到零的利率,特别是对那些中央银行直接购买的正利率资产来说尤为如此[参见加农、拉斯金、瑞玛切和萨克(Gagnon,Raskin,Remache and Sack,2011);乔伊斯、拉索萨、史蒂文斯和唐(Joyce,Lasaosa,Stevens and Tong,2011);克里希那穆提和维辛—乔根森(Krishnamurthy and Vissing-Jorgenson,2011)]。但是,这些政策可能不仅会影响CC曲线,还会影响MM曲线:如果市场参与者不能确定央行对未来短期安全资产利率的意图,则他们可能就会试图解读量化宽松政策,从中获得中央银行意图的信息。实际上,克里希那穆提和维辛乔根森提供的证据表明,量化宽松政策对美国长期利率产生的影响中,很大一部分是通过影响短期安全资产利率的预期这一途径实现的。〔2〕

结束语

零利率下界的重要性在十年前还存在相当大的分歧。一种观点认为,零利率下界是对货币政策的强大约束,需要高度重视货币政策在经济陷入总需求低迷时可能会无能为力这个问题。另一种观点则强调,中央银行除了可以控制短期名义

〔1〕同样,经常有人争辩说,货币融资的减税政策肯定可以刺激处于零下界的经济。但是,这种减税实际上就是常规减税和常规公开市场操作的结合。如果这两者都不能刺激经济,那么,如果不考虑似乎并不重要的相互作用的话,两者的组合也无法生效。

〔2〕还有一种政策可以同时影响两条曲线,即汇率干预[斯文森(Svensson,2001)]。中央银行可以通过购买外币或其他外国资产使本币主动贬值。例如,一种简单的汇率政策是在当前水平基础上大幅贬值并暂时固定。如果中央银行宣布愿意高价购买外币,它将面临大量外币涌入。由于它有权印发本国货币,所以可以轻松完成承诺的交易,而汇率贬值将刺激经济。

利率外，还掌握许多其他政策工具，尤其几乎可以零成本提供无限货币的能力。这显然使中央银行有足够能力创造长期通货膨胀，从而意味着它肯定可以创造预期通货膨胀。

始于2007年的金融危机在很大程度上平息了这场争论。如果零利率下界约束不是紧的，则中央银行只需要进一步降低名义利率就可以刺激总需求，但在金融危机中，不论是否确实可以使用其他政策工具刺激总需求，事实就是中央银行没有这样做，可见零下界的影响非常大。在经济面临产量急剧下降，高失业率持续数年，且通货膨胀率低于目标的暗淡前景时，如果中央银行不受零下界约束，那它毫无疑问将会大幅降低其利率目标，从而引导经济产生截然不同的结果。例如，威廉姆斯(2009)估计，解决零利率下界问题将导致美国2009～2012年间的GDP平均高出约3%，累计产出收益可达1.7万亿美元。

上述讨论提出的最后一个问题是，经济政策将来是否应该改变执行方式。大量证据表明，现在的实际利率要比金融危机爆发以前几十年都要低，而且这种情况可能还会持续下去[霍尔斯顿、劳巴赫和威廉姆斯(Holston, Laubach, and Williams, 2016)；克里斯滕森和鲁迪布什(Christensen and Rudebusch, 2017)；德尔·尼格罗、贾诺内、贾诺尼和坦巴洛蒂(Del Negro, Giannone, Giannoni and Tambalotti, 2017)]。由此直接推理可知，给定通货膨胀目标下的名义利率也比以前低，从而撞到零利率下界的概率比以前高。例如，基里和罗伯茨(Kiley and Roberts, 2017)估计，在美国当前的货币政策体制下，安全资产短期利率为零的时间几乎可以达到一半，这对平均产出产生了巨大的负面影响。他们的分析有力地说明，学者和政策制定者应当想办法减少零利率下界生效的机会，或者减轻其生效产生的后果，也可以同时两手抓。减少零利率下界生效机会的办法显然是提高通货膨胀目标，当然提高实际利率的政策也可以产生同样的效果。减轻生效后果的方法则有很多，例如使用价格水平目标路径等政策规则，使经济在触及零利率下界的通货膨胀率暂时高于正常水平，或者在零利率下界处使用更加积极和全面的量化宽松政策。还有更多的应对政策亟待学者进行研究。

12.8 低通胀货币政策的动态不一致性

前面四节的主要目的是讨论最优货币政策问题，分析货币政策在各种情况下应该如何执行。但是，现实中的货币政策通常远远不是最优的。例如，大萧条的一个重要原因就是货币政策制定者没有对冲击做出反应；货币增长过快不仅导致了许多工业国家在20世纪70年代出现高通货膨胀，而且还经常导致在其他时间和地点出现高通货膨胀；爆发式的货币增长导致恶性通货膨胀。到目前为止，我们的分析对这些政策失误都没有提出任何解释。

货币政策偏离最优政策并不是随机发生的。货币增长与通货膨胀过高的时期似乎远远多于过低的时期。因此，货币政策产生通货膨胀偏差的原因激起了学者们广泛的研究兴趣。

在大多数工业化国家，由货币创造带来的政府收益似乎并不重要，通货膨胀偏差的潜在来源几乎可以肯定是产出与通货膨胀之间的权衡取舍关系。政策制定者可以通过提高货币供给把产出推到正常水平之上。或者，当他们面临的通货膨胀过高时，他们可能不会愿意以衰退作为代价来降低通货膨胀。

对于有关产出与通货膨胀之间的权衡取舍关系如何导致通货膨胀的理论来说，一个必须面临的事实是，在长期中并不存在显著的权衡取舍关系。[1] 由于平均通货膨胀对平均产出几乎没有影响，短期权衡取舍关系与平均通货膨胀的决定因素之间可能基本上没有关系。例如，考虑两种货币政策，它们唯一的区别是，其中一种政策的货币增长率在所有情况下都比另一种政策低一个固定的量。如果公众意识到了这种差别，就没有理由认为产出在低通货膨胀政策下的行为不同于高通货膨胀政策下的行为。

但是，基德兰德和普雷斯科特（Kydland and Prescott，1977）在他们的著名论文中证明，政策制定者无法承诺执行这样一种低通货膨胀政策，这本身就会导致过度通货膨胀，即使不存在重要的长期权衡取舍关系也是如此。基德兰德和普雷斯科特的基本发现是，如果预期通货膨胀较低，从而增加通货膨胀的边际成本较低，则政策制定者就会通过扩张性政策把产出暂时推到正常水平之上。但是公众了解政策制定者的这种动机，这就意味着公众并不会真的预期通货膨胀较低。最终的结果是，政策制定者自由选择政策的能力导致在产出没有任何增加的情况下出现通货膨胀。下面我们通过一个简单的模型来正式分析这种观点。

假设

基德兰德和普雷斯科特的观点需要三个关键要素：货币变化具有实际效应，通货膨胀预期影响产出行为，以及经济的弹性价格产出水平小于社会最优水平。为了尽量简单地刻画前两种要素，并尽量接近基德兰德和普雷斯科特在原始研究中的思想，我们假设总供给由卢卡斯供给曲线给定[参见方程(6.24)和(6.84)]：

$$y=y^n+b(\pi-\pi^e),\quad b>0, \tag{12.63}$$

其中 y 是产出的对数，y^n 是弹性价格产出水平的对数。其他考虑了预期的模型，如新凯恩斯菲利普斯曲线和各种具有后顾型要素与前瞻型要素的混合菲利普斯曲线都具有大体上类似的含义。为了刻画第三个关键要素，我们假设 y^n 小于瓦尔拉斯产出水平 y^*。

基德兰德和普雷斯科特还假设了，当通货膨胀高于某个水平时会产生成本，并且通货膨胀的边际成本随着通货膨胀上升而增加。刻画这些假设的一个简单办法是，把社会福利表示为产出和通货膨胀的二次函数。从而政策制定者最小化：

$$L=\frac{1}{2}(y-y^*)^2+\frac{1}{2}a(\pi-\pi^*)^2,\quad y^*>y^n,\quad a>0. \tag{12.64}$$

参数 a 反映了产出与通货膨胀在社会福利中的相对重要性。

---

[1] 根据第 12.5 节中的讨论，新凯恩斯菲利普斯曲线表明长期中存在微弱的权衡取舍关系。当折现因子接近 1 时，平均通货膨胀对平均产出的影响非常小。

最后,政策制定者可以影响总需求。由于模型中不存在不确定性,我们可以认为政策制定者可以直接选择通货膨胀,并面临约束条件(12.63)式,即通货膨胀与产出的相关关系由总供给曲线确定。

模型分析

为了理解模型的含义,我们可以考虑确定货币政策与预期通货膨胀的两种方法。首先,政策制定者可以做出一个有约束力的承诺,即通货膨胀将在预期通货膨胀形成之前就确定下来。由于这个承诺具有约束力,预期通货膨胀就等于实际通货膨胀,从而根据(12.63)式可知产出等于自然率水平。因此,政策制定者的问题就是选择 π 最小化 $(y^n-y^*)^2/2+a(\pi-\pi^*)^2/2$。该问题的解就是 $\pi=\pi^*$。

在第二种情况下,政策制定者可以选择通货膨胀,并把预期通货膨胀看作是给定的。当预期通货膨胀 π^e 在实际通货膨胀 π 之前确定,或者两者同时确定时,就会出现这种情况。把(12.63)式代入(12.64)式可知,政策制定者的问题是:

$$\min_{\pi}\frac{1}{2}[y^n+b(\pi-\pi^e)-y^*]^2+\frac{1}{2}a(\pi-\pi^*)^2. \tag{12.65}$$

一阶条件是:

$$[y^n+b(\pi-\pi^e)-y^*]b+a(\pi-\pi^*)=0. \tag{12.66}$$

根据上式求解 π 可得:

$$\begin{aligned}\pi&=\frac{b^2\pi^e+a\pi^*+b(y^*-y^n)}{a+b^2}\\&=\pi^*+\frac{b}{a+b^2}(y^*-y^n)+\frac{b^2}{a+b^2}(\pi^e-\pi^*).\end{aligned} \tag{12.67}$$

图 12.7 展示了政策制定者对 π 的选择,并将其表示为 π^e 的函数。如图所示,这个关系是向上倾斜的,且斜率小于 1。该图与方程(12.67)共同说明了政策制定者采用扩张性政策的动机。如果公众预期政策制定者会选择最优通货膨胀率 π^*,则使通货膨胀略高的边际成本为零,由此导致产出略高的边际收益则为正值。因此,在这种情况下,政策制定者会选择大于 π^* 的通货膨胀率。

由于模型中不存在不确定性,均衡要求预期通货膨胀与实际通货膨胀相等。如图 12.7 所示,满足这个条件的通货膨胀率是唯一的。如果我们在(12.67)式中令 $\pi=\pi^e$,然后求解这个通货膨胀率,就可以得到:

$$\begin{aligned}\pi^e&=\pi^*+\frac{b}{a}(y^*-y^n)\\&\equiv\pi^{EQ}.\end{aligned} \tag{12.68}$$

如果预期通货膨胀超过这个水平,则实际通货膨胀会就小于公众预期,从而经济就会处于非均衡状态。类似地,如果 π^e 小于 π^{EQ},则 π 就会大于 π^e。

可见,只有在均衡时,π 和 π^e 等于 π^{EQ},从而 y 等于 y^n。直观而言,预期通货膨胀会不断上升,直到政策制定者在把 π^e 看作既定的情况下选择 π 等于 π^e。简言

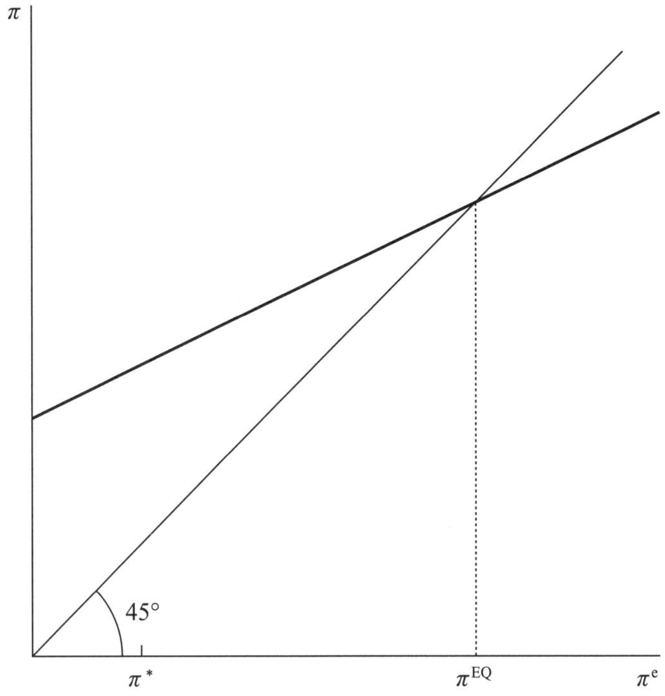

图 12.7　没有承诺时通货膨胀的确定

之，政策制定者可以相机抉择只会使得通货膨胀不断上升，而产出则不受影响。[1]

讨论

政策制定者在预期通货膨胀形成之后可以左右通货膨胀的能力反而会对自身不利。其原因在于，如果央行宣布通货膨胀将是 π^*，然后在预期通货膨胀形成之后确实选择产生这个通货膨胀率，那么这样的货币政策具有动态不一致性。如果政策制定者宣布通货膨胀将等于 π^*，然后公众据此形成了预期，则政策制定者将在预期形成之后偏离这个政策。公众知道政策制定者会偏离政策，从而就会预期通货膨胀将高于 π^*，而较高的预期通货膨胀会减少政策制定者可以做出的政策选择。

产生上述问题的根源并不是相机抉择本身，而是公众知道政策制定者可以相机抉择。为了理解这一点，我们可以考虑如果公众相信政策制定者会遵守承诺，而政策制定者实际上却会相机抉择时会发生什么。在这种情况下，政策制定者可以宣布通货膨胀将等于 π^*，从而导致预期通货膨胀等于 π^*。但是政策制定者随后就可以根据(12.67)式设定通货膨胀率。由于(12.67)式是给定预期通货膨胀时，最小化社会损失函数的解，所以这种“出尔反尔”就会提高社会福利。

---

〔1〕 这些结果都不依赖于特定的函数形式。在通用的函数形式下，均衡时预期通货膨胀与实际通货膨胀会不断上升，直到通货膨胀的边际成本正好等于较高产出产生的边际收益。因此，产出等于其自然率水平，而通货膨胀高于其最优水平。如果政策制定者可以做出有约束力的承诺，则均衡仍然是通货膨胀等于其最优水平，产出等于其自然率水平。

动态不一致性在许多其他情况下也会出现。在货币政策中,我们已经在第12.5节的模型里接触到了动态不一致性。在那里,政策制定者希望通过操纵通货膨胀预期来改变经济对冲击做出的反应,然后并不创造出经济人预期的通货膨胀。更重要的例子出现在货币政策以外的情形。选择如何征收资本税的政策制定者可能希望通过低税率来鼓励资本积累。但是,一旦资本积累已经形成,征税就不再是扭曲性的,从而政策制定者的最优选择就是按照高税率进行征收。[1] 另一个例子是,希望人们遵守某个法律的政策制定者可能希望警告违法者将受到严厉惩处。但是,一旦人们做出了是否遵守法律的决定,那么惩罚犯法者就会产生成本,因而没有任何好处。

解决动态不一致问题

上述分析表明,相机抉择的货币政策会导致无效率的高通货膨胀。这自然就会引出一个问题,如何才能避免或者至少是缓和这种无效率?

一种方法当然是根据规则而不是相机抉择来确定货币政策,并且政策规则必须是有约束力的。假设政策制定者只是宣称他们将会根据某种程序来确定货币政策,例如使货币存量按照稳定的速度增长,或者根据某种公式选择目标名义利率。如果公众相信了政府公告,预期通货膨胀将处于低位,则政策制定者就可以通过选择较高的货币增长率偏离所宣布的政策,提高社会福利。因此,公众将不会再相信公告。只有当货币当局放弃决定货币政策的能力时,政策规则才能解决这个问题。

但是,通过具有约束力的政策规则来克服动态不一致性问题会产生另外两个问题。其中一个是规范性问题,另一个是实证性问题。规范性问题是,政策规则不能处理完全没有预期到的情形。构造一个规则使货币政策对正常的经济发展做出反应并不困难,但是有时经济中会出现无法预期的事件。例如,美国在近几十年中经历了一系列这类事件,如经济活动与许多标准货币存量指标之间的关系出现崩溃;股票市场在一夜之间出现史无前例的崩盘,导致严重的流动性危机;各种波及美国的国际危机;一次影响巨大的恐怖袭击;以及一次大萧条之后最大的金融海啸。可以说,没有任何一种政策规则可以预期到所有这些可能性。

利用具有约束力的政策规则来解决动态不一致性问题所产生的实证性问题是,我们在很多情况下都观察到低通货膨胀率(例如20世纪50年代和近几年的美国,以及战后大多数时期的德国),而政策却并不是根据固定规则确定的。因此,肯定存在不用通过有约束力的承诺就能缓解动态不一致性问题的办法。

基于上述原因,人们对于其他处理动态不一致性的方法非常感兴趣。其中最

---

[1] 上述发现的一个推论是,低通货膨胀政策具有动态不一致性的原因并不是产出与通货膨胀之间的权衡取舍,而是政府债务。由于政府债务通常按照名义量计算,意料外的通货膨胀对债券持有人来说就是一种总量税。因此,即使货币冲击并没有实际效应,只要政府具有名义计价债务,那么设定 $\pi=\pi^*$ 的政策就会具有动态不一致性。

受关注的两种方法分别是声誉和委派。[1]

利用声誉来处理动态不一致性问题的基本思想是，公众并不清楚政策制定者的特点，却会通过观察通货膨胀逐渐了解这些特点。例如，公众可能并不知道政策制定者在产出和通货膨胀之间更关心哪一个，或者不知道他们关于产出和通货膨胀之间的权衡取舍关系持有何种信念，或者不知道当他们选择不遵循公布的未来政策时会产生多大的成本。在这种情况下，政策制定者的行为就传递了关于他们自身特点的信息，从而影响公众在随后时期中的通货膨胀预期。由于当预期通货膨胀较低时，政策制定者会拥有更大的政策选择空间，这就使得他们有激励采用低通货膨胀政策。关于这个观点的正式分析，可以参见巴克斯和迪菲尔(Backus and Driffill，1985)，巴罗(Barro，1986)以及习题 12.16。

如果政策制定者看重声誉，则他们会采用扩张性较弱的政策，这种观点不仅在理论上很有吸引力，而且也非常合乎现实。中央银行似乎都非常在意树立一种值得信赖并且对通货膨胀十分强硬的声誉。如果公众能确定政策制定者的偏好与信念，那么政策制定者就没有必要树立声誉。只有当公众并不能确定其偏好和信念，并且预期非常重要时，政策制定者才需要在意声誉。

通过委派来解决动态不一致性问题的基本思想是，如果货币政策由特别厌恶通货膨胀的知名人物控制，则产出与通货膨胀之间的权衡取舍就会得到更有利的结果[罗戈夫(Rogoff，1985)]。根据我们此前分析的模型进行简单推广即可说明上述情况可以如何解决动态不一致性问题。假设产出与通货膨胀之间的关系以及社会福利函数继续由(12.63)式以及(12.64)式给定，从而 $y=y^n+b(\pi-\pi^e)$，$L=[(y-y^*)^2/2]+[a(\pi-\pi^*)^2/2]$。但是，假设货币政策由一个目标函数如下的经济个体确定：

$$L'=\frac{1}{2}(y-y^*)^2+\frac{1}{2}a'(\pi-\pi^*)^2,\quad y^*>y^n,\quad a'>0. \tag{12.69}$$

a'可以不同于a，后者是整个社会赋予通货膨胀的权重。按照(12.65)式的类似方法求解政策制定者的最大化问题可知，政策制定者在 π^e 已知时选择的 π 由(12.67)式给出，只是用 a' 替换了 a。即：

$$\pi=\pi^*+\frac{b}{a'+b^2}(y^*-y^n)+\frac{b^2}{a'+b^2}(\pi^e-\pi^*). \tag{12.70}$$

图 12.8 刻画了把政策委派给某个权重 a' 大于 a 的经济个体时产生的影响。

---

[1] 另外两种可能的方法是惩罚均衡与激励合约。惩罚均衡(通常被看作是声誉模型，但是与后面将讨论的声誉模型具有本质区别)出现在无限期模型中。这类模型通常具有多重均衡，包括通货膨胀始终低于一次性相机抉择水平(即低于 π^{EQ})的均衡。低通货膨胀通过人们的信念得以维持，这种信念就是，如果政策制定者会选择高通货膨胀，则公众就会通过在随后的时期中预期高通货膨胀来“惩罚”他们。惩罚机制可以保证当上述情况出现时，高通货膨胀预期确实是理性的。例如，可以参考巴罗和戈登(Barro and Gordon，1983)以及习题 12.16——12.18。

激励合约是一种制度安排，即中央银行在出现通货膨胀时会受到惩罚(惩罚可以是财务上的损失，也可以是声望的损失)。在简单的模型中，如果惩罚选择得当，就可以产生最优政策[佩尔森和塔贝里尼(Persson and Tabellini，1993)；沃尔什(Walsh，1995)]。但是，这类合约的实证意义尚不明确。

由于政策制定者赋予通货膨胀的权重比以前大,他/她在既定预期通货膨胀水平下就会选择较低的通货膨胀(至少在某个范围如 $\pi^{e} \geqslant \pi^{*}$ 时是如此)。此外,政策制定者的反应函数变得更加平坦。

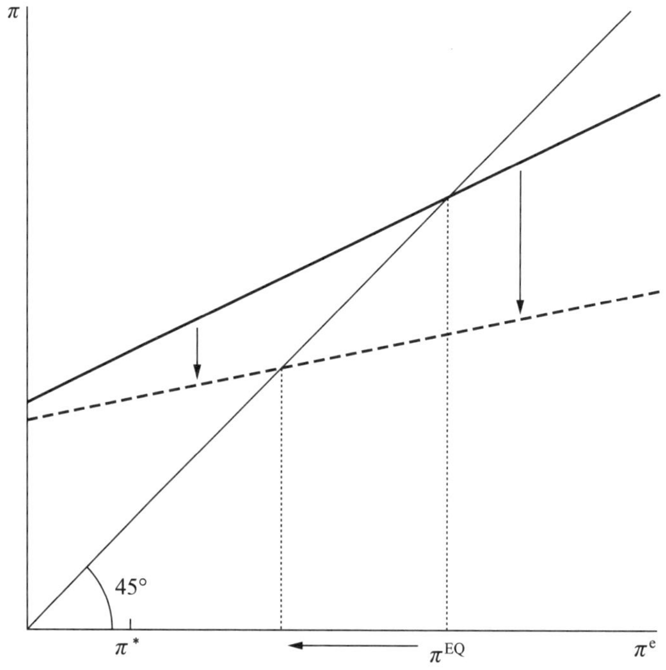

图 12.8　委派保守型政策制定者对均衡通胀率的影响

与此前一样,假设公众知道通货膨胀如何确定,于是均衡仍然要求预期通货膨胀等于实际通货膨胀。因此,求解预期通货膨胀就可以发现它由(12.68)式给定,并且用 a' 替换 a:

$$\pi^{EQ}=\pi^{*}+\frac{b}{a'}(y^{*}-y^{n}). \tag{12.71}$$

在均衡时,实际通货膨胀与预期通货膨胀都由上式给定,并且产出等于其自然率水平。

现在考虑社会福利,当 $(y-y^{*})^{2}/2+a(\pi-\pi^{*})^{2}/2$ 较小时社会福利较高。不论 a' 大小如何,产出均等于 y^{n}。当 a' 较高时,π 就更接近 π^{*}。因此,当 a' 较高时,社会福利也较高。直观而言,当货币政策由某个非常关心通货膨胀的人进行掌控时,公众会意识到这位政策制定者并不打算采用扩张政策,因此预期通货膨胀就会比较低。

罗戈夫把上述分析推广到了经济面临冲击的情形。在合理的假设下,如果政策制定者对于产出与通货膨胀的偏好不同于社会偏好,则他/她就不会对冲击做出最优反应。因此,在选择货币政策制定者时就存在一种权衡取舍:选择非常厌恶通货膨胀的政策制定者会使得经济在平均通货膨胀方面表现较好,但在对扰动做出反应方面就会表现得较差。因此,对于中央银行来说,存在某个"保守主义"的最优水平。[1]

通过让特别厌恶通货膨胀的经济个体掌控货币政策来解决动态不一致性问题的观点看上去似乎也是很现实的。在许多国家，货币政策由独立的中央银行而不是中央政府来决定。中央政府通常会聘任非常厌恶通货膨胀的知名人物执掌中央银行。其结果就是，掌控货币政策的那些人通常比社会整体更加在意通货膨胀。

12.9 实证应用

中央银行的独立性与通货膨胀

12.8 节中的理论认为，低通货膨胀货币政策的动态不一致性是导致通货膨胀的原因，然而这种理论是很难进行检验的。根据这类理论，通货膨胀与如下变量有关：通货膨胀成本、政策制定者作出承诺的能力、树立声誉的能力以及他们在多大程度上可以把政策委派给极度厌恶通货膨胀的经济个体。所有这些变量都很难测算。

这里，一个广受关注的变量是中央银行的独立性。艾莱斯纳(Alesina，1988)认为，中央银行的独立性可以用来衡量把经济决策委派给保守政策制定者的能力。直观而言，中央银行的独立性越强，则政府把政策委派给对通货膨胀极度厌恶者的能力就越强。从实证角度来看，中央银行的独立性通常可以用定性指标进行测算。这种定性指标所依据的因素包括：中央银行的行长与委员会如何任命与卸任、委员会中是否有政府代表、政府的投票权或者对中央银行决策的直接控制权。

有关中央银行独立性和通货膨胀的测算指标之间的联系的研究发现，在工业化国家中，中央银行独立性与通货膨胀之间存在很强的负相关关系[艾莱斯纳(Alesina，1988)；格雷利、马斯安德洛和塔贝里尼(Grilli，Masciandaro and Tabellini，1991)；库里尔曼、韦伯和尼亚普蒂(Cukierman，Webb and Neyapti，1992)]。图 12.9 中画出了一个典型的结果。

然而，上述结论具有四个方面的缺点。第一，动态不一致性与委派理论并不一定能说明独立性较强的中央银行可以维持较低的通货膨胀。做出这种预测结论的观点隐含地假设了中央银行以及政府官员的偏好并不会随着中央银行的独立性发生系统性变化。但是，委派假说意味着他们的偏好确实会发生变化。例如，假设货币政策取决于中央银行与政府的偏好，并且随着中央银行独立性的增强，中央银行偏好的权重也增加。于是，当中央银行的独立性较弱时，政府官员可以任命更厌恶通货膨胀的中央银行主管。类似地，当政府不能有效地向中央银行委派政策时，选

[1] 习题 12.17 将会分析这个观点。

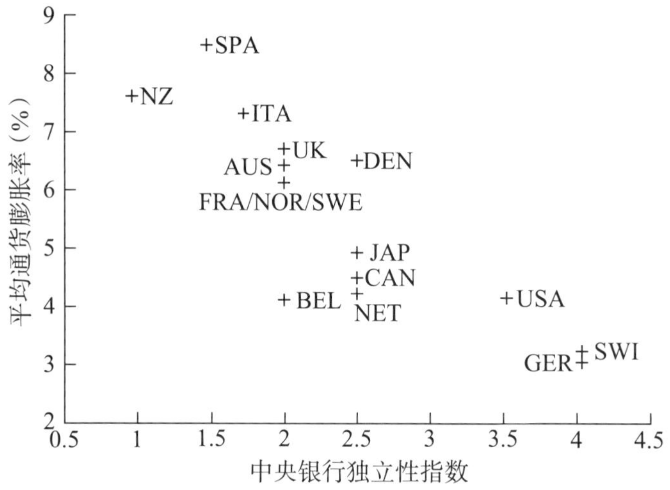

图 12.9 中央银行的独立性与通货膨胀〔1〕

民就应该选举更加厌恶风险的政府。这些影响会淡化甚至抵消中央银行独立性下降的影响。

第二,中央银行独立性与通货膨胀之间存在负相关关系这一事实并不表明独立性是低通货膨胀的原因。根据珀森(Posen,1993)的观点,特别厌恶通货膨胀的国家会倾向于尽力让中央银行远离政治压力。例如,人们普遍认为德国特别厌恶通货膨胀,这可能是因为德国在第一次世界大战之后经历了恶性通货膨胀。德国的中央银行管理制度似乎主要是基于规避通货膨胀的意愿而建立起来的。因此,德国的某些低通货膨胀时期几乎肯定是全面规避通货膨胀的结果,而不是中央银行的独立性导致的。

第三,实证上的联系实际上并没有上述讨论所指出的那么强。首先,在非工业化国家中,平均通货膨胀与中央银行独立性的恰当指标之间不存在明确的联系[库里尔曼、韦伯和尼亚普蒂(Cukierman, webb and Neyapti, 1992);坎皮洛和米隆(Campillo and Miron,1997)]。此外,独立性的常见指标似乎偏向于得出独立性与低通货膨胀之间的联系。例如,这些指标会看重中央银行的章程是否把低通货膨胀看作主要政策目标[波拉德(Pollard,1993)]。

最后,即使独立性是低通货膨胀的原因,两者之间的作用机制也可能并不涉及动态不一致性。我们将在下一个应用问题中观察到另一种可能性。

大通胀

大多数工业化国家都在 20 世纪 70 年代经历了高通货膨胀。图 12.10 画出了 4 个国家自 1960 年以来的通货膨胀,包括美国、英国、澳大利亚和日本。从图中可

〔1〕 图 12.9 来自阿尔贝托·艾莱斯纳和劳伦斯·H. 萨默斯(Alberto Alesina and Lawrence H. Summers,1993 年 5 月),"Central Bank Independence and Macroeconomic Performance", *Journal of Money, Credit, and Banking*, Vol. 25, No. 2。已获得重印许可。版权所有,俄亥俄州立大学出版社,1993 年。保留所有权利。

以看出两个明显的事实。第一，国家之间存在相当大的异质性。在仅仅4个国家中，通货膨胀的峰值就大不相同，美国的峰值不到10%，而英国的峰值接近25%。美国的通货膨胀在20世纪70年代中期逐渐上升，不规则地波动，然后在20世纪80年代早期迅速下降；而在澳大利亚，通货膨胀在20世纪70年代早期急剧上升，然后在20年间逐渐下降并不规则地波动。第二，尽管通货膨胀的表现各不相同，所有这些国家乃至更多国家都在20世纪70年代经历了远远高于其他时期的通货膨胀。这个时期的高通货膨胀通常被称为大通胀。

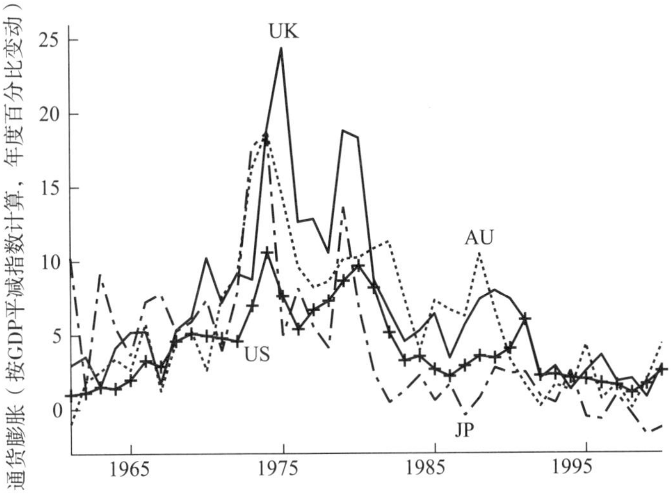

图12.10　1961～2000年美国、英国、澳大利亚与日本的通货膨胀

理解大通胀是研究宏观经济政策的一个重要挑战。遗憾的是，到目前为止，大通胀的根源还远远没有完全揭示出来，因此我们只能描述几个可能的原因。

根据第12.8节的分析，一种可能的原因是低通货膨胀政策的动态不一致性。事实上，20世纪70年代的高通货膨胀的确是基德兰德和普雷斯科特的一个重要研究动机。但是，这种解释显然会面临一个难题。动态不一致性理论意味着高通货膨胀是既定制度下博弈参与者最优行为的结果。因此，根据这类理论，如果相应的制度没有发生变化，则高通货膨胀就会持续，而这并不符合观察结论。例如，在美国，政策制定者并没有大幅改变制度或者政策制定规则，但是在短短几年间就把通货膨胀从20世纪70年代后期的大约10%降低到了5%以下，并在此后一直维持了低通货膨胀。类似地，在诸如新西兰和英国这样的国家，提高中央银行独立性的改革也是在通货膨胀大幅下降之后，而不是在此之前进行的。

因此，为了解释大通胀，动态不一致性模型需要适用于通货膨胀驱动因素的变动，如均衡产出水平与最优产出水平之间的缺口，或者产出与通货膨胀之间关系的斜率。至少在美国，自然失业率在20世纪70年代确实异常高，这表明 $y^{*}-y^{n}$ 也可能异常高。然而这些变化似乎并不能解释通货膨胀变化的幅度和普遍程度。

萨金特(Sargent，1999)以及曹、威廉姆斯和萨金特(Cho，Williams and Sargent，2002)提出了动态不一致性的另一种解释。他们的基本思想是，政策制定者并不知道经济的真实结构，但必须根据产出和通货膨胀的动态进行推断。即使经济确实由基德兰德—普雷斯科特模型刻画,政策制定者有时也可能会认为产出与通货膨胀之间不存在权衡取舍,从而认为采用低通货膨胀政策不会产生成本。因此,政策制定者的学习过程就会产生一次又一次的通货膨胀波动。但是,目前还并不清楚这种解释是否符合实际经验。例如,这种解释表明,在大通胀时期,政策制定者认为产出与通货膨胀之间存在短期权衡取舍关系,而大通胀之前与之后都没有这种关系,但这种观点似乎并没有任何有力的证据。

在基德兰德和普雷斯科特的研究之前,对大通胀的一种传统解释是,一系列不利的供给冲击推高了通货膨胀,同时经过后顾型通货膨胀动态的传导,这些冲击造成了更高的通货膨胀[参见布林德(Blinder,1979)]。然而,上述解释会遇到至少两个问题。第一,在20世纪60年代后期以及20世纪70年代的部分年份中,通货膨胀出现了十分重要的上升,但这种上升与供给冲击并没有明显的联系[德龙(DeLong,1997)]。第二,在20世纪70年代之后也出现了较大的供给冲击,但它们并没有再次导致高通货膨胀。

另一种传统的解释是,高通货膨胀是政策制定者受到政治压力的结果[参见魏泽(Weise,2009)]。但是,这种观点在解释事件的发生时间时仍然会遇到麻烦。回忆一下,许多国家都能在货币政策制度不作出大幅改变的情况下降低通货膨胀。因此,为了解释高通货膨胀为什么在20世纪70年代出现,上述观点就必须解释为何政治人物们会在20世纪70年代对货币政策制定者施加压力,或者为何货币政策制定者在这个时期特别容易受到政治压力的影响。

欧菲尼德斯(Orphanides,2003b)提出了一个非常吸引人的大通胀理论。他把基本的泰勒规则与泰勒设定的系数应用于政策制定者在20世纪70年代可以获得的通货膨胀与产出数据,以及自然率产出水平的估计值。他发现,由此得到的利率序列非常符合实际序列。从这个角度看,20世纪70年代的通货膨胀并不是因为当时的经济政策完全不同于现今的政策,而仅仅是因为关于经济正常产出水平的信息并不正确(同时,政策制定者没有意识到这种可能性,从而在决定政策时对估计的产出缺口赋予了过高的权重)。

然而,欧菲尼德斯的解释可能过于简单了。在20世纪70年代,政策制定者通常并不在自然率框架按照传统的通货膨胀行为理论考虑经济问题。因此,欧菲尼德斯解释为自然率估计值的指标在当时可能是用于估计更像是经济最大产能的某种要素。例如,普里米切里(Primiceri,2006)通过估计一个学习模型断定,如果20世纪70年代的政策制定者确信自然率假说是正确的,则他们对自然率产出水平的估计就会大大低于当时报告的水平。

通过讨论上述经济的不同分析框架可以得出大通胀的最后一个解释:大通胀的原因可能是,政策制定者对经济的信念表明采用通货膨胀政策是恰当的[德龙(DeLong,1997);迈耶(Mayer,1999);C.罗默和D.罗默(C. Romer and D. Romer,2002);纳尔逊(Nelson,2005);普里米切里(Primiceri,2006)]。在20世纪60年代和70年代的不同时期,许多经济学家和政策制定者都认为:产出与通货膨胀之间存在永久的权衡取舍关系;自然失业率是非常低的;货币紧缩政策对降低通货膨胀没有什么价值;并且中等通货膨胀的成本很低。一个例子是萨缪尔森和索洛

(Samuelson and Solow, 1960)认为,向下倾斜的菲利普斯曲线体现了"不同失业程度和价格稳定性之间的选择菜单",并进一步断定,"为了达到非完美主义者的高产出目标并使失业率不超过 3%,则价格指数必须每年上升 4%~5%。"[1]

上述解释会遇到两个主要问题。第一,尽管人们可以找出各种不同定性证据和定量证据来支持这个解释,但却很难进行准确的检验。第二,上述解释至多只能部分地说明信念的来源。例如,普里米切里的分析把信念的某些变化解释为对宏观经济变化做出的内生反应,他把政治制定者可以采用的信念集合看作给定的,从而无法解释大通胀中非常重要的部分。

12.10 铸币税与通货膨胀

通货膨胀有时会达到极高的水平。最极端的例子就是恶性通货膨胀,我们通常将其定义为通货膨胀超过每月 50%的时期。当代第一次恶性通货膨胀发生在两次世界大战之后。此后,恶性通货膨胀消失了超过 1/3 个世纪。但是在过去 30 年间,拉丁美洲的不同地方、苏联解体后的许多国家以及几个战乱国家都发生了恶性通货膨胀。最严重的恶性通货膨胀发生在 1945 年 8 月~1946 年 7 月的匈牙利。在这一时期,价格水平大约上升了 10^{27} 倍。而在通货膨胀达到顶峰的月份中,价格平均每天上涨两倍。津巴布韦在 2007~2009 年的恶性通货膨胀几乎同样严重,当时价格平均每天上涨一倍。还有许多国家经历了仅次于恶性通货膨胀的高通货膨胀:在许多国家,通货膨胀率在很长一段时期内达到每年 100%~1000%。

产出与通货膨胀之间的权衡取舍应该并不会导致恶性通货膨胀甚至是仅次于恶性通货膨胀的超高通货膨胀。当通货膨胀率达到三位数时,通货膨胀成本必然非常高,而货币变动产生的实际效应也必然非常小。任何头脑清醒的政策制定者都不会为了获得少量的产出收益而使经济付出如此大的成本。

绝大多数高通货膨胀和恶性通货膨胀事件的潜在导火索都是政府需要获取铸币税,即在印发货币的过程中可以得到的收益[布雷夏尼—图罗尼(Bresciani-Turroni, 1937);卡甘(Cagan, 1956)]。战争、出口价格下滑、逃税以及政治僵局等都通常会使政府产生巨额的预算赤字,但投资者通常不会自信满满地认为政府会老老实实地购回债券还清债务。因此,政府的唯一选择就是依靠铸币税。[2]

因此,本节探讨铸币税需求,货币增长与通货膨胀之间的相互作用。我们首先分析铸币税需求可以持续的情况,并讨论为什么这会导致高通货膨胀。然后分析当铸币税需求不能持续时将会发生什么,并讨论为什么这会导致恶性通货膨胀。

---

〔1〕 上述观点为中央银行独立性与低通货膨胀之间的关系提供了一种替代解释。专注于货币政策的经济个体会更加了解货币政策的作用。因此,他们可以对扩张性政策的收益和成本做出更准确的估计。如果这些收益和成本的不完全信息会导致通货膨胀偏差,则在决定政策时充分发挥专家的作用就很可能可以减小这种偏差。

〔2〕 一个十分重要的问题是,政治问题为何会导致政府陷入需要如此庞大的铸币税的境地。令人不解的是,既然印发货币显然会导致极高的通货膨胀成本,似乎应该存在各方都能接受的其他选择。我们将会在第 12.7 节分析这个问题。

通货膨胀率与铸币税

与第 12.1 节一样,我们假设实际货币需求与名义利率负相关,并与实际收入正相关[参见方程(12.1)]:

$$\begin{aligned}\frac{M}{P}&=L(i,Y)\\&=L(r+\pi^e,Y),\quad L_i<0,\quad L_Y>0.\end{aligned}\tag{12.72}$$

由于我们希望分析政府从货币创造中获得的收益,M 应该解释为高能货币(即政府发行的通货和储备金)。于是,$L(\cdot)$表示高能货币需求。

这里我们重点分析稳态,因此可以假设产出与实际利率不受货币增长率的影响,并且实际通货膨胀与预期通货膨胀相等。为了简单起见,如果我们忽略产出增长率,则稳态的实际余额数量就是常数。这就意味着,通货膨胀等于货币增长率。因此(12.72)式可以重新写为:

$$\frac{M}{P}=L(\bar{r}+g_M,\bar{Y}),\tag{12.73}$$

其中 r 和 Y 分别表示实际利率和产出,g_M 表示货币增长率 $\dot{M}/M$。

政府在单位时间内利用货币创造融资的实际购买数量等于单位时间内名义货币存量的增长除以价格水平:

$$\begin{aligned}S&=\frac{\dot{M}}{P}\\&=\frac{\dot{M}}{M}\frac{M}{P}\\&=g_M\frac{M}{P}.\end{aligned}\tag{12.74}$$

方程(12.74)表明,实际铸币税在稳态时等于货币存量增长率乘以实际余额数量。货币增长率等于持有名义货币所导致的实际价值损失的速率 π。因此,大体而言,铸币税等于对实际余额征收的“税率”π,乘以税基数量 M/P。基于这个原因,铸币税收入通常也被称为通货膨胀税收入。[1]

把(12.73)式代入(12.74)式可得:

$$S=g_ML(\bar{r}+g_M,\bar{Y}).\tag{12.75}$$

方程(12.75)表明,g_M 上升会通过提高实际货币缴税税率而增加铸币税,但也会通过减小税基而减少铸币税。正式的表述为:

$$\frac{dS}{dg_M}=L(\bar{r}+g_M,\bar{Y})+g_ML_1(\bar{r}+g_M,\bar{Y}),\tag{12.76}$$

---

〔1〕 菲尔普斯(Phelps,1973)证明,更自然的办法是把货币余额上的税率看作是名义利率,因为名义利率就是经济人持有货币的成本(即名义利率)与政府印发货币的成本(基本为零)之间的差。根据我们的分析框架,实际利率固定不变,因此名义利率的变动与通货膨胀是一一对应的,所以这种区分并不重要。

其中 $L_1(\cdot)$表示 $L(\cdot)$对第一个参数的导数。

(12.76)式中的第一项为正,第二项为负。当 g_M 趋于零时,第二项也趋于零[除非 $L_1(\bar{r}+g_M,\bar{Y})$趋于负无穷大]。由于 $L(\bar{r},\bar{Y})$是严格为正的,可见当 g_M 值足够低时,dS/dg_M 也为正,即当税率很低时,铸币税会随着税率上升而增加。但是,合理的情况是,当 g_M 增大时,上式中第二项最终会起主导作用;也就是说,合理的假设是,当税率极大时,进一步增加税率会减小收益。由此可以得到图 12.11 所示的"通货膨胀税拉弗曲线"。

图 12.11　通货膨胀税的拉弗曲线

一个通货膨胀与稳态铸币税之间关系的具体例子是卡甘(Cagan,1956)提出的货币需求函数。卡甘认为,货币需求,特别是高通货膨胀时的货币需求可以用下式很好地刻画:

$$\ln\frac{M}{P}=a-bi+\ln Y,\quad b>0. \tag{12.77}$$

把(12.77)式从对数值转化为水平值,并把得到的表达式代入(12.75)式可得

$$\begin{aligned}S&=g_Me^a\bar{Y}e^{-b(\bar{r}+g_M)}\\&=Cg_Me^{-bg_M},\end{aligned} \tag{12.78}$$

其中 $C\equiv e^a\bar{Y}e^{-b\bar{r}}$。可见货币增量变动对铸币税的影响由下式给出:

$$\begin{aligned}\frac{dS}{dg_M}&=Ce^{-bgM}-bCg_Me^{-bg_M}\\&=(1-bg_M)Ce^{-bg_M}.\end{aligned} \tag{12.79}$$

当 $g_M<1/b$ 时,上式为正,反之则为负。

卡甘的估计表明,b 位于 1/3～1/2 之间。这表明,通货膨胀税拉弗曲线的顶

点会在 g_M 处于 2～3 之间时出现。这对应于按连续复利计算的货币增长率为每年 200%～300%,从而说明货币存量的年增长倍数为 $e^2\simeq 7.4\sim e^3\simeq 20$。卡甘、萨克斯和拉雷恩(Cagan,Sachs and Larrain,1993)以及其他经济学家认为,对于大多数国家来说,拉弗曲线顶点处的铸币税约为 GDP 的 10%。

现在考虑一个实际购买量为 G 的政府。该政府用铸币税作为政府购买的资金来源。假设 G 小于可得铸币税的最大值,记为 S^{MAX},则存在两种货币增长率可以为该政府购买融资,[1]如图 12.12 所示。在一种货币增长率下,通货膨胀率较低,而实际余额较高;在另一种货币增长率下,通货膨胀率较高,实际余额较低。高通货膨胀均衡具有独特的比较静态性质。例如,政府的铸币税需求下降会提高通货膨胀。由于我们在现实中并没有观察到这种现象,我们将着重分析低通货膨胀均衡。因此,货币增长率从而通货膨胀率由 g_1 给定。

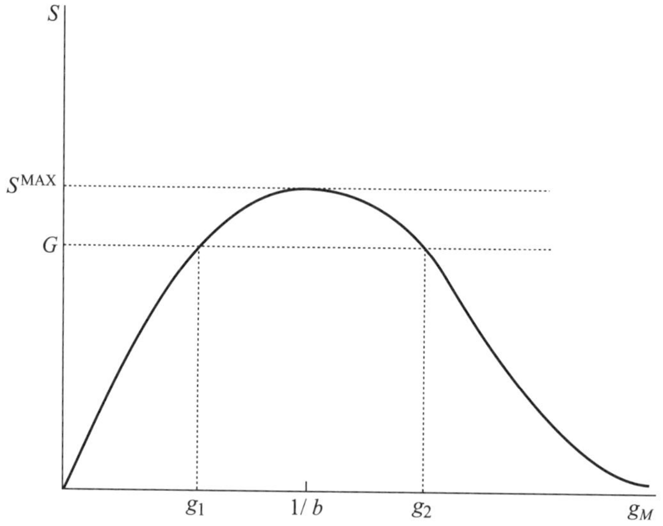

图 12.12　铸币税需求如何决定通货膨胀

上述分析为高通货膨胀提供了一种解释:高通货膨胀是由政府的铸币税需求导致的。例如,假设 $b=1/3$,并且拉弗曲线顶点的铸币税 S^{MAX} 为 GDP 的 10%。由于当 $g_M=1/b$ 时铸币税达到最大,(12.78)式意味着 S^{MAX} 为 Ce^{-1}/b。因此,当 b 等于 1/3 时,要使 S^{MAX} 等于 GDP 的 10%,C 必须大约等于 GDP 的 9%。经过简单计算可以证明,要使铸币税占 GDP 的比重提高 2%,需要 $g_M\simeq 0.24$,提高 5% 需要 $g_M\simeq 0.70$,而提高 8%则需要 $g_M\simeq 1.42$。因此,中等的铸币税需求会导致大幅的通货膨胀,而大量的铸币税需求则会导致高通货膨胀。

---

〔1〕 图 12.2 隐含假设了铸币税需求与通货膨胀率无关。这个假设忽略了通货膨胀的一个重要作用:由于税收通常按照名义量计算,并且征收时间会滞后,所以通货膨胀上升通常会减少实际税收收入。因此,铸币税需求很可能大于提高后的通货膨胀率。这种坦茨(或者奥利维拉—坦茨)效应并不要求我们的分析作出根本性的改变;我们只需要把 G 处的水平线替换为向上倾斜的线。但是这种效应在数量上会很大,因此对于理解现实中的高通货膨胀是非常重要的。

铸币税与恶性通货膨胀

上述分析表明,政府的铸币税需求并不能解释恶性通货膨胀:如果铸币税收入在通货膨胀率达到几百个百分点时就能达到最大值,那么政府为什么会让通货膨胀上升更多?其答案在于,上述分析只有在稳态时才会成立。如果公众并不能随着经济环境的变化迅速调整货币持有量或者预期通货膨胀,则铸币税在短期总是随着货币增长而上升,并且政府能获得的铸币税可能会超过最大可持续水平 S^{MAX}。因此,当政府的铸币税需求超过 S^{MAX} 时,就会发生恶性通货膨胀[卡甘(Cagan,1956)]。

逐渐调整货币持有量与逐渐调整预期通货膨胀对于通货膨胀动态来说具有类似的含义。我们着重分析货币持有量逐渐调整的情形。具体而言,假设经济个体愿意持有的货币量由卡甘的货币需求函数(12.77)决定。另外,继续假设实际利率与产出分别为 $\bar{r}$ 和 $\bar{Y}$ 且保持不变:尽管这两个变量都会随着时间发生一定的变化,但是,相对于通货膨胀变化的影响而言,这两个变量发生变化的影响很小。

根据上述假设,实际货币的意愿持有量为:

$$m^*(t)=Ce^{-b\pi(t)}. \tag{12.80}$$

本模型的关键假设是,实际货币持有量逐渐向意愿持有量调整。具体而言,我们的假设就是:

$$\frac{d\ln m(t)}{dt}=\beta[\ln m^*(t)-\ln m(t)], \tag{12.81}$$

或者

$$\frac{\dot{m}(t)}{m(t)}=\beta[\ln C-b\pi(t)-\ln m(t)], \tag{12.82}$$

其中我们用(12.80)式替换了 $\ln m^*(t)$。逐渐调整假设背后的思想是,经济个体很难调整其货币持有量。例如,他们可能达成了使用货币进行某种购买的协议。因此,他们只能逐渐使货币持有量向意愿水平调整。具体函数形式的选择只是为了分析方便。最后,假设 β 为正值,但是小于 $1/b$,即假设调整速度不会过快。[1]

如上文所述,铸币税等于 $\dot{M}/P$,或者$(\dot{M}/M)(M/P)$。因此

$$S(t)=g_M(t)m(t). \tag{12.83}$$

假设经济一开始处于稳态,并且政府的铸币税需求 G 小于 S^{MAX},然而 G 在某一时刻突然增加到一个大于 S^{MAX} 的值。如果经济可以瞬间调整,则任何均衡都不会有正的货币持有量。由于 S^{MAX} 表示当经济个体把实际货币持有量调整到意愿水平

---

〔1〕 实际货币持有量变化仅仅取决于 m^* 和 m 的当期值这一假设意味着,经济个体并不是前瞻性的。更有说服力的假设是,根据第 9 章中投资的 q 理论的思想,假设经济个体在决定如何调整货币持有量时考虑通货膨胀的完整未来路径。这个假设会大大增加分析的复杂性,但是对于我们感兴趣的大多数问题来说,模型的含义并不会变化。

时，政府可以获得的最大铸币税收入，所以政府无法在瞬时调整情形下获得超过该水平的铸币税。因此，唯一的可能就是，货币立即变得毫无用处，并且政府无法获得所需要的铸币税。

另一方面，在逐渐调整的情形下，政府可以通过提高货币增长率和通货膨胀率来获得所需要的铸币税。当通货膨胀率上升时，实际货币持有量会下降。但是，由于调整并不是立即发生的，实际货币存量会超过 $Ce^{-b\pi}$。因此，只要调整不是太快，政府就可以获得超过 S^{MAX} 的铸币税。但是，随着实际货币存量下降，政府需要的货币增长率会上升，结果就会导致爆炸性的通货膨胀。

为了正式地分析经济的动态变化，一个最简单的办法就是着重分析实际货币存量 m 的动态变化。由于 m 等于 M/P，其增长率 $\dot{m}/m$ 等于名义货币的增长率 g_M 减去通货膨胀率 π；从而 g_M 就等于 $\dot{m}/m$ 加上 π。另外，根据假设，$S(t)$ 是常数并且等于 G。根据上述事实，我们可以把(12.83)式重新写为：

$$G=\left[\frac{\dot{m}(t)}{m(t)}+\pi(t)\right]m(t). \tag{12.84}$$

方程(12.82)和(12.84)都是 $\dot{m}/m$ 和 π 的方程。在某一时间点，$m(t)$ 是给定的，方程中的所有其他项都是外生的常数。根据这两个方程求解 $\dot{m}/m$ 可得：

$$\frac{\dot{m}(t)}{m(t)}=\frac{\beta}{1-b\beta}\,\frac{b}{m(t)}\left[\frac{\ln C-\ln m(t)}{b}m(t)-G\right] \tag{12.85}$$

G 大于 S^{MAX} 的假设意味着，方括号中的表达式对于所有 m 值都是负数。为了理解这一点，首先注意使货币意愿持有量等于 m 的通货膨胀率就是 $Ce^{-b\pi}=m$ 的解。对该式取对数并重新整理所得表达式可知，该通货膨胀率为 $(\ln C-\ln m)/b$。其次，记住如果实际货币持有量保持不变，则铸币税为 πm，从而实际货币余额为 m 时所对应铸币税的可持续水平为 $[(\ln C-\ln m)/b]m$。最后，记住 S^{MAX} 的定义是铸币税的最大可持续水平。因此，S^{MAX} 小于 G 这个假设意味着，$[(\ln C-\ln m)/b]m$ 小于 G 对于所有 m 值都成立。但是，这就说明(12.85)式中方括号内的表达式是负数。

由于 $b\beta$ 小于 1，(12.85)式的右边总是取负值：不论初始值是多少，实际货币存量都会持续下降。对应的相图如图 12.13 所示。[1] 当实际货币存量不断下降时，货币增长率必须不断上升才能使政府获得所需的铸币税[参见(12.83)式]。简言之，政府可以获得超过 S^{MAX} 的铸币税，但是必须付出爆炸性通货膨胀的代价。

上述分析也可以用于说明当 G 小于 S^{MAX} 且货币持有量逐渐调整时，实际货币存量与通货膨胀的动态变化。考虑图 12.12 所示的情形。如果通货膨胀率为 g_1 或者 g_2，则可持续的铸币税 πm^* 等于 G，否则 πm^* 小于 G。在这种情况下，根据(12.85)式得到的实际货币存量的动态变化如图 12.14 所示。其中，实际货币存量较高(从而通货膨胀率较低)的稳态是稳定的，而货币存量较低的稳态则是不稳

〔1〕 对(12.85)式取两次微分可得，$d^2(\dot{m}/m)/(d\ln m)^2<0$，从而相图的形状如图中所示。

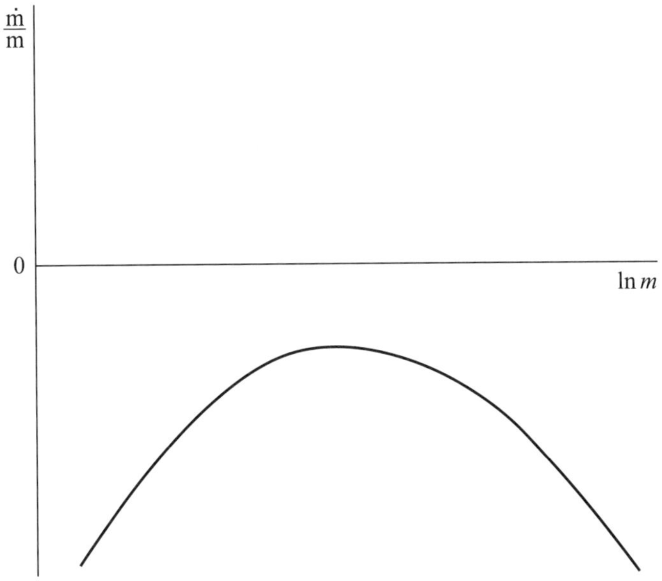

图 12.13　铸币税需求无法维持时的实际货币余额动态变化

定的。[1]

上述关于铸币税与通货膨胀之间关系的分析解释了许多高通货膨胀与恶性通货膨胀的主要特征。最根本的是，上述分析解释了通货膨胀为什么会经常达到极高水平这一令人迷惑不解的现象。上述分析还解释了通货膨胀为什么会在达到某种三位数的水平时不会发生爆炸，而且在超过这个水平后会退化为恶性通货膨胀。此外，本模型还解释了财政问题在导致高通货膨胀和恶性通货膨胀的过程中扮演的关键角色，以及由此对遏制通货膨胀的财政改革产生的影响[萨金特(Sargent, 1982)]。

最后，铸币税在恶性通货膨胀过程中扮演的核心角色解释了恶性通货膨胀为什么可以在货币增长平稳之前得到遏制。如第 12.1 节所述，在恶性通货膨胀结束后，增加的实际货币余额需求可以通过不断迅速增加的名义货币存量得到满足，而不是通过价格水平下降得到满足。但是这就导致一个问题：在货币增长仍然迅速

---

〔1〕 上述分析依赖于假设 $\beta<1/b$。如果这个假设不成立，则(12.85)式中的分母就是负数。在这种情形下，模型的稳定性与动态特征都比较特别。如果 $G<S^{MAX}$，高通货膨胀均衡是稳定的，低通货膨胀均衡是不稳定的；如果 $G>S^{MAX}$，则 $\dot{m}>0$ 在每一点都成立，从而模型存在爆炸性的通货紧缩；并且当 G 在这两个取值范围内时，G 增加会导致通货膨胀迅速跌落。

对于上述结果的一种解释是，它仅仅是因为参数值恰好处于一个特殊的范围内，我们在现实中没有观察到这种不寻常的现象。但是，更有说服力的解释是，这些结果说明模型遗漏了现实经济中的某些重要特征。例如，如果实际货币持有量和预期通货膨胀都是逐渐调整的，则不论调整速度如何，模型出现这种稳定性和动态特征都是非常合理的。更重要的是，鲍尔(Ball, 1993)以及卡多索(Cardoso, 1991)认为，Y 在 $\bar{Y}$ 处固定不变这一假设遗漏了高通货膨胀动态变化(尽管不一定是恶性通货膨胀的动态变化)的关键特征。在鲍尔和卡多索建立的模型中，货币政策是铸币税导向的，并且假设了总需求政策只会通过暂时压低实际产出来降低通货膨胀。他们证明，根据这一假设，只有低通货膨胀稳态才是稳定的。他们利用建立的模型分析了高通货膨胀经济的许多问题。

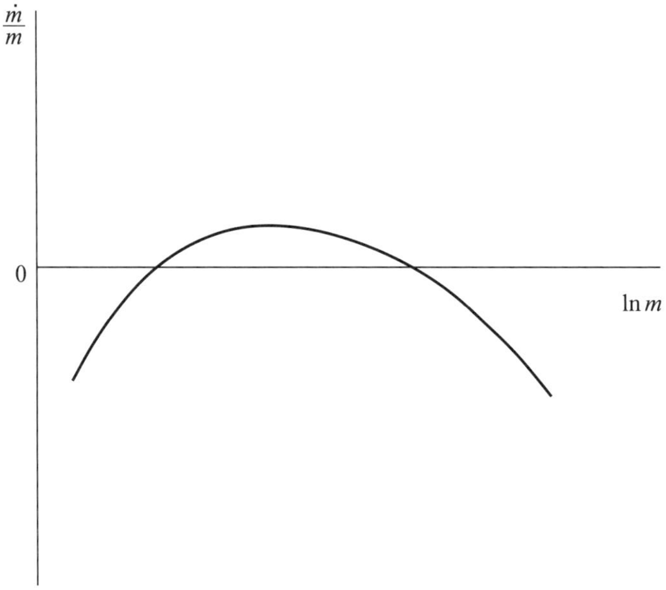

图 12.14　铸币税需求可以维持时的实际货币余额动态变化

增加时,公众为什么会预期通货膨胀较低?其答案在于,当财政与货币改革消除了赤字或者政府用铸币税为赤字融资的能力(或者两者同时消除)时,恶性通货膨胀就已经结束了。例如,在德国1922～1923年的恶性通货膨胀后期,德国的第一次世界大战赔款减少,当时的中央银行替换成了一个独立性高得多的新机构。由于进行了这些改革,公众知道货币增长的爆发只是暂时的[萨金特(Sargent, 1982)]。[1]

习　题

12.1　在离散时间情形下,考虑第12.1节中对货币增长、通货膨胀与实际余额的分析。假设货币需求由 $m_t - p_t = c - b(E_t p_{t+1} - p_t)$ 给定,其中 m 和 p 分别是货币存量和价格水平的对数。我们隐含地假设了产出与实际利率为常数[参见(12.77)式]。

(a) 求出 p_t,用 m_t 和 $E_t p_{t+1}$ 表示。

(b) 利用迭代映射法则,用 $E_t m_{t+1}$ 和 $E_t p_{t+2}$ 来表示 $E_t p_{t+1}$。

(c) 重复上述过程,用 $m_t, E_t m_{t+1}, E_t m_{t+2}, \cdots$ 来表示 p_t。[假设 $\lim_{i\to\infty} E_t\{[b/(1+b)]^i p_{t+i}\}=0$,这类似于习题8.8中的无泡沫条件。]

(d) 试直观地解释为什么对于任何 $i>0$,$E_t m_{t+i}$ 上升都会推高 p_t。

(e) 假设预期货币增长是常数,从而 $E_t m_{t+i} = m_t + g_i$。求出 p_t,用 m_t 和 g 来

[1] 为了在正式分析中考虑公众知道货币只是暂时性增长所产生的影响,我们需要让实际货币持有量在给定时间点的变化不仅依赖于当期的货币持有量和当期的通货膨胀,还依赖于通货膨胀的整个预期路径。参见脚注37。

表示。g 增加会如何影响 p_t？

12.2 考虑一个离散时间模型，对于未预期到的货币冲击，价格在第一期完全没有反应，并且此后价格具有完全弹性。假设 IS 方程为 $y=c-ar$，货币市场均衡条件为 $m-p=b+hy-ki$。这里 y，m 和 p 分别表示产出、货币供给与价格水平的对数；r 表示实际利率；i 表示名义利率；而 a，h 和 k 都是取值为正的参数。

假设 m 一开始是处于某个水平的常数，我们把它标准化为零。y 是处于弹性价格水平的常数，也标准化为零。现在假设在某个时期（为了简单起见假设为第 1 期），货币当局突然改变政策，把每期的 m 都提高了 g，其中 $g>0$。

(a) 在政策改变之前，r、π^e、i 和 p 分别是多少？

(b) 当价格完全调整后，$\pi^e=g$。利用这一事实求出第 2 期的 r，i 和 p。

(c) 在第 1 期，i、r、p 以及第 1 期到第 2 期的预期通货膨胀 $E_1[p_2]-p_1$ 分别是多少？

(d) 什么决定了货币扩张的短期效应是提高还是降低名义利率？

12.3 与习题 12.2 一样，假设当未预期到的货币冲击发生后，价格在第一期完全没有反应，而此后价格具有完全弹性。再假设 $y=c-ar$ 与 $m-p=b+hy-ki$ 在每个时期都成立，但同时货币供给服从随机游走过程：$m_t=m_{t-1}+u_t$，其中 u_t 是均值为零且序列无关的扰动项。

(a) 令 E_t 表示时期 t 的预期。试解释为什么对于任何 t 均有 $E_t[E_{t+1}(p_{t+2})-p_{t+1}]=0$，从而解释为什么 $E_tm_{t+1}-E_tp_{t+1}=b+h\bar{y}-k\bar{r}$，其中 $\bar{y}$ 和 $\bar{r}$ 分别表示 y 和 r 的弹性价格水平。

(b) 利用(a)小题的结果求解 y_t、p_t、i_t 和 r_t，用 m_{t-1} 和 u_t 表示。

(c) 费雪效应在这个经济中是否成立？换句话说，预期通货膨胀的变化是否能一一对应地反映在名义利率中？

12.4 假如你想要检验实际利率不变的假说，即名义利率的所有变化都反映了预期通货膨胀率的变化，从而你的假说是 $i_t=r+E_t\pi_{t+1}$。

(a) 考虑用 i_t 对常数项和 π_{t+1} 做回归。实际利率为常数这个假说是否能大体上预测 π_{t+1} 的回归系数？请解释。（提示：对于一元最小二乘回归来说，右边变量的系数等于右边变量与左边变量的协方差除以右边变量的方差。）

(b) 考虑用 π_{t+1} 对常数项和 i_t 做回归。实际利率为常数这个假说是否能大体上预测 i_t 的回归系数？请解释。

(c) 有人认为，实际利率为常数这个假说意味着名义利率在长期中的变化与真实通货膨胀一一对应，即这个假设意味着，在 i 对常数项与 π 的当期值和许多滞后值的回归中，通货膨胀变量的系数之和将等于 1。这种说法正确吗？（提示：假设真实通货膨胀的行为由 $\pi_t=\rho\pi_{t1}+e_t$ 给定，其中 e 是白噪声。）

12.5 **政策规则，理性预期与区制变化。**[参见卢卡斯(Lucas，1976)以及萨金特(Sargent，1983)。]假设总供给由卢卡斯供给曲线 $y_t=y^n+b(\pi_t-\pi_t^e)$ 给定，$b>0$，并假设货币政策由 $m_t=m_{t-1}+a+\varepsilon_t$ 确定，其中 ε 是白噪声扰动。假设私有部门经济人并不知道 m_t 或者 ε_t 的当期值，从而 π_t^e 表示给定 m_{t-1}、ε_{t-1}、y_{t-1} 以及 p_{t-1} 时，p_t-p_{t-1} 的期望。最后，假设总需求由 $y_t=m_t-p_t$ 给定。

(a) 求出 y_t,用 m_{t-1}、m_t 以及其他相关变量或者参数表示。

(b) 为了求出 y_t,m_{t-1} 和 m_t 是否就是所有需要知道的货币政策信息?请给出直观解释。

(c) 假设货币政策一开始根据上文确定,且 $a>0$,然后假设货币当局宣布将转变到某个新的区制,其中 a 为 0。假设私有部门的经济人认为货币当局的公告真实可信的概率为 ρ。求出 y_t,用 m_{t-1}、m_t、ρ、y、b 以及 a 的初始值表示。

(d) 利用上述结果,说明对于货币—产出关系的研究可以如何用于测算区制变化公告的可信度。

12.6 区制变化与利率的期限结构。[本题来自曼昆和米隆(Mankiw and Miron,1986)。]考虑一个货币中性的经济。具体而言,假设 $\pi_t=\Delta m_t$,并且 r 是值为零的常数。假设货币供给由 $\Delta m_t=k\Delta m_{t-1}+\varepsilon_t$ 给定,其中 ε 是白噪声扰动。

(a) 假设利率期限结构的理性预期理论成立[参见(12.6)式]。具体而言,假设两期利率由 $i_t^2=(i_t^1+E_ti_{t+1}^1)/2$ 给定。其中 i_t^1 表示从 t 期到 $t+1$ 期的名义利率;因此,根据费雪恒等式,它等于 $r_t+E_t[p_{t+1}-p_t]$。

(i) 把 i_t^1 表示为 m_t 和 k 的函数。(假设 Δm_t 在时期 t 已知。)

(ii) 把 $E_ti_{t+1}^1$ 表示为 Δm_t 和 k 的函数。

(iii) i_t^2 和 i_t^1 之间的关系是什么?即将 i_t^2 表示为 i_t^1 和 k 的函数。

(iv) k 的变化会如何影响 i_t^2 和 i_t^1 之间的关系?请给出直观解释。

(b) 假设两期利率包含一个随时间变化的期限升水项:$i_t^2=(i_t^1+E_ti_{t+1}^1)/2+\theta_t$,其中 θ 是一个独立于 ε 的白噪声扰动项。考虑最小二乘回归方程 $i_{t+1}^1-i_t^1=a+b(i_t^2-i_t^1)+e_{t+1}$。

(i) 根据期限结构的理性预期理论(令 $\theta_t=0$ 对于所有 t 成立),预计 b 的取值是多少?(提示:对于一元最小二乘回归来说,右边变量的系数等于右边变量与左边变量的协方差除以右边变量的方差。)

(ii) 现在假设 θ 的方差为 σ_θ^2,预计 b 的取值是多少?

(iii) k 的变化会如何影响(ⅱ)小题中的答案?当 k 趋于 1 时,b 会如何变化?

12.7 考虑第 12.4 节中的模型。假设总供给方程(12.16)为 $\pi_t=\pi_{t-1}+\alpha(y_{t-1}-y_{t-1}^n)+\varepsilon_t^\pi$,其中 ε^π 为独立于 ε^{IS} 和 ε^Y 的白噪声冲击。这种改动是否会影响 q^* 的表达式(12.27)?如何改变?

12.8 考虑(12.41)式给定的经济系统。

(a) 当 $\phi_\pi=1$ 时,该系统可以如何简化?在这种情形下,该系统的特征值是多少?假设我们要寻找 $\tilde{y}$ 和 π 自我实现的变化,具体形式为 $\pi_t=\lambda^tZ$,$\tilde{y}_t=c\lambda^tZ$,$|\lambda|\leqslant 1$。当 $\phi_\pi=1$ 时,λ 和 c 如何取值才能使上述形式的解满足(12.41)式?由此可知,通货膨胀与产出的自我实现的变化会采取什么形式?

(b) 假设 ϕ_π 略微大于 1(即大于但无限接近)。是否两个特征值都位于单位圆之内?如果 ϕ_π 略微小于 1 呢?

(c) 假设 $\kappa(1-\phi_\pi)/\theta=-2(1+\beta)$。在这种情况下,系统可以如何简化?特征值是多少?假设我们要寻找 $\tilde{y}$ 和 π 自我实现的变化,具体形式为 $\pi_t=\lambda^tZ$,$\tilde{y}_t=$

$c\lambda^t Z$，$|\lambda|\leqslant 1$。当$\kappa(1-\phi_\pi)/\theta=-2(1+\beta)$时，$\lambda$ 和 c 如何取值才能使上述形式的解满足(12.41)式？由此可知，通货膨胀与产出的自我实现的变化会采取什么形式？

12.9 货币与利率目标。[本题来自普尔(Poole，1970)。]假设经济由包含扰动项的线性 IS 方程与货币市场均衡方程刻画：$y=c-ai+\varepsilon_1$，$m-p=hy-ki+\varepsilon_2$，其中 ε_1 和 ε_2 都是独立且均值为零的冲击，方差分别为 σ_1^2 和 σ_2^2，并且 a，h 和 k 都是正数。政策制定者希望稳定产出，但是他们不能观察到 y 或者冲击项 ε_1 和 ε_2。为了简单起见，我们假设 p 固定不变。

(a) 假设政策制定者把 i 固定在某个水平 $\bar{i}$。y 的方差是多少？

(b) 假设政策制定者把 m 固定在某个水平 $\bar{m}$。y 的方差是多少？

(c) 如果只有货币冲击(从而 $\sigma_1^2=0$)，那么盯住货币目标或者利率目标是否会降低 y 的方差？

(d) 如果只有 IS 冲击(从而 $\sigma_2^2=0$)，那么盯住货币目标或者利率目标是否会降低 y 的方差？

(e) 直观地解释(c)小题和(d)小题中的结果。

(f) 当只有 IS 冲击时，是否存在某个政策可以使 y 的方差小于盯住货币目标或者利率目标的情形？如果存在，哪种政策可以最小化 y 的方差？如果不存在，为什么？(提示：考虑货币市场的均衡条件，$m-p=hy-ki$。)

12.10 不确定性与经济政策。[本题来自布雷纳德(Brainard，1967)。]假设产出由 $y=x+(k+\varepsilon_k)z+u$ 给定，其中 z 表示政府控制的某种政策工具，k 表示这种工具的乘数的预期值。ε_k 和 u 都是独立且均值为零的扰动项，在政策制定者选择 z 时未知，并且方差分别为 σ_k^2 和 σ_u^2。最后，x 是在选择 z 时已知的扰动项。政策制定者希望最小化 $E[(y-y^*)^2]$。

(a) 把 $E[(y-y^*)^2]$表示为 x、k、y、σ_k^2 和 σ_u^2 的函数。

(b) 求出 z 的一阶条件，并求解 z。

(c) σ_u^2 是否会影响政策如何对冲击(即 x 的实现值)做出反应，如何影响？由此可知，关于经济状况的不确定性会如何影响“微调”？

(d) σ_k^2 是否会影响政策如何对冲击(即 x 的实现值)做出反应，如何影响？由此可知，关于政策效应的不确定性会如何影响“微调”？

12.11 在存在零下界时进行消费而不是储蓄的重要性。假设通货膨胀由加速主义者菲利普斯曲线刻画：$\dot{\pi}(t)=\lambda y(t)$，$\lambda>0$，并且产出由一条简单的 IS 曲线确定，即 $y(t)=-b[i(t)-\pi(t)]$，$b>0$。直观而言，中央银行会把名义利率设定为严格为正的水平：$i(0)>0$。假设$-b[i(0)-\pi(0)<0<b\pi(0)]$。

(a) 假设中央银行让 i 在 $i(0)$处保持不变。画出通货膨胀与产出随时间如何变化。

(b) 假设中央银行让 i 在 $i(0)$处保持不变，直到某个 $b\pi(t)<0$ 的时刻，然后永久性地把 i 下调为零。画出通货膨胀与产出如何随时间变化。

(c) 假设中央银行在时刻 $t=0$ 永久性地把 i 下调为零。画出通货膨胀与产出如何随时间变化。

(d) 试给出上述结果的直观解释。

12.12 考虑第12.7节的克鲁格曼模型。假设经济从第2期之后处于该模型的稳定状态。假设价格在第1期是完全黏性的,从而 $P_1=\bar{P}$,并且经济在第1期是通过产出调整而不是价格调整来满足均衡条件。(按惯例,假设 $c_1=y_1$。)

(a) 请推导出类似于(12.60)式和(12.61)式的模型方程,并在(y_1,i_1)空间中给出图示。

(b) 使用外生参数(β、y、M^*、a^*、M_1、a_1 和 $\bar{P}$)来表示使 $i_1=0$ 的条件。此时 y_1 是多少? $y_1<y$ 的条件是什么?

(c) 假设 $i_1=0$。如果 M^* 的预期不变,增加 M_1 是否会提高 y_1? 如果 M_1 保持不变,增加 M^* 是否会提高 y_1?

12.13 考虑第12.7节的克鲁格曼模型。假设 $i_1=0$,并且经济从第2期之后处于稳定状态。假设 y_1(第1期的 y 值)不一定等于 y^*(第2期之后的 y 值)。y^* 下降会如何影响CC曲线和MM曲线?请从经济直觉上解释,为什么生产率的永久性负向冲击在流动性陷阱下是扩张性的?[1]

12.14 考虑第12.7节的克鲁格曼模型。假设 $i_1=0$,并且经济从第3期之后处于稳定状态。

(a) 假设 $i_2=0$。

(i) 如果 M_1 和 M^* 保持不变,M_2 增加会如何影响 P_1? 请解释结论。

(ii) 如果 M_1 和 M_2 保持不变,M^* 增加会如何影响 P_1? 请解释结论。

(iii) 如果 M_1,M_2,和 M^* 都按同样的比例增加,P_1 会如何变化? 请解释结论。

(b) 假设 $i_2>0$。如果 M_1 和 M^* 保持不变,M_2 增加导致 i_2 下降到零,这会如何影响 P_1? 请直观地解释,为什么导致流动性陷阱持续更久(i 为零的时期持续两期而不是一期)的货币政策是扩张性的?

12.15 [本题来自费希尔和萨默斯(1989)。]假设通货膨胀的确定与第12.8节一样。假设政府可以降低通货膨胀的成本,即假设政府可以减小方程(12.64)中的参数 a。这一改动会使社会福利变好还是变差? 试给出直观解释。

12.16 **声誉模型与货币政策。**[本题来自巴克斯和迪菲尔(Backus and Driffill,1985)以及巴罗(1985)。]假设政策制定者只工作两期。产出在每一期都由(12.63)式给定。政策制定者有两种可能的类型,类型1和类型2。类型1的政策制定者出现的概率为 p,他/她最大化社会福利。为了简单起见,我们假设社会福利由$(y_1-a a\pi_1^2/2)+(y_2-a\pi_2^2/2)$给定,其中 $a>0$。类型2的政策制定者出现的概率为 $1-p$,他/她只关心通货膨胀,因此在两期中都会把通货膨胀设为零。假设 $0<p<1/2$。

(a) 类型1的政策制定者会选择什么 π_2 值?

(b) 考虑一种可能的均衡,类型1的政策制定者总是选择 $\pi_1\neq0$。在这种情况

---

[1] 埃格特松(Eggertsson,2010)把本题的结果称为"辛劳悖论"。维兰德(Wieland,2016)认为,传统流动性陷阱模型的这种预测结果没有可靠的证据支撑,并另外提出了一个解释。

下，π_2^e 是多少？类型 1 的政策制定者会选择什么 π_1 值？由此得到社会在两期中的福利水平是多少？

(c) 考虑一种可能的均衡，类型 1 的政策制定者总是选择 $\pi_1=0$。在这种情况下，π_2^e 是多少？社会在两期中的福利水平是多少？

(d) 根据你在(b)小题和(c)小题中的答案，什么是均衡？为什么说在意声誉会在这种情形下降低平均通货膨胀？

(e) 从定性的角度看，如果 $1/2<p<1$，你认为均衡会是什么形式？为什么？

12.17　在委派货币政策控制权的情形下，低通货膨胀与对冲击的反应弹性之间的权衡取舍。[本题来自罗戈夫(1985)。]假设产出由 $y=y^n+b(\pi-\pi^e)$ 给定，并且社会福利函数为 $\gamma y-a\pi^2/2$，其中 γ 是均值为 $\bar{\gamma}$、方差为 σ_γ^2 的随机变量。π^e 在观察到 γ 之前就已经确定，但是，政策制定者在 γ 已知之后才选择 π。假设政策制定者的目标函数为 $c\gamma y-a\pi^2/2$。

(a) 给定 π^e，γ 和 c，政策制定者选择的 π 是多少？

(b) π^e 是多少？

(c) 真实社会福利函数 $\gamma y-a\pi^2/2$ 的期望值是多少？

(d) 最大化预期社会福利的 c 值是多少？试解释你的结果。

12.18　在第 12.8 节中分析的委派模型中，假设当 π^e 确定后，政策制定者的偏好由(12.69)式刻画，且 $a'>a$。政策制定者的这种偏好相对于符合社会福利函数(12.64)式的偏好，哪种情况下社会福利更高？

12.19　用惩罚解决动态不一致问题。[本题来自巴罗和戈登(1983)。]假设政策制定者的目标函数为 $\sum_{t=0}^{\infty}\beta^t(y_t-a\pi_t^2/2)$，其中 $a>0$ 和 $0<\beta<1$。每期的 y_t 均由卢卡斯供给曲线(12.53)式确定。预期通货膨胀的确定方式如下：如果 π 在所有此前的时期中均等于 $\hat{\pi}$($\hat{\pi}$ 是一个参数)，则 $\pi^e=\hat{\pi}$；如果 π 出现过不等于 $\hat{\pi}$ 的情况，则在此后所有时期中均有 $\pi^e=b/a$。

(a) 如果 π 曾经偏离 $\hat{\pi}$，模型在随后所有时期中的均衡是什么？

(b) 假设 π 一直等于 $\hat{\pi}$，因此 $\pi^e=\hat{\pi}$。如果货币当局选择偏离 $\pi=\hat{\pi}$，它会选择什么 π 值？在这种策略下，货币当局可以获得的终生目标函数值是多少？如果货币当局继续在每期都选择 $\pi=\hat{\pi}$，它可以获得的终生目标函数值是多少？

(c) 当 $\hat{\pi}$ 的值为多少时，货币当局会选择 $\pi=\hat{\pi}$？是否存在 a、b 和 β 的值使得当 $\hat{\pi}=0$ 时，货币当局会选择 $\pi=0$？

12.20　巴罗—戈登模型中的其他均衡。考虑习题 12.19 中描述的情形。分别求出使下述情况成为均衡的参数值：

(a) **单期惩罚。**若 $\pi_{t-1}=\pi_{t-1}^e$，则 π_t^e 等于 $\hat{\pi}$，否则 π_t^e 等于 b/a；每期均有 $\pi=\hat{\pi}$。

(b) **严厉惩罚。**[参见阿布鲁(Abreu，1988)，以及罗戈夫(Rogoff，1987)。]若 $\pi_{t-1}=\pi_{t-1}^e$，则 π_t^e 等于 $\hat{\pi}$。若 $\pi_{t-1}^e=\hat{\pi}$ 且 $\pi_{t-1}\neq\hat{\pi}$，则 π_t^e 等于 $\pi_0>b/a$，否则 π_t^e 等于 b/a；每期均有 $\pi=\hat{\pi}$。

(c) **重复相机抉择均衡。**每期均有 $\pi=\pi^e=b/a$。

12.21　考虑第 12.19 题中分析的情形，但假设只存在有限数量的时期。唯一的均衡是什么？

12.22 政治经济周期。[本题来自诺德豪斯(1975)。]假设失业与通货膨胀之间的关系为 $\pi_t=\pi_{t-1}-\alpha(u_t-\overline{u})+\varepsilon_t^S$,$\alpha>0$,其中 ε_t^S 是独立同分布且均值为零的扰动项,累计分布函数为 $F(\cdot)$。假设某政治人物在时期 1 就职。他/它把 π_0 看作给定的,并且将在时期 2 结束时再次面临选举。该政治人物可以完全控制 u_1 和 u_2,面临的约束仅仅是失业存在可以达到的最小值和最大值,分别是 u_L 和 u_H。他/她的政绩根据 u_2 和 π_2 进行评估。具体而言,当且仅当 $\pi_2+\beta u_2<K$ 时,他/她可以再次赢得选举。其中 $\beta>0$,K 是外生参数。如果该政治人物希望最大化再次赢得选举的概率,他/她选择的 u_1 值会是多少?

12.23 理性政治经济周期。[本题来自艾莱斯纳和萨克斯(Alesina and Sachs,1988)。]假设产出与通货膨胀之间的关系为 $y_t=y+b(\pi_t-E_{t-1}\pi_t)$,其中 $b>0$,E_{t-1} 表示时期 $t-1$ 的预期。假设政治人物有两种类型,“自由派”和“保守派”。自由派会在每一期最大化 $a_Ly_t-\pi_t^2/2$,而保守派则会最大化 $a_Cy_t-\pi_t^2/2$,其中 $a_L>a_C>0$。选举出来的领导人任职时间为两期。人们在时期 0 时并不清楚谁将会成为时期 1 的领导人;选出自由派的概率为 p,选出保守派的概率为 $1-p$。在时期 1 时将会同时得知时期 2 的领导人身份。

(a) 给定 $E_{t-1}\pi_t$,自由派领导人会选择什么 y_t 值?保守派领导人会选择什么 y_t 值?

(b) $E_0\pi_1$ 是多少?如果选举获胜者是自由派,那么 π_1 和 y_1 是多少?如果选举获胜者是保守派,那么 π_1 和 y_1 是多少?

(c) 如果选举获胜者是自由派,那么 π_2 和 y_2 是多少?如果选举获胜者是保守派,那么 π_2 和 y_2 是多少?

12.24 增长与铸币税,以及通货膨胀—增长关系的新解释。[本题来自弗里德曼(1971)。]假设货币需求由 $\ln(M/P)=a-bi+\ln Y$ 给定,并且 Y 的增长率为 g_Y。当通货膨胀率达到多大时可以得到最高的铸币税路径?

12.25 [本题来自卡甘(1956)。]假设经济个体并不是逐渐把实际货币持有量调整到意愿水平,而是逐渐使预期通货膨胀向真实通货膨胀调整。因此方程(12.80)和(12.81)可以替换为 $m(t)=Cexp(-b\pi^e(t))$ 和 $\dot{\pi}^e(t)=\beta[\pi(t)-\pi^e(t)]$,$0<\beta<1/b$。

(a) 根据类似于推导(12.85)式的步骤,求出 $\dot{\pi}^e(t)$ 的表达式[表示为 $\pi(t)$ 的函数]。

(b) 试画出 $G>S^{MAX}$ 的情形下可以得到的相图。π^e 和 m 的动态特征是什么?

(c) 试画出 $G<S^{MAX}$ 的情形下可以得到的相图。

13 预算赤字与财政政策

宏观经济政策除了货币政策外，还有一个分支是财政政策。从宏观经济学的角度来看，财政政策主要关心税收和政府支出的总量和组成部分以及它们对总体经济的影响。

在宏观经济学中，许多重要的研究课题都涉及财政政策对经济的短期影响及其在稳定政策中的潜在作用。人们普遍认为，财政政策措施在很大程度上受制于政治障碍，难以得到及时和可靠的执行，所以最好让货币政策发挥稳定功能。但是，如果经济遭遇长期持续的冲击，尤其是货币政策受到零下界约束时，显然有必要发挥财政政策的作用。因此，在 2008 年金融和宏观经济危机发生后，各国普遍采用了财政措施来稳定经济。例如，几乎所有主要发达国家都在 2008 年和 2009 年推出了相机抉择的财政刺激措施。这场危机也引发了经济学家研究如何利用财政政策来稳定经济的兴趣。

对于货币政策来说十分重要的许多问题，在使用财政政策来稳定经济时也同样重要。例如，稳定政策是否明显利大于弊的问题(第 12.3 节)，通货膨胀预期可能使得最优稳定政策动态不一致的问题(第 12.8 节)等，这些问题对于财政政策来说也非常重要。

稳定政策的一个关键问题是政策效果，对于这个问题，财政政策必须与货币政策分开来单独研究。近年来这方面的研究大量涌现，其中很大一部分论文的研究动机来自金融和宏观经济危机。这些研究中，有的关注总体证据，有的关注地区证据，还有一些则关注经济个体层面的微观证据。这些研究的共识是，财政政策达到了预期效果：减税与政府支出增加都会在短期内提高产出，并且估计结果显示，政策效果在大多数情况下是十分明显的。但是，一旦人们提出更深入的问题，例如不同类型的财政政策措施在效果上是否存在重大差异(例如，支出政策与税收政策对比，或一种类型的支出政策与另一种类型对比)，或者政策效果是否强烈依赖于经济状况，就会发现很多悬而未决的问题和进一步研究的空间。[1]

---

〔1〕 有关财政政策的短期宏观经济影响的最新实证研究包括费希尔和彼得斯(Fisher and Peters, 2010)；C. 罗默和 D. 罗默(C. Romer and D. Romer, 2010)；雷米(Ramey, 2011)；巴罗和瑞迪里克(Barro and Redlick, 2011)；乔朵劳-赖希、费维森、利斯科和伍尔斯顿(Chodorow-Reich, Feiveson, Liscow and Woolston, 2012)；奥尔巴赫和戈罗季尼琴科(Auerbach and Gorodnichenko, 2012)；帕克、苏勒雷斯、约翰逊和麦克利兰(Parker, Souleles, Johnson and McClelland, 2013)；中村和斯坦森(Nakamura and Steinsson, 2014)；瓜哈多、雷和佩斯卡托里(Guajardo, Leigh and Pescatori, 2014)；以及豪斯曼(Houseman, 2016)。

财政政策研究中的另一个主要课题是税收制度的总体特征及其对经济的长期影响。其中重要的问题包括税收水平对总产出水平或增长率的长期影响,以及劳动所得税、资本所得税和消费税等税收构成是否对产出和福利具有重要影响。我们将在第 13.3 节末尾介绍其中的一些问题。

在宏观经济学中,财政政策研究方向的范围十分广泛,并且在分析稳定政策工具时,财政政策问题大多与货币政策问题密切相关,因此本章并不试图全面详尽地介绍相关内容,而是集中关注财政赤字(即政府支出与政府收入之差)的根源。

第 13.1 节阐述政府面临的预算约束及相关核算问题,说明了美国财政长期前景的一些具体细节。第 13.2 节介绍了一个基准模型,说明不论政府采用税收还是借贷的方式融资,对经济的影响都是一样的,然后探讨了导致这种李嘉图等价结果失效的各种原因。

随后的几节讨论哪些因素会在李嘉图等价失灵的情况下导致预算赤字。第 13.3 节给出了赤字的税收平滑模型。该模型的大意是,因为税收扭曲了个体选择,并且扭曲幅度远大于税率变化幅度,所以适度稳健的税率比交替使用高、低税率更为可取。该理论能够合理地解释诸如政府依靠财政赤字为战争融资等经济现象。

从规范研究的角度看,税收平滑模型很有吸引力,但从实证研究的角度看,它有一个很大的缺陷:该模型与居高不下的财政赤字或不可持续的财政政策走向不太一致,尽管这些现象是很常见的。例如,自 20 世纪 80 年代初以来,美国联邦政府几乎一直有高额的预算赤字。并且正如第 13.1 节中指出的那样,如果美国经济政策没有发生重大变化,用不了几十年,社会保障支出和医疗保健支出的迅速增加就会导致赤字和债务余额出现爆发式增长。其他发达国家也在近几十年持续出现了高额预算赤字,面临与美国类似的长期预算难题。在许多发展中国家,居高不下的赤字已经导致了恶性通货膨胀,违约甚至债务危机。

赤字明显偏高引起了经济学家研究赤字来源的广泛兴趣。本章的大部分内容致力于解释为什么政治进程可能会系统性地倾向于产生超额赤字。第 13.4 节介绍了政治的经济分析。然后,第 13.5 节提出了一个模型,其中政府支出构成中的利益冲突会导致过度赤字,第 13.6 节分析了另一个模型,其中超额赤字源于各利益集团在划分缩减赤字的责任时会产生冲突。

最后,第 13.7 节提出了财政赤字来源的一些实证证据,第 13.8 节讨论了赤字的成本,第 13.9 节提出了一个简单的债务危机模型。

13.1 政府预算约束

基本预算约束

要想讨论财政政策问题,我们首先要了解政府能做什么和不能做什么,即理解政府的预算约束是什么。家庭的预算约束是:家庭消费的现值必须小于或等于家庭初始财富与劳动收入的现值之和。与此类似,政府的预算约束是:政府购买商品和服务的现值必须小于或等于政府初始财富值与税收收入的现值之和(需扣除转移支付)。为了用数学语言表述这个约束,我们令 $G(t)$ 和 $T(t)$ 分别代表 t 时刻政府的实际购买和实际税收,$D(0)$ 代表实际未清偿债务的初始值。与第 2.2 节相同,令 $R(t)$ 表示 $\int_{\tau=0}^{t} r(\tau)d\tau$,其中 $r(\tau)$ 表示时刻 τ 的实际利率。因此,$e^{-R(t)}$ 将时刻 t 的单位产出贴现至时刻 0。利用该表达式,政府的预算约束可以写为:

$$\int_{t=0}^{\infty} e^{-R(t)}G(t)dt \leqslant -D(0)+\int_{t=0}^{\infty} e^{-R(t)}T(t)dt. \tag{13.1}$$

注意,由于 $D(0)$ 表示负债而不是财富,所以在预算约束表达式中,$D(0)$ 的前面有负号。

政府预算约束既无法保证政府免于陷入永久债务之中,也无法保证其免于不断债台高筑。回顾拉姆塞模型中的家庭预算约束,家庭财富现值不能为负值(参见 2.2 节)。同理,政府预算约束中的政府债务现值也不能为正值,因此可以证明(13.1)式等价于:

$$\lim_{s\to\infty} e^{-R(t)}D(s) \leqslant 0. \tag{13.2}$$

由(13.1)式推导出(13.2)式的过程与由(2.7)式推导出(2.11)式的过程类似。

如果实际利率始终大于零,则满足预算约束的 D 值为正的常数,这表示政府有长期负债。同理,如果 D 的增长率小于实际利率,那么即使 D 持续增长也可以满足预算约束。

我们可以把预算赤字简单地定义为债务存量的变化率。实际债务存量的变化率等于政府购买与政府收入之差加上实际债务利息,即:

$$\dot{D}(t)=[G(t)-T(t)]+r(t)D(t), \tag{13.3}$$

其中,$r(t)$ 表示 t 时刻的实际利率。

(13.3)式的等号右边方括号中的部分称为基本赤字。为了评估财政政策在特定时刻对政府预算约束的影响,从基本赤字着手分析通常要比从总赤字着手更加方便。例如,政府预算约束(13.1)式可以改写为:

$$\int_{t=0}^{\infty} e^{-R(t)}[T(t)-G(t)]dt \geqslant D(0). \tag{13.4}$$

根据上式可知,预算约束要求政府必须保持足够的财政盈余现值来清偿其初始债务。

一些测算问题

政府预算约束并不是限制某一时间点的赤字规模,而是限制政府购买与财政收入整个路径的现值,所以根据传统的测算方式,无论采用基本赤字还是总赤字都可能会错估财政活动对预算约束的影响。这里我们研究如下三个例子。

第一个例子是通货膨胀会对赤字的测算产生影响。按照传统测算方法,预算赤字是名义未清偿债务的变化,预算赤字等于政府名义购买与收入之差再加上债

务的名义利息支付。若令 B 代表名义债务,则名义赤字为:

$$\dot{B}(t)=P(t)[G(t)-T(t)]+i(t)P(t)D(t), \tag{13.5}$$

其中,P 为价格水平,i 为名义利率。当通货膨胀加剧时,对于给定的实际利率,其对应的名义利率也会上升,因此利息支付和赤字均会增加。但是,利息支付增加只能弥补通货膨胀上升导致的债务实际值下降,实际债务存量和政府预算约束在这一过程中均没有变化。

正式的分析如下:根据定义,名义利率等于实际利率加上通货膨胀率,[1]从而名义利率可以改写为:

$$\begin{aligned}\dot{B}(t)&=P(t)[G(t)-T(t)]+[r(t)+\pi(t)]P(t)D(t)\\&=P(t)[\dot{D}(t)+\pi(t)D(t)]\end{aligned} \tag{13.6}$$

其中,第二行用等式(13.3)所示的实际未清偿债务的变化率进行了替换。将等式(13.6)两边同时除以价格水平可得:

$$\frac{\dot{B}(t)}{P(t)}=\dot{D}(t)+\pi(t)D(t) \tag{13.7}$$

可见,在高通货膨胀下,只要债务存量为正值,则即便剔除了价格因素,按照传统方法测算的预算赤字还是会升高。

第二个例子是资产出售。如果政府出售资产,则当期财政收入会增加,财政赤字会减少,但同时政府也放弃了该资产未来可能产生的收益。正常情况下,资产价值等于其未来收益的现值,可见出售资产不会影响政府收入的现值。因此,资产出售只会影响当期财政赤字,并不会影响预算约束。

第三个例子是无资金准备的负债。无资金准备的负债是指政府承诺的未来花费没有拨备相应的财政收入用于偿债。与资产出售不同,无资金准备的负债会影响预算约束,但不会影响当期赤字。政府出售资产时,满足预算约束的政策组合不会发生变化。然而,如果产生无资金准备的债务,则政府的当期赤字不会变化,政府只有通过将来增加税收或者减少政府购买才能满足预算约束。

由于预算约束与财政赤字之间的关系并不紧密,政府并不需要花多大力气就可以满足财政赤字的法律规定。例如,通过出售资产或者把传统政府支出项目划转为无资金准备的负债,政府不需要实质性地改变经济政策,就可以使赤字达到要求。除了这两种办法之外,政府可以采用的手段还有预算外支出、私人部门支出指导、捏造预测,以及跨期支出调节等。

尽管如此,实证研究表明,预算约束的确有可能会影响政府决策行为。[2] 若这一点是正确的,则表明如果政府不作出实质性的改变,那么采用其他手段来降低预算赤字的代价将会十分巨大。

---

〔1〕 为了简单起见,这里假设不存在不确定性,因此不用区分预期通货膨胀和实际通货膨胀。

〔2〕 实证研究证据大多源于对美国各州的调查,参见帕特巴(Porterba,1994)。

庞氏骗局

由于政府预算约束涉及政府收入与政府购买的长期路径，因此会引申出另一个难题：在有些情况下，政府并不需要满足约束条件。经济个体的预算约束并不是外生的，而是取决于其他经济个体希望达成的交易。如果经济是由有限个尚未达到饱足的个体构成，则政府确实必须满足预算约束(13.1)式。其原因在于：如果政府购买的现值超过政府收入的现值，则政府债务的现值严格为正[参见(13.1)式与(13.2)式]。这时，如果经济个体的数量有限，则至少有一个经济人持有的政府债务严格为正，这意味着他/她的财富现值为正，也就是他/她的支出现值严格小于税后收入现值。这不能构成均衡，因为该经济个体可以通过增加支出来获得更高的效用。

然而，如果经济个体的数量是无限的，那么上述论点就不再成立了。即使每个人的支出现值都等于税后收入现值，私人部门总的支出现值也可能会小于其总的税后收入现值。第2章中戴蒙德的世代交叠模型对这一结论进行了解释。在该模型中，每个经济个体都把年轻时积累的储蓄用于晚年的消费。因此，任何时刻都会出现一部人在储蓄而另一部分人在消费的现象。可见，在任何时刻，私人部门的收入现值都可能会大于其支出现值。若两者的差额不趋于零，则政府就可以利用它来设计庞氏骗局。也就是说，政府可以在某个时刻发债，并通过借新还旧的滚动方式永久地将债务延续下去。

在戴蒙德模型中，政府能够实施庞氏骗局的具体条件表示成，均衡是动态无效率的，而且实际利率小于经济增长率。考虑如下情形，政府在时刻0发行一笔小额债务，并试图永远滚动持有，也就是说，政府每一期都会发行新债来偿还到期旧债的本金及利息。在这种政策下，未清偿债务余额的增速等于实际利率。由于经济增长率大于实际利率，负债率(债务余额-经济规模之比)会持续下降，政府没有理由停止该政策。该政策并不满足传统的预算约束，因为政府债务永远滚动下去，不会清偿，所以债务余额在时刻0的贴现值为常数，并不会趋近于0。

这表明，发行债券是解决动态无效率的一种可能的方法。政府可以让经济个体把部分资本形式的储蓄替换为政府债券形式，从而可以降低资本存量水平的无效率程度。

然而，探讨庞氏骗局的可能性仅仅是出于学术理论上的好奇。在现实中，经济体往往并非动态无效率，庞氏骗局并不可行，政府必须满足传统的现值预算约束。[1]

实证应用：美国财政政策是可持续的吗？

在过去40年的绝大部分时间里，美国联邦政府都承担着高额的财政赤字。此

〔1〕 不确定性会让问题变得更为复杂，在面临不确定性的经济中，即使经济是动态有效率的，政府债务的回报率有时也会小于经济的增长率，从而使得发行债务并永续转持成为可能成功。参见鲍恩(Bohn，1995)，鲍尔、埃蒙朵夫和曼昆(Ball，Elmendorf，and Mankiw，1998)，布兰查德和威尔(Blanchard and Weil，2001)。

外,美国还有规模巨大的养老金与老年医疗保险项目,大部分采用现收现付制,这意味着美国政府必须承担无资金准备的巨额负债。出于以上原因,美国的长期财政前景广受关注。

在评估长期财政状况时,人们经常会提出以下问题:如果沿用现行政策,那么政府能否满足预算约束?政府可能无法满足预算约束的研究表明政府必须要改变政府支出或税收。

奥尔巴赫(Auerbach,1997)提出了一种测量预期财政失衡幅度的方法。首先,预测当前政策下政府购买、政府收入、总收入以及利率的路径,再回答如下问题:如果预测正确,政府税收(或政府购买)占 GDP 的比例需要提高(或者降低)多少才能满足预算约束?也就是说,奥尔巴赫测算的预期财政失衡幅度 Δ 为下式的解:

$$\int_{t=0}^{\infty} e^{-R^{PROJ}(t)}\left[\frac{T^{PROJ}(t)-G^{PROJ}(t)}{Y^{PROJ}(t)}+\Delta\right]Y^{PROJ}(t)=D(0) \qquad (13.8)$$

其中,Δ 值较大意味着需要对财政政策进行较大调整。[1]

奥尔巴赫和加尔(Auerbach and Gale,2017)将上述分析框架用于分析美国财政政策。如何定义“当前”财政政策是应用该分析框架的一个难题。例如,每年的政府支出中都有很大一部分列入了当年预算,任何预测都必须对这类“相机抉择”支出作出合理的假设。

奥尔巴赫和加尔采用的具体方法是,首先使用国会预算办公室的假设与预测结果进行分析,再对这些假设进行了修改。这些修改包括:假设已经被延后的增税计划将不会再生效;假设相机抉择的人均实际政府支出在十年内大体上保持不变,总政府支出占 GDP 的比例在十年后保持不变(国会预算办公室假设的政府支出路径相对较低);假设主要政府收入项目占 GDP 的比例从十年后开始保持不变。此外,除了国会预算办公室的政府支出预测之外,他们还考虑了三个不同政府机构对医疗保险计划的支出预测。根据以上假设以及三个医疗保险支出估计值的中间值,他们得到了一个惊人的 Δ 估计值,高达 7.7%。相比之下,当前联邦政府收入约占 GDP 的 18%。也就是说,奥尔巴赫和盖尔的点估计结果是,当前财政政策远远不能满足政府的预算约束。

导致上述结论的原因主要有两个。一个是人口统计特征的变化。婴儿潮出生的第一代人现在已经退休,到 2050 年,工作年龄成年人口与 65 岁以上人口之比可能会只有 2000 年的一半左右。另一个原因是医学技术进步。技术进步推动开发了许多极有价值的医疗手段和药物,医疗支出大幅增加了,其中大部分由政府支付(特别是老年医疗支出)。由于上述原因,按照现行联邦法律,社会保障,医疗保险和医疗补助等几项支出预计将从 2010 年约占 GDP 的 10%上升至 2060 年的近 20%。

---

〔1〕 政府收入和政府购买的变动肯定会影响 Y 与 R 的路径。例如,高税收可以通过增加投资来提高产出并降低利率,也有可能抑制投资并降低产出。因此,即便不存在不确定性,政府收入或政府购买占 GDP 的比例在每个时间点都改变 Δ 可能不会使预算约束保持平衡。尽管如此,Δ 可以很好地概括当前财政政策下预算约束不平衡的程度。

更糟的是，奥尔巴赫和加尔很可能还低估了预期财政失衡的程度。因为他们在计算时所依据的人口预测可能低估了老年人平均寿命的增长。人口预测假设预期寿命增长会急剧放缓，但人们已经多次发现这种人口预测有误，而即便是预期寿命远高于美国的国家也没有预期寿命增长放缓的迹象[李与斯金纳(Lee and Skinner，1999)]。此外，他们对医药方面技术进步的假设也十分保守。

简言之，目前得到的证据表明，政府必须大幅调整其财政政策才能满足预算约束。可能的调整形式包括削减政府支出、增加税收以及通过恶性通货膨胀或违约来暗中或者公开逃避政府债务。[1]

一个显而易见的问题是，人们对上述估算会抱有多大的信心。一方面，估计政府所需的调整要以相当长时期的预测结果作为基础，因此可能存在不确定性。另一方面，上述估算结果的关键因素是医疗技术进步和人口统计，方法简单并且高度一致，因此人们会认为可以非常精确地估计政府所需的调整力度。

事实证明，第一种直觉才是正确的。人口变动与由此导致的医疗支出长期增长都是十分不确定的。例如，根据李与斯金纳(Lee and Skinner，1999)的估计，到2070年，劳动年龄人口与65岁以上老年人口之比的95%置信区间为[1.5，4.0]。更重要的是，很难确定产出的增长趋势，这对长期财政前景有很大的影响。例如，在20世纪90年代后半期，尽管财政政策只有小幅微调，但产出增长率反弹加上税收收入占GDP的比重高于预期，长期财政失衡幅度的估计值迅速下降。虽然没有正式地估算其置信区间，但可以毫不夸张地说，实际所需的调整力度与目前估计的失衡程度可能会相差5%或更多。

政府实际所需的政策调整力度的确存在很大的不确定性，但这并不能成为政府不作为的理由。所需的调整既有可能远远小于点估计结果，也可能远远大于点估计结果。第8.6节中不确定性会影响最优消费的结论有助于我们分析不确定性对最优政策的影响。若财政调整成本是调整幅度的二次函数，则不确定性并不会影响政府调整措施(如降低当期政府债务)的预期收益；若成本函数的弯曲程度高于二次函数，则不确定性就会增加调整措施的预期收益。

13.2 李嘉图等价

李嘉图等价的结论

下面，我们来进一步研究政府对税收和债券的不同选择所带来的影响。一个自然的切入点是在第二章的拉姆塞—卡斯——库普曼斯模型中引入定额税，因为该模型可以避免讨论市场缺陷和家庭异质性等复杂问题。

在政府征税的情况下，代表性家庭的预算约束为消费现值不能超过其初始财富加上税后劳动收入的现值。如果没有不确定性或市场缺陷，则家庭与政府在任意时刻所面临的利率都是相同的，即家庭的预算约束为：

---

[1] 造成美国财政失衡的因素在其他大多数工业化国家也同样存在，因此，这些国家也大多面临着类似于美国的长期财政问题[科里科夫和莱布弗里茨(Korlikoff and Leibfritz，1999)]。

$$\int_{t=0}^{\infty} e^{-R(t)} C(t) dt \leqslant K(0) + D(0) + \int_{t=0}^{\infty} e^{-R(t)} [W(t) - T(t)] dt \quad (13.9)$$

其中,$C(t)$为 t 时刻的消费,$W(t)$为劳动收入,$T(t)$为税收,而 $K(0)$与 $D(0)$分别为 0 时刻的资本总量与政府债券规模。[1]

把(13.9)式右边的积分拆为两部分可得:

$$\int_{t=0}^{\infty} e^{-R(t)} C(t) dt \leqslant K(0) + D(0) + \int_{t=0}^{\infty} e^{-R(t)} W(t) dt - \int_{t=0}^{\infty} e^{-R(t)} T(t) dt \quad (13.10)$$

假设政府以等式满足预算约束(13.1)是合理的,因为约束条件不得以满足,政府的财富将无限增长下去,而这显然不符合现实。[2] 在此假设下,(13.1)式表明税收现值 $\int_{t=0}^{\infty} e^{-R(t)} T(t) dt$,应该等于初始债务 $D(0)$ 加上政府购买现值 $\int_{t=0}^{\infty} e^{-R(t)} G(t) dt$,将此代入(13.10)式可得:

$$\int_{t=0}^{\infty} e^{-R(t)} C(t) dt \leqslant K(0) + \int_{t=0}^{\infty} e^{-R(t)} W(t) dt - \int_{t=0}^{\infty} e^{-R(t)} G(t) dt \quad (13.11)$$

(13.11)式表明,家庭预算约束可以用政府购买现值来表示,不必考虑政府购买的融资方式在某个时间点是税收还是债券。此外,只要模型中的效用函数仅取决于诸如消费、休闲等传统经济商品,就可以合理地假设税收并不直接影响家庭偏好。既然税收路径不计入家庭预算约束或其消费偏好,它便不会影响消费。同理,因为投资等于产出减去总消费和政府购买,所以影响资本积累的是政府购买而非税收。于是我们可以得到一个重要的结论,即只有政府购买的数量会影响经济,而政府购买的融资方式是采用税收还是债券则对经济并无影响。

政府融资方式的决策与经济不相关,这就是著名的债务和税收的李嘉图等价。[3] 该结论的逻辑比较简单。为了清楚地进行解释,假设在某一时刻 t_1,政府向每个家庭提供数量为 D 的债券,并在之后的时刻 t_2 清偿该债务。这要求每个家庭在时刻 t_2 缴纳数量为 $e^{R(t_2)-R(t_1)}D$ 的税负。该政策会对代表性家庭产生两种影响。首先,家庭获得一项资产,即债券,债券资产在时刻 t_1 的现值为 D。其次,该家庭也承担一项负债,即未来税收负担,该负债在时刻 t_1 的现值也为 D。因此,债券并非家庭的净财富,不影响家庭的消费行为。实际上,家庭只是储蓄了债券及其产生的累计利息,直到时刻 t_2,家庭用债券及其利息支付了政府为偿还债券而征收的税款。

---

〔1〕 代表性家庭预算约束的上述写法意味着家庭的数量标准化为 1。若存在 H 个家庭,则(13.9)式中各项必须除以 H,代表性家庭在时刻 t 的消费为总消费的 $1/H$,初始财富为 $K(0)+D(0)$的 $1/H$ 等等。两边都乘以 H 即得(13.9)式。

〔2〕 此外,假如政府试图推出该政策,则若政府债务按实际值计算,就可能不存在均衡。参见伍德福德(Woodford,1995)。

〔3〕 该理论是以其提出者大卫·李嘉图(虽然最终被他放弃)的名字命名的,参见奥得利斯考(O'Driscoll,1977)。

传统的经济模型和许多非正式的讨论均假设,融资方式从税收转为债券将会增加消费,因为传统的消费分析通常是按消费依赖于当期可支配收入$(Y-T)$的方式建模的。在此假设下,如果融资采用发行债务的方式,就会导致税收削减,从而提高消费。在各种政策对消费的影响这一问题上,李嘉图与许多传统见解不同。例如 2008 年和 2009 年的美国税收削减,推动该减税政策的传统观点认为减税会增加消费,但从李嘉图等价的角度来看,减税并不能增加消费。再如,传统观点认为美国过去几十年持续的预算赤字增加了消费,因此减少了资本积累,降低了经济增长,但李嘉图等价表明,持续的预算赤字对消费和资本积累不产生影响。

李嘉图等价的应用

大量研究都致力于解答李嘉图等价与现实的吻合程度。令李嘉图等价不成立的原因当然有很多,但最重要的问题是,李嘉图等价是否严重脱离现实。

人口更替是导致李嘉图等价不完全正确的原因之一。因为政府是用未来征收的某种税来赎回当前发行的债券,所以如果有新的经济个体不断进入经济,则这些税负就是由债券发行时尚未出生的人群来承担的。因此,债券对于在生活在发行期的人群来说是净财富,从而就会影响他们的消费行为。戴蒙德的世代交叠模型对此作了解释。

对李嘉图等价的上述质疑观点有两个问题。第一,代际联系可能会使一系列寿命有限的经济个体做出的决策类似于一个拥有无限寿命的家庭[巴罗(Barro,1974)]。第二个问题看上去平淡无奇但实际上更加重要,人的生命周期已经很长。因此,如果政府的融资决策问题唯一的麻烦在于寿命有限,那么李嘉图等价对经济现实来说就是一个很好的近似[波特巴和萨默斯(Poterba and Summers,1987)]。

在现实情况下,与债券发行有关的税收大部分是在债券发行对象还活着的时候征收的。可见,即使没有代际联系,债券也只能代表少量的净财富。此外,人的生命周期很长意味着,如果消费者行为符合永久收入假说,那么财富增加对消费只会产生中等程度的影响。例如,如果经济个体把意料增加的财富平均分配到余生的支出之中,那么增加一美元的财富只能让一个还有 30 年寿命的人增加 3 美分的消费支出。[1] 出于上述考虑,李嘉图等价是否能很好地贴近现实这个问题主要并不是取决于人口更替,而是取决于永久收入假说是否能够很好地描述消费行为。在永久收入模型中,只有家庭的终生预算约束才会影响其消费行为,而税后收入的时间路径是无关紧要的。如果今天发行的债券需要通过将来征税进行偿付,那么税后收入的路径会发生改变,但整个生命周期的预算约束并不会改变。因此,如果永久收入假说很好地描述了消费行为,那么李嘉图等价就可以很好地贴近现实。但是,如果经济现实与永久收入假设明显不一致,那它也就不会满足李嘉图等价。

在第 8 章中,我们已经了解永久收入假说存在重大缺陷,从而可能并不成立:大多数家庭并没有财富积累,税后收入发生可预测的变化会导致消费也发生可预测的变化。这就表明,李嘉图等价在定量分析上也可能会失效:在给定终生预算约

〔1〕 当然,经济个体的最优选择并不是这样的,参见习题 2.5。

束的情况下,如果当期可支配收入会对消费产生显著影响,那么通过未来增税进行弥补的当期减税政策也会对消费产生显著影响。

永久收入假说失效会如何导致李嘉图等价失效完全取决于永久收入假说失效的原因。我们在此考虑两种可能的原因。第一种可能的原因是流动性约束。政府向家庭发行债券,之后通过对家庭征收高额税收来赎回债券,这实际上可以看作是政府代表家庭进行借贷。若家庭可以按与政府相同的利率获得贷款,则该政策不会影响家庭借贷决策,也不影响其消费行为。但是,假设家庭面临的贷款利率高于政府,那么家庭就会愿意以政府利率借入资金来增加消费。可见,如果政府代表家庭做出借款决策,家庭就会增加消费。

第二种可能的原因是预防性储蓄动机(参见 8.6 节)。预防性储蓄动机与高贴现率结合,可以帮助解释缓冲库存储蓄及当期可支配收入对消费决策产生的重要作用。假设这些因素对消费都十分重要,我们来分析通过未来增税筹集偿债资金的债券发行标准模式。如果税收为总量税,则债券发行就不会影响家庭预算约束。也就是说,家庭终生税后收入的现值在任何状态下都不会发生改变,于是,债券发行并不会影响消费。

然而,由于税收是收入的函数,实际情况会截然不同。如果家庭的未来收入减少,债券发行所导致的家庭未来税收负担将只会略微加重。也就是说,当期减税和未来增税的结合会在家庭未来收入减少的情况下提高其终生税后收入的现值,而在未来收入增加的情况下则会降低其终生税后收入的现值。结果,家庭没有任何动力增加储蓄,相反,由于家庭知道只有收入很高时税收负担才会加重,家庭会在高折现率下放纵消费[巴斯克、曼昆和扎尔迪斯(Barsky, Mankiw 和 Zeldes, 1986)]。

以上讨论意味着,在实践中并没有理由认为李嘉图等价可以在一阶意义上符合现实。李嘉图等价结果依赖于永久收入假说,而永久收入假说在定量分析上是失效的。但是,正如永久收入假说一样,十分简单且逻辑性强的李嘉图等价是极有价值的基准理论。

13.3 税收平滑

下面,我们讨论赤字的决定因素。在这一节中,我们主要研究由巴罗(Barro, 1979)首创的最优赤字模型。13.4 节至 13.6 节分析了导致赤字无效率攀高的原因。

巴罗着重研究政府最小化税收扭曲的意愿。李嘉图等价结果的推导过程以及本书前面各章中有关税收的模型都假设了税收是总量税。但是,正如我们在上一节中的讨论那样,现实中的税收是收入的函数,因此,税收会扭曲经济行为,导致经济出现无效率的结果。巴罗的研究切入点是,他通过观察发现税收扭曲增加的幅度大于税收收入增长的幅度。例如,在标准模型中,税收不存在一阶扭曲成本。因此,在低税率下,扭曲成本大致与税收收入的平方成比例。由于税收扭曲增幅高于税收增幅,在平均税收水平相同的情况下,与稳定税收相比,多变的税收会带来更大的税收扭曲。因此，为了最小化税收扭曲，政府应该尽量使税收的时间路径保持平滑。

为了研究该结论的启示，巴罗分析了这样一种经济环境，其中税收扭曲是李嘉图等价唯一不符合现实的地方。[1] 可见，政府的最优问题类似于永久收入假说中家庭所面临的问题。在永久收入假说中，家庭在其终生支出现值不超过某限额的条件下，最大化其终生效用的折现值。由于消费的边际效用递减，家庭会选择一条平滑的消费路径。这里，在政府税收收入现值不低于某限额的条件下，政府希望能够将由征税导致的税收扭曲的现值最小化。因为征税的边际扭曲成本递增，所以政府会选择平滑的税收路径。可见，我们对税收平滑的分析与第8.1节和第8.2节中对永久收入假说的分析是类似的。正如那两节中的分析，我们这里也首先研究具有确定性的情形，再考虑具有不确定性的情形。

确定性下的税收平滑

在一个离散时间经济中，假设产出路径 Y，政府购买路径 G，和真实利率路径 r 均为外生且确定的。为了简化分析，假设真实利率固定不变。政府的初始债务存量为 D_0。政府希望选择税收 T 的最优路径，使其既能满足预算约束又能最小化税收扭曲成本的现值。[2] 遵循巴罗的分析，我们并不对扭曲成本的来源进行建模，相反，我们只是假设征税 T_t 所引起的税收扭曲成本为：

$$C_t = Y_t f\left(\frac{T_t}{Y_t}\right), \quad f(0)=0,\ f'(0)=0,\ f''(\cdot)>0 \tag{13.12}$$

其中，C_t 表示时期 t 的扭曲成本。该方程意味着，扭曲成本与产出之比是税收与产出之比的函数，扭曲成本与产出之比的增长幅度高于税收与产出之比的增长幅度。这些含义看上去应该是合理的。

政府的最优问题是，在满足其总体预算约束的条件下，选择最小化税收扭曲成本现值的税收路径。这一最优问题可以正式地写为：

$$\begin{aligned}&\min_{T_0, T_1, \cdots} \sum_{t=0}^{\infty} \frac{1}{(1+r)^t} Y_t f\left(\frac{T_t}{Y_t}\right)\\ &s.t. \sum_{t=0}^{\infty} \frac{1}{(1+r)^t} T_t = D_0 + \sum_{t=0}^{\infty} \frac{1}{(1+r)^t} G_t\end{aligned} \tag{13.13}$$

该问题既可以通过建立拉格朗日方程，再按标准方法求解，也可以通过使用扰动方法来获得欧拉方程。我们在此采用第二种方法。具体而言，假设政府在第 t 期减

---

〔1〕 或者，我们也可以假设存在其他导致李嘉图等价不符合现实的因素，但同时假设政府可以抵消这些因素对其债券发行和税收融资行为造成的影响。例如，政府可以采用货币政策来弥补发行债券或征税对整体经济造成的任何影响，也可以利用税收激励来抵消发行债券或征税对产出在消费和投资之间的分配造成的影响。

〔2〕 在本章的大部分模型中，最简单的做法都是定义 G 为政府购买，T 为税收减去转移支付。然而，通过税收来为转移支付融资会对经济造成扭曲。因此，在本模型中，我们把 G 看作政府购买与转移支付之和，T 为总税收。为了与本章其他模型保持一致，这里的证明忽略了转移支付，即 G 仅为政府购买。

税 ΔT,并在下一期增税 $(1+r)\Delta T$,而其他各期税收则保持不变。这种变动并不会改变税收收入的现值。因此,如果政府在初始状态时满足预算约束,那么税收路径变动后,政府仍然将满足预算约束。如果政府在初始状态下的政策已经是最优政策,那么税收路径变化对其目标函数的边际影响一定为零,即税收路径变化的边际成本等于边际收益。

税收路径变化带来的边际收益是第 t 期的税收扭曲成本减少。具体而言,根据(13.13)式,税收扭曲成本现值的边际减少量 MB 为:

$$MB=\frac{1}{(1+r)^t}Y_t f'\left(\frac{T_t}{Y_t}\right)\frac{1}{Y_t}\Delta T=\frac{1}{(1+r)^t}f'\left(\frac{T_t}{Y_t}\right)\Delta T \tag{13.14}$$

税收路径变化带来的边际成本是第 $t+1$ 期的税收扭曲成本增加。根据(13.13)式,由于第 $t+1$ 期的税收增加至 $(1+r)\Delta T$,税收扭曲成本现值的边际增加量 MC 为:

$$\begin{aligned}MC&=\frac{1}{(1+r)^{t+1}}Y_{t+1}f'\left(\frac{T_{t+1}}{Y_{t+1}}\right)\frac{1}{Y_{t+1}}(1+r)\Delta T\\&=\frac{1}{(1+r)^t}f'\left(\frac{T_{t+1}}{Y_{t+1}}\right)\Delta T\end{aligned} \tag{13.15}$$

通过比较(13.14)式和(13.15)式可知,边际成本等于边际收益的条件为:

$$f'\left(\frac{T_t}{Y_t}\right)=f'\left(\frac{T_{t+1}}{Y_{t+1}}\right) \tag{13.16}$$

上式表明:

$$\frac{T_t}{Y_t}=\frac{T_{t+1}}{Y_{t+1}} \tag{13.17}$$

可见,税收与产出之比即税率必须保持不变。根据上述分析,其经济直觉是,税收扭曲成本会随着税收增加而上升,因此税收平滑可以最小化税收扭曲成本。更准确的说法是,由于税收的边际扭曲成本会随着税率提高而上升,因此稳定的税率可以最小化税收扭曲成本。〔1〕

不确定性下的税收平滑

下面我们在政府购买路径中加入不确定性来扩展上述分析。新的政府最优问题是,最小化税收扭曲成本的预期现值。政府预算约束与之前一样,即税收收入现值必须等于初始债务与政府购买现值之和。

我们可以使用确定性情形下的扰动方法来分析这一问题。在第 t 期,政府根据可得信息确定税收计划,再假设政府在此基础上减税降幅为 ΔT。为了继续满足预算约束,政府在第 $t+1$ 期需要在原定税收计划的基础上适当增税,增幅为

〔1〕 为了找到这一稳定的税率水平,需要将结合(13.13)式中的政府预算约束。经过计算可得,稳定的税率水平必须等于政府收入的现值与产出的现值之比。

$(1+r)\Delta T$。如果政府选择的税收路径是最优的,那么上述税收变化并不会影响税收扭曲成本的期望现值。根据推导(13.16)式同样的推理过程可得,最优条件为:

$$f'\left(\frac{T_t}{Y_t}\right)=E\left[f'\left(\frac{T_{t+1}}{Y_{t+1}}\right)\right] \tag{13.18}$$

其中,$E_t[\cdot]$表示给定第 t 期信息时的期望。上述条件表明税收扭曲成本的边际变化是无法预测的。

在税收扭曲成本为二次函数的情形下,(13.18)式可以简化。当 $f(\cdot)$为二次函数时,$f'(\cdot)$为线性函数。因此 $E_t[f'(T_{t+1}/Y_{t+1})]$等于 $f'[E_t(T_{t+1}/Y_{t+1})]$,(13.18)式可写为:

$$f'\left(\frac{T_t}{Y_t}\right)=f'\left[E\left(\frac{T_{t+1}}{Y_{t+1}}\right)\right] \tag{13.19}$$

上式表明:

$$\frac{T_t}{Y_t}=E\left(\frac{T_{t+1}}{Y_{t+1}}\right) \tag{13.20}$$

该方程说明,税率的变化是不可预测的,即税率服从随机游走过程。

模型意义

我们研究税收平滑的动机是分析它对于赤字行为有何意义。上述模型表明,如果作为产出的一部分的政府购买服从随机游走过程,则赤字将不复存在。其原因在于,当政府购买服从随机游走过程时,预算平衡约束要求税率也遵循随机游走过程。因此,该模型意味着只有政府购买与产出之比的变化可以预期时,才会出现赤字或盈余。

导致政府购买与产出之比的预期发生变化的因素很多,其中最显而易见的一种原因是战争与经济衰退。军事采购通常会在战争时期暂时飙升,同样,政府购买大体上是非周期性的。因此,在经济衰退时期,政府购买相对产出很可能会暂时上升。[1] 也就是说,在发生战争和经济衰退时,人们会预期未来政府购买与产出之比会比当前的比率低。我们可以观察到,政府通常在这些时期出现赤字,这与税收平滑模型的分析是一致的。

模型扩展

税收平滑的基本分析框架可以从许多方面进行扩展,我们在此着重介绍三种扩展分析。

第一,卢卡斯和斯托基(Lucas and Stocky,1983)发现,如果政府应该平滑税收,那么出于相同的理由,政府也应该发行或有债务。如果在政府购买受到正向冲击时,政府债券的实际收益较低;在受到负向冲击时,政府债券的实际收益较高,那

〔1〕 另外,读者可以回忆一下,该模型涉及的变量实际上并不是政府购买,而是政府购买加转移支付(请参见脚注 12),而转移支付通常是逆周期的。在衰退时期,转移支付相对于产出也可能会暂时提高。

么预期的扭曲程度就会降低。通过发行或有债务,政府就可以保持税率在全国各州之间相等,该税率也永远不必改变[鲍恩(Bohn,1990)]。这样的结果显然是不正确的。但是鲍恩(1988)发现政府可以使债券的实际收益在一定程度上取决于政府购买冲击。具体做法是,发行名义债券;在政府购买受到正向冲击时采用高通货膨胀政策,在政府购买受到负向冲击时采用低通货膨胀政策。因此,政府减少扭曲的意愿可以用来解释政府为什么会发行名义债券。

第二,上述分析还可以通过引入资本积累进行扩展。在基准情形下,政府可以承诺保持财政政策不变。这时,不征收资本税的政策可能是最优或接近最优的。这是因为,资本税和劳动所得税都会降低工作的吸引力,扭曲经济个体对劳动—休闲的选择。同时,资本所得税还会扭曲经济个体的跨期选择。

但是,对现有资本的事后征税不会造成扭曲。因此,从最小化扭曲的角度来看是合乎需要的。由此可见,不征收资本税或者只征收极低资本税的政策是动态不一致的(基德兰德和普雷斯科特,1977)。也就是说,如果政府不能对未来的税收政策做出有约束力的承诺,那么它就无法执行无资本税政策。如果最优税收模型预测政府可以承诺资本税接近零,那么模型必然是错误的。目前尚不清楚这是否反映了承诺不完美或者其他问题。[1]

第三,我们前面分析的税收平滑模型把政府购买路径看作是外生的,但是实际上政府购买容易受到其成本和收益的影响。债券发行伴随减税措施要求政府增加其未来收入,也就意味着未来税率必须提高。因此,给定政府购买途径,其边际融资成本会上升。当政府通过权衡成本和收益来做出政府购买决策品时,它就会通过增税和减少政府购买来应对这种变化。政府购买减少会使家庭的终生资源增多,从而增加其消费。因此,税收的扭曲作用是李嘉图等价不符合现实的另一个原因(鲍恩,1992)。

13.4 预算赤字的政治经济理论

税收平滑假说为预算赤字随时间变化提供了一种解释,但并不能解释为何会系统性地发生高额赤字现象。在20世纪80～90年代,许多国家持续出现财政赤字,并且有证据表明许多国家当前的财政政策远远不具备可持续性。因此,大量研究致力于分析财政政策中出现赤字偏差的成因,也就是研究是否存在某些因素导致财政政策普遍产生无效率的高额赤字。

这些研究中,大部分属于新政治经济学的范畴,该学科将经济学工具应用于政治领域。根据这一类研究,政治家并非是仁慈的社会计划者,而是在给定其预算约束和信息集合的情况下,最大化其目标函数的经济个体。同样,选民既不是高素质的理想化公民,也并非政治科学中的机械演员,而是理性的经济人。

新政治经济学中有一种方法是用经济学来解释传统上属于政治学范畴的问

---

〔1〕 关于存在资本时的最优税收政策的更多研究,可以参见谢瑞和科奥(Chari and Kehoe,1999)以及戈洛索夫、科切拉科塔和兹温斯基(Golosov,Kocherlakota and Tsyvinski,2003)。

题，例如政治候选人和选民的行为。另一种方法也是我们将着重讨论的，即政治力量对传统经济问题的重要意义。这类研究中最重要的问题可能是，政治活动会如何产生无效率的结果。即使是随意的观察也能看出，大量无效率是由政府造成的。政府官员中饱私囊，而社会为此付出的代价要远大于他们侵吞的财富；监管机构通过高度扭曲的价格调控和行政命令，而不是税收或者补贴来影响市场；立法者和官员将不计其数的资源分配给个人和利益小团体，导致资源在寻租中被大量浪费；持续高涨的通货膨胀和预算赤字普遍存在等等。但是，经济学的基本原理是，如果有大量无效率，就会有大量激励去消除这些无效率。因此，政治活动导致大量显而易见的无效率现象是一个未解的谜团。

新政治经济学的研究对于政治活动产生上述无效率现象的原因给出了若干解释。尽管超额赤字并不是政治活动引发的最严重的无效率问题，但该学科提出的许多解释已经在赤字偏差分析中得到了应用。实际上，有的解释就是在分析赤字偏差问题时提出来的。因此，我们接下来将分析赤字偏差的政治成因，这既能介绍相关研究对赤字的解释，又能借此机会了解新政治经济学。

政策无效率的一个潜在原因是，政治家和选民可能不知道什么是最优政策。经济个体对经济学以及各种替代政策有不同的理解。某些经济个体的信息渠道相对其他人较为闭塞，这可能会导致他们支持那些已被充分证明是无效率的政策。例如，保护主义政策获得普遍支持的一个原因可能是，比较优势理论有点过于精深，很多人难以理解。

只有意识到选民和政策制定者的知识是不完备的，我们才能理解政策的某些特征。新思想只有在尚未广为人知的情况下才能影响政策。同理，对政策效果的热烈讨论也只有在经济个体拥有多样化的知识时才有意义。[1]

布坎南和瓦格纳(Buchanan and Wagner，1977)认为，知识不足是赤字偏差的重要成因。高额政府购买和低税收政策所带来的好处是直接而且明显的；为了满足政府预算约束，降低未来政府购买和提高未来税收所导致的成本是间接而且不明显的。如果经济个体不知道成本的高低，政府就会倾向于产生超额赤字。布坎南和瓦格纳揭示了上述思想认为，赤字各种历史观点可以用来解释人们对赤字成本的理解局限为什么直到20世纪70年代才产生系统的高额赤字模式。

认知局限尽管可能是造成超额赤字的重要原因，但并非是唯一成因。在某些情况下，人们很清楚有的政策可以改善几乎所有人的经济状况。最明显的例子是恶性通货膨胀，恶性通货膨胀的成本显然十分巨大。因此，人们应该明白全面增税或缩减政府支出的措施可以消除政府对铸币税的需求，结束恶性通货膨胀，提高绝大多数人的经济福利。然而，在财政政策做出改变之前，恶性通货膨胀经常会持续数月甚至数年时间。

---

〔1〕 作为研究人员、教师和政策顾问，经济学家通过改变观念对政策施加影响。即使是非常不希望看到的结果，如果观察到的结果是经济个体在充分了解各替代政策后果之后相互作用所产生的均衡结果，那么我们可以试图去观察和理解，但却无法改变这些结果。但是，由于经济参与者并不会掌握足够的知识来让自己充分了解经济政策的后果，通过我们的研究来帮助人们加深对政策的理解，并通过我们的教学和咨询提供更多的相关信息，经济学家有时可以起到改变结果的作用。

新政治经济学中的大多数研究并不着重讨论认知局限。这可能是因为像恶性通货膨胀这样的现象几乎肯定不会是认知局限造成的;也可能是因为认知局限模型还不成熟,缺乏一个公认的分析框架可以应用于分析新的经济现象;或者是因为很难从该类模型中推导出具体的实证预测结果。

相反,新政治经济学中有大量研究着眼于分析政治活动中的策略互动导致经济产生无效率结果的可能性。也就是说,这些研究考虑的问题是,决策过程的结构和经济结构可能会导致经济参与者在追求其各自目标的过程中产生无效率的结果。我们在第 12.8 节中分析的在低通胀货币政策下产生动态不一致的模型就是一个这样的例子。在该模型中,政策制定者无法遵守低通胀承诺,再加上预期通货膨胀确定之后,政策制定者有激励提高通货膨胀,从而会导致无效率的高通货膨胀结果。

在财政政策情形下,学者们提出了两种主要的策略互动形式,都可以产生无效率的财政赤字。第一,当选的领导人可能会过度举债,使其继任者的财政支出收到限制[佩尔森和斯文森(Persson and Svensson,1989);塔贝里尼和艾斯莱纳(Tabellini and Alesina,1990)]。例如,在当前有关美国财政政策的争论中经常提到限制未来财政支出的意愿。[1]

第二,因为每个利益集团都试图让其他集团承担与之不相称的赤字负担,所以对如何分配赤字削减责任的分歧会拖延财政改革[艾莱斯纳和德拉赞(Alesina and Drazen,1991)]。这一机制无疑与恶性通货膨胀相关。

第 13.5 节和第 13.6 节建立了具体的模型来说明赤字偏差的上述潜在根源。我们将看到上述两种模型都存在严重的缺陷,并不能清楚解释赤字偏差的产生机制。因此,研究这些模型的目的并不是要完全解决赤字来源的问题,而是要说明哪些因素会促使上述两种力量产生赤字偏差,并介绍政治经济学模型通常关注的问题。[2]

13.5 策略性债务积累

本节将分析一种特定的机制,在这种机制下,决策者的策略性行为会导致无效率的高额赤字。其核心思想是,现任决策者会意识到未来的经济政策可能是由与他们观点相左的反对者决定的。特别是,未来的决策者可能会倾向于以现任决策者所不希望看到的方式来消耗资源。这就会导致现任决策者希望限制未来决策者的支出。如果高额政府债务水平可以减少政府支出,那么现任决策者就有理由积

---

〔1〕 但是,至少对于美国来说,并没有证据表明减税和债务攀升会对未来的财政支出产生重大影响。参见 C. 罗默和 D. 罗默(2009)。

〔2〕 为了着重研究赤字偏差,接下来这两节的分析忽略了政治活动产生无效率结果的一些潜在根源。例如,施莱弗和维什尼(Shleifer and Vishny,1992,1993,1994)的研究表明,政治家们追逐私利和策略互动可能会导致定量配给、腐败和无效率的公共部门就业;科特和莫里斯(Coate and Morris,1995)认为,信号方面的顾虑可以用来解释为何政治家通常采用无效率的政治拨款而不是简单的转移支付来使其盟友获利;阿西莫格鲁和罗宾逊(Acemoglu and Robinson,2000,2002)则认为,如果消除无效率会削弱既得利益者的政治权力,那么无效率结果就会长期得不到改善。

累债务。

上述基本思想可以通过两种方式来正式建模。佩尔森和斯文森(Persson and Svensson,1998)探讨了在政府支出水平上的政见分歧:保守派决策者偏好降低政府支出,自由派决策者偏好提高政府支出。佩尔森和斯文森指出,如果保守派决策者特别偏好低支出,他们就会刻意制造财政赤字。[1]

佩尔森和斯文森的模型并没有对赤字的总体趋势做出解释。在他们的模型中,促使保守派决策者扩大财政赤字的原因同样也会促使自由派决策者扩大财政盈余。因此,塔贝里尼和艾莱斯纳(Tabellini and Alesina,1990)研究了关于政府支出构成的分析。他们的基本观点是,如果两类决策者都认定对方会采用自己所厌恶的政府支出模式,那么两类决策者都会有动力积累债务。

本节介绍塔贝里尼和艾莱斯纳的模型并分析该模型的基本含义。该模型的优点在于,在微观经济基础上分析政治行为这个方面,它比大多数政治经济学模型走得更远。在许多政治经济模型中,政党偏好以及执政概率都是外生的。在塔贝里尼和艾莱斯纳的分析中,选举结果是从选民个人偏好和行为假设中推导出来的。因此,他们的模型阐释了政治行为中的一些微观经济问题。

经济假设

假设经济持续两期,第 1 期和第 2 期。实际利率外生且为零。政府支出用于两类公共品,分别用 M 和 N 来表示,具体指军事产品和非军事产品。

在第 1 期,决策者选择用于两类公共品的支出 M_1 和 N_1,以及债务的发行量 D。在第 2 期,决策者选择 M_2 和 N_2,并且必须偿还第 1 期发行的债务。

要使第 1 期的债务发行量影响第 2 期的经济行为,那么李嘉图等价一定不能成立。关于策略性债务积累的文献提出了李嘉图等价失效的两类原因。在佩尔森和斯文森的模型中,失效的原因是税收的扭曲效应,这也是巴罗分析税收平滑的关键。债务积累得越多,意味着在给定政府购买水平下的税赋越重。如果税收具有扭曲作用,并且扭曲会增加边际成本,那就表明当债务水平升高时,给定政府购买水平下的边际成本越高。正如第 13.3 节所示,这反过来又意味着决策者的最优选择是降低政府购买水平。

还有一个因素会使债务发行影响到第 2 期的政策,即政府债务会影响经济中的国民财富水平。若政府在第 1 期发债会导致第 2 期的国民财富减少,则政府就会在第 2 期减少政府购买。政府发债致使国民财富减少的最合理的途径是增加消费。但是,这一作用渠道很难通过流动性约束、预防性储蓄动机或者其他机制来刻画。因此,塔贝里尼和艾莱斯纳采用了一个简便的方法,假设不存在私人消费,并且债务都是对国外发行的外债,债务会直接增加政府在第 1 期的购买和减少在第 2 期的可用资源。

具体而言,第 1 期的预算约束为:

---

[1] 习题 13.10 分析了这个观点,同时也研究了另外一种可能,即政见分歧使保守派决策者选择财政盈余而不是财政赤字。

$$M_1+N_1=W+D \tag{13.21}$$

其中,W 为经济在各期的资源禀赋,D 为决策者发行的债务量。因为利息固定且为零,2 期的预算约束为:

$$M_2+N_2=W-D \tag{13.22}$$

M 和 N 为非负,因此 D 必须满足 $-W<D<W$。

本模型的一个重要假设是,经济个体对两种公共品的偏好是异质的。具体而言,经济个体 i 的目标函数为:

$$\begin{gathered} V_i=E\left[\sum_{t=1}^{2}\alpha_i U(M_t)+(1-\alpha_i)U(N_t)\right], \\ 0\leqslant\alpha_i\leqslant 1,\quad U'(\cdot)>0,\quad U''(\cdot)<0, \end{gathered} \tag{13.23}$$

其中,α_i 为经济个体 i 对军事产品的需求相对于非军事产品的权重。也就是说,所有经济个体从两种公共品中获得的效用都是非负的,这两种公共品对经济个体效用的相对贡献率是不同的。

模型的假设表明,债务发行永远是不可取的。由于实际利率等于折现率,而且每个人的边际效用都会递减,M 和 N 的平滑路径是适合每个人的最优选择。但是,债务发行会导致第 1 期的政府支出大于第 2 期的政府支出,从而违反了平滑路径的要求。同理可知,储蓄(即负的 D 值)也是无效率的。

政治假设

如果第 1 期决策者打算约束第 2 期决策者的行为,那必定是因为第 2 期决策者的偏好有可能不同于第 1 期决策者的偏好。为了考虑这种可能性,塔贝里尼和艾莱斯纳假设经济个体的偏好是固定的,但他们对政治活动的参与是随机的。这就会使得第 1 期决策者无法确定第 2 期决策者的偏好。

下面我们具体说明塔贝里尼和艾莱斯纳的假设会如何影响决策者偏好的确定,最简单的方法是从第 2 期开始研究。给定军事产品的购买量 M_2,非军事产品的购买量可以根据第 2 期的预算约束确定:$N_2=(W-D)-M_2$。因此,第 2 期实际上只有一个选择变量,即 M_2。经济个体 i 在第 2 期的效用是 M_2 的函数:

$$V_i^2(M_2)=\alpha_i U(M_2)+(1-\alpha_i)U([W-D]-M_2). \tag{13.24}$$

由于 $U''(\cdot)$ 为负,$V_i^{2\prime\prime}(\cdot)$ 也为负,这意味着经济个体对 M_2 的偏好是单峰的,即存在一个首选值,M_{2i}^*。对位于 M_{2i}^* 同侧的任意两个值,经济个体会更偏好离 M_{2i}^* 近的值。例如,如果 $M_2^A<M_2^B<M_{2i}^*$,那么经济个体会偏好 M_2^B 而不是 M_2^A。图 13.1 给出了单峰偏好的两个例子。在(a)小图中,经济个体的首选值位于 M_2 的值域 $[0,W-D]$ 之内;而在(b)小图中,首选值位于该值域的边界。

选择变量只有一个,并且偏好是单峰的,这意味着中位数选民定理适用于这种情形。该定理指出,当选择变量为标量且偏好为单峰时,中位数选民最偏好的首选值会在与其他选择变量值的二选一角逐中胜出。为了理解为什么会出现这种情况,我们令 M_2^{*MED} 代表第 2 期选民的首选值 M_{2i}^* 的中位数。现在考虑进行一次全

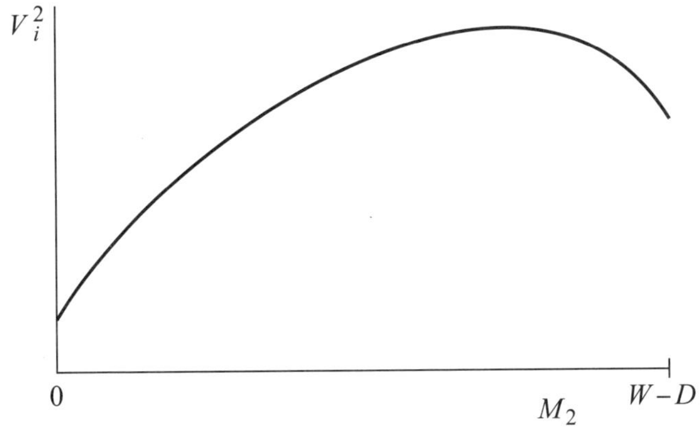

(a)

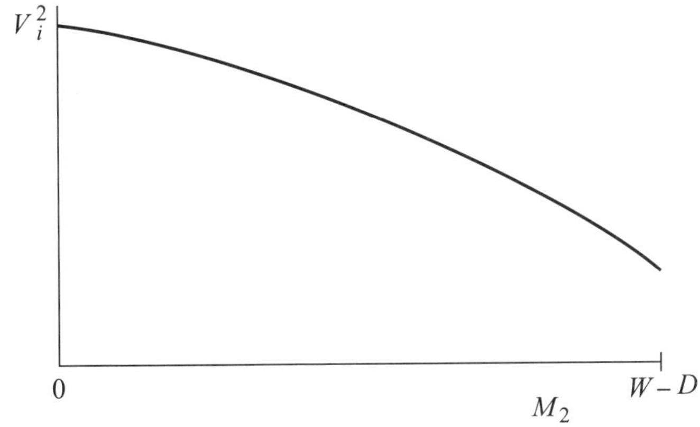

(b)

图 13.1 单峰偏好

民公投,选民需要在 M_2^{*MED} 与 M_2 的某个值 M_2^0 之间做出选择。具体来说,假设 M_2^0 大于 M_2^{*MED},由于 M_2^{*MED} 是 M_{2i}^* 的中位数,大多数选民的 M_{2i}^* 小于等于 M_2^{*MED}。同时,由于偏好是单峰的,所有这些选民都会更偏好 M_2^{*MED} 而不是 M_2^0。当 M_2^0 小于 M_2^{*MED} 时,可以采用类似的分析。

根据中位数选民定理,塔贝里尼和艾莱斯纳假设政治活动会使决策者选择 M_2^{*MED}。由于 M_2^* 是 α 的单调函数,α 值越高的选民会偏好越高的 M_2,他们的假设等价于假设在第 2 期中,α 取值为中位数的选民的个人偏好决定了 M_2 的值。

塔贝里尼和艾莱斯纳并没有明确地描述政治活动产生上述结果的详细过程,但他们的想法是合理的。他们认为,中位数选民定理的逻辑表明,M_2^{*MED} 比 M_2 的任何其他值都更受欢迎。唐斯(Downs,1957)提出了一种具体的选择机制可以确保选择结果就是 M_2^{*MED}。他假设有两位候选人参加竞选,他们的目标是最大化当选概率,并且一旦竞选成功,他们会遵守在竞选时提出的政策承诺。假设在选举前,人们已经清楚第 2 期选民的偏好分布。在上述假设下,唯一的纳什均衡是,两个候选人均宣布当选后会选择 $M_2=M_2^{*MED}$。

在模型中明确引入选民参选的随机性从而使 M_2^* 的中位数产生随机性并不会

得到有益的结论。例如,假设选举成本随机也可以很容易地推出这些模型特征。因此,塔贝里尼和艾莱斯纳把第 2 期中位数选民的 α 值(即 α_2^{*MED})的分布看作是外生的。

现在我们来分析第 1 期政策如何确定。第 1 期的决策比第 2 期复杂,其原因有两点。第一,可选政策集合是二维的,而不是一维的。具体而言,我们可以认为第 1 期决策者首先要选择 M_1 和 D,然后再根据预算约束 $M_1+N_1=W+D$ 来确定 N_1。第二,在确定 M_1 和 D 的偏好时,经济个体必须考虑到他们无法确定第 2 期决策者的偏好。但是,塔贝里尼和艾莱斯纳证明,中位数选民定理的一般形式表明,在第 1 期的选民中,α 值为中位数的选民所偏好的 M_1 和 D 的组合能够在与其他任意组合的二选一投票中胜出。因此,他们假设,第 1 期的政策是由 α 值为中位数的选民的偏好决定的。

以上内容完整地描述了模型的一般情形,但我们在接下来的模型分析仅限于两种特殊情形,这两种特殊情形结合起来就能揭示本模型的核心思想。第一种情形是,选民的 α 仅有 0 和 1 两种取值。第二种情形是,α 的取值严格介于 0 到 1 之间,并且 $U(\cdot)$ 为对数形式。

极端偏好

我们从如下情况开始分析,经济中只存在两类人,其中一类人把全部资源用于购买军事产品,另一类则把全部资源用于购买非军事产品上,即选民的 α 取值仅有 0 和 1 两种可能。

本模型中时期数是有限且固定不变的,为了求解此类动态模型,最简单的方法通常是从最后一期开始进行逆向推理,故我们从第 2 期开始。第 2 期中位数选民的选择非常简单:他/她会根据自身偏好花掉全部可得资源。因此,如果 $\alpha_2^{MED}=1$(即在第 2 期大多数选民的 α 取值为 1),那么 $M_2=W-D$ 并且 $N_2=0$。如果 $\alpha_2^{MED}=0$,那么 $M_2=0$ 并且 $N_2=W-D$。令 π 表示 $\alpha_2^{MED}=1$ 的概率。

现在考虑第 1 期。首先假设第 1 期中位数选民的 $\alpha=1$。由于非军事产品不能给他/她带来任何效用,他/她只会购买军事产品。可见,$M_1=W+D$ 并且 $N_1=0$。决策者唯一需要考虑的问题是选择 D。决策者的期望效用是 D 的函数:

$$U(W+D)+\pi U(W-D)+(1-\pi)U(0) \tag{13.25}$$

上式中的第一项为决策者选择 $M_1=W+D$ 时的效用,其余两项为决策者在第 2 期的期望效用。第 2 期的政策由 $\alpha=1$ 的经济个体决定的概率为 π。在这种情况下,$M_2=W-D$,第 1 期决策者获得的效用为 $U(W-D)$。第 2 期政策由 $\alpha=0$ 的经济个体决定的概率为 $1-\pi$,此时 $M_2=0$,第 1 期决策者获得的效用为 $U(0)$。

方程(13.25)表明,第 1 期决策者选择 D 的一阶条件为:

$$U'(W+D)-\pi U'(W-D)=0 \tag{13.26}$$

上式可以重新整理为:

$$\frac{U'(W+D)}{U'(W-D)}=\pi \tag{13.27}$$

上式表明，如果第 2 期决策者的偏好存在与 1 期决策者的偏好不同的可能性（即如果 $\pi<1$），那么 $U'(W+D)$ 一定会小于 $U'(W-D)$。由于 $U''(\cdot)$ 为负，D 必定为正。当 π 值越小时，$U'(W+D)$ 与 $U'(W-D)$ 之间的差距就会越大，D 就会越大，可见 D 关于 π 递减。[1]

在第 1 期中位数选民的 $\alpha=0$ 时，分析过程是非常相似的。在这种情形下，$M_1=0$ 并且 $N_1=W+D$，决策者选择 D 的一阶条件为：

$$\frac{U'(W+D)}{U'(W-D)}=1-\pi \tag{13.28}$$

上式中，第 2 期中位数选民的 $\alpha=1$ 这种可能性导致了第 1 期决策者选择正的赤字。中位数选民 $\alpha=1$ 的概率越大（即 $1-\pi$ 越小），则赤字就会越高。

讨论

上述分析表明，只要 π 严格介于 0—1 之间，则第 1 期的两类决策者都会选择赤字政策。此外，第 1 期决策者的偏好与第 2 期决策者的偏好不一致的概率越大，则赤字规模就会越大。

上述结论的经济学直觉十分简单。在第 1 期决策者看来，第 2 期决策者有一个正的概率会把经济的资源浪费到无谓的活动中。因此，第 1 期决策者会决定将第 2 期的财富转移到第 1 期，用于他/她认为有用的活动上，而转移财富的途径就是借贷。

因此，在政府支出构成的分歧可能会导致无效率的预算赤字。一种描述无效率的方式是，如果第 1 期决策者和第 2 期的候选决策者可以达成具有约束力的政策协议，那么他们就会同意选择零赤字。其原因在于，任何赤字非零的政策都不是帕累托有效的，只要所有相关参与者之间达成具有约束力的协议就不会产生赤字。可见，模型中产生赤字的原因之一是，根据模型假设，经济个体无法对第 2 期当政后的决策行为做出保证。

候选决策者无法就其政策行为制定有约束力的协议，这是因为经济个体无法就其投票行为做出有约束力的保证。假设第 1 期决策者能够和偏好不同类型的政府购买的第 2 期候选决策者达成具有法律约束力的协议，规定他们自己在当选成为第 2 期决策者之后的行为。如果他们真的达成了这样的协议，那么他们就会失去当选成为第 2 期决策者的机会。这是因为第 2 期的中位数选民会选择与他/她个人偏好一致的候选人，并且该候选人必须尚未对第 2 期资源在两类产品之间的分配做出任何承诺。

关于选民无法保证其行为的假设是合理的。但是，在模型所描述的经济中，还存在其他机制可以避免发生无效率的赤字。例如，在第 1 期决策者选择 D 之前进

---

〔1〕 上述讨论隐含假设了模型存在一个内点解。回忆一下，D 不能超过 W。如果 $U'(2W)-\pi U'(0)$ 为正，那么第 1 期决策者会选择 $D=W$[参见(13.26)式]。因此，在这种情形下，该经济体在第 2 期的全部资源禀赋均用于偿还债务。由此可以得到一个推论，如果概率 π 已经很低，使得 $U'(2W)-\pi U'(0)$ 为正，那么进一步降低 π 并不会影响到 D 的取值。

行第 2 期决策者的竞选,并允许两位决策者达成具有约束力的协议。或者,也通过宪法对赤字设定限制。[1] 但是,在模型中引入不同时期政府支出相对价值的冲击,以及军事产品和非军事产品之间相对价值的冲击很有可能也会导致这些机制本身出现问题。

值得注意的是,塔贝里尼和艾莱斯纳的模型并没有解决在用经济学工具对政治行为进行建模时都会涉及的一些基本问题。我们在此指出两个此类问题。第一个问题也是最重要的问题,经济个体为何会参与政治活动?正如许多研究者观察到的那样,从传统经济学的角度很难理解为何人们会普遍参政。对于大多数经济个体来说,在政治结果上可以获得的个人利益都不太大。如果参政人数众多,那么每个人对政治结果的影响都可以说是微乎其微。例如,一位典型的选民改变美国总统选举结果的概率肯定远远小于百万分之一。这就意味着,即使是非常小的参政成本都足以使普遍参政不能成为一个均衡结果[奥尔森(Olson,1965)]。

解决这一问题的通常办法是直接假设经济个体会参与政治活动(如塔贝里尼和艾莱斯纳的模型)或者假设经济个体会从参政中获得效用。这是一个合理的建模策略:在对参政的影响建模之前就自以为已经充分了解公众参政的原因显然是毫无道理的。同时,对公众参政原因的理解会影响到对他们如何参政的分析。例如,假设公众参政的主要原因是可以从公民意识中获得效用,或者,即使个人意见的表达对政治结果的影响是微不足道的,但公众可以通过表达对候选人立场或行动的好恶而获得效用[P. 罗默(P. Romer,1996)]。如果这些非标准的因素对于人们的参政决定来说十分重要,那么它们就很可能会影响公众参政之后的行为。也就是说,即使某种政治结果可以最大化按传统方式定义的公众利益,假设参政的公众会支持这种结果也很可能会是错误的。然而,在塔贝里尼和艾莱斯纳的模型中,这是一个基本假设(人们会支持能够最大化其传统效用的政策),并且这也是其他大多数政治经济学模型的基本假设。[2]

第二个问题是塔贝里尼和艾莱斯纳的模型所特有的。在他们的模型中,经济个体的偏好是固定不变的,两期间选出的决策者会发生改变的原因在于参政人群会变化。然而,在现实中,个体偏好的变化是导致决策者选举结果出现变化的重要因素。例如,美国历届总统选举结果在民主党候选人和共和党候选人之间来回变动的主要原因并不是公众参选比例的变化,而是选民意见摇摆不定。在分析选举结果变化所导致的影响时,弄清选举结果变化的原因是参选比例还是选民偏好是至关重要的。例如,假设第 1 期决策者认为,第 2 期决策者的偏好之所以会与他/她不同,是因为会有涉及两类政府购买孰优孰劣的新信息出现,那么,第 1 期决策者就没有理由设法限制第 2 期决策者的支出。实际上,第 1 期决策者甚至有可能会打算将第 1 期的资源转移到第 2 期以便更多的政府支出可以根据新信息来决定。

---

〔1〕 参见习题 13.8 对模型中赤字约束的分析。

〔2〕 格林和夏皮罗(Green and Shapiro,1994)对选举行为的经济学模型提出了强烈的批判。

对数效用

现在我们来看塔贝里尼—艾莱斯纳模型的第二种特殊形式。其主要特征是，所有候选决策者都会将资源同时用于军事产品和非军事产品。为了清楚地理解这个问题，我们考虑效用函数 $U(\cdot)$ 为对数函数的情形。为了确保决策者会同时购买这两类产品，我们假设中位数选民的 α 取值严格位于 0 至 1 之间。

我们的分析依旧从第 2 期开始。第 2 期中位数选民的最优问题是，如何在军事产品和非军事产品之间分配其可得资源 $W-D$，最大化他/她的效用。这个问题可以用数学语言正式地表示为如下形式：

$$\max_{M_2} \alpha_2^{MED} \ln M_2 + (1-\alpha_2^{MED}) \ln([W-D]-M_2) \tag{13.29}$$

其中，α_2^{MED} 表示第 2 期中位数选民的 α。求解上述问题可以得到常见的结果，即在对数偏好下，每种产品上的支出与其在效用函数中的权重成正比：

$$M_2 = \alpha_2^{MED}(W-D) \tag{13.30}$$

$$N_2 = (1-\alpha_2^{MED})(W-D) \tag{13.31}$$

现在考虑第 1 期的情形，我们主要关注第 1 期决策者对 D 的选择。为了求解 D，我们不必完整地求解决策者的最大化问题。相反，只需要考虑在给定 D 值并给定实现的 α_2^{MED} 值时，第 1 期决策者从第 2 期决策者的选择中可以获得的效用。令 $V_1^2(D, \alpha_2^{MED})$ 代表这个效用，则：

$$\begin{aligned} V_1^2(D, \alpha_2^{MED}) = {} & \alpha_1^{MED} \ln[\alpha_2^{MED}(W-D)] \\ & + (1-\alpha_1^{MED}) \ln[(1-\alpha_2^{MED})(W-D)], \end{aligned} \tag{13.32}$$

其中，我们根据(13.30)式和(13.31)式，把 M_2 和 N_2 表示为 α_2^{MED} 和 D 的函数。α_1^{MED} 表示第 1 期决策者的 α 值。注意，M_2 和 N_2 的取值依赖于第 2 期决策者的偏好(α_2^{MED})，但军事产品和非军事产品在第 1 期决策者效用函数中的权重是由第 1 期决策者的偏好(α_1^{MED})决定的。

(13.32)式展开化简后可以得到：

$$\begin{aligned} V_1^2(D, \alpha_2^{MED}) &= \alpha_1^{MED} \ln(\alpha_2^{MED}) + \alpha_1^{MED} \ln(W-D) + (1-\alpha_1^{MED}) \ln(1-\alpha_2^{MED}) \\ &\quad + (1-\alpha_1^{MED}) \ln(W-D) \\ &= \alpha_1^{MED} \ln(\alpha_2^{MED}) + (1-\alpha_1^{MED}) \ln(1-\alpha_2^{MED}) + \ln(W-D). \end{aligned} \tag{13.33}$$

(13.33)式表明第 2 期决策者的偏好会影响第 1 期决策者从第 2 期发生的事件中所获得的效用水平，但不会改变 D 对该效用产生的影响。由于 α_2^{MED} 的实现值不会改变 D 对第 1 期决策者从第 2 期中所获得的效用，它也不会影响第 1 期决策者对 D 的最优选择。也就是说，第 1 期决策者对 D 的选择必定与 α_2^{MED} 的分布无关。由于对 α_2^{MED} 的所有分布来说，D 的最优选择都是一样的，我们可以只考虑 α_2^{MED} 与 α_1^{MED} 相等的情况。但是我们已经知道，第 1 期决策者在这种情况下会选择 $D=0$。简言之，在对数偏好情形下，塔贝里尼—艾莱斯纳模型中不存在赤字偏差。

上述结论的经济学直觉是,当所有候选决策者都将资源同时用于购买两种产品时,第 1 期决策者选择赤字政策既有利也有弊。为了便于理解这一点,我们可以分析在第 1 期决策者的 α 值较高而第 2 期决策者 α 值较低的情况下会发生什么。如上所述,对第 1 期决策者来说,赤字政策的好处是可以让他/她将第 2 期转移到第 1 期的大部分资源用在他/她认为比第 2 期决策者的安排更加合理的地方。换句话说,第 1 期决策者会把从第 2 期转移过来的大部分资源用于购买军事产品。赤字政策的缺点则是,第 2 期决策者原本也会将这些资源中的一部分用于在第 2 期购买军事产品。最关键的是,由于第 2 期决策者的 α 值较低会导致第 2 期购买的军事产品较少,对于 1 期决策者而言,增加一些军事产品采购的边际效用就会很高。在对数效用情形下,赤字政策的利弊正好相抵,所以第 1 期决策者会保持预算平衡。在一般情形下,赤字政策的总体效应可正可负。例如,当效用函数 $U(\cdot)$ 比对数函数更弯曲时,第 1 期决策者就会选择盈余政策。

上述分析表明,在对数偏好情形下,决策者对政府购买构成的意见分歧并不会导致赤字偏差。对数偏好是十分常见的,但是,就个人对政府购买不同种类公共产品的偏好而言,我们并不知道对数偏好是否能合理地贴近现实。因此,虽然塔贝里尼和艾莱斯纳所确定的机制会引起赤字偏差,但是我们却很难据此估算赤字的规模。

13.6 推迟的稳定政策

下面我们来分析新政治经济学中导致无效率赤字的第二种原因。分析的基本思路是,当没有任何个人或者利益集团在某个给定时刻控制政策时,决策者之间的互动关系就会产生无效率赤字。具体而言,无效率赤字之所以会持续存在,是因为每个决策者和利益集团都希望其他人来承担大部分的财政改革成本,从而迟迟不愿意推进改革。

很多例子都可以印证这一观点。恶性通货膨胀是最明显的例子。由于恶性通货膨胀会给经济带来巨大的破坏,我们无疑可以认为,必定有一些政策可以显著改善大部分人的福利。然而,利益集团总是会在改革的责任如何划分上争吵不休,使得改革经常会被耽搁。在第一次世界大战之后的恶性通货膨胀中,人们争执的焦点在于应该提高资本税还是劳动所得税。在现代发生的恶性通货膨胀中,人们的争执通常集中预算赤字应该通过普遍增税还是通过减少政府就业和津贴来弥补。

改革责任划分上的分歧会导致赤字长期持续的观点是艾莱斯纳和德拉赞(Alesina and Drazen,1991)提出的。他们的基本思路是,谈判中的各方都会选择拖延以便争取更有利于自己的方案。利益集团会通过任凭现状持续下去而不是同意立刻进行改革来暗示,要让他们同意改革需要付出高昂的代价。其结果就是,选择拖延改革可以提高该集团的期望收益,但代价却是恶化了整体经济形势。因此,尽管众所周知有些政策可以改善每个人的福利,但最终的结果却是经济稳定迟迟不能实现。

艾莱斯纳和德拉赞在他们的模型中假设,财政改革必须进行,而改革的责任则会在两大利益集团之间非对称分配。每个利益集团都会迟迟不愿接受较大的改革责任，而是会寄希望于对方会同意接受。承担较大改革责任的成本越小，利益集团就会越早作出判断，认为妥协的好处大于拖延的好处。艾莱斯纳和德拉赞对这种消耗战进行了正式的研究。

我们将分析一个由谢(Hsieh，2000)提出的艾莱斯纳—德拉赞模型的一个变形。谢没有分析消耗战，而是基于通常用于分析罢工的模型考虑了一个讨价还价模型。这种分析方法的优点之一是，改革责任的非对称性不再是外生的，而是可以成为一个讨价还价的结果。还有一个优点是，这种方法比艾莱斯纳和德拉赞使用的方法更加简单。

假设

假设存在两大利益集团，资本家和工人，这两大利益集团必须决定是否要进行财政政策改革，以及如果要改革的话，改革的成本要如何分担。如果不进行改革，那么双方获得的收益均为零；如果进行改革，那么资本家可以获得的税前收入为 R，工人可以获得的税前收入为 $W>0$。然而，财政改革要求征收总额为 T 的税收。假设 $0<T<W$。我们令 X 代表资本家支付的税额，因此如果进行改革，那么资本家的税后收入为 $R-X$，工人的税后收入为 $(W-T)+X$。

本模型的关键假设是，R 是随机的，并且只有资本家知道其真实值。具体而言，假设 R 在区间 $[A,B]$ 上均匀分布，其中 $B\geqslant A\geqslant 0$。结合先前的假设，R 不能小于 A 意味着，在 0 到 A 之间选择任何 X 都必然可以使两个利益集团的福利比不改革要好。

现在我们来分析两个利益集团进行谈判的一个非常简单的模型。工人向资本家提出关于 X 的方案。如果资本家接受该方案，那么财政改革就可以进行；如果他们拒绝该方案，那么财政改革就无法进行。资本家和工人都会希望最大化其预期税后收入。[1]

模型分析

如果资本家接受工人提出的改革方案，那么他们获得的收益为 $R-X$；如果他们拒绝该方案，那么其收益为零。由此可见，当 $R-X>0$ 时，他们会选择接受。因此，该方案获得通过的概率就是 R 大于 X 的概率。由于 R 在 $[A,B]$ 区间上均匀分布，方案获得通过的概率为：

$$P(X)=\begin{cases}1 & \text{如果 } X\leqslant A\\ \dfrac{B-X}{B-A} & \text{如果 } A<X<B\\ 0 & \text{如果 } X\geqslant B.\end{cases} \tag{13.34}$$

〔1〕讨价还价模型还有很多可能的扩展。特别是，人们会很自然地想到，拒绝改革方案会延迟改革，从而增加双方的成本，但同时也给新的改革方案留出了空间。例如，在谢的模型中，提出改革方案的机会有两次。人们还可以考虑有无限次机会的版本。

如果工人提出的改革方案获得通过,那么他们获得的收益为$(W-T)+X$;如果该方案被拒绝,那么他们的收益为零。我们用$V(X)$表示工人可以获得的预期收益,则该收益等于$P(X)[(W-T)+X]$。根据$P(X)$的表达式(13.34)可得:

$$V(X)=\begin{cases}(W-T)+X & \text{如果 } X\leqslant A \\ \dfrac{(B-X)[(W-T)+X]}{B-A} & \text{如果 } A<X<B \\ 0 & \text{如果 } X\geqslant B.\end{cases} \tag{13.35}$$

工人显然不会提出一份肯定会被拒绝的方案,因为这种方案能获得的预期收益为零,其他方案可以获得的预期收益则会大于零。例如,根据假设,$W-T$大于零,$X=0$的工人承担全部改革成本的方案也可以获得严格为正的收益。此外,如果工人把X值降到资本家肯定会同意的最低水平以下,那么只会导致改革成本增加,对工人没有任何好处。

因此,工人会提出的方案可能有两种。第一,工人可能会选择区间$[A,B]$之内的X值,这样资本家接受该方案的概率严格位于0到1之间。第二,工人可能会在他们认为资本家肯定会接受的方案中选择最保守的一种。由于资本家可以获得的收益为$R-X$,并且R的最低值为A,工人会据此提议$X=A$。

为了正式地分析工人的行为,我们根据(13.35)式,令$V(X)$在$A<X<B$时对X求导数,由此可得:

$$V'(X)=\frac{[B-(W-T)]-2X}{B-A}, \quad \text{如果 } A<X<B \tag{13.36}$$

注意,在整个值域内,$V''(X)$均为负,如果$V'(X)$当$X=A$时为负,那么对于所有A到B之间的X值,$V'(X)$均为负。在这种情况下,工人会提议$X=A$,即他们会提出他们认为肯定会被资本家接受的方案。根据(13.36)式可知,当$[B-(W-T)]-2A$为负时,就会出现这种情况。

另一种情况是,$V'(X)$在$X=A$时为正。在这种情况下,最优解位于区间$[A,B]$之内,可以根据条件$V'(X)=0$来确定。由(13.36)式可知,当$[B-(W-T)]-2X=0$时,就会出现这种情况。

根据上述分析可得:

$$X^*=\begin{cases}A & \text{如果}[B-(W-T)]-2A\leqslant 0 \\ \dfrac{B-(W-T)}{2} & \text{如果}[B-(W-T)]-2A>0.\end{cases} \tag{13.37}$$

(13.34)是说明,在均衡时工人提出的方案被接受的概率为:

$$P(X^*)=\begin{cases}1 & \text{如果}[B-(W-T)]-2A\leqslant 0 \\ \dfrac{B-(W-T)}{2(B-A)} & \text{如果}[B-(W-T)]-2A>0.\end{cases} \tag{13.38}$$

图13.2展示了工人的预期收益V会根据提议的X发生两种可能的变化。当工人提出的方案肯定会被资本家接受时,预期收益会随X增加而一一对应地增加

（直到 $X=A$）。当 $X \geqslant B$ 时，工人提出的方案肯定会被资本家拒绝，工人的预期收益为 0。在预期收益在整个$[A,B]$区间内递减的情形下，如(a)小图所示，工人会提议 $X=A$。在预期收益在$[A,B]$区间内先递增后递减的情形下，如(b)小图所示，工人会提出 X 严格处于该区间之内的方案。

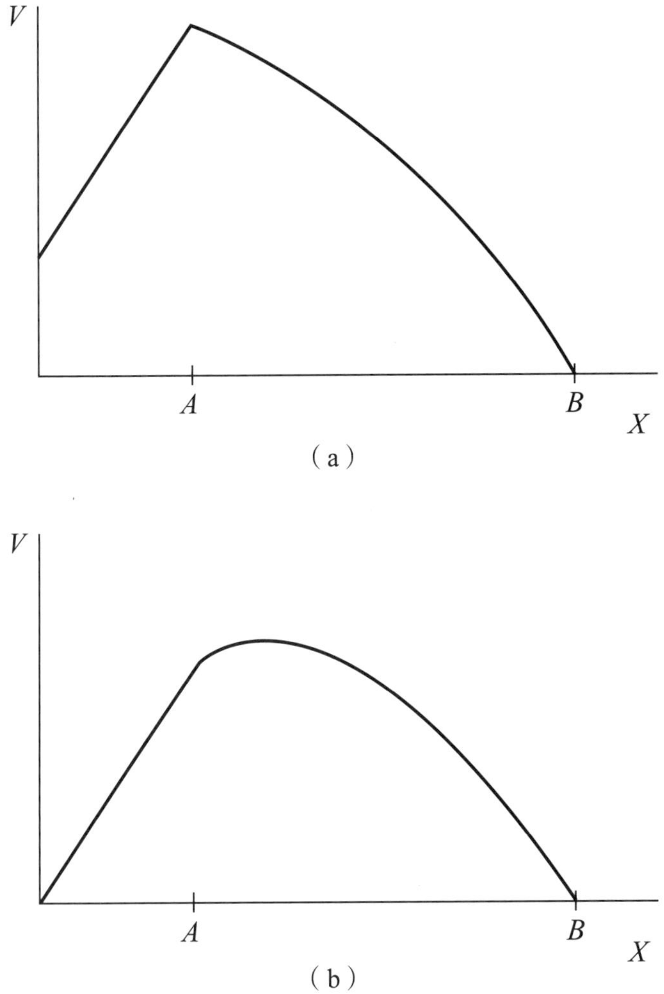

图 13.2　工人的预期收益是提议 X 的函数

讨论

本模型的关键含义是，$P(X^*)$可以小于 1：即使两个利益集团都知道一定存在可以改善双方福利的方案，但却无法对改革方案达成共识。工人可以提出己方支付 $T-A$，并让资本家支付 A，在这种情况下，改革可以使双方均获得好处，改革肯定可以得到顺利推进。但是，如果条件$[B-(W-T)]-2A>0$ 成立，那么工人就会甘冒无法达成协议的风险，提出一份更保守的方案。他们这样做的动机就是希望资本家在利益上做出让步，改善己方的预期结果。

出现无效率结果的必要条件是，工人并不了解改革对资本家有多重要（即工人

不知道 R 值)。为了理解这点,我们可以考虑当 $B-A$(即 R 值最大值与最小值之差)趋近于 0 时会发生什么。工人的提议未必会被资本家接受的条件是 $[B-(W-T)]-2A>0$ 或者 $(B-A)-[(W-T)+A]>0$。由于我们假设了 $(W-T)+A$ 为正,如果 $B-A$ 非常小,则该条件不成立。在这种情况下,工人会提议 $X=A$,这是他们认为资本家一定会接受的最大的 X 值,可以保证改革一定会进行。[1]

上述关于稳定政策延迟的分析解释了这样一种现象,在有些情况下,尽管存在对利益相关各方都更有利的方案,但原来的赤字政策还是会长期持续。同时,本模型还有两个重要的局限性。第一,模型假设只有两类人群,但是现实中大多数人并能简单地区分为工人或者资本家,而是既有资本收入又有劳动收入。可见,相对于政治活动可以使经济政策迅速收敛于中位数选民的偏好这样的假设来说,假设利益严重冲突的外生利益集团之间会进行讨价还价很可能并不合理。

第二个局限是,上述分析实际上并没有确定赤字偏差的根源。它只是确定了推迟政策改变的一种原因,但却包含了任意类型的政策改变。可见,上述分析可以用来解释为什么过度赤字一旦出现就会持续存在。上述分析同样也可以用来解释为什么过度盈余一旦出现就会持续存在。因此,单靠本模型并不能让我们预期平均赤字会出现过高的现象。

可能的原因是,还有其他因素会导致赤字的平均水平过高。其中,艾莱斯纳和德拉赞所确定的因素会导致赤字出现偏离平均水平的惯性。在这种情况下,如果外生冲击导致赤字高于其正常水平,那么惯性作用就会造成非常高昂的社会成本,因为赤字原本就已经过高了。另一方面,如果外生冲击导致赤字低于其平均水平,那么惯性作用就会合意的,因为赤字会向其最优水平靠拢,只不过这种情形并不引人注目。[2]

最后,艾莱斯纳和德拉赞的分析可以解释危机在刺激改革中所起的作用。一个令人信服的旧观点认为,危机就是任由当前形势持续下去会十分危险,但危机实际上可能是件好事,因为它可以倒逼改革。在类似于艾莱斯纳和德拉赞或者谢的模型中,增加改革失败的成本可以促使利益相关各方改变行为方式,从而有利于推进改革。但我们还并不清楚,这种效果是否可以强到足以使危机产生正面的总效用。这个问题的进一步分析可以参考德拉赞和格雷利(Drazen and Grilli,1993)和谢以及习题 13.12。事实证明,确实存在危机可以改善预期福利改善的情况。

13.7 实证应用:政治学与工业国家的赤字

财政政策的政治经济学理论表明,政治体制和政治结果会对预算赤字产生重

---

〔1〕上述讨论的一个含义是,随着 $B-A$ 趋近于零,改革产生的全部剩余都会归于工人。这种结果是人为造成的,因为模型假设了工人能够向资本家提出一个"要么全部接受,要么放弃"的方案。

〔2〕美国在 20 世纪 90 年代后期的财政政策似乎就符合上述模式。当时美国经济在一系列有利的冲击下产生了预料之中的财政盈余。尽管当时最可信的预测结果表明,增加财政盈余对于财政政策的可持续性来说是十分必要的,但决策者们还是普遍支持压低盈余的政策转向。由于对政策如何改变的具体细节存在分歧导致各方很难达成共识,直到 2000 年的大选打破了政治力量平衡之前,一直没有出现任何重大的政策变动,财政赤字长期处于不正常的低位。

要作用。因此，从鲁宾尼和萨克斯（Roubini and Sachs，1989）以及格雷利、马斯安德洛和塔贝里尼（Grilli，Masciandaro and Tabellini，1991）开始，许多学者都研究了政治变量与预算赤字之间的关系。这一领域的研究论文通常并不会尝试从政治经济学理论中得出清晰的预测并对其进行正式的实证检验。相反，这些学者会试图识别数据中广泛存在的模式或者典型事实，并用通俗的方式把它们与有关赤字根源的不同观点联系起来。

初步发现

在鲁宾尼和萨克斯以及格雷利、马斯安德洛和塔贝里尼考虑的时间范围内，赤字的表现具有大量的差异。比利时和意大利等国家的负债率（债务与国内生产总值的比率）在相当长的时期内稳步上升，并达到非常高的水平。澳大利亚和芬兰等国家的负债率一直处于低位。其他国家则表现出更为复杂的模式。此外，大多数国家的负债率一直在下降，直到 20 世纪 70 年代初才转为上升，并一直持续增加直到他们分析的样本期间结束。

赤字行为呈现多样性符合赤字的政治经济学理论，可以当作合适的证据。例如，比利时与挪威是的负债率相差达到 50 个百分点，很难相信这是由于经济基础不同而导致的。如果单纯的经济力量无法解释赤字的差异，那么就必定有其他力量在发挥作用，而政治力量可能就是其中之一。

此外，鲁宾尼和萨克斯（Roubini and Sachs，1989）还证明，赤字的变化似乎在很大程度上偏离了税收平滑。他们考察了 1960～1986 年间 15 个经合组织成员国家。他们发现，不仅每个国家的税收与 GDP 之比都表现出上升趋势，而且在大多数情况下中，该趋势在数量上和统计上都是显著的，这正是赤字偏差会产生的现象。政府设定的税率低低于税收平滑的要求，结果就会导致债务开始积累。随着债务增多，政府就必须增税才能满足预算约束。随着赤字偏差持续，税率就会始终低于可以满足预算约束的预期值，从而需要再次增税。由此可见，税率具有上升趋势这一发现也符合政治经济学模型。

弱势政府与预算赤字

下面我们来看与政治因素特别相关的结论。这一类文献的核心结论是鲁宾尼和萨克斯发现的，他们发现，在 1973 年第一次石油价格冲击之后的十年中，出现大规模赤字的国家在政治特征上和其他国家之间存在系统性差异。前一种国家的政府任期短，经常会采用多党联合执政的形式，后一种国家的政府任期长，权力更加集中。为了检验这种政治模式的影响强度，鲁宾尼和萨克斯用赤字率对一系列经济变量和衡量政府强弱的政治变量进行回归分析。具体而言，他们选择的政治变量测量了政策由单一党派控制的程度，其变动范围从总统制或者一党独大的 0 到少数派政府的 3。鲁宾尼和萨克斯的回归模型如下：

$$D_{it}=a+bWEAK_{it}+c'X_{it}+e_{it} \tag{13.39}$$

其中，D_{it} 表示国家 i 在第 t 年的预算赤字占 GDP 的份额，$WEAK_{it}$ 为政治变量，

X_{it} 是表示所有其他变量的一个向量。上式中 b 的估计值为 0.4,标准误为 0.14。可见,点估计结果表明,政治变量从 0 变为 3 意味着赤字率会增加 1.2 个百分点,这是非常大的变动。

艾莱斯纳和德拉赞提出的理论最能说明弱势政府的重要性:他们的模型表明,无效率的根本原因在于政策并不是由单一利益集团或者政党制定的。但是请回忆一下,该模型并不意味着弱势政府一定会产生高额赤字,而是说明了弱势政府会维持现有的赤字或盈余。这一推论可以通过在回归分析中引入政治变量与赤字滞后项的交互作用进行检验。也就是说,方程(13.39)可以修改为:

$$D_{it}=a+b_1WEAK_{it}+b_2D_{i,t-1}+b_3D_{i,t-1}WEAK_{it}+c'X_{it}+e_{it} \quad (13.40)$$

在上述设定下,赤字从一年到下一年的持续性即 $\partial D_{it}/\partial D_{i,t-1}$ 可以用 $b_2+b_3WEAK_{it}$ 来衡量。在最强势的政府下,要求 $WEAK_{it}=0$,持续性为 b_2;在最弱势的政府下,要求 $WEAK_{it}=3$,持续性为 b_2+3b_3。由此可见,根据艾莱斯纳和德拉赞的模型可以推测 $b_3>0$。

在估计有交互项的回归方程时,把交互项中涉及的变量均放入方程是十分重要的。在方程(13.40)中,我们的做法就是纳入 b_1WEAK_{it} 和 $b_2D_{i,t-1}$ 这两项。举个反例来说明,如果不考虑 $b_2D_{i,t-1}$ 项,那么赤字的持续性就是 b_3WEAK_{it}。因此,模型设定中忽略了 $b_2D_{i,t-1}$ 项就会使得在 $WEAK_{it}=0$ 时赤字的持续性也等于零。这样的人为限制是不合理的。此外,这种限制还会使得模型主要参数 b_3 的估计出现偏差。例如,假设赤字具有持续性,但是这种持续性并不随政府强势与否而发生改变,因此真实情况是 $b_2>0$ 且 $b_3=0$。如果回归方程中没有 $b_2D_{i,t-1}$ 项,那么在 $\hat{b}_3$ 值为正时对数据的拟合是最好的,因为这至少可以符合赤字在弱势政府下会持续这一事实。由此可见,在这个例子中,忽略 $b_2D_{i,t-1}$ 项会使 b_3 的估计偏差变大。类似的分析可以证明 b_1WEAK_{it} 项也应该纳入回归方程。[1]

当鲁宾尼和萨克斯(Roubini and Sachs)估计回归方程(13.40)式时,他们得到 b_2 的估计值为 0.66(标准误为 0.07),b_3 的估计值为 0.03(标准误为 0.03)。因此,估计结果并不能拒绝零假设,即政府的强势程度对赤字的持续性无影响。更重要的是,点估计结果表明,最弱势政府的赤字持续性只是略微高于最强势政府(0.75 比 0.66)。因此,估计结果并不支持艾莱斯纳和德拉赞模型的关键推论。

存在因果关系吗?

政府越弱势,其赤字规模越大,这个结论在统计关系上存在一个常见的问题:该结论也许并不能说明政府的弱势会导致高额赤字。具体原因在于,有一些我们在回归方程中没有控制的经济和预算上的不利冲击有可能会导致赤字和弱势政府同时出现。

---

〔1〕 还应当注意,当变量直接进入并同时通过交互项进入回归方程时,该变量的系数就不再能够用于衡量该变量对因变量的平均影响。例如,在(13.40)式中,$WEAK$ 对 D 的平均影响不再是 b_1,而是 $b_1+b_3\overline{D}_{i,t-1}$,其中,$\overline{D}_{i,t-1}$ 表示 $D_{i,t-1}$ 的均值。由此可见,$b_1+b_3\overline{D}_{i,t-1}$ 的点估计和置信区间可能比 b_1 的点估计和置信区间更有价值。

有两个证据表明，上述遗漏变量问题并不是赤字与弱势政府之间表现出相关性的主要原因。第一个证据来自格雷利、马斯安德洛和塔贝里尼(Grilli，Masciandaro and Tabellini，1991)，他们发现，各国的赤字规模与该国是否采用比例代表制具有很强的相关性。国家并不会为了应对不利冲击而采用比例代表制，但是比例代表制国家的政府通常都比较弱势。

第二个证据来自鲁宾尼和萨克斯。他们以法兰西第五共和国成立前后的法国为案例，试图确定弱势政府是否会导致高额赤字。案例研究是对正式统计分析中的单个或者少数几个数据点进行详细分析的方法。某些案例研究仅仅是描述各种相关变量的行为，因此不如对这些变量进行统计学分析那样有用。但是，优秀的案例研究可以起到两个很有建设性的作用。其一，它们可以开阔研究思路。在没有形成可供检验的假说时，仔细研究某个事件也许揭示某种可能的研究方向。其二，案例研究可以帮助解决困扰统计分析的遗漏变量偏差和反向因果关系等问题。

鲁宾尼和萨克斯的案例研究属于第二种。在1946～1958年间，法国实行了比例代表制，政府分裂和动荡，赤字居高不下。自从1958～1959年，总统制被采纳，在戴高乐获得总统权力之后，赤字迅速下降，且长期维持在低位。

上述十分简要的描述并不能在统计分析的基础上增加新的认识，但是鲁宾尼和萨克斯提出了几项证据，表明政治变量会极大地影响财政赤字。首先，没有任何不利冲击大到足以说明20世纪50年代的巨额赤字还能有政治体制之外的其他根源。由于卷入越南战争和阿尔及利亚战争，法国在这一时期的军费支出确实异常高，但是军事支出占比较小，不足以解释大部分赤字。第二，这一时期的法国政府非常难以就预算问题达成一致。第三，法国政府要想使预算获得批准通常需要大量追加援助和地方项目的开支。最后，戴高乐总统使用新宪法赋予他的权力，采取了一系列削减赤字的措施，这些措施在旧体制下要么失败了，要么根本就不可能被采纳。因此，鲁宾尼和萨克斯提出的新证据有力地证明，法兰西第四共和国的弱势政府和高赤字以及法兰西第五共和国的强势政府和低赤字反映了政治实力和稳定性会对预算结果产生影响。

还有一个例子可以说明案例研究证据可以如何用来讨论因果关系，该例子也是这一类文献的主要结果之一。格雷利、马斯安德洛和塔贝里尼发现，赤字规模与政府官员的人事变动频率呈现较强的正相关关系，与政府换届的频率无关。但是，鲁比尼和萨克斯的案例研究表明，至少从20世纪50年代的法国来看，政府官员的人事变动通常是政府未能就预算问题达成一致的结果。也就是说，案例研究在这里提供的额外证据并不支持对回归系数进行因果解释，而是质疑了因果关系的解释。

结论

鲁比尼和萨克斯以及格雷利、马斯安德洛和塔贝里尼的研究结论传达了两个主要信息。第一，国家的政治特征会影响赤字规模；第二，从上述研究关注的时间范围来看，最重要的政治特征是艾莱斯纳和德拉赞模型中导致预算决策被推迟的因素，例如政府分裂和预算制定权分散。他们的证据并不支持塔贝里尼—艾莱斯纳模型的观点,即一类决策者会蓄意通过大规模积累债务来约束继任者的支出,产生大量赤字。在英国这样的国家中,不同意识形态的政党交替执政,对政策具有很强的掌控力,但是鲁比尼和萨克斯以及格雷利、马斯安德洛和塔贝里尼并没有在这些国家发现任何系统性的高额赤字趋势。相反,他们发现在比利时和意大利这样由一系列政党联盟和少数派政府轮流执政的国家却经常出现大规模赤字。[1] 这意味着理解权力分散会如何导致赤字是非常重要的。特别是,我们想知道艾莱斯纳—德拉赞模型的一种变形是否能解释政府分裂与赤字之间的联系,或者是否还有其他因素在起作用。

13.8 赤字的成本

本章的大部分内容讨论了产生超额赤字的根源,但并没有提及超额赤字成本的大小及其性质,本节将介绍这个问题。

与通货膨胀成本一样,我们对赤字的成本也了解甚少,但其原因却大不相同。理解通货膨胀成本的难点在于,人们普遍认为通货膨胀代价巨大,但经济学家很难识别出通货膨胀会通过何种渠道对经济产生重大影响。对于赤字成本来说,要找到赤字对经济会产生重大影响的原因并不难,难点在于赤字的作用非常复杂,从而很难进行令人信服的福利分析。

本节的第一部分介绍了可持续赤字政策的作用,第二部分讨论了实施不可持续赤字政策会造成的影响,尤其着眼于如果不可持续政策以危机或者“硬着陆”告终时可能会发生什么情况。第 13.9 节介绍一个刻画危机如何产生的简单模型。

可持续赤字的影响

超额赤字的最明显的成本是偏离了税收平滑。如果税率低于预期满足政府预算约束所需的水平,那么预期未来税率就会超过当期税率。这意味着税收收入增加会带来扭曲成本,该扭曲成本的预期折现值将会特别高。

然而,除非增税的边际扭曲成本会随着税收收入增加急剧上升,否则中等规模的超额赤字在一定时期内通过这一作用渠道只能造成很小的成本。这并不意味着偏离税收平滑是无关紧要的。根据一些研究的预测,如果美国的财政政策在未来几十年内不做任何改变,而且只通过增税来满足政府预算约束的话,那么平均税率将远远超过 50%。这样的政策带来的扭曲成本肯定是十分巨大的。再举一个例子,库利和奥海宁(Cooley and Ohanian,1997)认为,在第二次世界大战期间,英国严重依赖税收而不是债务来为政府购买提供资金,这种低赤字政策相对税收平滑来说是无效率的,而且具有很高的福利成本。[2]

李嘉图等价失效可能会导致赤字造成更大的福利损失。当李嘉图等价失效

[1] 然而,彼德森-利鲍姆(Perttersson-Lidbom,2001)通过研究地方政府为塔贝里尼—艾莱斯纳模型以及佩尔森和斯文森(Persson and Svensson,1989)的预测结论提供了证据。

[2] 但是,在他们研究中有一些估计出来的成本是源于高额的资本所得税而不是偏离税收平滑。

时,赤字可以拉高总消费和降低经济的未来财富。可惜的是,估计赤字对福利的影响十分困难,原因有三点:第一,要估计赤字对诸如消费、资本、外国资产持有等变量路径的影响,就需要估计财政政策偏离李嘉图等价的程度。然而,尽管李嘉图等价明显是失效的,但是在它到底有多失败这个问题上还没有形成共识。

第二,福利效应不仅取决于经济偏离李嘉图等价的程度,还取决于产生偏离的原因。例如,假设李嘉图等价失效的原因是流动性约束。这就意味着当期消费的边际效用比未来消费的边际效用高,增加当期消费有很大的好处。在这种情况下,扩大赤字就可以带来比保持税收平滑更高的福利水平[哈伯德和贾德(Hubbard and Judd,1986)]。此外,假设李嘉图等价失效的原因是消费部分取决于经验法则。在这种情况下,我们就不能用消费选择来推测家庭的偏好,也就难以找到合适的方法来评估其他消费路径是否更好。

第三个原因是赤字具有分配效应。由于偿还新债所需的税收会由下一代承担,因此赤字就从子孙后代重新分配给了当代人。此外,赤字会减少资本存量,从而压低工资并提高实际利率,导致财富从工人流向资本家的重新分配。赤字不会带来帕累托改进或帕累托恶化,但这并不意味着人们就不应该讨论赤字的利弊。例如,大多人(包括大多数经济学家)认为,一项政策如果可以让多数人受益少数人受损,即使受损的少数人根本得不到任何补偿,那它也是可取的。在财富从工人流向资本家的情形下,因为工人通常比资本家贫困,所以这样财富再分配很不理想。而赤字从子孙后代向当代人转移的情形更为复杂。一方面,子孙后代的生活水平很可能会比当代人更加优越,从这个角度看,我们会认为这种转移是可取的。另一方面,人们普遍认为储蓄率过低,这意味着回报率已经足够高,人们会愿意重新分配财富,将财富从当代人转移给子孙后代。这就说明将财富从子孙后代转移给当代人是不可取的。出于上述原因,可持续性赤字的福利效应很难评估。

不可持续赤字的影响

很多国家会选择不可持续的财政政策路径,例如采用导致负债率不断攀升的政策。从概念本身来看,不可持续政策就是无法永久持续下去的,因此,一国政府采用这种政策并不意味着它必须刻意行动才能改变其政策路线。赫伯特·斯坦因(Herbert Stein)在著名的斯坦因定律种提出了这一思想:“如果某件事无法永远持续下去,那么它就会停止。”问题在于,政策的停止可能是突发的和意外的。当政府的行为违反预算约束时,其政策就是不可持续的。在这种情况下,外界的发展变化总有一天会迫使政府放弃这种运转方式。正如我们将在下一节种看到的那样,这种被迫发生的改变往往不是通过平稳过渡完成的,而是一场危机,危机带来的通常是财政政策急剧紧缩,总需求大幅下降,资本和外汇市场剧烈震荡,乃至政府债务大量违约。

财政危机的可能性产生了额外的赤字成本。需要注意,政府债务违约本身并不是成本。债务违约是财富从债券持有人向纳税人转移,这通常意味着财富从富人向穷人转移。此外,就外国持有的债务而言,债务违约是财富从外国人向本国居民转移。从国内居民的角度看,这种债务违约是有利的。最后,债务违约减少了政府将来必须募集的收入。由于增税会导致扭曲,违约不仅会导致财富转移,还可以改善效率。

尽管如此,财政危机的确是有成本的。最重要的成本来自危机会扰乱资本市场。简而言之,财政危机很可能会导致金融危机。政府违约、资产价格暴跌以及产出下降等一系列冲击可能会导致许多企业和金融中介机构破产。始于 2008 年的金融危机以及我们在第 10.8 节中讨论的研究结果均有力地证明,金融危机会产生巨大的成本。

财政危机的其他主要成本来自危机很可能会大大提高外国商品的价格。当一个国家的预算赤字急剧减少时,其资本和金融账户盈余很可能也会急剧下降。也就是说,该国可能会从外国人大量购买该国资产的情况迅速转变为极少购买甚至完全不购买的情况,这意味着贸易平衡会迅速转为顺差。要产生这些现象,实际汇率一定会大幅贬值。例如,在 1994～1995 年的墨西哥危机中,墨西哥比索大约贬值了一半。在 1997～1998 年的亚洲金融危机中,许多货币遭受重创,贬值幅度比墨西哥比索还要大得多。

这种实际汇率贬值会通过很多渠道降低福利。由于贬值对应于外国商品的实际价格上涨,贬值会直接降低福利。此外,贬值会增加出口部门和进口商品竞争部门的产出,并减少其他行业的产出。也就是说,贬值是一种部门冲击,它会导致劳动和其他投入要素在部门之间重新配置。由于这种重新配置不可能瞬间完成,结果就会导致失业率和资源空置率暂时上升。此外,由于企业和金融中介机构的债务经常会以外币计价,贬值会直接恶化其财务状况,导致金融危机发生的可能性更大。最后,贬值可能会加剧通货膨胀。由于工人会购买外国商品,贬值会增加生活成本,产生工资上行的压力。另外,由于有的投入品是进口的,贬值还会增加企业的生产成本。用第 6.4 节的术语来说,实际贬值是一种不利的供给冲击。

在微观经济层面上,财政危机会导致大范围的财富再分配,并带来严重的后果。例如,假设一个借债支付养老金和老年医疗补贴的政府突然发生债务违约,从而使其无法再获得借款。其后果之一就是,老年人以及政府债务持有人的生活水平会突然恶化。

财政危机还会产生其他成本。由于财政危机是意料之外的,采用不可持续的财政政策会增加不确定性。债务违约或者其他未能按期偿付债务的行为都会降低政府将来的借贷能力。[1] 最后,危机会导致政府采用有害的政策,例如广泛的贸易限制、恶性通货膨胀、高额资本税等。

财政危机的宏观影响可以归纳为,产出急剧下降且复苏缓慢。这样总结可能会高估采用不可持续财政政策的成本,原因有两个。第一,不可持续的财政政策通常不会是危机的唯一诱因,因此,将危机的全部成本都归因于财政政策是不合适

〔1〕 由于没有类似于国家法院这样的权力机构来迫使政府偿还债务,在国际借贷中有一些十分重要的问题。参见奥伯斯法尔德和罗戈夫(Obstfeld and Rogoff,1996,第 6 章)的相关介绍。

的。第二，在危机爆发前，不可持续的财政政策可能会产生一些好处。例如，它可能会导致货币实际升值，其收益正好与实际贬值导致的成本相反，并导致一段时期的高产出。然而，一旦不可持续的财政政策引发了财政危机，其成本无疑是十分巨大的。

13.9 主权债务危机模型

下面我们来介绍一个简单的政府发债模型。我们着重研究是何种因素导致投资者在任何利率下都不愿购买债务，以及危机的发生是否是出人意料的。[1]

假设

假设某国政府的债务数量为 D，即将到期但没有立即可用的资金，希望将债务展期，即发行数量为 D 的新债来偿还即将到期的债务。该政府可以在下一期获得税收，希望投资者持有债务的时间可以达到一期。

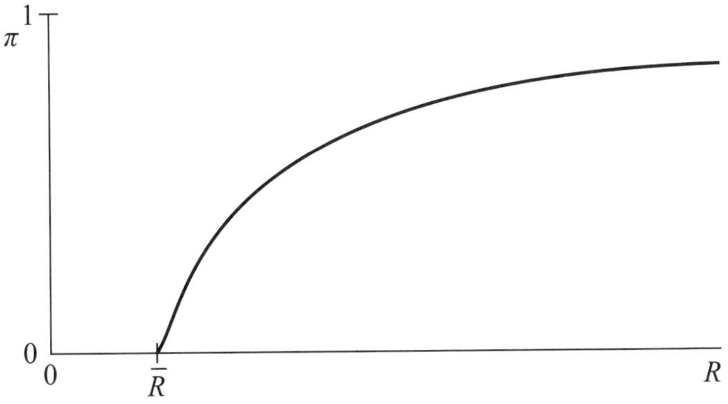

图 13.3　投资者愿意持有政府债务的条件

政府债务的利率为 R，即实际利率为 $R-1$。令 T 表示下一期的税收收入。T 是随机变量，其累计分布函数 $F(\cdot)$是连续函数。如果 T 大于下一期的到期债务额 RD，那么政府就可以偿付投资者持有的债务。如果 T 小于 RD，那么政府就会违约，而政府违约就对应于一次债务危机。

为了使该模型更易于处理，我们提出两个简化假设。第一，假设政府债务要么全部违约要么全部履约：如果政府不能偿付 RD，它就会拒绝偿付全部债务。第二，假设投资者是风险中性的，无风险利率为 $\bar{R}$ 并独立于 R 和 D。这些假设并不影响模型的主要结论。

模型分析

模型均衡由关于违约概率 π 和政府债务利率 R 的两个方程共同决定。由于

〔1〕 更完善的债务危机模型可参见卡沃(Calvo，1988)、考尔和库奥(Cole and Kehoe，2000)以及高希、金、门多萨、奥斯特瑞和古雷西(Ghosh，Kim，Mendoza，Ostry and Qureshi，2013)。

投资者是风险中性的,持有政府债务的期望收益必须等于无风险收益 $\bar{R}$。政府偿付债务 R 的概率为 $1-\pi$,拒绝偿付的概率为 π。可见,模型均衡要求:

$$(1-\pi)R=\bar{R} \tag{13.41}$$

为了方便与第二个均衡条件进行比较,我们重新整理该条件,把 π 表示为 R 的函数,可得:

$$\pi=\frac{R-\bar{R}}{R} \tag{13.42}$$

图 13.3 在 (R,π) 空间中画出了满足(13.42)式的点的轨迹。当政府确定可以偿还债务即 $\pi=0$ 时,$R=\bar{R}$。随着违约概率上升,政府债务的发行利率也会上升,该轨迹是向上倾斜的。最后,当违约概率趋近于 1 时,R 趋向无穷大。

第二个均衡条件来自如下事实:政府是否违约取决于其可用收入相对于需偿付给债券持有人的到期债务总额。特别是,当且仅当 $T<RD$ 时,政府会违约。由此可见,违约概率就是 $T<RD$ 的概率。由于 T 的分布函数为 $F(\cdot)$,我们可以把该条件写为:

$$\pi=F(RD) \tag{13.43}$$

图 13.4 表示满足公式(13.43)的点集。令 T 的最小值和最大值分别表示为 $\underline{T}$ 和 $\overline{T}$,则当 $R<\underline{T}/D$ 时,违约概率为 0,当 $R>\overline{T}/D$ 时违约概率为 1。如果 T 的概率密度函数为钟形,则分布函数的形状如本图所示为 S 型。

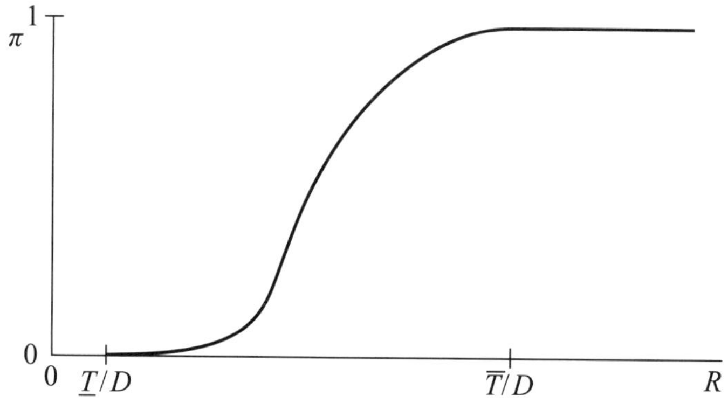

图 13.4 违约概率是利率的函数

同时满足(13.42)式和(13.43)式的点即为均衡点。在该点,给定违约概率,政府债务的利率足以让投资者愿意购买债务;给定利率,违约概率正好是税收不足以偿还债务的概率。但是,除了满足以上两个条件的均衡外,模型还总是会存在另外一种均衡,即投资者相信政府在下一期不会偿付债务,不论利率是多少都不愿购买政府债务。如果无论利率是多少,投资者都拒绝购买债务,那么政府的违约概率一定是 1;如果违约概率为 1,那么无论利息因子是多少,投资者都会拒绝购买债务。

大体上你敢说，这种均衡对应于图中 $R=\infty$，$\pi=1$ 的点。[1]

模型意义

上述模型至少有四个有趣的启示。第一，在违约概率上存在多重均衡。原因很简单，违约概率越高，投资者就会要求越高的利率；如果投资者要求的利率越高，则债务违约的概率就越高。如图所示，表示均衡条件的曲线都是向上倾斜的，这表明它们可以有多个交点。

图 13.5 显示了一种可能出现的情形。在这种情形下，模型存在三个均衡。在 A 点，违约的可能性很低，政府债务的利率仅略高于无风险利率。在 B 点，违约的可能性非常大，政府债务利率比无风险利率高很多。最后一种均衡是，政府债务一定会违约，而投资者不管利率是多少都会拒绝购买政府债务。[2]

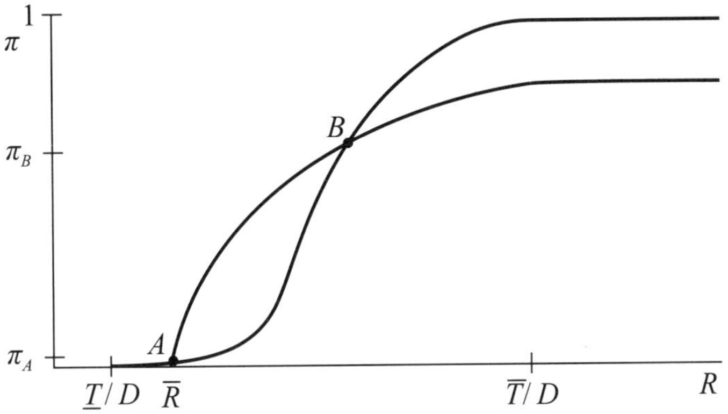

图 13.5 利率与违约概率的确定

在合理的动态变化下，B 点处的均衡并不稳定，而其他两处均衡是稳定的。例如，假设投资者认为违约概率略低于 π_B，那么在投资者愿意购买债务的利率水平上，实际违约概率会低于投资者的推测。因此，投资者对债务违约概率的估计会下降，并且这一过程会一直持续下去，直到经济达到均衡点 A。根据类似的推理可知，如果投资者认为违约概率超过 π_B，则经济会收敛于投资者拒绝在任何利率下

[1] 上述分析可以很容易扩展到债务可以部分违约的情形。例如，假设当税收少于 RD 时，政府把税收收入全部用于偿付给债务持有人。为了分析在这种情况下分析模型，令 π 代表到期债务 RD 中投资者预期不能获得偿付的比例。根据这个定义，投资者愿意持有政府债务的条件与以前相同，仍然是 $(1-\pi)R=\bar{R}$，因此(13.42)式也和以前一样。但是，如果将投资者预期政府会违约的债务比例表示为利率的函数，则该函数会比(13.43)式复杂。该函数在(R,π)空间中的基本形状仍然不变，当 R 非常小时它会等于 0，向上倾斜，当 R 趋向无穷时它会趋近于 1。由于放松假设完全没有改变第一条曲线，也并没有改变另一条曲线的主要特征，模型的主要结论也不会改变。

[2] 一个自然的问题是，政府是否可以按最低均衡利率发行债务来避免多重均衡。答案取决于投资者如何形成对违约概率的预期。一种情形是，投资者会暂且假设政府可以按照发行利率成功发行债务，如果根据这个假设，预期收益率大于等于无风险收益率，那么投资者就会购买政府债务。在这种情形下，政府可以在两条曲线相交的最低利率下发行债务。这种情形并不是唯一的。例如，我们可以假设每个投资者都相信其他投资者认为政府会违约，不论利率是多少，其他投资者都不会购买政府债务，那么，在均衡时就不会有人购买政府债务，从而投资者的信念最终就可以被证明是正确的。

购买债务的均衡点。可见模型存在两个稳定均衡。在其中一个均衡下,利率和违约概率都很低;在另一个均衡下,政府无法让投资者在任何利率下购买其债务,因此政府就会在未清偿债务到期时立即选择违约。简言之,债务违约存在一种自我实现机制。

该模型的第二个启示是,均衡结果的巨大差异并不意味着经济基本面存在巨大差异。原因之一是上文提到的多重均衡:即使两个经济体的基本面相同,也可以是一个经济体处于低 R 和低 π 的均衡,而另一个经济体处于投资者拒绝在任何利率下购买政府债券的均衡。导致均衡结果出现巨大差异的另外一个有趣的原因是均衡集合存在差异。假设有两条曲线的形式如图 13.5 所示,并假设经济体在 A 点处于低 R 和低 π 的均衡。$\bar{R}$ 上升会使曲线 $\pi=(R-\bar{R})/R$ 向右移动,类似地,D 增加会使曲线 $\pi=F(RD)$ 向左移动。如果 $\bar{R}$ 和 D 的变化足够小,那么 π 和 R 的反应就是平滑的。例如,图 13.6 显示了 $\bar{R}$ 从 $\bar{R}_0$ 上升到 $\bar{R}_1$ 所产生的影响,低 R 和低 π 的均衡会从 A 平滑过渡到 A'。但是,假设 $\bar{R}$ 继续上升,如果上升的幅度足够大,比如说上升至 $\bar{R}_2$,那么两条曲线将不再相交。在这种情况下,经济的均衡将是唯一的,投资者不会购买政府债务。由此可见,对于两个基本面相似的经济体来说,有可能其中一个经济体存在政府能够以低利率发行债务的均衡,而在另外一个经济体中,唯一的均衡就是政府无法按任何利率成功发行债务。

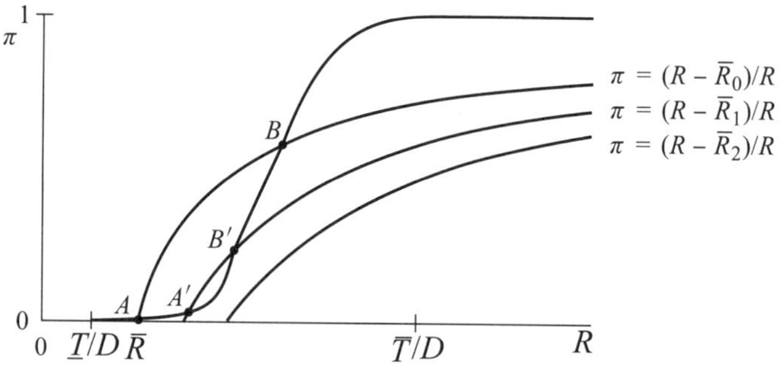

图 13.6 无风险利率提高的影响

该模型的第三个启示是,债务违约的发生总是出乎预料的。也就是说,在现实中,π 的均衡值不可能非常大却又严格小于 1。如果政府可以用于偿债的收入 T 没有不确定性,那么 $\pi=F(RD)$ 的轨迹就会像图 13.6 一样在 $\pi=0$ 或者 $\pi=1$ 附近严重弯曲。由于 $\pi=(R-\bar{R})/R$ 的轨迹不会大幅弯曲,在这种情况下,模型会在一个很小的 π 值处就跳转到债务违约是唯一均衡的情形。也就是说,投资者相信违约概率非常大却又严格小于 1 的情形可能永远都不会出现。由此可见,债务违约总是出乎预料的。

最后一个启示是也是最直观的。违约概率不仅取决于自我实现的信念,也取决于基本面。特别是,违约概率上升的原因包括:政府希望增加借债规模、无风险利率上升以及税收收入的分布函数左移等。上述这些变化要么会导致 $\pi=(R-\bar{R})/R$ 的轨迹向下移动,要么会导致 $\pi=F(RD)$ 的轨迹向上移动。结果就是这些变化都提高稳定均衡下的 π 值。此外,这些变化都会导致经济跳转到投资者拒绝持有政府债务是唯一均衡的情形。因此,该模型表明,高债务、高回报率和低未来政府收入都会增加债务违约的可能性。

多期情形

本模型的多期情形提出了若干有趣的新问题。例如,假设政府打算在两个时期发行债务。政府在第 0 期接手的债务存量为 D_0,令 R_1 表示政府从第 0 期到第 1 期需要支付的利率,R_2 表示从第 1 期到第 2 期支付的利率。为了简单起见,我们假设政府只有在第 2 期才能获得税收收入。因此,当且仅当政府可获得的收入 T 大于到期债务额 $R_1R_2D_0$ 时,政府会在第 2 期清偿债务。最后,由于多期模型没有对多重均衡提出重要的新见解,我们在存在多重均衡时选择 π 值最低(也就是 R 值最低)的均衡。

多期模型提出的新问题中,最有趣的一个问题涉及投资者信念以及投资者对其他投资者信念的信念等等。在什么情况下,投资者持有异质信念可以成为一种均衡?这个问题十分重要却又很难回答。在这里,我们仅简单地假设异质信念是可以存在的。考虑第 0 期的投资者。在单期模型中,多重均衡根据假设是不存在的,投资者对他人信念的信念与他/她自己的行为无关。如果投资者估计未来税收足够偿付债务的概率乘以利率大于等于无风险利率,则该投资者就会选择持有债务。但是,在两期模型中,投资人持有债务的意愿不仅取决于 R_1 和 T 的分布,还取决于 R_2 的大小。而 R_2 反过来又取决于其他投资者在第 1 期对 T 的概率分布的信念。例如,假设给定某个 R_1 值,投资者自身对 $F(\cdot)$的信念表明,如果政府报出的 R_2 仅略高于无风险利率,则违约概率比较低,持有债券是明智的。但是,假设投资者认为,其他人的信念会让他们不论利率大小都拒绝在第 1 期到第 2 期之间持有任何债务,那么该投资者就会认为政府将在第 1 期违约。因此,即使投资者自己对基本面的信念表明政府的财政政策是合理的,他/她在第 0 期也不会购买政府债务。

即使在投资者信念中,其他人的信念使他们不愿在第 1 期持有债券的概率很小,这样的投资者信念也会造成很大的影响,它会提高投资者愿意在第 0 期购买债务所需的 R_1 值,增加政府在第 1 期必须滚动的债务总额,这就会降低政府成功发行债务的可能性,并反过来进一步提高 R_1,如此循环,结果就会导致政府在第 0 期很可能无法成功发行债务。

在多期模型中,更深层次的信念也会变得很重要。例如,如果模型包含 3 期而不是 2 期,那么一个投资者在第 0 期不愿购买债务的原因可能是,他/她认为在第 1 期其他投资者会认为第 2 期的投资者会认为在任何利率下持有债务都不划算。

上述讨论表明,投资者关心其他人关于政府偿付能力的信念,以及其他人对他人信念的信念,如此等等,都是理性的。这些信念会影响政府偿债和发债的能力,从而影响投资者持有债务的预期收益。此外还可以得到一个启示:债务市场发生波动乃至危机的原因不仅可能是有关基本面的信息,还可能是投资者关于基本面的信念,或者关于基本面的信念的信念。

习　题

13.1　财政政策的稳定性。[本题来自布兰德和索洛(Blinder and Solow,1973)。]根据定义,预算赤字等于债务余额的变化率:$\delta(t)\equiv\dot{D}(t)$。令 $d(t)$表示负债率:$d(t)=D(t)/Y(t)$。假设 $Y(t)$的增长率为 $g>0$ 且固定不变。

(a) 假设赤字率为常数:$\delta(t)/Y(t)=a$,其中 $a>0$。

(i) 用 a,g,和 $d(t)$来表示 $\dot{d}(t)$。

(ii) 把 $\dot{d}(t)$看作 $d(t)$的函数并画出图形。这个系统是否是稳定的?

(b) 假设基本赤字率是 $a>0$ 且固定不变,从而时刻 t 的总赤字 $\delta(t)$为 $\delta(t)=aY(t)+r(t)D(t)$,其中 $r(t)$是时刻 t 的利率。假设 r 是负债率的增函数,$r(t)=r(d(t))$,其中 $r'(\cdot)>0$,$r''(\cdot)>0$,$\lim_{d\to-\infty}r(d)<g$,$lim_{d\to\infty}r(d)>g$。

(i) 用 a,g,和 $d(t)$来表示 $\dot{d}(t)$。

(ii) 把 $\dot{d}(t)$看作 $d(t)$的函数并画出图形。如果 a 足够小,使得 $\dot{d}$ 在某些 d 值下小于零,那么系统的稳定性如何?如果 a 足够大,使得 $\dot{d}$ 在所有 d 值下均大于零,那么系统的稳定性如何?

13.2　预防性储蓄,非定额税与李嘉图等价。[本题来自利兰(Leland,1968)与巴斯克、曼昆和扎尔迪斯(Barsky,Mankiw and Zeldes,1986)。]考虑一个生活两期的经济个体。他/她没有初始财富,在两期中获得的劳动收入分别为 Y_1 和 Y_2。Y_1 是已知的,但 Y_2 是随机的;简单起见,假设 $E[Y_2]=Y_1$。政府在第 1 期的收入税税率为 τ_1,在第 2 期为 τ_2。该经济个体可以按固定利率进行借贷,简单起见假设该利率为零。因此第 2 期的消费为 $C_2=(1-\tau_1)Y_1-C_1+(1-\tau_2)Y_2$。该经济个体选择 C_1 以最大化期望终生效用 $U(C_1)+E[U(C_2)]$。

(a) 求出 C_1 的一阶条件。

(b) 如果 Y_2 不是随机的或者效用不是二次函数,证明 $E[C_2]=C_1$。

(c) 如果 $U'''(\cdot)>0$,且 Y_2 是随机的,证明 $E[C_2]>C_1$。

(d) 假设政府小幅降低 τ_1,并按相等的量小幅提高 τ_2,从而其期望总收益 $\tau_1Y_1+\tau_2E[Y_2]$不变。对(a)小题中的一阶条件求微分,求出 C_1 如何对这一变化做出反应的表达式。

(e) 如果 Y_2 不是随机的,或者效用不是二次函数,证明 C_1 不受上述政策变化的影响。

(f) 如果 $U'''(\cdot)>0$,且 Y_2 是随机的,证明 C_1 在上述政策变化下将增加。

13.3　考虑巴罗的税收平滑模型。假设产出 Y 与实际利率 r 均固定不变,并且在时刻 0 的政府债务余额为零。假设从时刻 0 到时刻 τ 之间将会暂时发生战争。因此,当 $0\leqslant t\leqslant\tau$ 时,$G(t)$等于 G_H,此后则等于 G_L,其中 $G_H>G_L$。税收的路径 $T(t)$与政府债务余额的路径 $D(t)$分别是什么?

13.4　考虑巴罗的税收平滑模型。假设 $G(t)$有两种可能的取值,G_H 与 G_L,其中 $G_H>G_L$。两个值之间的转换服从泊松过程(参见第 7.4 节和第 11.2 节)。

具体而言，如果 G 等于 G_H，那么单位时间内政府购买降为 G_L 的概率为 a；如果 G 等于 G_L，那么单位时间内政府购买增加到 G_H 的概率为 b。假设产出 Y 与实际利率 r 均固定不变，且税收扭曲成本为二次函数。

(a) 推导给定时刻税收的表达式，将其表示为 G 等于 G_H 或 G_L、未清偿债务余额以及外生参数的函数。（提示：利用第 11.2 节描述的动态规划方法，找出政府需筹集收入的期望现值的表达式，说明它是 G、未清偿债务余额以及外生参数的函数。）

(b) 讨论你得到的结果。在 G 等于 G_H 期间，税收的路径是什么？为何税收在此期间不是常数？当 G 降到 G_L 时，税收会发生什么变化？在 G 等于 G_L 期间，税收的路径是什么？

13.5 如果税率服从随机游走过程，并且该过程的冲击方差有一个严格为正的下界，则它将最终超过 100%或者变为负数的概率为 1。这一观察是否表明，具有二次扭曲成本的税收平滑模型既不能用作财政政策的实证模型，也不能用作规范模型，因为这种模型对客观世界的描述明显是不正确的，显然也不能提供恰当的政策建议？简要解释你的答案。

13.6 孔多塞悖论。假设有三个投票者，1、2 和 3，以及三种可能的政策，A、B 和 C。投票者 1 的偏好顺序是 A、B、C；投票者 2 的顺序是 B、C、A；而投票者 3 的顺序是 C、A、B。是否有某个政策可以在分别与另外两种政策对决的选举中赢得多数选票？请给出解释。

13.7 考虑 α 只能取 0 或 1 两个值的塔贝里尼—艾莱斯纳模型。假设存在某个初始债务水平 D_0。D_0 会如何影响第 1 期的赤字？

13.8 考虑 α 只能取 0 或 1 两个值的塔贝里尼—艾莱斯纳模型。假设在获知第 1 期中位数选民的偏好之前，就已经确定了债务发行量 D。具体而言，选民在 $\alpha_1^{MED}=1$ 与 $\alpha_w^{MED}=1$ 的概率相等时会投票选择 D。令 π 表示这个相等的概率值。假设两期的中位数选民是互相独立的。

(a) 对于 $\alpha=1$ 的经济个体，把期望效用表示为 D，π 与 W 的函数。

(b) $\alpha=1$ 的经济个体最偏好的 D 值是多少？相应的一阶条件是什么？

(c) $\alpha=0$ 的经济个体最偏好的 D 值是多少？

(d) 根据上述结论，如果选举者在获知第 1 期的中位数选民之前对 D 进行投票，那么中位数选民偏好的 D 值是多少？

(e) 简要解释(d)小题中分析的问题与下述问题有何不同：如果在获知第 1 期的中位数选民的偏好之前提出预算平衡法案，经济个体是否会支持该提案？

13.9 考虑 α 只能取 0 或 1 两个值的塔贝里尼—艾莱斯纳模型。假设模型中有三个时期，第 1 期的中位数选民确定第 1 期和第 2 期的政策，但在第 3 期由一个新的中位数选民来确定政策。假设在第 1 期，中位数选民的 α 为 1，并且第 3 期中位数选民的 α 为 1 的概率为 π。

(a) $M_1=M_2$ 是否成立？

(b) 假设在第 1 期选择政府购买之后，第 1 期的中位数选民了解到，第 3 期中位数选民的 α 为 1 的概率不是 π，而是 π'，并且 $\pi'<\pi$。这个消息会如何影响他/她

在第 2 期对政府购买的选择?

13.10　佩尔森—斯文森模型。[本题来自佩尔森和斯文森(Persson and Svensson,1989)。]假设模型有两个时期。政府政策在两个时期中分别由不同的决策者掌控。在第 t 期,决策者的目标函数为 $U+\alpha_t[V(G_1)+V(G_2)]$,其中 U 是公民从私人消费中得到的效用;α_t 是第 t 期的决策者赋予公共消费的权重;G_t 是第 t 期的公共消费;$V(\cdot)$满足 $V'(\cdot)>0$,$V''(\cdot)<0$。私人效用为 $U=W-C(T_1)-C(T_2)$,其中 W 表示禀赋;T_t 是第 t 期的税收;$C(\cdot)$是筹集收入的成本,满足 $C'(\cdot)\geqslant 1$,$C''(\cdot)>0$。在第 2 期结束时必须清偿所有政府债务,这就意味着 $T_2=G_2+D$,其中 $D=G_1-T_1$ 是政府在第 1 期的债务发行量,假设利率为零。

(a) 给定 D,求第 2 期决策者选择 G_2 的一阶条件。(注意:本题所有问题均假设决策者的最大化问题有内部解。)

(b) D 的变化如何影响 G_2?

(c) 假设第 1 期的决策者可以选择 G_1 和 D,求出他/她选择 D 的一阶条件。

(d) 证明:如果 α_1 小于 α_2,那么相比税收平滑,模型均衡时在第 1 期会有无效率的低税收(即证明均衡状态下 $T_1<T_2$)。直观解释为什么会出现这种情形。

(e) (d)小题中的结论是否表明,如果 α_1 小于 α_2,那么第 1 期的决策者必定会采用赤字政策?请解释原因。

13.11　考虑艾莱斯纳—德拉赞模型。简述下述情况是否会影响工人的提议和改革概率,如何影响?

(a) T 下降。

(b) B 上升。

(c) A 与 B 上升相同的幅度。

13.12　危机与改革。考虑第 13.7 节中的模型。假设在没有改革时,工人与资本家获得的收益都是 $-C$ 而不是 0,其中 $C\geqslant 0$。

(a) 找出关于工人提议与改革概率的类似于(13.37)式与(13.38)式的表达式。

(b) 社会福利定义为工人与资本家的预期收益之和。证明 C 的增加会提高用这种方法计算的社会福利。

13.13　条件与改革。考虑第 13.6 节中的模型。假设如果工人和资本家都同意改革,则某国际机构愿意分别给他们提供数量为 $F>0$ 的资金。请通过类似于习题 13.12 的分析证明,这类援助措施的确会提高改革概率,并提高按照其中(b)小题定义的社会福利。

13.14　政府支出的公地问题。[本题来自温加斯特、谢普斯和约翰逊(Weingast, Shepsle and Johnsen,1981)。]假设经济由 $M(M>1)$个议会地区组成。生活在地区 i 的代表性经济个体的效用为 $E+V(G_i)-C(T)$。其中 E 表示禀赋,G_i 是地区 i 的本地公共物品水平,T 是税收(假设在所有地区都相等)。假设 $V'(\cdot)>0$,$V''(\cdot)<0$,$C'(\cdot)>0$ 并且 $C''(\cdot)>0$。政府的预算约束为 $\sum_{i=1}^{M}G_i=MT$。各个地区代表提出 G 在他/她所在地区的价值。每个地区代表都最大化其所在地区代表性经济个体的效用。

(a) 根据其他地区代表提出的 G_i 值以及政府预算约束(预算约束表明 $T=(\sum_{i=1}^{M}G_i)/M$),求出地区 j 的代表选择G_j 值的一阶条件。(提示:假设本题存在内点解。)

(b) 求出 G 值的纳什均衡条件。也就是说,找出 G 值的条件,使得如果所有其他地区代表选择该 G 值为G_i 值时,则给定的地区代表也希望选择这个 G 值。

(c) 这个纳什均衡是否是帕累托有效的?请解释。该结论的直观含义是什么?

13.15 缓解公地问题的债务手段。[本题来自谢瑞和考尔(Chari and Cole,1993)。]考虑与习题 13.14 相同的设定。假设存在一个初始债务水平 D,从而政府的预算约束为 $D+\sum_{i=1}^{M}G_i=MT$。

(a) D 上升会如何影响G 的纳什均衡水平?

(b) 直观地解释为什么(a)小题与习题 13.14 中的结果表明,在两期模型中,若地区代表在第 1 期的 G 值确定之后再选择 D,则地区代表会选择 $D>0$。

(c) 你认为在两期模型中,若地区代表在第 1 期的 G 值确定之前就选择 D,地区代表是否仍然会选择 $D>0$?请给出直观解释。

13.16 考虑第 13.9 节中的危机模型,假设 T 在区间$[\mu-X,\mu+X]$上服从均匀分布,其中 $X>0$ 且 $\mu-X\geqslant 0$。说明下述变化会分别如何影响(R,π)空间中确定 R 与 π 的两条曲线:

(a) μ 增大。

(b) X 减小。

术语对照表

A

Accelerationist Phillips curve 加速主义菲利普斯曲线

Accelerator 加速器

Accounting-style income decompositions 核算性质的收入分解

Actual vs. break-even investment 实际投资与持平投资

Additive technology shocks 具有可加性的技术冲击

Adjustment costs 调整成本

Adverse selection 逆向选择

Agency costs 代理成本

Agency problems 代理问题

Aggregate demand 总需求

Aggregate demand externalities 总需求的外部性

Aggregate demand shocks 总需求冲击

Aggregate risk 总体风险

Aggregate supply 总供给

Aggregate supply-aggregate demand diagram 总供给—总需求示意图

Aggregate supply curve 总供给曲线

Aggregate supply shocks 总供给冲击

Aghion-Howitt model 阿吉翁—豪伊特模型

Aid policy 援助政策

Alaska Permanent Fund 阿拉斯加永久基金

Alesina-Drazen model 艾莱斯纳—德拉赞增模型

Animal spirits 动物精神

"Anti-inertia" 反惯性

Arbitrage 套利

Arbitrageurs 套利者

Arrow-Debreu commodities 阿罗-德布鲁商品

AS-AD diagram *AS*－*AD* 示意图

Asset-price movements 资产价格变动

Asset prices 资产价格

Asset sales 资产出售

Asymmetric information 不对称信息

Asymmetries 不对称性

Augmented Dickey-Fuller test 扩展的迪基—福勒检验

Autarchy 自给自足

Autoregressive processes 自回归过程

Average 平均

B

Baby boomers 婴儿潮

Backshift operator 后退算子

Backward-looking monetary policy model 后顾型货币政策模型

Bagehot's dictum 白芝浩原则

Balanced growth path 平衡增长路径

Bank failures 银行倒闭

Bank runs　银行挤兑
Bankruptcies　破产
Bargaining　议价
Barro-Gordon model　巴罗—戈登模型
Barro tax-smoothing model　巴罗税收平滑模型
Basic scientific research　基础科学研究
Baumol-Tobin model　鲍莫—托宾模型
Bellman equation　贝尔曼方程
Beveridge curve　贝氏曲线
Blacks vs. whites，consumption of　黑人和白人的消费
Blanchard model　布兰查德模型
Bonds　债券
Break-even vs. actual investment　持平与实际投资
Bubbles　泡沫
Budget constraint　预算约束
Budget deficits　预算赤字
Budget surpluses　预算盈余
Buffer-stock saving　缓冲库存储蓄
Bureau of Labor Statistics（BLS）　美国劳工统计局
Bursting bubbles　泡沫破裂
Business-creating effect　照顾生意效应
Business-stealing effect　偷生意效应

C

Calculus of variations　变分法
Calibration　校准
Calvo model　卡尔沃模型
Calvo wage adjustment　卡尔沃工资调整
Calvo-with-indexation model　指数化卡尔沃模型
Capital　资本
Capital accumulation　资本积累
Capital adjustment costs　资本调整成本
Capital-asset pricing model　资本—资产定价模型
Capital-augmenting technological progress　资本增强型技术进步
Capital flows　资本流
Capital income　资本收入
Capital-labor ratio　资本劳动比
Capital-market imperfections　资本市场不完美性
Capital mobility　资本流动性
Capital-output ratio　资本产出比
Capital replacement costs　资本重置成本
Caplin-Spulber model　卡普林—施普尔伯模型
Carbon，social cost of　碳排放的社会成本
Case studies　案例研究
Cash flow　现金流
Cash-in-advance constraint　现金先行约束
Central-bank independence　中央银行独立性
Central banks　中央银行
Certainty-equivalence behavior　确定性等价行为
Christiano-Eichenbaum-Evans model　克里斯蒂亚诺—埃岑鲍姆—埃文斯模型
Classical measurement error　传统的测量误差
"Clearance" sale　清仓甩卖
Climate change　气候变化
Closed-end mutual funds　封闭式共同基金
Cobb-Douglas matching function　柯布—道格拉斯匹配函数
Cobb-Douglas production function　柯布—道格拉斯生产函数
Coefficient of relative risk aversion　相对风险规避系数
Colonialism　殖民主义
Commitment considerations　承诺因素
Communism，and social infrastructure　共产主义与社会基础设施
Compensation schemes　补偿制度
Competition　竞争
Competitive search models　与竞争性搜寻模型
Complementarity　互补性
Composition bias　构成偏差
Computers，and productivity rebound　计算机，与生产率反弹

Difference in differences　双重差分
Diminishing returns to scale　规模报酬递减
Directed search　定向搜寻
Discount factors　折现因子
Discount rates　折现率
Discrete time　离散时间
Disease risk and colonialism　疾病风险与殖民主义
Disinflation　反通货膨胀
Distortionary taxes　扭曲性税收
Diversion　挪用
Divine coincidence　神奇的巧合
"Dot-com bubble"　互联网泡沫
DSGE models　DSGE 模型
Dual labor markets　对偶劳动市场
Durable goods　耐用品
Dynamic efficiency　动态有效性
Dynamic inconsistency　动态无效性
Dynamic inefficiency　动态无效性
Dynamic new Keynesian models　动态新凯恩斯模型
Dynamic programming　动态规划
Dynamic stochastic general-equilibrium models　动态随机一般均衡模型

E

Economic crisis of 2008　始于 2008 年的经济危机
Education　教育
Effective labor　有效劳动
Effective labor demand　有效劳动需求
Effectiveness of labor　劳动的有效性
Efficiency-wage models　效率工资模型
Efficiency wages　效率工资
Efficient contracts　效率合同
Effort function　努力函数
Elasticity of substitution　替代弹性
Embodied technological progress　物化技术进步
Employment movements　就业变动
Endogenous growth models　内生增长模型
Endogenous information acquisition　内生信息获取
Endogenous technological change　内生技术变迁
Entrepreneurship　创业精神
Environmental issues　环境问题
Equity financing　股权融资
Equity-premium puzzle　股权溢价之谜
Ethier production function　埃塞尔生产函数
Ethnic diversity, and social infrastructure　种族多样性，与社会基础设施
Euler equation　欧拉方程
Event-study methodology　事件研究法
Excess returns on assets　资产超额收益
Excess sensitivity of consumption　消费的过度敏感性
Excess smoothness of consumption　消费的过度平滑
Excess volatility　过度波动
Exchange-rate intervention　汇率干预
Exchange rates　汇率
Excludability　排他性
Executive power, constraints on　决策能力，约束
Expectations　预期
Expectations-augmented Phillips curve　预期增强的菲利普斯曲线
Expected inflation　预期通货膨胀
Expected utility　期望效用
External adjustment costs　外部调整成本
External habits　外部习惯
External validity　外部效度
External vs. internal financing　外部与内部融资
Externalities　外部性
Extractive states vs. settler colonies　抽血式政权与殖民者侨居地

F

Factor returns/flows　要素报酬/流
Fair wage-effort hypothesis　公平工资—努力程度假说
Federal funds rate　联邦基金利率

G

H

Habit formation 习惯形成
Half-life 半衰期
Hamiltonian 汉密尔顿函数
Harris-Todaro model 哈里斯—托达罗模型
Harrod-neutral technological progress 哈罗德中性技术进步
Hazard rate 风险率
Health care costs 医疗保健费用
Hedging of risks 风险对冲
Hicks-neutral technological progress 希克斯中性技术进步
Hierarchical institutions 等级制度
Hicks-neutral technological progress 希克斯中性技术进步
High-powered money 高能货币
Hodrick-Prescott filter 霍德里克—普雷斯科特滤波器
Home bias 本地偏差
Horse-race regressions 赛马回归
Households 家庭
"Housing bubble" 房地产泡沫
Housing market 住房市场
Human capital 人力资本
Hybrid IS curve 混合 IS 曲线
Hybrid Phillips curve 混合菲利普斯曲线
Hyperinflation 恶性通货膨胀
Hysteresis 迟滞

I

Identity operator 恒等算子
Idiosyncratic risk 特定风险
Immigrants, and wage differences 移民,与工资差异
Impatience, and consumption 无耐心,与消费
Imperfect competition 不完全竞争
Imperfections in financial markets 金融市场的不完美性
Imperfect information 不完美信息
Implicit contracts 隐性合同
Implicit differentiation 隐函数微分法
Inada conditions 稻田条件
Incentive-compatible contracts 激励相容合同
Incentive contracts 激励合同
Income differences 收入差距
Income effect 收入效应
Income, permanent vs. transitory 收入,永久性与暂时性
Incomplete markets 不完全市场
Increasing returns to scale 规模报酬递增
Indexation 指数化
Indivisible labor 不可分劳动
Inertia, in deficits 惯性,赤字
Inertia, inflationary 惯性,通货膨胀的
Infinite duration 无限生存期
Infinite output, in research and development model 无限产出,研究与开发模型中的
Infinitely lived households 无限寿命家庭
Inflation 通货膨胀
Inflation bias 通货膨胀偏差
Inflation-indexed bonds 通货膨胀指数化债券
Inflation inertia 通货膨胀惯性
Inflation-output tradeoff 通货膨胀—产出权衡取舍
Inflation shocks 通货膨胀冲击
Inflation targeting 通货膨胀目标
Inflation-tax Laffer curve 通货膨胀—税收拉弗曲线
Inflation-tax revenues 通货膨胀—税收收入
Information technology, and productivity rebound 信息技术,与生产力反弹
Informationally insensitive assets 信息不敏感资产
Input-output linkages 投入—产出关系
Insensitivity of profit function 利润函数的不灵敏性
Inside the unit circle 单位圆内部
Insider-outsider models 局内人—局外人模型
Instantaneous utility functions 瞬时效用

J

K

L

Linear growth models　线性增长模型
Liquidity, concept of　流动性,概念
Liquidity constraints　流动性约束
Liquidity crisis　流动性危机
Liquidity effect　流动性效应
Liquidity trap　流动性陷阱
LM curve　LM 曲线
Logarithmic utility　对数效用
Log-linear approximation　对数线性近似
Log-linearization　对数线性化
Lognormal distribution　对数正态分布
Long-term interest rates　长期利率
Lucas asset-pricing model　卢卡斯资产定价模型
Lucas critique　卢卡斯批评
Lucas imperfect-information model　卢卡斯不完美信息模型
Lucas supply curve　卢卡斯供给曲线

M

Macroeconomic contagion　宏观经济传染
Macroeconomic crisis of 2008　始于 2008 年的宏观经济危机
Macroeconomic effects of financial crises　金融危机的宏观经济影响
Maddison Project　麦迪逊计划
Malthusian determination of population　马尔萨斯人口决定论
Mankiw-Reis model　曼昆—雷斯模型
Marginal disutility of work　工作的边际负效用
Marginal product of capital　资本的边际产出
Marginal q　边际 q
Marginal revenue-marginal cost diagram　边际收益—边际成本示意图
Market beta　市场 β
Market-clearing condition　市场出清条件
Markup　加成
Martingale　鞅
Matching function　匹配函数
Maturity mismatch　期限错配
Mean-variance objective function, asset holdings with　资产持有量的均值方差目标函数
Measurement error　测量误差
Median-voter theorem　中间选民定理
Medical costs　医疗费用
Menu costs　菜单成本
Method of undetermined coefficients　待定系数法
Minimum wage　最低工资
Mispricing of assets　资产定价错误
Model-based risk　模型风险
Models　模型
Modern approach to labor market　劳动市场的现代方法
Modified golden-rule capital stock　修正黄金律资本存量
Modigliani-Miller theorem　莫迪利亚尼—米勒定理
Monetary conditions index　货币条件指数
Monetary disturbances　货币扰动
Monetary policy　货币政策
Money　货币
Money demand　货币需求
Money-financed tax cut　货币融资的减税
Money growth　货币增长
Money-in-the-utility-function　货币效用函数
Money market　货币市场
Money-output regressions　货币—产出回归
Money-stock rules　货币存量规则
Monopoly power　垄断势力
Moral hazard　道德风险
Mortgage-backed securities　住房抵押贷款证券
MP curve　MP 曲线
Multiple equilibria　多重均衡
Multiplier-accelerator　乘数—加速数
Multisector models　多部门模型
Mutual fund separation theorem　共同基金分离定理
Mutual funds　共同基金

N

O

P

Political-economy theories of budget deficits 预算赤字的政治经济学
Political participation 政治参与
Political power 政治权力
Political Risk Services 政治风险服务
Pollution 污染
Ponzi games 庞氏游戏
Population 人口
Potential output 潜在产出
Precautionary saving 预防性储蓄
Predetermined prices 预定价格
Present-value Hamiltonian 现值汉密尔顿函数
Presidential political systems 总统制政治体制
Price adjustment 价格调整
Price indexes 价格指数
Price-level inertia 价格水平惯性
Price-level paths 价格水平路径
Price-price Phillips curve 价格—价格菲利普斯曲线
Price rigidity 价格刚性
Price-setters 价格制定者
Pricing kernel 价格核心
Primary deficit 主要赤字
Primary jobs 主要职务
Private incentives for innovation 创新的私人激励
Private vs. social returns 私人与社会回报
Production functions 生产函数
Productivity growth 生产力增长
Profit functions 利润函数
Property rights 产权
Proportional output taxation 产出比例税
Proportional representation 比例形式
PSID (Panel Study of Income Dynamics) 收入动态面板研究(PSID)
Punishment equilibria 惩罚均衡

Q

q theory model of investment 投资的 q 理论模型
q (value of capital) q(资本价值)
Quadratic adjustment costs 二次调整成本
Quadratic utility 二次效用
Quality-ladder models 质量分级模型
Quantitative easing 量化宽松

R

Ramsey-Cass-Koopmans model 拉姆塞—卡斯—库普曼斯模型
Random walk 随机行走
Random walk with drift 带漂移项的随机行走
Random-walk hypothesis 随机行走假说
"Rater pays" model "有偿评级"模式
Rational expectations 理性预期
Rational political business cycles 理性政治经济周期
Raw labor vs. human capital 原始劳动与人力资本
Reaction function 反应函数
Real-business-cycle theory 实际经济周期理论
Reallocations, productivity and 生产力与再分配
Real non-Walrasian theories 实际非瓦尔拉斯理论
Real rigidity 实际刚性
Real-wage function 实际工资函数
Recessions 衰退
Regime changes 政权更替
Renegotiation-proof contracts 防止重议价合同
Rent-seeking 寻租
Reputation, and dynamic inconsistency 声誉,与动态不一致性
Research and development 研究与开发
Research and development effect 研究与开发效应
Research and development model 研究与开发模型
Reserve Primary Fund 储备首选基金
Retail deposits 零售存款

S

Sunspot equilibria　太阳黑子均衡
Super-inertial monetary policy　超惯性货币政策
Supply shocks　供给冲击
Suspension of payments　暂停付款
Symmetric adjustment costs　对称调整成本
Symmetric equilibrium　对称均衡
Synchronized price-setting　同步定价

T

Tabellini-Alesina model　塔贝里尼—艾莱斯纳模型
Tail risks　尾部风险
Talented individuals　人才
Tanzi effect　坦兹效应
Taste shocks　偏好冲击
Tax cuts　减税
Tax revenues　税收收入
Tax-smoothing　税收平滑
Tax vs. debt financing　税收与债务融资
Taxes　税收
Taylor model　泰勒模型
Taylor rules　泰勒规则
Taylor-series approximations　泰勒级数近似
Technological change　技术变迁
Technology　技术
Technology shocks　技术冲击
Term premium　期限升水
Term structure of interest rates　利率的期限结构
Thick-market effects　厚市场效应
Time-averaging problem　时间平均问题
Time-dependent price adjustment　时间依存价格调整
Time-inconsistent preferences　时间不一致偏好
Tobin's q　托宾 q
Tradable consumption goods　可交易消费品
Trade balances, and debt crises　贸易余额，与债务危机
Traditional approach to labor market　传统的劳动市场分析方法
Traditional IS curve　传统 IS 曲线
Transactions demand for money　货币的交易需求
Transfer payments　转移支付
Transition dynamics　转型动态
Transitory consumption　暂时消费
Transitory income　暂时性收入
Transparent institutions　透明制度
Trend stationarity　趋势稳定性
Tropical countries, poverty in　热带国家，贫穷
t-statistic vs. confidence intervals　t 统计量和置信区间
Two-sided Ss policy　双向 Ss 规则
Two-stage least squares　两阶段最小二乘法

U

Unbalanced price-setting　不平衡定价
Uncertainty　不确定性
Underemployment equilibria　非充分就业均衡
Underlying (core) inflation　潜在(核心)通货膨胀
Underwriters Laboratories　保险商实验室
Undetermined coefficients, method of　待定系数法
Unemployment　失业
Unemployment benefits　失业救济金
Unemployment-inflation tradeoff　失业—通货膨胀权衡取舍
Unfunded liabilities　无资金准备的负债
Unified growth theory　统一增长理论
Uninsurable idiosyncratic risk　不可保个体风险
Union contracts 工会合同
Union wage premium　工会工资升水
Unit circle　单位圆
United Kingdom　英国
United States　美国
User cost of capital　资本使用成本
Utility functions　效用函数
Utility, nonexpected　效用，未预期到的

V

W

Y

Z

参考文献

A

Abel, Andrew B. 1982. "Dynamic Effects of Permanent and Temporary Tax Policies in a q Model of Investment." Journal of Monetary Economics 9 (May): 353 - 373.

Abel, Andrew B., and Janice C. Eberly. 1994. "A Unified Model of Investment under Uncertainty." American Economic Review 84 (December): 1369 - 1384.

Abraham, Katharine G., and Lawrence F. Katz. 1986. "Cyclical Unemployment: Sectoral Shifts or Aggregate Disturbances?" Journal of Political Economy 94 (June): 507 - 522.

Abramovitz, Moses. 1956. "Resource and Output Trends in the United States since 1870." American Economic Review 46 (May): 5 - 23.

Abreu, Dilip. 1988. "On the Theory of Infinitely Repeated Games with Discounting." Econometrica 56 (March): 383 - 396.

Acemoglu, Daron. 2009. Introduction to Modern Economic Growth. Princeton, NJ: Princeton University Press.

Acemoglu, Daron, Simon Johnson, and James A. Robinson. 2001. "The Colonial Origins of Comparative Development: An Empirical Investigation." American Economic Review 91 (December): 1369 - 1401.

Acemoglu, Daron, Simon Johnson, and James A. Robinson. 2002. "Reversal of Fortune: Geography and Institutions in the Making of the Modern World Income Distribution." Quarterly Journal of Economics 117 (November): 1231 - 1294.

Acemoglu, Daron, Simon Johnson, and James A. Robinson. 2012. "The Colonial Origins of Comparative Development: An Empirical Investigation: Reply." American Economic Review 102 (October): 3077 - 3110.

Acemoglu, Daron, Asuman Ozdaglar, and Alireza Tahbaz-Salehi. 2015. "Systemic Risk and Stability in Financial Networks." American Economic Review 105 (February): 564 - 608.

Acemoglu, Daron, and James A. Robinson. 2000. "Political Losers as a Barrier to Economic Development." American Economic Review 90 (May): 126 - 130.

Acemoglu, Daron, and James A. Robinson. 2006. "Economic Backwardness in Political Perspective." American Political Science Review 100 (February): 115 - 131.

Admati, Anat R., and Martin Hellwig. 2013. The Bankers' New Clothes: What's Wrong with Banking and What to Do about It. Princeton, NJ: Princeton University Press.

Aghion, Philippe, and Peter Howitt. 1992. "A Model of Growth through Creative Destruction." Econometrica 60 (March): 323 - 351.

Aguiar, Mark, and Erik Hurst. 2005. "Consumption versus Expenditure." Journal of Political Economy 113 (October): 919 - 948.

Aiyagari, S. Rao, Lawrence J. Christiano, and Martin Eichenbaum. 1992. "The Output, Employment, and Interest Rate Effects of Government Consumption." Journal of Monetary Economics 30 (October): 73 - 86.

Akerlof, George A., William T. Dickens, and George L. Perry. 1996. "The Macroeco-nomics of Low Inflation." Brookings Papers on Economic Activity, no. 1, 1 - 76.

Akerlof, George A., Andrew K. Rose, and Janet L. Yellen. 1988. "Job Switching and Job Satisfaction in the U. S. Labor Market." Brookings Papers on Economic Activity, no. 2, 495 - 582.

Akerlof, George A., and Janet L. Yellen. 1985. "A Near-Rational Model of the Business Cycle, with Wage and Price Inertia." Quarterly Journal of Economics 100 (Supplement): 823 - 838.

Akerlof, George A., and Janet L. Yellen. 1990. "The Fair Wage-Effort Hypothesis and Unemployment." Quarterly Journal of Economics 105 (May): 255 - 283.

Albouy, David Y. 2012. "The Colonial Origins of Comparative Development: An Empirical Investigation: Comment." American Economic Review 102 (October): 3059 - 3076.

Alesina, Alberto. 1988. "Macroeconomics and Politics." NBER Macroeconomics Annual 3: 13 - 52.

Alesina, Alberto, Arnaud Devleeschauwer, William Easterly, Sergio Kurlat, and Romain Wacziarg. 2003. "Fractionalization." Journal of Economic Growth 8 (June): 155 - 194.

Alesina, Alberto, and Allan Drazen. 1991. "Why Are Stabilizations Delayed?" American Economic Review 81 (December): 1170 - 1188.

Alesina, Alberto, Edward Glaeser, and Bruce Sacerdote. 2005. "Work and Leisure in the United States and Europe: Why So Different?" NBER Macroeconomics Annual 20: 1 - 64.

Alesina, Alberto, and Jeffrey Sachs. 1988. "Political Parties and the Business Cycle in the United States, 1948 1984." Journal of Money, Credit, and Banking 20 (February): 63 - 82.

Alesina, Alberto, and Lawrence H. Summers. 1993. "Central Bank Independence and Macroeconomic Performance." Journal of Money, Credit, and Banking 25 (May): 151 - 162.

Alexopoulos, Michelle. 2004. "Unemployment and the Business Cycle." Journal of Monetary Economics 51 (March): 277 - 298.

Alexopoulos, Michelle. 2011. "Read All about It!! What Happens Following a Technology Shock?" American Economic Review 101 (June): 1144 - 1179.

Allais, Maurice. 1947. économie et Intérêt. Paris: Impremerie Nationale.

Allen, Franklin, and Douglas Gale. 2000. "Financial Contagion." Journal of Political Economy 108 (February): 1 - 33.

Almeida, Heitor, Murillo Campello, Bruno Laranjeira, and Scott Weisbenner. 2012. "Corporate Debt Maturity and the Real Effects of the 2007 Credit Crisis." Critical Finance Review 1: 3

– 58.

Altonji, Joseph G. 1986. "Intertemporal Substitution in Labor Supply: Evidence from Micro Data." Journal of Political Economy 94 (June, Part 2): S176 – S215.

Amiti, Mary, and David E. Weinstein. 2011. "Exports and Financial Shocks." Quarterly Journal of Economics 126 (November): 1841 – 1877.

Andersen, Leonall C., and Jerry L. Jordan. 1968. "Monetary and Fiscal Actions: A Test of Their Relative Importance in Economic Stabilization." Federal Reserve Bank of St. Louis Review 50 (November): 11 – 24.

Angeletos, George-Marios, David Laibson, Andrea Repetto, Jeremy Tobacman, and Stephen Weinberg. 2001. "The Hyperbolic Consumption Model: Calibration, Simulation, and Empirical Evaluation." Journal of Economic Perspectives 15 (Summer): 47 – 68.

Arrow, Kenneth J. 1962. "The Economic Implications of Learning by Doing." Review of Economic Studies 29 (June): 155 – 173.

Ashraf, Quamrul, and Oded Galor. 2013. "The 'Out of Africa' Hypothesis, Human Genetic Diversity, and Comparative Economic Development." American Economic Review 103 (February): 1 – 46.

Atkeson, Andrew, and Christopher Phelan. 1994. "Reconsidering the Costs of Business Cycles with Incomplete Markets." NBER Macroeconomics Annual 9: 187 – 207.

Auerbach, Alan J. 1997. "Quantifying the Current U. S. Fiscal Imbalance." National Tax Journal 50 (September): 387 – 398.

Auerbach, Alan J., and William G. Gale. 2017. "The Fiscal Outlook at the Begin-ning of the Trump Administration." Unpublished paper, University of California, Berkeley (January).

Auerbach, Alan J., and Yuriy Gorodnichenko. 2012. "Measuring the Output Responses to Fiscal Policy." American Economic Journal: Economic Policy 4 (May): 1 – 27.

Azariadis, Costas. 1975. "Implicit Contracts and Underemployment Equilibria." Journal of Political Economy 83 (December): 1183 – 1202.

Azariadis, Costas, and Joseph E. Stiglitz. 1983. "Implicit Contracts and Fixed-Price Equi-libria." Quarterly Journal of Economics 98 (Supplement): 1 – 22.

B

Bachmann, Rüdiger, Ricardo J. Caballero, and Eduardo M. R. A. Engel. 2013. "Ag-gregate Implications of Lumpy Investment: New Evidence and a DSGE Model." American Economic Journal: Macroeconomics 5 (October): 29 – 67.

Backus, David, and John Driffill. 1985. "Inflation and Reputation." American Economic Review 75 (June): 530 – 538.

Bagehot, Walter. 1873. Lombard Street: A Description of the Money Market. London: Henry S. King and Co.

Baily, Martin Neil. 1974. "Wages and Employment under Uncertain Demand." Review of Economic Studies 41 (January): 37 – 50.

Ball, Laurence. 1988. "Is Equilibrium Indexation Efficient?" Quarterly Journal of Economics 103 (May): 299 – 311.

Ball, Laurence. 1993. "The Dynamics of High Inflation." National Bureau of Economic Research

Working Paper No. 4578 (December).

Ball, Laurence. 1994a. "Credible Disinflation with Staggered Price-Setting." American Economic Review 84 (March): 282 - 289.

Ball, Laurence. 1994b. "What Determines the Sacrifice Ratio?" In N. Gregory Mankiw, ed., Monetary Policy, 155 182. Chicago: University of Chicago Press.

Ball, Laurence. 1999a. "Aggregate Demand and Long-Term Unemployment." Brookings Papers on Economic Activity, no. 2, 189 - 251.

Ball, Laurence. 1999b. "Efficient Rules for Monetary Policy." International Finance 2 (April): 63 - 83.

Ball, Laurence, and Stephen G. Cecchetti. 1990. "Inflation and Uncertainty at Short and Long Horizons." Brookings Papers on Economic Activity, no. 1, 215 - 254.

Ball, Laurence, Douglas W. Elmendorf, and N. Gregory Mankiw. 1998. "The Deficit Gamble." Journal of Money, Credit, and Banking 30 (November): 699 - 720.

Ball, Laurence, N. Gregory Mankiw, and David Romer. 1988. "The New Keynesian Economics and the Output-Inflation Tradeoff." Brookings Papers on Economic Activity, no. 1, 1 - 65.

Ball, Laurence, and Robert Moffitt. 2001. "Productivity Growth and the Phillips Curve." In Alan B. Krueger and Robert M. Solow, eds., The Roaring Nineties: Can Full Employment Be Sustained? 61 91. New York: Russell Sage Foundation.

Ball, Laurence, and David Romer. 1990. "Real Rigidities and the Non-Neutrality of Money." Review of Economic Studies 57 (April): 183 - 203.

Ball, Laurence, and David Romer. 1991. "Sticky Prices as Coordination Failure." American Economic Review 81 (June): 539 - 552.

Banerjee, Abhijit V., and Andrew F. Newman. 1993. "Occupational Choice and the Process of Development." Journal of Political Economy 101 (April): 274 - 298.

Barberis, Nicholas, Ming Huang, and Tano Santos. 2001. "Prospect Theory and Asset Prices." Quarterly Journal of Economics 116 (February): 1 - 53.

Barro, Robert J. 1972. "A Theory of Monopolistic Price Adjustment." Review of Economic Studies 34 (January): 17 - 26.

Barro, Robert J. 1974. "Are Government Bonds Net Wealth?" Journal of Political Economy 82 (November/December): 1095 - 1117.

Barro, Robert J. 1976. "Rational Expectations and the Role of Monetary Policy." Journal of Monetary Economics 2 (January): 1 - 32.

Barro, Robert J. 1977. "Long-Term Contracting, Sticky Prices, and Monetary Policy." Journal of Monetary Economics 3 (July): 305 - 316.

Barro, Robert J. 1979. "On the Determination of the Public Debt." Journal of Political Economy 87 (October): 940 - 971.

Barro, Robert J. 1986. "Reputation in a Model of Monetary Policy with Incomplete Information." Journal of Monetary Economics 17 (January): 3 - 20.

Barro, Robert J. 1999. "Ramsey Meets Laibson in the Neoclassical Growth Model." Quarterly Journal of Economics 114 (November): 1125 - 1152.

Barro, Robert J. 2006. "Rare Disasters and Asset Markets in the Twentieth Century." Quarterly Journal of Economics 121 (August): 823 - 866.

Barro, Robert J., and David B. Gordon. 1983. "Rules, Discretion and Reputation in a Model of

Monetary Policy." Journal of Monetary Economics 12 (July): 101 - 121.

Barro, Robert J., N. Gregory Mankiw, and Xavier Sala-i-Martin. 1995. "Capital Mobility in Neoclassical Models of Growth." American Economic Review 85 (March): 103 - 115.

Barro, Robert J., and Charles J. Redlick. 2011. "Macroeconomic Effects from Government Purchases and Taxes." Quarterly Journal of Economics 126 (February): 51 - 102.

Barro, Robert J., and Xavier Sala-i-Martin. 1991. "Convergence across States and Regions." Brookings Papers on Economic Activity, no. 1, 107 - 182.

Barro, Robert J., and Xavier Sala-i-Martin. 1992. "Convergence." Journal of Political Econ-omy 100 (April): 223 - 251.

Barro, Robert J., and Xavier Sala-i-Martin. 2003. Economic Growth, 2d ed. Cambridge, MA: MIT Press.

Barth, Marvin J., III, and Valerie A. Ramey. 2001. "The Cost Channel of Monetary Trans-mission." NBER Macroeconomics Annual 16: 199 - 240.

Barsky, Robert B., N. Gregory Mankiw, and Stephen P. Zeldes. 1986. "Ricardian Con-sumers with Keynesian Propensities." American Economic Review 76 (September): 676 - 691.

Basu, Susanto. 1995. "Intermediate Goods and Business Cycles: Implications for Productivity and Welfare." American Economic Review 85 (June): 512 - 531.

Basu, Susanto. 1996. "Procyclical Productivity: Increasing Returns or Cyclical Utilization?" Quarterly Journal of Economics 111 (August): 719 - 751.

Basu, Susanto, and John G. Fernald. 1997. "Returns to Scale in U. S. Production: Estimates and Implications." Journal of Political Economy 105 (April): 249 - 283.

Basu, Susanto, John G. Fernald, and Miles Kimball. 2006. "Are Technology Improve-ments Contractionary?" American Economic Review 96 (December): 1418 - 1448.

Baugh, Brian, Itzhak Ben-David, and Hoonsuk Park. 2014. "Disentangling Financial Constraints, Precautionary Savings, and Myopia: Household Behavior Surrounding Federal Tax Returns." National Bureau of Economic Research Working Paper No. 19783 (January).

Baumeister, Christiane, and James D. Hamilton. 2015. "Sign Restrictions, Structural Vector Autoregressions, and Useful Prior Information." Econometrica 83 (September): 1963 - 1999.

Baumol, William. 1952. "The Transactions Demand for Cash: An Inventory Theoretic Approach." Quarterly Journal of Economics 66 (November): 545 - 556.

Baumol, William. 1986. "Productivity Growth, Convergence, and Welfare." American Economic Review 76 (December): 1072 - 1085.

Baumol, William. 1990. "Entrepreneurship: Productive, Unproductive, and Destructive." Journal of Political Economy 98 (October, Part 1): 893 - 921.

Baxter, Marianne, and Urban J. Jermann. 1997. "The International Diversification Puzzle Is Worse Than You Think." American Economic Review 87 (March): 170 - 180.

Baxter, Marianne, and Urban J. Jermann. 1999. "Household Production and the Excess Sensitivity of Consumption to Current Income." American Economic Review 89 (September): 902 - 920.

Baxter, Marianne, and Robert G. King. 1993. "Fiscal Policy in General Equilibrium." American Economic Review 83 (June): 315 - 334.

Baxter, Marianne, and Alan C. Stockman. 1989. "Business Cycles and the Exchange-Rate Regime: Some International Evidence." Journal of Monetary Economics 23 (May): 377 - 400.

Bean, Charles R. 1994. "European Unemployment: A Survey." Journal of Economic Literature 32 (June): 573 - 619.

Beaudry, Paul, and Franck Portier. 2004. "An Exploration into Pigou's Theory of Cycles." Journal of Monetary Economics 51 (September): 1183 - 1216.

Beaudry, Paul, and Franck Portier. 2006. "Stock Prices, News, and Economic Fluctua-tions." American Economic Review 96 (September): 1293 - 1307.

Becker, Bo, and Todd Milbourn. 2011. "How Did Increased Competition Affect Credit Ratings?" Journal of Financial Economics 101 (September): 493 - 514.

Beechey, Meredith J., and Jonathan H. Wright. 2009. "The High-Frequency Impact of News on Long-Term Yields and Forward Rates: Is It Real?" Journal of Monetary Economics 56 (May): 535 - 544.

Bekaert, Geert, Robert J. Hodrick, and David A. Marshall. 1997. "The Implications of First-Order Risk Aversion for Asset Market Risk Premiums." Journal of Monetary Economics 40 (September): 3 - 39.

Bénabou, Roland. 1992. "Inflation and Efficiency in Search Markets." Review of Economic Studies 59 (April): 299 - 329.

Benartzi, Shlomo, and Richard H. Thaler. 1995. "Myopic Loss Aversion and the Equity Premium Puzzle." Quarterly Journal of Economics 110 (February): 73 - 92.

Benhabib, Jess, and Roger E. A. Farmer. 1999. "Indeterminacy and Sunspots in Macro-economics." In John B. Taylor and Michael Woodford, eds., Handbook of Macroeconomics, 387 - 448. Amsterdam: Elsevier.

Benhabib, Jess, Richard Rogerson, and Randall Wright. 1991. "Homework in Macro-economics: Household Production and Aggregate Fluctuations." Journal of Political Economy 99 (December): 1166 - 1187.

Benigno, Gianluca, and Pierpaolo Benigno. 2006. "Designing Targeting Rules for Inter-national Monetary Policy Cooperation." Journal of Monetary Economics 53 (April): 473 - 506.

Benmelech, Efraim, Ralf R. Meisenzahl, and Rodney Ramcharan. 2017. "The Real Effects of Liquidity During the Financial Crisis: Evidence from Automobiles." Quarterly Journal of Economics 132 (2017): 317 - 365.

Bernanke, Ben S. 1983a. "Irreversibility, Uncertainty, and Cyclical Investment." Quarterly Journal of Economics 98 (February): 85 - 106.

Bernanke, Ben S. 1983b. "Nonmonetary Effects of the Financial Crisis in the Propagation of the Great Depression." American Economic Review 73 (June): 257 - 276.

Bernanke, Ben S., and Alan S. Blinder. 1992. "The Federal Funds Rate and the Channels of Monetary Transmission." American Economic Review 82 (September): 901 - 921.

Bernanke, Ben S., and Mark Gertler. 1989. "Agency Costs, Net Worth, and Business Fluctuations." American Economic Review 79 (March): 14 - 31.

Bernanke, Ben S., and Mark Gertler. 2001. "How Should Central Bankers Respond to Asset Prices?" American Economic Review 91 (May): 253 - 257.

Bernanke, Ben S., Mark Gertler, and Simon Gilchrist. 1999. "The Financial Accelerator in a Quantitative Business Cycle Framework." In John B. Taylor and Michael Woodford, eds., Handbook of Macroeconomics, 1341 1393. Amsterdam: Elsevier.

Bernanke, Ben S., and Ilian Mihov. 1998. "Measuring Monetary Policy." Quarterly Journal of

Economics 113 (August): 869 - 902.

Bernanke, Ben S., and Martin L. Parkinson. 1991. "Procyclical Labor Productivity and Competing Theories of the Business Cycle: Some Evidence from Interwar U. S. Manufacturing Industries." Journal of Political Economy 99 (June): 439 - 459.

Bernanke, Ben S., and Michael Woodford. 1997. "Inflation Forecasts and Monetary Policy." Journal of Money, Credit, and Banking 29 (November, Part 2): 653 - 684.

Bewley, Truman F. 1999. Why Wages Don't Fall during a Recession. Cambridge, MA: Harvard University Press.

Bils, Mark J. 1985. "Real Wages over the Business Cycle: Evidence from Panel Data." Journal of Political Economy 93 (August): 666 - 689.

Bils, Mark J. 1987. "The Cyclical Behavior of Marginal Cost and Price." American Economic Review 77 (December): 838 - 857.

Bils, Mark J. 1991. "Testing for Contracting Effects on Employment." Quarterly Journal of Economics 106 (November): 1129 - 1156.

Bils, Mark J., and James A. Kahn. 2000. "What Inventory Behavior Tells Us about Business Cycles." American Economic Review 90 (June): 458 - 481.

Bils, Mark J., and Peter J. Klenow. 1998. "Using Consumer Theory to Test Competing Business Cycle Models." Journal of Political Economy 106 (April): 233 - 261.

Bils, Mark J., and Peter J. Klenow. 2000. "Does Schooling Cause Growth?" American Economic Review 90 (December): 1160 - 1183.

Bils, Mark J., and Peter J. Klenow. 2004. "Some Evidence on the Importance of Sticky Prices." Journal of Political Economy 112 (October): 947 - 985.

Black, Fischer. 1974. "Uniqueness of the Price Level in Monetary Growth Models with Rational Expectations." Journal of Economic Theory 7 (January): 53 - 65.

Blanchard, Olivier J. 1979. "Speculative Bubbles, Crashes and Rational Expectations." Economics Letters 3: 387 - 389.

Blanchard, Olivier J. 1985. "Debts, Deficits, and Finite Horizons." Journal of Political Economy 93 (April): 223 - 247.

Blanchard, Olivier J., and Peter A. Diamond. 1989. "The Beveridge Curve." Brookings Papers on Economic Activity, no. 1,1 - 76.

Blanchard, Olivier J., and Peter A. Diamond. 1990. "The Cyclical Behavior of the Gross Flows of U. S. Workers." Brookings Papers on Economic Activity, no. 2, 85 - 156.

Blanchard, Olivier J., and Stanley Fischer. 1989. Lectures on Macroeconomics. Cambridge, MA: MIT Press.

Blanchard, Olivier J., and Jordi Galí. 2007. "Real Wage Rigidities and the New Keynesian Model." Journal of Money, Credit, and Banking 39 (February): 35 - 65.

Blanchard, Olivier J., and Charles M. Kahn. 1980. "The Solution of Linear Difference Models under Rational Expectations." Econometrica 48 (July): 1305 - 1311.

Blanchard, Olivier J., and Nobuhiro Kiyotaki. 1987. "Monopolistic Competition and the Effects of Aggregate Demand." American Economic Review 77 (September): 647 - 666.

Blanchard, Olivier J., and Lawrence H. Summers. 1986. "Hysteresis and the European Unemployment Problem." NBER Macroeconomics Annual 1: 15 - 78.

Blanchard, Olivier J., and Philippe Weil. 2001. "Dynamic Efficiency, the Riskless Rate, and

Debt Ponzi Games under Uncertainty." Advances in Macroeconomics 1, no. 2, Article 3.

Blanchard, Olivier J., and Justin Wolfers. 2000. "The Role of Shocks and Institutions in the Rise of European Unemployment: The Aggregate Evidence." Economic Journal 110 (March): C1 - C33.

Blank, Rebecca M. 1990. "Why Are Wages Cyclical in the 1970s?" Journal of Labor Economics 8 (January, Part 1): 16 - 47.

Blinder, Alan S. 1998. Asking about Prices: A New Approach to Understanding Price Stickiness. New York: Russell Sage Foundation.

Blinder, Alan S., and Don H. Choi. 1990. "A Shred of Evidence on Theories of Wage Stickiness." Quarterly Journal of Economics 105 (November): 1003 - 1015.

Blinder, Alan S., and Robert M. Solow. 1973. "Does Fiscal Policy Matter?" Journal of Public Economics 2 (November): 318 - 337.

Bloom, David E., and Jeffrey D. Sachs. 1998. "Geography, Demography, and Economic Growth in Africa." Brookings Papers on Economic Activity, no. 2, 207 - 295.

Bloom, Nicholas, Charles I. Jones, John Van Reenen, and Michael Webb. 2017. "Are Ideas Getting Harder to Find?" Unpublished paper, Stanford University (January).

Bohn, Henning. 1988. "Why Do We Have Nominal Government Debt?" Journal of Monetary Economics 21 (January): 127 - 140.

Bohn, Henning. 1990. "Tax Smoothing with Financial Instruments." American Economic Review 80 (December): 1217 - 1230.

Bohn, Henning. 1992. "Endogenous Government Spending and Ricardian Equivalence." Economic Journal 102 (May): 588 - 597.

Bohn, Henning. 1995. "The Sustainability of Budget Deficits in a Stochastic Economy." Journal of Money, Credit, and Banking 27 (February): 257 - 271.

Bolt, Jutta, and Jan Luiten van Zanden. 2014. "The Maddison Project: Collaborative Research on Historical National Accounts." Economic History Review 67 (August): 627 - 651.

Bolton, Patrick, and Xavier Freixas. 2012. "The Credit Ratings Game." Journal of Finance 67 (February): 85 - 111.

Bordo, Michael, Barry Eichengreen, Daniela Klingebiel, and Maria Soledad Martinez-Peria. 2001. "Is the Crisis Problem Growing More Severe?" Economic Policy 16 (April): 51 - 82.

Boskin, Michael J., Ellen R. Dulberger, Robert J. Gordon, Zvi Griliches, and Dale Jorgenson. 1998. "Consumer Prices, the Consumer Price Index, and the Cost of Living." Journal of Economic Perspectives 12 (Winter): 3 - 26.

Brainard, William. 1967. "Uncertainty and the Effectiveness of Policy." American Economic Review 57 (May): 411 - 425.

Brander, James A., and M. Scott Taylor. 1998. "The Simple Economics of Easter Island: A Ricardo-Malthus Model of Renewable Resource Use." American Economic Review 88 (March): 119 - 138.

Braun, R. Anton. 1994. "Tax Disturbances and Real Economic Activity in the Postwar United States." Journal of Monetary Economics 33 (June): 441 - 462.

Braun, Steven. 1984. "Productivity and the NIIRU (and Other Phillips Curve Issues)." Federal Reserve Board, Economic Activity Working Paper No. 34 (June).

Breeden, Douglas. 1979. "An Intertemporal Asset Pricing Model with Stochastic Consump-tion and Investment." Journal of Financial Economics 7 (September): 265 - 296.

Bresciani-Turroni, Constantino. 1937. The Economics of Inflation: A Study of Currency Depreciation in Post-War Germany. London: Allen and Unwin.

Brock, William. 1975. "A Simple Perfect Foresight Monetary Model." Journal of Monetary Economics 1 (April): 133 - 150.

Browning, Martin, and M. Dolores Collado. 2001. "The Response of Expenditures to Anticipated Income Changes: Panel Data Estimates." American Economic Review 91 (June): 681 - 692.

Bruno, Michael, and William Easterly. 1998. "Inflation Crises and Long-Run Growth." Journal of Monetary Economics 41 (February): 3 - 26.

Bryant, John. 1980. "A Model of Reserves, Bank Runs, and Deposit Insurance." Journal of Banking and Finance 4 (December): 335 - 344.

Bryant, John. 1983. "A Simple Rational Expectations Keynes-Type Model." Quarterly Journal of Economics 98 (August): 525 - 528.

Bryant, Ralph C., Peter Hooper, and Catherine L. Mann, eds. 1993. Evaluating Policy Regimes: New Research in Empirical Macroeconomics. Washington, DC: Brookings Institution Press.

Buchanan, James M., and Richard E. Wagner. 1977. Democracy in Deficit: The Political Legacy of Lord Keynes. New York: Academic Press.

Budish, Eric, Peter Cramton, and John Shim. 2015. "The High-Frequency Trading Arms Race: Frequent Batch Auctions as a Market Design Response." Quarterly Journal of Economics 130 (November): 1547 - 1621.

Buera, Francisco J., Joseph P. Kaboski, and Yongseok Shin. 2011. "Finance and Devel-opment: A Tale of Two Sectors." American Economic Review 101 (August): 1964 - 2002.

Bulow, Jeremy, and Lawrence H. Summers. 1986. "A Theory of Dual Labor Markets with Applications to Industrial Policy, Discrimination, and Keynesian Unemployment." Journal of Labor Economics 4: 376 - 414.

Burnside, Craig, Martin Eichenbaum, and Sergio Rebelo. 1995. "Capital Utilization and Returns to Scale." NBER Macroeconomics Annual 10: 67 - 110.

Byrne, David M., John G. Fernald, and Marshall B. Reinsdorf. 2016. "Does the United States Have a Productivity Slowdown or a Measurement Problem?" Brookings Papers on Economic Activity, no. 1, 109 - 157.

Byrne, David M., Stephen D. Oliner, and Daniel E. Sichel. 2013. "Is the Information Technology Revolution Over?" International Productivity Monitor 25 (Spring): 20 - 36.

C

Caballero, Ricardo J. 1990. "Expenditure on Durable Goods: A Case for Slow Adjustment." Quarterly Journal of Economics 105 (August): 727 - 743.

Caballero, Ricardo J. 1993. "Durable Goods: An Explanation for Their Slow Adjustment." Journal of Political Economy 101 (April): 351 - 384.

Cagan, Philip. 1956. "The Monetary Dynamics of Hyperinflation." In Milton Friedman, ed., Studies in the Quantity Theory of Money, 25 - 117. Chicago: University of Chicago Press.

Calvo, Guillermo. 1978. "On the Indeterminacy of Interest Rates and Wages with Perfect Foresight." Journal of Economic Theory 19 (December): 321 - 337.

Calvo, Guillermo. 1983. "Staggered Prices in a Utility-Maximizing Framework." Journal of Monetary Economics 12 (September): 383 - 398.

Calvo, Guillermo. 1988. "Servicing the Public Debt: The Role of Expectations." American Economic Review 78 (September): 647 - 661.

Calvo, Guillermo, and Carlos Végh. 1999. "Inflation Stabilization and BOP Crises in Developing Countries." In John B. Taylor and Michael Woodford, eds., Handbook of Macro-economics, 1531 - 1614. Amsterdam: Elsevier.

Campbell, Carl M., III, and Kunal S. Kamlani. 1997. "The Reasons for Wage Rigidity: Evidence from a Survey of Firms." Quarterly Journal of Economics 112 (August): 759 - 789.

Campbell, Jeffrey R., Charles L. Evans, Jonas D. M. Fisher, and Alejandro Justiniano. 2012. "Macroeconomic Effects of FOMC Forward Guidance." Brookings Papers on Economic Activity, no. 1, 1 - 54.

Campbell, John Y. 1994. "Inspecting the Mechanism: An Analytical Approach to the Stochas-tic Growth Model." Journal of Monetary Economics 33 (June): 463 - 506.

Campbell, John Y., and John H. Cochrane. 1999. "By Force of Habit: A Consumption-Based Explanation of Aggregate Stock Market Behavior." Journal of Political Economy 107 (April): 205 - 251.

Campbell, John Y., and N. Gregory Mankiw. 1989. "Consumption, Income, and Interest Rates: Reinterpreting the Time Series Evidence." NBER Macroeconomics Annual 4: 185 - 216.

Campello, Murillo, John R. Graham, and Campbell R. Harvey. 2010. "The Real Effects of Financial Constraints: Evidence from a Financial Crisis." Journal of Financial Economics 97 (September): 470 - 487.

Campillo, Marta, and Jeffrey A. Miron. 1997. "Why Does In. ation Differ across Coun-tries?" In Christina D. Romer and David H. Romer, eds., Reducing In. ation: Motivation and Strategy, 335 - 362. Chicago: University of Chicago Press.

Caplin, Andrew S., and John Leahy. 1991. "State-Dependent Pricing and the Dynamics of Money and Output." Quarterly Journal of Economics 106 (August): 683 - 708.

Caplin, Andrew S., and Daniel F. Spulber. 1987. "Menu Costs and the Neutrality of Money." Quarterly Journal of Economics 102 (November): 703 - 725.

Card, David. 1990. "Unexpected In. ation, Real Wages, and Employment Determination in Union Contracts." American Economic Review 80 (September): 669 - 688.

Card, David, and Dean Hyslop. 1997. "Does Inflation 'Grease the Wheels of the Labor Market'?" In Christina D. Romer and David H. Romer, eds., Reducing Inflation: Motivation and Strategy, 71 - 114. Chicago: University of Chicago Press.

Cardoso, Eliana. 1991. "From Inertia to Megainflation: Brazil in the 1980s." In Michael Bruno et al., eds., Lessons of Economic Stabilization and Its Aftermath, 143 - 177. Cambridge, MA: MIT Press.

Carlstrom, Charles T., Timothy S. Fuerst, and Matthias Paustian. 2015. "Inflation and Output in New Keynesian Models with a Transient Interest Rate Peg." Journal of Monetary Economics 76 (November): 230 - 243.

Carlton, Dennis W. 1982. "The Disruptive Effects of Inflation on the Organization of Mar-kets."

In Robert E. Hall, ed., Inflation: Causes and Effects, 139 – 152. Chicago: University of Chicago Press.

Carmichael, Lorne. 1985. "Can Unemployment Be Involuntary? Comment." American Economic Review 75 (December): 1213 – 1214. Carroll, Christopher D. 1992. "The Buffer-Stock Theory of Saving: Some Macroeconomic Evidence." Brookings Papers on Economic Activity, no. 2, 61 156. Carroll, Christopher D. 1997. "Buffer-Stock Saving and the Life Cycle/Permanent Income Hypothesis." Quarterly Journal of Economics 112 (February): 1 – 55.

Carroll, Christopher D. 2012. "Theoretical Foundations of Buffer Stock Saving." Unpub-lished paper, Johns Hopkins University (September).

Carroll, Christopher D., Jody Overland, and David N. Weil. 1997. "Comparison Utility in a Growth Model." Journal of Economic Growth 2 (December): 339 – 367.

Carroll, Christopher D., and Lawrence H. Summers. 1991. "Consumption Growth Par-allels Income Growth: Some New Evidence." In B. Douglas Bernheim and John B. Shoven, eds., National Saving and Economic Performance, 305 – 343. Chicago: University of Chicago Press.

Carvalho, Carlos. 2006. "Heterogeneity in Price Stickiness and the Real Effects of Monetary Shocks." Frontiers of Macroeconomics 2:1, Article 1.

Case, Karl E., Robert J. Shiller, and Anne K. Thompson. 2012. "What Have They Been Thinking? Homebuyer Behavior in Hot and Cold Markets." Brookings Papers on Economic Activity, no. 2 (Fall): 265 – 298.

Caselli, Francesco. 2005. "Accounting for Cross-Country Income Differences." In Philippe Aghion and Steven N. Durlauf, eds., Handbook of Economic Growth, 679 – 741. Amsterdam: Elsevier.

Cass, David. 1965. "Optimum Growth in an Aggregative Model of Capital Accumulation." Review of Economic Studies 32 (July): 233 – 240.

Cecchetti, Stephen G., Hans Genberg, and Sushil Wadhwani. 2003. "Asset Prices in a Flexible Inflation Targeting Framework." In William Curt Hunter, George G. Kaufman, and Michael Pomerleano, eds., Asset Price Bubbles: The Implications for Monetary, Regulatory, and International Polices, 427 – 444. Cambridge, MA: MIT Press.

Cerra, Valerie, and Sweta Chamen Saxena. 2008. "Growth Dynamics: The Myth of Eco-nomic Recovery." American Economic Review 98 (March): 439 – 457.

Chaney, Thomas, David Sraer, and David Thesmar. 2012. "The Collateral Channel: How Real Estate Shocks Affect Corporate Investment." American Economic Review 102 (October): 2381 – 2409.

Chari, V. V., Lawrence Christiano, and Patrick J. Kehoe. 2008. "Facts and Myths about the Financial Crisis of 2008." Federal Reserve Bank of Minneapolis Working Paper No. 666 (October).

Chari, V. V., and Harold Cole. 1993. "Why Are Representative Democracies Fiscally Irresponsible?" Federal Reserve Bank of Minneapolis Research Department, Staff Report No. 163 (August).

Chari, V. V., and Patrick J. Kehoe. 1999. "Optimal Fiscal and Monetary Policy." In John B. Taylor and Michael Woodford, eds., Handbook of Macroeconomics, 1671 – 1745. Amsterdam: Elsevier.

Cheng, Ing-Haw, Sahil Raina, and Wei Xiong. 2014. "Wall Street and the Housing Bub-ble."

American Economic Review 104 (September): 2797 - 2829.

Chevalier, Judith A., Anil K Kashyap, and Peter E. Rossi. 2000. "Why Don't Prices Rise during Periods of Peak Demand? Evidence from Scanner Data." National Bureau of Economic Research Working Paper No. 7981 (October).

Chevalier, Judith A., Anil K Kashyap, and Peter E. Rossi. 2003. "Why Don't Prices Rise during Periods of Peak Demand? Evidence from Scanner Data." American Economic Review 93 (March): 15 - 37.

Chevalier, Judith A., and David S. Scharfstein. 1996. "Capital-Market Imperfections and Countercyclical Markups: Theory and Evidence." American Economic Review 86 (September): 703 - 725.

Cho, Dongchul, and Stephen Graham. 1996. "The Other Side of Conditional Conver-gence." Economics Letters 50 (February): 285 - 290.

Cho, In-Koo, Noah Williams, and Thomas J. Sargent. 2002. "Escaping Nash Inflation." Review of Economic Studies 69 (January): 1 - 40.

Chodorow-Reich, Gabriel. 2014. "The Employment Effects of Credit Market Disruptions: Firm-Level Evidence from the 2008 09 Financial Crisis." Quarterly Journal of Economics 129 (February): 1 - 59.

Chodorow-Reich, Gabriel, Laura Feiveson, Zachary Liscow, and William Gui Woolston. 2012. "Does State Fiscal Relief during Recessions Increase Employment? Evidence from the American Recovery and Reinvestment Act." American Economic Journal: Economic Policy 4 (August): 118 - 145.

Christensen, Jens H. E., and Glenn D. Rudebusch. 2017. "A New Normal for Interest Rates? Evidence from Inflation-Indexed Debt." Unpublished paper, Federal Reserve Bank of San Francisco (May).

Christiano, Lawrence J., Martin Eichenbaum, and Charles Evans. 1996. "The Effects of Monetary Policy Shocks: Evidence from the Flow of Funds." Review of Economics and Statistics 78 (February): 16 - 34.

Christiano, Lawrence J., Martin Eichenbaum, and Charles Evans. 1997. "Sticky Price and Limited Participation Models: A Comparison." European Economic Review 41 (June): 1201 - 1249.

Christiano, Lawrence J., Martin Eichenbaum, and Charles Evans. 2005. "Nominal Rigidities and the Dynamic Effects of a Shock to Monetary Policy." Journal of Political Econ-omy 113 (February): 1 - 45.

Christiano, Lawrence, Roberto Motto, and Massimo Rostagno. 2003. "The Great Depression and the Friedman-Schwartz Hypothesis." Journal of Money, Credit, and Banking 35 (December, Part 2): 1119 - 1198.

Christiano, Lawrence, Roberto Motto, and Massimo Rostagno. 2010. "Financial Factors in Economic Fluctuations." European Central Bank Working Paper No. 1192 (May).

Clarida, Richard, Jordi Galí, and Mark Gertler. 1999. "The Science of Monetary Policy: A New Keynesian Perspective." Journal of Economic Literature 37 (December): 1661 - 1707.

Clarida, Richard, Jordi Galí, and Mark Gertler. 2000. "Monetary Policy Rules and Macroeconomic Stability: Evidence and Some Theory." Quarterly Journal of Economics 115 (February): 147 - 180.

Clark, Gregory. 1987. "Why Isn't the Whole World Developed? Lessons from the Cotton Mills." Journal of Economic History 47 (March): 141 - 173.

Cloyne, James, and Patrick Hürtgen. 2016. "The Macroeconomic Effects of Monetary Policy: A New Measure for the United Kingdom." American Economic Journal: Macroeconomics 8 (October): 75 - 102.

Coate, Stephen, and Stephen Morris. 1995. "On the Form of Transfers to Special Interests." Journal of Political Economy 103 (December): 1210 - 1235.

Cochrane, John H. 1998. "What Do the VARs Mean? Measuring the Output Effects of Monetary Policy." Journal of Monetary Economics 41 (April): 277 - 300.

Cochrane, John H., and Monika Piazzesi. 2002. "The Fed and Interest Rates: A High-Frequency Identification." American Economic Review 92 (May): 90 - 95.

Cogley, Timothy, and James M. Nason. 1995. "Output Dynamics in Real-Business-Cycle Models." American Economic Review 85 (June): 492 - 511.

Coibion, Olivier. 2012. "Are the Effects of Monetary Policy Shocks Big or Small?" American Economic Journal: Macroeconomics 4 (April): 1 - 32.

Cole, Harold L., and Timothy J. Kehoe. 2000. "Self-Fulfilling Debt Crises." Review of Economic Studies 67 (January): 91 - 116.

Coleman, Thomas S. 1984. "Essays in Aggregate Labor Market Business Cycle Fluctuations." Ph. D. dissertation, University of Chicago.

Constantinides, George M. 1990. "Habit Formation: A Resolution of the Equity Premium Puzzle." Journal of Political Economy 98 (June): 519 - 543.

Cook, Timothy, and Thomas Hahn. 1989. "The Effect of Changes in the Federal Funds Rate Target on Market Interest Rates in the 1970s." Journal of Monetary Economics 24 (November): 331 - 351.

Cooley, Thomas F., and Stephen F. LeRoy. 1985. "Atheoretical Macroeconomics: A Cri-tique." Journal of Monetary Economics 16 (November): 283 - 308.

Cooley, Thomas F., and Lee E. Ohanian. 1997. "Postwar British Economic Growth and the Legacy of Keynes." Journal of Political Economy 105 (June): 439 - 472.

Cooper, Russell W., and John Haltiwanger. 2006. "On the Nature of Capital Adjustment Costs." Review of Economic Studies 73 (July): 611 - 633.

Cooper, Russell W., and Andrew John. 1988. "Coordinating Coordination Failures in Keynesian Models." Quarterly Journal of Economics 103 (August): 441 - 463.

Corsetti, Giancarlo, and Paolo Pesenti. 2005. "International Dimensions of Optimal Monetary Policy." Journal of Monetary Economics 52 (March): 281 - 305.

Coval, Joshua, Jakub Jurek, and Erik Stafford. 2009. "The Economics of Structured Finance." Journal of Economic Perspectives 23 (Winter): 3 - 25.

Covitz, Daniel, Nellie Liang, and Gustavo Suarez. 2013. "The Evolution of a Financial Crisis: Collapse of the Asset-Backed Commercial Paper Market." Journal of Finance 68 (June): 815 - 848.

Craine, Roger. 1989. "Risky Business: The Allocation of Capital." Journal of Monetary Economics 23 (March): 201 - 218.

Cukierman, Alex, Steven B. Webb, and Bilin Neyapti. 1992. "Measuring the Indepen-dence of Central Banks and Its Effect on Policy Outcomes." World Bank Economic Review 6

(September): 353 - 398.

Cummins, Jason G., Kevin A. Hassett, and R. Glenn Hubbard. 1994. "A Reconsideration of Investment Behavior Using Tax Reforms as Natural Experiments." Brookings Papers on Economic Activity, no. 2,1 - 74.

Cúrdia, Vasco, and Michael Woodford. 2011. "The Central-Bank Balance Sheet as an Instrument of Monetary Policy." Journal of Monetary Economics 58 (January): 54 - 79.

Cúrdia, Vasco, and Michael Woodford. 2015. "Credit Frictions and Optimal Monetary Policy." National Bureau of Economic Research Working Paper No. 21820 (December).

D

Dang, Tri Vi, Gary Gorton, and Bengt Holmstr. m. 2015. "The Information Sensitivity of a Security." Unpublished paper, Columbia University (March).

Danziger, Leif. 1999. "A Dynamic Economy with Costly Price Adjustments." American Economic Review 89 (September): 878 - 901.

David, Paul A. 1977. "Invention and Accumulation in America's Economic Growth: A Nineteenth-Century Parable." Carnegie-Rochester Conference Series on Public Policy 6: 179 - 228.

Dávila, Eduardo, and Anton Korinek. 2017. "Pecuniary Externalities in Economies with Financial Frictions." Unpublished paper, New York University (January). Review of Economic Studies, forthcoming.

Davis, Joseph H. 2004. "An Annual Index of U. S. Industrial Production, 1790 1915." Quarterly Journal of Economics 119 (November): 1177 - 1215.

Davis, Steven J., R. Jason Faberman, and John C. Haltiwanger. 2013. "The Establishment-Level Behavior of Vacancies and Hiring." Quarterly Journal of Economics 128 (May): 581 - 622.

Davis, Steven J., R. Jason Faberman, and John Haltiwanger. 2006. "The Flow Approach to Labor Markets: New Data Sources and Micro-Macro Links." Journal of Economic Perspectives 20 (Summer): 3 - 26.

Davis, Steven J., and John Haltiwanger. 1992. "Gross Job Creation, Gross Job Destruction, and Employment Reallocation." Quarterly Journal of Economics 107 (August): 819 - 863.

Davis, Steven J., and John Haltiwanger. 1999. "On the Driving Forces behind Cyclical Movements in Employment and Job Reallocation." American Economic Review 89 (December): 1234 - 1258.

Deaton, Angus. 1991. "Saving and Liquidity Constraints." Econometrica 59 (September): 1221 - 1248.

Del Negro, Marco, Domenico Giannone, Marc P. Giannoni, and Andrea Tambalotti. 2017. "Safety, Liquidity, and the Natural Rate of Interest." Unpublished paper, Federal Reserve Bank of New York (March). Brookings Papers on Economic Activity, forthcoming.

Del Negro, Marco, Marc Giannoni, and Christina Patterson. 2015. "The Forward Guid-ance Puzzle." Federal Reserve Bank of New York Staff Report No. 574 (December). DeLong, J. Bradford. 1988. "Productivity Growth, Convergence, and Welfare: Comment." American Economic Review 78 (December): 1138 - 1154.

DeLong, J. Bradford. 1997. "America's Peacetime Inflation: The 1970s." In Christina D. Romer and David H. Romer, eds., Reducing Inflation: Motivation and Strategy, 247-276. Chicago: University of Chicago Press.

DeLong, J. Bradford, and Andrei Shleifer. 1991. "The Stock Market Bubble of 1929: Evidence from Closed-End Mutual Funds." Journal of Economic History 51 (September): 675-700.

DeLong, J. Bradford, and Andrei Shleifer. 1993. "Princes and Merchants." Journal of Law and Economics 36 (October): 671-702.

DeLong, J. Bradford, Andrei Shleifer, Lawrence H. Summers, and Robert J. Waldmann. 1990. "Noise Trader Risk in Financial Markets." Journal of Political Economy 108 (August): 703-738.

Devereux, Michael B., and James Yetman. 2003. "Predetermined Prices and Persistent Effects of Money on Output." Journal of Money, Credit, and Banking 35 (October): 729-741.

Diamond, Douglas W. 1984. "Financial Intermediation and Delegated Monitoring." Review of Economic Studies 51 (July): 393-414.

Diamond, Douglas W., and Philip H. Dybvig. 1983. "Bank Runs, Deposit Insurance, and Liquidity." Journal of Political Economy 91 (June): 401-419.

Diamond, Douglas W., and Raghuram G. Rajan. 2001. "Liquidity Risk, Liquidity Cre-ation, and Financial Fragility: A Theory of Banking." Journal of Political Economy 109 (April): 287-327.

Diamond, Jared. 1997. Guns, Germs, and Steel: The Fates of Human Societies. New York: **W. W. Norton. Diamond, Peter A. 1965.** "National Debt in a Neoclassical Growth Model." American Economic Review 55 (December): 1126-1150. Diamond, Peter A. 1982. "Aggregate Demand Management in Search Equilibrium." Journal of Political Economy 90 (October): 881-894.

Diamond, Peter A., and Emmanuel Saez. 2011. "The Case for a Progressive Tax: From Basic Research to Policy Recommendations." Journal of Economic Perspectives 25 (Fall): 165-190.

Dickens, William T., and Lawrence F. Katz. 1987a. "Inter-Industry Wage Differences and Theories of Wage Determination." National Bureau of Economic Research Working Paper No. 2271 (July).

Dickens, William T., and Lawrence F. Katz. 1987b. "Inter-Industry Wage Differences and Industry Characteristics." In Kevin Lang and Jonathan S. Leonard, eds., Unemployment and the Structure of Labor Markets, 48-89. Oxford: Basil Blackwell.

Dinopoulos, Elias, and Peter Thompson. 1998. "Schumpeterian Growth without Scale Effects." Journal of Economic Growth 3 (December): 313-335.

Dixit, Avinash K., and Robert S. Pindyck. 1994. Investment under Uncertainty. Princeton, NJ: Princeton University Press.

Dixit, Avinash K., and Joseph E. Stiglitz. 1977. "Monopolistic Competition and Optimum Product Diversity." American Economic Review 67 (June): 297-308.

Doeringer, Peter B., and Michael J. Piore. 1971. Internal Labor Markets and Manpower Analysis. Lexington, MA: D. C. Heath.

Downs, Anthony. 1957. An Economic Theory of Democracy. New York: Harper and Row.

Dowrick, Steve, and Duc-Tho Nguyen. 1989. "OECD Comparative Economic Growth 1950 85:

Catch-up and Convergence." American Economic Review 79 (December): 1010 - 1030.

Drazen, Allan, and Vittorio Grilli. 1993. "The Benefit of Crises for Economic Reform." American Economic Review 83 (June): 598 - 607.

Duygan-Bump, Burcu, Alexey Levkov, and Judit Montoriol-Garriga. 2015. "Financing Constraints and Unemployment: Evidence from the Great Recession." Journal of Monetary Economics 75 (October): 89 - 105.

Dynan, Karen E. 1993. "How Prudent Are Consumers?" Journal of Political Economy 101 (December): 1104 - 1113.

Dynan, Karen E. 2000. "Habit Formation in Consumer Preferences: Evidence from Panel Data." American Economic Review 90 (June): 391 - 406.

E

Easterly, William, and Ross Levine. 1997. "Africa's Growth Tragedy: Policies and Ethnic Divisions." Quarterly Journal of Economics 112 (November): 1203 - 1250.

Easterly, William, and Ross Levine. 2003. "Tropics, Germs, and Crops: How Endowments In. uence Economic Development." Journal of Monetary Economics 50 (January): 3 - 39.

Eberly, Janice C. 1994. "Adjustment of Consumers' Durables Stocks: Evidence from Automobile Purchases." Journal of Political Economy 102 (June): 403 - 436.

Eberly, Janice C., Sergio Rebelo, and Nicolas Vincent. 2012. "What Explains the Lagged Investment Effect? Journal of Monetary Economics 59(4): 370 - 380.

Edge, Rochelle M., and Refet S. Gürkaynak. 2010. "How Useful Are Estimated DSGE Model Forecasts for Central Bankers?" Brookings Papers on Economic Activity, no. 2, 209 - 244.

Edgerton, Jesse. 2012. "Credit Supply and Business Investment during the Great Recession: Evidence from Public Records of Equipment Financing." Unpublished paper, Federal Re-serve Board (November).

Eggertsson, Gauti. 2010. "The Paradox of Toil." Federal Reserve Bank of New York Staff Report no. 433 (March).

Eggertsson, Gauti, and Michael Woodford. 2003. "The Zero Bound on Interest Rates and Optimal Monetary Policy." Brookings Papers on Economic Activity, no. 1, 139 - 233.

Eisner, Robert, and Robert H. Strotz. 1963. "Determinants of Business Fixed Investment." In Commission on Money and Credit, Impacts of Monetary Policy, 59 - 337. Englewood Cliffs, NJ: Prentice Hall.

Elliott, Matthew, Benjamin Golub, and Matthew O. Jackson. 2014. "Financial Net-works and Contagion." American Economic Review 104 (October): 3115 - 3153.

Ellul, Andrew, Chotibhak Jotikasthira, and Christian T. Lundblad. 2011. "Regulatory Pressure and Fire Sales in the Corporate Bond Market." Journal of Financial Economics 101 (September): 596 - 620.

Elsby, Michael W. L. 2009. "Evaluating the Economic Significance of Downward Nominal Wage Rigidity." Journal of Monetary Economics 56 (March): 154 - 169.

Elsby, Michael W. L., Ryan Michaels, and Gary Solon. 2009. "The Ins and Outs of Cyclical Unemployment." American Economic Journal: Macroeconomics 1 (January): 84 - 110.

Engerman, Stanley L., and Kenneth L. Sokoloff. 2002. "Factor Endowments, Inequality, and

Paths of Development among New World Economies." Economía 3 (Fall): 41 - 109.

Epstein, Larry G., and Stanley E. Zin. 1991. "Substitution, Risk Aversion, and the Temporal Behavior of Consumption and Asset Returns: An Empirical Analysis." Journal of Political Economy 99 (April): 263 - 286.

Erceg, Christopher J., Dale W. Henderson, and Andrew T. Levin. 2000. "Optimal Monetary Policy with Staggered Wage and Price Contracts." Journal of Monetary Economics 46 (March): 281 - 313.

Ethier, Wilfred J. 1982. "National and International Returns to Scale in the Modern Theory of International Trade." American Economic Review 72 (June): 389 - 405.

F

Farhi, Emmanuel, and Jean Tirole. 2012. "Collective Moral Hazard, Maturity Mismatch, and Systemic Bailouts." American Economic Review (February): 60 - 93.

Farhi, Emmanuel, and Iván Werning. 2012. "Capital Taxation: Quantitative Explorations of the Inverse Euler Equation." Journal of Political Economy 120 (June): 398 - 445.

Farhi, Emmanuel, and Iván Werning. 2016. "A Theory of Macroprudential Policies in the Presence of Nominal Rigidities." Econometrica 84 (September): 1645 - 1704.

Fazzari, Steven M., R. Glenn Hubbard, and Bruce C. Petersen. 1988. "Financing Con-straints and Corporate Investment." Brookings Papers on Economic Activity, no. 1, 141 - 195.

Fazzari, Steven M., R. Glenn Hubbard, and Bruce C. Petersen. 2000. "Investment-Cash Flow Sensitivities Are Useful: A Comment on Kaplan and Zingales." Quarterly Journal of Economics 115 (May): 695 - 705.

Feenstra, Robert C. 1986. "Functional Equivalence between Liquidity Costs and the Utility of Money." Journal of Monetary Economics 17 (March): 271 - 291.

Feldstein, Martin. 1997. "The Costs and Benefits of Going from Low Inflation to Price Stability." In Christina D. Romer and David H. Romer, eds., Reducing Inflation: Motivation and Strategy, 123 - 156. Chicago: University of Chicago Press.

Fernald, John G. 2007. "Trend Breaks, Long-Run Restrictions, and Contractionary Technol-ogy Improvements." Journal of Monetary Economics 54 (November): 2467 - 2485.

Fernald, John G., and Brent Neiman. 2011. "Growth Accounting with Misallocation: Or, Doing Less with More in Singapore." American Economic Journal: Macroeconomics 3 (April): 29 - 74.

Fischer, Stanley. 1977. "Long-Term Contracts, Rational Expectations, and the Optimal Money Supply Rule." Journal of Political Economy 85 (February): 191 - 205.

Fischer, Stanley, and Lawrence H. Summers. 1989. "Should Governments Learn to Live with Inflation?" American Economic Review 79 (May): 382 - 387.

Fisher, Irving. 1933. "The Debt-Deflation Theory of Great Depressions." Econometrica 1 (October): 337 - 357.

Fisher, Jonas D. M., and Ryan Peters. 2010. "Using Stock Returns to Identify Government Spending Shocks." Economic Journal 120 (May): 414 - 436.

Flavin, Marjorie A. 1981. "The Adjustment of Consumption to Changing Expectations about Future Income." Journal of Political Economy 89 (October): 974 - 1009.

Flavin, Marjorie A. 1993. "The Excess Smoothness of Consumption: Identification and Estimation." Review of Economic Studies 60 (July): 651 - 666.

Foley, Duncan K., and Miguel Sidrauski. 1970. "Portfolio Choice, Investment and Growth." American Economic Review 60 (March): 44 - 63.

Francis, Neville, and Valerie A. Ramey. 2005. "Is the Technology-Driven Real Business Cycle Hypothesis Dead? Shocks and Aggregate Fluctuations Revisited." Journal of Monetary Economics 52 (November): 1379 - 1399.

Frankel, Jeffrey A., and David Romer. 1999. "Does Trade Cause Growth?" American Economic Review 89 (June): 379 - 399.

French, Kenneth R., and James M. Poterba. 1991. "Investor Diversification and Interna-tional Equity Markets." American Economic Review 81 (May): 222 - 226.

Friedman, Milton. 1953. "The Case for Flexible Exchange Rates." In Essays in Positive Economics, 153 - 203. Chicago: University of Chicago Press.

Friedman, Milton. 1957. A Theory of the Consumption Function. Princeton, NJ: Princeton University Press.

Friedman, Milton. 1960. A Program for Monetary Stability. New York: Fordham University Press.

Friedman, Milton. 1968. "The Role of Monetary Policy." American Economic Review 58 (March): 1 - 17.

Friedman, Milton. 1969. "The Optimum Quantity of Money." In The Optimum Quantity of Money and Other Essays, 1 - 50. Chicago: Aldine Publishing.

Friedman, Milton. 1971. "Government Revenue from Inflation." Journal of Political Economy 79 (July/August): 846 - 856.

Friedman, Milton, and L. J. Savage. 1948. "The Utility Analysis of Choices Involving Risk." Journal of Political Economy 56 (August): 279 - 304.

Friedman, Milton, and Anna J. Schwartz. 1963. A Monetary History of the United States, 1867 - 1960. Princeton, NJ: Princeton University Press.

Froot, Kenneth A., and Emil M. Dabora. 1999. "How Are Stock Prices Affected by the Location of Trade?" Journal of Financial Economics 53 (August): 189 - 216.

Froot, Kenneth A., and Maurice Obstfeld. 1991. "Intrinsic Bubbles: The Case of Stock Prices." American Economic Review 81 (December): 1189 - 1214.

Fuhrer, Jeffrey C. 2000. "Habit Formation in Consumption and Its Implications for Monetary-Policy Models." American Economic Review 90 (June): 367 - 390.

Fuhrer, Jeffrey C., and George R. Moore. 1995. "Inflation Persistence." Quarterly Journal of Economics 110 (February): 127 - 159.

G

Gabaix, Xavier. 2017. "A Behavioral New Keynesian Model." Unpublished paper, Harvard University (February).

Gabaix, Xavier, and David Laibson. 2001. "The 6D Bias and the Equity-Premium Puzzle." NBER Macroeconomics Annual 16: 257 - 312.

Gagnon, Joseph, Matthew Raskin, Julie Remache, and Brian Sack. 2011. "The Financial Market

Effects of the Federal Reserve's Large-Scale Asset Purchases." International Journal of Central Banking 7 (March): 3 - 43.

Gale, Douglas, and Martin Hellwig. 1985. "Incentive-Compatible Debt Contracts: The One-Period Problem." Review of Economic Studies 52 (October): 647 - 663.

Galí, Jordi. 1992. "How Well Does the IS-LM Model Fit Postwar U. S. Data?" Quarterly Journal of Economics 107 (May): 709 - 738.

Galí, Jordi. 2015. Monetary Policy, Inflation, and the Business Cycle: An Introduction to the New Keynesian Framework and Its Applications, 2d ed. Princeton, NJ: Princeton University Press.

Galí, Jordi, and Mark Gertler. 1999. "Inflation Dynamics: A Structural Econometric Analysis." Journal of Monetary Economics 44 (October): 195 - 222.

Galí, Jordi, Mark Gertler, and J. David López-Salido. 2007. "Markups, Gaps, and the Welfare Costs of Business Fluctuations." Review of Economics and Statistics 89 (February): 44 - 59.

Galí, Jordi, J. David López-Salido, and Javier Vallés. 2007. "Understanding the Effects of Government Spending on Consumption." Journal of the European Economic Association 5 (March): 227 - 270.

Galí, Jordi, and Pau Rabanal. 2004. "Technology Shocks and Aggregate Fluctuations: How Well Does the Real Business Cycle Model Fit Postwar U. S. Data?" NBER Macroeconomics Annual 19: 225 - 288.

Galor, Oded. 2005. "From Stagnation to Growth: Unified Growth Theory." In Philippe Aghion and Steven N. Durlauf, eds., Handbook of Economic Growth, 171 293. Amsterdam: Elsevier. Gan, Jie. 2007. "Collateral, Debt Capacity, and Corporate Investment: Evidence from a Natural Experiment." Journal of Financial Economics 85 (September): 709 - 734.

Garín, Julio, Michael Pries, and Eric Sims. 2017. "The Relative Importance of Aggregate and Sectoral Shocks and the Changing Nature of Economic Fluctuations." Unpublished paper, University of Notre Dame (March). American Economic Journal: Macroeconomics, forthcoming.

Garino, Gaia, and Christopher Martin. 2000. "Efficiency Wages and Union-Firm Bargain-ing." Economics Letters 69 (November): 181 - 185. Geary, Patrick T., and John Kennan. 1982. "The Employment-Real Wage Relationship: An International Study." Journal of Political Economy 90 (August): 854 871. Genberg, Hans. 1978. "Purchasing Power Parity under Fixed and Flexible Exchange Rates." Journal of International Economics 8 (May): 247 - 276.

Gerardi, Kristopher S., Christopher L. Foote, and Paul S. Willen. 2011. "Reasonable People Did Disagree: Optimism and Pessimism about the U. S. Housing Market before the Crash." In Susan M. Wachter and Marvin M. Smith, eds., The American Mortgage System: Crisis and Reform, 26 - 59. Philadelphia: University of Pennsylvania Press.

Gertler, Mark, and Peter Karadi. 2011. "A Model of Unconventional Monetary Policy." Journal of Monetary Economics 58 (January): 17 - 34.

Gertler, Mark, and Peter Karadi. 2015. "Monetary Policy Surprises, Credit Costs, and Economic Activity." American Economic Journal: Macroeconomics 7 (January): 44 - 76.

Gertler, Mark, and Nobuhiro Kiyotaki. 2015. "Banking, Liquidity, and Bank Runs in an Infinite Horizon Economy." American Economic Review 105 (July): 2011 - 2043.

Gertler, Mark, Nobuhiro Kiyotaki, and Albert Queralto. 2012. "Financial Crises, Bank Risk

Exposure, and Government Financial Policy." Journal of Monetary Economics 59 (December): S17 - S34.

Ghosh, Atish R., Jun I. Kim, Enrique G. Mendoza, Jonathan D. Ostry, and Mahvash S. Qureshi. 2013. "Fiscal Fatigue, Fiscal Space and Debt Sustainability in Ad-vanced Economies." Economic Journal 123 (February): F4 - F30.

Gibbons, Robert, and Lawrence Katz. 1992. "Does Unmeasured Ability Explain Inter-Industry Wage Differentials?" Review of Economic Studies 59 (July): 515 - 535.

Gilchrist, Simon, and Egon Zakrajsek. 2012. "Credit Spreads and Business Cycle Fluctu-ations." American Economic Review 102 (June): 1692 - 1720.

Glaeser, Edward L., Rafael La Porta, Florencio Lopez-de-Silanes, and Andrei Shleifer. 2004. "Do Institutions Cause Growth?" Journal of Economic Growth 9 (September): 271 - 303.

Glasserman, Paul, and H. Peyton Young. 2016. "Contagion in Financial Networks." Journal of Economic Literature 54 (September): 779 - 831.

Goldfeld, Stephen M., and Daniel E. Sichel. 1990. "The Demand for Money." In Benjamin M. Friedman and Frank Hahn, eds., Handbook of Monetary Economics, vol. 1, 299 - 356. Amsterdam: Elsevier.

Gollin, Douglas. 2002. "Getting Income Shares Right." Journal of Political Economy 110 (April): 458 - 474.

Golosov, Mikhail, and Robert E. Lucas, Jr. 2007. "Menu Costs and Phillips Curves." Journal of Political Economy 15 (April): 171 - 199.

Golosov, Mikhail, Narayana Kocherlakota, and Aleh Tsyvinski. 2003. "Optimal Indi-rect and Capital Taxation." Review of Economic Studies 70 (July): 569 - 587.

Gomme, Paul. 1999. "Shirking, Unemployment and Aggregate Fluctuations." International Economic Review 40 (February): 3 - 21.

Goodfriend, Marvin, and Robert G. King. 1997. "The New Neoclassical Synthesis and the Role of Monetary Policy." NBER Macroeconomics Annual 12: 231 - 283.

Goolsbee, Austan. 1998. "Investment Tax Incentives, Prices, and the Supply of Capital Goods." Quarterly Journal of Economics 113 (February): 121 - 148.

Gopinath, Gita, and Roberto Rigobon. 2008. "Sticky Borders." Quarterly Journal of Eco-nomics 123 (May): 531 - 575.

Gordon, David. 1974. "A Neoclassical Theory of Underemployment." Economic Inquiry 12 (December): 432 - 459.

Gordon, Robert J. 2014. "The Demise of U. S. Economic Growth: Restatement, Rebuttal, and Reflections." National Bureau of Economic Research Working Paper No. 19895 (February).

Gorton, Gary, and Andrew Metrick. 2012. "Securitized Banking and the Run on Repo." Journal of Financial Economics 104 (June): 425 - 451.

Gottfries, Nils. 1992. "Insiders, Outsiders, and Nominal Wage Contracts." Journal of Political Economy 100 (April): 252 - 270.

Gourinchas, Pierre-Oliver, and Jonathan A. Parker. 2002. "Consumption over the Life Cycle." Econometrica 70 (January): 47 - 89.

Gourio, Fran. ois, and Anil K Kashyap. 2007. "Spikes: New Facts and a General Equilib-rium Exploration." Journal of Monetary Economics 54 (September, Supplement): 1 - 22.

Green, Donald P., and Ian Shapiro. 1994. Pathologies of Rational Choice Theory: A Critique of

Applications in Political Science. New Haven, CT: Yale University Press.

Greenstone, Michael, Elizabeth Kopits, and Ann Wolverton. 2013. "Developing a So-cial Cost of Carbon for US Regulatory Analysis: A Methodology and Interpretation." Review of Environmental Economics and Policy 7 (Winter): 23 - 46.

Greenwald, Bruce C., Joseph E. Stiglitz, and Andrew Weiss. 1984. "Informational Imperfections in Capital Markets and Macroeconomic Fluctuations." American Economic Review 74 (May): 194 - 199.

Greenwood, Jeremy, and Zvi Hercowitz. 1991. "The Allocation of Capital and Time over the Business Cycle." Journal of Political Economy 99 (December): 1188 - 1214.

Greenwood, Jeremy, Zvi Hercowitz, and Gregory W. Huffman. 1988. "Investment, Capacity Utilization, and the Real Business Cycle." American Economic Review 78 (June): 402 - 417.

Greenwood, Jeremy, and Gregory W. Huffman. 1991. "Tax Analysis in a Real-Business-Cycle Model: On Measuring Harberger Triangles and Okun Gaps." Journal of Monetary Eco-nomics 27 (April): 167 - 190.

Gregory, R. G. 1986. "Wages Policy and Unemployment in Australia." Economica 53 (Supple-ment): S53 - S74.

Griffin, John M., and Dragon Yongjun Tang. 2011. "Did Credit Rating Agencies Make Unbiased Assumptions on CDOs?" American Economic Review 101 (May): 125 - 130.

Grilli, Vittorio, Donato Masciandaro, and Guido Tabellini. 1991. "Political and Mone-tary Institutions and Public Financial Policies in the Industrial Countries." Economic Policy 13 (October): 341 - 392.

Gromb, Denis, and Dimitri Vayanos. 2002. "Equilibrium and Welfare in Markets with Financially Constrained Arbitrageurs." Journal of Financial Economics 66 (November December): 361 - 407.

Gross, David B., and Nicholas S. Souleles. 2002. "Do Liquidity Constraints and Interest Rates Matter for Consumer Behavior? Evidence from Credit Card Data." Quarterly Journal of Economics 117 (February): 149 - 185.

Grossman, Gene M., and Elhanan Helpman. 1991. Innovation and Growth in the Global Economy. Cambridge, MA: MIT Press. Groth, Carlotta, and Hashmat Khan. 2010. "Investment Adjustment Costs: An Empirical Assessment." Journal of Money, Credit and Banking 42 (December): 1469 - 1494.

Guajardo, Jaime, Daniel Leigh, and Andrea Pescatori. 2014. "Expansionary Auster-ity? International Evidence." Journal of the European Economic Association 12 (August): 949 - 968.

Gürkaynak, Refet S., Andrew T. Levin, and Eric T. Swanson. 2010. "Does Inflation Tar-geting Anchor Long-Run Inflation Expectations? Evidence from the U. S., UK, and Sweden." Journal of the European Economic Association 8 (December): 1208 - 1242.

Gürkaynak, Refet S., Brian Sack, and Eric T. Swanson. 2005. "The Sensitivity of Long-Term Interest Rates to Economic News: Evidence and Implications for Macroeconomic Models." American Economic Review 95 (March): 425 - 436.

H

Haavelmo, Trygve. 1945. "Multiplier Effects of a Balanced Budget." Econometrica 13 (October): 311 - 318.

Haberis, Alex, Richard Harrison, and Matt Waldron. 2014. "Transitory Interest-Rate Pegs under Imperfect Credibility." Unpublished paper, Bank of England (July).

Hachem, Kinda. 2014. "Resource Allocation and Inefficiency in the Financial Sector." National Bureau of Economic Research Working Paper No. 20365 (August).

Hall, Robert E. 1978. "Stochastic Implications of the Life Cycle Permanent Income Hypoth-esis: Theory and Evidence." Journal of Political Economy 86 (December): 971 - 987.

Hall, Robert E. 1980. "Employment Fluctuations and Wage Rigidity." Brookings Papers on Economic Activity, no. 1, 91 - 123.

Hall, Robert E. 1984. "Monetary Strategy with an Elastic Price Standard." In Price Stability and Public Policy, 137 - 159. Kansas City: Federal Reserve Bank of Kansas City.

Hall, Robert E. 1988a. "The Relation between Price and Marginal Cost in U.S. Industry." Journal of Political Economy 96 (October): 921 - 947.

Hall, Robert E. 1988b. "Intertemporal Substitution in Consumption." Journal of Political Economy 96 (April): 339 - 357.

Hall, Robert E. 2005. "Employment Fluctuations with Equilibrium Wage Stickiness." American Economic Review 95 (March): 50 - 65.

Hall, Robert E., and Charles I. Jones. 1999. "Why Do Some Countries Produce So Much More Output per Worker Than Others?" Quarterly Journal of Economics 114 (February): 83 - 116.

Ham, John C., and Kevin T. Reilly. 2002. "Testing Intertemporal Substitution, Implicit Contracts, and Hours Restrictions Models of the Labor Market Using Micro Data." American Economic Review 92 (September): 905 - 927.

Hamilton, James. 1994. Time Series Analysis. Princeton, NJ: Princeton University Press.

Hansen, Gary D. 1985. "Indivisible Labor and the Business Cycle." Journal of Monetary Economics 16 (November): 309 - 327.

Hansen, Gary D., and Randall Wright. 1992. "The Labor Market in Real Business Cycle Theory." Federal Reserve Bank of Minneapolis Quarterly Review 16 (Spring): 2 - 12.

Hansen, Lars Peter, and Kenneth J. Singleton. 1983. "Stochastic Consumption, Risk Aver-sion, and the Temporal Behavior of Asset Returns." Journal of Political Economy 91 (April): 249 - 265.

Hanson, Michael S. 2004. "The 'Price Puzzle' Reconsidered." Journal of Monetary Economics 51 (October): 1385 - 1413.

Harris, John R., and Michael P. Todaro. 1970. "Migration, Unemployment and Develop-ment: A Two-Sector Analysis." American Economic Review 60 (March): 126 - 142.

Hausman, Joshua K. 2016. "Fiscal Policy and Economic Recovery: The Case of the 1936 Veterans' Bonus." American Economic Review 106 (April): 1100 - 1143.

Hayashi, Fumio. 1982. "Tobin's Marginal q and Average q: A Neoclassical Interpretation." Econometrica 50 (January): 213 - 224.

He, Zhiguo, and Wei Xiong. 2012. "Dynamic Debt Runs." Review of Financial Studies 25 (June): 1799 - 1843.

Heaton, John, and Deborah J. Lucas. 1996. "Evaluating the Effects of Incomplete Markets on Risk Sharing and Asset Pricing." Journal of Political Economy 104 (June): 443 - 487.

Henderson, J. Vernon, Adam Storeygard, and David N. Weil. 2012. "Measuring Eco-nomic

Growth from Outer Space." American Economic Review 102 (April): 994 - 1028.

Hendricks, Lutz. 2002. "How Important Is Human Capital for Development? Evidence from Immigrant Earnings." American Economic Review 92 (March): 198 - 219.

Hendricks, Lutz, and Todd Schoellman. 2017. "Human Capital and Development Accounting: New Evidence from Wage Gains at Migration." Unpublished paper, University of North Carolina, Chapel Hill (January).

Hodrick, Robert J., and Edward C. Prescott. 1997. "Postwar U. S. Business Cycles: An Empirical Investigation." Journal of Money, Credit, and Banking 29 (February): 1 - 16.

Hoggarth, Glenn, Ricardo Reis, and Victoria Saporta. 2002. "Costs of Banking System Instability: Some Empirical Evidence." Journal of Banking and Finance 26 (May): 825 - 855.

Holmstr. m, Bengt, and Jean Tirole. 1998. "Private and Public Supply of Liquidity." Journal of Political Economy 106 (February): 1 - 40.

Holston, Kathryn, Thomas Laubach, and John C. Williams. 2016. "Measuring the Nat-ural Rate of Interest: International Trends and Determinants." Unpublished paper, Federal Reserve Board (June). Journal of International Economics, forthcoming.

Hornstein, Andreas, and Per Krusell. 1996. "Can Technology Improvements Cause Pro-ductivity Slowdowns?" NBER Macroeconomics Annual 11: 209 - 259.

Hosios, Arthur J. 1990. "On the Efficiency of Matching and Related Models of Search and Unemployment." Review of Economic Studies 57 (April): 279 - 298.

House, Christopher L. 2014. "Fixed Costs and Long-Lived Investments." Journal of Monetary Economics 68 (November): 86 - 100.

Howitt, Peter. 1999. "Steady Endogenous Growth with Population and R&D Inputs Grow-ing." Journal of Political Economy 107 (August): 715 - 730.

Hsieh, Chang-Tai. 2000. "Bargaining over Reform." European Economic Review 44 (October): 1659 - 1676.

Hsieh, Chang-Tai. 2002. "What Explains the Industrial Revolution in East Asia? Evidence from the Factor Markets." American Economic Review 92 (June): 502 - 526.

Hsieh, Chang-Tai. 2003. "Do Consumers React to Anticipated Income Changes? Evidence from the Alaska Permanent Fund." American Economic Review 93 (March): 397 - 405.

Hsieh, Chang-Tai, and Peter J. Klenow. 2007. "Relative Prices and Relative Prosperity." American Economic Review (June): 562 - 585.

Hsieh, Chang-Tai, and Peter J. Klenow. 2009. "Misallocation and Manufacturing TFP in China and India." Quarterly Journal of Economics 124 (November): 1403 - 1448.

Hsieh, Chang-Tai, and Peter J. Klenow. 2010. "Development Accounting." American Eco-nomic Journal: Macroeconomics 2 (January): 207 - 223.

Huang, Kevin X. D., and Zheng Liu. 2002. "Staggered Price-Setting, Staggered Wage-Setting, and Business Cycle Persistence." Journal of Monetary Economics 49 (March): 405 - 433.

Hubbard, R. Glenn, and Kenneth L. Judd. 1986. "Liquidity Constraints, Fiscal Policy, and Consumption." Brookings Papers on Economic Activity, no. 1, 1 - 50.

Huber, Kilian. 2017. "Disentangling the Effects of a Banking Crisis: Evidence from German Firms and Counties." Unpublished paper, London School of Economics (May).

I

Inada, Kenichi. 1964. "Some Structural Characteristics of Turnpike Theorems." Review of

Economic Studies 31 (January): 43 - 58.

International Monetary Fund. 2009. "What's the Damage? Medium-Term Output Dy-namics after Financial Crises." Chapter 4 of World Economic Outlook: Sustaining the Recovery (October): 121 - 151.

Ivashina, Victoria, and David S. Scharfstein. 2010. "Bank Lending during the Financial Crisis of 2008." Journal of Financial Economics 97 (September): 319 - 338.

Iyer, Rajkamal, and Manju Puri. 2012. "Understanding Bank Runs: The Importance of Depositor-Bank Relationships and Networks." American Economic Review 102 (June): 1414 - 1445.

J

Jaimovich, Nir, and Sergio Rebelo. 2009. "Can News about the Future Drive the Business Cycle?" American Economic Review 99 (September): 1097 - 1118.

Jalil, Andrew J. 2015. "A New History of Banking Panics in the United States, 1825 1929: Construction and Implications." American Economic Journal: Macroeconomics 7 (July) 295 - 330.

Jayaratne, Jith, and Philip E. Strahan. 1996. "The Finance-Growth Nexus: Evidence from Bank Branch Deregulation." Quarterly Journal of Economics 111 (August): 639 - 670.

Jones, Benjamin F., and Benjamin A. Olken. 2005. "Do Leaders Matter? National Leader-ship and Growth since World War II." Quarterly Journal of Economics 120 (August): 835 - 864.

Jones, Charles I. 1994. "Economic Growth and the Relative Price of Capital." Journal of Monetary Economics 34 (December): 359 - 382.

Jones, Charles I. 1995a. "R&D-Based Models of Economic Growth." Journal of Political Economy 103 (August): 759 - 784.

Jones, Charles I. 1995b. "Time Series Tests of Endogenous Growth Models." Quarterly Journal of Economics 110 (May): 495 - 525.

Jones, Charles I. 1999. "Growth: With or without Scale Effects?" American Economic Review 89 (May): 139 - 144.

Jones, Charles I. 2002. "Sources of U. S. Economic Growth in a World of Ideas." American Economic Review 92 (March): 220 - 239.

Jones, Charles I., and Dietrich Vollrath. 2013. Introduction to Economic Growth, 3d ed. New York: W. W. Norton.

Jordà, òscar, Moritz Schularick, and Alan M. Taylor. 2013. "When Credit Bites Back." Journal of Money, Credit and Banking 45 (December): 3 - 28.

Joyce, Michael A. S., Ana Lasaosa, Ibrahim Stevens, and Matthew Tong. 2011. "The Financial Market Impact of Quantitative Easing in the United Kingdom." International Journal of Central Banking 7 (September): 113 - 161.

K

Kahneman, Daniel, Jack L. Knetsch, and Richard Thaler. 1986. "Fairness as a Constraint on Profit Seeking: Entitlements in the Market." American Economic Review 76 (September):

728 - 741.

Kaplan, Steven N., and Luigi Zingales. 1997. "Do Investment-Cash Flow Sensitivities Provide Useful Measures of Financing Constraints?" Quarterly Journal of Economics 112 (February): 169 - 215.

Kareken, John H., and Robert M. Solow. 1963. "Lags in Monetary Policy." In Commission on Money and Credit, Stabilization Policy, 14 - 96. Englewood Cliffs, NJ: Prentice Hall.

Katz, Lawrence F., and Lawrence H. Summers. 1989. "Industry Rents: Evidence and Implications." Brookings Papers on Economic Activity, Microeconomics, 209 - 275.

Kerr, William, and Robert G. King. 1996. "Limits on Interest Rate Rules in the IS Model." Federal Reserve Bank of Richmond Economic Quarterly 82 (Spring): 47 - 75.

Keynes, John Maynard. 1936. The General Theory of Employment, Interest, and Money. London: Macmillan.

Keynes, John Maynard. 1939. "Relative Movements of Real Wages and Output." Economic Journal 49 (March): 34 - 51.

Khan, Aubhik, and Julia K. Thomas. 2008. "Idiosyncratic Shocks and the Role of Nonconvexities in Plant and Aggregate Investment Dynamics." Econometrica 76 (March): 395 - 436.

Kiley, Michael T. 2000. "Endogenous Price Stickiness and Business Cycle Persistence." Jour-nal of Money, Credit, and Banking 32 (February): 28 - 53.

Kiley, Michael T. 2016. "Policy Paradoxes in the New-Keynesian Model." Review of Economic Dynamics 21 (July): 1 - 15.

Kiley, Michael T., and John M. Roberts. 2017. "Monetary Policy in a Low Interest Rate World." Unpublished paper, Federal Reserve Board (March). Brookings Papers on Economic Activity, forthcoming.

Kimball, Miles S. 1991. "The Quantitative Analytics of the Basic Real Business Cycle Model." Unpublished paper, University of Michigan (November).

Kimball, Miles S. 1995. "The Quantitative Analytics of the Basic Neomonetarist Model." Journal of Money, Credit, and Banking 27 (November, Part 2): 1241 - 1277.

King, Robert G., and Charles I. Plosser. 1984. "Money, Credit, and Prices in a Real Business Cycle." American Economic Review 64 (June): 363 - 380.

King, Robert G., and Charles I. Plosser, eds. 2005. "Theme Issue: The Econometrics of the New Keynesian Price Equation." Journal of Monetary Economics 52 (September).

Kiyotaki, Nobuhiro, and John Moore. 1997. "Credit Cycles." Journal of Political Economy 105 (April): 211 - 248.

Kiyotaki, Nobuhiro, and Randall Wright. 1989. "On Money as a Medium of Exchange." Journal of Political Economy 97 (August): 927 - 954.

Klenow, Peter J., and Oleksiy Kryvtsov. 2008. "State-Dependent or Price-Dependent Pric-ing: Does It Matter for Recent U. S. Inflation?" Quarterly Journal of Economics 123 (August): 863 - 904.

Klenow, Peter J., and Andrés Rodríguez-Clare. 1997. "The Neoclassical Revival in Growth Economics: Has It Gone Too Far?" NBER Macroeconomics Annual 12: 73 - 103.

Klenow, Peter J., and Jonathan L. Willis. 2016. "Real Rigidities and Nominal Price Changes." Economica 83 (July): 443 - 472.

Knack, Stephen, and Philip Keefer. 1995. "Institutions and Economic Performance: Cross-Country Tests Using Alternative Institutional Measures." Economics and Politics 7 (November): 207 - 227.

Knack, Stephen, and Philip Keefer. 1997. "Does Social Capital Have an Economic Payoff? A Cross-Country Investigation." Quarterly Journal of Economics 112 (November): 1251 - 1288.

Koijen, Ralph S. J., and Motohiro Yogo. 2015. "The Cost of Financial Frictions for Life Insurers." American Economic Review 105 (January): 445 - 475.

Koopmans, Tjalling C. 1965. "On the Concept of Optimal Economic Growth." In The Economic Approach to Development Planning. Amsterdam: Elsevier.

Korinek, Anton, and Alp Simsek. 2016. "Liquidity Trap and Excessive Leverage." American Economic Review 106 (March): 699 - 738.

Kremer, Michael. 1993. "Population Growth and Technological Change: One Million B. C. to 1990." Quarterly Journal of Economics 108 (August): 681 - 716.

Krishnamurthy, Arvind, and Annette Vissing-Jorgenson. 2011. "The Effects of Quan-titative Easing on Interest Rates: Channels and Implications for Policy." Brookings Papers on Economic Activity, no. 2, 215 - 265.

Krueger, Alan B., and Lawrence H. Summers. 1987. "Re. ections on the Inter-Industry Wage Structure." In Kevin Lang and Jonathan S. Leonard, eds., Unemployment and the Struc-ture of Labor Markets, 17 - 47. Oxford: Basil Blackwell.

Krueger, Alan B., and Lawrence H. Summers. 1988. "Efficiency Wages and the In-terindustry Wage Structure." Econometrica 56 (March): 259 - 293.

Krueger, Anne O. 1974. "The Political Economy of the Rent-Seeking Society." American Economic Review 64 (June): 291 - 303.

Krueger, Anne O. 1993. "Virtuous and Vicious Circles in Economic Development." American Economic Review 83 (May): 351 - 355.

Krugman, Paul R. 1998. "It's Baaack: Japan's Slump and the Return of the Liquidity Trap." Brookings Papers on Economic Activity, no. 2, 137 - 205.

Krusell, Per, and Anthony A. Smith, Jr. 1998. "Income and Wealth Heterogeneity in the Macroeconomy." Journal of Political Economy 88 (October): 867 - 896.

Kueng, Lorenz. 2016. "Explaining Consumption Excess Sensitivity with Near-Rationality: Evidence from Large Predetermined Payments." Unpublished paper, Northwestern University (August).

Kuttner, Kenneth N. 2001. "Monetary Policy Surprises and Interest Rates: Evidence from the Fed Funds Futures Market." Journal of Monetary Economics 47 (June): 523 - 544.

Kydland, Finn E., and Edward C. Prescott. 1977. "Rules Rather Than Discretion: The Inconsistency of Optimal Plans." Journal of Political Economy 85 (June): 473 - 492.

Kydland, Finn E., and Edward C. Prescott. 1982. "Time to Build and Aggregate Fluctu-ations." Econometrica 50 (November): 1345 - 1370.

L

La Porta, Rafael, Florencio Lopez-de-Silanes, Andrei Shleifer, and Robert W. Vishny. 1997. "Trust in Large Organizations." American Economic Review 87 (May): 333 - 338.

Lacker, Jeffrey M., and John A. Weinberg. 1989. "Optimal Contracts under Costly State Falsification." Journal of Political Economy 97 (December): 1345 – 1363.

Lagakos, David. 2016. "Explaining Cross-Country Productivity Differences in Retail Trade." Journal of Political Economy 124 (April): 579 – 620.

Lagakos, David, Benjamin Moll, Tommaso Porzio, Nancy Qian, and Todd Schoellman. 2016. "Life-Cycle Wage Growth across Countries." Unpublished paper, University of California, San Diego (May). Journal of Political Economy, forthcoming.

Laibson, David. 1997. "Golden Eggs and Hyperbolic Discounting." Quarterly Journal of Economics 112 (May): 443 – 477.

Lamont, Owen A. 1997. "Cash Flow and Investment: Evidence from Internal Capital Markets." Journal of Finance 52 (March): 83 – 109.

Lamont, Owen A., and Richard H. Thaler. 2003. "Can the Market Add and Subtract? Mispricing in Tech Stock Carve-outs." Journal of Political Economy 111 (April): 227 – 268.

Landes, David S. 1998. The Wealth and Poverty of Nations: Why Are Some So Rich and Others So Poor? New York: W. W. Norton.

Lee, Charles M. C., Andrei Shleifer, and Richard H. Thaler. 1991. "Investor Sentiment and the Closed-End Fund Puzzle." Journal of Finance 46 (March): 75 – 109.

Lee, Ronald, and Jonathan Skinner. 1999. "Will Aging Baby Boomers Bust the Federal Budget?" Journal of Economic Perspectives 13 (Winter): 117 – 140.

Leland, Hayne E. 1968. "Saving and Uncertainty: The Precautionary Demand for Saving." Quarterly Journal of Economics 82 (August): 465 – 473.

Leontief, Wassily. 1946. "The Pure Theory of the Guaranteed Annual Wage Contract." Jour-nal of Political Economy 54 (February): 76 – 79.

Levin, Andrew, Volker Wieland, and John C. Williams. 2003. "The Performance of Forecast-Based Monetary Policy Rules under Model Uncertainty." American Economic Review 93 (June): 622 – 645.

Levine, Ross. 2005. "Finance and Growth: Theory and Evidence." In Philippe Aghion and Steven N. Durlauf, eds., Handbook of Economic Growth, 865 – 934. Amsterdam: Elsevier.

Levine, Ross, and Sara Zervos. 1998. "Stock Markets, Banks, and Economic Growth." American Economic Review 88 (June): 537 – 558.

Levy, Daniel, Mark Bergen, Shantanu Dutta, and Robert Venable. 1997. "The Magni-tude of Menu Costs: Direct Evidence from Large U. S. Supermarket Chains." Quarterly Journal of Economics 112 (August): 791 – 825.

Li, Chol-Won. 2000. "Endogenous vs. Semi-Endogenous Growth in a Two-R&D-Sector Model." Economic Journal 110 (March): C109 – C122.

Lilien, David M. 1982. "Sectoral Shifts and Cyclical Unemployment." Journal of Political Economy 90 (August): 777 – 793.

Lindbeck, Assar, and Sten Nyberg. 2006. "Raising Children to Work Hard: Altruism, Work Norms, and Social Insurance." Quarterly Journal of Economics 121 (November): 1473 – 1503.

Lindbeck, Assar, and Dennis J. Snower. 1986. "Wage Setting, Unemployment, and Insider-Outsider Relations." American Economic Review 76 (May): 235 – 239.

Ljungqvist, Lars, and Thomas J. Sargent. 1998. "The European Unemployment Dilemma." Journal of Political Economy 108 (June): 514 – 550.

Ljungqvist, Lars, and Thomas J. Sargent. 2004. Recursive Macroeconomic Theory, 2d ed. Cambridge: MIT Press.

Ljungqvist, Lars, and Thomas J. Sargent. 2006. "Do Taxes Explain European Employment? Indivisible Labor, Human Capital, Lotteries, and Savings." NBER Macroeconomics Annual 21: 181 - 224.

Loewenstein, George, and Richard H. Thaler. 1989. "Anomalies: Intertemporal Choice." Journal of Economic Perspectives 3 (Fall): 181 - 193.

Long, John B., and Charles I. Plosser. 1983. "Real Business Cycles." Journal of Political Economy 91 (February): 39 - 69.

Lorenzoni, Guido. 2008. "Inefficient Credit Booms." Review of Economic Studies 75 (July): 809 - 833.

Lucas, Robert E., Jr. 1967. "Adjustment Costs and the Theory of Supply." Journal of Political Economy 75 (August): 321 - 334.

Lucas, Robert E., Jr. 1972. "Expectations and the Neutrality of Money." Journal of Economic Theory 4 (April): 103 - 124.

Lucas, Robert E., Jr. 1976. "Econometric Policy Evaluation: A Critique." Carnegie-Rochester Conference Series on Public Policy 1: 19 - 46.

Lucas, Robert E., Jr. 1978. "Asset Prices in an Exchange Economy." Econometrica 46 (December): 1429 - 1445.

Lucas, Robert E., Jr. 1987. Models of Business Cycles. Oxford: Basil Blackwell.

Lucas, Robert E., Jr. 1988. "On the Mechanics of Economic Development." Journal of Monetary Economics 22 (July): 3 - 42.

Lucas, Robert E., Jr. 1990. "Why Doesn't Capital Flow from Rich to Poor Countries?" American Economic Review 80 (May): 92 - 96.

Lucas, Robert E., Jr., and Leonard Rapping. 1969. "Real Wages, Employment and Infla-tion." Journal of Political Economy 77 (September/October): 721 - 754.

Lucas, Robert E., Jr., and Nancy L. Stokey. 1983. "Optimal Fiscal and Monetary Policy in an Economy without Capital." Journal of Monetary Economics 12 (July): 55 - 93.

Luttmer, Erzo G. J. 1999. "What Level of Fixed Costs Can Reconcile Consumption and Stock Returns?" Journal of Political Economy 107 (October): 969 - 997.

M

MaCurdy, Thomas E. 1981. "An Empirical Model of Labor Supply in a Life-Cycle Setting." Journal of Political Economy 89 (December): 1059 - 1085.

Malthus, Thomas Robert. 1798. An Essay on the Principle of Population, as It Affects the Future Improvement of Society. London: J. Johnson.

Mankiw, N. Gregory. 1982. "Hall's Consumption Hypothesis and Durable Goods." Journal of Monetary Economics 10 (November): 417 - 425.

Mankiw, N. Gregory. 1985. "Small Menu Costs and Large Business Cycles: A Macroeconomic Model of Monopoly." Quarterly Journal of Economics 100 (May): 529 - 539.

Mankiw, N. Gregory. 1986. "The Equity Premium and the Concentration of Aggregate Shocks." Journal of Financial Economics 17 (September): 211 - 219.

Mankiw, N. Gregory. 1989. "Real Business Cycles: A New Keynesian Perspective." Journal of Economic Perspectives 3 (Summer): 79 - 90.

Mankiw, N. Gregory, and Jeffrey A. Miron. 1986. "The Changing Behavior of the Term Structure of Interest Rates." Quarterly Journal of Economics 101 (May): 211 - 228.

Mankiw, N. Gregory, and Ricardo Reis. 2002. "Sticky Information versus Sticky Prices: A Proposal to Replace the New Keynesian Phillips Curve." Quarterly Journal of Economics 117 (November): 1295 - 1328.

Mankiw, N. Gregory, David Romer, and David N. Weil. 1992. "A Contribution to the Empirics of Economic Growth." Quarterly Journal of Economics 107 (May): 407 - 437.

Mankiw, N. Gregory, and Stephen P. Zeldes. 1991. "The Consumption of Stockholders and Nonstockholders." Journal of Financial Economics 29 (March): 97 - 112.

Mauro, Paolo. 1995. "Corruption and Growth." Quarterly Journal of Economics 110 (August): 681 - 712.

McCallum, Bennett T. 1989. "Real Business Cycle Models." In Robert J. Barro, ed., Modern Business Cycle Theory, 16 - 50. Cambridge, MA: Harvard University Press.

McCallum, Bennett T., and Edward Nelson. 1999. "An Optimizing IS-LM Specification for Monetary Policy and Business Cycle Analysis." Journal of Money, Credit, and Banking 31 (August, Part 1): 296 - 316.

McConnell, Margaret M., and Gabriel Perez-Quiros. 2000. "Output Fluctuations in the United States: What Has Changed since the Early 1980's?" American Economic Review 90 (December): 1464 - 1476.

McGrattan, Ellen R. 1994. "The Macroeconomic Effects of Distortionary Taxation." Journal of Monetary Economics 33 (June): 573 - 601.

McKay, Alisdair, Emi Nakamura, and Jón Steinsson. 2016. "The Power of Forward Guidance Revisited." American Economic Review 106 (October): 3133 - 3158.

McKinnon, Ronald I. 1973. Money and Capital in Economic Development. Washington: The Brookings Institution.

Meese, Richard, and Kenneth Rogoff. 1983. "Empirical Exchange Rate Models of the Seventies: Do They Fit Out of Sample?" Journal of International Economics 14 (February): 3 - 24.

Mehra, Rajnish, and Edward C. Prescott. 1985. "The Equity Premium: A Puzzle." Journal of Monetary Economics 15 (March): 145 - 161.

Merrill, Craig B., Taylor D. Nadauld, René M. Stulz, and Shane M. Sherlund. 2014. "Were There Fire Sales in the RMBS Market?" Unpublished paper, Brigham Young Univer-sity (May).

Mian, Atif, and Amir Sufi. 2014. "House Price Gains and U.S. Household Spending from 2002 to 2006." Unpublished paper, Princeton University (May).

Mian, Atif, and Amir Sufi. 2015. House of Debt: How They (and You) Caused the Great Recession, and How We Can Prevent It from Happening Again. Chicago: University of Chicago Press.

Michaillat, Pascal. 2012. "Do Matching Frictions Explain Unemployment? Not in Bad Times." American Economic Review 102 (June): 1721 - 1750.

Midrigan, Virgiliu. 2011. "Menu Costs, Multiproduct Firms, and Aggregate Fluctuations." Econometrica 79 (July): 1139 - 1180.

Mitchell, Mark, Lasse Heje Pedersen, and Todd Pulvino. 2007. "Slow Moving Capital." American Economic Review 97 (May): 215 - 220.

Modigliani, Franco, and Richard Brumberg. 1954. "Utility Analysis and the Consump-tion Function: An Interpretation of Cross-Section Data." In Kenneth K. Kurihara, ed., Post-Keynesian Economics, 388 - 436. New Brunswick, NJ: Rutgers University Press.

Modigliani, Franco, and Richard A. Cohn. 1979. "Inflation and the Stock Market." Finan-cial Analysts Journal 35 (March/April): 24 - 44.

Modigliani, Franco, and Merton H. Miller. 1958. "The Cost of Capital, Corporation Finance and the Theory of Investment." American Economic Review 48 (June): 261 - 297.

Mondragon, John. 2017. "Household Credit and Employment in the Great Recession." Unpublished paper, Northwestern University (May).

Morris, Stephen, and Hyun Song Shin. 1998. "Unique Equilibrium in a Model of Self-Fulfilling Currency Attacks." American Economic Review 88 (June): 587 - 597.

Morris, Stephen, and Hyun Song Shin. 2000. "Rethinking Multiple Equilibria in Macro-economic Modeling." NBER Macroeconomics Annual 15: 139 - 161.

Mortensen, Dale T., and Christopher A. Pissarides. 1994. "Job Creation and Job Destruc-tion in the Theory of Unemployment." Review of Economic Studies 61 (July): 397 - 415.

Murphy, Kevin M., Andrei Shleifer, and Robert W. Vishny. 1991. "The Allocation of Talent: Implications for Growth." Quarterly Journal of Economics 106 (May): 503 - 530.

Murphy, Kevin M., and Robert H. Topel. 1987a. "The Evolution of Unemployment in the United States." NBER Macroeconomics Annual 2: 11 - 58.

Murphy, Kevin M., and Robert H. Topel. 1987b. "Unemployment, Risk, and Earnings: Testing for Equalizing Differences in the Labor Market." In Kevin Lang and Jonathan S. Leonard, eds., Unemployment and the Structure of Labor Markets, 103 - 140. Oxford: Basil Blackwell.

N

Nakamura, Emi, and Jón Steinsson. 2008. "Five Facts about Prices: A Reevaluation of Menu Cost Models." Quarterly Journal of Economics 123 (November): 1415 - 1464.

Nakamura, Emi, and Jón Steinsson. 2014. "Fiscal Stimulus in a Monetary Union: Evidence from U. S. Regions." American Economic Review 104 (March): 753 - 792.

Nakamura, Emi, and Jón Steinsson. 2017. "High Frequency Identification of Monetary Non-Neutrality: The Information Effect." Unpublished paper, Columbia University (March). Quarterly Journal of Economics, forthcoming.

Nakamura, Emi, Jón Steinsson, Patrick Sun, and Daniel Villar. 2017. "The Elusive Costs of Inflation: Price Dispersion during the U. S. Great Inflation." Unpublished paper, Columbia University (June).

Nekarda, Christopher J., and Valerie A. Ramey. 2013. "The Cyclical Behavior of the Price-Cost Markup." National Bureau of Economic Research Working Paper No. 19099 (June).

Nelson, Edward. 2005. "The Great Inflation of the 1970s: What Really Happened?" Advances in Macroeconomics 5:1, Article 3.

Nordhaus, William D. 1975. "The Political Business Cycle." Review of Economic Studies 42

(April): 169 - 190.

Nordhaus, William D. 1992. "Lethal Model 2: The Limits to Growth Revisited." Brookings Papers on Economic Activity, no. 2, 1 - 43.

Nordhaus, William D. 1997. "Do Real-Output and Real-Wage Measures Capture Reality? The History of Lighting Suggests Not." In Timothy F. Bresnahan and Robert J. Gordon, eds., The Economics of New Goods, 29 - 66. Chicago: University of Chicago Press.

Nordhaus, William D. 2007. "A Review of the Stern Review on the Economics of Climate Change." Journal of Economic Literature 45 (September): 686 - 702.

Nordhaus, William D. 2013. The Climate Casino: Risk, Uncertainty, and Economics for a Warm-ing World. New Haven, CT: Yale University Press.

Nordhaus, William D. 2014. "Estimates of the Social Cost of Carbon: Concepts and Re-sults from the DICE-2013R Model and Alternative Approaches." Journal of the Association of Environmental and Resource Economists 1 (Spring/Summer): 273 - 312.

North, Douglass C. 1981. Structure and Change in Economic History. New York: W. W. Norton.

Nunn, Nathan, and Diego Puga. 2012. "Ruggedness: The Blessing of Bad Geography in Africa." Review of Economics and Statistics 94 (February): 20 - 36.

O

O'Driscoll, Gerald P., Jr. 1977. "The Ricardian Nonequivalence Theorem." Journal of Political Economy 85 (February): 207 - 210.

Obstfeld, Maurice. 1992. "Dynamic Optimization in Continuous-Time Economic Models (A Guide for the Perplexed)." Unpublished paper, University of California, Berkeley (April). Available at http://elsa. berkeley. edu/. obstfeld/index. html.

Obstfeld, Maurice, and Kenneth Rogoff. 1996. Foundations of International Macroeco-nomics. Cambridge, MA: MIT Press.

Obstfeld, Maurice, and Kenneth Rogoff. 2002. "Global Implications of Self-Oriented National Monetary Rules." Quarterly Journal of Economics 117 (May): 503 - 535.

Okun, Arthur M. 1962. "Potential GNP: Its Measurement and Significance." In Proceedings of the Business and Economics Statistics Section, American Statistical Association, 98 - 103. Wash-ington: American Statistical Association.

Okun, Arthur M. 1975. "Inflation: Its Mechanics and Welfare Costs." Brookings Papers on Economic Activity, no. 2, 351 - 390.

Oliner, Stephen D., Daniel E. Sichel, and Kevin J. Stiroh. 2007. "Explaining a Productive Decade." Brookings Papers on Economic Activity, no. 1, 81 - 152.

Olson, Mancur, Jr. 1965. The Logic of Collective Action. Cambridge, MA: Harvard University Press.

Olson, Mancur, Jr. 1996. "Big Bills Left on the Sidewalk: Why Some Nations Are Rich, and Others Poor." Journal of Economic Perspectives 10 (Spring): 3 - 24.

Orphanides, Athanasios. 2003a. "Monetary Policy Evaluation with Noisy Information." Jour-nal of Monetary Economics 50 (April): 605 - 631.

Orphanides, Athanasios. 2003b. "The Quest for Prosperity without Inflation." Journal of

Monetary Economics 50 (April): 633 - 663.

Orphanides, Athanasios, and John C. Williams. 2002. "Robust Monetary Policy Rules with Unknown Natural Rates." Brookings Papers on Economic Activity, no. 2, 63 - 145.

Oswald, Andrew J. 1993. "Efficient Contracts Are on the Labour Demand Curve: Theory and Facts." Labour Economics 1 (June): 85 - 113.

P

Parente, Stephen L., and Edward C. Prescott. 1999. "Monopoly Rights: A Barrier to Riches." American Economic Review 89 (December): 1216 - 1233.

Parker, Jonathan A. 1999. "The Response of Household Consumption to Predictable Changes in Social Security Taxes." American Economic Review 89 (September): 959 - 973.

Parker, Jonathan A. 2001. "The Consumption Risk of the Stock Market." Brookings Papers on Economic Activity, no. 2, 279 - 348.

Parker, Jonathan A., Nicholas S. Souleles, David S. Johnson, and Robert McClelland. 2013. "Consumer Spending and the Economic Stimulus Payments of 2008." American Eco-nomic Review 103 (October): 2530 - 2553.

Paxson, Christina H. 1993. "Consumption and Income Seasonality in Thailand." Journal of Political Economy 101 (February): 39 - 72.

Peek, Joe, and Eric R. Rosengren. 2000. "Collateral Damage: Effects of the Japanese Bank Crisis on Real Activity in the United States." American Economic Review 90 (March): 30 - 45.

Peretto, Pietro F. 1998. "Technological Change and Population Growth." Journal of Economic Growth 4 (December): 283 - 311.

Persson, Torsten, and Lars E. O. Svensson. 1989. "Why a Stubborn Conservative Would Run a Deficit: Policy with Time-Inconsistent Preferences." Quarterly Journal of Economics 104 (May): 325 - 345.

Persson, Torsten, and Guido Tabellini. 1993. "Designing Institutions for Monetary Sta-bility." Carnegie-Rochester Conference Series on Public Policy 39 (December): 53 - 84.

Pettersson-Lidbom, Per. 2001. "An Empirical Investigation of the Strategic Use of Debt." Journal of Political Economy 109 (June): 570 - 583.

Phelan, Christopher, and Alberto Trejos. 2000. "The Aggregate Effects of Sectoral Re-allocations." Journal of Monetary Economics 45 (April): 249 - 268. Phelps, Edmund S. 1966a. Golden Rules of Economic Growth. New York: W. W. Norton. Phelps, Edmund S. 1966b. "Models of Technical Progress and the Golden Rule of Research." Review of Economic Studies 33 (April): 133 - 146.

Phelps, Edmund S. 1968. "Money-Wage Dynamics and Labor Market Equilibrium." Journal of Political Economy 76 (July/August, Part 2): 678 - 711.

Phelps, Edmund S. 1970. "Introduction." In Edmund S. Phelps et al., Microeconomic Founda-tions of Employment and Inflation Theory. New York: W. W. Norton.

Phelps, Edmund S. 1973. "Inflation in the Theory of Public Finance." Swedish Journal of Economics 75 (March): 67 - 82.

Phelps, Edmund S., and John B. Taylor. 1977. "Stabilizing Powers of Monetary Policy under

Rational Expectations." Journal of Political Economy 85 (February): 163 - 190.

Philippon, Thomas. 2015. "Has the U. S. Finance Industry Become Less Efficient? On the Theory and Measurement of Financial Intermediation." American Economic Review 105 (April): 1408 - 1438.

Philippon, Thomas, and Ariell Reshef. 2012. "Wages and Human Capital in the U. S. Finance Industry: 1909 2006." Quarterly Journal of Economics 127 (November): 1551 - 1609.

Phillips, A. W. 1958. "The Relationship between Unemployment and the Rate of Change of Money Wages in the United Kingdom, 1861 1957." Economica 25 (November): 283 - 299.

Piketty, Thomas. 2014. Capital in the Twenty-First Century. Translated by Arthur Goldhammer. Cambridge: Harvard University Press.

Piketty, Thomas, and Gabriel Zucman. 2014. "Capital Is Back: Wealth-Income Ratios in Rich Countries 1700 - 2010." Quarterly Journal of Economics 129 (August): 1255 - 1310. Pissarides, Christopher A. 2000. Equilibrium Unemployment Theory, 2d ed. Cambridge, MA:

MIT Press. Pollard, Patricia S. 1993. "Central Bank Independence and Economic Performance." Federal Reserve Bank of St. Louis Review 75 (July/August): 21 - 36. Poole, William. 1970. "Optimal Choice of Monetary Instruments in a Simple Stochastic Macro Model." Quarterly Journal of Economics 84 (May): 197 - 216.

Posen, Adam S. 1993. "Why Central Bank Independence Does Not Cause Low Inflation: There Is No Institutional Fix for Politics." Finance and the International Economy 7: 40 - 65.

Posner, Richard A. 1975. "The Social Costs of Monopoly and Regulation." Journal of Political Economy 83 (August): 807 - 827.

Poterba, James M. 1984. "Tax Subsidies to Owner-Occupied Housing: An Asset-Market Approach." Quarterly Journal of Economics 99 (November): 729 - 752.

Poterba, James M. 1994. "State Responses to Fiscal Crises: The Effects of Budgetary Institutions and Politics." Journal of Political Economy 102 (August): 799 - 821.

Poterba, James M., and Lawrence H. Summers. 1987. "Finite Lifetimes and the Effects of Budget Deficits on National Saving." Journal of Monetary Economics 20 (September): 369 - 391.

Prescott, Edward C. 1986. "Theory Ahead of Business-Cycle Measurement." Carnegie-Rochester Conference Series on Public Policy 25 (Autumn): 11 - 44.

Primiceri, Giorgio E. 2006. "Why Inflation Rose and Fell: Policy-Makers' Beliefs and U. S. Postwar Stabilization Policy." Quarterly Journal of Economics 121 (August): 867 - 901.

Pritchett, Lant. 1997. "Divergence, Big Time." Journal of Economic Perspectives 11 (Summer): 3 - 17.

Putterman, Louis, and David N. Weil. 2010. "Post-1500 Population Flows and the Long-Run Determinants of Economic Growth and Inequality." Quarterly Journal of Economics 125 (November): 1627 - 1682.

R

Rajan, Raghuram G., and Luigi Zingales. 1998. "Financial Dependence and Growth." American Economic Review 88 (June): 559 - 586. 。

Ramey, Valerie A. 2011. "Identifying Government Spending Shocks: It's All in the Timing." Quarterly Journal of Economics 126 (February): 1 - 50.

Ramsey, F. P. 1928. "A Mathematical Theory of Saving." Economic Journal 38 (December): 543 - 559.

Rauh, Joshua D. 2006. "Investment and Financing Constraints: Evidence from the Funding of Corporate Pension Plans." Journal of Finance 61 (February): 33 - 71.

Rebelo, Sergio. 1991. "Long-Run Policy Analysis and Long-Run Growth." Journal of Political Economy 99 (June): 500 - 521.

Rebelo, Sergio, and Carlos Végh. 1995. "Real Effects of Exchange-Rate-Based Stabilization: An Analysis of Competing Theories." NBER Macroeconomics Annual 10: 125 - 174.

Reinhart, Carmen M., and Kenneth S. Rogoff. 2009. This Time Is Different: Eight Centuries of Financial Folly. Princeton, NJ: Princeton University Press.

Restuccia, Diego, and Richard Rogerson. 2008. "Policy Distortions and Aggregate Pro-ductivity with Heterogeneous Establishments." Review of Economic Dynamics 11 (October): 707 - 720.

Richardson, Gary, and William Troost. 2009. "Monetary Intervention Mitigated Banking Panics during the Great Depression: Quasi-Experimental Evidence from a Federal Reserve District Border, 1929 1933." Journal of Political Economy 117 (December): 1031 - 1071.

Rigobon, Roberto, and Brian Sack. 2004. "The Impact of Monetary Policy on Asset Prices." Journal of Monetary Economics 51 (November): 1553 - 1575.

Roberts, John M. 1995. "New Keynesian Economics and the Phillips Curve." Journal of Money, Credit, and Banking 27 (November, Part 1): 975 - 984.

Robson, Arthur J., and Hillard S. Kaplan. 2003. "The Evolution of Human Life Expectancy and Intelligence in Hunter-Gatherer Economies." American Economic Review 93 (March): 150 - 169.

Rodrik, Dani, Arvind Subramanian, and Francesco Trebbi. 2004. "Institutions Rule: The Primacy of Institutions over Geography and Integration in Economic Development." Journal of Economic Growth 9 (June): 131 - 165.

Rogerson, Richard. 1988. "Indivisible Labor, Lotteries and Equilibrium." Journal of Monetary Economics 21 (January): 3 - 16.

Rogerson, Richard. 2008. "Structural Transformation and the Deterioration of European Labor Market Outcomes." Journal of Political Economy 116 (April): 235 - 259.

Rogerson, Richard, Robert Shimer, and Randall Wright. 2005. "Search-Theoretic Mod-els of the Labor Market: A Survey." Journal of Economic Literature 43 (December): 959 - 988.

Rogerson, Richard, and Randall Wright. 1988. "Involuntary Unemployment in Economies with Efficient Risk Sharing." Journal of Monetary Economics 22 (November): 501 - 515.

Rognlie, Matthew. 2015. "Deciphering the Fall and Rise in the Net Capital Share: Accumu-lation or Scarcity?" Brookings Papers on Economic Activity, no. 1, 1 - 54.

Rognlie, Matthew. 2016. "What Lower Bound? Monetary Policy with Negative Interest Rates." Unpublished paper, Northwestern University (July).

Rogoff, Kenneth. 1985. "The Optimal Degree of Commitment to an Intermediate Monetary Target." Quarterly Journal of Economics 100 (November): 1169 - 1189.

Rogoff, Kenneth. 1987. "Reputational Constraints on Monetary Policy." Carnegie-Rochester Conference Series on Public Policy 26 (Spring): 141 - 182.

Romer, Christina D. 1986. "Spurious Volatility in Historical Unemployment Data." Journal of Political Economy 94 (February): 1-37.

Romer, Christina D. 1989. "The Prewar Business Cycle Reconsidered: New Estimates of Gross National Product, 1869 1908." Journal of Political Economy 97 (February): 1-37.

Romer, Christina D. 1992. "What Ended the Great Depression?" Journal of Economic History 52 (December): 757-784.

Romer, Christina D. 1999. "Changes in Business Cycles: Evidence and Explanations." Journal of Economic Perspectives 13 (Spring): 23-44.

Romer, Christina D., and David H. Romer. 1989. "Does Monetary Policy Matter? A New Test in the Spirit of Friedman and Schwartz." NBER Macroeconomics Annual 4: 121-170.

Romer, Christina D., and David H. Romer. 2000. "Federal Reserve Information and the Behavior of Interest Rates." American Economic Review 90 (June): 429-457.

Romer, Christina D., and David H. Romer. 2002. "The Evolution of Economic Under-standing and Postwar Stabilization Policy." In Rethinking Stabilization Policy, 11-78. Kansas City: Federal Reserve Bank of Kansas City.

Romer, Christina D., and David H. Romer. 2004. "A New Measure of Monetary Shocks: Derivation and Implications." American Economic Review 94 (September): 1055-1084.

Romer, Christina D., and David H. Romer. 2009. "Do Tax Cuts Starve the Beast? The Effect of Tax Changes on Government Spending." Brookings Papers on Economic Activity, no. 1, 139-200.

Romer, Christina D., and David H. Romer. 2010. "The Macroeconomic Effects of Tax Changes: Estimates Based on a New Measure of Fiscal Shocks." American Economic Review 100 (June): 763-801.

Romer, Christina D., and David H. Romer. 2017. "New Evidence on the Aftermath of Financial Crises in Advanced Countries." Unpublished paper, University of California, Berkeley (May). American Economic Review, forthcoming.

Romer, Paul M. 1986. "Increasing Returns and Long Run Growth." Journal of Political Economy 94 (October): 1002-1037.

Romer, Paul M. 1990. "Endogenous Technological Change." Journal of Political Economy 98 (October, Part 2): S71-S102.

Romer, Paul M. 1996. "Preferences, Promises, and the Politics of Entitlement." In Victor R. Fuchs, ed., Individual and Social Responsibility: Child Care, Education, Medical Care and Long-Term Care in America, 195-220. Chicago: University of Chicago Press.

Rosenthal, Leonard, and Colin Young. 1990. "The Seemingly Anomalous Price Behav-ior of Royal Dutch/Shell and Unilever N. V. /PLC." Journal of Financial Economics 26 (July): 123-141.

Rotemberg, Julio J. 1982. "Sticky Prices in the United States." Journal of Political Economy 90 (December): 1187-1211.

Rotemberg, Julio J. 1987. "The New Keynesian Microfoundations." NBER Macroeconomics Annual 2: 69-104.

Rotemberg, Julio J., and Michael Woodford. 1996. "Real-Business-Cycle Models and Forecastable Movements in Output, Hours, and Consumption." American Economic Review 86 (March): 71-89.

Rotemberg, Julio J. , and Michael Woodford. 1999a. "The Cyclical Behavior of Prices and Costs." In John B. Taylor and Michael Woodford, eds. , Handbook of Macroeconomics, 1052 - 1135. Amsterdam: Elsevier.

Rotemberg, Julio J. , and Michael Woodford. 1999b. "Interest-Rate Rules in an Estimated Sticky Price Model." In John B. Taylor, ed. , Monetary Policy Rules, 57 - 119. Chicago: Univer-sity of Chicago Press.

Roubini, Nouriel, and Jeffrey D. Sachs. 1989. "Political and Economic Determinants of Budget Deficits in the Industrial Democracies." European Economic Review 33 (May): 903 - 933.

Rudd, Jeremy, and Karl Whelan. 2005. "Does Labor's Share Drive Inflation?" Journal of Money, Credit, and Banking 37 (April): 297 - 312.

Rudd, Jeremy, and Karl Whelan. 2006. "Can Rational Expectations Sticky-Price Models Explain Inflation Dynamics?" American Economic Review 96 (March): 303 - 320.

Rudebusch, Glenn D. 1998. "Do Measures of Monetary Policy in a VAR Make Sense?" International Economic Review 39 (November): 907 - 931.

Rudebusch, Glenn D. 2001. "Is the Fed Too Timid? Monetary Policy in an Uncertain World." Review of Economics and Statistics 83 (May): 203 - 217.

Rudebusch, Glenn D. 2009. "The Fed's Monetary Policy Response to the Current Crisis." Federal Reserve Bank of San Francisco Economic Letter, No. 2009 - 17 (May).

S

Sachs, Jeffrey D. 2003. "Institutions Don't Rule: Direct Effects of Geography on Per Capita Income." National Bureau of Economic Research Working Paper No. 9490 (February).

Sachs, Jeffrey D. , and Andrew Warner. 1995. "Economic Reform and the Process of Global Integration." Brookings Papers on Economic Activity, no. 1, 1 - 95.

Samuelson, Paul A. 1939. "Interaction between the Multiplier Analysis and the Principle of Acceleration." Review of Economics and Statistics 21 (May): 75 - 78.

Samuelson, Paul A. 1958. "An Exact Consumption-Loan Model of Interest with or without the Social Contrivance of Money." Journal of Political Economy 66 (December): 467 - 482.

Samuelson, Paul A. , and Robert M. Solow. 1960. "Analytical Aspects of Anti-Inflation Policy." American Economic Review 50 (May): 177 - 194.

Sargent, Thomas J. 1976. "The Observational Equivalence of Natural and Unnatural Rate Theories of Macroeconomics." Journal of Political Economy 84 (June): 631 - 640.

Sargent, Thomas J. 1982. "The End of Four Big Inflations." In Robert E. Hall, ed. , Inflation, 41 - 98. Chicago: University of Chicago Press.

Sargent, Thomas J. 1983. "Stopping Moderate Inflations: The Methods of Poincare and Thatcher." In Rudiger Dornbusch and Mario Henrique Simonsen, eds. , Inflation, Debt, and Indexation, 54 - 96. Cambridge, MA: MIT Press.

Sargent, Thomas J. 1999. The Conquest of American Inflation. Princeton, NJ: Princeton University Press.

Sargent, Thomas J. , and Neil Wallace. 1975. "'Rational Expectations,' the Optimal Mon-etary Instrument, and the Optimal Money Supply Rule." Journal of Political Economy 83 (April): 241 - 254.

Sato, K. 1966. "On the Adjustment Time in Neo-Classical Growth Models." Review of Economic Studies 33 (July): 263 - 268.

Sbordone, Argia M. 2002. "Prices and Unit Labor Costs: A New Test of Price Stickiness." Journal of Monetary Economics 49 (March): 265 - 292.

Schmidt, Lawrence, Allan Timmermann, and Russ Wermers. 2016. "Runs on Money Market Mutual Funds." American Economic Review 106 (September): 2625 - 2657.

Schmitt-Grohe, Stephanie, and Martin Uribe. 2016. "Downward Nominal Wage Rigidity, Currency Pegs, and Involuntary Unemployment." Journal of Political Economy 124 (October): 1466 - 1514.

Schmitz, James A., Jr. 2005. "What Determines Productivity? Lessons from the Dramatic Recovery of the U. S. and Canadian Iron Ore Industries Following Their Early 1980s Crisis." Journal of Political Economy 113 (June): 582 - 625.

Schoellman, Todd. 2012. "Education Quality and Development Accounting." Review of Economic Studies 79 (January): 388 - 417.

Schoellman, Todd. 2016. "Early Childhood Human Capital and Development." American Economic Journal: Macroeconomics 8 (July): 145 - 174.

Shapiro, Carl, and Joseph E. Stiglitz. 1984. "Equilibrium Unemployment as a Worker Discipline Device." American Economic Review 74 (June): 433 - 444.

Shapiro, Matthew D., and Joel Slemrod. 2003. "Consumer Response to Tax Rebates." American Economic Review 93 (March): 381 - 396.

Shea, John. 1995. "Union Contracts and the Life-Cycle/Permanent-Income Hypothesis." American Economic Review 85 (March): 186 - 200.

Shea, John. 1998. "What Do Technology Shocks Do?" NBER Macroeconomics Annual 13: 275 - 310.

Shell, Karl. 1966. "Toward a Theory of Inventive Activity and Capital Accumulation." American Economic Review 56 (May): 62 - 68.

Shell, Karl. 1967. "A Model of Inventive Activity and Capital Accumulation." In Karl Shell, ed., Essays on the Theory of Optimal Economic Growth, 67 85. Cambridge, MA: MIT Press.

Shell, Karl. 1971. "Notes on the Economics of Infinity." Journal of Political Economy 79 (September October): 1002 - 1011.

Sheshinski, Eytan, and Yoram Weiss. 1977. "Inflation and Costs of Price Adjustment." Review of Economic Studies 44 (June): 287 - 303.

Shiller, Robert J. 1997. "Why Do People Dislike Inflation?" In Christina D. Romer and David H. Romer, eds., Reducing Inflation: Motivation and Strategy, 13 - 65. Chicago: University of Chicago Press.

Shimer, Robert. 2004. "The Consequences of Rigid Wages in Search Models." Journal of the European Economic Association 2 (April May): 469 - 479.

Shimer, Robert. 2005. "The Cyclical Behavior of Equilibrium Unemployment and Vacan-cies." American Economic Review 95 (March): 25 - 49.

Shimer, Robert. 2012. "Reassessing the Ins and Outs of Unemployment." Review of Economic Dynamics 15 (April): 127 - 148.

Shleifer, Andrei, and Robert W. Vishny. 1992a. "Liquidation Values and Debt Capacity: A

Market Equilibrium Approach." Journal of Finance 47 (September): 1343 - 1366.

Shleifer, Andrei, and Robert W. Vishny. 1992b. "Pervasive Shortages under Socialism." Rand Journal of Economics 23 (Summer): 237 - 246.

Shleifer, Andrei, and Robert W. Vishny. 1993. "Corruption." Quarterly Journal of Eco-nomics 108 (August): 599 - 617.

Shleifer, Andrei, and Robert W. Vishny. 1994. "Politicians and Firms." Quarterly Journal of Economics 109 (November): 995 - 1025.

Shleifer, Andrei, and Robert W. Vishny. 1997. "The Limits of Arbitrage." Journal of Finance 52 (March): 35 - 55.

Sichel, Daniel E. 1993. "Business Cycle Asymmetry: A Deeper Look." Economic Inquiry 31 (April): 224 - 236.

Siebert, Horst. 1997. "Labor Market Rigidities: At the Root of Unemployment in Europe." Journal of Economic Perspectives 11 (Summer): 37 - 54.

Simon, Carl P., and Lawrence Blume. 1994. Mathematics for Economists. New York: W. W. Norton. Sims, Christopher A. 1980. "Macroeconomics and Reality." Econometrica 48 (January): 1 - 48.

Sims, Christopher A. 1992. "Interpreting the Macroeconomic Time Series Facts: The Effects of Monetary Policy." European Economic Review 36 (June): 975 - 1000.

Skreta, Vasiliki, and Laura Veldkamp. 2009. "Ratings Shopping and Asset Complexity: A Theory of Ratings Inflation." Journal of Monetary Economics 56 (July): 678 - 695.

Smets, Frank, and Raf Wouters. 2003. "An Estimated Dynamic Stochastic General Equi-librium Model of the Euro Area." Journal of the European Economic Association 1 (September): 1123 - 1175.

Smith, William T. 2006. "A Closed Form Solution to the Ramsey Model." Contributions to Macroeconomics 6:1, Article 3.

Solon, Gary, Robert Barsky, and Jonathan A. Parker. 1994. "Measuring the Cyclicality of Real Wages: How Important Is Composition Bias?" Quarterly Journal of Economics 109 (February): 1 - 25.

Solow, Robert M. 1956. "A Contribution to the Theory of Economic Growth." Quarterly Journal of Economics 70 (February): 65 - 94.

Solow, Robert M. 1957. "Technical Change and the Aggregate Production Function." Review of Economics and Statistics 39: 312 - 320.

Solow, Robert M. 1960. "Investment and Technical Progress." In Kenneth J. Arrow, Samuel Korbin, and Patrick Suppes, eds., Mathematical Methods in the Social Sciences 1959, 89 - 104. Stanford: Stanford University Press.

Solow, Robert M. 1979. "Another Possible Source of Wage Stickiness." Journal of Macroeco-nomics 1 (Winter): 79 - 82.

Souleles, Nicholas S. 1999. "The Response of Household Consumption to Income Tax Refunds." American Economic Review 89 (September): 947 - 958.

Staiger, Douglas, James H. Stock, and Mark W. Watson. 1997. "How Precise Are Esti-mates of the Natural Rate of Unemployment?" In Christina D. Romer and David H. Romer, eds., Reducing Inflation: Motivation and Strategy, 195 - 242. Chicago: University of Chicago Press.

Stephens, Melvin, and Takashi Unayama. 2011. "The Consumption Response to Seasonal Income: Evidence from Japanese Public Pension Benefits." American Economic Journal: Applied Economics 3 (October): 86 - 118.

Stern, Nicholas. 2008. "The Economics of Climate Change." American Economic Review 98 (May): 1 - 37.

Stock, James H., and Motohiro Yogo. 2005. "Testing for Weak Instruments in Linear IV Regression." In Donald W. K. Andrews and James H. Stock, eds., Identification and Inference for Econometric Models: Essays in Honor of Thomas J. Rothenberg, 80 - 108. Cambridge: Cambridge University Press.

Stockman, Alan C. 1983. "Real Exchange Rates under Alternative Nominal Exchange Rate Systems." Journal of International Money and Finance 2 (August): 14 - 166.

Stokey, Nancy L., and Robert E. Lucas, Jr., with Edward C. Prescott. 1989. Recursive Methods in Economic Dynamics. Cambridge, MA: Harvard University Press.

Summers, Lawrence H. 1981a. "Capital Taxation and Accumulation in a Life Cycle Growth Model." American Economic Review 71 (September): 533 - 544.

Summers, Lawrence H. 1981b. "Taxation and Corporate Investment: A q-Theory Approach." Brookings Papers on Economic Activity, no. 1, 67 - 127.

Summers, Lawrence H. 1986. "Does the Stock Market Rationally Reflect Fundamental Values?" Journal of Finance 41 (July): 591 - 601.

Summers, Lawrence H. 1988. "Relative Wages, Efficiency Wages, and Keynesian Unemployment." American Economic Review 78 (May): 383 - 388.

Svensson, Lars E. O. 1997. "Inflation Forecast Targeting: Implementing and Monitoring Inflation Targets." European Economic Review 41 (June): 1111 1146.

Svensson, Lars E. O. 2001. "The Zero Bound in an Open Economy: A Foolproof Way of Escaping from a Liquidity Trap." Monetary and Economic Studies 19 (February): 277 - 312.

Swan, T. W. 1956. "Economic Growth and Capital Accumulation." Economic Record 32 (November): 334 - 361.

T

Tabellini, Guido, and Alberto Alesina. 1990. "Voting on the Budget Deficit." American Economic Review 80 (March): 37 - 49.

Taylor, John B. 1979. "Staggered Wage Setting in a Macro Model." American Economic Review 69 (May): 108 - 113.

Taylor, John B. 1980. "Aggregate Dynamics and Staggered Contracts." Journal of Political Economy 88 (February): 1 - 23.

Taylor, John B. 1993. "Discretion versus Policy Rules in Practice." Carnegie-Rochester Conference Series on Public Policy 39 (December): 195 - 214.

Taylor, John B., ed. 1999a. Monetary Policy Rules. Chicago: University of Chicago Press.

Taylor, John B. 1999b. "A Historical Analysis of Monetary Policy Rules." In John B. Taylor, ed., Monetary Policy Rules, 319 - 341. Chicago: University of Chicago Press.

Tobin, James. 1956. "The Interest Elasticity of the Transactions Demand for Cash." Review of

Economics and Statistics 38 (August): 241 - 247.

Tobin, James. 1958. "Liquidity Preference as Behavior Towards Risk." Review of Economic Studies 25 (February): 65 - 86.

Tobin, James. 1969. "A General Equilibrium Approach to Monetary Theory." Journal of Money, Credit, and Banking 1 (February): 15 - 29.

Tobin, James. 1972. "Inflation and Unemployment." American Economic Review 62 (March): 1 - 18. Tolley, George S. 1957. "Providing for the Growth of the Money Supply." Journal of Political Economy 65 (December): 465 - 485.

Tommasi, Mariano. 1994. "The Consequences of Price Instability on Search Markets: To-ward Understanding the Effects of Inflation." American Economic Review 84 (December): 1385 - 1396.

Topel, Robert H., and Michael P. Ward. 1992. "Job Mobility and the Careers of Young Men." Quarterly Journal of Economics 107 (May): 439 - 479.

Townsend, Robert M. 1979. "Optimal Contracts and Competitive Markets with Costly State Verification." Journal of Economic Theory 21 (October): 265 - 293.

Tsiddon, Daniel. 1991. "On the Stubbornness of Sticky Prices." International Economic Review 32 (February): 69 75. Tullock, Gordon. 1967. "The Welfare Costs of Tariffs, Monopolies, and Theft." Western Eco-nomic Journal 5 (June): 224 - 232.

Tversky, Amos, and Daniel Kahneman. 1974. "Judgment under Uncertainty: Heuristics and Biases." Science 185 (September): 1124 - 1131.

U

Uzawa, Hirofumi. 1965. "Optimum Technical Change in an Aggregative Model of Economic Growth." International Economic Review 6 (January): 12 - 31.

V

Van Huyck, John B., Raymond C. Battalio, and Richard O. Beil. 1990. "Tacit Coordi-nation Games, Strategic Uncertainty, and Coordination Failure." American Economic Review 80 (March): 234 - 248.

Velde, Fran. ois R. 2009. "Chronicle of a Deflation Unforetold." Journal of Political Economy 117 (August): 591 - 634.

Veracierto, Marcelo L. 2002. "Plant-Level Irreversible Investment and Equilibrium Business Cycles." American Economic Review 92 (March): 181 - 197.

Voigtl. nder, Nico, and Hans-Joachim Voth. 2013. "The Three Horsemen of Riches: Plague, War, and Urbanization in Early Modern Europe." Review of Economic Studies 80 (May): 774 - 811.

W

Walsh, Carl E. 1995. "Optimal Contracts for Central Bankers." American Economic Review 85 (March): 150 - 167.

Warner, Elizabeth J., and Robert B. Barsky. 1995. "The Timing and Magnitude of Retail Store Markdowns: Evidence from Weekends and Holidays." Quarterly Journal of Economics 110 (May): 321 - 352.

Weil, Philippe. 1989a. "Overlapping Families of Infinitely-Lived Agents." Journal of Public Economics 38 (March): 183 - 198.

Weil, Philippe. 1989b. "The Equity Premium Puzzle and the Risk-Free Rate Puzzle." Journal of Monetary Economics 24 (November): 401 - 421.

Weil, Philippe. 1990. "Nonexpected Utility in Macroeconomics." Quarterly Journal of Economics 105 (February): 29 - 42.

Weingast, Barry, Kenneth Shepsle, and Christopher Johnsen. 1981. "The Political Economy of Benefits and Costs: A Neoclassical Approach to Distributive Politics." Journal of Political Economy 89 (August): 642 - 664.

Weise, Charles L. 2012. "Political Pressures on Monetary Policy during the U. S. Great Inflation." American Economic Journal: Macroeconomics 4 (April): 33 - 64.

Weiss, Andrew. 1980. "Job Queues and Layoffs in Labor Markets with Flexible Wages." Journal of Political Economy 88 (June): 526 - 538.

Weitzman, Martin L. 1974. "Prices vs. Quantities." Review of Economic Studies 41 (October): 477 - 491.

Werning, Iván. 2012. "Managing a Liquidity Trap: Monetary and Fiscal Policy." Unpublished paper, M. I. T. (April).

Wieland, Johannes F. 2016. "Are Negative Supply Shocks Expansionary at the Zero Lower Bound?" Unpublished paper, University of California, San Diego (December).

Williams, John C. 2009. "Heeding Daedalus: Optimal Inflation and the Zero Lower Bound." Brookings Papers on Economic Activity, no. 2, 1 - 37.

Williamson, Stephen D. 2008. "Monetary Policy and Distribution." Journal of Monetary Economics 55 (September): 1038 - 1053.

Woodford, Michael. 1990. "Learning to Believe in Sunspots." Econometrica 58 (March): 277 - 307.

Woodford, Michael. 1995. "Price-Level Determinacy without Control of a Monetary Aggregate." Carnegie-Rochester Conference Series on Public Policy 43 (December): 1 - 46.

Woodford, Michael. 2003. Interest and Prices: Foundations of a Theory of Monetary Policy.

Princeton, NJ: Princeton University Press. Working, Holbrook. 1960. "A Note on the Correlation of First Differences of Averages in a Random Chain." Econometrica 28 (October): 916 - 918.

Y

Young, Alwyn. 1995. "The Tyranny of Numbers: Confronting the Statistical Reality of the East Asian Growth Experience." Quarterly Journal of Economics 110 (August): 641 - 680.

Young, Alwyn. 1998. "Alternative Estimates of Productivity Growth in the NIC's: A Com-ment on the Findings of Chang-Tai Hsieh." National Bureau of Economic Research Working Paper No. 6657 (July).

Z

Ziebarth, Nicolas L. 2013. "Identifying the Effects of Bank Failures from a Natural Exper-iment in Mississippi during the Great Depression." American Economic Journal: Macroeco-nomics 5 (January): 81 - 101.

教师反馈表

麦格劳-希尔教育集团(McGraw-Hill Education)是全球领先的教育资源与数字化解决方案提供商。为了更好地提供教学服务,提升教学质量,麦格劳一希尔教师服务中心于 2003 年在京成立。在您确认将本书作为指定教材后,请填好以下表格并经系主任签字盖章后返回我们(或联系我们索要电子版),**我们**将免费向您提供相应的教学辅助资源。如果您需要订购或参阅本书的英文原版,我们也将竭诚为您服务。您也可以扫描下面二维码,直接在网上提交您的需求。

<table>
<tr><td colspan="6">★ 基本信息</td></tr>
<tr><td>姓</td><td></td><td>名</td><td></td><td>性别</td><td></td></tr>
<tr><td>学校</td><td colspan="2"></td><td>院系</td><td colspan="2"></td></tr>
<tr><td>职称</td><td colspan="2"></td><td>职务</td><td colspan="2"></td></tr>
<tr><td>办公电话</td><td colspan="2"></td><td>家庭电话</td><td colspan="2"></td></tr>
<tr><td>手机</td><td colspan="2"></td><td>电子邮箱</td><td colspan="2"></td></tr>
<tr><td>通信地址及邮编</td><td colspan="5"></td></tr>
<tr><td colspan="6">★ 课程信息</td></tr>
<tr><td>主讲课程</td><td></td><td>原版书书号</td><td></td><td>中文书号</td><td></td></tr>
<tr><td>学生人数</td><td></td><td>学生年级</td><td></td><td>课程性质</td><td></td></tr>
<tr><td>开课日期</td><td></td><td>学期数</td><td></td><td>教材决策者</td><td></td></tr>
<tr><td>教材名称、作者、出版社</td><td colspan="5"></td></tr>
<tr><td colspan="6">★ 教师需求及建议</td></tr>
<tr><td colspan="2">提供配套教学课件
(请注明作者/书名/版次)</td><td colspan="4"></td></tr>
<tr><td colspan="2">推荐教材
(请注明感兴趣领域或相关信息)</td><td colspan="4"></td></tr>
<tr><td colspan="2">其他需求</td><td colspan="4"></td></tr>
<tr><td colspan="2">意见和建议(图书和服务)</td><td colspan="4"></td></tr>
<tr><td>是否需要最新图书信息</td><td>是、否</td><td colspan="2" rowspan="2">系主任签字/盖章</td><td colspan="2" rowspan="2"></td></tr>
<tr><td>是否有翻译意愿</td><td>是、否</td></tr>
</table>

教师服务信箱:instructorchina@mheducation. com

网址:www. mheducation. com

麦格劳-希尔教育教师服务中心

地址:北京市东城区北三环东路 36 号环球贸易中心 A 座 702 室 教师服务中心 100013

电话:010—57997618/57997600

传真:010 59575582